Vorwort

»**Kaufmännische Betriebslehre mit Volkswirtschaftslehre – Hauptausgabe**« ist ein in Unterricht und Praxis bewährtes, betriebs- und volkswirtschaftliches Fachbuch. Es richtet sich an

- **Schülerinnen und Schüler an Fachschulen und Berufskollegs**
- **Schülerinnen und Schüler in kaufmännischen Berufsfeldern**
- **Schülerinnen und Schüler in Ausbildungs-, Umschulungs- und Weiterbildungslehrgängen**
- **Dozenten und Teilnehmer von Fort- und Weiterbildungen in Unternehmen, Verbänden und sonstigen Institutionen**

Die vorliegende **38. Auflage** des Buches bietet die Breite der **betriebswirtschaftlichen und rechtskundlichen Lehrinhalte**, ergänzt um das **Kapitel Volkswirtschaftslehre.**

Das Buch zeichnet sich durch eine kompakte und einprägsame Darstellung der einzelnen Themenfelder aus.

Zahlreiche **fallbezogene und praxisorientierte Beispiele** im Text sowie **mehrfarbige Darstellungen und Tabellen** und **zusammenfassende und vergleichende Übersichten** veranschaulichen auch schwierige Sachverhalte.

Handlungsorientierte **Aufgaben und Probleme** sind am Ende der einzelnen Sachthemen zusammengefasst. Sie bieten Material für Wiederholungen und Hausaufgaben und dienen der Prüfungsvorbereitung. **Alle Lernzielebenen** werden angesprochen.

Ausführliche Inhalts- und Stichwortverzeichnisse erleichtern die Arbeit mit dem Buch und bieten die Möglichkeit, dieses auch nach der Ausbildungszeit als **Nachschlagewerk** zu nutzen.

Jedes Hauptkapitel endet mit einer **zusammenfassenden Übersicht**. Sie dient der kompakten Darstellung des Erlernten und der schnellen Übersicht über ein umfangreiches Stoffgebiet.

Die »kaufmännische Betriebslehre« enthält die **gesetzlichen Rahmenbedingungen** und die **statistischen Daten** bis zum **Sommer 2015**.

Ein **Löser** zu den Aufgaben und Problemen ist im Verlagsprogramm erhältlich **(Europa-Nummer 90017).**

Ihr Feedback ist uns wichtig.
Ihre Anmerkungen, Hinweise und Verbesserungsvorschläge zu diesem Buch nehmen wir gerne auf – schreiben Sie uns unter lektorat@europa-lehrmittel.de.

Rottenburg, Juli 2015 **Die Verfasser**

Bildnachweis

Der Arbeitskreis dankt folgenden Unternehmen und Institutionen für die Überlassung von Bildmaterial:

ASKUS Consult GmbH, Freiburg

BdB Bundesverband der Deutschen Binnenschifffahrt e.V., Duisburg

Claas Saulgau GmbH, Bad Saulgau

Deutsche Telekom AG, Darmstadt

Deutsche Bahn AG, Berlin

Daimler AG, Stuttgart

Frankfurter Allgemeine Zeitung, Frankfurt

Gardena AG, Ulm

GIF – Gesellschaft für Ingenieurprojekte Freiburg GmbH, Freiburg

Hamburg Südamerikanische Dampfschifffahrts-Gesellschaft KG, Hamburg

Hapag-Lloyd AG, Hamburg

Markus Frey, Solingen

Werbeagentur Mohanty, Berlin

Wirtschaftswoche, Düsseldorf

Wichtiger Hinweis:

Inhaltsverzeichnis

Gesetze und Verordnungen

ADSp	Allgemeine Deutsche Spediteur-Bedingungen
AGG	Allgemeines Gleichbehandlungsgesetz
AktG	Aktiengesetz
AltTZG	Altersteilzeitgesetz
AO	Abgabenordnung
ArbGG	Arbeitsgerichtsgesetz
ArbNErfG	Arbeitnehmererfindungsgesetz
ArbSchG	Gesetz über die Durchführung von Maßnahmen des Arbeitsschutzes zur Verbesserung der Sicherheit und des Gesundheitsschutzes der Beschäftigten bei der Arbeit (Arbeitsschutzgesetz)
ArbStättV	Verordnung über Arbeitsstätten
ArbZG	Gesetz zur Vereinheitlichung des Arbeitszeitrechts (Arbeitszeitgesetz)
AWG	Außenwirtschaftsgesetz
AWV	Außenwirtschaftsverordnung
BBankG	Gesetz über die Deutsche Bundesbank (Bundesbankgesetz)
BBiG	Berufsbildungsgesetz
BDSG	Bundesdatenschutzgesetz
BEEG	Gesetz zum Elterngeld und zur Elternzeit
BetrAVG	Gesetz zur Verbesserung der betrieblichen Altersversorgung
BetrVG	Betriebsverfassungsgesetz
BewG	Bewertungsgesetz
BGB	Bürgerliches Gesetzbuch
BImSchG	Gesetz zum Schutz vor schädlichen Umwelteinwirkungen durch Luftverunreinigung, Geräusche, Erschütterungen und ähnliche Vorgänge (Bundes-Immissionsschutzgesetz)
BKGG	Bundeskindergeldgesetz
BörsG	Börsengesetz
BUrlG	Mindesturlaubsgesetz für Arbeitnehmer (Bundesurlaubsgesetz)
DepotG	Gesetz über die Verwahrung und Anschaffung von Wertpapieren (Depotgesetz)
DrittelbG	Gesetz über die Drittelbeteiligung der Arbeitnehmer im Aufsichtsrat (Drittelbeteiligungsgesetz)
EBRG	Gesetz über Europäische Betriebsräte
EGV	EG-Vertrag
EinzelhG	Einzelhandelsgesetz
EntgFG	Gesetz über die Zahlung des Arbeitsentgelts an Feiertagen und im Krankheitsfall (Entgeltfortzahlungsgesetz)
ErbStG	Erbschaftsteuer- und Schenkungsteuergesetz
EStG	Einkommensteuergesetz
FGO	Finanzgerichtsordnung
FG	Finanzgericht
FVG	Gesetz über die Finanzverwaltung (Finanzverwaltungsgesetz)
GBO	Grundbuchordnung
GebrMG	Gebrauchsmustergesetz
GefStoffV	Verordnung zum Schutz vor Gefahrstoffen
GenG	Gesetz betreffend die Erwerbs- und Wirtschaftsgenossenschaften (Genossenschaftsgesetz)

GeschmMG	Gesetz betreffend das Urheberrecht an Mustern und Modellen (Geschmacksmustergesetz)
GewO	Gewerbeordnung
GewStG	Gewerbesteuergesetz
GG	Grundgesetz für die Bundesrepublik Deutschland
GmbHG	Gesetz betreffend die Gesellschaften mit beschränkter Haftung (GmbH-Gesetz)
GrEStG	Grunderwerbsteuergesetz
GrStG	Grundsteuergesetz
GsiG	Gesetz über eine bedarfsorientierte Grundsicherung im Alter und bei Erwerbsminderung
GüKG	Güterkraftverkehrsgesetz
GVG	Gerichtsverfassungsgesetz
GWB	Gesetz gegen Wettbewerbsbeschränkungen
HGB	Handelsgesetzbuch
IHKG	Gesetz zur vorläufigen Regelung des Rechts der Industrie- und Handelskammern
InsO	Insolvenzordnung
InVG	Investmentgesetz
JArbSchG	Gesetz zum Schutze der arbeitenden Jugend (Jugendarbeitsschutzgesetz)
KAGG	Gesetz über Kapitalanlagegesellschaften
KrWG	Gesetz zur Förderung der Kreislaufwirtschaft und Sicherung der umweltverträglichen Bewirtschaftung von Abfällen
KSchG	Kündigungsschutzgesetz
KStG	Körperschaftsteuergesetz
KWG	Gesetz über das Kreditwesen
LMBG	Gesetz über den Verkehr mit Lebensmitteln, Tabakerzeugnissen, kosmetischen Mitteln und sonstigen Bedarfsgegenständen (Lebensmittel- und Bedarfsgegenständegesetz)
MarkenG	Gesetz über den Schutz von Marken und sonstigen Kennzeichen (Markengesetz)
Montan-MitbestG	Gesetz über die Mitbestimmung der Arbeitnehmer in den Aufsichtsräten und Vorständen der Unternehmen des Bergbaus und der Eisen und Stahl erzeugenden Industrie (Montan-Mitbestimmungsgesetz)
MitbestG	Gesetz über die Mitbestimmung der Arbeitnehmer (Mitbestimmungsgesetz)
MuSchG	Gesetz zum Schutze der erwerbstätigen Mutter (Mutterschutzgesetz)
MÜK	Montrealer Übereinkommen
NachwG	Gesetz über den Nachweis der für ein Arbeitsverhältnis geltenden wesentlichen Bedingungen (Nachweisgesetz)
PAngV	Verordnung zur Regelung der Preisangaben (Preisangabenverordnung)
PartGG	Gesetz über Partnerschaftsgesellschaften Angehöriger Freier Berufe (Partnerschaftsgesellschaftsgesetz)
PatG	Patentgesetz
PfandBG	Pfandbriefgesetz

ProdHaftG	Gesetz über die Haftung für fehlerhafte Produkte (Produkthaftungsgesetz)
PublG	Gesetz über die Rechnungslegung von bestimmten Unternehmen und Konzernen (Publizitätsgesetz)
RKW	Rationalisierungskuratorium der deutschen Wirtschaft
ROG	Raumordnungsgesetz
RVO	Reichsversicherungsordnung
ScheckG	Scheckgesetz
SGB	Sozialgesetzbuch
SGG	Sozialgerichtsgesetz
SigG	Gesetz über Rahmenbedingungen für elektronische Signaturen (Signaturgesetz)
SolZG	Solidaritätszuschlagsgesetz
StabG	Gesetz zur Förderung der Stabilität und des Wachstums der Wirtschaft (Stabilitätsgesetz)
StGB	Strafgesetzbuch
StPO	Strafprozessordnung
TVG	Tarifvertragsgesetz
UmweltHG	Umwelthaftungsgesetz
UStG	Umsatzsteuergesetz
UWG	Gesetz gegen den unlauteren Wettbewerb
VermBG	Fünftes Vermögensbildungsgesetz
VerpackV	Verordnung über die Vermeidung und Verwertung von Verpackungsabfällen (Verpackungsverordnung)
VVG	Gesetz über den Versicherungsvertrag (Versicherungsvertragsgesetz)
VwVfG	Verwaltungsverfahrensgesetz
WertV	Verordnung über Grundsätze für die Ermittlung des Verkehrswertes von Grundstücken (Wertverordnung)
WG	Wechselgesetz
WHG	Wasserhaushaltsgesetz
WoPG	Wohnungsbau-Prämiengesetz
ZAG	Gesetz über die Beaufsichtigung von Zahlungsdiensten
ZK	EG-Zollkodex
ZollV	Zollverordnung
ZollVG	Zollverwaltungsgesetz
ZPO	Zivilprozessordnung

1 Grundlagen des Wirtschaftens

1.1 Notwendigkeit des Wirtschaftens

Ursache des Wirtschaftens sind die Bedürfnisse der Menschen. Diese können mithilfe von Gütern befriedigt werden. Die zur Herstellung der Güter benötigten Ressourcen sind begrenzt. Dieser Umstand zwingt die Menschen zum Wirtschaften.

1.1.1 Bedürfnisse, Bedarf, Nachfrage

Bedürfnisse sind **unbegrenzt, unterschiedlich, wandelbar,** von **verschiedenen Bedingungen abhängig** und **im Einzelnen mehr oder minder dringlich.**

Nach der Dringlichkeit der Bedürfnisse unterscheidet man:

▶ **Existenzbedürfnisse**

Ihre Befriedigung ist notwendig zur Erhaltung des Lebens.

Beispiele: Bedürfnisse nach ausreichender Nahrung, Kleidung, Wohnung und Grundbildung, reiner Luft, sauberem Trinkwasser und lebenswerter Umwelt

▶ **Kultur- und Luxusbedürfnisse**

Ihre Befriedigung erhöht den Lebensstandard und steigert das Lebensgefühl.

Beispiele: Bedürfnisse nach hochwertiger Nahrung, anspruchsvoller Kleidung, gehobener Bildung, sozialer Geltung, Kunstgenuss und vielfältigen Möglichkeiten der Urlaubs- und Freizeitgestaltung

Es ist Wunsch und Ziel des Menschen, seine Bedürfnisse befriedigen zu können. In welchem Maße der Mensch diese befriedigen kann, hängt ab von seiner Leistungsfähigkeit, seiner Leistungsbereitschaft und den verfügbaren Mitteln (Einkommen und Vermögen).

Bedarf im wirtschaftlichen Sinne ist nur der **Teil der Bedürfnisse,** den der Mensch mit den ihm zur Verfügung stehenden Mitteln **(Kaufkraft)** befriedigen will und kann.

Nachfrage nach einem Gut entsteht, **wenn der Mensch am Markt auftritt,** um seinen Bedarf zu decken.

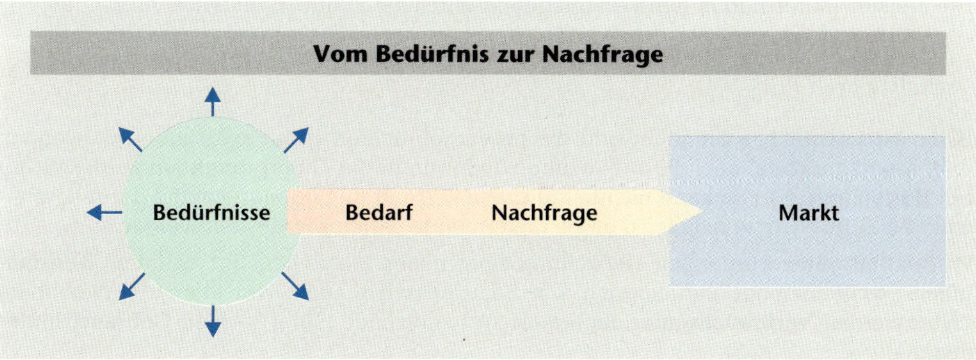

1.1.2 Güter

Güter sind diejenigen Mittel, die zur **Befriedigung der menschlichen Bedürfnisse** dienen.

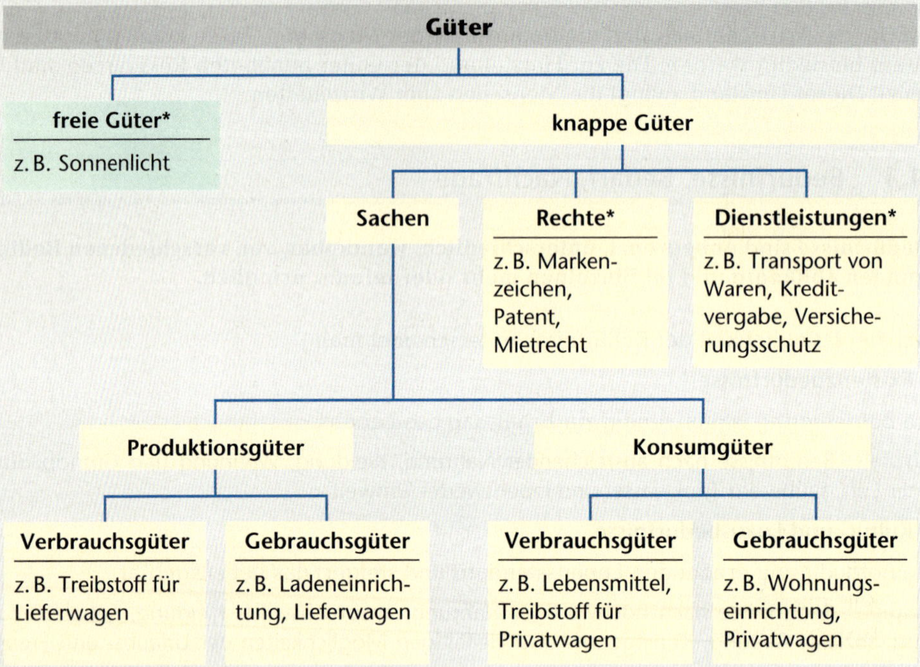

* Auch freie Güter, Rechte und Dienstleistungen können sowohl Produktions- als auch Konsumgüter sein.

Nur wenige Güter sind ausreichend vorhanden, sodass der Mensch seine Bedürfnisse nach ihnen ohne Mühe und Aufwand befriedigen kann. Man nennt sie **freie Güter.** Die Zunahme der Bedürfnisse und das Wachstum der Weltbevölkerung führen jedoch dazu, dass freie Güter zunehmend zu knappen Gütern werden.

Beispiele: Luft, Sonnenlicht, Regenwasser

Die meisten Güter sind **knappe Güter.** Die Gründe dafür sind:

- Die meisten Rohstoffe kommen in der Natur nur in begrenzter Menge vor.
- Der Mensch muss die benötigten Stoffe der Natur erst mühevoll abringen.

Die meisten Güter sind in den verschiedenen Wirtschaftsräumen ungleich vorhanden.

Die **knappen Güter** sind **Gegenstand des Wirtschaftens.** Man nennt sie deshalb Wirtschaftsgüter.

Beim wirtschaftlichen Handeln sind die hervorgebrachten Güter sparsam zu verwenden und, soweit möglich, nach ihrer Nutzung wiederum in die Güterproduktion zurückzuführen **(Recycling).** Nur so kann nachhaltig und dauerhaft der Unbegrenztheit der menschlichen Bedürfnisse eine möglichst große Gütermenge gegenübergestellt werden.

Produktionsgüter werden zur Herstellung eines neuen Gutes benötigt, während **Konsumgüter** unmittelbar der Befriedigung von Bedürfnissen dienen. Nur einmal verwendbare Güter werden **Verbrauchsgüter,** mehrmals zu benutzende Güter werden **Gebrauchsgüter** genannt.

1.1.3 Ökonomisches Prinzip

Um ein möglichst hohes Maß an Bedürfnisbefriedigung zu erreichen, bemüht sich der Mensch, die Wirtschaftsgüter sparsam und vernünftig einzusetzen. Er handelt damit nach dem **Vernunft-** oder **Rationalprinzip. Dieses ökonomische Prinzip** gibt es in zwei Ausprägungen.

ökonomisches Prinzip	
Maximalprinzip **gegebene Mittel → maximaler Ertrag**	**Minimalprinzip** **minimaler Aufwand ← gegebener Ertrag**
Beispiel: Bei der Textilherstellung soll aus einer Stoffbahn eine maximale Anzahl von T-Shirts hergestellt werden.	Beispiel: Für die geplante Produktion von 100 T-Shirts soll so wenig Stoff wie nötig aus einer Stoffbahn verwendet werden.

Das Handeln nach dem ökonomischen Prinzip ist Leitsatz für alle Betriebe und Haushalte (vgl. Seite 16).

Zusammenfassende Übersicht zu Kapitel 1.1:
Notwendigkeit des Wirtschaftens

Bedürfnisse
- Existenzbedürfnisse
- Kulturbedürfnisse
- Luxusbedürfnisse

↓ unbegrenzt

Güter
- freie Güter
- Wirtschaftsgüter

↓ knapp

unbegrenzt ← Konfliktlösung: → knapp

⇓

ökonomisches Prinzip

⇓

Maximalprinzip
Minimalprinzip

▶ Aufgaben und Probleme

1. »Ein jeder Wunsch, wenn er erfüllt, kriegt augenblicklich Junge« (Wilhelm Busch).
   a) Belegen Sie diese Aussage mit Beispielen aus Ihrem persönlichen Leben.
   b) Nennen Sie Beispiele dafür, dass Bedürfnisse individuell verschieden, wandelbar und von verschiedenen Bedingungen abhängig sind.
2. Ordnen Sie die Bedürfnisse nach folgenden Gütern entsprechend ihrer Dringlichkeit als Existenz-, Kultur- oder Luxusbedürfnisse:
   a) Auto eines Schülers,
   b) Auto eines Handelsvertreters,
   c) Zigaretten,
   d) Schönheitsoperation,
   e) Theaterbesuch.
   Begründen Sie Ihre Entscheidungen.

3. a) Welche Kulturbedürfnisse sind für Sie von Bedeutung?
   b) Worauf können Sie in einer wirtschaftlichen Notsituation verzichten?
4. Mit welchen Mitteln versuchen Industrie und Handel, Bedürfnisse in Bedarf und anschließende Nachfrage umzuwandeln?
5. Sonnenlicht und Atemluft werden als Beispiele für freie Güter genannt. Prüfen Sie, unter welchen Umständen diese Beispiele nicht zutreffen.
6. Strom ist ein knappes Gut. Erörtern Sie, wie die Knappheit gemildert werden kann.
7. Erläutern Sie, welche Wirtschaftsgüter sich für das Recycling eignen.
8. Suchen Sie nach Beispielen dafür, dass das gleiche Gut sowohl als Konsumgut als auch als Produktionsgut verwendet werden kann.
9. Begründen Sie, ob ein Küchenherd ein Konsumgut oder ein Produktionsgut ist.
10. Erläutern und unterscheiden Sie die Begriffe »Gebrauchsgut« und »Verbrauchsgut«.
11. Begründen Sie, welche der folgenden wirtschaftlichen Vorgänge zum Handeln nach dem Maximalprinzip oder dem Minimalprinzip gehören:
    - Für den geplanten Urlaub stehen Ihnen 1.500 EUR zur Verfügung.
    - Für den Bau eines Einfamilienhauses stehen 180.000 EUR Eigenkapital und 290.000 EUR Fremdkapital zur Verfügung.
    - Ein Wohnhaus ist zum Verkauf ausgeschrieben. Als »Verhandlungsbasis« ist ein Preis von 380.000 EUR genannt.
12. Erläutern Sie, warum in der Wirtschaft in der Regel das ökonomische Prinzip angewandt werden sollte.
13. Ein Unternehmer lässt für seine Belegschaft ein Schwimmbad zur kostenlosen Nutzung errichten. Begründen Sie, ob es sich in diesem Fall um eine Abweichung vom ökonomischen Prinzip handelt.

1.2 Betriebe als Orte der Leistungserstellung und Leistungsverwertung

Betriebe* sind Wirtschaftseinheiten, die der **Leistungserstellung** und **Leistungsverwertung** dienen.

▶ Leistungserstellung (Produktion)

Durch den planmäßigen Einsatz von Arbeit und sachlichen Mitteln werden Wirtschaftsgüter erzeugt, die mittelbar oder unmittelbar der Bedarfsdeckung dienen. Dieser Produktionsprozess vollzieht sich in Stufen von der Rohstoff- und Energiegewinnung bis zur Bereitstellung der Güter in Einzelhandels- oder sonstigen Dienstleistungsbetrieben (Tabelle, Seite 18).

▶ Leistungsverwertung (Absatz)

Die in den einzelnen Produktionsstufen erstellten Leistungen werden über den Absatzmarkt an andere Betriebe oder Haushalte abgesetzt.

* Im allgemeinen Sprachgebrauch werden die Begriffe Betrieb, Unternehmen und Unternehmung oftmals gleichgestellt.

Die Verwirklichung unternehmerischer Ziele im Betrieb bedarf eines finanziellen Fundaments und einer rechtlichen Verfassung, die in der Firma und der Rechtsform zum Ausdruck kommt. Diese rechtliche Verfassung nennt man Unternehmen (Kapitel 3).

1.2.1 Private und öffentliche Betriebe

In aller Regel findet der Leistungsprozess in privaten Betrieben statt. Aber auch die öffentlichen Gemeinwesen (EU, Bund, Länder und Gemeinden) sind an der Produktion von Gütern, insbesondere von Dienstleistungen, beteiligt.

▶ Private Betriebe

In der Marktwirtschaft wird die Güterproduktion hauptsächlich in privaten Betrieben durchgeführt. Sie bestimmen ihre Produktionspläne selbst und orientieren sich dabei über die Preise an der Nachfrage am Markt.

Beispiel: In einem Unternehmen der Fahrzeugindustrie geht der Pkw-Absatz im Mittelklassebereich stark zurück, sodass nicht mehr kostendeckend produziert werden kann. Die Unternehmensleitung plant deshalb, die gewinnbringende Kleinwagenproduktion auszubauen.

Die privaten Inhaber wollen durch die Unternehmertätigkeit ihren Lebensunterhalt erwerben. Sie sind deshalb persönlich daran interessiert, für die am Markt verkauften Produktionsleistungen so hohe Erlöse zu erzielen, dass die Kosten gedeckt sind und darüber hinaus ein Gewinn erzielt werden kann.

Das **Gewinnstreben** ist charakteristisches Merkmal für die **erwerbswirtschaftliche Zielsetzung** der **privaten Betriebe.**

Ob dabei immer auf den höchstmöglichen Gewinn **(Gewinnmaximierung)** hingearbeitet wird, ist umstritten. Vielfach gilt das erwerbswirtschaftliche Prinzip schon dann als befolgt, wenn ein angemessener Gewinn angestrebt wird.

Zum Wesen des Unternehmers gehört auch die Bereitschaft zur Übernahme des Unternehmerrisikos. Dieses besteht in der Gefahr, unternehmerische Fehlentscheidungen zu treffen. Es beginnt schon bei der Gründung mit der Wahl des Betriebszweiges, des Standortes und der Betriebskapazität. Das Unternehmerrisiko kann dem Unternehmer nicht abgenommen werden. Er trägt es selbst mit dem Risiko des Kapitalverlustes.

▶ Öffentliche Betriebe

In der sozialen Marktwirtschaft sollten sich die öffentlichen Betriebe nur in solchen Bereichen wirtschaftlich betätigen, in denen private Betriebe nicht für ein ausreichend gesichertes Güterangebot zu erträglichen Preisen sorgen, z. B. bei der Versorgung der Bevölkerung mit Wasser, Energie und Verkehrsleistungen.

Staatliche und kommunale Behörden verkaufen ihre Leistungen in der Regel nicht zu einem Marktpreis, sondern sie erheben dafür Gebühren und Beiträge.

Beispiel: Eine Gemeinde erstellt für ein neues Gewerbegebiet einen Bebauungsplan. Sie lässt mit Steuergeldern Straßen, Versorgungsleitungen und Abwasserkanäle bauen. Die neu angesiedelten Gewerbeunternehmen kommen sofort in den Genuss dieser Anlagen, müssen aber Anliegerbeiträge und regelmäßig Grundsteuern bezahlen. Für die Eintragung des Grundeigentums müssen sie Grundbuchgebühren entrichten.

Die öffentlichen Gemeinwesen können auch selbst oder durch Beteiligung Träger von Wirtschaftsunternehmen sein.

Beispiele:

1. Größere Gemeinden betreiben gemeindeeigene Wasserwerke.
2. Viele Gemeinden sind durch Aktienerwerb Allein- oder Miteigentümer von Elektrizitätsunternehmen geworden.

Gemeinwirtschaftliche Betriebe arbeiten nach dem **Versorgungsprinzip.** Sie streben, soweit kein Gewinn erzielt werden kann, nach **Kostendeckung** bzw. **Verlustminimierung.**

Ein Verlust muss indes aus dem allgemeinen Steueraufkommen getragen werden.

1.2.2 Leistungserstellung in verschiedenen Wirtschaftszweigen

Der Prozess der Leistungserstellung kann in der Produktion von Sachleistungen und/oder von Dienstleistungen bestehen.

Art der Leistungserstellung	Wirtschaftszweig
Produktion von Sachleistungen	
– Rohstoff- und Energiegewinnung	Land- und Forstwirtschaft, Bergbau, Energiewirtschaft
– Rohstoffbe- und -verarbeitung	verarbeitende Industrie, Warenhandwerk
Produktion von Dienstleistungen	
– Sammlung und Verteilung (Distribution) von Wirtschaftsgütern	Handel, Absatzhelfer (Handelsvertreter, Makler, Kommissionäre)
– Beförderung von Personen, Wirtschaftsgütern und Nachrichten	Verkehrswirtschaft (Postdienste, Telekommunikationsdienste, Eisenbahnverkehr, Kraftverkehr, Luftverkehr, Schiffsverkehr, Logistikunternehmen, Speditionen, Reisebüros)
– Zahlungs-, Kredit- und Kapitalverkehr	Geld- und Kreditwirtschaft (Banken, Sparkassen)
– Versicherungsschutz	Versicherungswirtschaft (Individual- und Sozialversicherungen)
– sonstige Dienstleistungen	Beratungsunternehmen, Hotels und Restaurants, Reparaturbetriebe, Reinigungsbetriebe, Bildungsvermittlung, Gesundheitsdienste, soziale Dienste, DV-Beratung und -Betreuung

Die verschiedenen Wirtschaftszweige lassen sich in folgende **Wirtschaftssektoren** zusammenfassen:

a) Primärsektor: Stoffe- und Energiegewinnung.

b) Sekundärsektor: Stoffebe- und -verarbeitung, Investitionsgüterindustrie.

c) Tertiärsektor: Handel und Dienstleistungsbereich.

d) Quartärsektor: die Tätigkeit der öffentlichen Gemeinwesen.

1.2.3 Betriebswirtschaftliche Produktionsfaktoren

Produktionsfaktoren sind die **Mittel und Kräfte,** mit denen **Sachgüter und Dienstleistungen erstellt** werden.

Elementarfaktoren und dispositiver Faktor

▶ Elementarfaktoren

	Erklärung	Beispiele
Arbeitsleistung	hauptsächlich ausführende Arbeit	Bedienung einer Maschine, Montage, Abwicklung eines Kundenauftrages
Betriebsmittel	Anlagen und alle Einrichtungen, die die technische Voraussetzung zur betrieblichen Leistungserstellung bilden	– Grundstücke, Gebäude – Maschinen, Anlagen, Werkzeuge – Anlagen zur Energieversorgung – Lagereinrichtungen – Sozialeinrichtungen (Kantine, Kindergarten) – Ausbildungswerkstatt – Einrichtungen zur Abfallentsorgung
Werkstoffe und Waren	Güter, die verarbeitet oder unverarbeitet in den Wertschöpfungsprozess eingehen: – Rohstoffe (Hauptbestandteile des Erzeugnisses), – Hilfsstoffe (Nebenbestandteile des Erzeugnisses), – Betriebsstoffe (werden zur Durchführung des Fertigungsprozesses benötigt), – bezogene Fertigteile, – Waren.	 Holz bei der Möbelherstellung Leim, Lack bei der Möbelherstellung Strom, Diesel, Schmiermittel zum Betreiben der Maschinen Beschläge, Schlösser bei der Möbelherstellung, Accessoires beim Möbelverkauf
Rechte	behördliche Betriebsgenehmigungen sowie gewerbliche Schutz- und Nutzungsrechte	Konzessionen, Patente, Lizenzen, Gebrauchs- und Geschmacksmuster sowie Markenzeichen

▶ Dispositiver Faktor

Der dispositive Faktor **leitet** das Unternehmen. Er ist auf die **zielsetzende, planende, organisierende, kontrollierende, rechenschaftslegende und repräsentierende Tätigkeit im Unternehmen** ausgerichtet (Kapitel 3.9).

Kombination und Substitution der Produktionsfaktoren

Zur Leistungserstellung werden mehrere Produktionsfaktoren miteinander kombiniert. Dabei sind unterschiedliche Kombinationen möglich. Die Kombination der Produktionsfaktoren wird nach dem ökonomischen Prinzip vorgenommen.

Unter dem Druck der Preiskonkurrenz werden dabei laufend in den Betrieben teurer gewordene Produktionsfaktoren durch andere, verhältnismäßig kostengünstigere, ersetzt.

Den Austausch der Produktionsfaktoren bei der Leistungserstellung nennt man Substitution der Produktionsfaktoren.

Beispiel: Durch den Einsatz von automatisierten Anlagen in der Fertigung und von Datenverarbeitungsanlagen in der Verwaltung wurden in den vergangenen Jahrzehnten Arbeitsleistungen weitgehend durch Betriebsmittel ersetzt.

Zusammenfassende Übersicht zu Kapitel 1.2: Betriebe als Orte der Leistungserstellung und Leistungsverwertung

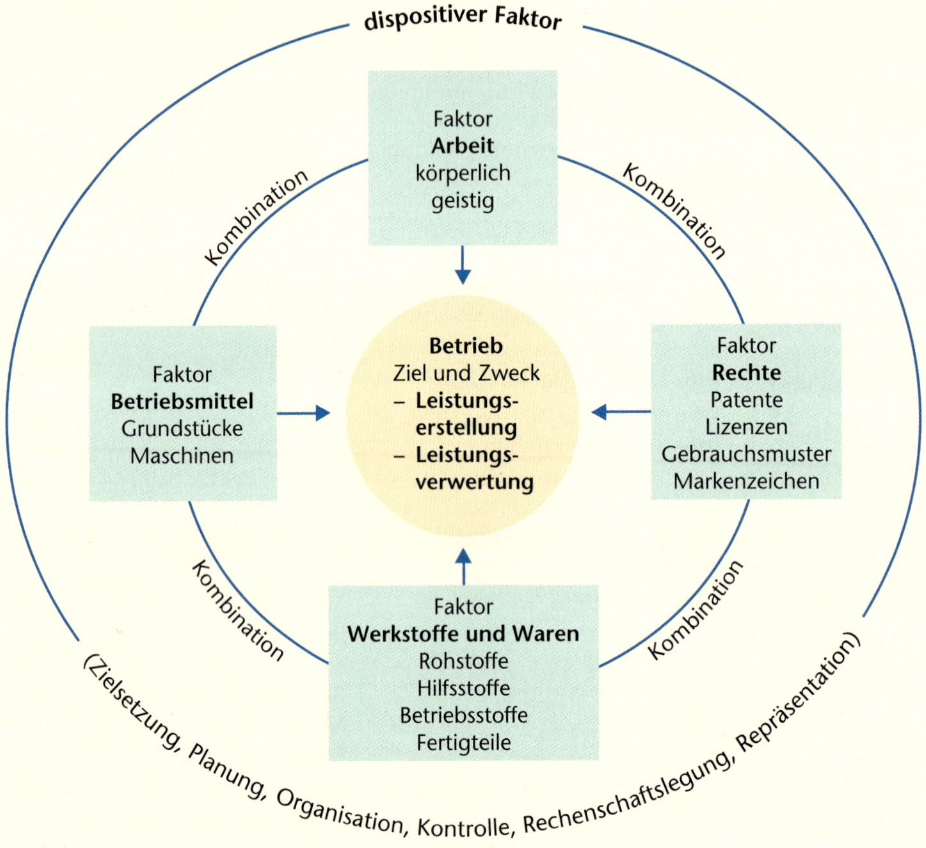

▶ Aufgaben und Probleme

1. Erläutern Sie, warum die Befolgung des erwerbswirtschaftlichen Prinzips eine gewisse Garantie für optimale Bedarfsdeckung in der Gesamtwirtschaft bietet.
2. Begründen Sie, ob es berechtigt ist, wenn private Unternehmen nach Gewinn streben.
3. Erklären Sie, wer den Jahresverlust
   a) eines privaten Unternehmens, b) eines öffentlichen Unternehmens trägt.
4. Nachdem ein Einzelunternehmer seine Ergebnisrechnung im Vorjahr mit 45.000 EUR Verlust abschließen musste, gelang es ihm, in diesem Jahr 160.000 EUR Gewinn zu

erwirtschaften. Bei einem Eigenkapital von 400.000 EUR entspricht dieser Gewinn einer Eigenkapitalverzinsung von 40 %.

Diskutieren Sie, ob es gerechtfertigt ist, dass der Unternehmer einen solchen Gewinn für sich beanspruchen kann.

5. Ordnen Sie folgende Betriebe gemäß der Tabelle, Seite 18, in entsprechende Gruppen ein:

   a) Bauunternehmen,
   b) Wasserkraftwerk,
   c) Krankenkasse,
   d) Apotheke,
   e) Hotel,
   f) Steuerberatungsbüro,
   g) Chemiewerk,
   h) Bäckerei,
   i) Salzbergwerk,
   j) Taxiunternehmen.

6. a) Auf welche Weise ist die Natur an der Leistungserstellung beteiligt?

   b) Nennen Sie die Kosten, die das Unternehmen für diesen Einsatz tragen muss.

7. Erstellen Sie eine Aufstellung der Betriebsmittel sowie der Werkstoffe bzw. Waren

   a) eines Industrieunternehmens,
   b) eines Handelsunternehmens,
   c) eines Dienstleistungsunternehmens.

8. Ordnen Sie die angegebenen Kosten nach folgendem Muster dem jeweiligen Faktoreinsatz zu:

Kostenart	entstanden durch den Einsatz des Produktionsfaktors
a) Energiekosten,	....
b) Miete für Lagerhalle,	....
c) Sozialkosten,	....
d) Instandhaltungskosten,	....
e) Vertreterprovision,	....
f) Fuhrparkkosten,	....
g) Rohstoffverbrauch,	....
h) Miete für Lagerplatz.	....

9. Wodurch unterscheidet sich die Arbeitsleistung bei den Elementarfaktoren von der Arbeitsleistung beim dispositiven Faktor?

10. Nennen Sie Mitarbeiter des Unternehmens, die dem dispositiven Faktor zugerechnet werden.

11. Erklären Sie, warum Roh- und Hilfsstoffe zu den Werkstoffen, Vorrichtungen zur Lagerung von Rohstoffen aber zu den Betriebsmitteln gehören.

12. Erörtern Sie, welchen Einfluss Klima, Bildung und Lebenseinstellung der Menschen auf die Wirtschaftsverhältnisse eines Landes haben.

13. Nennen Sie Beispiele

    a) für unterschiedliche Faktorkombinationen bei der Produktion eines Gutes,

    b) für die Substitution von Produktionsfaktoren in den vergangenen Jahren.

14. Was müsste geschehen, um die Verknappung und damit Verteuerung des Betriebsstoffes Energie in den Betrieben aufzufangen?

15. Worin besteht die Leistungserstellung

    a) eines Industriebetriebes, b) eines Handelsbetriebes?

2 Rechtliche Rahmenbedingungen des Wirtschaftens

2.1 Rechtssubjekte

Rechtssubjekte sind Rechtspersonen. Das können natürliche und juristische Personen sein.

2.1.1 Natürliche und juristische Personen

▶ **Natürliche Personen**

Das sind alle Menschen.

▶ **Juristische Personen**

Das sind Vereinigungen, die von der Rechtsordnung als eigenständige Personen behandelt werden.

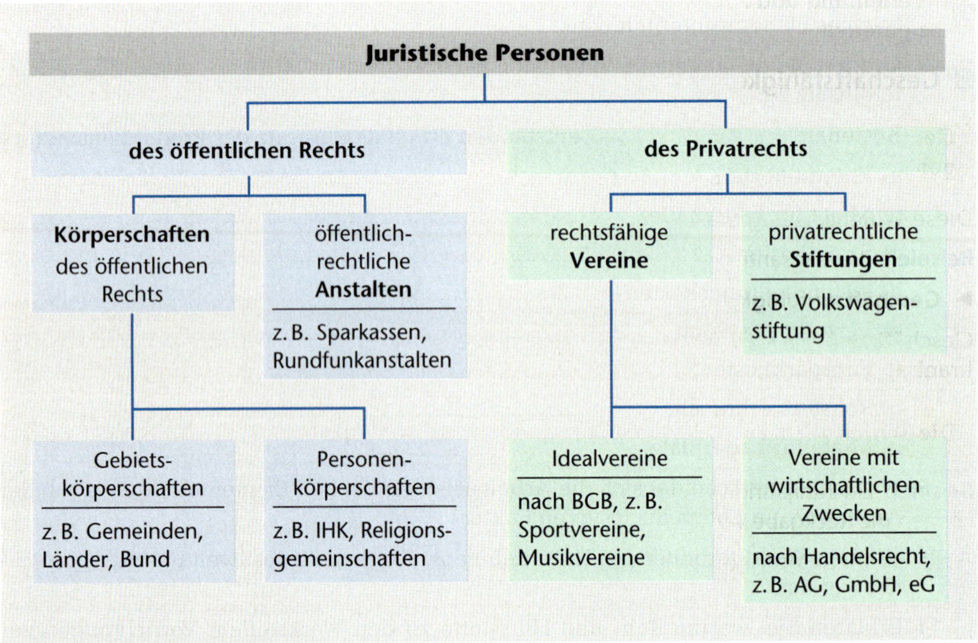

Merkmale der juristischen Personen:

1. Sie handeln durch Organe, die sich aus natürlichen Personen zusammensetzen.
2. Sie tragen einen rechtlich geschützten Namen, unter dem sie ihre Geschäfte tätigen, klagen und verklagt werden können (Firma).
3. Sie haften mit dem eigenen Vermögen. Die der juristischen Person (z. B. die Aktiengesellschaft) zugehörigen natürlichen Personen (z. B. die Aktionäre) haften nur ihr gegenüber (z. B. für die Leistung der Einlagen), nicht aber unmittelbar gegenüber den Gläubigern der juristischen Person.
4. Der Bestand der juristischen Person ist grundsätzlich von der Mitgliederbewegung unabhängig.

2.1.2 Rechtsfähigkeit und Geschäftsfähigkeit

Rechtsfähigkeit

Rechtsfähigkeit ist die Fähigkeit von Personen, Träger von Rechten und Pflichten zu sein.

Jede **natürliche Person** ist von der Geburt bis zum Tode rechtsfähig. *BGB § 1*

Beispiel: Ein zweijähriges Kind wird durch Erbfolge Eigentümer eines Hauses mit allen Rechten und Pflichten.

Jede **juristische Person** ist von der Gründung bis zur Auflösung rechtsfähig. *§§ 21–89*

Beispiel: Die Volkswagen AG erhielt ihre Rechtsfähigkeit mit der Eintragung ins Handelsregister. Sie hat einen rechtlich geschützten Namen, unter dem sie klagen und verklagt werden kann (Firma). Sie haftet mit ihrem eigenen Vermögen (Grundstücke, Fuhrpark usw.). Sie ist verpflichtet, Körperschaftsteuer zu zahlen. Die Rechtsfähigkeit endet mit der Löschung aus dem Handelsregister.

Die Verleihung und Anerkennung der Rechtsfähigkeit juristischer Personen ist durch Gesetze geregelt.

Geschäftsfähigkeit

Geschäftsfähigkeit ist die Fähigkeit, rechtsgeschäftliche Willenserklärungen abzugeben und entgegenzunehmen.

Diese Willenserklärungen begründen, ändern und heben Rechtsverhältnisse auf.

Beispiele: Vertragsantrag, Vertragsannahme, Mieterhöhung, Kündigung

▶ Geschäftsunfähigkeit

Geschäftsunfähig sind Personen bis zum vollendeten 7. Lebensjahr und dauernd Geisteskranke. *§ 104*

Die Willenserklärung eines Geschäftsunfähigen ist nichtig. *§ 105*

Beispiel: Ein fünfjähriges Kind darf sein Kickboard nicht rechtsgültig verschenken. Die Eltern können die Rückgabe verlangen.

Für **Geschäftsunfähige** handelt i. d. R. nur der gesetzliche Vertreter (Eltern, Vormund).

Geschäftsunfähige können aber als Boten (Übermittlung einer fremden Willenserklärung) handeln.

Ein **volljähriger Geschäftsunfähiger** kann ein Geschäft des täglichen Lebens, das mit geringwertigen Mitteln bewirkt werden kann, tätigen. *§ 105a*

▶ Beschränkte Geschäftsfähigkeit *§ 106*

Dies gilt für Personen vom vollendeten 7. bis zum vollendeten 18. Lebensjahr.

Die Willenserklärung eines beschränkt Geschäftsfähigen bedarf in der Regel der Zustimmung des gesetzlichen Vertreters. *§ 107*

Beispiel: Ein 16-jähriger Schüler muss sich den Kauf eines Mofas genehmigen lassen.

Die vorher erteilte Zustimmung heißt »Einwilligung«, die nachträglich erteilte Zustimmung »Genehmigung«. Schließt ein beschränkt Geschäftsfähiger ohne Einwilligung des gesetzlichen Vertreters ein Rechtsgeschäft ab, ist es bis zur Genehmigung durch den ge- *§ 108* setzlichen Vertreter schwebend unwirksam. Stimmt der gesetzliche Vertreter nachträglich zu, wird das Rechtsgeschäft voll wirksam. Bei Kredit- und Ratengeschäften ist die Genehmigung des Vormundschaftsgerichtes erforderlich. *BGB § 1643*

Die folgenden Rechtsgeschäfte eines beschränkt Geschäftsfähigen sind auch ohne Zustimmung des gesetzlichen Vertreters wirksam:

§ 107 1. Er gibt Willenserklärungen ab, durch die er nur rechtliche Vorteile erlangt (Mahnung, Annahme einer Schenkung).

§ 110 2. Er schließt Verträge ab und erfüllt sie mit Mitteln, die ihm zur freien Verfügung oder zu diesem Zweck von dem gesetzlichen Vertreter oder mit dessen Zustimmung von einem Dritten überlassen worden sind (»Taschengeldparagraf«).

§ 112 3. Wenn der gesetzliche Vertreter dem Minderjährigen erlaubt, ein Erwerbsgeschäft selbstständig zu führen, ist der Minderjährige für alle Rechtsgeschäfte, die sich daraus ergeben, unbeschränkt geschäftsfähig. Allerdings muss das Vormundschaftsgericht diese Erlaubnis genehmigen. (»Handelsmündigkeit«).

§ 113 4. Wenn der gesetzliche Vertreter dem Minderjährigen erlaubt, einen Arbeits- oder Dienstvertrag abzuschließen, ist der Minderjährige für alle Rechtsgeschäfte, die sich daraus ergeben, unbeschränkt geschäftsfähig. Das betrifft das Eingehen, die Erfüllung oder die Aufhebung des Dienst- oder Arbeitsverhältnisses.

Beispiele: Arbeitszeit, Lohn- oder Gehaltsansprüche, Urlaub, Kündigungsfrist, Kündigung

▶ Unbeschränkte Geschäftsfähigkeit

Personen, die das 18. Lebensjahr vollendet haben, sind **unbeschränkt geschäftsfähig,** außer sie gehören zu den Geschäftsunfähigen.

Die Willenserklärungen eines **unbeschränkt Geschäftsfähigen** sind voll **rechtswirksam.**

Beispiel: Eine 19-Jährige kann einen Kaufvertrag rechtswirksam abschließen.

Eine juristische Person ist von ihrer Gründung bis zur Auflösung unbeschränkt geschäftsfähig. Für sie handeln die im Gesetz und in der Satzung dafür bestimmten Organe.

Beispiel: Für einen eingetragenen Verein handelt der Vorstand.

Zusammenfassende Übersicht zu Kapitel 2.1: Rechtssubjekte

Rechtssubjekte

- **natürliche Personen**
- **juristische Personen**

Rechtsfähigkeit
- natürliche Person
- juristische Person

Geschäftsfähigkeit
- geschäftsunfähig
- beschränkt geschäftsfähig
- unbeschränkt geschäftsfähig

▶ **Aufgaben und Probleme**

1. Welche der folgenden Personen oder Institutionen sind juristische Personen?
   a) Sportclub Forchheim e.V.,
   b) Richter beim Landgericht,
   c) Stadtsparkasse Mannheim,
   d) Bundesrepublik Deutschland,
   e) Vorstandsmitglied einer AG.
2. Die 17-jährige Hildegard Gut absolviert eine Ausbildung zur Kauffrau im Groß- und Außenhandel.
   a) Von der Ausbildungsvergütung stehen ihr monatlich 300 EUR als Taschengeld zur Verfügung. Eines Tages schließt sie einen Kreditvertrag zum Kauf eines Motorrollers über 2.000 EUR ab. Wie ist die Rechtslage?
   b) Ein Onkel hat ihr für diesen Zweck 1.000 EUR geschenkt. Wie ist die Rechtslage?
   c) Unter welchen Voraussetzungen könnte sie nach Beendigung des Ausbildungsverhältnisses den Betrieb wechseln?
   d) Unter welchen Voraussetzungen könnte sie das Großhandelsgeschäft des kranken Vaters übernehmen?
3. Wie ist die Rechtslage in folgenden Fällen?
   a) Die 15-jährige Christine hat von ihrem Patenonkel als Geschenk ein Fahrrad erhalten. Da die Eltern seit einiger Zeit mit dem Onkel Streit haben, verlangen sie von Christine, das Fahrrad zurückzugeben.
   b) Der 6-jährige Jörg kauft ohne Wissen der Eltern von seinen Ersparnissen im benachbarten Spielwarengeschäft einen Spielzeugpanzer. Da die Eltern damit nicht einverstanden sind, wollen sie das Spielzeug zurückbringen.
   c) Die 6-jährige Angie kauft sich ohne Wissen der Eltern von ihren Ersparnissen eine Tüte Gummibärchen, die sie auch alle aufisst. Die Eltern sind gegen den Kauf von Süßigkeiten und bringen die leere Tüte dem Einzelhändler zurück.
   d) Die 17-jährige Mitarbeiterin eines Reinigungsunternehmens kündigt ihrem Arbeitgeber. Der Vater will die Kündigung rückgängig machen.

2.2 Rechtsobjekte

2.2.1 Sachen und Rechte

Sachen

Man unterscheidet

- bewegliche Sachen (Mobilien).
  Beispiele: Buch, Pkw
- unbewegliche Sachen (Immobilien).
  Beispiele: Grundstücke, Gebäude

Tiere sind nach dem BGB keine Sachen. Die Vorschriften für Sachen sind aber auch auf sie anzuwenden. Dabei müssen jedoch die besonderen Schutzbestimmungen für Tiere als Lebewesen beachtet werden. *BGB § 90a*

Rechte

Neben Sachen können auch Rechte Gegenstand des Rechtsverkehrs sein.

Beispiele: Patent, Gebrauchsmuster, Konzession

2.2.2 Eigentum und Besitz

Der **Eigentümer** hat die **rechtliche Herrschaft** über einen Gegenstand.

BGB § 903 Ihm gehört der Gegenstand. Er hat das Recht, ihn zu verkaufen, zu verschenken oder zu vermieten.

Der **Besitzer** hat die **tatsächliche Gewalt** über einen Gegenstand.

§ 854 Er hat den Gegenstand. Der Besitzer eines Autos kann damit fahren, der Besitzer einer Wohnung kann darin leben.

§ 872 Im Allgemeinen ist der Eigentümer einer Sache auch deren Besitzer. Vermietet der Hauseigentümer jedoch eine Wohnung, so bleibt er Eigentümer, der Mieter wird Besitzer. Verleiht jemand ein Buch, so bleibt er Eigentümer, der Entleiher wird Besitzer. Der Besitzer
§ 985 muss dem Eigentümer die Sache unbeschädigt zurückgeben. Der Eigentümer hat gegenüber dem Besitzer einen Herausgabeanspruch.

Diebe sind widerrechtliche Besitzer der gestohlenen Sache.

Eigentumsübertragung (Übereignung) (Bild, Seite 27)

§ 929 **▶ Eigentumsübertragung an beweglichen Sachen**

An beweglichen Sachen erfolgt die Eigentumsübertragung nach folgenden Möglichkeiten:

1. **Gegenstand ist beim Veräußerer:** Durch Einigung zwischen Veräußerer und Erwerber, dass das Eigentum übergehen soll, und Übergabe. Die Einigung erfolgt meist stillschweigend. Durch Übergabe wird der Erwerber Besitzer. Durch Einigung und Übergabe wird er Eigentümer.

   Beispiel: Der Buchhändler übergibt dem Käufer das gekaufte Buch. Beide sind sich einig über die beabsichtigte Eigentumsübertragung.

§ 931 2. **Gegenstand ist bei einem Dritten:** Durch Einigung und Abtretung des Herausgabeanspruches.

   Beispiel: Ein Fahrradhändler hat ein Fahrrad vermietet. Er vereinbart mit einem Käufer, dass dieser den Herausgabeanspruch gegenüber dem Fahrradnutzer hat.

§ 929 (2) 3. **Gegenstand ist beim Erwerber:** Durch Einigung, dass der Besitzer Eigentümer werden soll.

   Beispiel: Kauf eines auf Probe überlassenen Kaffeevollautomaten

§ 930 4. **Veräußerer soll Besitzer bleiben:** Durch Einigung, dass der Erwerber Eigentümer werden soll, und Vereinbarung, dass der Veräußerer Besitzer bleibt **(Besitzkonstitut).**

   Beispiel: Kauf von Barrengold bei der Bank und deren Verwahrung im Safe

§ 873 **▶ Eigentumsübertragung an unbeweglichen Sachen**

An **unbeweglichen Sachen** erfolgt die Eigentumsübertragung durch Auflassung und Eintragung im **Grundbuch.** Die Auflassung ist die Einigung zwischen Veräußerer und Erwerber, dass das Eigentum übergehen soll. Sie muss bei gleichzeitiger Anwesenheit beider
§ 925 Teile vor einem Notar erklärt und durch ihn beurkundet werden. Die Eintragung ins Grundbuch ist bei Grundstücken das äußere Zeichen des Eigentumsübergangs.

Die Eintragung erfolgt, wenn

- die Auflassung nachgewiesen ist,
- die Eintragung vom Verkäufer bewilligt und vom Käufer beantragt wird,
- eine Bestätigung des Finanzamts über die Entrichtung der Grunderwerbsteuer vorliegt.

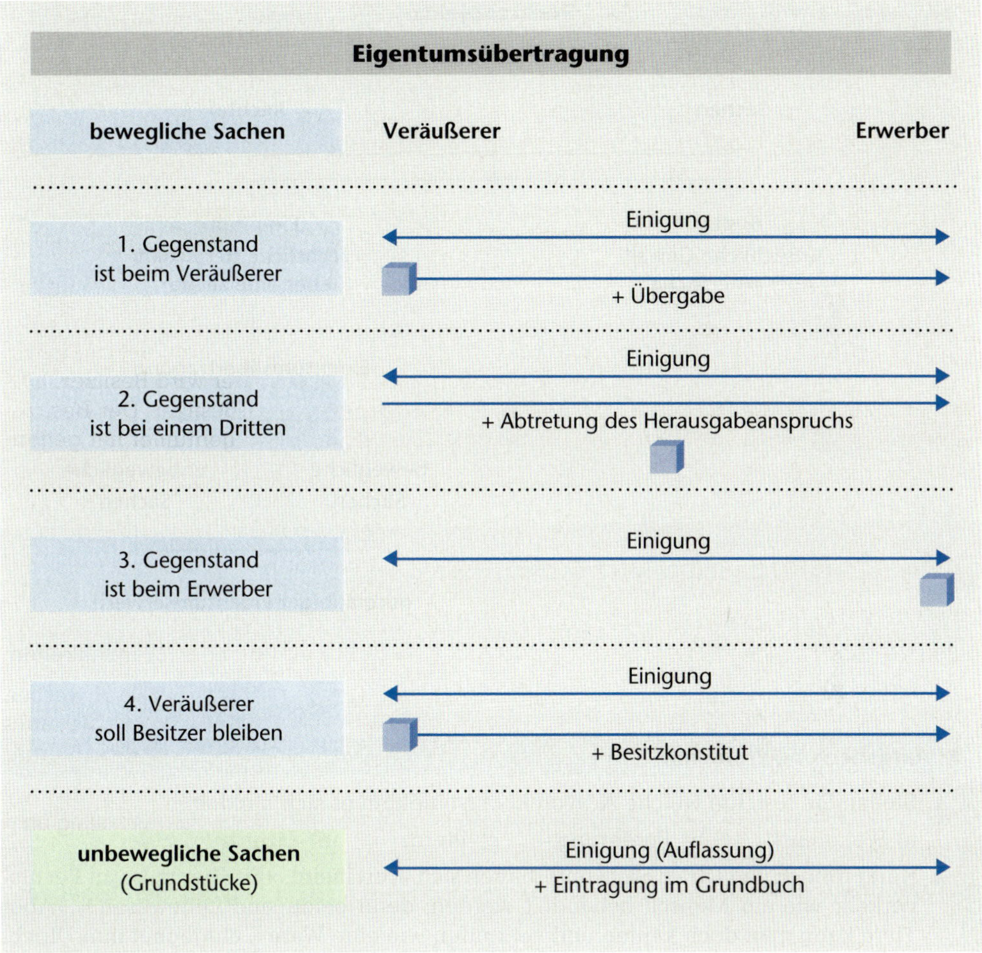

Gutgläubiger Eigentumserwerb

Verkauft jemand eine Ware, die ihm nicht gehört, so erwirbt der Käufer dennoch das Eigentum, wenn er im »guten Glauben« ist. Gutgläubig ist, wer den Veräußerer nach den Umständen für den Eigentümer halten darf. *BGB § 932*

Beispiel: Ein Textileinzelhändler verkauft ein Kleid, für das sich der Hersteller das Eigentum noch vorbehalten hat, im Laden zum normalen Preis an eine Kundin. Die Kundin ist gutgläubig. Sie wird aus Gründen der Rechtssicherheit Eigentümerin des Kleides.

Gutgläubiger Erwerb ist nicht möglich an gestohlenen, verloren gegangenen oder anderweitig abhanden gekommenen Sachen. Der Eigentümer kann von jedem späteren Erwerber die Herausgabe seines Eigentums ohne Erstattung eines Entgelts verlangen. Auf Geld und Inhaberpapiere findet diese Bestimmung keine Anwendung. *§ 935*

Zusammenfassende Übersicht zu Kapitel 2.2: Rechtsobjekte

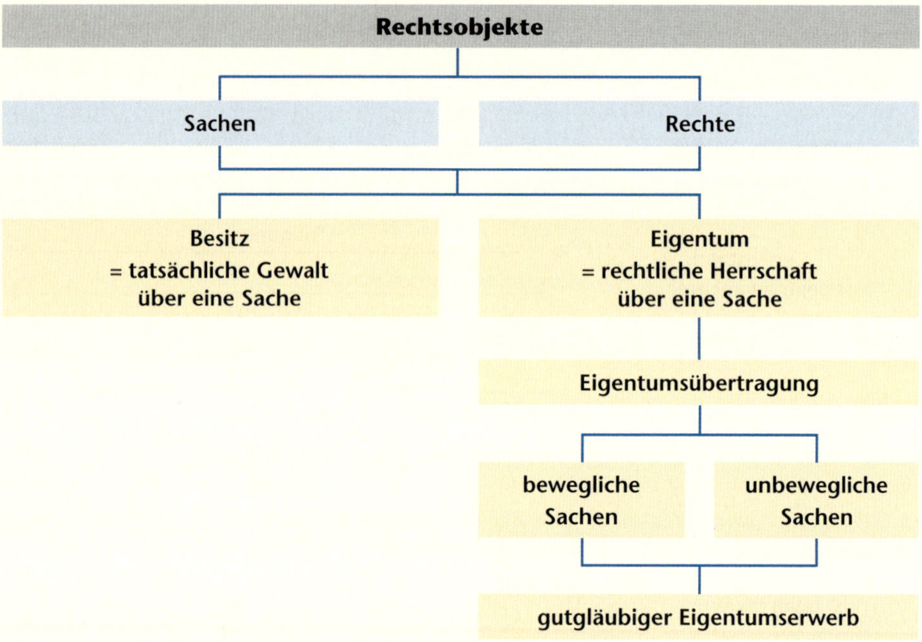

▶ Aufgaben und Probleme

1. Stellen Sie fest, um welche Art von Rechtsobjekten es sich handelt:
   a) Wohnhaus, b) Forderung, c) Pferd, d) Lizenz.
2. Kurt Fröhlich und Ulrich Seitz unterhalten sich. Kurt meint: »Ein Tier muss im Rechtsverkehr wie ein Mensch behandelt werden, denn beide sind Lebewesen.« »Aber Tiere kann man doch kaufen und verkaufen wie eine Ware«, entgegnet ihm Ulrich. Nehmen Sie Stellung zu diesen Aussagen. Beachten Sie dabei die §§ 90 – 103 BGB.
3. Wie ist die jeweilige Rechtslage?
   a) Es wird Ihnen Ihr eigenes oder ein entliehenes Fahrrad entwendet. Sie haben den Dieb auf frischer Tat ertappt bzw. nach zwei Tagen entdeckt.
   b) Der Mieter eines Lagerhauses gibt den Raum nicht frei, obwohl der Vermieter rechtzeitig gekündigt hat.
   c) Der Mieter nimmt ohne Erlaubnis des Vermieters bauliche Veränderungen vor.
4. Wann und wo geht in folgenden Fällen das Eigentum an einer Ware auf den Käufer über?
   a) Der Käufer kauft die Ware im Laden und nimmt sie mit (Handkauf).
   b) Der Verkäufer sendet die Ware dem Käufer am gleichen Ort zu (Platzkauf).
   c) Verkäufer und Käufer wohnen an verschiedenen Orten und der Verkäufer sendet die Ware mithilfe eines Paketdienstleisters (Versendungskauf).

5. Frau Reich kauft einen Perserteppich gegen sofortige Bezahlung.
   a) Zu welchem Zeitpunkt erwirbt sie das Eigentum?
   b) Nach einigen Tagen erhält sie die polizeiliche Aufforderung, den Teppich abzuliefern, da er aus einem Einbruchdiebstahl stamme. Was kann sie bezüglich des Teppichs beziehungsweise des gezahlten Kaufpreises unternehmen?
6. Wann werden Sie in folgenden Fällen Eigentümer (Begründung)?
   a) Sie schließen am 15. Oktober im Computer-Shop einen Kaufvertrag über einen PC mit Zubehör. Sie bezahlen sofort mit electronic cash. Die Anlage wird erst am 30. Oktober geliefert.
   b) Sie kaufen am 1. Juni im Fahrradgeschäft ein Rennrad für 1.000 EUR und nehmen es sofort mit. Die Zahlung soll innerhalb eines Monats erfolgen.
7. Die Geschäftsführerin der Kopier- und Textverarbeitungs-GmbH verkauft ihrer Mitarbeiterin Marianne Schreiber einen Drucker, dessen Kaufpreis 3 Monate später mit der Entgeltzahlung verrechnet werden soll. Noch vor der Zahlung verkauft und übergibt Marianne den Drucker an ihre Freundin Brigitte.
   a) Begründen Sie, wer nach diesen Vorgängen Eigentümerin ist.
   b) Wie ist die Situation rechtlich zu beurteilen, wenn Brigitte wusste, dass Marianne den Drucker noch nicht bezahlt hatte?
8. Sie kaufen von einer Bekannten ein Surfbrett. Es stellt sich heraus, dass das Surfbrett durch ein Sportgeschäft vermietet wurde. Wie ist die Rechtslage?
9. Sie verhandeln mit Frau Weber über den Erwerb eines Grundstücks. Mit Schreiben vom 20. Juni erklärt sich Frau Weber mit dem Verkauf einverstanden. Die Grundstücksauflassung erfolgt am 15. Juli in Anwesenheit beider Vertragspartner vor dem Notar. Gleichzeitig wird die Eintragung der Grundstücksübereignung im Grundbuch beantragt. Am 10. August erfolgt die Umschreibung.
   a) Wann fand der rechtswirksame Abschluss des Kaufvertrages statt?
   b) Welche Rechte haben Sie dadurch erworben?
   c) Wann wurden Sie Eigentümer des Grundstücks?
   d) Welche Rechte haben Sie als Eigentümer des Grundstücks erlangt?

2.3 Rechtsgeschäfte

Willenserklärungen können mündlich, schriftlich oder durch schlüssiges Handeln abgegeben werden.

Beispiele:

1. Der Verkäufer in einem Ladengeschäft nennt dem Kunden den Preis eines Artikels.
2. Der Sachbearbeiter im Einkauf schickt ein ausgefülltes und unterschriebenes Angebotsformular an den Lieferanten.
3. Handheben bei einer Versteigerung, Einsteigen in einen Bus

Rechtsgeschäfte sind Geschäfte, aus denen sich Rechtsfolgen ergeben. Sie entstehen durch Willenserklärungen.

Sie können **Rechtsverhältnisse begründen, ändern oder aufheben.**

Beispiele: Abschluss eines Mietvertrages, Vereinbarung einer Mieterhöhung, Kündigung des Mietvertrages durch den Mieter

2.3.1 Arten und Zustandekommen der Rechtsgeschäfte

Einseitiges Rechtsgeschäft

Es entsteht durch die Willenserklärung **einer** Person.

empfangsbedürftige Willenserklärung	nicht empfangsbedürftige Willenserklärung
Eine **empfangsbedürftige** Willenserklärung muss in den Herrschaftsbereich des Empfängers gelangen, um rechtswirksam zu werden.	Eine **nicht empfangsbedürftige** Willenserklärung wird bereits mit ihrer Abgabe rechtswirksam.
Beispiel: Eine Kündigung muss zum Kündigungstermin im Briefkasten oder auf dem Schreibtisch des Empfängers angekommen sein.	Beispiel: Ein formgerechtes Testament ist bereits mit der Erstellung gültig.

Mehrseitiges Rechtsgeschäft

Es entsteht durch die Willenserklärungen mehrerer Personen.

▶ Verpflichtungsgeschäft

Durch Verpflichtungsgeschäfte (Verträge) werden dem Vertragspartner Verpflichtungen zur Rechtsänderung auferlegt.

Beispiel: Der Verkäufer hat sich durch den Kaufvertrag verpflichtet, dem Käufer die Kaufsache zu übergeben und ihm das Eigentum daran zu übertragen.

Verträge kommen durch übereinstimmende **Willenserklärungen** von zwei oder mehr Personen **zustande.**

Die zuerst abgegebene Willenserklärung heißt **Antrag.** Er kann von jedem Partner ausgehen. Die zustimmende Willenserklärung heißt **Annahme.** Ein Vertrag ist mit der Annahme des Antrages abgeschlossen.

Beispiele:

1. Bei der Vermietung einer Wohnung kann der Vermieter durch Angabe der Mietbedingungen die Wohnung »antragen«. Mit der Annahme dieses Antrages durch den Mieter ist der Mietvertrag abgeschlossen.
2. Der Mieter kann aber auch dem Vermieter gegenüber den Mietantrag stellen. Dann wird durch die Annahme des Antrages durch den Vermieter der Mietvertrag abgeschlossen.

Je nachdem, ob sich aus einem Vertrag Leistungsverpflichtungen nur für eine der Parteien oder für beide ergeben, spricht man von **einseitig verpflichtenden Verträgen** (Bürgschaft, Schenkung) und **mehrseitig verpflichtenden Verträgen** (Kauf-, Miet-, Pacht-, Gesellschaftsvertrag).

▶ Verfügungsgeschäft

Durch das Verfügungsgeschäft werden unmittelbare Rechtsänderungen an Sachen oder Rechten bewirkt (Eigentumsübertragungen). Es kommt durch **Willenserklärungen** (Einigung) und **Handlungen** (Übergabe, Grundbucheintragung) zustande. Da ein Verfügungsgeschäft grundsätzlich der Erfüllung von Verträgen dient, wird es auch **Erfüllungsgeschäft** genannt.

2.3.2 Form der Rechtsgeschäfte

▶ Formfreiheit

Formfreiheit bedeutet, dass ein Rechtsgeschäft in jeder beliebigen Form abgeschlossen werden kann. Eine Willenserklärung kann also mündlich, schriftlich oder durch schlüssiges (konkludentes) Handeln abgegeben werden. Die Form ist grundsätzlich für die Gültigkeit des Rechtsgeschäftes unerheblich.

Beispiele: Angebot mittels Telefongespräch, Brief oder Fax

Eine E-Mail als Willenserklärung hat nur in den Fällen volle rechtsgeschäftliche Wirkung, in denen auch eine mündliche Willenserklärung ausreichen würde, z. B. für die Bestellungsannahme auf ein schriftlich vorliegendes Angebot.

▶ Formzwang

BGB § 125

Formzwang bedeutet, dass ein Rechtsgeschäft in der gesetzlich vorgeschriebenen oder vertraglich vereinbarten Form vorgenommen werden muss. Vorteile: erhöhte Sicherheit, leichte Beweisbarkeit, Schutz vor Übereilung und Leichtfertigkeit.

Folgende Formen sind möglich:

Form	Erklärung	Beispiele	
schriftlich	Die Urkunde muss von dem Aussteller eigenhändig durch Namensunterschrift unterzeichnet werden. Wird über einen Vertrag nur eine Urkunde ausgestellt, müssen beide Parteien unterzeichnen. Werden über einen Vertrag mehrere Urkunden ausgestellt, so genügt es, wenn jede Partei die Urkunde unterzeichnet, die für die andere Partei bestimmt ist.	– Bürgschaftserklärungen, – Wohnungsmietverträge über länger als ein Jahr, – Privattestamente müssen eigenhändig geschrieben und unterschrieben sein.	*§ 126 § 766 § 566 § 2231*
elektronisch	Die elektronische Form ersetzt die Schriftform, wenn das elektronische Dokument mit einer qualifizierten elektronischen Signatur versehen und der Name des Ausstellers hinzugefügt wird.	elektronische Steuererklärung	*126a SigG § 2*
Text	Bei der Textform muss die Erklärung durch die Nachbildung einer Namensunterschrift oder anders erkennbar gemacht werden. Dadurch kann auf die eigenhändige Unterschrift in bestimmten Fällen verzichtet werden.	– Gehaltsabrechnung – Bußgeldbescheid	*BGB § 126b*
öffentliche Beglaubigung	Die Erklärung muss schriftlich abgefasst und die Unterschrift des Erklärenden von einem Notar beglaubigt werden. Die Beglaubigung bestätigt nur die Echtheit der Unterschrift und bezieht sich nicht auf den Inhalt der Urkunde.	schriftliche Anmeldungen und Anträge zum Handelsregister und zum Grundbuch	*§ 129*
notarielle Beurkundung	Die Willenserklärungen werden von einem Notar protokollarisch aufgenommen. Seine Beurkundung bestätigt sowohl die Echtheit der Unterschrift als auch den Inhalt der Willenserklärung.	Beim Kauf eines Grundstückes ist ein notariell beurkundeter Kaufvertrag abzuschließen. Damit erhält der Käufer den Anspruch auf Eigentumsübertragung.	*§ 128 § 311b*

2.3.3 Nichtigkeit und Anfechtbarkeit von Rechtsgeschäften

Nichtigkeit von Willenserklärungen und Rechtsgeschäften

BGB § 142 Die **Nichtigkeit von Rechtsgeschäften** hat zur **Folge,** dass die Vertragspartner so gestellt werden müssen, als hätte das **Rechtsgeschäft nie stattgefunden.**

	Willenserklärungen und Rechtsgeschäfte	Beispiele
§ 105 (1)	Willenserklärungen von Geschäftsunfähigen	Ein 6-jähriges Kind kann sein Kickboard nicht rechtswirksam seiner Freundin schenken. Die Eltern können die Herausgabe verlangen.
§ 105 (2)	Willenserklärungen, die im Zustand der Bewusstlosigkeit oder vorübergehender Störung der Geistestätigkeit abgegeben wurden	Jemand verschenkt »im Rausch« seine Armbanduhr.
§ 117	Rechtsgeschäfte, die zum Schein abgeschlossen wurden	Der Käufer eines Hauses lässt beim Notar in den Kaufvertrag nicht die tatsächlich verabredete Kaufsumme von 450.000 EUR eintragen, sondern nur 300.000 EUR, um die Grunderwerbsteuer zu vermindern. Der Scheinvertrag über 300.000 EUR ist nichtig.
§ 118	Rechtsgeschäfte, die nicht ernsthaft beabsichtigt waren und bei denen der Antragende davon ausgeht, dass jeder andere dies nicht missversteht	A sagt während einer Wanderung zu B: »Ich habe so großen Durst, ich würde jetzt 100 EUR für 1 Flasche Wasser bezahlen.«
§ 134	Rechtsgeschäfte, die gegen ein gesetzliches Verbot verstoßen	Ein Kaufvertrag über Rauschgift ist nichtig, da der Drogenhandel verboten ist.
§ 138	Rechtsgeschäfte, die gegen die guten Sitten verstoßen	A verlangt von B, der sich in einer finanziellen Notlage befindet, für ein Darlehen 40 % Zinsen. Der Darlehensvertrag ist nichtig (Wucher).
§ 125	Rechtsgeschäfte, die gegen die gesetzlichen oder rechtsgeschäftlich bestimmten Formvorschriften verstoßen	Ein mündlich abgeschlossener Grundstückskauf ist nichtig, weil er notariell beurkundet werden muss.

Anfechtbarkeit von Rechtsgeschäften

Gültig zustande gekommene Rechtsgeschäfte werden **durch Anfechtung** mit rückwirkender Kraft von **Anfang an nichtig.**

Gründe für die Anfechtbarkeit von Rechtsgeschäften	
unbewusstes Abweichen des Willens von der Erklärung (Irrtum)	**arglistge Täuschung und widerrechtliche Drohung** Die Anfechtung hat binnen Jahresfrist ab Entdeckung der Täuschung oder seit Wegfall der Zwangslage zu erfolgen. Es gilt die 10-Jahres-Frist, in der die Anfechtung möglich ist. **Beispiele:** 1. Ein Gebrauchtwagenhändler verkauft seinen Unfallwagen als »garantiert unfallfrei«. 2. Ein Arbeitnehmer droht dem Arbeitgeber mit einer Anzeige wegen Steuerhinterziehung, falls er seine Forderung auf Gehaltserhöhung ablehnen sollte.

BGB § 123

Arten des Irrtums			
Inhaltsirrtum	**Erklärungsirrtum**	**Übermittlungsirrtum**	**Eigenschaftsirrtum**
Irrtum über die Bedeutung der Willenserklärung	Irrtum bei der Äußerung des Willens durch Versprechen oder Verschreiben	Irrtum bei der Übermittlung des fremden Willens durch einen Dritten	Irrtum bei der Willensbildung aufgrund einer falschen Vorstellung der Person oder der Sache
Beispiel: Statt eines Leasingvertrages für einen Pkw wird ein Kaufvertrag unterschrieben.	**Beispiel:** Bei einem Angebot wird durch Verschreiben als Preis 15 EUR statt 51 EUR angegeben.	**Beispiel:** Der Bote einer Autowerkstatt wird beauftragt, eine Auspuffanlage für den Autotyp A4 im Zentrallager zu kaufen. Versehentlich verlangt er dort aber eine Auspuffanlage für den Typ A6.	**Beispiel:** Ein Geschäftsmann stellt einen Kassierer ein und erfährt nachträglich, dass dieser wegen Unterschlagung vorbestraft ist.

§ 119

2.3.4 Vertragsarten im Überblick

	Vertragsart	Vertragsgegenstand	Pflichten der Vertragspartner	Beispiel
BGB §§ 433–458	**Kaufvertrag**	Erwerb eines Gegenstandes gegen Entgelt	**Verkäufer:** Übergabe des Gegenstandes und Verschaffung des Eigentums. **Käufer:** Annahme des Gegenstandes und Bezahlung des Kaufpreises.	Ein Unternehmen kauft ein Auto.
§§ 631–651	**Werkvertrag**	Herstellung eines Werkes gegen Entgelt	**Unternehmer:** Zustandebringen eines bestimmten Arbeitserfolges. **Besteller:** Annahme des Werkes, Bezahlung der vereinbarten Vergütung.	Jemand lässt die selbst besorgten Lampen von einem Elektriker anbringen.
§§ 611–630	**Dienstvertrag**	Leistungen von Diensten gegen Entgelt	**Arbeitnehmer:** Verrichtung einer Arbeit. **Arbeitgeber:** Bezahlung der vereinbarten Vergütung.	Ein kaufmännischer Angestellter unterschreibt einen Arbeitsvertrag.
§§ 516–534	**Schenkungsvertrag**	Unentgeltliche Zuwendung von Sachen oder Rechten, durch die der Beschenkte bereichert wird	**Schenker:** Übereignung der Sache. **Beschenkter:** Annahme der Sache.	Ein Autohersteller spendet dem Roten Kreuz einen Notarztwagen.
§§ 535–580	**Mietvertrag**	Überlassung von Sachen zum Gebrauch gegen Entgelt	**Vermieter:** Übergabe der Sache im vertragsgemäßen Zustand. **Mieter:** Bezahlung der Miete, Rückgabe derselben Sache.	Ein Auszubildender mietet ein Zimmer.
§§ 581–597	**Pachtvertrag**	Überlassung von Sachen und Rechten zum Gebrauch und Fruchtgenuss gegen Entgelt	**Verpächter:** Übergabe der Sache im vertragsgemäßen Zustand. **Pächter:** Bezahlung der Pacht, Rückgabe derselben Sache.	Ein Koch übernimmt eine Gastwirtschaft.
§§ 598–606	**Leihvertrag**	Überlassung von Sachen zum Gebrauch ohne Entgelt	**Verleiher:** Überlassung der Sache im vertragsgemäßen Zustand. **Entleiher:** Rückgabe derselben Sache.	Ein Schüler erhält von seiner Schule kostenlos die Lehrbücher.
§§ 607–610	**Sachdarlehensvertrag**	Unentgeltliche oder entgeltliche Überlassung von vertretbaren Sachen	**Darlehensgeber:** Überlassung einer vereinbarten vertretbaren Sache. **Darlehensnehmer:** Rückerstattung von Sachen gleicher Art, Güte und Menge und eventuelle Zahlung des vereinbarten Darlehensentgelts.	Ein Autofahrer erhält von seinem Nachbarn 5 Liter Benzin und gibt später den wieder aufgefüllten Ersatzkanister zurück.

Vertragsart	Vertragsgegenstand	Pflichten der Vertragspartner	Beispiel	
Darlehensvertrag	Unentgeltliche oder entgeltliche Überlassung eines vereinbarten Geldbetrags	**Darlehensgeber:** Überlassung des Darlehensbetrages. **Darlehensnehmer:** Rückzahlung des Darlehens und eventuelle Zahlung der geschuldeten Zinsen.	Ein Kaufmann nimmt bei der Bank einen Kredit auf.	*BGB §§ 488–498*
Versicherungsvertrag	Risikoübernahme gegen Entgelt	**Versicherungsnehmer:** Bezahlung der vereinbarten Prämie. **Versicherer:** Erbringung der vereinbarten Leistung im Versicherungsfall.	Ein Unternehmer versichert sein Gebäude gegen Hochwasser.	*VVG § 1*
Gesellschaftsvertrag	Gegenseitige Verpflichtung der Gesellschafter, die Erreichung eines gemeinsamen Zieles zu fördern	**Gesellschafter** sind verpflichtet zu: – Leistung der vereinbarten Beiträge, – gemeinschaftlicher Geschäftsführung.	Zwei Kaufleute gründen eine OHG.	*BGB §§ 705–740*

Zusammenfassende Übersicht zu Kapitel 2.3: Rechtsgeschäfte

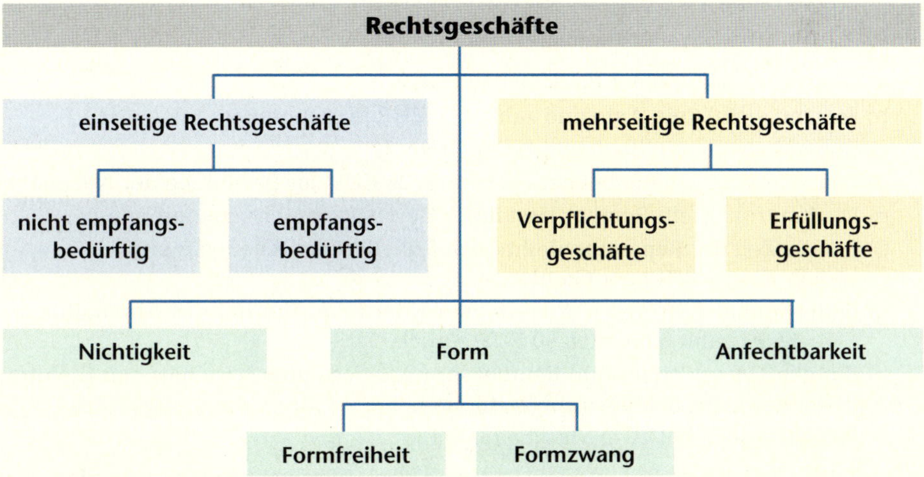

Arten von mehrseitigen Rechtsgeschäften

- Kaufvertrag
- Werkvertrag
- Dienstvertrag
- Schenkungsvertrag
- Mietvertrag
- Pachtvertrag
- Leihvertrag
- Sachdarlehensvertrag
- Darlehensvertrag
- Versicherungsvertrag
- Gesellschaftsvertrag

▶ Aufgaben und Probleme

1. Warum kann Formfreiheit nicht für alle Rechtsgeschäfte gelten?
2. Entscheiden und begründen Sie, ob in folgenden Fällen eine rechtsgeschäftliche Willenserklärung vorliegt:
   a) Herr Birk legt einige Lebensmittel auf das Kassenband des Supermarktes.
   b) Die Groß KG schickt eine Anfrage wegen einer Maschine an die Maschinenfabrik Schneider GmbH.
   c) Herr Luib steigt in die Straßenbahn ein.
   d) Die 20-jährige Franziska verabredet sich mit ihrer Freundin zu einem Kinobesuch.
   e) Saskia bestellt telefonisch eine Konzertkarte.
   f) Frau Schwarz sagt einer Studentin ein Zimmer ihres Hauses für ein Semester zu.
3. Ein Mieter kündigt den Mietvertrag. Wie ist die jeweilige Rechtslage?
   a) Er lässt das Kündigungsschreiben auf seinem Schreibtisch liegen.
   b) Er übergibt das Schreiben rechtzeitig persönlich dem Vermieter.
   c) Er wirft das Kündigungsschreiben rechtzeitig in den Briefkasten des Vermieters, weil sich dieser zurzeit im Urlaub befindet.
4. Begründen Sie, ob folgende Rechtsgeschäfte gültig sind:
   a) ein maschinenschriftlich abgefasstes und eigenhändig unterschriebenes Testament,
   b) ein mündlich abgeschlossener Vertrag über den Kauf eines Gebrauchtwagens,
   c) ein schriftlich abgefasster Vertrag über den Kauf eines Hauses,
   d) ein mündlich abgeschlossener Vertrag über die Vermietung eines Wohnhauses für die Dauer von fünf Jahren (vgl. § 550 BGB).
5. Welche Vertragsarten liegen vor?
   a) Jemand »leiht« bei der Bank 10.000 EUR.
   b) Jemand »leiht« ein Auto und zahlt 0,60 EUR je gefahrenem Kilometer.
   c) Jemand »leiht« ein Buch von einem Freund.
   d) Eine Hausfrau »leiht« bei der Nachbarin 20 EUR zur Bezahlung der Nachnahme.
   e) Die Kauffrau Steffi Reuther lässt ihren Geschäftswagen reparieren.
   f) Für die Zeit der Reparatur »leiht« sich Frau Reuther einen Wagen von der »Autoverleih Klocke & Klober GmbH«.
   g) Frau Reuther hilft ihrem Angestellten Kurz finanziell bei der Anschaffung von Möbeln. Er zahlt monatlich 80 EUR zurück.
   h) Für den Umzug stellt Frau Reuther ihren Angestellten kostenlos den Kleintransporter des Unternehmens zur Verfügung.
   i) Frau Reuther stellt zwei Mitarbeiter ein.
6. Der 18-jährige Kurt Braun beabsichtigt, einen Gebrauchtwagen zu kaufen. Da er den Kaufpreis nicht in voller Höhe aufbringen kann, will er einen Kredit aufnehmen. Bei der Besichtigung des Wagens stellt er fest, dass er noch einige Reparaturen ausführen lassen muss. Außerdem weiß er, dass auch Kosten für die Versteuerung und Versicherung des Autos entstehen werden. Nennen Sie die Verträge, die Kurt Braun in diesem Zusammenhang abschließen muss.
7. Wie ist die Rechtslage in folgenden Fällen?
   a) Ein Waffenschieber schließt einen Kaufvertrag über die Lieferung von Maschinenpistolen ab.

b) Die Jungunternehmerin Carola Unseld erhält von der Computech AG ein schriftliches Angebot über einen PC neuester Technik zum Preis von 1.200 EUR. Da ihr das Angebot außerordentlich günstig erscheint, bestellt sie sofort. Kurz darauf erhält sie eine Mitteilung von der Computech AG, dass sich der Sachbearbeiter beim Ausfüllen des Angebotsformulars vertippt habe und der Preis des PC 2.100 EUR betrage.

c) Der Vorstand eines Kegelclubs hat vor vier Wochen für eine Wochenend-Ausflugsfahrt einen Reisebus bestellt. Der Wetterbericht kündigt am Freitag vor dem Ausflug nasskaltes, regnerisches Wetter an. Der Vorstand möchte deshalb die Bestellung wegen Irrtums anfechten.

d) Bei der Inbetriebnahme eines als fabrikneu verkauften Computers stellt der Käufer fest, dass das Gerät bereits als Vorführgerät eingesetzt war.

e) Ein Gastwirt schließt mit einem in der Tageszeitung inserierenden Finanzierungsinstitut einen Kreditvertrag ab, in dem ein Zinssatz von 3 % je Monat festgelegt ist.

8. Die Auszubildende Petra hat vor Kurzem ihre Führerscheinprüfung bestanden und sucht nun einen Gebrauchtwagen. In der Zeitung liest sie folgende Anzeige: VW Polo, Bj. 2005, viel Zubehör, 2.000 EUR, Tel. 0621 258591. Sie vereinbart einen Besichtigungstermin. Da der Wagen nicht ganz ihren Erwartungen entspricht, bietet Petra nur 1.800 EUR. Nach einigem Hin und Her ist der Verkäufer bereit, den Wagen für 1.900 EUR zu veräußern. Petra zahlt daraufhin den Kaufpreis.

a) Beschreiben Sie, durch welche Willenserklärungen der Kaufvertrag zustandegekommen ist.

b) Bei der nächstfälligen Inspektion stellt sich heraus, dass der Kilometerzähler zurückgedreht worden war. Petra ist nun der Meinung, der Kaufvertrag sei nichtig und sie würde ohne Weiteres ihr Geld zurückbekommen. Begründen Sie, ob Petra Recht hat.

c) Petra droht dem Verkäufer, vor Gericht zu gehen, wenn sie nicht sofort den Kaufpreis erstattet bekomme. Dieser antwortet, dass er sich nicht drohen lasse; außerdem verstoße die Drohung gegen das Gesetz. Beurteilen Sie die Meinung des Verkäufers.

2.4 Vertragsfreiheit und Allgemeine Geschäftsbedingungen

Vertragsfreiheit

Die Vertragsfreiheit ist ein wesentliches Merkmal unserer Rechtsordnung und kann bestehen aus:

Abschlussfreiheit	Inhaltsfreiheit	Formfreiheit
Geschäftsfähige Personen können ihre Vertragspartner frei wählen.	Verträge können inhaltlich frei gestaltet werden.	Rechtsgeschäfte können in jeder beliebigen Form abgeschlossen werden.
Beispiel: Niemand wird daran gehindert, ein Auto bei einem Händler zu kaufen, der das gewünschte Fabrikat führt.	**Beispiel:** Der Kunde kann beim Autokauf Sonderausstattung und Zahlungsweise nach seinem Wunsch mit dem Händler vereinbaren.	**Beispiel:** Der Kaufvertrag über ein Auto kann mündlich abgeschlossen werden. Meistens wird jedoch wegen der besseren Beweiskraft bei Streitigkeiten die Schriftform gewählt.

BGB und HGB bauen weitgehend auf dem Grundsatz der Vertragsfreiheit auf, d. h., viele Regelungen sind nachgiebiges Recht und können von den Vertragspartnern abgeändert werden.

Die Vertragsfreiheit hat dort ihre Grenzen, wo der Einzelne bzw. die Allgemeinheit schutzbedürftig ist. Deshalb enthält unsere Rechtsordnung Regelungen, die zwingendes Recht sind und durch die Vertragspartner nicht abgeändert werden können.

Allgemeine Geschäftsbedingungen (AGB) und Verbraucherschutz

BGB § 305

Unter **Allgemeinen Geschäftsbedingungen (AGB)** versteht man **Vertragsbedingungen,** die für eine **Vielzahl von Verträgen vorformuliert** und auf der Vertragsurkunde (Angebots-, Bestellformular) oder auf einem besonderen Blatt abgedruckt werden.

Sie sollen, ohne im Einzelnen ausgehandelt zu sein, Vertragsbestandteil werden.

Gründe für das Vorhandensein von Allgemeinen Geschäftsbedingungen (AGB) bei Vertragsabschluss

- Zeit- und Kostenersparnis
- Begrenzung des individuellen Vertragsrisikos
- Erhöhung der allgemeinen Rechtssicherheit

Allgemeine Regelungen der Allgemeinen Geschäftsbedingungen

§ 305b
§ 307

- AGB gelten für alle geschlossenen Verträge.
- Individuelle Vertragsabsprachen haben Vorrang vor den AGB.
- Unangemessene Benachteiligungen sind unwirksam.

§§ 308 f.

Verbotene Klauseln in den Allgemeinen Geschäftsbedingungen zum besonderen Schutz des Verbrauchers

- kurzfristige Preiserhöhungen innerhalb von 4 Monaten nach Vertragsabschluss
- Ausschluss oder Einschränkung von Rechten bei Leistungsstörungen
- Verkürzung gesetzlicher Gewährleistungspflichten
- unangemessene lange Lieferzeit

Durch die gesetzliche Regelung der AGB soll eine Benachteiligung des wirtschaftlich Schwächeren durch vorformulierte Bedingungen verhindert werden.

Zum besonderen Schutz der Verbraucher ist gesetzlich festgelegt, dass AGB nur dann Vertragsbestandteil werden, wenn der Unternehmer ausdrücklich auf die AGB hinweist bzw. diese deutlich sichtbar am Ort des Vertragsabschlusses aushängen und die andere Vertragspartei damit einverstanden ist.

Beispiele für verbraucherfreundliche AGB	Beispiele für verbraucherunfreundliche AGB
Die AGB sind kurz gefasst und gut verständlich formuliert.	Die AGB sind auf verschiedene Textstellen verteilt und verweisen noch auf weitere andere Dokumente.
Der Anbieter liefert ohne Aufpreis stets frei Haus.	Der Anbieter liefert nur ab Werk und schließt das Abholen der Ware aus.
Es wird eine kostenlose Hotline oder der umgehende Rückruf angeboten.	Es wird nur eine kostenpflichtige Hotline angeboten.
Der Anbieter verspricht, die persönlichen Kundendaten unter keinen Umständen an Dritte weiterzugeben.	Der Anbieter informiert, dass er die Kundendaten für Marketingzwecke an Dritte weitergeben darf.

Zusammenfassende Übersicht zu Kapitel 2.4: Vertragsfreiheit und Allgemeine Geschäftsbedingungen

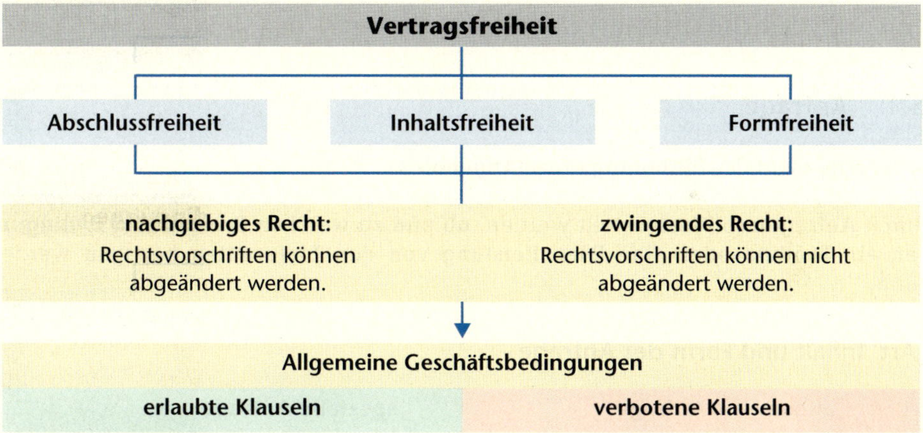

▶ Aufgaben und Probleme

1. Erläutern Sie den Begriff der Vertragsfreiheit in der Bundesrepublik Deutschland.
2. In welchen Bereichen schränkt der Staat die Vertragsfreiheit ein?
3. Begründen Sie, warum unser Wirtschaftsleben nicht ohne Vertragsfreiheit denkbar ist.
4. Unsere Rechtsordnung enthält Bestimmungen, die auch durch Vertrag nicht geändert werden können. Geben Sie Beispiele dafür an.
5. Warum gelten die Bestimmungen der AGB-Paragrafen im Regelfall nur gegenüber Verbrauchern?
6. Entscheiden Sie, ob folgende Klauseln in den AGB eines Händlers gegenüber Verbrauchern Gültigkeit haben:
   a) Mängel an der Ware können nur innerhalb von 14 Tagen geltend gemacht werden.

b) Vereinbarte Preise gelten nur bei Lieferung innerhalb von zwei Monaten nach Vertragsabschluss.

c) Rücktritt vom Kaufvertrag wird als Gewährleistungsanspruch ausgeschlossen.

7. Was kann ein Händler gegenüber einem Verbraucher unternehmen, um Bestimmungen, die in den AGB unwirksam wären, rechtswirksam zu vereinbaren?

8. Die Pauli GmbH, Sanitär- und Heizungsfachbetrieb, legt einem Angebot an Erika Faber – eine private Bauherrin – über die Lieferung von Material zur Sanitärinstallation ihre Allgemeinen Geschäftsbedingungen bei. Frau Faber bestellt zu den Bedingungen des Angebotes.

a) Prüfen Sie mithilfe des Gesetzes, ob die AGB Vertragsbestandteil geworden sind.

b) In den AGB stehen u. a. folgende Klauseln:

- »Bei Nachbesserung im Rahmen von Gewährleistungsansprüchen übernimmt der Kunde die Wege- und Arbeitskosten.«
- »Reklamationen sind nur innerhalb von 30 Tagen möglich.«

Begründen Sie anhand des Gesetzes, ob diese Klauseln wirksam sind.

2.5 Zustandekommen des Kaufvertrages

2.5.1 Anfrage

Die Anfrage dient der **Einholung eines Angebotes.**

Durch **Anfragen** soll festgestellt werden, **ob und zu welchen Preisen und Bedingungen ein Produkt oder eine Dienstleistung von den Lieferanten bezogen** werden kann.

Art, Inhalt und Form der Anfrage

Art	**allgemeine Anfrage** auf das gesamte Lieferprogramm eines Lieferanten ausgerichtet	**spezielle Anfrage** auf ein bestimmtes Produkt oder eine Dienstleistung ausgerichtet
Inhalt	– genaue Bezeichnung des Produktes oder der Dienstleistung – voraussichtliche Bezugsmenge – gewünschte Lieferungs- und Zahlungsbedingungen – Angaben über Verpackungs- und Versandwünsche	
Form	Die Anfrage ist formfrei.	

Rechtliche Wirkung der Anfrage

Die Anfrage ist unverbindlich; der Anfragende wird durch die Anfrage rechtlich nicht verpflichtet. Daher ist es möglich, gleichzeitig an mehrere Lieferanten Anfragen zu richten, um die optimale Bezugsquelle zu ermitteln.

Ausschreibung

Eine besondere Art der Anfrage ist die **Ausschreibung (Invitation to Tender).** Mit einer Ausschreibung wird eine bestimmte Lieferantengruppe öffentlich aufgefordert, ein Lieferungs- und Leistungsangebot innerhalb einer bestimmten Frist abzugeben. Die Ausschreibungsbedingungen werden in einem **Lastenheft** festgelegt. Ein Lastenheft enthält in der Regel Angaben über die Art der Leistung, den Lieferort und Liefertermin sowie die Art und Höhe der Sicherungsleistungen, z.B. Lieferungs- und Gewährleistungsgarantien.

Beispiel: internationale Ausschreibung einer Reederei über den Bau eines Containerschiffes mit 12.000 Stellplätzen

2.5.2 Angebot

Merkmal und Inhalt des Angebots

Das **Angebot** ist eine an eine **bestimmte Person** gerichtete **Willenserklärung,** ein Produkt oder Dienstleistungen **zu den angegebenen Bedingungen liefern** zu wollen.

Zu diesen Bedingungen gehören Angaben über die Art, Beschaffenheit und Güte, die Menge, den Preis des Gutes oder der Dienstleistung, die Lieferungs- und Zahlungsbedingungen, den Erfüllungsort und den Gerichtsstand.

Anpreisungen von Waren, die nicht an eine bestimmte Person, sondern an die Allgemeinheit gerichtet sind, gelten nicht als Angebot im rechtlichen Sinn. Sie sollen lediglich die Kunden anregen, ihrerseits einen Kaufantrag abzugeben, der jedoch noch der Annahme durch den Verkäufer bedarf.

Solche Anpreisungen finden sich beispielsweise in Zeitungsanzeigen, Prospekten, Katalogen, Plakaten oder auch in Schaufensterauslagen. Daher hat der Kunde keinen Anspruch auf Aushändigung des Ausstellungsstücks. Auch das Aufstellen von Waren im Selbstbedienungsladen gilt noch nicht als Angebot. Hier macht der Käufer durch das Vorlegen der Ware an der Kasse einen Kaufantrag.

Die Aufstellung eines **Automaten** gilt als **Angebot an jeden,** der es nutzen möchte. Dabei wird vorausgesetzt, dass der Automat technisch funktioniert und der enthaltene Warenvorrat ausreicht.

Form des Angebots

Für das Angebot gelten **keine Formvorschriften.** Es kann abgegeben werden

- **unter Anwesenden:** mündlich, schriftlich oder durch schlüssiges Handeln;
- **unter Abwesenden:** schriftlich (durch Brief, online oder mittels Telefax) oder bildhaft (in Prospekten, Katalogen oder im Internet).

Mündliche oder telefonische Angebote werden häufig schriftlich bestätigt. Damit sollen Irrtümer durch Verhören, Versprechen und Übermittlungsfehler ausgeschlossen werden. Außerdem sind bei Rechtsstreitigkeiten schriftliche Unterlagen vorhanden.

Rechtliche Wirkung des Angebots

Wer einer **bestimmten Person ein Angebot ohne Einschränkung** abgibt, ist an dieses **Angebot gebunden.**

▶ **Einschränkungen der Bindung an das Angebot**

	Einschränkung	Merkmal	Beispiele
BGB § 147 (1)	**gesetzliche Bindungsfrist unter Anwesenden**	Das Angebot wird sofort mit der Abgabe wirksam und bindet den Anbietenden, solange die Unterredung dauert.	Angebot – im Verkaufsraum – im Telefongespräch
§§ 147 (2), 130	**gesetzliche Bindungsfrist unter Abwesenden**	Das Angebot wird erst wirksam, wenn es dem Abwesenden zugeht und bindet den Anbietenden nur solange, bis der Eingang der Antwort unter regelmäßigen Umständen erwartet werden darf.	– Brief (ca. 1 Woche) – Telefax (ca. 3 Tage) – E-Mail (1 Tag)
§ 148	**vertragliche Bindungsfrist**	Der Anbietende kann für die Annahme des Angebots eine Frist bestimmen. Die Annahme kann nur innerhalb dieser Frist erfolgen.	– »gültig bis 25. Mai 20..«
§ 145	**Freizeichnung**	Der Anbietende kann die Bindung an das Angebot durch Freizeichnungsklauseln einschränken oder ganz ausschließen.	– »solange der Vorrat reicht« – »Preis freibleibend« – »freibleibend«

§§ 146 ff. ▶ **Erlöschen der Bindung an das Angebot**

Die Bindung an das Angebot erlischt, wenn es **vom Empfänger abgelehnt, geändert** oder **nicht rechtzeitig angenommen** wird. Auch wenn die Verspätung der Annahme durch unverschuldete Zwischenfälle (Verkehrsunfall, Störung der Nachrichtenübermittlung) verursacht wird, ist der Anbietende nicht mehr an sein Angebot gebunden.

▶ **Widerruf des Angebotes**

Da ein Angebot erst wirksam wird, wenn es dem Empfänger zugegangen ist, kann es bis zum Eintreffen beim Kunden widerrufen werden. Der Widerruf muss **spätestens gleichzeitig mit dem Angebot beim Kunden** eingehen.

Beispiel: Ein schriftliches Angebot wird mittels Telefon, Telefax oder E-Mail widerrufen.

■ **Angebotsvergleich** (vgl. Kapitel 6.2)

2.5.3 Bestellung (Auftrag)

Die **Bestellung** ist die **Willenserklärung des Käufers,** ein Produkt oder eine Dienstleistung **zu den angegebenen Bedingungen kaufen zu wollen.**

■ Inhalt und Form der Bestellung

Inhalt	Angaben über die Art, Beschaffenheit und Güte, die Menge, den Preis des Gutes oder der Dienstleistung, die Lieferungs- und Zahlungsbedingungen, den Erfüllungsort und Gerichtsstand.
Form	Die Bestellung ist **formfrei.** – Schriftlich kann sie durch Postkarte, Brief, Telefax, online oder auf vorgedrucktem Bestellschein erfolgen. – Mündliche Bestellungen sollten schriftlich wiederholt werden, wenn die Gefahr eines Irrtums besteht und ein Beweismittel erwünscht ist.

Die Bestellung wird häufig auch **Auftrag** genannt.

Rechtliche Wirkung der Bestellung

Wie der Anbietende an sein Angebot, so ist der **Besteller an** seine **Bestellung gebunden.**

Die Bindung wird erst wirksam, wenn die Bestellung dem Empfänger zugegangen ist (empfangsbedürftige Willenserklärung). Ein Widerruf muss daher spätestens gleichzeitig mit der Bestellung beim Lieferanten eingehen. Gibt der Besteller mit der Bestellung den Antrag (1. Willenserklärung) zum Abschluss eines Kaufvertrages ab, kann er für die Annahme der Bestellung eine Frist bestimmen. Die Annahme kann nur innerhalb dieser Frist rechtswirksam erfolgen.

Durch eine Bestellung, die auf ein verbindliches Angebot folgt, kommt ein Vertrag zustande.

2.5.4 Bestellungsannahme (Auftragsbestätigung)

Die **Bestellungsannahme** ist eine **Willenserklärung des Verkäufers,** mit der er sich bereit erklärt, die bestellten Produkte oder Dienstleistungen **zu den angegebenen Bedingungen zu liefern.**

Die Bestellungsannahme ist **formfrei.** Häufig ist sie bei der Auslieferung mit der Übergabe des Lieferscheins und der Rechnung verbunden.

Es ist jedoch üblich, auch einen mündlichen oder telefonischen Vertragsabschluss schriftlich zu bestätigen. Ein solches Bestätigungsschreiben hat Zusammenfassungs-, Festlegungs- und Beweisfunktion für den Inhalt des zuvor geschlossenen Vertrages.

2.5.5 Kaufvertrag

Zustandekommen des Kaufvertrages

Der Kaufvertrag dient dem Austausch von Gütern und Dienstleistungen zwischen Verkäufer und Käufer. Wie alle Verträge kommt er durch die Übereinstimmung der Willenserklärungen der beiden Vertragspartner zustande: 1. Antrag und 2. Annahme.

Bei einem Kaufvertrag kann die zuerst abgegebene Willenserklärung (Antrag), sowohl vom Verkäufer als auch vom Käufer ausgehen. Deshalb gilt:

Ein **Kaufvertrag** kommt zustande durch
- **1. Angebot des Verkäufers** (Antrag) und **2. Bestellung des Käufers** (Annahme) oder durch
- **1. Bestellung des Käufers** (Antrag) und **2. Bestellungsannahme des Verkäufers** (Annahme).

Für das Zustandekommen des Kaufvertrages ergeben sich mehrere Möglichkeiten:

a) Der **Verkäufer macht ein Angebot.** Der **Käufer bestellt rechtzeitig** und **ohne Änderungen.**

b) Der **Verkäufer macht ein Angebot.** Der **Käufer bestellt zu spät** oder **mit Änderungen.** Dadurch macht der Käufer einen neuen Antrag. Der Kaufvertrag kommt erst durch die Annahme des neuen Antrags zustande (schriftliche Bestätigung oder sofortige Lieferung).

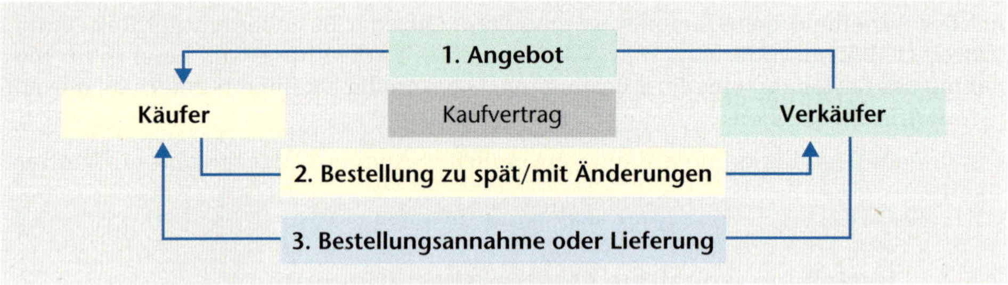

c) Der **Verkäufer macht ein freibleibendes Angebot.** Der **Käufer bestellt.** Der Vertrag kommt zustande, wenn der Verkäufer den Auftrag bestätigt oder sofort liefert.

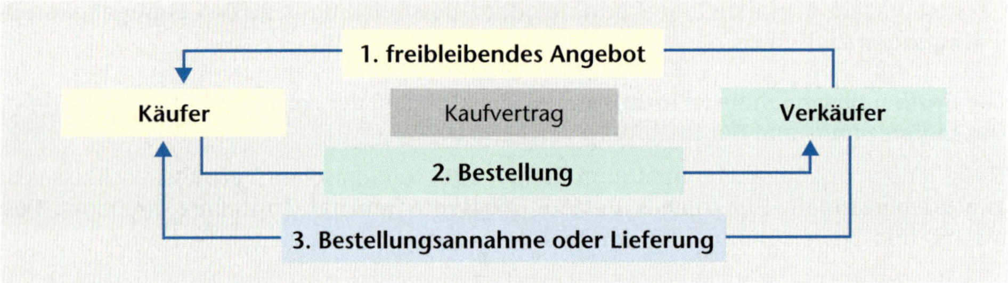

d) Der **Käufer bestellt** ohne vorhergehendes Angebot. Der **Verkäufer nimmt** die **Bestellung an,** indem er die Bestellung bestätigt oder sofort liefert.

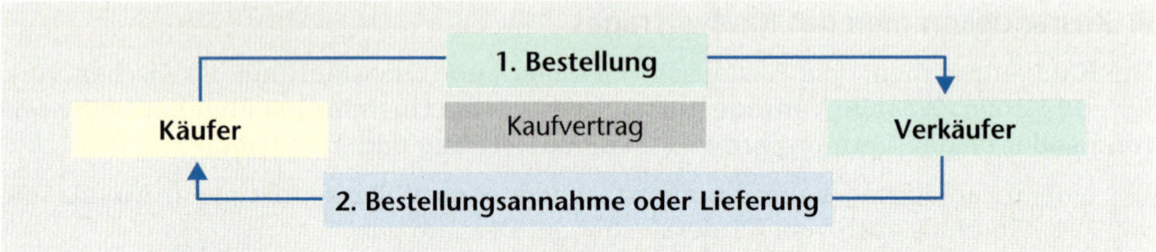

e) Der **Käufer bestellt.** Der **Verkäufer lehnt die Bestellung ab** und **macht** ein **Gegenangebot.** Der Käufer bestellt zu den Bedingungen des Gegenangebotes.

f) Der **Verkäufer sendet unbestellte Ware zu.** Die **Warensendung** stellt **nur ein Angebot dar.** Der Vertrag kommt grundsätzlich zustande, wenn der Empfänger den Kaufpreis bezahlt, die Ware in Gebrauch nimmt oder erklärt, dass er die Ware annehme. In Abhängigkeit der bisherigen Geschäftsbeziehungen sind folgende Fälle zu unterscheiden:

Zusendung unbestellter Waren an

Empfänger:	**Kaufmann** mit bereits bestehender Geschäftsverbindung (übliche Lieferung)	**Kaufmann** ohne bisherige Geschäftsverbindung	**Verbraucher**
Wirkung bei Stillschweigen:	Annahme	Ablehnung	Ablehnung
Pflichten des Empfängers bei Ablehnung:	– Mitteilung, – Aufbewahrung, – später Rücksendung	– Aufbewahrung, – keine Rücksendung	– keine Aufbewahrung, – keine Rücksendung

Pflichten der Vertragspartner

Der Abschluss des Kaufvertrages stellt ein **Verpflichtungsgeschäft** dar (Kapitel 2.3.1).

BGB § 433

Pflichten des Verkäufers

- Übergabe des Kaufgegenstandes
- Eigentumsübertragung
- Annahme des Kaufpreises

Pflichten des Käufers

- Annahme des Kaufgegenstandes
- Zahlung des Kaufpreises

Erfüllung des Kaufvertrages

Das durch den Abschluss des Kaufvertrages entstandene **Schuldverhältnis erlischt,** wenn das sogenannte Erfüllungsgeschäft abgeschlossen ist:

- Der **Verkäufer** hat den Besitz und das Eigentum am Kaufgegenstand auf den Käufer übertragen und das Entgelt angenommen.
- Der **Käufer** hat den Kaufgegenstand angenommen und das Entgelt bezahlt.

Maßgebend für die Art und Weise, wie der Vertrag zu erfüllen ist, sind die vertraglichen Abmachungen. Ist jedoch der Inhalt der Willenserklärung nicht eindeutig und klar, gelten folgende Auslegungsgrundsätze: § 133

a) Alle Verträge sind so auszulegen und zu erfüllen, wie Treu und Glauben mit Rücksicht auf die Verkehrssitte es erfordern. Es kommt dabei nicht auf den einzelnen Buchstaben, sondern auf den Sinn der Willenserklärungen an, wie er dem Empfinden rechtlich denkender Menschen entspricht. §§ 157, 242

Beispiel: Der Kunde kann beim Kauf von Gattungsware mit Waren mittlerer Güte rechnen.

b) Bei zweiseitigen Handelsgeschäften haben die Kaufleute auf die im Handelsverkehr geltenden Gewohnheiten und Gebräuche Rücksicht zu nehmen. Handelsbräuche stellen die im geschäftlichen Verkehr übliche Handlungsweise dar. HGB § 346

Beispiel: Bei Auktionen führt das Handheben zum Abschluss eines Geschäftes.

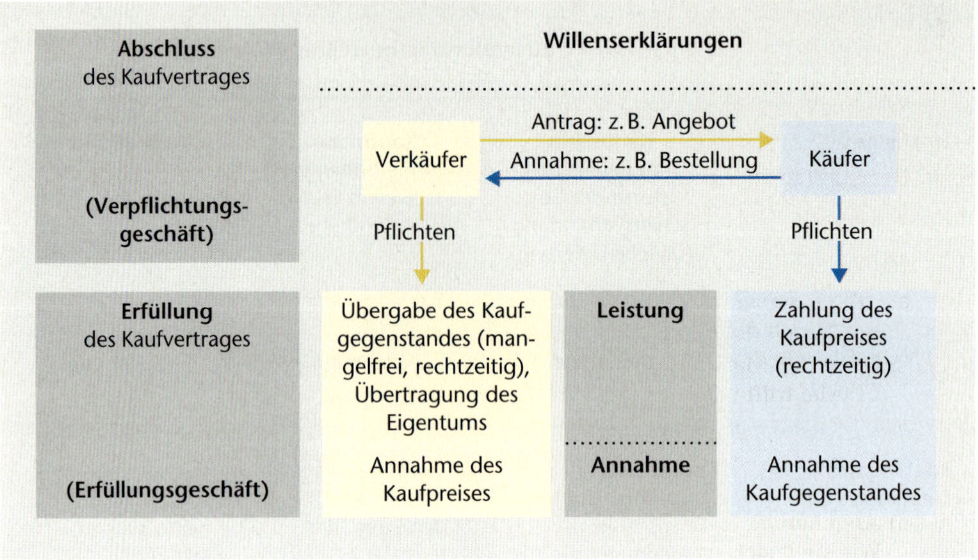

Zusammenfassende Übersicht zu Kapitel 2.5: Zustandekommen des Kaufvertrages

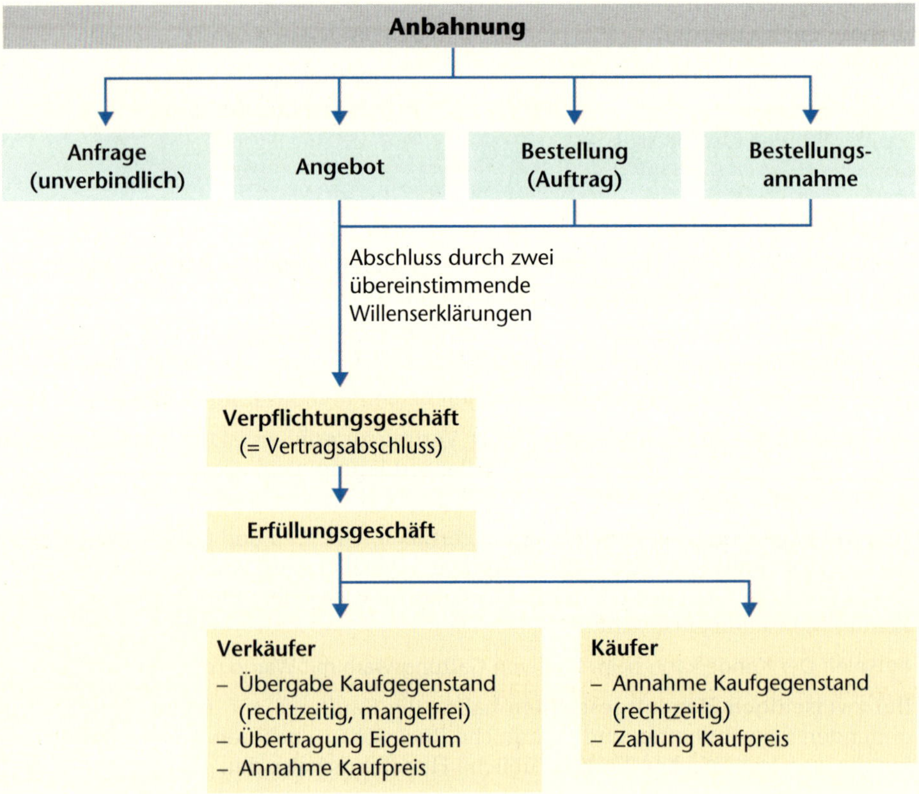

▶ Aufgaben und Probleme

1. Warum richtet ein Kaufmann an seine Kunden häufig freibleibende Angebote?
2. Wie kann sich der Händler verhalten, der kurz nach Absendung seines brieflichen Angebotes erfährt, dass der Einkaufspreis für die angebotene Ware gestiegen ist?
3. Der Bürofachhändler Karl Lang e. K., Mainz, macht dem Kunden Fritz Kaiser, Kassel, ein schriftliches Angebot über Fotokopierpapier zu 4,50 EUR je 500-Blatt-Packung, bei Abnahme von mindestens 100 Packungen zu 4,00 EUR. Der Brief wird am 20. Mai zur Post gegeben.
   a) Kaiser antwortet auf das Angebot überhaupt nicht. Welche rechtliche Wirkung ergibt sich daraus?
   b) Da am 30. Mai keine Bestellung vorliegt, verkauft Lang die Ware anderweitig. Am 31. Mai trifft von Kaiser eine Bestellung ein. Wie ist die Rechtslage?
   c) Aus dem Poststempel und dem Briefdatum ergibt sich, dass Kaiser seinen Bestellbrief am 23. Mai, abends, zur Post gegeben hatte. Die Zustellung ist offensichtlich durch die Post verzögert worden. Wie wird sich Lang verhalten?
   d) Angenommen, am 22. Mai bestellt Kaiser 60 Packungen zu 3,00 EUR je Packung. Wie stellt sich Lang dazu?
   e) Lang, dessen Angebot am 20. Mai abgesandt wurde, kann noch am selben Tag die Ware günstiger an einen anderen Kunden verkaufen. Was kann er unternehmen, um den für ihn günstigeren Verkauf vornehmen zu können?
4. Das Unternehmen Schäfer & Co. KG, Textilgroßhandlung, ..., unterbreitet dem Bekleidungshaus Wilhelm Kaufmann e. K., ..., auf die vorausgegangene Anfrage vom ... ein Angebot nach beiliegendem Musterbuch und Preisliste. Die Preise verstehen sich ab Werk einschließlich Verpackung. Lieferung innerhalb 6 Wochen nach Auftragseingang möglich. Zahlung zwei Monate nach Rechnungserteilung ohne Abzug, innerhalb 14 Tagen mit 3 % Skonto. Eine Auswahl von Stoffproben liegt bei.

   Verfassen Sie das Angebotsschreiben. Weisen Sie dabei besonders auf die Güte der Stoffe und der Verarbeitung hin.
5. In der Verkaufsabteilung der Techno AG geht eine Bestellung ein, die sich auf ein bereits vor längerer Zeit abgegebenes Angebot bezieht. Der Auszubildende Marc Gruber veranlasst ohne Rücksprache mit seinem Vorgesetzten die Lieferung.
   a) Der Vorgesetzte des Auszubildenden ist, sobald er von diesem Vorgang erfährt, sehr verärgert. Er hätte die Bestellung abgelehnt. Welche Gründe sind dafür denkbar?
   b) Angenommen, der Kunde der Techno AG hätte seine Bestellung widerrufen wollen. Welche Ursachen könnten hierfür infrage kommen? Erläutern Sie außerdem die Möglichkeiten und Grenzen des Widerrufs.
   c) Wieso kam im obigen Fall ein rechtswirksamer Kaufvertrag zustande, obwohl keine Bestellungsannahme erfolgte?
   d) Bilden Sie Beispiele, in denen eine Bestellungsannahme für das Zustandekommen des Kaufvertrages erforderlich ist.
6. In welchem Falle gilt die Bestellung beim Vertragsabschluss

   a) als Antrag, b) als Annahme?
7. Ein Hobbygärtner erhält von einem Solinger Stahlwarenhändler unbestellt eine Heckenschere zugesandt. Im Begleitschreiben wird mitgeteilt, dass die Schere bezahlt werden müsse, falls sie nicht binnen 14 Tagen zurückgeschickt werde. Der Empfänger ist jedoch nicht an der Heckenschere interessiert, legt sie zu den übrigen Gartengeräten und vergisst sie. Nach vier Wochen erhält er eine Mahnung.

a) Begründen Sie, ob der Empfänger sich richtig verhalten hatte.
b) Begründen Sie, ob er den Kaufpreis bezahlen muss.
c) Wer hat den Schaden zu tragen, wenn die Schere wie die übrigen Gartengeräte durch Regenwasser infolge eines Unwetters verrostet ist?
d) Wie ändert sich die Rechtslage, wenn es sich um die Beziehung zwischen
   - Kaufleuten mit bestehender Geschäftsverbindung,
   - Kaufleuten ohne Geschäftsverbindung

   handelt?

8. Begründen Sie, weshalb der Kaufvertrag ein zweiseitig verpflichtendes Rechtsgeschäft ist.
9. Stellen Sie dar, unter welchen Voraussetzungen ein Kaufvertrag ordnungsgemäß erfüllt ist.
10. Sie kaufen im Fachgeschäft einen Motorroller. Stellen Sie dar, welche Vorgänge dabei
    a) zum Vertragsabschluss führen,
    b) zur Vertragserfüllung gehören.
11. In welchen Fällen ist ein Kaufvertrag zustande gekommen? Begründen Sie Ihre Aussage.
    a) Schriftliche Bestellung auf ein mündlich erteiltes Angebot,
    b) Bestellung per Telefax auf ein freibleibendes Angebot,
    c) Bestellung auf ein unverbindliches Angebot,
    d) Bestellung und Bestellungsannahme,
    e) Annahme eines befristeten Angebotes nach Ablauf der Angebotsfrist.
12. Begründen Sie, ob folgende Aussagen richtig oder falsch sind:
    a) Jeder Partner beim Kaufvertrag ist sowohl Schuldner als auch Gläubiger.
    b) Bei der Zusendung unbestellter Ware bewirkt Stillschweigen des Empfängers immer, dass ein Kaufvertrag zustande kommt.
    c) Durch die Anfrage eines Kunden und ein darauffolgendes Angebot des Lieferanten kommt ein Kaufvertrag zustande.

2.6 Inhalt des Kaufvertrages

Der Kaufvertrag enthält Vereinbarungen über:

- Art, Beschaffenheit und Güte der Ware,
- Menge der Ware,
- Preis der Ware,
- Verpackung der Ware,
- Versand der Ware,
- Lieferzeit,
- Zahlungsbedingungen,
- Erfüllungsort,
- Gerichtsstand,
- Eigentumsübertragung.

Fehlen solche Vereinbarungen und lässt sich auch nicht aus den Umständen und der Natur des einzelnen Geschäfts ein entsprechender Sinn erkennen, so treten an ihre Stelle die jeweiligen gesetzlichen Bestimmungen des BGB bzw. des HGB.

Art, Beschaffenheit und Güte der Ware

Die **Art** des Kaufgegenstandes ist durch seinen **handelsüblichen Namen** gekennzeichnet.

Die **Beschaffenheit** und **Güte** können festgelegt werden durch:

Augenschein (Besicht)	Diese Möglichkeit der Qualitätsfestlegung bietet sich vor allem im Ladengeschäft, auf Messen und bei Vertreterbesuchen.
Muster und Proben	
– **Qualitätsmuster**	bei Stoffen, Tapeten, Leder, Getreide, Baumwolle
– **Formmuster oder Modelle**	bei Kleidung und Wäsche, Spielzeug, Sanitäreinrichtungsgegenständen, Möbeln, Baustoffen
– **Proben**	bei Lebens- und Genussmitteln, Wein, Spirituosen, kosmetischen Artikeln, Waschmitteln
Abbildungen und Beschreibungen	Sie erläutern das Design und die Beschaffenheit, z. B. bei Maschinen und Werkzeugen, DVD-Geräten, Computern, Kopiergeräten, Lederwaren und Konfektionskleidung. Häufig wird die Warenqualität mit einer Katalog- oder Bestellnummer gekennzeichnet.
Herstellermarken und Typenbezeichnungen	Sie gewährleisten, dass die Ware von einem bestimmten Unternehmen stammt und eine gleichbleibende oder verbesserte Qualität aufweist, z. B. (siehe Tabelle unten)
Gütezeichen	Siehe Kapitel 8.2
Güteklassen	Sie werden von Handelsorganisationen (Fachverbände, Börse), vom Staat oder von der EU festgelegt. Sie bezeichnen die zu Handelsklassen, Typen oder Standards zusammengefassten Qualitäten einer Ware.
– **Handelsklassen**	Sie werden vor allem bei landwirtschaftlichen Erzeugnissen wie Butter, Milch, Käse, Eiern, Kartoffeln, Vieh verwendet.
– **Typen**	Sie werden vor allem bei industriellen Erzeugnissen, z. B. bei Kraftfahrzeugen, bei Mehl verwendet.
– **Standards**	Sie werden besonders für im Börsengeschäft gehandelte Waren festgesetzt, sodass es sich erübrigt, den Käufern Warenproben zu übergeben. Da die Qualitäten bei jeder Ernte verschieden ausfallen, werden sie jährlich neu aufgestellt. Standards gibt es z. B. für Baumwolle, Kaffee, Zucker, Getreide, Kautschuk.
Herkunft der Waren (Provenienz)	Bezeichnet das Anbaugebiet, z. B. bei Wein, Südfrüchten, Getreide, Baumwolle, Kaffee oder den Verschiffungshafen, z. B. bei Santoskaffee.
Jahrgang	Er wird bei Gewächsen angegeben, die von der Witterung abhängig sind, z. B. Wein.
Gehalt	Er gibt die Teile Alkohol in Spirituosen, Fett in Käse, Edelmetall in Legierungen an.
Qualitätsgewicht	Es gibt bei Waren an, wie viel kg ein hl oder wie viel lbs ein bushel wiegt.
Farbe	Sie spielt bei Rohbaumwolle (weiß, farbig, gelb, gefleckt, fleckig), bei Stoffen, Porzellan, Papier, Fahrrädern und Autos eine Rolle.

Marke	Typenbezeichnung
Dallmayr Kaffee	Prodomo, gemahlen, vakuumverpackt
Bosch	Kettensäge PKE 30 B
Sony	AV-Receiver STR-DA 2800 ES
Reebok	Mythos Premier Excellence

Menge der Ware

Sie kann angegeben sein

- in metrischen Maßeinheiten: m, m², kg, l;
- in handelsüblichen Bezeichnungen: Stück, Sack, Kiste, Ballen, Palette.

Preis der Ware

Preisangaben

- **Nettopreise.** Der Anbieter erlaubt keinerlei Preisabzüge. Die Vertragsklauseln lauten z. B. »Zahlbar netto Kasse« oder »Zahlbar ohne jeden Abzug«.
- **Bruttopreise.** Der Anbieter erlaubt, dass vom Rechnungsbetrag je nach der vertraglichen Vereinbarung prozentuale Abzüge vorgenommen werden.

Preisnachlässe

Rabattart	Merkmale	Beispiele
Mengenrabatt	Als Bar- oder Naturalrabatt, wenn eine bestimmte Mengeneinheit abgenommen wird.	– Umsatzrabatt – Abschlussrabatt – Sonderaktionsrabatt
Zeitrabatt	Zu bestimmten Zeitpunkten oder Zeitabständen wird bestellt.	– Vorausbestellungsrabatt – Saisonrabatt
Treuerabatt	Wird langjährigen Kunden oder bei Vorausterminierung mehrerer Bestellungen gewährt.	
Barzahlungsrabatt (Skonto)	Anreiz zu schneller Rechnungsbegleichung.	Innerhalb von 10 Tagen unter Abzug von 2 % Skonto oder rein netto innerhalb von 30 Tagen.
Sonderrabatt	Wird bestimmten Personen- oder Berufsgruppen angeboten.	– Wiederverkäuferrabatt – Personalrabatt
Nachträglich gewährter Rabatt (Bonus)	Wird gewährt, wenn der Jahresumsatz eines Abnehmers einen bestimmten Betrag überschritten hat.	Ab einem Jahresumsatz von 300.000 EUR wird ein Bonus von 5 % eingeräumt.

Verpackung der Ware

Ein vereinbarter Preis kann sich beziehen

- auf das **Reingewicht einschließlich Verpackung.** Der Preis wird vom Reingewicht berechnet; die Verpackungskosten sind im Preis inbegriffen. Die Verpackung geht wie die Ware in das Eigentum des Käufers über.
- auf das **Reingewicht ausschließlich Verpackung.** Der Preis wird vom Reingewicht berechnet. Die Verpackung bleibt zunächst Eigentum des Veräußerers. Meist wird sie dem Käufer zu Selbstkosten berechnet und wird dann sein Eigentum. Bei der Rückgabe können ihm die Verpackungskosten ganz oder teilweise gutgeschrieben werden. Leihverpackung erhält er gegen »Leihgebühr« oder Pfand.
- auf das **Rohgewicht einschließlich Verpackung (brutto für netto).** Der Preis wird vom Rohgewicht berechnet, das Verpackungsgewicht also wie das Warengewicht behandelt.

Das Gewicht der Transportverpackung heißt **Tara (Verpackungsgewicht).**

Arten der Verpackung		
Art	**Erklärung**	**Beispiele**
Transportverpackung	Schützt die Ware vor Transportschäden auf dem Weg vom Hersteller zum Handel oder Verbraucher.	Kartons, Kisten, Paletten, Container, Fässer, Säcke, geschäumte Schalen, Schrumpffolien
Verkaufsverpackung	Serviceverpackung für den Endverbraucher – als Verkaufseinheit oder – zur Übergabe der Ware.	Tube für Zahncreme, Schachtel und Blister bei Pralinen, Dose für Getränke, Flaschen für Getränke oder Parfüms
Umverpackung	Zusätzliche Verpackungen zur Verkaufsverpackung – zur Warenabgabe oder – zum Diebstahlschutz oder – überwiegend zur Werbung.	Schachtel um Zahncremetube, Geschenkpapier um Pralinenverpackung, Schweißfolie um mehrere Dosen, Kiste oder Schachtel um Getränke- oder Parfümflasche

VerpackV § 3 (1) Ziff. 4

§ 3 (1) Ziff. 2

§ 3 (1) Ziff. 3

Zum Schutze der Umwelt sind Hersteller und Vertreiber grundsätzlich zur Rücknahme und zur Wiederverwendung oder zur stofflichen Verwertung verpflichtet.

Im Kaufvertrag wird häufig geregelt, wer die Verpackungskosten trägt. Mehrwegverpackungen werden häufig gegen Pfand geliehen. Die Kosten für Einwegverpackungen trägt in der Regel der Käufer.

Gesetzliche Regelung: Die Verpackungskosten sind Kosten der Abnahme. Sie sind vom Käufer zu tragen. *BGB § 448*

Ist der Kaufpreis nach dem Gewicht der Ware zu berechnen, so ist das Verpackungsgewicht abzuziehen. *HGB § 380*

Versand der Ware

a) Versandart. Die Ware kann persönlich, durch Boten, mit eigenem Fahrzeug oder durch Vermittlung eines Transportunternehmens überbracht oder abgeholt werden.

b) Versandkosten. An Versandkosten entstehen Transportkosten für die An- und Zufuhr, Fracht, Wiegegebühren und Verladekosten. Aus den Lieferungsbedingungen geht hervor, wer diese Kosten zu tragen hat.

Gesetzliche Regelung: Ist nichts vereinbart und besteht kein besonderer Handelsbrauch, so sind *BGB § 448*

- die Kosten der Übergabe, insbesondere die Kosten des Messens und Wiegens vom Verkäufer,
- die Kosten der Abnahme und der Versendung nach einem anderen Ort als dem Erfüllungsort vom Käufer zu tragen.

Es kann vereinbart werden:

1. Der Käufer trägt alle Versandkosten.

ab Lager, ab Werk

2. Der Verkäufer trägt alle Versandkosten.

frei Haus, frei Lager, frei Werk

3. Käufer und Verkäufer teilen sich die Kosten.

   a) Der Verkäufer trägt die Kosten für die Anfuhr bis zum Versandunternehmen.

   ab hier, unfrei

   b) Der Verkäufer trägt die Kosten für die Anfuhr und die Verladung.

   frei Binnenschiff, frei Waggon

   c) Der Verkäufer trägt die Kosten für die Anfuhr, die Verladung und die Fracht bis zum Bestimmungsort.

   frei, frachtfrei
   frei Bestimmungsort

Lieferzeit

Für die Lieferung kann ein bestimmter Termin oder eine Frist gesetzt sein. Möglicherweise lässt sich die Lieferzeit auch aus den Umständen der Lieferung entnehmen, z.B. bei der Lieferung von Saisonartikeln.

BGB § 271 **Gesetzliche Regelung:** Ist eine Zeit für die Lieferung weder bestimmt noch aus den Umständen zu entnehmen, so kann der Lieferant sofort liefern, der Käufer sofortige Lieferung verlangen.

Zahlungsbedingungen

Sie bestimmen die Art und Weise sowie die Kosten und den Zeitpunkt der Zahlung.

a) Art und Weise der Zahlung. Im Kaufvertrag kann bare, halbbare, bargeldlose Zahlung oder Wechselzahlung vereinbart werden. Zahlungen können vereinbarungsgemäß in einem Betrag oder in Raten geleistet werden.

§ 270 **b) Kosten der Zahlung.** Die Kosten der Zahlung des Rechnungsbetrags hat der Schuldner zu tragen. Er darf sie daher nicht vom Rechnungsbetrag abziehen.

c) **Zeitpunkt der Zahlung.** Die Zahlung kann erfolgen:

Zahlungszeitpunkt		
vor der Lieferung	**bei der Lieferung**	**nach der Lieferung**
Anzahlung und Vorauszahlung	**Barkauf**	**Ziel- oder Kreditkauf**
Sie wird häufig zur Finanzierung großer Aufträge und von unbekannten oder unsicheren Kunden verlangt.	Barzahlung ist vor allem noch im Einzelhandel üblich.	Die Gewährung von Zahlungszielen setzt die Finanzierungsbereitschaft des Verkäufers sowie die Kreditwürdigkeit des Käufers voraus. Der Lieferant kann dem Kunden bei vorzeitiger Zahlung Skonto gewähren.
»Zahlung bei Bestellung« »Anzahlung«, z. B. je die Hälfte bei Bestellung und Lieferung »Zahlung im Voraus« »netto Kasse gegen Rechnung (Faktura)« (Die versandbereite Ware wird erst nach Eingang der Zahlung abgeschickt.)	»gegen bar« »gegen Kasse« oder »netto Kasse« »gegen Nachnahme«	»auf Abzahlung« oder »zahlbar in 4 Monatsraten« »Ziel 1 Monat« oder »zahlbar innerhalb von 30 Tagen« »zahlbar in 1 Monat oder bar unter Abzug von 2 % Skonto« »Ziel 2 Monate oder Kasse innerhalb 14 Tagen unter Abzug von 1 % Skonto« »Ziel 3 Monate gegen Wechsel«

Gesetzliche Regelung: Ist über den Zeitpunkt der Zahlung nichts vereinbart und auch aus den Umständen nichts zu entnehmen, so kann der Verkäufer sofortige Zahlung verlangen. *BGB § 271*

Ist der Leistungstag ein Samstag, Sonntag oder gesetzlicher Feiertag, so braucht der Schuldner erst am nächsten Werktag zu leisten. Für die rechtzeitige Bezahlung einer Geldforderung kommt es nicht auf die Rechtzeitigkeit der Zahlung, sondern auf die Rechtzeitigkeit des Geldeingangs beim Gläubiger an. *§ 193*

d) **Zahlungsbedingungen im Außenhandel** (Kapitel 9.6.8).

Erfüllungsort

Arten des Erfüllungsortes

§ 269

vertraglicher Erfüllungsort	gesetzlicher Erfüllungsort
Zwischen Verkäufer und Käufer vereinbart. Eine solche Vereinbarung kommt zustande, wenn die in einem Angebot, Bestellschein oder Bestätigungsschreiben aufgenommenen Klauseln über den Erfüllungsort angenommen werden oder unwidersprochen bleiben. Die Aufnahme einer Klausel in einer Rechnung genügt nicht. **Beispiel:** Der Verkäufer in Düsseldorf und der Käufer in Stuttgart vereinbaren: »Erfüllungsort für beide Teile Düsseldorf«.	Gesetzlicher Erfüllungsort für die Lieferung ist der Wohn- oder Geschäftssitz des Verkäufers (der Verkäufer schuldet die Lieferung), gesetzlicher Erfüllungsort für die Zahlung ist der Wohn- oder Geschäftssitz des Käufers (der Käufer schuldet das Geld). **Beispiel:** Der Verkäufer hat seinen Sitz in Düsseldorf. Deshalb ist Düsseldorf der gesetzliche Erfüllungsort für die Lieferung. Der Käufer hat seinen Sitz in Stuttgart. Deshalb ist Stuttgart der gesetzliche Erfüllungsort für die Zahlung.

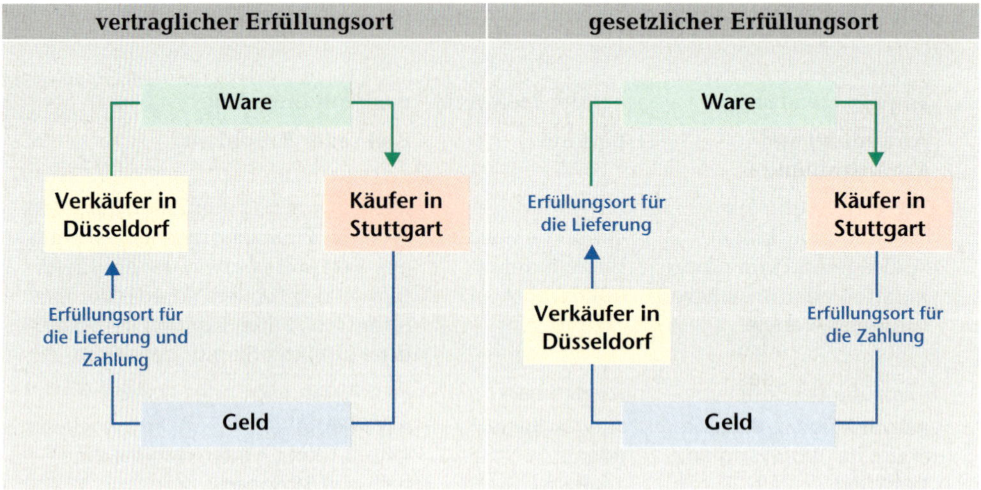

▶ Bedeutung des Erfüllungsortes

Der **Erfüllungsort** ist der **Ort,** an dem der **Schuldner** durch rechtzeitige und mangelfreie Leistung **von seiner vertraglichen Verpflichtung** frei wird.

Beispiel: Ein Lieferant in München versendet Ware an einen Kunden in Hamburg. Als Liefertermin ist der 15. Februar vereinbart. Der Lieferant hat seine Verpflichtung erfüllt

- bei Erfüllungsort München, wenn er die Ware am 15. Februar mangelfrei dem Transportunternehmen in München übergibt,
- bei Erfüllungsort Hamburg, wenn die Ware am 15. Februar mangelfrei in Hamburg eintrifft. Erfüllt er diese Verpflichtung nicht, kommt er in Lieferungsverzug (Nicht-Rechtzeitig-Lieferung; Kapitel 2.8.2).

Neben dieser Grundbedeutung kann der Erfüllungsort auch abgeleitete Bedeutung für den Gerichtsstand, den Gefahrübergang und die Übernahme der Kosten haben, sofern hierfür keine Sonderregelungen bestehen.

a) Gerichtsstand. Ergeben sich Streitigkeiten über das Bestehen, über die Auslegung oder wegen der Erfüllung eines Vertragsverhältnisses, so können die Vertragspartner die Hilfe des zuständigen Gerichtes in Anspruch nehmen.

GVG § 23 VwVfG § 3

zuständiges Gericht	
sachliche Zuständigkeit	**örtliche Zuständigkeit**
– Amtsgericht: bis 5.000 EUR Streitwert	– vertraglich vereinbarter Ort
– Landgericht: über 5.000 EUR Streitwert	– gesetzlich vorgegebener Ort

Die Durchführung eines Prozesses im eigenen Gerichtsbezirk bedeutet eine wesentliche Zeit- und Kostenersparnis.

Gesetzlicher Gerichtsstand. Hier muss zwischen dem allgemeinen und dem besonderen Gerichtsstand unterschieden werden.

gesetzlicher Gerichtsstand	
allgemeiner Gerichtsstand	**besonderer Gerichtsstand**
Ist der Sitz der Gerichts, in dessen Bezirk der Wohnsitz des Beklagten liegt. Hier können Klagen erhoben werden, sofern vertraglich oder gesetzlich kein anderer Gerichtsstand bestimmt ist.	Ist der Sitz des Gerichts, in dessen Bezirk der vertragliche oder gesetzliche Erfüllungsort fällt. Durch die Vereinbarung des Erfüllungsortes kann also der Gerichtsstand (stillschweigend) bestimmt sein.
Der Kläger hat die Wahl zwischen dem allgemeinen und dem besonderen Gerichtsstand. In Grundstücksangelegenheiten ist ausschließlich das Gericht zuständig, in dessen Bezirk das Grundstück liegt.	

ZPO §§ 12 ff.

Vertraglicher Gerichtsstand. Kaufleute und juristische Personen des öffentlichen Rechts können für alle vermögensrechtlichen Streitigkeiten einen Gerichtsstand vereinbaren, sofern nicht durch Gesetz ein besonderer Gerichtsstand begründet ist (Grundstücksklagen).

b) Gefahrübergang.

1. Bei der Versendung der Ware

Der Gefahrübergang auf den Käufer tritt ein

- **mit der Übergabe der Ware an den Käufer** oder an seinen Erfüllungsgehilfen ohne Rücksicht auf den Erfüllungsort; *BGB § 446*
- **mit der Auslieferung der Ware an den Spediteur oder Frachtführer,** wenn die Ware auf Verlangen des Käufers nach einem anderen Ort als dem Erfüllungsort versandt wird (Versendungskauf). Dies gilt nicht beim Fernabsatzgeschäft, bei dem der Verkäufer das Risiko für die Ware trägt, bis sie beim Empfänger angekommen ist. *§ 447 (1)*

Führt der Verkäufer die Versendung üblicherweise durch eigene Mitarbeiter oder eigene Beförderungsmittel aus, so trägt er die Transportgefahr.

Bei **zufälligem Untergang** oder **zufälliger Verschlechterung** trägt den Schaden derjenige, der die Gefahr trägt.

Geht durch Verschulden eines Vertragspartners der Kaufgegenstand verloren, zugrunde oder wird er beschädigt, so hat dieser Vertragspartner den Schaden zu tragen. Deshalb muss der Verkäufer bei der Verpackung, der Auswahl des Beförderungspersonals und des Transportunternehmens die erforderliche Sorgfalt anwenden. Insbesondere muss er Anweisungen des Kunden über die Art des Versandes beachten. *§ 276* *§ 278*

2. Bei der Übersendung von Geld

Der Versender trägt die Gefahr, bis das Geld in die Verfügungsgewalt des Empfängers gelangt (bare Auszahlung oder Gutschrift auf das Konto). *§ 270*

Beispiel: Ein Schuldner zahlt durch Überweisung. Der Betrag geht dem Gläubiger nicht zu. Er kann weiterhin Zahlung verlangen. Der Absender kann aber das Kreditinstitut haftbar machen.

c) Übernahme der Kosten.

Der Erfüllungsort bestimmt, wer die Kosten der Lieferung bzw. der Zahlung zu tragen hat. *§ 269*

Gesetzliche Regelung:

- Bei den **Kosten der Lieferung** trägt der Verkäufer die Kosten der Übergabe, der Käufer die **Kosten der Versendung und Abnahme.** *§ 448*
- Die **Kosten der Zahlung** hat in jedem Fall der Käufer zu tragen. *§ 270 (1)*

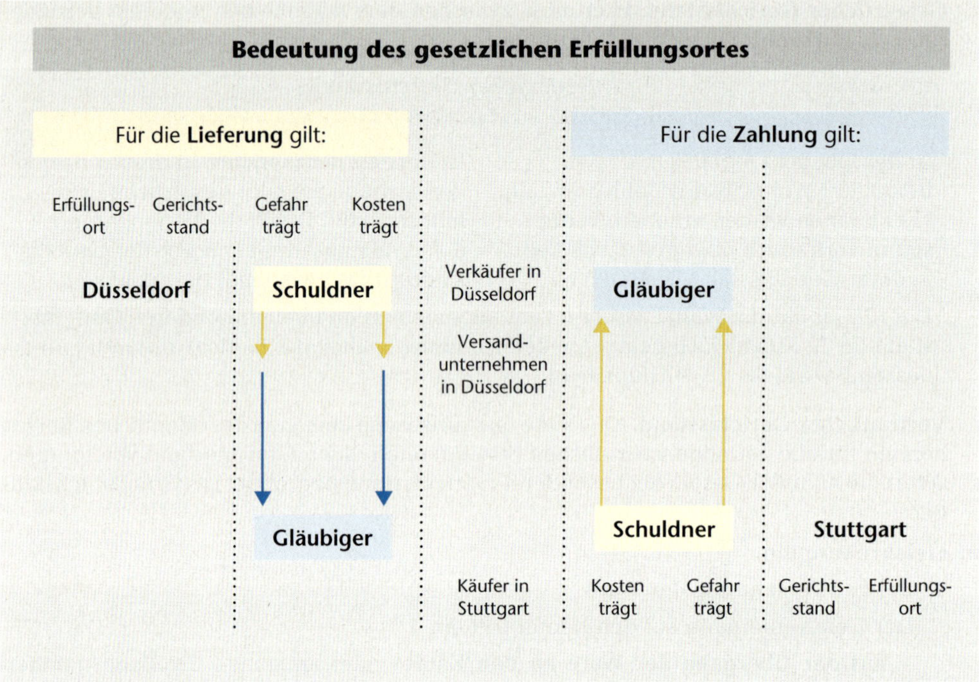

Aus der Regelung des Gefahr- und Kostenübergangs lassen sich folgende **Grundsätze** ableiten:

BGB §§ 269 f.

1. **Warenschulden sind Holschulden.** Mit der Übergabe der Ware gehen Kosten und Gefahr auf den Käufer (Gläubiger) über.
2. **Geldschulden sind Bringschulden.** Zahlungen sind auf Kosten und Gefahr des Käufers (Schuldner) an den Verkäufer zu übermitteln.

Eigentumsvorbehalt

§ 449

Der **Eigentumsvorbehalt** ist eine **Vereinbarung** zwischen dem Verkäufer und dem Käufer, wonach der **Käufer zunächst nur Besitzer** werden soll (Übergabe), während **der Verkäufer bis zur Bezahlung des Kaufpreises Eigentümer** bleibt.

Die **Vorbehaltsklausel** lautet: »Die Ware bleibt bis zur vollständigen Bezahlung des Kaufpreises mein Eigentum.«

InsO § 47 BGB §§ 449 (2), 323

Der Verkäufer kann deshalb bei Pfändung (Kapitel 2.9.4) die Freigabe und im Insolvenzverfahren (Kapitel 3.10.4) die Aussonderung verlangen. Kommt der Käufer seiner Vertragsverpflichtung nicht nach, dann kann der Verkäufer sein Eigentum erst dann zurückverlangen, wenn er vom Vertrag zurückgetreten ist. Dies setzt wiederum voraus, dass eine gesetzte Nachfrist mit Ablehnungsandrohung erfolglos verstrichen ist.

Der Eigentumsvorbehalt muss, wenn er wirksam sein soll, beim Abschluss des Kaufvertrages ausdrücklich vereinbart sein.

Der **Eigentumsvorbehalt erlischt,** wenn der Kaufpreis vollständig bezahlt ist. Er **wird unwirksam,** wenn der Gegenstand

– an einen gutgläubigen Dritten weiterveräußert oder verpfändet wird. BGB § 932

Beispiel: Ein Textilgroßhändler verkauft eine Outdoorjacke, die er unter Eigentumsvorbehalt erworben und noch nicht bezahlt hat. Mit der Übergabe wird der gutgläubige Einzelhändler Eigentümer.

– verarbeitet wird. § 950

Beispiel: Ein Bauunternehmer verarbeitet den unter Eigentumsvorbehalt gelieferten Zement und errichtet damit Mauern in einem Einfamilienhaus.

– mit einer beweglichen Sache fest verbunden wird. § 947

Beispiel: In der Werkstatt eines Kraftfahrzeughändlers wird ein Auspufftopf, den der Händler unter Eigentumsvorbehalt erworben und noch nicht bezahlt hat, in das Auto eines Kunden eingebaut. Der Kunde wird durch den Einbau in sein Auto Eigentümer des Auspufftopfes.

– mit einer unbeweglichen Sache fest verbunden wird. § 946

Beispiel: Ein Installateur baut eine Badewanne, die er unter Eigentumsvorbehalt erworben und noch nicht bezahlt hat, in das Haus eines Kunden ein. Mit dem Einbau wird der Kunde Eigentümer der Badewanne.

– verbraucht wird.

Beispiel: In der Gaststätte werden Spirituosen, die unter Eigentumsvorbehalt geliefert und noch nicht bezahlt worden sind, ausgeschenkt und verbraucht.

– vernichtet wird.

Beispiel: Der Eigentumsvorbehalt eines Kraftfahrzeughändlers auf einen gegen Raten verkauften Personenkraftwagen wird unwirksam, wenn das Auto bei einem Verkehrsunfall zerstört wird.

Vom **verlängerten Eigentumsvorbehalt** spricht man, wenn beim Weiterverkauf die entstehende Forderung abgetreten, bei der Verarbeitung der hergestellte Gegenstand zur Sicherung übereignet wird.

Beispiel: Ein Hersteller von Fenstern liefert mit Eigentumsvorbehalt an einen Bauunternehmer Fenster für ein Wohnhaus. Im Vertrag wird vereinbart, dass beim Einbau der Fenster die Forderungen des Bauunternehmers gegenüber dem Wohnhauseigentümer an den Fensterhersteller abgetreten werden.

Ein **erweiterter Eigentumsvorbehalt** liegt vor, wenn sich die Vorbehaltsrechte auch auf andere vom selben Lieferanten an den Käufer gelieferte Waren beziehen sollen.

Beispiel: Eine Brauerei vereinbart mit einem Getränkehändler, dass alle Getränke im Eigentum der Brauerei bleiben, solange sie noch Forderungen an den Getränkehändler hat.

■ Allgemeine Geschäftsbedingungen (AGB) (Kapitel 2.4)

Zusammenfassende Übersicht zu Kapitel 2.6: Inhalt des Kaufvertrages

Inhalt des Kaufvertrages

Vereinbarungen über		ohne Vereinbarung
Art der Ware	handelsüblicher Name	handelsüblicher Name
Beschaffenheit und Güte	Augenschein Muster und Proben Abbildungen und Beschreibungen Herstellermarken und Typenbezeichnungen Gütezeichen Güteklassen Provenienz Jahrgang Gehalt Qualitätsgewicht Farbe	Ware mittlerer Art und Güte
Menge der Ware	metrische Maßeinheiten handelsübliche Bezeichnungen	
Preis der Ware	Nettopreise Bruttopreise	
Preisnachlässe	Rabatt Bonus Skonto	
Verpackung	Transportverpackung Verkaufsverpackung Umverpackung	Verpackungskosten sind vom Käufer zu tragen
Versand	Versandart Versandkosten	Käufer trägt Kosten der Übergabe, Verkäufer trägt Kosten der Abnahme und Versendung
Lieferzeit	Liefertermin oder Lieferfrist	sofortige Lieferung
Zahlungsbedingungen	Art und Weise der Zahlung Kosten der Zahlung Zeitpunkt der Zahlung	Verkäufer trägt Kosten sofortige Zahlung
Erfüllungsort	vertraglicher Erfüllungsort gesetzlicher Erfüllungsort	Wohnsitz des Schuldners
Gerichtsstand	vertraglicher Gerichtsstand gesetzlicher Gerichtsstand	allgemeiner bzw. besonderer Gerichtsstand

▶ Aufgaben und Probleme

1. Zwei Kaufleute schließen einen Kaufvertrag ohne besondere Angabe von Vertragsinhalten. Wie ist der Vertrag zu erfüllen bezüglich
   a) Warenqualität,
   b) Verpackungskosten,
   c) Versandkosten,
   d) Lieferzeit,
   e) Zahlungszeitpunkt?
2. Hans Meyer kauft von einer Ware 400 kg (Reingewicht) zu 180,00 EUR für 100 kg. Die Verpackung wiegt 10 kg, ihr Selbstkostenwert beträgt 24,00 EUR. Über welche Beträge lautet die Rechnung, wenn vereinbart ist
   a) Preis vom Reingewicht einschließlich Verpackung,
   b) Preis vom Reingewicht ausschließlich Verpackung,
   c) brutto für netto?
3. Ein Großhändler liefert mit Rechnung vom 15. September einem Einzelhändler vertragsgemäß 50 Spankörbe Pflaumen zu je 10 kg. Preis 120,00 EUR je 100 kg brutto für netto. Zahlungsbedingung: in 10 Tagen 3 % Skonto, in einem Monat netto Kasse.
   a) Der Kunde zahlt am 25. September per Überweisung 582,00 EUR. Prüfen Sie, ob die Höhe der Zahlung den Zahlungsbedingungen entspricht.
   b) Wie ist der Sachverhalt, wenn der Kunde von der Rechnung 30,00 EUR abzieht, da Stichproben ergeben haben, dass die Körbe bei 10 kg Gesamtgewicht nur 9,5 kg Pflaumen enthielten?
4. Zu welchem Preis muss ein Verkäufer eine Ware, die ab Lager 600,00 EUR kostet, anbieten, wenn die Kosten für An- und Abfuhr je 20,00 EUR und die Luftfracht 43,90 EUR beträgt
   a) ab hier,
   b) frei dort,
   c) frei Haus?
5. Welche Beförderungsklausel in einem Angebot ist für den Käufer am günstigsten?
   a) ab Lager,
   b) frei Waggon,
   c) frachtfrei,
   d) ab Bahnhof hier,
   e) unfrei.
6. Was bedeutet die Lieferbedingung »frei«, wenn die Ware durch die Bahn versandt wird?
   a) Lieferung frei Empfangsbahnhof,
   b) Lieferung frei Versandbahnhof,
   c) Lieferung frei Grenzbahnhof,
   d) Lieferung ab Werk,
   e) Lieferung frei Haus.
7. In einem Kaufvertrag wird die Versandbedingung »unfrei« vereinbart. Welche der folgenden Aussagen ist (sind) richtig bzw. falsch?

a) Der Verkäufer übernimmt alle Versandkosten.

b) Der Käufer trägt die Versandkosten ab Versandbahnhof.

c) Der Verkäufer trägt die Anfuhrkosten zum Versandbahnhof.

d) Der Käufer trägt nur die Zufuhrkosten ab Empfangsbahnhof.

e) Der Käufer muss alle Versandkosten tragen.

8. Der Elektrofachhändler Berger e. K., Ulm, hat bei der Elektrogroßhandlung Stark KG, Konstanz, per Telefax 10 Stehlampen Modell »Nordlicht« zum Preis von je 650,00 EUR bestellt. Weitere Vereinbarungen wurden nicht getroffen.

   a) Die Stark KG beauftragt einen Transportunternehmer mit der Auslieferung der Lampen. Wer muss die Transportkosten tragen (Begründung)?

   b) Die Lampen wurden bei der Stark KG transportsicher verpackt. Wer muss die Verpackungskosten übernehmen (Begründung)?

   c) Beim Transport werden zwei Lampen infolge unsachgemäßen Verladens trotz ordnungsgemäßer Verpackung erheblich beschädigt. Muss Berger e. K. die Lampen abnehmen, bezahlen und den Schaden tragen (Begründung)?

9. Auf eine Bestellung vom 1. April erfolgt die Lieferung am 15. April. Wann ist bei den verschiedenen Zahlungsbedingungen der Rechnungsbetrag fällig (Bild, Seite 53)?

10. Beim Transport vom Verkäufer in Frankfurt zum Käufer in Osnabrück kommt die Ware abhanden. Der Käufer verweigert die Zahlung des Kaufpreises mit der Begründung, dass im Kaufvertrag die Lieferung »frei Osnabrück« vereinbart war und demzufolge der Verkäufer für das Abhandenkommen hafte. Wie ist die Rechtslage?

11. Welche Bedeutung hat die Klausel «Erfüllungsort und Gerichtsstand für beide Teile ist der Geschäftssitz des Lieferanten«?

   a) Der Lieferant trägt die Gefahr der Verschlechterung der Ware auf dem Weg zum Käufer.

   b) Die Ware ist zum Ort des Käufers zu liefern.

   c) Die Ware ist am Ort des Lieferanten dem Käufer persönlich auszuhändigen.

   d) Die Gefahr geht am Ort des Lieferanten auf den Käufer über.

   e) Die Geldschulden werden Holschulden.

12. Welche besonderen Vorteile erwachsen gegenüber der gesetzlichen Regelung dem Verkäufer oder dem Käufer, wenn sie ihren Wohnsitz als »Erfüllungsort und Gerichtsstand für beide Teile« vereinbaren?

13. Welche Bedeutung hat der Vermerk auf der Rechnung: »Ich sende Ihnen für Ihre Rechnung und auf Ihre Gefahr«?

14. Welche Aussage über den gesetzlichen Erfüllungsort ist richtig?

   a) Der gesetzliche Erfüllungsort des Lieferanten und des Kunden stimmen überein.

   b) Der gesetzliche Erfüllungsort wird vom Verkäufer bestimmt.

   c) Der gesetzliche Erfüllungsort ist der Ort, an dem der jeweilige Schuldner seinen Wohn- bzw. Geschäftssitz hat.

   d) Der gesetzliche Erfüllungsort kann nur vom Schuldner bestimmt werden.

   e) Der gesetzliche Erfüllungsort gilt auch dann, wenn ein vertraglicher Erfüllungsort vereinbart wurde.

15. Warum ist auch beim Verkauf unter Eigentumsvorbehalt die Zuverlässigkeit des Käufers zu überprüfen?

2.7 Arten des Kaufs

Nach der rechtlichen Stellung der Vertragspartner und der Bestimmung des jeweiligen Vertragsinhaltes sind verschiedene Arten des Kaufs zu unterscheiden.

2.7.1 Unterscheidung nach Vertragspartnern

Die Partner des Kaufvertrages sind der Käufer und der Verkäufer. Sie können ihrer rechtlichen Stellung nach **Unternehmen (Kaufleute)** oder **Verbraucher (Nichtkaufleute)** sein.

Unter einem **Verbraucher** versteht man hierbei eine natürliche Person, die ein Rechtsgeschäft für private Zwecke abschließt. Demgegenüber versteht man unter einem **Unternehmen** eine natürliche oder juristische Person, die beim Abschluss eines Rechtsgeschäftes gewerblich oder selbstständig beruflich tätig handelt. *BGB §§ 13 f.*

Nach der **rechtlichen Stellung** des Vertragspartners und dem **Zweck des Vertragsabschlusses** sind demnach zu unterschieden:

Verkäufer ist / Käufer ist	**ein Unternehmen**	**ein Verbraucher**
ein Verbraucher	Verbrauchsgüterkauf (einseitiger Handelskauf)	bürgerlicher Kauf (Privatkauf)
ein Unternehmen	zweiseitiger Handelskauf	sonstiger einseitiger Handelskauf

§§ 433–479

HGB §§ 343, 345 §§ 373–381

2.7.2 Unterscheidung nach Vertragsinhalten

Nach den inhaltlichen Bestimmungen des Kaufvertrags sind verschiedene Arten des Kaufs zu unterscheiden.

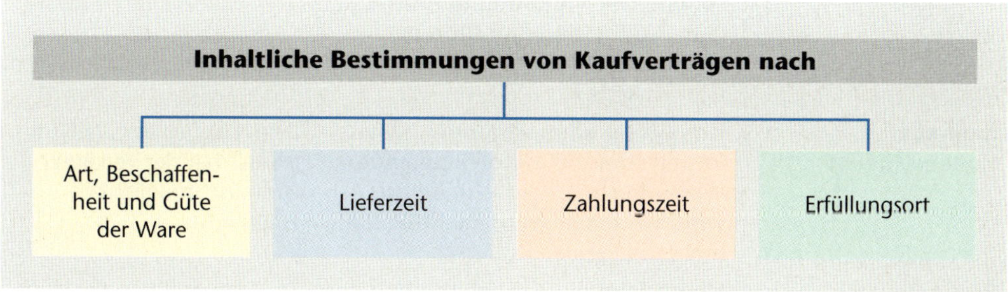

Nach der Bestimmung von Art, Beschaffenheit und Güte der Ware

Kaufart	Erklärung	Beispiele
Gattungskauf	Der Kaufgegenstand ist eine vertretbare Sache. Vertretbare Sachen sind bewegliche Sachen, die in mehreren gleichen Ausfertigungen hergestellt werden und wegen ihrer Gleichartigkeit durch andere Stücke der gleichen Gattung ersetzt werden können.	Kauf von Baumwolle, eines Kunstdruckes, von Serienmöbeln
Stückkauf	Der Kaufgegenstand ist eine nicht vertretbare, also einmalige Sache, die in dieser Form nicht wieder beschafft werden kann.	Kauf eines Grundstückes, eines Originalgemäldes, eines antiken Bauernschrankes
Kauf nach Probe (Kauf nach Muster)	Er ist ein Kauf aufgrund früher bezogener Waren (»wie gehabt«) oder nach einer vom Verkäufer übergebenen Probe. Die zu liefernde Ware muss der Probe entsprechen; unwesentliche Abweichungen müssen jedoch geduldet werden. Die Eigenschaften der Probe oder des Musters sind als vereinbarte Beschaffenheit anzusehen.	Kauf von Kaffee, Tee, Tabak, Stahl, Metallen, Textilrohstoffen, Tapeten
BGB §§ 454 f. **Kauf auf Probe**	Er ist ein Kauf mit Rückgaberecht innerhalb einer vereinbarten Frist, falls der Gegenstand nicht den Erwartungen des Käufers entspricht. Der Verkäufer überlässt dem Käufer die Ware für eine bestimmte Zeit »auf Probe« oder »zur Ansicht«.	Kauf eines Kopiergeräts, eines Schreibtischstuhls, eines Musikinstruments
Kauf mit Umtauschrecht	Der Käufer kann verlangen, dass anstelle der gekauften eine andere Ware gleichen Wertes geliefert wird, wenn die Ware nachträglich nicht zusagen sollte.	Beim Kauf eines Geschenkartikels hat der Verkäufer Umtauschmöglichkeit zugesagt.
HGB § 375 **Bestimmungskauf (Spezifikationskauf)**	Hier erfolgt ein Abschluss über eine genau festgelegte Gesamtmenge einer Gattungsware. Der Käufer hat aber das Recht, innerhalb einer festgesetzten Frist die zu liefernden Waren nach Maß, Form oder Farbe näher zu bestimmen (»je nach Käufers Wahl«). Für die Gesamtmenge wird ein Grundpreis vereinbart. Dazu kommen die für die einzelnen Ausführungsarten vereinbarten Zuschläge.	Ein Textilgroßhändler kauft 10.000 Paar Strumpfhosen. Die Größen und Farben der Strumpfhosen werden nachträglich bestimmt.

Nach der Bestimmung der Lieferzeit

Kaufart	Erklärung	Beispiele
Terminkauf	Die Lieferung hat zu einem vereinbarten späteren Termin oder innerhalb einer vereinbarten Frist zu erfolgen.	»Lieferung Ende August« »Lieferung innerhalb von zwei Monaten«
Fixkauf	Die Lieferung hat an oder bis zu einem genau bestimmten Zeitpunkt zu erfolgen. Der Vertrag steht und fällt mit der Beachtung der Fixklausel.	»Lieferung am 20. Mai fix« »Lieferung bis 20. Dezember fest«
Kauf auf Abruf	Der Zeitpunkt der Lieferung ist in das Ermessen des Käufers gestellt. Er ruft die Ware ab.	Ein Bauherr kauft Möbel, die er erst nach der Fertigstellung des Hauses anliefern lässt.
Teillieferungskauf	Die Lieferung erfolgt in Teilmengen. Der Käufer hat hierbei den Vorteil des Einkaufs in großen Mengen (Mengenrabatt, Schutz vor Preissteigerung) bei gleichzeitig geringeren Lagermengen.	1. Terminkauf (lieferbar in monatlichen Teilmengen) 2. Fixkauf (lieferbar am 1. Mittwoch eines jeden Monats fix) 3. Kauf auf Abruf (lieferbar auf Abruf)

HGB § 376

Nach der Bestimmung der Zahlungszeit

Kaufart	Erklärung
Kauf gegen Vorauszahlung	Die Zahlung ist vor der Lieferung zu leisten.
Barkauf	Der Käufer hat Zug um Zug mit der Lieferung zu leisten.
Ziel- oder Kreditkauf	Die Zahlung ist einige Zeit nach der Lieferung zu leisten.
Teilzahlungskauf	Die Zahlung ist in Teilbeträgen zu verschiedenen Zeitpunkten vor, bei oder nach der Lieferung zu bewirken. Verbraucher sollen vor Übervorteilungen und unbedachten Teilzahlungskäufen geschützt werden. Deshalb ist gesetzlich vorgeschrieben, dass ein Teilzahlungskauf schriftlich abgeschlossen werden muss. Der Käufer kann den Abschluss eines Teilzahlungskaufs innerhalb einer Woche schriftlich widerrufen; es genügt die rechtzeitige Absendung des Widerrufs. Der Verkäufer ist verpflichtet, den Käufer über das Widerrufsrecht in deutlicher Form zu belehren; die Belehrung ist vom Käufer gesondert zu unterschreiben.

BGB §§ 491 ff.

Nach dem Erfüllungsort

Kaufart	Erklärung	Beispiel
Handkauf	Verkäufer und Käufer befinden sich am gleichen Ort; die Ware wird im Geschäft des Verkäufers gekauft und dort ausgehändigt. Das Verpflichtungs- und Erfüllungsgeschäft fallen in einem tatsächlichen Vorgang zusammen.	Ein Cash-and-Carry-Großhändler verkauft Ware an einen ortsanwesenden Einzelhändler, dem sie unmittelbar nach dem Kauf ausgehändigt wird.
Platzkauf	Verkäufer und Käufer befinden sich an verschiedenen Stellen desselben Ortes; Ausgangs- und Endpunkt der Lieferung sind so weit voneinander entfernt, dass eine Versendung erforderlich ist.	Der Großhändler in Hamburg-Stellingen beliefert mehrere Einzelhändler in Hamburg-Altona teils mit eigenem Fahrzeug, teils durch Einschaltung eines Frachtführers.
Fernkauf	Verkäufer und Käufer befinden sich an verschiedenen Orten; als Erfüllungsort für die Übergabe der Ware ist ein anderer als der Ort des Verkäufers vereinbart.	Der Großhändler in Nürnberg vereinbart im Kaufvertrag mit einem Würzburger Kunden dessen geschäftliche Niederlassung in Aschaffenburg als Erfüllungsort.
Streckengeschäft	Der Großhändler dient als Vermittler (vgl. Kapitel 9.2.2).	

Zusammenfassende Übersicht zu Kapitel 2.7: Arten des Kaufs

Arten des Kaufs	
Vertragspartner	– zweiseitiger Handelskauf – bürgerlicher Kauf – Verbrauchsgüterkauf – sonstiger einseitiger Handelskauf
Art, Beschaffenheit und Güte der Ware	– Gattungskauf – Stückkauf – Kauf nach Probe – Kauf auf Probe – Kauf mit Umtauschrecht – Bestimmungskauf
Lieferzeit	– Sofortkauf – Terminkauf – Fixkauf – Kauf auf Abruf – Teillieferungskauf
Zahlungszeit	– Kauf gegen Vorauszahlung – Barkauf – Ziel- oder Kreditkauf – Teilzahlungskauf
Erfüllungsort	– Versendungskauf – Fernkauf – Platzkauf – Handkauf – Streckengeschäft

▶ Aufgaben und Probleme

1. Welche grundsätzliche Bedeutung hat die Unterscheidung zwischen bürgerlichem Kauf und Handelskauf?
2. Stellen Sie bei folgenden Fällen fest, ob ein bürgerlicher Kauf, ein Verbrauchsgüterkauf oder ein zweiseitiger Handelskauf vorliegt:
   a) Ein Schüler verkauft seinen MP3-Player an einen Mitschüler.
   b) Ein Geschäftsmann kauft für sich in der Apotheke Beruhigungspillen.
   c) Ein Händler kauft in einem Schreibwarengeschäft einige Kartons Briefumschläge.
   d) Eine Bank kauft aus Privatbesitz eine Münzsammlung auf.
3. In welchen Fällen handelt es sich um einen zweiseitigen Handelskauf?
   a) Ein Angestellter verkauft einem Kollegen einen gebrauchten Fotoapparat.
   b) Eine Unternehmerin kauft für den privaten Weinkeller bei einer Winzergenossenschaft 500 Flaschen Wein.
   c) Die staatliche Berufsschule kauft bei einem Elektrofachgeschäft einen DVD-Player.
   d) Ein Lebensmittel-Filialunternehmen kauft bei der Großbäckerei GmbH Holzofenbrot.
   e) Eine Auszubildende kauft in einem Fachgeschäft einen Hosenanzug.
4. Um welche Arten des Kaufs handelt es sich in den folgenden Fällen?
   a) Privatmann A hat mit Kunsthändlerin B einen Kaufvertrag über ein Picasso-Gemälde abgeschlossen.
   b) Ein Lebensmittelgroßhändler hat mit der Campina AG einen Kaufvertrag über 500 kg Süßrahmbutter, lieferbar in Teilmengen, abgeschlossen.
   c) Eine Elektrogroßhandlung hat mit einem Leuchtmittelhersteller einen Kaufvertrag über 10.000 Stück Energiesparlampen abgeschlossen mit dem Zusatz, dass bis zum 15. des nächsten Monats die verschiedenen Wattstärken angegeben werden.
   d) Um einen günstigen Mengenrabatt zu erhalten, kauft die Elektrogroßhandlung 200 Gefrierschränke, kann aber nur 50 Stück lagern.
   e) Eine Großkellerei verschickt an ihre Privatkunden kostenlose Probeflaschen des neuesten Jahrgangs; einige Kunden bestellen.
   f) Der Teppichhändler Munz e. K. legt einer Kundin einen Berberteppich für eine Woche ins Wohnzimmer, damit diese beurteilen kann, ob der Teppich in das Zimmer passt.
5. Unterscheiden Sie den Kauf auf Probe vom Kauf nach Probe.
6. Welche Vorteile bietet der Spezifikationskauf für Käufer und Verkäufer?
7. Wodurch unterscheiden sich der Kauf auf Abruf und der Spezifikationskauf?
8. Durch welche Vertragsvereinbarung wird ein Kauf zum Fixkauf?
9. Wie wird ein Verbraucher vor den Folgen eines unüberlegten Ratenkaufs geschützt?
10. Unterscheiden Sie Versendungskauf und Fernkauf.
11. In welchen Situationen ist ein Fixkauf sinnvoll? Nennen Sie drei Beispiele.

2.8 Störungen bei der Erfüllung des Kaufvertrages

Bei der Erfüllung von Kaufverträgen können folgende Störungen auftreten:

Bezeichnung	Art der Störung
Mangelhafte Lieferung (Schlechtleistung)	Der Verkäufer liefert fehlerhafte Produkte.
Lieferungsverzug (Nicht-Rechtzeitig-Lieferung)	Der Verkäufer liefert nicht rechtzeitig.
Annahmeverzug (Nicht-Rechtzeitig-Annahme)	Der Käufer nimmt die Lieferung des Verkäufers nicht oder nicht rechtzeitig an.
Zahlungsverzug (Nicht-Rechtzeitig-Zahlung)	Der Käufer bezahlt den vereinbarten Kaufpreis nicht oder nicht rechtzeitig.

2.8.1 Mangelhafte Lieferung (Schlechtleistung)

BGB § 433 Der Verkäufer ist **verpflichtet,** die verkaufte Sache **frei von Sach- und Rechtsmängeln** zu liefern **(Gewährleistungspflicht).** Eine **mangelhafte Lieferung** liegt vor, wenn der Verkäufer dieser Pflicht nicht nachkommt.

Arten der Mängel

Mängelarten im Hinblick auf die

Rechte	Sache	Erkennbarkeit
Es können Rechte gegenüber dem Käufer geltend gemacht werden.	– Qualitätsmängel – Quantitätsmängel – Artmängel	– offene Mängel – versteckte Mängel – arglistig verschwiegene Mängel

Rechtsmängel	
Art des Mangels	**Beispiel**
§ 435 Dritte können gegenüber dem Käufer der Sache Rechte geltend machen.	Bezogene Sweatshirts werden mit einem Markenzeichen verkauft, ohne dass der Markeninhaber eine Lizenz erteilt hatte.

Sachmängel	
Art des Mangels	**Beispiel**
§ 434 (1) Abweichung von der vereinbarten Beschaffenheit.	Eine digitale Kamera leistet nur eine Auflösung von 10 Mio. Pixel, obwohl 12 Mio. Pixel vereinbart waren.

Sachmängel		
Art des Mangels	**Beispiel**	
Keine Eignung für die vertraglich vorausgesetzte Verwendung.	Ein Gastronom kauft 200 Dessertteller aus Glas. Nach mehrmaligem Waschen in der Geschirrspülmaschine beginnt das Glas trübe zu werden. Der Verkäufer hätte wissen müssen, dass sich die Glasteller für den Gastronomie-Bereich nicht eignen.	*BGB § 434 (1) S. 2 Nr. 1*
Keine Eignung für die Verwendung, die bei solchen Sachen gewöhnlich sind.	Lebensmittel sind verdorben.	*§ 434 S. 2 Nr. 2*
Abweichung der Werbeaussage von der tatsächlichen Eigenschaft.	Das viel gepriesene 5-Liter-Auto verbraucht tatsächlich 8 Liter Benzin auf 100 km.	*§ 434 (1) S. 3*
Die Kennzeichnung der Ware auf der Verpackung oder auf der Ware selbst weicht von der tatsächlichen Eigenschaft ab.	Lachs wird auf der Folie als fangfrischer kanadischer Fluss-Wildlachs gekennzeichnet. In Wirklichkeit stellt sich heraus, dass er in Norwegen im Meer gezüchtet wurde.	*§ 434 (1) S. 3*
Fehlerhafte Montage durch den Verkäufer.	Vereinbart wurde die Lieferung und Montage eines Geschirrspülers. Montiert der Verkäufer die Maschine falsch, ist dies ein Sachmangel.	*§ 434 (2) S. 1*
Fehlerhafte Montageanleitung, die dazu führt, dass die Sache nicht oder fehlerhaft montiert wird.	Aufgrund einer fehlerhaften Montageanleitung kann eine Schrankwand nicht aufgebaut werden.	*§ 434 (2) S. 2*
Minderlieferung	Der Verkäufer liefert statt 36 Kisten nur 30 Kisten Mineralwasser.	*§ 434 (3)*
Falschlieferung	Statt Äpfel werden Birnen geliefert.	*§ 434 (3)*

Erkennbarkeit des Mangels	
Art des Mangels	**Beispiel**
offene Mängel	Beule an einem Auto
versteckte Mängel	Wein mit Korkgeschmack
arglistig verschwiegene Mängel	Ein Unfallauto wird als »unfallfrei« gekauft.

Pflichten des Käufers

▶ Zweiseitiger Handelskauf

Zur Sicherung von Gewährleistungsansprüchen hat der Käufer beim zweiseitigen Handelskauf folgende Pflichten:

a) Prüfungspflicht. Eingegangene Waren sind **unverzüglich** auf Güte, Menge und Art zu untersuchen. *HGB § 377*

Unverzüglich heißt ohne schuldhaftes Zögern. Wenn z. B. beim Eingang der Ware das Lagerpersonal mit dringenden Inventurarbeiten beschäftigt ist, so reicht es noch, wenn die Ware unmittelbar nach der Beendigung dieser Arbeiten untersucht wird. Stellt der Käufer bereits **bei der Übergabe** Mängel fest, so kann er die Annahme verweigern; nimmt er sie trotzdem an, so muss er sich die Rechte aus der **Mängelrüge** sofort (**Tatbestandsaufnahme**) vorbehalten. *BGB § 121*

BGB § 438

b) **Rügepflicht.** Offene Mängel sind **unverzüglich nach der Prüfung** zu rügen, versteckte Mängel **unverzüglich nach der Entdeckung,** jedoch innerhalb der Gewährleistungsfrist. Diese beträgt gesetzlich zwei Jahre vom Zeitpunkt der Ablieferung an, kann aber vertraglich verlängert werden (**Garantie**).

Der Käufer muss die Mängel in der Güte, Menge und Art genau bezeichnen. Ein allgemeiner Hinweis wie »Ware unverkäuflich«, »Ware schlecht«, »Ware nicht vertragsgemäß« genügt nicht.

Wird ein Mangel in der Art oder Güte nicht gerügt, dann muss der Kaufmann die gelieferte Ware behalten und den vereinbarten Kaufpreis bezahlen.

§§ 438 (3), 195, 199 (3), Nr. 2

Hat der Verkäufer den Mangel arglistig verschwiegen, dann verjährt der Mangel erst nach drei Jahren. Die Frist beginnt am Ende des Jahres, in dem der Mangel entdeckt wurde. Der Mangel muss aber innerhalb von 30 Jahren entdeckt werden, um einen Anspruch geltend zu machen.

HGB § 379

c) **Aufbewahrungspflicht.** Beim Platzkauf kann die beanstandete Ware sofort zurückgeschickt werden, beim Versendungskauf dagegen nicht. Damit werden unnötige Transportkosten vermieden. Sie muss dem Verkäufer zunächst zur Verfügung gestellt werden. Bis zu dessen Entscheidung muss sie der Käufer zulasten des Verkäufers ordnungsgemäß selbst aufbewahren oder bei einem Dritten einlagern. Ist die Ware dem Verderb ausgesetzt und ist Gefahr im Verzug, so kann sie der Käufer öffentlich versteigern lassen oder, sofern sie einen Börsen- oder Marktpreis hat, freihändig verkaufen (Notverkauf).

▶ Verbrauchsgüterkauf und bürgerlicher Kauf

Beim Verbrauchsgüterkauf und beim bürgerlichen Kauf bestehen gegenüber dem zweiseitigen Handelskauf folgende Abweichungen:

1. Der Käufer muss **nicht unverzüglich prüfen.**
2. Er muss Mängel **nicht unverzüglich rügen,** sondern kann die Rüge bei offenen und versteckten Mängeln innerhalb der Gewährleistungsfrist vornehmen.

BGB § 476

Tritt innerhalb von sechs Monaten seit Gefahrübergang der Sache ein Sachmangel auf, so gilt die Vermutung, dass die Sache mangelhaft war **(Rückwirkungsvermutung).** Der Verkäufer muss nachweisen, dass das Gut zum Zeitpunkt des Gefahrübergangs in Ordnung war **(Grundsatz der Beweislastumkehr).** Reklamiert der Käufer nach sechs Monaten den Mangel, so trägt er die Beweislast, dass der Mangel bereits beim Gefahrübergang vorhanden war.

Beispiel: Bei einem neuen Pkw tritt innerhalb von vier Monaten nach dem Kauf ein Motorschaden auf. Bei üblichem Gebrauch und sorgfältiger Behandlung gilt dieser Schaden als Mangel beim Gefahrübergang.

■ Rechte des Käufers bei Mängeln

Wenn eine Sache mangelhaft verkauft wurde, dann hat der Käufer folgende Rechte:

▶ Nacherfüllung

§§ 439, 476

Dabei kommt dem Käufer das Wahlrecht zu, entweder die Beseitigung des Mangels (Nachbesserung) durch Reparatur oder die Lieferung einer mangelfreien Sache (Ersatzlieferung) zu verlangen.

§ 439 (3)

Der Verkäufer kann die vom Käufer gewählte Form der **Nacherfüllung verweigern,** wenn sie mit unverhältnismäßig hohen Kosten verbunden ist.

Beispiel: Ein Kunde verlangt die Reparatur eines fehlerhaften neuen Weckers, den er für 10 EUR gekauft hat. Die Reparatur würde dem Verkäufer Kosten in Höhe von 20 EUR verursachen. Die Reparaturkosten stehen in keinem Verhältnis zum Warenwert. Der Händler kann daher die Nachbesserung des Weckers ablehnen und stattdessen eine Ersatzlieferung vornehmen.

In manchen Fällen kann eine **Nacherfüllung nicht möglich** sein:

- Es ist keine Ersatzlieferung möglich bei einer gebrauchten Sache oder bei einem Stückkauf.

  Beispiel: Ein Originalgemälde kann nicht wiederbeschafft werden.

- Es ist keine Nachbesserung möglich, wenn eine fehlerhafte bewegliche Sache zerstört wird.

  Beispiel: Aufgrund fehlerhafter Bremsen erleidet ein Pkw einen Totalschaden.

Aufwendungen, die zum Zwecke der Nacherfüllung notwendig sind, wie Transport-, Wege-, Arbeits- und Materialkosten, hat der Verkäufer zu tragen. *BGB § 439 (2)*

Beispiele: Telefonkosten, Porto, Fahrtkosten für die Abwicklung der Reklamation

Im Normalfall gilt eine Nachbesserung nach dem **erfolglosen zweiten Versuch** als fehlgeschlagen. *§ 440*

Beispiel: Nach dem erfolglosen zweiten Versuch, eine neu gelieferte Waschmaschine zu reparieren, kann der Käufer eine neue Waschmaschine verlangen.

Verstreicht die festgesetzte angemessene Nachfrist zur Nacherfüllung, so kann der Käufer weitere Rechte geltend machen:

- Rücktritt vom Vertrag oder Minderung des Kaufpreises,
- Schadensersatz oder Ersatz vergeblicher Aufwendungen.

Der Käufer ist aber nicht verpflichtet, eine angemessene Frist zur Nacherfüllung zu setzen, wenn der Verkäufer eine Nacherfüllung verweigert.

▶ Rücktritt vom Kaufvertrag

Der Kaufgegenstand ist zurückzugeben und der etwa schon bezahlte Kaufpreis zurückzuzahlen. *§§, 323, 326, 440, 441, 437 S. 1, Nr. 2*

Beispiel: Die Nacherfüllung bei einem iPod ist fehlgeschlagen, der Käufer gibt das Gerät an den Verkäufer zurück und verlangt die Erstattung des Kaufpreises.

▶ Minderung des Kaufpreises

Der Kaufvertrag bleibt bestehen. Der Käufer kann jedoch eine Herabsetzung des Kaufpreises verlangen.

Beispiel: Die Nacherfüllung bei einem Herrenanzug mit kaum auffälligen Webfehlern ist fehlgeschlagen. Der Käufer will aber den Herrenanzug unbedingt behalten und verlangt deshalb eine angemessene Kaufpreisminderung.

▶ Schadensersatz

§ 437 S. 1, Nr. 3

Dem Käufer stehen zwei Möglichkeiten des Schadensersatzes zu, wenn folgende Voraussetzungen erfüllt sind:

- Pflichtverletzung des Schuldners oder seines Erfüllungsgehilfen. Der Schuldner muss für die Pflichtverletzung verantwortlich sein. *§§ 278, 280*
- Unabhängig von der Pflichtverletzung haftet der Schuldner auch, wenn er ein Beschaffungsrisiko oder eine Garantie übernommen hat. *§ 276 (1), S. 2*

Folgende Arten des Schadensersatzes sind möglich:

a) **Schadensersatz neben der Erfüllung (kleiner Schadensersatz).** Der Käufer hat Anspruch auf die Erfüllung des Vertrages und den Ersatz der Kosten. *§§ 241 (2), 280 (1), 286*

   Beispiel: Reparaturkostenerstattung für die Eigenleistung des Käufers, um den Mangel zu beseitigen.

BGB §§ 280–283, 325, 346 ff.

b) Schadensersatz statt Erfüllung (großer Schadensersatz). Der Käufer kann vom Kaufvertrag zurücktreten und Schadensersatz verlangen. Bereits erbrachte Teilleistungen müssen vom Käufer zurückgegeben werden.

Beispiel: Eine defekte Maschine wird am 18.01.20.. geliefert. Zweimal wurde der Lieferant vergeblich aufgefordert, eine Nachbesserung durchzuführen. Infolge der defekten Maschine entsteht ein mehrtägiger Produktionsausfall. Der Kunde kann vom Kaufvertrag zurücktreten und vom Lieferanten Schadensersatz für den Produktionsausfall verlangen.

§ 284

▶ Ersatz vergeblicher Aufwendungen

Anstelle des großen Schadensersatzes kann der Käufer den Ersatz der Aufwendungen verlangen, die er im Vertrauen auf den Erhalt der Leistung gemacht hat.

Beispiel: Zur Montage einer Maschine wurde ein Fundament gegossen. Zwei Reparaturversuche an der Maschine sind fehlgeschlagen und damit die Nacherfüllung gescheitert. Die Kosten für das Fundament hat der Verkäufer der Maschine zu übernehmen.

Unternehmerrückgriff

Musste ein Unternehmer als Letztverkäufer die verkaufte Sache wegen eines Mangels vom Verbraucher wieder zurücknehmen oder den Kaufpreis mindern, so kann er die gleichen Rechte gegenüber seinem Lieferanten geltend machen **(Unternehmerrückgriff).** Diese Rechte stehen dem Letztverkäufer aber nur dann zu, wenn die bewegliche Sache bereits bei der Übergabe vom Lieferanten an den Verkäufer fehlerhaft war. Der Lieferant muss dabei von Seiten des Unternehmers nicht zur Nacherfüllung aufgefordert werden.

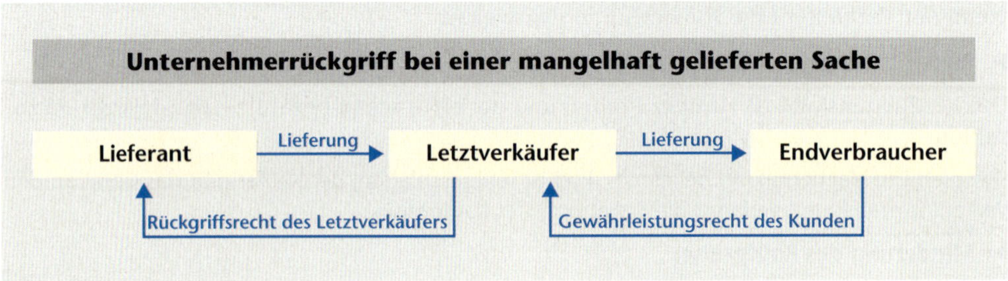

Produkthaftung

ProdHaftG § 1 (1)

Produkthaftung bedeutet, dass der **Hersteller für Schäden haftet,** die durch **Fehler des Produktes an Personen oder Sachen** – nicht an dem Produkt selbst – **verursacht werden.**

Beispiel: Ein Autofahrer fährt gegen einen Zaun, weil die Bremsen einen Konstruktionsfehler aufweisen. Für den am Zaun entstandenen Schaden haften der Hersteller des Pkw und der Zulieferer der Bremsen.

§ 4 Neben dem eigentlichen Hersteller haften alle, die Waren in den Verkehr bringen, welche durch Fehler zu Schäden führen können. So haftet z. B. auch der Großhändler oder Importeur gegenüber seinem Kunden, sofern er den Hersteller nicht binnen vier Wochen benennen kann. Die Selbstbeteiligung des Geschädigten beträgt 500 EUR.

Zusammenfassende Übersicht zu Kapitel 2.8.1: Mangelhafte Lieferung (Schlechtleistung)

Mangelhafte Lieferung

Mängelarten

Rechtsmangel	**Sachmangel**	**hinsichtlich der Erkennbarkeit**
	– Qualitätsmangel – Quantitätsmangel – Artmangel	– offen – versteckt – arglistig verschwiegen

Pflichten des Käufers

zweiseitiger Handelskauf	**Verbrauchsgüterkauf, bürgerlicher Kauf**
Prüfpflicht (unverzüglich)	keine unverzügliche Prüfpflicht
Rügepflicht → unverzüglich nach Entdeckung (innerhalb Gewährleistungsfrist)	Rügepflicht → innerhalb Gewährleistungsfrist
Aufbewahrungspflicht	

vorrangig — **Rechte des Käufers** — nachrangig

vorrangig	nachrangig
Nacherfüllung (angemessene Frist) → Ersatzlieferung → Nachbesserung	**Rücktritt vom Vertrag** **Minderung des Kaufpreises** **Schadensersatz**: neben Erfüllung / statt Erfüllung **Ersatz vergeblicher Aufwendungen**

2.8.2 Lieferungsverzug (Nicht-Rechtzeitig-Lieferung)

Der Kaufvertrag verpflichtet den Lieferanten, rechtzeitig zu liefern.

Lieferungsverzug liegt vor, wenn der Verkäufer **trotz Mahnung schuldhaft nicht** oder **nicht rechtzeitig liefert** und die **Leistung noch möglich ist.**

Voraussetzungen des Lieferungsverzugs (Nicht-Rechtzeitig-Lieferung)

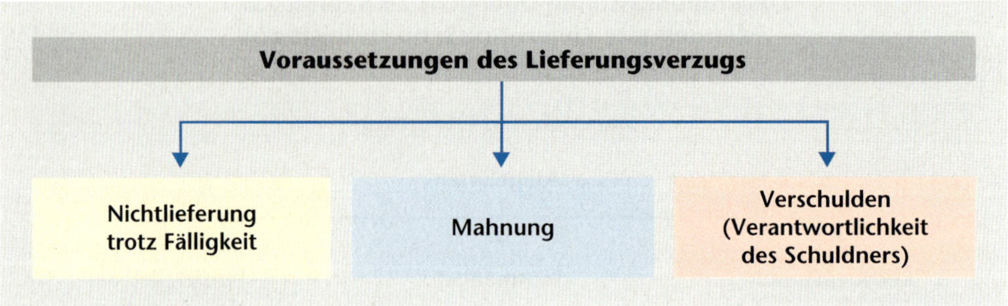

BGB § 286 ▶ **Nichtlieferung trotz Fälligkeit**

§ 242 § 271 Wird im Kaufvertrag keine Lieferungszeit vereinbart, dann ist die Leistung so zu bewirken, wie es Treu und Glauben mit Rücksicht auf die Verkehrssitte erfordern. Die Lieferung kann auch sofort verlangt werden.

Beispiel: In einem Kaufvertrag wurde vereinbart: »Lieferung innerhalb von 14 Tagen nach Bestellungseingang«. Nach 14 Tagen ist die Lieferung immer noch nicht erfolgt.

§ 286 (1) ▶ **Mahnung**

Die Mahnung ist die Aufforderung, die Lieferung zu bewirken. Es ist keine bestimmte Form vorgeschrieben.

§ 286 (2) Die Mahnung ist nicht erforderlich, wenn die Lieferzeit kalendermäßig bestimmbar ist.

Beispiel: »Lieferung am 18. August 20..«.

§ 286 (4) § 276 ▶ **Verschulden (Verantwortlichkeit des Schuldners)**

Der Lieferant handelt in seinem Verantwortungsbereich schuldhaft, wenn er vorsätzlich oder fahrlässig nicht rechtzeitig liefert. Der Schuldner kommt nicht in Verzug, wenn er die verspätete Lieferung nicht zu verantworten (vertreten) hat.

Beispiel: Die Lagerhalle des Lieferanten wurde durch Blitzeinschlag vollständig zerstört.

Rechte des Käufers beim Lieferungsverzug

Kommt der Lieferant in Verzug, dann kann der Käufer wahlweise beanspruchen:

a) **Erfüllung des Vertrages,** d. h. Lieferung der Ware.

Beispiel: Eine Kühlanlage kann von keinem anderen Hersteller bezogen werden, deshalb besteht der Käufer auf Lieferung.

§§ 280, 286 b) **Erfüllung und Schadensersatz** wegen Verzögerung.

Beispiel: Durch die verspätete Lieferung einer Lagereinrichtung kann die Lagerhaltung nicht rechtzeitig aufgenommen werden. Der Lieferant muss liefern und den entstandenen Schaden ersetzen.

§ 323 (1) c) **Rücktritt vom Vertrag** und/oder

Beispiel: Eine Sendung Stahl kann bei einem anderen Lieferanten inzwischen preisgünstiger beschafft werden.

§ 281 d) **Schadensersatz** statt der Leistung.

Beispiel: Der Käufer muss die Ware kurzfristig bei einem anderen Lieferanten zu einem höheren Preis beschaffen.

Voraussetzung für c) und d) ist das erfolglose Setzen einer Nachfrist. Eine Nachfrist ist angemessen, wenn der Lieferant noch die Möglichkeit hat, die Ware zu liefern, ohne diese erst zu beschaffen oder anzufertigen. Eine Nachfrist ist nicht erforderlich, wenn der Schuldner erklärt, dass er auch später nicht liefern werde, oder wenn der Gläubiger beweist, dass eine spätere Lieferung für ihn keinen Sinn mehr hat, wie z. B. bei der Lieferung von Blumen nach dem Hochzeitstag. *BGB § 281 (2) § 323 (2)*

Ausnahmen beim Lieferungsverzug

Ist offensichtlich erkennbar, dass die Voraussetzungen des Rücktritts eintreten werden, kann der Gläubiger bereits vor dem Eintritt der Fälligkeit von der Leistung zurücktreten. *§ 323 (4)*

Beispiel: Die Lagerhalle eines Möbelgroßhändlers ist zwei Wochen vor der Auslieferung der Büromöbel abgebrannt.

Lieferungsverzug beim Fixkauf

Erfolgt bei einem Fixkauf die Lieferung nicht zum vereinbarten Termin, so kann der Käufer folgende Rechte in Anspruch nehmen:

a) **Rücktritt vom Vertrag** ohne Nachfrist und ohne Rücksicht auf Verschulden. *§ 323*

b) **Schadensersatz wegen Nichterfüllung,** wenn der Termin schuldhaft nicht eingehalten wurde. *§ 325*

Zusätzlich kann bei einem Handelskauf als Fixgeschäft der Käufer auf die **Erfüllung des Vertrages** bestehen. Dies muss er aber dem Verkäufer sofort ausdrücklich mitteilen. *HGB § 376*

Ermittlung des Schadens

▶ Schadensersatz

Der Lieferant hat den Käufer so zu stellen, als ob er seine Leistungspflicht erfüllt hätte. Die Entschädigung erfolgt meistens in Geld. *BGB § 251*

Der Schadensersatz beim Lieferungsverzug kann ermittelt werden:

a) **Nach dem konkreten Schaden.** Der Käufer nimmt für die nicht gelieferte Ware einen Deckungskauf vor. Der Schaden ergibt sich aus dem Mehrpreis zuzüglich der Kosten.

b) **Nach dem abstrakten Schaden.** Der zu ersetzende Schaden umfasst auch den entgangenen Gewinn. Als solcher gilt der Gewinn, der unter normalen Umständen erwartet werden konnte. Er besteht in der Regel im Unterschiedsbetrag zwischen dem vertraglichen Einkaufspreis und dem erzielbaren Verkaufspreis.

▶ Vertragsstrafe

Da die Ermittlung der Schadenshöhe, insbesondere des entgangenen Gewinns, Schwierigkeiten bereiten kann, vereinbaren die Vertragsparteien häufig eine Vertragsstrafe **(Konventionalstrafe).** *§ 339*

Haftung beim Lieferungsverzug

Die Haftung des Lieferanten erweitert sich auf den Zufall, denn bei rechtzeitiger Lieferung hätte der Zufall nicht wirksam werden können. *§ 287*

Zusammenfassende Übersicht zu Kapitel 2.8.2: Lieferungsverzug (Nicht-Rechtzeitig-Lieferung)

Lieferungsverzug

- **Voraussetzungen**
  - **Fälligkeit**
  - **Mahnung**
  - **Verschulden**
- **Rechte des Käufers (wahlweise)**
  - **Erfüllung des Vertrages**
  - **Erfüllung des Vertrages und Schadensersatz**
  - **Rücktritt vom Vertrag** und/oder **Schadensersatz** – nach erfolgloser Nachfrist
- **bei Fixkauf**
  - **Rechte des Käufers (wahlweise)**
    - **Rücktritt vom Vertrag**
    - **Erfüllung des Vertrages (bei Handelskauf)**
    - **Schadensersatz wegen Nichterfüllung**
- **Ermittlung des Schadens**
  - **Schadensersatz**
    - **konkreter Schaden (Deckungskauf)**
    - **abstrakter Schaden (entgangener Gewinn)**
  - **Vertragsstrafe (Konventionalstrafe)**
- **Haftung (Erweiterung auf Zufall)**

2.8.3 Zahlungsverzug (Nicht-Rechtzeitig-Zahlung)

Der Kaufvertrag verpflichtet den Käufer, den Kaufpreis fristgerecht zu zahlen.

Zahlungsverzug liegt vor, wenn der Käufer trotz Mahnung den vereinbarten Kaufpreis **schuldhaft nicht** oder **nicht rechtzeitig bezahlt.**

Voraussetzungen des Zahlungsverzuges (Nicht-Rechtzeitig-Zahlung)

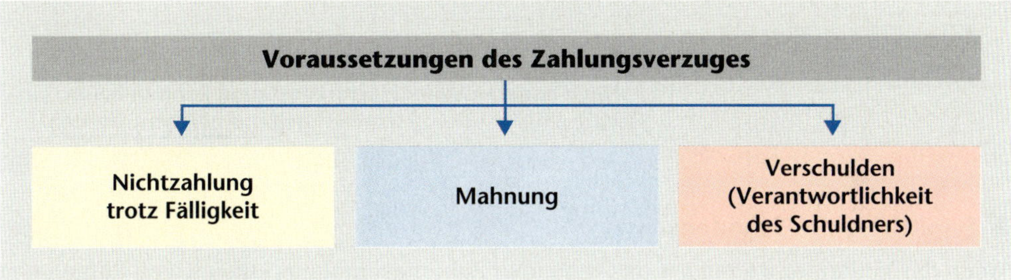

▶ Nichtzahlung trotz Fälligkeit

Die Zahlung ist fällig, *BGB §§ 242, 271, 286*

- mit Zugang der Rechnung, wenn kein Termin vereinbart ist,
- wenn der vereinbarte Zahlungstermin erreicht ist.

▶ Mahnung

Die Mahnung ist die Aufforderung, die Rechnung zu bezahlen. Es ist keine bestimmte Form vorgeschrieben. *§ 286 (1)*

Die Mahnung ist **nicht erforderlich,** wenn *§ 286 (2)*

- der Zahlungstermin kalendermäßig bestimmt ist,
  Beispiel: »zahlbar spätestens am 10. April 20.. «.
- der Zahlungstermin kalendermäßig berechnet werden kann,
  Beispiel: »zahlbar 10 Tage nach Rechnungsdatum«.
- wenn 30 Tage nach Zugang der Rechnung verstrichen sind,
  Beispiel: Rechnungszugang 1. März; Zahlungsverzug ab 31. März.
- der Schuldner die Leistung verweigert.
  Beispiel: Der Käufer erklärt, dass er die Rechnung nicht bezahlen wird.

Die Mahnung ist **erforderlich,** wenn kein Zahlungstermin bestimmt oder berechenbar ist und der Schuldner vor Ablauf der 30 Tage nach Rechnungseingang in Verzug gesetzt werden soll.

Beispiel: Die Rechnung geht dem Schuldner am 1. März zu. Der Gläubiger schreibt eine Mahnung am 10. März.

▶ Verschulden (Verantwortlichkeit des Schuldners)

Der Schuldner handelt in seinem Verantwortungsbereich schuldhaft, wenn er vorsätzlich oder fahrlässig nicht rechtzeitig zahlt. Der Schuldner kommt nicht in Verzug, wenn er die verspätete Zahlung nicht zu verantworten hat. *§ 286 (4)*

Beispiel: Wegen eines unverschuldeten Unfalls liegt der Schuldner auf der Intensivstation eines Krankenhauses und kann deshalb nicht bezahlen.

Rechte des Gläubigers aus dem Zahlungsverzug

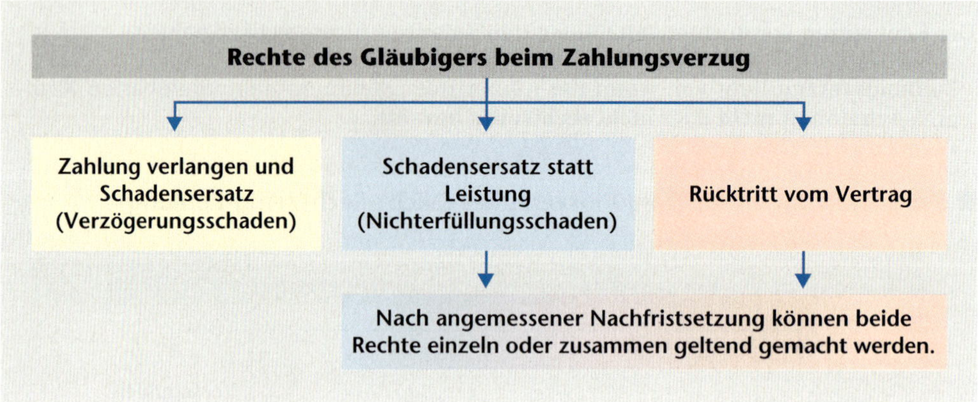

Ermittlung des Schadens

Wenn der Verkäufer wegen des ausstehenden Zahlungseingangs einen Kredit aufnehmen muss, so ergibt sich der Schaden aus Kreditzinsen und sonstigen Kreditkosten.

BGB § 288 Der Gläubiger kann neben einem sonstigen Schaden **Verzugszinsen** geltend machen.

Der Zinssatz liegt in der Regel

- 5 % über dem Basiszinssatz der Deutschen Bundesbank (Stand: Januar 2015: –0,83 % = Basiszinssatz),
- 9 % über dem Basiszinssatz bei Rechtsgeschäften, bei denen ein Verbraucher nicht beteiligt ist.

Ein höherer Zinssatz kann vertraglich vereinbart werden.

2.8.4 Annahmeverzug (Nicht-Rechtzeitig-Annahme)

Durch den Kaufvertrag sind **beide Vertragsteile verpflichtet, die Leistung des anderen bei Fälligkeit anzunehmen.**

Annahmeverzug liegt vor, wenn der **Käufer die Ware** oder der **Verkäufer die Zahlung nicht** oder **nicht rechtzeitig annimmt.**

Voraussetzungen des Annahmeverzuges (Nicht-Rechtzeitig-Annahme)

§§ 293 f. Für den Annahmeverzug müssen zwei Voraussetzungen vorliegen:

- Die Leistung ist fällig.
- Die Leistung ist tatsächlich angeboten worden.

Der Annahmeverzug setzt kein Verschulden voraus, weil der Käufer von der Lieferung bzw. der Käufer von der Zahlung wusste.

Wirkungen des Annahmeverzuges

§ 300 (2) a) Die **Gefahr** des zufälligen Untergangs geht mit dem Eintritt des Verzuges auf den Gläubiger über.

§ 300 (1) b) Die **Haftung** des Schuldners wird eingeschränkt. Sie erstreckt sich nur noch auf grobe Fahrlässigkeit und Vorsatz. Für leichte Fahrlässigkeit haftet er nicht.

Rechte des Schuldners

Der Schuldner kann

a) die Ware in eigene Verwahrung nehmen und **auf Annahme klagen.**

b) sich von der **Leistungspflicht befreien.**

1. Ein **Kaufmann** kann die Ware an jedem geeigneten Ort in sicherer Weise **einlagern.** *HGB §§ 373 f.*
2. Er kann sie aber auch an jedem Ort **versteigern** lassen, Waren mit einem Börsen- oder Marktpreis freihändig verkaufen, den **Erlös** behalten und mit der Forderung aufrechnen **(Selbsthilfeverkauf).** Einen Mehrerlös hat er herauszugeben.

   Alle **Kosten,** die durch die Einlagerung, den freihändigen Verkauf oder die öffentliche Versteigerung entstehen, kann er vom Käufer **verlangen.**

c) Er kann **Schadensersatz wegen Nichterfüllung** verlangen, wenn der Käufer die Ware schuldhaft nicht entgegennimmt.

Eine Versteigerung ist mit Fristsetzung für die Abnahme der Ware dem Käufer anzudrohen. Bei Gefahr des Verderbs der Ware kann die Androhung unterbleiben **(Notverkauf).** Käufer und Verkäufer können mitbieten. *BGB § 384 HGB § 373*

Zusammenfassende Übersicht zu Kapitel 2.8.4: Annahmeverzug (Nicht-Rechtzeitig-Annahme)

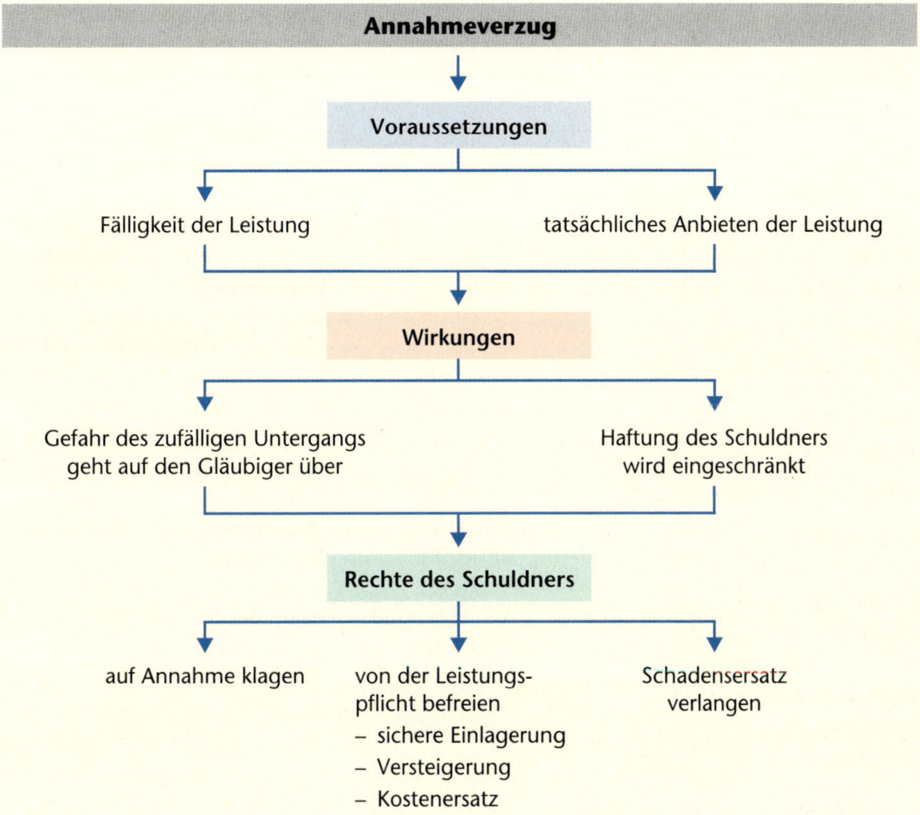

2.8.5 Überblick über die Störungen bei der Erfüllung von Kaufverträgen

Pflichten aus dem Kaufvertrag	Lieferung der Ware durch den **Verkäufer**		Bezahlung des Kaufpreises durch den **Käufer**	Annahme der Ware durch den **Käufer**
	mangelfrei	rechtzeitig		
Störungen	**Mangelhafte Lieferung (Schlechtleistung)**	**Lieferungsverzug (Nicht-Rechtzeitig-Lieferung)**	**Zahlungsverzug (Nicht-Rechtzeitig-Zahlung)**	**Annahmeverzug (Nicht-Rechtzeitig-Annahme)**
gesetzliche Regelung	BGB §§ 433 ff.; HGB §§ 377 ff.	BGB §§ 286 ff.; §§ 323 ff.	BGB §§ 286 ff.; §§ 323 ff.	BGB §§ 293 ff.; HGB §§ 373 ff.
Voraussetzungen	– Sachmangel – Rechtsmangel	– Fälligkeit – Mahnung, wenn kein bestimmter Liefertermin vereinbart ist – Verantwortlichkeit des Schuldners	– Fälligkeit – Mahnung, wenn kein bestimmter Zahlungstermin vereinbart ist, oder – 30 Tage nach Zugang der Rechnung – Verantwortlichkeit des Schuldners	– Fälligkeit – tatsächliches Anbieten der Ware (Annahmeverzug setzt kein Verschulden voraus)
Rechte des Vertragspartners nach seiner Wahl	Durch Mängelrüge (Reklamation) sichert sich der Käufer folgende Gewährleistungsansprüche: – Nacherfüllung in Form von Nachbesserung oder Ersatzlieferung – Rücktritt vom Vertrag – Preisminderung – Schadensersatz neben oder statt der Erfüllung – Ersatz vergeblicher Aufwendungen	– Lieferung – Lieferung und Schadensersatz wegen Verzögerung – Rücktritt vom Vertrag (nach angemessener Nachfrist) und/oder – Schadensersatz wegen Nichterfüllung (nach angemessener Nachfrist)	– Zahlung – Zahlung und Schadensersatz wegen Verzögerung – Rücktritt vom Vertrag (nach angemessener Nachfrist) und/oder – Schadensersatz wegen Nichterfüllung (nach angemessener Nachfrist)	– Einlagerung der Ware – Versteigerung oder Verkauf zum Markt- bzw. Börsenpreis (Selbsthilfeverkauf) – Klage auf Abnahme

2.9 Mahn- und Klageverfahren

2.9.1 Außergerichtliches Mahnverfahren

Das außergerichtliche Mahnverfahren bezweckt, den Schuldner zur Erfüllung seiner Leistungen zu veranlassen, ohne dass der Gläubiger sich dabei gerichtlicher Hilfe bedient.

Durchführung des außergerichtlichen Mahnverfahrens. Die Mahnung kann in mündlicher oder schriftlicher Form erfolgen. Der Gläubiger beschreitet gewöhnlich folgenden Weg:

1) Erinnerung durch Zusendung einer Rechnungsabschrift oder eines Kontoauszuges,
2) Mahnbrief mit Hinweis auf die Fälligkeit der Schuld und Aufforderung zur Zahlung,
3) Ankündigung des Forderungseinzugs durch ein Inkassoinstitut,
4) letzte Mahnung unter Androhung gerichtlicher Maßnahmen.

2.9.2 Gerichtliches Mahnverfahren

Das gerichtliche Mahnverfahren bezweckt, dem Gläubiger einer Geldforderung mittels eines Mahnbescheides durch das Gericht zum Erfolg zu verhelfen. Das Mahnverfahren ist schneller und kostengünstiger als der Klageweg.

Antrag auf Erlass eines Mahnbescheides

Der Antrag auf Erlass eines Mahnbescheides ist ohne Rücksicht auf den Streitwert bei dem Amtsgericht zu stellen, in dessen Bezirk der Antragsteller (Gläubiger) seinen Wohnsitz bzw. seine geschäftliche Niederlassung hat. *ZPO § 692*

Der Antrag wird mit einem Formularsatz auf Papier oder per Internet gestellt. Er muss die Bezeichnung des Gerichts des Schuldners enthalten, das für ein späteres Verfahren sachlich zuständig wäre. Außerdem kann der Gläubiger bereits im Antrag für den Fall, dass der Schuldner Widerspruch erheben sollte, die Durchführung eines Streitverfahrens beantragen. *§ 690, § 696*

Mahnbescheid

Der **Mahnbescheid** ist eine **Mahnung durch das Gericht.**

Der Schuldner wird aufgefordert, die Schuld samt Kosten und Zinsen binnen einer Frist von zwei Wochen zu bezahlen oder beim Amtsgericht Widerspruch zu erheben. *§ 692*

Das Amtsgericht erlässt den Mahnbescheid und stellt ihn von Amts wegen zu. Der Schuldner kann sich folgendermaßen verhalten: *§ 693*

a) **Er zahlt** an den Gläubiger (nicht an das Gericht). Das Verfahren ist beendet.

b) **Er erhebt Widerspruch** bei dem Gericht, das den Mahnbescheid erlassen hat. Der Gläubiger wird von dem rechtzeitig erhobenen Widerspruch benachrichtigt. Beantragt der Gläubiger ein Streitverfahren, so gibt das Gericht, das den Mahnbescheid erlassen hat, den Rechtsstreit an das Gericht des Schuldners ab. Dieses fordert den Gläubiger auf, den Anspruch zu begründen, und bestimmt nach dem Eingang der Begründung einen Termin zur mündlichen Verhandlung. *§ 694* *§§ 696 f.*

c) **Er unternimmt nichts.** Binnen sechs Monaten kann der Gläubiger nach Ablauf der Widerspruchsfrist den Antrag stellen, den Vollstreckungsbescheid zu erlassen.

Vollstreckungsbescheid

Auf der Grundlage des Mahnbescheides erlässt das Gericht den Vollstreckungsbescheid.

> Der **Vollstreckungsbescheid** gestattet dem Gläubiger, gegen den Schuldner die **Zwangsvollstreckung zu betreiben.**

Mit der Zustellung beginnt eine zweiwöchige Einspruchsfrist. Der Schuldner kann sich wie folgt verhalten:

a) Er zahlt. Das Verfahren ist beendet.

ZPO § 700

b) Er erhebt Einspruch gegen den Vollstreckungsbescheid innerhalb der gesetzlichen Frist von zwei Wochen. Das Gericht gibt den Rechtsstreit an das im Mahnbescheid bezeichnete Gericht des Schuldners ab.

c) Er unternimmt nichts. Der Gerichtsvollzieher pfändet und kann nach Ablauf der Einspruchsfrist die gepfändeten Gegenstände versteigern.

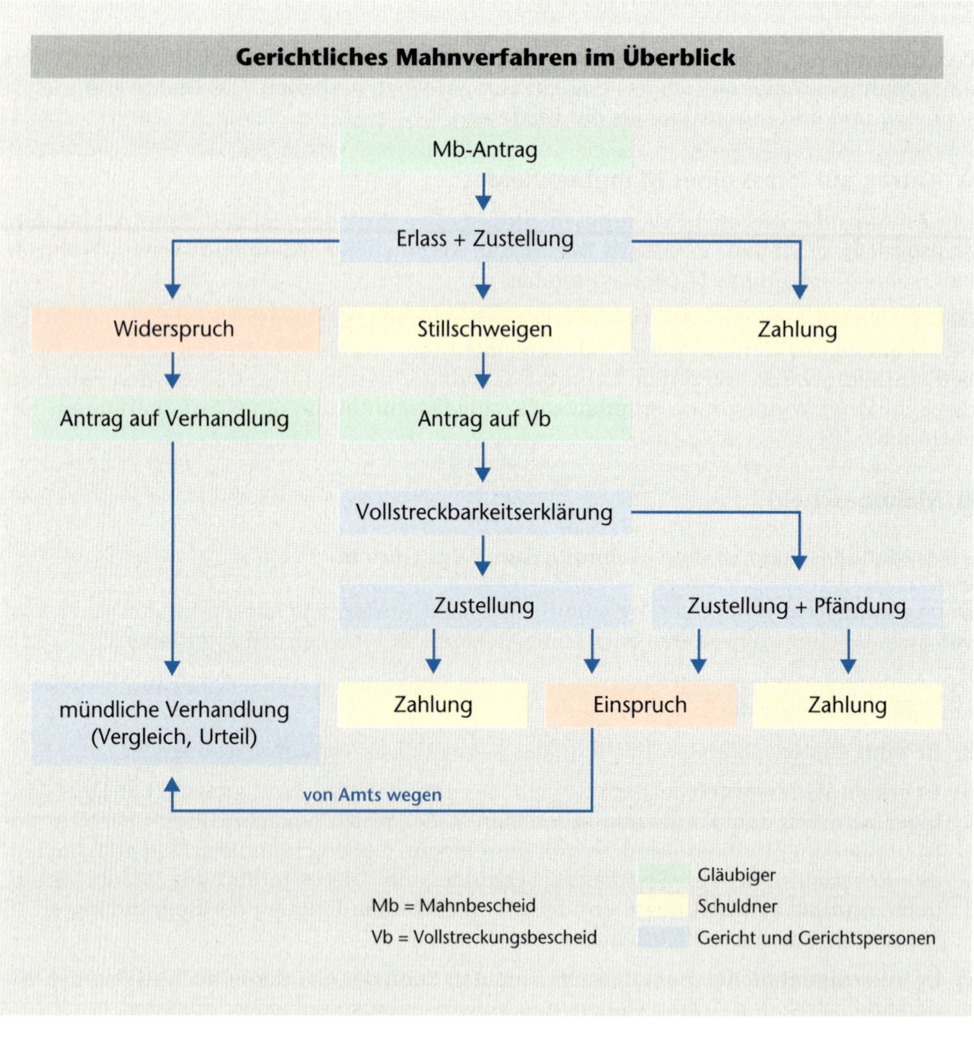

2.9.3 Klageverfahren

Befürchtet der Gläubiger, dass das gerichtliche Mahnverfahren nicht zum Ziel führt, dann sollte er sofort Klage erheben.

Das Klageverfahren wird auch bei Widerspruch gegen einen Mahnbescheid oder bei Einspruch gegen einen Vollstreckungsbescheid eingeleitet.

Das **Klageverfahren** bezweckt die **Erlangung des staatlichen Rechtsschutzes** durch ein Prozessverfahren und gerichtliches Urteil.

Örtlich zuständig für die Erhebung der Klage ist das Gericht, in dessen Bezirk der Schuldner seinen Wohnsitz oder seine Geschäftsniederlassung hat. Vertraglich kann für Kaufleute ein anderer Gerichtsstand vereinbart werden. *GVG §§ 12 f., § 38*

Sachlich zuständig ist bei einem Streitwert bis zu 5.000 EUR das Amtsgericht, in anderen Fällen das Landgericht (Zivilkammern oder Kammern für Handelssachen). *§ 23, § 71*

Die **Klage** wird schriftlich oder beim Amtsgericht auch mündlich erhoben.

Durchführung des Klageverfahrens

Nach Prüfung der Klage setzt das Gericht einen Termin zur mündlichen Verhandlung fest. Mit der amtlichen Zustellung der Klageschrift wird dem Beklagten ein Termin mitgeteilt. Die Frist zwischen Zustellung und Verhandlungstermin (Einlassungsfrist) beträgt mindestens zwei Wochen. Der Beklagte soll durch Gegenschriften und Beweismittel zu der Klageschrift Stellung nehmen. *ZPO § 274 (2) § 274 (3)*

Die **mündliche Verhandlung** dient zur Klärung des Tatbestandes. Als Beweismittel kommen infrage: Augenschein, Zeugenaussagen, Sachverständige, Urkunden und Parteivernehmung. Auf Verlangen des Richters müssen Angaben nachträglich durch Eid bekräftigt werden. *§§ 371 ff.*

Beendigung des Verfahrens

Sie erfolgt in aller Regel durch

a) **Vergleich.** Während des Streitverfahrens kann jederzeit ein Vergleich zwischen den Parteien geschlossen werden. Der vor dem Gericht geschlossene Vergleich ist wie ein Urteil Grundlage für eine spätere Zwangsvollstreckung. *§ 279*

b) **Streitiges Urteil.** Bestreitet der Beklagte ganz oder teilweise den erhobenen Anspruch, so muss das Gericht durch Urteil über den Rechtsstreit entscheiden. Es enthält vor allem die Urteilsformel (Tenor), den Tatbestand und die Entscheidungsgründe. *§ 300 § 313*

Berufung und Revision

Ist eine Partei mit dem Urteil des Gerichts nicht einverstanden, so kann sie den begonnenen Streit durch **Berufung** beim übergeordneten Gericht als Berufungsinstanz weiterführen. Beim Berufungsgericht wird der Tatbestand noch einmal untersucht. Gegen das Urteil des Berufungsgerichts kann **Revision** beim nächst höheren Gericht beantragt werden. Das Revisionsgericht überprüft nur, ob das Gesetz auf den festgestellten Sachverhalt richtig angewendet wurde.

Beispiel:

2.9.4 Zwangsvollstreckung

Die Zwangsvollstreckung ist ein Verfahren zur **zwangsweisen Eintreibung einer Geldforderung** mithilfe eines Gerichtsvollziehers oder des Gerichts.

ZPO § 753, § 704 Die Voraussetzung dafür ist ein vollstreckbarer Titel (Urteil, Vollstreckungsbescheid, vollstreckbare Urkunde).

Zwangsvollstreckung in das bewegliche Vermögen

§§ 803 ff. Sie erfolgt durch Pfändung und Verwertung des Pfandstückes. Zum beweglichen Vermögen zählen körperliche Sachen sowie Forderungen und Rechte.

Der Gerichtsvollzieher nimmt bei der Pfändung Geld, Wertgegenstände und Wertpapiere in Besitz. Andere verwertbare Gegenstände des Schuldners bleiben zwar in dessen Besitz, werden aber durch das Aufkleben von Pfandsiegelmarken als gepfändet gekennzeichnet.

Wertvolle Gegenstände, die ihrem Gebrauch nach unpfändbar sind, können gegen geringwertige eingetauscht werden (Austauschpfändung bei Pelzmänteln und DVD-Geräten). Die gepfändeten Sachen sind vom Gerichtsvollzieher öffentlich zu versteigern.

Pfändbar sind auch Geldforderungen und andere Rechte.

Nicht pfändbar sind

- *§ 811* die dem persönlichen Gebrauch oder dem Haushalt dienenden Sachen (Kleidung, Betten, Haus- und Küchengeräte),
- die für den Haushalt erforderlichen Nahrungsmittel und Heizmaterialien für vier Wochen oder der zu ihrer Beschaffung notwendige Geldbetrag,
- die zur Fortsetzung der Erwerbstätigkeit notwendigen Sachen (Berufskleidung, Fachbücher, Handwerkszeug, PC, Auto bei Handelsvertreter),
- *§ 850a* Altersrenten, Bezüge aus Unterstützungskassen (Witwen-, Waisen- und Krankengeld),
- Weihnachtsvergütungen bis 500 EUR, Urlaubsgeld, Erziehungsbeihilfen, Kindergeld, Arbeitslosengeld, soweit diese den Rahmen des Üblichen nicht übersteigen,
- *§ 850c* der **Unpfändbare Grundbetrag** vom Nettoverdienst. Er beträgt monatlich 1.049,99 EUR. Er erhöht sich bei Unterhaltsgewährung, und zwar für die erste unterhaltsberechtigte Person um monatlich 390,00 EUR und für jede weitere um monatlich 220,00 EUR.

Zwangsvollstreckung in das unbewegliche Vermögen

§§ 866 ff. Die Zwangsvollstreckung in ein Grundstück kann auf folgende Weise vorgenommen werden:

a) **Eintragung einer Sicherungshypothek** in das Grundbuch, weil der Gläubiger den Nachweis erbracht hat, dass seine Forderung zu Recht besteht.

b) **Zwangsversteigerung.** Aus dem Erlös werden die Gläubiger befriedigt. Ein Überschuss gehört dem bisherigen Grundstückseigentümer.

c) **Zwangsverwaltung.** Der Grundstückseigentümer behält sein Eigentumsrecht. Die Verfügung wird ihm aber solange entzogen, bis die Gläubiger befriedigt sind. Das Gericht bestellt einen Verwalter, der aus den Erträgen des Grundstücks die Kosten bestreitet und einen Überschuss an die Gläubiger abführt.

Eidesstattliche Versicherung

Durch sie versichert der Schuldner eidesstattlich die Vollständigkeit eines von ihm aufgestellten Vermögensverzeichnisses. Der Schuldner ist zur Abgabe einer eidesstattlichen Versicherung (EV) verpflichtet, wenn die Pfändung fruchtlos oder unbefriedigend verlaufen ist und der Gläubiger den Antrag auf Abgabe der eidesstattlichen Versicherung gestellt hat. *ZPO § 807*

Eine eidesstattliche Versicherung darf innerhalb von drei Jahren nur einmal abgegeben werden. Sie wird bei dem betreffenden Gericht in die Schuldnerliste eingetragen, die jedermann zur Einsicht offensteht.

Verhaftung

Erscheint der Schuldner nicht zum Termin der Abgabe einer eidesstattlichen Versicherung, oder verweigert er die Abgabe einer eidesstattlichen Versicherung, so kann der Erlass eines Haftbefehls beantragt werden. Die Verhaftung erfolgt durch den Gerichtsvollzieher. Die Haft darf die Dauer von 6 Monaten nicht übersteigen. Der Gläubiger hat die Haftkosten zu bezahlen. *§§ 802a ff.*

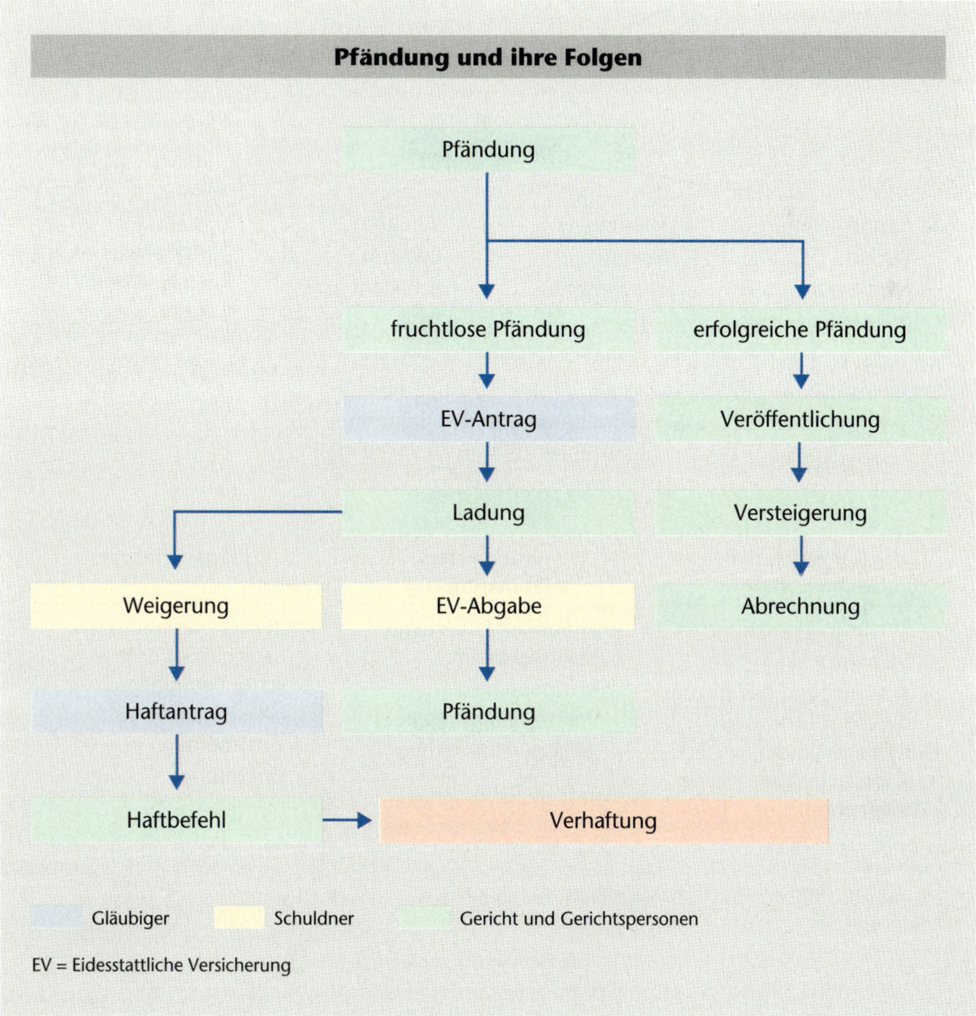

Zusammenfassende Übersicht zu den Kapiteln 2.8 und 2.9:
– Störungen bei der Erfüllung von Kaufverträgen
– Mahn- und Klageverfahren

Störungen bei der Erfüllung des Kaufvertrages

Verkäufer liefert mangelhafte Ware	Verkäufer liefert nicht rechtzeitig	Käufer zahlt nicht rechtzeitig	Käufer nimmt Ware nicht an
↓	↓	↓	↓
Mangelhafte Lieferung	**Lieferungs-verzug**	**Zahlungsverzug**	**Annahmeverzug**

Voraussetzungen prüfen

↓

Rechtsfolgen

– Nacherfüllung – Rücktritt – Minderung – Schadensersatz	– Lieferung – Rücktritt – Schadensersatz	– Zahlung – Rücktritt – Schadensersatz	– Klage auf Abnahme – Einlagerung – Selbsthilfeverkauf

Maßnahmen, um den Schuldner zur Leistungserfüllung zu veranlassen

außergerichtliches Mahnverfahren	gerichtliches Mahnverfahren	Klageverfahren
– Zahlungserinnerung – Mahnung – Ankündigung des Einzugs durch Inkassoinstitut – letzte Mahnung, Androhung gerichtlicher Maßnahmen	– Antrag auf Erlass eines Mahnbescheids – Mahnbescheid – Vollstreckungsbescheid – Zwangsvollstreckung	– Zwangsvollstreckung in bewegliches/unbewegliches Vermögen – eidesstattliche Versicherung – Verhaftung

▶ Aufgaben und Probleme

1. Begründen Sie rechtlich und wirtschaftlich, welche Gewährleistungsansprüche Sie in folgenden Fällen geltend machen würden:
   a) Ein Reifenhändler liefert runderneuerte Reifen als fabrikneu. Nach einiger Zeit löst sich eine Reifendecke und es entsteht ein Verkehrsunfall, bei dem das Fahrzeug stark beschädigt wird.
   b) Ein gelieferter Mantelstoff hat grobe Webfehler, sodass er für die Weiterverarbeitung nicht mehr verwendet werden kann. Ein anderer Lieferant könnte schnell und preisgünstig liefern.
   c) Die für die Werkskantine preisgünstig gelieferten Kochtöpfe weisen starke Kratzer auf.
   d) Zwei der fünf gelieferten Büroschränke haben leichte Kratzer im Furnier der Seitenwände.
2. Die Metallwerke Eberle KG, Cottbus, haben vor 10 Tagen auf ihre Bestellung vom ... von der Stahlhandel GmbH, Görlitz, eine Lieferung von 10 t Qualitätsstahl Gruppe St 50 erhalten. Eine inzwischen durchgeführte Gussprobe ergab, dass der gelieferte Stahl von geringerer Härte und Elastizität ist als das mit dem Angebot überreichte Muster. Er ist für die zu fertigenden Gussstücke nicht verwendbar. Ein schadhaftes Gussstück und ein Gutachten ihres Chemikers, in dem die Qualitätsabweichung festgestellt ist, werden mitgeschickt. Das ungeeignete Material wird zur Verfügung gestellt.
   a) Wie ist die Rechtslage?
   b) Auf welche Weise werden die Metallwerke Eberle KG ihre Rechte geltend machen?
3. Welches Recht würden Sie beim Lieferungsverzug in Anspruch nehmen, wenn
   a) inzwischen eine Preissenkung bei der bestellten Ware eingetreten ist,
   b) die Ware eine Sonderanfertigung für Sie ist,
   c) die Ware ein Saisonartikel ist,
   d) die Ware nach Ablauf der Nachfrist anderweitig beschafft werden musste?
4. Begründen Sie, warum die Erweiterung der Haftung beim Lieferungsverzug gerechtfertigt ist.
5. Die Fensterbau GmbH in Rostock bestellte am 5. Mai 20.. entsprechend einem Angebot bei der Metallbau Roller KG, Warnemünde, Metallfensterrahmen, die für die Renovierung einer Schule verwendet werden sollen. Dem Auftraggeber gegenüber hat sich die Fensterbau GmbH verpflichtet, die Fenster während der Sommerferien einzusetzen. Eine mögliche Konventionalstrafe wurde festgelegt. Deshalb wurde der 20. Juni als spätester Liefertermin für die Fensterrahmen vereinbart. Am 25. Juni sind die Fensterrahmen immer noch nicht geliefert.
   a) Begründen Sie, ob sich die Metallbau Roller KG in Lieferungsverzug befindet.
   b) Welche Rechte stehen der Fensterbau GmbH beim Lieferungsverzug zu?
   c) Begründen Sie, von welchem Recht im vorliegenden Fall Gebrauch gemacht werden sollte.
6. Ein Automobilzubehörgroßhändler hat mit einem Lieferanten bestimmte Termine für die Zulieferung von elektrischen Teilen (Spezialanfertigung) vereinbart. Bei Lieferstockung entsteht ein Schaden von täglich 300.000 EUR.
   a) Wer muss den Schaden tragen, wenn die Anlieferung wegen einer witterungsbedingten Verkehrsbehinderung auf der Autobahn verspätet erfolgt?

b) Wie kann sich der Automobilzubehörgroßhändler gegen Schäden wegen Lieferungsverzögerung absichern?

7. Begründen Sie, ob der Käufer beim Lieferungsverzug vom Kaufvertrag zurücktreten und Schadensersatz verlangen kann.

8. Worin liegt die Besonderheit beim Lieferungsverzug, sofern es sich um einen Fixkauf unter Kaufleuten handelt?

9. Entscheiden Sie, ob bei folgenden Zahlungsbedingungen eine Mahnung erforderlich ist, um den Schuldner in Verzug zu setzen:
   a) »Zahlbar innerhalb von 14 Tagen ab Rechnungsdatum.«
   b) »Zahlbar bis spätestens 31. Oktober 20..«
   c) »Handwerkerrechnung, deshalb sofort zahlbar.«

10. Der Möbelhersteller Beier KG in Heidelberg lieferte an den Einzelhändler Fröhlich GmbH in Frankfurt Sitzgarnituren im Wert von 68.000 EUR. In den Zahlungsbedingungen wurde vereinbart: »Zahlbar netto bis spätestens 20. November 20..« Die Rechnungsstellung erfolgte am 18. Oktober 20..
    a) Wie kann die Beier KG ihre Außenstände überwachen?
    b) Prüfen Sie, ob sich die Fröhlich GmbH am 22. November 20.. in Zahlungsverzug befindet.
    c) Welche Rechte kann die Beier KG geltend machen, falls Zahlungsverzug eingetreten ist?

11. Überprüfen Sie, wie im BGB die Rechte des jeweiligen Vertragspartners
    a) beim Lieferungsverzug, b) beim Zahlungsverzug
    geregelt sind.

12. Worin liegt die Besonderheit des Notverkaufs?

13. Die Hiebler & Stoll KG, Wuppertal, hat sich auf den Innenausbau von Repräsentationsräumen spezialisiert. Am 2. Mai 20.. wird an die Gemeinschaftspraxis Dr. Rist und Dr. Weber, Solingen, eine maßgefertigte Einbauschrankwand termingerecht geliefert, Auftragswert 28.000 EUR. Dr. Rist verweigert die Annahme mit dem Hinweis, sein Kollege sei vor 10 Tagen bei einem Autounfall ums Leben gekommen. Er selbst beabsichtige einen Ortswechsel und sei deswegen an der Lieferung nicht mehr interessiert.
    a) Liegt in diesem Fall Annahmeverzug vor (Begründung)?
    b) Welche Rechte stehen der Hiebler & Stoll KG im Falle eines Annahmeverzugs zu?
    c) Welches Recht würden Sie im vorliegenden Fall beanspruchen (Begründung)?
    d) Stoll schlägt vor, von dem Vertrag zurückzutreten und Dr. Rist auf Abnahme zu verklagen. Wie beurteilen Sie diesen Vorschlag?
    e) Hiebler möchte einen Selbsthilfeverkauf durchführen lassen. Prüfen Sie, ob ein Selbsthilfeverkauf in diesem Fall sinnvoll ist (Begründung).

14. In welchen Schritten vollzieht sich üblicherweise das außergerichtliche Mahnverfahren?

15. Nennen Sie Gründe, warum ein gut funktionierendes außergerichtliches Mahnverfahren für das Unternehmen wichtig ist.

16. Die Holl GmbH, Mannheim, schuldet der Eisenmann GmbH KG, Ludwigshafen, 17.000 EUR aus einem Kaufvertrag, in dem über Erfüllungsort und Gerichtsstand nichts vereinbart wurde.

Welches Gericht (Gerichtsort, Gerichtsart) ist zuständig

a) für die Beantragung des Mahnbescheids,

b) für die Einreichung der Klage?

c) Welche Vorzüge hat das gerichtliche Mahnverfahren gegenüber dem Klageverfahren?

d) Was könnte einen Gläubiger veranlassen, einen Schuldner sofort zu verklagen, statt zunächst einen Mahnbescheid zu beantragen?

17. Warum werden gepfändete Gegenstände versteigert und nicht einfach dem Gläubiger ausgehändigt?

18. Welche der folgenden Vermögensgegenstände der Schuldnerin Maximiliane Moldering, technische Angestellte, kann der Gerichtsvollzieher pfänden: Schmuck 1.000 EUR, Kostüm 100 EUR, Stereoanlage 1.000 EUR, LCD-Fernseher 2.500 EUR, PC 700 EUR, Kaffeemaschine 80 EUR?

19. Warum sieht der Gesetzgeber vor, dass gewisse Gegenstände aus dem Eigentum des Schuldners sowie Mindestbeträge seines Arbeitseinkommens nicht pfändbar sind?

20. Wie hoch ist der pfändbare Betrag bei einem verheirateten Arbeitnehmer mit 3 Kindern, dessen Nettoeinkommen 3.716 EUR beträgt und dessen Ehefrau nicht berufstätig ist?

2.10 Verjährung

Unter **Verjährung** versteht man den **Ablauf** einer **gesetzlich festgelegten Frist,** innerhalb derer ein **Anspruch gerichtlich durchgesetzt** werden kann.

Ein **Anspruch** ist das Recht, ein Tun oder Unterlassen zu verlangen. Der Anspruch bleibt zwar weiterhin bestehen, aber mit der Verjährung des Anspruchs erwirbt der Schuldner die »Einrede der Verjährung« (das Leistungsverweigerungsrecht). *BGB §§ 194 ff.*

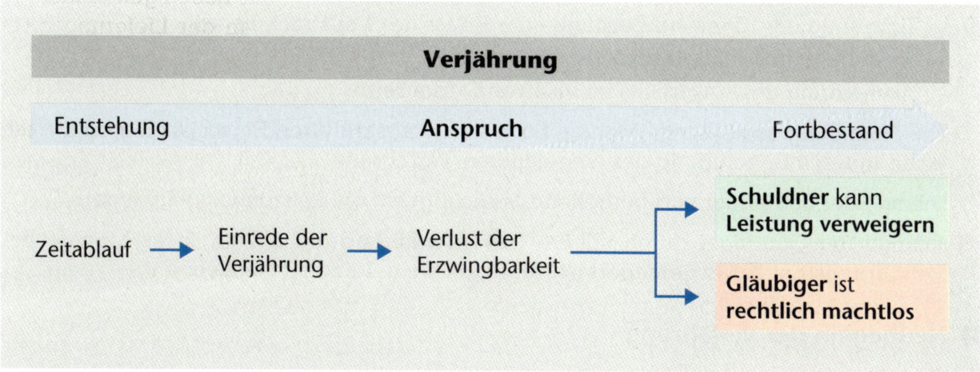

Hat der Schuldner eine verjährte Forderung erfüllt, so kann er das Geleistete nicht zurückfordern. Ist zur Sicherung des Anspruchs ein Pfandrecht bestellt, so kann sich der Gläubiger auch nach der Verjährung aus dem Pfandgegenstand befriedigen. *§ 216*

Der Zeitpunkt der Verjährung hängt vom Zeitpunkt der Entstehung des Anspruchs und von der jeweiligen Verjährungsfrist ab.

Beginn der Verjährung

BGB §§ 199 f. Die regelmäßige Verjährungsfrist beginnt am Ende des Jahres, in dem der Anspruch entstanden ist. Bei Ansprüchen, die nicht der regelmäßigen Verjährungsfrist unterliegen, beginnt die Verjährung mit der Entstehung des Anspruchs.

Dauer der Verjährung

	Verjährung	
§ 195	**regelmäßige Verjährung** Forderungen von Privatleuten und Gewerbetreibenden	3 Jahre
§ 196	Ansprüche auf bestimmte Rechte an einem Grundstück.	10 Jahre
§ 197	Herausgeben von Eigentum, vollstreckbare Ansprüche	30 Jahre
§§ 438, 634a	**verkürzte Verjährungsansprüche**: Mängelrügen aus Kauf- und Werkvertrag	z. B. 2 Jahre

Hemmung der Verjährung

§§ 203 ff.

Bei der Hemmung wird die Verjährungsfrist um die Zeitspanne der Hemmung verlängert.

Die Verjährung wird u. a. gehemmt,

a) bei Verhandlungen zwischen Schuldner und Gläubiger, ob der Anspruch berechtigt ist. Die Verjährung tritt frühestens drei Monate nach dem Ende der Verhandlungen ein.

b) durch Rechtsverfolgung wie
   - Erhebung der Klage auf Leistung oder Erlass des Vollstreckungsurteils,
   - Zustellung des Mahnbescheids,
   - Anmeldung des Anspruchs im Insolvenzverfahren.

   Die Hemmung endet sechs Monate nach der rechtskräftigen Entscheidung oder nach einer anderen Beendigung des eingeleiteten Verfahrens.

c) solange der Schuldner vorübergehend berechtigt ist, die Leistung zu verweigern.

d) solange der Gläubiger durch höhere Gewalt während der letzten sechs Monate der Verjährungsfrist daran gehindert ist, seine Rechte geltend zu machen.

Neubeginn der Verjährung

§ 212

Die Verjährung beginnt erneut, wenn

a) der Schuldner seine Schuld anerkennt,
   Beispiel: Der Schuldner leistet eine Abschlagszahlung.

b) der Gläubiger eine gerichtliche oder behördliche Vollstreckungshandlung beantragt oder vornehmen lässt.
   Beispiel: Der Gläubiger beantragt, einen Mahnbescheid zu erlassen.

Zusammenfassende Übersicht zu Kapitel 2.10: Verjährung

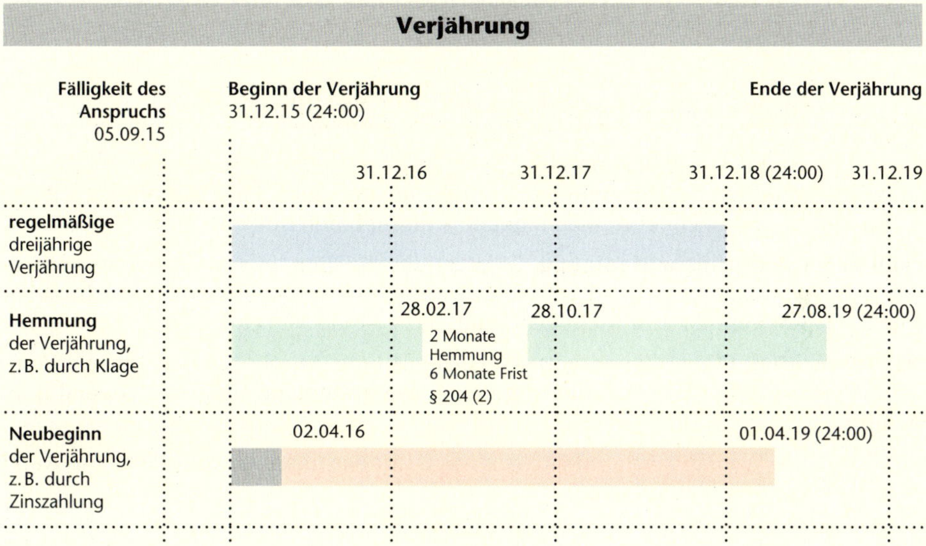

▶ Aufgaben und Probleme

1. Der Einzelhändler Späth e. K. hat nach langer Zeit der Schöller KG eine Schuld in Höhe von 2.500 EUR beglichen, die, wie er hinterher bemerkt, bereits verjährt war. Jetzt will er diesen Betrag mit einer neuen Verbindlichkeit gegenüber der Schöller KG aufrechnen. Begründen Sie die Rechtslage.

2. Sie sind Mitarbeiter der Süddeutschen Elektronic GmbH. Den Verkäufern des Unternehmens liegen folgende Vertragsbedingungen vor:
   - Lieferungsbedingungen: gesetzliche Regelung.
   - Zahlungsbedingungen: 2 % Skonto innerhalb von 10 Tagen oder 45 Tage Ziel.
   - Erfüllungsort und Gerichtsstand: gesetzliche Regelung.

   Am 26. November 20.. haben Sie nachstehende Außenstände nach folgenden Kriterien zu bearbeiten. Klären Sie, ob der Kunde rechtzeitig und den richtigen Betrag bezahlt hat. Begründen Sie in jedem Fall Ihre Entscheidung. Falls Sie Unregelmäßigkeiten feststellen, beschreiben Sie, welche Maßnahmen Sie ergreifen würden.

   a) Koch OHG, Rechnung Nr. 389 vom 28. September 20.. über 3.890 EUR.

   b) Agathe Hochadel GmbH, Rechnung Nr. 451 vom 8. November 20.. über 2.500 EUR. Dieser Kunde sandte mit Poststempel vom 23. November 20.. einen Verrechnungsscheck über 2.350 EUR, der heute bei uns eingegangen ist.

   c) Maschinenbau AG, Rechnung Nr. 369 vom 15. September 20.. über 5.600 EUR. Der Kunde rügte eine nicht einwandfreie Montage. Die Nachbesserung erfolgte am 15. Oktober 20.. zur Zufriedenheit des Kunden.

   d) Waltraud Ehrhardt, Rechnung Nr. 465 vom 11. November 20.. über 5.400 EUR. Laut dem heute eingegangenen Kontoauszug unserer Bank hat die Kundin am 24. November 20.. eine Überweisung in Höhe von 5.292 EUR geleistet.

3 Das Unternehmen

3.1 Wirtschaftliche Entscheidungen bei der Gründung

3.1.1 Wahl des Geschäftszweiges und der Betriebsgröße

Vorkenntnisse und Geschäftskontakte. Der Gründer ist im Allgemeinen in einem bestimmten Geschäftszweig ausgebildet. Die dort gewonnenen Fachkenntnisse, Erfahrungen und Beziehungen will er nun im eigenen Unternehmen nutzen.

Lücken in der Bedürfnisbefriedigung. Es ist zu untersuchen, inwieweit bereits vorhandene Bedürfnisse nicht ausreichend befriedigt werden und schlummernde Bedürfnisse noch geweckt werden können. Ein wichtiges Mittel dazu ist die Marktforschung.

Ertragsaussichten. Ohne Gewinnaussicht besteht kein Anreiz für den Einsatz von Arbeitskraft und Kapital. Eine möglichst genaue Rentabilitätsprüfung ist notwendig, aber schwierig.

Kapitalkraft. Die Wahl der Art und Größe eines Betriebes hängt von der Höhe des Kapitals ab, das bereitgestellt werden kann.

3.1.2 Wahl des Standortes

Der richtige Standort ist oft entscheidend für die Lebensfähigkeit eines Unternehmens. Er bestimmt die Umsatzhöhe und die erzielbaren Preise, aber auch die Kosten für die Leistungen und damit den Gewinn. Unternehmen sind bei der Standortentscheidung grundsätzlich frei **(freier Standort).** Dagegen sind viele Industrieunternehmen bei der Standortwahl aufgrund sachlicher Zwänge oft festgelegt **(gebundener Standort).**

Der **optimale Standort** für das Unternehmen ergibt sich dort, wo standortbedingte Vorteile die standortbedingten Nachteile übertreffen.

Standortmerkmale		
Merkmale	**Bezeichnung des Standorts**	**Beispiele**
naturgegebene Verhältnisse		
Bindung an das Vorkommen von Bodenschätzen, Energiequellen	rohstoff- und betriebsstofforientierter Standort	Bergwerke, Kiesgruben, Hüttenwerk, Zuckerfabriken
	energieorientierter Standort	Roheisen-, Aluminiumgewinnung, Mühlen, Sägewerke
klimatische und landschaftliche Vorzüge	freizeitorientierter Standort	Unternehmen am Bodensee
Verkehrswege		
Bindung an Verkehrsnetze auf Schienen, Straße und Wasser sowie im Luftverkehr	verkehrsorientierter Standort	Großmühlen, Kohlekraftwerke, Raffinerien, Stahlwerke

Standortmerkmale		
Merkmale	**Bezeichnung des Standorts**	**Beispiele**
Absatzmöglichkeiten		
Bindung an Absatzmöglichkeiten	abnehmerorientierter Standort	Zulieferindustrie
	konsumorientierter Standort	Brauereien
menschliche Arbeitskräfte		
Bindung an die Arbeitnehmer	arbeitsorientierter Standort	feinmechanische, optische Industrie
	lohnorientierter Standort	Unternehmensverlagerung nach Rumänien
gesamtwirtschaftliche und politische Gegebenheiten		
Bindung an die Gewährung von Subventionen durch EU, Bund, Länder und Gemeinden	gesamtwirtschaftlich orientierter Standort	Betriebsansiedlung in strukturschwachen Gebieten
	umweltorientierter Standort	Betriebsaussiedlung aus Ballungsräumen wegen Umweltgefährdung

3.1.3 Kapitalbedarf und Kapitalverwendung

Kapitalbedarf

Die Höhe des zu beschaffenden Kapitals wird durch verschiedene Faktoren bestimmt:

- **Wirtschaftszweig.** Eine Maschinenfabrik braucht mehr Kapital als ein Lebensmittelfachgeschäft.
- **Größe.** Ein Kaufhaus braucht mehr Kapital als ein kleines Ladengeschäft. Häufig ist eine bestimmte Größe schon durch den Zweck des Unternehmens gegeben.
- **technische Ausrüstung.** Die Fertigung von Autos verlangt einen hohen Kapitaleinsatz, weil sie weitgehend automatisiert ist.
- **Umschlagshäufigkeit.** Für einen jährlichen Wareneinsatz von 1.200.000 EUR braucht man bei 12-maligem Umschlag 100.000 EUR Kapital, bei 2-maligem Umschlag dagegen 600.000 EUR.
- **eigene Kreditgewährung.** Je länger das Zahlungsziel, desto höher der Kapitalbedarf. Längere Zahlungsfristen haben die gleiche Wirkung wie eine längere Lagerdauer.
- **Lieferantenkredite.** Je länger das Zahlungsziel, desto niedriger der Kapitalbedarf.

Das erforderliche Kapital kann als Eigen- und/oder Fremdkapital beschafft werden (Kapitel 10.2).

Kapitalverwendung

Die Art der Verwendung des Kapitals wird durch den Wirtschaftszweig bestimmt. Daraus ergeben sich die Unterschiede im Vermögensaufbau der Wirtschaftszweige.

So besitzen Industrieunternehmen einen hohen Bestand an Anlagevermögen, weil sie kapitalintensive Maschinen- und Fertigungsparks besitzen.

Der Handel zeichnet sich durch hohes Umlaufvermögen aus, weil bei ihm die Waren im Mittelpunkt stehen.

Dienstleistungsunternehmen wie z. B. Banken haben häufig ein Verhältnis von 80 % Umlaufvermögen und 20 % Anlagevermögen.

Unzweckmäßige Kapitalverwendung kann ein Unternehmen dauernd belasten. Investiert z. B. ein Unternehmen bei der Gründung unverhältnismäßig viel Kapital in die Anlagen, so können ihm Mittel fehlen für die Bereitstellung von Gütern und die Gewährung von Zahlungszielen.

Zusammenfassende Übersicht zu Kapitel 3.1: Wirtschaftliche Entscheidungen bei der Gründung

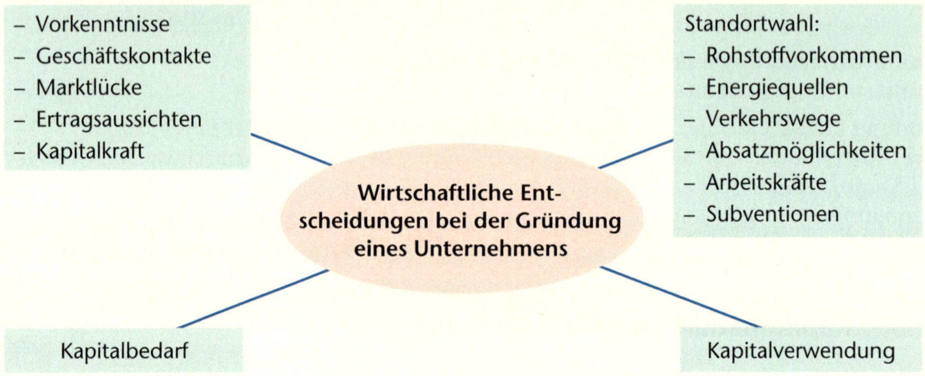

▶ Aufgaben und Probleme

1. Nennen Sie die Gesichtspunkte, die vor der Gründung eines Unternehmens geklärt sein müssen.

2. Die Bedeutung von Standortfaktoren kann sich im Laufe der Jahre verändern. Frühere Standortvorteile können zu Standortnachteilen führen. Zeigen Sie diese Entwicklung am Beispiel eines Unternehmens aus Ihrer Umgebung.

3. Anfang 2000 produzierten die deutschen Automobilhersteller an über 90 Auslandsstandorten in 39 Ländern auf allen fünf Kontinenten. Damit lief jedes dritte Kraftfahrzeug, das von deutschen Herstellern produziert wurde, außerhalb Deutschlands vom Band. Bei den Nutzfahrzeugen entfielen sogar über die Hälfte des gesamten Produktionsvolumens deutscher Hersteller auf Fertigungsstätten außerhalb Deutschlands.

   Beschreiben Sie die Gründe, die für die Standortverlegung maßgeblich gewesen sein könnten.

4. Die Stadt Biberach, mit etwa 31.000 Einwohnern ca. 45 Kilometer südlich von Ulm gelegen, weist im Norden ihrer Gemarkung ein neues Gewerbegebiet mit etwa fünf Quadratkilometern Fläche aus. Machen Sie Vorschläge, mit welchen Maßnahmen die Stadt Biberach die Gewerbeansiedlung fördern kann und welche Rolle das Bundesland bzw. der Bund dabei spielen können.

3.2 Rechtliche Rahmenbedingungen für die Gründung

3.2.1 Gewerbefreiheit

Nach dem Grundgesetz und der Gewerbeordnung kann **grundsätzlich jedermann ein Gewerbe betreiben.** Die Gewerbefreiheit ermöglicht den freien Wettbewerb und damit preisgünstige Bedarfsdeckung.

Um die Öffentlichkeit vor möglichen negativen Folgen der Gewerbefreiheit zu schützen, muss diese in gewisser Weise beschränkt werden. Grundsätzlich können Gewerbebetriebe nur an Standorten errichtet werden, die in den Flächennutzungsplänen der Gemeinde als Mischgebiete, Gewerbegebiete oder Industriegebiete ausgewiesen sind. Darüber hinaus gibt es genehmigungspflichtige Tätigkeiten, bei denen die Ausübung des Gewerbes von der Erfüllung bestimmter Voraussetzungen abhängig ist.

GG Art. 12 GewO §§ 1, 30–36

Beispiele:

1. Im Einzelhandel ist ein Sachkundenachweis erforderlich beim Handel mit frei verkäuflichen Arzneimitteln, Milch, Hackfleisch.
2. Wer eine Gaststätte betreiben will, muss an einem Unterrichtsverfahren bei einer zuständigen Industrie- und Handelskammer teilnehmen.
3. Die Gründung von Handwerksbetrieben setzt die Eintragung in die Handwerksrolle voraus. Die Eintragung ist in aller Regel davon abhängig, ob der Inhaber die Meisterprüfung des Handwerkszweiges besitzt.

Die Errichtung und der Betrieb von Anlagen, die wegen ihrer Gefährlichkeit einer besonderen Überwachung bedürfen, können von einer behördlichen Erlaubnis abhängig gemacht werden.

Beispiele: Errichtung und Betrieb von Dampfkesseln, Druckbehältern, Aufzugsanlagen, elektrischen Anlagen in besonders gefährdeten Räumen

Die Bundesregierung kann verordnen, dass diese Anlagen vor Inbetriebnahme und regelmäßig wiederkehrend technisch geprüft werden müssen. Aufsichtsbehörde ist das Gewerbeaufsichtsamt.

Zur Überwachung der Einschränkung der Gewerbefreiheit muss ein Unternehmen bei der Gründung folgende Punkte beachten:

a) Die Eröffnung eines Geschäftsbetriebes muss nach der Gewerbeordnung der zuständigen Ortsbehörde unverzüglich gemeldet werden. Die Behörde muss innerhalb von drei Tagen den Empfang der Anzeige bescheinigen (Gewerbeanmeldeschein). Zur Ausübung eines Reisegewerbes ist eine Reisegewerbekarte notwendig. *§§ 14 f. § 55*
b) Für Kaufleute verlangt das HGB die Anmeldung beim Amtsgericht zur Eintragung in das Handelsregister (Kapitel 3.2.4). *HGB § 12*
c) Nach der Abgabenordnung ist jeder neu eröffnete Gewerbebetrieb dem Finanzamt zu melden. *AO § 138*
d) Das Sozialgesetzbuch verlangt die Anmeldung zur zuständigen Berufsgenossenschaft. *SGB VII §§ 121, 192*
e) Die Gründung eines Unternehmens muss der zuständigen Industrie- und Handelskammer bzw. Handwerkskammer gemeldet werden.

3.2.2 Kaufmannseigenschaft

Wer ein Unternehmen gründet, kann die Kaufmannseigenschaft erwerben. Sie ist im Handelsgesetzbuch, dem speziellen Gesetz für Kaufleute, geregelt.

Nach dem **Erwerb der Kaufmannseigenschaft** unterscheidet das Gesetz:

Istkaufmann

HGB § 1 Das ist eine **Person, die ein Handelsgewerbe betreibt.** Als Handelsgewerbe versteht das Gesetz solche Gewerbebetriebe, die nach Art und Umfang einen in kaufmännischer Weise eingerichteten Geschäftsbetrieb erfordern.

Beispiele: Großhandels-, Einzelhandels-, Industriebetriebe, Kreditinstitute, Versicherungsbetriebe

Kriterien für einen in kaufmännischer Weise eingerichteten Geschäftsbetrieb	Beispiele
Art der Geschäftstätigkeit	Vielfalt der Erzeugnisse und Leistungen und der Geschäftsbeziehungen, Inanspruchnahme und Gewährung von Fremdfinanzierungen, umfangreiche Werbung, größere Lagerhaltung
Umfang der Geschäftstätigkeit	Umsatzvolumen (nicht Bilanzgewinn), Anlage- und Umlaufvermögen, Zahl und Funktion der Beschäftigten
Umsatz	Produktion 300.000 EUR, Großhandel 300.000 EUR, Einzelhandel 250.000 EUR, Dienstleistungen 175.000 EUR, Handelsvertreterprovision 120.000 EUR, Speisegaststätten 300.000 EUR, Hotels 250.000 EUR
Anzahl der Beschäftigten	mehr als 5 Beschäftigte
Betriebsvermögen	ab ca. 100.000 EUR
Kredithöhe	über 50.000 EUR

Mitglieder freier Berufe, z.B. Ärzte, Rechtsanwälte, Wirtschaftsprüfer, Steuerberater, betreiben kein Handelsgewerbe. Sie sind deshalb keine Kaufleute.

Kannkaufmann

Das ist eine **Person,** die die **Kaufmannseigenschaft durch Eintragung der Firma** des Unternehmens ins Handelsregister erworben hat.

§ 2 a) **Wenn diese Person ein gewerbliches Unternehmen betreibt,** dessen Gewerbebetrieb einen in kaufmännischer Weise eingerichteten Geschäftsbetrieb nicht erfordert, gilt es als Handelsgewerbe, wenn die Firma des Unternehmens in das Handelsregister eingetragen ist.

Beispiele: Kleingewerbetreibende, Handwerker, Kioskbetreiber ohne kaufmännischen Geschäftsbetrieb

§ 3 b) **Wenn diese Person ein land- oder forstwirtschaftliches Unternehmen betreibt,** das nach Art und Umfang einen in kaufmännischer Weise eingerichteten Geschäftsbetrieb erfordert, gilt es als Handelsgewerbe, wenn die Firma des Unternehmens in das Handelsregister eingetragen ist.

Beispiele: großer Schweinemastbetrieb, Waldbauer betreibt ein Sägewerk

Die Inhaber solcher Unternehmen sind berechtigt, aber nicht verpflichtet, die Eintragung ins Handelsregister herbeizuführen. Sie erlangen durch die Eintragung die Kaufmannseigenschaft.

Formkaufmann

Dazu gehören alle **Kapitalgesellschaften, die Genossenschaften** und die **Versicherungsvereine auf Gegenseitigkeit.** Es spielt keine Rolle, ob sie einen gewerblichen Charakter haben oder nicht, ob sie einen in kaufmännischer Weise eingerichteten Geschäftsbetrieb erfordern oder nicht. Die Rechtsform wird erst durch die Handelsregistereintragung begründet. Dabei ist zu beachten, dass weder der Vorstand oder Geschäftsführer noch der Gesellschafter Kaufmann wird, sondern die Gesellschaft selbst als juristische Person. *HGB § 6*

Kaufmannseigenschaft		
Istkaufmann	**Kannkaufmann**	**Formkaufmann**
Kaufmann kraft **kaufmännisch eingerichteten Geschäftsbetriebes**	Kaufmann kraft **Eintragung ins Handelsregister**	Kaufmann kraft **Rechtsform**
Eintragung verpflichtend HGB § 1	Eintragung freiwillig HGB §§ 2 f.	Eintragung verpflichtend AG, GmbH, Genossenschaft HGB § 6

Umfang der Vorschriften:	**Alle Rechte und Pflichten des HGB**
Beispiele für Rechte:	– Führung einer Firma (HGB §§ 18, 19; AktG §§ 4, 279; GmbHG § 4; GenG § 3) – Ernennung von Prokuristen (HGB § 48) – Gründung einer OHG oder KG (HGB §§ 105, 161) – mündliche Erteilung einer Bürgschaftserklärung, eines Schuldversprechens oder Schuldanerkenntnisses (HGB § 350) – Festsetzung eines vom Kalenderjahr abweichenden Geschäftsjahres (HGB § 242)
Beispiele für Pflichten:	– Eintragung ins Handelsregister (HGB § 29) – Führung von Handelsbüchern (HGB § 238) – Übernahme von nur selbstschuldnerischen Bürgschaften (HGB § 349)

Umfang der Rechte und Pflichten von Kaufleuten:

Auf die Kaufleute finden **alle Vorschriften des HGB** Anwendung.

Die Eintragung von Istkaufleuten in das Handelsregister hat rechtsbezeugende **(deklaratorische)** Wirkung.

Kann- und Formkaufleute werden erst durch die Eintragung Kaufleute. Die Eintragung hat hier rechtserzeugende **(konstitutive)** Wirkung.

3.2.3 Firma

Die **Firma** ist der **Name eines Kaufmanns,** unter dem er seine Handelsgeschäfte betreibt, die Unterschrift abgibt, klagen und verklagt werden kann. *§ 17*

Im allgemeinen Sprachgebrauch wird das Wort Firma, abweichend vom Handelsrecht, anstelle von Unternehmen, Unternehmung und Betrieb gebraucht.

Man muss unterscheiden zwischen dem bürgerlichen Namen eines Kaufmanns, unter dem er seine Privatangelegenheiten erledigt, und dem kaufmännischen Namen, der Firma. Beide weichen insbesondere dann voneinander ab, wenn der Inhaber wechselt (Erbschaft, Kauf oder Verpachtung), die bisherige Firma aber beibehalten wird, um den eingeführten Namen zu erhalten.

Beispiel: Das Unternehmen Fritz Reusch OHG wird von dem Kaufmann Rolf Kramer erworben und unter der bisherigen Firma weitergeführt. Kramer kann die Handelsbriefe unter der Firma Fritz Reusch OHG oder Rolf Kramer unterschreiben.

Arten der Firma

Die Wahl der Firma hängt wesentlich von der Rechtsform des Unternehmens ab (Kapitel 3.3). Man unterscheidet:

Art der Firma	Erklärung	Beispiele
Personenfirma	Sie enthält einen oder mehrere Personennamen.	»Karl Berg e. K.« oder »Berg & Grün KG«, »Berg & Co. OHG«
Sachfirma	Sie ist von dem Gegenstand des Unternehmens abgeleitet.	»Actebis Computerhandel GmbH«, »allfrisch Warenhandel KG«
Fantasiefirma	Sie enthält eine werbewirksame, häufig von Markenzeichen abgeleitete Bezeichnung.	»Omira GmbH«, »Coca Cola GmbH«
gemischte Firma	Sie enthält sowohl Personennamen als auch den Gegenstand des Unternehmens.	«Krautleder-Brauerei-Aktiengesellschaft«, »Franz Böning Eisen- und Metallhandel e. K.«

Firmengrundsätze

HGB § 18

▶ Firmenwahrheit und Firmenklarheit

Die **Firmenwahrheit** besagt, dass bei der Gründung eines Unternehmens die Firma keine Angaben enthalten darf, die in die Irre führen können.

Beispiel: Uwe Berg darf bei der Gründung seines Einzelunternehmens keine Gesellschaftsbezeichnung hinzufügen.

Bei Sachfirmen muss der Gegenstand des Unternehmens erkennbar sein.

Beispiele: Malereinkaufsgenossenschaft eG, Sportstättenbau GmbH

Die **Firmenklarheit** besagt, dass die Firma keinen Anlass zu einer Täuschung über Art und Umfang des Unternehmens bieten darf.

Beispiel: Der auf regionaler Ebene arbeitende Ratenkredit-Vermittler Olaf Protzig will sein Finanzierungsinstitut unter der Firma »Interkontinentale Finanzierungsgesellschaft mbH« ins Handelsregister eintragen lassen.

§ 30

▶ Ausschließlichkeit der Firma (Firmenmonopol)

Eine ins Handelsregister eingetragene Firma kann ausschließlich von einem Unternehmen geführt werden. Jede neue Firma muss sich von allen an demselben Ort bereits bestehenden und in das Handelsregister eingetragenen Firmen deutlich unterscheiden.

Diese Unterscheidung kann erfolgen

- durch die Wahl eines anderen Vornamens,
- durch den Zusatz jun. oder sen.,
- durch Angabe des unterscheidenden Geschäftszweiges.

Beispiel: Der Sohn des Kaufhausinhabers Gustav Zeller heißt Gustav Markus Zeller. Gründet er am Geschäftsort seines Vaters ein Einzelunternehmen, so kann er firmieren mit »Markus Zeller e. K.«; »Gustav Zeller jun. e. K.«; »Gustav Zeller e. K., Fachgeschäft für Unterhaltungselektronik«.

▶ **Firmenbeständigkeit**

Wenn der Inhaber wechselt (Erbschaft, Kauf oder Verpachtung), kann die bisherige Firma beibehalten werden. *HGB §§ 21 f.*

Voraussetzung für die Weiterführung der Firma ist die ausdrückliche Einwilligung des bisherigen Inhabers oder von dessen Erben und die genaue Beibehaltung der bisherigen Firma. Ein Zusatz, der das Nachfolgeverhältnis ausdrückt, ist möglich.

Beispiel: Fritz Fröhlich verkauft altershalber sein Modegeschäft an Karl Mut. Karl Mut kann die bisherige Firma Fritz Fröhlich unverändert weiterführen, wenn Herr Fröhlich einwilligt. Er kann aber auch »Fritz Fröhlich Nachfolger e. K.« sowie »Fritz Fröhlich, Inhaber Karl Mut e. K.« oder »Karl Mut e. K., vormals Fritz Fröhlich« firmieren.

Wird die bisherige Firma weitergeführt, haftet der neue Inhaber allerdings auch für alle bestehenden Schulden des früheren Inhabers. Der Ausschluss dieser Haftung ist möglich, muss aber im Handelsregister eingetragen oder den Gläubigern unmittelbar mitgeteilt werden. *§§ 25–27*

Eine Veräußerung der Firma ohne den Geschäftsbetrieb ist verboten.

Öffentlichkeit der Firma

Jeder Kaufmann ist verpflichtet, seine Firma und spätere Änderungen zur Eintragung in das Handelsregister anzumelden (Kapitel 3.2.4). Die Eintragungen werden veröffentlicht. *§§ 29, 31*

Firmenschutz

Die Firma eines Unternehmens ist geschützt.

a) Wer an demselben Ort eine gleichlautende Firma gebraucht, kann von dem bereits bestehenden Unternehmen verklagt werden. Das Registergericht ist von Amts wegen verpflichtet, auf die Unterlassung des Gebrauchs der gleichen Firma zu bestehen. *§ 37*

b) Wer eine Firma in der Weise benutzt, dass Verwechslungen mit einem bereits bestehenden Unternehmen am selben oder an einem anderen Ort möglich sind, kann nach dem Gesetz gegen den unlauteren Wettbewerb vom geschädigten Unternehmen auf Unterlassung und Schadensersatz verklagt werden. *UWG § 3*

3.2.4 Anmeldung des Unternehmens zum Handelsregister

Das **Handelsregister** ist ein **amtliches Verzeichnis der Kaufleute eines Amtsgerichtsbezirks oder mehrerer Amtsgerichtsbezirke,** das vom Registergericht eines Amtsgerichts elektronisch geführt wird. *HGB § 8*

Das Handelsregister unterrichtet die Öffentlichkeit über wichtige Tatbestände eines Unternehmens (Firma, Inhaber, Haftung, Geschäftssitz, Prokura) und schafft klare Rechtsverhältnisse.

HGB § 8b (2) Das Handelsregister ist über die Internetseite des Unternehmensregisters zugänglich (www.unternehmensregister.de). Darüber hinaus hat man von dieser Seite Zugriff auf

- Veröffentlichungen und Bekanntmachungen im elektronischen Bundesanzeiger,
- Eintragungen im elektronischen Handels-, Genossenschafts- und Partnerschaftsregister sowie deren Bekanntmachungen,
- zum Handels-, Genossenschafts- und Partnerschaftsregister eingereichte Dokumente.

Eintragungspflicht

§ 12 Die Anmeldung muss durch den Inhaber des Unternehmens elektronisch in öffentlich beglaubigter Form eingereicht werden.

Die Eintragung ins Handelsregister erfolgt grundsätzlich nur auf Antrag.

§ 14 Die Anmeldung kann durch Ordnungsstrafen erzwungen werden. Ausnahmsweise erfolgt die Eintragung von Amts wegen, z. B. bei Eröffnung und Beendigung eines Insolvenzverfahrens. Zuständig für die Eintragung in das Handelsregister ist das Amtsgericht, in dessen Bezirk das Unternehmen seinen Sitz hat.

Wirkung der Eintragung ins Handelsregister	
rechtserklärend (deklaratorisch)	**rechtsbegründend (konstitutiv)**
Die Rechtswirkung ist schon vor der Eintragung eingetreten, sie wird durch die Eintragung bestätigt. Gültig für: – die Kaufmannseigenschaft des Istkaufmanns, HGB § 1, – die Rechtsstellung des Prokuristen, HGB § 53, – die Rechtsform der Personengesellschaften.	Die Rechtswirkung tritt erst durch die Eintragung ein. Gültig für: – den Firmenschutz aller eingetragenen Unternehmen, HGB § 30 (1), – die Kaufmannseigenschaft eines Kannkaufmannes, HGB § 2, – die Rechtsform der Kapitalgesellschaften, HGB § 6, – die beschränkte Haftung von Kommanditisten, HGB § 172.

Gliederung und Inhalt des Handelsregisters

In der **Abteilung A** (HRA) werden Einzelunternehmen und Personengesellschaften, in der **Abteilung B** (HRB) Kapitalgesellschaften eingetragen.

Öffentlichkeit des Handelsregisters und Veröffentlichung der Eintragungen

§ 9 **a) Öffentlichkeit.** Jedermann kann

- das Handelsregister sowie die eingereichten Daten einsehen,
- von den Eintragungen und den zum Handelsregister eingereichten Daten eine Abschrift fordern.

§ 10 **b) Veröffentlichung.** Das Gericht macht die vollständige Eintragung in das Handelsregister in einem bestimmten Informations- und Kommunikationssystem in der zeitlichen Folge ihrer Eintragung, nach Tagen geordnet, bekannt.

Beispiel: elektronischer Bundesanzeiger im Internet (www.bundesanzeiger.de)

Öffentlichkeitswirkung

Das Handelsregister schützt weitgehend den gutgläubigen Dritten. Die Eintragungen genießen öffentlichen Glauben.

Eingetragene und bekannt gemachte Tatsachen muss ein Dritter grundsätzlich gegen sich gelten lassen **(positive Publizität).** *HGB § 15 (2)*

Nicht eingetragene und bekannt gemachte eintragungspflichtige Tatsachen können einem gutgläubigen Dritten nicht entgegengesetzt werden **(negative Publizität).** *§ 15 (1)*

Beispiel: Dem Angestellten Marischler wurde die Prokura entzogen. Der Widerruf der Prokura war ins Handelsregister eingetragen und bekannt gegeben worden. Marischler kauft für das Unternehmen einen Pkw. Der Autohändler hat nur Anspruch gegen Marischler. Das Unternehmen ist nicht verpflichtet, den Kaufvertrag zu erfüllen.

Wäre der Widerruf nicht eingetragen und bekannt gemacht worden, so wäre das Unternehmen dem Autohändler verpflichtet. Es sei denn, der Widerruf der Prokura wäre dem Autohändler mitgeteilt worden.

Auf unrichtig bekannt gemachte Tatsachen kann sich ein gutgläubiger Dritter berufen. *§ 15 (3)*

Löschung von Eintragungen

Eintragungen werden auf Antrag oder von Amts wegen gelöscht.

Zusammenfassende Übersicht zu Kapitel 3.2: Rechtliche Rahmenbedingungen für die Gründung

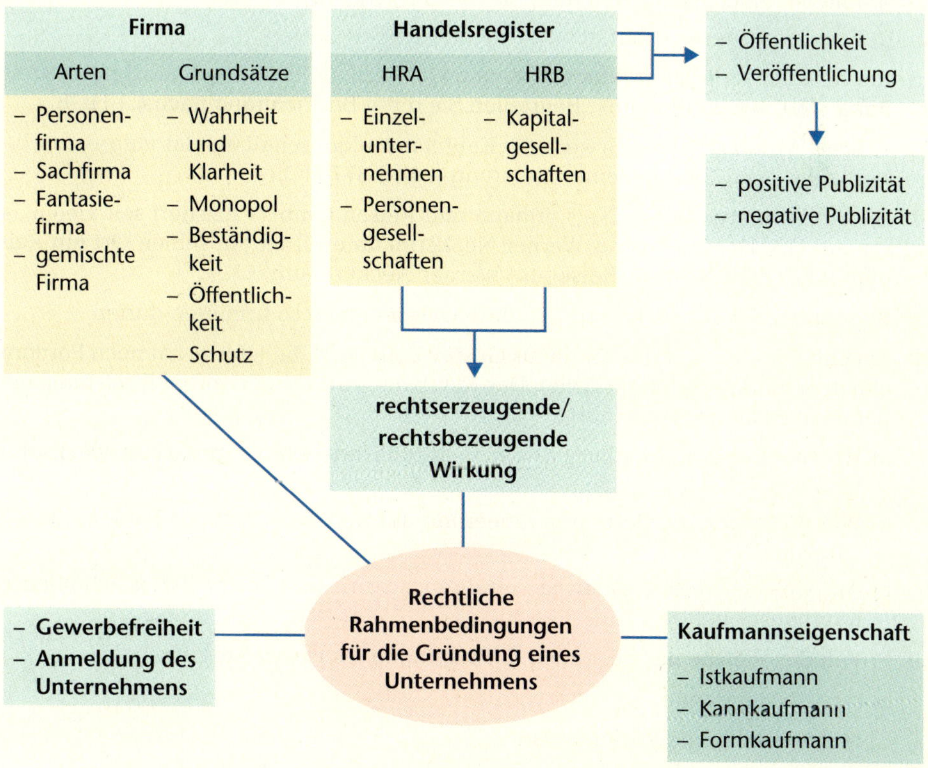

▶ Aufgaben und Probleme

1. Erläutern Sie anhand von Beispielen, warum der Grundsatz der Gewerbefreiheit nicht uneingeschränkt gelten kann.
2. Lesen Sie § 35 der Gewerbeordnung.
   a) Fassen Sie den Inhalt der Absätze (1) und (2) mit eigenen Worten zusammen.
   b) Warum enthält § 35 der Gewerbeordnung eine Generalklausel für die Untersagung der Ausübung eines bereits bestehenden Gewerbes?
3. Nennen Sie Argumente, warum die Gründung
   a) einer Gastwirtschaft genehmigungspflichtig ist,
   b) einer Drogerie einen Sachkundenachweis erfordert.
4. Begründen Sie, ob folgende Personen oder Unternehmen die Kaufmannseigenschaft besitzen:
   a) Vorstandsmitglied einer Aktiengesellschaft,
   b) Elektroinstallateur mit fünf Verkaufsfilialen,
   c) Prokurist einer Großbank,
   d) Inhaber eines Zeitungskiosks,
   e) zwei Landwirte, die gemeinsam eine Hühnerfarm betreiben,
   f) Inhaber einer Autovermietung mit 35 Fahrzeugen,
   g) Forschungsgesellschaft m.b.H.
5. Ein Abschlusszeugnis der Industrie- und Handelskammer enthält die Berufsbezeichnung »Industriekaufmann«. Beurteilen Sie diese Bezeichnung nach § 1 HGB.
6. Welche Wirkung hat der Erwerb der Kaufmannseigenschaft auf das vorgeschriebene Verhalten beim Eingang einer Lieferung (vgl. § 377 HGB)?
7. Das Reiseunternehmen »Neckermann und Reisen GmbH« existiert seit vielen Jahren am Ort. Der Kaufmann Werner Neckermann eröffnet am selben Ort ein Reisebüro unter dem Namen »Reisebüro Werner Neckermann e. K.«.

   Begründen Sie, ob am selben Ort diese Unternehmen so firmieren dürfen.
8. Ein Großhändler, der das Kaufhaus Gustav Zeller e. K. belieferte, hat noch Forderungen gegenüber Kaufmann Zeller. Das Kaufhaus wird vom Erwerber Erich Groß unter der alten Firma weitergeführt.
   a) Wovon hängt die Möglichkeit der Weiterführung einer Firma beim Wechsel des Inhabers ab?
   b) Wie wirkt sich die Betriebsveräußerung auf die Sicherheit der Forderungen des Großhändlers aus?
   c) Auf welche Weise können Sie erfahren, wer für die bestehenden Schulden des Kaufhauses haftet?
9. Prüfen Sie, welche der folgenden Eintragungen ins Handelsregister
   a) rechtsbezeugende,
   b) rechtserzeugende Wirkung hat:
   - Eintragung des Bauunternehmens Julia Schmidt e. Kfr.,
   - Eintragung der Münstertäler Fleischwaren AG,
   - Eintragung der Papiergroßhandlung Seboth KG,
   - Eintragung des Geflügelhofs Landgold-Hähnchen GmbH.

10. Erläutern Sie, warum Industrie- und Handelskammern empfehlen, vor der Eintragung ins Handelsregister die vorgesehene Firmierung durch die Kammer prüfen zu lassen.

11. Das Amtsgericht Essen veröffentlicht in regelmäßigen Abständen Informationen unter der Überschrift »Handelsregister«. Folgender Auszug liegt vor:

Neueintragungen: HRB 12407 – 14. April 20..: **Rexing Fördertechnik GmbH, Essen** (45307, Kleine Schönscheidtstr. 12). Gegenstand des Unternehmens ist die industrielle Fertigung und der Vertrieb von fördertechnischen Anlagen, insbesondere Transportanlagen und Maschinen. Stammkapital: 185.000 EUR. Geschäftsführerin ist Sylvia Rexing, Kauffrau, Essen.

Veränderungen: HRB 5537 – 17. April 20..: **Speeck Rohrleitungsbau und Tiefbau GmbH, Essen** (45141, Manderscheidtstr. 92b). Heinrich Speeck ist nicht mehr Geschäftsführer. Dipl.-Kaufmann Thomas Speeck, Datteln, ist zum Geschäftsführer bestellt.

Löschungen: HRB 5448 – 11. April 20..: **Gomolinski Bedachungs-Gesellschaft mit beschränkter Haftung, Essen.** Die Liquidation ist beendet. Die Gesellschaft ist gelöscht.

Stellen Sie dar, aus welchen Gründen das Amtsgericht solche Informationen regelmäßig veröffentlicht und für welche Personengruppen diese Informationen von Wert sein können.

3.3 Unternehmensformen

Bei der Wahl der richtigen Rechtsform für das Unternehmen sollte man die verschiedenen charakteristischen Merkmale der einzelnen Unternehmensformen beachten. Folgende Fragen helfen dabei:

- Soll das Unternehmen alleine oder mit anderen Personen gegründet werden?
- Welche Haftungsverhältnisse gibt es?
- In welcher Höhe fallen Gründungskosten an?
- In welcher Art und Weise soll das Unternehmen geleitet werden?
- In welcher Art und Weise wird das Unternehmen finanziert?
- Wie hoch ist die steuerliche Belastung der Unternehmensform?
- Wie erfolgt die Gewinn- oder Verlustverteilung?
- Passen die Rechtsform des Unternehmens und die unternehmerische Tätigkeit zusammen?
- In welcher Art und Weise gibt es für die Rechnungslegung gesetzliche Vorschriften?

Aber selbst wenn die Wahl der Unternehmensform aktuell optimal ist, muss sie immer wieder überprüft und eventuell angepasst werden, weil zum Beispiel das Unternehmen wächst, das Haftungsrisiko und/oder die Marktsituation sich verändern.

Die **Unternehmensform** ist die **rechtliche Verfassung (Rechtsform) des Unternehmens.** Durch sie wird die Rechtsbeziehung des Unternehmens im Innen- und Außenverhältnis geregelt.

Die Entscheidung für eine Unternehmensform hängt grundlegend von der Betriebsgröße, den Möglichkeiten der Kapitalbeschaffung, der Haftung der Unternehmer und von steuerlichen Überlegungen ab.

Das **Einzelunternehmen** wird von einer Person, dem Unternehmer, gegründet.

Ein **Gesellschaftsunternehmen** wird in aller Regel durch Vertrag von zwei oder mehr Personen zur Erreichung eines gemeinsamen Zwecks gegründet.

Die **Gründe,** die im Wirtschaftsleben **zur Bildung einer Gesellschaft** führen, sind vielfältig:

a) Erhöhung des Eigenkapitals,
b) Ergänzung der Arbeitskraft und Verteilung der Arbeitslast,
c) Ausschaltung der gegenseitigen Konkurrenz,
d) Verteilung des Unternehmerrisikos,
e) Begrenzung der Haftung auf das Gesellschaftsvermögen,
f) Erhöhung der Kreditwürdigkeit durch Erweiterung der Haftung,
g) steuerliche Vorteile,
h) persönliche Gründe (Alter, Krankheit, Erbfall).

Wenn die Gesellschafter den Gläubigern persönlich haften, spricht man von einer **Personengesellschaft.**

Wenn nur das Gesellschaftsvermögen der juristischen Person den Gläubigern persönlich haftet, spricht man von einer **Kapitalgesellschaft.**

Haftung bedeutet in diesem Zusammenhang, dass die Gesellschafter bzw. die Gesellschaft Außenstehenden (Dritten) gegenüber für die Verbindlichkeiten der Gesellschaft mit ihrem Vermögen einstehen müssen.

Als typische Personengesellschaft gilt die **Offene Handelsgesellschaft (OHG),** als typische Kapitalgesellschaft die **Aktiengesellschaft (AG).**

Im Einzelnen ergeben sich folgende weitere Unterschiede:

Merkmale	**Personengesellschaft**	**Kapitalgesellschaft**
Rechtspersönlichkeit	natürliche Person	juristische Person
Gesellschaftsvermögen	Gesamthandvermögen der Gesellschafter	eigenes Vermögen der juristischen Person
Haftung	Gesellschaftsvermögen und Privatvermögen der Gesellschafter	Gesellschaftsvermögen
Geschäftsführungsbefugnis Vertretungsmacht	in der Regel durch Gesellschafter	in der Regel besondere Leitungsorgane
Bestehen des Unternehmens	grundsätzlich vom Gesellschafterbestand abhängig	grundsätzlich vom Gesellschafterbestand unabhängig
Besteuerung des Gewinns	einkommensteuerpflichtig	körperschaftsteuerpflichtig

Nicht bei allen Gesellschaftsformen treten diese Unterschiede eindeutig hervor. Es gibt Kapitalgesellschaften mit Merkmalen der Personengesellschaften (KGaA) und umgekehrt (GmbH & Co. KG).

Zusammenfassende Übersicht zu Kapitel 3.3: Unternehmensformen

Unternehmensformen

- **Einzelunternehmen**
- **Gesellschaftsunternehmen**
  - **Personengesellschaften**
    - Offene Handelsgesellschaft
    - Kommanditgesellschaft
    - GmbH & Co. KG
    - Stille Gesellschaft
    - Gesellschaft des bürgerlichen Rechts
    - Partnerschaften Angehöriger Freier Berufe
  - **Kapitalgesellschaften**
    - Aktiengesellschaft
    - Kommanditgesellschaft auf Aktien
    - Gesellschaft mit beschränkter Haftung
  - **Sonderformen**
    - Genossenschaft
    - Versicherungsverein auf Gegenseitigkeit

Unterschiede in

- Rechtspersönlichkeit
- Gesellschaftsvermögen
- Haftungskapital
- Geschäftsführungsbefugnis
- Vertretungsmacht
- Bestehen des Unternehmens
- Gewinnbesteuerung

3.4 Einzelunternehmen

Das **Einzelunternehmen** ist ein **Gewerbebetrieb,** dessen **Eigenkapital** von **einer Person aufgebracht** wird. Sie **leitet** das **Unternehmen verantwortlich.** Sie **haftet** mit ihrem **gesamten Vermögen** und **trägt** das **Risiko alleine.**

▶ Firma

Sie muss zur Kennzeichnung des Kaufmanns geeignet sein und Unterscheidungskraft besitzen. Bei Einzelkaufleuten muss die Bezeichnung »eingetragener Kaufmann«, »eingetragene Kauffrau« oder eine allgemein verständliche Abkürzung dieser Bezeichnung, insbesondere »e. K.«, »e. Kfm.« oder «e. Kfr.« enthalten sein. *HGB §§ 18, 19 (1), Z. 1*

Beispiel: Der Geschäftsmann Jens Uwe Lück, der eine Kfz-Zubehörgroßhandlung gegründet hat, kann als Firma wählen: Jens Uwe Lück e. K.; Jens Lück, eingetragener Kaufmann; Lück e. K., Kfz-Zubehör; Kaefzet-Lück e. K., Teile World.

▶ **Haftung**

Der Unternehmer muss gegenüber Außenstehenden (Dritten) für die Verbindlichkeiten mit seinem Vermögen einstehen.

▶ **Kapitalaufbringung**

Das Eigenkapital wird von einer Person, dem Unternehmer, aufgebracht. Der Umfang der Mittel, die eingesetzt werden können, sind deshalb in der Regel begrenzt.

Vorteile	Nachteile
Der Unternehmer kann frei und rasch entscheiden.	Das Risiko trägt der Unternehmer allein.
Meinungsverschiedenheiten in der Geschäftsführung, wie sie bei Gesellschaftsunternehmen vorkommen können, sind ausgeschlossen.	Er haftet den Gläubigern mit seinem gesamten Vermögen.
Über den Gewinn verfügt der Unternehmer allein.	Die Kapitalkraft ist begrenzt.

3.5 Personengesellschaften

3.5.1 Offene Handelsgesellschaft (OHG)

HGB § 105 (2) Die **offene Handelsgesellschaft** ist die vertragliche Vereinigung von zwei oder mehr Personen zum **Betrieb eines Handelsgewerbes** unter **gemeinschaftlicher Firma** mit **unbeschränkter Haftung aller Gesellschafter.**

Firma

§ 19 (1), Z. 2 Die Firma der OHG kann eine Personen-, Sach-, Fantasiefirma oder gemischte Firma sein. Darüber hinaus muss die Bezeichnung »offene Handelsgesellschaft« oder eine allgemein verständliche Abkürzung dieser Bezeichnung in der Firma enthalten sein (OHG, offene HG, oHg).

Beispiel: Karl Berg, Fritz Grün und Willi Müller, die eine Maschinenbau-OHG gründen, können firmieren: Berg, Grün & Müller OHG, Maschinenbau OHG, Kafriwima OHG.

§ 19 (2) Wenn in einer offenen Handelsgesellschaft keine natürliche Person persönlich haftet, muss die Firma eine Bezeichnung enthalten, welche die Haftungsbeschränkung kennzeichnet.

Beispiele: GmbH & Co. OHG, AG & Co. OHG

Gründung

▶ **Form**

BGB § 311b Der Gesellschaftsvertrag ist formfrei. Schriftform ist jedoch üblich. Werden in die Gesellschaft Grundstücke eingebracht, ist eine notarielle Beurkundung notwendig.

▶ **Beginn der Gesellschaft**

HGB § 123 Im Innenverhältnis bestimmt der Gesellschaftsvertrag den Beginn. Im Außenverhältnis beginnt die Gesellschaft, sobald ein Gesellschafter Geschäfte in ihrem Namen tätigt, spätestens jedoch, wenn die Gesellschaft in das Handelsregister eingetragen ist. Bei Kannkaufleuten beginnt die OHG frühestens mit dem Registereintrag, weil dieser rechtsbegründende Wirkung hat.

▶ Anmeldung beim Handelsregister

Sie muss von sämtlichen Gesellschaftern der OHG vorgenommen werden. Die Anmeldung hat zu enthalten: *HGB § 106*

- Name, Vorname, Geburtsdatum und Wohnort jedes Gesellschafters,
- Firma und Ort der geschäftlichen Niederlassung,
- Zeitpunkt des Beginns der Gesellschaft.

■ Rechtsverhältnisse der Gesellschafter untereinander (Innenverhältnis)

Die Pflichten und Rechte der Gesellschafter untereinander ergeben sich aus dem Gesellschaftsvertrag. In Ergänzung dazu gilt das Gesetz. *§ 706*

▶ Pflichten

a) Leistung der Kapitaleinlage. Jeder Gesellschafter ist verpflichtet, die im Gesellschaftsvertrag vereinbarte Kapitaleinlage zu leisten. Sie kann in bar, in Sachwerten und Rechtswerten eingebracht werden.

Beispiele: Grundstücke, Maschinen, Einrichtungsgegenstände, Wertpapiere, Patente usw.

Eine Mindesthöhe ist nicht vorgeschrieben. Gesellschafter, die ihre Einlagen nicht rechtzeitig leisten, müssen Zinsen bezahlen und machen sich schadensersatzpflichtig. Die Kapitalanteile der Gesellschafter werden getrennt gebucht. Das persönliche Eigentum der Gesellschafter wird gemeinschaftliches Vermögen der Gesellschafter (Gesamthandvermögen). Ein einzelner Gesellschafter kann über seinen Kapitalanteil nicht mehr verfügen. Grundstücke werden im Grundbuch auf die OHG eingetragen. *§ 111* *BGB §§ 718 f.*

b) Geschäftsführung. Jeder Gesellschafter hat die Pflicht, die Geschäfte der Gesellschaft zu führen und Dienste persönlich zu leisten. Die Geschäftsführungsbefugnis ist die interne Verwaltungsbefugnis. Geschäftsführung umfasst alle Aktivitäten, außer rechtsgeschäftliches Handeln. *HGB § 114 (2)*

Beispiele: innerorganisatorische Befugnisse wie Geschäftsräume öffnen, Briefe öffnen, Vorüberlegungen, ob ein Rechtsgeschäft geschlossen werden soll

c) Wettbewerbsverbot. Einem Gesellschafter ist es verboten, ohne Einwilligung (auch stillschweigend) der anderen Gesellschafter im Handelsgewerbe der eigenen Gesellschaft Geschäfte auf eigene Rechnung zu machen. Er darf sich auch nicht an einer anderen gleichartigen Gesellschaft als persönlich haftender Gesellschafter beteiligen. Verstößt ein Gesellschafter gegen dieses Verbot, so macht er sich schadensersatzpflichtig. Die OHG hat das Eintrittsrecht, d. h., sie kann den Vertrag übernehmen. *§§ 112 f.*

d) Verlustbeteiligung. Der Verlust wird nach Köpfen verteilt und vom Kapitalanteil abgezogen. *§ 121 (3)*

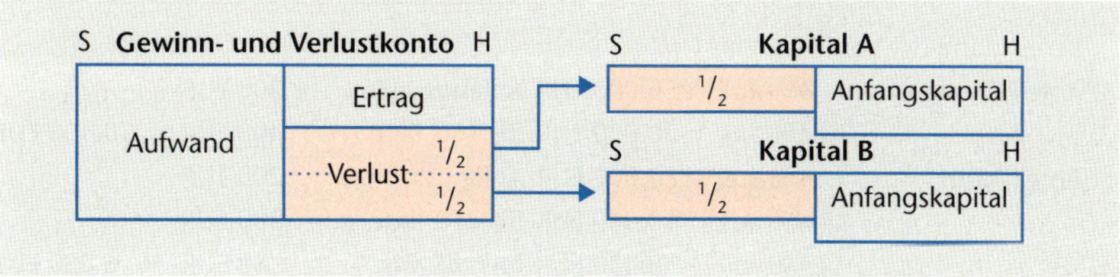

▶ Rechte

a) Geschäftsführung. Gesetzlich ist jeder Gesellschafter allein zur Geschäftsführung berechtigt, d.h., er ist den anderen Gesellschaftern gegenüber (Innenverhältnis) zur Vornahme aller Handlungen berechtigt, die der Betrieb des Handelsgewerbes der *§§ 114 f.*

HGB § 116 Gesellschaft gewöhnlich mit sich bringt. Es besteht also der Grundsatz der Einzelgeschäftsführungsbefugnis. Vertraglich kann die Befugnis zur Geschäftsführung beschränkt oder aufgehoben werden. Widerspricht ein geschäftsführender Gesellschafter der Vornahme einer Handlung, so muss diese unterbleiben.

Beispiele: Zum gewöhnlichen Betrieb gehören Entscheidungen über den Wareneinkauf und Warenverkauf, das Ausfüllen von Überweisungsträgern und Planungen zum Einstellen und Entlassen von Arbeitskräften.

§ 116 (2) Für außergewöhnliche Geschäfte ist der Gesamtbeschluss aller Gesellschafter, also auch der nichtgeschäftsführenden Gesellschafter erforderlich, z. B. die Entscheidung für den Kauf und Verkauf von Grundstücken und für die Gründung von Filialbetrieben.

§ 116 (3) Zur Bestellung eines Prokuristen ist die Zustimmung aller geschäftsführenden Gesellschafter nötig. Der Widerruf der Prokura kann bereits durch einen geschäftsführenden Gesellschafter erfolgen.

§ 117 Auf Antrag der übrigen Gesellschafter kann einem Gesellschafter bei grober Pflichtverletzung oder Unfähigkeit zur ordnungsmäßigen Geschäftsführung die Geschäftsführungsbefugnis durch gerichtliche Entscheidung entzogen werden.

§ 118 **b) Kontrolle.** Ein Gesellschafter, der von der Geschäftsführung ausgeschlossen ist, kann sich jederzeit über die Geschäftslage persönlich unterrichten, die Handelsbücher und die Papiere der Gesellschaft einsehen und sich daraus eine Bilanz (Zwischenbilanz) bzw. einen Jahresabschluss anfertigen.

§ 110 **c) Anteil am Gewinn.** Gesetzlich hat jeder Gesellschafter Anspruch auf 4 % seines Kapitalanteils (Vordividende). Reicht der Jahresgewinn für 4 % nicht aus, so wird ein entsprechend niedrigerer Prozentsatz angewandt. Privatentnahmen und Einlagen eines Gesellschafters während des Geschäftsjahres sind zinsenmäßig zu berücksichtigen. Der Restgewinn wird nach Köpfen verteilt.

Beispiel: Verteilung des Jahresgewinns von 60.000 EUR nach HGB.

Einlage von Gesellschafter Eberhardt am 30. Juni 20.000 EUR.

Entnahme von Gesellschafter Muth mit Zustimmung von Eberhardt am 31. März 10.000 EUR und am 30. September 8.000 EUR.

	A	B	C	D	E	F
1–2	**Gesellschafter**	**Kapitalanteil EUR**	**4% Vordividende EUR**	**Kopfanteil EUR**	**Gesamtanteil EUR**	**Kapitalendbestand EUR**
3	**Kapital Eberhardt**	250.000	10.000			
4	+ Einlage	20.000	400			
5		270.000	10.400	21.390	31.790	301.790
6						
7	**Kapital Muth**	180.000	7.200			
8	- Entnahme	10.000	300			
9	- Entnahme	8.000	80			
10		162.000	6.820	21.390	28.210	190.210
11						
12	**Eberhardt + Muth**	432.000	17.220	42.780	60.000	492.000

Berechnung der Vordividende:

Anteil Eberhardt	4% aus	250.000 EUR	Anfangskapital	10.000 EUR	
	+4% aus	20.000 EUR	für 180 Tage	400 EUR	10.400 EUR
Anteil Muth	4% aus	180.000 EUR	Anfangskapital	7.200 EUR	
	–4% aus	10.000 EUR	für 270 Tage	300 EUR	
	–4% aus	8.000 EUR	für 90 Tage	80 EUR	6.820 EUR

Im Gesellschaftsvertrag kann eine vom Gesetz abweichende Regelung für die Verteilung des Gewinns vereinbart werden.

§ 120 Der Gewinnanteil wird dem Kapitalkonto eines jeden Gesellschafters gutgeschrieben. Die Auszahlung des Gewinns darf nur auf Verlangen des Gesellschafters erfolgen.

d) Kapitalentnahme. Jeder Gesellschafter ist berechtigt, bis zu 4 % seines zu Beginn des Geschäftsjahres vorhandenen Kapitalanteils zu entnehmen, selbst dann, wenn die OHG Verluste hatte. *HGB § 122*

Größere Entnahmen sind nur mit Zustimmung der anderen Gesellschafter möglich.

e) Kündigung. Ein Gesellschafter kann auf den Schluss eines Geschäftsjahres unter Einhaltung einer Frist von mindestens 6 Monaten kündigen. *§ 132*

f) Liquidationsanteil. Wird die Gesellschaft aufgelöst, so ist der Liquidationserlös, der nach Abzug der Schulden übrig bleibt, im Verhältnis der Kapitalanteile zu verteilen.

Rechtsverhältnisse der Gesellschafter zu Dritten (Außenverhältnis)

Die Rechtsbeziehungen der Gesellschafter Dritten gegenüber sind durch das Gesetz geregelt. Abweichende Vereinbarungen müssen, soweit sie gesetzlich zulässig sind, im Handelsregister eingetragen werden.

▶ Vertretungsmacht der Gesellschafter

Gesetzlich ist jeder Gesellschafter allein zur Vertretung ermächtigt. Er kann Dritten gegenüber Willenserklärungen abgeben, durch welche das Unternehmen berechtigt und verpflichtet wird (rechtsgeschäftlicher Kontakt zu Dritten). Es besteht also der Grundsatz der **Einzelvertretungsmacht.** *§ 125*

Vertraglich kann von diesem Grundsatz nur in folgender Weise abgewichen werden:

1. Die Gesellschafter können nur zusammen die OHG vertreten (Gesamt- oder Kollektivvertretung).
2. Die Vertretungsmacht wird nur einem oder mehreren Gesellschaftern (mit Einzel- oder Gesamtvertretungsmacht) erteilt; die übrigen Gesellschafter sind von der Vertretung ausgeschlossen.
3. Ein Gesellschafter mit Einzelvertretungsmacht kann nur mit einem Prokuristen zusammen die Gesellschaft vertreten (Kapitel 4.3.2).

Die Vertretungsmacht erstreckt sich auf alle Rechtsgeschäfte einschließlich der Veräußerung und Belastung von Grundstücken, der Erteilung und dem Widerruf der Prokura sowie der Vertretung des Unternehmens im Prozess. Der Umfang der Vertretungsmacht **(Außenverhältnis)** ist also unbeschränkt und auch unbeschränkbar, während die Geschäftsführungsbefugnis **(Innenverhältnis)** beschränkbar ist. *§ 126*

Beispiel: Der Gesellschafter Eberhardt der Eberhardt & Muth OHG erteilt dem Angestellten Gut Prokura, ohne dass ein Gesamtbeschluss der Gesellschafter vorliegt. Die Erteilung der Prokura ist nach außen hin gültig. Handlungen des Prokuristen binden das Unternehmen. Allerdings kann der Gesellschafter Muth gegen Eberhardt wegen grober Pflichtverletzung vorgehen. Entsteht durch die Handlungen des Prokuristen Gut ein Schaden, so muss ihn Eberhardt ersetzen.

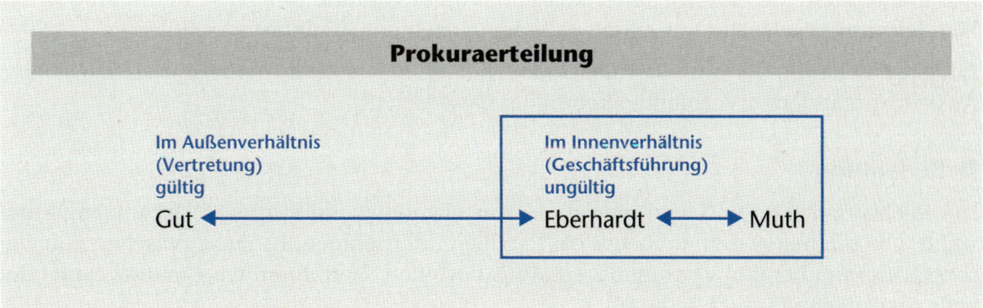

HGB § 127 Der Entzug der Vertretungsmacht ist bei wichtigem Grund, z. B. Prokuraerteilung ohne Gesamtbeschluss, auf Antrag der übrigen Gesellschafter durch gerichtliche Entscheidung möglich.

§ 128 ▶ **Haftung der Gesellschafter**

Für die Verbindlichkeiten der OHG haften alle Gesellschafter persönlich als Gesamtschuldner und die OHG mit dem Gesellschaftsvermögen. Eine entgegenstehende Vereinbarung ist Dritten gegenüber unwirksam.

Der **Gesellschafter haftet** demnach wie folgt:

a) **persönlich.**

- **unbeschränkt.** Der Gesellschafter haftet nicht nur mit seinem Anteil am Geschäftsvermögen, sondern auch mit seinem gesamten Privatvermögen. Er hat keine »Einrede der Haftungsbeschränkung«. Eine Vereinbarung zwischen den Gesellschaftern, durch die z. B. die Haftung auf den Kapitalanteil beschränkt wird, hat nur im Innenverhältnis Gültigkeit.

  Beispiel: Bei einer Forderung eines Gläubigers, die sich an den Kapitalanteil des Gesellschafters Muth richtet, haftet Muth auch mit seinem Privatvermögen.

- **direkt (unmittelbar) und primär.** Jeder Gläubiger kann sich unmittelbar an jeden beliebigen Gesellschafter halten. Die Gesellschafter können nicht fordern, dass der Gläubiger zuerst gegen die Gesellschaft klagt. Sie haben keine »Einrede der Vorausklage«.

  § 129 (4) Beispiel: Ein Gläubiger hat gegen die Eberhardt und Muth OHG eine Forderung in Höhe von 30.000 EUR. Er hat die Möglichkeit, dass er sich an die OHG, an den Gesellschafter Muth oder an den Gesellschafter Eberhardt wendet.

BGB § 421 b) **gesamtschuldnerisch (solidarisch).**
Alle Gesellschafter haften für die gesamten Schulden der Gesellschaft. Der Gläubiger kann die Leistung nach seinem Belieben von jedem Gesellschafter ganz oder zu einem
§ 426 Teil fordern. Ein Gesellschafter kann nicht verlangen, dass der Gläubiger außer ihm auch die anderen Gesellschafter verklagt. Er hat keine »Einrede der Haftungsteilung«.

Beispiel: Ein Gläubiger hat gegen die Eberhardt und Muth OHG eine Forderung in Höhe von 30.000 EUR. Der Gesellschafter Muth befriedigt die Forderung des Gläubigers. Muth hat dann einen Ausgleichsanspruch gegenüber dem Gesellschafter Eberhardt.

HGB § 130 Ein Gesellschafter, der in eine bestehende OHG eintritt, haftet auch für die Schulden der Gesellschaft, die bei seinem Eintritt bereits bestehen. Der Ausschluss oder die Beschränkung dieser Haftung ist nur im Innenverhältnis gültig.

§ 28 Wird aus einem Einzelunternehmen eine OHG, so haftet die entstandene OHG, und damit auch der eintretende Gesellschafter, für die alten Schulden des bisherigen Unternehmens. Der neu eintretende Gesellschafter kann aber diese Haftung durch die Eintragung in das Handelsregister oder die Mitteilung an jeden einzelnen Gläubiger ausschließen.

§ 160 Ein Gesellschafter, der aus einer OHG ausscheidet, haftet noch 5 Jahre für die bei seinem Austritt vorhandenen Verbindlichkeiten der Gesellschaft.

Bedeutung

Die Rechtsform der OHG wird vor allem von kleineren und mittleren Unternehmen gewählt. Oft handelt es sich dabei um ein Familienunternehmen. Es muss zwischen den Gesellschaftern ein enges Vertrauensverhältnis bestehen. Von ihnen wird in aller Regel der volle persönliche Einsatz verlangt.

3.5.2 Kommanditgesellschaft (KG)

Die **Kommanditgesellschaft** ist die vertragliche Vereinigung von zwei oder mehr Personen zum **Betrieb eines Handelsgewerbes** unter **gemeinschaftlicher Firma. Mindestens ein Gesellschafter haftet** den Gläubigern gegenüber **unbeschränkt (Vollhafter)** und **mindestens ein Gesellschafter haftet beschränkt (Teilhafter).**

Die Vollhafter heißen **Komplementäre,** die Teilhafter **Kommanditisten.**

Firma

Die Firma der KG kann eine Personen-, Sach-, Fantasiefirma oder gemischte Firma sein. Darüber hinaus muss die Bezeichnung »Kommanditgesellschaft« oder eine allgemein verständliche Abkürzung dieser Bezeichnung in der Firma enthalten sein (KG, Kges). *HGB § 19 (1), Z. 3*

Beispiel: Karl Berg, Fritz Grün und Willi Müller, die eine Maschinenbau-KG gründen, können firmieren: Berg, Grün & Müller KG; Maschinenbau KG; Kafriwima KG.

Wenn in einer Kommanditgesellschaft keine natürliche Person persönlich haftet, muss die Firma eine Bezeichnung enthalten, welche die Haftungsbeschränkung kennzeichnet. *§ 19 (2)*

Beispiele: GmbH & Co. KG, AG & Co. KG

Gründung

Für die Form der Gründung und den Beginn der Gesellschaft gelten dieselben Vorschriften wie für die OHG. *§ 161*

Die Anmeldung zum Handelsregister ist von sämtlichen Gesellschaftern vorzunehmen, also auch von den Kommanditisten. Wegen der beschränkten Haftung ist die Höhe ihrer Einlagen einzutragen. *§ 162 § 176*

Pflichten und Rechte des Komplementärs

Für den Komplementär gelten die gleichen Bestimmungen wie für den Gesellschafter der OHG.

Pflichten und Rechte des Kommanditisten

▶ Pflichten des Kommanditisten

a) **Leistung der Einlage,** die vertraglich festgelegt wurde. Diese kann von der ins Handelsregister eingetragenen Einlage, der Haftsumme, abweichen.

b) **Haftung** mit der Höhe seiner Einlage. Die Beschränkung der Haftung beginnt erst mit dem Zeitpunkt der Eintragung in das Handelsregister. *§§ 171 f.*

   Für den noch nicht geleisteten Teil seiner Einlage haftet er wie ein Komplementär.

   Beispiel: Im Handelsregister ist eine Kommanditeinlage in Höhe von 100.000 EUR eingetragen. Darauf wurden 40.000 EUR als Einlagen geleistet. Der Kommanditist haftet dann unmittelbar mit 60.000 EUR gegenüber den Gläubigern.

   Beim Eintritt in eine bestehende Kommanditgesellschaft haftet der Kommanditist für die vor seinem Eintritt bestehenden Verbindlichkeiten der Gesellschaft bis zur Höhe seiner Einlage. *§ 173*

   Ist die Kommanditgesellschaft oder der neu eingetretene Kommanditist noch nicht in das Handelsregister eingetragen, so haftet der Kommanditist wie ein Vollhafter. Dies gilt nur, wenn der Kommanditist dem Geschäftsbeginn zugestimmt hat.

HGB §§ 167 f. **c) Verlustbeteiligung** in angemessenem Verhältnis der Anteile bis zum Betrag des Kapitalanteils und der noch rückständigen Einlage.

▶ **Rechte des Kommanditisten**

§ 164 **a) Widerspruch.** Der Kommanditist kann nur bei Handlungen widersprechen, die nicht zu den gewöhnlichen Geschäften der Kommanditgesellschaft gehören.

Beispiel: Verkauf eines Grundstückes bei der Holzgroßhandels-KG

§ 166 **b) Kontrolle.** Der Kommanditist hat nur Anspruch auf Mitteilung des Jahresabschlusses. Er kann ihn durch Einsicht in die Dokumente der Gesellschaft nachprüfen. Das Recht der laufenden Kontrolle hat er nicht.

§ 168 (2) **c) Gewinnanteil.** Der Kommanditist erhält bis zu 4 % seines Kapitalanteils, sofern nichts anderes vereinbart ist. Der Rest ist in einem angemessenen Verhältnis zu verteilen. Um Streitigkeiten vorzubeugen, wird die Gewinnverteilung und vor allem das angemessene Verhältnis meist im Gesellschaftsvertrag festgelegt.

§ 167 **d) Gewinnverwendung.** Hat der Kommanditist die vereinbarte Einlage geleistet, so kann er am Ende des Geschäftsjahres die Auszahlung seines Gewinnanteils fordern.

Solange die vereinbarte Einlage nicht komplett geleistet ist, wird der Gewinnanteil nicht ausgeschüttet, bis diese noch ausstehende Einlage ausgeglichen ist.

§ 169 Der Kommanditist kann die Auszahlung des Gewinnanteils auch dann nicht fordern, wenn seine Einlage durch den Verlust unterschritten ist. Der Gewinnanteil wird in diesem Falle zur Auffüllung der vereinbarten Einlage verwendet. Früher erhaltene Gewinne braucht ein Kommanditist nicht zurückzuzahlen, wenn später Verluste eintreten.

Werden Gewinnanteile, die die vereinbarte Einlage übersteigen, nicht ausbezahlt, so stellen diese Verbindlichkeiten der KG, nicht aber gewinnberechtigtes Kommanditkapital dar.

§ 132 **e) Kündigung.** Der Kommanditist kann auf den Schluss eines Geschäftsjahres unter Einhaltung einer Frist von mindestens 6 Monaten kündigen, wenn der Vertrag nichts anderes vorsieht.

Bedeutung

Die Rechtsform der KG wird vor allem von kleineren und mittleren Unternehmen gewählt. Oft handelt es sich dabei um ein Familienunternehmen. Es muss zwischen den Komplementären ein enges Vertrauensverhältnis bestehen. Von ihnen wird in aller Regel der volle persönliche Einsatz verlangt.

Bei einer Kommanditgesellschaft können auch juristische Personen Vollhafter sein. Häufig handelt es sich dabei um Gesellschaften mit beschränkter Haftung (GmbH). Man spricht dann von einer GmbH & Co. KG (Kapitel 3.5.3). Tritt eine Aktiengesellschaft an diese Stelle, so handelt es sich um eine AG & Co. KG.

3.5.3 GmbH & Co. KG

Die **GmbH & Co. KG** ist eine **Kommanditgesellschaft,** bei der eine **Gesellschaft mit beschränkter Haftung** (GmbH) **Vollhafter** ist.

Bei der **typischen GmbH & Co. KG** sind die Gesellschafter der GmbH zugleich Kommanditisten der GmbH & Co. KG. Bei der **atypischen GmbH & Co. KG** sind andere Personen Kommanditisten. Diese können natürliche oder juristische Personen sein.

Beispiel für den Aufbau einer GmbH & Co. KG*

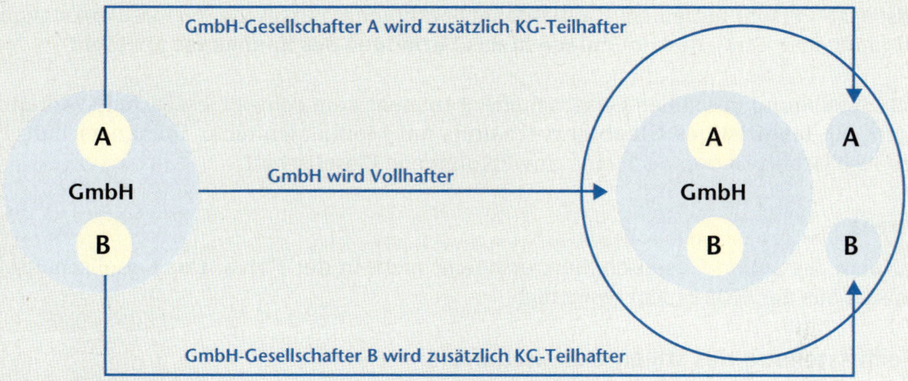

* typische GmbH & Co. KG

Firma

Die Firma kann eine Personen-, Sach-, Fantasiefirma oder gemischte Firma sein. Darüber hinaus muss die Bezeichnung »Kommanditgesellschaft« oder eine allgemein verständliche Abkürzung dieser Bezeichnung in der Firma enthalten sein (KG, Kges). Da in einer GmbH & Co. KG keine natürliche Person persönlich haftet, muss die Firma eine Bezeichnung enthalten, welche die Haftungsbeschränkung kennzeichnet. *HGB § 19 (2)*

Beispiele: Nord-Süd-Hausbau GmbH & Co. KG, Meissner + Wurst GmbH & Co. KG

Geschäftsführung und Vertretung

Bei der GmbH & Co. KG besitzt die GmbH als Komplementärin die Geschäftsführungsbefugnis und Vertretungsmacht. Ausführende Person ist der Geschäftsführer der GmbH. Im Übrigen sind die Rechtsgrundlagen die gleichen wie bei der KG.

Bedeutung

▶ Haftungsbeschränkung

Die GmbH haftet als Komplementärin unbeschränkt mit ihrem Gesellschaftsvermögen. Die Gesellschafter haften dagegen nur mit ihren Einlagen.

▶ Nachfolgeregelung

Bei Familienunternehmen ist die Unternehmensfortführung gesichert, weil anstelle einer natürlichen Person eine GmbH als Vollhafterin tritt. Die persönlich haftende GmbH ist »unsterblich«.

▶ Kapitalbeschaffung

Mit der Aufnahme weiterer Kommanditeinlagen kann Eigenkapital beschafft werden. Dabei kann von den Teilhaftern nur ein geringer Einfluss auf das Unternehmen genommen werden.

▶ Geschäftsführung

Außenstehende Fachleute können als Geschäftsführer der Komplementär-GmbH eingesetzt werden.

3.5.4 Stille Gesellschaft

HGB § 230 Die **stille Gesellschaft** ist die vertragliche Vereinigung eines Kaufmanns (natürliche oder juristische Person) mit einem **Kapitalgeber** (natürliche, juristische Person, Personengesellschaft oder GbR), dessen **Einlage in das Vermögen des Kaufmanns** übergeht.

Durch Beteiligung des stillen Gesellschafters entsteht kein echtes Gesellschaftsverhältnis, sondern ein **langfristiges Gläubigerverhältnis** mit Merkmalen einer Teilhaberschaft. Die stille Gesellschaft ist demnach eine unvollkommene Gesellschaft.

Firma

Der Name des stillen Gesellschafters erscheint nicht in der Firma. Das Gesellschaftsverhältnis ist aus der Firma nicht ersichtlich.

Rechtsstellung des stillen Gesellschafters

Die Höhe der Einlage des stillen Gesellschafters tritt nach außen nicht in Erscheinung, weil er nicht in das Handelsregister eingetragen wird.

§ 233 Der stille Gesellschafter nimmt an der Geschäftsführung nicht teil. Er hat das Kontrollrecht wie ein Kommanditist und ist somit berechtigt, den Jahresabschluss zu prüfen.

§ 231 Obwohl ein **Gläubigerverhältnis** vorliegt, ist der stille Gesellschafter am Gewinn und Verlust nach vertraglicher Vereinbarung beteiligt (Merkmal einer Teilhaberschaft). Die Verlustbeteiligung kann vertraglich begrenzt oder ausgeschlossen werden.

Bedeutung

Die stille Gesellschaft gibt einem Kaufmann die Gelegenheit, einen anderen zu beteiligen. Der Kaufmann wird dabei in der Geschäftsführung nicht beschränkt und die Beteiligung tritt nach außen nicht in Erscheinung. Der Tod des stillen Teilhabers oder seine Insolvenz löst die Gesellschaft nicht auf.

3.5.5 Gesellschaft des bürgerlichen Rechts (GbR, BGB-Gesellschaft)

BGB § 705 Die **Gesellschaft des bürgerlichen Rechts** ist die vertragliche Vereinigung von Personen. Sie verpflichten sich, **ein gemeinsames Ziel** zu erreichen.

Die Vorgehensweise bestimmt der Vertrag. Insbesondere müssen die vereinbarten Beiträge geleistet werden.

Es können sich sowohl Nichtkaufleute als auch Kaufleute zu einer GbR-Gesellschaft zusammenschließen. Sie endet mit der Erfüllung des beabsichtigten Zweckes.

Beispiele:

1. Gelegenheitsgesellschaften von Nichtkaufleuten: Schüler unternehmen zusammen einen Ausflug. Mehrere Personen spielen gemeinsam Lotto oder mieten ein Auto.
2. Zusammenschluss von Kaufleuten bzw. von Nichtkaufleuten: Banken schließen sich zusammen, um gemeinsam Wertpapiere beim Publikum unterzubringen (Bankenkonsortium). Unternehmen verbinden sich zum gemeinsamen Einkauf großer Warenmengen. Zusammenschluss von Unternehmen zu Kartellen, Interessengemeinschaften, Konzernen. Gemeinschaftliche Ausübung der Praxis durch Rechtsanwälte. Gemeinsame Übernahme von Großaufträgen durch Handwerker oder Baugesellschaften.
3. Kapitalgesellschaften vor ihrer Eintragung ins Handelsregister (Vorgründungsgesellschaften).

Rechtsverhältnisse

▶ Firma

Die Gesellschaft des bürgerlichen Rechts hat **keine Firma.** Sie wird **nicht** ins Handelsregister **eingetragen.** *BGB § 706*

▶ Beiträge

Sie können aus Geld, Sachen, Forderungen, Rechten und Dienstleistungen bestehen. Das Vermögen, das durch die Beiträge der Gesellschafter und durch die Geschäftsführung erworben wird, ist **gemeinschaftliches Vermögen** (Gesellschaftsvermögen). Der einzelne Gesellschafter kann über seinen Anteil nicht verfügen und auch keine Teilung vor der Auflösung der Gesellschaft verlangen. *§ 718* *§ 719*

▶ Geschäftsführung

Sie steht den Gesellschaftern gemeinschaftlich zu. In diesem Falle ist für jedes Geschäft die Zustimmung aller Gesellschafter erforderlich. Meist wird jedoch die Geschäftsführung einem einzelnen Gesellschafter übertragen. *§ 709*

▶ Vertretung

Sie ist nur mit Vollmacht der Gesellschafter möglich. Ist einem einzelnen Gesellschafter die Geschäftsführung übertragen, so ist er im Zweifel auch allein vertretungsbefugt. *§ 714*

▶ Haftung

Die Gesellschafter haften für eingegangene Verpflichtungen sowohl persönlich als auch als Gesamtschuldner. *§ 427*

▶ Gewinn und Verlust

Falls vertraglich nichts anderes geregelt ist, sind die Anteile am Gewinn und Verlust für jeden Gesellschafter gleich, ohne Rücksicht auf die Art und auf den Umfang seines Beitrages. *§ 722*

Bedeutung

Gegenstand des Zusammenschlusses kann jeder beliebige Zweck sein. Es kann sich um einen Zusammenschluss für eine bestimmte Gelegenheit (»Gelegenheitsgesellschaft«) oder für längere Dauer handeln.

3.5.6 Partnerschaftsgesellschaften Angehöriger Freier Berufe

Die **Partnerschaft** ist eine Gesellschaft, in der sich **Angehörige Freier Berufe** zur **Ausübung** ihrer **Berufe zusammenschließen.** Sie übt kein Handelsgewerbe aus. *PartGG § 1 (1), S. 3*

Angehörige einer Partnerschaft können nur natürliche freiberuflich tätige Personen sein.

Beispiele: Ärzte, Heilpraktiker, Krankengymnasten, Hebammen, Heilmasseure, Diplompsychologen, Mitglieder der Rechtsanwaltskammern, Wirtschaftsprüfer, Steuerberater, Ingenieure, Architekten, hauptberufliche Sachverständige, Journalisten, Dolmetscher

Der Gesellschaftsvertrag bedarf der Schriftform. Die Partnerschaftsgesellschaft muss zur Eintragung in ein spezielles **Partnerschaftsregister** angemeldet werden. Die Partnerschaft entsteht im Verhältnis zu Dritten mit ihrer Eintragung. *§ 3 (1) §§ 4 ff. § 7 (1)*

PartGG § 1 (1), S. 2 Freiberufler üben kein Handelsgewerbe aus. Sie sind deshalb keine Kaufleute im handelsrechtlichen Sinne. Sie werden auch nicht zu Kaufleuten, wenn sie zur gemeinsamen Ausübung ihres Berufes eine Partnerschaftsgesellschaft gründen.

Zusammenfassende Übersicht zu den Kapiteln 3.4 und 3.5:
– Einzelunternehmen
– Personengesellschaften

Einzelunternehmen

Haftung | Kapitalaufbringung | Risiko | Entscheidungen | Gewinn

→ alleine

Offene Handelsgesellschaft (OHG)

OHG-Gesellschafter

Innenverhältnis

Pflichten	Rechte
– Kapitaleinlage – Geschäftsführung – Wettbewerbsenthaltung – Verlustbeteiligung	– Geschäftsführung – Kontrolle – Ersatz von Aufwendungen – Anteil am Gewinn – Kapitalentnahme – Kündigung – Liquidationsanteil

Außenverhältnis

- Grundsatz: Einzelvertretungsmacht
- Haftung:
  - persönlich
    - unbeschränkt
    - direkt und primär
  - gesamtschuldnerisch

Kommanditgesellschaft (KG)

Komplementär (Vollhafter)

siehe OHG-Gesellschafter

Kommanditist (Teilhafter)

Pflichten	Rechte
– Kapitaleinlage – Haftung – Verlustbeteiligung	– Widerspruch – Kontrolle – Gewinnanteil – Gewinnverwendung – Kündigung

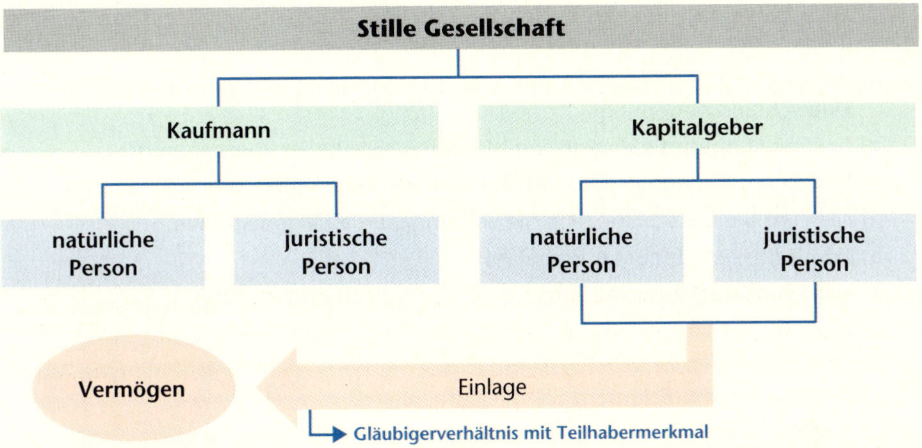

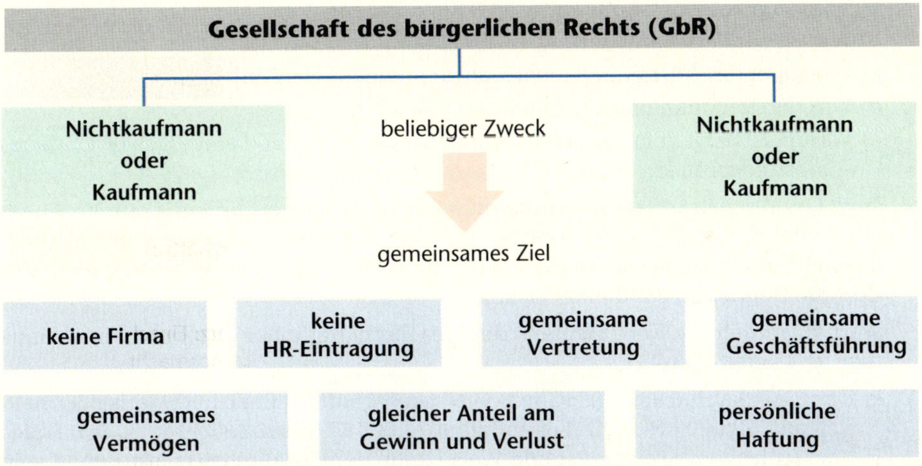

▶ Aufgaben und Probleme

1. Herr Friedrich Leone entwickelte ein Übungsgerät für den Freizeitsport, mit dessen Hilfe man wie ein Känguru hüpfen kann. Er möchte dieses Gerät herstellen und vertreiben und gründet zu diesem Zweck ein Einzelunternehmen. Erläutern Sie,
   a) warum Herr Leone die Rechtsform des Einzelunternehmens wählt,
   b) welche Probleme Herr Leone als Einzelunternehmer haben kann,
   c) wie er auf eine rasche Absatzausweitung bzw. auf Konjunkturschwächen reagieren kann,
   d) wie Friedrich Leone firmieren kann.
2. Im Unternehmen verbreitet sich das Gerücht, der Chef beabsichtige, seine beiden Söhne am Unternehmen zu beteiligen. Das Einzelunternehmen solle in eine Personengesellschaft umgewandelt werden. Teile der Belegschaft begrüßen dies, andere Mitarbeiter äußern Bedenken. Welche Argumente können die beiden Gruppen vorbringen?

3. Unter dem Link www.europa-lehrmittel.de/download-downloads/11/92206_92079_90157_90106_erg_bdu.pdf finden Sie den Text »Unternehmer sein macht Arbeit – und Spaß« von Klaus Mangold.
   a) Welchen Problemen steht ein Einzelunternehmer im angesprochenen Text in Deutschland gegenüber?
   b) Inwieweit hindert die deutsche Mentalität, Risiko zu übernehmen?
   c) In welcher Richtung sollte sich die deutsche Mentalität ändern?
   d) Machen Sie Vorschläge, wie Sie selber dazu beitragen können.
   e) Wie sollte sich der Staat verhalten,
      - um die Gründung von Einzelunternehmen zu ermöglichen,
      - um den Spaß am Unternehmersein nicht zu verderben?
4. Am 7. März 1997 wurde in das Handelsregister Ludwigsburg die Fielmann AG & Co. OHG eingetragen. Erläutern Sie diese Rechtsform.
5. Zeigen Sie durch die Beantwortung folgender Fragen, dass die OHG personenbezogen ist:
   a) Wie viele Personen können eine OHG gründen?
   b) Wer ist zur Geschäftsführung verpflichtet?
   c) Wie kann das Vertretungsrecht wahrgenommen werden?
   d) Was versteht man unter persönlicher Haftung?
   e) Warum ist nach dem Gesetz die Kündigung oder der Tod eines Gesellschafters ein Auflösungsgrund?
6. Dem Gesellschafter Sautter wurde die Geschäftsführungsbefugnis durch seine beiden anderen Gesellschafter Reitter und Moll entzogen. Trotzdem kauft Sautter für die OHG einen neuen Geschäftswagen und schließt einen Kreditvertrag über 25.000 EUR ab. Beurteilen Sie die Rechtslage.
7. Warum werden die Kapitalanteile der Gesellschafter einer OHG nicht ins Handelsregister eingetragen?
8. a) Das Eigenkapital einer OHG mit den Gesellschaftern Balle und Marischler beläuft sich auf 125.000 EUR. Dabei entfallen 75.000 EUR auf Balle und 50.000 EUR auf Marischler. Auf welche Art und Weise kann der Gesellschafter Marischler seinen Kapitalanteil um 30.000 EUR erhöhen?
   b) Welche Auswirkungen hat diese Kapitalerhöhung hinsichtlich seiner Geschäftsführungsbefugnis und seiner Vertretungsmacht?
9. Der Kraftfahrzeugmeister Buhl und der kaufmännische Angestellte Ruf beschließen die Gründung einer Großhandlung für Kfz-Bedarf in der Rechtsform einer OHG. Beantworten Sie folgende Fragen (mit Begründung):
   a) Welche Gründe können Buhl veranlassen, statt eines Einzelunternehmens zusammen mit Ruf eine OHG zu gründen?
   b) Zur Finanzierung eines Auslieferungslagers beantragte Ruf einen Bankkredit. Zu welchen Überlegungen dürfte die Bank durch die Tatsache gelangen, dass das Schuldnerunternehmen eine OHG ist?
   c) Wie ist die Rechtslage nach der gesetzlichen Regelung?
      - Gesellschafter Ruf kündigt dem Angestellten Michels.
      - Er gibt schriftliche Anweisungen an die Mitarbeiter der Buchhaltungsabteilung.
      - Er erteilt einem Angestellten Prokura.
      - Er unterschreibt einen Überweisungsauftrag an die Hausbank zulasten des Kontos der OHG.

10. Die im HGB vorgesehene Gewinnbeteiligung ergibt sich aus dem Wesen der OHG.
    a) Begründen Sie die gesetzliche Regelung zur Gewinnverteilung.
    b) Welche Wirkung auf die Verteilung des Gewinns wird der vertragliche Ausschluss eines Gesellschafters von der Geschäftsführung haben?

11. Der Kaufmann Andreas Weinert gründete ein Unternehmen für Geschäftsausstattungen und hat dieses Unternehmen in den vergangenen Jahren stetig vergrößern und ausbauen können.

    Für eine Betriebserweiterung im Jahre 02 soll das Einzelunternehmen in eine OHG umgewandelt werden. Als Gesellschafter bieten sich sein technischer Mitarbeiter Wolfgang Pschorr und sein Sohn Alexander Weinert an, der soeben sein Ingenieurstudium beendet hat.

    Die Bezeichnung »Geschäftsausstattungen Andreas Weinert« soll in die neue Firma aufgenommen werden.

    Herr Weinert sen. bringt sein Unternehmen (Gebäude, sonstiges Anlagevermögen, Umlaufvermögen) im Wert von 400.000 EUR ein, Pschorr leistet eine Bareinlage von 50.000 EUR und Alexander Weinert stellt seine Arbeitskraft zur Verfügung.

    Die OHG beginnt laut Gesellschaftsvertrag, der am 5. Dezember 01 abgeschlossen wurde, am 1. Januar 02; die Eintragung in das Handelsregister erfolgt am 10. Januar 02.

    a) Welche Form muss der Gesellschaftsvertrag für diese OHG haben? Begründen Sie Ihre Antwort.
    b) Prüfen Sie, ob die OHG die vorgesehene Firma übernehmen kann, und begründen Sie Ihre Ansicht.
    c) Der Sohn Alexander Weinert leistet keine Einlage, sondern stellt seine Arbeitskraft zur Verfügung.

       Beurteilen Sie diese Vereinbarung im Gesellschaftsvertrag
       - im Hinblick auf die Einlagepflicht des OHG-Gesellschafters,
       - in bilanztechnischer Sicht,
       - aus der Sicht der Mitgesellschafter,
       - aus der Sicht der Gläubiger.
    d) Erläutern Sie die Bedeutung der Daten 5. Dezember 01, 1. Januar 02 und 10. Januar 02 im Hinblick auf die Entstehung der OHG.
    e) Führen Sie in einer übersichtlichen Tabelle die Gewinnverteilung für das Jahr 02, die Verlustverteilung für das Jahr 03 durch, und geben Sie die Entnahmen der drei Gesellschafter am Ende des Jahres 02 und 03 an!

       Die Gesellschafter Andreas Weinert und Wolfgang Pschorr machen von ihrem Entnahmerecht nach HGB Gebrauch.

       Im Jahr 02 erzielt die OHG einen Gewinn von 30.000 EUR. Im Jahr 03 erzielt die OHG einen Verlust von 7.500 EUR.

       Die Gewinn- und Verlustverteilung ist wie folgt geregelt:
       - Jeder Gesellschafter erhält zunächst 6 % seines Kapitalanteils; der Rest wird zur Hälfte an Andreas Weinert und zu je einem Viertel an Wolfgang Pschorr und Alexander Weinert verteilt.
       - Außerdem hat Alexander Weinert eine Einlage in der Form zu bewirken, dass er seinen 3.000 EUR übersteigenden Anteil am Gewinn so lange nicht entnehmen darf, bis sein Kapitalkonto 25.000 EUR erreicht hat.
       - Die Verlustverteilung erfolgt nach Gesetz.

f) Angenommen, der Kapitalanteil von Alexander Weinert ist im Jahr 04 negativ geworden. Wie verhält es sich in diesem Fall mit dem Entnahmerecht des Gesellschafters?

12. Eine OHG erzielt in einem Geschäftsjahr einen Gewinn von 350.800 EUR. Beteiligungsverhältnis der Gesellschafter: A 800.000 EUR, B 600.000 EUR, C 400.000 EUR. Entnahme von A am 18. Oktober 40.000 EUR, Einlage von C am 6. August 60.000 EUR.

    Nach dem Gesellschaftsvertrag werden die Kapitalanteile mit 5 % verzinst. Entnahmen und Einlagen sind mit 5 % Zinsen zu berücksichtigen. Der Restgewinn ist im Verhältnis 5:5:3 zu verteilen. Berechnen Sie die Gewinn- und die neuen Kapitalanteile der Gesellschafter.

13. Vervollständigen Sie die folgende Tabelle:

	Komplementär (Vollhafter)	Kommanditist (Teilhafter)
Kontrollrecht		
Recht auf Kapitalentnahme		
Haftung beim Eintritt in die Gesellschaft		
Haftung beim Ausscheiden aus der Gesellschaft		

14. Begründen Sie, ob ein Angestellter gleichzeitig Kommanditist

    a) in dem Unternehmen seines Arbeitgebers,

    b) in einem fremden Unternehmen sein kann.

15. Auszug aus dem Gesellschaftsvertrag der Leone Labor KG: »§ 35: Stirbt ein Komplementär, werden eventuell vorhandene Erben nur als Kommanditisten in die KG aufgenommen.«

    Begründen Sie, warum die Gründer der KG diesen Paragrafen in den Gesellschaftsvertrag aufgenommen haben.

16. Ein Kommanditist fordert, dass bei der Gewinnverteilung der Restgewinn nach Köpfen verteilt werden soll. Der Komplementär verweist auf das HGB, in dem es heißt, dass der Restgewinn in einem angemessenen Verhältnis zu verteilen sei. Begründen Sie, warum der Gesetzgeber zu dieser Regelung gegriffen hat.

17. Sachverhalt: Peter Stalder gründete ursprünglich die Peter Stalder Tennishallen e. K. Um mit anderen Tennishallen konkurrenzfähig zu bleiben, stehen umfangreiche Investitionen an. Dazu nahm er gegen Ende des Jahres 01 seine Tochter Femke als Komplementärin und Alfred Brodt als Kommanditisten in das Unternehmen auf. Der Gesellschaftsvertrag für die KG wurde am 1. Dezember 01 abgeschlossen.

    Die Eintragung in das Handelsregister erfolgte am 15. Dezember 01.

    Die Bilanz der KG zum 31. Dezember 01 weist zusammengefasst folgende Beträge in EUR aus:

Bilanz zum 31. Dezember 01

Aktiva		Passiva	
Anlagevermögen	1.300.000	Kapital Peter Stalder	250.000
Umlaufvermögen	180.000	Kapital Femke Stalder	350.000
		Kommanditkapital Brodt	110.000
		Fremdkapital	770.000
	1.480.000		1.480.000

a) Kommanditist Brodt hat bei den Vertragsverhandlungen die Aufnahme seines Namens in die Firma gefordert. Die anderen Gesellschafter lehnen dies ab. Nennen Sie jeweils ein rechtliches und wirtschaftliches Argument.

b) Erläutern Sie die rechtliche Bedeutung des
- 1. Dezembers 01 und
- 15. Dezembers 01 für die Gesellschafter des Unternehmens.

c) Am 18. Februar 02 fordert ein Lieferant des Unternehmens vom Kommanditisten Brodt einen seit einem halben Jahr fälligen Betrag über 12.000 EUR. Dieser verweigert die Zahlung mit der Begründung, dass er zum Zeitpunkt der Entstehung der Schuld noch nicht Gesellschafter gewesen sei. Erläutern Sie die Rechtslage.

d) Femke Stalder möchte sich an einer Fitness-Center GmbH beteiligen. Für diesen Zweck will sie 20.000 EUR aus der KG herausziehen. Welcher rechtliche und welcher wirtschaftliche Einwand ist dagegen zu erheben, wenn im Gesellschaftsvertrag darüber nichts vereinbart wurde?

e) Beurteilen Sie folgende Vorgänge:
- Brodt erwirbt bei einem Sportartikelhändler Tennisschläger im Wert von 30.000 EUR für die Sport-Shops in den Tennishallen. Er begründet dies damit, Gesellschafter des Unternehmens zu sein.
- Peter Stalder kauft fünf Ballmaschinen im Wert von 25.000 EUR. Brodt widerspricht dem Kauf mit der Begründung, man beschäftige doch einen Tennislehrer.
- Femke Stalder beabsichtigt, mit liquiden Mitteln der KG aus Spekulationsgründen 500 Aktien eines Automobilwerkes zu kaufen. Ihr Vater, Peter Stalder, dessen Geschäftsführungsrechte nicht beschränkt sind, widerspricht dem Kauf.

18. In Deutschland gibt es ca. 116.500 GmbH & Co. KG. Welche Gründe sprechen für diese Unternehmensform?

19. Welche unterschiedliche Rechtsstellung besteht zwischen einem Kommanditisten und einem stillen Gesellschafter?

20. Wodurch unterscheidet sich der stille Gesellschafter von einem Darlehensgläubiger der stillen Gesellschaft?

21. Vergleichen Sie die Gesellschaft des bürgerlichen Rechts mit der offenen Handelsgesellschaft in Bezug auf folgende Merkmale:Zweck, gesetzliche Grundlagen, Firma, Geschäftsführung und Vertretung, Ergebnisverteilung.

22. Beschreiben Sie die Vorteile der Partnerschaftsgesellschaft gegenüber der BGB-Gesellschaft.

3.6 Kapitalgesellschaften

3.6.1 Aktiengesellschaft (AG)

Die **Aktiengesellschaft** ist eine Handelsgesellschaft mit eigener Rechtspersönlichkeit (juristische Person), deren Gesellschafter (Aktionäre) **mit Einlagen auf das in Aktien zerlegte Grundkapital beteiligt** sind. Für die Verbindlichkeiten der Gesellschaft **haftet** den Gläubigern **nur das Gesellschaftsvermögen.**

AktG §§ 1, 3

Die Aktionäre riskieren lediglich ihren Kapitaleinsatz.

Kapitalaufbringung durch Aktienverkauf

▶ Kapital

AktG §§ 6 f. HGB § 266

Das Eigenkapital einer AG besteht aus mehreren Teilen. Den Teil, der sich aus dem Nennwert oder den Anteilen sämtlicher Aktien zusammensetzt, nennt man **Grundkapital.** Es ist in der Bilanz als **Gezeichnetes Kapital** auszuweisen. Der Mindestnennbetrag des Grundkapitals ist 50.000 EUR.

Der andere Teil besteht aus **Rücklagen.** Es gibt Kapitalrücklagen, in die das Aufgeld (Agio) bei der Ausgabe von Aktien einzustellen ist. Daneben gibt es auch Gewinnrücklagen, in die der Gewinn eingestellt wird.

▶ Wesen der Aktien und Ausgabe

AktG § 8 **Aktien** sind Urkunden über die Beteiligung an einer Aktiengesellschaft. Durch den Verkauf von Aktien fließt bei der Gründung und bei einer späteren Kapitalerhöhung der AG das benötigte Kapital zu. Sie können als Nennbetragsaktien oder als Stückaktien ausgegeben werden.

§ 8 (2) **Nennbetragsaktien** lauten auf mindestens einen EUR, höhere Nennbeträge lauten auf volle Euro.

Stückaktien lauten auf keinen Nennbetrag. Die Stückaktien einer Gesellschaft sind am Grundkapital zu gleichen Anteilen beteiligt. Der auf die einzelne Aktie entfallende anteilige Betrag darf einen EUR nicht unterschreiten.

Beispiel: Bei einem Gezeichneten Kapital von 4 Mio. EUR und 8.000 Stückaktien beträgt der Wert einer Stückaktie 500 EUR.

Für einen geringeren Betrag als den Nennbetrag oder den auf die einzelne Stückaktie entfallenden anteiligen Betrag des Grundkapitals dürfen Aktien nicht ausgegeben werden (geringster Ausgabebetrag). In der Regel werden Aktien zu einem höheren Betrag als der Nennbetrag verkauft. Diese Differenz nennt man Aufgeld (**Agio**). HGB § 272 (2)

Beispiel: Werden 1.000 Nennbetragsaktien zu 50 EUR für 60 EUR verkauft, dann werden 50.000 EUR in das Gezeichnete Kapital und 10.000 EUR in die Kapitalrücklage eingestellt.

▶ Rechte der Aktie

Die **Aktie** verbrieft folgende Rechte:

AktG § 119
a) das **Stimmrecht** in der Hauptversammlung,
b) das Recht auf Anteil am **Gewinn** (Dividende),

c) das Recht auf Anteil am **Liquidationserlös** (Kapitel 3.10.7),

d) das **Bezugsrecht** bei Neuausgabe von Aktien der AG. *AktG § 186*

▶ Arten von Aktien

a) nach den Rechten

- **Stammaktien** (gewöhnliche Aktien). *§ 11*
- **Vorzugsaktien.** Sie gewähren dem Besitzer einen Vorzug vor den Stammaktien. Dieser kann in einer höheren Dividende bestehen, in einer Bevorzugung bei der Verteilung des Liquidationserlöses oder mit besonderer behördlicher Genehmigung in mehrfachem Stimmrecht. Es gibt auch Vorzugsaktien ohne Stimmrecht. *§§ 139–141*

b) nach der Übertragbarkeit

- **Inhaberaktien.** Das Eigentum an ihnen wird durch Einigung und Übergabe übertragen. *§ 10*
- **Namensaktien.** Sie lauten auf den Namen des Aktionärs und sind im Aktienbuch der Gesellschaft eingetragen. Die Eigentumsübertragung erfolgt durch Einigung und Übergabe des indossierten Papiers unter Umschreibung im Aktienbuch. *§§ 67 f.*
- **Vinkulierte (gebundene) Namensaktien.** Sie werden wie Namensaktien übertragen. Außerdem ist die Zustimmung der Gesellschaft einzuholen. Damit behält sich der Vorstand die Auswahl geeigneter Aktionäre vor. *§ 55*

c) nach dem Zeitpunkt der Ausgabe

- **Alte Aktien.** Das sind Aktien, die vor einer Kapitalerhöhung existieren.
- **Junge Aktien.** Junge Aktien entstehen durch eine Kapitalerhöhung gegen Einlagen. *§ 182*

d) Berichtigungsaktien (Zusatzaktien). Sie werden ausgegeben, wenn das Grundkapital der AG durch dieUmwandlung von Rücklagen erhöht wird. *§ 207*

■ Firma

Die Firma der AG kann eine Personen-, Sach-, Fantasie- oder gemischte Firma sein. Sie muss die Beeichnung »Aktiengesellschaft« oder eine allgemein verständliche Abkürzung dieser Bezeichnung enthalten. *§ 4*

Beispiele: Albert Hoffmann Aktiengesellschaft, Funner & Higher AG, Ahrens Textil Aktiengesellschaft

■ Gründung

▶ Gründer und Gesellschaftsvertrag

Die Aktiengesellschaft kann von einer oder mehreren Personen gegründet werden. Die Gründer stellen den Gesellschaftsvertrag, die Satzung, auf. Dieser muss notariell beurkundet werden. *§ 2 § 23*

Die Gründer müssen alle Aktien gegen Einlagen übernehmen.

▶ Gründungsarten

In der Satzung ist festzulegen, ob eine Bargründung oder eine Sachgründung erfolgen soll.

a) Bei der **Bargründung** werden die Einlagen der Aktionäre durch Einzahlungen geleistet. *§ 54*

b) Bei der **Sachgründung** bringen die Aktionäre statt Bargeld Sachen und Rechte in die AG ein. *§ 27*

Beispiele: Grundstücke, Maschinen, Patente

▶ **Errichtung der AG**

AktG §§ 29 f. Mit der Übernahme aller Aktien durch die Gründer ist die Gesellschaft »errichtet«.

▶ **Bestellung des Aufsichtsrates (AR), des Vorstandes und des Abschlussprüfers**

Die Gründer bestellen den ersten AR und den Abschlussprüfer für das erste Geschäftsjahr. Der AR bestellt den ersten Vorstand.

§§ 32 f. ▶ **Gründungsbericht und -prüfung**

Die Gründer erstatten einen schriftlichen Bericht über den Hergang der Gründung. Dieser Hergang ist vom Vorstand, vom AR und in der Regel auch von außenstehenden Gründungsprüfern zu prüfen.

▶ **Entstehung der AG**

§ 41 Bis zur Eintragung ins Handelsregister bilden die Gründer eine Gesellschaft des bürgerlichen Rechts (Vorgründungsgesellschaft) (Kapitel 3.5.5). Jeder, der im Namen der Gesellschaft Geschäfte macht, haftet deshalb persönlich und gesamtschuldnerisch.

§§ 36–40 Sämtliche Gründer sowie alle Mitglieder des Vorstandes und AR müssen die Anmeldung vornehmen. Sie haben nachzuweisen, dass die notwendigen Sacheinlagen und Einzahlungen auf das Grundkapital erfolgt sind. In der Anmeldung ist außerdem anzugeben, welche Vertretungsbefugnis die Vorstandsmitglieder haben. Alle Urkunden über die Gründung sind beizufügen. Nach Prüfung der Anmeldung durch das Gericht erfolgt die Eintragung in das Handelsregister und die Bekanntmachung im Bundesanzeiger.

HGB § 6 Erst durch die Eintragung »entsteht« die AG als juristische Person mit Kaufmannseigenschaft. Die Eintragung hat also konstitutive (rechtserzeugende) Wirkung.

Aufbau der AG

Die AG hat drei Organe:

- den **Vorstand,** der das Unternehmen leitet,
- den **Aufsichtsrat (AR),** der die Geschäftsführung des Vorstandes überwacht, und
- die **Hauptversammlung (HV),** in der die Aktionäre ihre Interessen vertreten.

▶ **Vorstand**

AktG §§ 77 f. a) **Rechtsstellung.** Besteht der Vorstand aus mehreren Personen, so haben diese gesetzlich die Gesamtgeschäftsführungsbefugnis und die Gesamtvertretungsmacht. In der Satzung kann auch Einzelgeschäftsführungsbefugnis und Einzelvertretungsmacht festgelegt werden. Die Einzelgeschäftsführungsbefugnis wird aber dadurch beschränkt, dass bei Meinungsverschiedenheiten im Vorstand nie gegen die Mehrheit der Vorstandsmitglieder entschieden werden darf.

Die Satzung kann auch bestimmen, dass ein Vorstandsmitglied zusammen mit einem Prokuristen die Gesellschaft vertritt.

§ 81 Sowohl die Einzelvertretungsbefugnis als auch die Einzelvertretungsbefugnis zusammen mit einem Prokuristen sind ins Handelsregister einzutragen.

§§ 84, 84 (3), 85, 105, 76 (2) b) **Bestellung und Abberufung.** Der Vorstand wird in der Regel vom AR auf höchstens fünf Jahre bestellt. Eine wiederholte Bestellung ist möglich. AR-Mitglieder können nicht gleichzeitig Vorstandsmitglieder sein. Der AR kann die Ernennung widerrufen, wenn ein wichtiger Grund vorliegt, z. B. grobe Pflichtverletzung.

c) **Zusammensetzung.** Der Vorstand kann aus einer oder mehreren Personen, den Vorstandsmitgliedern oder Direktoren, bestehen. Bei Gesellschaften mit einem Grundkapital von mehr als 3 Millionen EUR hat er aus mindestens 2 Personen zu bestehen, es sei denn, die Satzung bestimmt, dass er aus einer Person besteht.

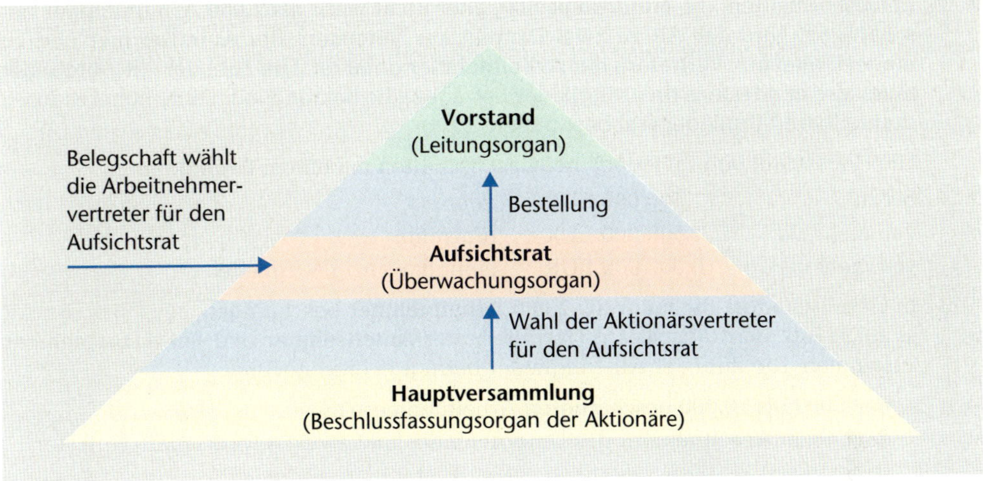

In Gesellschaften mit mehr als 2.000 Arbeitnehmern gehört dem Vorstand ein Arbeitsdirektor als gleichberechtigtes Mitglied an. Er wird vom Aufsichtsrat bestellt und bearbeitet insbesondere arbeitsrechtliche, soziale und personelle Angelegenheiten. *MitbestG § 33*

d) Aufgaben.

1. Der Vorstand hat unter eigener Verantwortung die Gesellschaft zu leiten. *AktG §§ 76, 90*
2. Er muss dem AR regelmäßig, mindestens vierteljährlich, über den Gang der Geschäfte und die Lage des Unternehmens berichten.
3. Er hat jeweils für das vergangene Geschäftsjahr den Jahresabschluss sowie den Lagebericht aufzustellen und dem Abschlussprüfer vorzulegen. *HGB § 264*
4. Er hat die HV einzuberufen und ihr einen Vorschlag über die Verwendung des Bilanzgewinns zu unterbreiten. *AktG § 121*
5. Er muss bei Zahlungsunfähigkeit oder Überschuldung die Eröffnung des Insolvenzverfahrens oder die Aufstellung eines Insolvenzplanes beantragen. *§ 92*

Bei der Durchführung seiner Aufgaben hat er die Sorgfalt eines ordentlichen und gewissenhaften Geschäftsleiters anzuwenden. Bei Verletzung seiner Pflicht ist er schadensersatzpflichtig. Die Wettbewerbsenthaltungspflicht besteht für den Vorstand der AG in entsprechender Weise wie für die Gesellschafter einer OHG. *§ 93 § 88*

e) Öffentlichkeit. Die Zusammensetzung des Vorstandes und jede Änderung müssen im Handelsregister eingetragen und veröffentlicht werden. Die Unterschriften der Vorstandsmitglieder sind der Anmeldung beizufügen. Dazu erfolgt die Veröffentlichung der Namen des Vorstandes in den Gesellschaftsblättern und durch Rundschreiben. Schließlich müssen die Namen der Vorstandsmitglieder auf den Geschäftsbriefen der AG angegeben werden. Der Vorsitzende des Vorstandes ist als solcher zu bezeichnen. *§ 81 § 80*

f) Vergütung. Neben dem festen Gehalt kann der Vorstand eine Beteiligung am Jahresgewinn (Tantieme) erhalten. *§ 87*

▶ Aufsichtsrat

a) Bestellung. Der AR wird auf vier Jahre bestellt.

1. In Gesellschaften mit **weniger als 500 Arbeitnehmern** ist die Mitbestimmung der Arbeitnehmer im AR nicht zwingend vorgeschrieben. Der AR kann also ausschließlich mit Vertretern der **Anteilseigner** besetzt sein. *§§ 101 f.*

DrittelbG § 1

2. In Gesellschaften, die **mindestens 500,** aber **nicht mehr als 2.000 Arbeitnehmer** beschäftigen, wird der AR zu zwei Dritteln aus Vertretern der **Anteilseigner** und zu einem Drittel aus Vertretern der **Arbeitnehmer** gebildet. Die Zahl der AR-Mitglieder muss also mindestens drei Mitglieder betragen; die Satzung kann eine höhere, durch drei teilbare Mitgliederzahl bestimmen.

AktG § 95

Die Höchstzahl beträgt jedoch bei Gesellschaften mit einem Grundkapital

bis zu	1.500.000 EUR	neun,
von mehr als	1.500.000 EUR	fünfzehn,
von mehr als	10.000.000 EUR	einundzwanzig Mitglieder.

MitbestG § 7

3. In Gesellschaften, die **mehr als 2.000 Arbeitnehmer** beschäftigen, setzt sich der AR je zur Hälfte **(paritätisch)** aus Vertretern der **Anteilseigner** und der **Arbeitnehmer** zusammen. Die Zahl der AR-Mitglieder beträgt in diesem Falle
   - bei 2.000 bis 10.000 beschäftigten Arbeitnehmern zwölf, davon vier Arbeitnehmer des Unternehmens und zwei Gewerkschaftsvertreter;
   - bei mehr als 10.000 beschäftigten Arbeitnehmern sechzehn, davon sechs Arbeitnehmer des Unternehmens und zwei Gewerkschaftsvertreter;
   - bei mehr als 20.000 beschäftigten Arbeitnehmern zwanzig, davon sieben Arbeitnehmer des Unternehmens und drei Gewerkschaftsvertreter.

Die Vertreter der Anteilseigner werden in beiden Fällen von der HV, die Vertreter der Arbeitnehmer von der Belegschaft gewählt. Die AR-Sitze der Arbeitnehmer sollen sich auf Arbeiter, Angestellte und leitende Angestellte entsprechend ihrem Anteil an der Gesamtbelegschaft verteilen; jede Gruppe muss aber mindestens einen Sitz erhalten. Der AR wählt aus seiner Mitte einen Vorsitzenden und einen Stellvertreter. Wird die dazu erforderliche $^2/_3$-Mehrheit nicht erreicht, so wählen die AR-Mitglieder der Kapitaleigner den Vorsitzenden. Dieser hat bei Stimmengleichheit im AR eine zweite Stimme.

AktG § 110 (3)

b) Zusammenkunft. Der Aufsichtsrat muss zwei Sitzungen im Kalenderhalbjahr abhalten. In nichtbörsennotierten Gesellschaften kann der Aufsichtsrat beschließen, dass eine Sitzung im Kalenderhalbjahr abzuhalten ist.

§ 110

c) Persönliche Voraussetzungen für Aufsichtsratsmitglieder. Mitglied des AR kann nur eine natürliche, unbeschränkt geschäftsfähige Person sein. Eine Person kann höchstens zehn AR-Sitze innehaben. Dabei werden aber bis zu fünf AR-Sitze bei Konzern-Tochtergesellschaften angerechnet. Verboten ist die Entsendung von gesetzlichen Vertretern anderer Kapitalgesellschaften in den AR einer AG, wenn ein Vorstandsmitglied dieser AG bereits dem AR der anderen Kapitalgesellschaft angehört (Überkreuzverflechtung). Ferner kann ein Vorstandsmitglied eines abhängigen Unternehmens (Tochterunternehmen) nicht dem AR der herrschenden Gesellschaft (Muttergesellschaft) angehören.

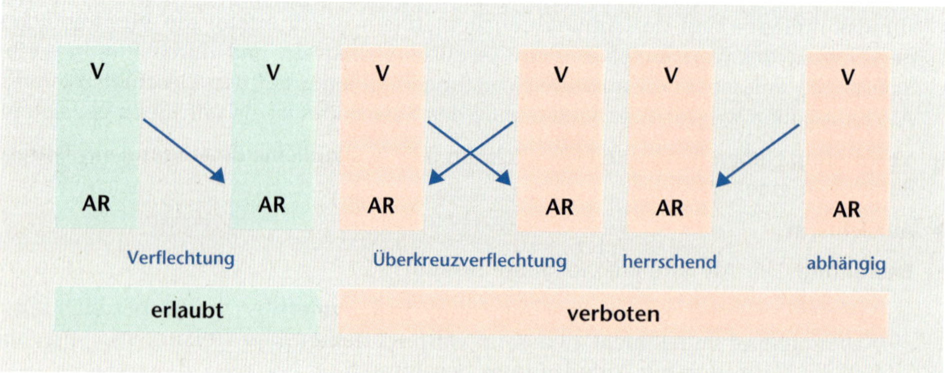

d) Aufgaben.

1. Der AR bestellt den Vorstand. Er überwacht seine Tätigkeit. Er beruft ihn ab, wenn ein wichtiger Grund vorliegt. *AktG §§ 84, 111*
2. Er hat den Jahresabschluss, den Lagebericht, den Prüfungsbericht des Abschlussprüfers und den Vorschlag des Vorstandes für die Verwendung des Bilanzgewinns zu prüfen. *§ 171 (1)*
3. Er hat der HV über das Ergebnis der Prüfung schriftlich zu berichten. *§ 171 (2)*
4. Er hat eine außerordentliche HV einzuberufen, wenn das Wohl der Gesellschaft es erfordert. *§ 111 (3)*
5. Neben den im Gesetz formulierten Aufgaben ist vor allem die Beratung des Vorstandes wichtig.

   Beispiele: Beratung bei geplanten Investitionen, Unterstützung bei der Überwindung von Krisensituationen

Der AR hat wie der Vorstand die Sorgfaltspflicht und Schadensersatzpflicht. *§ 116*

e) Öffentlichkeit. Namen, Stand und Wohnort der AR-Mitglieder müssen dem Registergericht gemeldet werden. Sie werden aber nicht eingetragen, sondern nur in den Gesellschaftsblättern veröffentlicht. Das sind die in der Satzung festgelegten Publikationsmedien. Ferner ist jeder Wechsel der AR-Mitglieder unverzüglich bekanntzumachen und die Bekanntmachung ins Handelsregister einzureichen. Der Name des Vorsitzenden des AR ist auf den Geschäftsbriefen anzugeben. *§§ 36 f. § 40 § 106 § 80*

f) Vergütung. Dem AR kann eine Vergütung bezahlt werden. Sie kann in der Satzung festgesetzt oder von der HV bewilligt werden. *§ 113*

▶ Hauptversammlung

a) Rechtsstellung. Die HV ist die Versammlung der Aktionäre. In ihr nehmen sie die Rechte wahr, die ihnen durch das Gesetz zustehen. Sie beschließen per Stimmrecht die im Gesetz und in der Satzung ausdrücklich bestimmten Fällen. Jeder Aktionär hat das Recht, dass er auf Verlangen vom Vorstand Auskunft über Angelegenheiten der Gesellschaft erhält. Eine Auskunft darf nur verweigert werden, wenn dadurch der Gesellschaft oder einem verbundenen Unternehmen ein erheblicher Nachteil zugefügt würde. Im Zweifelsfalle entscheidet das Gericht über die Berechtigung einer Auskunftsverweigerung. *§ 118 § 119 § 131*

b) Aufgaben.

1. Die HV wählt die AR-Mitglieder der Anteilseigner mit einfacher Mehrheit und kann sie vor Ablauf ihrer Amtszeit mit 3/4-Mehrheit abberufen. *§ 132 §§ 101, 103*

Bayer

Wir laden unsere Aktionäre ein zur

ordentlichen Hauptversammlung

am Mittwoch, den 25. März 2015 um 10:00 Uhr,
Kongresshalle, Messegelände Köln-Deutz.

Tagesordnung

1. Vorlage des festgestellten Jahresabschlusses und des Konzernabschlusses, des zusammengefassten Lageberichts für die Gesellschaft und den Konzern sowie des Berichts des Aufsichtsrates für 2014; Beschlussfassung über die Gewinnverwendung
2. Entlastung des Vorstandes
3. Entlastung des Aufsichtsrates
4. Ermächtigung zur Begebung von Wandel- und Optionsanleihen, Schaffung bedingten Kapitals und Satzungsänderung
5. Vergütung des Aufsichtsrats
6. Ermächtigung zum Erwerb eigener Aktien
7. Wahl des Abschlussprüfers für 2016

Die vollständige Einberufung mit dem Wortlaut der Vorschläge zur Beschlussfassung ist im Bundesanzeiger 27. Februar 2015 abgedruckt.

Leverkusen, 25. Februar 2015

**Der Vorstand der
Bayer Aktiengesellschaft**

AktG § 119 2. Sie beschließt über grundlegende Fragen der AG, die eine Satzungsänderung nötig machen.

Beispiele: Kapitalerhöhung und -herabsetzung, Verschmelzung mit einem anderen Unternehmen und Auflösung der eigenen AG

§ 119 3. Sie wählt den Abschlussprüfer und die Prüfer für Sonderprüfungen, z.B. bei der Gründung.

§ 119 4. Sie beschließt über die Verwendung des festgestellten Bilanzgewinns.

§ 173 5. Sie stellt den Jahresabschluss fest, wenn Vorstand und AR dies beschließen oder wenn der AR den Jahresabschluss des Vorstandes nicht billigt.

§ 120 6. Sie beschließt über die Entlastung der Vorstands- und Aufsichtsratsmitglieder.

§§ 121, 175 **c) Einberufung.** Die ordentliche HV muss jährlich in den ersten acht Monaten des Geschäftsjahres einberufen werden. Dabei nimmt sie den Jahresabschluss und den Lagebericht entgegen und beschließt die Verwendung des Bilanzgewinns.

Die Einberufung erfolgt bei Publikumsgesellschaften durch eine Veröffentlichung der Tagesordnung in den Gesellschaftsblättern, außerdem durch Mitteilung an die Kreditinstitute, welche die Mitteilung an die betroffenen Depotkunden weitergeben.

Eine außerordentliche HV wird einberufen, wenn

§ 122 – Aktionäre, deren Anteile zusammen mindestens fünf Prozent des Grundkapitals ausmachen, dies fordern,

§ 92 – der Verlust die Hälfte des Grundkapitals erreicht hat,

§ 119 – Kapitalerhöhungen bzw. -herabsetzungen geplant sind.

§ 134 **d) Abstimmung.** Das Stimmrecht wird nach Aktiennennbeträgen, bei Stückaktien nach ihrer Zahl, ausgeübt. Aktionäre, die »Aktienpakete« besitzen (Großaktionäre), haben also einen entscheidenden Einfluss in der HV. Die Satzung kann allerdings das Stimmrecht durch Festsetzung von Höchstbeträgen beschränken. Die Unterwanderung einer AG durch Großaktionäre soll auch öffentlich bekannt werden. Sobald ein Großaktionär
§ 20 25 % des Kapitals einer AG erworben hat, muss er dies der AG mitteilen. Diese hat den Tatbestand in den Gesellschaftsblättern zu veröffentlichen. Unternehmen, welche die Mitteilungspflicht verletzt haben, können keine Rechte mehr geltend machen, die sie aus dem Besitz von Aktien haben.

	Mehrheiten	Beschlüsse
§ 133	**einfache Mehrheit**	»normale« Beschlüsse
§ 179	**qualifizierte Mehrheit** (75 % des bei der Beschlussfassung vertretenen Grundkapitals)	Beschlüsse über Satzungsänderungen
§ 129	25 % + eine Stimme **(Sperrminorität)**	Beschlüsse über Satzungsänderungen können verhindert werden.

Der Aktionär braucht das Stimmrecht jedoch nicht persönlich auszuüben. Er kann sich durch einen Bevollmächtigten vertreten lassen. Da die Aktien sehr häufig bei einer Bank deponiert werden, liegt es nahe, dass sie den Aktionär vertritt.

§ 135 Dadurch erhält die Bank eine große Machtfülle. Um diese Machtfülle einzuschränken und um Missbräuche zu verhindern, verlangt das Gesetz, dass der Aktionär seine Bank zur Ausübung des Stimmrechtes schriftlich ermächtigen muss und die Bank sich an den Willen des Aktionärs halten muss. Dieses **Depotstimmrecht** kann nur für einen Zeitraum von längsten 15 Monaten erteilt werden und ist jederzeit widerruflich. Außerdem müssen die Banken ihre eigenen Vorschläge für die Ausübung des Stimmrechts zu den einzelnen Gegenständen der Tagesordnung mitteilen. Der Bankkunde hat das Recht, seiner Bank bestimmte Weisungen für die HV zu erteilen.

Bei Aktiengesellschaften, deren Aktien zum Börsenhandel zugelassen sind, müssen die Beschlüsse notariell beurkundet werden. *AktG § 130*

Pflichten und Rechte des Aktionärs

Pflicht des Aktionärs

Die Hauptpflicht des Aktionärs ist es, die übernommene Einlage zu leisten. Bei einer Bargründung sind mindestens 25 % des geringsten Ausgabebetrages der Aktien und das volle Agio einzuzahlen. *§§ 54, 36, (2), 36a*

Bei Sachgründungen sind die Sacheinlagen voll einzubringen.

Rechte des Aktionärs

a) Recht auf Teilnahme an der HV. *§ 118*

b) Stimmrecht in der HV nach Aktiennennbeträgen, bei Stückaktien nach deren Zahl. *§ 134*

c) Auskunftsrecht über Angelegenheiten der Gesellschaft, soweit die Auskunft zur sachgemäßen Beurteilung des Gegenstandes der Tagesordnung erforderlich ist. *§ 131*

d) Anfechtung eines Beschlusses der HV wegen Verletzung des Gesetzes oder der Satzung. *§ 243*

e) Recht auf Anteil am Bilanzgewinn (Dividende) nach ihren Anteilen am Grundkapital. *§§ 58 (4), 60*

f) Recht auf Bezug neuer (junger) Aktien im Verhältnis der Kapitalerhöhung zum alten Grundkapital. *§ 186*

Beispiel: Ein Aktionär hat 50 Aktien. Die AG erhöht das Grundkapital von 50 Mio. auf 60 Mio. EUR, also um 20 %. Somit kann der Aktionär bei diesem Bezugsverhältnis (5:1) zehn junge Aktien beziehen, d. h. seinen Aktienanteil gleichermaßen um 20 % erhöhen.

g) Recht auf Anteil am Liquidationserlös nach dem Anteil am Grundkapital. *§ 271 (2)*

Rechnungslegung

In welchem Umfang Aktiengesellschaften und andere Kapitalgesellschaften zur Rechnungslegung verpflichtet sind, hängt von ihrer Größe ab. Für die Zuordnung müssen mindestens zwei der drei nachstehenden Merkmale an zwei aufeinanderfolgenden Abschlussstichtagen erfüllt sein: *HGB § 267*

Zuordnung / Merkmale	kleine Kapitalgesellschaft	mittelgroße Kapitalgesellschaft	große Kapitalgesellschaft
Bilanzsumme	≤ 4.840 Mio. EUR	> 4.840 Mio. EUR ≤ 19.250 Mio. EUR	> 19.250 Mio. EUR
Umsatzerlöse	≤ 9.680 Mio. EUR	> 9.680 Mio. EUR ≤ 38.500 Mio. EUR	> 38.500 Mio. EUR
Arbeitnehmer	≤ 50 Arbeitnehmer	> 50 Arbeitnehmer ≤ 250 Arbeitnehmer	> 250 Arbeitnehmer

Diese Zuordnung entscheidet über den Umfang *§§ 266, 275*

- der vorgeschriebenen Gliederung der Bilanz (Bild, Seite 129) und der Gewinn- und Verlustrechnung (Bild, Seite 130),

HGB § 316 – der Prüfungspflicht für den Jahresabschluss,

§ 325 – sowie dessen Offenlegung durch Bekanntmachung im Bundesanzeiger.

▶ Aufstellung und Feststellung des Jahresabschlusses

§ 264 a) Der Vorstand muss in den ersten drei Monaten des Geschäftsjahres den Jahresabschluss und den Lagebericht aufstellen und dem Abschlussprüfer vorlegen. Die Frist für kleine Gesellschaften beträgt sechs Monate; sie unterliegen keiner Prüfungspflicht.

§ 289 (1) Der **Lagebericht** muss mindestens Angaben enthalten über

- den Geschäftsverlauf und
- die gegenwärtige Lage der Kapitalgesellschaft.

§ 289 (2) Er soll darüber hinaus eingehen auf

- Vorgänge von besonderer Bedeutung, die nach dem Schluss des Geschäftsjahres eingetreten sind,
- die voraussichtliche Entwicklung der Kapitalgesellschaft,
- den Bereich Forschung und Entwicklung.

Mit dem Lagebericht sollen die Angaben des Jahresabschlusses, die nicht durch die Zahlen deutlich werden, erweitert und ergänzt werden. Das können aktuelle Erkenntnisse und Absichten des Vorstandes sein. Es soll auf diese Weise ein den tatsächlichen Verhältnissen entsprechendes Bild der Vermögens-, Finanz- und Ertragslage der Aktiengesellschaft vermittelt werden.

§§ 316 ff. b) Der von der HV gewählte Abschlussprüfer hat den Jahresabschluss, die Buchführung und den Lagebericht zu prüfen. Beim Jahresabschluss müssen die Bestimmungen des Gesetzes und der Satzung beachtet werden. Der Lagebericht ist darüber hinaus darauf zu prüfen, ob er nicht eine falsche Vorstellung von der Lage der Gesellschaft erweckt. Der Abschlussprüfer muss den schriftlichen Prüfungsbericht dem Vorstand vorlegen.

AktG §§ 170–172 c) Der Vorstand hat unverzüglich nach Eingang des Prüfberichts dem AR den Jahresabschluss und den Lage- und Prüfungsbericht vorzulegen, außerdem einen Vorschlag über die Verwendung des Bilanzgewinns durch die HV. Wenn der AR den Jahresabschluss billigt, ist er festgestellt, d. h., er kann nicht mehr verändert werden.

§ 173 Die Feststellung des Jahresabschlusses kann aber auch durch die HV erfolgen, wenn sich Vorstand und Aufsichtsrat gemeinsam dafür entscheiden, oder wenn der AR den Jahresabschluss nicht billigt.

§ 175 d) Unverzüglich nach Eingang des Berichts des AR hat der Vorstand die HV zur Entgegennahme des festgestellten Jahresabschlusses und zur Beschlussfassung über die Verwendung des Bilanzgewinns einzuberufen.

Gliederung der Bilanz (für große und mittelgroße Kapitalgesellschaften).

HGB § 266

Bilanz

Aktiva

A. Anlagevermögen:

I. Immaterielle Vermögensgegenstände:
1. Selbst geschaffene gewerbliche Schutzrechte und ähnliche Rechte und Werte;
2. entgeltlich erworbene Konzessionen, gewerbliche Schutzrechte und ähnliche Rechte und Werte sowie Lizenzen an solchen Rechten und Pflichten;
3. Geschäfts- oder Firmenwert;
4. geleistete Anzahlungen;

II. Sachanlagen:
1. Grundstücke, grundstücksgleiche Rechte und Bauten, einschließlich der Bauten auf fremden Grundstücken;
2. technische Anlagen und Maschinen;
3. andere Anlagen, Betriebs- und Geschäftsausstattung;
4. geleistete Anzahlungen und Anlagen im Bau;

III. Finanzanlagen:
1. Anteile an verbundenen Unternehmen;
2. Ausleihungen an verbundene Unternehmen;
3. Beteiligungen;
4. Ausleihungen an Unternehmen, mit denen ein Beteiligungsverhältnis besteht;
5. Wertpapiere des Anlagevermögens;
6. sonstige Ausleihungen.

B. Umlaufvermögen:

I. Vorräte:
1. Roh-, Hilfs- und Betriebsstoffe;
2. unfertige Erzeugnisse, unfertige Leistungen;
3. fertige Erzeugnisse und Waren;
4. geleistete Anzahlungen;

II. Forderungen und sonstige Vermögensgegenstände:
1. Forderungen aus Lieferungen und Leistungen;
2. Forderungen gegen verbundene Unternehmen;
3. Forderungen gegen Unternehmen, mit denen ein Beteiligungsverhältnis besteht;
4. sonstige Vermögensgegenstände;

III. Wertpapiere:
1. Anteile an verbundenen Unternehmen;
2. sonstige Wertpapiere;

IV. Kassenbestand, Bundesbankguthaben, Guthaben bei Kreditinstituten und Schecks.

C. Rechnungsabgrenzungsposten.

D. Aktive latente Steuern.

E. Aktiver Unterschiedsbetrag aus der Vermögensverrechnung.

Passiva

A. Eigenkapital:

I. Gezeichnetes Kapital;

II. Kapitalrücklage;

III. Gewinnrücklagen:
1. gesetzliche Rücklage;
2. Rücklage für Anteile an einem herrschenden oder mehrheitlich beteiligten Unternehmen;
3. satzungsmäßige Rücklagen;
4. andere Gewinnrücklagen;

IV. Gewinnvortrag/Verlustvortrag;

V. Jahresüberschuss/Jahresfehlbetrag.

B. Rückstellungen:
1. Rückstellungen für Pensionen und ähnliche Verpflichtungen;
2. Steuerrückstellungen;
3. sonstige Rückstellungen.

C. Verbindlichkeiten:
1. Anleihen, davon konvertibel;
2. Verbindlichkeiten gegenüber Kreditinstituten;
3. erhaltene Anzahlungen auf Bestellungen;
4. Verbindlichkeiten aus Lieferungen und Leistungen;
5. Verbindlichkeiten aus der Annahme gezogener Wechsel und der Ausstellung eigener Wechsel;
6. Verbindlichkeiten gegenüber verbundenen Unternehmen;
7. Verbindlichkeiten gegenüber Unternehmen, mit denen ein Beteiligungsverhältnis besteht;
8. sonstige Verbindlichkeiten, davon aus Steuern, davon im Rahmen der sozialen Sicherheit.

D. Rechnungsabgrenzungsposten.

E. Passive latente Steuern.

Gliederung der Gewinn- und Verlustrechnung (für große Kapitalgesellschaften).

Gliederung der Gewinn- und Verlustrechnung	
1. Umsatzerlöse;	**Betriebsergebnis**
2. Erhöhung oder Verminderung des Bestandes an fertigen und unfertigen Erzeugnissen;	
3. andere aktivierte Eigenleistungen;	
4. sonstige betriebliche Erträge;	
5. Materialaufwand: a) Aufwendungen für Roh-, Hilfs- und Betriebsstoffe und für bezogene Waren, b) Aufwendungen für bezogene Leistungen;	
6. Personalaufwand: a) Löhne und Gehälter, b) soziale Abgaben und Aufwendungen für Altersversorgung und für Unterstützung, davon für Altersversorgung;	
7. Abschreibungen: a) auf immaterielle Vermögensgegenstände des Anlagevermögens und Sachanlagen, b) auf Vermögensgegenstände des Umlaufvermögens, soweit diese die in der Kapitalgesellschaft üblichen Abschreibungen überschreiten;	
8. sonstige betriebliche Aufwendungen;	
9. Erträge aus Beteiligungen, davon aus verbundenen Unternehmen;	**Finanzergebnis**
10. Erträge aus anderen Wertpapieren und Ausleihungen des Finanzanlagevermögens, davon aus verbundenen Unternehmen;	
11. sonstige Zinsen und ähnliche Erträge, davon aus verbundenen Unternehmen;	
12. Abschreibungen auf Finanzanlagen und auf Wertpapiere des Umlaufvermögens;	
13. Zinsen und ähnliche Aufwendungen, davon an verbundene Unternehmen;	
14. Ergebnis der gewöhnlichen Geschäftstätigkeit;	
15. außerordentliche Erträge;	
16. außerordentliche Aufwendungen;	
17. außerordentliches Ergebnis;	
18. Steuern vom Einkommen und vom Ertrag;	
19. sonstige Steuern;	
20. Jahresüberschuss/Jahresfehlbetrag.	

HGB § 275 **Große Kapitalgesellschaften** müssen die Gewinn- und Verlustrechnung mit dieser Mindestgliederung erstellen und veröffentlichen. Sie haben die Gewinn- und Verlustrechnung in Staffelform aufzustellen. Die Staffelform ordnet die einzelnen Positionen untereinander an und gelangt zum Periodenergebnis über eine Fortschreibung. Außerdem müssen sie das Bruttoprinzip berücksichtigen: Aufwands- und Ertragsarten müssen als Einzelpositionen in der Gewinn- und Verlustrechnung aufgeführt werden.

▶ Verwendung des Jahresüberschusses

Für die Verwendung des Jahresüberschusses bestimmt das Gesetz die folgenden Schritte:

AktG § 150 (2)

1. **Deckung eines Verlustvortrages.**

§ 150 (2)

2. **Einstellung in die gesetzliche Rücklage.** Nach Abzug des Verlustvortrages müssen vom verbleibenden Rest solange 5 % der gesetzlichen Rücklage zugeführt werden, bis die gesetzliche Rücklage und Kapitalrücklage zusammen die gesetzlichen 10 % oder den in der Satzung bestimmten höheren Prozentsatz des Grundkapitals erreicht haben.

3. **Einstellung in satzungsmäßige und andere Gewinnrücklagen.** Die HV kann über die Verwendung des Bilanzgewinns beschließen, wenn die Satzung sie hierzu ermächtigt (satzungsmäßige Gewinnrücklagen). *AktG § 58 (2)*

   Wenn Vorstand und AR den Jahresabschluss feststellen, so können sie einen Teil des Jahresüberschusses, höchstens jedoch die Hälfte, in andere Gewinnrücklagen einstellen. Beträge, die in die gesetzliche Rücklage einzustellen sind, und ein Verlustvortrag müssen vorher vom Jahresüberschuss abgezogen werden. Die Satzung kann Vorstand und AR zur Einstellung eines größeren Teils ermächtigen. *§ 58 (3)*

   Die HV kann im Beschluss über die Verwendung des Bilanzgewinns (restlicher Jahresüberschuss) weitere Beträge in die Rücklage einstellen. Die Bildung von Rücklagen verhindert den Abfluss von Mitteln (Selbstfinanzierung).

   Kapital- und Gewinnrücklagen sind offene Rücklagen, weil sie aus der Bilanz ersichtlich sind. Die Bildung von Rücklagen bedeutet, dass die Gewinne im Unternehmen für Finanzierungszwecke eingestellt werden (Selbstfinanzierung).

4. **Ausschüttung von Gewinnanteilen (Dividende).** Die HV beschließt über den Betrag, der aus dem Bilanzgewinn an die Aktionäre auszuschütten ist.

   Bei Nennwertaktien wird die Dividende aus dem Nennwert gerechnet (Nominalverzinsung), die effektive Rendite ergibt sich aus dem Verhältnis des Dividendenbetrages zum Stückkurs.

   Beispiel: Die Makrota AG schüttete im Jahr 01 eine Dividende von 1,10 EUR auf eine Nennbetragsaktie im Nennbetrag von 1,00 EUR aus. Bei einem Börsenkurs von 36,43 (Tiefstkurs Jahr 01) (Kaufpreis 36,43 EUR für eine Aktie) bzw. von 52,75 EUR (Höchstkurs Jahr 01) entspricht dies einer effektiven Rendite von 3,02 % bzw. von 2,09 %.

5. **Gewinn- oder Verlustvortrag.** Bleibt ein Gewinnrest oder ein Verlust übrig, geht der Betrag als Vortrag auf neue Rechnung. *§ 174 (2), Z. 4*

   Beispiel: Die Klamax Maschinenbau AG hat im Jahr 02 einen Jahresüberschuss von 500.000 EUR erwirtschaftet. Das Jahr 01 wurde mit einem Verlust von 50.000 EUR abgeschlossen. Es sind 50.000 Aktien im Umlauf. Gesetzliche Rücklage und Kapitalrücklage betragen zusammen weniger als 10 % des Grundkapitals. Aufsichtsrat und Vorstand möchten so viel wie möglich vom Jahresüberschuss im Unternehmen behalten (hohe Selbstfinanzierung).

Gewinnverwendung bei der Klamax Maschinenbau AG	
Jahresüberschuss	500.000 EUR
– Verlustvortrag	50.000 EUR
= bereinigter Jahresüberschuss	450.000 EUR
– 5 % in die gesetzliche Rücklage	22.500 EUR
= Restbetrag	427.500 EUR
– 50 % für andere Gewinnrücklagen	213.750 EUR
= Restbetrag	213.750 EUR
+ möglicher Gewinnvortrag aus dem Vorjahr	0 EUR
= Bilanzgewinn	213.750 EUR
– Beträge für andere Gewinnrücklagen	0 EUR
= Betrag für die Dividendenausschüttung	213.750 EUR
– Dividende	213.500 EUR
= Gewinnvortrag für das nächste Jahr	250 EUR

▶ Verwendung der Rücklagen

Kapitalrücklagen und gesetzliche Rücklagen dienen dem Schutz der Gläubiger, weil die Aktionäre nicht persönlich haften. Als eine Reserve der AG dürfen die Rücklagen zum Verlustausgleich erst dann angegriffen werden, wenn ein vorhandener Gewinnvortrag verwendet und alle anderen Gewinnrücklagen aufgelöst wurden. Übersteigen die Rücklagen den gesetzlichen oder satzungsgemäß höheren Teil, so kann der übersteigende Betrag vor anderen Gewinnrücklagen zum Verlustausgleich verwendet werden. Dies aber nur, wenn nicht gleichzeitig andere Gewinnrücklagen zur Gewinnausschüttung aufgelöst werden. Der übersteigende Betrag kann aber auch in Grundkapital umgewandelt werden.

Andere Gewinnrücklagen können mit und ohne Zweckbestimmung gebildet werden. Als allgemeine Rücklagen dienen sie zur Sicherung und Erweiterung des Unternehmens, der Aufrechterhaltung des Grundkapitals (Abdeckung des Verlustes), der Erhöhung des Grundkapitals und der Dividendenpolitik. Als zweckbestimmte Rücklagen werden sie z. B. für beabsichtigte Neuinvestitionen oder Wohlfahrtseinrichtungen gebildet.

AktG §§ 150, 208

Die **Umwandlung von Rücklagen in Grundkapital** nennt man Kapitalerhöhung aus Gesellschaftsmitteln. Kapitalrücklagen und gesetzliche Rücklagen können nur in Grundkapital umgewandelt werden, wenn sie zusammen den zehnten oder den in der Satzung bestimmten höheren Teil des bisherigen Grundkapitals übersteigen. Andere Rücklagen können als allgemeine Rücklagen in voller Höhe in Grundkapital umgewandelt werden.

Beispiel: Die HV einer AG beschließt eine Kapitalerhöhung aus Gesellschaftsmitteln im Verhältnis 2:1. Das Grundkapital wird durch die Umwandlung von Rücklagen in Höhe von 2 Mio. EUR von 4 Mio. EUR auf 6 Mio. EUR erhöht.

▶ Offenlegung und Publizität

HGB §§ 325 f.

Dazu werden die Unterlagen beim elektronischen Bundesanzeiger eingereicht und bekannt gemacht. Der Jahresabschluss und weitere Abschlussunterlagen sind unverzüglich nach der Vorlage an die Gesellschafter offenzulegen. Dies geschieht durch Einreichung der Unterlagen beim Handelsregister (HR) und eventuell durch Bekanntmachung im elektronischen Bundesanzeiger (eBA). Umfang und Art der Veröffentlichung sind von der Größe der Kapitalgesellschaft abhängig. Dies zeigt die folgende Darstellung:

Kapitalgesellschaft	Offenlegung					Veröffentlichungsfrist
	Jahresabschluss			Lagebericht	Einreichung bzw. Bekanntmachung	
	Bilanz	GuV-Rechnung	Anhang			
große	x	x	x	x	eBA	12 Monate
mittelgroße	x	x	x	x	eBA	12 Monate
kleine	x	–	x	–	eBA	12 Monate

Bedeutung der AG

Aktiengesellschaften sind in Deutschland in der Mitte des 19. Jahrhunderts entstanden, um den bei der beginnenden Industrialisierung gewaltigen Kapitalbedarf der großen Schifffahrts-, Eisenbahn- und Industrieunternehmen zu decken (Kapitalsammelfunktion).

Die niedrigen Ausgabebeträge für Aktien ermöglichen einer großen Zahl von Personen die Teilhaberschaft, auch wenn sie nur ein begrenztes Vermögen besitzen. Wenn die Zahl der

Aktionäre in einer Volkswirtschaft groß ist, wird eine breite Streuung des Eigentums an Produktionsmitteln erreicht. Die Privatisierung von Staatsunternehmen (Deutsche Telekom AG) und die Ausgabe von Belegschaftsaktien dienen diesem Ziel.

Mit der Ausgabe von Aktien erhalten die Gesellschaften Kapital, über das sie immer verfügen, während die Aktionäre ihren Kapitalanteil jederzeit veräußern können.

Die Unternehmensgröße und die Kapitalzusammenballung bei einer AG führen zu zahlreichen und weitverzweigten Bindungen und Verflechtungen mit anderen Unternehmen und wirtschaftlichen Partnern. Der gesamtwirtschaftliche Schaden, der durch den finanziellen Zusammenbruch einer AG entstehen würde, macht daher eine Reihe von Bestimmungen zum Schutze der wirtschaftlichen Partner erforderlich.

Schutz der wirtschaftlichen Partner	Bestimmungen
Aktionärsschutz	Aktionäre mit geringem Aktienbesitz haben kaum Einfluss auf den Vorstand der AG. Einflussreicher sind Großaktionäre, Aktionärsvereine und Banken, die ihre Depotstimmrechte ausüben. Die Bildung von Aufsichtsräten und das gesetzlich festgelegte Auskunftsrecht des Aktionärs zwingen den Vorstand zur Rechenschaftslegung.
Arbeitnehmerschutz	Der Produktionsfaktor Arbeit ist im Aufsichtsrat der AG vertreten, bei Gesellschaften mit mehr als 2.000 Arbeitnehmern durch einen Arbeitsdirektor auch im Vorstand. Diese Aufsichtsräte und Vorstandsmitglieder sollen die Interessen der Arbeitnehmer schützen.
Gläubigerschutz	Die Beschränkung der Haftung auf das Gesellschaftsvermögen ist Ursache für Schutzbestimmungen im HGB und Aktiengesetz zugunsten der Gläubiger. Dazu gehören die Bestimmungen über die Pflichtprüfung, Veröffentlichung des Jahresabschlusses, Bildung und Verwendung von Rücklagen.

Die mit der Leitung der Aktiengesellschaft beauftragten Manager verfügen über wesentliche Teile des volkswirtschaftlichen Kapitals. Der Zusammenschluss von Unternehmen durch kapitalmäßige Verflechtung von Aktiengesellschaften führt zu einer immer stärker werdenden Machtkonzentration in den Händen weniger Personen. Dadurch wird deren Einfluss auf die Wirtschaft groß und ist dadurch von politischem Gewicht. Im Interesse der Öffentlichkeit liegt es, dass diese Verflechtungen bekannt und staatlich kontrollierbar sind (Kapitel 12.4.1).

3.6.2 Kommanditgesellschaft auf Aktien (KGaA)

Die **Kommanditgesellschaft auf Aktien (KGaA)** ist eine Gesellschaft mit eigener Rechtspersönlichkeit, bei der **mindestens ein Gesellschafter** den Gesellschaftsgläubigern **unbeschränkt haftet** (persönlich haftender Gesellschafter oder Komplementär). Die anderen Gesellschafter sind mit **Einlagen auf das in Aktien zerlegte Grundkapital beteiligt.** Sie **haften nicht persönlich** für die Verbindlichkeiten der Gesellschaft (Kommanditaktionäre). *AktG § 278*

Die Komplementäre können ihre Einlagen leisten

AktG § 281 (2)
a) als Vermögenseinlage auf das Grundkapital, wofür sie Aktien erhalten, oder
b) als freies Gesellschaftskapital außerhalb des Grundkapitals oder
c) als Mischung von a) und b).

Soweit die speziellen Vorschriften über die KGaA Lücken lassen, gelten daher besonders für die Rechtsstellung der persönlich haftenden Gesellschafter die Vorschriften über die KG und im übrigen die Vorschriften über die AG sinngemäß.

Satzung

§§ 278, 280 Die Satzung muss durch notarielle Beurkundung festgestellt werden. Alle persönlich haftenden Gesellschafter müssen sich bei der Feststellung der Satzung beteiligen. Außer ihnen müssen die Personen mitwirken, die als Kommanditaktionäre Aktien gegen Einlagen übernehmen. Die Gesellschafter, die die Satzung festgestellt haben, sind die Gründer der Gesellschaft.

Firma

§ 279 Sie kann wie die Firma der AG eine Personen-, Sach-, Fantasiefirma oder gemischte Firma sein. Sie muss den Zusatz »Kommanditgesellschaft auf Aktien« oder eine allgemein verständliche Abkürzung dieser Bezeichnung enthalten.

Beispiele: Gabriel Sedlmayer Spaten-Franziskaner-Bräu KGaA, Sektkellerei Kupferberg KGaA, Claas KGaA

Organe

▶ Vorstand

§ 278 Die persönlich haftenden Gesellschafter sind Vorstand kraft Gesetzes. Er wird also nicht wie bei der AG vom Aufsichtsrat bestellt und kann deshalb auch nicht abberufen werden. Die ihm zustehende Einzelgeschäftsführungsbefugnis und Einzelvertretungsbefugnis kann ihm nur durch gerichtliche Entscheidung aus wichtigen Gründen entzogen werden. Ein Arbeitsdirektor wird nicht bestellt.

▶ Aufsichtsrat

§ 287 Er wird von den Kommanditaktionären und von den Arbeitnehmern der KGaA gewählt. Persönlich haftende Gesellschafter können nicht Aufsichtsratsmitglieder sein.

▶ Hauptversammlung

§ 286 Sie umfasst alle Kommanditaktionäre und beschließt nicht nur über die Gewinnverwendung, sondern auch über den Jahresabschluss.

§ 285 Die Vollhafter haben in der Hauptversammlung nur ein Stimmrecht, wenn sie neben ihren persönlichen Einlagen auch Aktien besitzen. Dieses Stimmrecht entfällt aber bei der Beschlussfassung über:

1. Wahl und Abberufung des Aufsichtsrats,
2. Entlastung der persönlich haftenden Gesellschafter und des Aufsichtsrats,
3. Bestellung von Sonderprüfern,
4. Wahl von Abschlussprüfern.

3.6.3 Gesellschaft mit beschränkter Haftung (GmbH)

Die **Gesellschaft mit beschränkter Haftung (GmbH)** ist eine Handelsgesellschaft **mit eigener Rechtspersönlichkeit.** Die Gesellschafter sind mit **Stammeinlagen am Stammkapital** der Gesellschaft beteiligt. **Für Verbindlichkeiten** der Gesellschaft **haftet** den Gläubigern **nur das Gesellschaftsvermögen.** GmbHG § 13

Gründung

Die GmbH kann zu jedem gesetzlich zulässigen Zweck durch eine oder mehrere Personen gegründet werden. Dazu muss ein notariell beurkundeter Gesellschaftsvertrag (Satzung) abgeschlossen werden. Er ist von sämtlichen Gesellschaftern zu unterzeichnen. Die Satzung muss mindestens enthalten: §§ 1–3

1. die Firma und den Sitz der Gesellschaft,
2. den Gegenstand des Unternehmens,
3. den Betrag des Stammkapitals,
4. die Zahl und die Nennbeträge der Geschäftsanteile, die jeder Gesellschafter gegen Einlage auf das Stammkapital (Stammeinlage) übernimmt.

Erst durch die Eintragung ins Handelsregister entsteht die GmbH als juristische Person mit Kaufmannseigenschaft. Vor der Eintragung haften die handelnden Gesellschafter persönlich und solidarisch (Vorgesellschaft, Kapitel 3.5.5). § 11

Stammkapital, Geschäftsanteil, Stammeinlage

▶ Stammkapital

Es ist der in der Satzung festgelegte Gesamtbetrag aller Stammeinlagen. Das Stammkapital ist in der Bilanz als »Gezeichnetes Kapital« auszuweisen. Es muss mindestens 25.000 EUR betragen. § 5 § 42

▶ Geschäftsanteil

Er ist ein Mitgliedschaftsrecht, das von der Stammeinlage abgeleitet wird. Über ihn kann eine Urkunde ausgestellt werden. Diese Urkunde ist aber kein Wertpapier, sondern nur Beweisdokument. § 14

Der Geschäftsanteil kann als Ganzes oder in Teilen durch notarielle Beurkundung veräußert oder vererbt werden. Die Veräußerung als Ganzes muss der Gesellschaft gemeldet werden, die Veräußerung von Teilen bedarf der Genehmigung der Gesellschaft. §§ 15–17

▶ Stammeinlage

Sie ist der von einem Gesellschafter übernommene Anteil am Stammkapital. Ein Gesellschafter kann bei der Gründung der Gesellschaft nur eine Stammeinlage übernehmen. Ihr Betrag kann für die einzelnen Gesellschafter verschieden hoch sein. Durch die Übernahme wird die Pflicht zur Leistung der Einlage (Geld- oder Sacheinlage) begründet. § 3 § 5

Beispiel: Drei Gesellschafter Herzog, Rist und Holly gründen eine GmbH und legen in der Satzung fest, dass ein Geschäftsanteil einen Wert von 1.000 EUR hat. Bei einem Mindeststammkapital von 25.000 EUR ergeben sich 25 Geschäftsanteile. Die Verteilung von Geschäftsanteilen und Stammeinlage zeigt die folgende Aufstellung:

Gesellschafter	Geschäftsanteile	Wert der Geschäftsanteile
Herzog	5	5.000 EUR = Stammeinlage
Rist	12	12.000 EUR = Stammeinlage
Holly	8	8.000 EUR = Stammeinlage
Stammkapital		25.000 EUR

Firma

GmbHG § 4 Die Firma der GmbH kann eine Personen-, Sach-, Fantasie- oder gemischte Firma sein. Sie muss die Bezeichnung »Gesellschaft mit beschränkter Haftung« oder eine allgemein verständliche Abkürzung dieser Bezeichnung enthalten.

Beispiele: Michael Hald GmbH; JK Software GmbH; Autoverwertung Wilhelm Neuss GmbH, rokado Werke GmbH

Pflichten der Gesellschafter

▶ Einlagepflicht

§ 7 (2) Jeder Gesellschafter hat vor der Anmeldung zur Eintragung ins Handelsregister die Pflicht, eine Einzahlung von einem Viertel auf jeden Geschäftsanteils zu leisten. Insgesamt muss auf das Stammkapital so viel eingezahlt werden, dass mit Geld- und Sacheinlagen zusammen die Hälfte des Mindeststammkapitals, 12.500 EUR, erreicht werden. Bei nicht recht-
§ 20 zeitiger Einzahlung sind Verzugszinsen zu entrichten.

§§ 21, 23 Leistet ein Gesellschafter seine Einzahlung nur teilweise oder nicht, kann er seinen Geschäftsanteil und seine bereits geleistete Einzahlung zugunsten der Gesellschaft durch das **Kaduzierungsverfahren** verlieren (kaduzieren = für verfallen erklären, aberkennen). Der kaduzierte Geschäftsanteil ist im Wege der öffentlichen Versteigerung zu veräußern. Für
§ 24 einen Mindererlös haftet der ausgeschlossene Gesellschafter primär. Kann dieser nicht
§ 28 zahlen, so haben die übrigen Gesellschafter den Mindererlös im Verhältnis ihrer Geschäftsanteile aufzubringen (subsidiäre Gesamthaftung).

▶ Nachschusspflicht

§ 26 Die Satzung kann eine beschränkte oder unbeschränkte Nachschusspflicht vorsehen. Nachschusspflicht ist die Einforderung von weiteren Einzahlungen durch die GmbH-Gesellschafter.

§ 27 **a) Die unbeschränkte Nachschusspflicht** ist ohne einen bestimmten Betrag in der Satzung beschränkt. Dabei hat der Gesellschafter das **Abandonrecht** (abandonnieren = aufge-
§ 27 ben). Er kann sich dadurch von der Pflicht zur Zahlung des Nachschusses befreien. Das gilt aber nur, wenn er seine Stammeinlage voll erfüllt hat.

§ 27 Die Gesellschaft lässt den zur Verfügung gestellten Geschäftsanteil öffentlich versteigern. Einen nach Deckung der Verkaufskosten und des rückständigen Nachschusses **verbleibenden Überschuss erhält der Gesellschafter.**

§ 28 **b) Die beschränkte Nachschusspflicht** ist auf einen bestimmten Betrag in der Satzung beschränkt. Wenn ein Gesellschafter mit seiner Nachzahlung in Verzug ist, wird das **Kaduzierungsverfahren** angewandt. (Zwangssauschluss von GmbH-Anteilseignern, die mit ihrer Zahlung auf die Stammeinlage in Verzug sind.)

Für nicht geleistete Nachschüsse besteht keine subsidiäre Haftung der Gesellschafter (subsidiäre Haftung bedeutet, dass die Gesellschafter zwar haften, jedoch erst dann, wenn alle anderen möglicherweise Haftenden zuerst erfolglos belangt wurden).

Ein Gläubiger der Gesellschaft kann die Zwangsvollstreckung in das Vermögen eines Gesellschafters nur dann vornehmen, wenn die Zwangsvollstreckung in das Vermögen der Gesellschaft keinen Erfolg hatte.

Rechte der Gesellschafter

Gewinnanteil

Die Gesellschafter haben Anspruch auf den Jahresüberschuss im Verhältnis ihrer Geschäftsanteile. Sie können Teile des Jahresüberschusses aber auch in Gewinnrücklagen einstellen. *GmbHG § 29*

Mitverwaltung

Aus der persönlichen Bindung der Gesellschafter an die GmbH ergibt sich für sie ein weitgehendes Mitverwaltungsrecht. *§§ 45 f.*

Auskunftsrecht

Der Geschäftsführer hat einem Gesellschafter auf dessen Wunsch unverzüglich Auskunft über die Angelegenheiten der Gesellschaft zu geben und die Einsicht in die Bücher zu gestatten. *§ 51a*

Organe der GmbH

Geschäftsführer

Geschäftsführungsbefugnis und Vertretungsbefugnis werden von einem Geschäftsführer oder mehreren Geschäftsführern ausgeübt. Die Bestellung erfolgt entweder aus dem Kreis der Gesellschafter, oder es handelt sich um eine dritte Person. In Gesellschaften, die mehr als 2.000 Arbeitnehmer beschäftigen, wird ein Arbeitsdirektor bestellt. Er kümmert sich vor allem um die Belange der Arbeitnehmer. *§§ 35 ff.* *MitbestG §§ 1, 33*

Die Art der Vertretungsmacht (Einzel- oder Gesamtvertretungsbefugnis) ist ins Handelsregister einzutragen. Die Stellung eines Geschäftsführers entspricht im Allgemeinen der des Vorstandes einer AG. Auch die Vorschriften über die Angaben auf Geschäftsbriefen gelten sinngemäß für die Geschäftsführer der GmbH. Ihre Amtszeit ist gesetzlich nicht festgelegt. *GmbHG § 10*

Gesellschafterversammlung

Sie ist das beschließende Organ. Ihre Einberufung erfolgt durch eingeschriebenen Brief. Die Abhaltung der Versammlung der Gesellschafter kann unterbleiben, wenn sich sämtliche Gesellschafter mit der schriftlichen Stimmabgabe einverstanden erklären. *§§ 45 ff.*

Trifft der Gesellschaftsvertrag keine besondere Regelung, so können die Gesellschafter u. a. über folgende Punkte beschließen: *§ 46*

a) Feststellung des Jahresabschlusses und der Verwendung des Ergebnisses,

b) Einforderung von Einzahlungen auf die Stammeinlagen,

c) Rückzahlung von Nachschüssen,

d) Teilung sowie Einziehung von Geschäftsanteilen (Kaduzierung),

e) Bestellung, Entlastung und Abberufung von Geschäftsführern,

f) Maßregeln zur Prüfung und Überwachung von Geschäftsführern,

g) Bestellung von Prokuristen und Handlungsbevollmächtigten.

Die Beschlussfassung erfolgt mit einfacher Mehrheit der abgegebenen Stimmen. Jeder EUR eines Geschäftsanteils gewährt eine Stimme. *§ 47*

▶ Aufsichtsrat (AR)

GmbHG § 52 Im GmbH-Gesetz ist die Bildung eines AR nicht vorgeschrieben; sie kann aber durch den Gesellschaftsvertrag festgelegt werden. Besteht ein AR, so ist er das Überwachungsorgan der GmbH.

DrittelbG § 1 MitbestG § 1 Nach dem Drittelbeteiligungsgesetz ist ein AR notwendig bei Gesellschaften mit mindestens 500 Arbeitnehmern. Die Zusammensetzung des AR hängt von der AN-Zahl der GmbH ab und wird im DrittelbG und im MitbestG geregelt (siehe AG, Kapitel 3.6.1) Der AR wird von der Gesellschafterversammlung auf vier Jahre bestellt.

Die Aufgaben des AR einer GmbH sind:

1. Der AR bestellt den Vorstand. Er überwacht seine Tätigkeit. Er beruft ihn ab, wenn ein wichtiger Grund vorliegt.
2. AktG § 171 (1) Er hat den Jahresabschluss, den Lagebericht, den Prüfungsbericht des Abschlussprüfers und den Vorschlag des Vorstandes für die Verwendung des Bilanzgewinns zu prüfen.
3. § 171 (2) Er hat der HV über das Ergebnis der Prüfung schriftlich zu berichten.
4. § 171 (3) Er hat eine außerordentliche HV einzuberufen, wenn das Wohl der Gesellschaft es erfordert.
5. Neben den im Gesetz formulierten Aufgaben ist vor allem die Beratung des Vorstandes wichtig.

   Beispiele: Beratung bei geplanten Investitionen, Unterstützung bei der Überwindung von Krisensituationen

§ 116 Der AR hat wie der Geschäftsführung die Sorgfaltspflicht und Schadensersatzpflicht.

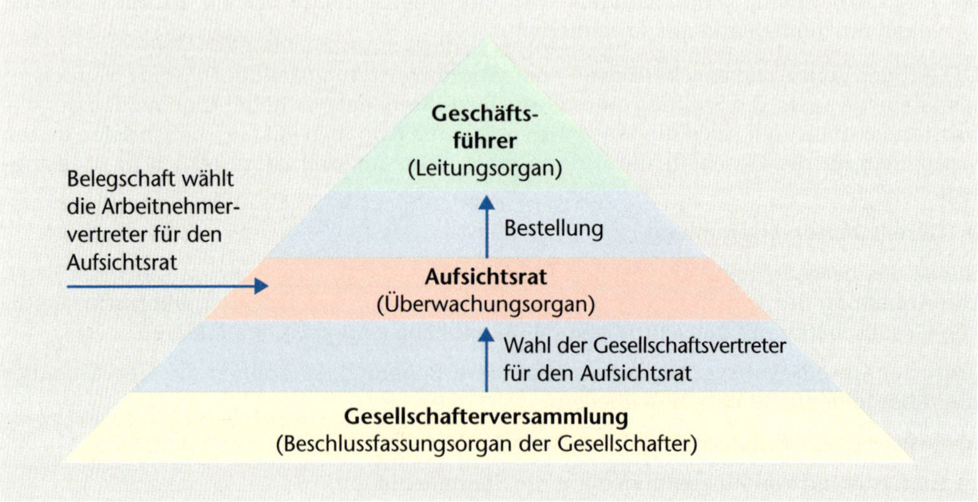

Rechnungslegung und Gewinnverwendung

Die Geschäftsführer haben den Jahresabschluss zu erstellen. Dafür gelten die Regelungen des Handelsgesetzbuches für Kapitalgesellschaften. GmbHG § 41 (2)

Der Jahresüberschuss der GmbH kann verwendet werden

- für Tantiemen (Vergütungen) der Geschäftsführer und Mitglieder des Aufsichtsrates,
- zur Bildung von Gewinnrücklagen gemäß Satzung,
- zur Verteilung an die Gesellschafter im Verhältnis der Geschäftsanteile, § 29
- zur Rückzahlung von Nachschusskapital. § 30 (2)

Bedeutung der GmbH

Die Rechtsform der GmbH ist aus folgenden Gründen sehr häufig:

- Sie kann mit wenig Kapital gegründet werden.
- Das Risiko der Gesellschafter ist auf die Stammeinlage beschränkt.
- Die GmbH kann auch für nicht gewerbliche (z. B. wissenschaftliche) Zwecke gegründet werden.
- Die Gesellschafter haben ein weitgehendes Mitverwaltungsrecht.
- Die Gründungs- und Verwaltungskosten sind niedriger als bei großen Aktiengesellschaften.
- Sie sichert als juristische Person die Fortführung eines Unternehmens beim Tode eines Gesellschafters.
- Sie eignet sich zur Ausgliederung bestimmter Funktionen aus einem Unternehmen und zur Zusammenfassung gleichartiger Funktionen aus mehreren Unternehmen, z. B. Entwicklung, Vertrieb.

Die GmbH wird vor allem für Familienunternehmen, für Eigengesellschaften der Gemeinden und für den Zusammenschluss von Unternehmen zur Erreichung bestimmter Zwecke verwendet (Erprobung von Erfindungen).

Unternehmergesellschaft (UG), „Mini-GmbH"

Diese Sonderform der GmbH verlangt offiziell den Firmenzusatz »**Unternehmergesellschaft (haftungsbeschränkt)**« oder »**UG (haftungsbeschränkt)**« und kann unter folgenden Voraussetzungen gewählt werden: § 5a

- Das Stammkapital kann zwischen 1 EUR und 24.999 EUR liegen.
- Die Handelsregisteranmeldung darf erst erfolgen, wenn das Stammkapital in voller Höhe als Bareinlage eingezahlt ist.
- Die Einbringung von Sacheinlagen ist ausgeschlossen.
- Der Jahresüberschuss (abzüglich eines Verlustvortrages aus dem Vorjahr) muss solange in Höhe eines Viertels in die gesetzliche Rücklage gestellt werden, bis Rücklagen und Stammkapital zusammen 25.000 EUR erreichen.
- Die »UG (haftungsbeschränkte)« kann sich in eine »normale« GmbH umwandeln.

Die Gründung wird durch ein **Musterprotokoll** beschleunigt. Dies ist immer dann möglich, wenn eine Gesellschaft mit nur einem Geschäftsführer und bis zu drei Gesellschaftern gegründet wird. Es hat den Vorteil, dass die Notarkosten dabei deutlich verringert werden können.

Die »Mini-GmbH« ist gedacht für Existenzgründer und Kleinunternehmer, die in der Gründungsphase mit geringem Kapitaleinsatz auskommen müssen (Dienstleistungsunternehmen für Beratung, Bildung, Gesundheit, Pflege, Verwaltung).

Zusammenfassende Übersicht zu Kapitel 3.6: Kapitalgesellschaften

Aktiengesellschaft (AG)

Grundkapital

= Nennbeträge sämtlicher Aktien
- mindestens 50.000 EUR
  - Nennbetragsaktien
  - Stückaktien

Gründung

- Gesellschaftsvertrag = Satzung
- Bar- oder Sachgründung
- Übernahme aller Aktien
- Bestellung AR*, V* und Abschlussprüfer
- Gründungsbericht und -prüfung
- Eintragung ins HRB* = juristische Person

Aufbau

- Vorstand = Leitungsorgan
- Aufsichtsrat = Überwachungsorgan
- Hauptversammlung = beschließendes Organ

Mitbestimmung (Aufsichtsrat)

- bis 500 Arbeitnehmer: keine Mitbestimmung
- > 500 Arbeitnehmer: 1/3 Arbeitnehmervertreter
- > 2.000 Arbeitnehmer: 1/2 Arbeitnehmervertreter

* AR = Aufsichtsrat
* V = Vorstand
* HRB = Handelsregister, Abt. B

Kommanditgesellschaft auf Aktien (KGaA) (Kombination aus KG und AG)

Gesellschafter

- mindestens ein Gesellschafter mit unbeschränkter Haftung
- restliche Gesellschafter: in Aktien zerlegtes Grundkapital; keine persönliche Haftung

Satzung

- notariell beurkundet
- von allen persönlich haftenden Gesellschaftern und Kommanditaktionären festgestellt

Aufbau

- Vorstand = persönlich haftender Gesellschafter
- Aufsichtsrat
- Hauptversammlung = alle Kommanditaktionäre

Gesellschaft mit beschränkter Haftung (GmbH)

Stammkapital

= Stammeinlagen der Gesellschafter
- mindestens 25.000 EUR bei GmbH
- mindestens 1 EUR bei UG

Gründung

- eine oder mehrere Personen
- Gesellschaftsvertrag = Satzung
- notarielle Beurkundung
- mit Musterprotokoll möglich (nur UG)
- Eintragung ins HRB = juristische Person

Gesellschafter

Pflichten	Rechte
– Leistung der Einlage – Nachschusspflicht	– Gewinnanteil – Mitverwaltung – Auskunftsrecht

Aufbau

- Geschäftsführer
- Gesllschafterversammlung
- Aufsichtsrat Mitbestimmung: siehe AG

▶ Aufgaben und Probleme

1. Begründen Sie, warum sich die Rechtsform der Aktiengesellschaft anbietet, wenn der Eigenkapitalbedarf eines Unternehmens besonders groß ist.
2. Erläutern Sie Merkmale des Aktienrechts, die die Kapitalbezogenheit der AG charakterisieren.
3. Eine AG gibt bei der Gründung Aktien zum Kurse von 15,25 EUR mit dem kleinstmöglichen Nennbetrag zur Deckung des gesetzlich vorgeschriebenen Mindestkapitals aus. Die Aktien lauten auf den kleinstmöglichen Nennbetrag und sollen das gesetzlich vorgeschriebene Mindestkapital erfüllen.
   a) Wie hoch ist der Nennbetrag einer solchen Aktie?
   b) Grenzen Sie Kurswert und Nennbetrag in diesem Fall ab.
   c) Wie viele Aktien werden ausgegeben?
   d) Begründen Sie, ob der Nennbetrag der ausgegebenen Aktien auch 25,00 EUR sein darf.
   e) Wäre ein Ausgabekurs von 0,50 EUR möglich (Begründung)?
4. Vergleichen Sie die gesetzliche Geschäftsführungsbefugnis und Vertretungsbefugnis eines OHG-Gesellschafters mit der eines Vorstandsmitglieds einer AG.
5. Unter welcher Voraussetzung kann ein Vorstandsmitglied die AG allein vertreten?
6. Vorstand und Aufsichtsrat einer AG werden auf verschieden lange Zeiten bestellt. Was bezweckt der Gesetzgeber damit?
7. Die Aktionäre üben in der Hauptversammlung ihr Stimmrecht aus. Welcher Anteil der Stimmen ist erforderlich für
   a) die einfache Mehrheit,
   b) die qualifizierte Mehrheit,
   c) die Sperrminorität?
8. Der Dividendenbetrag einer AG beträgt 10 EUR; der Nennbetrag des kleinsten Stücks beträgt 5 EUR; der Stückkurs beträgt 200 EUR. Berechnen Sie die effektive Verzinsung (ohne Berücksichtigung von Steuern).
9. Der Jahresabschluss einer AG wurde durch Vorstand und Aufsichtsrat festgestellt. Folgende Werte sind der Schlussbilanz entnommen:

Grundkapital	32.000.000 EUR
Gesetzliche Rücklage	560.000 EUR
Kapitalrücklage	4.400.000 EUR
andere Gewinnrücklagen	960.000 EUR
Verlustvortrag	112.000 EUR

   Der Jahresüberschuss beträgt 4.100.000 EUR. Die Einstellung in die gesetzliche Rücklage erfolgt nach AktG § 150 (2); den anderen Gewinnrücklagen wollen Vorstand und Aufsichtsrat 800.000 EUR zuführen.
   a) Berechnen Sie, ob die AG 9 Cent Dividende auf eine Stückaktie von 1 EUR ausschütten kann.
   b) Stellen Sie in einer Übersicht die Positionen des Eigenkapitals dar
      - vor der Gewinnverwendung,
      - nach der teilweisen Gewinnverwendung und
      - nach der vollständigen Gewinnverwendung.

10. Das Eigenkapital der AG wurde im Jahresabschluss wie folgt ausgewiesen:

Gezeichnetes Kapital	12,00 Mio. EUR
Kapitalrücklage	16,80 Mio. EUR
andere Gewinnrücklagen	0,60 Mio. EUR
Gewinnvortrag	0,06 Mio. EUR

Für das Geschäftsjahr wurden Aufwendungen von 85,6 Mio. EUR und Erträge von 87,9 Mio. EUR ermittelt. Vorstand und Aufsichtsrat stellten den Jahresabschluss fest, wobei sich die Gewinnverwendung ausschließlich nach den Vorschriften des Aktiengesetzes richtete.

a) Inwieweit können die Gewinnansprüche der Aktionäre dieser AG bei der Feststellung des Jahresabschlusses durch Vorstand und Aufsichtsrat geschmälert werden?

b) Berechnen Sie den minimalen ganzzahligen Dividendenprozentsatz, den Vorstand und Aufsichtsrat der AG den Aktionären für das Geschäftsjahr anbieten müssen.

c) Ermitteln Sie in übersichtlicher Form den Bilanzgewinn und den neuen Gewinnvortrag.

11. Aus welchen Gründen verpflichtet man die Aktiengesellschaften zur Veröffentlichung ihres Jahresabschlusses?

12. Begründen Sie, warum eine AG 50 Mio. EUR Rücklagen gebildet hat.

13. Sachverhalt: Die Filterwerk GmbH beschäftigt 1.280 Arbeitnehmer. Sie ist Zulieferer für Kraftfahrzeughersteller. Ein Großabnehmer errichtet in den USA eine Niederlassung. Um die günstigen Bedingungen auf diesem überseeischen Markt zu nutzen, beabsichtigt auch das Filterwerk, dort ein Zweigwerk aufzubauen. Der dafür erforderliche Finanzbedarf löst eine Diskussion aus, ob die GmbH in eine AG umgewandelt werden soll.

Nach dem Gesellschaftsvertrag verteilt sich das Stammkapital von 100 Mio. EUR wie folgt auf die Gesellschafter:

Eva Spieß	72 Mio. EUR	Marcus Kopf	7 Mio. EUR
Kurt Knecht	20 Mio. EUR	Alfred Mohl	1 Mio. EUR

Kurt Knecht und Marcus Kopf sind Geschäftsführer der GmbH mit Einzelvertretungsbefugnis. Für die Gesellschafter besteht nach dem Gesellschaftsvertrag unbeschränkte Nachschusspflicht.

a) Führen Sie zwei Gründe an, die in diesem Fall für eine Umwandlung in eine AG sprechen.

b) Kurt Knecht und Marcus Kopf sind gegen eine Umwandlung. Beurteilen Sie, ob sie eine Umwandlung verhindern könnten.

c) Eva Spieß garantiert den beiden Geschäftsführern, dass sie nach der Umwandlung Vorstandsmitglieder der AG werden. Erklären Sie, wer bei einer neu zu gründenden AG den Vorstand bestellt, und überprüfen Sie, ob das Versprechen von Eva Spieß durchsetzbar ist.

d) Alfred Mohl gibt zu bedenken, dass eine Umwandlung dieser GmbH in eine AG eine veränderte Offenlegungspflicht mit sich bringt. Nehmen Sie hierzu Stellung.

e) Trotz der ursprünglichen Bedenken der beiden Geschäftsführer wird am 30. März einstimmig die Umwandlung in eine AG beschlossen. Die Gesellschafter der

GmbH bringen ihre Geschäftsanteile als Sachvermögen ein und erhalten Aktien zum Nennbetrag von 1,00 EUR. Die Hausbank übernimmt zusätzlich Aktien im Wert von 20 Mio. EUR zuzüglich 10 % Agio.

Welche Gründe könnten die Hausbank veranlasst haben, sich an der AG zu beteiligen?

f) Wie hoch ist das gezeichnete Kapital und die Kapitalrücklage?

g) Begründen Sie, warum bei der vorliegenden Gründungsart der Gesetzgeber besonders strenge Prüfungsanforderungen stellt.

h) Die Geschäftsentwicklung der AG verläuft ausgezeichnet. Für dringend notwendige Erweiterungsinvestitionen werden im kommenden Geschäftsjahr flüssige Mittel in Höhe von 70 Mio. EUR benötigt.

Der Vorstand will diese Mittel durch Ausgabe weiterer Aktien aufbringen. Er legt daher der Hauptversammlung folgenden Vorschlag zur Abstimmung vor:

- Erhöhung des Grundkapitals zum Jahresbeginn durch Ausgabe junger Aktien.
- Ausgabekurs 5 EUR je 1-EUR-Aktie.

Auf der Hauptversammlung sind 85 % des Grundkapitals anwesend.

Wie viele Stimmen werden für die geplante Kapitalerhöhung benötigt?

i) Aktionär Edelmann besitzt Aktien im Gesamtnennbetrag von 29,8 Mio. EUR.

Begründen Sie, ob Edelmann diese Kapitalerhöhung verhindern könnte (rechnerischer Nachweis erforderlich).

14. Nennen Sie Merkmale der GmbH, die typisch sind für

a) Kapitalgesellschaften,
b) Personengesellschaften.

15. Die Geschwister Anke, Marion und Dr.-Ing. Volker Braun gründeten im Jahr 01 die AQUATERRA Gesellschaft für Umwelttechnikbedarf mbH. Dem Gesellschaftsvertrag vom 10. Juli 01 ist folgender Auszug entnommen:

§ 2 Gegenstand des Unternehmens ist, im Bereich Wasser-, Abwasser- und Abfallwirtschaft die notwendigen Einrichtungen, Gerätschaften und technischen Anlagen anzubieten und zu vertreiben.

§ 3 Sitz des Unternehmens ist Warthausen.

§ 4 Das Stammkapital beträgt 1.900.000 EUR.

Stammeinlagen der Gesellschafter sowie Art und Zeitpunkt der Leistung:

Marion Braun 1,0 Mio. EUR als Bareinlage, davon sind 0,2 Mio. EUR sofort zu leisten, der Rest am 14. August 01.

Anke Braun 0,75 Mio. EUR als Bareinlage, davon 80 % sofort, der Rest am 2. August 01.

Volker Braun 0,15 Mio. EUR durch notariell beurkundete Übertragung der Rechte an einem Patent auf die GmbH bis zum 25. Juli 01.

§ 6 Dr.-Ing. Volker Braun und Dipl.-Kaufmann Uwe Hoch werden zu Geschäftsführern bestellt.

Die Handelsregistereintragung erfolgte am 6. September 01, die Veröffentlichung der Eintragung zwei Tage später. Alle Gesellschafter erbrachten ihre Einlagen zu den genannten Terminen, Diplom-Kaufmann Hoch ist ein anerkannter Finanzierungsfachmann. In der Gründungsphase waren stets etwa 60 Mitarbeiter beschäftigt.

a) Die Gesellschafter hatten zunächst erwogen, eine KG zu gründen, entschieden sich aber dann für die Rechtsform der GmbH. Vergleichen Sie in einer Tabelle beide Unternehmensformen hinsichtlich der Formvorschrift des Gesellschaftsvertrages, Geschäftsführung, Pflicht zur Bildung eines Aufsichtsrates.

b) Die GmbH sollte nach dem Willen der Gesellschafter unter der Firma »Braun & Hoch Umwelttechnik« in das Handelsregister eingetragen werden.

- Warum lehnt das Registergericht die Eintragung dieser Firma ab?
- Begründen Sie, warum das Registergericht auch die Eintragung in das Handelsregister wegen mangelhafter kapitalmäßiger Voraussetzungen Ende Juli 01 verweigern musste.

c) Volker Braun kaufte am 12. August 01 ohne Rücksprache mit Hoch im Namen der GmbH drei notwendige Fertigungsmaschinen zum Preis von 120.000 EUR.

- Bei der Auslieferung am 20. August 01 verlangte der Lieferant von der Gesellschafterin Marion Braun die volle Bezahlung des fälligen Kaufpreises. Kann der Verkäufer diese Forderung durchsetzen (Begründung)?
- Könnte der Lieferant seinen Anspruch gegenüber Marion Braun oder gegenüber der GmbH durchsetzen, wenn der Kaufvertrag am 28. September 01 abgeschlossen und die Zahlung sofort fällig gewesen wäre (Begründung)?

d) Zum 20. September 01 wurde die Gesellschafterversammlung eingeladen. Die Tagesordnung enthielt folgende Beschlussanträge:

- Frau Irma Bach, Leipzig, wird zur Prokuristin bestellt,
- der Sitz des Unternehmens wird von Warthausen nach Riesa verlegt.

Frau Anke Braun stimmt gegen beide Tagesordnungspunkte. Die Mitgesellschafter stimmen zu. Welche Wirkung hat die Ablehnung?

e) Der Geschäftsführer Hoch ist interessiert, den Geschäftsanteil von Frau Anke Braun zu erwerben.

- Warum kann der Wert des Geschäftsanteiles vom Betrag der Stammeinlage sowohl nach oben als auch nach unten abweichen? Begründen Sie dies jeweils mit einem Argument.
- Welcher Form bedarf die Übertragung des Geschäftsanteiles von Frau Braun auf Herrn Hoch?

f) Für die Errichtung von Niederlassungen im osteuropäischen Raum müsste dem Unternehmen weiteres Kapital zugeführt werden. Man diskutiert, ob der Gesellschaftsvertrag um die Einführung einer beschränkten Nachschusspflicht ergänzt oder ob die GmbH in eine Aktiengesellschaft umgewandelt werden soll. Erklären Sie die Vor- und Nachteile, ausgehend vom Standpunkt der einzelnen Gesellschafter.

16. Erstellen Sie anhand selbstgewählter Kriterien eine Aufstellung, in der die wesentlichen Unterschiede zwischen GmbH und AG enthalten sind.

3.7 Genossenschaft (eG)

GenG §§ 1 f.

Die **Genossenschaft** ist eine Gesellschaft mit nicht geschlossener Mitgliederzahl. Sie bezweckt die **Förderung des Erwerbs oder der Wirtschaft ihrer Mitglieder** (Genossen) mittels **gemeinschaftlichen Geschäftsbetriebes. Für die Verbindlichkeiten** der Genossenschaft **haftet** den Gläubigern **das Vermögen der Genossenschaft.**

Gründung

Mindestens drei Personen (Gründer) stellen ein **Statut** (Satzung) auf. Dann erfolgt die Wahl des Vorstandes und Aufsichtsrates sowie die Prüfung durch den Prüfungsverband. Mit der Eintragung in das Genossenschaftsregister beim zuständigen Registergericht ist die Genossenschaft entstanden. Sie wird dadurch juristische Person und zugleich Formkaufmann. *GenG §§ 4, 5, 9–11, 13*

Firma

Die Firma der Genossenschaft kann eine Personen-, Sach-, Fantasiefirma oder gemischte Firma sein. Sie muss die Bezeichnung »eingetragene Genossenschaft« oder die Abkürzung »eG« enthalten. *§ 3*

Beispiele: Weingärtner Zentralgenossenschaft eG; Volksbank Nussdorf eG

Der Firma darf kein Zusatz beigefügt werden, der darauf hindeutet, ob und in welchem Umfang die Genossen zur Leistung von Nachschüssen verpflichtet sind.

Mitgliedschaft

Mitglieder einer Genossenschaft können natürliche und juristische Personen sein. Der Eintritt in eine schon bestehende Genossenschaft ist jederzeit durch schriftliche Beitrittserklärung möglich. Die Mitgliedschaft wird aber erst wirksam mit der Eintragung in die bei der Genossenschaft geführte Mitgliederliste. *§ 15* *§ 30*

Wer aus der Genossenschaft austreten will, muss auf den Schluss eines Geschäftsjahres unter Einhaltung einer Frist von mindestens drei Monaten kündigen. In der Satzung kann eine Kündigungsfrist von bis zu fünf Jahren bestimmt werden. *§ 65*

Arten der Genossenschaft

Arten	Aufgaben	Beispiele
Einkaufsgenossenschaften	Großeinkauf von Waren Materialbeschaffung	– Intersport eG – Materialeinkaufsgenossenschaft eG
Kreditgenossenschaften	Gewährung von Krediten und Durchführung anderer Bankgeschäfte	– Volksbank eG – Raiffeisenbank eG
Warengenossenschaften	Bezug landwirtschaftlicher Bedarfsstoffe; Erfassung, Absatz und Verwertung landwirtschaftlicher Erzeugnisse	Landwirtschaftliche Bezugs- und Absatzgenossenschaft eG
Konsumgenossenschaften	Zentraler Großeinkauf Verkauf an Verbraucher	– Edeka eG – coop Konsumgenossenschaft eG
Baugenossenschaften	Bau von Wohnhäusern mit Nutzungsrecht der Mitglieder, Eigenheim- und Siedlungsbau	Wohnbau- und Siedlungsgenossenschaft eG

Geschäftsanteil und Geschäftsguthaben

▶ Geschäftsanteil

Er ist der im Statut bestimmte Betrag, bis zu dem sich ein Genosse an der Genossenschaft beteiligen kann. Im Statut kann festgelegt werden, dass sich ein Genosse mit mehr als einem Geschäftsanteil beteiligen darf. *§ 7 (1) § 7a § 22*

▶ Mindesteinlage

Sie ist der im Statut bestimmte Betrag, der einbezahlt werden muss. Sie muss mindestens ein Zehntel des Geschäftsanteils betragen.

Beispiel:

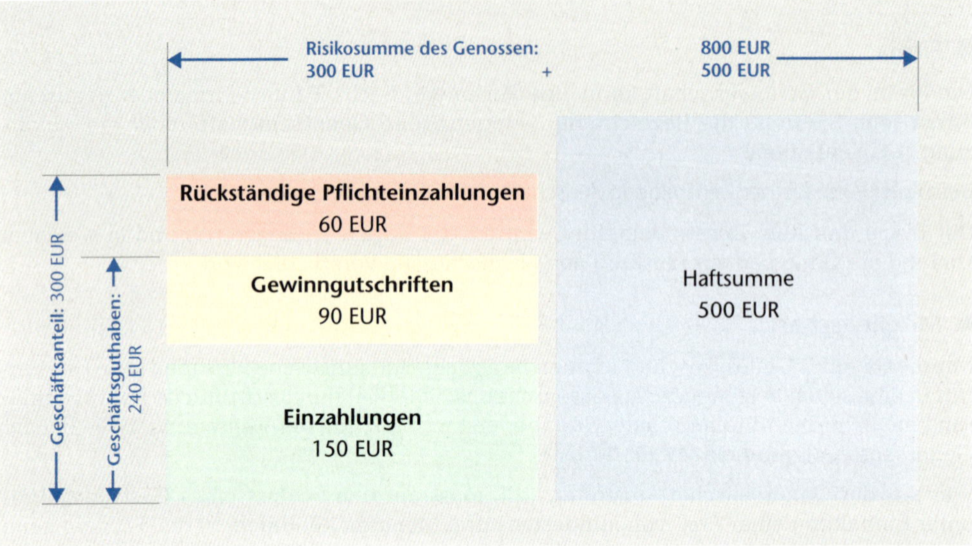

▶ Geschäftsguthaben

GenG § 19 Es ist der Betrag, mit dem der Genosse an der Genossenschaft tatsächlich beteiligt ist. Es ist die Summe der Einzahlungen, vermehrt durch Gewinn- und vermindert durch Verlustanteile. Zuschreibung des Gewinns erfolgt, bis der Geschäftsanteil erreicht ist. § 21 Die Geschäftsguthaben aller Genossen ergeben das in der Bilanz ausgewiesene Geschäftsguthaben. Das Statut kann bestimmen, dass die Geschäftsguthaben verzinst werden.

■ Nachschusspflicht im Insolvenzfall

Das Statut kann bestimmen, dass im Insolvenzfall der Genossenschaft die Genossen Nachschüsse in unbeschränkter Höhe oder in beschränkter Höhe bis zu einer festgelegten Haftsumme zu leisten haben.

Die Haftsumme bei beschränkter Nachschusspflicht darf nicht kleiner sein als der Geschäftsanteil.

Die Verpflichtung der Genossen zur Leistung von Nachschüssen kann jedoch im Statut auch ausgeschlossen werden. Das Risiko des Genossen umschließt also

- in jedem Fall seinen Geschäftsanteil (Geschäftsguthaben, rückständige Einlagen auf den Geschäftsanteil) sowie
- eine Nachschussleistung, sofern eine solche im Statut bestimmt ist.

■ Organe

▶ Vorstand

§§ 24–35 MitbestG § 33 GenG § 42 Der Vorstand besteht aus mindestens 2 Mitgliedern. Sie werden von der Generalversammlung oder vom Aufsichtsrat gewählt und haben Gesamtgeschäftsführungsbefugnis und Gesamtvertretungsbefugnis. Nach dem Mitbestimmungsgesetz wird in Genossenschaften mit mehr als 2.000 Arbeitnehmern ein Arbeitsdirektor bestellt. Im Statut kann bestimmt werden, dass einzelne Vorstandsmitglieder allein oder in Gemeinschaft mit einem Prokuristen zur Vertretung der Genossenschaft befugt sind.

▶ Aufsichtsrat

Er muss aus mindestens 3 Genossen bestehen. Sie werden von der Generalversammlung gewählt. Das Betriebsverfassungsgesetz verlangt, dass in Genossenschaften mit mehr als 500 Arbeitnehmern ein Drittel der Aufsichtsratsmitglieder Arbeitnehmer sind. In Genossenschaften mit mehr als 2.000 Arbeitnehmern ist der Aufsichtsrat paritätisch aus Mitgliedern der Genossen und der Arbeitnehmer zu bilden. *GenG §§ 36–41 DrittelbG § 1 MitbestG §§ 1, 7*

Hat die Genossenschaft nicht mehr als 20 Mitglieder, braucht sie keinen Aufsichtsrat einrichten, sofern dies in der Satzung steht. In einem solchem Falle nimmt die Generalversammlung die Rechte und Pflichten des Aufsichtsrates wahr. *GenG § 9 (1)*

▶ Generalversammlung

Sie entspricht der HV der AG, hat aber mehr Rechte. Sie wählt nicht nur den AR, sondern auch den Vorstand und beschließt über den Jahresabschluss. Die **Abstimmung** erfolgt nicht nach Geschäftsanteilen, sondern **nach Köpfen.** Jeder Genosse hat also unabhängig von der Zahl seiner Geschäftsanteile und der Höhe seines Geschäftsguthabens eine Stimme. *§ 43 (2)*

Das Statut kann für Mitglieder, die den Geschäftsbetrieb besonders fördern, die Gewährung von Mehrstimmrechten (höchstens bis zu drei Stimmen) vorsehen.

Beschlüsse der Generalversammlung müssen nicht notariell beurkundet werden; es ist aber eine Niederschrift der Beschlüsse anzufertigen. *§ 47*

Bei Genossenschaften mit mehr als 3.000 Mitgliedern muss, bei mehr als 1.500 Mitgliedern kann eine Vertreterversammlung die Rechte der Generalversammlung ausüben. *§ 43a*

■ Pflichten und Rechte der Genossen

Pflichten der Genossen	Rechte der Genossen
– Leistung der im Statut vorgeschriebenen Einzahlung auf den übernommenen Geschäftsanteil. (§ 7 (2) GenG) – Beschränkte oder unbeschränkte Nachschusspflicht im Insolvenzfall, sofern das Statut eine solche bestimmt. (§ 6 GenG) – Beachtung der Bestimmungen des Statuts und der Beschlüsse der Generalversammlung.	– Benutzung der Einrichtungen der Genossenschaft. – Teilnahme an der Generalversammlung, sofern keine Vertreterversammlung besteht. (§ 43 GenG) – Einberufung einer Generalversammlung auf Verlangen von 10 % der Genossen unter Angabe des Zweckes und der Gründe. (§ 45 GenG) – Recht auf Anteil am Gewinn, sofern er nicht den Rücklagen zugeschrieben wird. (§§ 19 f. GenG) – Recht auf Kündigung der Mitgliedschaft. (§ 65 GenG) – Auszahlung des Geschäftsguthabens beim Ausscheiden. (§ 73 (2) GenG) – Anteil am Liquidationserlös nach dem Verhältnis der Geschäftsguthaben bis zu deren Höhe. Etwaige Überschüsse werden nach Köpfen verteilt. (§ 91 GenG)

■ Bedeutung

Nach dem Grundsatz »Vereint sind auch die Schwachen mächtig« gründete Schulze-Delitzsch 1849 in der sächsischen Stadt Delitzsch die ersten deutschen gewerblichen Genossenschaften. Etwa zur gleichen Zeit hat der Landbürgermeister Raiffeisen im Westerwald den genossenschaftlichen Gedanken in der Landwirtschaft verwirklicht.

Die **Bedeutung** der Genossenschaften liegt im **Zusammenschluss von wirtschaftlich Schwachen zur Selbsthilfe im Wettbewerb mit Großbetrieben.** Sie wurde noch dadurch erhöht, dass sich die Genossenschaften zu Verbänden zusammenschlossen.

Genossenschaften sind im Sinne ihrer ursprünglichen Zielsetzung keine Kapitalgesellschaften. Unternehmensziel ist die Förderung des Erwerbs und der Wirtschaft ihrer Mitglieder. Dies schließt nicht aus, dass die Organe einer Genossenschaft eine wirtschaftliche Betriebsführung und die Erzielung von Gewinn anstreben.

Die Mitglieder der Genossenschaft als Kapitaleigner zählen zum Kundenstamm der Genossenschaft.

Beispiele:

1. Kunden und Kapitaleigner einer Einkaufsgenossenschaft des Malerhandwerks sind Malermeister.
2. Landwirte beziehen ihr Saatgut bei der von ihnen gegründeten Landwirtschaftlichen Bezugsgenossenschaft (Warengenossenschaft).

Die Genossenschaftsverbände arbeiten eng mit den Verbänden des Handwerks, des Handels und der Landwirtschaft zusammen.

Zusammenfassende Übersicht zu Kapitel 3.7: Genossenschaft (eG)

Genossenschaft (eG)

Wesen
- nicht geschlossene Mitgliederzahl
- Förderung der Mitglieder
- gemeinschaftlicher Geschäftsbetrieb
- Haftung = Vermögen der Genossenschaft
- Geschäftsanteil = Betrag der Genossen laut Statut
- Geschäftsguthaben = tatsächlicher Beitrag der Genossen

Mitglieder
- natürliche und/ oder juristische Personen
- wirksame Mitgliedschaft durch Eintragung in die Mitgliederliste

Aufbau
- Vorstand
- Aufsichtsrat Mitbestimmung siehe AG
- Generalversammlung

Genossen

Pflichten	Rechte
– Geschäftsanteil	– Benutzung der Einrichtungen
– Nachschusspflicht	– Anteil am Gewinn
– Beschlüsse beachten	– Kündigung
	– Anteil am Liquidationserlös
	– Teilnahme an Generalversammlung

▶ Aufgaben und Probleme

1. Suchen Sie Genossenschaften aus den Gelben Seiten. Ordnen Sie die gefundenen Genossenschaften in die Übersicht Seite 145 ein.
2. Begründen Sie, warum man die Genossenschaft nicht zu den Kapitalgesellschaften rechnet.
3. Hotelier Schnurr ist mit einer Einzahlung von 900 EUR in die Hotel-Einkauf eG eingetreten. Vom Rechnungsergebnis der folgenden Jahre entfielen auf ihn zunächst ein Verlust von 70 EUR, dann Gewinnanteile von 160 EUR und 200 EUR.

   Satzungsgemäß ist die Beteiligung eines Genossen auf höchstens 1.200 EUR festgesetzt. Im Insolvenzfall haftet jeder Genosse mit dem Mindestbetrag, der im Genossenschaftsgesetz bei beschränkter Nachschusspflicht vorgesehen ist. Ermitteln Sie für Herrn Schnurr nach dem neuesten Stand Geschäftsanteil, Geschäftsguthaben, Haftsumme und die Risikosumme.

3.8 Entscheidungskriterien für die Wahl der Unternehmensform

Beim Entscheidungsprozess für die Wahl einer Unternehmensform stellen sich folgende Fragen:

- Wie viel Kapital kann der einzelne Unternehmer bzw. Gesellschafter aufbringen?
- Wollen die Gesellschafter Leitungsbefugnisse übernehmen oder nur Kapital einbringen?
- Welches persönliche Verhältnis besteht zwischen den beteiligten Personen?
- Wie groß soll der Einfluss der Kapitalgeber auf das Unternehmen sein?
- Wie soll das Risiko verteilt werden?
- Welche geschäftlichen Informationen müssen an die Öffentlichkeit gegeben werden?

Erst nach sehr sorgfältiger Abwägung aller Unterscheidungsmerkmale sollte die Entscheidung für eine Unternehmensrechtsform fallen. Die Gewichtung der einzelnen Prüfsteine kann dabei von Unternehmensform zu Unternehmensform recht unterschiedlich sein.

Entscheidungskriterien / Rechtsformen	Leitungsbefugnis	Haftung und Risiko	Gewinn- und Verlustbeteiligung	Finanzierungsmöglichkeiten
Einzelunternehmen	Alleinbestimmung durch den Eigentümerunternehmer.	Persönliche Haftung (unbeschränkt, direkt). Volles Risiko.	**Gewinn** fließt an den Einzelunternehmer allein. **Verlust** trägt der Einzelunternehmer allein.	Auf die Vermögensensverhältnisse einer Person begrenzt. Enger Kreditspielraum. Nicht entnommener Gewinn fließt dem Eigenkapitalkonto zu.

Entscheidungskriterien / Rechtsformen	Leitungsbefugnis	Haftung und Risiko	Gewinn- und Verlustbeteiligung	Finanzierungsmöglichkeiten
Offene Handelsgesellschaft	Jeder Gesellschafter als Eigentümerunternehmer.	Persönliche Haftung (unbeschränkt, direkt, solidarisch). Volles Risiko.	**Gewinn:** Verteilung nach Kapitalanteilen und Mitarbeit, gemäß Vertrag oder Gesetz. **Verlust:** Von allen Gesellschaftern zu tragen, gesetzlich nach Köpfen.	Auf die Vermögensverhältnisse und Beteiligungsabsichten der Gesellschafter begrenzt. Kein Mindestkapital. Erweiterter Kreditspielraum durch die persönliche Haftung aller OHG-Gesellschafter und der Komplementäre bei der KG. Nicht entnommener Gewinn fließt den Eigenkapitalkonten zu (nicht bei Kommanditeinlagen).
Kommanditgesellschaft	Nur Komplementäre als Eigentümerunternehmer.	Komplementäre: Volles Risiko. Kommanditisten: beschränkt auf nicht eingezahlte Einlage. Begrenztes Risiko.	**Gewinn:** Vertragliche Gestaltung nach Kapitalanteilen, Risiko und Mitarbeit. **Verlust:** Vertraglich geregelt. Kommanditisten nur bis zur Höhe ihres Kapitalanteils.	
Gesellschaft mit beschränkter Haftung	Eigentümer- oder Auftragsunternehmer als Geschäftsführer.	Haftung der Gesellschaft unbeschränkt mit dem Gesellschaftsvermögen. Keine persönliche Haftung. Risiko beschränkt auf Stammeinlage. Eventuelle Nachschusspflicht.	**Gewinn:** Im Falle der Bildung von Rücklagen nur begrenzte Gewinnausschüttung. Gewinnverteilung auf Gesellschafter nach Anteilen. **Verlust:** Deckung durch Rücklagenauflösung und/oder Nachschüsse.	Auf die Beteiligungsbereitschaft der Gesellschafter begrenzt. Mindeststammkapital von 25.000 EUR bzw. 1 EUR bei UG. Kreditspielraum durch beschränkte Haftung der Gesellschafter begrenzt. Nicht ausgeschütteter Gewinn fließt den Rücklagen zu.

Entscheidungskriterien / Rechtsformen	Leitungsbefugnis	Haftung und Risiko	Gewinn- und Verlustbeteiligung	Finanzierungsmöglichkeiten
GmbH & Co. KG	Komplementär-GmbH durch ihre Geschäftsführer.	Komplementär-GmbH unbeschränkt mit Gesellschaftsvermögen. Kommanditisten wie KG.	**Gewinn:** Verteilung auf GmbH und Kommanditisten nach Vertrag. **Verlust:** vertraglich geregelt.	Wie GmbH und KG.
Aktiengesellschaft	Auftragsunternehmer als Vorstandsmitglieder.	Haftung der Gesellschaft unbeschränkt mit Gesellschaftsvermögen. Keine persönliche Haftung. Aktionäre riskieren lediglich ihren Kapitaleinsatz. Keine Nachschusspflicht.	**Gewinn:** Rücklagenbildung zwingend. Dividende nach Aktiennennbeträgen. **Verlust:** Deckung durch Rücklagenauflösung und/oder Herabsetzung des Grundkapitals.	Von den Beteiligungsabsichten sehr vieler Aktionäre abhängig. Mindestgrundkapital von 50.000 EUR. Kreditspielraum groß. Nicht ausgeschüttete Gewinne fließen den Rücklagen zu.
Genossenschaft	Genossen als Vorstandsmitglieder.	Haftung der Genossenschaft unbeschränkt. Keine persönliche Haftung. Mitglieder riskieren lediglich, ihr Geschäftsguthaben zu verlieren. Nach Statut begrenzte oder unbegrenzte Nachschusspflicht.	**Gewinn:** Bildung von Rücklagen zwingend. Gewinnverteilung nach den Geschäftsguthaben der Mitglieder. **Verlust:** Deckung durch Rücklagenauflösung und/oder Nachschüsse.	Von den Beteiligungsabsichten vieler Mitglieder abhängig. Kein Mindestkapital. Fremdfinanzierung meist über genossenschaftliche Verbandsunternehmen. Nicht ausgeschüttete Gewinne fließen den Rücklagen zu.

3.9 Leitung des Unternehmens

Der Einsatz von Werkstoffen, Betriebsmitteln und menschlicher Arbeitskraft (Elementarfaktoren) muss nach dem Wirtschaftlichkeitsprinzip erfolgen. Die Lenkung dieses Einsatzes ist dem dispositiven Faktor übertragen (Kapitel 1.2.3). Der dispositive Faktor hat folgende Leitungsfunktionen:

a) Zielsetzung: Festlegung der Unternehmensziele,

b) Planung: Vorausschauende Gestaltung der Leistungserstellung,

c) **Organisation:** Schaffung von Regelungssystemen,
d) **Kontrolle und Revision:** Überwachung und Prüfung der Zielerreichung,
e) **Rechenschaftslegung:** Darstellung der Leistungsergebnisse,
f) **Repräsentation:** Vertretung des Unternehmens gegenüber Dritten.

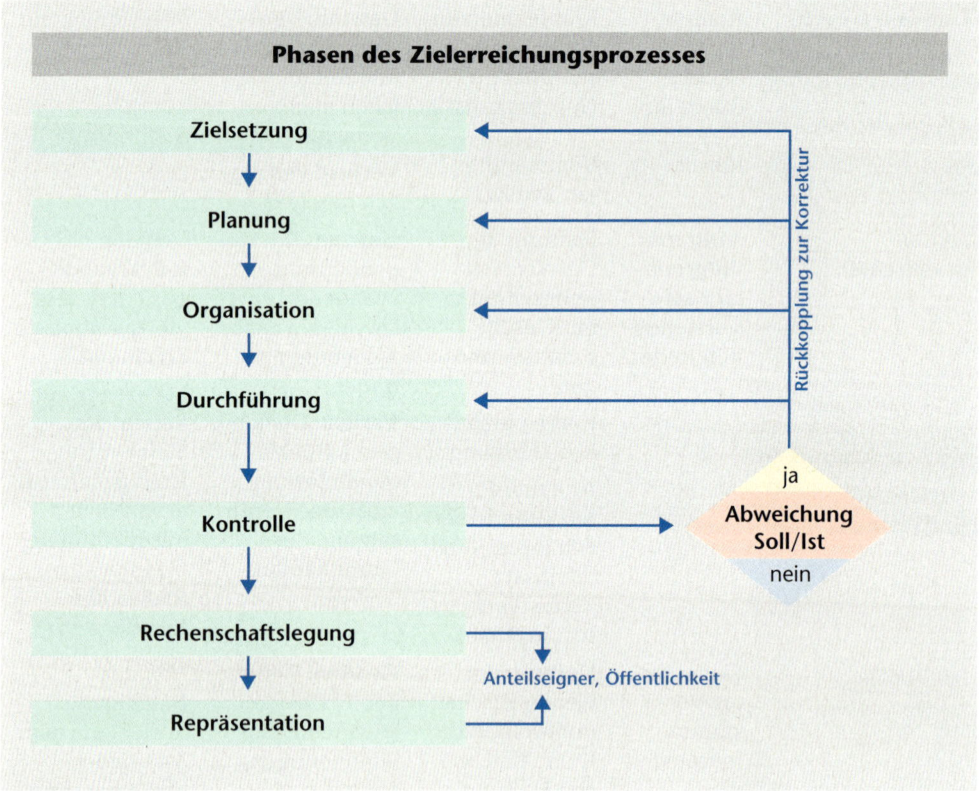

3.9.1 Zielsetzung

Unternehmensleitbild

Die Grundlage für die Unternehmensziele bilden die in vielen Unternehmen im Unternehmensleitbild formulierten Unternehmensgrundsätze.

Das **Unternehmensleitbild** ist ein **Gefüge von Normen, Werten, Verhaltens- und Arbeitsweisen** eines Unternehmens. Es enthält **Leitlinien** und **Ziele** für die Handelnden des Unternehmens.

Die folgenden Inhalte sind typisch für Unternehmensleitbilder:

- Wer sind wir?
- Welche Ziele haben wir?
- Wie wollen wir miteinander umgehen?
- Wie wollen wir intern kommunizieren?
- Wie wollen wir uns nach außen verhalten?
- Wie wollen wir nach außen kommunizieren?

Mit Unternehmensleitbildern sollen die folgenden Adressaten angesprochen werden:

- Mitarbeiter
- Kunden
- Lieferanten
- Anteilseigner
- Öffentlichkeit

Unternehmensziele und Zielbeziehungen

▶ Unternehmensziele

Aus dem Unternehmensleitbild lassen sich die Unternehmensziele ableiten. Aus der Unternehmenskultur erwächst die **Unternehmensidentität (Corporate Identity).** Sie zeigt sich in der Form der Selbstdarstellung gegenüber der Öffentlichkeit und in der Bildung eines Wir-Gefühls beim Personal.

Zwischen Unternehmenskultur und Unternehmenszielen besteht ein direkter Zusammenhang, denn durch die Entwicklung einer Unternehmenskultur soll die Realisierung der Unternehmensziele unmittelbar gefördert werden.

Ziele des Unternehmens		
Unternehmensziele	**Zielpunkte**	**Beispiele**
wirtschaftliche Ziele – Leistungsziele	– Marktanteil	Erhaltung oder Ausdehnung des Marktanteils
	– Produktions- und Absatzprogramm	Verwirklichung neuer technischer Ideen
	– Faktor- und Produktqualität	Verarbeitung hochwertiger Stoffe
	– Absatzwege	Ausweitung des Vertriebsnetzes
– Erfolgsziele	– Umsatzvolumen	Verkauf in großen Stückzahlen
	– Kostenstruktur	Senkung der Fixkosten
	– Wirtschaftlichkeit	Rationalisierung der Fertigung
	– Rentabilität	Erzielung eines hohen Gewinns
– Finanzziele	– Zahlungsfähigkeit	Ausnutzung gewährter Skontoabzüge
	– Liquiditätsreserve	Kassen- und Kreditreservenhaltung
	– finanzielle Struktur	Sicherung des Eigenkapitals
	– Gewinnreservierung	Bildung von Rücklagen
soziale Ziele	– gerechte Entlohnung	Einführung der Arbeitsplatzbewertungen
	– menschenwürdige Arbeitsbedingungen	Anwendung humaner Arbeitsverfahren
	– Arbeitsplatzsicherung	Bereitstellung und Erhaltung von Arbeitsplätzen
	– Mitspracherecht	Delegation von Arbeitsaufgaben
	– Gewinnbeteiligung der Mitarbeiter	Ausschüttung von Gewinnen, Gratifikationen
	– Aufstiegschancen	innerbetriebliche Fortbildung

Ziele des Unternehmens		
Unternehmensziele	**Zielpunkte**	**Beispiele**
ökologische Ziele	– Einhaltung der Umweltschutzgesetze	Einsatz von Abgasentschwefelungsanlagen, Einbau von Katalysatoren, Staub- und Spanabsaugung
	– Entwicklung und Verwendung umweltfreundlicher Produkte, Produktions- und Verpackungsverfahren	Verwendung verrottbarer Materialien für Produkte und Verpackungen, Konstruktion problemlos recycelbarer Produkte
	– Sammelaktionen für Problemabfälle	Entsorgung von Altöl und Säuren
	– Schonung der natürlichen Ressourcen	Verwendung von Stoffen aus Recyclingverfahren
	– Verwendung energiesparender Einrichtungen	Einbau von Sparreglern, Zeitschaltern, Drosselventilen in die Produkte

Aus der großen Zahl der Zielalternativen bündelt das Unternehmen sein Zielsystem.

▶ Zielbeziehungen

Da ein Unternehmen immer mehrere Ziele gleichzeitig anstrebt, kann es zu unterschiedlichen Zielbeziehungen kommen. Es lassen sich drei unterschiedliche Zielbeziehungen aufzeigen:

a) Zielharmonie. Das Erreichen eines Zieles unterstützt zugleich die Erreichung eines oder mehrerer anderer Ziele.

Beispiel: Die Senkung der Kosten im Beschaffungsbereich hat zur Folge, dass der Gewinn steigt, sofern die Umsätze gleich bleiben.

b) Zielkonflikt. Die Erreichung eines Zieles erschwert oder macht die Erreichung eines anderen Zieles unmöglich. Diese Zielbeziehung ist in der Wirtschaft der Normalfall.

Beispiel: Das Finanzziel, die Kosten zu senken, steht dem ökologischen Ziel, alle Umweltschutzmaßnahmen einzuhalten, entgegen.

c) Zielneutralität. Das Erreichen eines Zieles berührt die Zielerreichung in einem anderen Bereich nicht.

Beispiel: Ein Unternehmen plant die Erweiterung der Produktionsanlagen und gleichzeitig den Aufbau eines internen Fortbildungswesens.

■ Mess- und Richtzahlen als Grundlage für die Vorgabe von Unternehmenszielen

Messzahlen geben das Verhältnis der verschiedenen Tatbestände des Betriebsgeschehens wieder, z. B. das Verhältnis von Eigen- und Fremdkapital oder die Beziehung von Umsatz und Gewinn.

Richtzahlen werden als Mittelwerte aus den Messzahlen verschiedener Unternehmen desselben Geschäftszweiges gewonnen. Durch einen Vergleich der eigenen Messzahlen mit den Richtzahlen der Branche können Abweichungen festgestellt und entsprechende Maßnahmen ergriffen werden.

Beide Zahlenwerte dienen dazu, den Aufbau, die Entwicklung und die Leistung des Unternehmens zu überwachen und für die Planung die notwendigen Unterlagen zu beschaffen.

▶ Rentabilität

Unter Rentabilität versteht man das Verhältnis des Gewinns zum Kapitaleinsatz. Bei Personenunternehmen ist vom Gewinn zuvor der kalkulatorische Unternehmerlohn abzuziehen.

Nimmt man zum Vergleich nur das Eigenkapital, so ergibt sich die **Eigenkapitalrentabilität:**

$$\textbf{Eigenkapitalrentabilität} = \frac{\textbf{Gewinn}}{\textbf{Eigenkapital}} \cdot 100$$

Legt man das Eigen- und Fremdkapital der Berechnung zugrunde und fügt den Zinsaufwand für das Fremdkapital dem Gewinn hinzu, so ergibt sich die **Gesamtkapitalrentabilität:**

$$\textbf{Gesamtkapitalrentabilität} = \frac{\textbf{(Gewinn + Fremdkapitalzinsen)}}{\textbf{Gesamtkapital}} \cdot 100$$

Beispiel:

Eigenkapital	300.000 EUR	Gewinn	40.000 EUR
Fremdkapital	200.000 EUR	Fremdkapitalzinsen	10.000 EUR

$$\text{Rentabilität des Eigenkapitals} = \frac{40.000\ \text{EUR}}{300.000\ \text{EUR}} \cdot 100 = 13\,{}^1/_3\ \%$$

$$\text{Rentabilität des Gesamtkapitals} = \frac{(40.000\ \text{EUR} + 10.000\ \text{EUR})}{500.000\ \text{EUR}} \cdot 100 = 10\ \%$$

Aus dem Verhältnis des Gewinns zu den Verkaufserlösen ergibt sich die **Umsatzrentabilität:**

$$\textbf{Umsatzrentabilität} = \frac{\textbf{Gewinn}}{\textbf{Verkaufserlöse}} \cdot 100$$

▶ Wirtschaftlichkeit

Der Betrieb muss bestrebt sein, nach dem Wirtschaftlichkeitsprinzip zu arbeiten, d.h., mit den eingesetzten Mitteln den größtmöglichen Erfolg (Maximalprinzip) oder einen bestimmten Erfolg mit dem geringsten Einsatz zu erzielen (Minimalprinzip).

Wirtschaftlichkeit ist das Verhältnis von Ertrag zu Aufwand oder von Leistung zu Kosten:

$$\textbf{Wirtschaftlichkeit} = \frac{\textbf{Ertrag}}{\textbf{Aufwand}}\ \textbf{bzw.}\ \frac{\textbf{Leistung}}{\textbf{Kosten}}$$

Beispiel:

	Produkt A	Produkt B
Verkaufserlös	40.000 EUR	24.000 EUR
Gesamtaufwand	25.000 EUR	16.000 EUR
Wirtschaftlichkeit =	$\frac{40.000\ \text{EUR}}{25.000\ \text{EUR}} = 1{,}6$	$\frac{24.000\ \text{EUR}}{16.000\ \text{EUR}} = 1{,}5$

▶ Produktivität

Produktivität ist das Verhältnis zwischen erzielter Leistung und dafür aufgewendetem Einsatz. Sie wird gemessen an der Leistung (Ausbringung) je Tag, je Stunde, je Arbeiter, je Maschine

$$\textbf{Produktivität} = \frac{\textbf{Leistung (Ausbringung in Stück, m, kg)}}{\textbf{Einsatz von Materialmenge, Arbeitszeit, Produktionsmitteln, Kapital}}$$

Die Produktivität ist von der Wirtschaftlichkeit und der Rentabilität zu unterscheiden. Ausschlaggebend ist allein die mengenmäßige Leistung. Ein Betrieb kann außerordentlich produktiv sein, ohne wirtschaftlich und ohne rentabel zu arbeiten; dies ist auch umgekehrt möglich.

▶ Liquidität

Der Begriff Liquidität wird in doppelter Bedeutung gebraucht:

a) **Liquidität als Eigenschaft eines Vermögensgegenstandes,** mehr oder weniger leicht in bares Geld umgewandelt zu werden. Danach unterscheidet man:

1. Liquide (flüssige) Mittel 1. Ordnung, die sofort greifbar sind, z. B. bares Geld und Bankguthaben, diskontierbare Wechsel (Barliquidität);
2. liquide Mittel 2. Ordnung, die innerhalb von 3 Monaten flüssig gemacht werden können, z. B. Kundenforderungen, Wertpapiere (einzugsbedingte Liquidität);
3. liquide Mittel 3. Ordnung, die erst nach längerer Zeit als flüssige Mittel zur Verfügung stehen, z. B. unfertige und fertige Erzeugnisse, Roh- und Hilfsstoffe (umsatzbedingte Liquidität);
4. illiquide Mittel, die nur sehr schwer in Bargeld umgewandelt werden können, z. B. Grundstücke, Gebäude, Maschinen.

Liquiditäts-Status

Anlagevermögen (illiquid)	4. Ordnung	EUR 80.000	Eigenkaptal und Rücklagen	EUR 90.000
Roh- und Hilfsstoffe Fertigerzeugnisse unfertige Erzeugnisse	3. Ordnung	EUR 20.000 EUR 7.000 EUR 3.000	langfristige Verbindlichkeiten	EUR 30.000
Kundenforderungen Wechsel Wertpapiere	2. Ordnung	EUR 30.000 EUR 10.000 EUR 5.000	kurzfristige Verbindlichkeiten Lieferer, Schuldwechsel in 1–3 Monaten fällig	EUR 30.000
Bankguthaben Kassenbestand	1. Ordnung	EUR 14.000 EUR 1.000	in den nächsten Tagen fällige Zahlungen Lieferer, Schuldwechsel	EUR 20.000

b) **Liquidität als Zahlungsbereitschaft eines Betriebes,** Zahlungsverpflichtungen pünktlich erfüllen zu können. Man erhält sie durch den Vergleich der flüssigen Mittel mit den kurzfristigen Verbindlichkeiten. Je nachdem, welche flüssigen Mittel zugeordnet werden, unterscheidet man folgende Liquiditätsgrade (Berechnungsgrundlage: siehe Tabelle):

1. **Liquidität I. Grades (Barliquidität):**

$$\frac{\text{flüssige Mittel 1. Ordnung}}{\text{kurzfristige Verbindlichkeiten}} \cdot 100 = \frac{15.000 \text{ EUR}}{50.000 \text{ EUR}} \cdot 100 = 30\ \%$$

2. **Liquidität II. Grades (einzugsbedingte Liquidität):**

$$\frac{\text{flüssige Mittel 1. + 2. Ordnung}}{\text{kurzfristige Verbindlichkeiten}} \cdot 100 = \frac{60.000 \text{ EUR}}{50.000 \text{ EUR}} \cdot 100 = 120\ \%$$

3. **Liquidität III. Grades (umsatzbedingte Liquidität):**

$$\frac{\text{flüssige Mittel 1. + 2. + 3. Ordnung}}{\text{kurzfristige Verbindlichkeiten}} \cdot 100 = \frac{90.000 \text{ EUR}}{50.000 \text{ EUR}} \cdot 100 = 180\ \%$$

3.9.2 Planung

Mit der Planung werden zunächst einmal Entwürfe geschaffen, die aufzeigen, wie die Unternehmensziele erreicht werden sollen. Dabei unterscheidet man den Gesamtplan und Teilpläne.

Der **Gesamtplan** bezieht sich auf das gesamte Unternehmen. Die **Teilpläne** beschränken sich auf Funktionsbereiche. Dazu gehören Absatz-, Produktions-, Beschaffungs-, Lagerbestands- und Finanzplan. Meistens geht die Planung vom Absatzplan aus. Die Planansätze im Absatzplan führen dann zwangsläufig zu entsprechenden Planansätzen in anderen Funktionsbereichen.

Bei der Feststellung von Planansätzen muss man sich häufig mit Schätzungen begnügen. Man wird aber versuchen, die Planung mithilfe systematischer, oftmals mathematischer Verfahren berechenbar zu machen. Ein in der Produktionsplanung häufig angewandtes Verfahren dieser Art ist die Netzplantechnik (Seite 432).

3.9.3 Organisation

Sind die Unternehmensziele festgesetzt und die Pläne erstellt, muss die Organisation deren Verwirklichung vorbereiten.

Disposition ist eine **planmäßige Regelung** im Rahmen des Entscheidungsspielraums eines Mitarbeiters für Einzelvorgänge.

Dies liegt in Einzelfällen im Ermessen des Sachbearbeiters.

Beispiel: Eine Anfrage, die an einem Tag erst an zehnter Stelle eingegangen ist, wird zuerst bearbeitet. Der Sachbearbeiter macht hier eine Ausnahme, um den möglichen Großauftrag erhalten zu können.

Improvisation ist eine **außerplanmäßige Regelung** für Einzelvorgänge.

Es kann verschiedene Ursachen für Improvisationen geben:

- unvorhersehbare Ereignisse, z. B. Streiks, verursachen Transportprobleme;
- dauerhafte Lösungen sind wegen ständig veränderter Bedingungen unmöglich;
- man wählt ein Provisorium, weil man eine endgültige Regelung zurzeit nicht verwirklichen kann, z. B. wegen finanzieller Engpässe.

Organisation sorgt für Stabilität im Unternehmensgeschehen. Durch die Möglichkeit zur Disposition und Improvisation können die Mitarbeiter im Rahmen der Organisation flexibel reagieren.

Zu diesem Zweck werden

a) Stellen und Abteilungen gebildet (Aufbauorganisation),
b) Arbeitsabläufe festgelegt (Ablauforganisation).

Fehlen solche Regelungen, entstehen Engpässe, Zeitverluste durch Leerlauf, aber auch Verärgerungen unter den Mitarbeitern (schlechtes Betriebsklima).

organisatorischer Mangel	Beispiel
keine klare Aufgabenverteilung	Ein Angestellter zahlt einen Reisekostenvorschuss an einen Monteur aus, ohne dafür zuständig zu sein.

organisatorischer Mangel	Beispiel
ungeregelte Weisungsbefugnisse	Im Streit erklärt ein Mitarbeiter dem Prokuristen: »Sie haben mir keine Anweisungen zu geben.«
keine Festlegung des Arbeitsablaufs	Beim Ermitteln der Kosten für das Fertigungsmaterial findet man weder Lieferscheine noch Eingangsrechnungen.

In größeren Unternehmen werden in Organisationsabteilungen Fachleute (Organisatoren) eingesetzt, die ausschließlich mit der Erstellung, Verbesserung und Überwachung der Organisation beauftragt sind. In kleineren Unternehmen erfüllt ein Mitarbeiter neben anderen Tätigkeiten die Aufgaben der Organisation. Es können aber auch freiberufliche Organisations- und Unternehmensberater beauftragt werden.

Aufbauorganisation

Die **Aufbauorganisation gliedert die betriebliche Gesamtaufgabe in Teilaufgaben** und bestimmt die **Stellen** und **Abteilungen,** die diese bearbeiten sollen.

▶ Aufgabengliederung (Aufgabenanalyse)

Die Teilaufgaben werden durch eine **Aufgabenanalyse** sichtbar gemacht. Sie können nach folgenden Kriterien unterteilt werden:

Gliederungsmerkmale	Inhalt	Beispiele
Objekte	Warengruppe, Produkt oder Produktgruppe	Warengruppe: Tischlereibedarf, Zimmereibedarf Produktgruppe: Kfz, Lkw
Verrichtungen	transportieren, lagern, montieren, verpacken, Daten erfassen	Bedarfsermittlung, Bestellung, Lieferungsüberwachung
Phasen	planen, verwirklichen, kontrollieren	Einkaufsplanung, Einkaufsdurchführung, Einkaufskontrolle
Rangstufen	anordnen, ausführen	Einkaufsleiter, Einkäufer, Lagerverwalter, Lagerarbeiter

Aus den Ergebnissen der Aufgabenanalyse entstehen Aufgabengliederungspläne.

Beispiele:

1. Teilplan Objekte

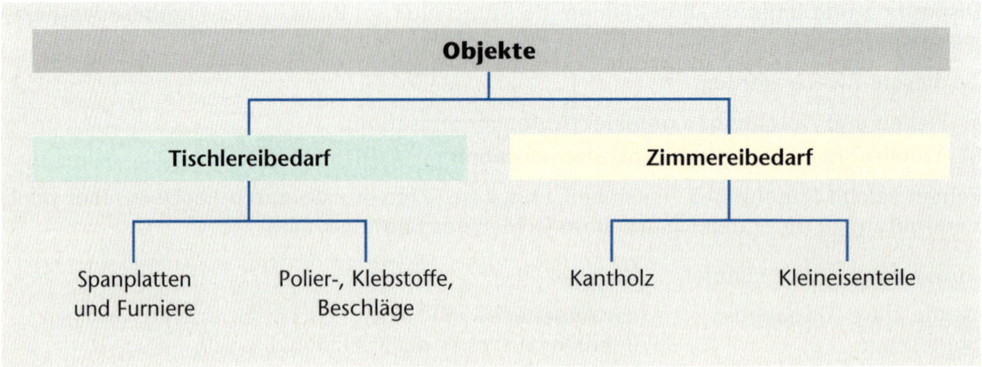

2. Teilplan Verrichtungen; Materialbeschaffung

Verrichtungen

Bedarfsermittlung	**Einkauf**	**Lieferungsüberwachung**
Lagerbestand feststellen	Angebote einholen	Wareneingang kontrollieren nach Menge, Art und Schäden
Verbrauch aus Vorperioden errechnen	Angebote vergleichen	Lieferschein prüfen
Bedarf ermitteln	Material bestellen	

Die in solchen Aufgabengliederungsplänen dargestellten Teilaufgaben werden dann in einem **Funktionendiagramm** nach den Merkmalen Rangstufe und Phase weiter untergliedert. Dabei werden die Teilaufgaben auf die Aufgabenträger verteilt. Das Funktionsdiagramm verbindet somit die Strukturen der Aufbauorganisation mit den Prozessen der Ablauforganisation.

Funktionendiagramm: Warenbeschaffung eines Holzgroßhändlers

Aufgaben (Phasen) ↓ / **Aufgabenträger** (Rangstufen) →				Geschäftsführer/-in	Einkaufsleiter/-in	Einkäufer/-in Kantholz	Einkäufer/-in Spanplatten	Einkäufer/-in bezogene Teile	Lagerverwalter/-in	Lagerarbeiter/-in Kantholz	Lagerarbeiter/-in Spanplatten	Lagerarbeiter/-in bezogene Teile	Betriebsleiter/-in
Einkauf von Waren	Einkaufsplanung		Lagerbestandskontrolle		E				O	A	A	A	
			Verbrauch in Vorperiode		O	A	A	A					
			Bedarfsermittlung	E_g	E_N A_w	A	A	A					M
	Einkaufsdurchführung		Angebote einholen	E_g	A_w	A	A	A					I
			Angebotsvergleich		A_w	A	A	A					
			Bestellung		A								M
	Einkaufskontrolle	Wareneingangskontrolle – Mengen	Kantholz						O	A			
			Spanplatten und Furniere						O		A		
			bezogene Teile						O			A	
		Wareneingangskontrolle – Qualität	Kantholz										A
			Spanplatten und Furniere										A
			bezogene Teile										A
			Lieferscheinprüfung		A_w	A	A	A					

Zeichenerklärung:
A = Ausführung (umfassend)
A_w = Ausführung (wichtige Einzelfälle)
E = Entscheidung (umfassend)
E_g = Entscheidung (in Grundsatzfragen)
E_N = Entscheidung (im Normalfall)
I = Initiative
M = Mitsprache
O = Anordnung

▶ Stellenbildung (Aufgabensynthese)

Wenn Teilaufgaben zum Arbeitsbereich für einen Aufgabenträger (Arbeiter, Angestellter) zusammengefasst werden, entsteht eine Stelle.

Stellen sind die **kleinsten organisatorischen Einheiten** im Unternehmen.

Die Stellenbildung kann nach dem Prinzip der **Zentralisation** oder der **Dezentralisation** erfolgen.

Bei der **Zentralisation** werden gleichartige Teilaufgaben zusammengefasst und einer Stelle zugeordnet. Die Einengung auf sich ständig wiederholende, gleichartige Aufgaben führt zur Spezialisierung.

Beispiel: In einer Großhandlung wird der Einkauf für alle Zweigniederlassungen in der Zentrale von Spezialeinkäufern für die verschiedenen Warengruppen getätigt.

Bei der **Dezentralisation** werden gleichartige Teilaufgaben auf mehrere Stellen verteilt. Das Aufgabenfeld ist dabei erweitert.

Beispiel: Der Bedarf einer Zweigniederlassung wird für mehrere Warengruppen von der Zweigniederlassung selbst eingekauft.

Organisationspläne, in denen die zu bildenden Stellen verzeichnet sind, nennt man Stellenpläne.

▶ Stellenbeschreibung und Stellenbesetzung (Kapitel 4.5.2)

▶ Abteilungsbildung

Mehrere Stellen mit gleichartigen Aufgabenbereichen werden zu **Abteilungen** zusammengefasst. Ein **Organigramm** (auch: Betriebsgliederungsplan) zeigt die Abteilungen eines Unternehmens und ihre Zuordnung.

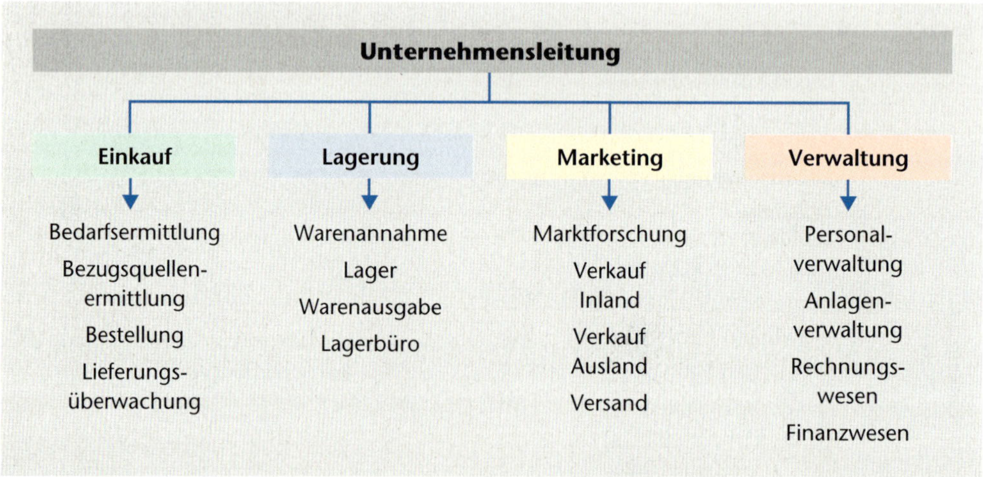

Bei größeren Unternehmen können mehrere Abteilungen zu Hauptabteilungen zusammengefasst werden.

■ Leitungssysteme (Instanzenbildung)

Besitzt ein Stelleninhaber Führungs- und Weisungsbefugnis, so erfüllt er im Gegensatz zu dem Mitarbeiter, der nur Anweisungen auszuführen hat, eine Leitungsaufgabe.

Stellen mit Leitungsaufgaben nennt man **Instanzen.**

Das System von über- und untergeordneten Stellen ergibt die Unternehmenshierarchie (Rangordnung). Gleichrangige Stellen bilden in der Betriebshierarchie eine Ebene.

▶ Einliniensystem

Alle Mitarbeiter sind in einem einheitlichen Weisungsweg eingegliedert. Jeder Mitarbeiter erhält nur von seinem unmittelbaren Vorgesetzten Anweisungen. Ebenso kann er Meldungen und Vorschläge nur bei ihm vorbringen (Instanzenweg, Dienstweg).

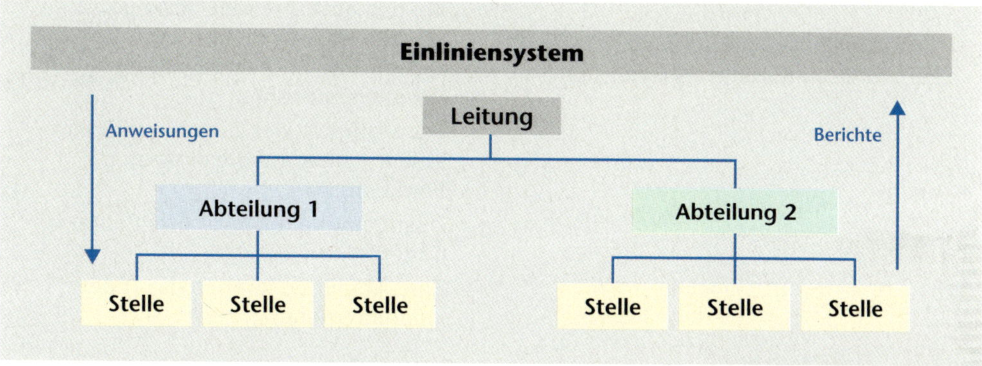

Vorteile	Nachteile
– Klare und eindeutige Weisungsbefugnis. – Die Disziplin ist straff. – Kompetenzüberschneidungen werden vermieden. – Die Beziehungsstruktur ist einfach und überschaubar.	– Der Weisungs- und Informationsweg ist oft zu lang und zu umständlich. – Die Arbeitsfülle steigt mit der Rangstufe. – Die obere Leitung wird stark belastet. – Es kommt zur personalen Abhängigkeit zwischen Vorgesetztem und Mitarbeiter.

▶ Mehrlinien- oder Funktionensystem

Die Funktionen werden in Zuständigkeiten aufgeteilt. Es werden Abteilungen mit selbstständig handelnden Leitern gebildet. Die obere Leitung gibt nur allgemeine Richtlinien und entscheidet in wichtigen Fällen, während die Routinearbeit durch die Abteilungen selbstständig erledigt wird.

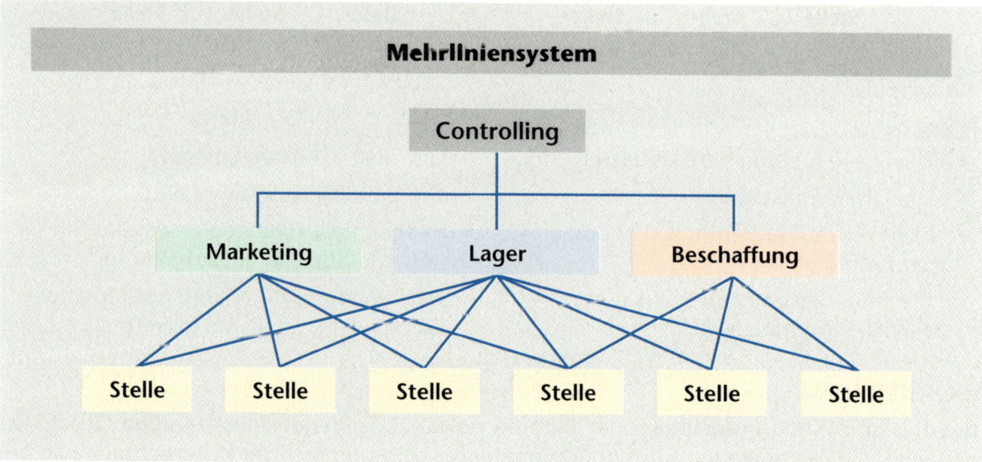

Vorteile	Nachteile
– Die obere Leitung wird entlastet. – Die Routinearbeit wird rasch nach Daueranweisungen erledigt. – Sonderfälle werden ausgegliedert und einer besonderen Arbeitskraft übertragen. – Die Abteilungsleiter und ihre Mitarbeiter entwickeln sich zu Spezialisten.	– Die Funktionsträger müssen zur regelmäßigen Berichterstattung nach oben verpflichtet werden. – Genaue Abgrenzung der Anweisungsbefugnis. – Bei den ausführenden Arbeitskräften können Unsicherheiten über die Dringlichkeit der angewiesenen Arbeiten entstehen. – Schwierigkeit der Zuordnung auftretender Fehler auf die einzelnen Funktionen. – Unstimmigkeiten zwischen Funktionsträgern. – Eine Abteilung kann in die andere »hineinregieren«.

Aus diesen Grundformen der Instanzenbildung sind **Mischformen** entwickelt worden.

▶ **Stabliniensystem**

Dabei umgibt sich die Leitung mit einem Stab von Spezialisten. Sie sind Berater, aber keine Instanzen mit Weisungsbefugnissen. Notwendige Anweisungen werden durch die Führungsspitze erteilt. Stabmitarbeiter können sein: Finanzfachmann, Betriebswirt, Jurist, Organisator, DV-Experte.

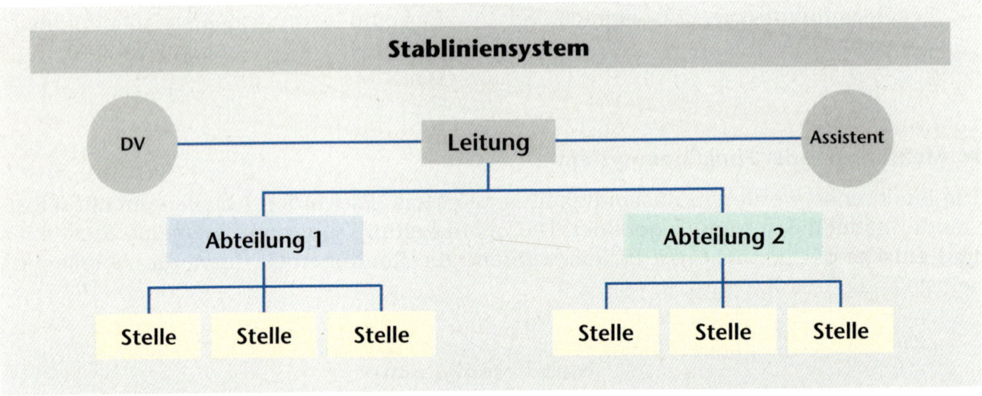

Vorteile	Nachteile
– Die obere Leitung wird entlastet. – Die Disziplin ist straff. – Es gibt weniger Fehlentscheidungen der Leitung. – Die Einarbeitung von Führungsnachwuchs wird erleichtert.	– Der Instanzenweg ist lang. – Die Leitung ist schwerfällig. – Es fallen zusätzliche Personalkosten für hochqualifizierte Mitarbeiter an. – Entscheidungen werden einseitig aus Sicht von Spezialisten getroffen.

▶ **Spartensystem**

Bei diesem System unterstehen der Leitung produktbezogene, selbstständige Geschäftsbereiche, die mit gewissen Einschränkungen als »Unternehmen im Unternehmen« zu betrachten sind. Die Geschäftsbereiche haben Bilanzen und Erfolgsrechnungen der Unternehmensleitung vorzulegen.

Innerhalb der Sparten sind verschiedene Organisationsformen möglich, z. B. das Einlinien- oder Mehrliniensystem.

Beispiel: Elektrounternehmen

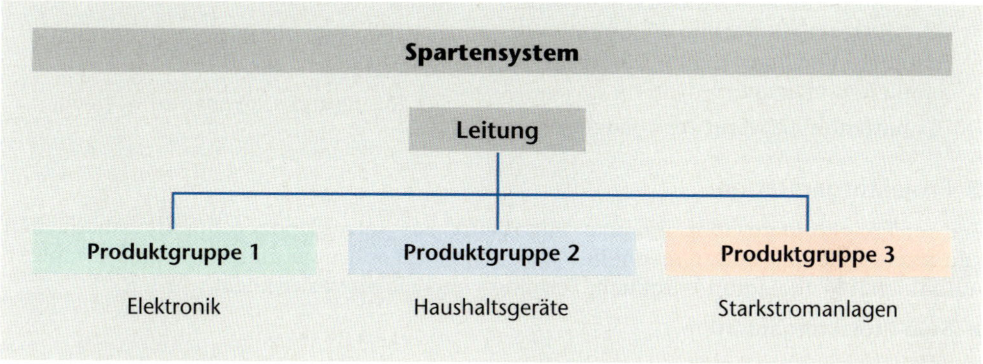

Vorteile	Nachteile
– Die Informationswege innerhalb der Sparte sind kurz. – Die Ergebniskontrolle der einzelnen Sparte kann schnell erfolgen. – Die Anpassungsgeschwindigkeit an Marktveränderungen ist hoch. – Der Einsatz von Fachpersonal kann gezielt erfolgen. – Der Leistungsanreiz für den Spartenleiter ist motivierend.	– Die Unternehmensziele können durch Spartenegoismus gefährdet sein. – Der Verwaltungsaufwand ist aufgrund der Dezentralisation größer. – Es besteht die Gefahr der Spartenkonkurrenz. – Der Informationsfluss zwischen den Sparten ist meist unzureichend.

▶ Matrixorganisation

Es wirken mehrere Funktionsbereiche zusammen.

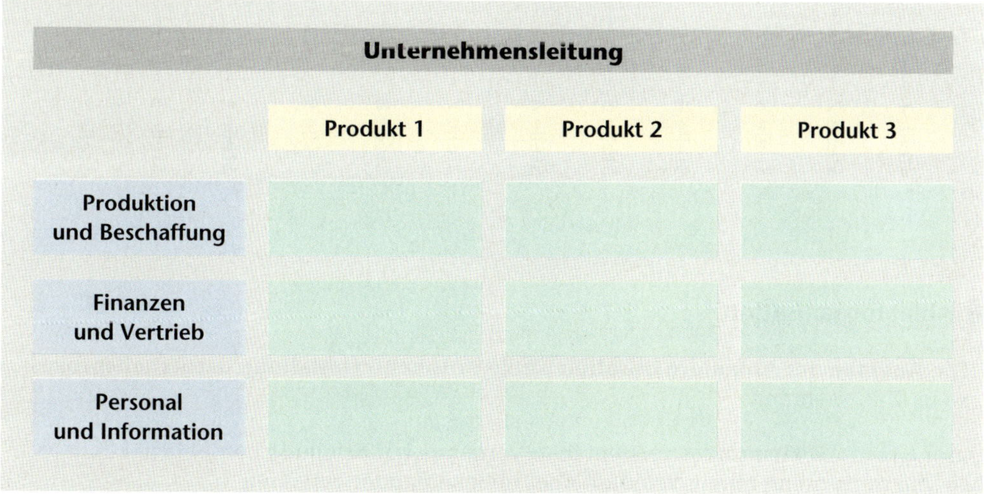

Vorteile	Nachteile
– Die Matrixorganisation gibt eindeutig an, welche Entscheidungen von Aufgabenträgern nur gemeinsam getroffen werden können. – Die übergeordnete Leitungsstelle wird nur eingeschaltet, wenn die betroffenen Funktionsträger keine Übereinstimmung erzielen. – Es besteht ein Zwang zur Teamarbeit.	– Entscheidungen und Weisungen hängen von der Verständigungsbereitschaft der Beteiligten ab. – Es werden längere Entscheidungszeiträume notwendig. – Es besteht ein regelmäßiger Abstimmungsbedarf. – Der Kommunikationsbedarf ist hoch.

Projektorganisation

Bei der Projektorganisation arbeiten Mitarbeiter aus verschiedenen Funktionsbereichen und verschiedenen Hierarchieebenen zusammen. Es soll eine einmalige und komplexe Aufgabe mit festgelegten Vorgaben, Terminen und Zielen verwirklicht werden.

▶ Stab-Projektorganisation

Die Projektmitarbeiter sind nur neben ihrer betrieblichen Hauptaufgabe in die Projektarbeit eingebunden. Die Projektleitung wird von einem Mitarbeiter einer Stabstelle übernommen. Er hat keine Entscheidungs- und Weisungsbefugnis, sondern lediglich Koordinationsaufgaben. Der Einsatz erfolgt bei kleinen Projekten.

▶ Reine Projektorganisation

Für ein Projekt wird eine eigenständige und zeitlich befristete Organisation gebildet. Der Projektleiter hat volle Weisungsbefugnis. Ihm werden alle personellen und sachlichen Ressourcen zur Verfügung gestellt.

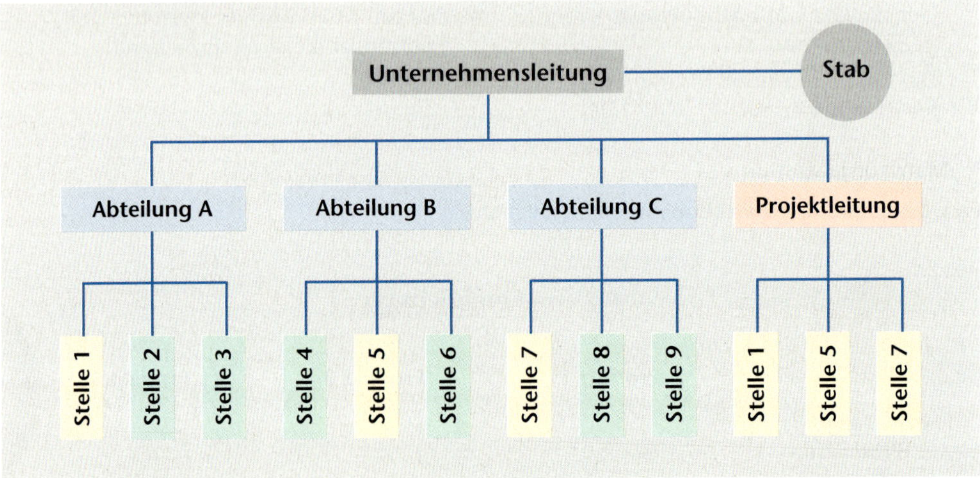

Ablauforganisation

Die **Aufgabe** der **Ablauforganisation** ist die **rationelle Gestaltung der Arbeitsprozesse** im Unternehmen.

Unter einem **Arbeitsprozess** versteht man Vorgänge zur Erfüllung betrieblicher Teilaufgaben, die zeitlich und räumlich hinter- oder nebeneinander verlaufen.

▶ Ziele der Ablauforganisation

Ziel	Erklärung	Beispiele
optimale Durchlaufzeit	Es soll ein reibungsloser Ablauf erzielt werden, d. h., Engpässe, Staus und Leerläufe sollen vermieden oder beseitigt werden.	Sicherung des ununterbrochenen Materialflusses, der vollen Ausnutzung der Maschinen und der gleichmäßigen Beschäftigung der Arbeitskräfte.
optimale Auslastung	Betriebsmittel und Arbeitskräfte sollen bestmöglich eingesetzt werden.	Eine Buchdruckerei stellt rechtzeitig einen Terminplan für den Nachdruck von Neuauflagen auf. Bei ungenügender Auslastung werden Werbedruckaufträge ausgeführt.
Qualitätssicherung	Die Güte der geleisteten Arbeit muss durch Kontrollen überwacht werden.	Fertigungskontrollen, Laboruntersuchungen der Teil- und Endprodukte
Terminsicherung	Terminpläne müssen aufgestellt und deren Einhaltung überwacht werden.	Terminplanung für die Produktion der Einzelteile, für die Montage und den Versand des Fertigerzeugnisses
optimaler Informationsfluss	Informationen müssen möglichst schnell und präzise an die zutreffenden Stellen gelangen.	Wenn im Lager der Meldebestand erreicht ist, wird automatisch ein Bestellvorschlag erstellt.
Förderung der Arbeitsmotivation	Durch die Einhaltung arbeitsrechtlicher Bestimmungen und durch die Anwendung der Erkenntnisse der Arbeitswissenschaft soll ein angenehmes Betriebsklima geschaffen werden.	Einhaltung der vorgeschriebenen Pausen, Selbstverantwortung bei der Gestaltung von Arbeitsaufgaben

▶ Phasen der Ablauforganisation

Die Ablauforganisation vollzieht sich in folgenden Teilphasen:

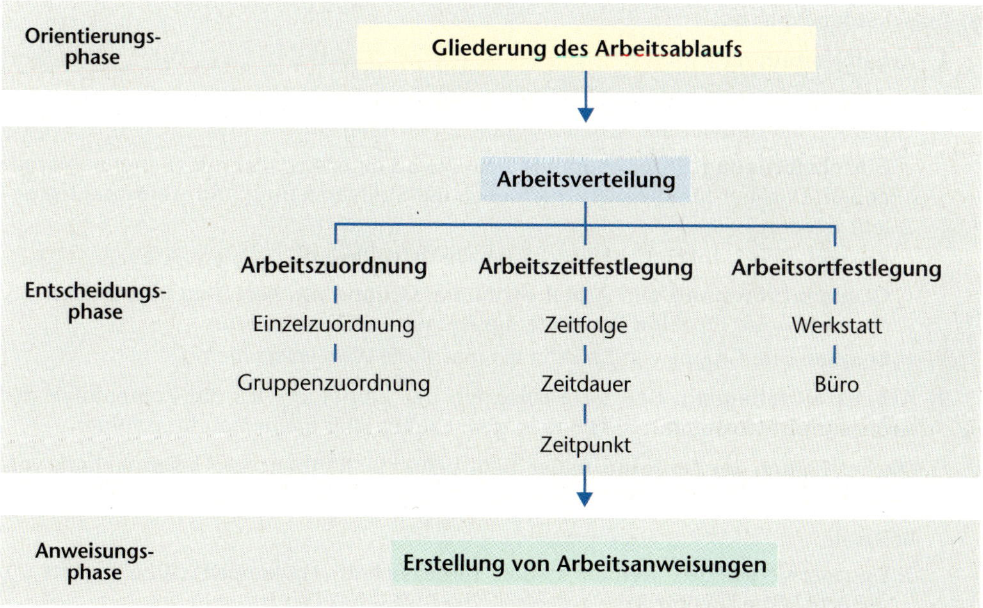

a) Orientierungsphase. Für den Organisator ist nur das geforderte Endergebnis des gesamten Arbeitsprozesses vorgegeben. Zunächst muss festgestellt werden, in welchen **Teilprozessen** dies erreicht werden kann.

Die Teilprozesse werden meistens in verschiedene Prozessschritte aufgeteilt, die ihrerseits aus mehreren Arbeitsschritten bestehen.

Beispiel: Abwicklung einer Warenlieferung

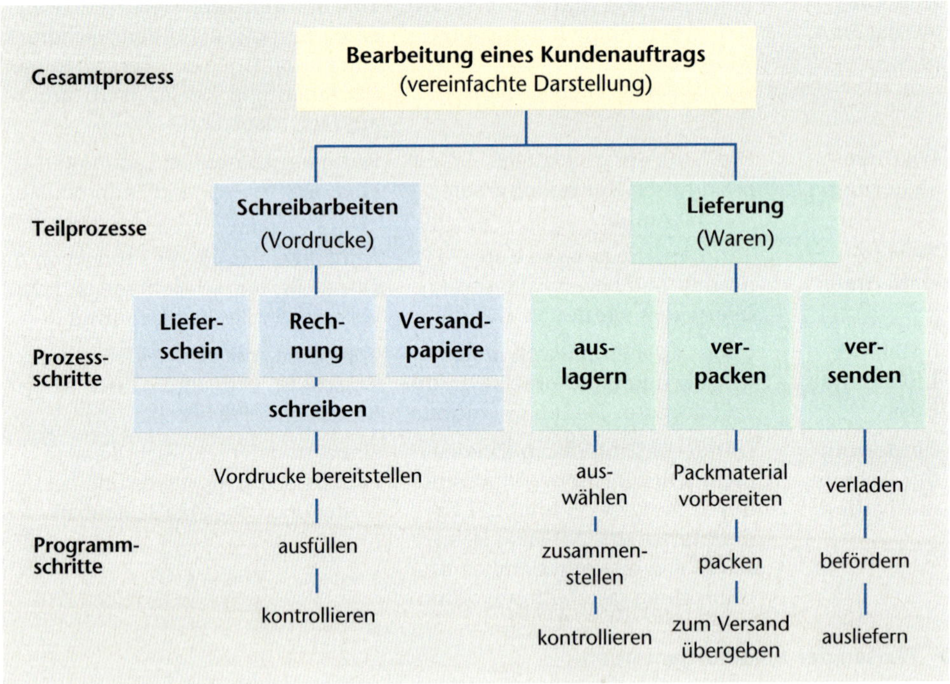

b) Entscheidungsphase.

1. Arbeitsverteilung

- **Arbeitszuordnung.** Es werden die Arbeitskräfte und die nötigen Sachmittel bestimmt, mit denen eine Arbeitsaufgabe zu erfüllen ist.
- **Einzelzuordnung.** Eine bestimmte Arbeit wird einer Arbeitskraft zwingend vorgegeben. Darüber hinaus kann auch noch die Stellvertretung und Ablösung festgelegt werden.

  Beispiel: Eine Sachbearbeiterin schreibt alle Lieferscheine.
- **Gruppenzuordnung.** Die Arbeit wird einer Gruppe von Personen übertragen, aus der wahlweise einzelne Personen die Aufgabe erfüllen sollen.

  Beispiel: Eine Gruppe von Packerinnen macht die Ware versandfertig.

2. Arbeitszeitfestlegung. Bei der Festlegung der Zeitfolge wird die Reihenfolge der Arbeitsschritte bestimmt. Sie können gleichzeitig oder nacheinander erfolgen.

Die Festlegung der **Zeitfolge,** in der Teilarbeiten im Rahmen des Gesamtablaufs vorzunehmen sind, sagt nur etwas über die Reihenfolge der Teilarbeiten aus.

Beispiele:

1. Eingangsrechnungen werden sortiert (Arbeitsschritt 1), kontiert (Arbeitsschritt 2), gebucht (Arbeitsschritt 3).

2. Der Buchhalter sortiert, kontiert und bucht die Eingangsrechnungen unmittelbar nacheinander. Die Angestellte sortiert und der Buchhalter kontiert die Belege, die Buchhalterin bucht.

Mit der **Zeitdauer** wird der Zeitbedarf für die Arbeitsschritte angegeben. Die Summe dieser Arbeitszeiten lässt Schlüsse auf die Zeitdauer des Gesamtprozesses zu. Zur Festlegung der Zeitdauer von Teilarbeiten sind Arbeitszeitstudien (Kapitel 4.6.1) nötig.

Mit der Festlegung von **Zeitpunkten** wird der Anfangs- und Endzeitpunkt der Arbeit bestimmt. Diese Daten werden der Terminplanung vorgegeben.

Beispiel für eine Arbeitsablaufkarte:

Arbeitsablauf	Inhalt: **Auftragsbearbeitung**				
Lfd. Nr.	**Ablaufstufen**	Stellen			
		Poststelle	Sachbearbeiterin Versand	Sachbearbeiter Rechnungswesen	Sachbearbeiter Lager
1	Eingang Bestellschein (BS)	●			
2	BS an Sachbearbeiterin Versand		➡		
3	Ablage, wenn Lieferschein (LS) fehlt		D		
4	2 LS-Kopien erstellen	●			
5	LS-Kopien an Sachbearbeiterin Versand		➡		
6	Kopien trennen		●		
7	1. Kopie an Sachbearbeiter Lager				➡
8	Lieferung buchen				●
9	Kopie ablegen				▲
10	Zusammenfügen von BS und 2. Kopie LS		●		
11	Konditionen prüfen		■		
12	LS und BS an Sachbearbeiter Rechnungswesen			➡	
13	Rechnung schreiben, LS, BS			●	
14	Kontrolle von Menge, Preis, Konditionen, Adresse			■	
15	Kopien verteilen an Sachbearbeiter(in) Versand und Lager		➡		➡
16	Ablage Rechnung, LS, BS			▲	

Symbolerklärung: ● = Tätigkeit ■ = Kontrolle ▲ = Ablage ➡ = Transport D = Wartezeit, Stillstand

3. **Arbeitsortfestlegung.** Die räumliche Anordnung der Arbeitsplätze soll
   - dem Arbeitsablauf entsprechen und die Reihenfolge der Arbeitsschritte erkennen lassen,
   - zusammengehörige Arbeitsplätze überschaubar machen,
   - geringe Durchlaufzeiten ermöglichen,
   - die Anpassung des Arbeitsplatzes an den Arbeitsgegenstand ermöglichen.
4. **Darstellungsformen für Arbeitsabläufe**
   - Netzplan (Kapitel 8.1.3).
   - Balkendiagramm. Es findet Anwendung bei der Maschinenbelegung und beschreibt die maschinelle Bearbeitungsfolge (Kapitel 8.1.3).
   - Ablaufdiagramm. Für einfache Arbeitsvorgänge, die zeitlich aufeinanderfolgende Tätigkeiten darstellen, verwendet man lineare Darstellungen in Form von Arbeitsablaufdiagrammen.

c) **Anwendungsphase.** Arbeitsanweisungen werden für Routinearbeiten in der Regel schriftlich und ausführlich, für Sonderfälle in schriftlicher Kurzform (Randnotizen auf Schriftstücken) oder mündlich erteilt (Bild, Seite 169).

3.9.4 Kontrolle und Revision

Die Leitungsorgane sorgen nicht nur für die Aufstellung und Verwirklichung von Plänen, sondern prüfen auch, ob die Ziele erreicht werden. Bei Abweichungen von den durch die Planung gegebenen Sollzahlen ist eine Korrektur notwendig. Kontrolle und Revisionen wirken dadurch als Rückkopplung (Feedback). Es ist die Aufgabe der Leitungsorgane, den Ursachen der Abweichung nachzugehen und Maßnahmen zu treffen, um diese künftig zu verhindern.

▶ Kontrolle

Kontrollen dienen der fortlaufenden Überwachung des Betriebsprozesses und sind in diesen eingebaut. Sie erstrecken sich auf die

a) Arbeitsleistungen (Anwesenheits- und Leistungskontrollen),
b) Betriebsmittel (Bestands-, Funktionskontrollen),
c) Werkstoffe und Erzeugnisse (Mengen-, Qualitätskontrollen).

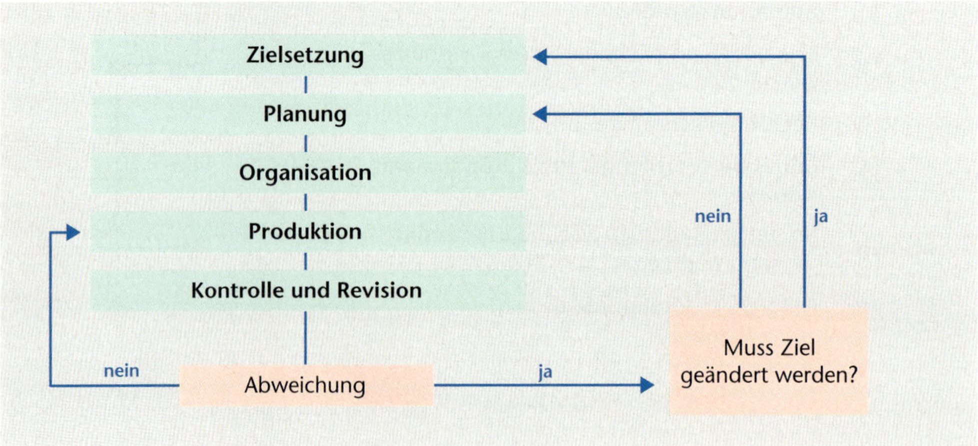

Arbeitsanweisung

Stelle Q2	Arbeitsanweisung 123
Qualitätssicherung: Wareneingangsprüfung, Blockmaterial (Metalllegierung)	
Zur analytischen Sicherstellung unserer Qualitätsprodukte ist bereits eine konsequente Wareneingangsprüfung am Blockmaterial erforderlich. Daher ist folgender Arbeitsablauf nach folgendem Ablaufplan unbedingt einzuhalten:	

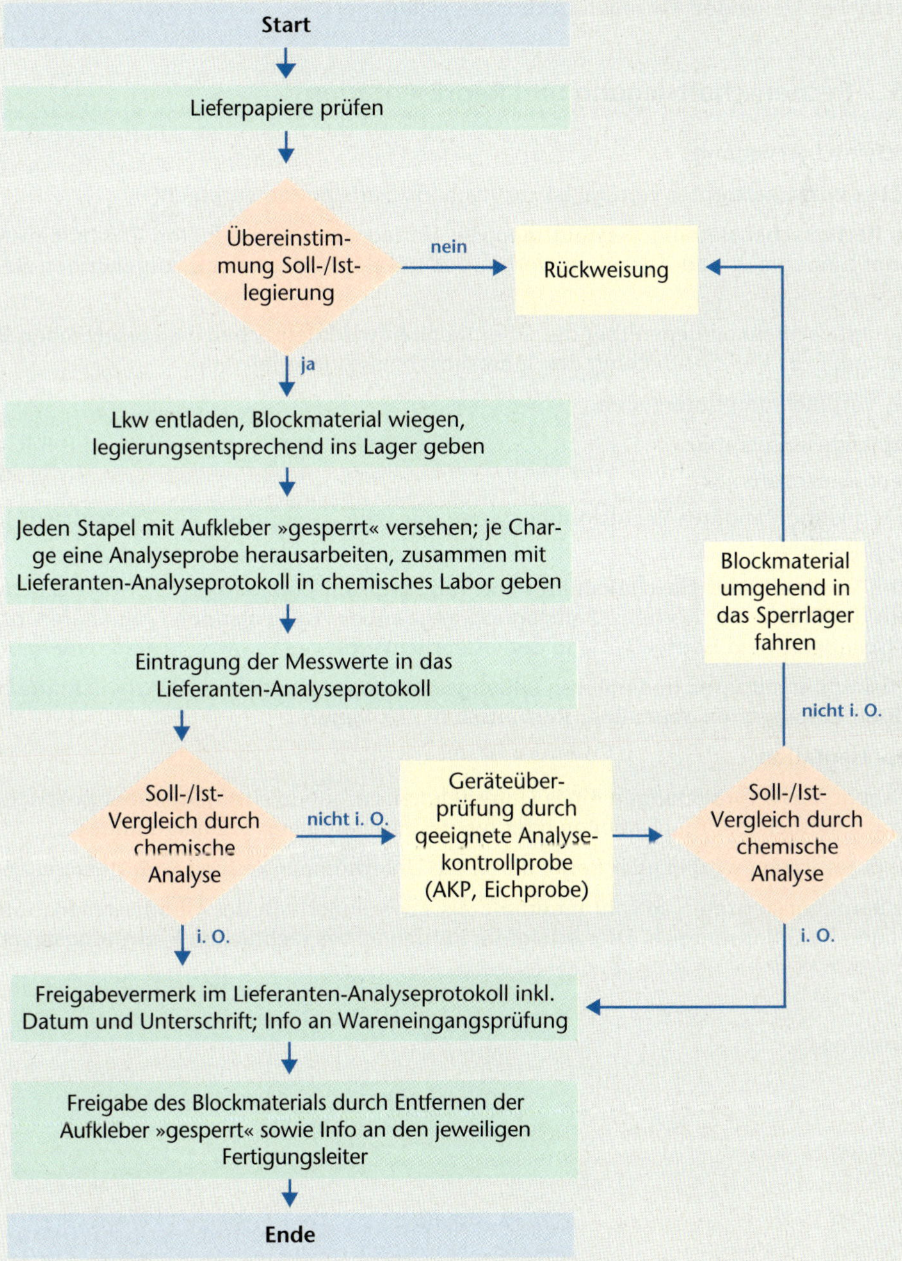

▶ **Revision**

Darunter versteht man die nachträgliche Überprüfung der

- Richtigkeit der Planungen,
- Funktionsfähigkeit der Organisation,
- Ordnungsmäßigkeit der Arbeitsdurchführung,
- Zuverlässigkeit der Rechenschaftslegung.

Sie dient nicht nur innerbetrieblichen Zwecken, sondern auch dem Schutz der außerhalb des Betriebes stehenden Personen (Aktionäre, Gläubiger).

3.9.5 Rechenschaftslegung und Repräsentation

▶ **Rechenschaftslegung**

Wer über Wirtschaftsgüter verfügt, ist zur Rechenschaftslegung verpflichtet.

Unter Rechenschaftslegung versteht man die Vorlage einer geordneten Zusammenstellung der Einnahmen und Ausgaben, verbunden mit der Vorlage der dazugehörigen Belege.

Die Verantwortlichkeit gegenüber der Öffentlichkeit wird deutlich in den gesetzlichen Bestimmungen zur Veröffentlichung des Jahresabschlusses (Kapitel 3.6).

Dieser Verpflichtung unterliegen:

- Kapitalgesellschaften,
- Genossenschaften,
- Unternehmen anderer Rechtsformen, wenn die Voraussetzungen des Publizitätsgesetzes erfüllt sind.

Für den Vorstand oder Geschäftsführer von Kapitalgesellschaften und Genossenschaften besteht die Pflicht zur Rechenschaftslegung gegenüber Aufsichtsräten, Aktionären bzw. Gesellschaftern, dem Betriebsrat und der Öffentlichkeit.

Mitarbeiter der mittleren und unteren Leitungsebene sowie ausführende Arbeitskräfte haben ihren Vorgesetzten gegenüber Rechenschaft abzulegen.

▶ **Repräsentation**

Repräsentationsverpflichtungen eines Unternehmens ergeben sich gegenüber politischen und wirtschaftlichen Organisationen oder bei gesellschaftlichen Veranstaltungen.

Die Repräsentation wird in aller Regel durch die Unternehmensleitung wahrgenommen.

Die Mitarbeiter vertreten sowohl innerhalb als auch außerhalb des Unternehmens ihren jeweiligen Funktionsbereich. Dies erfolgt im Rahmen ihrer rechtlichen Vertretungsmacht.

Zusammenfassende Übersicht zu Kapitel 3.9: Leitung des Unternehmens

Unternehmensleitung

Zielsetzung

wirtschaftliche Ziele

soziale Ziele — ökologische Ziele

Planung

Gesamtplan — **Aufgliederung in** → Teilpäne

Organisation

Arten betrieblicher Regelungen:

- Disposition: planmäßige Regelung für Einzelfallentscheidung
- Improvisation: außerplanmäßige Regelung für Einzelfallentscheidung

Arten der Organisation:

Aufbauorganisation

- Einliniensystem
- Mehrliniensystem
- Stabliniensystem
- Spartensystem
- Matrixorganisation
- Projektorganisation

} Darstellung im Organigramm

Ablauforganisation

- Netzplan
- Balkendiagramm
- Ablaufdiagramm

Kontrolle und Revision

- Überwachung des Betriebsprozesses
- Überprüfung der Planung
- Überprüfung der Funktionsfähigkeit der Organisation
- Überwachung der Arbeitsdurchführung

Rechenschaftslegung und Repräsentation

Adressaten

Kapitalgeber | Öffentlichkeit | Staat | Kunden | Lieferanten

▶ Aufgaben und Probleme

1. In einer Jugendgruppe werden Sie beauftragt, ein Ferienlager zu leiten. Beschreiben Sie anhand dieses Falles die Führungsaufgaben Zielsetzung, Planung und Organisation.
2. Erstellen Sie in Gruppenarbeit jeweils ein Zielsystem für folgende Unternehmen:
   a) Der Koch Joachim Klein beabsichtigt, sich selbstständig zu machen. Seine Überlegungen zielen darauf ab, ein Restaurant in Citylage zu eröffnen. Dabei will er überwiegend vegetarische Gerichte anbieten.
   b) Der IT-Fachmann Oliver Stein gründet einen Computershop in der Rechtsform eines Einzelunternehmens. Der Standort ist in der Nähe eines großen beruflichen Schulzentrums.
   c) Zwei Möbelschreiner beabsichtigen, eine Möbelfertigung aufzunehmen, bei der Wohnmöbel aus natürlichen Rohstoffen (einheimisches Holz, organisches Polstermaterial) hergestellt werden sollen.
3. Wie hoch ist die Rentabilität des Eigen- und Gesamtkapitals eines Unternehmens, das bei 500.000 EUR Eigenkapital und 100.000 EUR Fremdkapital einen Gewinn von 80.000 EUR ausweist? Für die Fremdkapitalzinsen sind 6.000 EUR bereits verrechnet, als kalkulatorischer Unternehmerlohn werden 18.000 EUR angesetzt.
4. Wie hoch ist die Umsatzrentabilität bei einem Gesamtaufwand von 5,1 Mio. EUR, einem Gesamtertrag von 5,2 Mio. EUR und 5,0 Mio. EUR Verkaufserlösen?
5. Warum ist es möglich, dass trotz hoher Wirtschaftlichkeit die Rentabilität gering ist?
6. Die Möbelfabrik Ahorn GmbH, die sich auf die Fertigung von Einbauküchen spezialisiert hat, stellte auf 5.000 m^2 Produktionsfläche mit 10 Mitarbeitern pro Quartal 800 Küchen her. Das Konkurrenzunternehmen Bucher & Fichter OHG fertigte mit 3.500 m^2 Produktionsfläche und 12 Mitarbeitern im gleichen Zeitraum 600 Küchen.
   a) Berechnen Sie die Produktivität beider Unternehmen je m^2 Produktionsfläche und je Mitarbeiter.
   b) Berechnen Sie die Eigenkapitalrentabilität beider Unternehmen, wenn die Ahorn GmbH mit einem Eigenkapital von 10 Mio. EUR, die Bucher & Fichter OHG mit einem Eigenkapital von 8 Mio. EUR arbeitet und in beiden Unternehmen durchschnittlich 400 EUR Gewinn pro Küche erzielt werden.
   c) Erläutern Sie anhand der oben gewonnenen Ergebnisse die Unterschiede zwischen Rentabilität und Produktivität.
7. Folgende Angaben eines Industriebetriebes aus zwei aufeinanderfolgenden Geschäftsjahren liegen vor:

Geschäftsjahr I (Vorjahr)		**Geschäftsjahr II (Berichtsjahr)**	
Eigenkapital	3,2 Mio. EUR	Eigenkapital	3,5 Mio. EUR
Fremdkapital	6,3 Mio. EUR	Fremdkapital	5,9 Mio. EUR
Umsatzerlöse	30,4 Mio. EUR	Umsatzerlöse	33,5 Mio. EUR
Jahresüberschuss	770 Tsd. EUR	Jahresüberschuss	905 Tsd. EUR
Zinsaufwand	80 Tsd. EUR	Zinsaufwand	180 Tsd. EUR
Gesamterträge	33,1 Mio. EUR	Gesamterträge	34,9 Mio. EUR
Gesamtaufwand	32,9 Mio. EUR	Gesamtaufwand	33,8 Mio. EUR

   a) Berechnen und beurteilen Sie für beide Jahre die Rentabilität des
      – Eigenkapitals, – Gesamtkapitals, – Umsatzes.
   b) Berechnen und beurteilen Sie für beide Jahre die Wirtschaftlichkeit.
   c) Wie kann die Liquidität eines Unternehmens verbessert werden?

8. Ein Unternehmen verfügt u. a. über folgende Vermögenswerte:

Rohstoffe	690.000 EUR
Fertigerzeugnisse	450.000 EUR
Kassenbestand	23.000 EUR
Bankguthaben	413.000 EUR
Besitzwechsel	170.700 EUR
Forderungen	338.890 EUR

Dieses Unternehmen hat in der Periode folgende Verpflichtungen zu erfüllen:

– Verbindlichkeiten aus Lieferungen	380.000 EUR
– Löhne und Gehälter	455.090 EUR
– Haftpflichtversicherungsbeiträge	49.000 EUR
– Umsatzsteuer	120.780 EUR

a) Berechnen Sie die einzugsbedingte Liquidität.

b) Welche Sicherheit bietet die umsatzbedingte Liquidität?

c) Beurteilen Sie die Angaben in Bezug auf die Periodenliquidität (rechnerischer Nachweis).

d) Beschreiben Sie die Möglichkeiten zur Verbesserung der Liquidität dieses Unternehmens.

9. »Wer plant, handelt zielstrebiger. Wer nicht plant, ist ein Verschwender.«

Suchen Sie nach Beispielen aus Ihrem Erfahrungsbereich, um diese Behauptung zu begründen.

10. »Planung ersetzt den Zufall durch den Irrtum«. Erläutern Sie diese Aussage.

11. Aussage über zwei Mitarbeiter in einem Unternehmen:

- »Herr Nusser ist ein reines Organisationsgenie, aber ihm fehlt jegliches Improvisationstalent.«
- »Herr Nassal ist ein Improvisationsgenie, aber von Organisation versteht er gar nichts.«

a) Begründen Sie, welcher Mitarbeiter für eine Organisationsabteilung geeigneter erscheint.

b) Warum werden auch bei zweckmäßigster Organisation eines Unternehmens Improvisationen notwendig sein?

12. Stellen Sie Beispiele der Aufgabengliederung

a) aus dem Vertriebsbereich, b) aus dem Personalbereich dar.

13. Bei der Gliederung nach Rangstufen können Arbeitsschritte Ausführungs- oder Entscheidungscharakter haben. Zeigen Sie am Beispiel der Einstellung eines leitenden Angestellten,

a) welche Entscheidungen dabei zu treffen sind,

b) welche ausführenden Arbeiten dabei anfallen.

14. Beschreiben Sie die einzelnen Arbeitsschritte der Organisation, die bis zur Formulierung einer Stellenbeschreibung zu erledigen sind.

15. Organisatoren empfehlen die Verwendung sowohl von Funktionendiagrammen als auch von Stellenbeschreibungen. Vergleichen Sie beide Organisationsmittel.

16. Erstellen Sie ein Organigramm für Ihr Ausbildungsunternehmen.

17. a) Welche organisatorischen Vor- und Nachteile sind beim Einliniensystem mit der Anweisung »der Dienstweg ist einzuhalten« verbunden?

b) Beurteilen Sie diese Vorschrift aus der Sicht des »Vorgesetzten« und des »Untergebenen«.

18. Gliedern Sie den Arbeitsablauf für den Gesamtprozess »Bearbeitung eingehender Warenlieferungen«. Anleitung: Teilprozesse sind die Bearbeitung des Schriftgutes (Lieferschein, Frachtbrief, Rechnung) und die Warenannahme (Auspacken, Prüfen, Einlagern).
19. Ordnen Sie die Begriffe Arbeitszeitstudie, Arbeitsreihenfolge, Terminüberwachung, Zeitmessung und Verkettung von Arbeitsschritten den Tätigkeitsbereichen Zeitfolge-, Zeitdauer-, Zeitpunktbestimmung zu.
20. Vergleichen Sie die Arbeitsanweisung (Seite 169) mit der Stellenbeschreibung (Seite 232). Welche unterschiedliche Bedeutung haben diese Organisationsmittel?
21. Inwiefern unterscheiden sich Kontrolle und Revision hinsichtlich des Zeitpunktes und des Inhalts?
22. »Vertrauen ist gut, Kontrolle ist besser.« Beurteilen Sie diese Aussage.
23. Erläutern Sie die Rechenschaftslegung des Vorstandes einer AG gegenüber Aufsichtsrat und Hauptversammlung.
24. Auch Einzelunternehmer sind zur Rechenschaftslegung verpflichtet. Geben Sie dafür Beispiele.
25. Nennen Sie Repräsentationsaufgaben für die obere Leitungsebene.
26. Wodurch unterscheiden sich die Repräsentationsaufgaben eines Geschäftsführers von denen eines Abteilungsleiters?

3.10 Krise des Unternehmens

Die Krise eines Unternehmens ist an Symptomen erkennbar: Umsatzrückgang, geringer werdende Gewinne, anhaltende Verluste, Schrumpfung des Eigenkapitals, steigende Verschuldung, Zahlungsschwierigkeiten und schließlich Zahlungsunfähigkeit.

Als **Finanzkrise** eines Unternehmens bezeichnet man **vorübergehende Zahlungsschwierigkeiten (Liquiditätsengpass)** oder die **dauernde Zahlungsunfähigkeit (Insolvenz)** eines Schuldners.

Ursachen einer Krise	
innerbetriebliche Ursachen	**außerbetriebliche Ursachen**
– Mangel an Kapital – falsche Kapitalverwendung – Kapitalentzug durch überhöhte Privatentnahmen – fehlende Marktanpassung – mangelnde kaufmännische Kenntnisse – fehlerhafte Buchführung – technische Überalterung des Betriebs – Verluste durch Fehldispositionen – mangelhafte Organisation	– Abschwächung der Konjunktur – Änderung der Verbrauchergewohnheiten – Beschränkung der Kaufkraft infolge steigender Arbeitslosigkeit – Verschärfung des Wettbewerbs – Rückgang der Zahlungseingänge infolge größerer Verluste an Außenständen

Der Krise eines Unternehmens kann auf verschiedene Weise begegnet werden.

3.10.1 Sanierung

Unter **Sanierung** versteht man die Gesamtheit aller Maßnahmen **zur Gesundung** eines Unternehmens **ohne Hilfe der Gläubiger.**

Sanierung im weiteren Sinne

Damit das Unternehmen wieder wirtschaftlich und erfolgreich arbeiten kann, werden Maßnahmen ergriffen, um Mängel und Schäden zu beseitigen:

– personell:	Umbesetzung in der Unternehmensleitung, bessere Besetzung der Arbeitsplätze
– organisatorisch:	Rationalisierung
– sachlich:	Abstoßen unwirtschaftlich arbeitender Betriebsteile
– finanziell:	Zuführung neuen Kapitals, aber auch Rückgabe nicht mehr benötigten Kapitals oder Umwandlung von Fremdkapital in Eigenkapital

Sanierung im engeren Sinne

Hier wird das in der Bilanz ausgewiesene (nominelle) Kapital an das tatsächlich vorhandene Kapital angeglichen.

▶ Bei Einzelunternehmen und Personengesellschaften

Bei diesen wird das Eigenkapital um den Verlust gemindert (Verringerung der Einlagen).

▶ Bei Kapitalgesellschaften

Weil bei Kapitalgesellschaften das Nominalkapital durch Jahresergebnisse nicht verändert werden darf, muss der **Jahresfehlbetrag** als Abzugsbetrag beim gezeichneten Kapital ausgewiesen werden. Ist der Verlust kleiner als das Gezeichnete Kapital, dann spricht man von **Unterbilanz.**

a) Reine Sanierung. Sie ist die Beseitigung einer Unterbilanz ohne Zuführung von neuen Geldmitteln. Dies geschieht durch eine ordentliche Kapitalherabsetzung (»Kapitalschnitt«).

A	Bilanzsituation vor der Sanierung		P
Vermögen	5	Gezeichnetes Kapital	4
		Jahresfehlbetrag	–1
		Fremdkapital	2

→

A	Bilanzsituation nach der Sanierung		P
Vermögen	5	Gezeichnetes Kapital	2
		Rücklagen	1
		Fremdkapital	2

Beispiel: Die Aktien werden um die Hälfte zusammengelegt.

b) Sanierung durch Zuführung neuer Mittel (Zuzahlungssanierung). Die Aktionäre leisten Zuzahlungen, ohne die eine wirkliche Gesundung nicht möglich ist.

A	Bilanzsituation vor der Sanierung		P
Vermögen 5		Gezeichnetes Kapital	4
		Jahresfehlbetrag	–1
		Fremdkapital	2

→

A	Bilanzsituation nach der Sanierung		P
Vermögen	5	Gezeichnetes Kapital	4
Zuzahlungen	1	Fremdkapital	2

Übersteigen die Verluste schließlich das Eigenkapital, sodass die Schulden größer sind als das Vermögen, spricht man von **Überschuldung.** Eine Sanierung ist bei Kapitalgesellschaften dann nicht mehr möglich. In diesem Falle muss die Eröffnung des Insolvenzverfahrens beantragt werden.

HGB § 268 (3), InsO § 19

A	Bilanzsituation bei Überschuldung		P
Vermögen	3	Gezeichnetes Kapital	4
nicht durch EK gedeckter Fehlbetrag	5	Fremdkapital	4

Sanierung in Eigenverantwortung (Schutzschirmverfahren-ESUG)

InsO § 270b Das **Schutzschirmverfahren-ESUG** ist ein Sanierungsverfahren, das unter gerichtlichem Vollstreckungsschutz steht. Es kann nur bei drohender Zahlungsunfähigkeit und bei Überschuldung mit einem »normalen« Insolvenzantrag beantragt werden. Dabei muss ein Sachwalter benannt werden, der allerdings vom Unternehmen selbst frei gewählt werden kann.

Das Schutzschirmverfahren wird für maximal 3 Monate gewährt, wenn die angestrebte Sanierung nicht offensichtlich aussichtslos ist. In dieser Zeit soll der Schuldner einen Insolvenzplan erarbeiten.

Am Ende des Schutzschirmverfahrens steht entweder die fristgerechte Vorlage des Insolvenzplans oder dessen Aufhebung. In beiden Fällen ist das Gericht der Entscheidungsträger über die Eröffnung des Verfahrens.

3.10.2 Insolvenzplan

§§ 217 ff. Durch den **Insolvenzplan** wird der **Schuldner** von seinen **restlichen Verbindlichkeiten** gegenüber den Insolvenzgläubigern **befreit.**

Damit kann erreicht werden, dass das insolvente **Unternehmen bestehen bleibt.**

Ein Insolvenzplan kann dem Gericht sowohl durch den Schuldner als auch durch den Insolvenzverwalter vorgelegt werden. Darin werden geregelt die

- Befriedigung der Gläubiger,
- Verwertung und Verteilung der Insolvenzmasse,
- Haftung des Schuldners nach der Beendigung des Verfahrens.

Aufstellung des Insolvenzplanes

§ 220 Der **darstellende Teil** des Planes enthält

- Maßnahmen, die nach der Eröffnung des Verfahrens getroffen werden (Fortsetzung der Produktion),
- alle sonstigen Angaben zu den Grundlagen und Auswirkungen des Planes, die für die Entscheidung der Gläubiger über die Zustimmung des Planes und für dessen gerichtliche Bestätigung erheblich sind.

Im **gestaltenden Teil** wird dargelegt, wie die Rechtsstellung der Beteiligten durch den Plan geändert wird. Hierbei wird entschieden, ob und in welchem Umfang die Rechte der absonderungsberechtigten Gläubiger gekürzt oder gestundet und wie sie gesichert werden. *InsO § 221*

Ebenso muss festgelegt werden, um welchen Bruchteil die Forderungen der Insolvenzgläubiger gekürzt bzw. für welchen Zeitraum sie gestundet werden.

Die Forderungen nachrangiger Insolvenzgläubiger gelten als erlassen. Dem Insolvenzplan müssen eine Vermögensübersicht und eine Übersicht über die Aufwendungen und Erträge beigefügt werden, und zwar für den Zeitraum, während dessen die Gläubiger befriedigt werden sollen. *§ 225*

Bei der Festlegung der Rechte der Beteiligten sind Gruppen zu bilden, also absonderungsberechtigte Gläubiger, Insolvenzgläubiger, nachrangige Gläubiger, Arbeitnehmer und evtl. Kleingläubiger. *§ 222*

Annahme und Bestätigung des Insolvenzplanes

Beim Erörterungs- und Abstimmungstermin werden der Insolvenzplan und das Stimmrecht der Gläubiger erörtert. *§§ 235 ff.*

Anschließend wird über den Plan abgestimmt.

Der Plan gilt als **angenommen,** wenn

- die **Mehrheit der abstimmenden Gläubiger** dem Plan zustimmt und
- die **Summe der Ansprüche der zustimmenden Gläubiger mehr als die Hälfte** der Summe der Ansprüche der abstimmenden Gläubiger beträgt.

Wirkungen des Insolvenzplanes

Sobald der Insolvenzplan rechtskräftig ist,

- wird ein bereits eingeleitetes Insolvenzverfahren aufgehoben. Vor der Aufhebung hat der Verwalter die unbestrittenen Masseansprüche zu befriedigen und für die bestrittenen Ansprüche Sicherheit zu leisten. *§ 258*
- erhält der Schuldner damit das Recht zurück, über die Insolvenzmasse frei zu verfügen. Es kann vorgesehen werden, dass der Insolvenzverwalter die Planerfüllung überwacht. *§ 259*

Gerät der Schuldner bei der Erfüllung des Insolvenzplans einem Gläubiger gegenüber in Rückstand, so wird die Stundung oder der Erlass hinfällig. Allerdings muss der Gläubiger den Schuldner mahnen und ihm eine mindestens zweiwöchige Nachfrist setzen. Danach kann der Gläubiger zur Zwangsvollstreckung schreiten.

Wird vor vollständiger Erfüllung des Planes über das Vermögen des Schuldners ein neues Insolvenzverfahren eröffnet, so ist die Stundung oder der Erlass für alle Insolvenzgläubiger hinfällig **(Wiederauflebensklausel).** *§ 255*

3.10.3 Außergerichtlicher Vergleich

Die Insolvenz eines Schuldners kann auch durch einen außergerichtlichen Vergleich behoben werden. Die Verhandlungen werden ohne gerichtliche Mitwirkung völlig frei, meist *BGB § 779* vertraulich geführt. Alle Gläubiger sollen zustimmen, brauchen aber nicht in gleicher Weise behandelt zu werden. Häufig schließt der Schuldner nur mit einzelnen Großgläubigern einen Vergleich.

Vorteile	Nachteil
– rasche Durchführung – keine Veröffentlichung – keine Gerichtskosten	Gläubiger können beim nachfolgenden Insolvenzverfahren nur noch ihre Restforderung geltend machen.

Beim **Vergleich** unterscheidet man

a) Stundungsvergleich (Moratorium), bei dem die Gläubiger ihre Forderungen stunden und einem Tilgungsplan zustimmen,

b) Erlassvergleich (Quotenvergleich), bei dem die Gläubiger auf einen Teil ihrer Forderungen verzichten.

Beispiel: 50 %iger Erlass.

A	Bilanzsituation vor dem Vergleich		P
Vermögen	6	Kapital	2
		Fremdkapital	4

→

A	Bilanzsituation nach dem Vergleich		P
Vermögen	6	Kapital	2
		Vergleichsgewinn	2
		Fremdkapital	2

3.10.4 Insolvenzverfahren

Mit dem Insolvenzverfahren soll vermieden werden, dass einzelne Gläubiger versuchen, durch raschen Zugriff die volle Befriedigung ihrer Forderungen zu erlangen, während andere leer ausgehen würden. Ein **Insolvenzverfahren** löscht ein Unternehmen aus. Dies ist für die Volkswirtschaft, vor allem aber für die Belegschaft, mit schweren Nachteilen verbunden. Deshalb besteht ein nachhaltiges Interesse, die Existenz eines Unternehmens zu sichern.

InsO § 1 Das **Insolvenzverfahren** ist ein gerichtliches Verfahren zur gemeinschaftlichen **Befriedigung** der Gläubiger. Das Vermögen des Schuldners wird **verwertet** und der Erlös **verteilt.**

Voraussetzungen

§§ 17 ff. **a) Zahlungsunfähigkeit, drohende Zahlungsunfähigkeit,** bei juristischen Personen auch **Überschuldung.**

§ 3 **b) Antrag** an das **Insolvenzgericht;** das ist das Amtsgericht, in dessen Bezirk der Schuldner seinen allgemeinen Gerichtsstand hat (Kapitel 2.6).

§§ 13 ff. Der Antrag kann gestellt werden

1. vom Schuldner selbst. Dieser kann auch bereits bei drohender Zahlungsunfähigkeit einen Antrag stellen;
2. von einem Gläubiger. Dieser muss nachweisen, dass er ein rechtliches Interesse an der Eröffnung des Insolvenzverfahrens hat. Er muss seine Forderung und den Grund glaubhaft machen, z. B. durch erfolglose Zwangsvollstreckung oder Wechselprotest.

Eröffnung des Verfahrens

Das Gericht prüft, ob die Voraussetzungen zur Eröffnung des Insolvenzverfahrens vorliegen, und ernennt einen vorläufigen Insolvenzverwalter. Reicht das vorhandene Vermögen zur Deckung der Kosten des Verfahrens nicht aus, so wird der Antrag **mangels Masse** abgewiesen. Stellt sich dies erst im Laufe des Verfahrens heraus, wird das Verfahren eingestellt. Die Gläubiger können dann wieder Einzelvollstreckungen einleiten. *InsO § 26 § 207*

Wird das Verfahren eröffnet, so ernennt das Gericht einen **Insolvenzverwalter.** Der Eröffnungsbeschluss ist zu veröffentlichen und ins Handelsregister und zur Verhinderung gutgläubigen Erwerbs von Grundstücken ins Grundbuch einzutragen.

▶ Inhalt des Eröffnungsbeschlusses

Der **Eröffnungsbeschluss** enthält *§ 27*

a) Firma oder Name und Vornamen, Geschäftszweig und Anschrift des Schuldners,

b) Name und Anschrift des Insolvenzverwalters,

c) Tag und Stunde der Eröffnung,

d) die Aufforderung an die Gläubiger, ihre Forderungen beim Insolvenzverwalter anzumelden und mitzuteilen, welche Sicherungsrechte sie beanspruchen, *§ 28*

e) die Aufforderung an die Schuldner, nicht mehr an den Insolvenzschuldner, sondern nur an den Verwalter zu bezahlen,

f) einen Termin, an dem der Insolvenzverwalter über die wirtschaftliche Lage des Schuldners und deren Ursachen Bericht erstattet **(Berichtstermin)** und in dem über den Fortgang des Verfahrens beschlossen wird. *§ 29 (1) Nr. 1*

g) einen Termin für die erste Gläubigerversammlung, in der die angemeldeten Forderungen geprüft werden **(Prüftermin),** *§ 29 (1) Nr. 2*

▶ Wirkungen des Eröffnungsbeschlusses

a) auf den Schuldner:

1. Mit der Eröffnung geht das Recht des Schuldners, das Vermögen zu verwalten und darüber zu verfügen, auf den Insolvenzverwalter über. *§ 80*
2. Der Schuldner ist verpflichtet, sich jederzeit auf Anordnung des Gerichts zur Verfügung zu stellen.
3. Auf Anordnung des Gerichts kann eine Postsperre erlassen werden, d.h., die Geschäftspost darf nur vom Insolvenzverwalter geöffnet werden. *§§ 99, 102*
4. Auf Beschluss der Gläubigerversammlung kann dem Schuldner, dem Ehegatten und den minderjährigen Kindern Unterhalt aus seinem Vermögen gewährt werden. *§ 100*
5. Vom Schuldner erteilte Vollmachten, z.B. Prokura, erlöschen. *§ 117*
6. Der Schuldner hat dem Verwalter gegenüber Auskunftspflicht und hat ihn bei der Erfüllung seiner Aufgaben zu unterstützen. *§ 97*

b) auf die Drittschuldner:

Es ist ihnen untersagt, an den Schuldner zu leisten. Leistet ein Drittschuldner trotzdem, so wird er nur befreit, wenn er nachweisen kann, dass er zur Zeit der Leistung die Eröffnung des Verfahrens nicht kannte. *§ 82*

c) auf die Gläubiger:

1. Die einzelnen Gläubiger verlieren das Recht auf Zwangsvollstreckungen. *§ 89*
2. Sie müssen ihre Forderungen beim Gericht anmelden. Dort werden sie in eine Tabelle eingetragen. *§§ 174 f.*
3. Die Verjährung ihrer Forderungen ist gehemmt.

▶ Stellung und Aufgaben des Insolvenzverwalters

InsO §§ 56 ff. **Stellung.** Das Insolvenzgericht bestellt den Insolvenzverwalter. Es soll eine für den Einzelfall geeignete, geschäftskundige Person sein (Rechtsanwalt, Wirtschaftsprüfer).

Aufgaben. Nach der Eröffnung des Verfahrens wird der Insolvenzverwalter Besitzer des zur Insolvenzmasse gehörenden Vermögens und verwaltet dieses. Vom Schuldner kann er die Herausgabe von Sachen verlangen, die zur Insolvenzmasse gehören.

§ 153 Er hat ein Verzeichnis der Gegenstände, die in der Insolvenzmasse sind, ein Gläubigerverzeichnis und eine Bilanz zu erstellen und jede angemeldete Forderung aufzulisten.

Weitere Aufgaben sind:

- § 103 Bei noch nicht vollständig abgewickelten Verträgen kann der Insolvenzverwalter entscheiden, ob er den Vertrag erfüllen will oder ob er die Erfüllung ablehnt. Im letzteren Fall hat der Gläubiger nur als Insolvenzgläubiger einen Anspruch an die Insolvenzmasse.
- § 109 Miet- oder Pachtverträge kann der Insolvenzverwalter ohne Rücksicht auf die vereinbarte Vertragsdauer unter Einhaltung einer Dreimonatsfrist kündigen.
- Dienstverträge können vom Insolvenzverwalter und vom Vertragspartner ohne Rücksicht auf die vereinbarte Vertragsdauer gekündigt werden.
- Betriebsvereinbarungen können mit einer Frist von 3 Monaten gekündigt werden.
- §§ 129 ff. Der Insolvenzverwalter kann Rechtshandlungen anfechten, die vor der Eröffnung des Verfahrens vorgenommen wurden und die Insolvenzgläubiger benachteiligen.

▶ Gläubigerversammlungen

§ 74 Gläubigerversammlungen dienen der Wahrnehmung der gemeinsamen Interessen der Gläubiger. Sie werden vom Gericht einberufen und geleitet.

§ 77 **Stimmberechtigt** sind die Gläubiger, deren Forderungen weder vom Insolvenzverwalter noch von einem stimmberechtigten Gläubiger bestritten werden.

§ 76 Ein Beschluss kommt zustande, wenn die Forderungssumme der zustimmenden Gläubiger mehr als die Hälfte der Forderungen aller abstimmenden Gläubiger beträgt.

Einteilung der Gläubiger

▶ Insolvenzgläubiger

§§ 49 ff. § 88 a) **Absonderungsberechtigte.** Sie haben ihre Forderungen durch ein Pfandrecht gesichert oder können sie aufgrund einer Abtretung oder eines Zurückbehaltungsrechts geltend machen. Eine Sicherung durch Zwangsvollstreckung, die im letzten Monat vor dem Antrag auf Eröffnung des Insolvenzverfahrens erworben wurde, ist unwirksam (Sperrfrist).

§ 94 b) **Aufrechnungsberechtigte.** Die Forderungen des Schuldners werden mit Forderungen an den Schuldner verrechnet.

§§ 53 ff. c) **Massegläubiger** sind vorweg zu befriedigen. Masseverbindlichkeiten sind

- die Kosten des Insolvenzverfahrens (Gerichtskosten, Vergütungen und Auslagen des Insolvenzverwalters).
- sonstige Masseverbindlichkeiten, die durch Handlungen des Insolvenzverwalters bei der Verwaltung, Verwertung und Verteilung der Insolvenzmasse entstanden sind, oder Schulden, die nach der Eröffnung des Verfahrens entstanden sind (Löhne, Gehälter, Mieten).
- § 123 Verbindlichkeiten aus dem Sozialplan, sofern sie den Gesamtbetrag von zweieinhalb Monatsverdiensten und ein Drittel der für die Verteilung zur Verfügung stehenden Insolvenzmasse nicht übersteigen.

d) **Persönliche Insolvenzgläubiger** haben zum Zeitpunkt der Eröffnung des Verfahrens einen begründeten Vermögensanspruch an den Schuldner. Sie erhalten bei der Verteilung der Restmasse einen vom Gläubigerausschuss auf Vorschlag des Insolvenzverwalters festgelegten **Bruchteil** von ihrem Anspruch. *InsO § 38 § 195*

e) **Nachrangige Insolvenzgläubiger** haben Forderungen, die im Rang nach den übrigen Forderungen stehen. Dies können sein *§ 39*

- Zinsen, die seit der Eröffnung des Insolvenzverfahrens für die Forderungen der Insolvenzgläubiger anfallen,
- Kosten, die den einzelnen Insolvenzgläubigern durch ihre Teilnahme am Verfahren erwachsen.

Sie werden nach den übrigen Forderungen in ihrer folgenden Rangfolge befriedigt. Bei gleicher Rangstellung erfolgt die Befriedigung nach dem Verhältnis ihrer Beträge.

▶ **Aussonderungsberechtigte**

Dies sind **keine Insolvenzgläubiger.** Sie sind Gläubiger, die ein dingliches oder persönliches Eigentumsrecht an Gegenständen haben, die sich im Besitz des Schuldners befinden. *§ 47*

Beispiele: mit Eigentumsvorbehalt gelieferte und noch nicht bezahlte Waren, gepachtete und gemietete Gegenstände

Verwertung und Verteilung der Insolvenzmasse

Im Berichtstermin hat der Insolvenzverwalter darzulegen, welche *§ 156*

- Aussichten bestehen, das Unternehmen zu erhalten,
- Möglichkeiten für einen Insolvenzplan bestehen,
- Auswirkungen jeweils für die Befriedigung der Gläubiger eintreten würden.

Verwertung. Auf Beschluss der Gläubigerversammlung hat der Insolvenzverwalter das zur Insolvenzmasse gehörende Vermögen zu verwerten. Die bei der Verwertung der Insolvenzmasse erzielten Barmittel können an die Gläubiger ausgezahlt werden. *§ 159*

Verteilung. Vor der Verteilung hat der Insolvenzverwalter ein Verzeichnis der Forderungen aufzustellen. Die Summe der Forderungen und der für die Verteilung verfügbare Betrag sind öffentlich bekannt zu machen. *§ 188*

Beispiel: Verteilung des Vermögens der Lohrer GmbH in Höhe von 190.000 EUR. Ein Insolvenzgläubiger erhält als Bruchteil $^1/_{20}$ seiner Forderung, er erhält also 500 EUR (Bild, Seite 182).

Der Insolvenzverwalter muss das Ergebnis den Gläubigern mitteilen. In einer abschließenden Gläubigerversammlung bestimmt das Gericht den **Schlusstermin,** in dem die Schlussrechnung des Verwalters erörtert wird. Die Schlussverteilung darf nur mit Zustimmung des Gerichts erfolgen. Sie erfolgt, wenn die Insolvenzmasse verwertet ist

Beendigung des Verfahrens und die Folgen

Sobald die Schlussverteilung vollzogen ist, beschließt das Gericht die **Aufhebung** des Insolvenzverfahrens.

Die Insolvenzgläubiger können ihre restlichen Forderungen gegen den Schuldner unbeschränkt geltend machen. Aus der Eintragung in die Insolvenztabelle können die Gläubiger wie aus einem vollstreckbaren Urteil die Zwangsvollstreckung gegen den Schuldner betreiben. *§ 201*

Verteilung der Insolvenzmasse

Vermögen	Schulden		Recht	
fremdes Eigentum 20.000 EUR			Aussonderung	
Insolvenzmasse 170.000 EUR	durch Pfand gesichert	30.000 EUR	→ Absonderung	volle Befriedigung
	bei Kindern	10.000 EUR	→ Aufrechnung	volle Befriedigung
	Gerichtskosten, Kosten des Insolvenzverwalters	30.000 EUR	→ Masseverbindlichkeiten	volle Befriedigung
	Käufe, Miete, Löhne und Gehälter nach Eröffnung des Verfahrens Verbindlichkeiten des Sozialplans	80.000 EUR	→ Masseverbindlichkeiten	volle Befriedigung
	gedeckt	20.000 EUR	Bruchteil 1/20	teilweise Befriedigung
	ungedeckt	380.000 EUR	Forderungen der persönlichen Insolvenzgläubiger 400.000 EUR	teilweise Befriedigung
	nachrangige Insolvenzgläubiger	10.000 EUR	keine Befriedigung	

Insolvenzgeld

SGB III § 183 Die Bundesagentur für Arbeit zahlt jedem Arbeitnehmer Insolvenzgeld. Dies ist das auf die monatliche Beitragsbemessungsgrenze begrenzte Bruttoentgelt für die letzten drei Monate vor der Insolvenzeröffnung. Auf Antrag der Einzugsstelle (z. B. AOK) werden auch die für diese Zeit rückständigen Sozialversicherungsbeiträge abgeführt. Die Bundesagentur für Arbeit hat dafür als Insolvenzgläubiger einen Anspruch an die Insolvenzmasse. Ausfälle werden von der Gesamtheit der Arbeitgeber durch eine Umlage getragen.

3.10.5 Restschuldbefreiung

InsO §§ 286 ff. Ist der **Schuldner eine natürliche Person,** so kann er **auf seinen Antrag** vom Insolvenzgericht **von den Restschulden befreit werden.**

Der Schuldner muss dafür eine Erklärung abgeben, dass er seine pfändbaren Forderungen für die Zeit von **6 Jahren** nach der Eröffnung des Verfahrens an einen Treuhänder abtritt.

In dieser Zeit sind Zwangsvollstreckungen einzelner Insolvenzgläubiger in das Vermögen des Schuldners nicht zulässig.

Der Schuldner ist verpflichtet, *InsO § 295*

- sich um eine angemessene Erwerbstätigkeit zu bemühen,
- von einem Vermögen, das er erbt, die Hälfte an den Treuhänder abzuführen,
- jeden Wechsel des Wohnsitzes oder der Arbeitsstelle anzuzeigen,
- Zahlungen zur Befriedigung der Insolvenzgläubiger nur an den Treuhänder zu leisten.

Eine vorzeitige Restschuldbefreiung bzw. eine Verkürzung des Restschuldbefreiungsverfahrens auf 5 bzw. 3 Jahre ist unter bestimmten Voraussetzungen möglich. *§ 300 (1), S. 2, Nr. 2+3*

Mit dem Verfahren soll erreicht werden, dass der Insolvenzschuldner nach dem Ablauf von 6 Jahren wieder **ein Geschäft gründen** oder **eine normale Erwerbstätigkeit ausüben** kann, ohne unter dem dauernden Druck der restlichen Schulden zu stehen.

Eine Befreiung wird versagt, wenn z.B. *§ 290*

- der Schuldner schriftlich unrichtige oder unvollständige Angaben über seine wirtschaftlichen Verhältnisse macht,
- dem Schuldner in den letzten 10 Jahren schon einmal eine Restschuldbefreiung erteilt oder in den letzten 5 Jahren versagt wurde.

3.10.6 Bankrott

Ein **Bankrott** liegt vor, wenn der **Schuldner die Insolvenz verschuldet** hat. *StGB § 283*

Er wird mit Freiheitsstrafe geahndet.

Insolvenz	Bankrott		
ohne Verschulden	mit Verschulden		
	Fahrlässigkeit	Vorsatz	Vorsatz und Gewinnsucht
straffrei	Freiheitsstrafe bis 2 Jahre	Freiheitsstrafe bis 5 Jahre	Freiheitsstrafe bis 10 Jahre
	Der Schuldner hat durch Spiel, Wetten oder Börsenspekulationen Bestandteile seines Vermögens beiseite geschafft.	Der Schuldner hat in der Absicht, seine Gläubiger zu benachteiligen, Vermögenswerte verheimlicht oder beiseite geschafft.	Der Schuldner hat aus Gewinnsucht oder wissentlich viele Personen in die Gefahr des Verlustes ihrer ihm anvertrauten Vermögenswerte gebracht.

3.10.7 Liquidation des Unternehmens

Die **Liquidation** ist die freiwillige **Auflösung eines Unternehmens.** Dabei wird das gesamte Vermögen des Unternehmens in liquide (flüssige) Mittel umgewandelt. *BGB §§ 726 ff.*

Auflösungsgründe können sein: Arbeitsunfähigkeit oder hohes Alter des Unternehmers, Streitigkeiten der Gesellschafter oder Erben, schlechte Ertragsaussichten, Erreichung des Unternehmenszieles, Erschöpfung von Rohstoffvorkommen. *HGB §§ 131 ff. AktG §§ 262 ff.*

Die **Abwicklung** liegt meist in den Händen des Unternehmers, der bisherigen Gesellschafter, Geschäftsführer oder Vorstandsmitglieder. Es kann aber auch eine andere Person bestellt werden. Man nennt sie **Abwickler** (Liquidator). *GmbHG §§ 60 ff. GenG §§ 78 ff.*

Dem **Gläubigerschutz** dienen folgende Bestimmungen:

a) Der Auflösungsbeschluss muss veröffentlicht und ins Handelsregister eingetragen werden. Die Gläubiger sind dabei aufzufordern, sich zu melden.

b) Auf allen Geschäftsbriefen ist der Zusatz »i. L.« = »in Liquidation« beizufügen.

c) Gesellschafter von Personengesellschaften haften noch fünf Jahre ab dem Zeitpunkt der Eintragung des Auflösungsbeschlusses in das Handelsregister.

Die **Verteilung** des verbleibenden Vermögens erfolgt im Verhältnis der Kapitalanteile.

Die **Beendigung** der Liquidation und das Erlöschen des Unternehmens ist im Handelsregister einzutragen. Die Geschäftsbücher und Schriftstücke sind 10 Jahre aufzubewahren. Bei Kapitalgesellschaften und Genossenschaften bestimmt das Gericht den Ort der Aufbewahrung.

3.10.8 Auswirkungen von Unternehmenszusammenbrüchen

Auswirkungen von Unternehmenszusammenbrüchen	
auf die Volkswirtschaft	**auf die Belegschaft**
Lieferanten können durch den Ausfall ihrer Forderungen selbst zahlungsunfähig werden (Kettenreaktion). Bund, Länder, Gemeinden und Sozialversicherungsträger verlieren Steuer- und Beitragszahler; sie können deshalb ihre öffentlichen Aufgaben nur noch in entsprechend eingeschränktem Maße erfüllen.	Durch den Zusammenbruch verlieren die Mitarbeiter ihren Arbeitsplatz. Sie haben nicht nur Schwierigkeiten, einen gleichwertigen Arbeitsplatz zu finden. Oft müssen sie auch den Wohnort wechseln. Ältere Arbeitnehmer bekommen bei schlechter Wirtschaftslage keinen Arbeitsplatz mehr und sind gezwungen, vorzeitig in Rente zu gehen.

**Zusammenfassende Übersicht zu Kapitel 3.10:
Krise des Unternehmens**

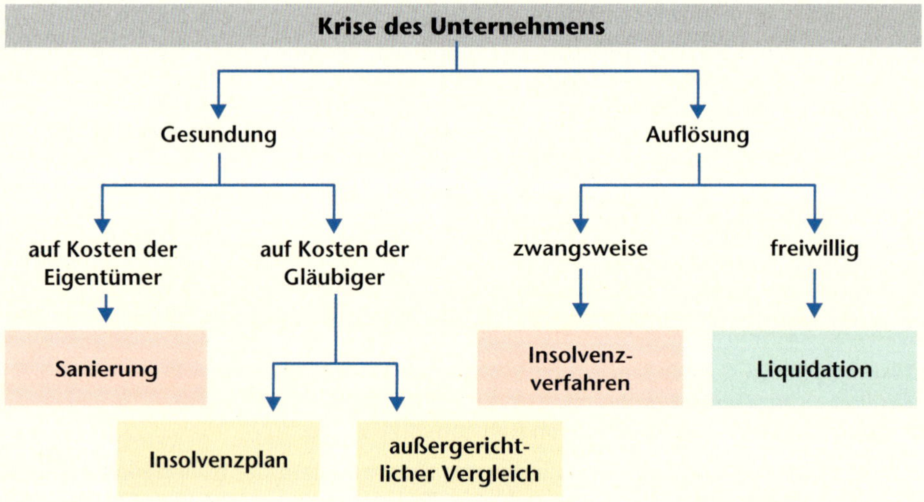

▶ Aufgaben und Probleme

1. Welche Auswirkungen hat der Zusammenbruch eines Unternehmens
   a) für die Volkswirtschaft,
   b) für die Arbeitnehmer,
   c) für die Gläubiger,
   d) für den Eigentümer?
2. Wodurch kann der Mangel an flüssigen Mitteln verursacht werden?
3. Nennen Sie je zwei Gründe für die Krise des Unternehmens, bei denen der Unternehmer die Krise
   a) verschuldet hat,
   b) nicht verschuldet hat.
4. Das Vermögen der Klammer KG beträgt 500.000 EUR. Entscheiden und begründen Sie, welche Maßnahmen zu ergreifen sind, wenn die Schulden
   a) 200.000 EUR,
   b) 500.000 EUR,
   c) 900.000 EUR

   betragen.
5. Worin liegt der Unterschied zwischen einer Bilanz mit Jahresfehlbetrag und einer Bilanz mit Überschuldung?
6. Warum gibt es bei Personenunternehmen keine Bilanz mit Jahresfehlbetrag?
7. Warum kann ein Personenunternehmen bei Überschuldung trotzdem weitergeführt werden?
8. Zu wessen Lasten kann die Sanierung eines Unternehmens gehen?
9. In welchen Bilanzposten wird ein Verlust ausgewiesen
   a) bei Personengesellschaften,
   b) bei Aktiengesellschaften?
10. Die Bilanz einer AG hat folgende Positionen: Vermögen 8 Mio. EUR, Schulden 10 Mio. EUR, Gezeichnetes Kapital 3 Mio. EUR, Jahresfehlbetrag 5 Mio. EUR.
    a) Erstellen Sie die Bilanzsituation und analysieren Sie diese.
    b) Entscheiden Sie, welche Maßnahmen zu treffen sind.
    c) Angenommen, die Schulden würden nur 6 Mio. EUR betragen. Für welche Maßnahmen könnten Sie sich dann entscheiden?
11. Anton Abele hat beim zuständigen Insolvenzgericht Antrag auf Eröffnung des Insolvenzverfahrens über das Vermögen des Hans Müller e. K. gestellt.
    a) Von welchen formellen Voraussetzungen ist die Eröffnung des Insolvenzverfahrens abhängig?
    b) Was kann Hans Müller e. K. dagegen unternehmen?
12. Über das Vermögen des Antiquitätenhändlers Preschel e. K. wurde das Insolvenzverfahren eröffnet.

    Vor der Eröffnung hatte Preschel einen »Biedermeier-Sekretär« für 10.000 EUR unter Eigentumsvorbehalt gekauft. Der Verkäufer verlangt Erfüllung, während der Insolvenzverwalter die Ablehnung der Erfüllung anstrebt. Wie ist die Rechtslage?

13. Melden Sie beim Insolvenzgericht Ihre Forderung an Peter Winter e. K., Schillerstr. 19, 49074 Osnabrück, in Höhe von 1.627 EUR für die am 6. März 20.. unter Eigentumsvorbehalt gelieferte Ware an. Bitten Sie um Aussonderung, wenn dies noch möglich ist.

14. Begründen Sie, warum der Gesetzgeber zwischen Insolvenzverfahren und Insolvenzplan unterscheidet.

15. Welche Vorteile bietet der Insolvenzplan

    a) dem Schuldner,

    b) dem Gläubiger?

16. Welchen wirtschafts- und gesellschaftspolitischen Sinn haben die gesetzlichen Vorschriften über den Insolvenzplan?

17. Egon Franke e. K. schreibt seinem Lieferanten Jakob Fischer OHG, Bahnhofstr. 3, 92224 Amberg, dass er vor zwei Tagen beim zuständigen Amtsgericht einen Antrag auf die Durchführung eines Insolvenzplanes gestellt habe. Franke verspricht, 50 % seiner bestehenden Schuld binnen eines Jahres zu bezahlen. Er bittet um Zustimmung zu diesem Insolvenzplan und stellt in Aussicht, auch künftig bei Fischer zu kaufen und mit Skonto zu bezahlen.

    Schreiben Sie diesen Brief Frankes und begründen Sie, wodurch diese missliche Lage entstanden sein könnte.

18. Der Gesetzgeber hat neben dem Insolvenzplan auch die Restschuldbefreiung eingeführt.

    Begründen Sie diese Maßnahme.

19. Der Gesetzgeber regelt den Bankrott im Strafgesetzbuch und nicht in der Insolvenzordnung.

    Begründen Sie dies.

4 Menschliche Arbeit im Betrieb

4.1 Führungsstile und Führungstechniken

4.1.1 Führungsstile

Der **Führungsstil** ist die Art und Weise, **wie der Vorgesetzte seine Mitarbeiter anhält,** im Rahmen ihrer Zuständigkeit für das Unternehmen zu arbeiten.

Die Wahl des Führungsstils ist eine Grundsatzentscheidung der Unternehmensleitung. Sie hat grundlegende Auswirkungen auf den Arbeitsalltag im Unternehmen.

Idealtypische Führungsstile

Merkmale der idealtypischen Führungsstile

Autoritärer Führungsstil	Kooperativer Führungsstil
– Zentralisierte Aufgabenerfüllung. – Strikte Trennung von Entscheidung, Ausführung und Kontrolle. – Nur der Vorgesetzte entscheidet. – Der Mitarbeiter führt nur aus und wird kontrolliert; es herrscht absolute Fremdbestimmung. – Überlastung der oberen Leitungsebene. – Die Abhängigkeit des Mitarbeiters vom Vorgesetzten ist groß. – Viele Mitarbeiter werden unterfordert und eher demotiviert.	– Dezentralisierte Aufgabenerfüllung. – Gemilderte Trennung von Entscheidung, Ausführung und Kontrolle. – Die Mitarbeiter können mitentscheiden. – Der Mitarbeiter kann weitgehend selbst entscheiden und sich selbst kontrollieren. – Entlastung der oberen Leitungsebene. – Die Abhängigkeit des Mitarbeiters vom Vorgesetzten ist gering. – Leistungsfähige Mitarbeiter werden gefordert und eher motiviert.

▶ Autoritärer Führungsstil

Der **Vorgesetzte** (Unternehmer, obere Leitung) trifft die **Entscheidungen in eigener Verantwortung** und aus eigener Machtvollkommenheit. Die Ausführung dieser Entscheidungen veranlasst er in Form von detaillierten Anweisungen an alle nachgeordneten Leitungsebenen. Um die Durchführung seiner Weisungen zu überwachen, muss der Vorgesetzte die Tätigkeit seiner Mitarbeiter lückenlos kontrollieren und jeweils die Vollzugsmeldung seiner Weisungen verlangen. Jede Abweichung von den Weisungen bedarf seiner Zustimmung.

Da alle Entscheidungen und Anweisungen zentral auf der oberen Leitungsinstanz getroffen werden, sind die Mitarbeiter des Unternehmens wenig motiviert, Verantwortungsbewusstsein zu übernehmen und kreativ und entscheidungsfreudig zu handeln. Damit wird auch die Entwicklung geeigneter Nachwuchskräfte für Führungspositionen vernachlässigt.

Eine zentralisierte Führung ist einerseits zwar in der Lage, dringende Entscheidungen in kritischen Situationen sehr rasch zu treffen; die Überlastung der oberen Leitungsebene mit Routinearbeiten führt jedoch andererseits zu einem schwerfälligen Betriebsablauf.

▶ Kooperativer Führungsstil

Im Gegensatz zum autoritären Führungsstil trifft die obere Leitung die **Entscheidung im »Zusammenwirken«** mit ihren Mitarbeitern. Die Aufgabenerfüllung wird dezentralisiert. Den Mitarbeitern werden Aufgaben und Tätigkeiten zur eigenverantwortlichen Durchführung übertragen. Hierdurch werden das Verantwortungsbewusstsein und die Entscheidungsfreude gefördert. Sie begünstigt den Arbeitseinsatz und die Entfaltung der Persönlichkeit der Mitarbeiter.

Die Mitarbeiter müssen außer der Eigeninitiative auch die Bereitschaft zur Selbstkontrolle entwickeln.

Realformen der Führungsstile

Der Führungsstil der leitenden Personen ist stark durch die Persönlichkeit geprägt. Deshalb findet man in der betrieblichen Praxis selten den autoritären oder den kooperativen Führungsstil in reiner, idealtypischer Form. Im alltäglichen Miteinander zwischen Vorgesetzten und Mitarbeitern haben sich vielmehr Realformen herausgebildet, die zwischen den Idealformen liegen.

Pyramide realtypischer Führungsstile

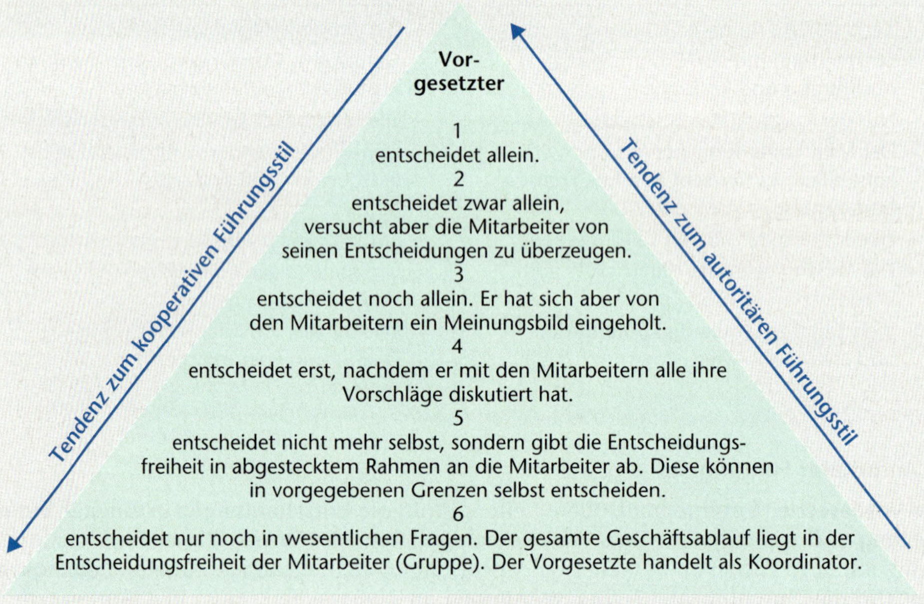

1 → 6: Der Führungsstil wird zunehmend kooperativ, 6 → 1: Der Führungsstil wird zunehmend autoritär.

Beispiel (Bild oben):

1. Der Vorgesetzte gibt bekannt, dass ab Jahresbeginn alle Arbeitsplätze mit neuen PCs ausgestattet werden und die Einarbeitung nicht während der Arbeitszeit, sondern nur mittels Überstunden erfolgen kann.
2. Er gibt die neuen Maßnahmen bekannt und begründet sie mit dem Hinweis auf die erforderliche Konkurrenzfähigkeit, Kostensituation und Kundennähe.
3. Er fragt die Mitarbeiter, wie sie zu den neuen Bedingungen stehen, und gibt nach eigenem Überdenken dieser Antworten seine neue Entscheidung bekannt.

4. Er bespricht mit jedem Mitarbeiter die neue Situation, diskutiert die Vor- und Nachteile der beabsichtigten Maßnahme und teilt danach seine Entscheidung mit.
5. Er gibt bekannt, dass die neuen Maßnahmen bis zu einem festen Datum erfüllt sein müssen. Die Mitarbeiter diskutieren unter sich und entscheiden selbstständig, wer unter welchen Voraussetzungen die Bedingungen bis zum festgelegten Datum erfüllt haben muss.
6. Er gibt seinen Mitarbeitern ein Umsatz- oder Gewinnziel für ein halbes Jahr vor und überlässt ihnen die Entscheidung, wie sie das Ziel erreichen wollen.

4.1.2 Führungstechniken

Gesellschaftliche und wirtschaftliche Entwicklungen führen immer mehr zum kooperativen Führungsstil. Auf dieser Grundlage haben sich in der betrieblichen Praxis verschiedene **Führungstechniken** herausgebildet.

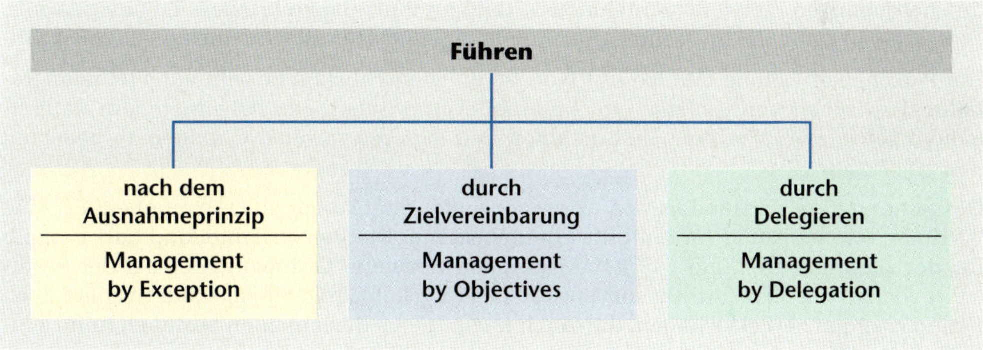

Führen nach dem Ausnahmeprinzip

Wenn die übergeordneten Führungsorgane die Erledigung von Routinefällen den zuständigen Mitarbeitern zur eigenverantwortlichen Entscheidung überlassen und sich nur die eigene Entscheidung in Ausnahmefällen vorbehalten, spricht man von **Management by Exception** (engl. exception = Ausnahme). Die Mitarbeiter erhalten Vorgabewerte.

Beispiel: Der Vertriebsleiter erhält Vollmacht zur Verhandlungsführung bis zu 100.000 EUR. Bei höheren Beträgen muss er die Genehmigung seines Vorgesetzten einholen und verhandelt danach weiter.

Führen durch Zielvereinbarung

Im Rahmen gemeinsam festgelegter Ziele wird den nachgeordneten Mitarbeitern Entscheidungsspielraum eingeräumt, wie sie die Ziele verwirklichen wollen. Von der oberen Leitungsebene wird durch **Management by Objectives** (engl. objectives = Ziele) nicht die Entscheidung der Mitarbeiter, sondern nur das Ergebnis ihrer Arbeit überwacht.

Beispiel: Der Vertriebsleiter hat einen Jahresumsatz von 5 Mio. EUR zu erreichen.

Führen durch Delegieren

Management by Delegation (engl. delegation = Übertragung) führt zur eigenverantwortlichen Erledigung von Aufgaben durch die Mitarbeiter. Dies erfordert eine eindeutige Zuteilung der Aufgabe und eine klare Abgrenzung der Kompetenzen.

Beispiel: Der Personalsachbearbeiter hat Einstellungsbefugnis für technische Mitarbeiter. Sein Kollege ist für die Einstellung von kaufmännischen Mitarbeitern zuständig.

4.1.3 Betriebsklima

Als **Betriebsklima** wird die **Gesamtheit aller betrieblichen Faktoren** bezeichnet, **die auf den arbeitenden Menschen fördernd oder hemmend wirken.**

Optimale Arbeitsbedingungen werden vor allen Dingen geschaffen durch

- gute zwischenmenschliche Beziehungen bei Vorgesetzten und Mitarbeitern sowie bei Mitarbeitern untereinander,
- gerechte Arbeitsbewertung und damit gerechte Entlohnung,
- gute Arbeitsplatzgestaltung, Pausenregelung und Festlegung der Arbeitszeit in Zusammenarbeit mit dem Betriebsrat.

Damit Mitarbeiter sich besser mit dem Unternehmen identifizieren **(Corporate Identity)** können, sollte es dem Unternehmen gelingen, die persönlichen Ziele der Mitarbeiter mit den betrieblichen Zielen (Unternehmensleitbild) in Einklang zu bringen. Zu den persönlichen Zielen zählen z. B. gerechte Behandlung, kollegiales Verhalten und Hilfsbereitschaft.

Der Personalverwaltung fällt die Aufgabe zu, die menschlichen Beziehungen **(Human Relations)** zwischen Vorgesetzten und Mitarbeitern, zwischen den Arbeitnehmern untereinander sowie zwischen dem Unternehmen und anderen sozialen Gebilden zu beachten und zu pflegen.

Das gegenseitige Verständnis und Vertrauen unter den Arbeitnehmern ist ebenfalls eine wichtige Voraussetzung für ein gutes Betriebsklima. Die Personalabteilung darf deshalb bei der Zusammenstellung von Arbeitsgruppen **(formelle Gruppen)** oder bei der Besetzung von Arbeitsplätzen nicht nur auf die Leistungsfähigkeit sehen, sondern sollte auch Gruppierungen berücksichtigen, die durch menschliche Beziehungen bestehen **(informelle Gruppen).**

Zusammenfassende Übersicht zu Kapitel 4.1: Führungsstile und Führungstechniken

Führungsstile

autoritärer Führungsstil (zentrale Entscheidungen) ⟷ **kooperativer Führungsstil** (dezentrale Entscheidungen)

Führungstechniken

- **Management by Exception** (Ausnahmeprinzip)
- **Management by Objectives** (Zielvereinbarungen)
- **Management by Delegation** (Delegieren)

Betriebsklima

Pflege der menschlichen Beziehungen — gerechte Arbeitsbewertung

Arbeitsplatzgestaltung — gerechte Entlohnung

▶ Aufgaben und Probleme

1. Nennen Sie die Vor- bzw. Nachteile des
   a) autoritären Führungsstils,
   b) kooperativen Führungsstils.
2. Zeichnen Sie eine Strecke, an deren Anfang der autoritäre Führungsstil und an deren Ende der kooperative Führungsstil markiert wird. Ordnen Sie auf dieser Strecke die nachfolgenden Verhaltensweisen von Vorgesetzen ein.
   a) Vorgesetzter steckt die Grenzen ab und fordert die Mitarbeiter zu Entscheidungen auf.
   b) Vorgesetzter legt Vorschläge vor und fordert zu Fragen auf.
   c) Vorgesetzter legt Probleme vor, fordert Lösungsvorschläge ein und entscheidet.
   d) Vorgesetzter trifft Entscheidungen und gibt sie weiter.
   e) Vorgesetzter legt vorläufige Entscheidungen vor, ist zu Änderungen bereit.
   f) Vorgesetzter gestattet den Mitarbeitern, innerhalb der von ihm gesetzten Grenzen völlig frei zu handeln.
3. Welchen Vorteil haben die drei Führungstechniken für die Unternehmensleitung?
4. Der Filialleiter eines Computerunternehmens erhält die Zusage, einen zusätzlichen Mitarbeiter einstellen zu dürfen, wenn seine Filiale einen Jahresumsatz von 5 Mio. EUR erreicht.

   Stellen Sie fest, um welche Führungstechnik es sich handelt.
5. Manchen Menschen sind Anerkennung und Verständnis wichtiger als eine Gehaltserhöhung. Erläutern Sie diese These.
6. Warum hängt das Betriebsklima entscheidend von den Erwartungen der Vorgesetzten und Mitarbeiter ab?

4.2 Mitarbeiter und Mitarbeiterinnen

4.2.1 Auszubildende

Auszubildender ist, wer in einem Unternehmen **beschäftigt** ist, um die für eine qualifizierte berufliche Tätigkeit **notwendigen beruflichen Fertigkeiten, Kenntnisse und Fähigkeiten vermittelt zu bekommen.**

Abschluss des Berufsausbildungsvertrages

Der Berufsausbildungsvertrag wird zwischen dem Ausbildungsbetrieb einerseits und dem Auszubildenden und gegebenenfalls seinem gesetzlichen Vertreter andererseits abgeschlossen. Vor Beginn der Ausbildung müssen die wesentlichen Inhalte des Vertrages niedergeschrieben und von den Beteiligten unterzeichnet werden. Empfehlenswert ist die Verwendung von Vordrucken mit bundeseinheitlichem Rahmentext, denen ein Berufsbild beigefügt ist. Der Berufsausbildungsvertrag ist vom Ausbildenden unmittelbar nach Abschluss der Industrie- und Handelskammer (IHK) zur Anerkennung und Eintragung in das Verzeichnis der Berufsausbildungsverhältnisse vorzulegen. Nur wer in dieses Verzeichnis eingetragen ist, wird zur Zwischen- und Abschlussprüfung der IHK zugelassen.

BBiG §§ 10 f.

§§ 34 ff.

Pflichten des Ausbildenden (Rechte des Auszubildenden)

BBiG §§ 14 ff. **Ausbildung.** Der Ausbildende hat den Auszubildenden in allen beim Betrieb des Geschäftes vorkommenden Arbeiten selbst oder durch einen ausdrücklich damit beauftragten, persönlich und fachlich geeigneten Vertreter (Ausbilder) zu unterweisen. Die Ausbildung hat die theoretischen Kenntnisse und praktischen Fertigkeiten zu vermitteln, die zum Erreichen des Ausbildungszieles erforderlich sind. Der Ausbildende hat sich dabei an die zeitlich und sachlich vorgegebene Gliederung der Ausbildung zu halten. Die Ausbildung kann auch in geeigneten Einrichtungen außerhalb der Ausbildungsstätte durchgeführt werden.

Der Ausbildende hat dem Auszubildenden kostenlos die Ausbildungsmittel zur Verfügung zu stellen, ihn zum Besuch der Berufsschule freizustellen und zum Führen eines Ausbildungsnachweises anzuhalten sowie diesen durchzusehen und dessen Richtigkeit zu bestätigen.

§ 17 **Fürsorge.** Der Ausbildende muss dem Auszubildenden eine angemessene, mindestens jährlich ansteigende Vergütung zahlen und ihm den vertraglich bzw. gesetzlich zustehenden Urlaub gewähren. Außerdem muss er ihn zur Sozialversicherung anmelden sowie die Beiträge dafür entrichten. (SGB IV § 28a)

BBiG § 14 Er hat dafür zu sorgen, dass der Auszubildende charakterlich gefördert sowie gesundheitlich und sittlich nicht gefährdet wird.

§ 16 **Zeugnis.** Bei Beendigung der Ausbildung hat der Ausbildende ein Zeugnis über die Art, die Dauer und das Ziel der Ausbildung sowie die erworbenen Fertigkeiten und Kenntnisse (einfaches Zeugnis) auszustellen. Auf Wunsch des Auszubildenden ist es auch auf Führung, Leistung und besondere fachliche Fähigkeiten zu erweitern (qualifiziertes Zeugnis).

Pflichten des Auszubildenden (Rechte des Ausbildenden)

§ 13 **Bemühung.** Der Auszubildende hat sich zu bemühen, die Kenntnisse und Fertigkeiten zu erwerben, die erforderlich sind, um das Ausbildungsziel zu erreichen. Deshalb muss er den ihm im Rahmen der Berufsausbildung erteilten Weisungen folgen und die ihm übertragenen Arbeiten sorgfältig ausführen. Insbesondere hat er die Berufsschule regelmäßig und pünktlich zu besuchen und seinen Ausbildungsnachweis laufend zu führen.

§ 13 **Treue und Verschwiegenheit.** Der Auszubildende hat die Betriebsordnung zu beachten, die Interessen des Unternehmens wahrzunehmen und über Geschäftsgeheimnisse (Bezugsquellen, Umsatz, Gehälter) Stillschweigen zu wahren. Ohne Einwilligung des Ausbildenden darf er weder ein eigenes Handelsgeschäft betreiben (Handelsverbot) noch im Geschäftszweig des Ausbildenden Geschäfte für eigene oder fremde Rechnung tätigen (Wettbewerbsverbot). (HGB § 60)

Ausbildungsdauer

BBiG §§ 5, 8 Sie **soll nicht mehr als drei und nicht weniger als zwei Jahre betragen.** Bei älteren oder besonders begabten Auszubildenden kann sie auf Antrag durch die IHK verkürzt werden.

Eine verkürzte Ausbildungszeit ist allgemein üblich bei Auszubildenden, die das Zeugnis der Fachschul-, Fachhochschul- oder Hochschulreife besitzen.

§ 20 Die Ausbildungszeit beginnt mit einer **Probezeit,** die **mindestens einen Monat und höchstens vier Monate** dauert. Während dieser Zeit soll der Ausbildende feststellen, ob sich der Auszubildende körperlich, geistig und charakterlich für den gewählten Beruf eignet, und der Auszubildende, ob ihm der Beruf und die Ausbildungsstätte zusagen. Beide haben die Möglichkeit, während der Probezeit das Ausbildungsverhältnis jederzeit und ohne Einhalten einer Kündigungsfrist zu kündigen. (§ 22)

Beendigung des Ausbildungsverhältnisses

BBiG §§ 21 ff.

Das Ausbildungsverhältnis endet

a) mit Ablauf der Ausbildungszeit,

b) vor Ablauf der Ausbildungszeit mit Bestehen der Abschlussprüfung,

c) durch schriftliche Kündigung

1. **von beiden Vertragspartnern** aus einem wichtigen Grund ohne Einhalten einer Kündigungsfrist **(fristlose Kündigung),** aber innerhalb von zwei Wochen nach Kenntnis der zur Kündigung berechtigenden Tatsachen,
2. **vom Auszubildenden** mit einer Kündigungsfrist von vier Wochen, wenn er
   - die Berufsausbildung aufgeben will,
   - sich für eine andere Berufstätigkeit ausbilden lassen will.

   Der Kündigungsgrund ist anzugeben.

Wer den einseitigen Rücktritt verschuldet oder das Ausbildungsverhältnis nach Ablauf der Probezeit ohne Grund löst (Vertragsbruch), ist schadensersatzpflichtig.

Beispiele:

1. Der Ausbildende kommt seiner Ausbildungspflicht nicht nach, der Auszubildende tritt deshalb vom Vertrag zurück.
2. Der Auszubildende verlässt mehrfach unbefugt seine Ausbildungsstelle. Der Ausbildende tritt deshalb vom Vertrag zurück.

Wird der Auszubildende im Anschluss an das Ausbildungsverhältnis ohne vorherige ausdrückliche Vereinbarung weiterbeschäftigt, so gilt ein Arbeitsverhältnis auf unbestimmte Zeit als begründet. Eine ausdrückliche Vereinbarung kann nur innerhalb der letzten drei Monate der Ausbildungszeit getroffen werden.

▶ Aufgaben und Probleme

1. Welche zeitliche Unter- bzw. Obergrenze ist bei der Probezeit eines Auszubildenden zu beachten?
2. Die Auszubildende Maria Müller (17 Jahre) besucht die Berufsschule von 07:50 bis 12:10 Uhr (fünf Unterrichtsstunden). Begründen Sie mithilfe des JArbSchG, ob sie nachmittags wieder im Betrieb sein muss.
3. Die Auszubildenden Peter und Isabel haben vor fünf Monaten bei der Waggon AG einen Berufsausbildungsvertrag als Industriekaufmann/-frau abgeschlossen. Aufgrund persönlicher Differenzen mit dem Ausbilder möchte Peter sobald als möglich die Ausbildung bei der Roth AG fortsetzen. Der Ausbildende ist jedoch mit dem Wechsel nicht einverstanden.

   a) Beurteilen Sie, ob Peter den Ausbildungsbetrieb wechseln kann.

   b) Isabel stellt erst jetzt fest, dass ihr der Beruf Industriekauffrau nicht liegt. Sie beabsichtigt, eine Ausbildung als Diätköchin zu beginnen. Kann sie in den neuen Ausbildungsberuf wechseln? Begründen Sie Ihre Meinung.
4. Nach bestandener Abschlussprüfung hat der 19-jährige Kurt Weber bereits eine Woche in seinem Ausbildungsbetrieb weiter gearbeitet. Als er nun beim Chef um Urlaub nachsucht, blickt der ihn überrascht an und sagt: »Ja, was machen denn Sie noch in unserem Betrieb? Ihre Ausbildungszeit ist doch beendet und ich habe Sie nicht als Mitarbeiter eingestellt.« Wie ist die Rechtslage?

4.2.2 Kaufmännischer Angestellter (Handlungsgehilfe)

HGB § 59

Kaufmännischer Angestellter ist, wer in einem **Handelsgewerbe gegen Entgelt kaufmännische Dienste leistet.**

Rechtliche Grundlage für das Angestelltenverhältnis ist der **Arbeitsvertrag** (siehe auch Kapitel 4.4.1).

NachwG § 2

Der Arbeitgeber hat spätestens einen Monat nach dem vereinbarten Beginn des Arbeitsverhältnisses die wesentlichen Vertragsbedingungen schriftlich niederzulegen und dem Arbeitnehmer ein unterschriebenes Exemplar der Niederschrift auszuhändigen.

Rechte und Pflichten aus dem Arbeitsvertrag

Rechte des kaufmännischen Angestellten	Pflichten des kaufmännischen Angestellten
– Beschäftigung – Vergütung – Lohnfortzahlung – Weiterbildung – Fürsorge – Zeugnis	– Dienstleistung – Weiterbildung – Treue und Verschwiegenheit – Handels- und Wettbewerbsverbot
=	=
Pflichten des Arbeitgebers	**Rechte des Arbeitgebers**

Rechte des kaufmännischen Angestellten (= Pflichten des Arbeitgebers)

▶ Beschäftigung

Der Arbeitgeber hat den Angestellten gemäß dem Arbeitsvertrag zu beschäftigen.

▶ Vergütung

HGB § 64

Sie besteht aus einem festen Gehalt, das am Ende eines jeden Monats zu zahlen ist. Kürzere Zeiträume können vereinbart werden, längere dagegen nicht. Die Vergütung kann noch erhöht werden durch Provisionen (z. B. Umsatzprovision für Verkäufer), Gewinnbeteiligung (z. B. Gewinnbeteiligungen für Geschäftsführer und Filialleiter) und Gratifikationen (z. B. Jubiläumsgratifikation, Weihnachtsgeld).

Besteht für das Angestelltenverhältnis kein Tarifvertrag, so muss die Höhe der Vergütung im Einzelarbeitsvertrag vereinbart werden. Ist jedoch ein Tarifvertrag vorhanden, so bestimmt er die Mindesthöhe der Vergütung.

▶ Lohnfortzahlung

EntgFG §§ 1, 3, 4

Der Angestellte hat Anspruch auf 100 % der Vergütung, wenn er durch eigene Krankheit seine Arbeit im Betrieb nicht ausüben kann. Der Anspruch besteht jedoch nicht länger als sechs Wochen.

BGB § 616

Ist die Verhinderung nicht auf ein persönliches Unglück, sondern auf andere unverschuldete Umstände persönlicher Art zurückzuführen, wie Vernehmung als Zeuge vor Gericht, Berufung als Schöffe, Sterbefall in der Familie, so besteht der Vergütungsanspruch wie bei jedem Arbeitnehmer ebenfalls weiter, wenn die Verhinderung verhältnismäßig kurz ist.

▶ Weiterbildung

Der Arbeitgeber hat dem Angestellten den ihm tariflich zustehenden Bildungsurlaub zu gewähren.

▶ Fürsorge

Der Arbeitgeber hat die Pflicht, in seinem Betrieb auf die Erhaltung der Gesundheit des Angestellten zu achten. Er muss ihn zur Sozialversicherung anmelden und die Beträge dafür abziehen und abführen. Des Weiteren ist der Arbeitgeber verpflichtet, dem Angestellten den gesetzlich oder vertraglich zustehenden Erholungsurlaub zu gewähren. *HGB § 62* *BUrlG § 1*

▶ Zeugnis

Der Arbeitgeber ist verpflichtet, dem Angestellten beim Ausscheiden aus dem Unternehmen ein schriftliches Zeugnis über die Art und die Dauer seiner Beschäftigung auszustellen **(einfaches Zeugnis).** Auf Wunsch des Angestellten muss das Zeugnis auch objektiv wahre Angaben über Führung und Leistung enthalten **(qualifiziertes Zeugnis).** *BGB § 630*

In einem qualifizierten Arbeitszeugnis sind mindestens Angaben zu machen über Arbeitsqualität und -quantität, Arbeitssorgfalt und -einsatz sowie über das Verhalten und die Zusammenarbeit mit Kollegen und Vorgesetzten. Es muss folgenden Grundsätzen gerecht werden:

- **Wahrheitspflicht.** Alle Inhalte des Arbeitszeugnisses müssen der Wahrheit entsprechen, wobei negative Beurteilungen nur zulässig sind, wenn sie über die gesamte Dauer des Arbeitsverhältnisses Bestand hatten.
- **Wohlwollen.** Das Zeugnis muss nach der geltenden Rechtsprechung wohlwollend formuliert sein, um dem Arbeitnehmer das »berufliche Fortkommen nicht zu erschweren«.
- **Vollständigkeit.** Es dürfen vom Zeugnisaussteller keine Dinge ausgelassen werden, die ein Zeugnisleser üblicherweise erwartet.

  Beispiel: Bei einer ehrlichen Kassiererin darf nicht der Hinweis fehlen, dass sie ehrlich ist.

Der Arbeitgeber haftet bei unwahren Angaben im Zeugnis für entstehenden Schaden. Ein Zeugnis in elektronischer Form ist ausgeschlossen.

Aus einem triftigen Grund kann der Arbeitnehmer auch ein **Zwischenzeugnis** verlangen, beispielsweise beim Wechsel des Vorgesetzten oder bei Versetzung auf eine andere Stelle.

Pflichten des kaufmännischen Angestellten (= Rechte des Arbeitgebers)

▶ Dienstleistung

Der Angestellte hat die Verpflichtung, die ihm übertragenen Arbeiten pünktlich, gewissenhaft und seinen Fähigkeiten entsprechend auszuführen sowie den Weisungen des Arbeitgebers Folge zu leisten. Arbeiten, die gegen ein Gesetz, gegen den Vertrag oder gegen die guten Sitten verstoßen, kann er selbstverständlich ablehnen. Die Art und die Dauer der Tätigkeit richten sich nach dem Dienstvertrag. *HGB § 59*

▶ Weiterbildung

Der Angestellte soll seine beruflichen Fähigkeiten und Fertigkeiten dem neuesten Stand der Entwicklung anpassen und ergänzende Kenntnisse auf neuen Gebieten erwerben.

▶ Treue und Verschwiegenheit

Der Angestellte ist verpflichtet, die Interessen des Unternehmens wahrzunehmen und über Geschäftsangelegenheiten zu schweigen, durch deren leichtfertige, absichtliche oder gar entgeltliche Mitteilung (Schmiergelder) an andere das Unternehmen oder sein Inhaber geschädigt wird. *UWG § 17*

▶ Handelsverbot

HGB § 60 Der Angestellte darf ohne Einwilligung des Arbeitgebers **kein eigenes Handelsgewerbe,** auch nicht außerhalb des Geschäftszweiges des Arbeitgebers, betreiben. Er kann auch **nicht Vollhafter in einem anderen Unternehmen** sein.

Erlaubt ist ihm jedoch der Betrieb eines nicht kaufmännischen Unternehmens (Landwirtschaft) oder die Kapitalbeteiligung als stiller Gesellschafter, Kommanditist, GmbH-Gesellschafter oder Aktionär.

▶ Wettbewerbsverbot

Dem Angestellten ist es außerdem **verboten, im Geschäftszweig des Arbeitgebers** dauernd oder gelegentlich **Geschäfte für eigene oder fremde Rechnung zu machen oder zu vermitteln;** es sei denn, dass der Arbeitgeber seine ausdrückliche Einwilligung dazu gibt.

Gegen den gelegentlichen Verkauf von Waren eines anderen Geschäftszweiges kann der Unternehmer jedoch nichts einwenden, sofern dadurch die Tätigkeit in seinem Betrieb nicht beeinträchtigt wird.

Auch gegen eine gelegentliche Nebentätigkeit kann der Arbeitgeber nichts einwenden, sofern der Arbeitnehmer seine Pflichten im Betrieb nicht vernachlässigt und die tägliche Gesamtarbeitszeit die Höchstgrenzen des Arbeitszeitgesetzes von 10 Stunden nicht überschreitet.

§§ 74 ff. Soll ein Wettbewerbsverbot auch nach der Beendigung des Arbeitsverhältnisses gelten, so bedarf dies einer vertraglichen Regelung.

▶ Vertragliche Wettbewerbsabrede (Konkurrenzklausel)

BGB § 823 Nach der Beendigung des Arbeitsvertrages ist der Angestellte gesetzlich weder zur Verschwiegenheit noch zur Beachtung des Handels- und Wettbewerbsverbots verpflichtet. Die allgemeine Haftung für vorsätzliche oder fahrlässige Schädigung seines früheren Unternehmers bleibt jedoch bestehen.

Die Konkurrenzklausel darf das berufliche Fortkommen und die Wahl des künftigen Arbeitsplatzes nicht wesentlich erschweren. Deshalb ist sie nur unter folgenden Voraussetzungen gültig:

HGB §§ 74 ff.

- Mit Auszubildenden darf ein Wettbewerbsverbot überhaupt nicht vereinbart werden. Dabei spielt das Alter keine Rolle.
- Der Angestellte muss volljährig sein.
- Der Vertrag muss schriftlich abgeschlossen und dem Angestellten ausgehändigt werden.
- Das Verbot darf sich auf höchstens zwei Jahre erstrecken.
- Der Unternehmer muss sich verpflichten, für jedes Jahr des Verbotes eine Verdienstentschädigung zu zahlen, die mindestens die Hälfte des zuletzt bezogenen Gehalts betragen muss.

Das vertragliche Wettbewerbsverbot wird unwirksam,

- wenn der Unternehmer ohne wesentliche Veranlassung des Angestellten das Dienstverhältnis kündigt,
- wenn der Angestellte wegen grober Pflichtverletzung des Unternehmers das Dienstverhältnis aufhebt und innerhalb eines Monats nach der Aufhebung schriftlich erklärt, dass er sich an das Wettbewerbsverbot nicht halte.

Verletzt der Angestellte eine Konkurrenzklausel, so kann der Unternehmer auf Unterlassung klagen oder Schadensersatz verlangen oder eine vereinbarte Vertragsstrafe fordern.

4.2.3 Beendigung des Arbeitsverhältnisses

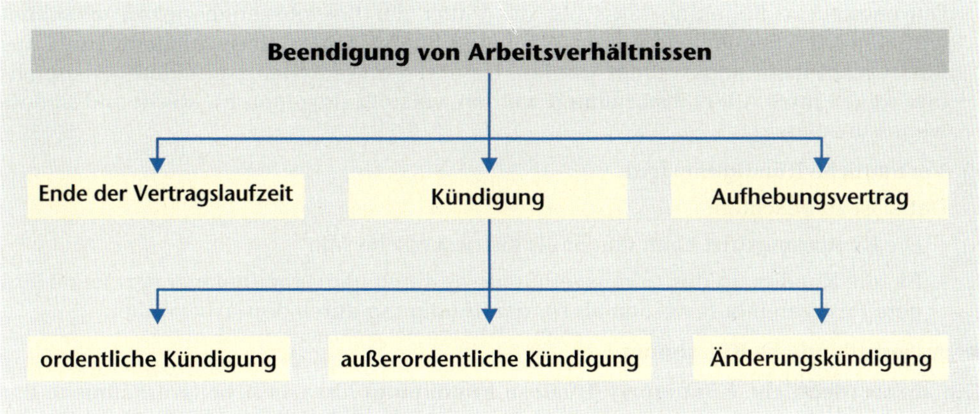

Arbeitsverhältnisse können gelöst werden durch **Kündigung oder Aufhebungsvertrag.** Es wird zwischen der ordentlichen und der außerordentlichen Kündigung unterschieden. *BGB § 622*

Befristete Arbeitsverhältnisse enden **ohne Kündigung,** wenn der Zeitpunkt der Beendigung schon bei Vertragsabschluss festgelegt wird. *§ 620*

Kündigung

▶ Ordentliche Kündigung

Bei einer **ordentlichen Kündigung** sind folgende Fristbestimmungen möglich:

a) Allgemeine gesetzliche Kündigungsfrist.

Es kann zum 15. eines Monats oder zum Monatsende mit einer Frist von vier Wochen gekündigt werden. Die Kündigung muss schriftlich ausgesprochen werden. Sie muss rechtzeitig zugegangen sein.

Beispiele:

späteste Kündigungstermine	3. Jan.	18. Jan.	31. Jan/ 1. Feb.	15./16. Feb.
Kündigungsfrist	28 Tage	28 Tage	28 Tage	28 Tage
Ende des Arbeitsverhältnisses	31. Jan.	15. Feb.	28./29. Feb.	15. März

b) Besondere gesetzliche Kündigungsfristen.

Sie **gelten für den Arbeitgeber** bei langjährigen Mitarbeitern. Diese betragen, jeweils zum Monatsende, nach einer Beschäftigungsdauer von

- 2 Jahren: 1 Monat,
- 5 Jahren: 2 Monate,
- 8 Jahren: 3 Monate,
- 10 Jahren: 4 Monate,
- 12 Jahren: 5 Monate,
- 15 Jahren: 6 Monate,
- 20 Jahren: 7 Monate.

Beispiel: Eine 30-Jährige, die seit 11 Jahren im Unternehmen beschäftigt ist, kann selbst am 3. Mai zum 31. Mai kündigen; der Arbeitgeber erst zum 30. September.

Die gesetzliche Regelung, dass nur die Dauer der Betriebszugehörigkeit gerechnet wird, die nach der Vollendung des 25. Lebensjahres liegt, darf nach einem Urteil des EuGH nicht mehr angewendet werden. Da durch diese Regelung jüngere Arbeitnehmer wegen ihres Alters diskriminiert werden, verstößt sie gegen EU-Recht und ist deswegen unzulässig.

BGB § 622 **c) Vertragliche Kündigungsfrist.**

Dabei ist zu beachten:

- Die Kündigungsfrist kann länger als die gesetzliche sein.
- Für die Kündigung des Arbeitsverhältnisses durch den Arbeitnehmer darf keine längere Frist vereinbart werden als für die Kündigung durch den Arbeitgeber.

§ 626 ▶ **Außerordentliche Kündigung**

Die **außerordentliche Kündigung (fristlose Kündigung)** löst das Arbeitsverhältnis in der Regel mit sofortiger Wirkung. Sie ist jedoch nur in Ausnahmefällen zulässig. Hierfür muss ein wichtiger Grund vorliegen.

Beispiele:

1. Angestellte: grobe Ehrverletzung oder grobe Verletzung der Vergütungs- oder Fürsorgepflicht
2. Unternehmer: längere Freiheitsstrafe, Arbeitsverweigerung, Verletzung der Dienstleistungspflicht, der Schweigepflicht oder des Handels- und Wettbewerbsverbots, extrem ausländerfeindliche Äußerungen

§ 628 Wenn der Arbeitgeber das gesetz- oder vertragswidrige Verhalten des Arbeitnehmers als so schwerwiegend beurteilt, dass er deswegen die Gefahr einer fristlosen Kündigung sieht, muss er den Arbeitnehmer davon in einer **schriftlichen Abmahnung** benachrichtigen,

Wer selbst vertragswidrig das Dienstverhältnis auflöst oder durch sein vertragswidriges Verhalten die Aufhebung des Dienstverhältnisses durch den anderen veranlasst, ist schadensersatzpflichtig.

Beispiele:

1. Der Angestellte Hartlaub beendet sein Arbeitsverhältnis grundlos ohne Kündigung. Er hat ein Monatsgehalt von 3.000 EUR. Der Unternehmer stellt den neuen Angestellten Grünberg mit einem Monatsgehalt von 3.500 EUR ein. Er kann vom Angestellten Hartlaub den Unterschiedsbetrag von 500 EUR so lange verlangen, bis der Angestellte Hartlaub aufgrund einer fristgerechten Kündigung die Stelle hätte verlassen dürfen.
2. Ein Angestellter hebt das Dienstverhältnis fristlos auf, weil der Unternehmer ihm den zustehenden Urlaub nicht gewährt. Der Angestellte kann die Weiterzahlung der vertragsmäßigen Vergütung verlangen, bis er eine neue Stelle gefunden hat oder bis zur nächstmöglichen Beendigung des Dienstverhältnisses durch ordentliche Kündigung.

KSchG § 2 ▶ **Änderungskündigung**

Bei der Änderungskündigung kündigt der Arbeitgeber das Arbeitsverhältnis fristgerecht, bietet aber im Zusammenhang mit der Kündigung die Fortdauer des Vertragsverhältnisses zu geänderten Bedingungen an.

Beispiel: Durch Änderung in der Verkaufsorganisation wird einem Handlungsreisenden gekündigt, ihm aber gleichzeitig die Stelle eines Sachbearbeiters im Innendienst angeboten.

Eine **Kündigung** seitens des Arbeitgebers ist **unwirksam,** wenn

- die Anhörung des Betriebsrates nicht in der im Betriebsverfassungsgesetz vorgeschriebenen Form erfolgte (Kapitel 4.4.2) oder
- die Kündigungsschutzbestimmungen nicht beachtet wurden (Kapitel 4.4.4).

Aufhebungsvertrag

Er ist eine **einvernehmliche Auflösung des Arbeitsverhältnisses.** Eine Mitwirkung des Betriebsrates, der Behörden (bei Schwangeren, schwerbehinderten Menschen) oder des Arbeitsgerichtes ist nicht erforderlich.

Dadurch erspart sich der Arbeitgeber die Prüfung, ob die Kündigung sozial gerechtfertigt ist, und damit einen eventuell folgenden Prozess vor dem Arbeitsgericht. Oft zahlt der Arbeitgeber dem Arbeitnehmer eine Abfindung.

Für den Arbeitnehmer hat diese Art der Beendigung des Arbeitsverhältnisses folgende Nachteile:

- Er verliert den Kündigungsschutz,
- bei Arbeitslosigkeit erhält er erst nach Ablauf einer zwölfwöchigen Sperrzeit Arbeitslosengeld,
- Abfindungen werden zum Teil auf das Arbeitslosengeld angerechnet und müssen versteuert werden.

Nach Beendigung des Arbeitsverhältnisses werden dem Arbeitnehmer seine Arbeitspapiere übergeben (z. B. Versicherungsnachweis, Zeugnis). Oft lässt der Arbeitgeber den Arbeitnehmer eine Ausgleichsquittung unterschreiben, in der dieser den Empfang der Papiere bestätigt und aus der hervorgeht, dass der Arbeitnehmer keine Ansprüche an den Arbeitgeber hinsichtlich Gehalt, Urlaub u. Ä. stellt.

Zusammenfassende Übersicht zu Kapitel 4.2: Mitarbeiter und Mitarbeiterinnen

Auszubildende

Ausbildungsvertrag

Rechte	Pflichten
– Ausbildung – Fürsorge – Zeugnis	– Bemühung – Treue und Verschwiegenheit

Beendigung

- Ablauf der Ausbildungszeit
- Bestehen der Abschlussprüfung
- schriftliche Kündigung
  - fristlos aus wichtigem Grund
  - Aufgabe der Ausbildung

Kaufmännische Angestellte

Arbeitsvertrag

Rechte	Pflichten
– Beschäftigung – Vergütung – Weiterbildung – Fürsorge – Zeugnis	– Dienstleistung – Weiterbildung – Treue und Verschwiegenheit – Handels-/Wettbewerbsverbot

Beendigung

Vertragsende – Kündigung – Aufhebung

Kündigung:

ordentlich	außerordentlich
– gesetzliche Frist – besondere Frist – vertragliche Frist	(fristlos aus wichtigem Grund)

▶ Aufgaben und Probleme

1. Karin ist Mitarbeiterin in der Personalabteilung der Alu GmbH, in der 120 Personen beschäftigt sind. Karin hat im Rahmen ihres Sachgebietes verschiedene Fragen zu klären und Aufgaben zu erfüllen.

   a) Karin soll prüfen, ob in die neu abzuschließenden Arbeitsverträge folgende Klausel aufgenommen werden kann:

   »Bei der Kündigung durch den Betrieb ist eine Kündigungsfrist von zwei Wochen einzuhalten; die Kündigung kann zum Monatsende ausgesprochen werden. Ansonsten gelten die gesetzlichen Bestimmungen.«

   b) Ferner soll Karin prüfen, ob einzelne Angestelltenverträge in Zukunft um ein vertraglich vereinbartes Wettbewerbsverbot ergänzt werden sollten.

   – Nennen Sie Beispiele für Angestellte, denen man dies anbietet.

   – Worauf müsste bei der inhaltlichen und formalen Gestaltung dieser vertraglichen Vereinbarung geachtet werden? (drei Gesichtspunkte)

   c) Karin hat zum Jahresende eine fristgerechte Kündigung eines seit vier Jahren beschäftigten Mitarbeiters im Alter von 24 Jahren vorzubereiten. Der zu entlassende Mitarbeiter ist einer von vier in der Alu GmbH beschäftigten Lkw-Fahrern. Die Alu GmbH hat den Fuhrpark aus Kostengründen auf drei eigene Lkw abgebaut. Der Mitarbeiter gilt als nicht besonders fleißig.

   – Wann muss die Kündigung dem Mitarbeiter spätestens zugegangen sein?

   – Mit welchen Argumenten kann sich der Mitarbeiter gegen diese Kündigung wehren?

2. Welche der folgenden Vereinbarungen in Arbeitsverträgen gelten, welche gelten nicht? Begründen Sie Ihre Entscheidung.

   a) Eine zweijährige Kündigungsfrist für beide Teile zum Jahresende.

   b) Kündigungsfrist für den Angestellten drei Monate zum Quartalsende – für den Arbeitgeber gesetzliche Kündigungsfrist.

   c) Ein Gehalt, das 5 % über den Bestimmungen des Tarifvertrags liegt. Es soll zwei Jahre gleich bleiben, unabhängig von weiteren tariflichen Vereinbarungen.

   d) Der Arbeitgeber ist berechtigt, den Arbeitsvertrag fristlos zu kündigen, falls der Angestellte der Gewerkschaft beitritt.

4.3 Vollmachten

4.3.1 Handlungsvollmacht

HGB § 54 (1) BGB § 164

Handlungsvollmacht hat, wer zum **Betrieb eines Handelsgewerbes** oder innerhalb eines Handelsgewerbes zur **Vornahme von Rechtsgeschäften ermächtigt ist,** die **sein Handelsgewerbe gewöhnlich** mit sich bringt.

Arten der Handlungsvollmacht

allgemeine Handlungsvollmacht	Artvollmacht	Einzelvollmacht
Sie berechtigt zur Ausführung aller gewöhnlichen Rechtsgeschäfte im üblichen Umfang, die in dem Handelsgewerbe dieses Geschäftszweigs vorkommen.	Sie berechtigt zur Vornahme einer bestimmten Art von Rechtsgeschäften, die gewöhnlich in dem Handelsgewerbe dieses Geschäftszweigs vorkommen.	Sie berechtigt zur Vornahme eines einzelnen, zu einem Handelsgewerbe gehörenden Rechtsgeschäftes.
Handlungsvollmacht haben z. B. Geschäftsführer und Filialleiter.	Artvollmacht haben Einkäufer, Verkäufer, Kassierer, Schalterbedienstete, Handlungsreisende usw.	Einzelvollmacht gilt zum Einzug einer quittierten Rechnung, zum Verkauf eines Hauses, zur Führung eines Prozesses.

Erteilung der Handlungsvollmacht

Kaufleute und Prokuristen haben das Recht zur Erteilung einer Handlungsvollmacht. Jeder Bevollmächtigte kann im Rahmen seiner Vollmacht Untervollmacht einräumen.

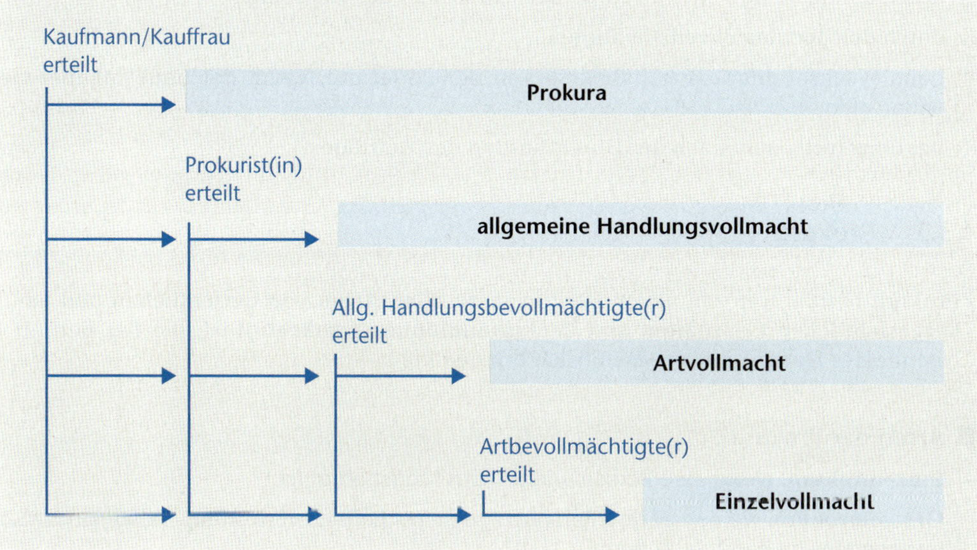

Handlungsvollmacht erhalten nicht nur kaufmännische, sondern auch technische und sonstige Angestellte (Ingenieure, Betriebsleiter). Sie kann auch beschränkt Geschäftsfähigen erteilt werden. Häufig hat auch die Ehefrau des Geschäftsinhabers Handlungsvollmacht, um ihren Mann während seiner Abwesenheit geschäftlich vertreten zu können. Die Erteilung der Vollmacht kann schriftlich, mündlich oder sogar stillschweigend durch Duldung bestimmter Handlungen erfolgen. Die Eintragung ins Handelsregister ist nicht erlaubt.

Wenn ein Kaufmann mehreren Personen Vollmacht erteilt, kann er jeder Person für sich allein oder mehreren zusammen das Vertretungsrecht einräumen. Im zweiten Falle **(Gesamtvollmacht)** sind die Rechtshandlungen nur gültig, wenn die Bevollmächtigten gemeinsam gehandelt oder unterschrieben haben, z. B. bei Bankangestellten (»Vier-Augen-Prinzip«).

Umfang der Handlungsvollmacht

Die Handlungsvollmacht umfasst alle gewöhnlichen Handlungen.

HGB § 54 (2) Eine besondere Ermächtigung braucht der Bevollmächtigte zur Veräußerung oder Belastung von Grundstücken, zum Eingehen von Wechselverbindlichkeiten, zur Aufnahme von Darlehen und zur Prozessführung.

Eine Beschränkung der Vollmacht auf bestimmte Geschäfte ist Dritten gegenüber nur wirksam, falls diese die Beschränkung kannten oder kennen mussten.

Unterschrift des Handlungsbevollmächtigten

§ 57 Der Bevollmächtigte setzt zum Namen des Auftraggebers seine Unterschrift mit einem Zusatz, aus dem die Vollmacht zu ersehen ist (Bild, Seite 204).

Beendigung der Handlungsvollmacht

Die Vollmacht erlischt

- mit der Beendigung des Rechtsverhältnisses, mit dem sie verbunden ist, z. B. bei Beendigung des Dienstvertrages, aber nicht mit dem Tod des Ehegatten,
- durch den Widerruf von Personen, die Vollmacht erteilen können,
- durch die freiwillige oder zwangsweise Auflösung des Geschäfts,
- durch den Tod des Bevollmächtigten,
- beim Wechsel des Geschäftsinhabers in der Regel nur, wenn der neue Inhaber sie widerruft,
- bei Einzelvollmacht nach der Durchführung des Auftrages.

4.3.2 Prokura

§ 49 **Prokura** besitzt, wer von einem Kaufmann **zu allen Arten von gerichtlichen und außergerichtlichen Geschäften und Rechtshandlungen ermächtigt** ist, die der Betrieb **irgendeines Handelsgewerbes** mit sich bringen kann.

Arten der Prokura

- **Einzelprokura,** wenn eine Person allein vertretungsbefugt ist.
- **Gesamtprokura,** wenn mehrere Personen gemeinschaftlich vertretungsbefugt sind, also nur gemeinsam handeln können.
- **Filialprokura.** Bei **Filialbetrieben** kann die Prokura auf das Hauptgeschäft oder eine Filiale beschränkt sein, wenn die Filialbetriebe sich durch einen Zusatz sowohl vom Hauptgeschäft als auch voneinander unterscheiden.

Erteilung der Prokura

§ 48 (1) Nur der Kaufmann oder sein gesetzlicher Vertreter kann Prokura erteilen. Sie muss ausdrücklich (schriftlich oder mündlich) erteilt werden, z. B. mit den Worten: »Ich erteile Ihnen mit Wirkung vom 1. Januar 20.. Prokura«. Die Prokura muss zur Eintragung ins Handelsregister angemeldet werden.

Beginn der Prokura

§ 52 Im Innenverhältnis beginnt die Prokura mit der Erteilung.

Im Außenverhältnis wird sie erst wirksam, wenn der Dritte Kenntnis von ihr hat oder wenn sie in das Handelsregister eingetragen und veröffentlicht ist. Die Eintragung hat also rechtsbezeugende Wirkung (Kapitel 3.2.4). HGB § 53

Umfang der Prokura

Während der Umfang der Handlungsvollmacht vom Unternehmer geregelt werden kann, ist der Umfang der Prokura gesetzlich geregelt. Sie erstreckt sich auf alle Geschäfte und Rechtshandlungen irgendeines Handelsgewerbes, nicht aber auf die Vertretung des Inhabers in privaten Angelegenheiten.

Beispiel: Der Prokurist einer Spirituosengroßhandlung eröffnet ein Einzelhandelsgeschäft für Feinkost.

Die Prokura erstreckt sich also auf

1. **gewöhnliche Geschäfte und Rechtshandlungen.**

   Beispiele: Kaufverträge abschließen, Personal einstellen und entlassen

2. **außergewöhnliche Geschäfte und Rechtshandlungen, das sind**

   - gerichtliche Geschäfte und Rechtshandlungen,
     Beispiele: Prozesse für den Betrieb führen, Strafanzeige in geschäftlichen Dingen stellen, Prozessvollmacht erteilen
   - außergerichtliche Geschäfte und Rechtshandlungen.
     Beispiele: Darlehen aufnehmen oder den Geschäftszweig ändern; selbst Nichthandelsgeschäfte wie Schenkungen und Spenden des Betriebs gehören dazu.

Eine **besondere Vollmacht** braucht der Prokurist zum Verkauf und zur Belastung von Grundstücken.

Gesetzlich verboten ist dem Prokuristen die Vertretung bei folgenden Handlungen: Bilanz und Steuererklärungen unterschreiben, Handelsregistereintragungen anmelden, Insolvenzverfahren beantragen, Unternehmen verkaufen, Prokura erteilen, Gesellschafter aufnehmen. Im Prozess kann er für den Unternehmer keinen Eid leisten.

Der Unternehmer kann den Umfang der Prokura im Innenverhältnis beliebig einschränken. Im Außenverhältnis kann der Umfang nicht eingeschränkt werden. § 50

Unterschrift des Prokuristen

Zu der Firma des Geschäftes setzt der Prokurist seine Unterschrift mit dem Zusatz ppa. (lat. »per procura« = in Ausübung der Prokura) (Bild, Seite 204). § 51

Beendigung der Prokura

Die Prokura erlischt

- mit der Beendigung des Rechtsverhältnisses, mit dem sie verbunden ist,
- durch den Widerruf vonseiten eines Geschäftsinhabers,
- durch freiwillige oder zwangsweise Auflösung des Geschäftes,
- durch den Tod des Prokuristen,
- beim Wechsel des Geschäftsinhabers in der Regel nur, wenn der neue Inhaber sie widerruft, jedoch nicht beim Tode des Geschäftsinhabers.

Das Erlöschen der Prokura ist durch den Unternehmer zur Eintragung ins Handelsregister anzumelden. Gutgläubigen Dritten gegenüber gilt die Prokura so lange weiter, bis sie im Handelsregister gelöscht ist. § 53

Übersicht über die Möglichkeiten der Bevollmächtigung

Unternehmer	Prokura	allgemeine Handlungsvollmacht	Artvollmacht	Einzelvollmacht
Eid leisten Steuererklärungen unterschreiben Bilanz unterschreiben HR-Eintragungen anmelden Insolvenzverfahren beantragen Geschäft verkaufen Prokura erteilen Gesellschafter aufnehmen				
Grundstücke belasten Grundstücke verkaufen				
Prozesse führen Darlehen aufnehmen Wechsel unterschreiben				
Zahlungsgeschäfte erledigen Verkaufen Mitarbeiter entlassen Mitarbeiter einstellen				
Einkaufen				
Unterschriftsform Hermann König Hermann König	Hermann König KG ppa. Merkle	Hermann König KG i. V. Weigler	Hermann König KG i. A. Vollmer	Hermann König KG i. A. Rösch

- Geschäfte, die ohne besondere Vollmacht möglich sind
- Geschäfte, für die eine besondere Vollmacht notwendig ist
- Geschäfte, für die die Vertretungsvollmacht gesetzlich verboten ist

Zusammenfassende Übersicht zu Kapitel 4.3: Vollmachten

Vollmachten

Handlungsvollmacht (§§ 54 ff. HGB)	Prokura (§§ 48 ff. HGB)
– Einzelvollmacht – Artvollmacht – allgemeine Handlungsvollmacht	– Filialprokura – Einzelprokura – Gesamtprokura
formfrei	Eintragung ins Handelsregister

▶ Aufgaben und Probleme

1. Der Bankangestellte Rieten, Leiter der Kreditabteilung mit der Handlungsvollmacht, Kredite bis zu 20.000 EUR zu gewähren, sichert dem Kaufmann Schäfer in einer mündlichen Verhandlung einen Kredit in Höhe von 50.000 EUR zu.

   Begründen Sie, ob die Bank an diese Zusicherung gebunden ist.

2. Sie sind bei der Drescher OHG, Ravensburg, beschäftigt. Dem Angestellten Hans Klose soll ab 1. September Handlungsvollmacht erteilt werden. Er soll berechtigt sein, zusammen mit einem Prokuristen zu handeln.

   Schreiben Sie den Brief an Klose.

3. Erarbeiten Sie die Unterschiede, die zwischen Prokura und allgemeiner Handlungsvollmacht bestehen.

4. Welcher Art der Vollmacht entspricht Management by Delegation?

5. Prokurist Hermann vom Hauptgeschäft entzieht dem Angestellten Schwarz, der Prokura für die Filiale hat, diese Vollmacht. Gleichzeitig erteilt er Frau Stein, bisher Abteilungsleiterin im Hauptgeschäft, Prokura und dem Angestellten Pietsch allgemeine Handlungsvollmacht.

   Begründen Sie, ob diese Handlungen rechtswirksam sind.

6. Mehrere Angestellte der Walter AG, Tübingen, fielen in den letzten Jahren durch herausragende Leistungen auf. Die Geschäftsleitung beschließt deshalb, diesen Mitarbeitern mehr Verantwortung zu übertragen. So heißt es unter anderem:

   - Herr Müller erhält für den Bereich Einkauf Vollmacht.
   - Frau Franke wird Einzelprokura erteilt, wobei jegliche Verträge, die den Rahmen von 100.000 EUR übersteigen, von der Geschäftsleitung genehmigt werden müssen.

   a) Erläutern Sie die oben genannten Vollmachten und beurteilen Sie die Ausgestaltung der Prokura.

   b) Selbst mit Prokura darf Frau Franke bestimmte Rechtshandlungen überhaupt nicht vornehmen. Geben Sie vier solcher Rechtshandlungen an.

7. Prokurist Peter Jung ist 35 Jahre alt und seit 20 Jahren bei der Pietsch KG in Augsburg tätig. Er leitet nunmehr die Abteilung Verkauf. Jung möchte sich selbstständig machen und zum 30. Juni kündigen.

   a) Wann muss Jung spätestens kündigen?

   b) Wann müsste gekündigt werden, wenn die Pietsch KG das Arbeitsverhältnis zum 30. Juni auflösen wollte?

   c) Wie hätte die Pietsch KG verhindern können, dass Jung sofort nach seinem Ausscheiden ein Konkurrenzunternehmen gründet?

   d) Wann erlischt die Vollmacht von Jung?

   e) Jung gewährt einem Kunden am 20. Juni einen Sonderrabatt von 30 %. Ist die Pietsch KG an diese Zusage gebunden?

   Begründen Sie jeweils Ihre Antwort.

4.4 Ordnung und Rechtsschutz der betrieblichen Arbeit

4.4.1 Rechtliche Grundlagen des Arbeitsvertrages

Die betriebliche Arbeit wird geregelt

a) im **Individualarbeitsrecht** (Einzelarbeitsvertrag),

b) im **Kollektivarbeitsrecht,** dazu gehören

  b1) Betriebsvereinbarungen,

  b2) Tarifverträge,

c) in der **Arbeitsgesetzgebung,**

d) im **Arbeitsrecht** der **Europäischen Union.**

Sollen diese konkurrierenden Regelungen auf ein bestimmtes Arbeitsverhältnis angewendet werden, so gelten folgende Grundsätze:

1. Enthalten sie **nachgiebiges Recht,** sind sie in der angegebenen Reihenfolge maßgebend: a) → d).

   Beispiel: In einem Einzelarbeitsvertrag werden 35 Tage Urlaub vereinbart. Wenn nach Tarifvertrag diesem Arbeitnehmer 28 Tage und nach dem Bundesurlaubsgesetz mindestens 24 Tage zustehen würden, so gilt die einzelvertragliche Regelung. Erst wenn hier nichts vereinbart wurde, gilt der Tarifvertrag bzw. das Bundesurlaubsgesetz.

   Abweichende Regelungen beim nachgiebigen Recht sind nur möglich, wenn sie zugunsten des Arbeitnehmers getroffen werden.

2. **Zwingende Normen** gelten jedoch in der umgekehrten Reihenfolge: d) → a).

   Beispiel: Nach dem Mutterschutzgesetz dürfen Mütter bis acht Wochen nach der Entbindung nicht beschäftigt werden. Die Mutter darf auch durch einzelvertragliche Regelung nicht darauf verzichten.

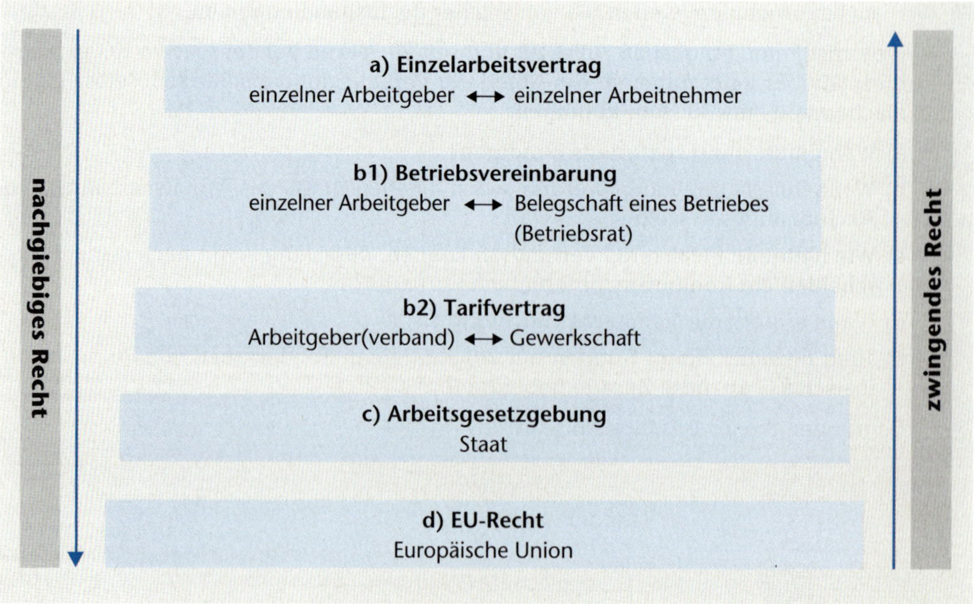

Einzelarbeitsvertrag

In ihm verpflichtet sich der **einzelne Arbeitnehmer** dem **Arbeitgeber** gegenüber zur Leistung von Diensten gegen Entgelt. Die Regelung der Bestimmungen des Einzelarbeitsvertrags bleibt beiden Partnern überlassen. Der Arbeitnehmer darf jedoch nicht schlechter gestellt werden, als im Gesetz, im Tarifvertrag oder in der Betriebsvereinbarung festgelegt ist.

KÜHLsys GmbH
Kühlsysteme
...then, fresh is better...

Zwischen der KÜHLsys GmbH (Arbeitgeber)

und Frau Christa Späth (Arbeitnehmerin) Eichenweg 1, 72525 Münsingen

wird folgender **Arbeitsvertrag** geschlossen:

1. Frau Späth wird ab 2. Januar 2015 in der Personalabteilung des Unternehmens als Sachbearbeiterin eingestellt. Der Arbeitsinhalt ergibt sich aus der ausgehändigten Stellenbeschreibung. Die Arbeit ist pünktlich und gewissenhaft auszuführen. Über Geschäftsgeheimnisse ist strenges Stillschwiegen zu bewahren.
2. Die Einstellung erfolgt unbefristet. Eine Kündigung des Arbeitsverhältnisses kann nach der Probezeit beiderseits unter Einhaltung einer Frist von 4 Wochen zum Monatsende erfolgen.
3. Die Probezeit dauert 3 Monate, und zwar vom 2. Januar bis zum 31. März 2015. Während dieser Zeit ist das Arbeitsverhältnis mit einer Frist von 14 Tagen zum Monatsende kündbar.
4. Die wöchentliche Arbeitszeit richtet sich nach den jeweiligen tariflichen Bestimmungen. Sie beträgt zurzeit 37,5 Stunden. Die Arbeitnehmerin darf nebenher weder ein Handelsgewerbe betreiben noch Geschäfte auf eigene Rechnung machen.
5. Als Vergütung wird ein Gehalt von brutto 2.500 EUR vereinbart, das am Monatsende ausbezahlt wird. Nach der Probezeit beträgt das Gehalt 2.600 EUR. Das Gehalt wird bei Krankheit bis zu 6 Wochen weiterbezahlt. Der Arbeitgeber übernimmt neben dem Anteil an der Sozialversicherung auch die Zahlung von monatlich 35 EUR nach dem Vermögensbildungsgesetz.
6. Der Jahresurlaub beträgt 30 Werktage. Die zeitliche Lage des Urlaubs muss mit dem Abteilungsleiter abgestimmt werden. Nimmt die Arbeitnehmerin an Veranstaltungen der Weiterbildung teil (DV-Kurse u. a.), ist der Arbeitgeber bereit, dafür bezahlten Sonderurlaub zu gewähren.

Im Übrigen gelten die gesetzlichen und tarifvertraglichen Regeln in ihrer jeweiligen Fassung. Auf die bestehende Betriebsvereinbarung wird verwiesen. Die Arbeitnehmerin hat bereits ein Exemplar ausgehändigt bekommen.

Unna, 12. Dezember 2014

KÜHLsys GmbH — Arbeitnehmerin

ppa. Riester — Späth

Marianne Riester — Christa Späth

NachwG § 2

Liegt dem Arbeitsverhältnis kein schriftlicher Arbeitsvertrag zugrunde, ist der Arbeitgeber verpflichtet, **Mindestinhalte des Arbeitsverhältnisses in einer Niederschrift festzuhalten.** Diese muss spätestens einen Monat nach dem vereinbarten Beginn des Arbeitsverhältnisses dem Arbeitnehmer ausgehändigt werden. Das Papier muss vom Arbeitgeber unterzeichnet sein.

Eine **Niederschrift muss mindestens enthalten:**

- die Namen und die Anschriften der Vertragsparteien,
- den Zeitpunkt des Beginns des Arbeitsverhältnisses,
- bei befristeten Arbeitsverhältnissen: die vorhersehbare Dauer des Arbeitsverhältnisses,
- den Arbeitsort,
- eine kurze Charakterisierung oder Beschreibung der vom Arbeitnehmer zu leistenden Tätigkeit,
- die Zusammensetzung und die Höhe des Arbeitsentgelts einschließlich der Zuschläge, der Zulagen, Prämien und Sonderzahlungen sowie anderer Bestandteile des Arbeitsentgelts und deren Fälligkeit,
- die vereinbarte Arbeitszeit,
- die Dauer des jährlichen Erholungsurlaubs,
- Kündigungsfristen,
- ein Hinweis auf Tarifverträge und Betriebsvereinbarungen, die für das Arbeitsverhältnis Gültigkeit haben.

Betriebsvereinbarung

BetrVG §§ 77, 88

Betriebsvereinbarungen werden zwischen dem **Betriebsrat** und dem **Arbeitgeber** eines bestimmten Betriebes getroffen. Sie dürfen den Bestimmungen des Tarifvertrages nicht entgegenstehen, sondern sollen diese ergänzen, erläutern und den besonderen Verhältnissen des Betriebes anpassen.

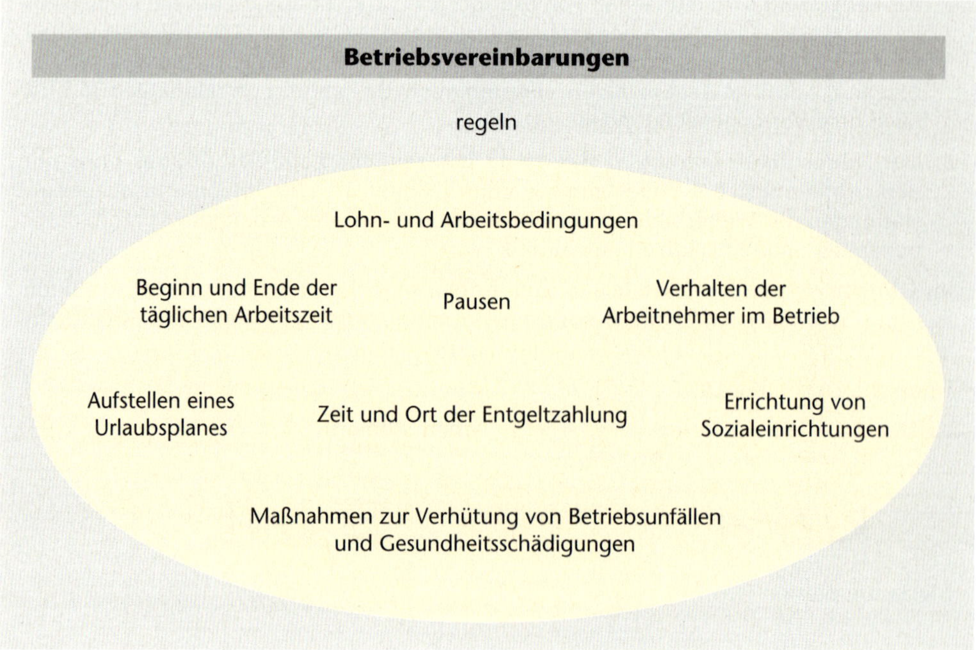

Durch Betriebsvereinbarungen werden insbesondere **Betriebsordnungen** und **Dienstordnungen** aufgestellt. Sie müssen an geeigneter Stelle im Betrieb ausgehängt oder den Betriebsangehörigen bei Eintritt in den Betrieb ausgehändigt werden.

Tarifvertrag

Der **Tarifvertrag (TV)** ist ein **Kollektivvertrag zwischen den Tarifpartnern,** in dem die Arbeitsbedingungen gewöhnlich für ganze Berufsgruppen eines Wirtschaftszweiges in freien Verhandlungen einheitlich festgelegt werden.

▶ Tarifautonomie

Tarifautonomie ist das Recht der Sozialpartner, die Arbeits- und Einkommensbedingungen **ohne staatliche Eingriffe** in freien Tarifverhandlungen kollektiv festzulegen.

▶ Abschluss eines Tarifvertrages

Tarifverträge werden zwischen den **Sozialpartnern** (Kapitel 4.4.3) geschlossen. Zur Gültigkeit des TV ist die Schriftform nötig. *TVG §§ 1 f.*

Der Abschluss, die Änderung und die Aufhebung der Tarifverträge werden in die Tarifregister eingetragen, die bei den Arbeitsministerien geführt werden.

▶ Arten der Tarifverträge

nach den Tarifpartnern	
Firmen- bzw. Haustarifvertrag	Er wird zwischen einzelnen Unternehmen und einer Gewerkschaft abgeschlossen.
Verbandstarifvertrag	Er wird von einem oder mehreren Arbeitgeberverbänden mit einer oder mehreren Gewerkschaften abgeschlossen.
nach dem räumlichen Geltungsbereich	
Werkstarifvertrag	Er gilt für ein Unternehmen bzw. ein Werk.
Flächentarifvertrag	Er betrifft einen bestimmten räumlichen Geltungsbereich (Tarifgebiet) oder eine bestimmte Fläche (z. B. Nordrhein-Westfalen) und gilt immer für eine oder mehrere Branchen (Metall, Einzelhandel etc.); deshalb wird häufig auch von Branchentarifverträgen gesprochen.
nach dem Vertragsinhalt	
Rahmentarifvertrag (Manteltarifvertrag)	Er enthält Regelungen zu den allgemeinen Arbeitsbedingungen, die für längere Zeit gleich bleiben (Arbeitszeit, Altersteilzeit bis zu fünf Jahren, Mehrarbeit, Sonn- und Feiertagsarbeit, Urlaub, Kündigungsfristen, Weiterbildung u. a.) und Bestimmungen über ein Schiedsgericht zur Beilegung von Streitigkeiten.
Vergütungstarifvertrag (Entgelt-, Lohn- und Gehaltstarifvertrag)	Er regelt die Höhe der Vergütung für die Arbeitsverhältnisse in seinem Geltungsbereich.
Arbeitszeittarifvertrag	Er regelt die täglichen und wöchentlichen Arbeitszeiten der Arbeitnehmer, sofern sie nicht schon im Rahmentarifvertrag vereinbart sind.
Tarifverträge über Sonderleistungen	Sie regeln beispielsweise die Höhe von Weihnachts- und Urlaubsgeld, die Vermögensbildung oder die betriebliche Zusatzaltersversorgung.

▶ **Wirkungen des Tarifvertrages**

TVG § 4 **Erfüllungspflicht.** Die Vertragsparteien sind verpflichtet, dafür zu sorgen, dass ihre Mitglieder den Vertrag verwirklichen und sich an seine Bestimmungen halten. Dabei ist der Grundsatz der Unabdingbarkeit zu beachten. Danach dürfen die Bedingungen eines Einzelarbeitsvertrages für den Arbeitnehmer nicht ungünstiger sein als die des Tarifvertrages, auch wenn der einzelne Arbeitnehmer mit einer Schlechterstellung einverstanden wäre.

§ 3 **Friedenspflicht.** Während der Gültigkeit des Vertrages dürfen keine Kampfmaßnahmen (Kapitel 4.4.3) gegen die Vereinbarungen ergriffen werden; ausgenommen ist der Warnstreik.

§ 4 **Nachwirkung.** Der Tarifvertrag endet mit Ablauf der in ihm festgesetzten Zeitdauer. Beim Abschluss eines Tarifvertrages auf unbestimmte Zeit endet dieser durch Kündigung oder durch Abschluss eines neuen Tarifvertrages. Die Bestimmungen des alten Tarifvertrages bleiben auf jeden Fall so lange in Kraft, bis ein neuer Tarifvertrag abgeschlossen ist.

4.4.2 Mitwirkung und Mitbestimmung der Arbeitnehmer im Betrieb

Betriebsrat

Im Betriebsverfassungsgesetz werden die Wahl und die Aufgaben eines **Betriebsrates** einheitlich geregelt. Durch einen Betriebsrat soll

- das Interesse der Arbeitnehmer an ihrem Betrieb gesteigert werden,
- den Arbeitnehmern Gelegenheit gegeben werden, am betrieblichen Geschehen mitzuwirken bzw. mitzubestimmen,
- die Stellung der Arbeitnehmer gegenüber dem Arbeitgeber durch eine gemeinsame Vertretung gefestigt werden.

Ein Zwang zur Wahl eines Betriebsrates besteht jedoch nicht, wenn die Arbeitnehmer von ihrem Recht keinen Gebrauch machen wollen. Sie verlieren damit aber die Chance, die gesetzlich verankerte innerbetriebliche Mitbestimmung zu praktizieren.

▶ **Wahl des Betriebsrates**

BetrVG §§ 1, 14, 21 In Betrieben mit mindestens fünf ständigen wahlberechtigten Arbeitnehmern, von denen drei wählbar sind, wird in geheimer und unmittelbarer Wahl ein Betriebsrat auf vier Jahre gewählt.

§ 7 **Wahlberechtigt** sind alle Arbeitnehmer, die das 18. Lebensjahr vollendet haben.

§ 8 **Wählbar** sind alle Wahlberechtigten, die mindestens ein halbes Jahr dem Betrieb angehören.

§§ 9, 38 Die **Zahl der Betriebsratsmitglieder** richtet sich nach der Zahl der Arbeitnehmer. In Betrieben mit über 200 Beschäftigten ist eine bestimmte Anzahl der Mitglieder von der Berufstätigkeit freizustellen.

§ 15 Der Betriebsrat soll sich möglichst aus Arbeitnehmern der einzelnen Bereiche und der verschiedenen Beschäftigungsarten der im Betrieb tätigen Arbeitnehmer zusammensetzen.

§ 74 ▶ **Zusammenarbeit von Arbeitgeber und Betriebsrat**

§ 43 Arbeitgeber und Betriebsrat sollen mindestens einmal im Monat zusammentreten und bei strittigen Fragen mit dem ernsten Willen zur Einigung verhandeln und Vorschläge für die Beilegung von Meinungsverschiedenheiten machen. Der Betriebsrat muss einmal in jedem Kalendervierteljahr in einer **Betriebsversammlung,** zu der alle Arbeitnehmer und der Arbeitgeber einzuladen sind, einen Bericht über seine Tätigkeit geben. Für einzelne Betriebsteile können auch **Abteilungsversammlungen** stattfinden.

Zur Beilegung von Meinungsverschiedenheiten zwischen Betriebsrat und dem Arbeitgeber, z. B. bei Verweigerung der Zustimmung zu betrieblichen Maßnahmen, wird eine **Einigungsstelle** gebildet. Sie besteht aus einem unparteiischen Vorsitzenden und aus Beisitzern, die je zur Hälfte vom Arbeitgeber und vom Betriebsrat bestellt werden. Der Spruch der Einigungsstelle ersetzt die Einigung zwischen Arbeitgeber und Betriebsrat. Gegen ihren Beschluss kann beim Arbeitsgericht Klage erhoben werden. *BetrVG § 76*

Rund 75 % aller Verfahren können durch Einschaltung der Einigungsstelle beigelegt werden.

▶ Allgemeine Aufgaben des Betriebsrates *§ 80*

Er hat die betrieblichen Interessen der Beschäftigten zu vertreten und darüber zu wachen, dass die zugunsten der Arbeitnehmer geltenden Gesetze, Verordnungen, Unfallverhütungsvorschriften, Tarifverträge und Betriebsvereinbarungen durchgeführt werden.

Er hat die Belange von schwerbehinderten Menschen, Jugendlichen sowie älteren und ausländischen Arbeitnehmern zu fördern.

Außerdem hat sich der Betriebsrat mit Fragen der Frauenförderung zu befassen und in diesem Bereich für eine bessere Vereinbarkeit von Familie und Beruf zu sorgen.

▶ Rechte des Betriebsrates *§§ 81 ff.*

Rechte des Betriebsrates

Information
Der Betriebsrat oder der Wirtschaftsausschuss kann verlangen, dass er über betriebliche Vorgänge **unterrichtet** wird oder ihm die **erforderlichen Unterlagen unterbreitet** werden.

Beratung
Der Arbeitgeber muss den Betriebsrat **unterrichten** und sich mit ihm **beraten.**

→ wirtschaftliche Angelegenheiten

Mitwirkung
Der Betriebsrat kann aus bestimmten Gründen den betrieblichen **Maßnahmen widersprechen.** Diese werden dadurch jedoch nicht unwirksam. Im Streitfall entscheidet das Arbeitsgericht oder die Einigungsstelle.

→ personelle Angelegenheiten

Mitbestimmung
Betriebliche Maßnahmen werden erst mit **Zustimmung des Betriebsrates** wirksam.

→ soziale Angelegenheiten

▶ Wirtschaftsausschuss

In Unternehmen mit mehr als 100 ständigen Arbeitnehmern wird ein **Wirtschaftsausschuss** gebildet, dessen Mitglieder vom Betriebsrat bestimmt werden. Er hat wirtschaftliche Angelegenheiten mit dem Unternehmer zu beraten und den Betriebsrat zu unterrichten. *§§ 106 ff.*

▶ Jugend- und Auszubildendenvertretung *§§ 60–73*

In Unternehmen, in denen in der Regel mindestens fünf Arbeitnehmer beschäftigt werden, die unter 18 Jahren sind oder die zu ihrer Ausbildung beschäftigt werden und das 25. Lebensjahr noch nicht vollendet haben, können **Jugend- und Auszubildendenvertretungen** für zwei Jahre gewählt werden. Voraussetzung hierfür ist allerdings, dass ein Betriebsrat besteht. Mitglieder dieser Vertretung können nicht gleichzeitig Mitglieder des Betriebsrates sein.

Eine wichtige Aufgabe dieser Vertretung ist die Förderung von Maßnahmen der Berufsausbildung und die Überwachung der Einhaltung von Bestimmungen zugunsten der oben genannten Personen (Jugendschutzgesetz, Tarifvertrag). Darüber hinaus soll sie die Integration junger ausländischer Arbeitnehmer im Unternehmen fördern und entsprechende Maßnahmen beim Betriebsrat beantragen.

Die Jugend- und Auszubildendenvertretung kann zu allen Sitzungen des Betriebsrates einen Vertreter entsenden. Bei Tagesordnungspunkten, die Jugendliche oder Auszubildende betreffen, hat die gesamte Jugend- und Auszubildendenvertretung Teilnahme- und Stimmrecht.

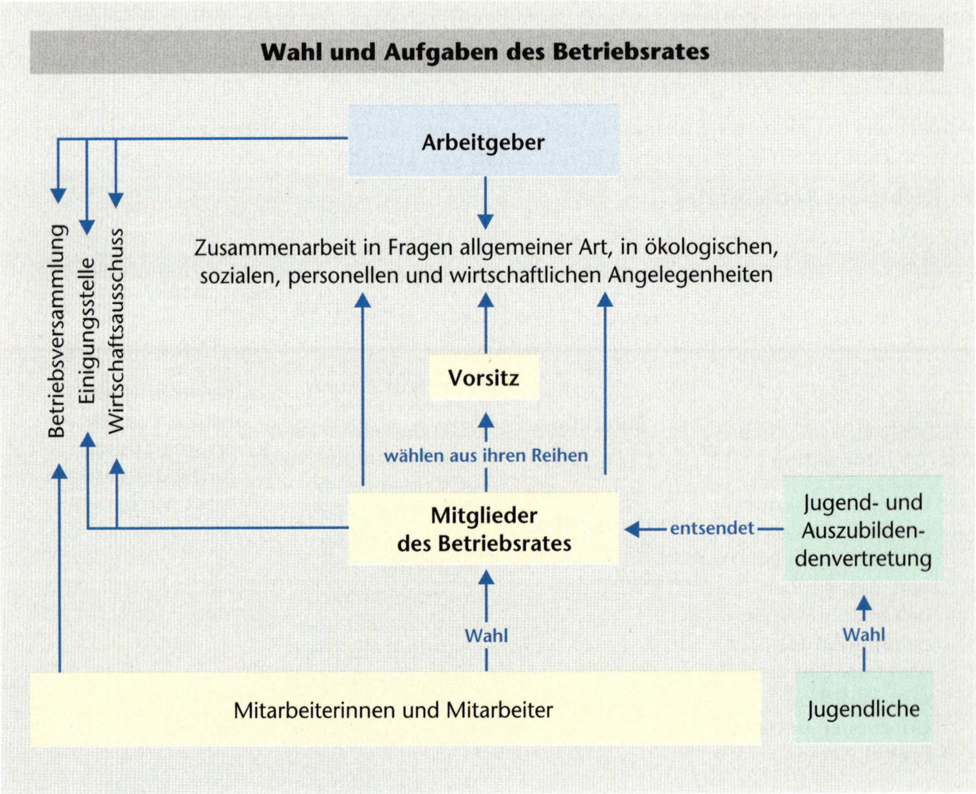

Mitbestimmung im Aufsichtsrat und Vorstand eines Unternehmens

MitbestG §§ 1, 7 Der Aufsichtsrat einer AG, KGaA, GmbH oder eG, die **mehr als 2.000 Arbeitnehmer beschäftigt,** muss je zur Hälfte aus Vertretern der Anteilseigner und der Arbeitnehmer gebildet werden. Mit Ausnahme der KGaA wird in diesen Unternehmen ein Arbeitsdirektor als *§ 33* gleichberechtigtes Mitglied des Vorstands bzw. der Geschäftsführung bestellt.

DrittelbG § 4 In den AG, KGaA, GmbH oder eG, die **mindestens 500,** aber **nicht mehr als 2.000 Arbeitnehmer** beschäftigen, muss ein Aufsichtsrat gebildet werden, der zu einem Drittel aus Vertretern der Arbeitnehmer besteht.

In AG mit **weniger als 500 Arbeitnehmern** bestehen für Arbeitnehmer keine gesetzlichen Mitbestimmungsrechte im Aufsichtsrat.

Europäischer Betriebsrat

Ein **Europäischer Betriebsrat** muss in Unternehmen errichtet werden, die EU-weit mindestens 1.000 Arbeitnehmer beschäftigen, wovon jeweils mindestens 150 in mindestens zwei Mitgliedsstaaten beschäftigt sein müssen. Er ist von der Unternehmensleitung über die Geschäftslage sowie über eine Verlegung oder Stilllegung des Unternehmens und über Massenentlassungen zu unterrichten und anzuhören.

EBRG § 3 § 32

4.4.3 Sozialpartnerschaft und Arbeitskämpfe

In der Bundesrepublik Deutschland herrscht das Prinzip der Tarifautonomie. Sie wird aus der im Grundgesetz verankerten **Koalitionsfreiheit** abgeleitet.

GG Art. 9 (3)

Tarifautonomie ist das Recht der Sozialpartner, die **Arbeits- und Einkommensbedingungen ohne staatliche Eingriffe** in freien Tarifverhandlungen **kollektiv festzulegen.**

Arbeitgeber- und Arbeitnehmerverbände werden als **Sozialpartner** bezeichnet.

Arbeitgeberverbände

Arbeitgeberverbände dienen zur Wahrung der Interessen der Unternehmer gegenüber den Arbeitnehmern (Tarifverträge) oder gegenüber Staat und Gemeinden (Gesetzgebung).

Es gibt folgende Arbeitgeberverbände:

- mit beruflich-fachlichen Aufgaben, z. B. Bundesverband der Deutschen Industrie (BDI) und die Zentralverbände der übrigen Wirtschaftszweige;
- mit tarif- und sozialpolitischen Aufgaben, z. B. Bundesvereinigung der Deutschen Arbeitgeberverbände (BDA), in der 56 Mitgliederverbände und 14 Landesvereinigungen zusammengeschlossen sind.

Beispiele: Gesamtverband der metallindustriellen Arbeitgeberverbände – Gesamtmetall, Berlin; Gesamtverband des Deutschen Steinkohlebergbaus, Essen; Hauptverband der Deutschen Bauindustrie e.V., Berlin; Bundesvereinigung der Fachverbände des Deutschen Handwerks, Berlin; Hauptverband des Deutschen Einzelhandels e.V., Berlin, Arbeitgeberverband des privaten Bankgewerbes e.V., Berlin; Bundesverband des Deutschen Groß- und Außenhandels e.V., Berlin

Arbeitnehmerverbände (Gewerkschaften)

Die **Gewerkschaften** sind Vereinigungen der Arbeitnehmer zur Förderung und Wahrung der Arbeits- und Wirtschaftsbedingungen. Der Beitritt zu einer Gewerkschaft ist freiwillig.

Im Einzelnen haben sich die Gewerkschaften folgende **Aufgaben** gestellt:

Kampfaufgabe. Verbesserung der Lohn- und Arbeitsbedingungen, um die Lebensqualität der Arbeitnehmer zu heben (Lohnerhöhung, Arbeitszeitverkürzung, Mitbestimmung), gegebenenfalls mithilfe des Streiks, des klassischen Kampfmittels der Gewerkschaften.

Bildungsaufgabe. Berufliche Weiterbildung und Umschulung, Leistungssteigerung durch Vorträge, Kurse, Arbeitsgemeinschaften, Berufswettkämpfe, Mitwirkung im Berufsbildungsausschuss und in den Prüfungsausschüssen.

Rechtliche Aufgabe. Abschluss von Tarifverträgen, Rechtshilfe und Rechtsschutz für die Arbeitnehmer und Auszubildenden bei den Arbeitsgerichten, Mitbestimmungsrecht in den Unternehmen.

Wirtschaftspolitische Aufgabe. Verbesserung der Wirtschafts- und Sozialordnung (Förderung der Vermögensbildung der Arbeitnehmer, Sozialversicherungsreform). Durchsetzung dieser Ziele im Parlament und bei der Regierung durch Einflussnahme auf Abgeordnete und Minister (Lobbyismus).

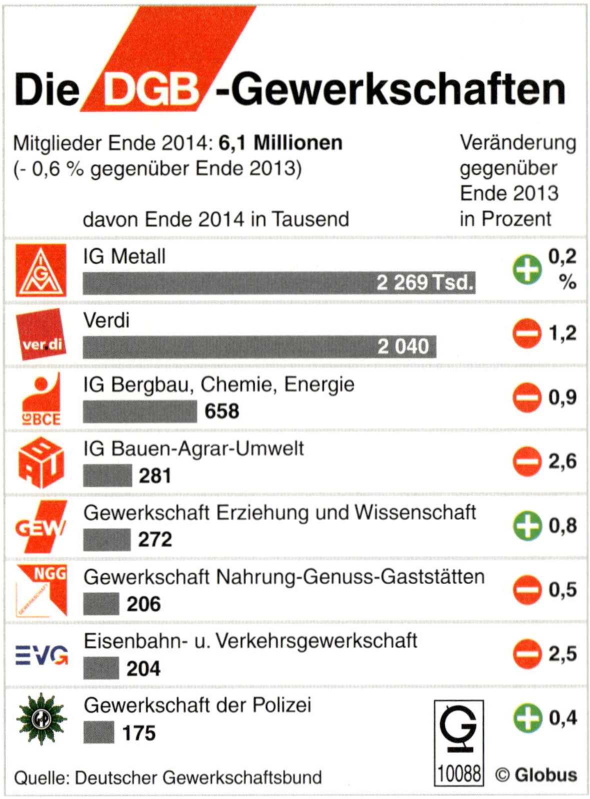

Arbeitskampf und Schlichtung

Arbeitskampfrecht

Das Kampfmittel der **Arbeitnehmer** zur Erreichung arbeitsrechtlicher Ziele ist der **Streik.** Man versteht darunter die gemeinsame, planmäßige Arbeitsniederlegung der Arbeitnehmer. Ein Streik kann unter folgenden Voraussetzungen geführt werden:

- Auslaufen des Tarifvertrages bzw. Scheitern der Schlichtungsverhandlungen. Vorher besteht Friedenspflicht.
- Urabstimmung. Mindestens 75 % der abstimmungsberechtigten Gewerkschaftsmitglieder eines Tarifbezirks müssen sich grundsätzlich für den Streik entscheiden. Außerdem muss der Hauptvorstand der Gewerkschaft den Streik beschließen bzw. den Beschluss genehmigen. Bei manchen Gewerkschaften ist nur eine dieser Voraussetzungen notwendig.
- Organisation durch die Gewerkschaft (Tarifvertragspartei).

Treffen diese Voraussetzungen nicht zu, spricht man von »wildem« Streik.

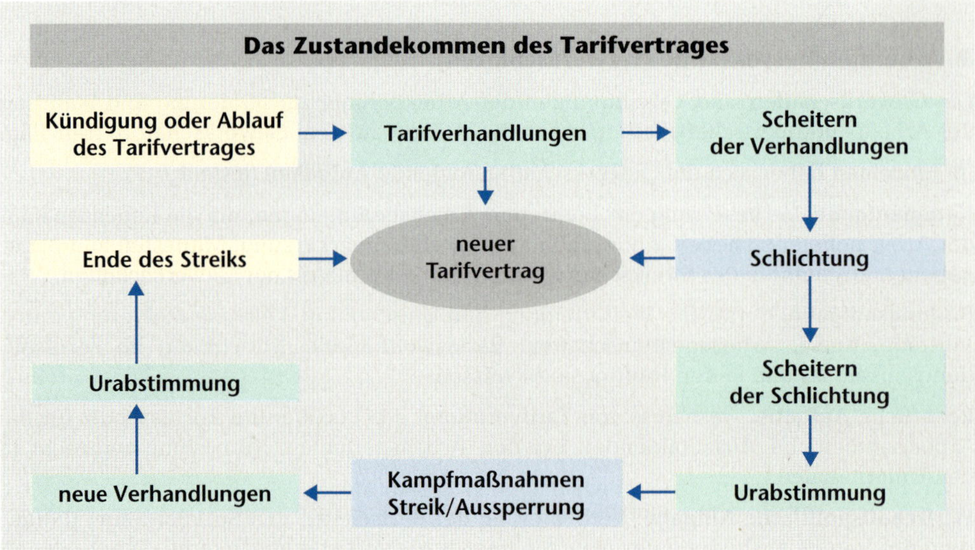

▶ Arten des Streiks

Voll- oder Flächenstreik. Alle Arbeitnehmer eines Tarifgebiets legen die Arbeit nieder.

Mini-Max-Streik (Schwerpunktstreik). Hier versuchen die Gewerkschaften mit minimalem Aufwand (Bestreikung der Hersteller von Batterien oder Kühlern) die maximale Wirkung zu erzielen (Stilllegung der ganzen Automobilbranche nebst Zulieferbetrieben).

Flexi-Streik. Dabei werden z. B. tageweise abwechselnd Betriebe des Fahrzeugbaus, dann der Metall- und Elektroindustrie und schließlich Betriebe des Mittelstandes bestreikt. Die Gewerkschaft will mit diesen Kurzstreiks verhindern, dass es zu einer »kalten Aussperrung« kommt. Zugleich will sie ihre Streikkosten so gering wie möglich halten.

Warnstreik. Kurzfristige Arbeitsniederlegung, um die Streikentschlossenheit zu demonstrieren. Dieser Streik kann auch stattfinden, solange Friedenspflicht besteht.

▶ Aussperrung

Das Kampfmittel der **Arbeitgeber** ist die **Aussperrung**, d. h. die vorübergehende Aufhebung der Arbeitsverhältnisse aller Arbeitnehmer bestimmter Unternehmen oder aller Unternehmen einer Branche. Die Aussperrung ist rechtlich nur gültig als Kampfmittel der Arbeitgeber gegen Schwerpunktstreiks der Gewerkschaften. Die Aussperrung ist nur zulässig in einem Umfang, der sich nach dem Grundsatz der Verhältnismäßigkeit richtet **(Übermaßverbot).**

Beispiel: Eintägige Aussperrung wegen eines zweistündigen Warnstreiks

Das Kampfmittel der Aussperrung ist umstritten. So verbietet die Verfassung des Landes Hessen die Aussperrung. Auch haben die Gewerkschaften erfolglos versucht, durch verschiedene Verfahren vor dem Bundesarbeitsgericht und dem Bundesverfassungsgericht die Aussperrung als Arbeitskampfmittel für unzulässig erklären zu lassen.

Kalte Aussperrung. Arbeitgeber stellen die Arbeit ein und sperren die Arbeitnehmer ohne Bezahlung aus, da eine Weiterarbeit wegen Arbeitskämpfen in den Zuliefer- oder Abnehmerbetrieben nicht möglich ist.

Beispiel: Ein Autoproduzent sperrt seine Mitarbeiter aus, weil er keine Bleche von einem bestreikten Zulieferunternehmen mehr bekommt.

▶ Wirkung auf die Arbeitsverhältnisse

Die Arbeitsverhältnisse der streikenden und ausgesperrten Arbeitnehmer sind während des Arbeitskampfs unterbrochen. Deshalb erhalten diese keine Arbeitsentgelte. Die Gewerkschaft zahlt an ihre Mitglieder Streikunterstützung, die sich nach Beitragshöhe und Mitgliedsdauer richtet.

Um auch privatrechtliche Folgen für einzelne Arbeitnehmer zu vermeiden, bemühen sich die Gewerkschaften, jeden Streik durch einen Vergleich zu beenden. Dieser Vergleich beinhaltet, dass alle Arbeitnehmer wiedereingestellt und nicht bestraft werden.

▶ Schlichtungswesen

Zur Verhütung oder Beilegung von Streitigkeiten zwischen Arbeitgebern und Arbeitnehmern oder deren Verbänden bei Vertragsverhandlungen wurden Regeln für die Schlichtung geschaffen. Sie sind nur für solche Streitigkeiten anwendbar, die nicht der Zuständigkeit der Arbeitsgerichte unterliegen. Seine Aufgabe ist es, eine **vertragliche Grundlage zu schaffen,** während die Arbeitsgerichte das bestehende Recht auslegen und über Streitigkeiten nach bestehendem Recht entscheiden.

Das **Ausgleichsverfahren** wird von Schlichtungsstellen durchgeführt, deren Besetzung im Tarifvertrag oder in der Betriebsvereinbarung festgelegt ist. Sie sollen angerufen werden, um Meinungsverschiedenheiten zu klären. Wird keine Einigung erzielt, so können Behörden oder anerkannte Persönlichkeiten des öffentlichen Lebens als Schlichter eingeschaltet werden.

▶ Wirksamkeit von Arbeitskämpfen

Streik und Aussperrung sind nur wirksam, wenn die jeweiligen Interessenverbände geschlossen und entschlossen für ihre Ziele kämpfen. Außerdem hängt die Wirksamkeit der Arbeitskampfmaßnahmen von der Arbeitsmarktsituation und der Ertragslage der Unternehmen ab. Ist das Angebot an Arbeitskräften knapp und stehen die Arbeitnehmer geschlossen hinter ihrer Gewerkschaft, so werden sie (bei guter Auftrags- und Ertragslage der Unternehmen) ihre Forderungen leicht durchsetzen. Ist dagegen die Auftrags- und Ertragslage der Unternehmen schlecht und herrscht Arbeitslosigkeit, so können hohe Forderungen nicht durchgesetzt werden.

▶ Auswirkungen von Arbeitskämpfen

- Häufig können bei einem Arbeitskampf wegen seiner Auswirkungen auf unbeteiligte Dritte negative Reaktionen der Öffentlichkeit erfolgen.
- Besondere Auswirkungen ergeben sich dadurch, dass Streik und Aussperrung hohe Kosten für die Wirtschaft verursachen.
- Spannungen ergeben sich durch die unterschiedlichen Interessenlagen von Großbetrieben einerseits und Klein- und Mittelbetrieben andererseits.

  Beispiel: In der Metallindustrie beschäftigen Klein- und Mittelbetriebe 80 % der Arbeitnehmer, deren Lohnkostenanteil bis zu 50 % beträgt. Nur 20 % der Arbeitnehmer arbeiten in den Großbetrieben, deren Lohnkostenanteil z. T. unter 10 % liegt. Gerade aber die Großbetriebe sind in den Tarifverhandlungen richtungsweisend, nicht jedoch die Klein- und Mittelbetriebe.
- Die Gewerkschaften müssen für die streikenden und ausgesperrten Mitglieder Streikgelder bezahlen.
- Die Unternehmen erleiden Verluste, da keine Erzeugnisse verkauft werden und Kunden sich eventuell anderweitig eindecken.
- Werden Forderungen durchgesetzt, welche die Unternehmen nicht auffangen oder als zusätzliche Kosten über die Preise abwälzen können, sinkt die internationale Wettbewerbsfähigkeit. Es besteht die Gefahr der Betriebsschließung, wenn nicht die teurer gewordenen Arbeitskräfte durch Maschinen ersetzt werden können.
- Können Unternehmen die erhöhten Arbeitskosten auf die Preise abwälzen, so wird das gewerkschaftliche Ziel, die Realeinkommen der Arbeitnehmer zu erhöhen, nicht erreicht. Dies kann zu neuen Forderungen führen.

4.4.4 Arbeitsschutzgesetze

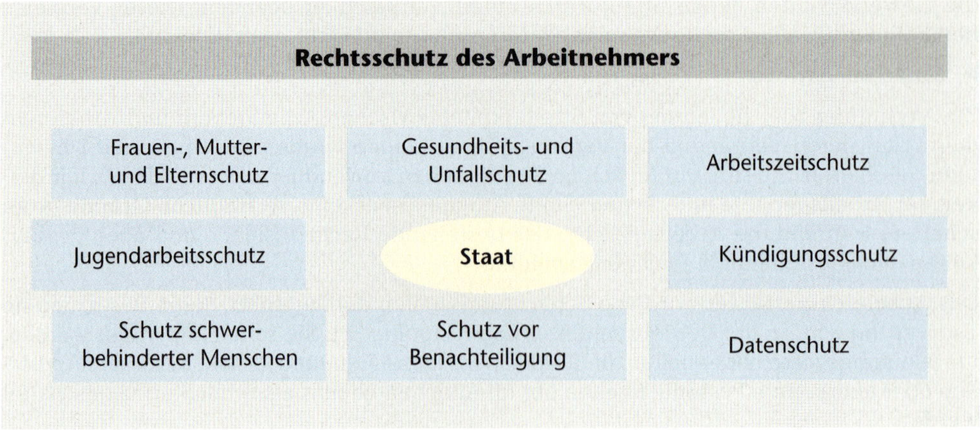

Gesundheits- und Unfallschutz

Arbeitgeber sind verpflichtet, die erforderlichen Maßnahmen des Arbeitsschutzes unter Berücksichtigung der Umstände zu treffen, welche die Sicherheit und Gesundheit der Beschäftigten bei der Arbeit beeinflussen. Dabei ist die Arbeit so zu gestalten, dass eine Gefährdung für das Leben und die Gesundheit der Beschäftigten möglichst vermieden wird. *ArbSchG §§ 3 f.* *§ 5*

Der Arbeitgeber hat durch die Beurteilung der mit der Arbeit verbundenen Gefährdung zu ermitteln, welche Maßnahmen des Arbeitsschutzes erforderlich sind. Dazu dienen Maßnahmen der Ersten Hilfe, Brandbekämpfung und Evakuierung der Beschäftigten sowie arbeitsmedizinische Vorsorge und Untersuchungen. *§§ 10 f.*

Die Beschäftigten sind über die Sicherheit und den Gesundheitsschutz bei der Arbeit zu unterweisen. *§ 12*

Beispiele: gute Beleuchtung, ausreichende Lüftung, Beseitigung von Staub, Dämpfen, Gasen und Abfällen. Schutzvorrichtungen sollen die Arbeitnehmer gegen gefährliche Berührung mit Maschinen und gegen die Gefahren bei Fabrikbränden schützen.

Gewerbeaufsichtsämter überwachen die Einhaltung der Bestimmungen und sorgen für die Beseitigung von Missständen. *§ 21*

Berufsgenossenschaften warnen durch Merkblätter, Schaubilder, Zeitschriften, Vorträge und Filme vor Gefahren. Verhütungsvorschriften verpflichten die Unternehmer zur Einführung von Schutzmaßnahmen. Die Unfallverhütungsvorschriften müssen vom Arbeitgeber an geeigneter Stelle im Unternehmen ausgelegt oder ausgehängt werden. Aufsichtsbeamte überwachen deren Einhaltung, unterrichten, beraten, beanstanden und fordern Abhilfe unter Fristsetzung. Gegen zuwiderhandelnde Unternehmer werden Ordnungsstrafen verhängt.

Sicherheitsbeauftragte im Unternehmen haben darüber zu wachen, dass die Unfallverhütungsvorschriften eingehalten werden. *§ 13*

Betriebsärzte und staatliche **Landesgewerbeärzte** beraten die Unternehmen bei der Verbesserung der Gesundheitsfürsorge (Gewerbehygiene). Sie widmen sich besonders der ärztlichen Berufsberatung, der Verhütung und Behandlung von Berufskrankheiten. *§ 11*

Arbeitszeitschutz

Nach dem Gesetz gilt der **8-Stunden-Tag.** Mit **Zustimmung des Betriebsrates** kann die Arbeitszeit für einen längeren Zeitraum auf **bis zu 10 Stunden erhöht** werden. Eine Überschreitung dieser Grenze aus betriebstechnischen Gründen bedarf der Genehmigung des Gewerbeaufsichtsamtes oder der Vereinbarung in einem Tarifvertrag oder in einer Betriebs- bzw. Dienstvereinbarung. *ArbZG § 3* *§§ 10 ff.*

Verlängerte Arbeitszeiten müssen innerhalb von 6 Monaten **durch kürzere Arbeitszeiten** an anderen Tagen **ausgeglichen** werden. Für bis zu 60 Werktage jährlich ist auch ein **finanzieller Ausgleich** möglich, wenn die Tarifpartner dies vereinbaren. Sonn- und Feiertagsarbeit ist dann erlaubt, wenn technische Gegebenheiten eine ununterbrochene Produktion erfordern oder ein Unternehmen sonst seine internationale Konkurrenzfähigkeit verlieren würde.

AGG §§ 1–20

Schutz vor Benachteiligung

Das allgemeine Gleichbehandlungsgesetz (AGG) soll Benachteiligungen aus Gründen der Rasse oder wegen der ethnischen Herkunft, des Geschlechts, der Religion oder Weltanschauung, einer Behinderung, des Alters oder der sexuellen Identität verhindern oder beseitigen. U.a. schützt es Beschäftigte im Unternehmen davor, dass sie aus den genannten Gründen ohne Vorliegen von sachlichen Gründen benachteiligt werden. Der Arbeitgeber hat Stellenausschreibungen und Arbeitsplätze entsprechend zu gestalten, dass es zu keiner Benachteiligung einzelner Personengruppen kommt. Andernfalls haben die Benachteiligten Anspruch auf Entschädigung und Schadensersatz.

Beispiel: Ein ausländischer Bewerber um einen Ausbildungsplatz zum Groß- und Außenhandelskaufmann darf nicht wegen seiner Herkunft abgelehnt bzw. benachteiligt werden.

Außerdem soll das Gleichbehandlungsgesetz die Würde von Frauen und Männern durch den **Schutz vor sexueller Belästigung** am Arbeitsplatz bewahren. Verantwortlich für den Schutz sind Arbeitgeber und Vorgesetzte. Sie haben die im Einzelfall angemessenen arbeitsrechtlichen Maßnahmen wie Abmahnung, Umsetzung, Versetzung oder Kündigung zu ergreifen.

Kündigungsschutz

Kündigungsschutz

allgemeiner Kündigungsschutz	besonderer Kündigungsschutz
Gilt für **alle** Arbeitnehmer, die länger als **6 Monate** im Betrieb tätig sind, sofern dieser mehr als 10 Beschäftigte hat.	Gilt für 1. Betriebsratsmitglieder 2. Mütter/Eltern 3. schwerbehinderte Menschen 4. Auszubildende

KSchG § 1

Als **Auswahlkriterien** bei einer Kündigung sind die Leistung, die Dauer der Betriebszugehörigkeit, das Lebensalter, die Unterhaltspflichten und die Schwerbehinderung des Arbeitnehmers zu berücksichtigen.

▶ Allgemeiner Schutz vor sozial ungerechtfertigter Kündigung

Ihn genießen die Arbeitnehmer in Unternehmen mit fünf und mehr Beschäftigten, sofern sie länger als 6 Monate in demselben Unternehmen beschäftigt sind. Für Arbeitnehmer, die seit dem 1. Januar 2004 eingestellt wurden, gilt der allgemeine Kündigungsschutz nur noch in Unternehmen **mit mehr als 10 Arbeitnehmern.**

Beispiel: Ein Unternehmen will einen 50-jährigen Mitarbeiter mit der Begründung entlassen, dass keine Aufträge vorliegen. Dies ist nicht möglich, wenn das Unternehmen gleichzeitig mit mehreren 20-Jährigen wegen einer Anstellung verhandelt.

Eine Kündigung ist bei diesen Voraussetzungen **unwirksam, wenn** sie **nicht durch die Person** oder **das Verhalten des Arbeitnehmers** oder durch **dringende betriebliche Verhältnisse bedingt** ist.

Beispiele für

- **personenbedingte Gründe:** länger andauernde Krankheit, Abnahme der geistigen oder körperlichen Leistungsfähigkeit;
- **verhaltensbedingte Gründe:** nicht vertragsgemäßes Verhalten des Arbeitnehmers gegenüber Kunden, Kollegen oder Vorgesetzten sowie Arbeitspflichtverletzungen und Störung des Betriebsfriedens;
- **betriebsbedingte Gründe:** starker Umsatzrückgang, Auflösung einer Abteilung oder Filiale, Umstrukturierung des Unternehmens.

Hält ein Arbeitnehmer eine Kündigung für sozial ungerechtfertigt, so kann er beim Betriebsrat binnen einer Woche **Einspruch** und beim Arbeitsgericht binnen drei Wochen **Klage** erheben. Entspricht das Arbeitsgericht der Klage, so gilt die Kündigung als von Anfang an unwirksam. Ist jedoch dem Arbeitnehmer die Fortsetzung des Arbeitsverhältnisses nicht zumutbar, so kann das Arbeitsgericht den Arbeitgeber zur Zahlung einer einmaligen **Abfindung** in Höhe von bis zu 18 Monatsverdiensten verurteilen. Für Vorstandsmitglieder und Geschäftsführer gilt dieser allgemeine Kündigungsschutz nicht. *KSchG §§ 3 f.* *§§ 9 ff.* *§ 14*

▶ **Besonderer Kündigungsschutz**

- **Betriebsratsmitglieder** und **Mitglieder der Jugend- und Auszubildendenvertretung** während ihrer Amtszeit und bis ein Jahr danach, Kandidaten zur Wahl des Betriebsrates, nicht gewählte Kandidaten bis sechs Monate nach der Wahl. *§ 15*
- **Frauen** während der Schwangerschaft, sofern der Arbeitgeber von dieser Kenntnis hat oder innerhalb von 2 Wochen nach der Kündigung Kenntnis bekommt bzw. während vier Monaten nach der Entbindung. *MuSchG § 9*
- **Eltern** während der Elternzeit. *BEEG § 18*
- **Schwerbehinderte Menschen** (mindestens 50 % Grad der Behinderung). Ihnen kann nur mit Zustimmung des Integrationsamtes gekündigt werden (auch bei außerordentlicher Kündigung). Die Kündigungsfrist muss mindestens vier Wochen betragen. *SGB IX §§ 85 ff.*
- **Auszubildende.** Ihnen kann während der Ausbildungszeit nicht gekündigt werden (Ausnahmen siehe Kapitel 4.2.1).

Das Recht zur fristlosen Entlassung bei Pflichtverletzung bleibt vom Kündigungsschutz unberührt. Ausgenommen ist hiervon der Mutterschutz. *MuSchG § 9 (3)*

Frauen-, Mutter- und Elternschutz

Die berufstätige Frau genießt durch das Arbeitsrecht einen besonderen Schutz, der ihrer körperlichen Konstitution und ihrer Aufgabe in der Familie Rechnung trägt.

Werdende und stillende Mütter dürfen zu schwerer körperlicher Arbeit, zu Mehrarbeit, Akkord- und Fließbandarbeit, Nacht- und Sonntagsarbeit nicht herangezogen werden. Werdende Mütter dürfen grundsätzlich sechs Wochen vor der Entbindung, Mütter bis acht Wochen nach der Entbindung nicht beschäftigt werden. Nach der Geburt des Kindes kann die Mutter und/oder der Vater bzw. der Lebensgefährte eine Elternzeit von bis zu 36 Monaten beanspruchen. *§§ 3 ff.* *BEEG §§ 15 f.*

Weiterhin haben Eltern die Möglichkeit, in den ersten 14 Monaten nach der Geburt des Kindes **Elterngeld** zu beziehen. Allerdings kann ein Elternteil maximal zwölf Monate Elterngeld beanspruchen. Die Höhe des Elterngeldes beträgt 67 Prozent des in den zwölf Kalendermonaten vor dem Monat der Geburt des Kindes durchschnittlich erzielten monatlichen Einkommens. Es werden jedoch höchstens 1.800 EUR und mindestens 300 EUR monatlich gezahlt. *§§ 2, 4*

Jugendarbeitsschutz

JArbSchG §§ 2, 5

Das **Jugendarbeitsschutzgesetz** gilt für **Beschäftigte, die noch nicht 18 Jahre alt** sind.

Kinder	Jugendliche
Das sind Personen, die – unter 15 Jahre alt sind und – der Vollzeitschulpflicht unterliegen.	Das sind Personen zwischen 15 und 18 Jahren.
Folge:	**Folge:**
Die Beschäftigung ist bis auf gesetzliche Ausnahmen **verboten.**	**Die Beschäftigung ist** unter Berücksichtigung von Bestimmungen **erlaubt.**

Für Jugendliche gelten folgende Bestimmungen:

§ 8 *§ 16*	**Arbeitszeit**	Die tägliche Arbeitszeit ohne Ruhepausen darf acht Stunden, die Wochenarbeitszeit 40 Stunden nicht überschreiten. An Tagen, die für die erwachsenen Arbeitnehmer des Betriebes arbeitsfrei sind, dürfen auch Jugendliche nicht beschäftigt werden. An Samstagen dürfen Jugendliche in aller Regel nicht beschäftigt werden. Werden Jugendliche am Samstag beschäftigt, ist ihnen die Fünf-Tage-Woche durch Freistellung an einem anderen berufsschulfreien Arbeitstag derselben Woche sicherzustellen. Mindestens zwei Samstage im Monat sollen beschäftigungsfrei bleiben.
§ 11	**Ruhepausen**	Sie müssen bei einer Arbeitszeit von mehr als viereinhalb bis sechs Stunden 30 Minuten, bei mehr als sechs Stunden 60 Minuten betragen.
§§ 13–18 *§§ 16 f.* *§ 27*	**Freizeit**	Nach Beendigung der täglichen Arbeitszeit ist eine ununterbrochene Freizeit von mindestens 12 Stunden zu gewähren. Zwischen 20 Uhr und 6 Uhr, an Samstagen und an Sonn- und Feiertagen dürfen Jugendliche nicht beschäftigt werden. Ausnahmen gelten für mehrschichtige Betriebe, für Schank- und Gaststätten und im übrigen Beherbergungsgewerbe, für Bäckereien, Konditoreien und Friseure. Darüber hinaus kann die Aufsichtsbehörde weitere Ausnahmen bewilligen.
§§ 9 ff.	**Berufsschulzeit**	Die Unterrichtszeit einschließlich der Pausen wird auf die Arbeitszeit angerechnet. Beträgt die Schulzeit mehr als fünf Unterrichtsstunden, so ist einmal in der Woche der restliche Tag arbeitsfrei. Beginnt der Unterricht vor 9 Uhr, so darf der Jugendliche vorher nicht beschäftigt werden. Auch der letzte Arbeitstag, der der schriftlichen Abschlussprüfung unmittelbar vorangeht, ist frei.

Urlaub	Jugendliche, die zu Beginn des Kalenderjahres noch nicht 16 Jahre alt sind, haben Anspruch auf 30 Werktage Urlaub (1 Woche = 6 Werktage); bis 17 Jahre auf 27 Werktage, bis 18 Jahre auf 25 Werktage. Der Urlaubsanspruch entsteht erst dann, wenn das Arbeitsverhältnis sechs Monate besteht. Vor Antritt des Urlaubs ist das Urlaubsentgelt auszuzahlen. Der Urlaub soll zusammenhängend, bei Berufsschülern in der Zeit der Schulferien gegeben werden. Soweit er nicht in den Berufsschulferien gegeben wird, hat der Jugendliche für jeden Schultag von mindestens fünf Stunden Anspruch auf einen weiteren Urlaubstag. Während des Urlaubs darf keine dem Urlaubszweck widersprechende Erwerbstätigkeit ausgeübt werden.	JArbSchG § 19
gesundheitliche Betreuung	Vor Aufnahme der Beschäftigung und nach einjähriger Beschäftigung sind für den Jugendlichen kostenfreie ärztliche Untersuchungen vorgeschrieben, deren Ergebnis den Erziehungsberechtigten mitgeteilt wird. Der Arbeitgeber erhält eine Bescheinigung, dass die Untersuchung stattgefunden hat. In ihr sind die Arbeiten vermerkt, durch deren Ausübung der Arzt die Gesundheit für gefährdet hält. Ohne Nachweis der ärztlichen Untersuchung darf der Ausbildungsvertrag von der IHK nicht eingetragen werden.	§§ 32 f.
Beschäftigungsbeschränkungen	Das Gesetz verbietet die Beschäftigung eines Jugendlichen mit Arbeiten, die seine körperlichen Kräfte übersteigen oder bei denen er sittlichen Gefahren ausgesetzt ist. Ausdrücklich ist die Beschäftigung mit Akkord- und Fließbandarbeit verboten. Personen, die die bürgerlichen Ehrenrechte nicht besitzen, dürfen Jugendliche nicht beschäftigen und nicht im Rahmen eines Beschäftigungsverhältnisses anweisen oder beaufsichtigen. Für die Beschäftigung verwandter Kinder und Jugendlicher sowie für die Beschäftigung im Familienhaushalt, in der Landwirtschaft, im Bergbau und in der Heimarbeit enthält das Gesetz besondere Bestimmungen.	§§ 22 ff.

Schutz schwerbehinderter Menschen

Um schwerbehinderte Menschen (mindestens 50 % Grad der Behinderung) wieder in den Arbeitsprozess einzugliedern, müssen alle privaten und öffentlichen Arbeitgeber, die über mindestens 20 Arbeitsplätze verfügen, mindestens 5 % davon mit schwerbehinderten Menschen besetzen. Für jeden unbesetzten Pflichtplatz muss der Arbeitgeber eine monatliche **Ausgleichsabgabe** an das Integrationsamt entrichten; die Pflicht zur Einstellung wird jedoch dadurch nicht aufgehoben. *SGB IX § 71* *§ 77*

Die Arbeitgeber haben die schwerbehinderten Menschen so zu beschäftigen, dass diese ihre Fähigkeiten und Kenntnisse möglichst voll anwenden und weiterentwickeln können. Außerdem haben sie für eine behindertengerechte Einrichtung und Unterhaltung der Arbeitsstätten einschließlich der Betriebsanlagen sowie der Gestaltung der Arbeitsplätze zu sorgen. Arbeitgeber können hierfür beim **Integrationsamt** einen Zuschuss, der über die gezahlten Ausgleichsabgaben finanziert wird, beantragen. *§ 81*

Schwerbehinderte Menschen haben einen Anspruch auf einen bezahlten zusätzlichen Urlaub von fünf Arbeitstagen im Jahr. Außerdem haben sie einen Anspruch auf Teilzeitbeschäftigung, wenn die kürzere Arbeitszeit wegen der Art oder der Schwere der Behinderung notwendig ist. *§ 125*

In Unternehmen mit mindestens fünf schwerbehinderten Menschen ist eine Vertrauensperson zu wählen. Die **Schwerbehindertenvertretung** fördert die Eingliederung schwerbehinderter Menschen in das Unternehmen und vertritt deren Interessen. Insbesondere hat sie darüber zu wachen, dass die zugunsten schwerbehinderter Menschen geltenden Gesetze und Vereinbarungen durchgeführt werden. *§§ 94 ff.*

4.4.5 Arbeitsgerichte

Die Arbeitsgerichte gewährleisten eine sachgemäße Behandlung und einheitliche Rechtsprechung in arbeitsrechtlichen Streitigkeiten. Gegenüber den ordentlichen Gerichten ist das Verfahren wegen der kürzeren Fristen rascher und wegen der niedrigeren Gerichtskosten billiger. Bei einem Vergleich werden überhaupt keine Gerichtskosten erhoben.

Aufbau der Arbeitsgerichte

ArbGG § 1 Die Arbeitsgerichtsbarkeit wird ausgeübt durch **Arbeitsgerichte, Landesarbeitsgerichte** (Berufungsinstanz) und das **Bundesarbeitsgericht** (Revisionsinstanz) in Erfurt.

§ 11 In **erster Instanz** besteht **kein Anwaltszwang,** jedoch können Vertreter der Arbeitgeber- und Arbeitnehmerverbände sowie Rechtsanwälte die Prozessvertretung übernehmen. In **zweiter** und **dritter Instanz** besteht **Anwaltszwang;** während in zweiter Instanz noch Vertreter als Prozessbevollmächtigte zugelassen sind, können diese in dritter Instanz nur noch Rechtsanwälte sein.

Zuständigkeit

▶ Örtliche Zuständigkeit

§ 82 **Örtlich zuständig** ist das Gericht, in dessen Bezirk der Beklagte seinen Wohnsitz oder Arbeitsplatz hat.

§§ 80–98

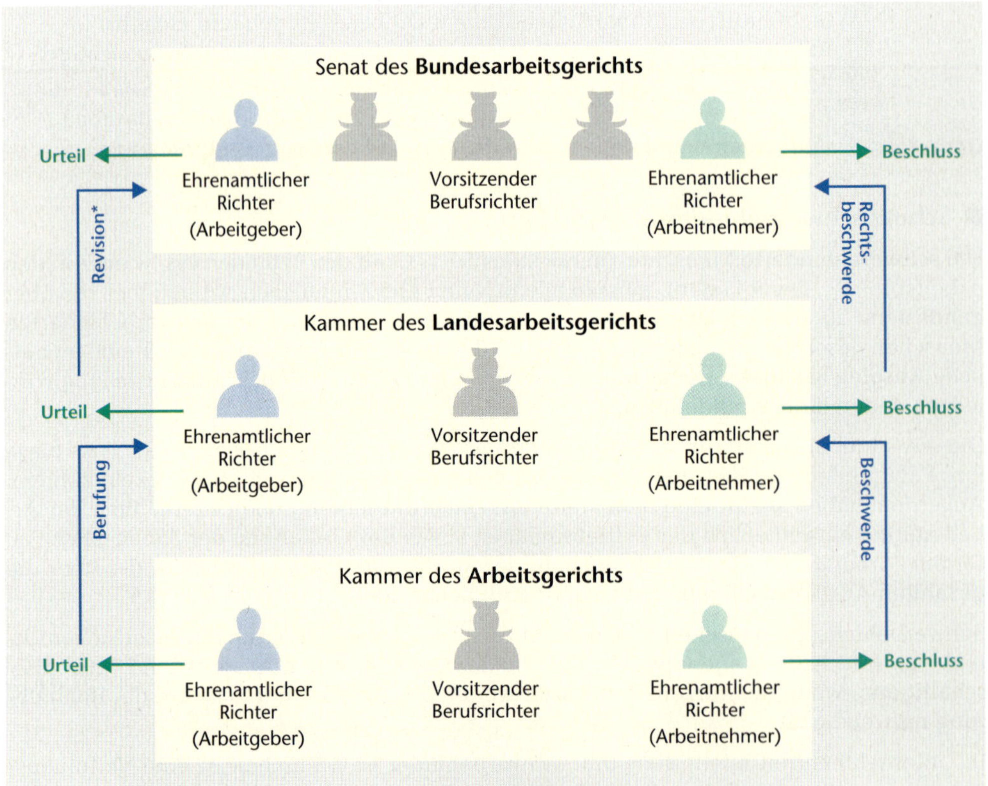

* Im Gegensatz zur Revision werden bei der Berufung nicht nur Rechtsfehler, sondern auch der Tatsachbestand geprüft. D. h., bei der Berufung kommt es zu einer erneuten Beweisaufnahme, während bei der Revision lediglich ein bestehendes Urteil auf Fehler überprüft wird.

▶ **Sachliche Zuständigkeit**

a) **Urteilsverfahren.** Das **Urteilsverfahren** wird eingeleitet, wenn **eine Partei Klage erhebt.** Gegenstand der Verhandlung und Grundlage für das Urteil sind nur die von den Parteien vorgebrachten Tatsachen und Beweise. *ArbGG §§ 2 f.*

b) **Beschlussverfahren.** Das **Beschlussverfahren** beginnt mit der Antragstellung beim Arbeitsgericht. Das Gericht hat **von Amts wegen** den Sachverhalt zu erforschen. Das mündliche Verfahren endet mit einem Beschluss, der schriftlich zu begründen ist. *§ 81* *§ 2a*

Zusammenfassende Übersicht zu Kapitel 4.4: Ordnung und Rechtsschutz der betrieblichen Arbeit

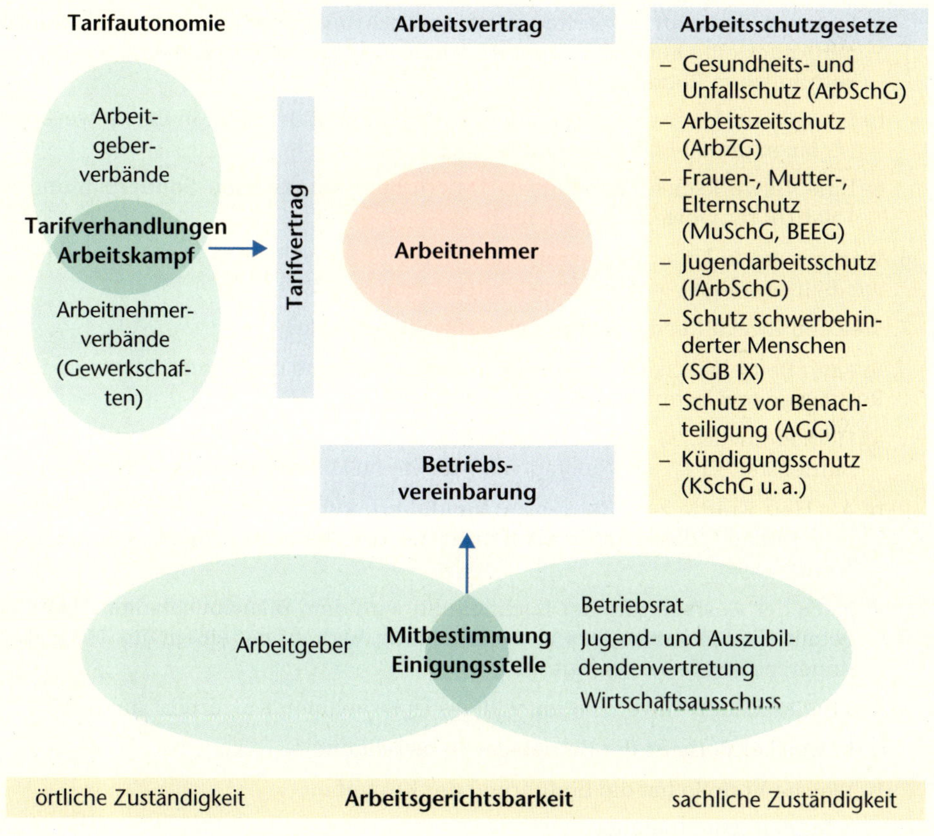

▶ **Aufgaben und Probleme**

1. Prüfen Sie, ob die Inhalte nach dem Nachweisgesetz im Arbeitsvertrag auf Seite 207 enthalten sind.
2. Welche Aufgaben hat die Betriebsvereinbarung?
3. Warum räumen die Arbeitgeber den nicht organisierten Arbeitnehmern die gleichen Gehalts- und Arbeitsbedingungen ein wie den organisierten?

4. Im Wirtschaftsteil der Tageszeitung liest Katja: »Bei den Tarifverhandlungen um einen neuen Manteltarifvertrag sind die Sozialpartner noch zu keiner Einigung gekommen. Beobachter sprechen bereits von Überlegungen über einen Streik.«
   a) Erklären Sie die Begriffe Manteltarifvertrag und Sozialpartner.
   b) Außer den Manteltarifverträgen gibt es noch weitere Tarifverträge. Wie unterscheiden sich diese inhaltlich und in ihrer Geltungsdauer von Manteltarifverträgen?
   c) Im Zusammenhang mit Tarifverhandlungen fällt oft der Begriff »Tarifautonomie«. Erklären Sie diesen Begriff.
   d) Unter welchen Voraussetzungen gilt der Tarifvertrag für alle Arbeitnehmer und Arbeitgeber einer Branche?
5. Beurteilen Sie folgende Fälle:
   a) In einem Einzelarbeitsvertrag vereinbaren Arbeitgeber und Arbeitnehmer, dass der Angestellte auf den Urlaub verzichtet, dafür aber 10 % Gehalt über den tarifvertraglichen Regelungen erhält.
   b) Ein Unternehmer verspricht jedem Arbeitnehmer, der nicht in der Gewerkschaft ist, einen um 50 EUR höheren Verdienst.
   c) Eine Gewerkschaft verlangt in Tarifverhandlungen eine Sonderzahlung von 150 EUR für Gewerkschaftsmitglieder.
6. Warum wird in Unternehmen mit mehr als 200 Beschäftigten eine bestimmte Zahl von Betriebsräten von der Berufstätigkeit freigestellt?
7. Welchen Zweck hat die Bildung einer Einigungsstelle?
8. In einer Betriebsratssitzung werden Personalprobleme diskutiert. Beurteilen Sie die Rechtslage und begründen Sie Ihre Entscheidung.
   a) Herr Frohweis, 28 Jahre alt, bewirbt sich um einen Platz auf der Wahlliste zum Betriebsrat. Er ist am Wahltag vier Monate im Unternehmen beschäftigt.
   b) Als Herr Kräftig zum Betriebsrat kandidiert, kündigt ihm der Arbeitgeber, weil er befürchtet, dass Kräftig als Betriebsrat Unruhe in das Unternehmen bringen würde.
   c) Nach der Auslagerung der Buchhaltung wird dem Bilanzbuchhalter Ahlers mitgeteilt, dass er von nun an in der Abteilung Verkauf mit einem um 300 EUR geringeren Gehalt beschäftigt sei.
9. Um Entlassungen zu vermeiden, will das Unternehmen Kurzarbeit einführen.
   a) In welcher Form ist der Betriebsrat zu beteiligen?
   b) Welche Vorteile hat die Einführung der Kurzarbeit
      - für den Arbeitnehmer,
      - für den Arbeitgeber?
10. Welche Einrichtungen ermöglichen die Mitbestimmung im Unternehmen
    - bei Personengesellschaften,
    - bei Kapitalgesellschaften?
11. Ein Unternehmen, das 1.950 Arbeitnehmer beschäftigt, vergibt eine ganze Anzahl von Aufträgen als Lohnaufträge an andere Unternehmen, obwohl es die Mittel für eine Betriebsvergrößerung hätte. Welche Gründe könnte die Unternehmensleitung für diese Maßnahmen haben?
12. Klären Sie mithilfe des Grundgesetzes, was man unter »Koalitionsfreiheit« versteht.

13. Bereiten Sie mithilfe einer Internetrecherche zum Thema Arbeitslosigkeit eine Podiumsdiskussion vor, in der Argumente aus der Sicht der Arbeitgeber und der Gewerkschaften ausgetauscht werden. Die Podiumsdiskussion soll mit einer Situationsbeschreibung aufgrund aktueller Statistiken (http://www.destatis.de) eingeleitet werden. Bilden Sie hierzu Gruppen (Arbeitgeber und Gewerkschaften), die unterschiedliche Aufgaben lösen sollen.

    Gruppe Arbeitgeber:

    - Finden Sie heraus, welche Gründe für Arbeitslosigkeit der Arbeitgeberverband Gesamtmetall (http://www.gesamtmetall.de) anführt.
    - Stellen Sie die Maßnahmen dar, durch welche die Arbeitslosigkeit aus Sicht des Verbandes verringert werden kann.
    - Vertreten Sie die Position des Verbandes in der Podiumsdiskussion.

    Gruppe Gewerkschaften:

    - Finden Sie heraus, welche Gründe für die Arbeitslosigkeit der Deutsche Gewerkschaftsbund (http://www.dgb.de) anführt.
    - Stellen Sie die Maßnahmen dar, durch welche die Arbeitslosigkeit aus Sicht des DGB verringert werden kann.
    - Vertreten Sie die Position des DGB in der Podiumsdiskussion.

14. Nach gescheiterten Tarifverhandlungen stehen die Gewerkschaften vor der Notwendigkeit, zur Durchsetzung ihrer Forderungen eine Urabstimmung durchzuführen und einen Streik auszurufen. Für den Fall eines Streiks drohen die Arbeitgeber mit Aussperrung. Stimmen aus dem Kreis der Arbeitnehmer werden laut: »Streik ist Notwehr, Aussperrung ist Terror.«

    a) Erklären Sie die Begriffe Streik, Urabstimmung und Aussperrung.
    b) Nehmen Sie Stellung zu der oben wiedergegebenen Aussage der Arbeitnehmer aus der Sicht beider Tarifpartner.

15. Seit einigen Jahren bevorzugen die Gewerkschaften den Mini-Max-Streik. Erläutern Sie zwei Vorteile dieser Streikvariante.

16. Untersuchen Sie volkswirtschaftliche Entwicklungen, die mit hohen bzw. angemessenen Lohn- und Gehaltssteigerungen verbunden sein können.

17. Zur Beendigung eines lange währenden Arbeitskampfes wird der Arbeitsminister aufgefordert, die Lohnerhöhung endlich festzusetzen. Nehmen Sie aus rechtlicher Sicht dazu Stellung.

18. In Deutschland wird in der Politik regelmäßig die Einführung von Mindestlöhnen diskutiert. Ein Argument gegen Mindestlöhne ist hierbei, dass durch sie in die Tarifautonomie eingegriffen wird. Nehmen Sie dazu begründet Stellung.

19. Ein Mitarbeiter, dem gekündigt wurde, droht mit einer Kündigungsschutzklage bis zur letzten Instanz.

    a) Welches Gericht ist für diese Klage sachlich und örtlich zuständig?
    b) Die Klage des Arbeitnehmers wird in 1. Instanz abgewiesen. Welche weiteren gerichtlichen Schritte kann er noch unternehmen?

20. Lesen Sie folgenden Sachverhalt:

Starker Umsatzrückgang bei Breisacher Metallbau

Breisach, 05.03.2015. Die Metallbau GmbH in Breisach mit insgesamt mehr als 50 Mitarbeitern verzeichnet aufgrund der wachsenden Konkurrenz aus dem Ausland einen starken Umsatzrückgang. Die Geschäftsleitung der Metallbau

GmbH versucht deswegen, mit radikalen Einsparungen aus den roten Zahlen herauszukommen.

In der kaufmännischen Verwaltung sollen von den fünf Stellen zwei abgebaut werden. Die Kündigungen sollen zum 01.06.2015 ausgesprochen werden. [...]

Nach einer Vorauswahl bleiben noch vier Mitarbeiter übrig, die für eine Kündigung infrage kommen. Zwei von diesen Mitarbeitern muss gekündigt werden. Heute findet die entscheidende Sitzung statt. Sie sind Mitarbeiter in der Personalabteilung und sollen für diese Sitzung eine Empfehlung erarbeiten, welchen beiden Mitarbeitern gekündigt werden sollte.

Die folgenden Mitarbeiter – alle haben ähnliche Qualifikationen und erledigen ihre Tätigkeiten zur vollsten Zufriedenheit – stehen zur Auswahl:

Frank Ohlendorf; geboren am: 15.06.1988; ledig, keine Kinder, beschäftigt seit: 10.02.2013, Zusatzinformationen: Herr Ohlendorf ist seit einem Motorradunfall zu 50 % schwerbehindert.
Maria Funke; geboren am: 12.01.1974; verheiratet, ein schulpflichtiges Kind, beschäftigt seit: 13.05.2011, Zusatzinformationen: Herr Funke (Ehemann) ist als Metallschlosser bei der Metallbau GmbH beschäftigt.
Anna Sandmann; geboren am: 14.02.1991; ledig, ein Kind im Kindergarten, beschäftigt seit: 01.12.2014, Zusatzinformationen: Die Probezeit von Frau Sandmann ist am 01.03.2015 abgelaufen.
Wilhelm Heinemann; geboren am: 24.01.1962; verheiratet, drei schulpflichtige Kinder, beschäftigt seit: 15.08.2004, Zusatzinformationen: Die Ehefrau von Herrn Heinemann ist zurzeit arbeitslos.

Geben Sie eine Kündigungsempfehlung ab und begründen Sie diese. Beachten Sie dabei die Voraussetzungen für den allgemeinen Kündigungsschutz.

21. Bei einem Gespräch zwischen der Geschäftsleitung und dem Betriebsrat weist ein Betriebsratsmitglied darauf hin, dass bei den Kündigungen der besondere Kündigungsschutz für bestimmte Mitarbeitergruppen berücksichtigt werden muss.

    a) Was versteht man unter diesem Kündigungsschutz?

    b) Erläutern Sie, aus welchen Gründen diese Gruppen geschützt sind.

22. Welche Kündigungsfristen muss ein Arbeitgeber beachten?

    a) 27-jähriger Angestellter, seit zehn Jahren im Betrieb,

    b) 32-jähriger Angestellter, seit fünf Jahren im Betrieb,

    c) 35-jähriger Angestellter, seit elf Jahren im Betrieb,

    d) 58-jähriger Angestellter, seit 38 Jahren im Betrieb,

    e) 30-jährige Angestellte, die Mitglied des Betriebsrates ist,

    f) Auszubildender während der Probezeit,

    g) Auszubildender nach der Probezeit,

    h) Schwangere Auszubildende während der Probezeit.

23. Welchen Schutz bietet das BetrVG bei Entlassungen wegen Rationalisierungsmaßnahmen?

4.5 Personalbedarf, -beschaffung und -auswahl

4.5.1 Personalbestandsanalyse und Personalbedarfsanalyse

Eine wichtige personalwirtschaftliche Aufgabe ist die Planung des Personalbedarfs.

Unter dem **Personalbedarf** eines Unternehmens versteht man die **Gesamtheit an Arbeitskräften,** die zur Wahrnehmung aller Aufgaben in dem betreffenden Unternehmen benötigt werden.

Um den Personalbedarf effektiv planen zu können, muss ein Unternehmen zunächst den aktuellen Personalbestand und den zukünftigen Personalbedarf analysieren. Dabei nutzt es Personalinformationssysteme und erstellt damit geeignete Personalstatistiken.

Personalinformationssystem

Unter einem **Personalinformationssystem** versteht man ein vorwiegend **im Personalbereich eingesetztes, computergestütztes Verwaltungssystem.**

Es unterstützt alle Aufgaben der Personalabteilung. Grundlage hierfür ist eine Datenbank. Sie weist Abfrage- und Auswertungsmöglichkeiten aus.

Zielsetzung ist es, sowohl für den Personalbereich als auch für andere Funktionsbereiche eine personalbezogene Informationsverarbeitung sicherzustellen. Häufig sind Personalinformationssysteme Teil einer integrierten Unternehmenssoftware.

Beispiel: Mitarbeiterdaten bei der KÜHLsys GmbH in MBS Navision

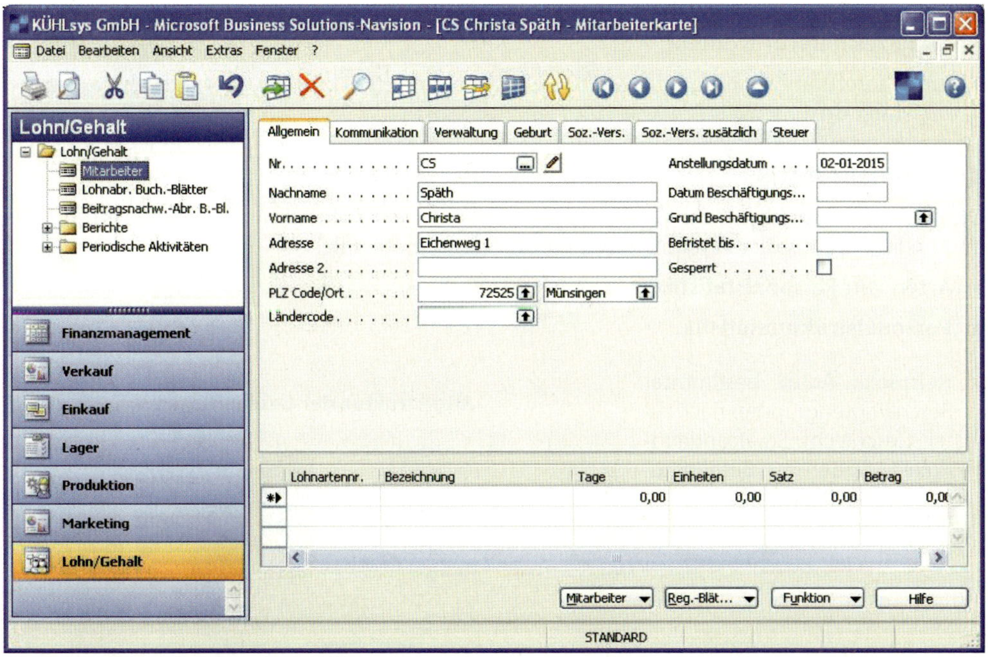

Im Rahmen von Personalinformationssystemen sind die Erfordernisse des Datenschutzes unbedingt zu beachten.

BDSG § 1

Der Begriff **Datenschutz** umschreibt den **Schutz personenbezogener Daten** vor missbräuchlicher Verwendung.

Zweck des Datenschutzes ist es, den Einzelnen davor zu schützen, dass er durch den Umgang mit seinen personenbezogenen Daten in seinem Persönlichkeitsrecht beeinträchtigt wird. Diese Schutzbedürftigkeit ist besonders bei elektronischer Datenverarbeitung gegeben. Das Bundesdatenschutzgesetz regelt in erster Linie den Schutz automatisierter Datenverarbeitung.

Um den Vorgaben des Gesetzes gerecht zu werden, sind folgende »**Zehn Gebote des Datenschutzes**« zu beachten:

1. Zugangskontrolle (zu DV-Anlagen),
2. Datenträgerkontrolle (unbefugte Benutzung von Datenträgern),
3. Speicherkontrolle (unbefugte Eingabe, Kenntnisnahme, Veränderung, Löschung gespeicherter Daten),
4. Benutzerkontrolle (unbefugte Benutzung von DV-Anlagen mithilfe der Datenübertragung),
5. Zugriffskontrolle (Beschränkung der Zugriffe entsprechend der Berechtigung),
6. Übermittlungskontrolle (Überprüfung der Möglichkeiten zur Datenübermittlung),
7. Eingabekontrolle (nachträgliche Kontrolle, wann und von wem Daten eingegeben worden sind),
8. Auftragskontrolle (Einhaltung der Weisungen des Arbeitgebers),
9. Transportkontrolle (Verhinderung unbefugten Lesens, Veränderns, Löschens bei der Datenübertragung oder dem Transport von Datenträgern) und
10. Organisationskontrolle (interne Organisation muss den Anforderungen des Datenschutzes gerecht werden).

Aktuelle Informationen rund um den Datenschutz finden Sie im Internet unter http://www.datenschutz.de.

Personalstatistik

Die **Personalstatistik** ist das Ergebnis des Prozesses zur **Erfassung** und **Aufbereitung** des im Personalinformationssystem anfallenden **Zahlenmaterials.**

▶ Arten von Personalstatistiken

a) Personalstrukturstatistik.

Beispiele: Anteil bestimmter Beschäftigtengruppen nach Alter, Geschlecht, Staatsangehörigkeit, Dauer der Betriebszugehörigkeit, Position

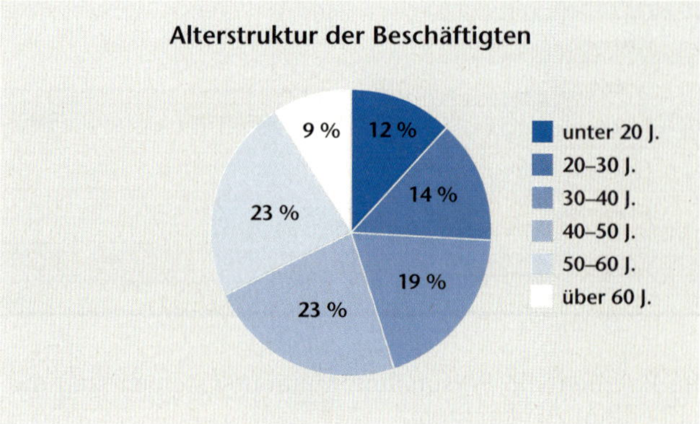

b) Personalbewegungsstatistik.

Beispiele: Zugänge/Abgänge, Krankenquote, Unfallquote, Bildungsquote

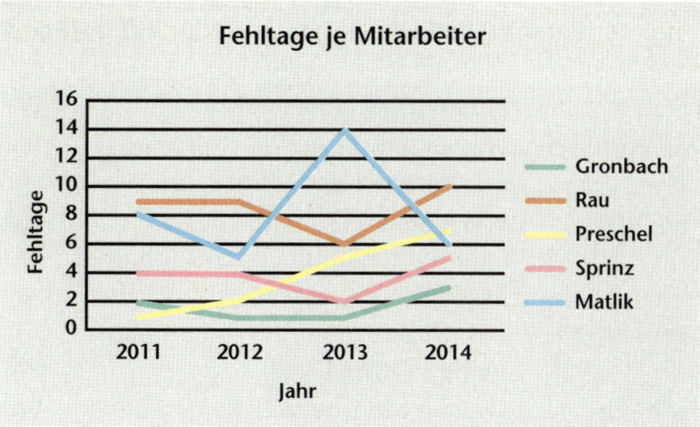

c) Personalaufwandsstatistik.

Beispiele: Gehaltssumme, Personalnebenkosten, Personalaufwand/Umsatz, Ausbildungskosten

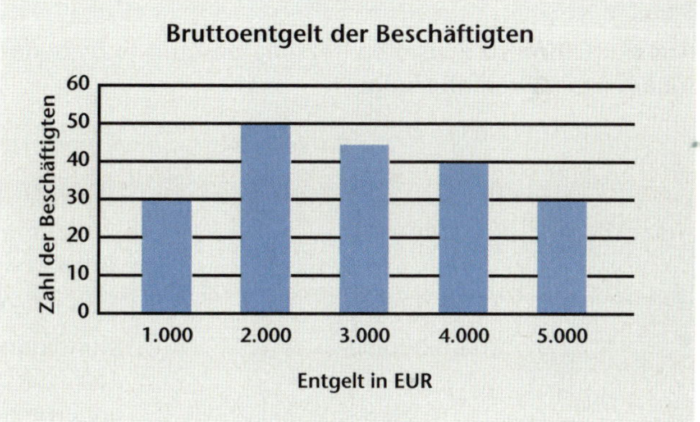

d) Statistik zur Mitarbeitermotivation.

Beispiele: betriebliches Vorschlagswesen (Anzahl der Vorschläge, Höhe der Einsparungen), Daten aus Mitarbeiterbefragungen

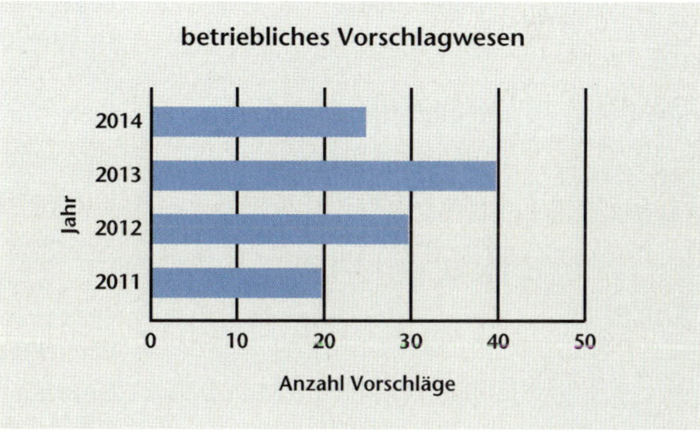

▶ **Auswertung**

Die aus der Personalstatistik gewonnenen Erkenntnisse ermöglichen eine optimale Entscheidungsvorbereitung. Damit können personalpolitische Entscheidungen geplant, kontrolliert und vorbereitet werden.

Beispiel: Bei der KÜHLsys GmbH sind 72 % der Mitarbeiter über 40 Jahre alt. Die vielen Fehltage sind zum Teil altersbedingt. Die Einstellung von jungen Mitarbeitern ist dringend notwendig.

Personalbestands- und -bedarfsanalyse

Die **Personalbestandsanalyse** ist eine detaillierte Ermittlung des **gegenwärtigen Personalbestands.**

Bei der **Personalbedarfsanalyse** wird der **zukünftige Personalbedarf** ermittelt.

	Personalbestandsanalyse	Personalbedarfsanalyse
quantitativ	Wie viele Mitarbeiter sind zurzeit im Unternehmen tätig?	Wie viele Mitarbeiter werden voraussichtlich benötigt?
qualitativ	Welches Wissen und welche Fähigkeiten haben die Mitarbeiter bereits?	Welche Qualifikationen brauchen die Mitarbeiter?
örtlich	Wo werden derzeit welche Mitarbeiter eingesetzt?	An welchen Orten sind Mitarbeiter erforderlich?
zeitlich	Welche Mitarbeiter sind gegenwärtig im Unternehmen beschäftigt?	Wann und wie lange werden Mitarbeiter benötigt?

Aus der Differenz zwischen Personalbestand und -bedarf ergibt sich die notwendige Personalbestandsveränderung.

Personalbestandsveränderungen		
	Arten	**Beispiele**
quantitativ	Neubedarf	Erhöhung der Unternehmenskapazität, Arbeitszeitverkürzungen
	Zusatzbedarf	saisonale Bedarfsschwankungen
	Ersatzbedarf	Kündigung eines Mitarbeiters, Erreichen der Altersgrenze eines Mitarbeiters, innerbetriebliche Versetzung
	Minderbedarf	Betriebseinschränkung wegen schlechter konjunktureller Lage, Personaleinsparung durch neue Produktionsverfahren
qualitativ	ungelernte Arbeitskräfte	Kräfte für Gelegenheitsarbeiten
	angelernte Arbeitskräfte	kurz eingewiesene Hilfskräfte für das Lager
	ausgebildete Arbeitskräfte	Industriekaufleute
	hochqualifizierte Arbeitskräfte	Spezialisten für Informationstechnik
örtlich	innerbetriebliche Mitarbeiter	Einsatz im Unternehmen, z. B. in der Verwaltung oder in der Fertigung
	außerbetriebliche Mitarbeiter	Einsatz außerhalb des Unternehmens, z. B. Angestellter im Außendienst
zeitlich	Stellenausbau	Errichtung eines Zweigwerkes zum 1. August
	Stellenabbau	Auslagerung der Buchführung an einen Dienstleister im nächsten Jahr
	Mitarbeiterwechsel (Fluktuation)	Kündigung durch einen Mitarbeiter zum Jahresende
	Ausfallzeit	Elternzeit

BetrVG § 92

Der Arbeitgeber muss den Betriebsrat über die Personalbedarfsanalyse umfassend informieren und mit ihm die Art und den Umfang der erforderlichen Maßnahmen besprechen. Dabei kann der Betriebsrat dem Arbeitgeber Vorschläge machen.

▶ Aufgaben und Probleme

1. Recherchieren Sie im Internet nach Beispielen für Personalinformationssysteme und präsentieren Sie Ihre Ergebnisse.
2. Aus einer Tageszeitung:

Computerskandal in Thüringen

Datendiebstahl durch Riesenschlamperei

ERFURT (ap/dpa) – Der Thüringer Computerdiebstahl ist nach dem Abschlussbericht des Innenministeriums offenbar durch große Schlamperei ermöglicht worden.

Im Herbst 1997 ist das thüringische Innenministerium innerhalb von Erfurt in neue Räume umgezogen. Bei diesem Umzug, den eine Umzugsfirma durchführte, ist ein Rechner mit brisantem Material während des Transportes abhanden gekommen.

Unter anderem sind mit dem Computer Berichte über den Rechtsextremismus, über Aktivitäten von Scientology im Bundesland Thüringen, aber auch Vermerke zu Sitzungen der stets geheim tagenden Parlamentarischen Kontrollkommission des Landtages verschwunden.

Dem Bericht des Ministeriums zufolge war die Umzugsfirma nicht vertraglich verpflichtet worden, nur speziell überprüftes Personal oder doch wenigstens nur die Stammmannschaft einzusetzen.

Eine schriftliche Anweisung, Computer und Akten mit sensiblen Daten speziell zu sichern und zu verpacken, ist nicht gegeben worden. Dem Mitteldeutschen Rundfunk (MDR) zufolge sollen unter den Möbelpackern drei mit Haftbefehl gesuchte Kriminelle gewesen sein.

Der Geheimschutzbeauftragte und die Datenschutzbeauftragte des Hauses seien an den Umzugsvorbereitungen nicht beteiligt worden

   a) Gegen welche Gebote des Datenschutzes ist im vorliegenden Fall verstoßen worden?
   b) Machen Sie Vorschläge für die Durchführung eines Umzuges mit hochsensiblen und brisanten Daten, bei dem ein Höchstmaß an Datenschutz gewährleistet ist.
3. Warum ist es für das Unternehmen sehr wichtig, den Personalbedarf langfristig zu planen?
4. Im neuen Tarifvertrag wird die Arbeitszeit verkürzt. Erläutern Sie die Auswirkungen auf den Personalbedarf.
5. Visualisieren Sie die Vorgehensweise bei der quantitativen bzw. qualitativen Personalbedarfsanalyse in einem Unternehmen.
6. Ermitteln Sie den Personalbedarf für das Rechnungswesen eines Unternehmens zum 01.07. nach folgenden Daten: Bestand 21 Mitarbeiterinnen und Mitarbeiter; dieser soll auf 25 Arbeitskräfte aufgestockt werden. Zwei Auszubildende sollen zum 01.07 übernommen werden; drei Mitarbeiter gehen zum 30.06. in den Ruhestand; es liegen von zwei Sachbearbeiterinnen ärztliche Atteste vor, dass diese schwanger sind und voraussichtlich ab Anfang Juli in den Mutterschutz gehen werden; drei Mitarbeiterinnen kommen Ende Juni aus der Elternzeit zurück. Alle genannten Mitarbeiterinnen und Mitarbeiter haben gleichwertige Qualifikationen.

   Wie viele Mitarbeiterinnen und Mitarbeiter werden zusätzlich zum 01.07. gebraucht?

4.5.2 Personalbeschaffung

Die **Personalbeschaffung** hat die Aufgabe, die vom Unternehmen **benötigten Arbeitskräfte** in qualitativer, quantitativer, örtlicher und zeitlicher Hinsicht **bereitzustellen.**

Stellenbeschreibung

Wesentliche Informationsgrundlage für die Personalbeschaffung ist die **Stellenbeschreibung.** Sie enthält Angaben über die Stelle hinsichtlich ihrer Ziele, Aufgaben, Ausstattung mit Kompetenzen und Beziehungen zu anderen Stellen. Daraus ergibt sich das Anforderungsprofil für einen Stelleninhaber. Die Stellenbeschreibung dient als Grundlage für eine Stellenausschreibung und außerdem der Information des Stelleninhabers.

Beispiel einer Stellenbeschreibung:

KÜHLsys GmbH Kühlsysteme ...then, fresh is better...	**Stellenbeschreibung**	Stelleninhaber(in): Frau Jahn Hauptabteilung: Verkauf

I. Bezeichnung der Stelle: Leiter(in) der Hauptabteilung Verkauf
II. Dienstrang: Hauptabteilungsleiter(in)
III. Vorgesetzter: Geschäftsführer(in)
IV. Stellvertreter: Leiter(in) der Abteilung Verkauf Ausland
V. Unmittelbar untergeordnete Stellen: Marketing, Verkauf Inland, Verkauf Ausland, Versand

VI. Ziele der Stelle:
Alle Maßnahmen einzuleiten, die zur Erhaltung und Erweiterung des Verkaufsumsatzes erforderlich sind.

VII. Aufgaben, Kompetenzen:
1. Leitung der Hauptabteilung Verkauf.
2. Beratung der Geschäftsführung in Vertriebsfragen einschließlich der Exportmöglichkeiten, Analyse der Umsatzentwicklung.
3. Kontrolle der verkaufsabhängigen Kosten.
4. Koordinierung von Umsatzplan, Werbeplan und Budget.
5. Schulung der Vertriebskräfte, Vertreterschulung.
6. Entscheidungs- und Unterschriftsbefugnisse:
   Genehmigung von Sonderpreisen und Sonderkonditionen sowie abweichender Kreditrichtlinien für einzelne Kunden, soweit im Einzelfall mit Nachlässen von über 5.000 EUR zu rechnen ist.
   Verhandlungsführung bei Aufträgen über 100.000 EUR.
   Die Position ist mit Gesamtprokura ausgestattet.

VIII. Anforderungen:
Fachkenntnisse (Ausbildung, Erfahrung): Abitur, Fachschule erwünscht; Kenntnisse in Englisch und mind. einer weiteren Fremdsprache; 5–7 Jahre kaufmännische Tätigkeit, dabei 4 Jahre im Vertrieb, davon 2 Jahre als Vorgesetzte(r).
Sonstige Anforderungen: Verhandlungsgeschick, Fähigkeit zur Menschenführung.
IX. Lohn-/Gehaltsgruppe: Gehalt nach K4

Die Stellenbeschreibung ist eine verbindliche und in einheitlicher Form gefasste Beschreibung einer Stelle mit folgendem Inhalt (vgl. Beispiel, Seite 232):

- Bezeichnung der Stelle (I),
- Eingliederung der Stelle in den Stellenplan (II),
- Einordnung in die Unternehmensorganisation (III–V),
- Ziele der Stelle (VI),
- Aufgaben und besondere Befugnisse der Stelleninhaberin/des Stelleninhabers (VII),
- Anforderungen an die Stelleninhaberin/den Stelleninhaber (VIII),
- Angabe von Lohn- oder Gehaltsgruppen (IX).

Vorteile der Stellenbeschreibung	
Die **Stelleninhaberin/**der **Stelleninhaber** kennt die	Die **Unternehmensleitung** erreicht
– Erwartungen, die an sie bzw. ihn gestellt werden, – Arbeitsaufgabe, – weisungsberechtigten Vorgesetzten (Übergeordneter), – weisungsgebundenen Mitarbeiter (Untergeordneter), – Stellenbewertung und kann im Vergleich mit den Kollegen prüfen, ob die Vergütung angemessen ist.	– einen Überblick über die Aufgaben der Stelle, – eine Grundlage für die Stellenbewertung (Lohn- und Gehaltsgefüge), – ein besseres Betriebsklima, – eine bessere Leistungskontrolle.

Personalbeschaffungswege

Die Personalbeschaffungswege lassen sich in **interne** Personalbeschaffung und **externe** Personalbeschaffung unterscheiden.

▶ Interne Personalbeschaffung

Die Besetzung von Stellen des Unternehmens mit **Betriebsangehörigen** erfolgt durch:

- interne Stellenausschreibungen (Aushang am »Schwarzen Brett« oder Veröffentlichung im Intranet),
- Umbesetzungen oder Beförderungen von Mitarbeitern,
- Übernahme von eigenen Auszubildenden.

Mit der Beförderung eines Arbeitnehmers zeigt die Unternehmensleitung, dass sie mit der Arbeit ihres Mitarbeiters zufrieden ist und ihm erweiterte Aufgaben zutraut. Haben Arbeitnehmer die Aussicht, im Unternehmen befördert zu werden, sind sie in der Regel bereit, langfristig ihren beruflichen Werdegang mit den Interessen des Unternehmens bzw. der Unternehmensleitung zu koppeln.

Die Übernahme von Auszubildenden fördert deren Motivation und hat für das Unternehmen eine positive Wirkung in der Öffentlichkeit.

Meist werden die Beförderung bzw. die Umbesetzung von Betriebsangehörigen und die Besetzung freier Stellen mit neuen Arbeitnehmern in einem angemessenen Verhältnis kombiniert, wobei in vielen Unternehmen dem innerbetrieblichen Aufstieg der Vorzug eingeräumt wird (Nachwuchsschulung, interne Karriereplanung).

▶ Externe Personalbeschaffung

Für alle Stellen, welche die Unternehmensleitung nicht mit Betriebsangehörigen besetzen kann oder will, müssen **Arbeitskräfte von außen** geworben werden.

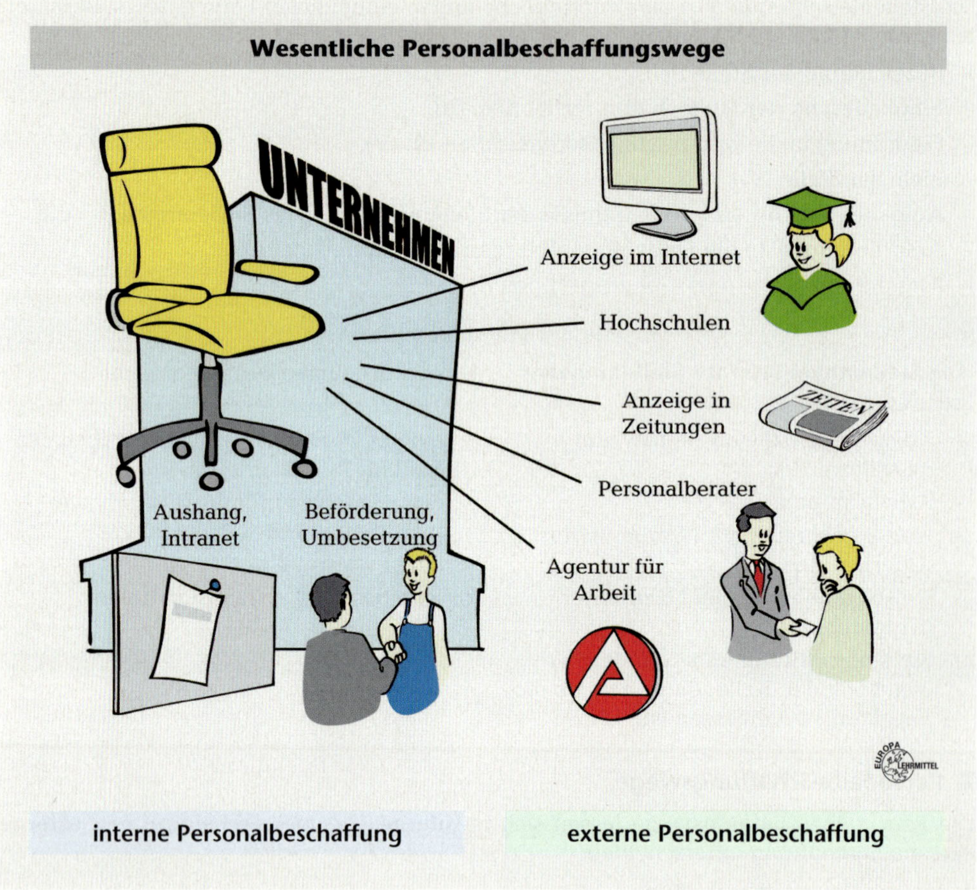

Die Unternehmensleitung kann z. B. Stellen nicht besetzen, wenn es sich um Arbeiten handelt, die die Betriebsangehörigen nicht übernehmen wollen oder nicht übernehmen können, weil es keine geeigneten Mitarbeiter gibt.

Die Unternehmensleitung will Stellen nicht mit Betriebsangehörigen besetzen, weil sie diese für nicht geeignet hält oder befürchtet, dass infolge von »Betriebsblindheit« der Arbeitsvorgang nicht nach neuesten Erkenntnissen durchgeführt wird.

a) Instrumente der externen Personalbeschaffung.

- **Personalanzeigen** werden in Printmedien und/oder im Internet von einem Arbeitgeber oder von einer Personalberatung aufgegeben, um nach neuen Mitarbeitern zu suchen.
- Die **Bundesagentur für Arbeit** vermittelt Arbeitslose und Arbeitsuchende an Unternehmen, die neue Arbeitskräfte suchen.
- Beim **Personalleasing** werden Mitarbeiter von einem darauf spezialisierten Unternehmen (Zeitarbeitsunternehmen) geliehen.
- Ein **Personalberater** bzw. **Personalvermittler** ist ein Unternehmer, der Personal für andere Unternehmen gezielt sucht und vermittelt (Headhunter).
- **Stellenbörsen** sind große Sammlungen von Stellenangeboten bzw. Personalanzeigen verschiedener Unternehmen.

  Beispiele: www.Jobpilot.de oder www.stepstone.de

- Durch **Schautafeln im Eingangsbereich** des Unternehmens oder durch **Anschläge am Werkstor** kann ein Unternehmen ebenfalls seine Personalanzeigen veröffentlichen.
- Die **Kontaktpflege** zu Bildungseinrichtungen, zur Bundeswehr, zu Kammern oder zu Mitarbeitern bietet Unternehmen die Möglichkeit, frühzeitig neue Mitarbeiter anzusprechen oder auf sich aufmerksam zu machen.
- Um vor allem Berufsanfänger nach dem Studium zu werben, bieten sich der Besuch oder die Organisation von **Recruiting-Veranstaltungen** an. Hierbei handelt es sich um spezielle Veranstaltungen zur Kontaktaufnahme zwischen Unternehmen und potenziellen Mitarbeitern, die häufig an Hochschulen oder auf Messen durchgeführt werden.
- Die **Beschäftigung von Praktikanten** bietet dem Unternehmen die Möglichkeit, zukünftige Mitarbeiter schon vor einer Anstellung im Arbeitsalltag kennenzulernen.

b) Erstellen einer Personalanzeige.

Eine Personalanzeige will das Interesse der möglichen Bewerber wecken. Um dies zu erreichen, sollten folgende Fragen in der Personalanzeige beantwortet werden:

- Wer schreibt die Stelle aus (Beschreibung des Unternehmens)?
- Welche Anforderungen sollen Bewerberinnen und Bewerber erfüllen (fachlich, sozial)?
- Welche Aufgaben sollen übernommen werden?
- Was wird Bewerberinnen und Bewerbern angeboten?
- Wann soll die Stelle besetzt werden?
- Wo befindet sich der zukünftige Arbeitsplatz?
- Wen soll die Bewerbung ansprechen?

Reifen Roesch

Als führendes Großhandelsunternehmen für Reifen sind wir der gefragteste Partner in Deutschland. Diese Position streben wir auch in Europa an. Für dieses ehrgeizige Ziel suchen wir zum **nächstmöglichen Termin** zur Verstärkung unseres Teams in unserer Europazentrale in Ludwigsburg eine/n branchenerfahrene/n

Kaufmann/Kauffrau im Groß- und Außenhandel

Ihre Aufgaben
- internationaler Ein- und Verkauf von Reifen und Zubehör
- Erstellung der erforderlichen Fracht- und Import-/Exportpapiere
- Terminkoordination und -überwachung bei Lieferungen

Ihre Qualifikation
- abgeschlossene Ausbildung als Groß- und Außenhandelskauffrau/-mann
- erste Berufserfahrung im Einkauf und Verkauf
- Englischkenntnisse in Wort und Schrift, weitere Fremdsprachenkenntnisse (frz., span.)

Ihre Perspektive
- angenehmes Umfeld mit beruflichen und persönlichen Entfaltungsmöglichkeiten
- eine verantwortungsvolle Position in unserem Unternehmen
- ein Einkommen, das Ihrer Qualifikation angemessen ist

Interesse an einem Arbeitsplatz mit Zukunft? Dann bewerben Sie sich!

Reifen Roesch GmbH
Personalabteilung
Frau Martina Packmohr
Schwieberdinger Str. 61
71636 Ludwigsburg
E-Mail: mpackmohr@reifenroesch.de

Außerdem sollte das Layout der Personalanzeige so gestaltet sein, dass es die gewünschte Zielgruppe anspricht. Dabei sind auch die unternehmensinternen Vorgaben zu beachten, die das Unternehmen in einem einheitlichen Bild nach außen darstellt **(Corporate Identity).**

Die Angaben in einer Personalanzeige über die zu besetzende Stelle sind weniger ausführlich als in einer Stellenbeschreibung. Der Schwerpunkt bei der Personalanzeige liegt im Bereich der Anforderungen an soziale und fachliche Kompetenzen.

▶ Personalbeschaffungswege im Vergleich

Je nach Personalbedarf muss abgewogen werden, ob ein interner oder ein externer Personalbeschaffungsweg besser geeignet ist.

	interne Personalbeschaffung	externe Personalbeschaffung
Vorteile	– stärkere Bindung an das Unternehmen – geringere Beschaffungskosten – Kenntnis der Qualifikation – schnellere Stellenbesetzungsmöglichkeit – Motivation der Mitarbeiter	– große Auswahl – Verhinderung von Betriebsblindheit – Zugewinn von Know-how (z. B. neue Arbeitsmethoden) – geringe Fortbildungskosten – Vermeidung des Kettenreaktionseffekts (Neubesetzung der innerbetrieblich frei gewordenen Stelle)
Nachteile	– weniger Auswahlmöglichkeiten – Enttäuschung bei nicht berücksichtigten Kollegen (Neid bzw. Demotivation) – quantitativer Bedarf wird nicht gedeckt; häufig nur Bedarfsverschiebung – Kettenreaktionseffekt	– höhere Beschaffungskosten – Risiko einer Fehlbesetzung – evtl. Schwierigkeiten bei der Integration der neuen Mitarbeiter

▶ Aufgaben und Probleme

1. Welchem Zweck dienen Stellenbeschreibungen in einem Unternehmen?
2. Entwerfen Sie die Stellenbeschreibung für den Leiter der Organisationsabteilung nach folgenden Angaben: Der Stelleninhaber ist dem Leiter der Hauptabteilung Kaufmännische Verwaltung unterstellt. Ihm unterstehen die Leiter der Abteilungen Aufbau- und Ablauforganisation und zwei Sekretärinnen. Der Abteilungsleiter Aufbauorganisation vertritt ihn.

   Der Stelleninhaber erarbeitet mit allen zuständigen Stellen eine mittelfristige Planung der Aufbau- und Ablauforganisation. Er erlässt Organisationsrichtlinien. Gemeinsam mit der DV-Abteilung arbeitet er Projekte aus, die auf DV-Anlagen übernommen werden sollen.

   Zielsetzung der Stelle ist eine zweckmäßige Organisations- und Informationsstruktur des Unternehmens in Aufbau und Ablauf.

   Der Inhaber der Stelle sollte eine wirtschaftswissenschaftliche Hochschulausbildung haben und außerdem praktische Erfahrung auf dem Gebiet Organisation und Datenverarbeitung besitzen. Wesentliche Eigenschaften sind Kooperationsfähigkeit und der Wille, im Team zu arbeiten.
3. Begründen Sie, warum sowohl die Besetzung von Stellen als auch die Festlegung von Stellvertretungen auf Dauer anzulegen sind.
4. Begründen Sie, weshalb sich ein Unternehmen entschließt, eine Stelle intern zu besetzen.
5. Welche Probleme könnte eine interne Stellenbesetzung mit sich bringen?
6. Die Offenburger Motorenwerke GmbH ist Weltmarktführer bei der Produktion von Motoren für Industrieanlagen. Sie entwickelt und fertigt u. a. Motoren für die Steuerung von Industrierobotern.

   Zum Sommer 20.. sollen in der Zentrale in Offenburg zwei Industriekaufleute (Auszubildende) eingestellt werden. Die Ausbildung dauert drei Jahre, wobei eine Verkürzung der Ausbildung auf 2 oder 2,5 Jahre möglich ist.

   Die Auszubildenden sollen während ihrer Berufsausbildung Kenntnisse in der Material, Produktions-, Absatz- und Personalwirtschaft sowie im Finanz- und Rechnungswesen erwerben. Hinzu kommen Fähigkeiten im Umgang mit Computerprogrammen sowie in Präsentationstechniken und Rhetorik.

Die Auszubildenden müssen neben guten Deutschkenntnissen auch gute Englischkenntnisse vorweisen können. Außerdem sollten die Bewerber mindestens einen mittleren Bildungsabschluss haben.

Sie sind Mitarbeiter in der Personalabteilung der Offenburger Motorenwerke GmbH. Entwerfen Sie eine Personalanzeige. Überlegen Sie sich hierfür zunächst, welche Informationen in die Anzeige aufgenommen werden müssen. Gestalten Sie die Ausschreibung anschließend entsprechend Ihrer Zielgruppe.

7. Welche anderen Personalbeschaffungswege würden Sie der Offenburger Motorenwerke GmbH empfehlen? Begründen Sie Ihre Antwort.

4.5.3 Einstellungsverfahren

Nachdem ein Unternehmen das Bewerberprofil für die zu besetzende Stelle festgelegt und sich für die geeigneten Personalbeschaffungswege entschieden hat, folgt das eigentliche Einstellungsverfahren. Im Rahmen der Personalauswahl müssen die Bewerbungsunterlagen gesichtet, mit potenziellen Bewerbern Vorstellungs- und Einstellungsgespräche geführt und am Ende eine Entscheidung getroffen werden.

Aus Sicht des Bewerbers spielt zunächst die »richtige« Bewerbung eine große Rolle. Auch die Vorbereitung auf ein Vorstellungs- und Einstellungsgespräch ist für den Bewerber von entscheidender Bedeutung.

Bewerbung

In einer schriftlichen Bewerbung für eine zu besetzende Stelle muss der Bewerber versuchen dem Leser ein möglichst klares und positives Bild von sich zu entwerfen. Er sollte seine Ausbildung, seinen bisherigen beruflichen Werdegang, seine Fähigkeiten, seine Fertigkeiten und seine Kenntnisse beschreiben.

Dabei muss er sich bemühen, durch den Inhalt, aber auch durch die Sprache und die Form seiner Ausführungen die Aufmerksamkeit des Empfängers zu wecken und sein Wohlwollen zu gewinnen.

Zu einer sachlich und formal richtigen Bewertung empfiehlt es sich, dass die Unterlagen in einem Schnellhefter mit Klarsichtdeckel abgeheftet sind. Dieser muss enthalten:

a) das eigentliche **Bewerbungsschreiben.** Hier wird ausgeführt:
   - der Bezug (auf eine Anzeige oder einen Anschlag am Schwarzen Brett),
   - ein kurzer beruflicher Werdegang,
   - der Grund der gewünschten Veränderung (Beendigung der Ausbildung, Ortswechsel, Interesse an einem beruflichen Aufstieg),
   - das Interesse an der neuen Arbeitsstelle und dem Unternehmen,
   - die Bitte um einen Vorstellungstermin.

Hans-Peter Fromm
Karlstr. 33
72525 Münsingen

17.03.2015

Weber GmbH
Personalabteilung
z.Hd. Herrn Stark
Fehrenbachallee 14
79106 Freiburg

Ihre Stellenanzeige in der Badischen Zeitung vom 15.03.2015

Sehr geehrter Herr Stark,

aufgrund Ihrer Anzeige in der Badischen Zeitung vom 14.03.2015 bewerbe ich mich um die Stelle des Sachbearbeiters Lohn und Gehalt.

Nach meiner Ausbildung bei der Firma Kellermann wurde ich als Sachbearbeiter in die Einkaufsabteilung übernommen. Da ich gerne in einem größeren Unternehmen arbeiten wollte und wegen meiner Heirat Ende 1997 wechselte ich 1998 zur Firma KÜHLsys in Münsingen in die Personalabteilung.

Meine durch Abendkurse erworbenen EDV-Kenntnisse konnte ich in dieser Tätigkeit sehr gut einsetzen.

Aufgrund meiner beruflichen Erfahrungen bin ich sicher, Ihre Anforderungen zu erfüllen. Dabei sind für mich besonders die von Ihnen genannte verantwortungsvolle Aufgabe und die in Aussicht gestellten Aufstiegsmöglichkeiten interessant.

Ich würde mich freuen, wenn ich mich Ihnen in nächster Zeit persönlich vorstellen könnte.

Mit freundlichem Gruß

Fromm

Anlagen:
- Lebenslauf
- Lichtbild
- Zeugniskopien

b) einen **Lebenslauf,** der die biografischen Daten sowie die beruflichen Qualifikationen des Bewerbers enthält. Außerdem sollten in ihm Informationen über die Ausbildung und den beruflichen Werdegang sowie besondere Qualifikationen (wie Fremdsprachen oder Computerkenntnisse) und persönliche Interessen dargestellt sein.

   Der Lebenslauf wird meist in tabellarischer Form verfasst. In besonderen Fällen wird ein handschriftlicher und/oder ausformulierter Lebenslauf verlangt.

c) Kopien von wichtigen schulischen und betrieblichen **Zeugnissen.** Beglaubigte Kopien sind nur notwendig, wenn sie ausdrücklich verlangt werden.

d) ein **Lichtbild.** Es kann auf den Lebenslauf geklebt werden.

Lebenslauf

Name:	Fromm, Hans-Peter
Geburtsdatum:	17.03.1974
Geburtsort:	78510 Lörrach
Familienstand:	verheiratet
Schulbildung:	1980 – 1984 Grundschule Lörrach-Hauingen
	1984 – 1989 Hauptschule Lörrach-Hauingen
	1989 – 1991 Berufsfachschule Wirtschaft Lörrach
Berufsausbildung:	1991 – 1994 Ausbildung zum Industriekaufmann Kellermann AG, Apparatebau, Lörrach
Berufstätigkeit:	Juli 1994 – Dezember 1997: Kellermann AG, Apparatebau, Lörrach
	seit Januar 1998: KÜHLsys GmbH, Münsingen
Weiterbildung:	Juli 1995 – März 1996: berufsbegleitende Abendkurse in EDV

78190 Freiburg, 17.03.2015

Fromm

KÜHLsys GmbH
Kühlsysteme
... then fresh is better...

KÜHLsys GmbH
Kühlaggregate
Industriestraße 5
72525 Münsingen
Telefon 07433 938801
Fax 07433 938804

KÜHLsys GmbH – Industriestraße 5 – 72525 Münsingen

Hans-Peter Fromm
Karlstr. 33
72525 Münsingen

Zwischenzeugnis

Herr Hans-Peter Fromm
geboren am 17.03.1974

ist seit dem 2. Januar 1998 als Sachbearbeiter in der Personalabteilung unseres Betriebes Münsingen tätig.

Im Rahmen seiner Tätigkeit unterstützt er organisatorisch diverse Teilprojekte, welche für einen störungsfreien Betriebsablauf mit Bezug unseres Neubaues sorgen. In diesem Zusammenhang erstellte Herr Fromm Alarmierungspläne, überprüfte Mangellisten zur Behebung durch die Handwerker, führte eine Bestandsaufnahme der vorhandenen Schlüssel im Zusammenhang der neuen Schließanlage durch, überarbeitete verschiedene Listen/Auswertungen (z. B. Inventar, Telefon) mittels PC. Darüber hinaus aktualisierte er die Arbeitsmappe „Arbeitsablauf Reparatur-Notdienst". Ferner half er bei der Einrichtung des Archivgutes. Zu seinen Aufgaben gehörte zeitweise die Postabwicklung in Verbindung mit Post- und Bankfahrten. Er wirkte unterstützend bei verschiedenen Problemlösungen mit.

Herr Fromm ist sehr interessiert und engagiert und eignet sich dabei gute Kenntnisse an. Er arbeitet gleich bleibend konzentriert und erledigt die ihm übertragenen Aufgaben äußerst geschickt, sorgfältig und verantwortungsbewusst. Seine Führung und sein Verhalten sind stets einwandfrei.

Herr Fromm hat um das Zwischenzeugnis gebeten, da er sich beruflich verändern möchte.

Wir wünschen Herrn Fromm für seine persönliche und berufliche Zukunft alles Gute.

Stöcklin
KÜHLsys GmbH
Marc Stöcklin
(Geschäftsführer)

Speer
Christa Speer
(Leiterin Personalabteilung)

03.03.2015

Reg. Gericht Reutlingen HRB55876 G · Geschäftsführer: Dr. Jürgen Hertel, Marc Gröben

Neben der schriftlichen Bewerbung ist auch eine **E-Mail-Bewerbung** möglich. Hierbei wird das Anschreiben als E-Mail verfasst. Die übrigen Teile der Bewerbung werden als Dateianhang versendet.

Manche Unternehmen fordern die Bewerber auf, eine **Online-Bewerbung** auf einer speziellen Bewerberhomepage im Internet auszufüllen. Diese Angaben können anschließend elektronisch weiterverarbeitet werden und der Bewerber erhält sofort bzw. sehr kurzfristig Mitteilung, ob seine Bewerbung weiterhin berücksichtigt wird und welche weiteren Bewerbungsunterlagen benötigt werden.

Vorstellung und Einstellungsgespräch

Um das eigentliche Gespräch sorgfältig vorzubereiten, verlangen manche Unternehmen, dass die Bewerber vorher noch einen **Personalfragebogen** ausfüllen. Hier werden in einer vom Unternehmen bestimmten Ordnung nochmals Angaben über die Person, die besuchten Schulen, Berufsausbildung, bisherige Arbeitgeber, zusätzliche Qualifikationen, Sprachkenntnisse u. Ä. erfragt.

Erst danach möchte das Unternehmen in einem **Gespräch** den guten Eindruck von dem Bewerber, der sich aus seinen Unterlagen ergab, abrunden und verstärken.

Der erste Eindruck ist entscheidend. Deshalb sollte der Bewerber pünktlich sein und auf sein äußeres Erscheinungsbild achten.

In einer solchen Unterhaltung ergeben sich häufig Fragen oder Gesprächsanregungen wie z. B.

– Warum wollen Sie für uns arbeiten?
– Warum wollen Sie die Stelle wechseln?

- Berichten Sie uns über Ihre persönliche Situation und Ihren Werdegang.
- Welches sind Ihre Stärken? Welches sind Ihre Schwächen?
- Was wissen Sie über unser Unternehmen?
- Welche beruflichen Ziele haben Sie?

Hierbei stehen nicht die Fachkenntnisse des Bewerbers im Vordergrund, sondern seine Persönlichkeit. Der Bewerber sollte dem Frager aufmerksam zuhören und ihn ausreden lassen, Er sollte dann die Fragen wahrheitsgemäß und in angemessener höflicher Form beantworten. Durch gezielte Fragen kann er selbst Interesse bekunden und Kenntnisse zeigen.

Personalauswahl

Die Personalauswahl hat die Aufgabe, aus den eingehenden Bewerbungen zum richtigen Zeitpunkt die richtige Anzahl **qualifizierter Mitarbeiter** auszuwählen.

Um nicht in der Flut von eingehenden Bewerbungsunterlagen unterzugehen oder den Überblick zu verlieren, empfiehlt sich bei der Personalauswahl eine strukturierte Vorgehensweise:

Strukturierte Vorgehensweise beim Einstellungsverfahren

1. Schritt: Erstellen eines Anforderungsprofils

Das Anforderungsprofil ist Grundlage für die Ausschreibung, strukturiert die Auswertung der Bewerbungsunterlagen, ist Leitfaden für das Bewerbungsgespräch und letztendlich der zu treffenden Personalentscheidung. Ziel ist es, durch einen Vergleich zwischen den Erwartungen an die Bewerber und der tatsächlichen Bewerberqualifikation eine höchstmögliche Übereinstimmung zu erreichen.

2. Schritt: Bewerbungsunterlagen auswerten

Auf der Basis der vorher festgelegten Anforderungen an den neuen Mitarbeiter und dessen zukünftige Aufgaben werden die schriftlichen Bewerbungen ausgewertet, Lebensläufe analysiert und Zeugnisse interpretiert. Ziel ist es, eine Vorauswahl zu treffen, um die Anzahl der Vorstellungsgespräche in Grenzen zu halten.

3. Schritt: Das Vorstellungsgespräch

In dem Vorstellungsgespräch geht es darum, im persönlichen Kontakt Eindrücke über die Persönlichkeit, die Kenntnisse und Fähigkeiten, die Vorstellungen des Bewerbers über seine berufliche Tätigkeit und Entwicklung sowie über dessen Motivation zu erhalten.

4. Schritt: Auswahlverfahren

Viele Unternehmen führen neben dem Vorstellungsgespräch unterschiedliche Typen von Testverfahren durch. Diese Tests sind aber nie allein ausschlaggebend für die Einstellung, sondern sie sollen im Zusammenhang mit den anderen Informationen über den Bewerber die Personalauswahl untermauern. Drei der häufigsten Verfahren sind:

- **Assessment-Center.** Ein Assessment-Center ist eine vielschichtige, gleichzeitige Beurteilung mehrerer Kandidaten (Teilnehmer) durch verschiedene Beobachter unter Einsatz unterschiedlicher Beurteilungsmethoden.
- **Intelligenztests.** Hier wird versucht, die intellektuelle Leistungsfähigkeit (sprachliches und praktisch-rechnerisches Denkvermögen, Kombinations-, Abstraktions- und Vorstellungsfähigkeit) zu bestimmen.
- **Persönlichkeitstests.** Sie werden eingesetzt, um Informationen über verschiedene Persönlichkeitsmerkmale erfassbar zu machen.

Die Persönlichkeitsmerkmale, die mit einem Test erfasst werden, sind je nach Test durchaus unterschiedlich. Möglich sind z. B. die Verhaltensdimensionen Aggressivität, Interessen, Depressivität, Dominanzstreben oder Kontaktverhalten.

5. Schritt: Auswahl der geeigneten Mitarbeiter/-in
Für die Auswertung des Gesprächs bzw. der Auswahlverfahren sollte sich der Einstellende angemessen Zeit lassen. Je gründlicher die definierten Anforderungen mit den Auswertungen der Bewerbungsunterlagen und den Eindrücken des Vorstellungsgesprächs abgeglichen werden, desto geringer ist die Gefahr einer personellen Fehlentscheidung.

BetrVG §§ 93 ff.

Die freie Auswahl des geeigneten Mitarbeiters durch die Unternehmensführung wird durch die **Rechte des Betriebsrates** eingeschränkt. Er kann verlangen, dass Arbeitsplätze, die besetzt werden sollen, innerhalb des Unternehmens ausgeschrieben werden. Der Betriebsrat kann seine Zustimmung zu einer Einstellung verweigern, wenn keine innerbetriebliche Ausschreibung stattgefunden hat. Der Arbeitgeber ist jedoch nicht verpflichtet, den innerbetrieblichen Bewerber vorzuziehen.

▶ Vergleich von Arbeitszeugnissen

Ein wichtiger Bestandteil der Personalauswahl ist das »richtige« Lesen und das Verstehen sowie der Vergleich von Arbeitszeugnissen der Bewerber.

BGB § 630

In einem **qualifizierten Arbeitszeugnis** werden die **Arbeitsleistung** (einschließlich Qualifikation) und das **Verhalten** des Arbeitnehmers, wenn dieser das Unternehmen verlässt **(Endzeugnis)**, vom Arbeitgeber beurteilt.

Im Gegensatz zum qualifizierten Zeugnis ist das **einfache Arbeitszeugnis** lediglich eine Bescheinigung über die Dauer und die wahrgenommenen Aufgaben des Arbeitnehmers.

Inzwischen haben sich in qualifizierten Arbeitszeugnissen bestimmte Formulierungen durchgesetzt, die mit den klassischen Schulnoten gleichgesetzt werden können.

Formulierungen (Beispiele)	Note
– stets zu unserer vollsten Zufriedenheit erledigt – hat unseren Erwartungen in jeder Hinsicht und in besonderer Weise entsprochen – ihre Leistungen haben unsere besondere Anerkennung gefunden	sehr gut
– stets zu unserer vollen Zufriedenheit – mit den Arbeitsergebnissen waren wir stets vollauf zufrieden	gut
– zu unserer vollen Zufriedenheit – hat unseren Erwartungen voll entsprochen	befriedigend
– zu unserer Zufriedenheit – hat unseren Erwartungen entsprochen	ausreichend
– hat sich bemüht, den Anforderungen gerecht zu werden – hat im Großen und Ganzen unsere Erwartungen erfüllt	mangelhaft

Weitere Informationen zu Arbeitszeugnissen gibt es unter http://www.arbeitszeugnis.de.

▶ Aufgaben und Probleme

Die IT-Consult GmbH entwickelt Softwarelösungen für mittelständische Unternehmen. Für das nächste Geschäftsjahr ist in verschiedenen Abteilungen eine Kapazitätsausweitung geplant. Die Personalbedarfsplanung hat ergeben, dass folgende Arbeitskräfte beschafft werden müssen: ein Softwareentwickler, zwei Fachinformatiker zur Programmierung, eine kaufmännische Angestellte für die Lohn- und Gehaltsabrechnung, vier Informatikkaufleute.

Alle offenen Stellen werden ins Internet gestellt. Der Softwareentwickler und die Fachinformatiker werden zusätzlich mithilfe einer Stellenanzeige in der regionalen Presse gesucht

1. Erläutern Sie Gründe, warum für die gesuchten Arbeitskräfte unterschiedliche Personalbeschaffungswege beschritten werden.
2. Nennen Sie weitere Möglichkeiten der Personalbeschaffung.
3. Erläutern Sie Gründe, warum ein Unternehmen versucht, eine offene Stelle extern zu besetzen.
4. Entwerfen Sie eine Stellenbeschreibung für kaufmännische Angestellte im Bereich Lohn- und Gehaltsabrechnung.
5. Für die Softwareentwicklerstelle gehen mehrere Bewerbungen ein. Nennen Sie Unterlagen, die bei der Personalauswahl vorliegen müssen.
6. Erstellen Sie einen Musterarbeitsvertrag für kaufmännische Angestellte. Weitere Informationen unter: http://www.arbeitsvertrag.de, http://www.betriebsrat.de.
7. Bei der IT-Consult GmbH bewirbt sich auch Herr Mark Müller. Seine Bewerbungsunterlagen enthalten folgendes Zeugnis:

> Herr Mark Müller, geboren am 8. September 1973 in Ulm, trat am 1. April 2004 in unsere Dienste. Herr Müller wurde zunächst im Bereich Vertrieb eingesetzt. Er war hier verantwortlich für das Gebiet Österreich/Schweiz. Am 01.12.2004 versetzten wir ihn in unsere Rechnungsabteilung. Ihm oblagen neben der Abrechnung der Zählerstandskarten unserer Kopiergeräte die Abrechnung der Großkunden und das Erstellen von Statistiken.
>
> Herr Müller bemühte sich, die ihm gestellten Aufgaben sorgfältig zu erledigen. Bei unterschiedlichen Aufgaben genügte er den Anforderungen fast immer. Sein Verhalten gegenüber Vorgesetzten, Mitarbeitern und Kunden war im Wesentlichen einwandfrei.
>
> Herr Müller scheidet mit dem heutigen Tag aus unserem Unternehmen aus.
>
> Ulm, den 31.03.2015
>
> Unterschrift

Nennen Sie die Aussagen des Arbeitszeugnisses, die Sie für negativ halten.
- Bewerten Sie das Zeugnis mit einer Note zwischen 1 und 5.
- Begründen Sie die Note, die Sie vergeben haben.

4.5.4 Personalentwicklung

Qualifiziertes Personal ist die treibende Kraft des betrieblichen Erfolgs. Deshalb ist die **Personalentwicklung** wesentliche Voraussetzung für die betriebliche Leistungsfähigkeit. Die Personalabteilung hat entsprechende Maßnahmen zu planen, damit alle individuellen Kenntnisse und Fertigkeiten aller Mitarbeiter entwickelt bzw. eingesetzt werden können.

Um die geeigneten Maßnahmen zur Personalentwicklung festzulegen, müssen Personalbeurteilungen vorgenommen und Mitarbeitergespräche geführt werden. Die Mitarbeitergespräche dienen zusätzlich zur Motivation der Mitarbeiter und zur Bewältigung von Konflikten.

Maßnahmen der Personalentwicklung

Zu den Maßnahmen der Personalentwicklung zählen die **Berufsausbildung** und die **Weiterbildung.**

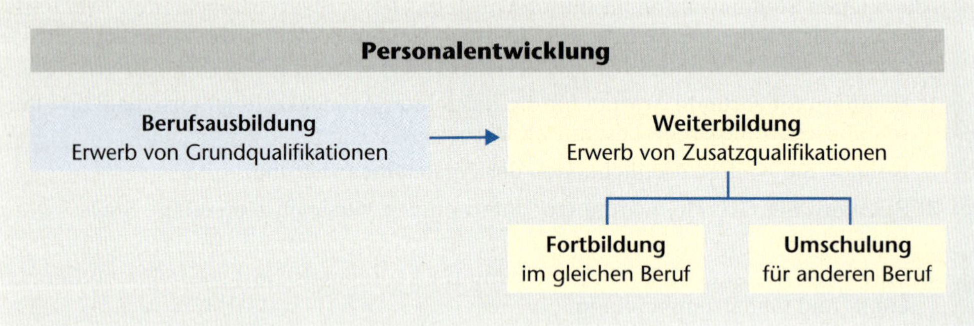

▶ **Berufsausbildung** (Kapitel 4.2.1)

▶ **Weiterbildung**

a) Fortbildung.

Weiterbildungsmaßnahmen, die erforderlich werden, um die **Qualifikation von Angestellten an die veränderten Anforderungen anzupassen,** nennt man **Fortbildung.**

Viele Unternehmen beschaffen sich höher qualifizierte Arbeitskräfte durch Fortbildung im Unternehmen.

Hierbei werden die Fortbildungsmaßnahmen so kombiniert, dass diese zum Teil in der Arbeitszeit, zum Teil aber auch in der Freizeit durchgeführt werden. Dadurch wird vom Mitarbeiter die Bereitschaft zur Fortbildung demonstriert und das Unternehmen kann aus diesem Kreis Mitarbeiter für Führungsfunktionen gewinnen.

Beispiel: Bei einem Fortbildungskurs werden Fähigkeiten und Aktivitäten der Teilnehmer dadurch getestet, dass diese Referate anfertigen und vortragen müssen. Solche Referate mit anschließenden Diskussionsbeiträgen werden auf Video aufgezeichnet und ausgewertet.

Weitere Fortbildungsmaßnahmen werden heutzutage mithilfe von E-Learning (engl. electronic learning – elektronisch unterstütztes Lernen) durchgeführt. E-Learning ist Lernen unter Anwendung von elektronischen Kommunikationsmitteln und Medien, von PCs, DVDs oder Internet.

b) Umschulung.

Weiterbildungsmaßnahmen, die erforderlich werden, um **Angestellte für eine andere Berufstätigkeit zu qualifizieren,** nennt man **Umschulung.**

Umschulung kann notwendig sein, wenn

- eine Arbeitsstelle wegfällt durch Einschränkung oder Auslagerung einer betrieblichen Aufgabe.

  Beispiel: Die Buchhaltung eines kleineren Unternehmens wird einem Steuerberater übertragen. Die Buchhalterin soll im Verkauf eingesetzt werden und erhält eine Schulung für Verkaufstätigkeit.

- Mitarbeiter den Anforderungen des Berufes nicht mehr genügen.

  Beispiel: Da eine Lagerfachkraft wegen anhaltender Rückenbeschwerden nicht mehr im Lager arbeiten kann, wird diese zum kaufmännischen Sachbearbeiter umgeschult.

Die Umschulung kann durch Kurse außerhalb des Unternehmens erfolgen (IHK, Volkshochschule, REFA-Verband, Gewerkschaft).

Die Umschulungsförderung der Agentur für Arbeit soll Arbeitsuchenden die Teilnahme an solchen Maßnahmen ermöglichen, die den Übergang in eine andere geeignete berufliche Tätigkeit vorbereiten oder verwirklichen helfen. Gewährt werden Zuschüsse und Darlehen während der Umschulung und Einarbeitungszuschüsse.

Beispiel: Ein arbeitsloser Lehrer wird nach entsprechenden Fachkursen in der betrieblichen Ausbildung eingesetzt. Während der Kurse erhält er einen Zuschuss zu seinem Arbeitslosengeld.

Personalbeurteilung

Die **Personalbeurteilung** hat besondere Bedeutung bei der Einstellung bzw. Beförderung von Arbeitnehmern, aber auch bei der Umbesetzung und Entlassung.

Bei der Beurteilung sind folgende **Verfahren** möglich:

▶ Freie Beurteilung

Hier werden die allgemeine Leistungsfähigkeit und die Persönlichkeit des Beurteilten aufgrund des Gesamteindrucks in freier Formulierung beurteilt. Dieses Verfahren hat den Nachteil, dass die Beurteilungskriterien nicht vorgegeben sind und allein der persönliche Eindruck des Beurteilers entscheidend ist.

Leistungsbeurteilung für Angestellte – Beurteilungsbogen
(bitte entsprechende Bewertungsstufe kennzeichnen)

Name: Wendt, Erika — Abteilung: Finanzbuchhaltung

Beurteilungsmerkmale	**Gewichtung**	**Bewertungsstufen** 1 entspricht selten	 2 entspricht i. Allg.	 3 entspricht voll	 4 liegt über	 5 liegt weit über
		der Erwartung				
1. **Anwendung von Kenntnissen** Beweglichkeit im Denken, Erkennen des Wesentlichen, gezeigte Selbstständigkeit	1	2	②	3	4	5
2. **Arbeitseinsatz** Eigeninitiative, Ausdauer, Zuverlässigkeit	1	1	2	3	④	5
3. **Quantität der Arbeit** Umfang bzw. Menge der erzielten Arbeitsergebnisse	1	1	②	3	4	5
4. **Arbeitsqualität** Arbeitsgenauigkeit und Fehlerfreiheit des Arbeitsergebnisses	2	2	4	6	⑧	10
5. **Zusammenarbeit** Zusammenarbeit mit Mitarbeitern, Vorgesetzten und Untergebenen	2	2	4	⑥	8	10

Datum: 20. März 2015
Beurteilter: E. Wendt

Summe der Punkte (max. 35 P.): 22
Datum: 19. März 2015
Abteilungsleiter: Schmieder

▶ Kennzeichnungs- und Einstufungsverfahren

Dieses Verfahren versucht, die Beurteilung zu objektivieren. Dabei verwendet man Material, das sich auf Arbeitsergebnisse stützt. Die Ergebnisse werden in einem Beurteilungsbogen festgehalten (Bild, Seite 243).

Der **Vorteil** hierbei ist, dass der Beurteiler für alle Mitarbeiter genau vorgegebene Beurteilungskriterien hat (Checkliste), mit denen er den Beurteilten einstufen oder benoten muss. Solche Beurteilungskriterien sind u. a. Vorbildung, berufliche Ausbildung, fachliche Kenntnisse und Erfahrungen, Aufgabenerfüllung, Durchsetzungsvermögen, Zuverlässigkeit, Fähigkeit zur Führung von Mitarbeitern, Verhandlungsgeschick, Bereitschaft zur Fortbildung, Verhalten gegenüber Vorgesetzten und Mitarbeitern. Dadurch wird die Beurteilung nachprüfbar.

Der **Nachteil** ist, dass es generell anerkannte Merkmale nicht gibt und dass sich das gleiche Beurteilungsschema nicht für alle Leitungsebenen eignet.

Bei Beurteilungen können folgende **Fehler** auftreten:

- Vorurteile bezüglich eines Bewertungsmerkmals werden auf alle anderen Merkmale übertragen (ein unpünktlicher Mitarbeiter kann nicht gut sein).
- Wenn der Bewerter unsicher ist und sich wegen seines Urteils nicht zur Rechenschaft ziehen lassen will, besteht die Neigung zu einem nachsichtigen oder geschönten Urteil.

Da der Arbeitnehmer das Recht hat, eine Erörterung seiner Leistungsbeurteilung zu verlangen, wird sich daraus ein **Beurteilungsgespräch** ergeben. In ihm werden die Ergebnisse besprochen und ausgewertet.

■ Mitarbeitergespräche

Durch Gespräche können sich der Mitarbeiter und der Vorgesetzte ein Bild von den Erwartungen machen, die an sie gestellt werden. Über ein gegenseitiges **Feedback** erfahren sie, wie sie wahrgenommen werden und wie ihr Verhalten bewertet wird. Hierdurch erhalten beide Seiten die Möglichkeit, ihr Auftreten und ihr Verhalten zu überdenken und ggf. anzupassen.

Mitarbeitergespräche sollten in regelmäßigen Abständen (z.B. einmal im Jahr) oder bei Bedarf geführt werden. Als **Gründe für ein Mitarbeitergespräch** kommen u. a. infrage:

- Ende der Probezeit,
- Ablauf eines befristeten Arbeitsvertrags,
- Lob und Kritik,
- Rückkehr nach Arbeitsunfähigkeit bzw. Krankheit,
- Personalbeurteilung,
- Festlegen von Zielvereinbarungen,
- Konflikte,
- Kündigung.

Häufig gibt es in Unternehmen Checklisten oder Leitfäden, an denen sich Vorgesetzte und Mitarbeiter bei der Durchführung eines Mitarbeitergespräches orientieren können.

Am Ende eines Mitarbeitergespräches sollte eine **Zielvereinbarung** stehen. In ihr wird beispielsweise vereinbart,

- welche Fortbildungsmaßnahmen der Mitarbeiter im nächsten Jahr besuchen wird,
- wie hoch der Umsatz der Abteilung im nächsten halben Jahr sein soll,
- welche Projekte innerhalb des nächsten Vierteljahres fertiggestellt werden sollen,
- wie viele neue Ausbildungsplätze geschaffen werden sollen.

Die Zielvereinbarung dient der Orientierung und Motivation des Mitarbeiters. Sie ist u. a. ein wichtiger Bestandteil des **Management by Objectives** (Kapitel 4.1.2).

Besondere Anforderungen werden an ein Mitarbeitergespräch gestellt, wenn es darum geht, Konflikte zu lösen. Hierbei ist besonders auf eine angenehme und ruhige Gesprächsatmosphäre zu achten. Ziel des Gesprächs sollte es sein, dass eine Lösung gefunden wird, bei der sich beide Seiten als Gewinner sehen **(Win-win-Situation).**

Zusammenfassende Übersicht zu Kapitel 4.5: Personalbedarf, -beschaffung und -auswahl

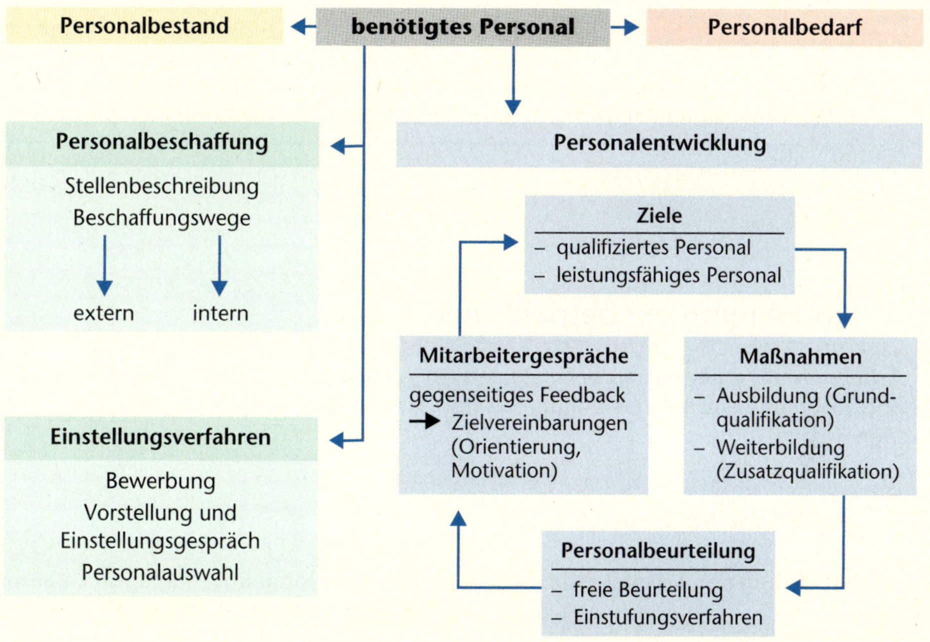

▶ Aufgaben und Probleme

1. Manchen Menschen sind Anerkennung und Verständnis wichtiger als eine Gehaltserhöhung. Erläutern Sie diese These.
2. Welche Maßnahme fällt unter die berufliche Fortbildung?
   a) Die Teilnahme an Kursen zur Vorbereitung auf die Wiederholungsprüfung im Ausbildungsberuf.
   b) Die Teilnahme an Abendkursen zur Erlangung des Realschulabschlusses.
   c) Die Teilnahme an Maßnahmen zur Umschulung für einen neuen Arbeitsplatz.
   d) Die Teilnahme an Maßnahmen zum Wiedereintritt weiblicher Arbeitsuchender in das Berufsleben.
3. Warum ist es sinnvoll, dass die Agentur für Arbeit für Umschulungsmaßnahmen Zuschüsse gewährt?

4. Welche Vor- und Nachteile haben
   a) die freie Beurteilung,
   b) das Einstufungsverfahren?
5. a) Ordnen Sie die Beurteilungskriterien des Einstufungsverfahrens in der Reihenfolge, wie sie Ihnen am wichtigsten erscheinen.
   b) Bei welchen Anlässen erscheint Ihnen eine Beurteilung besonders wichtig? Begründen Sie Ihre Entscheidung.
6. Welche Vor- und Nachteile ergeben sich, wenn der Beurteiler mit dem Mitarbeiter die Ergebnisse der Leistungsbeurteilung besprechen muss?
7. Recherchieren Sie im Internet nach einem Leitfaden für Mitarbeitergespräche und stellen Sie diesen Ihren Mitschülern vor.
8. Informieren Sie sich zunächst, welche Regeln in einem Konfliktgespräch zu beachten sind, damit eine Win-win-Situation erreicht werden kann. Überlegen Sie sich anschließend eine Konfliktsituation und stellen Sie die Lösung der Konfliktsituation in einem Rollenspiel dar. Achten Sie dabei auf die recherchierten Regeln.

4.6 Entlohnung der betrieblichen Arbeit

Der **Arbeitnehmer** erhält für seine Arbeitsleistung im Unternehmen als Gegenleistung Gehalt oder Lohn und soziale Leistungen. Sie sind für ihn Einkommen, für das Unternehmen dagegen Kosten.

4.6.1 Arbeitsbewertung

Bei der Beurteilung der Arbeitsleistung sind objektive und subjektive Faktoren zu berücksichtigen.

- Die **objektiven** Faktoren ergeben sich aus dem Schwierigkeitsgrad der Arbeitsaufgabe (Arbeitswert).
- Die **subjektiven** Faktoren liegen in der Person, welche die Arbeit ausführt; sie haben ihre Ursache im Können und Charakter des Mitarbeiters (Leistungsgrad).

Die richtige Ermittlung des Arbeitswertes und des Leistungsgrades ist Voraussetzung für eine leistungsgerechte Entlohnung und die Grundlage für die richtige Auswahl der Arbeitskräfte.

Bewertung der objektiven Arbeitsschwierigkeit (Arbeitswert)

Die Summe der Anforderungen, welche eine Arbeitsaufgabe an die Arbeitskraft stellt, ergibt die **Arbeitsschwierigkeit.** Die Aufgabenbewertung versucht, die Arbeitsschwierigkeit unabhängig von der Person, welche die Arbeit ausführt, zu messen oder zu schätzen (Arbeitswert).

In der Praxis haben sich folgende Verfahren herausgebildet:

a) Summarisches Verfahren. Dabei wird die Arbeitsaufgabe als Ganzes bewertet und dem Schwierigkeitsgrad der Arbeit ein entsprechender Arbeitswert zugeordnet, der bestimmten Lohngruppen entspricht.

b) **Analytisches Verfahren.** Dabei müssen die Arbeitsaufgaben nach bestimmten Anforderungsmerkmalen analysiert werden. Diese werden mit Punkten bewertet und zu **Merkmalsgruppen** zusammengefasst. Die Summe der Punktzahlen gibt den Schwierigkeitsgrad an und wird als »**Arbeitswert**« bezeichnet.

Bewertung der subjektiven Arbeitsleistung (Leistungsgrad)

Soweit bei der Erledigung eines Auftrages die Zeiten von der Maschine bestimmt werden, kann der Mensch nur die Nebenzeiten durch seine Leistung beeinflussen. Die Zeitstudien ergeben demnach durch Gegenüberstellung der Istleistung und der Bezugsleistung den **Leistungsgrad.**

$$\text{Leistungsgrad} = \frac{\text{Istleistung}}{\text{Bezugsleistung}} \cdot 100$$

a) Die **Istleistung** ist die Zeit, die eine bestimmte Arbeitskraft für eine Arbeitsverrichtung benötigt.

b) Die **Bezugsleistung** kann sein:

- die **durchschnittliche Zeit,** die verschiedene Arbeitskräfte für eine Arbeitsverrichtung benötigen, oder
- die REFA-**Normalleistung**. Darunter versteht man eine Bewegungsführung, deren Einzelbewegungen, Bewegungsfolgen und ihre Koordinierung dem Beobachter besonders harmonisch, natürlich und ausgeglichen erscheinen. Diese Normalleistung kann erfahrungsgemäß von jedem in erforderlichem Maße geeigneten, geübten und voll eingearbeiteten Arbeitnehmer auf Dauer erbracht werden. Sie ist kein fester Leistungspunkt, sondern ein Leistungsbereich. Der Leistungsgrad wird stets in Fünferschritten angegeben, z.B. 95 %, 100 %, 105 %, 110 % oder in niedriger, mittlerer, hoher und sehr hoher Leistung.

Beispiel: Die Bezugsleistung sei 24 Stück/h. Ein Arbeitnehmer fertigt 20 Stück/h. Sein Leistungsgrad beträgt 83 $^1/_3$ %.

Der Leistungsgrad 100 % (Normalleistung) entspricht dem Akkordrichtsatz.

4.6.2 Entgeltsysteme

Entgeltsysteme

Zeitlohn	Akkordlohn	Prämienlohn
– Stundenlohn	– Stückgeldakkord	– Leistungsprämie
– Taglohn	– Stückzeitakkord	– Mengenprämie
– Wochenlohn	– Gruppenakkord	– Gruppenprämie
– Monatslohn		

Auch soziale Gesichtspunkte werden bei der Bemessung der Entgelte berücksichtigt. Der Soziallohn richtet sich nach den Lebensbedingungen des Arbeitnehmers (Alter, Familienstand) sowie der Dauer der Betriebszugehörigkeit.

Zeitlohn

Maßstab für die Berechnung der Lohnhöhe ist beim Zeitlohn die Zeit, die der Mitarbeiter im Unternehmen anwesend war.

Lohnsatz je Zeiteinheit · Anzahl der Zeiteinheiten = Bruttoverdienst

Beispiele: 14,40 EUR/Std. · 37,5 Std. = 540,00 EUR
3.500 EUR/Monat · 1 Monat = 3.500,00 EUR

Man unterscheidet nach dem Berechnungszeitraum Stunden-, Wochen-, Tage- und Monatslöhne. Die Anwesenheitszeit im Unternehmen wird in der Regel mit **Arbeitszeiterfassungsgeräten** festgehalten.

Der Zeitlohn eignet sich für Arbeiten,

- die Aufmerksamkeit und Sorgfalt erfordern,
- mit überwiegend geistiger Tätigkeit,
- bei denen das Arbeitstempo durch den Arbeitsgang bestimmt wird, wie bei der Arbeit am Fließband,
- in die der Arbeiter sich erst einarbeiten muss,
- bei denen eine Lohnfestsetzung nach Leistungseinheiten schwierig oder unmöglich ist, z. B. Lager-, Entwicklungs-, Reparatur-, Kontroll- und Büroarbeiten.

Vorteile	Nachteile
– Die Lohnberechnung ist einfach. – Die Qualität kann durch ruhiges Arbeiten gesteigert werden. – Die Leistung kann auf längere Dauer aufrechterhalten werden. – Bei gefährlichen und verantwortungsvollen Arbeiten verhindert der Zeitlohn schädliche Hast und Hetze. – Dem Arbeitnehmer ist ein festes Einkommen gesichert.	– Der Anreiz zur Beschleunigung des Arbeitstempos fehlt. – Notwendige Arbeitskontrollen sind für beide Teile unangenehm und verursachen Kosten. – Das Unternehmen ist vom Arbeitswillen des Einzelnen oder der ganzen Belegschaft stark abhängig. – Das Unternehmen trägt allein das Risiko mangelnden Arbeitseinsatzes.

Akkordlohn

Maßstab für die Berechnung der Lohnhöhe sind die geleisteten Mengeneinheiten (Stück, m, kg). Ausgangspunkt ist die Normalleistung, für die ein **Akkordrichtsatz** festgelegt wird. Der Akkordrichtsatz setzt sich aus einem Grundentgelt (z. B. tariflicher Mindestlohn) und einem Akkordzuschlag zusammen.

Beispiel: Stundenlohn 12,00 EUR (Grundentgelt), Akkordzuschlag 20 %

Akkordrichtsatz: 12,00 EUR + (12,00 EUR · 20 %) = 14,40 EUR.

Aus der Normalleistung und dem Akkordrichtsatz wird ein Lohnsatz je Mengeneinheit berechnet, den man **Akkordsatz** nennt. Wird dieser in Geld je Einheit festgelegt, so spricht man vom **Stückgeldakkordsatz,** wird er in einer Auftragszeit je Einheit festgelegt, so heißt er **Stückzeitakkordsatz.**

Beispiel: Akkordrichtsatz: 14,40 EUR, Normleistung je Stunde: 20 Stück
Stückgeldakkordsatz: 14,40 EUR : 20 St. = 0,72 EUR je Stück
Stückzeitakkordsatz: 60 Minuten : 20 St. = 3 Minuten je Stück bzw.
100 Dezimalminuten : 20 Stück = 5 Dezimalminuten je Stück

Minutenfaktor: Akkordrichtsatz : 60 Minuten bzw.
Dezimalminutenfaktor: Akkordrichtsatz : 100 Dezimalminuten

Berechnung des Bruttoverdienstes bei einer Bezugsleistung von 750 Stück:

a) beim Stückgeldakkord:

Stückgeldakkordsatz je Stück · Stückzahl = Bruttoverdienst

0,72 EUR/Stück · 750 Stück = 540,00 EUR

b) beim Stückzeitakkord:

Stückzeitakkordsatz je Stück · Stückzahl · Minutenfaktor* = Bruttoverdienst

* bzw. Dezimalminutenfaktor, wenn mit Dezimalminuten gerechnet wird.

$$3 \text{ Minuten/Stück} \cdot 750 \text{ Stück} \cdot \frac{14{,}40 \text{ EUR}}{60 \text{ Minuten}} = 540{,}00 \text{ EUR oder}$$

$$5 \text{ Dezimalminuten/Stück} \cdot 750 \text{ Stück} \cdot \frac{14{,}40 \text{ EUR}}{100 \text{ Dezimalminuten}} = 540{,}00 \text{ EUR}$$

Für die Akkordarbeit spricht:

1. Im Tarifvertrag liegt der Stundenlohnsatz für die Akkordarbeit (Akkordrichtsatz) um 10 % bis 30 % über dem Stundenlohnsatz für den Zeitlohn, da der Akkordarbeiter durch Engpässe in der Fertigung oder andere unverschuldete Störungen kurzfristig in seiner Arbeit behindert sein kann, was ihn gegenüber dem Zeitlohnempfänger benachteiligen würde.
2. Der Akkordarbeiter kann durch überdurchschnittliche Leistungen eine weitere Steigerung seines Bruttoverdienstes erzielen.

Beim **Gruppenakkord** wird der Akkordrichtsatz für eine Arbeitsgruppe festgelegt und der Anteil des einzelnen Arbeiters mithilfe eines Verteilungsschlüssels bestimmt (Montage einer Maschine, Fördern einer Tonne Kohle). Ein guter Teamgeist und die qualitative Zusammensetzung der Gruppe sind bei Gruppenakkord von besonderer Bedeutung. Die Arbeitskräfte können sich gegenseitig anspornen und durch Unterschreiten der Auftragszeit ihren Stundenverdienst erhöhen.

Der Akkordlohn eignet sich für gleichartige, abgrenzbare, regelmäßig wiederkehrende, messbare Tätigkeiten eines Einzelnen oder einer Gruppe.

Vorteile	Nachteile
– Möglichkeit, durch Steigerung der Arbeitsleistung mehr zu verdienen. – Bietet für das Unternehmen eine genauere Kalkulationsgrundlage, da die Lohnkosten je Stück konstant bleiben.	– Gefahr, dass der Arbeitnehmer durch übertriebenen Arbeitseinsatz seine Kraft übermäßig verbraucht und dadurch seiner Gesundheit schadet. – Gefahr, dass der Arbeitnehmer durch zu niedrige Akkordrichtsätze ausgenutzt wird. – Bietet häufiger als beim Zeitlohn Anlass zu Streitigkeiten unter den Arbeitnehmern (Akkordreißer). – Gefahr für das Unternehmen, dass die Qualität der Arbeit leidet, mehr Material verbraucht wird und die Maschinen vorzeitig abgenutzt werden. – Die Festlegung der Akkordrichtsätze erfordert umfassende Vorarbeiten.

In Unternehmen, die aufgrund neuer Tarifverträge zur Monatsentlohnung übergehen, bleibt trotzdem die Leistungsentlohnung bestehen. Das Monatsentgelt wird aus der durchschnittlichen Leistung der letzten drei Monate berechnet **(verstetigter Lohn).** Mehr- bzw. Minderleistungen werden durch Zu- bzw. Abschläge bei der monatlichen Lohnabrechnung berücksichtigt.

Prämienlohn

Auch bei dieser Lohnform wird eine Normalleistung zugrunde gelegt. Hierfür erhält der Arbeitnehmer seinen **Grundlohn.** Für besondere Leistungen wird ein **Zuschlag (Prämie)** gezahlt.

Die Prämie kann für Einzelleistungen u.a. gewährt werden als

- **Leistungsprämie,** d.h. als Anerkennung für eine besondere, über die normalen Arbeitsanforderungen hinausgehende Leistung (Mehrleistung);
- **Nutzungsprämie,** wenn ein bestimmter Nutzungsgrad der Maschine überschritten wird;
- **Mengen-** oder **Zeitersparnisprämie,** wenn eine bestimmte Menge überschritten oder eine vorgegebene Zeit unterschritten wird.

Außerdem gibt es **Gruppenprämien**, die nach den Grundsätzen des Gruppenakkords berechnet und verteilt werden.

4.6.3 Gewinn- und Kapitalbeteiligung

Gewinnbeteiligung der Arbeitnehmer

Generelle Gewinnbeteiligung liegt vor, wenn der Gewinnanteil zur Verbesserung der Sozialeinrichtungen verwendet wird. Allerdings bedarf eine solche Verwendung des Gewinns einer sorgfältigen Aufklärung der Arbeitnehmer, damit sie von ihnen überhaupt als Gewinnbeteiligung empfunden wird.

Individuelle Gewinnbeteiligung liegt vor, wenn jeder Mitarbeiter einen Anteil erhält. Der gesamte Gewinnanteil wird meist im Verhältnis der einzelnen Bruttoentgelte unter Berücksichtigung der Dauer der Betriebszugehörigkeit auf die einzelnen Betriebsangehörigen verteilt. Der Anteil kann bar ausbezahlt oder auf einem Konto gutgeschrieben werden.

Kapitalbeteiligung der Arbeitnehmer

Die Gewinnbeteiligung der Arbeitnehmer kann zu einer Kapitalbeteiligung führen, wenn der Gewinnanteil ganz oder teilweise im Unternehmen belassen wird. Dies kann in Form von Eigenkapital oder Fremdkapital geschehen. Der Arbeitnehmer wird dadurch Teilhaber oder Gläubiger seines Unternehmens.

Als **Teilhaber** ist er Miteigentümer und damit am Verlust und Gewinn des Unternehmens beteiligt. Sein Interesse am Unternehmen wird dadurch gesteigert und sein Leistungswille gestärkt.

Aktiengesellschaften können im Rahmen der Gewinnbeteiligung eigene Aktien **(Belegschaftsaktien)** ausgeben.

Als **Gläubiger** ist der Arbeitnehmer Darlehensgeber mit einem Anspruch auf feste Verzinsung.

Eine Sonderform der Kapitalbeteiligung ist der **Investivlohn,** bei dem ein Teil des Arbeitsentgelts in Form einer Beteiligung am beschäftigenden Unternehmen oder an einem anderen Unternehmen gewährt wird.

4.6.4 Entgeltzahlung

Entgeltabrechnung

Das **Grundentgelt** ergibt sich aus den Regelungen des Arbeitsvertrages und des Tarifvertrages. Das Grundentgelt kann sich durch **Zulagen** erhöhen **(Bruttoentgelt). Abzüge** werden vom Bruttoentgelt vorgenommen.

Grundentgelt	
+ Zulagen	**– Abzüge**
a) Zulagen sind Teile des vertraglichen Arbeitsentgelts für – besonders schwere und schmutzige Arbeiten, – die Berücksichtigung der sozialen Verhältnisse der Arbeitnehmer (Orts-, Alters- und Kinderzulagen), – überdurchschnittliche Leistungen der Arbeitnehmer (Prämien), – die Berücksichtigung besonderer Anlässe wie Urlaub, Weihnachten, Jubiläen, – vermögenswirksame Leistungen des Arbeitgebers. **b) Zuschläge** werden für Sonderleistungen bezahlt und sind meist im Tarifvertrag vereinbart. Dazu gehören Zuschläge für – Überstunden, – Sonn- und Feiertagsarbeit.	**a) Abzüge aufgrund von Gesetzen.** Dazu gehören – Lohnsteuer und Solidaritätszuschlag, – Kirchensteuer, – Sozialversicherungsbeiträge (Arbeitnehmeranteil). **b) Abzüge aufgrund besonderer Vereinbarungen.** Dazu gehören – vermögenswirksame Leistungen, – Beiträge zu Unterstützungskassen, – Gewerkschaftsbeiträge.
= Auszahlungsbetrag	

Das **Nettoentgelt** verringert sich eventuell noch durch Abzüge aufgrund besonderer Vereinbarungen. Daraus ergibt sich der **Auszahlungsbetrag.** Dieser wird an den Arbeitnehmer überwiesen.

Der Arbeitgeber hat in den ersten zehn Tagen des folgenden Monats die einbehaltene Lohn- und Kirchensteuer sowie den Solidaritätszuschlag an das Finanzamt abzuführen. *EStG § 41a*

Die Anteile an der Sozialversicherung sind zusammen mit dem Arbeitgeberanteil bis zum drittletzten Bankarbeitstag des Monats fällig, in dem das Arbeitsentgelt erzielt wird. Sie sind an die **zuständige Krankenkasse** abzuführen.

Beispiel: Die Reifen Roesch GmbH führt die monatliche Entgeltabrechnung für ihre Mitarbeiter mit einem Tabellenkalkulationsprogramm durch.

Der Mitarbeiter Tobias Eisenhardt (25 Jahre, keine Kinder) verdient bei der Reifen Roesch GmbH monatlich 2.500,00 EUR.

Entgeltabrechnung Reifen Roesch GmbH, Januar 2015

Sozialversicherung	**RV**	**AV**	**KV**	**PV**
Beitragssatz in %	18,7	3,0	14,6	2,35*
Beitragsbemessungsgrenze	6.050,00	6.050,00	4.125,00	4.125,00
Gehaltsdaten				
Mitarbeiternummer	34			
Name	Eisenhardt			
Steuerklasse	I/0			
Bruttoentgelt	2.500,00 EUR			
– Lohnsteuer	327,00 EUR			
– Solidaritätszuschlag	17,96 EUR			
– Kirchensteuer (9 %)	29,43 EUR			AG-Anteil
– Krankenversicherung AN	182,50 EUR			182,50 EUR
– Rentenversicherung AN	233,75 EUR			233,75 EUR
– Arbeitslosenversicherung	37,50 EUR			37,50 EUR
– Pflegeversicherung AN**	35,63 EUR			29,38 EUR
Nettoentgelt	1.636,24 EUR		Summe	483,13 EUR

Nach Eingabe der Mitarbeiternummer werden sämtliche Daten aus der Datenbank automatisch geladen.

* Kinderlose Arbeitnehmer über 23 Jahren zahlen einen zusätzlichen Beitrag von 0,25 %.

Am 28. Januar erhält die Krankenkasse 972,50 EUR. Spätestens am 10. Februar erhält das Finanzamt 374,39 EUR.

Lohnsteuerabzugsmerkmale

EStG § 38 Der Arbeitgeber muss die Lohnsteuer des Arbeitnehmers bei jeder Lohnzahlung errechnen, einbehalten und an das Finanzamt abführen. Dazu hat der Arbeitgeber für jeden Arbeitnehmer ein Lohnkonto zu führen. Darin sind die **elektronischen Lohnsteuerabzugs-**
§ 39 (4) **merkmale (ELStAM)** einzutragen. Die elektronischen Lohnsteuerabzugsmerkmale stehen in einer Datenbank beim Bundeszentralamt für Steuern bereit und werden vom Arbeitgeber dort abgerufen.

Die Lohnsteuerabzugsmerkmale sind:

1. Steuerklasse und Faktor (siehe Seite 253),
2. Zahl der Kinderfreibeträge bei den Steuerklassen I bis IV (siehe Seite 256),
3. Freibetrag und Hinzurechnungsbetrag, den der Arbeitnehmer beim Finanzamt beantragt hat,
4. Höhe der Beiträge für eine private Krankenversicherung und für eine private Pflege-Pflichtversicherung für die Dauer von zwölf Monaten, wenn der Arbeitnehmer dies beantragt,
5. Mitteilung, dass der von einem Arbeitgeber gezahlte Arbeitslohn nach einem Abkommen zur Vermeidung der Doppelbesteuerung von der Lohnsteuer freizustellen ist, wenn der Arbeitnehmer oder der Arbeitgeber dies beantragt.

Lohnsteuertabellen und Lohnsteuerklassen

Zur Vereinfachung des Abzugs der Lohnsteuer werden Lohnsteuertabellen für monatliche, wöchentliche und tägliche Lohnzahlungen aufgestellt.

ALLGEMEINE MONATS-LOHNSTEUERTABELLE 2015 (AUSZUG)												
Tabelle ab		**2.499,00**	**EUR**									
Tabellenschritt		**3**	**EUR**									
Kirchensteuer		**9**	**%**									
Kinderfreibetrag		**0,5**	ohne KiFrei		KiF – 0,5 –		KiF – 1 –		KiF – 1,5 –		KiF – 2 –	
ab Lohn	StKl	**Lohnsteuer**	SolZu	KiSt	SolZu	KiSt	SolZu	KiSt	SolZu	KiSt	SolZu	KiSt
2.499,00	I	326,25	17,94	29,36	13,40	21,93	9,13	14,94	2,36	8,35		2,66
	II	294,91			11,77	19,27	7,59	12,43		6,03		0,99
	III	112,00		10,08		4,90		0,61				
	IV	326,25	17,94	29,36	15,64	25,59	13,40	21,93	11,23	18,38	9,13	14,94
	V	595,00	32,72	53,55								
	VI	630,16	34,65	56,71								
2.502,00	I	327,00	17,98	29,43	13,44	22,00	9,16	14,99	2,50	8,41		2,71
	II	295,66			11,82	19,34	7,63	12,48		6,08		1,03
	III	112,50		10,12		4,95		0,65				
	IV	327,00	17,98	29,43	15,68	25,66	13,44	22,00	11,27	18,45	9,16	14,99
	V	596,00	32,78	53,64								
	VI	631,33	34,72	56,81								

In der Lohnsteuertabelle werden die Steuerpflichtigen je nach Familienstand in folgende **Steuerklassen** eingeteilt:

Steuerklasse	Arbeitnehmergruppe
I	Unverheiratete (Ledige, Verwitwete, Geschiedene) und dauernd Getrenntlebende.
II	Unverheiratete, denen ein Entlastungsbetrag für Alleinerziehende zusteht.
III*	1. Verheiratete, wenn der Ehegatte a) keinen Arbeitslohn bezieht oder b) auf Antrag beider Ehegatten in Steuerklasse V eingereiht wird. 2. Verwitwete für das Kalenderjahr, das dem Todesjahr des Ehegatten folgt. 3. Geschiedene im Jahr der Ehescheidung.
IV*	Verheiratete, wenn der Ehegatte ebenfalls Arbeitslohn bezieht.
V*	Verheiratete, wenn der Ehegatte a) ebenfalls Arbeitslohn bezieht und b) auf Antrag beider Ehegatten in Steuerklasse III eingereiht wird.
VI	Steuerpflichtige, die Arbeitslohn aus einem zweiten oder weiteren Dienstverhältnis beziehen.

* Bei Ehegatten, die in die Steuerklasse IV gehören, hat das Finanzamt auf Antrag beider Ehegatten anstelle der Steuerklassenkombination III/V als Lohnsteuerabzugsmerkmal jeweils die Steuerklasse IV in Verbindung mit einem Faktor zur Ermittlung der Lohnsteuer zu bilden, wenn der Faktor kleiner als 1 ist. Der Faktor ist Y : X und vom Finanzamt mit drei Nachkommastellen ohne Rundung zu berechnen. »Y« ist die voraussichtliche Einkommensteuer für beide Ehegatten nach dem Splitting-Verfahren unter Berücksichtigung von Abzugsbeträgen. »X« ist die Summe der voraussichtlichen Lohnsteuer bei Anwendung der Steuerklasse IV für jeden Ehegatten.

4.6.5 Einkommensteuer des Arbeitnehmers

Die wichtigsten Einnahmen des Staates zur Erfüllung seiner Aufgaben sind die Steuern.

AO § 1

Steuern sind **Geldleistungen,** die **öffentliche Gemeinwesen** kraft ihrer Finanzhoheit von den **Steuerpflichtigen ohne unmittelbare Gegenleistung** zur Finanzierung der kollektiven Bedarfsdeckung erheben.

Beispiele: Lohnsteuer, Einkommensteuer, Umsatzsteuer, Kfz-Steuer, Kaffeesteuer

Die Unternehmen sind verpflichtet, dem Staat bei der Einkommensbesteuerung behilflich zu sein, indem sie die **Lohnsteuer** der Mitarbeiter berechnen und **abführen.** Darüber hinaus muss jeder Steuerpflichtige für weitere Einkünfte eines Jahres eine Einkommensteuererklärung abgeben, damit auch die anderen Einkünfte besteuert werden. Man unterscheidet sieben Einkunftsarten.

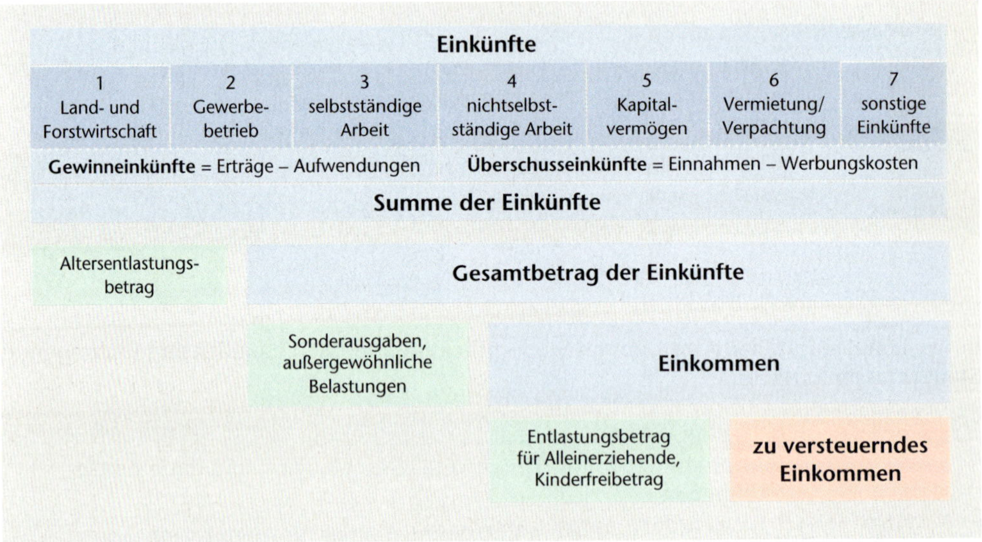

Mit seiner Steuererklärung muss der Steuerpflichtige eine Aufstellung seiner gesamten Einkünfte erstellen. Die Summe der Einkünfte wird um den Altersentlastungsbetrag vermindert. Dies ergibt den Gesamtbetrag der Einkünfte. Werden hiervon die Sonderausgaben und die außergewöhnlichen Belastungen abgezogen, erhält man das Einkommen. Nach Abzug von Sonderfreibeträgen (Kinderfreibetrag, Entlastungsbetrag für Alleinerziehende) ergibt sich das zu versteuernde Einkommen.

Das zu versteuernde Einkommen ist die Bemessungsgrundlage für die **tarifliche Einkommensteuer,** die in der Einkommensteuertabelle abgelesen wird.

Einkunftsarten

EStG § 2

Der Einkommensteuer unterliegen folgende 7 Einkunftsarten:

Einkunftsarten	
Arten	**Erklärung/Beispiele**
1. Einkünfte aus **Land- und Forstwirtschaft**	Gewinn aus dem Verkauf agrarischer Produkte.

Einkunftsarten	
Arten	**Erklärung/Beispiele**
2. Einkünfte aus **Gewerbebetrieb**	Gewinn eines Kaufmanns, eines Versicherungsvertreters, eines Lebensmittelgroßhändlers.
3. Einkünfte aus **selbstständiger Arbeit**	Hierzu gehören die Einkünfte von selbstständig Tätigen, die keinen gewerblichen, land- oder forstwirtschaftlichen Betrieb haben, also von Ärzten, Architekten, Steuerberatern, Künstlern.
4. Einkünfte aus **nichtselbstständiger Arbeit**	Löhne und Gehälter. Die bei der Lohn- und Gehaltszahlung einbehaltene **Lohnsteuer** stellt dabei nur eine Vorauszahlung auf die Einkommensteuerschuld dar.
5. Einkünfte aus **Kapitalvermögen**	Zinsen, Dividenden, Erträge aus Fonds und Zertifikaten sowie Veräußerungsgewinne bei Aktienverkäufen. Einkünfte aus Kapitalvermögen von Privatpersonen unterliegen der Abgeltungssteuer in Höhe von 25 % (zzgl. Solidaritätszuschlag und Kirchensteuer).
6. Einkünfte aus **Vermietung und Verpachtung**	Hierzu gehören Einkünfte aus Vermietung und Verpachtung von Gebäuden, die nicht zu einem land- oder forstwirtschaftlichen oder gewerblichen Betrieb gehören.
7. **Sonstige** Einkünfte	Hierzu gehören Einkünfte aus wiederkehrenden Bezügen, wie Leibrenten, sowie Einkünfte aus privaten Veräußerungsgeschäften, aus gelegentlichen Vermittlungen.

Abzugsfähige Aufwendungen und Freibeträge

Das Steuerrecht gestattet den Abzug von **Werbungskosten, Sonderausgaben** und **außergewöhnlichen Belastungen.** Es berücksichtigt **Kinderfreibeträge** und den **Entlastungsbetrag für Alleinerziehende.**

Die Werbungskosten werden bereits bei der Ermittlung der einzelnen Einkünfte abgezogen, die Sonderausgaben und die außergewöhnlichen Belastungen erst nach der Ermittlung des Gesamtbetrags der Einkünfte.

▶ Werbungskosten

Werbungskosten sind **Aufwendungen zur Erwerbung, Sicherung und Erhaltung der Einnahmen** aus einer Einkunftsart.

EStG § 9

Werbungskosten fallen nur bei den Einkünften 4 bis 7 (Überschusseinkünfte) an.

Werbungskosten sind z. B.

- **bei Einkünften aus nichtselbstständiger Arbeit** die Kosten für Berufskleidung, für Fahrten zwischen Wohnung und Arbeitsstätte, die Anschaffung von Fachliteratur, die Kosten für einen Fortbildungskurs in DV;
- **bei Einkünften aus Vermietung und Verpachtung** die Schuldzinsen, die Abschreibungen, die Ausgaben für Instandhaltung.

Werbungskosten sind bei der Einkunftsart abzuziehen, bei der sie entstanden sind.

EStG § 9a **Beispiele:** Fahrtkosten zum Arbeitsplatz, Aufwendungen für die Berufskleidung und Kontoführungsgebühren für das Gehaltskonto werden bei den Einkünften aus nichtselbstständiger Arbeit berücksichtigt; Wertpapier-Depotgebühren bei Einkünften aus Kapitalvermögen

Sofern nicht höhere Beträge nachgewiesen werden, berücksichtigt das Finanzamt in jedem Fall folgende jährliche **Pauschbeträge:**

- 1.000 EUR von den Einkünften aus nichtselbstständiger Arbeit,
- 801 EUR als Sparerpauschbetrag bei den Einkünften aus Kapitalvermögen,
- 102 EUR bei wiederkehrenden Bezügen (Leibrenten).

▶ Sonderausgaben

Sonderausgaben sind meist **Aufwendungen der Lebensführung,** die mit keiner Einkunftsart in wirtschaftlichem Zusammenhang stehen. Sie werden aus sozial-, finanz- und wirtschaftspolitischen Gründen **steuerlich begünstigt.**

In **unbegrenzter Höhe** sind **abzugsfähig:**

- Beiträge zur gesetzlichen Kranken- und Pflegeversicherung, soweit sie für die Grundversorgung und die Pflegepflichtversicherung gezahlt werden,
- die gezahlte Kirchensteuer.

In **begrenzter Höhe** sind **abzugsfähig:**

- sogenannte sonstige Vorsorgeaufwendungen: Beiträge zur Kranken- und Pflegeversicherung, die über den steuerlich begünstigten Basisschutz hinausgehen, sowie Beiträge zu einer Berufsunfähigkeits-, Unfall- und Haftpflichtversicherung,
- Aufwendungen für die eigene Berufsausbildung oder Weiterbildung in einem bisher nicht ausgeübten Beruf,
- Ausgaben zur Förderung mildtätiger, kirchlicher, religiöser, wissenschaftlicher und staatspolitischer Zwecke.

§ 10 Werden die Sonderausgaben nicht nachgewiesen, so wird stattdessen für die übrigen Sonderausgaben ein Sonderausgaben-Pauschbetrag von 36 EUR abgezogen. Dieser Pauschbetrag verdoppelt sich bei zusammenveranlagten Ehegatten.

▶ Außergewöhnliche Belastungen

§§ 33–33c **Außergewöhnliche Belastungen** sind **zwangsläufig entstandene Aufwendungen,** die einem Steuerpflichtigen in höherem Maße erwachsen als der überwiegenden Mehrzahl der Steuerpflichtigen.

Zwangsläufig sind Aufwendungen, wenn sich der Steuerpflichtige ihnen aus rechtlichen, tatsächlichen oder sittlichen Gründen nicht entziehen kann. Gründe können sein: Krankheit, Körperbehinderung, Beschäftigung einer Haushaltshilfe, Berufsausbildung von Kindern. Einen Teil der Aufwendungen hat der Steuerpflichtige in jedem Fall als zumutbare Belastung selbst zu tragen.

▶ Kinderfreibetrag bzw. Kindergeld

Steuerpflichtige mit Kindern haben die Wahl zwischen **Kinderfreibetrag** und **Kindergeld.** (Das Finanzamt berücksichtigt bei der Steuerveranlagung die günstigere Alternative.)

§ 32 (6) a) Der **Kinderfreibetrag** von 2.184 EUR pro Kind (Verheiratete 4.386 EUR) im Jahr wird bei der Besteuerung vom Einkommen abgezogen, hinzu kommt zusätzlich ein **Freibetrag für Betreuung, Erziehung und Ausbildung** in Höhe von 1.320 EUR (Verheiratete 2.640 EUR). Die Höhe der Steuerersparnis hängt also vom persönlichen Steuersatz ab.

b) Das **Kindergeld** beträgt für die ersten beiden Kinder jeweils 184 EUR, für das 3. Kind 190 EUR, für das 4. und jedes weitere Kind 215 EUR. Das Kindergeld ist ein fester, einkommensunabhängiger Auszahlungsbetrag. Es wird vom Arbeitgeber bzw. von der Familienkasse der Agentur für Arbeit ausgezahlt. *BKGG § 6*

▶ Entlastungsbetrag für Alleinerziehende

Alleinerziehenden mit Kindern wird ein Entlastungsbetrag von 1.308 EUR gewährt. *EStG § 24b*

Einkommensteuertarif

Die Steuerpflichtigen werden nicht gleich hoch besteuert, vielmehr wird die **Leistungsfähigkeit** durch höhere Besteuerung steigender Einkommen berücksichtigt:

- zu versteuernde Einkommen bis 8.354 EUR sind steuerfrei (Grundfreibetrag, Freizone),
- zu versteuernde Einkommen von 8.355 EUR bis 13.469 EUR werden mit 14 % bis 24 % (1. Progressionszone) linear ansteigend besteuert,
- zu versteuernde Einkommen von 13.470 EUR bis 52.881 EUR werden mit 24 % bis 42 % (2. Progressionszone) linear ansteigend besteuert,
- zu versteuernde Einkommen ab 52.882 EUR bis 250.730 EUR werden mit 42 % besteuert (1. obere Proportionalzone),
- zu versteuernde Einkommen ab 250.731 EUR werden mit 45 % besteuert (2. obere Proportionalzone).

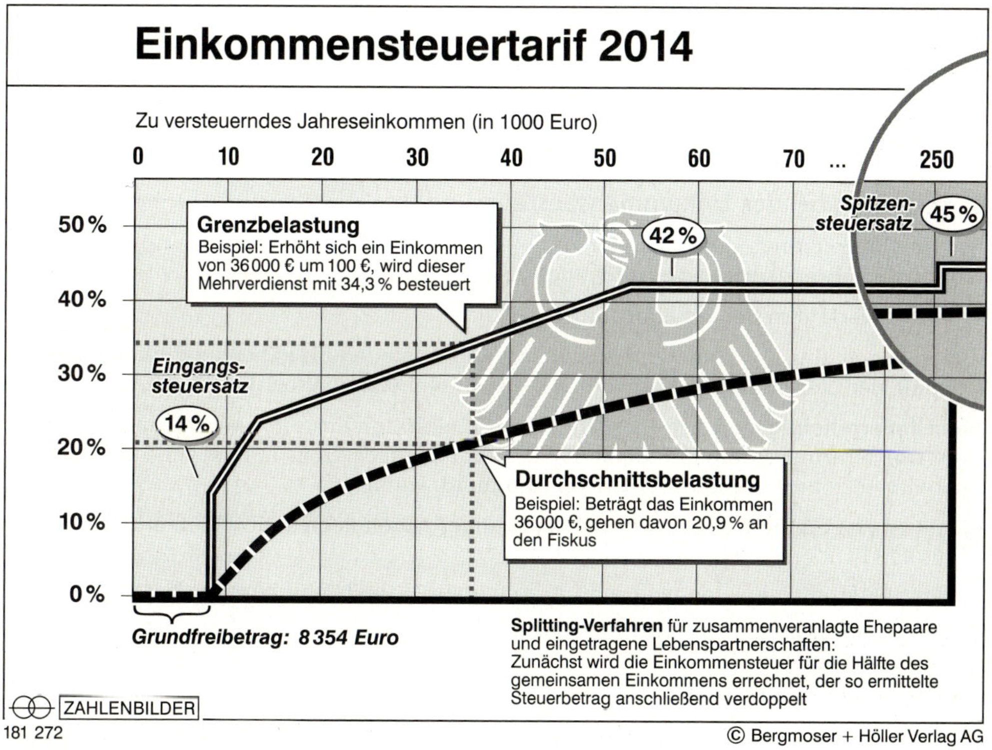

Die **Grenzbelastung** (der Grenzsteuersatz) gibt an, mit wie viel Prozent **jeder zusätzliche Euro,** um den das Einkommen anwächst, besteuert wird.

Die **Durchschnittsbelastung** (Durchschnittssteuersatz) zeigt an, mit wie viel Prozent **das jeweilige Einkommen** insgesamt belastet wird.

SolzG §§ 1, 4 Zur Finanzierung des »Aufbau Ost« wird auf die zu zahlende Einkommensteuer zurzeit ein **Solidaritätszuschlag** erhoben (5,5 %).

Die **Einkommensteuertabelle** erleichtert die Errechnung der Steuerschuld. Das verbleibende Einkommen ist in der Tabelle aufzuschlagen und die Steuer abzulesen.

Auszug aus der Einkommensteuertabelle 2015 gemäß § 32a EStG

	Grundtabelle				Splittingtabelle			
bis	**Steuer**	**Soli**	**KiSt 8 %**	**KiSt 9 %**	**Steuer**	**Soli**	**KiSt 8 %**	**KiSt 9 %**
24.263	3.824	210,32	305,92	344,16	1.336	73,48	106,88	120,24
24.335	3.845	211,47	307,60	346,05	1.350	74,25	108,00	121,50
24.407	3.866	212,63	309,27	347,94	1.366	75,13	109,28	122,94
24.482	3.888	213,84	311,04	349,92	1.382	76,01	110,56	124,38
24.551	3.908	214,94	312,64	351,72	1.396	76,78	111,68	125,64
24.623	3.929	216,09	314,32	353,61	1.412	77,66	112,96	127,08
24.695	3.950	217,25	316,00	355,50	1.428	78,54	114,24	128,52
24.767	3.971	218,40	317,68	357,39	1.444	79,42	115,52	129,96
24.839	3.992	219,56	319,36	359,28	1.460	80,30	116,80	131,40
24.911	4.013	220,71	321,04	361,17	1.476	81,18	118,08	132,84
24.983	4.034	221,87	322,72	363,06	1.492	82,06	119,36	134,28
25.055	4.055	223,02	324,39	364,95	1.508	82,94	120,64	135,72
25.127	4.076	224,18	326,08	366,84	1.524	83,82	121,92	137,16

Verfahren bei der Einkommensbesteuerung

Bei der Besteuerung des Einkommens werden das **Abzugsverfahren** und das **Veranlagungsverfahren (Antragsveranlagung)** unterschieden.

▶ Abzugsverfahren bei der Lohnsteuer

EStG § 38 Zur Sicherstellung der Steuereinnahmen ist die Lohnsteuer direkt bei der Einkommensentstehung, der Lohnzahlung, durch den Arbeitgeber einzubehalten und abzuführen.

§ 46 **Lohnsteuerpflichtig** sind alle Empfänger von Einkünften aus nichtselbstständiger Arbeit, also Arbeiter, Angestellte und Beamte. Sie werden jedoch nach Jahresende zusätzlich zur Einkommensteuer veranlagt **(Pflichtveranlagung),** wenn

a) neben den Einkünften aus nichtselbstständiger Arbeit noch andere Einkünfte von mehr als 410 EUR erzielt wurden,

b) der Steuerpflichtige von mehreren Arbeitgebern Arbeitslohn bezogen hat,

c) das Finanzamt einen Freibetrag oder eine Kinderfreibetragszahl auf der Lohnsteuerkarte eingetragen hat.

▶ Lohnsteuerbescheinigung

Früher erfolgte die Lohnsteuerbescheinigung am Jahresende durch den Arbeitgeber auf der Lohnsteuerkarte. 2004 wurde die elektronische Lohnsteuerbescheinigung eingeführt. Arbeitgeber müssen jetzt bis spätestens 28. Februar des Folgejahres die Lohnsteuerdaten durch Fernübertragung per Internet mit dem Programm **Elster (= Elektronische Steuererfassung)** an eine zentrale Übermittlungsstelle melden. Eine Kopie dieser Übermittlung erhält der Arbeitnehmer. Damit die Daten entschlüsselt werden können, bildet der Arbeitgeber aus den persönlichen Daten des Arbeitnehmers eine sogenannte **e-Tin** (Electronic Tax Payer Identification). Deshalb enthält die Anlage N der Steuererklärung auch ein Eingabefeld für diese e-Tin des Antragstellers.

Ausdruck der elektronischen Lohnsteuerbescheinigung für 2014

Nachstehende Daten wurden maschinell an die Finanzverwaltung übertragen.

Frank GmbH Kommissionier- und Handhabungstechnik X02
Platzstraße 4–6 56132
88348 Bad Saulgau

Herrn/Frau Pers.-Nr. 00003 LStB
Abt.-Nr.

Dominik Müller
Seewattenstr. 80
88348 Bad Saulgau

1. Dauer des Dienstverhältnisses	vom – bis 01.01 – 31.12	
2. Zeiträume ohne Anspruch auf Arbeitslohn	Anzahl „U":	
Großbuchstaben (S, B, V, F)		
	EUR	Ct
3. Bruttoarbeitslohn einschl. Sachbezüge ohne 9. und 10.	28.600	00
4. Einbehaltene Lohnsteuer von 3.	4.396	00
5. Einbehaltener Solidaritätszuschlag von 3.	241	78
6. Einbehaltene Kirchensteuer des Arbeitnehmers von 3.	351	68
7. Einbehaltene Kirchensteuer des Ehegatten ... konfessionsverschiedener Ehe)		
... doppelter Haushaltsführung		
22. Arbeitgeberanteil zur gesetzlichen Rentenversicherung und an berufsständische Versorgungseinrichtungenn	2.788	50
23. Arbeitnehmeranteil zur gesetzlichen Rentenversicherung und an berufsständische Versorgungseinrichtungenn	2.788	50
24. Steuerfreie Arbeitgeberzuschüsse zur Krankenversicherung und zur Pflegeversicherung		
25. Arbeitnehmeranteil am Gesamtsozialversicherungsbeitrag (ohne 23. und 24.)	5.362	50
26. Ausgezahltes Kindergeld		
27. Bemessungsgrundlage für den Versorgungsfreibetrag		
28. Bei Versorgungsbezügen: Monat und Kalenderjahr des Versorgungsbeginns		

Steuerfreier Jahresbetrag	vom - bis

Hinzurechnungsbetrag	vom - bis

Kirchensteuermerkmale	vom - bis
	01.01 – 31.12

AGS: 08437100

Anschrift des Arbeitgebers:

Frank GmbH
Kommissionier- und Handhabungstechnik
Platzstraße 4–6
88348 Bad Saulgau

Finanzamt, an das die Lohnsteuer abgeführt wurde (**Name und dessen vierstellige Nr.**)

▶ Lohnsteuerjahresausgleich durch den Arbeitgeber

Es ist möglich, dass die im Laufe des Kalenderjahres einbehaltene Lohnsteuer höher ist als die auf den Jahresarbeitslohn entfallende Lohnsteuer. Ursachen dafür können sein: zeitweilige Arbeitslosigkeit, schwankender Arbeitslohn, Änderung im Familienstand, umfangreiche Werbungskosten. Eine solche Benachteiligung des Arbeitnehmers wird am Schluss des Kalenderjahres normalerweise durch den Arbeitgeber beseitigt. War die einbehaltene Lohnsteuer höher als die Jahreslohnsteuer betragen würde, wird der Unterschiedsbetrag zurückerstattet.

▶ Veranlagungsverfahren bei der Einkommensteuer

Wird der Lohnsteuerjahresausgleich nicht vom Arbeitgeber durchgeführt, kann der steuerpflichtige Arbeitnehmer selbst durch Abgabe einer Einkommensteuererklärung beim Finanzamt den Ausgleich beantragen.

Der Steuerpflichtige hat nach Ablauf eines Kalenderjahres in einer **Steuererklärung** dem Finanzamt alle Angaben zu machen, die zur Errechnung der Steuerschuld erforderlich sind, also

1. den Familienstand und die Kinderzahl,
2. die einzelnen Einkünfte,
3. die einzelnen Sonderausgaben,

EStG §§ 33, 33a
4. beantragte Vergünstigungen
   - wegen außergewöhnlicher Belastung,

§§ 34, 34a
   - wegen außerordentlicher Einkünfte,
5. die Art der Veranlagung.

§ 26
Verheiratete können zwischen **getrennter Veranlagung** und **Zusammenveranlagung** wählen.

§ 26a
a) Getrennte Veranlagung: Jedem Ehegatten werden die von ihm bezogenen Einkünfte zugerechnet.

§ 26b § 32a (5)
b) Zusammenveranlagung: Die Einkünfte der Ehegatten werden zusammengerechnet und dann halbiert (Splitting). Von der Hälfte wird die Steuer errechnet und der sich ergebende Steuerbetrag sodann verdoppelt.

Die **Veranlagung**, d. h. die Festsetzung der Steuerschuld, erfolgt durch das Finanzamt aufgrund der eingereichten Steuererklärung. In einem **Steuerbescheid** wird den Steuerpflichtigen die Höhe der Steuerschuld und die Art der Berechnung mitgeteilt. Bereits geleistete Vorauszahlungen (Kapitalertrag- und Lohnsteuer) werden von der Steuerschuld abgezogen. Sie ist binnen eines Monats zu bezahlen. Zu viel bezahlte Steuer wird zurückerstattet. Schließlich wird dem Steuerpflichtigen mitgeteilt, wie hoch die künftigen vierteljährlichen **Vorauszahlungen** sein werden.

4.6.6 Soziale Leistungen (Lohnnebenkosten)

Soziale Leistungen sind Aufwendungen für die Betriebsangehörigen, die neben dem vereinbarten Entgelt anfallen **(Lohnnebenkosten).**

Gesetzliche soziale Abgaben (siehe Kapitel 4.7)

Sie besteht aus der Hälfte der Beiträge zur Kranken-, Pflege-, Renten- und Arbeitslosenversicherung (teilweise trägt der Arbeitnehmer einen etwas höheren Anteil) sowie dem ganzen Beitrag zur Unfallversicherung.

Vertragliche und freiwillige soziale Aufwendungen

Diese können bezwecken:

- soziale Sicherung, z. B. Zusatzversicherungen bei der Kranken- und Rentenversicherung, Lebensversicherungen, Unterhaltung eigener Pensions- und Unterstützungskassen, Stiftungen, Förderung der Vermögensbildung im Rahmen der Vermögensbildungsgesetze,
- Gesundheitspflege, z. B. in Erholungsheimen, durch Sportanlagen, Bäder, kostenlose ärztliche Beratung und Behandlung,
- Verbilligung der Lebenshaltung, z. B. Werksküchen, Zuschüsse zu Mahlzeiten in Gaststätten, Arbeitskleidung, Werkswohnungen, Zuschüsse für die Unterkunft am Arbeitsort, Ersatz der Fahrtkosten,
- Familienhilfe, z. B. Kinderheim, Kinderbeihilfen, freier Hausarbeitstag,
- Bildung und Freizeitgestaltung, z. B. Studienbeihilfen, Lehrgänge für Aus- und Fortbildung, Büchereien, Betriebsausflüge, kulturelle Veranstaltungen, Bildungsurlaub,
- Ehrung und Anerkennung, z. B. Jubiläums- und Hochzeitsgeschenke, Betreuung verdienter Mitarbeiter im Ruhestand, Weihnachtsgratifikationen.

Zusammenfassende Übersicht zu Kapitel 4.6: Entlohnung der betrieblichen Arbeit

Arbeitsbewertung

objektive Faktoren (Arbeitswert) | subjektive Faktoren (Leistungsgrad)

Entgeltsysteme

Zeitlohn

Leistungslohn: Akkordlohn, Prämienlohn

Gewinn- und Kapitalbeteiligung

Entgeltzahlung

Lohnsteuerkarte Steuerklasse — Lohnsteuertabelle (→ Einkommensteuertarif) —

Bruttoentgelt
– Lohnsteuer
– Solidaritätszuschlag
– Sozialversicherungsbeiträge
= Nettoentgelt

↓

elektronische Lohnsteuerbescheinigung

jährliche Einkommensteuererklärung (Lohnsteuerjahresausgleich)

7 Einkunftsarten

Einkünfte aus nichtselbstständiger Arbeit
– Werbungskosten
– Sonderausgaben
– außergewöhnliche Belastungen
– Kinderfreibetrag
= zu versteuerndes Einkommen

Steuerbescheid → = zu versteuerndes Einkommen; → Einkommensteuer (→ Einkommensteuertarif)

Verrechnung (Lohnsteuer, Solidaritätszuschlag → Einkommensteuer)

▶ Aufgaben und Probleme

1. Erläutern Sie die Notwendigkeit der Arbeitsbewertung.
2. In einem Unternehmen werden folgende Entgeltsysteme angewendet: Zeitlohn und Akkordlohn.
   a) Erläutern Sie die Unterschiede zwischen den Entgeltsystemen.
   b) Nennen Sie jeweils zwei Vorteile, die die Entlohnung nach Zeitlohn bzw. Akkordlohn für den Arbeitnehmer hat.
3. Welche Voraussetzungen müssen gegeben sein, damit eine Tätigkeit im Akkordlohn abgerechnet werden kann?

4. In der Dreherei beträgt der Minutenfaktor in einer Lohngruppe 0,30 EUR (60-Minuten-Stunde). Für die Bearbeitung eines Werkstücks sind 12 Minuten vorgegeben. Ein Arbeiter bearbeitet im Durchschnitt 7 Stück pro Stunde.
   a) Wie hoch ist der Grundlohn?
   b) Wie viel EUR verdient der Arbeiter in der Stunde?
   c) Wie viel EUR erhielte der Arbeiter für ein bearbeitetes Werkstück gutgeschrieben, wenn die Lohnabrechnung in der Form eines Stückgeldakkords erfolgen würde?
5. Können nachstehende Arbeiten im Akkordlohn bezahlt werden? Begründen Sie Ihre Meinung.
   a) Bestimmte Bauteile werden von einer achtköpfigen Montagegruppe gefertigt und montiert. Die Gruppe kann über die Ausführung der einzelnen Arbeiten selbstständig entscheiden.
   b) Ein Arbeitnehmer arbeitet am Fließband.
   c) Ein Arbeitnehmer soll in der Endkontrolle die Werkstücke auf Fehler überprüfen.
   d) Ein Arbeitnehmer soll 1.000 Einzelteile nach Vorlage ausstanzen.
6. Ein Mitarbeiter montiert in einer Woche bei einer Arbeitszeit von 37,5 Stunden 2.500 Scheinwerfer. Die Vorgebezeit für die Montage eines Scheinwerfers beträgt 2 Dezimalminuten. Der Akkordrichtsatz beträgt 12 EUR.
   a) Berechnen Sie die Sollleistung (= Anzahl Scheinwerfer), die von dem Mitarbeiter aufgrund der Vorgabezeit in einer Woche erwartet wird.
   b) Wie viel Dezimalminuten benötigt der Mitarbeiter durchschnittlich, um einen Scheinwerfer zu montieren?
   c) Welchen Leistungsgrad hat er erzielt?
   d) Wie viel EUR erhält der Mitarbeiter in dieser Woche?
   e) Wie hoch war der tatsächliche Stundenlohn?
7. Am Jahresende überlegt sich die Geschäftsleitung der BLW Präzisionsschmiede AG, ob aufgrund eines überaus guten Geschäftsjahres die Belegschaft am Unternehmenserfolg beteiligt werden sollte.
   a) Welche Gründe könnte die BLW Präzisionsschmiede AG haben, ihre Mitarbeiter am Unternehmenserfolg zu beteiligen?
   b) Für welche Form der Gewinnbeteiligung würden Sie sich entscheiden? Begründen Sie Ihre Antwort.
   c) Erläutern Sie, warum für die Arbeitgeber die Gewinnbeteiligung in der Form der Kapitalbeteiligung besonders interessant ist.
   d) Warum müsste man eigentlich von einer Gewinn- oder Verlustbeteiligung sprechen? Diskutieren Sie, welche Probleme sich aus einer Verlustbeteiligung ergeben könnten.
8. Berechnen Sie das Nettoentgelt von folgenden Mitarbeitern. Besorgen Sie sich die aktuellen Daten aus dem Internet.
   a) Romy Metzger, verheiratet, ein Kinderfreibetrag, brutto 2.500,00 EUR, evangelisch, Steuerklasse IV.
   b) Fritz Ulmer, verheiratet, zwei Kinderfreibeträge, Alleinverdiener, brutto 2.500,00 EUR, aus der Kirche ausgetreten.
9. Bei welcher Einkunftsart werden versteuert
   a) der Gewinnanteil eines Kommanditisten (KG),
   b) das Gehalt eines Angestellten einer Versicherungsagentur,

c) das Honorar einer Rechtsanwältin,
d) die Mieteinnahmen eines Hauseigentümers,
e) die Provision eines Handelsvertreters,
f) die Dividende einer Aktionärin,
g) die Sparbuchzinsen einer Schülerin,
h) der Gewinn eines Winzers aus Weinverkauf?

10. Welcher Unterschied besteht zwischen Einkommen und Einkünften?

11. Karl Schreiner sammelt Fahrkarten, Kaufbelege für alle seine Anschaffungen, Tankstellenquittungen, Hotel- und Restaurantrechnungen. »Das kann ich alles von der Steuer absetzen«, schmunzelt er.

    Nehmen Sie zu dieser Aussage kritisch Stellung.

12. Unterscheiden Sie Werbungskosten von Sonderausgaben.

13. Zu welchen steuerlichen Abzugsbeträgen gehören

    a) Sozialversicherungsbeiträge,
    b) Aufwendungen für Fachliteratur,
    c) Wegekosten zur Arbeitsstelle,
    d) gezahlte Kirchensteuer,
    e) Kosten der Unterbringung und des Unterhaltes für den studierenden Sohn,
    f) Spenden an das Rote Kreuz?

14. Herr Reiß klagt: »Jedes Jahr zahle ich mindestens 15.000 EUR Einkommensteuer, der Staat ist doch ein richtiger Ausbeuter!« Herr Grunert entgegnet: »Ich wäre froh, ich müsste so viel Steuern bezahlen!«

    Beurteilen Sie die Ansicht von Herrn Grunert.

15. Warum wird ein Mindesteinkommen von der Besteuerung ausgenommen?

16. In welche Tarifzone fällt

    a) ein lediger Steuerpflichtiger mit einem zu versteuernden Jahreseinkommen von 10.000 EUR, 20.000 EUR, 55.000 EUR,
    b) ein Ehepaar mit einem zu versteuernden Jahreseinkommen von 10.000 EUR, 20.000 EUR, 55.000 EUR?

17. Aus welchem Grund bleibt bei einem zu versteuernden Jahreseinkommen von 250.731 (501.462) EUR der Steuersatz bei 45 % und erhöht sich nicht weiter?

18. Für einen ledigen Steuerpflichtigen beträgt der Steuersatz bei einem zu versteuernden Jahreseinkommen von 29.988 EUR 33 $^1/_3$ %.

    Ermitteln Sie mithilfe der Einkommensteuertabelle den Durchschnittssteuersatz.

19. In der Einkommensteuertabelle für ledige Steuerpflichtige ist bei 46.040 EUR eine Steuer von 11.204 EUR angegeben. Bei einem Zusatzverdienst von 108 EUR zahlt er 11.246 EUR.

    Wie hoch ist die Grenzbelastung?

20. Wie trägt die Steuergesetzgebung bei der Einkommensteuer den sozialen Verhältnissen des Besteuerten Rechnung?

21. Beurteilen Sie die Aussage: »Bei meinem Einkommen muss ich 40 % Einkommensteuer bezahlen.«

22. Ermitteln Sie das zu versteuernde Einkommen des 39-jährigen Heinz Gossler, Einzelunternehmer: Jahresgewinn laut GuV-Rechnung 122.000 EUR. Für abzugsfähige

Sonderausgaben werden 15.780 EUR anerkannt. Seine Einkünfte aus Vermietung und Verpachtung betragen 15.000 EUR, die Einnahmen aus Kapitalvermögen 1.600 EUR.

23. Der Angestellte Dominik Müller, geb. am 4. März 1978, ledig, katholisch, Seewattenstraße 80, 88348 Bad Saulgau, verdiente 2014 brutto 28.600,00 EUR. Vom Arbeitslohn wurden einbehalten: 3.604,00 EUR Lohnsteuer, 198,22 EUR Solidaritätszuschlag und 288,32 EUR Kirchensteuer. Der Arbeitnehmeranteil zur gesetzlichen Rentenversicherung betrug 2.845,70 EUR. Den Weg zur Arbeitsstelle (Entfernung 1 km) bewältigt er mit dem Fahrrad.

    Dominik Müller zahlte als Spende an den Tierschutzverein 150,00 EUR, als Mitgliedsbeitrag für die Gewerkschaft 60,00 EUR, als Spende an eine politische Partei 100,00 EUR und für eine Lebensversicherung monatlich 150,00 EUR. Für Fachliteratur gab er 25,00 EUR aus und für Steuerberatungskosten 279,84 EUR.

    Auf seinem Bausparkonto erhielt Dominik Müller eine Zinsgutschrift von 180,00 EUR, auf seinem Sparbuch Sparzinsen in Höhe von 43,50 EUR. Für beide Zinserträge wurde ein Freistellungsantrag gestellt.

    An Sonderausgaben werden 2.540,00 EUR anerkannt.

    a) Ermitteln Sie das zu versteuernde Einkommen von Dominik Müller.
    b) Muss Dominik Müller Steuern nachzahlen oder bekommt er bereits gezahlte Steuern erstattet? Ermitteln Sie den Betrag.

24. Bei den sozialen Leistungen spricht man häufig vom »Zweiten Lohn«. Erläutern Sie diesen Begriff.

25. Welche der sozialen Aufwendungen werden nicht von allen Mitarbeitern als soziale Leistung empfunden?

4.7 System der gesetzlichen Sozialversicherung und private Vorsorge

4.7.1 Sozialversicherung

GG Art. 20, 28

In der Bundesrepublik Deutschland ist der **Sozialstaatsgedanke** ein Verfassungsgebot. Ausdrücklich verankert ist der Sozialstaat im Grundgesetz in zwei Artikeln, welche den demokratischen und sozialen Bundes- bzw. Rechtsstaat fordern. Damit ist das Bemühen um einen sozialen Ausgleich zwischen Starken und Schwachen, Armen und Reichen gemeint. Darüber hinaus geht es aber vor allem um ein System der sozialen Sicherung für alle Bevölkerungskreise. In erster Linie trägt dazu die Sozialversicherung bei. Die Sozialversicherung bietet Schutz, mildert oder verhindert Notlagen und sorgt für ein menschenwürdiges Dasein.

Die **Sozialversicherung** ist eine gesetzliche Versicherung, die weiten Bevölkerungskreisen zur Pflicht gemacht ist, um die Versicherten vor wirtschaftlicher Not im **Alter** und bei **Erwerbsminderung**, bei **Arbeitslosigkeit, Krankheit, Pflegebedürftigkeit** und **Unfall** zu schützen.

Grundlage des Sozialversicherungsrechts ist das Sozialgesetzbuch (SGB). Es besteht aus zwölf Teilbüchern. Die heutige Sozialversicherung ist in fünf Zweige gegliedert:

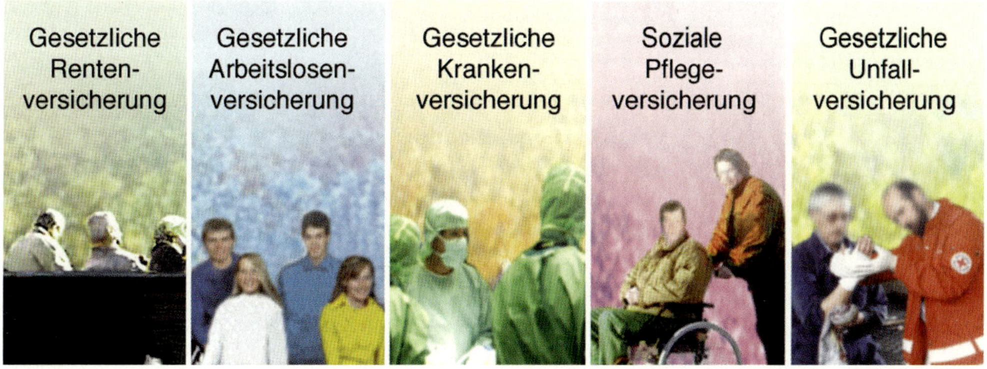

Die **Beiträge** zu den Sozialversicherungszweigen richten sich nach den Einkommen der Versicherten, die **Leistungen** sind gesetzlich festgelegt. Danach erhalten in der Kranken- und Pflegeversicherung alle Versicherten mitsamt ihren nicht selbst versicherten Angehörigen trotz unterschiedlich hoher Beitragszahlungen die gleichen Versicherungsleistungen. In der Renten-, Arbeitslosen- und Unfallversicherung aber finden die unterschiedlichen Beitragszahlungen auch in unterschiedlich hohen Versicherungsleistungen ihren Niederschlag.

Zweige der Sozialversicherung

Gesetzliche Krankenversicherung	
Rechtsgrundlage	SGB V, §§ 1–307
Sozialversicherungsträger	Allgemeine Ortskrankenkassen (AOK), Innungs-, Betriebs-, Ersatzkrankenkassen
Versicherte	Es besteht eine **allgemeine Versicherungspflicht,** d. h., jeder muss in einer privaten oder gesetzlichen Krankenversicherung versichert sein. Arbeitnehmer, deren Arbeitsentgelt in den letzten drei Jahren die Jahresarbeitsentgeltgrenze (2015 = 54.900,00 EUR) nicht überschritten hat, sowie Auszubildende, Studenten u. a., sind in der gesetzlichen Krankenversicherung versicherungspflichtig.
Leistungen	**Verhütung von Krankheiten** u. a. durch Vorsorgebehandlungen, Vorsorgekuren für Mütter und Väter **Regelmäßige Gesundheitsuntersuchungen** zur Früherkennung von Krankheiten **Krankenbehandlungen:** ärztliche und zahnärztliche Behandlungen, Arznei-, Verband-, Heil- und Hilfsmittel, Zuschüsse bei Zahnersatz, häusliche Krankenpflege, Haushaltshilfe, Krankenhausbehandlungen und Kuren **Krankengeld** ab der 7. Woche in Höhe von 70 % des regelmäßigen Arbeitsentgeltes **Kosten des Krankentransports**
Beiträge	**14,6 %** vom Bruttoverdienst; Arbeitgeber und Arbeitnehmer tragen **je die Hälfte.** Die Krankenkassen können von den Versicherten einen Zusatzbeitrag erheben.
Beitragsbemessungsgrenze	4.125,00 EUR (bundesweit) pro Monat (Stand: 2015)

Gesetzliche Rentenversicherung	
Rechtsgrundlage	SGB VI, §§ 1–320
Sozialversicherungsträger	Deutsche Rentenversicherung Bund und Regionalträger
Versicherte	**Versicherungspflichtige:** Alle gegen Entgelt beschäftigten Arbeitnehmer, arbeitnehmerähnliche Selbstständige (mit der Möglichkeit der Befreiung), in die Handwerkerrolle eingetragene Handwerker u. a. **Freiwillig Versicherte:** Alle nicht versicherungspflichtigen Personen ab Vollendung des 16. Lebensjahres **Nachversicherte:** Dies sind Personen, die versicherungsfrei oder von der Versicherungspflicht befreit waren, z. B. Beamte auf Zeit, wenn sie ohne Anspruch auf Versorgung aus ihrer Beschäftigung ausgeschieden sind.
Leistungen	Leistungen zur **Rehabilitation:** **Medizinische, berufsfördernde** (z. B. Umschulung), **ergänzende** (z. B. Haushaltshilfe) und **sonstige Leistungen** (z. B. Wiedereingliederung in das Erwerbsleben), Übergangsgeld **Rentenzahlungen**: – Regelaltersrente ab Vollendung des 67. Lebensjahres. Bestimmte Personengruppen (langjährig Versicherte, schwerbehinderte Menschen, u. a.) können schon vor Vollendung des 67. Lebensjahres eine Altersrente beziehen. Andere Arbeitnehmer können unter Inkaufnahme von Rentenminderungen ebenfalls vor Erreichen der Altersgrenze Altersrente beziehen. – Renten wegen teilweiser bzw. voller Erwerbsminderung für Versicherte, die außerstande sind, täglich mindestens 6 bzw. 3 Stunden erwerbstätig zu sein. – Witwen- und Witwer-, Erziehungs- oder Waisenrenten
Beiträge	**18,7 %** vom Bruttoentgelt; Arbeitgeber und Arbeitnehmer tragen **je die Hälfte.**
Beitragsbemessungsgrenze	6.050,00 EUR (West) bzw. 5.200,00 EUR (Ost) pro Monat (Stand: 2015)

Soziale Pflegeversicherung	
Rechtsgrundlage	SGB XI, §§ 1–112
Sozialversicherungsträger	Pflegekassen, die von den Organen der Krankenkassen mit betreut werden
Versicherte	**Versicherungspflichtig** sind alle in der gesetzlichen Krankenversicherung pflichtgemäß und freiwillig Versicherten. **Versicherungsfrei** sind Personen, die gesetzlich krankenversichert sind, aber bereits eine private Pflegeversicherung abgeschlossen hatten, deren Leistungsumfang dem der sozialen Pflegeversicherung entspricht.

Leistungen	**Häusliche Pflege:** – Sachleistungen in Form von Hilfen stündlich bis rund um die Uhr bei der Körperpflege, Ernährung, Mobilität, hauswirtschaftlichen Versorgung – Pflegegeld für selbstbeschaffte Pflegehilfen – Vergütung für die Beratung durch Pflegeeinrichtungen **Teilstationäre Pflege:** Tages- und Nachtpflege bzw. Kurzzeitpflege, wenn häusliche Pflege (vorübergehend) nicht sichergestellt werden kann **Stationäre Pflege:** – pflegebedingte Aufwendungen – Aufwendungen der sozialen Betreuung Die Kosten der Unterkunft und Verpflegung müssen die Pflegebedürftigen selbst tragen.
Beiträge	**2,35 %** vom Bruttoverdienst; Arbeitgeber und Arbeitnehmer tragen **je die Hälfte.** Kinderlose Arbeitnehmer über 23 Jahren zahlen einen zusätzlichen Beitrag von 0,25 %.
Beitragsbemessungsgrenze	4.125,00 EUR (bundesweit) pro Monat (Stand: 2015)

Gesetzliche Arbeitslosenversicherung	
Rechtsgrundlage	SGB II, §§ 1–69 und SGB III, §§ 1–434
Sozialversicherungsträger	Bundesagentur für Arbeit
Versicherte	**Versicherungspflichtig** sind v. a. Personen, die – gegen Arbeitsentgelt oder – zu einer Berufsausbildung beschäftigt sind. **Versicherungsfrei** sind u. a. Beamte, Richter, Berufssoldaten.
Leistungen	**Arbeitslosengeld** ja nach Dauer des Versicherungspflichtverhältnisses für längstens 24 Monate, 67 % vom pauschalierten Nettoarbeitsentgelt, für Kinderlose 60 % **Arbeitslosengeld II** wird gewährt, wenn kein Anspruch auf Arbeitslosengeld sowie Bedürftigkeit besteht. **Berufsberatung** sowie **Ausbildungs-** und **Arbeitsvermittlung** und diese unterstützende Leistungen **Gründungszuschuss** zur Aufnahme einer selbstständigen Tätigkeit **Berufsausbildungsbeihilfe** **Kurzarbeitergeld und Saison-Kurzarbeitergeld** **Insolvenzgeld**
Beiträge	**3,0 %** vom Bruttoverdienst; Arbeitgeber und Arbeitnehmer tragen **je die Hälfte.**
Beitragsbemessungsgrenze	6.050,00 EUR (West) bzw. 5.200,00 EUR (Ost) pro Monat (Stand: 2015)

Der Betrag vom Bruttoentgelt, von dem die Beiträge zur gesetzlichen Sozialversicherung höchstens erhoben werden, wird als **Beitragsbemessungsgrenze** bezeichnet. Der Teil des Bruttoentgelts, der die Beitragsbemessungsgrenze übersteigt, wird für die Beitragsbemessung nicht berücksichtigt.

Beispiel: Frau Höllrich erhält ein Bruttoentgelt von 4.200 EUR. Für die Berechnung ihrer Beiträge zur Arbeitslosen- und Rentenversicherung wird ihr gesamtes Bruttoentgelt herangezogen (Beitragsbemessungsgrenze: 6.050 EUR bzw. 5.200 EUR). Allerdings wird für die Berechnung der Beiträge zur Kranken- und Pflegeversicherung nur ein Betrag von 4.125 zugrunde gelegt (Beitragsbemessungsgrenze: 4.125 EUR).

	Gesetzliche Unfallversicherung
Rechtsgrundlage	SGB VII, §§ 1–220
Sozialversicherungsträger	Berufsgenossenschaften und Unfallversicherungsanstalten von Bund, Ländern und Gemeinden, von Bahn, Post und Telekom
Versicherte	– **Alle** gegen Entgelt beschäftigten **Arbeitnehmer** – **Auszubildende** und **Lernende** während der beruflichen Fortbildung – **Kinder** in Kindergärten – **Schüler** während der Schulzeit – **Studierende** währende der Aus- und Fortbildung an Hochschulen u. a.
Leistungen	– **Heilbehandlungen** und **Verletztengeld** (entspricht Krankengeld) – Förderung der beruflichen und sozialen **Rehabilitation** – **Pflegegeld** – **Renten** für Versicherte, deren Erwerbsfähigkeit um mindestens 20 % gemindert ist – **Leistungen an Hinterbliebene** – Maßnahmen zur **Verhütung von Arbeitsunfällen und Berufskrankheiten** sowie arbeitsbedingte Gesundheitsgefahren
Beiträge	Die Beiträge sind **allein vom Arbeitgeber zu tragen.** Ihre Höhe wird durch ein Umlageverfahren ermittelt, das den mit der Arbeit verbundenen Gefahrenumständen Rechnung trägt.

4.7.2 Probleme der Sozialversicherung

Bereits gegenwärtig haben die Sozialversicherungszweige mit Problemen zu kämpfen. Grundsätzlich geht es dabei um die Frage nach der Finanzierbarkeit ihrer Leistungen. Alle Voraussagen deuten auf eine Zunahme der Probleme hin. Deshalb werden Reformmöglichkeiten diskutiert. Die möglichen Lösungen müssen einerseits die Finanzierbarkeit sichern und andererseits die Sicherheit und den Schutz der Bevölkerung gewährleisten.

■ Probleme am Beispiel der gesetzlichen Rentenversicherung

▶ Rentendynamik und Finanzierungsprobleme

Wer im Alter eine Rente beziehen möchte, müsste normalerweise das für die Rentenauszahlung notwendige Kapital selbst angespart haben. Das Risiko einer solchen Regelung bestünde aber darin,

- dass sich bei inflationärer Entwicklung die Kaufkraft der Rente laufend vermindert, und
- dass die rentenbeziehende Person ab ihrem Eintritt in das Rentenalter nicht mehr an der allgemeinen Einkommensentwicklung teilnimmt.

Damit die Rentner, genau wie die erwerbstätige Bevölkerung, an der Entwicklung des Nationaleinkommens beteiligt werden, erfolgt bei der gesetzlichen Rentenversicherung eine regelmäßige Anpassung der Renten.

Diese Leistungsdynamik führt jedoch bei abnehmendem Wirtschaftswachstum, bei lang anhaltender Arbeitslosigkeit sowie bei Geburtenrückgang einerseits und längerer Lebenserwartung andererseits zu erheblichen Finanzierungsproblemen.

▶ Probleme aus dem Generationenvertrag

Die Rentendynamik ist nur möglich, weil die laufenden Leistungen für die Rentner aus den jeweils laufenden Beiträgen der Erwerbstätigen finanziert werden. Die derzeit arbeitende Generation versorgt also die gegenwärtig nicht mehr arbeitende Generation. Außerdem müssen die derzeit arbeitenden Menschen für die heranwachsende und noch nicht arbeitende künftige Generation aufkommen. Diese »Vereinbarung« unter den arbeitenden und nicht mehr bzw. noch nicht arbeitenden Menschen nennt man »**Generationenvertrag**«.

Probleme für den Generationenvertrag ergeben sich aus der zunehmenden Anzahl (u. a. auch durch Frührentner) an Rentnern. Zudem wird die Zahl der Erwerbstätigen aufgrund des Geburtenrückgangs kleiner. Für die Zukunft ist deswegen mit einer stark wachsenden Belastung der Erwerbstätigen zu rechnen.

Auch die anderen Zweige der Sozialversicherung haben vergleichbare Probleme. Auf der einen Seite nehmen die Ausgaben für beanspruchte Leistungen zu, da es u. a. immer mehr Leistungsempfänger gibt und die Kosten für bestimmte Leistungen steigen. Auf der anderen Seite sinken die Einnahmen der Sozialversicherung, u. a. bedingt durch weniger beitragspflichtige Erwerbstätige. Hieraus ergibt sich ein Reformbedarf des Sozialversicherungssystems und damit verbunden auch die Notwendigkeit der privaten Vorsorge bzw. Absicherung.

■ Reformansätze für die gesetzliche Rentenversicherung

Eine Lösung der beschriebenen Probleme kann nur dann ohne soziale Spannungen erreicht werden, wenn beide Seiten, die Erwerbstätigen und die Rentner, gemeinsam die Finanzierungsfrage angehen. Maßvolle Beitragserhöhungen und eine maßvolle Senkung des Rentenniveaus müssen einander ergänzen.

Hierfür werden verschiedene Vorschläge diskutiert:

- wesentliche Erhöhungen der Versicherungsbeiträge (2015 = 18,7 %, Prognose für 2030: bis zu 22 %),
- allgemeine Senkung des Rentenniveaus um 10 bis 15 %,
- Anhebung der Altersgrenze für die Rente über das 67. Lebensjahr hinaus,
- Erhöhung der Bundeszuschüsse für die Rentenversicherung,
- Umstellung von der beitrags- zur steuerfinanzierten Rente.

Eine Lösung, wie die Rentenlast getragen werden kann, muss aus einer Kombination verschiedener Lösungsmöglichkeiten bestehen.

4.7.3 Drei-Säulen-System der Alterssicherung

Die künftigen Rentner werden sich darauf einstellen müssen, dass die gesetzliche Rentenversicherung nur noch eine Grundsicherung (gesetzliche Altersvorsorge) bietet, die durch betriebliche (Betriebsrenten) und eigenverantwortliche Altersvorsorge (private Vorsorge) erweitert werden sollte. Man nennt eine solche Vorsorge auch das »**Drei-Säulen-System der Alterssicherung**«.

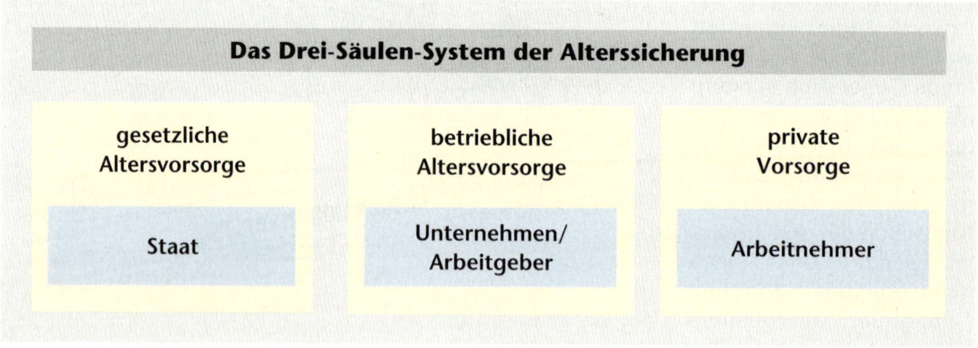

Gesetzliche Altersvorsorge

Die gesetzliche Rentenversicherung ist nicht in der Lage, allen Rentnern eine Rente zu zahlen, die es ihnen ermöglicht, den Lebensstandard zu halten, den sie als Erwerbstätige hatten. Deswegen werden die Rentenzahlungen der gesetzlichen Rentenversicherung nur noch eine **Grundvorsorge (gesetzliche Altersvorsorge)** bilden, die den Rentnern das Existenzminimum sichert.

SGB XII §§ 41 ff.

Diese Grundsicherung im Alter und bei Erwerbsminderung ist seit dem 1. Januar 2003 in Deutschland gesetzlich festgeschrieben. Sie wird Personen gewährt, die durch Alter oder Erwerbsminderung auf Dauer aus dem Erwerbsleben ausgeschieden sind und ihren Lebensunterhalt nicht selbst bestreiten können.

Betriebliche Altersvorsorge

BetrAVG § 1

Bei der **betrieblichen Altersvorsorge** sichert der **Arbeitgeber** seinem Arbeitnehmer **Versorgungsleistungen** beim Erreichen der Altersgrenze, im Falle der Invalidität oder im Todesfalle zu.

Die betriebliche Altersvorsorge kann in Form einer **direkten Zusage** des Arbeitgebers erfolgen. Dabei verpflichtet sich der Arbeitgeber, durch die Bildung von Pensionsrückstellungen seinen Mitarbeitern später direkt eine Rente zu zahlen. Alternativ dazu kann der

Arbeitgeber die betriebliche Altersvorsorge auch durch ein rechtlich selbstständiges Unternehmen durchführen lassen. Diese Unternehmen treten als Unterstützungskasse, Pensionskasse, Pensionsfonds oder Direktversicherung am Markt auf. Die Beiträge für die betriebliche Altersversorgung werden vom Arbeitgeber und/oder vom Arbeitnehmer getragen.

Private Vorsorge

Der privaten Vorsorge kommt angesichts der zunehmenden Probleme der gesetzlichen Sozialversicherung eine zunehmende Bedeutung zu. Durch die Einschränkung der Leistungen aus der gesetzlichen Sozialversicherung reichen diese häufig nicht mehr aus und müssen durch eigene Leistungen ergänzt werden.

Die gesetzliche Rentenversicherung war nie als Vollversorgungssystem gedacht. Die **monatliche Rentenzahlung** deckt auch bei einer Beitragszahlung von 45 Versicherungsjahren nur einen Teil des Bruttoeinkommens ab.	**Beispiel:** Bei einem monatlichen Bruttoeinkommen von 2.000 EUR kann der Versicherungsnehmer nach 45 Versicherungsjahren mit einer Rente von etwa 900 EUR rechnen.
Für ein realistisch anzustrebendes **Versorgungsziel** bietet sich derjenige Teil des Einkommens an, über den jeder Arbeitnehmer tatsächlich verfügen kann. Das ist im Normalfall das Nettoeinkommen. Da die Abzüge (Steuern und Sozialversicherungsbeiträge) vom Bruttoeinkommen zurzeit mindestens 35 % betragen, können deshalb 65 % vom Bruttoeinkommen als Versorgungsziel dienen.	**Beispiel:** Bei einem monatlichen Bruttoeinkommen von 2.000 EUR ist ein monatliches Versorgungsziel von etwa 1.300 EUR anzustreben.
Die entstehende Differenz zwischen dem Versorgungsziel und der Rente aus der gesetzlichen Rentenversicherung wird **Versorgungslücke** genannt. Sie entsteht bei den Renten wegen Alters und wegen Erwerbsminderung.	**Beispiel:** Die monatliche Versorgungslücke von 400 EUR entsteht bei einem Versorgungsziel von 1.300 EUR und einer gesetzlichen Rentenzahlung von 900 EUR.

Private Vorsorgemaßnahmen müssen also die finanzielle Absicherung aus der gesetzlichen Rentenversicherung ergänzen.

▶ Private Altersvorsorge

Bei der privaten Altersvorsorge ist jeder für sich selbst verantwortlich. Allerdings bietet der Staat durch Fördermaßnahmen Anreize zur privaten Altersvorsorge.

a) Riester-Rente. Seit dem Jahr 2002 fördert der Staat Arbeitnehmer, die sich zusätzlich zur gesetzlichen Rente eine **private kapitalgedeckte Altersvorsorge** aufbauen. Die Förderung besteht aus einer Zulage (abhängig von Familienstand und Kinderzahl) bzw. einer Steuerersparnis. Um in den Genuss der staatlichen Förderung zu kommen, müssen bestimmte Eigenleistungen erbracht werden.

Jahreseinkommen (jeweils 20.000 EUR pro Jahr)	**ledig, ohne Kinder**	**ledig, ein Kind**	**verheiratet, zwei Kinder**
Anlagebetrag zum Erreichen der maximalen Riester-Zulage (4 %)	800,00 EUR	800,00 EUR	800,00 EUR
– Grundzulage	154,00 EUR	154,00 EUR	154,00 EUR
– Kinderzulage	0,00 EUR	300,00 EUR	600,00 EUR
= Mindesteigenbeitrag	**646,00 EUR**	**346,00 EUR**	**46,00 EUR**

Das »Altersvermögensgesetz« fördert verschiedene private Altersvorsorgeformen:

- Rentenversicherungen,
- Fonds- und Banksparpläne,
- den Einsatz von Wohneigentum (»Wohn-Riester«).

Die Altersvorsorgeverträge werden staatlich gefördert, wenn die Vorsorgeform zertifiziert ist. Den Abschluss einer zertifizierten Vorsorgeform können Arbeitnehmer auch über ihr Unternehmen tätigen. Sie können dann ihre Eigensparleistung direkt durch Umwandlung von Lohn- oder Gehaltsanteilen einbringen.

b) Bausparen. Das Bausparen wird von Bausparkassen gepflegt. Bausparer und Bausparkasse schließen über eine bestimmte Summe einen Bausparvertrag ab. Darin verpflichtet sich der Bausparer zur Ansparung von z.B. 40 % auf die Vertragssumme. Die Bausparkasse verpflichtet sich zur Gewährung eines Tilgungsdarlehens von z.B. 60 % der Vertragssumme. Das Ganze muss zum Bau, zum Kauf, zur Instandsetzung, zur baulichen Veränderung oder zur Entschuldung von Immobilien verwendet werden. Außerdem beraten die Bausparkassen ihre Kunden bei der Finanzierung und vermitteln ihnen für den Fall des vorzeitigen Todes einen Versicherungsschutz (Risikolebensversicherung).

WoPG § 1 Das Bausparen bietet dem Sparer neben den Zinsen eine staatliche **Wohnungsbauprämie;** wenn bestimmte Bedingungen erfüllt sind.

§ 2a (1) 1. **Einkommensgrenze:** Begünstigt werden Alleinstehende mit einem zu versteuernden Einkommen von bis zu 25.600 EUR jährlich, Verheiratete bis zu 51.200 EUR jährlich.

§ 3 2. **Höhe der Wohnungsbauprämie:** Der Prämiensatz beträgt jährlich 8,8 %.

3. **Höchstbetrag der Sparleistung:** Sparbeiträge eines Alleinstehenden sind jährlich bis zu 512 EUR prämienbegünstigt; bei Ehegatten verdoppelt sich der Betrag auf 1.024 EUR.

Ein Bausparer kann aber höchstens 45,06 EUR Prämie erzielen.

c) Vermögenswirksames Sparen.

1. Wohnwirtschaftliche Zwecke

VermBG § 13 Jeder Arbeitnehmer kann im Rahmen seiner Einkommensgrenzen am vermögenswirksamen Sparen teilnehmen. Dabei können jährlich Höchstbeträge aus dem Gehalt oder aus Leistungen des Arbeitgebers gespart werden. Auf Antrag des Arbeitnehmers wird das Geld durch den Arbeitgeber langfristig angelegt. Die **vermögenswirksamen Leistungen (VL)** werden mit einer Prämie, der **Arbeitnehmersparzulage,** belohnt.

Es gelten folgende Bestimmungen:

- **Einkommensgrenze:** Begünstigt werden Alleinstehende mit einem zu versteuernden Einkommen bis zu 17.900 EUR jährlich. Verheiratete mit bis zu 35.800 EUR jährlich.
- **VL-Prämie:** 9 % jährlich.
- **Höchstbetrag der Sparleistung:** 470 EUR pro Arbeitnehmer.

Werden Bausparen und vermögenswirksame Leistungen kombiniert, kann man 982 EUR (512 EUR + 470 EUR) pro Jahr für wohnwirtschaftliche Zwecke vermögenswirksam anlegen und erhält dafür insgesamt 87,36 EUR Prämie (45,06 EUR + 42,30 EUR).

2. Produktivkapital

§ 2 (1) Darüber hinaus können vom Sparer weitere 400 EUR ohne Mitwirkung des Arbeitgebers vermögenswirksam angelegt werden. Es gelten die Einkommensgrenzen wie

oben. Für Anlagen in Produktivkapital (Aktien, Genossenschaftsanteile, Genussscheine, Gewinnschuldverschreibungen) gibt es 18 % Prämie auf 400 EUR.

▶ Berufsunfähigkeit

Mindestens jeder vierte Erwerbstätige in Deutschland ist vor Erreichen des Rentenalters zumindest einmal in seinem Arbeitsleben berufsunfähig. Dadurch können sie ihren Beruf nicht ausüben. Sie sind aber nicht erwerbsunfähig, sofern sie einer anderen Erwerbstätigkeit nachgehen können. Sie sind lediglich vermindert erwerbsfähig. Jährlich werden mehr als 400.000 Bundesbürger aufgrund von schweren Unfällen oder Krankheiten so stark behindert, dass sie eine Rente wegen verminderter Erwerbsfähigkeit beantragen müssen.

Bei Berufsunfähigkeit denkt man oft zuerst an Unfallfolgen. In jungen Jahren mag das zutreffend sein. Doch insgesamt sind Erkrankungen die häufigste Ursache.

Beispiel: Ein kaufmännischer Angestellter erleidet einen Bandscheibenvorfall und kann in seinem Beruf nicht mehr arbeiten. Der Rentenversicherungsträger legt fest, dass er aber durchaus noch mehr als 6 Stunden an einer Kinokasse sitzen kann. Er erhält keine Leistungen.

Fast alle privaten Versicherer bieten inzwischen **Berufsunfähigkeitsversicherungen** an, meist als Berufsunfähigkeits-Zusatzversicherung in Kombination mit Risiko-, Kapital- oder privaten Rentenversicherungen. Generell gilt dabei: Je jünger ein Versicherter ist, desto günstiger sind die Vertragskonditionen. Allerdings hängt der Beitrag in hohem Maß vom ausgeübten Beruf ab. Da jede Versicherungsgesellschaft ihre Bedingungen selbst festlegen kann, sollte man vor Abschluss einer privaten Berufsunfähigkeitsversicherung nicht nur die Preise sorgfältig vergleichen, sondern auch die Vertragsklauseln genau prüfen.

Beispiele:

1. Ein späterer Wechsel in einen gefährlichen Beruf oder die Aufnahme eines gefährlichen Hobbys muss angezeigt werden (Anzeigepflicht bei Berufswechsel).
2. Die Leistungspflicht wird davon abhängig gemacht, ob eine Behandlung, die der Versicherer vorschlägt, durchgeführt wird (Arztanordnungsklausel).
3. Versicherer können selbst dann leisten, wenn eine Berufsunfähigkeit durch eigene Fahrlässigkeit verursacht wurde (Leistungspflicht bei Fahrlässigkeit).

Zusammenfassende Übersicht zu Kapitel 4.7: System der gesetzlichen Sozialversicherung und private Vorsorge

GG Art. 20 (1): Die Bundesrepublik Deutschland ist ein demokratischer und **sozialer Bundesstaat.**

Zweige der Sozialversicherung

gesetzliche Arbeitslosen-versicherung	gesetzliche Renten-versicherung	gesetzliche Kranken-versicherung	soziale Pflege-versicherung	gesetzliche Unfall-versicherung
grundsätzlich: – Pflichtversicherung bis Jahresarbeitsentgeltgrenze – Beitragsleistung: Arbeitnehmer und Arbeitgeber – Beitragsleistung bis Beitragsbemessungsgrenze				Beitragsleistung: Arbeitgeber

Probleme der Sozialversicherung
(Beispiel: Rentenversicherung)

Altersaufbau der Gesellschaft → Generationenvertrag

→ steigende Lebenserwartung
→ Rückgang der Geburten
→ sinkendes Renteneintrittsalter

↳ **Versorgungslücke**

»Drei-Säulen-System«

gesetzliche Altersvorsorge

Reformvorschläge:
- Erhöhung der Beiträge
- Senkung der Renten
- Anhebung der Altersgrenze
- Staatszuschüsse

betriebliche Altersvorsorge
- Pensionskasse
- Direktversicherung

private Vorsorge
- kapitalgedeckte Rente (Riester-Rente)
- Fondssparen
- Wohneigentum
- Berufsunfähigkeitsversicherung

▶ **Aufgaben und Probleme**

1. »Mein Gedanke war, die arbeitenden Klassen zu gewinnen, oder soll ich sagen zu bestechen, den Staat als soziale Einrichtung anzusehen, die ihretwegen besteht und für ihr Wohl sorgen möchte.« (Reichskanzler Otto von Bismarck)

   Welchen Grund für die Einrichtung der Sozialversicherung in den 1880er-Jahren entnehmen Sie der Aussage Bismarcks?

2. Nehmen Sie zu den nachfolgenden Behauptungen Stellung:

   a) »Sozialversicherung bedeutet für den Einzelnen Einkommensbindung.«

   b) »Die Sozialversicherung entlastet den Staat.«

3. In Deutschland ist die Sozialversicherung eine Pflichtversicherung. In anderen Ländern hingegen ist es jedem weitestgehend freigestellt, ob er sich entsprechend versichert oder nicht.

   Diskutieren Sie die Vor- und Nachteile dieser unterschiedlichen Systeme am Beispiel der Krankenversicherung.

4. Elke, Auszubildende für den Beruf einer Floristin, erhält in ihrem ersten Ausbildungsjahr eine Vergütung von monatlich 389 EUR. Ihr Freund Alexander (28 Jahre), der sich im dritten Ausbildungsjahr zum Industriekaufmann befindet, erhält monatlich 620 EUR vergütet.

   Wie viel EUR werden den beiden für die einzelnen Sozialversicherungszweige und insgesamt von ihrer Ausbildungsvergütung abgezogen?

5. Welches ist der jüngste Zweig der Sozialversicherung und weshalb wurde er notwendig?

6. Für welchen Zweig der Sozialversicherung muss allein der Unternehmer Beiträge abführen?

7. Michael Kühn (22 Jahre, keine Kinder) entnimmt seiner Gehaltsabrechnung, dass monatlich 109,50 EUR (7,3 %) vom Bruttolohn in Höhe von 1.500,00 EUR für die Krankenversicherung abgezogen werden. Der Betrag erscheint ihm zu hoch.

   a) Begründen Sie, ob er aus der gesetzlichen Krankenversicherung austreten könnte.

   b) Welche Möglichkeit besteht für Herrn Kühn, seinen Beitrag zu senken?

   c) Michael Kühn muss wegen einer Blinddarmoperation ins Krankenhaus. Für welche Leistungen kommt die Krankenkasse in diesem Fall auf?

   d) Herr Kühn macht sich Gedanken über seine finanzielle Absicherung im Alter. Stellen Sie Möglichkeiten der finanziellen Absicherung dar.

   e) Die gesetzliche Rentenversicherung beruht auf der Grundlage des »Generationenvertrages«. Erläutern Sie die Merkmale des »Generationenvertrages«.

   f) Zeigen Sie die Probleme auf, die sich aus dem »Generationenvertrag« ergeben.

   g) Nennen Sie vier Maßnahmen, mit denen versucht wird, die in f) aufgezeigten Probleme zu lösen.

8. Anhaltende Arbeitslosigkeit, allgemeine Geburtenrückgänge und die gestiegene Lebenserwartung der Menschen werfen für die gesetzliche Rentenversicherung Probleme auf, zu deren Lösung viele Vorschläge im Raum stehen.

   Finden Sie jeweils

   - ein Argument für,
   - ein Argument gegen die folgenden Vorschläge:

a) Senkung des Rentenniveaus je nach Minderung der Beitragseinnahmen.

b) Erhöhung der Rentenbeiträge, um die Leistungen auf dem derzeitigen Stand zu halten.

c) Aufgabe der beitragsfinanzierten Rente und Finanzierung der Renten allein über Steuern, die von allen Steuerpflichtigen im Rahmen einer Beitragsbemessungsgrenze erhoben werden.

9. Bei Debatten über die finanzielle Absicherung der Rentnerinnen und Rentner taucht in den Medien immer wieder der Vorschlag über eine Alterssicherung durch drei verschiedene Versorgungssäulen auf.

   Auf welchen Stützen der Alterssicherung beruht das »Drei-Säulen-System«?

10. Die von den Arbeitgebern allein zu bezahlenden Beiträge zur gesetzlichen Unfallversicherung sind Bestandteil der sogenannten Lohnnebenkosten. Um durch niedrigere Kosten wettbewerbsfähig zu bleiben, plädieren manche Arbeitgeber dafür, auch die Beiträge zur gesetzlichen Unfallversicherung zur Hälfte den Arbeitnehmern aufzubürden.

    Welche Argumente aus der Arbeitnehmerschaft sind dagegen vorzutragen?

11. Wer sich in Zukunft allein auf die gesetzliche Rente verlässt, muss Abstriche hinnehmen. Die Rentenreform sieht vor, dass das sogenannte Rentenniveau in den kommenden Jahrzehnten sinken wird. Das ist u. a. nötig geworden, damit die Beiträge der Versicherten auch in Zukunft bezahlbar bleiben.

    Erklären Sie mithilfe des Schaubildes von Seite 271 das neue Modell der »Riester-Rente«.

12. Wie viel EUR kann ein Alleinstehender für Bausparen prämienbegünstigt pro Jahr ansparen und wie viel Prämie erhält er darauf vom Staat?

13. Errechnen Sie den jährlichen eigenen Sparanteil eines Aktiensparers (Alleinverdiener unter 35.800 EUR zu versteuerndem Einkommen), der das Vermögensbildungsgesetz nutzt und vom Arbeitgeber 26 EUR pro Monat vergütet bekommt.

14. Ein lediger Arbeitnehmer spart auf seinem Bausparkonto pro Jahr 512 EUR. Von seinem Arbeitgeber lässt er die monatliche vermögenswirksame Leistung (VL) von 40 EUR ebenfalls auf dieses Konto überweisen. Außerdem spart er weitere 400 EUR pro Jahr in Form von Produktivkapital.

    a) Wie viel EUR Prämie erhält er insgesamt pro Jahr?

    b) Welcher Jahresverzinsung entspricht dieser Betrag?

5 Logistik

5.1 Logistische Kette

Werden Güter hergestellt und dem Verbraucher bereitgestellt, so durchlaufen sie in aller Regel eine Vielzahl von Produktionsstufen.

Beispiel: Aus Naturkautschuk, Ruß, Füllstoffen und Bindemittel wird eine Gummimasse hergestellt, die mithilfe der heißen Düse zu Wischergummi geformt wird. Aus Eisenerz wird Stahl erzeugt, der für die Federbügel und Wischerhebel verwendet wird. Die Stahlteile werden geformt und lackiert. Danach wird das Wischergummi auf den Wischerflügel gezogen und mit Haltekrallen befestigt. Die fertigen Scheibenwischer werden in Kartonagen versandbereit gemacht, die wiederum in der Papierindustrie aus den Rohstoffen Holz, Wasser und Zuschlagsstoffen hergestellt wurden.

In jedem dieser Arbeitsschritte erfährt das jeweilige Halbfabrikat durch die Bearbeitung eine Wertsteigerung. Werden diese einzelnen Schritte zusammengefasst betrachtet, erhält man die Wertschöpfungskette **(Supply Chain).**

Die **Wertschöpfungskette** bezeichnet den **Weg und die Wertsteigerungsstufen** eines Produktes **von der Rohstoffgewinnung über die einzelnen Veredelungsstufen bis zum Verbraucher.**

5.1.1 Ziele und Aufgaben der Logistik

Auf allen Stufen der Wertschöpfung sind logistische Aktivitäten der unterschiedlichsten Art zu finden, die sich als die »**Sieben ‚R' der Logistik**« zusammenfassen lassen:

Alle **logistischen Aktivitäten sollen sicherstellen,** dass die

- **richtigen Güter** zum
- **richtigen Zeitpunkt** und mit den
- **richtigen Kosten** unter Austausch der
- **richtigen Informationen** in der
- **richtigen Menge** und in der
- **richtigen Qualität** beschafft und am
- **richtigen Ort** bereitgestellt werden.

Aus der Wertschöpfungskette ergibt sich eine **logistische Kette,** wenn die einzelnen Wertsteigerungsstufen so aufeinander abgestimmt werden, dass sie nahtlos ineinandergreifen. Die einzelnen Schnittstellen werden also zu Nahtstellen. Dadurch fließen Waren, Informationen und Werte schnell und ohne Turbulenzen durch die gesamte Wertschöpfungskette.

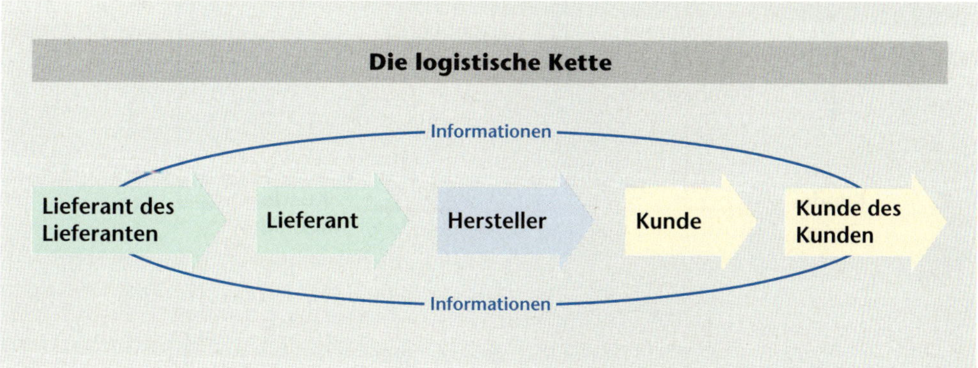

Als **Logistik** bezeichnet man den **Prozess,** der die **ganzheitliche Planung, Umsetzung und Steuerung von Warenflüssen,** den dazugehörenden **Transportmitteln und Verpackungsmaterialien** sowie die damit zusammenhängenden **Informationen** von einem Herkunftsort (Hersteller) zu einem Zielort (Verbraucher) umfasst.

Beispiel: Güter- und Informationsflüsse von der Materialbeschaffung über die Produktion bis zum Verbraucher, wobei ein Logistik-Dienstleister eingeschaltet ist.

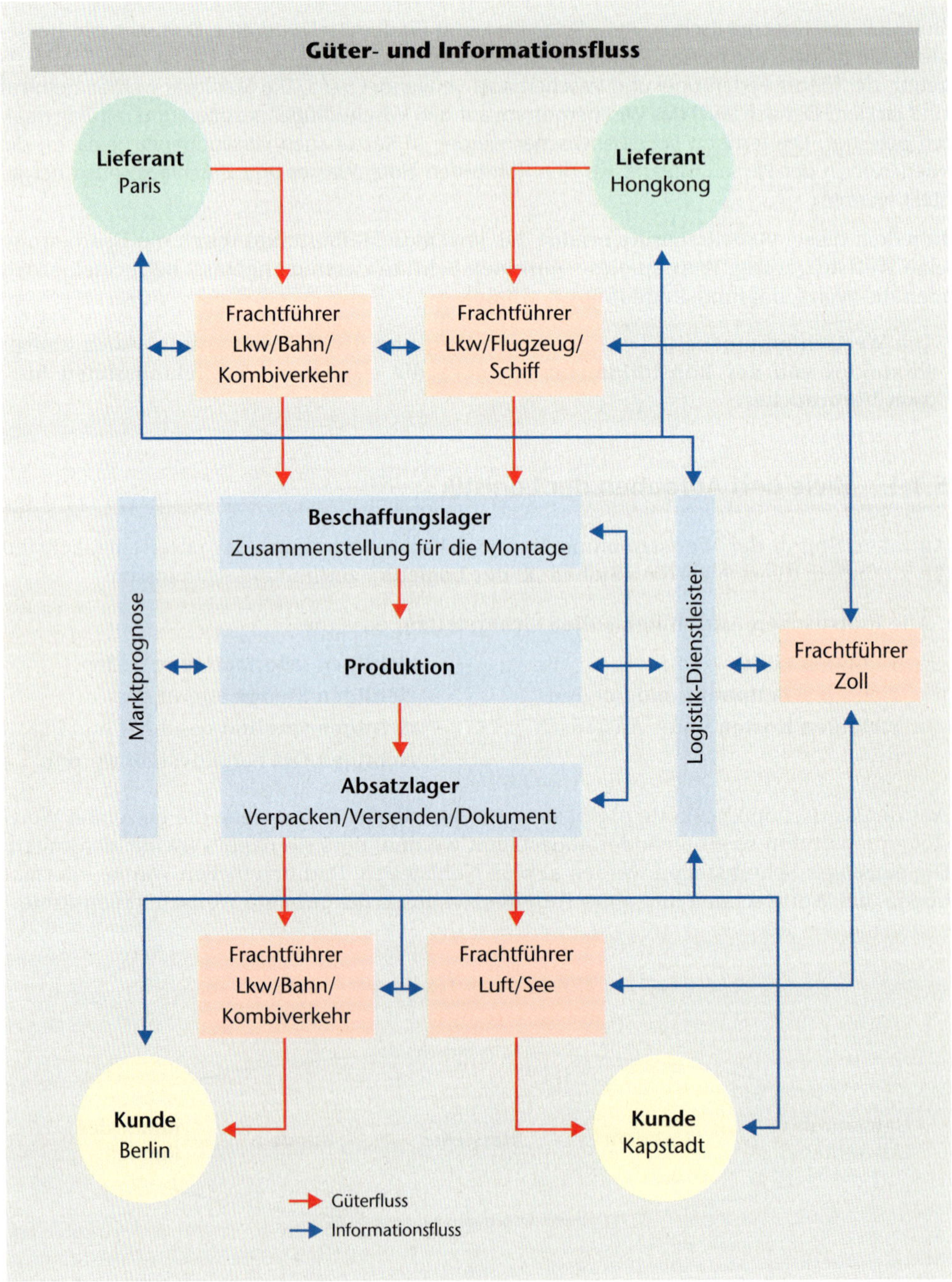

Die Warenflüsse und die damit zusammenhängenden Geld- und Informationsflüsse treten allerdings nicht nur in der Richtung von der Rohstoffgewinnung bis zum Verbraucher auf, sondern können auch entgegengesetzt vorhanden sein.

Beispiel: Altreifen werden vom Händler an den Hersteller zurückgeführt, um dort verwertet oder entsorgt zu werden.

Die Bedeutung der Logistik liegt vor allem im weltweit zunehmenden Wettbewerb und dem damit verbundenen Kostenbewusstsein. So betragen die Kosten für logistische Leistungen im Handel bis zu 25 % der Gesamtkosten.

Mithilfe sinnvoller **Logistikkonzepte** wird versucht, diese Kosten zu reduzieren, indem Verbesserungen in betrieblichen Leistungsbereichen angestrebt werden, wie zum Beispiel

- Verkürzung der Lieferzeiten,
- Erhöhung der Lieferbereitschaft und der Lieferzuverlässigkeit,
- Reduzierung der Durchlaufzeiten,
- Abbau der Lagerbestände im Beschaffungs- und Vertriebsbereich,
- bessere Abstimmung innerbetrieblicher Abläufe,
- Standardisierung von Verpackungen und Transportmitteln,
- Vermeidung von Leerfahrten,
- Aufbau von Informationsnetzen.

Gleichzeitig wird durch diese Verbesserungen auch die Konkurrenzfähigkeit gesteigert.

5.1.2 Interne und externe logistische Kette

Interne logistische Kette

Greift man aus der logistischen Kette den **Prozess** heraus, der **in einem Unternehmen** abläuft, dann betrachtet man die **interne logistische Kette.** In diesem Prozess werden insbesondere Beschaffungs-, Lager-, Transport-, Produktions-, Umschlags- und Absatzleistungen erbracht. Ihr nahtloses Ineinandergreifen fällt unter die **Versorgungslogistik.**

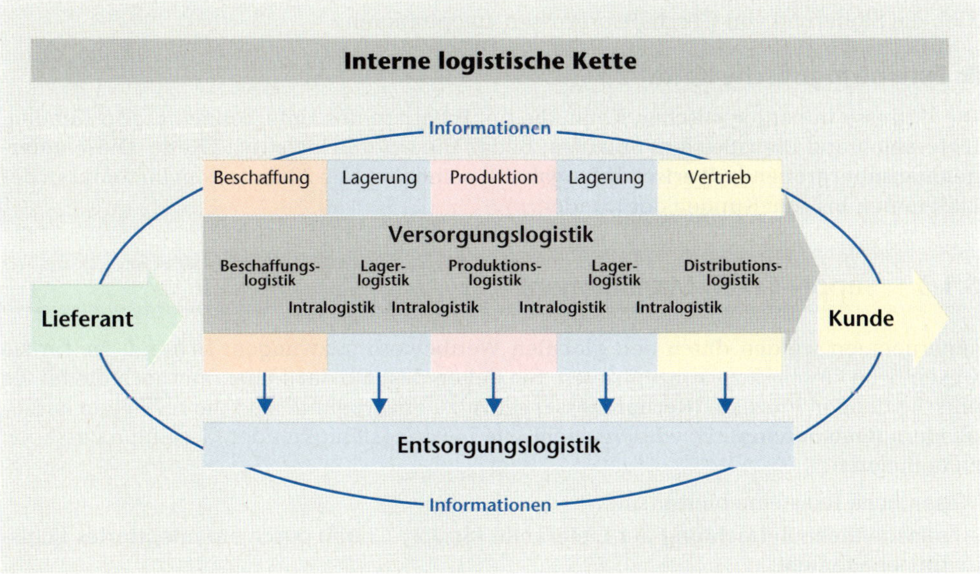

Bereiche der internen logistischen Kette	
Beschaffungslogistik (Kapitel 6)	Sie hat dafür zu sorgen, dass die zur störungsfreien Erfüllung von Kundenaufträgen benötigten Güter zur richtigen Zeit, am richtigen Ort und in der richtigen Menge und Güte bereitgestellt werden. Dies geschieht entweder aus dem Lager und/oder fertigungssynchron.
Produktionslogistik (Kapitel 8)	Sie stellt das Bindeglied zwischen der Beschaffungs- und der Distributionslogistik dar. Sie hat die Aufgabe, die art- und mengenmäßig, räumlich und zeitlich abgestimmte Versorgung der Produktionsprozesse mit den benötigten Produktionsfaktoren sowie der Entsorgung zu gewährleisten. Es werden alle Güterbestände und Güterbewegungen innerhalb der Fertigungsstandorte gesteuert und kontrolliert.
Lagerlogistik (Kapitel 5.4)	Sie optimiert die Phasen der Zeitüberbrückung in und zwischen den einzelnen Funktionsbereichen als Pufferlager, Umschlagslager oder als Wertschöpfungsbereich.
Intralogistik (Kapitel 5.5)	Sie regelt den gesamten Prozess des innerbetrieblichen Materialflusses und der damit zusammenhängenden Informationsströme.
Distributionslogistik (Kapitel 5.7)	Sie erbringt marktorientierte Logistikleistungen. Dabei werden die Produkte art- und mengenmäßig, räumlich und zeitlich abgestimmt bereitgestellt, um den Bedarf der Kunden optimal und möglichst kostengünstig zu decken.
Entsorgungslogistik (Kapitel 5.8)	Sie befasst sich mit der optimalen Gestaltung der Rückführungsprozesse von entsorgungsbedürftigen Gütern, die in der Lieferkette anfallen.

Zur Bewältigung der logistischen Aufgaben müssen stets die notwendigen Informationen zur Verfügung stehen. Die Güterströme sind somit eingebunden in Informationsströme. Mithilfe von **ERP-Systemen (Enterprise Resource Planning)** stehen die benötigten Informationen zur Verfügung und es wird eine fehlerfreie Kommunikation zwischen den Prozessbeteiligten im Unternehmen gewährleistet. **ERP-Systeme** sollen die vorhandenen Produktionsfaktoren Kapital, Betriebsmittel, Personal möglichst effizient einsetzen mit dem Ziel, die Steuerung von Geschäftsprozessen zu optimieren.

Externe logistische Kette

Die Prozesse in der logistischen Kette, die mit Externen des Unternehmens, also Kunden, Lieferanten und Dienstleistern ablaufen, bilden die externe logistische Kette. Diese **unternehmensübergreifende Wertschöpfungskette** beinhaltet alle Abläufe vom Lieferanten der Lieferanten bis zum Kunden der Kunden.

5.1.3 Supply-Chain-Management

Unternehmen werden durch den globalen Wettbewerb gezwungen, sich auf das für sie wesentliche Geschäft zu konzentrieren. Sie gehen deshalb dazu über, nur noch die für sie entscheidenden Prozesse **(Kernprozesse)** selbst zu »bearbeiten« und die restlichen auszugliedern **(Outsourcing).** Es wird versucht, die Leistungsfähigkeit der Gesamtprozesskette zu optimieren.

Wesentliche Bausteine hierfür sind:

- ganzheitliche Betrachtung der Lieferkette (Supply Chain) durch ein integriertes Logistikmanagement.

- gemeinsame Planung und zusammenhängender Informationsaustausch aller Partner der Lieferkette.
- vertragliche Regelung und vertrauensvolle Beziehung zwischen den Partnern der Lieferkette.

Unter **Supply-Chain-Management (Lieferkettenmanagement)** versteht man die **Lenkung und Gestaltung der Lieferkette** vom Rohstofflieferanten bis zum Endverbraucher.

Ein vernetztes Denken in den Beziehungen und der Einsatz moderner IT-Systeme sind notwendige Voraussetzungen für ein effektives Supply-Chain-Management. Nur dadurch ist gewährleistet, dass der Informationsfluss sämtliche Kunden-Lieferanten-Beziehungen optimal unterstützt.

Beispiel: Ein Kfz-Händler bestellt im Zentrallager online 100 Scheibenwischer-Blätter. Kann dieser Bedarf nicht durch vorhandene Fertigprodukte gedeckt werden, so löst diese Information unmittelbare Aktivitäten beim Produzenten (Fertigung, Beschaffung von Fertigteilen), bei den verschiedenen Lieferanten (Metallbügel, Wischergummi, Verpackungsmaterial), deren Lieferanten (Papierfabrik) sowie deren Logistikdienstleistern (Spediteuren) aus.

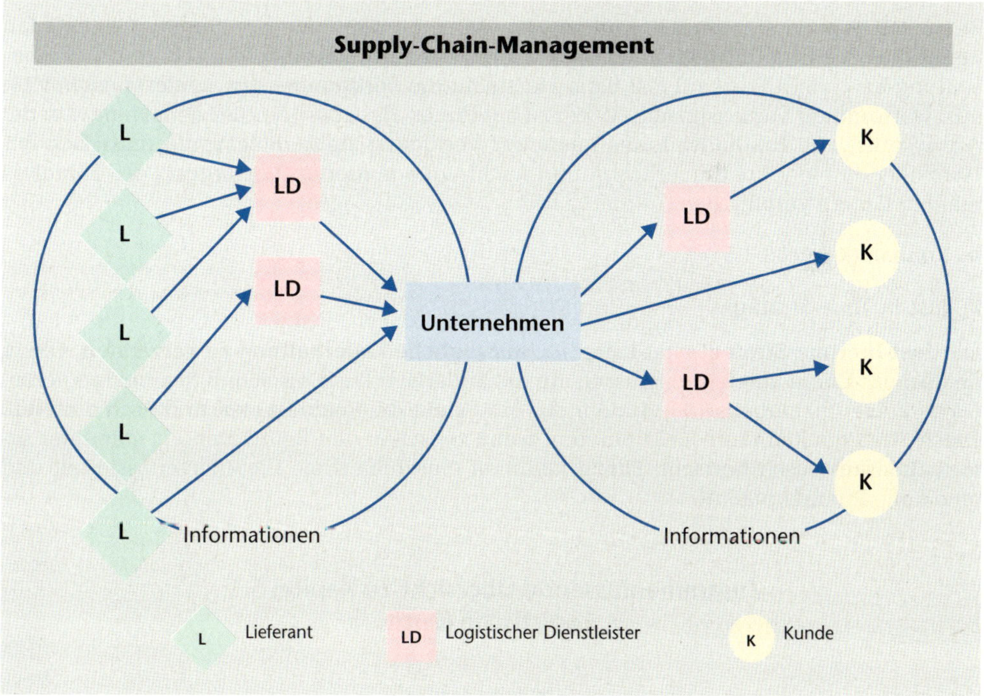

Zur Lenkung und Gestaltung der Lieferkette werden unterschiedliche Strategien verfolgt. Bei allen Strategien müssen sich die Kunden eines Unternehmens, das Unternehmen selbst sowie die Lieferanten des Unternehmens als logistisches Gesamtsystem verstehen.

Kooperationsstrategien

Die **Efficient Consumer Response (ECR)** ist eine Kooperationsstrategie zwischen Herstellern, Groß- und Einzelhändlern. Durch diese Strategie wird versucht, unternehmensübergreifend auf Veränderungen des Marktes rasch zu reagieren. Es lassen sich vier ECR-Basis-Strategien unterscheiden:

▶ **Efficient Store Assortments** (Sortimentsoptimierung)

Damit soll eine kundengerechte Produktplatzierung und eine erhöhte Umschlagsgeschwindigkeit erzielt werden.

▶ **Efficient Replenishment** (Effizienter Warennachschub)

Es sollen der Güter- und der Informationsfluss entlang der Versorgungskette optimiert werden, beispielsweise durch eine Automatisierung der Bestellung mittels elektronischen Datenaustausches (z.B. EDIFACT).

▶ **Efficient Promotion** (Effiziente Absatzförderung)

Die Handels- und Kundenkommunikation wie z.B. bei der Verkaufsförderung oder der Werbung soll untereinander abgestimmt und harmonisiert werden.

▶ **Efficient Product Introduction** (Effiziente Produktneueinführung)

Sie beinhaltet die Optimierung der Produktentwicklung und -einführung, um eine möglichst schnelle Reaktion auf verändertes Kundenverhalten zu erreichen.

Bereitstellungsstrategien

▶ **Pull-Prinzip**

Beim **Pull-Prinzip** steuern die Kunden die Aktivitäten entlang der Supply Chain. Man nennt dieses Prinzip deshalb auch **verbrauchsgesteuerte Bereitstellung.** Eine Kundenbestellung bzw. ein Abverkauf löst beim Hersteller die Fertigungs- bzw. Lieferungsaktivität aus. Notwendige Voraussetzung hierzu ist allerdings, dass der Händler dem Hersteller die Abverkaufs- und Bestandsinformationen zur Verfügung stellt; gleichzeitig muss sich der Hersteller zu einer kontinuierlichen und nachfrageorientierten Versorgung des Händlers mit den Gütern verpflichten.

▶ **Kanban** (Kapitel 8.3.3)

▶ **Just-In-Time-Strategie**

Die **Just-In-Time-Strategie** hat zum Ziel, **auf jegliche Lagerhaltung zu verzichten.** Die in der Supply-Chain Beteiligten müssen auf die Bedarfsverläufe rasch und flexibel reagieren. Da es keine (Sicherheits-)Bestände mehr gibt, sinkt die Reaktionszeit praktisch auf Null. Diese Strategie kann nur funktionieren, wenn zwischen den Beteiligten ein ständiger Informationsaustausch herrscht. Hinzu kommen eine fehlerfreie Lieferzuverlässigkeit und eine hohe Produktqualität.

Zusammenfassende Übersicht zu Kapitel 5.1: Logistische Kette

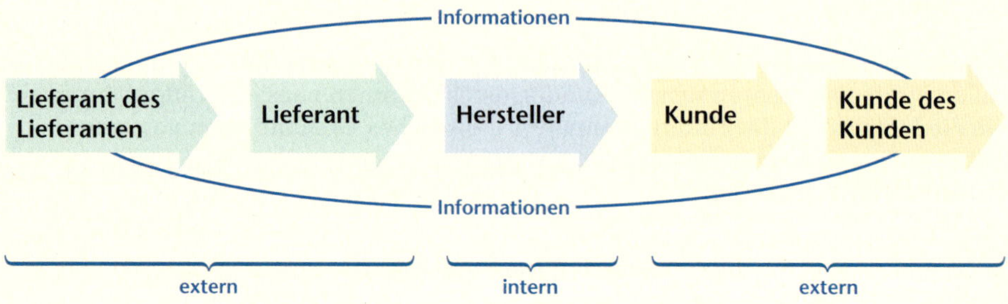

▶ **Aufgaben und Probleme**

1. Beschreiben Sie den Prozess der internen logistischen Kette.
2. Grenzen Sie die interne logistische Kette von der externen logistischen Kette ab.
3. Ein Kunde bestellt bei einem Sanitärgroßhändler Zweigriff-Waschtischarmaturen.
   a) Beschreiben Sie die Wertschöpfungskette vom Hersteller bis zum Verbraucher.
   b) Geben Sie an, welche Prozesse diese Bestellung auslöst.
4. Recherchieren Sie im Internet, welche Unternehmen das Pull-Prinzip verwirklicht haben und erklären Sie an diesem Beispiel das Pull-Prinzip.
5. Die Just-In-Time-Strategie hat zum Ziel, auf die Lagerhaltung komplett zu verzichten. Untersuchen Sie, welche Vor- und Nachteile sich durch eine Verwirklichung dieses Prinzips ergeben könnten.

5.2 Beschaffungslogistik

(Kapitel 6)

5.3 Transportlogistik

Sowohl bei der Beschaffung von Gütern als auch beim Absatz der Fertigprodukte muss entschieden werden, wie die georderte Ware termingerecht und kostengünstig zugestellt werden kann. Es gibt grundsätzlich folgende Möglichkeiten:

- Einsatz eigener Fahrzeuge,
- Einschaltung von Frachtführern,
- Einschaltung von Spediteuren als Vermittler der Beförderungsleistungen.

5.3.1 Wahl des Transportmittels

Die Beförderung der Güter vom Ort der Produktion zum Ort des Verbrauchs ist von entscheidender Bedeutung für das Funktionieren der arbeitsteiligen Wirtschaft. Der Transport geschieht auf den Verkehrswegen Straße, Schiene, Binnengewässer, über See und in der Luft. Dabei werden von den Verkehrsunternehmen die jeweils geeigneten Verkehrsmittel eingesetzt.

Die **Gesamtheit gleichartiger Verkehrsunternehmen** bilden die **Verkehrsträger.**

Güterverkehr			
Verkehrsträger	**Verkehrsunternehmen**	**Verkehrsmittel**	**Verkehrswege**
Straßengüterverkehr	Lkw-Unternehmen	Lastkraftwagen	Straßen
Schienengüterverkehr	Eisenbahnunternehmen	Eisenbahn	Schienen
Binnenschifffahrt	Reedereien, Partikuliere	Binnenschiff	Wasserstraßen
Seeschifffahrt	Reedereien	Seeschiff	Schifffahrtswege
Luftfrachtverkehr	Carrier	Flugzeug	Luftverkehrsstraßen

Leistungen der Verkehrsträger in Deutschland				
Verkehrsträger	beförderte Gütermenge		Beförderungsleistung	
	2014		2014	
	Mio. t	%	Mrd. tkm	%
Straßengüterverkehr	3.493,1	85,4	468,9	73,2
Schienengüterverkehr	365,0	8,9	112,6	17,6
Binnenschiffsverkehr	228,5	5,6	59,1	9,2
Luftverkehr	4,4	0,1	k. A.	–
Summe	4.091,0	100,00	640,6	100,00

Quelle: Statistisches Bundesamt unter www.destatis.de

Verkehrssysteme der Verkehrsträger

Nach dem Grundsatz der wirtschaftlichen Transportdurchführung haben die Verkehrsträger folgende Systeme entwickelt:

Haus-Haus-Verkehr

Transport durch **einen Verkehrsträger** mit **gleichem Transportmittel.**

Es handelt sich um die schnellstmögliche Beförderung, weil keine zeitaufwendigen Umladevorgänge notwendig sind. Das Transportgut ist nicht den Gefahren der Beschädigung beim Umladen ausgesetzt.

Beispiel: Ein Lkw-Unternehmer übernimmt eine Warensendung an der Rampe eines Großhandelsunternehmens und liefert sie an der Rampe des Empfängers ab.

Gebrochener Verkehr

Transport durch **verschiedene Verkehrsträger** mit **unterschiedlichen Transportmitteln.**

Es ist üblich, dass die Verkehrsträger in der Form der Transportketten zur kostensparenden und sicheren Beförderung vom Absender bis zum Empfänger zusammenarbeiten.

Beispiel: Eine Sendung wird beim Produzenten mit dem Lkw abgeholt, im Güterverteilzentrum umgeschlagen und in den Eisenbahnwagen verladen. Mit der Eisenbahn wird die Ware zum Güterverteilzentrum am Empfangsort transportiert, dort wieder auf einen Lkw umgeladen und dem Empfänger zugestellt.

Kombinierter Verkehr

Transport durch **verschiedene Verkehrsträger** in **einem Transportgefäß.**

Beispiele:

1. Ein Lkw wird mit seiner Ladung von der Eisenbahn zum Weitertransport übernommen (Huckepack-System).
2. Ein Lkw wird mit seiner Ladung von einem Binnen- oder Seeschiff zum Weitertransport übernommen. Die Be- und Entladung erfolgt mit eigener Kraft (Roll-on-roll-off-System).
3. Ein Container wird mit einem Lkw zum Schiffsliegeplatz oder Containerbahnhof transportiert und dort mit einem Kran umgeschlagen (Container-System).

Die Fahrzeugindustrie hat für fast alle Bedürfnisse Fahrzeuge entwickelt, die der Eigenart der zu befördernden Güter entsprechen.

Beispiele:

1. Für empfindliche Güter bieten die Fahrzeuge Schutz gegen Kälte, Wärme, Feuchtigkeit, Staub, Erschütterungen.
2. Für schwere Güter sind die Fahrzeuge mit Kränen und absenkbaren Heckklappen ausgestattet.

Entscheidungskriterien zur Auswahl der Verkehrsträger

Das Unternehmen wählt den Verkehrsträger aus nach

a) den Versandgütern (Art, Wert, Gewicht und Volumen),

b) der Dringlichkeit der Versendung,

c) der Entfernung zum Empfänger und

d) dem Transportpreis.

▶ Schienengüterverkehr

Der Schienengüterverkehr wird durch die Deutsche Bahn AG sowie private Eisenbahnunternehmen abgewickelt.

Beispiel: Die BASF AG mit ihrem umfangreichen Güterwagenpark kann auf Antrag die Schienen der Deutschen Bahn AG zum Transport eigener oder fremder Erzeugnisse nutzen.

Allerdings werden im Schienengüterverkehr nur noch **Wagenladungen** befördert. Hier wird für die Versendung der Güter mindestens ein Waggon (Einzelwagensystem) benötigt. Die Verladung und Ladungssicherung erfolgt durch den Absender selbst, die Entladung ist Aufgabe des Empfängers.

Der **Einzelwagentransport** ist ideal für kleine bis mittlere Transportvolumen. Er kann hinsichtlich Zeitpunkt, Mengen und Relationen flexibel beauftragt werden. Einzelwagen werden in Rangierbahnhöfen zu Güterzügen zusammengestellt bzw. entkoppelt.

Beispiele für Güterwagenarten:

Offener Wagen:

Quelle: Maik Gentzmer

Gedeckter, großräumiger Schiebewandwagen:

Quelle: Volker Stöckmann

Mit dem **Ganzzug** werden große Mengen eines Gutes (Massengut) zwischen zwei Punkten (Start- und Zielort) ohne Unterbrechung transportiert. Die Transportzeit ist entsprechend kurz, da die Ganzzüge mit einer Geschwindigkeit bis zu 120 Stundenkilometern fahren. Und das, obwohl die einzelnen Güterzüge bis zu 700 m lang sind und eine Bruttolast von bis zu 5.000 t haben.

Der **Kombinierte Ladungsverkehr (KLV)** kann als Containerverkehr oder Huckepackverkehr abgewickelt werden.

Beim **Containerverkehr** kommen 20-Fuß- oder 40-Fuß-Container zum Einsatz. Sie werden vom Absender bis zum Containerterminal bzw. vom Containerterminal bis zum Empfänger mit dem Lkw transportiert; der Hauptlauf zwischen den Terminals erfolgt auf der Schiene.

Im **Huckepackverkehr** werden Lastzüge, Sattelzüge, Wechselbrücken und Sattelauflieger im KLV-Bahnhof auf Spezialwaggons (Niederflurwagen, Tragwagen oder Taschenwagen) gesetzt. Dies erfolgt entweder mit der eigenen Motorleistung des Fahrzeugs oder mit einem Kran. Begleitet der Fahrer sein Fahrzeug, so spricht man von **Rollender Landstraße.**

Die Abwicklung des Kombinierten Ladungsverkehrs erfolgt durch die Kombiverkehr Deutsche Gesellschaft für kombinierten Güterverkehr GmbH & Co. KG (kurz: Kombiverkehr).

Vorteile	**Nachteile**
des Schienengüterverkehrs	
– Fahrplanmäßige Transportdurchführung mit garantierten Beförderungszeiten, auch nachts und an Sonn- und Feiertagen. – Beförderung von Massengütern in relativ kurzer Zeit. – Relativ hohe Sicherheit durch strenge Sicherheitsvorschriften für Bau und Betrieb der Eisenbahnanlagen. – Geringer Einfluss der Witterung auf den Verkehrsfluss. – Relativ geringe Umweltbelastung.	– Abhängigkeit vom Fahrweg. Wenn die Vertragspartner keine Gleisanschlüsse haben, ist stets der Lkw als Zubringer und Zusteller einzusetzen. – Die Bindung an Fahrpläne begrenzt die Anpassung an die Transportbedürfnisse der Verlader. – Aufwendige Verpackung der Güter zum Schutz vor den Beförderungsgefahren der Eisenbahn beim Rangieren, Laden, Umladen.

▶ Straßengüterverkehr

Man unterscheidet

- **gewerblichen Güterkraftverkehr** und
- **Werkverkehr.**

GüKG § 1 (1)

Unter **gewerblichem Güterkraftverkehr** versteht man die **entgeltliche Beförderung von fremden Gütern mit Kraftfahrzeugen,** die ein zulässiges Gesamtgewicht von mehr als 3,5 Tonnen haben.

Der gewerbliche Güterkraftverkehr ist erlaubnispflichtig. Die Erlaubnis gilt für alle Fahrzeuge eines Unternehmers.

Vorteile	Nachteile
des gewerblichen Güterkraftverkehrs	
– Umladefreier Verkehr von Haus zu Haus. – Verkürzung der Lieferfristen. – Unmittelbare Erreichbarkeit auch abgelegener Orte ohne Bahnanschluss. – Schlichte Verpackung des Transportgutes. – Sicherung gegen Diebstahl infolge persönlicher Verantwortung des Fahrers für die Ladung.	– Unwirtschaftlichkeit bei Beförderung von Massengütern (Baustoffe, Brennstoffe) über große Entfernungen wegen des geringen Laderaumes. – Unfallgefahr im Straßenverkehr. – Schwierige Bewältigung der Transportaufgaben bei Massenanfall saisonbedingter Güter (Zuckerrüben). – Belastung der Umwelt. – Überlastung der Verkehrswege.

Unter **Werkverkehr** versteht man die Beförderung von **eigenen Gütern** mit **eigenen Fahrzeugen,** die mit **eigenem Personal** durchgeführt wird.

GüKG § 1 (2)

Der Einsatz der Fahrzeuge geschieht nach Bedarf oder nach einem Tourenplan.

Beispiele:

1. Ein Industriebetrieb bestellt bei einem Werkzeuggroßhändler eine dringend benötigte Bohrmaschine zur sofortigen Lieferung. Der Großhändler führt die Bestellung mit seinem eigenen Fahrzeug aus.
2. Ein Lebensmittelgroßhändler beliefert seine Kunden wöchentlich oder täglich nach einem festen Tourenplan jeweils zur gleichen Tageszeit aufgrund der telefonisch aufgegebenen Bestellung.

Der Werkverkehr ist erlaubnisfrei, es besteht auch keine Pflicht zum Abschluss einer Güterschadenshaftpflichtversicherung. Allerdings muss jedes Unternehmen, das Werkverkehr betreibt, sein Unternehmen vor Beginn der ersten Beförderung beim Bundesamt für Güterverkehr anmelden. Das Bundesamt führt eine Werkverkehrsdatei.

Vorteile	Nachteile
des Werkverkehrs	
– Einsatz der Fahrzeuge nach örtlichem und zeitlichem Bedarf. – Größe und Ausstattung der Fahrzeuge nach den betrieblichen Notwendigkeiten (Spezialfahrzeuge, Ladehilfen). – Ausstellen der Versandpapiere vereinfacht (keine Frachtbriefe, nur Ladeliste, Lieferschein). – Beförderungskosten auf Fahrpersonal und Fahrzeug (Abschreibung, Treibstoff, Wartung) beschränkt.	– Häufig Leerfahrten, weil Fremdtransporte nicht gestattet sind. – Personal- und Fuhrparkkosten fallen auch dann an, wenn keine Transporte durchgeführt werden.

▶ Binnenschifffahrt

Die Binnenschifffahrt vollzieht sich auf Flüssen, Seen und Kanälen. Die Frachtführer in der Binnenschifffahrt sind Reedereien bzw. Partikuliere. **Reedereien** sind Unternehmen mit mehreren Schiffen und einer Landorganisation. **Partikuliere** sind Unternehmer, die maximal drei Schiffe besitzen, und deren Wohn- und Arbeitsbereich sich auf dem Binnenschiff befindet.

Schubverband (Quelle: BDB)

Motorgüterschiff (Quelle: BDB)

Verkehrsmittel sind Kähne, die geschleppt oder geschoben werden, aber auch Motorschiffe (Selbstfahrer) und Motorschleppschiffe, die selbst laden und Kähne schleppen.

In den geräumigen Binnenschiffen werden hauptsächlich **Massengüter** in loser Schüttung, flüssige und gasförmige Produkte und **Einzelteile** befördert. Die Ladung kann **das ganze Schiff** oder nur **Teile des Schiffes** beanspruchen. Danach unterscheidet man **Voll-, Raum- oder Stückgutverfrachtung.**

a) **Vollverfrachtung** liegt vor, wenn die Ladung das ganze Schiff füllt.

   Beispiel: Ein Schiff hat ausschließlich Kohle geladen.

b) **Raumverfrachtung** bezieht sich auf einen bestimmten Raum im Schiff, der zur Aufnahme der Ladung nach oben geöffnet werden kann. Durch die Möglichkeit der Raumverfrachtung können jeweils kleinere Mengen übernommen werden.

   Beispiel: Kies von unterschiedlicher Körnung wird in unterschiedlichen Laderäumen befördert.

c) **Stückgutverfrachtung.** Das Binnenschiff eignet sich insbesondere zur Beförderung großer, schwerer und sperriger Güter.

   Beispiele: Brückenteile, Turbinen, Kessel, Fahrzeuge

Vorteile der Binnenschifffahrt	Nachteile der Binnenschifffahrt
– Geräumiger Laderaum erlaubt den Transport von großen, schweren und sperrigen Gütern. – Wirtschaftliche Beförderung großer Mengen (Massengüter), weil sich die Antriebskraft äußerst wirkungsvoll ausnutzen lässt. – Große Kapazitätsreserven durch die Möglichkeit der Schubschifffahrt, mehrere Schubkähne zusammenzukoppeln.	– Abhängigkeit von der Witterung (Nebel). – Abhängigkeit von der Wasserführung (Hoch- und Niedrigwasser, Eisgang). – Abhängigkeit von Verladeeinrichtungen. – Geringe Geschwindigkeit. – Keine Ausweichmöglichkeiten bei Sperrung des Verkehrsweges.

▶ Seeschifffahrt

Bei der Seeschifffahrt unterscheidet man:

a) **Linienschifffahrt.** Sie vollzieht sich nach einem bestimmten Fahrplan auf einer im Voraus festgelegten Linie (Route).

   Beispiel: Das Schiff verlässt Hamburg mittwochs und kommt nach 19 Tagen im Hafen von Salvador/Brasilien an.

b) **Trampschifffahrt.** Hierbei fahren die Schiffe nach wechselnden Zielen. Sie suchen ihre Fracht in »wilder Fahrt« irgendwo in der Welt.

Beispiel: Der Tramper befördert Erz von Schweden nach England, übernimmt dort Kohle nach Spanien und bringt als Rückfracht Korkrinde nach Deutschland.

Quelle: Hamburg Süd

Monte Rosa
Typ: Containerschiff
Länge: 272,0 m
Breite: 40,0 m
Nominale Kapazität: 5.560 TEU*
Kapazität: 4.100 TEU bei 14 t
Kühlcontainer-Anschlüsse: 1.365

* TEU = **T**wenty-foot **E**quivalent **U**nit

Die großen Seeschiffe bieten Stauraum für den Transport großer Mengen und die Tragfähigkeit für große Gewichte.

Die Versendung der über See zu befördernden Güter kann geschehen

a) **als Stückgut** mit Einzelgewichten bis 600 t.

Beispiele: Diesellok, Dampfturbine

b) **durch Charterung** (Mieten)

- eines **ganzen Schiffes (Vollcharter)** für eine Komplettladung.

  Beispiel: Ein Bananenimporteur hat die Ernte einer mittelamerikanischen Region aufgekauft und verfrachtet sie nach Hamburg. Dazu hat er ein ganzes Schiff gechartert.

- eines **Teiles des Schiffes (Teilcharter).**

  Beispiel: Ein Fleischimporteur chartert $^{1}/_{4}$ eines Kühlschiffes.

- für eine **bestimmte Reise (Reisecharter).** Der Versender chartert ein ganzes Schiff für die Hin- und Rückfahrt zu einem bestimmten Ziel.

  Beispiel: Eine Reederei ist im Liniendienst zur Bedienung einer bestimmten Route verpflichtet. Weil das für diese Fahrt vorgesehene Schiff wegen einer größeren Reparatur ausfällt, chartert der Reeder ein geeignetes Schiff für die zu befahrende Route.

Vorteile der Seeschifffahrt	Nachteile der Seeschifffahrt
– Große Mengen und große Gewichte können mit einem Transportmittel befördert werden. – Die Beförderung ist wirtschaftlich, weil sich die Antriebskräfte äußerst wirkungsvoll einsetzen lassen. – Die im Laderaum eines Schiffes verstauten Güter sind dem Zugriff von Räubern weitestgehend entzogen, weil sie nur mit dem Stauplan lokalisiert werden können.	– Die Menge der mit einem Schiff über See angelieferten Güter erfordern eine gut funktionierende Hafenwirtschaft, damit das Schiff wegen der hohen Liegegelder so schnell wie möglich gelöscht wird. – Das Seeschiff hat eine relativ geringe Geschwindigkeit. Es dauert deshalb lange, um ein bestimmtes Ziel zu erreichen. – Es können Ladungsschäden auftreten durch Salzwasser, Schiffsbewegungen (Schlingern, Stampfen) und Schiffskollisionen. – Die ganze Ladung kann verloren gehen, wenn das Schiff untergeht.

▶ **Luftfrachtverkehr**

Beim Luftfrachtverkehr können folgende **Versandarten** gewählt werden:

© Udo Kroener – fotolia.com

a) **Frachtgut.** Alle Gegenstände, die mit einem Flugzeug befördert werden sollen, werden als Frachtgut (Luftfracht, Cargo, Goods) bezeichnet. Das gilt auch für unbegleitetes Gepäck. Der Absender muss einen **Luftfrachtbrief** ausstellen.

Beispiele: Beförderung von Ersatzteilen, Tieren, Rennautos, Blumen; Voraus- oder Nachsendung von Gepäck

b) **Charterung.** Es handelt sich dabei um das Mieten
- **eines ganzen Flugzeugs (Vollcharter)** für einen bestimmten Flug oder Tag oder
- **eines Teils des Flugzeugs (Teil oder Splitcharter).**

Beispiele:

1. Ein Blumengroßhändler hat den Zuschlag für die Lieferung aller Blumen für den Frühjahrs-Blumen-Corso erhalten. Damit die Blumen pünktlich zur Ausschmückung der Wagen zur Verfügung stehen, lässt er sie von Nizza mit einem gecharterten Flugzeug liefern.
2. Ein Exporteur von Werkzeugmaschinen will bei einer Messe in Singapur seine Erzeugnisse vorstellen. Die Sendung umfasst ca. 30 t, die er als Teilcharter von einer Chartergesellschaft transportieren lässt.

Vorteile	Nachteile
der Luftfrachtbeförderung	
– Kurze Lieferfristen durch schnelle Beförderung. – Kein Zwang zur Lagerhaltung in Übersee, weil Just-In-Time-Lieferung möglich. – Geringe Verpackungs- und Ladekosten, weil die weitgehend erschütterungsfreie Beförderung mit dem Flugzeug sparsame Verpackung erlaubt. – Niedrige Transportversicherungsprämien wegen der nur kurzen Beförderungszeit und der geringen Risiken durch Diebstahl und Beschädigungen. – Frachtbeförderung auch in solche Gebiete, die wegen der fehlenden Infrastruktur (Straßen, Schienen) nur beschwerlich erreicht werden.	– Begrenzte Kapazität der Frachtmaschinen und begrenzte Beilademöglichkeit bei Passagiermaschinen. – Kosten des Flugverkehrs sind hoch. Das hängt mit dem starken Verschleiß, dem hohen Brennstoffverbrauch und der kostspieligen Bodenorganisation zusammen. – Höhere Umweltbelastung. – Die gesamte Ladung kann verlorengehen, wenn das Flugzeug abstürzt.

▶ **Überblick zur Auswahl der Verkehrsmittel**

Kriterien / Verkehrsmittel	Eisenbahn	Kraftwagen	Binnenschiff	Seeschiff	Flugzeug
Arten der Versandgüter	alle Arten, meistens solche, die in größeren Mengen über größere Entfernungen transportiert werden	alle Arten, meistens solche, die in begrenzten Mengen über kurze und mittlere Entfernungen transportiert werden	v. a. Massengüter und sperrige Güter, die über größere Entfernungen ohne Zeitdruck transportiert werden	v. a. Massengüter und sperrige Güter, die über die Weltmeere ohne Zeitdruck transportiert werden	eilbedürftige Güter aller Art, die über weite Strecken in kürzester Zeit transportiert werden
Volumen der Versandgüter	ausschließlich bis Lademaß (Höhe und Breite des Waggons)	auf Maße der StVO begrenzt, Ausnahmen mit Sondergenehmigung	spielt bei der Versendung nahezu keine Rolle	spielt bei der Versendung nahezu keine Rolle	auf die Abmessungen des Laderaumes begrenzt
Versandgewicht je Fahrzeugeinheit	bis ca. 50 t, bei Fahrzeugen in Sonderbauart auch darüber	bis ca. 25 t, bei Fahrzeugen in Sonderbauart und mit Sondergenehmigung auch darüber	bis 3.000 t, häufigste Größe: Europaschiff mit 1.350 t	bis 400.000 t, häufigste Größe: Stückgutfrachter mit ca. 10.000 t, Containerschiff ca. 8.000 TEU	bis ca. 100 t bei Frachtflugzeugen; Beiladung bei Passagierflugzeugen bis ca. 20 t
Fahrzeuggeschwindigkeit	bis ca. 120 km/h	bis 80 km/h	unterschiedlich langsam je nach Strömung	bis ca. 40 km/h	bis ca. 900 km/h
Beförderungspreise	Wettbewerbspreise auf der Grundlage von Unternehmenstarifen und Empfehlungen der Fachverbände.				
Haftungsumfang	Regelhaftung bei Güterschäden für alle Frachtführer nach HGB: 8,33 SZR*/kg brutto, bei internationalen Transporten				
	17 SZR* je kg	8,33 SZR* je kg	666,67 SZR* je Einheit oder 2 SZR* je kg; 1.500 SZR* je Container + 25.000 SZR für den Inhalt	666,67 SZR* je Einheit oder 2 SZR* je kg	19 SZR* je kg

* SZR = Sonderziehungsrecht; Wert: 1 SZR = 1,25 EUR, Stand: Juni 2015

5.3.2 Frachtführer und Spediteur

Frachtführer

Wenn ein Versender die Versandgüter einem Transportunternehmer zur Beförderung übergibt, setzt er einen **Frachtführer** ein.

Durch Spezialisierung auf bestimmte Transportwege und Transportmittel können Frachtführer häufig die schnellste, billigste und zweckmäßigste Ausführung der Transportaufträge anbieten.

Beispiele: Spezialfahrzeuge für Flüssigtransporte, gelegentliche Beförderungen über größere Entfernungen, saisonale Transporte im Brennstoffhandel

Zwischen dem Absender eines Gutes und dem Frachtführer wird ein **Frachtvertrag** abgeschlossen.

HGB §§ 407 ff.

Durch den **Frachtvertrag** wird der Frachtführer verpflichtet, das **Gut** zum Bestimmungsort **zu befördern** und dort an den Empfänger **abzuliefern.**

Der Frachtvertrag ist erfüllt, wenn Gut und Frachtbrief dem Empfänger übergeben sind. Sichtbare Mängel am Gut sind vom Empfänger sofort beim Frachtführer zu rügen und in einer Tatbestandsaufnahme festzulegen. Versteckte Mängel können innerhalb von sieben Tagen nach der Annahme noch geltend gemacht werden.

Für den Abschluss und die Erfüllung von Frachtverträgen gelten ergänzend zum HGB für jeden Verkehrsträger besondere Beförderungsbedingungen.

Beispiel: Auszug aus:

Vertragsbedingungen für den Güterkraftverkehrs- und Logistikunternehmer (VBGL)

§ 1 Geltungsbereich

(1) Diese Bedingungen gelten für Frachtverträge gemäß §§ 407 bis 449 und §§ 452 bis 452d HGB (multimodaler Verkehr) im gewerblichen Straßengüterverkehr mit Kraftfahrzeugen einschließlich des nationalen kombinierten Ladungsverkehrs sowie für den Selbsteintritt des Spediteurs gemäß § 458 HGB. ...

▶ Rechte und Pflichten des Frachtführers

Rechte	Pflichten
– Ausstellen eines Frachtbriefes – Vergütung der Transport- und sonstigen Kosten – gesetzliches Pfandrecht an den in seinem Gewahrsam befindlichen Gütern in Höhe seiner Forderung aus dem Frachtvertrag	– sorgfältige Behandlung des ihm anvertrauten Gutes – vertragsmäßiges Transportieren – unversehrtes Abliefern an den Empfänger – Schadensersatz im Rahmen der gesetzlichen Haftung

▶ Haftung und Schadensersatz

§§ 423, 425 Der Frachtführer unterliegt der **Gefährdungshaftung** und haftet für den Schaden, der durch Verlust oder Beschädigung (Güterschaden) von der Übernahme zur Beförderung bis zur Ablieferung oder durch Überschreitung der Lieferfrist entsteht. Dabei haftet er auch für seine Mitarbeiter und andere Personen, die an der Beförderung mitwirken.

Der Frachtführer ist von der Haftung befreit, soweit der Schaden durch Umstände eingetreten ist, die der Frachtführer auch bei größter Sorgfalt nicht vermeiden und deren Folgen er nicht abwenden konnte.

Spediteur

Häufig wird für den Transport von Waren nicht ein Frachtführer direkt beauftragt, sondern ein **Spediteur als Vermittler der Frachtleistung** eingeschaltet.

Der Spediteur kennt aufgrund seiner Marktübersicht die günstigsten Frachtsätze und die schnellsten Verkehrsverbindungen. Er sucht und wählt die geeigneten Frachtführer aus, koordiniert den Einsatz von Frachtführern im gebrochenen Verkehr (Land-Luft-See), organisiert Transportketten (Schiene-Straße-Schiff) und besorgt den Zubringer- und Abholdienst als Speditionsrollfuhr. Seine Tätigkeit erspart insbesondere bei Auslandstransporten Kosten und Zeit.

Oft bietet der Spediteur seinen Auftraggebern ein **Dienstleistungspaket** an, das die Warenbewegung vom Fließband des Herstellers über eine Zwischenlagerung bis in die Regale des Handels umfasst. Es handelt sich dabei um Transport, Lagerhaltung, Kommissionierung, Erstellen der Abrechnungsunterlagen und Lieferscheine und Auslieferung.

Durch den **Speditionsvertrag** wird der Spediteur verpflichtet, die **Versendung des Gutes zu besorgen.**

HGB § 453

Der Spediteur übernimmt eine Vermittlerrolle zwischen Versender und Frachtführer, denn Besorgung des Transports bedeutet Organisation der Beförderung, ohne den Transport selbst durchzuführen. Er schließt dazu Frachtverträge ab und erscheint auf den Frachtbriefen als Absender. In der Praxis ist der Spediteur meist auch **Frachtführer und Lagerhalter.**

Eine wesentliche Aufgabe eines Spediteurs ist das Sammeln einer Vielzahl von Stückgütern. Er stellt diese für einen wirtschaftlich bedeutsamen Raum in einer Wagenladung zusammen, die an einen Empfangsspediteur gerichtet ist **(Sammelgutverkehr).**

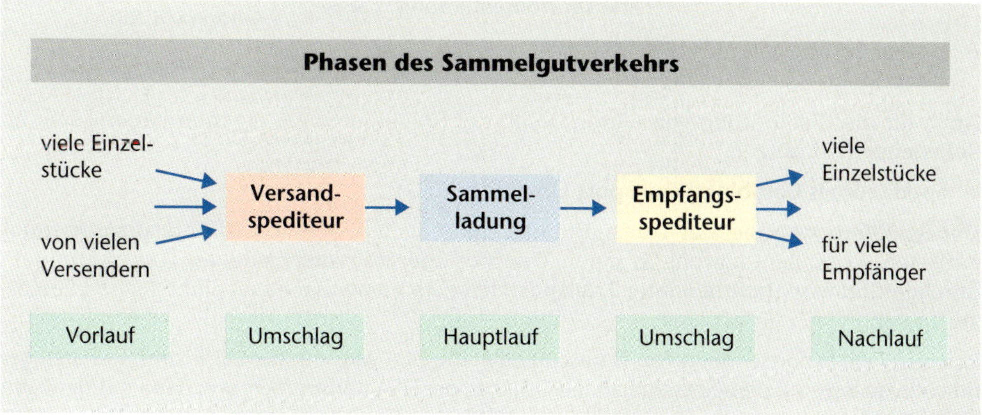

Häufig besorgt der Spediteur die Gesamtbeförderung einer Sendung zu einem festen Übernahmesatz. Er fasst seine Provision und alle Auslagen, mit denen zu rechnen ist, zu einem festen Betrag (Satz) zusammen und bietet so dem Versender eine sichere Kalkulationsgrundlage und die Vergleichsmöglichkeit bei Vorliegen mehrerer Angebote.

▶ Rechte und Pflichten des Spediteurs

Rechte	Pflichten
– Ersatz der Auslagen (Frachtvorlage) – Provision für seine Vermittlungstätigkeit oder – vereinbarter Übernahmesatz – Beförderung mit eigenen Fahrzeugen (Selbsteintritt) – ein gesetzliches Pfandrecht an den in seinem Besitz befindlichen Gütern	– sorgfältige Auswahl des geeigneten Frachtführers – sachgemäße Behandlung des ihm anvertrauten Gutes – Wahrung der Interessen des Auftraggebers – Haftung für Schäden an den Gütern und Mängel bei der Ausführung des Speditionsauftrags und – Ersatz des dadurch entstandenen Schadens

▶ Selbsteintritt des Spediteurs

HGB § 458 Der Spediteur ist befugt, die Beförderung selbst durchzuführen **(Selbsteintritt).** Wenn er dieses Recht in Anspruch nimmt, hat er für die Beförderung die Rechte und Pflichten eines Frachtführers. Er kann neben der Vergütung für die Tätigkeit als Spediteur die gewöhnliche Fracht verlangen.

Zwischen Versender und Spediteur ergibt sich folgende Beziehung:

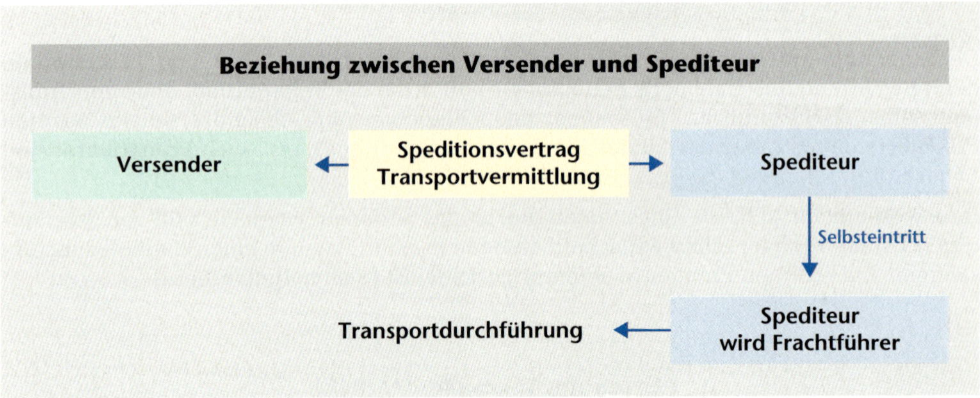

Auch für die Einlagerung von Gütern kann der Spediteur seine eigenen Lagerräume im **Selbsteintritt** einsetzen.

▶ Spediteur als Combined Transport Operator (CTO)

Der Spediteur kann bei der Transportabwicklung auch als Combined Transport Operator auftreten. Er schließt hierbei für einen Transport, der mit verschiedenen Transportmitteln durchgeführt wird **(multimodaler Transport)** mit dem Versender einen einheitlichen Frachtvertrag ab.

Beispiel: Eine Exportsendung von Deutschland in die USA wird mit dem Lkw zum Seehafen gebracht, von dort mit dem Seeschiff an die Ostküste der USA transportiert und dann mit der Bahn dem Empfänger zugestellt. Der Spediteur handelt als CTO, wenn er mit dem Exporteur einen Frachtvertrag für die Gesamtstrecke abschließt.

▶ Haftung und Schadensersatz

§ 461 ADSp Ziff. 22 ff. Der Spediteur haftet für **Schäden** an den in seinem Gewahrsam befindlichen Gütern, die durch **Verlust** (Diebstahl) oder **Beschädigung** (Bruch, Schrammen, Wassereinwirkung) entstanden sind. Außerdem haftet der Spediteur für Schäden, die durch **nachlässige oder falsche Ausführung des Auftrags** entstanden sind.

Beispiele:

1. Bei der Übernahme der Sendung vom Frachtführer wird nicht auf äußerlich erkennbare Mängel geachtet.
2. Eine nachträgliche Verfügung des Auftraggebers wird nicht befolgt.

Die Haftung erstreckt sich auch auf die Tätigkeit der **Angestellten** des Spediteurs und auf sonstige **Erfüllungsgehilfen.**

Der Spediteur haftet für den Schaden, der durch Verlust oder Beschädigung des in seiner Obhut befindlichen Gutes entsteht, wie ein Frachtführer nach dem Grundsatz der Gefährdungshaftung. Von dieser Höchstgrenze kann durch vertragliche Vereinbarung abgewichen werden.

▶ Logistische Leistung des Spediteurs

Neben der Besorgung der Güterbeförderung können einem Spediteur von seinem Auftraggeber auch **Aufgaben** übertragen werden, die bei der **Abwicklung der Kaufverträge mit Lieferanten und Kunden** zu erfüllen sind. Damit leistet der Spediteur **logistische Dienste.** Sie sind Teil des Logistikkonzeptes des Auftraggebers.

Gütertransport durch KEP-Dienste

Eine Besonderheit in der Güterbeförderung besteht für eilige Sendungen und für Sendungen von geringerem Gewicht. Hierfür haben sich **K**urier-, **E**xpress- und **P**aket-Dienstleister **(KEP-Dienste)** etabliert.

Kurierdienste	befördern vor allem kleine, leichte Sendungen persönlich und direkt vom Absender zum Empfänger.	**Beispiel:** Dokumente werden von einem Fahrradkurier innerhalb einer Stadt befördert.
Expressdienste	liefern die Sendungen zu fest zugesagten Zeiten aus. Typische Angebote dieser Dienste sind »Sameday«- oder »Overnight«-Service.	**Beispiel:** Dokumente oder Pakete werden am nächsten Tag bis 08:30 Uhr zugestellt.
Paketdienste	befördern Sendungen mit geringem Gewicht (häufig bis 31,5 kg). Es wird innerhalb von Deutschland ein 24-Stunden-Service angeboten.	**Beispiel:** Pakete werden im Laufe des nächsten Tages dem Empfänger zugestellt.

Eine genaue Trennung zwischen diesen Diensten ist sehr schwierig, da die am Markt tätigen Unternehmen oft alle Dienste anbieten.

Die Unternehmen mit KEP-Diensten können aufgrund ihrer überregionalen Verflechtungen z. T. erhebliche zeitliche Vorteile bei der Abwicklung der übernommenen KEP-Aufträge erzielen und deshalb günstige Bedingungen für die Beförderung anbieten.

5.3.3 Transportverpackung und Transporthilfsmittel

Transportverpackung (siehe Kapitel 2.6)

Transporthilfsmittel

Der Einsatz von Transporthilfsmitteln erleichtert das Handling während des Transports. Darüber hinaus bieten sie auch Schutz vor Beschädigung oder Verlust.

▶ Paletten

© Ideeah Studia – Fotolia.com

Mithilfe von Paletten lassen sich Güter zu einer Ladeeinheit zusammenfassen. Die Paletten können Einweg- oder Mehrwegpaletten sein.

a) **EUR-Flachpalette (Euro-Palette).** Sie ist eine **Mehrwegpalette** mit europaweit genormten Maßen. Deshalb kann sie innerhalb des **Palettenpools** getauscht werden, wenn sie Tauschkriterien erfüllt.

   Die Standardabmessungen der EUR-Flachpalette sind 800 mm x 1.200 mm. Sie hat eine Tragfähigkeit von bis zu 2.000 kg.

   Da die Paletten von allen Seiten mit dem Stapler unterfahrbar sind, beschleunigen sie den Umschlag der Waren.

b) **Gitterboxpalette.** Gitterboxpaletten bieten den Sendungen einen Rundumschutz vor Beschädigungen. An der Längsseite befindet sich eine Klappe. Dadurch ist das Beladen einfacher. Auch bei Verwendung der Gitterboxpalette als Blocklager lässt sich der Inhalt der Gitterbox entnehmen.

   Auch für Gitterboxen gibt es ein Tauschsystem.

   Die Ladeabmessungen entsprechen der Flachpalette, allerdings ist der obere Rahmen so ausgestaltet, dass eine Flachpalette sicher aufgelegt werden kann.

© beermedia – Fotolia.com

▶ Container

Der Container ist die Voraussetzung für den modernen kombinierten Verkehr.

Die heute üblicherweise verwendeten Container sind sogenannte 20-Fuß (20')- und 40-Fuß (40')-ISO-Container. Ihre Maße sind in der **ISO-Norm 688** festgelegt und international gültig. Dadurch ist es möglich, den Container auf allen Transportmitteln einzusetzen.

Beispiele:

	20'-Trockencontainer Abmessungen: 20' x 8' x 8'6"			**40'-Trockencontainer** Abmessungen: 40' x 8' x 8'6"		
Außenabmessungen (mm)	**Länge** 6.058	**Breite** 2.438	**Höhe** 2.591	**Länge** 12.192	**Breite** 2.438	**Höhe** 2.591
Innenabmessungen (mm)	**Länge** 5.906	**Breite** 2.352	**Höhe** 2.396	**Länge** 12.030	**Breite** 2.347	**Höhe** 2.393
Türöffnungen (mm)		**Breite** 2.338	**Höhe** 2.238		**Breite** 2.338	**Höhe** 2.283
Gewichte (kg)	**Brutto** 24.000/ 30.480	**Tara** 2.237/ 2.340	**Zuladung** 21.763/ 28.140	**Brutto** 30.480	**Tara** 3.780	**Zuladung** 26.700
Volumen (m³)	32,00/33,29			67,34		

Für jeden Verwendungszweck sind heutzutage unterschiedliche Container-Typen entwickelt worden. Die wichtigsten sind:

Standard-Container	Es ist die normale Box, die an allen Seiten geschlossen ist, an der Rückseite befindet sich die Türe. Dieser Container-Typ ist für jede **normale Ladung** geeignet.	
Hardtop-Container	Es ist eine normale Box mit abnehmbarem Stahldach. Damit ist auch eine **Kranbeladung** von oben möglich.	
Open-Top-Container	Dieser Container-Typ ist durch die abnehmbare Plane für **überhohe Ladungen** geeignet.	
Flatrack	Dieser Container besteht aus dem Boden und der Vorder- und Rückseite. Dach und Seitenwände fehlen. Er ist speziell für **Schwergut und überbreite Ladung** geeignet.	
Platform	Dieser »Container« besteht nur aus dem Boden. Er ist speziell für **Schwergut und übergroße Ladungen** geeignet.	
Ventilated Container	Container, die durch Entlüftungsgitter an den Seitenwänden **belüftet** werden können.	
Refrigerated-Container	Kühlcontainer mit eigenem Kühlaggregat. Geeignet für **temperaturgeführte Güter** bis –25 °C.	

Der Containereinsatz bietet folgende **Vorteile:**

1. Der Verlader spart Kosten für die Verpackung, da die Box ausreichend Schutz bietet, das Transportrisiko wird also vermindert.
2. Der Reeder spart Liegekosten, da der Umschlag schneller abgewickelt werden kann. Damit wird auch die Beförderungszeit reduziert.
3. Der Vor- und der Nachlauf kann schneller und kostengünstiger durchgeführt werden. Auch dies schlägt sich in einer kürzeren Beförderungszeit nieder.
4. Das einfachere und schnellere Handling erspart Kosten. Damit wird der Transport billiger.
5. Der Container kann auch als Zwischenlager genutzt werden.

5.3.4 Transportabwicklung

Tourenplanung

Solange Güter für einzelne Aufträge transportiert werden müssen, ist die Tourenplanung einfach. Die Sendung wird auf das entsprechende Verkehrsmittel geladen und zum Empfänger transportiert.

Schwieriger wird es, wenn mit einem Verkehrsmittel mehrere Sendungen von mehreren Versendern zu mehreren Empfängern transportiert werden sollen.

Bevor die eigentliche Tour geplant werden kann, muss eine Reihe von Fragen geklärt werden:

- Wie viele und welche Fahrzeuge stehen zur Verfügung (Anzahl, Art, Einsatzbereitschaft)?
- Welche Fahrzeugkapazität ist vorhanden (Volumen, Nutzlast, Palettenstellplätze)?
- Sind die entsprechenden Fahrer verfügbar (Anzahl, Fahrerlaubnis, Einsatzbereitschaft, Lenk- und Ruhezeiten)?
- Sind bestimmte Einschränkungen durch die Güter zu beachten (temperaturgeführte Güter, Gefahrgut, Sperrigkeit)?
- Bestehen Terminvorgaben bei der Abholung oder der Ablieferung (Zeitfenster, Just-In-Time-Anlieferung)?
- Sind Standzeiten zu berücksichtigen?
- Wie viele Ablieferstellen sind zu bedienen?
- Müssen die Touren aufgeteilt werden (zeitliche bzw. räumliche Distanzen)?
- Sind Verkehrshindernisse zu beachten (Baustellen, Umleitungen)?

Beispiel: Standardtourenplan

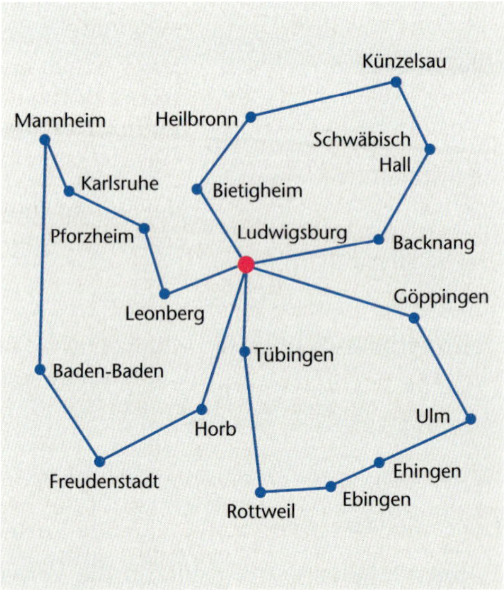

Handelt es sich um Zustell- und/oder Abholaufträge, die regelmäßig, oft auch zu festen Zeiten auszuführen sind, so werden im Voraus Touren festgelegt **(Standardtourenplan).** Insbesondere bei der getakteten Anlieferung von Gütern in die industrielle Serienproduktion (Just-In-Time- bzw Just-In-Sequenze-Anlieferung) wird diese Tourenplanung als sog. **Milk-Run-System** verwendet. Dabei werden eine bestimmte Route, die Menge, die Abhol- und die Eintreffzeit vorher festgelegt. Es werden entweder die Produkte von einem Lieferanten zu mehreren Abnehmern oder von mehreren Lieferanten zu einem Abnehmer transportiert.

Schwieriger gestaltet sich die Tourenplanung bei zeitlich, räumlich und/oder mengenmäßig variierenden Aufträgen. Bei dieser **täglichen Tourenplanung** werden zunächst die zu bedienenden Kunden zusammengefasst **(Clusterung)** und danach die Reihenfolge festgelegt **(Routing).**

Frachtbrief als Begleitpapier

Der Frachtführer kann vom Absender verlangen, dass ein Frachtbrief ausgestellt wird.

Funktionen des Frachtbriefes				
Beweispapier	**Übernahmequittung**	**Ablieferungsquittung**	**Begleitpapier**	**Sperrpapier**
Nachweis über Abschluss und Inhalt des Frachtvertrages.	Der Frachtführer bestätigt dem Absender die ordnungsgemäße Übernahme der Ware.	Der Empfänger bestätigt dem Frachtführer die ordnungsgemäße Übergabe der Ware.	Der Frachtbrief begleitet die Ware.	Der Absender darf nachträglich nur über die Ware verfügen, wenn er eine bestimmte Ausfertigung des Frachtbriefes vorlegt. Durch diese Sperrfunktion ist der internationale Frachtbrief bankfähig, kann also zur Einlösung von Akkreditiven verwendet werden.

Mindestinhalt des Frachtbriefes nach HGB-Frachtrecht HGB § 408

1. Ort und Tag der Ausstellung;
2. Name und Anschrift des Absenders;
3. Name und Anschrift des Frachtführers;
4. Stelle und Tag der Übernahme des Gutes sowie die für die Ablieferung vorgesehene Stelle;
5. Name und Anschrift des Empfängers und eine etwaige Meldestelle;
6. die übliche Bezeichnung der Art des Gutes und die Art der Verpackung, bei gefährlichen Gütern ihre nach den Gefahrgutvorschriften vorgesehene, sonst ihre allgemein anerkannte Bezeichnung;
7. Anzahl, Zeichen und Nummern der Frachtstücke;
8. das Rohgewicht oder die anders angegebene Menge des Gutes;
9. die vereinbarte Fracht und die bis zur Ablieferung anfallenden Kosten sowie ein Vermerk über die Frachtzahlung;
10. der Betrag einer bei der Ablieferung des Gutes einzuziehenden Nachnahme;
11. Weisungen für die Zoll- und sonstige amtliche Behandlung des Gutes;
12. eine Vereinbarung über die Beförderung in offenem, nicht mit Planen gedeckten Fahrzeug oder auf Deck.

Weitere Angaben, die die Vertragsparteien für zweckmäßig halten, können im Frachtbrief eingetragen werden.

Wird der Frachtbrief von beiden Vertragsparteien unterschrieben, so wird der Frachtbrief ein Dokument mit erhöhter Beweiskraft. § 409

Im **internationalen Güterverkehr** gibt es **verkehrsträgerspezifische Frachtbriefe:**

- Frachtbrief im internationalen Güterkraftverkehr: CMR-Frachtbrief
- Frachtbrief im internationalen Eisenbahngüterverkehr: CIM-Frachtbrief
- Frachtbrief im internationalen Binnenschiffsverkehr: CMNI-Frachturkunde
- Frachtbrief in der Seeschifffahrt: Sea Waybill
- Frachtbrief im internationalen Luftfrachtverkehr: Air Waybill

Sendungsverfolgung – Tracking & Tracing

Mit der Sendungsverfolgung erhalten die Beteiligten in der Supply Chain jederzeit Informationen über den Stand der Auftragsabwicklung. Durch das Tracking (engl. = Verfolgung) wird angegeben, wo sich das Gut zu einem bestimmten Zeitpunkt befindet (Status). Das Tracing (engl. = Rückverfolgung) zeigt, welchen Weg das Gut bis zu dem Zeitpunkt genommen hat. Voraussetzung hierzu ist, dass das Gut mit einem maschinenlesbaren Etikett (Barcode, RFID-Chip) versehen ist. An jeder Umschlagstelle wird das Gut gescannt und die Daten an einen Server gesendet. Mithilfe einer Sendungsnummer lässt sich der jeweilige Status des Gutes abrufen.

Zusammenfassende Übersicht zu Kapitel 5.3: Transportlogistik

Verkehrsträger

Schienengüterverkehr	**Straßengüterverkehr**	**Binnenschifffahrt**	**Seeschifffahrt**	**Luftfrachtverkehr**
setzen ein				
Güterzüge mit Einzelwagen oder als Ganzzüge	Lastkraftwagen als Gliederzüge oder Sattelzüge	Binnenschiffe als Motorgüterschiffe oder Schubverbände	Seeschiffe als Vollcontainerschiffe oder als Stückgutschiffe	Flugzeuge als Nurfrachter oder in Kombination mit Passage

kombinieren die **Verkehrsmittel**

Transportdurchführung durch **Frachtführer**

ausgewählt durch

Spediteur als Organisator des Transports

- Organisation der Transporthilfsmittel:
  - Flachpaletten
  - Gitterboxpaletten
  - Container
- Besorgung der Frachtbriefe:
  - HGB-Frachtbrief
  - CMR-Frachtbrief
  - CIM-Frachtbrief
  - CMNI-Frachturkunde
  - Sea Waybill
  - Air Waybill
- Planung der Touren durch Clusterung und Routing
- Sendungsverfolgung mit Tracking & Tracing

▶ Aufgaben und Probleme

1. Frachtführer Werner e. K. übernimmt 20 t Silikondichtmasse bei der Chemischen Fabrik AG, Hildesheim, zum Transport nach München. Nach der Beladung verlangt der Fahrer vom Absender einen Frachtbrief für diese Ladung. Aus dem Frachtbrief geht u. a. hervor, dass der Empfänger in München die Frachtkosten für diesen Transport übernimmt.

   a) Suchen Sie nach Gründen, die den Frachtführer veranlassen könnten, die Ausstellung eines Frachtbriefes zu verlangen.

b) Bei Ablieferung der Sendung weigert sich der Empfänger, die Frachtkosten zu bezahlen, da er mit dem Absender »Frei-Haus-Lieferung« vereinbart hätte. Beschreiben Sie die Rechte des Frachtführers.

2. Eine Sendung mit 826 kg Gewicht wird beim Transport total beschädigt.

   a) Wann müssen die Ansprüche gegen den Frachtführer geltend gemacht werden?

   b) Wie hoch ist die gesetzliche Ersatzleistung des Frachtführers? (1 SZR = 1,25 EUR)

3. Die Spedition Weber & Kleinmann OHG bietet die Lösung aller möglichen Beförderungsaufgaben an. Sie betreibt beispielsweise nationale und internationale Sammelladungsverkehre nach über 20 Relationen, fertigt europaweit Lkw-Komplettladungen mit eigenen und fremden Fahrzeugen ab, erledigt Luft- und Seefrachtaufträge nach Übersee.

   a) Nennen Sie Vorteile, die sich aus dem Sammelladungsverkehr für den Verlader und den Spediteur ergeben.

   b) Häufig wird mit den Versendern ein fester Übernahmesatz für die Abwicklung eines Auftrags vereinbart. Welche kaufmännischen Vorteile bietet dies für den Versender?

   c) Vergleichen Sie die Aufgaben eines Spediteurs mit denen eines Frachtführers.

   d) In Fachkreisen wird der Spediteur »Architekt des Verkehrs« genannt. Durch welche Tätigkeiten ist diese Bezeichnung gerechtfertigt?

4. Nennen Sie die Konkurrenten des Eisenbahngüterverkehrs und deren Vor- und Nachteile gegenüber der Bahn.

5. Die Maschinenfabrik Weber GmbH, Sömmerda, erteilt der Erfurter Speditionsgesellschaft den Auftrag, den Transport einer Sendung Pumpenaggregate, 14 t, die zum Teil unverpackt zum Versand kommen, nach Lörrach zu besorgen. Der Sachbearbeiter der Spedition schlägt vor, die Sendung in einem 20-Fuß-Container zu verladen und diesen im Kombinierten Ladungsverkehr zu versenden.

   a) Erörtern Sie den Einsatz von Containern.

   b) Erklären Sie die Bedeutung des Kombinierten Ladungsverkehrs.

6. Die Mineralwasser AG Bad Petersbach steht vor der Entscheidung, ihren eigenen Fuhrpark aufzustocken oder die anfallenden Transporte nicht mehr mit eigenen Fahrzeugen, sondern mit Fremdunternehmern durchzuführen.

   Sammeln Sie für diesen Entscheidungsprozess Vor- und Nachteile des Werkverkehrs.

7. Die Druckmaschinen AG in Heidelberg versendet drei Buchdruckmaschinen an einen Verlag in Lima/Peru per Seeschiff über Hamburg. Die Verladung erfolgt mit der »Santiago Express«, die im Liniendienst zwischen Hamburg und der südamerikanischen Westküste verkehrt.

   a) Welche Verkehrsmittel können bei der Transportabwicklung eingesetzt werden?

   b) Grenzen Sie die Linienschifffahrt von der Trampschifffahrt ab.

8. Die Saarhütte GmbH, Dillingen, erhält von General Steel Ltd., Veracruz, den Exportauftrag über 5.000 t Stahlträger. Zum Versand kommen die Stahlträger gebündelt à 4 Stück, auf Stauhölzern, mit einer Länge von jeweils 20 m und einem Stückgewicht von 4 t.

   Erstellen Sie eine entsprechende Transportvariante unter ökologischen und ökonomischen Gesichtspunkten und begründen Sie Ihre Entscheidung. Gehen Sie davon aus, dass der Zeitfaktor keine Rolle spielt.

9. Die Dessauer Maschinenbaugesellschaft GmbH versendet dringend benötigte Ersatzteile, verpackt in zwei Kartons mit einem Gewicht von je 22,8 kg, per Luftfracht nach Melbourne. Der Wert der Sendung beträgt 9.000 USD. Aus dem Luftfrachtbrief geht hervor, dass die Sendung mit der australischen Luftverkehrsgesellschaft verladen wurde. Bei der Ankunft in Melbourne fehlt ein Karton.
   a) Erläutern Sie, warum sich die Dessauer Maschinenbaugesellschaft GmbH für den Versand per Luftfracht entschieden hat.
   b) Prüfen Sie, in welcher Höhe der Luftfrachtführer Schadensersatz leisten muss. Zur Anwendung kommt das Montrealer Übereinkommen (1 SZR = 1,411 USD).
   c) Nennen Sie typische Luftfrachtgüter.
10. Erstellen Sie eine tabellarische Übersicht nach folgendem Muster, in der Sie die einzelnen Verkehrsträger anhand folgender Kriterien vergleichen:
   a) typische Arten der Versandgüter,
   b) maximales Versandgewicht je Fahrzeugeinheit,
   c) Fahrzeuggeschwindigkeit,
   d) Haftungsumfang.

Verkehrsträger / Kriterien	Schienengüterverkehr	Straßengüterverkehr	Binnenschifffahrt	Seeschifffahrt	Luftfracht

5.4 Lagerlogistik

Entlang der Wertschöpfungskette wird der Güterfluss immer wieder unterbrochen und die Güter müssen gelagert werden. Sobald sich Beschaffung, Produktion und Absatz zeitlich und mengenmäßig nicht aufeinander abstimmen lassen, ist Lagerhaltung notwendig, damit der Unternehmenszweck erreicht wird.

Aufgabe der Lagerlogistik ist es, Unregelmäßigkeiten zu überbrücken, um die **Sicherung gleichmäßiger Beschäftigung** und **kundengerechter Lieferfähigkeit** zu ermöglichen.

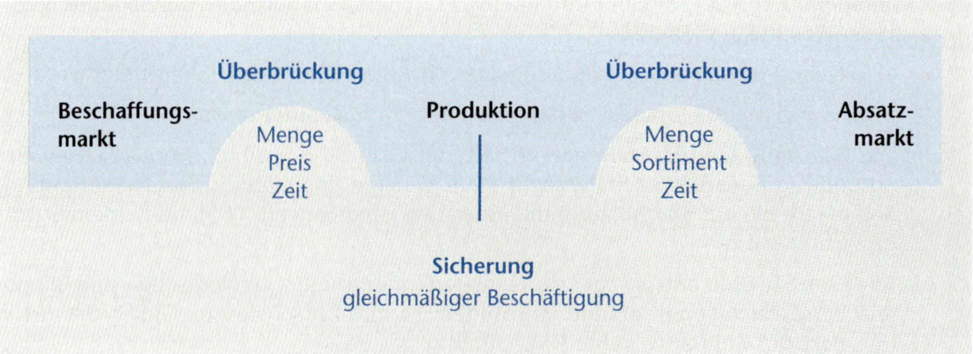

5.4.1 Lagerarten

Arten der Lager	Kennzeichen
Eigenlager	Räume und Einrichtungen gehören dem **Einlagerer** der Lagergüter. Die Ein- und Auslagerung sowie die Überwachung geschieht durch eigenes Personal.
Fremdlager	Die Lagergüter befinden sich in der Obhut eines **gewerblichen Lagerhalters,** der für die sorgfältige Behandlung während der Lagerung und beim Ein- und Auslagern sorgt.
zentrales Lager	Alle Lagergüter befinden sich **an einem Ort.**
dezentrales Lager	Die Lagergüter sind **an verschiedenen Orten** untergebracht.
Auslieferungslager	Das Lager wird **in der Nähe der Abnehmer** zu deren schnellen Belieferung eingerichtet.
offenes Lager	Witterungsunabhängige Lagergüter werden **im Freien** mit und ohne Abdeckung gelagert, z. B. Kies, Rohholz, Fahrzeuge.
geschlossenes Lager	Lagergüter, die durch Sonnenlicht, Wärme, Kälte, Feuchtigkeit gefährdet sind und/oder einen hohen Wert darstellen, werden **in geschlossenen Räumen** gelagert.
eingeschossiges Lager	Alle Lagergüter sind **auf einer Ebene** untergebracht; besonders geeignet für schwere und unhandliche Güter, z. B. Baumaterial, Eisen, Maschinen.
mehrgeschossiges Lager	Die Lagergüter sind **in mehreren Etagen** abgestellt. Dem Vorteil der geringeren Grundstücksfläche stehen die aufwendigeren technischen Einrichtungen (Aufzüge) und stabileren Bauausführungen gegenüber.
Stapellager	**Stapelbare Güter** werden **in mehreren Schichten übereinandergesetzt.** Hohe Lagerhallen, entsprechende Stapler und stabile Verpackungen sind erforderlich.
Hochregallager	In den meist eingeschossigen Lagern werden die **nicht stapelbaren Lagergüter in Hochregalen** gelagert. Entsprechende Stapler sind erforderlich.
Ausstellungslager	Aus dem Sortiment wird jeweils **ein Stück zur Besichtigung** durch den Kunden aufgehängt präsentiert.
Verkaufslager	Vorratslager des Händlers, aus dem der **Kunde in Selbstbedienung** die gelagerte Ware nach Besichtigung entnehmen kann.
Kommissionslager	Der Handel erhält vom Hersteller Waren geliefert, die erst **nach dem Verkauf mit dem Hersteller abgerechnet** werden, z. B. im Buchhandel.
Umschlagslager	Lager eines Verkehrsunternehmers zur **vorübergehenden Aufbewahrung von Gütern** im Zusammenhang mit dem Wechsel des Transportmittels, z. B. Lkw – Bahn, Bahn – Schiff usw.
Zolllager	**Importierte Ware** wird **bis zur zollamtlichen Abfertigung** unter Verschluss gehalten.

5.4.2 Aufgaben der Lagerhaltung

Lagerbestände optimieren

Lagerbestände sind dann **optimal,** wenn sie die **Lieferbereitschaft bei günstigen Kosten** im Rahmen der Abnehmerwünsche **sicherstellen.**

Bei der Beschaffung der dazu benötigten Güter können Unregelmäßigkeiten auftreten durch

- saisonale Schwankungen in der Gütererzeugung (Ernten),
- Lieferschwierigkeiten,
- Verkehrsstörungen.

Außerdem führen folgende Vorgänge zu vorübergehend höheren Lagerbeständen:

- Durch den Einkauf größerer Mengen können Mengenrabatte ausgenutzt werden.
- Bei größeren Mengen wird der Laderaum der Transportmittel besser ausgelastet. Dadurch werden die Transporte billiger.
- Verpackungskosten werden durch Großverpackungen (Container) eingespart.

Korrekturmaßnahmen zu hoher Lagerbestände		
bei der Beschaffung:	**bei der Lagerstrategie:**	**beim Absatz:**
– Verminderung der Bestellmenge – Beseitigung von Beschaffungszwängen – Abrufvereinbarung mit dem Lieferanten – Just-In-Time Lieferung	– Verminderung der Sicherheitsbestände – Konzentration auf wichtige Artikel (ABC-Analyse)	– Vereinbarung von Vorlaufzeiten für die Kundenbestellung – Konzentration auf ein Grundsortiment – Erhebung und schnellste Auswertung von Änderungen in der Kundenstruktur, im Einkaufsverhalten der Kunden und durch Markttrends

Zur **Korrektur zu niedriger Lagerbestände** kann man

- im Bereich der **Beschaffung** die Bestellmengen erhöhen oder die Abrufvereinbarungen mit den Lieferanten ändern.
- im Bereich der **Lagerhaltung** und im Bereich **Absatz** die Sicherheitsbestände erhöhen bzw. das Sortiment verbreitern.

Einlagerungsprinzipien beachten

▶ Anordnung der Ware

Je nach Art der Ware gilt für die Lagerung grundsätzlich das Prinzip: **Neue Ware hinter alte Ware setzen!** Auf diese Weise wird gewährleistet, dass die ältere Ware zuerst in den Verkauf gelangt **(Fifo-Prinzip: First in, first out).**

▶ Lagerplan

Der **Lagerplan** ist eine Übersicht über alle Waren, die im Lager vorhanden sind, mit der genauen Bezeichnung der Lagerstelle, des Einlagerungsdatums und der vorhandenen Menge. Außerdem kann im Lagerplan die kürzeste Zugriffsmöglichkeit angegeben sein.

Die Anordnung der Lagerstellen und Lagerwege soll den einzulagernden Waren und den dabei einzusetzenden Fahrzeugen entsprechen. Jedem Gegenstand muss von vornherein eine **bestimmte Lagerstelle** zugewiesen werden. Dies ist im **Lagerplan,** auf den **Lagerkarten** und auf dem **Markierungsetikett** zu vermerken, damit der Gegenstand rasch eingeordnet und bei der Ausgabe schnell gefunden werden kann. In automatisierten Lagern dient die Code-Nummer der Lagerstelle als Steuerungsmittel für das Ein- und Auslagern.

▶ Belegung leerer Lagerstellen

Für die **Belegung leerer Lagerstellen** können folgende Gesichtspunkte gelten:

feste Lagerplatzordnung	variable Lagerplatzordnung
Die **gleiche Warenart wird in demselben Regal** untergebracht. Dies wird dann notwendig sein, wenn die Abmessungen der verschiedenen Warenarten unterschiedlich sind (sortimentsgerechte, systematische Lagerung).	Die Belegung eines **beliebigen leeren Regals** erfolgt **mit der nächsten Partie.** Allerdings müssen die Waren die gleichen Abmessungen haben. Diese sogenannte **chaotische Lagerung** ist insbesondere bei automatisierten Lagern üblich, weil hier bei der Auslagerung einer Partie das leere Regal an den zentralen Rechner zur erneuten Belegung gemeldet wird (optimierte Lagerplatzvergabe).

▶ Mehrstufige Lagerhaltung

Die Idee der mehrstufigen Lagerhaltung ist, die Versorgungssicherheit über den Lagerbestand in der Nähe des Verbraucherortes zu garantieren. Das Lager wird hierbei aufgeteilt in ein Kommissionierungslager und ein Reservelager. Damit soll gewährleistet sein, dass im Kommissionierungslager der Lagerbestand gerade so groß ist, um kundengerecht zu liefern. Sinken die Lagerbestände auf den Meldebestand, werden **Umlagerungen** vorgenommen. Diese können bspw. nach der KANBAN-Beschaffungsstrategie (Kapitel 8.3.3) durchgeführt werden.

Lagerkontrolle

Mit der Lagerung von Waren ist das Risiko der mengen- und wertmäßigen Minderung verbunden.

Beispiele: Eisen rostet, Steinzeug zerbricht, Flüssigkeiten trocknen ein, Waren werden gestohlen oder veruntreut.

Um diese Risiken möglichst klein zu halten, sind die ein- und ausgehenden sowie die lagernden Waren ständig zu kontrollieren. Die **Lagerkontrollen** erstrecken sich auf

- **Qualitätskontrolle:** Nachprüfen von Lebensmitteln, Stichproben bei Konserven, Ausscheiden von »Ladenhütern«.
- **Mengen- und Wertkontrolle:** Mengenüberprüfung durch Bestandsaufnahmen, Wertkontrolle durch Preisvergleiche.

Auf diese Weise kann schlechte Ware oder eine Fehlmenge rechtzeitig entdeckt, die notwendige Ersatzbeschaffung veranlasst und ein möglicher Engpass vermieden werden.

5.4.3 Einflussfaktoren der Lagergestaltung

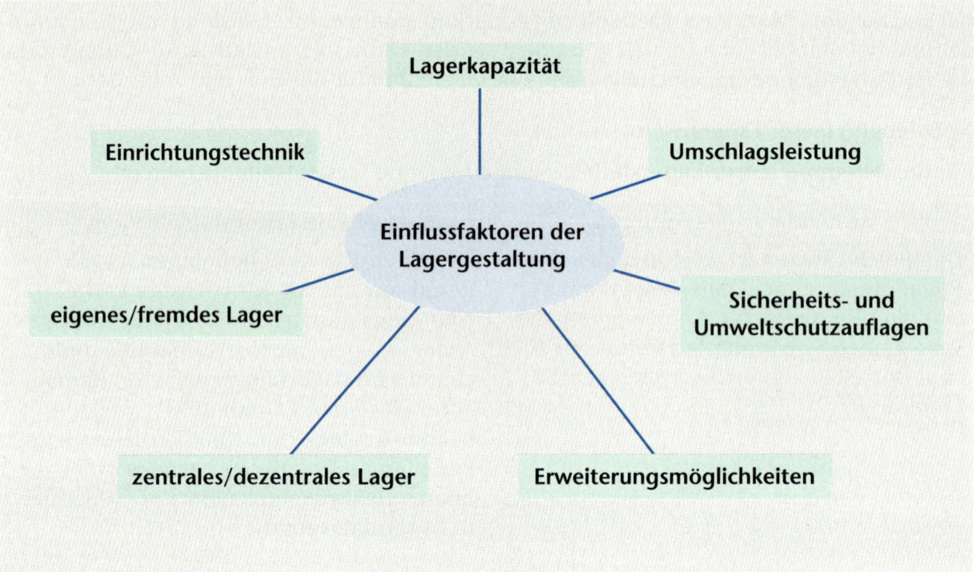

Lagerkapazität

Unter **Lagerkapazität** versteht man die **Möglichkeit, eine bestimmte Warenmenge** im Raum und in der Fläche eines Lagers **unterzubringen.**

Die Kapazität eines Lagers hängt von den **Baulichkeiten** und den **Einrichtungen** ab. Diese bestimmen die Warenmenge, die höchstens eingelagert werden kann.

Der reibungslose Absatz erfordert eine entsprechende Kapazität des Lagers. Sie ist abhängig von

- den Mengen, die in bestimmten Zeitabständen aufgenommen werden müssen, damit die Abnehmer pünktlich beliefert werden können.

  Beispiel: Ein Kunde lässt sich täglich beliefern. Wenn die Beschaffungszeit für den Händler 10 Tage beträgt, muss die zehnfache Tagesbedarfsmenge auf Lager genommen werden.

- den Mengen, die als Ladung angeliefert werden.

  Beispiel: Ein Lieferant produziert ohne eigenes Zwischenlager direkt in den Transportbehälter und tätigt seine Abschlüsse grundsätzlich auf dieser Basis. Das bedeutet für den Abnehmer, eine Einlagerungskapazität in der Größe dieses Transportbehälters bereitzuhalten.

- den Einlagerungssystemen.

  Beispiele:

  1. Wenn die Abmessungen der einzulagernden Waren unterschiedlich sind, muss eine feste Lagerplatzordnung gewählt werden. Es kann nur die gleiche Warenart im gleichen Regal untergebracht werden. Freie Lagerplätze können nicht mit anderen Waren belegt werden. Deshalb wird mehr Kapazität benötigt.
  2. Wenn die Abmessungen der Partien gleich sind, kann die variable Lagerplatzordnung gewählt werden. Freie Lagerplätze können mit anderen Waren belegt werden. Deshalb ist eine geringere Lagerkapazität erforderlich.

– der Verfügbarkeit der Waren.

Beispiel: Beim manuellen Pick-Pack-Check-System (Kapitel 5.4.5) können in den Regalfächern unterschiedliche Waren mit unterschiedlichen Abmessungen lagern, weil der Lagermitarbeiter sie besser lokalisieren kann als der automatische Greifer.

Wenn die Kapazität nicht ausreicht, muss durch Umbau, Ausbau oder Fremdlagerung erweitert werden. Ein Engpass könnte nach Absprache mit dem Lieferanten auch durch häufigere Belieferung überbrückt werden.

Umschlagsleistung

Die Warenbewegung von einem Platz zu einem anderen nennt man Umschlag, die dabei in einer Zeiteinheit bewegte Menge ist die Umschlagsleistung.

$$\textbf{Umschlagsleistung} = \frac{\textbf{Gesamtmenge (kg, m, Stück)}}{\textbf{Zeiteinheit (Stunden, Tage, Schichten)}}$$

Beispiel: Eine 20-t-Lkw-Ladung wird in 2 Stunden entladen. Die Umschlagsleistung beträgt 20 t : 2 h = 10 t je Stunde.

Grundsätzlich findet ein Umschlag beim Wareneingang und beim Warenausgang jeweils zwischen den Transportmitteln (Fahrzeug, Container) und dem Lager statt. In besonderen Fällen ist auch der unmittelbare Umschlag zwischen Fahrzeugen möglich.

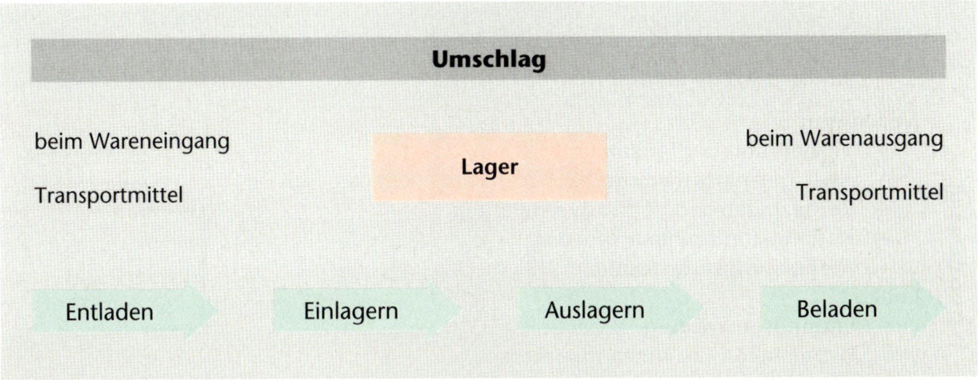

Die **Umschlagsleistung** ist abhängig von

– fachlich qualifizierten Mitarbeitern,
– warenspezifischen technischen Einrichtungen und Geräten,
– organisatorischen Verknüpfungen der Abläufe (Ablauforganisation).

Der Einsatz von Fachkräften und Technik verursacht Kosten. Deshalb wird angestrebt, den Lager**umschlag optimal zu organisieren.**

Das kann geschehen durch

– Verkürzung der Wege zwischen anlieferndem Transportfahrzeug und Lagerplatz,
– Verwendung von Umschlagsgeräten für größere Hubmengen (Gewichte) und schnellere Bewegungen,
– Schulung der Mitarbeiter: Vertrautmachen mit der Technik und der Ablauforganisation,
– Einsatz von größeren Transportverpackungen (Container).

	Prozess des Lagerumschlags	Rampe	Lagerhalle	Lagerbüro	Einkaufsabteilung	Verkaufsabteilung
Wareneingang	**Entladen:**					
	– Festlegung des Ortes und der Reihenfolge	x				
	– Disposition der Geräte			x		
	– Einsatzplan für die Mitarbeiter			x		
	Prüfen:					
	– Verpackung	x				
	– Warenart		x			
	– Menge/Gewicht		x			
	Vergleichen:					
	– Frachtbrief/Bezettelung	x				
	– Lieferschein/Prüfungsergebnis			x		
	– Lieferschein/Bestellungsdurchschlag				x	
	Einlagern:					
	– Codieren/Label			x		
	– Lagerstelle festlegen		x			
	– in die Lagerdatei einlesen (scannen)		x			
	– zur Lagerstelle befördern		x			
Warenausgang	**Auslagern:**					
	– Vorbereiten der Versandaufkleber (Label)			x		x
	– Auslagerungsanweisung			x		x
	– Bereitstellen der Versandverpackung		x	x		
	– Kommissionierungsanweisung		x	x		
	– Verpackungsanweisung		x			
	Laden:					
	– Ladungsanweisung		x	x		
	– Bereitstellen der Versandpapiere			x		
	– Disposition der Transportmittel			x		
	– Beladen	x				

Einrichtungstechnik

Zu den Lagereinrichtungen gehören **alle Vorrichtungen für die Bewegung, das Lagern und die Sicherung der Lagergüter sowie** für den **Informationsaustausch.**

▶ Verlade- und Beförderungsmittel

Bei der Übernahme der ankommenden Waren, beim Befördern zur Lagerstelle und Verladen auf Transportfahrzeuge zur Auslieferung an den Kunden können eingesetzt werden:

- Rampen, Krananlagen, Saugheber, Pumpanlagen, Aufzüge,
- Rutschen, Rollenbahnen, Förderbänder, Hängebahnen,
- Paletten,
- Hubwagen, Gabelstapler.

Die manuelle Bedienung dieser Einrichtungen ist heute noch vorherrschend, weil die Automatisierung mit hohen Anlagekosten verbunden ist.

▶ Lagervorrichtungen

Das können sein:

- Schränke für Wäsche,
- Ständer für Bekleidung,
- Regale für Kupferbleche,
- Behälter (Schachteln, Kisten, Fässer, Schubladen, Säcke, Silos, Tanks, Flaschen) für Schuhe, NE-Metalle, staubförmige und flüssige Rohstoffe.

Manche Waren werden vom Hersteller bereits in lagergerechten Verpackungen geliefert, sodass für das Unternehmen besondere Lagereinrichtungen überflüssig sind. Auch Transportbehälter (Kleincontainer, Gitterboxpaletten) erfüllen vorübergehend diesen Zweck.

Beispiele:

1. Bekleidung wird in den Ständern hängend und durch Folien geschützt angeliefert (Hängeversand) und vom Händler so im Lager aufgestellt.
2. Gitterboxpaletten werden als Lagerregale benutzt.

▶ Informations- und Sicherungsvorrichtungen

In ausgedehnten Lagern ist der Informationsaustausch zwischen dem Lagerbüro und dem Einkauf, der Fertigung, der Buchhaltungs- und Verkaufsabteilung eine wichtige Voraussetzung für den reibungslosen Ablauf. Zu diesem Zweck werden Rohrpostanlagen und Datenübertragungsanlagen eingerichtet. Neben der schnellen Übermittlung von Unterlagen und Daten garantieren sie Sicherheit und Fehlerfreiheit.

Bei den Datenübertragungsanlagen werden grundsätzlich folgende Systeme angewendet:

- Datenerfassung durch Eingabe (Eintippen über Tastaturen, Speicherung), Einlesen (Abtasten des GTIN-Codes mittels Laserstift, Speicherung) oder berührungslos per Funk bei den RFID-Tags.
- Datenübertragung vom Erfassungsgerät zum Speicher über eine Festleitung oder drahtlos.

Anlagen für die Klimatisierung der Räume gewährleisten die sachgerechte Unterbringung empfindlicher Waren (Lebensmittel, Pelzmäntel); Feuerschutzanlagen (Sprinkler, Feuerlöscher) sollen die Brandgefahren vermindern; Mess- und Zählgeräte (Waagen, Uhren) dienen der Mengenkontrolle bei ein- und ausgehenden Gütern.

■ Sicherheits- und Umweltschutzauflagen

Menschen und Umwelt können durch die Lagerung von Gütern und den Umgang mit ihnen gefährdet werden, wenn dabei Sicherheit und Umweltschutz nicht beachtet werden.

Deshalb hat der Gesetzgeber **Sicherheitsauflagen und Umweltschutzauflagen** erlassen, durch die Unfälle und Umweltschäden verhütet werden sollen. Für die Einhaltung sind die Inhaber der Unternehmen und alle Mitarbeiter verantwortlich.

▶ Sicherheitsauflagen

Die **Sicherheitsauflagen** betreffen insbesondere die Unfallverhütung im Hinblick auf einen bestimmten Gegenstand, eine bestimmte Tätigkeit oder eine bestimmte Situation durch Sicherheitskennzeichen.

ArbStättV Anhang zu § 3 (1)

Sicherheitskennzeichen sind dann einzusetzen, wenn Risiken für Sicherheit und Gesundheit nicht vermieden oder ausreichend begrenzt werden können.

Beispiele:

Verbotszeichen	Gebotszeichen	Warnzeichen

Verhinderung von Fehlverhalten, das zu Arbeitsunfällen, Gesundheitsgefahren oder Belästigungen führen kann.	Kennzeichnung von Bereichen, in denen bestimmte Sicherheitsmaßnahmen vorgeschrieben sind.	Warnung vor einer Gefahrenstelle.

▶ **Umweltschutzauflagen**

GefStoffV §§ 1 ff.

Die **Umweltschutzauflagen** betreffen insbesondere die Vorkehrung gegen Feuer und die Lagerung gefährlicher Güter.

Beispiele:

Klasse	Bezeichnung	Gefahrzettel (Beispiele)	Gefahrgüter (Beispiele)
1	explosive Stoffe und Gegenstände mit Explosivstoff	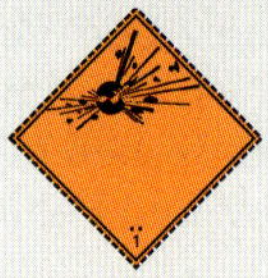	Feuerwerkskörper, Signalkörper, Munition, Schwarzpulver, Anzünder
6.1	giftige Stoffe		Desinfektionsmittel, Schädlingsbekämpfungsmittel, Arsensäure, Quecksilberverbindung, Trichlorethylen, Medikamente

Eigen- oder Fremdlagerung

Bei der Entscheidung über die Art des Lagers müssen die betrieblichen Gegebenheiten (Raum, Ausdehnungsmöglichkeit), der Kundenstamm (Standort, Sortimentswünsche, Lieferbereitschaft) sowie die Kosten (Kosten des Lagerraums, Umschlagskosten, Verwaltungskosten) berücksichtigt werden.

▶ **Fremdlagerung durch gewerbliche Lagerhalter**

HGB § 467

Der **Lagerhalter** wird durch den Lagervertrag verpflichtet, **Güter zu lagern** und **aufzubewahren.**

Als **Lagergut** kommen alle beweglichen Sachen infrage, die ihrer Natur nach für die Einlagerung geeignet sind. Ausgenommen sind lebende Tiere sowie Geld und Wertpapiere.

Die Art der Lagerung bestimmt der Einlagerer. In der Regel ist dies die **Einzellagerung**, d. h., die eingelagerten Güter werden getrennt gelagert. Bei Massengütern ist aber auch die **Sammel-, Vermengungs- oder Vermischungslagerung** möglich. Dies setzt großes Vertrauen in die reelle Geschäftsführung des Lagerhalters voraus. Soweit es sich um vertretbare Güter handelt, kann der **Lagerhalter** einen **Lagerschein** ausstellen. Er ist ein **Warenwertpapier.**

Mit der Übertragung des Lagerscheins geht das Verfügungsrecht am Lagergut auf den Inhaber des Lagerscheins über.

▶ Rechte und Pflichten des Lagerhalters

Rechte	Pflichten
– Anspruch auf Lagergeld – Erstattung der Ein- und Auslagerungskosten – Pfandrecht am eingelagerten Gut zur Sicherung seiner Forderungen	– Sorgfaltspflicht bei der Übernahme, während der Lagerung und bei der Aushändigung – Benachrichtigungspflicht bei drohender Verschlechterung des eingelagerten Gutes – Haftung gegenüber dem Einlagerer bei Verletzung der übernommenen Pflichten

▶ Entscheidungsgründe für Fremdlagerung

- Standortvorteile durch Lager in Umschlagszentren (Güterverteilzentren, Häfen).
- Speziallager, die das Unternehmen nicht selbst einrichten kann bzw. darf (Kühlhäuser, Zolllager).
- Einlagerung bei Geschäftserweiterung, wenn die eigenen Räume nicht ausreichen und Erweiterungsmöglichkeiten nicht gegeben sind.
- Vermeiden eigener hoher Anlageinvestitionen, wenn die kontinuierliche Nutzung nicht gewährleistet ist.
- Übernahme von Service-Leistungen der Bestandsüberwachung, Lagerbuchhaltung, Warenpflege und Auslieferung durch den Lagerhalter.
- Verlagerung des Risikos auf gewerbliche Lagerhalter bringt Kostenvorteile, weil der gewerbliche Lagerhalter u. U. günstigere Versicherungsprämien erzielen kann.
- Lagerhaltungskosten.

Beispiel:

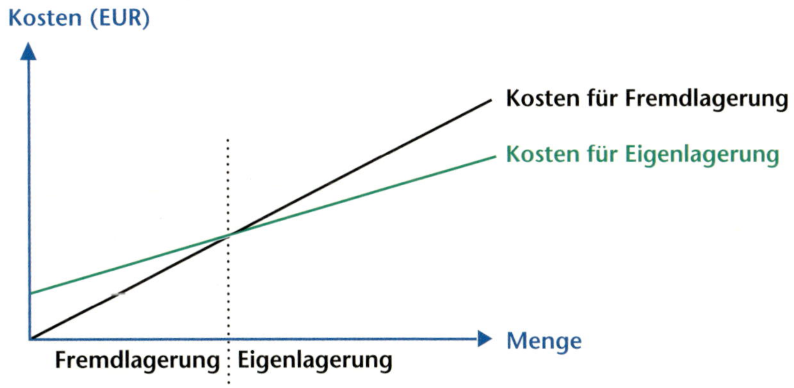

Die Entscheidung für Fremd- oder Eigenlagerung hängt letztlich von der besonderen Situation des jeweiligen Unternehmens ab.

Zentrale Lagerung oder dezentrale Lagerung

Entscheidungsfaktoren für zentrale oder dezentrale Lagerung		
Faktoren	**zentrale Lagerung**	**dezentrale Lagerung**
Kosten der Warenbereitstellung		
– Löhne/Gehälter der Mitarbeiter	niedriger, da auf die Ausstattung eines Lagers begrenzt	höher; steigen mit der Anzahl der Lager
– Kapitalbindung in den Beständen	geringer, weil Mindestbestände und durchschnittliche Bestände nur für ein Lager erforderlich sind	höher, weil Mindestbestände und durchschnittliche Bestände in jedem Lager vorhanden sein müsen; weil Kapitalbindung mit der Anzahl der Lager steigt
– Kapitalbindung in den Anlagen	auf die Ausstattung eines Lagers begrenzt	steigt mit der Anzahl der Lager
Kosten der Auslieferung	höher, weil der Transportweg länger ist niedriger, wenn Sammelverkehr möglich ist	niedriger, weil der Transportweg kürzer ist höher, wenn mehr Einzelfahrten mit geringen Mengen erforderlich sind
Sortimentsstruktur	Breite und Tiefe auf das gesamte Absatzgebiet ausgerichtet	Breite und Tiefe auf ein begrenztes Absatzgebiet ausgerichtet
Verbrauchergewohnheiten	für das gesamte Absatzgebiet ermittelt regionale Unterschiede können intern ausgeglichen werden	für ein begrenztes Absatzgebiet ermittelt regionale Unterschiede sind von vornherein bekannt kurzfristige Änderungen müssen zwischen den dezentralen Lagern durch Umlagerung ausgeglichen werden
Anbindung der verbrauchenden Stellen	Unternehmer liefert die benötigte Menge aus seinem Zentrallager zeitgenau am Verbrauchsort ab (Just-In-Time-System, Bringsystem) Voraussetzungen: papierlose Kommunikation, rechtzeitiger Lieferabruf, zuverlässige Transportabwicklung, Qualitätskontrolle	Unternehmer betreibt ein Konsignationslager beim Warenempfänger, zu dem dieser einen direkten Zugriff hat (KANBAN-System, Holsystem) Voraussetzungen: fördertechnische Anbindung, ständige Überwachung des Verbrauchs, rechtzeitige Lagerauffüllung, Qualitätskontrolle

5.4.4 Wirtschaftliche Lagerhaltung

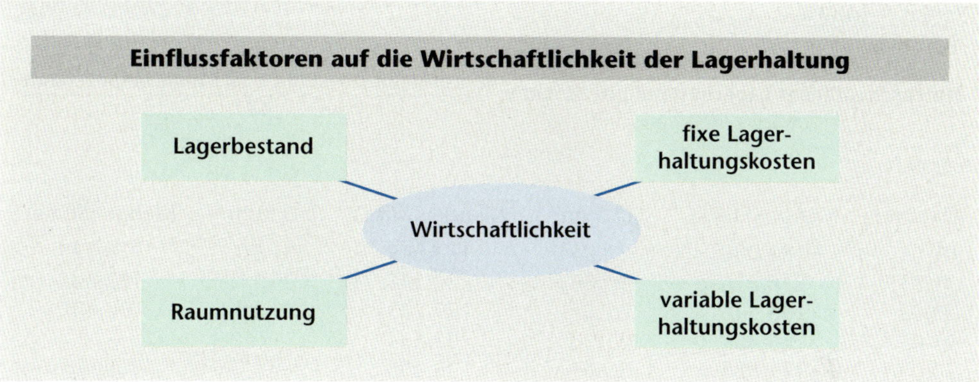

■ Lagerhaltungskosten

Zu den **Lagerhaltungskosten** zählen alle Aufwendungen, die im Zusammenhang mit der Vorratshaltung entstehen. Im Einzelnen handelt es sich um:

a) Kosten der **Lagereinrichtungen** für Instandhaltung, Abschreibung, Heizung, Kühlung, Beleuchtung, Reinigung, Bewachung, Verzinsung des in den Lagereinrichtungen investierten Kapitals.

b) Kosten der **Lagerverwaltung** für Löhne, Gehälter, Büromaterial.

c) Kosten des **Lagerrisikos** durch Schwund, Diebstahl, Verderb, Preisverfall, Beschädigung, Sicherheitseinrichtungen, Schulung der Mitarbeiter, Versicherungsprämien.

Diese Kosten können **fix oder variabel** sein.

Lagerhaltungskosten

Fixe Lagerhaltungskosten fallen unabhängig von der Menge der eingelagerten Güter an. **Beispiele:** Gebäudeversicherung, Abschreibung, Personalkosten	**Variable Lagerhaltungskosten** verändern sich mit der Menge der eingelagerten Güter. **Beispiele:** Treibstoff für Gabelstapler, Personalkosten für Aushilfskräfte

■ Lagerkennzahlen

▶ Durchschnittlicher Lagerbestand

Wareneingänge und Warenausgänge verändern ständig die Lagerbestände, deshalb benutzt man zur Beurteilung der **Kapitalbindung** im Lager den durchschnittlichen Bestand. Der **durchschnittliche Lagerbestand** ist der Mittelwert der im Laufe einer Geschäftsperiode vorhandenen tatsächlichen Lagerbestände. Er kann auf das Kalenderjahr oder den Kalendermonat bezogen werden.

$$\textbf{Durchschnittlicher Lagerbestand pro Jahr} = \frac{\textbf{Jahresanfangsbestand + Jahresendbestand}}{\textbf{2}}$$

Beispiel: Der Lagerbestand zu Jahresbeginn beträgt 176 Paletten, am Jahresende sind noch 158 Paletten am Lager. Der durchschnittliche Lagerbestand beträgt

$$\frac{176\text{ Pal.} + 158\text{ Pal.}}{2} = 167\text{ Paletten}$$

$$\textbf{Durchschnittlicher Lagerbestand pro Monat} = \frac{\textbf{Jahresanfangsbestand + 12 Monatsendbestände}}{\textbf{13}}$$

Beispiel:

Datum	Menge (Stück)	Datum	Menge (Stück)	Datum	Menge (Stück)
01.01.	182.000	31.05.	178.049	31.10.	176.323
31.01.	216.256	30.06.	224.545	30.11.	182.667
28.02.	193.546	31.07.	199.233	31.12.	192.487
31.03.	156.409	31.08.	202.634		
30.04.	121.888	30.09.	189.400		

Durchschnittlicher Lagerbestand: (182.000 St. + 216.256 St. + 193.546 St. + 156.409 St. + 121.888 St. + 178.049 St. + 224.545 St. + 199.233 St. + 202.634 St. + 189.400 St. + 176.323 St. + 182.667 St. + 192.487 St.)/13 = 185.802,8 St.

▶ Lagerumschlag

Unter **Lagerumschlag** versteht man die **mengen- oder wertmäßige Entwicklung eines Lagerbestandes,** die im Zusammenhang mit der Entnahme und dem Wiederauffüllen steht.

Die **mengenmäßige Entwicklung** des Lagerbestandes nennt man **Wareneinsatz.** Man versteht darunter die Menge der Güter, die in einem bestimmten Zeitraum dem Lager entnommen wurde (Jahres-, Monats-, Wochen-, Tagesabsatz).

Wareneinsatz = Anfangsbestand des Lagers + Zugänge – Endbestand des Lagers

Die **wertmäßige Entwicklung** des Lagerbestandes kann unter zwei Gesichtspunkten betrachtet werden.

Den **Wareneinsatz zu Einstandspreisen** erhält man, wenn der Wareneinsatz mit dem Bezugspreis multipliziert wird; der **Warenumsatz** entspricht den Umsatzerlösen, d.h. die abgesetzte Menge · Verkaufspreis pro Stück.

Beispiel:

Elektrorasierer MX 300 – Bezugspreis: 23,00 EUR, Verkaufspreis: 49,00 EUR/Stück			
Datum	Zugang	Abgang	Bestand
01.01.			300 Stück
09.01.	200 Stück	110 Stück	390 Stück
15.01.			390 Stück
27.01.		160 Stück	230 Stück
	200 Stück	270 Stück	

Wareneinsatz im Monat Januar: 300 Stück + 200 Stück – 230 Stück = 270 Stück

Wareneinsatz zu Einstandspreisen: 270 Stück · 23,00 EUR/Stück = 6.210,00 EUR

Warenumsatz: 270 Stück · 49,00 EUR/Stück = 13.230,00 EUR

▶ Umschlagshäufigkeit

Die **Umschlagshäufigkeit** gibt an, **wie oft** die Menge oder der Wert des durchschnittlichen Lagerbestandes in einem Jahr umgesetzt werden.

$$\textbf{Umschlagshäufigkeit, mengenmäßig} = \frac{\textbf{Wareneinsatz}}{\textbf{durchschnittlicher Lagerbestand}}$$

$$\textbf{Umschlagshäufigkeit, wertmäßig} = \frac{\textbf{Wareneinsatz zu Einstandspreisen}}{\textbf{durchschnittlicher Lagerbestand}}$$

Sie kann für einzelne Warenarten, Warengruppen, ein ganzes Unternehmen oder einen ganzen Geschäftszweig errechnet werden.

Beispiel: Für eine bestimmte Warenart ist

der Jahresabsatz	der durchschnittliche Lagerbestand	die Umschlagshäufigkeit
1.800 Stück	200 Stück	$\frac{1.800 \text{ Stück}}{200 \text{ Stück}} = 9$

▶ Lagerdauer

Die **Lagerdauer** ist die Zeit, die zwischen Ein- und Ausgang der Ware liegt.

$$\textbf{Durchschnittliche Lagerdauer} = \frac{\textbf{360 Tage}}{\textbf{Umschlagshäufigkeit}}$$

Beispiel: Bei einer Umschlagshäufigkeit von 9 ist die durchschnittliche Lagerdauer 360 Tage : 9 = 40 Tage.

▶ Lagerhaltungskostensatz

Er drückt die Lagerhaltungskosten in einem Prozentsatz aus. Der Grundwert ist der durchschnittliche Lagerbestand in EUR (Lagerwert).

$$\textbf{Lagerhaltungskostensatz} = \frac{\textbf{Lagerhaltungskosten}}{\textbf{durchschnittlicher Lagerwert}} \cdot \textbf{100}$$

Beispiel:

Lagerhaltungskosten	durchschnittlicher Lagerwert	Lagerhaltungskostensatz
30.000 EUR	300.000 EUR	$\frac{30.000}{300.000} \cdot 100 = 10\ \%$

▶ Lagerzinssatz

Mithilfe des Lagerzinssatzes werden kalkulatorischen Kosten des in den Lagerbeständen gebundenen Kapitals ermittelt. Dabei sollte als Berechnungsgrundlage der Jahreszinssatz des Kapitalmarktes zugrunde gelegt werden.

$$\textbf{Lagerzinssatz} = \frac{\textbf{Kapitalmarktzinssatz} \cdot \textbf{durchschnittliche Lagerdauer in Tagen}}{\textbf{360 Tage}}$$

Beispiel:

durchschnittliche Lagerdauer	Kapitalmarktzinssatz	Lagerzinssatz
40 Tage	9 %	$\frac{9\ \% \cdot 40 \text{ Tage}}{360 \text{ Tage}} = 1\ \%$

Soweit sich die Ausgangsdaten nicht ändern, kann der Lagerzinssatz zum Branchen- und Periodenvergleich verwendet werden.

Beispiel: In der Geschäftsperiode I sind durchschnittlich 300.000 EUR in den Vorräten gebunden, in der Geschäftsperiode II sind es 400.000 EUR. Bei einem Lagerzinssatz von 0,5 % steigt die kalkulatorische Zinsbelastung von 1.500 EUR auf 2.000 EUR.

▶ **Lagerzinsen**

Die Lagerzinsen geben an, wie viel das im durchschnittlichen Lagerbestand gebundene Kapital kostet.

$$\textbf{Lagerzinsen} = \frac{\textbf{durchschnittlicher Lagerbestand} \cdot \textbf{Lagerzinssatz}}{\textbf{100}}$$

▶ **Kapitaleinsatz**

Das Ziel ist eine **möglichst geringe Kapitalbindung** in den Vorräten, aber auch in den Lagergebäuden und Lagereinrichtungen. Weniger Kapital wird benötigt, wenn weniger Waren gelagert werden. Das erfordert ein häufigeres Auffüllen des Lagers, also einen höheren Umschlag, und bedeutet eine Verkürzung der Lagerdauer. Die Anlagen können entsprechend klein gehalten werden.

Beispiel:

	Periode 1	Periode 2
Wareneinsatz (AB + Zugänge – EB)	30.000 EUR	30.000 EUR
durchschnittliche Lagerdauer	24 Tage	12 Tage
Umschlagshäufigkeit	15	30
Wert des durchschnittlichen Lagerbestands (= Kapitaleinsatz)	2.000 EUR	1.000 EUR

Der **Kapitaleinsatz** ist umso **geringer,** je **kürzer die Lagerdauer** bzw. je **höher die Umschlagshäufigkeit** ist.

▶ **Flächennutzungsgrad**

Für die Einlagerung steht nicht die gesamte Fläche des Lagers zur Verfügung. Es sind Verkehrswege, Kommissionierungs- und Verpackungsbereiche, Sicherheitszonen sowie Büro- und Sozialräume notwendig. Zur Errechnung des Flächennutzungsgrads ist die Lagerfläche heranzuziehen, die genutzt werden kann.

$$\textbf{Flächennutzungsgrad} = \frac{\textbf{tatsächlich belegte Fläche}}{\textbf{nutzbare Fläche}}$$

Beispiel: Ein Lagerhaus hat nach dem Bauplan einen Grundriss von 100 m x 100 m. Für Verkehrswege werden 2.500 m² benutzt. Die einzulagernden Güter sind auf Paletten (1.200 mm x 800 mm) gestapelt. Es sind regelmäßig Güter auf 6.000 Paletten im Stapellager eingelagert.

$$\text{Flächennutzungsgrad} = \frac{(1{,}2\text{ m} \times 0{,}8\text{ m})/\text{Pal.} \cdot 6.000\text{ Pal.}}{10.000\text{ m}^2 - 2.500\text{ m}^2} = \frac{5.760\text{ m}^2}{7.500\text{ m}^2} = 0{,}768$$

Die nutzbare Fläche ist zu 76,8 % belegt.

5.4.5 Arbeiten im Lager

Wareneingang

Die **Warenannahme** ist eine **Rechtshandlung, die zur Erfüllung des Kaufvertrages** gehört.

HGB § 377 Der Käufer muss die Anlieferung dem anliefernden Transportunternehmen bestätigen. Das geschieht in aller Regel durch **Annahmevermerk (Quittung) auf dem Frachtpapier.** Allerdings sind vor der Erteilung der Annahmequittung beim Wareneingang eine Reihe von Kontrollen und Tätigkeiten durchzuführen.

▶ **Prüfung der Sendung**

Die Prüfung der Sendung erstreckt sich auf

- den Vergleich mit den Begleitpapieren: Stimmen Anzahl, Zeichen und Nummern der Packstücke überein?
- die Verpackung: Ist sie unversehrt oder beschädigt?
- die Ware selbst, falls sie unverpackt ist.

Beanstandungen werden auf dem Begleitpapier vermerkt **(Tatbestandsaufnahme)**. Es kann aber auch die Annahme der Sendung verweigert werden.

▶ **Auspacken und Prüfung der Ware**

Nach der äußerlichen Prüfung erfolgt das Auspacken und Prüfen der Ware. Diese Prüfung erstreckt sich auf Menge, Art, Güte, Beschaffenheit und Aufmachung der Ware.

Dabei wird überprüft, ob die gelieferte Ware der bestellten entspricht. Werden Abweichungen festgestellt, müssen diese festgehalten werden, damit beim Lieferanten der Mangel gerügt werden kann. Fehlerfreie Waren werden in das Lager eingeordnet. Der Wareneingang wird in einem Eingangsschein festgehalten.

Das Verpackungsmaterial kann oft wiederverwendet oder gegen Vergütung zurückgesandt werden. Einwegverpackungen können an den Lieferanten zur Entsorgung zurückgeschickt werden. Wird eigenes Verpackungsmaterial benutzt, das dem Lieferanten für die Zusendung der Ware übersandt wurde (z. B. Flaschen, Fässer, Boxen), so ist über seinen Verbleib genau buchmäßige Kontrolle zu führen (Emballagendatei).

■ Bestandskontrolle (Kapitel 5.4.2)

■ Kommissionierung

Die **Zusammenstellung der Artikel,** die ein Kunde bestellt hat, nennt man **Kommissionierung,** die zusammengestellte Lieferung **Kommission.**

Grundlage der Kommissionierung ist der **Ordersatz** der Verkaufsabteilung mit Lieferschein, Packzettel, Aufkleber (Label) und Rechnung.

Grundsätzlich lassen sich verschiedene **Kommissionierungssysteme** (Bild, Seite 318) nach dem Einsatz von Menschen oder Maschinen unterscheiden.

▶ **Manuelle Kommissionierungstechnik**

a) Mann-zur-Ware-System. Die Artikel lagern in einem Kommissionierungslager und der Kommissionierer entnimmt den entsprechenden Lagerplätzen die gewünschte Menge eines Artikels.

Die Kommissionierung erfolgt dabei in folgenden Schritten:

1. Die Verkaufsabteilung erstellt bei der Hereinnahme eines Auftrags den Ordersatz mit Angabe der Kundennummer, der Auftragsnummer und der aufgelisteten Artikelnummern.
2. Auf dieser Grundlage errechnet die DV-Anlage Volumen und Sollgewicht der Kommission und bestimmt die Größe der Transportverpackung. Außerdem werden die Labels für die einzelnen Artikel und die Anschrift beigelegt.
3. Ordersatz und Labels werden mit der Transportverpackung zum Kommissionierungsplatz befördert.

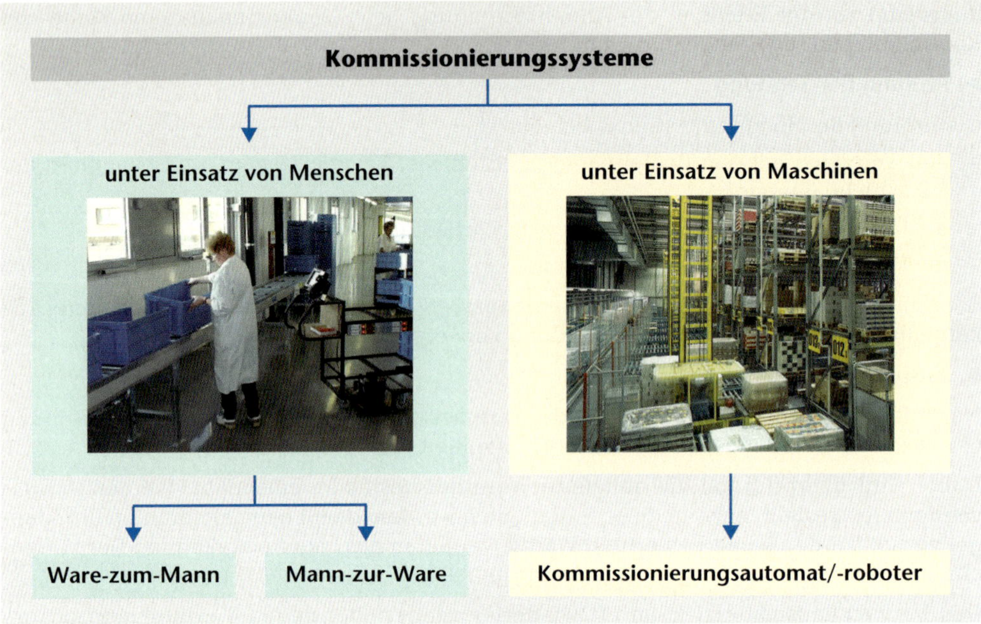

4. Nach dem Pick-Pack-Check-System (Greifen-Verpacken-Kontrollieren) werden vom Lagermitarbeiter die Labels angebracht, die Artikel in die Transportverpackung gelegt und die Kommission zur Versandstelle auf den Weg gebracht (Förderband).
5. An der Versandstelle wird das tatsächliche Gewicht ermittelt und mit dem Sollgewicht verglichen. Bei Übereinstimmung erfolgt der Versand, bei Nichtübereinstimmung wird die Kommission überprüft und korrigiert.

Beispiele für andere manuelle Kommissionierungstechniken:

1. Ein Arzneimittelgroßhändler verwendet zur Kommissionierung eines Auftrages die Transportbox der Apotheke, in die der Lagerarbeiter die aus dem Regal entnommenen Packungen legt.
2. Im SB-Großhandel für Malerbedarf legt der Maler die jeweiligen Artikel auf einen Transportwagen und fährt damit an die Kasse.

b) Ware-zum-Mann-System. Bei diesem System wird z. B. die Gitterboxpalette, in der der benötigte Artikel ist, über ein Regalförderfahrzeug aus dem Lager zum Kommissionierer gebracht. Nach Entnahme der gewünschten Menge des Artikels erfolgt der automatische Rücktransport der Gitterboxpalette ins Lager.

▶ Automatische Kommissionierungstechnik

Der **Kommissionierungsautomat/-roboter** übernimmt den kompletten Kommissionierungsvorgang automatisch. Hier erfolgt die Entnahme aus dem Regal durch einen Greifer, der elektronisch gesteuert ist. Für die Lagerung werden in aller Regel Normverpackungen verwendet. Die so verpackten Artikel werden vom Greifer auf ein Förderband gelegt, das sie zum Versandplatz befördert, wo sie in Versandbehälter gelegt und zum Versand gebracht werden.

Bei der beleglosen Kommissionierung werden sämtliche Kommissionierungsaufträge von der Lager-DV online, per drahtloser Datenübertragung auf die Bordcomputer der Fahrzeugterminals übertragen. Mengenänderungen sowie weitere Bedarfsmeldungen werden sofort wieder online oder nur mit kurzer Zeitverzögerung an die Lager-DV übermittelt.

▶ Wegeoptimierung

Bei der Kommissionierung sollen unnötige Wege vermieden werden. Es wird deshalb die Optimierung der zur Entnahme erforderlichen Wege angestrebt.

Voraussetzung für eine zeitsparende Kommissionierung ist die Einlagerung der Waren nach Plan, wobei folgende Kriterien gelten können:

- **Häufigkeit der Entnahme.** Häufig georderte Artikel befinden sich in Regalen in der Nähe der Versandstelle. Zugriffszeit und Beförderungsweg sind sehr kurz.
- **Gleichartige Waren sind im gleichen Regal gelagert.** Aufträge können entsprechend sortiert werden. Die Ausführung wird beschleunigt, weil mehrere Kommissionen gleichzeitig ausgeführt werden können.
- **Ergänzende Waren sind im gleichen Regalabschnitt gelagert.** Die Kommission kann zeitsparend zusammengestellt werden. Es ergeben sich Möglichkeiten des Zusammenpackens in eine Verpackungseinheit.

  Beispiel: Im Lager eines Sanitär-Großhändlers sind die Badewannen und die dazu passenden Armaturen im gleichen Regal gelagert.

▶ Cross-Docking

Eine besondere Art des Kommissionierens ist das Cross-Docking-Verfahren. Hier werden Waren nicht mehr zwischengelagert. Das Lager dient nur noch als Umschlagseinrichtung, als sogenanntes **Cross-Docking-Center,** und ist deshalb »bestandslos«. Die eingehenden Waren werden sofort kundenorientiert umgepackt, umverteilt bzw. umgeladen. Die Waren werden von den Lieferanten zum Cross-Docking-Center transportiert. Dort werden die Lieferungen für die einzelnen Kunden kommissioniert und dann zugestellt.

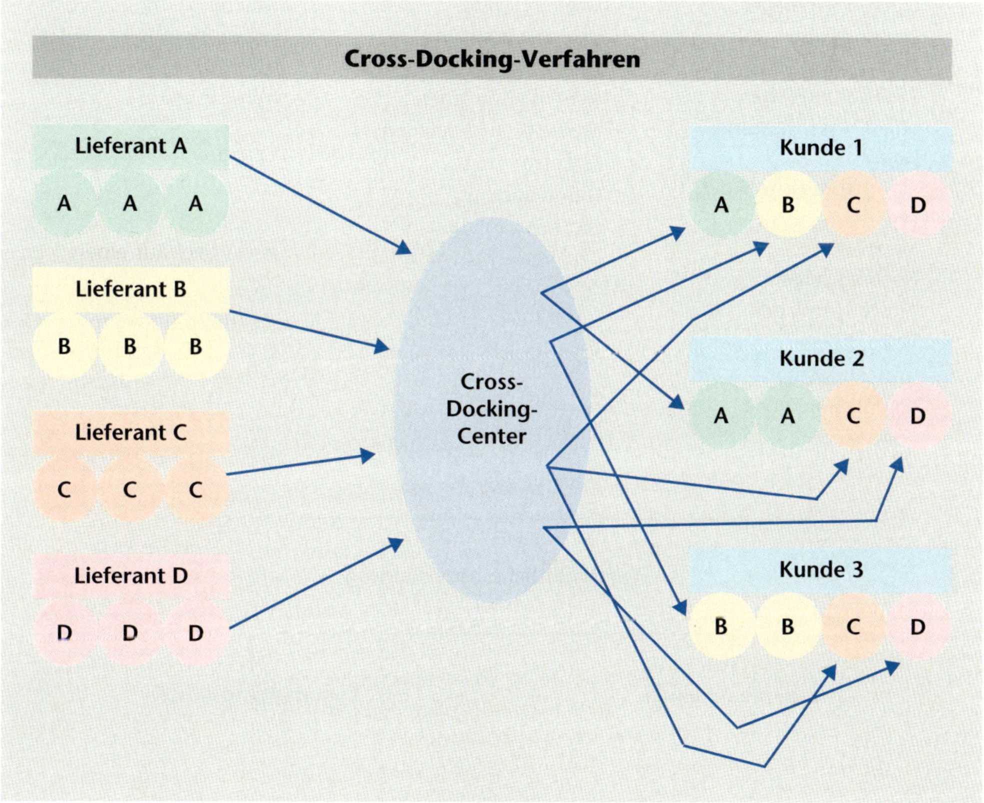

Warenausgang

Bevor die kommissionierte Ware das Lager verlässt, wird überprüft, ob die zum Versand vorbereitete Ware mit dem Auftrag übereinstimmt. Nach dieser **Warenausgangskontrolle** wird die Ware versandfertig verpackt und dem Frachtführer zur Abholung avisiert bzw. verladen.

Zusammenfassende Übersicht zu Kapitel 5.4: Lagerlogistik

Lagerlogistik

Aufgaben der Lagerhaltung
- optimaler Lagerbestand
- Einlagerungsprinzipien
- Lagerkontrolle

Lagerarten
- Eigen-/Fremdlager
- zentrales/dezentrales Lager
- Auslieferungslager
- offenes/geschlossenes Lager
- ein-/mehrgeschossiges Lager
- Stapellager
- Hochregallager
- Ausstellungslager
- Verkaufslager
- Umschlagslager
- Kommissionslager
- Zolllager

Faktoren der Lagergestaltung
- Lagerkapazität
- Umschlagsleistung
- Einrichtungstechnik
- Sicherheitsauflagen
- Umweltschutzauflagen
- Eigenlagerung
- Fremdlagerung
- zentrale Lagerung
- dezentrale Lagerung

Arbeiten im Lager
- Wareneingang
- Bestandskontrolle
- Kommissionieren
- Warenausgang

wirtschaftliche Lagerhaltung

Lagerkennzahlen | **Lagerhaltungskosten**

▶ Aufgaben und Probleme

1. Beim Textilhaus Müller e. K. sind Artikel der Damen- und Herrenoberbekleidung zu beschaffen. An den Planungen und Entscheidungen hinsichtlich der zu bestellenden Gesamtmenge sind Mitarbeiter der Abteilungen Einkauf und Lager beteiligt. Es ist schwierig, die möglichst optimale Warenmenge zu beschaffen.

   a) Erörtern Sie die Notwendigkeit der Lagerhaltung.

   b) Beschreiben Sie je zwei Folgen

      – einer zu großen Bestellmenge,

      – einer zu kleinen Bestellmenge.

2. Die Großmarkt GmbH besitzt zehn Supermärkte im norddeutschen Raum, die alle vom Zentrallager in Minden beliefert werden. Im Sortiment befinden sich neben Frischwaren wie z. B. Obst, Gemüse, Milch und Käse auch Lebensmittelkonserven, Tiefkühlkost und Wein. Das Angebot an Non-Food-Artikeln wie z. B. Reinigungsmitteln, Kosmetikartikeln und Haushaltsgeräten hat man im letzten Jahr vergrößert. Die Einlagerung erfolgt nach dem Prinzip der chaotischen Lagerung.

   a) Erläutern Sie vier Aufgaben der Lagerhaltung am Beispiel der Großmarkt GmbH.

   b) Nennen Sie Vorzüge, die für die zentrale Lagerung sprechen.

   c) Zeigen Sie an drei Artikeln der Großmarkt GmbH, was unter artgerechter Lagerung zu verstehen ist.

   d) Beschreiben Sie das Prinzip der chaotischen Lagerung. Geben Sie dabei Voraussetzungen, Vor- und Nachteile an.

   e) Erläutern Sie die grundsätzlichen Unterschiede der Lagerung im Zentrallager und in den Supermärkten.

   f) Beschreiben Sie mögliche Folgen, wenn bei der Großmarkt GmbH die Eingangskontrolle mangelhaft durchgeführt wird.

3. Laut einer Veröffentlichung in der Fachzeitschrift des Getränkeverbandes beträgt die Umschlagshäufigkeit für Fruchtsäfte im Branchendurchschnitt 10. Für einen Vergleich der eigenen Umschlagshäufigkeit mit dem Branchendurchschnitt liegen folgende Werte für das vergangene Halbjahr vor:

Anfangsbestand:	300 Kästen
Endbestand:	200 Kästen
Zugänge:	1.800 Kästen
Durchschnittlicher Einstandspreis:	8,00 EUR/Kasten

   a) Ermitteln Sie die Umschlagshäufigkeit für Fruchtsäfte und vergleichen Sie das Ergebnis mit dem Branchendurchschnitt.

   b) Begründen Sie, ob folgende Maßnahmen zu einer Verbesserung der Umschlagshäufigkeit führen werden:

      – Sonderverkäufe,

      – häufigere, aber kleine Bestellungen,

      – Einstellung der Werbung.

4. Eine Wirtschaftlichkeitsprüfung ergab, dass im Beschaffungs- und Lagerbereich die Kosten zu hoch sind. Als Konsequenz soll das Lagerwesen effektiver organisiert werden.

   a) Nennen Sie sechs Kostenarten, die im Lager entstehen.

b) Aus der Lagerbuchhaltung liegen folgende Informationen vor:

Anfangsbestand:	320.000 EUR
12 Monatsendbestände:	4.360.000 EUR
Wareneinsatz zu Einstandspreisen:	1.296.000 EUR

Berechnen Sie folgende Lagerkennzahlen:

- durchschnittlicher Lagerbestand,
- Umschlagshäufigkeit,
- durchschnittliche Lagerdauer,
- Lagerzinssatz bei einem Jahreszinssatz von 4,6 %.

c) Für die Umorganisation des Lagerwesens liegen folgende Empfehlungen vor:

- Das System der chaotischen Lagerhaltung soll eingeführt werden.
- Ein Teil der Waren soll fremdgelagert werden. Hierfür sind folgende Daten bekannt:
  - Kosten bei Fremdlagerung: 3,50 EUR/Stück.
  - Kosten bei Eigenlagerung: 64.000 EUR fix + 1,50 EUR pro Stück. Es soll vermehrt auf Streckengeschäfte umgestellt werden.

Beurteilen Sie die einzelnen Empfehlungen.

5. Die Getränkegroßhandlung Rebstock OHG in Beutelsbach möchte in das lukrative Geschäft mit »Beaujolais Primeur« einsteigen, der jährlich Mitte November auf den Markt kommt und für zwei Monate gute Umsätze verspricht. Da dieser Artikel aber nur vorübergehend im Sortiment ist, prüft die Geschäftsleitung, den Wein in einem nahe gelegenen Lagerhaus einzulagern.

   An Kosten fallen an:

– bei Eigenlagerung:	
fixe Lagerhaltungskosten	4.000,00 EUR
variable Lagerhaltungskosten	0,50 EUR/Karton
– bei Fremdlagerung:	3,00 EUR/Karton

   a) Wägen Sie Vor- und Nachteile dieser beiden Lagerarten ab.

   b) Nennen Sie je drei typische fixe bzw. variable Lagerhaltungskosten.

   c) Führen Sie den rechnerischen Nachweis für die Lagermenge durch, ab der sich die Eigenlagerung lohnt.

6. Der Warenbestand eines Handelsbetriebes betrug zu Beginn eines Geschäftsjahres 220.000 EUR, am Ende des Jahres 260.000 EUR. Im Verlauf des Jahres wurde für 2.200.000 EUR eingekauft. Der Verkaufsumsatz betrug 2.570.000 EUR.

   a) Ermitteln Sie den Wareneinsatz.

   b) Wie hoch war der durchschnittliche Lagerbestand?

   c) Wie groß war die Umschlagshäufigkeit des Warenlagers?

   d) Ermitteln Sie die durchschnittliche Lagerdauer.

   e) Welcher Lagerzinszuschlag wäre bei der Kalkulation der Waren zu berücksichtigen, wenn für ein Darlehen zur Finanzierung der Lagerinvestitionen 9 % Zinsen zu entrichten wären?

7. Vergleichen Sie die manuelle mit der automatischen Kommissioniertechnik.

8. Beschreiben Sie das »Pick-Pack-Check-System«.

9. Erläutern Sie, was unter Wegeoptimierung verstanden wird, und nennen Sie Waren, bei denen eine Wegeoptimierung notwendig ist.
10. Die Großhandels-AG Paderborn möchte die aus Nordeuropa stammenden Waren bis zu ihrer Auslieferung an Einzelhändler bei einem gewerblichen Lagerhalter zwischenlagern. Eine infrage kommende Lagergesellschaft legt den Lagerverträgen ihre Lagerbedingungen zugrunde, die u. a. folgenden Passus enthalten:

    »Die Lagergesellschaft ist im Falle der Lagerung vertretbarer Sachen zu ihrer Vermischung mit anderen Sachen von gleicher Art und Güte befugt. Wird dies allerdings vom Einlagerer nicht gewünscht, so muss er dies vor der Einlagerung ausdrücklich schriftlich mitteilen.«

    a) Beschreiben Sie die Gefahr, die sich durch Sammellagerung für den Einlagerer ergibt.
    b) Durch welche Vorsorgemaßnahmen kann sich der Einlagerer vor den Risiken der Einlagerung bei gewerblichen Lagerhaltern schützen?
    c) Nennen Sie Serviceleistungen der Lagergesellschaft, die das Einlagern bei gewerblichen Lagerhaltern für den Auftraggeber attraktiv machen.
    d) Welche Vorteile ergeben sich für die Großhandels-AG durch die Fremdlagerung?

5.5 Intralogistik

Unter **Intralogistik** versteht man den **gesamten Prozess des** innerbetrieblichen **Materialflusses** und der damit zusammenhängenden **Informationsströme.**

Ziel ist die Optimierung der internen logistischen Kette.

Der innerbetriebliche Materialfluss beginnt vereinfacht ausgedrückt an der Rampe des Wareneingangs, läuft dann über das Beschaffungslager in die Produktion mit eventuellen Zwischenlagern, von dort in die Qualitäts- und Endkontrolle, dann in das Fertigproduktlager und zuletzt zur Rampe des Versands. In der Realität sind die Materialflüsse jedoch viel komplexer. Sie sind u. a. abhängig von

- der Größe des Grundstücks und der Gebäude,
- des Fertigungsprinzips und der Fertigungsart,
- der Belegung der Betriebsmittel,
- der Art des Transportguts,
- der Transporthäufigkeit,
- der Transport- und Fördermittel,
- dem Automatisierungsgrad der Materialflusssteuerung.

Die Abwicklung wird mit **innerbetrieblichen Transportsystemen** durchgeführt.

Der Einsatz und die Art dieser Transportsysteme werden von folgenden Zielen bestimmt:

- Eine **optimale Nutzung** der Transportsysteme minimiert die Transportkosten und die Leerwege. Außerdem kann eine hohe funktionale und zeitliche Auslastung erreicht werden. Dieses Ziel wird weitestgehend mit dem **Bringsystem** erreicht, bei dem der innerbetriebliche Transport auf Anforderung der betreffenden Betriebsabteilung durchgeführt wird.
- Ein **hoher Servicegrad** führt zu kurzen Auftragswartezeiten und niedrigen Transportzeiten.

- **Hohe Flexibilität** ist notwendig, um eine Vielzahl verschiedenartiger Materialien transportieren zu können. Ebenso lässt sich eine leichte Anpassung an betriebliche Umstellungen erreichen.
- Eine **hohe Transparenz** erhält man durch Informationen über die aktuelle Situation. Dies führt auch zu einer verursachungsgerechten Kostenverteilung.

Damit die innerbetrieblichen Transportprobleme bewältigt werden können, gibt es eine Vielzahl von **Fördermitteln,** die dem innerbetrieblichen Transport der Materialien dienen.

Fördermittel	
Stetigförderer werden verwendet, wenn feste Transportstrecken vorhanden sind und der Materialfluss kontinuierlich ist.	**Unstetigförderer** werden verwendet, wenn Unterbrechungen im Materialfluss bzw. Änderungen in der Transportrichtung möglich sein sollen.
Beispiele: – Rollenbahnen – Gurtförderer – Unterflurförderanlagen – Rutschen – Wendelförderer – Becherwerke	**Beispiele:** – ortsfeste Hebezeuge wie Aufzüge, Hebebühnen – fahrbare Hebezeuge wie Laufkrane, Portalkrane – Flurförderzeuge wie Stapler, Hubwagen – fahrerlose Transportsysteme

Folgende Faktoren bestimmen das eingesetzte Fördermittel:

- Unternehmensgröße,
- Förderungsgeschwindigkeit,
- innerbetriebliche Standorte,
- Förderungsintensität,
- Art der Fertigungsverfahren,
- Art und Größe der zu befördernden Materialien,
- Förderungsstrecken,
- Automatisierungsgrad des Betriebes.

Zur Sicherung und rationelleren Gestaltung der **innerbetrieblichen Transporte** kommen **Förderhilfsmittel** zum Einsatz. Dadurch können Güter und Materialien zu größeren Transporteinheiten zusammengefasst werden.

Beispiele: Flachpaletten, Gitterboxpaletten, Kisten, Kartons, Fässer, Flaschen, Säcke, Beutel, Kanister, Rollen

Bei der Auswahl der Förderhilfsmittel ist darauf zu achten, dass ein hoher Zielerreichungsgrad erreicht wird. Deshalb sollten möglichst genormte, mehrfach verwendbare, umweltschonende bzw. leicht entsorgbare Förderhilfsmittel zum Einsatz kommen.

Beispiel: Rollenbahn

Im Rahmen des Logistikkonzepts übernimmt die **Terminplanung** die Aufgabe, rechtzeitig die notwendigen Flächen für die einzulagernden Stoffe bereitzustellen und die entsprechenden Materialien termingerecht an die anfordernden Stellen abzugeben.

Um diese Aufgabe planmäßig erfüllen zu können, ist eine enge Verzahnung mit der Beschaffungslogistik (Mengen- und Zeitplanung) und der Produktionslogistik (Fertigungsplanung und -steuerung) notwendig. Nur so können eine wirtschaftliche Lagerhaltung und ein reibungsloser Produktionsablauf gewährleistet werden.

Zusammenfassende Übersicht zu Kapitel 5.5: Intralogistik

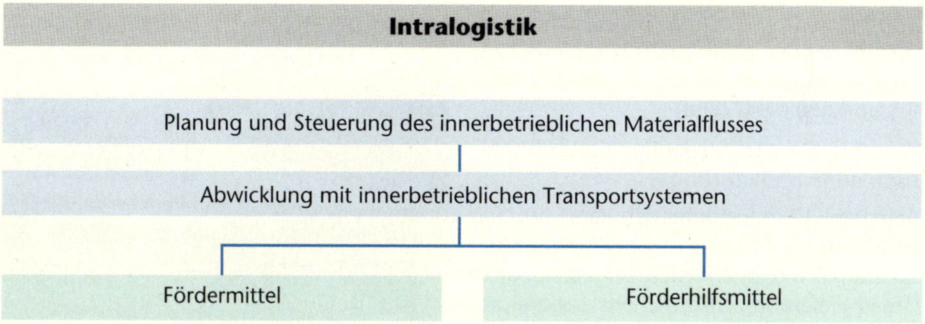

▶ Aufgaben und Probleme

1. Beschreiben Sie den Materialfluss in einem Unternehmen.
2. Neben dem »Bringsystem« ist in manchen Industriebetrieben auch das Abholen des benötigten Materials durch die verwendende Abteilung im »Holsystem« üblich. Worin sehen Sie Vor- und Nachteile der beiden Systeme?
3. Stetigförderer können unterteilt werden in mechanische, pneumatische und hydraulische Fördereinrichtungen. Recherchieren Sie hierzu im Internet und finden Sie je zwei Beispiele für diese Fördereinrichtungen. Präsentieren Sie die jeweilige Funktionsweise.
4. Erläutern Sie die Notwendigkeit der engen Zusammenarbeit bei der Terminplanung zwischen der Intralogistik, der Beschaffungsplanung und der Fertigungsplanung.

5.6 Produktionslogistik

(Kapitel 8)

5.7 Distributionslogistik

Aufgabe der Distributionslogistik ist es, die **produzierten Güter** art- und mengenmäßig, räumlich und zeitlich abgestimmt **bereitzustellen,** um den Bedarf der Kunden optimal und möglichst kostengünstig zu decken.

Bei der Distributionslogistik werden marktorientierte Logistikleistungen erbracht. Wann und in welcher Art und Weise diese logistischen Leistungen erbracht werden, hängt davon ab, ob auftragsbezogen oder für den anonymen Markt (Vorratsfertigung) produziert wird.

Distributionslogistik bei Auftragsfertigung

Auftragsfertigung kommt vor allem bei der Investitionsgüterproduktion vor. Dabei kann es sich um Einzel- oder Mehrfachfertigung handeln. Bereits **vor der Auftragsannahme** muss die Distributionslogistik mit einbezogen werden, damit sie ihre Aufgaben optimal erfüllen kann. Entsprechende Vereinbarungen bei der Vertragsgestaltung legen Transportmittel und Transportweg weitgehend fest:

- Zusagen über **Lieferart:** Lieferung eines Gutes komplett oder zerlegt.

  Beispiel: Zur Montage in ausländischen Werken werden jeweils zwei komplette Lkw, zerlegt in einem 40-Fuß-Container, zum Versand gebracht. (Bild)

- Zusagen über **Liefermenge:** Gesamtlieferung oder Teillieferungen.

  Beispiel: Ein Industriebetrieb kann pro Tag 200 Formteile produzieren. Ein Auftrag über 20.000 Formteile erfordert bei vereinbarter Gesamtlieferung zusätzlichen Lagerraum, der angemietet werden müsste. Der eigene Fuhrpark, der eine Ladekapazität von einer Tagesproduktion hat, wäre bei vereinbarter Teillieferung sinnvoll ausgelastet.

- Zusagen über **Lieferort:** Lage und Infrastruktur des Lieferorts wie Zufahrts- und Umschlagsmöglichkeiten müssen abgeklärt werden.

  Beispiele: Straßenbreite, Durchfahrtshöhe, Hebebühne, Laderampe, Lastenaufzug

- Zusagen über **Lieferzeit.**

  Beispiel: Für einen Exportauftrag nach Japan stehen vier Tage für den Transport zur Verfügung. Die Lieferzeit ist nur bei Einsatz des Flugzeugs einzuhalten.

- Zusagen über **Zusatzleistungen.**

  Beispiel: Ein Großauftrag wird nur erteilt, wenn der Hersteller seine Produkte »verkaufsfertig« in spezieller Verpackung und mit Preisschildern versehen liefert.

Bei den logistischen Entscheidungen sind der Kundenwunsch und die Wirtschaftlichkeit des Auftrags in Einklang zu bringen.

Distributionslogistik bei Vorratsfertigung

Bei der Vorratsfertigung muss die Distributionslogistik gewährleisten, dass die Produkte **rechtzeitig in der gewünschten Art und Menge am richtigen Ort** bereitgestellt werden, damit sowohl der zu erwartenden als auch der unerwarteten Nachfrage möglichst genau entsprochen werden kann. Dabei sind folgende Überlegungen zu berücksichtigen:

- **Bestimmung von Absatzgebieten.** Das Absatzgebiet darf nur so groß gewählt werden, wie mit den einsetzbaren Verkehrsträgern die nachgefragten Erzeugnisse termingetreu zugestellt werden können.

  Beispiel: Können die Produkte nur mit 7,5-t-Lkw zugestellt werden, so muss bei gleicher Anlieferungsmenge das Absatzgebiet kleiner gewählt werden, als wenn mit 40-t-Lkw angeliefert werden kann.

- **Entscheidung über die Einrichtung von Lägern.** Der reibungslose Absatz erfordert eine entsprechende Kapazität des Lagers. Sie ist abhängig von den Produktionsmengen, den Mengen und Zeitabständen der Abnahme sowie von der Größe des Absatzgebietes. Kann die termingetreue Belieferung der Kunden vom Fertigerzeugnislager am Produktionsstandort nicht gewährleistet werden, so müssen dezentrale Läger eingerichtet werden.

  Beispiel: Beträgt die Tagesproduktion eines Industriebetriebs 2.000 Stück pro Tag, die die Abnehmer durchschnittlich alle 10 Tage ordern, so muss die Lagerkapazität für mindestens 20.000 Stück ausreichen.

- **Entscheidung über das Verteilsystem.**

  Beispiel: Werden dezentrale Bestände abgebaut, so erhöhen sich die Transportmengen. Dadurch nimmt der Auslastungsgrad des Fuhrparks zu und die Logistikkosten werden gesenkt.

- **Entscheidung über die Versandverpackung.** Die Verpackung sollte so gestaltet sein, dass der Transport sicher durchgeführt werden kann. Darüber hinaus muss sie platz- und kostensparend sowie wiederverwend- und -verwertbar sein. Auch sind die Auftragsgrößen zu berücksichtigen, da die Produkte zu Auftrags- und Versandeinheiten zusammengepackt (kommissioniert) werden müssen.

  Beispiel: Hier erfolgt die Kommissionierung aus einem Hochregallager in Euro-Fix-Kästen, die mit Deckeln verschlossen als Mehrweg-Transport-Verpackungen auf die Reise gehen.

Eine kundenorientierte Distributionslogistik setzt voraus, dass **Informationen ohne Verzögerung** fließen, um auf mengen- oder artmäßige Nachfrageveränderungen sofort reagieren zu können. Gerade bei Produkten, die auch beim Konkurrenten bezogen werden können, ist die Lieferbereitschaft von zentraler Bedeutung. Die Lieferbereitschaft ist optimal, wenn sich Lieferbereitschaftskosten (Sicherheitsbestände) und Fehlmengenkosten (Verlust von Kunden) ausgleichen.

Zusammenfassende Übersicht zu Kapitel 5.7: Distributionslogistik

Distributionslogistik

bei **Auftragsfertigung**

Zusagen über

- Lieferart
- Liefermenge
- Lieferort
- Lieferzeit
- Zusatzleistungen

bei **Vorratsfertigung**

Entscheidungen über

- Größe der Absatzgebiete
- Einrichtung von Lägern
- Verteilsystem
- Versandverpackung

▶ Aufgaben und Probleme

1. Beschreiben Sie die Aufgaben der Distributionslogistik.
2. Untersuchen Sie, inwieweit die Distributionslogistik bereits vor der Auftragsannahme in die Planungen mit einbezogen werden sollte.
3. Ein Möbelhersteller produziert für den anonymen Markt. Beschreiben Sie die Entscheidungen für die Distribution, die Sie in diesem Falle treffen würden.
4. Suchen Sie Beispiele für Zusatzleistungen, die Industriebetriebe für ihre Kunden übernehmen können.

5.8 Entsorgungslogistik

Die **Entsorgungslogistik** befasst sich mit dem **Sammeln, Sortieren, Lagern und Transportieren** von Leergut, Reststoffen, Abfall und Retouren.

Zum **Leergut** zählen wiederverwendbare Verpackungen und Transporthilfsmittel. **Reststoffe** sind anfallende Rückstände wie Ausschuss, überschüssiges Material, recycelbares Material und veraltete Fertigwaren. Als **Abfall** werden die Reststoffe entsorgt, für die sich eine Wiederverwertung und Wiederverwendung nicht lohnt. Durch die Erhöhung der Umweltkosten (z. B. Müllgebühren) und durch eine erfolgreiche Entsorgungslogistik wird das Abfallaufkommen reduziert. Bei den **Retouren** handelt es sich vor allem um die Rückführung von Gütern, die repariert oder umgetauscht werden sollen.

Entsorgung aufgrund rechtlicher Vorschriften

Wichtigste Rechtsgrundlage für die Entsorgung von **Abfällen** und **Reststoffen** ist das »Gesetz zur Förderung der Kreislaufwirtschaft und Sicherung der umweltverträglichen Beseitigung von Abfällen (KrWG)«. Primäres Ziel dieses Gesetzes ist die Vermeidung von Abfällen. Da dieses Ziel weder im gewerblichen noch im privaten Bereich vollkommen zu erreichen ist, wird als nachrangiges Ziel vorgegeben, Reststoffe einer sinnvollen und umweltgerechten Verwertung zuzuführen. Bei der **stofflichen Verwertung** wird der Abfall nicht beseitigt, sondern weiter genutzt. Dies kann geschehen, indem aus dem Abfall sekundäre Rohstoffe gewonnen bzw. die stofflichen Eigenschaften des Abfalls genutzt werden. Bei der **energetischen Verwertung** werden Abfälle als Ersatzbrennstoffe eingesetzt.

KrWG § 7 (2)

Rücknahme aufgrund vertraglicher Verpflichtungen

Rücksendungen von Gütern ergeben sich aus Garantiezusagen oder Reparaturleistungen. Diese Retouren können in der Regel aufgrund von Erfahrungswerten geplant werden. Rückrufaktionen von Herstellern treten fallweise auf, ebenso Rücksendewünsche von Kunden im Versandhandel aufgrund falscher oder zu viel bestellter Waren. Bei der Abwicklung dieser Rückläufe muss immer geprüft werden, welcher Rücksendegrund vorliegt und ob er berechtigt ist.

Neben der Transportleistung können weitere logistische Aufgaben hinzukommen:

- terminliche Abstimmung der Ersatzlieferung,
- Nachbesserung und anschließende Zusendung,
- Aufbereitung der Güter durch Neuverpackung,
- Qualitätsprüfung,
- Einschleusung in den regulären Güterkreislauf bzw. Zuführung zur Zweitverwertung.

Rücktransport von Mehrwegverpackungen

Ein reibungsloser Materialfluss auf der logistischen Kette hängt auch von der Verfügbarkeit der Mehrwegverpackungen ab. Deshalb ist es notwendig, die Rückführung der Mehrwegverpackungen so zu organisieren, dass die leere Verpackung dann beim Lieferanten eintrifft, wenn sie für die Wiederbefüllung (Lastlauf) benötigt wird. Durch die Optimierung des Verpackungskreislaufes lassen sich folgende Ziele erreichen:

▶ Senkung von Kosten

Im Vordergrund stehen die Logistikkosten, die sich aus Bestands-, Instandhaltungs-, Verwaltungs-, Handling-, Abschreibungs-, Lagerhaus- und Fehlmengenkosten zusammensetzen. Um dieses Ziel zu erreichen, werden eingesetzt:

- Bildung von unternehmensübergreifenden Verpackungspools,
- Auslagerung von logistischen Leistungspaketen an einen Logistikdienstleister (Outsourcing),
- Einführung der RFID-Technologie zur Verpackungsidentifikation.

▶ Steigerung der Prozessqualität

Der Rückführungsprozess der Mehrwegverpackungen sollte wie jeder logistische Prozess transparent sein. Dadurch kann auf Planabweichungen frühzeitig reagiert werden. Größere Störungen lassen sich dadurch vermeiden.

▶ Realisierung von Zeitvorteilen

Angestrebt wird eine höhere Umlaufgeschwindigkeit der Verpackungen. Dies wirkt sich positiv auf den Materialfluss aus.

▶ Steigerung der Flexibilität

Flexibilität wird verlangt, wenn sich kurzfristig Änderungen bei der Nachfrage nach den Mehrwegverpackungen ergeben. Dies kann nur erreicht werden, wenn auch der Rückführungsprozess der Mehrwegverpackungen in die IT-Systeme voll integriert ist.

Zusammenfassende Übersicht zu Kapitel 5.8: Entsorgungslogistik

Entsorgungslogistik

Entsorgung aufgrund gesetzlicher Vorgaben	Rücknahme aufgrund vertraglicher Verpflichtungen	Rücktransport von Mehrwegverpackungen
– stoffliche Verwertung – energetische Verwertung	– Retouren bei Gewährleistung (Reparatur) – Retouren bei Garantieleistungen – Retouren aus Kulanzgründen	– Senkung der Kosten – Steigerung der Prozessqualität – Realisierung von Zeitvorteilen – Steigerung der Flexibilität

6 Beschaffung

6.1 Beschaffungsbedarf und -planung

6.1.1 Beschaffungsbedarf

Die Beschaffung ist von den Absatzmöglichkeiten und vom Umfang der geplanten Produktion an Erzeugnissen abhängig.

Die benötigten Erzeugnisse, Werkstoffe sowie Waren können entweder ganz oder teilweise aus den vorhandenen Lagerbeständen entnommen werden oder sie müssen ganz oder teilweise neu beschafft werden.

Der **Beschaffungsbedarf** ergibt sich aus der Menge an **benötigten Erzeugnissen, Werkstoffen sowie Waren** abzüglich der **Lagerbestände.**

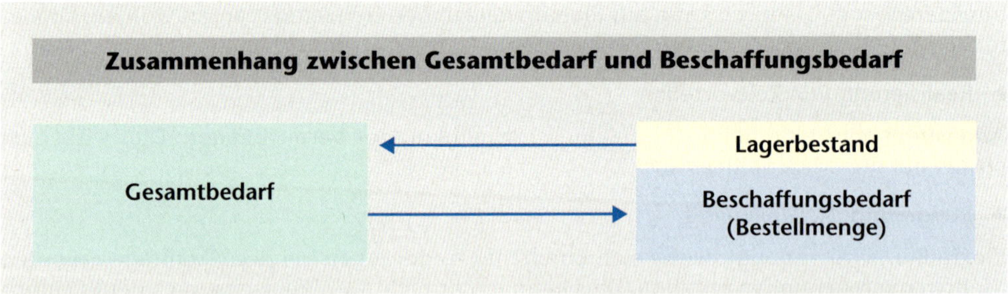

Bevor Beschaffungsentscheidungen getroffen werden können, müssen die Lagerbestände festgestellt und die Bestandsentwicklung verfolgt werden. Häufig ist die Lagerverwaltung für die Warendisposition zuständig, da sie die Bestandsentwicklung genau überblickt. Sie entscheidet darüber,

- in welchen Arten, Mengen und zu welchen Zeiten die zum Verkauf benötigten Mengen bereitgestellt werden müssen,
- welcher Teil davon aus den Lagerbeständen gedeckt werden kann,
- wann und in welchem Umfang die Bestellungen durch die Beschaffungsabteilung zu veranlassen sind.

Im Warenwirtschaftssystem (Kapitel 9.4) wird die Bedarfsmeldung automatisch mittels DV veranlasst.

Beispiel: automatische Bedarfsmeldung

6.1.2 Beschaffungsplanung

Die Beschaffung der benötigten Waren, Erzeugnisse und Werkstoffe erfordert eine sorgfältige Planung. Dabei kann man häufig auf vorhandenes Datenmaterial zurückgreifen, um die notwendigen Planungsschritte durchzuführen. Liegen solche Daten nicht vor, müssen diese mithilfe der **Beschaffungsmarktforschung** erhoben werden.

Die Beschaffungsplanung muss so koordiniert werden, dass

- die mögliche Beschaffungszeit überbrückt werden kann **(optimale Beschaffungszeit),**
- die Beschaffungsmengen optimiert werden **(optimale Beschaffungsmenge),**

um eine ständige und eine kostengünstige Lieferbereitschaft des Unternehmens zu sichern.

Beschaffungsplanung mithilfe von vorhandenem Datenmaterial

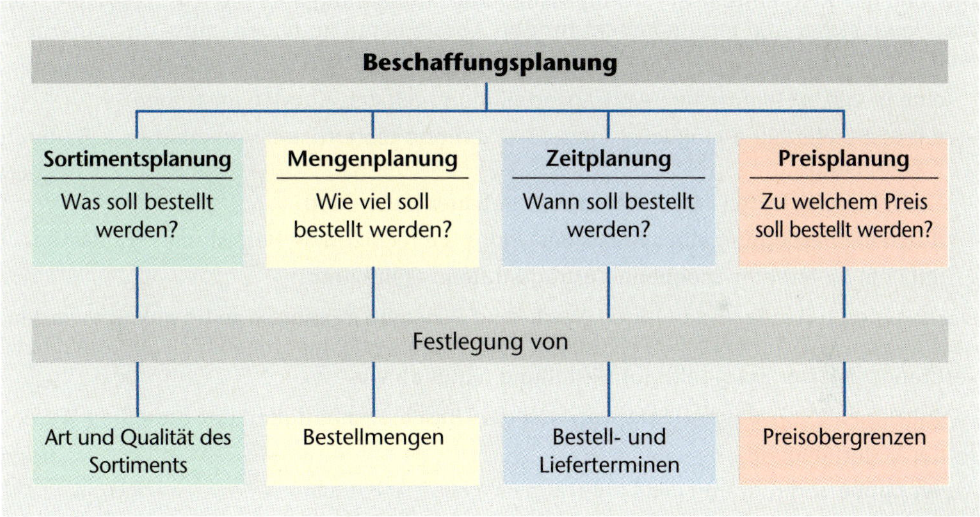

▶ Sortimentsplanung

Beim Einzelhandel ist das Warensortiment abhängig vom Geschäftszweig (Lebensmittel, Textilwaren usw.) und der Art des Betriebes (Fachgeschäft oder Warenhaus). Innerhalb dieses Rahmens werden die besonderen Arten und Preislagen der Waren durch die Kaufkraft und soziale Stellung der Kunden bestimmt. Das Verkaufspersonal hat neu auftretende, ernst zu nehmende Kundenwünsche der Einkaufsabteilung weiterzuleiten.

Beim Großhandel erkunden vor allem Handlungsreisende und Handelsvertreter, was die Abnehmer (Einzelhandels- und Industrieunternehmen) brauchen.

Beim Fertigungsbetrieb entscheidet das Produktionsprogramm über die Art und die Zusammensetzung des Bedarfs.

▶ Mengenplanung

Das **Ziel der Mengenplanung** ist,

- einerseits so große Vorräte anzulegen, dass die **Lieferfähigkeit stets gesichert** ist,
- andererseits die Vorräte so niedrig zu halten, dass die **Beschaffungs- und Lagerhaltungskosten möglichst gering** sind.

Diese gegeneinander strebenden Ziele müssen in optimaler Weise aufeinander abgestimmt werden **(optimale Bestellmenge).**

Die Bereitstellung der erforderlichen Mengen muss in erster Linie die Lieferfähigkeit des Unternehmens gewährleisten. Anhaltspunkte zur Abschätzung der richtigen Bedarfsmenge bieten

a) der tatsächliche Absatz in der vergangenen Zeit (Absatzstatistik),
b) alle möglichen Umstände, die diesen Absatz in der Zukunft ändern können.

   Beispiele: Einflüsse der Jahreszeiten (Saisonwaren), Änderungen der allgemeinen Wirtschaftslage (Konjunktur), Lohnerhöhungen

Die Lagervorräte sollten nicht höher sein, als es der wirtschaftliche Ablauf des Leistungsprozesses erfordert. Zu hohe Lagerbestände binden anderweitig benötigtes Kapital, belasten die Zahlungsfähigkeit, erhöhen das Lagerrisiko und verursachen unnötige Zins- und Lagerkosten (Lagerhaltungskosten).

▶ Zeitplanung

Das **Ziel der Zeitplanung** ist die Anpassung der Beschaffungs- an die Absatztermine. Um die Waren sicher und termingerecht für den Absatz bereit zu haben, muss das Unternehmen

- eine möglichst langfristige Auftragserteilung durch den Kunden anstreben,
- mit den Lieferanten möglichst kurze, fest datierte Lieferfristen vereinbaren, z. B. durch Fixgeschäft,
- einen hinreichenden Mindestbestand auf Lager halten und
- durch die Festlegung eines Meldebestandes die rechtzeitige Bestellung veranlassen,
- mit dem Lieferanten mögliche Vertragsstrafen vereinbaren.

Die benötigten Waren, Erzeugnisse, Werk- und Rohstoffe müssen so zeitig gekauft werden, dass sie zum Verkauf bzw. zur Produktion bereitliegen, ehe das letzte Stück abgesetzt bzw. verbraucht ist. Der Zeitpunkt der Bestellung hängt ab von

- der Beschaffungsdauer (Lieferzeit) und der Umschlagshäufigkeit der bestellten Ware,
- der Lagerfähigkeit,
- der Größe und Eignung des Lagerraumes,
- der erwarteten Preisentwicklung,
- dem Zeitpunkt des Angebotes.

▶ Preisplanung

Die Preisplanung hat vor allem die Aufgabe, die **Preisobergrenze** festzulegen, die beim Einkauf ausgeschöpft werden kann. Sie stützt sich dabei auf folgende kalkulatorische Berechnungen:

a) Anhand der am Absatzmarkt erzielbaren Preise werden **die höchstens aufzuwendenden Einkaufspreise** ermittelt. Dabei muss vom Verkaufspreis die Handelsspanne (Kapitel 7.5.1) abgezogen werden **(Retrogradkalkulation).**
b) Um die Angebotspreise verschiedener Lieferanten auf **eine einheitliche Vergleichsbasis** zu stellen, müssen unterschiedliche Preisabschläge (Rabatte, Skonti) und Preiszuschläge (Beschaffungskosten) berücksichtigt werden (**Bezugskalkulation,** Kapitel 6.2.1).

■ Beschaffungsmarktforschung

Aufgabe der Beschaffungsmarktforschung ist es, umfassende **Kenntnisse über die Beschaffungsmärkte** zu beschaffen und bereitzustellen. Dadurch soll das Unternehmen die benötigten Güter in der erforderlichen Menge und Qualität unter möglichst günstigen wirtschaftlichen Bedingungen (Zielsetzung: Kostenminimierung) zur richtigen Zeit und am richtigen Ort beschaffen können.

Als **Beschaffungsmarktforschung** bezeichnet man die **systematische Untersuchung von Beschaffungsmärkten.**

Die Beschaffungsmarktforschung ist auf unterschiedliche Objekte ausgerichtet, bedient sich unterschiedlicher Informationsquellen und wendet unterschiedliche Methoden an.

Objekte	Informationsquellen	Methoden
Beschaffungsgüter: – Warenbestandteile und Zusammensetzung – Warenqualität – Benutzerfreundlichkeit – Entsorgungsmöglichkeit **Märkte:** – Verkaufsprogramme und Marktanteile der Anbieter – Marktschwankungen **Lieferanten:** – Leistungsfähigkeit – Lieferungs- und Zahlungsbedingungen **Preise:** – Preisvergleiche – Preis-Leistungs-Verhältnis	**unternehmensintern:** – integrierte Unternehmenssoftware – Lieferantendatenbank – Einkaufsstatistik **unternehmensextern:** – Messen, Ausstellungen – Internet – Bezugsquellenübersichten der Kammern – Branchenbücher – Adressendatenbanken gewerblicher Unternehmen – Inserate in Fachzeitschriften – Serviceleistungen – Werbematerial von Anbietern – Auskünfte von Geschäftspartnern, Auskunfteien, Banken, Marktforschungsinstituten	**Marktanalyse:** Einmalige Untersuchung der Struktur von Teilmärkten zu einem bestimmten Zeitpunkt Beispiel: Ermittlung der Anbieter eines bestimmten Produktes unter Preis- und Qualitätsgesichtspunkten **Marktbeobachtung:** Fortlaufende Überwachung der Strukturveränderungen von Teilmärkten Beispiel: Feststellung von Preisentwicklungen für ein bestimmtes Produkt

Sourcing-Strategien

Unter **Sourcing-Strategie** versteht man die **Art und Weise,** wie ein Unternehmen seine **Beschaffung gestaltet.**

▶ Sourcing-Strategien nach der Anzahl möglicher Lieferanten

Single Sourcing	Die gesamte Beschaffungsmenge wird von einem Lieferanten bezogen.
Double Sourcing	Um die Versorgungssicherheit zu gewährleisten, wird die Beschaffung auf zwei Lieferanten aufgeteilt.
Multiple Sourcing	Die zu beschaffende Menge wird auf mehrere Lieferanten verteilt.

▶ Sourcing-Strategien durch Einkaufskooperationen

Bei der **Einkaufskooperation** schließen sich mehrere Unternehmen zu **Einkaufskontoren (Einkaufsverbänden)** zusammen. Diese Einkaufskontore ermöglichen die Nutzung von gemeinsamen Beschaffungsvorteilen.

Aufgaben von Einkaufskontoren

Eigengeschäfte	Fremdgeschäfte	Empfehlungsgeschäfte
Das Einkaufskontor **kauft** und lagert **Waren auf eigene Rechnung.**	Das Einkaufskontor sammelt die Bestellungen und gibt einen **Sammelauftrag im fremden Namen** an den Lieferanten weiter.	Das Einkaufskontor gibt nur eine **Einkaufsempfehlung an seine Mitglieder** ab. Diese bestellen dann selbstständig.

▶ Sourcing-Strategien nach der räumlichen Ausdehnung

Beim **Local Sourcing** beschränkt sich die Beschaffung auf örtlich begrenzte Lieferanten, die meist nur auf nationalen oder regionalen Märkten tätig sind. **Global Sourcing** meint die Ausdehnung der Beschaffung auf internationale Märkte und damit die weltweite systematische Suche nach Lieferanten.

Zu den Voraussetzungen, die für ein erfolgreiches Global Sourcing gegeben sein müssen, gehören

- die Handels- und Rechtssicherheit sowie die politische Stabilität im Land des Lieferanten;
- die Bereitschaft und die Fähigkeit zur internationalen Zusammenarbeit, was Kenntnisse über und das Verständnis für andere Sitten, Gepflogenheiten und Kulturen und entsprechende Sprachkenntnisse bei den Beschaffungsmitarbeitern einschließt;
- die Entwicklung eines Anlieferkonzeptes (Logistikkonzept).

Durch Global Sourcing werden Chancen eröffnet. Gleichzeitig dürfen aber die damit verbundenen Risiken nicht übersehen werden.

Global Sourcing

Chancen	Risiken
– Senkung der Beschaffungskosten – bessere Marktübersicht – Sicherung von Lieferkapazitäten – geringere Abhängigkeit von Lieferanten – Technologiezufuhr	– Transportrisiken – Währungsrisiko – unterschiedliches Qualitätsverständnis und Qualitätsmängel – politische Risiken

Optimale Beschaffungszeit

Zur Ermittlung der optimalen Beschaffungszeit lassen sich zwei unterschiedliche Verfahren anwenden.

▶ Bestellpunktverfahren (Mengensteuerung)

Beim Bestellpunktverfahren erfolgt die Bestellung beim Erreichen des Meldebestandes (Bestellpunkt). Die Voraussetzung für die Durchführung des Verfahrens ist, dass der Lagerbestand kontinuierlich überprüft wird.

Der **Mindestbestand** ist der Bestand, der dauernd am Lager sein muss, um auch bei unvorhergesehenen Fällen eine reibungslose Abwicklung des Betriebes zu sichern. Er darf ohne ausdrückliche Anordnung der Geschäftsleitung nicht unterschritten werden.

Der **Höchstbestand** wird immer nach dem Eintreffen der bestellten Waren erreicht. Er hängt von der Bestellmenge ab, die unter Berücksichtigung des tatsächlichen und voraussichtlichen Bedarfs, der Lagergröße und der finanziellen Möglichkeiten als Einkaufssoll festgelegt wird.

Der **Meldebestand** ist der Lagerbestand, bei dem die Auffüllung des Lagers durch eine Meldung zu veranlassen ist. Er bestimmt also den Bestellzeitpunkt. Der Meldebestand hängt vom Verbrauch/Abverkauf und der Lieferzeit ab und liegt entsprechend über der Reserve, sodass die bestellten Produkte voraussichtlich dann eintreffen, wenn der Mindestbestand erreicht ist.

Beispiel: Bei einem Tagesbedarf A = 20 Stück, einer Lieferzeit von T = 6 Tagen, einem Mindestbestand R = 50 Stück ist der Meldebestand MB = (A · T) + R = (20 Stück/Tag · 6 Tage) + 50 Stück = 170 Stück.

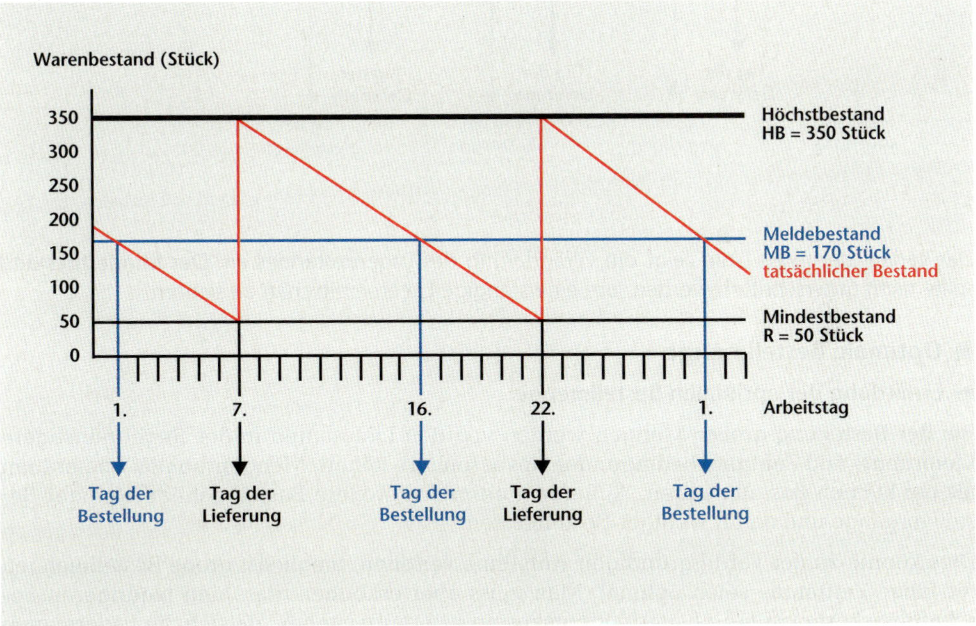

Die Grafik zeigt bei einem Einkaufssoll von 300 Stück (HB = 350 Stück, R = 50 Stück) den jeweiligen Bestand und den Zeitpunkt der Bestellung unter der Voraussetzung, dass der Lagerabgang kontinuierlich erfolgt und die Liefertermine eingehalten werden.

Der Verlauf der roten Linie zeigt die Veränderung des Lagerbestandes an. Der Höchstbestand wird jeweils nach dem Eintreffen der bestellten Waren erreicht. Erfolgt die Bestellung zu dem Zeitpunkt, in dem der tatsächliche Bestand = (A · T) + R ist (blaue Senkrechte), so treffen die bestellten Produkte gerade dann ein, wenn der Bestand auf R sinkt.

▶ Bestellrhythmusverfahren (Terminsteuerung)

Bei **Massenprodukten** kann die Bestellung der Produkte organisatorisch zu periodisch wiederkehrenden Zeitpunkten (wöchentlich, vierzehntäglich, monatlich) fest eingeplant werden. Die Bestellzeitpunkte sind von vornherein festgelegt, die jeweiligen Bestellmengen werden aus den eingetretenen Lagerbestandsminderungen errechnet. Sie richten sich damit nach den jeweiligen Absatzmengen.

Beispiel: Die Bestellung für ein Produkt wird alle 9 Tage ausgeführt, wobei sich die Bestellmengen jeweils unterscheiden.

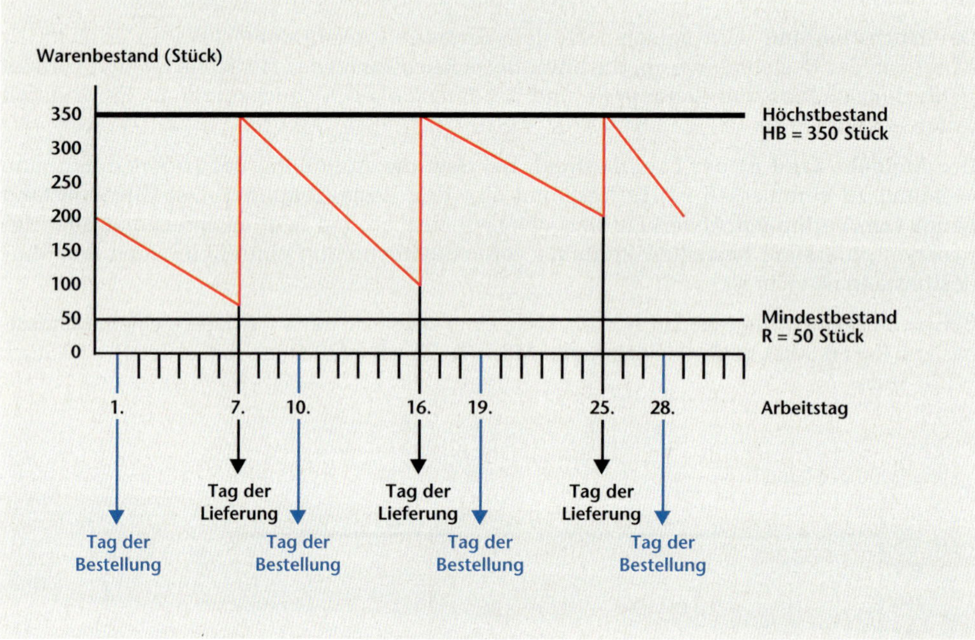

Der Verlauf der roten Linie zeigt die Veränderung des Lagerbestandes an. Der Mindestbestand sollte nicht unterschritten werden, um eine ständige Lieferbereitschaft zu sichern.

Optimale Bestellmenge

▶ Ermittlung der optimalen Bestellmenge

Bei der Bestellung großer Mengen werden von den Lieferanten in der Regel günstigere Lieferungs- und Zahlungsbedingungen, insbesondere höhere Mengenrabatte, eingeräumt als bei kleinen Bestellmengen. Außerdem erfordern größere Bestellmengen weniger Bestellvorgänge und damit weniger Bestellkosten.

Dies könnte zu der vordergründigen Annahme verleiten, möglichst große Bestellmengen für lange Zeiträume seien optimal. Man muss aber erkennen, dass den niedrigeren Beschaffungskosten höhere Lagerhaltungskosten gegenüberstehen, da sich die Lagermenge erhöht, die Lagerdauer verlängert und das Lagerrisiko steigt. Daraus folgt:

Optimal ist diejenige **Bestellmenge,** bei der die **Summe aus Beschaffungs- und Lagerhaltungskosten am geringsten** ist.

Beispiel: Bei der Beschaffung von Dichtungsmittel wird bei der Reifen Roesch GmbH mit folgenden Bedingungen gerechnet. Jahresbedarf (M): 1.800 Stück; Beschaffungskosten je Bestellvorgang (Bk): 15,00 EUR; Einstandspreis je Stück (p): 5,00 EUR, Lagerhaltungskostensatz des durchschnittlichen Lagerbestandes (Lks): 5 %. Der durchschnittliche Lagerbestand beträgt die Hälfte der Bestellmenge.

a) **Tabellarische Ermittlung** der optimalen Bestellmenge:

Bestellmenge in Stück	Bestellvorgänge	Beschaffungskosten in EUR	durchschnittlicher Lagerbestand	Lagerhaltungskosten in EUR	Beschaffungs- und Lagerhaltungskosten in EUR
x	M/x	M/x · Bk	x/2	x/2 · p · Lks/100	Spalte C + E
100	18	270,00	50	12,50	282,50
200	9	135,00	100	25,00	160,00
300	6	90,00	150	37,50	127,50
400	4,5	67,50	200	50,00	117,50
500	3,6	54,00	250	62,50	116,50
600	3	45,00	300	75,00	120,00
700	2,57	38,57	350	87,50	126,07
800	2,25	33,75	400	100,00	133,75
900	2	30,00	450	112,50	142,50

Ergebnis: Bei der tabellarischen Ermittlung der optimalen Bestellmenge mit einer Intervallweite von 100 Stück liegt diese im Bereich von 500 Stück.

b) **Grafische Ermittlung** der optimalen Bestellmenge:

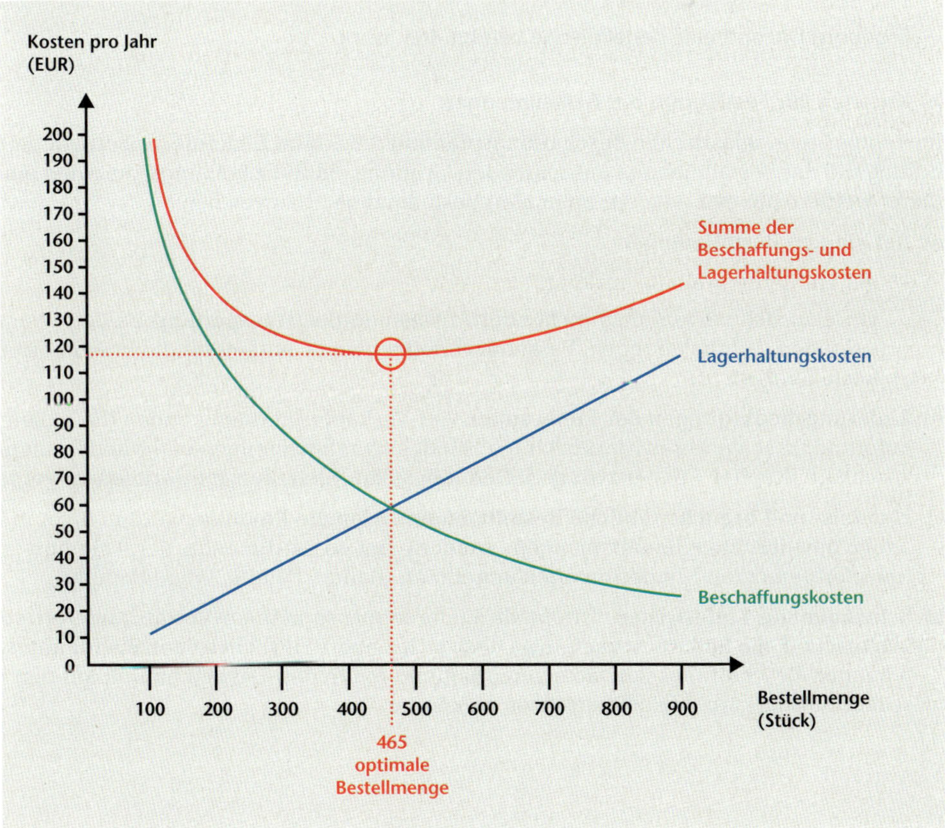

c) **Rechnerische Ermittlung** der optimalen Bestellmenge mithilfe der Bestellmengenformel:

Die optimale Bestellmenge ist erreicht, wenn gilt:

Lagerhaltungskosten = Beschaffungskosten

$$\frac{x}{2} \cdot p \cdot \frac{Lks}{100} = \frac{M}{x} \cdot Bk$$

$$\Rightarrow x^2 = \frac{200 \cdot M \cdot Bk}{p \cdot Lks}$$

$$x = \sqrt{\frac{200 \cdot M \cdot Bk}{p \cdot Lks}}$$

$$\textbf{optimale Bestellmenge} = \sqrt{\frac{200 \cdot \text{Jahresbedarf} \cdot \text{Beschaffungskosten je Bestellvorgang}}{\text{Einstandspreis je Stück} \cdot \text{Lagerhaltungskostensatz}}}$$

$$= \sqrt{\frac{200 \cdot 1.800 \cdot 15}{5 \cdot 5}}$$

$$= \mathbf{464{,}76}$$

Ergebnis: Die optimale Bestellmenge beträgt 465 Stück.

▶ Kriterien zur Festlegung der Bestellmengen

Im Rahmen einer **elastischen Beschaffungsplanung** muss dem Einkäufer außerdem bei der Festlegung der Bestellmengen aus folgenden Gründen ein Entscheidungsspielraum eingeräumt werden, um evtl. von der optimalen Bestellmenge abzuweichen:

a) **Bei kleinen Bestellmengen**
   - gehen Mengenrabatte verloren,
   - erhöhen sich wegen unzureichender Auslastung der Transportkapazitäten (Wagenladungen, Schiffsladungen, Fassungsvermögen von Containern) die Frachtkosten je Bestelleinheit.

b) **Lieferungsbedingungen der Lieferanten.** Auf Verkäufermärkten können die Zulieferer aufgrund ihrer stärkeren Marktstellung Mindestabnahmemengen und Mindermengenzuschläge (Kapitel 7.5.2) erzwingen. Dadurch sollen Kleinaufträge vermieden werden.

c) **Handels- und branchenübliche Bestellmengen.** Manche Produkte werden nicht in beliebig gewünschten Bedarfsmengen, sondern nur in bestimmten verpackungs- und transportgerechten Mindestmengen angeboten (Ballen, Palette, Wagenladung).

d) **Schwankende Lieferfristen.** Drohende Lieferengpässe können Vorratskäufe erforderlich machen, die höhere Artikelpreise nach sich ziehen. Deshalb sollten die Einkaufsabteilungen Beschaffungsmarktforschung betreiben, um den Entwicklungen auf den Beschaffungsmärkten flexibel begegnen zu können.

6.1.3 ABC-Analyse

Um den Gesamtbereich der Beschaffung wirtschaftlicher zu gestalten, muss besondere Sorgfalt auf den Einkauf bestimmter Produkte gelegt werden, da hier ein Einsparungseffekt am größten ist. Die **ABC-Analyse** ist in vielen Unternehmen zu einem **wichtigen Hilfsmittel der Beschaffungsplanung** geworden. Hierbei werden die regelmäßig zu beschaffenden Produkte bzw. Artikel in Tabellenform aufgelistet und in mehrere Wertklassen (A, B, C) eingeteilt. Kriterien für die Einteilung der Wertklassen können sein: die Menge bzw. die Anzahl der benötigten Produkte oder der kumulierte (angehäufte) Wertanteil am Beschaffungsaufwand der Artikel. Die Wertklasse A ist bezogen auf das gewählte Kriterium am bedeutendsten. Bei der Beschaffung dieser Waren ist ganz besonders auf günstige Preise, Rabatte und Zahlungsbedingungen sowie auf niedrige Lagerbestände zu achten.

Vorgehensweise bei der Durchführung einer ABC-Analyse:

1. Erfassen der Preise und der Einkaufsmengen je Artikel.
2. Ermittlung des Einkaufswertes je Artikel (Bezugspreis je Einheit · Menge).
3. Ermittlung des prozentualen Wertes am gesamten Einkaufswert.
4. Sortieren der Artikel vom höchsten bis zum niedrigsten prozentualen Wert.
5. Kumulieren der Werte und Vornahme einer Wertklassenzuordnung (A, B oder C).

ABC-Analyse bei Beschaffungsgütern						
Artikel-Nr.	Bezugspreis je Einheit (in EUR)	Menge (in Stück)	Wert (in EUR)	Wert (in %)	kumulierter Wert (in %)	Wertklassenzuordnung A, B, C
1	2,00	90.000	180.000,00	36,00	36,00	A
6	22,50	6.000	135.000,00	27,00	63,00	A
9	8,50	10.000	85.000,00	17,00	80,00	A
7	9,00	5.000	45.000,00	9,00	89,00	B
2	3,00	10.000	30.000,00	6,00	95,00	B
5	7,00	1.000	7.000,00	1,40	96,40	C
3	1,00	5.000	5.000,00	1,00	97,40	C
8	2,50	2.000	5.000,00	1,00	98,40	C
10	2,00	2.500	5.000,00	1,00	99,40	C
4	1,50	2.000	3.000,00	0,60	100,00	C
Summe		133.500	500.000,00	100,00		

Die Festlegung der Schranken liegt im Ermessen des jeweiligen Unternehmens. Üblich ist, für die Schranke der A-Güter die ersten 75 bis 80 % der kumulierten Werte zu wählen. Die C-Güter haben einen kumulierten Wertanteil von unter 5 %, dazwischen liegen die B-Güter.

kumulierter Anteil am Gesamtwert	**Wertklasse**
ca. 75 % bis 80 %	A-Güter
ca. 15 % bis 20 %	B-Güter
ca. 5 %	C-Güter

Die Wertklasse A enthält im obigen Beispiel nur drei von zehn Artikeln, umfasst aber einen Beschaffungsaufwand von insgesamt 80 %. Besondere Planungs- und Kontrollmaßnahmen sollten sich auf diese Artikel beschränken, da sich Preis- und Kostensenkungen besonders stark auswirken. Bei den Artikeln der Wertklasse C ist dagegen eine vereinfachte Bedarfs- und Bestellabwicklung möglich. Bei der Wertklasse B ist zu prüfen, ob die Artikel eher die Beachtung eines A- bzw. C-Gutes erhalten sollten.

Zusammenfassende Übersicht zu Kapitel 6.1: Beschaffungsbedarf und -planung

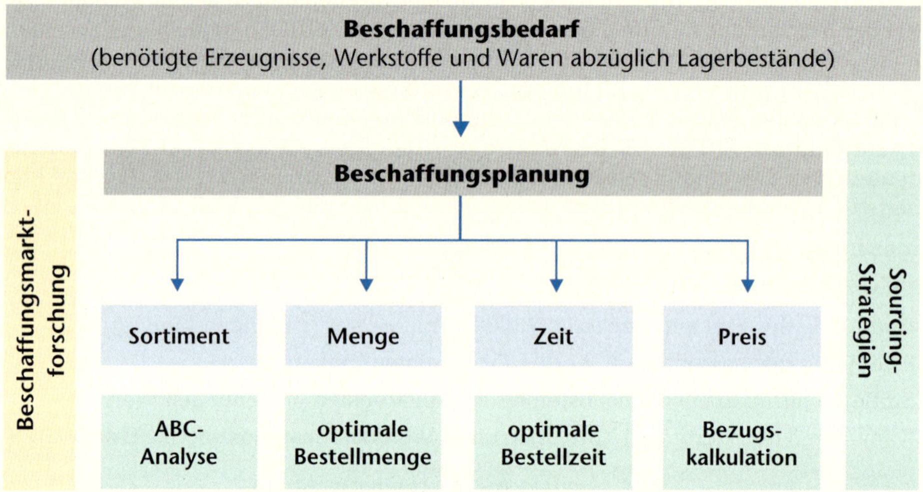

▶ Aufgaben und Probleme

1. Ein Handelsunternehmen führt seine Waren überwiegend aus Ostasien ein.

   a) Welche Risiken ergeben sich daraus für das Unternehmen?

   b) Wie könnte diesen Risiken im Rahmen der Sortiments-, Mengen-, Zeit- und Bezugsquellenplanung begegnet werden?

2. Warum bestellen Textilgeschäfte die Sommerartikel des folgenden Jahres meist schon im Herbst des vorangehenden Jahres?

3. Warum decken Privathaushalte ihren Bedarf an Heizmaterial für den Winter möglicherweise bereits im Sommer?

4. »Die deutsche Wirtschaft gehört seit Jahrzehnten zu den Exportweltmeistern. … In der Beschaffung hingegen besteht in fast allen deutschen Unternehmen, die nicht Teil eines internationalen Produktionsverbundes sind, noch Nachholbedarf: Der Anteil der international beschafften Einsatzgüter am gesamten Beschaffungsvolumen erreicht nur selten 20 %, in aller Regel pendelt die Quote im 10-Prozent-Bereich und darunter.« (Beschaffung aktuell)

   a) Welche Vorteile bietet ein international orientiertes Beschaffungswesen?

   b) Mit welchen Risiken ist zu rechnen?

5. Bei der Beschaffungsplanung ist die zeitliche Komponente sehr wichtig. Beschreiben Sie das Bestellpunkt- und das Bestellrhythmusverfahren.

6. Erläutern Sie, wann sich Bedarfsmengen und Bestellmengen unterscheiden können.

7. In einem Großhandelsbetrieb wird bei der Beschaffung einer Warensorte mit folgenden Bedingungen gerechnet:

Der 3-Monats-Bedarf beträgt 6.000 Stück			
Listenpreis: 10,00 EUR je Stück			
Abnahmemenge	2.000 Stück	4.000 Stück	6.000 Stück
Mengenrabatt	3 %	5 %	10 %
Transportkosten	285,00 EUR	255,00 EUR	225,00 EUR
Bestellkosten je Bestellvorgang: 150 EUR			
Lagerhaltungskosten: 0,025 EUR je Stück			

Wegen der Rabattstaffel wird die Bestellung in Einheiten von 2.000, 4.000 oder 6.000 Stück in Erwägung gezogen.

Berechnen Sie die optimale Bestellmenge.

8. Die Maschinenfabrik Walz & Co. KG verbraucht in der Fertigung pro Tag 120 Bolzen aus Spezialstahl. Die Lieferzeit des Herstellers beträgt 14 Tage. Als eiserner Bestand wird der fünffache Tagesverbrauch auf Lager gehalten.
   a) Unterscheiden Sie Lieferzeit und Beschaffungszeit.
   b) Berechnen Sie den Meldebestand.
   c) Nennen Sie zwei Gründe, warum die Maschinenfabrik einen eisernen Bestand hält.
   d) In welchem Zeitpunkt wird im Lager der Höchststand an Bolzen erreicht und welche Stückzahl umfasst dieser Bestand, wenn die optimale Bestellmenge 2.400 Stück beträgt?
   e) Beschreiben Sie Möglichkeiten, Grenzen und Auswirkungen, wenn der Mindestbestand herabgesetzt werden soll.

9. Ein Unternehmen hat bei einem bestimmten Produkt einen Jahresbedarf von 100.000 Stück. Der Einstandspreis des Produktes beträgt 12,50 EUR je Stück. Unabhängig von der Bestellmenge fallen bei jeder Bestellung fixe Kosten in Höhe von 40,00 EUR an. Der Lagerhaltungskostensatz (= Lagerhaltungskosten · 100/durchschnittlicher Lagerbestand) liegt bei 16 %.

   Im Rahmen der Beschaffungsplanung muss entschieden werden, wie oft ein Artikel während des Jahres bestellt werden soll. Werden die 100.000 Stück auf einmal bestellt, fallen 40,00 EUR bestellfixe Kosten und 100.000 EUR Lagerhaltungskosten (100.000/2 · 12,50 · 0,16) an.

   a) Bei welcher Bestellmenge ist für die genannten Daten die Summe aus Beschaffungskosten und Lagerhaltungskosten am niedrigsten?
   b) Wodurch sind die Mehrkosten bedingt
      - bei höheren Bestellmengen,
      - bei niedrigeren Bestellmengen?
   c) Für die Bestellmengen 400, 800, 1.200, 1.600. 2.000, 2.400, 2.800, 3.200, 3.600, 4.000 Stück sollen
      - die Beschaffungskosten,
      - die Lagerhaltungskosten,
      - die Gesamtkosten

      grafisch in einem Koordinatensystem dargestellt werden (Y-Achse: Kosten, X-Achse: Bestellmenge). Bestimmen Sie die optimale Bestellmenge grafisch.

d) Wie ändert sich die optimale Bestellmenge jeweils gegenüber der Ausgangssituation, wenn
   - der Jahresbedarf auf 110.000 Stück steigt,
   - der Einstandspreis aufgrund eines Lieferantenrabatts auf 11,25 EUR sinkt,
   - die bestellfixen Kosten auf 55,00 EUR steigen,
   - der Lagerhaltungskostensatz auf 20 % steigt?

   Erläutern Sie die Veränderungen der optimalen Bestellmenge.

10. Welchem Ziel dient die ABC-Analyse?

11. Führen Sie eine ABC-Analyse für folgende Beschaffungsgüter durch und werten Sie Ihr Ergebnis aus (Wertklassen: 75 % A-Güter; 20 % B-Güter; 5 % C-Güter).

	A	B	C	D	E	F
1	**ABC-Analyse bei Beschaffungsgütern**					
2	**Waren-gruppe**	**Bezugspreis je Einheit (in EUR)**	**Menge (in Stück)**	**Wert (in EUR)**	**Wert (in %)**	**Wertklassen-zuordnung A, B, C**
3	1	2,00	800			
4	2	30,00	10.000			
5	3	50,00	3.000			
6	4	10,00	1.000			
7	5	20,00	1.000			
8	6	2,00	30.000			
9	7	2,50	5.000			
10	8	5,00	10.000			
11	9	6,00	12.000			
12	10	12,00	15.000			
13		**Summe**				

6.2 Angebotsvergleich und Lieferantenauswahl

6.2.1 Angebotsvergleich

Entscheidungskriterien beim Angebotsvergleich

Die Einkaufsabteilung muss aus mehreren Angeboten ein Angebot auswählen. Diesem Ziel dient ein Angebotsvergleich, dessen Ergebnisse bei Bedarf durch klärende Rückfragen bei den Anbietern oder durch Verhandlungen ergänzt werden können.

Beim **Angebotsvergleich** sind die Unterschiede der vorliegenden Angebote in folgender Hinsicht zu ermitteln:

a) Qualitätsvergleich. Hierbei ist zunächst zu prüfen, ob die im Angebot geforderte Mindestqualität angeboten wird. Wenn die Mindestqualität gewährleistet ist, wird das Angebot ausgewählt, bei dem bei gleichem Preis die angebotene Qualität am besten ist.

b) Preisvergleich. Bei gleicher Qualität der angebotenen Produkte gibt in der Regel der günstigste Preis den Ausschlag für die Auswahl. Dabei müssen die angebotenen Preise auf eine einheitliche Vergleichsbasis umgerechnet werden.

Durch die **Bezugskalkulation** wird der Bezugspreis des gekauften Produkts ermittelt. Ausgangspunkt ist der Rechnungspreis (netto, d. h. ohne Vorsteuer), in vielen Geschäftszweigen, vor allem bei Markenartikeln, der Listeneinkaufspreis. Nach Abzug von Rabatt und Skonto verbleibt der Einkaufspreis. Durch die Zurechnung der Bezugskosten (Verpackung, Transport, Versicherung) ergibt sich der Bezugspreis oder Einstandspreis.

Schema der Bezugskalkulation

Listeneinkaufspreis	./. Wiederverkäufer-Rabatt	**= Rechnungspreis (netto)**
Rechnungspreis (netto)	./. Mengenrabatt	**= Zieleinkaufspreis**
Zieleinkaufspreis	./. Lieferantenskonto	**= Bareinkaufspreis**
Bareinkaufspreis	+ Bezugskosten	**= Bezugspreis**

Beispiel für einen Angebotsvergleich:

	A	B	C	D	E
1	**Angebotsvergleich mit Bezugskalkulation**				
2					
3	***Angebote***	**A**	**B**	**C**	**D**
4	**Listeneinkaufspreis**	620,00 €	608,00 €	680,00 €	632,50 €
5	**Mengenrabatt in %**	0	0	5	0
6	**Skonto in %**	2	0	2	0
7	**Frachtkosten**	26,00 €	26,00 €	- €	- €
8	***Preisvergleiche***				
9	**Listeneinkaufspreis**	620,00 €	608,00 €	680,00 €	632,50 €
10	**- Mengenrabatt**	- €	- €	34,00 €	- €
11	**= Zieleinkaufspreis**	620,00 €	608,00 €	646,00 €	632,50 €
12	**- Skonto**	12,40 €	- €	12,92 €	- €
13	**= Bareinkaufspreis**	607,60 €	608,00 €	633,08 €	632,50 €
14	**+ Bezugskosten**	26,00 €	26,00 €	- €	- €
15	**= Bezugspreis**	633,60 €	634,00 €	633,08 €	**632,50 €**
16					
17	*Das günstigste Angebot ist D.*				

c) **Terminvergleich.** Die in den Angeboten angegebenen Lieferzeiten müssen mit der Terminplanung übereinstimmen, damit die ständige Lieferbereitschaft gewährleistet bleibt. Die Zahlungsziele müssen durch die Möglichkeiten der Finanzplanung gedeckt sein.

Neben diesen Vergleichen dürfen auch persönliche Kriterien bei der Auswahl des geeigneten Lieferanten nicht unbeachtet bleiben. Langjährige gute Geschäftsbeziehungen, ein entgegenkommendes Verhalten bei Mängelrügen und ein begründetes Vertrauen in die Zuverlässigkeit eines Unternehmens sind nicht zu unterschätzende Gesichtspunkte. Vor allem darf man sich nicht durch ein einmalig günstiges Angebot dazu verleiten lassen, langfristige Unternehmensziele beim Einkauf aufs Spiel zu setzen.

6.2.2 Lieferantenauswahl

Es stellt sich die Aufgabe, ein möglichst objektives und umfassendes Bild der Lieferanten zu gewinnen. Jedes Unternehmen muss dazu auf der Grundlage der verfolgten Ziele einen Kriterienkatalog (Merkmalskatalog) erstellen, der für die Lieferantenauswahl herangezogen wird.

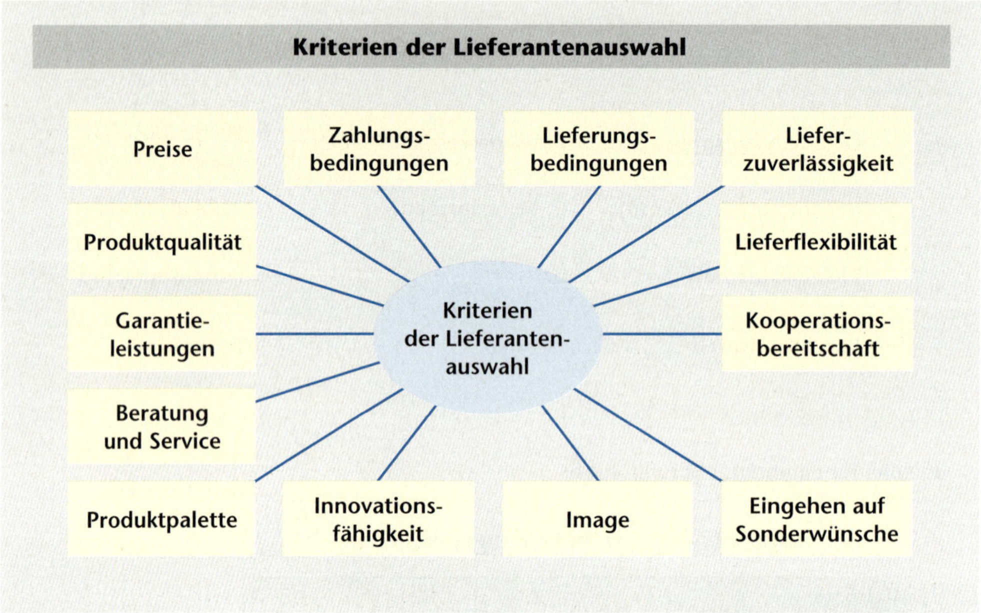

Bei der Lieferantenauswahl werden mithilfe der festgelegten Kriterien die möglichen Lieferanten bewertet, um ein objektives Urteil zu ermöglichen. Als Hilfsmittel dienen vor allem sogenannte **Entscheidungsbewertungstabellen.**

Die Praxis vieler Unternehmen hat gezeigt, dass eine subjektive, mehr gefühlsmäßige Auswahl eines Lieferanten aus mehreren möglichen Bezugsquellen nicht die optimale Entscheidung ist. Vielmehr sollten aus den vorhandenen und durch Anfragen gewonnenen Bezugsquelleninformationen alle wesentlichen Entscheidungskriterien herangezogen und mit Punkten nach ihrer Bedeutung für das beschaffende Unternehmen gewichtet werden. So entsteht ein **Scoring-Modell** (Entscheidungsbewertungstabelle).

Beispiel:

		mögliche Lieferanten					
		A		B		C	
Entscheidungs-kriterien	**Gewichtung (G)**	**Rang (R)**	**G · R**	**Rang (R)**	**G · R**	**Rang (R)**	**G · R**
Qualität	30	2	60	3	90	1	30
Bezugspreis	25	1	25	3	75	2	50
Lieferungs- und Zahlungsbedingungen	25	3	75	1	25	2	50
Pünktlichkeit	10	1	10	2	20	3	30
Kundendienst	10	1	10	3	30	2	20
Summe	100		180		240		180
Ergebnis: Lieferant B ist der geeignetste.							

Anmerkung: Gewichtung (G): Wert von 30 = sehr wichtig bis 10 = weniger wichtig.
Rang (R): Werte von 3 (= Kriterium ist sehr gut erfüllt) bis 1 (= Kriterium ist mangelhaft erfüllt).

Zusammenfassende Übersicht zu Kapitel 6.2: Angebotsvergleich und Lieferantenauswahl

Angebotsvergleich	Lieferantenauswahl
– Preis (Bezugskalkulation)	– Preise – Zahlungsbedingungen – Lieferungsbedingungen
– Qualität	– Produktqualität – Garantieleistungen – Beratung und Service
– Termin	– Lieferflexibilität – Lieferzuverlässigkeit
	– Produktpalette – Innovationsfähigkeit – Image – Eingehen auf Sonderwünsche – Kooperationsbereitschaft

Entscheidungsbewertungstabelle

▶ Aufgaben und Probleme

1. Warum ist ein Angebot mit einem niedrigeren Bezugspreis nicht unbedingt das bessere Angebot?
2. Warum bevorzugt ein Unternehmen beim Einkauf einen Stammlieferanten?
3. Die Reifen Roesch GmbH erhielt von zwei verschiedenen Lieferanten jeweils ein Angebot für die gleichen Artikel zu folgenden Bedingungen:

	Angebot A	Angebot B
Rechnungspreis (netto)	1.000,00 EUR	1.000,00 EUR
Rabatt	5 %	3 %
Skonto	2 %	2 %
Bezugskosten	44,00 EUR	frei Haus

Am Absatzmarkt kann dieser Artikel für 1.600,00 EUR (netto) verkauft werden. Die Reifen Roesch GmbH rechnet mit einer Handelsspanne von 40 %.

a) Ermitteln Sie die Preisobergrenze für den Einkauf.

b) Welches Angebot müsste bei sonst gleichen Bedingungen den Zuschlag erhalten?

4. Zur Bestellung von 200 Kinderautositzen liegen der Reifen Roesch GmbH zwei Angebote mit folgenden Lieferungs- und Zahlungsbedingungen vor:

Kinderautositzhersteller	Kids and More KG	Carrera GmbH
Listenpreis pro Stück	38,00 EUR	40,00 EUR
Mengenrabatt	ab 100 Stück 12,5 %	ab 50 Stück 5 % ab 100 Stück 15 % ab 500 Stück 25 %
Lieferungsbedingungen	Fracht 120,00 EUR	Lieferung frei Haus
Zahlungsbedingungen	60 Tage ohne Abzug	8 Tage 2 % Skonto 30 Tage rein netto

a) Ermitteln Sie den jeweiligen Einstandspreis, wenn die Reifen Roesch GmbH die Rechnungen immer erst nach 30 Tagen bezahlt.

b) Wie verändert sich Ihr Ergebnis von a), wenn die Reifen Roesch GmbH immer mit Skontoabzug die Rechnungen begleicht?

5. Angenommen, der Lieferant B fällt aus. Welche zusätzlichen Entscheidungskriterien würden Sie zur Entscheidung heranziehen (Bild, Seite 344)?

6.3 Beschaffungsdurchführung

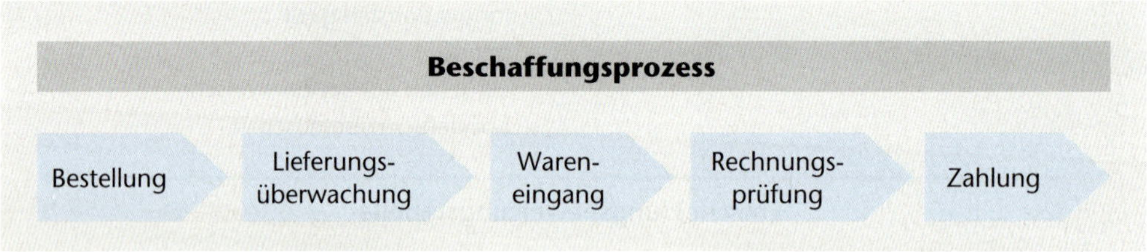

Bestellung und Bestellannahme

Die Durchführung einer geplanten und angebahnten Beschaffungsmaßnahme wird durch eine Bestellung eingeleitet.

Obwohl bereits durch das Angebot und die darauf erfolgte Bestellung ein Kaufvertrag zustande gekommen ist, wird in der Praxis sehr häufig die eingegangene Bestellung nochmals bestätigt. Das kaufmännische Bestätigungsschreiben dient demnach dazu, einen bereits mündlich oder telefonisch getätigten Vertragsabschluss schriftlich zu bestätigen (Auftragsbestätigung).

Beispiel: Bestellung der Reifen Roesch GmbH (siehe Seite 347)

Reifen Roesch

Reifen Roesch GmbH - Dortmunder Str. 61 - 59425 Unna

Reifen Roesch GmbH
Großhandel
Reifen und Radzubehör

Auplex Autosysteme GmbH
Postfach 11 37
73766 Denkendorf

Bestellung

Bei Zahlung angeben
Nummer :
Kunden-Nr :
Datum : 10.10.20..
Unser Auftrag : B 3407
Sachbearbeiter/in : Wagner

Bestellung

Sehr geehrte Damen und Herren,

gemäß Ihrem Angebot vom 05.10.20.. bestellen wir folgenden Artikel:

Artikel	Anzahl	Stückpreis (EUR)	Betrag (EUR)
PKW-Fahrradständer für Heckklappenfahrzeuge	20	79,00	1.580,00
Warenwert			1.580,00
19 % Umsatzsteuer			300,20
Rechnungsbetrag			**1.880,20**

Mit freundlichen Grüßen

Wagner

i. A. Wagner

Es gelten unsere umseitigen Lieferungs- und Zahlungsbedingungen.

Reg. Gericht Dortmund HRB55876-G • Geschäftsführer: Jürgen Roesch, Marc Gröben

USt. IDNr. 31 68856 9564

Hausanschrift:
Dortmunder Str. 61 • 59425 Unna

Telefon:
02303 528619-0

Telefax:
02303 528619-11

Bank:
Dortmunder Volksbank IBAN: DE23 4416 0014 0753 6690 02 BIC: GENODEM1DOR
Stadtsparkasse Unna IBAN: DE38 4435 0060 0605 2220 01 BIC: WELADED1UNN

Lieferungsüberwachung

Die vereinbarten Lieferzeiten müssen überwacht werden. Für diese Terminkontrolle werden verschiedene Hilfsmittel verwendet:

1. Der einfache Terminkalender erfüllt in kleinen Unternehmen vollkommen seinen Zweck.
2. Bei der Führung eines Bestellbuches wird jede Bestellung unter laufender Nummer mit Angabe des Lieferanten und des vereinbarten Liefertermins eingetragen. Da in einer besonderen Überwachungsspalte der Eingang der bestellten Ware vermerkt ist, sind unerledigte Bestellungen deutlich erkennbar.
3. Die Ablage der Bestelldurchschläge kann auch zeitlich nach Liefertagen erfolgen in Terminmappen und Terminordnern (mit Tageseinteilung), in Terminkarteien (mit Tages- und Monatskarteien) und Terminschränken (mit Tagesfächern).
4. Die Terminüberwachung mittels DV erfolgt meist mithilfe einer integrierten Unternehmenssoftware (Warenwirtschaftssystem). Die gespeicherten Liefertermine können jederzeit und sofort abgerufen werden.

Wenn die Überwachung der Liefertermine ergibt, dass ein Lieferant nicht rechtzeitig lieferte, muss dieser unter Umständen durch Mahnung in Verzug gesetzt werden.

Wareneingang und Wareneingangskontrolle (Kapitel 5.4.5)

Die bestellten Waren müssen mangelfrei und rechtzeitig geliefert werden. Damit hat der Lieferant eine seiner Kaufvertragsverpflichtungen erfüllt. Allerdings ist es notwendig, die Vertragserfüllung zu überwachen, um rechtzeitig Ansprüche aus Erfüllungsstörungen geltend machen zu können.

Rechnungsprüfung

Die Eingangsrechnungen sind generell zu überprüfen (Bild, Seite 349) auf ihre

sachliche Richtigkeit	Stimmt die Rechnung mit der Bestellung nach der Menge, der Art, dem Preis, den Lieferungs- und Zahlungsbedingungen überein?
rechnerische Richtigkeit	Stimmen die Netto- und Bruttopreise, die Frachtkosten bzw. die Nachlässe mit den Vereinbarungen im Kaufvertrag überein?

Erst nach durchgeführter Prüfung darf die Rechnung gebucht und gezahlt werden.

Bei Eingangsrechnungen hat der Käufer zu entscheiden, ob er sie unter Abzug von Skonto bezahlen kann und will oder ob er das vom Lieferanten eingeräumte Zahlungsziel in Anspruch nehmen möchte. Danach richten sich die Zahlungstermine. Der Terminüberwachung dienen:

- DV-mäßig gespeicherte Zahlungstermine,
- Terminmappen, in die die Rechnungen, nach den Zahlungsterminen geordnet, eingelegt werden.

Zahlung

Wenn der Zahlungstermin erreicht ist, dann wird die Begleichung der Eingangsrechnung vorbereitet. Hierbei ist der eventuell in Anspruch genommene Skonto zu berücksichtigen.

Zunächst ist für den Zahlungsausgang ein Buchungsbeleg zu erstellen. Anschließend ist die Zahlung zu buchen.

A U P L E X
Autosysteme GmbH

AUPLEX Autosysteme GmbH ▪ Postfach 11 37 ▪ 73766 Denkendorf

Reifen Roesch GmbH
Dortmunder Str. 61
59425 Unna

EINGEGANGEN
5. November 20..
Erl. Ha

31. Oktober 20..

Konto	Soll	Haben
Waren	1.580,00	
Vorsteuer	300,20	
Verbindlichkeiten a. LL.		1.880,20
Gebucht: 5.11.20.. / Ha		

RECHNUNG Nr. 98219
Ihr Auftrag B 3407 vom 10. Oktober 20..

Wir liefern Ihnen gemäß Ihres Auftrages vom 10.10.20..:

20 Stck. Pkw-Fahrradständer für Heckklappenfahrzeuge.

Stück (EUR 79,00; netto)	EUR	1.580,00
+ 19 % USt.	EUR	300,20
Gesamtpreis (brutto)	**EUR**	**1.880,20**

Zahlungsbedingungen:

Zahlbar bis 12. November 20.. abzgl. 2 % Skonto,
zahlbar bis 30. November 20.. ohne Abzug.

Die Ware bleibt bis zur vollständigen Bezahlung unser Eigentum.

Rechnungsprüfung
Sachlich richtig
Datum: 5.11.20..
Ha
Rechnerisch richtig
Datum: 5.11.20..
Ha

AUPLEX Autosysteme GmbH
Gottlieb-Daimler-Straße 10
73770 Denkendorf
Telefon: 0711 346-1014 · Telefax: 0711 346-9371

Bankverbindung:
Kreissparkasse Esslingen-Nürtingen
IBAN: DE97 6115 0020 0000 9247 39
BIC: ESSLDE66XXX

Amtsgericht Esslingen
Handelsregister Esslingen HRB 1143
Geschäftsführer Walter Müller
USt-IDNR. DE 174 482 397

Zusammenfassende Übersicht zu Kapitel 6.3: Beschaffungsdurchführung

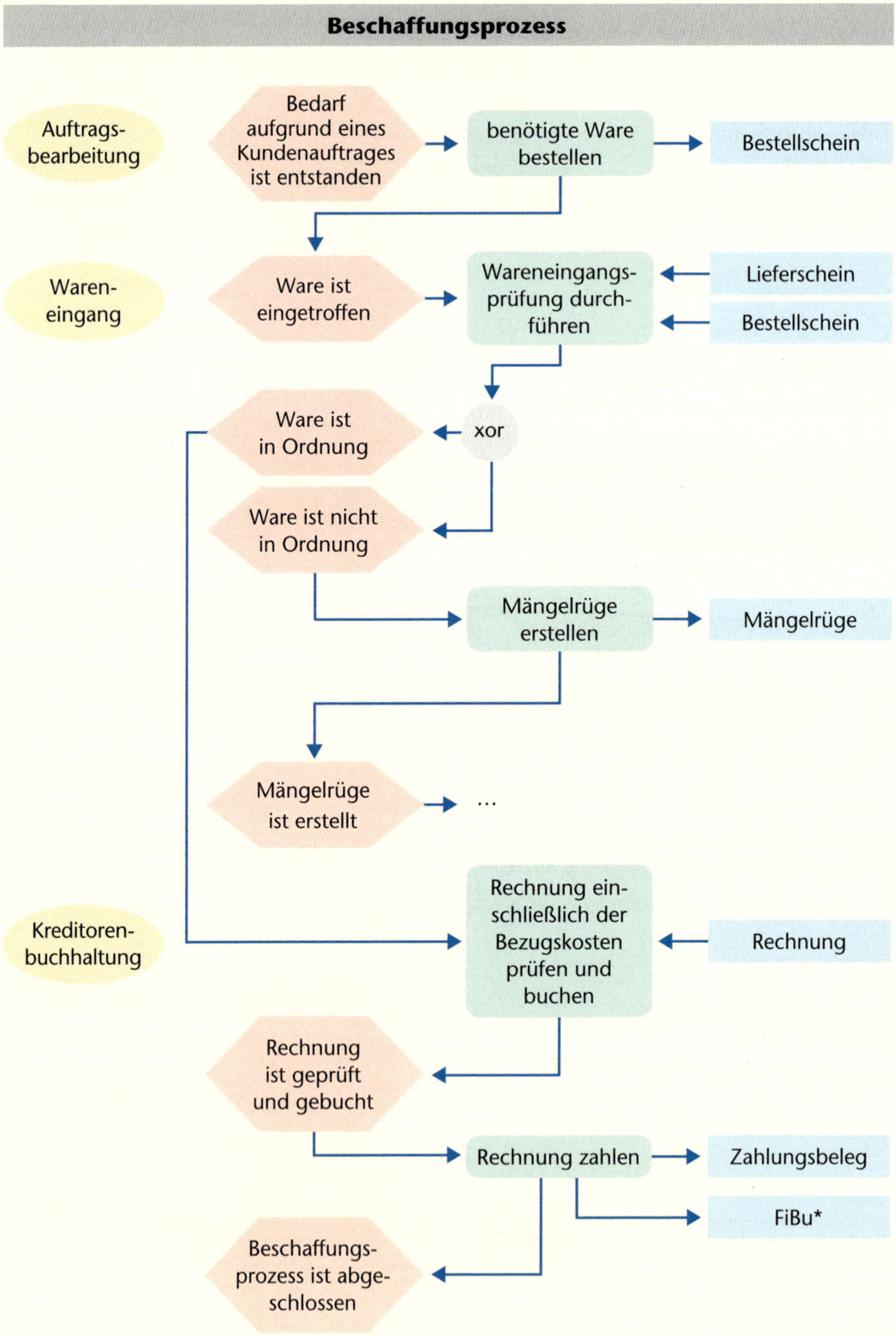

*Finanzbuchhaltung

▶ Aufgaben und Probleme

1. »Eine genaue Wareneingangskontrolle erhöht die Zufriedenheit unserer Kunden.«

   Nehmen Sie zu dieser Aussage Stellung.
2. Welche Tätigkeiten sind bei der Rechnungsprüfung durchzuführen?
3. Welche rechtliche Bedeutung haben
   a) die Überwachung der Lieferfristen,
   b) die Prüfung des angelieferten Materials,
   c) die Prüfung der Eingangsrechnung?
4. Welche Bedeutung hat der Rechnungseingangsstempel?
5. Welche Fehler können in einer Eingangsrechnung gefunden werden?
6. Welche wirtschaftliche Bedeutung hat eine sorgfältige Überwachung der Zahlungstermine?
7. Beschreiben Sie einen Beschaffungsprozess eines Möbelherstellers.

   Erläutern Sie das Vorgehen und erstellen Sie die notwendigen Dokumente. Präsentieren Sie Ihre Ergebnisse.

7 Marketing*

7.1 Wesen des Marketings

Markt- und Kundenorientierung als Grundlage für unternehmerisches Handeln

Ein Unternehmen unterhält vielfältige Beziehungen zu Kunden, Lieferanten, Konkurrenten, zu den Mitarbeitern, zu Behörden und zur gesamten Öffentlichkeit. Von besonderer Bedeutung sind die Beziehungen des Unternehmens zu

- den Lieferanten auf dem Beschaffungsmarkt und
- den Kunden auf dem Absatzmarkt.

Beschaffungsmarkt		Unternehmen			Absatzmarkt
Lieferanten Anbieter von Waren	↔	**Nachfrager** nach Waren	**Anbieter** von Waren	↔	**Kunden** Nachfrager nach Waren

Um bestehen zu können, muss das Unternehmen den Anforderungen der Märkte entsprechen. Unternehmerisches Handeln ist also marktorientiert, d. h. auf die Märkte ausgerichtet. Deshalb muss das Unternehmen

- sich die notwendigen Marktkenntnisse verschaffen, insbesondere über die speziellen Gegebenheiten auf den ausländischen Märkten (Sprachkenntnisse, Denkweisen, Kaufkraft, Geschmack, Traditionen): **Marktforschung;**
- kundengerechte Produkte in der erforderlichen Auswahl anbieten: **Produkt-, Programm- und Sortimentspolitik;**
- seine Produkte und Dienstleistungen zu Preisen bereithalten, die einerseits den Vorstellungen seiner Kunden entgegenkommen, andererseits aber auch seine Kosten decken: **Preis- und Konditionenpolitik;**
- den potenziellen Nachfragern ständig Informationen zukommen lassen, um den Bekanntheitsgrad und das Image der angebotenen Güter und des Unternehmens zu fördern: **Kommunikationspolitik;**
- neue Kundenkreise erschließen und die Beziehungen zu alten Kunden pflegen: **Kundenakquise und -bindung;**
- den richtigen Weg zum Kunden finden: **Distributionspolitik;**
- bei der Auswahl der Mittel zur Gestaltung der Märkte die passende Mischung der Instrumente finden: **Marketing-Mix;**
- alle Marketingmaßnahmen auf ihre Wirksamkeit überprüfen: **Marketingcontrolling.**

Als **Marketing** bezeichnet man die **systematische Informationsgewinnung** über Marktgegebenheiten und die **zielgerichtete Konzeption** und **Durchführung marktbezogener Aktivitäten** eines Anbieters gegenüber Nachfragern.

Alle Maßnahmen der **planmäßigen Gestaltung** eines **Absatzmarktes** gehören zum Absatzmarketing.

* In diesem Kapitel wird nur das Absatzmarketing behandelt und hierfür der Begriff »Marketing« verwendet.

Aspekte des Marketings

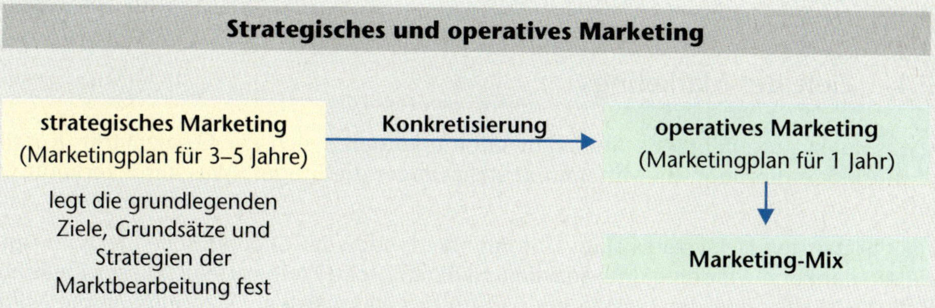

Stellung des Marketings im Unternehmen

Die Stellung und Bedeutung des Marketings in der Unternehmenspraxis ist sehr unterschiedlich ausgeprägt.

In vielen Unternehmen ist die Rolle des Marketings auf die Absatzfunktion reduziert. Sie steht gleichberechtigt neben den Funktionen Beschaffungs-, Finanz- und Personalwirtschaft (Abb. 1). Die Aufgaben des Marketings werden häufig auf Vertriebs-, teilweise sogar auf Werbefunktionen verkürzt. Die Absatzabteilung übernimmt neben einer eigenständigen Vertriebsabteilung die Aufgaben der Absatzvorbereitung.

Abb. 1

Die aktuellere Sichtweise rückt das Marketing ins Zentrum der betrieblichen Funktionen. Sämtliche unternehmerische Entscheidungen werden vom Absatzbereich, dem Markt, beeinflusst. Der Absatz der Waren und Dienstleistungen ist zentrale Aufgabe eines Unternehmens (Abb. 2). Das Marketing wird zum marktbezogenen Denk- und Führungsstil im Sinne eines Führungskonzepts.

Abb. 2

Der besondere Stellenwert ist dann gegeben, wenn es gelingt, das Marketing als zentrale Denkweise aller Unternehmensbereiche auf die Befriedigung der Kundenbedürfnisse auszurichten (Abb. 3). **Marketing** wird hier als **Dienst** des Unternehmens **am Kunden** verstanden, ausgerichtet an dessen Bedürfnissen und Wünschen.

Abb. 3

Für dieses Konzept sprechen folgende Argumente:

- Die Schlüsselaufgabe der Unternehmensführung besteht darin, Kunden zu finden und zu halten.
- Kunden werden durch Versprechen angezogen und durch Zufriedenheit gehalten. Aufgabe des Marketings ist es, passende Versprechen zu formulieren und die Zufriedenheit sicherzustellen,
- Die tatsächlich dem Kunden gelieferte Zufriedenheit hängt von der Leistung aller Abteilungen des Unternehmens ab.
- Das Marketing muss diese anderen Abteilungen beeinflussen und kontrollieren können, wenn die Kunden zufriedengestellt werden sollen.

7.2 Marketingpolitische Zielsetzungen als Grundlage für ein strategisches Marketing

7.2.1 Ziele des Marketings

Die gesamten unternehmerischen Aktivitäten orientieren sich am Absatzmarkt (Kunden- und Marktorientierung). Im Mittelpunkt steht immer die Frage: »Was kann verkauft werden?«

An der Spitze des Zielsystems eines Unternehmens steht das ökonomische Ziel, Gewinn zu erzielen; daneben werden häufig soziale und ökologische Ziele verfolgt. Dieses Zielbündel soll durch Versorgung der Märkte mit Gütern erreicht werden. Dazu müssen die Märkte beeinflusst werden. Um dies optimal umzusetzen, können folgende Marketingziele als Unterziele formuliert werden:

Die ökonomischen Ziele lassen sich zahlenmäßig exakt formulieren, bei den psychologischen ist dies nicht möglich.

Beispiele:

1. Steigerung des Umsatzes um 500.000 EUR.
2. Stärkung des Images als ökologisch verantwortliches Unternehmen.

Darüber hinaus lassen sich auch Ziele formulieren, die sich an den Marketinginstrumenten ausrichten (Kapitel 7.4–7.7):

Ziele des Marketings nach den Marketinginstrumenten

produkt- und sortimentspolitische Ziele

z. B.
- Angebot von Spitzenprodukten, Massenprodukten etc.
- Image der Leistungen
- Markenimage
- Markeneinstellung

preis- und konditionenpolitische Ziele

z. B.
- Preisstabilisierung
- Preisanhebung
- Preiskontrolle
- Preissenkung
- Zahlungsbeschleunigung

kommunikationspolitische Ziele

z. B.
- Wecken von Aufmerksamkeit
- Informieren der Kunden
- Aufbau einer positiven Kundeneinstellung
- Stärkung der Kaufabsicht

distributionspolitische Ziele

z. B.
- Qualität der Kundenbeziehung
- Lieferungsflexibilität und -beschleunigung
- Senkung der Logistikkosten

7.2.2 Marketingstrategien

Nachdem eine konkrete Zielbestimmung durchgeführt wurde, muss ein langfristiger Gesamtplan, eine **Marketingstrategie,** entwickelt werden.

Die **Marketingstrategie** ist der **langfristige Plan** zur Entwicklung und zum Einsatz passender Marketinginstrumente für die **Erreichung der Marketingziele** des Unternehmens.

Häufig werden vier unterschiedliche Strategien für das Marketing unterschieden:

Produkt \ Markt	alt	neu
alt	Marktdurchdringung	Marktentwicklung
neu	Produktentwicklung	Diversifikation

Marktdurchdringung

Bei der Marktdurchdringung soll vorhandenes Marktpotenzial besser ausgeschöpft werden. Drei Stoßrichtungen sind denkbar:

- **Erhöhung** der **Nachfrage** bei den bisherigen Kunden.

  Beispiel: Anreiz zur Konsumsteigerung durch Intensivierung der Werbung oder Veränderung der Verkaufseinheiten, z. B. unterschiedlich große Gebindeeinheiten bei Erfrischungsgetränken.
- **Gewinnung** von **Neukunden** des Produkts.

  Beispiel: Verteilung von Proben oder Abbau von Preisschwellen.
- **Abwerbung** von Kunden der Mitbewerber.

Beispiel: Verbesserung des Produkts oder der Informationen über das Produkt und damit Schaffung neuer Verkaufsargumente.

Marktentwicklung

Die Marktentwicklung setzt sich die Erschließung neuer Märkte für derzeitige Produkte zum Ziel:

- **Definition** neuer **Verwendungszwecke.**

  Beispiel: Schaffung neuer Anwendungsgebiete bzw. Erweiterung der Produkteignung durch Schaffung eines Zusatznutzens (Erfrischungsgetränke mit Zusatzstoffen).

- **Gewinnung** neuer **Verwender** durch Gebietserweiterung.

  Beispiel: regionale, nationale oder internationale Markterweiterung, z. B in die neuen EU-Mitgliedsstaaten Rumänien und Bulgarien.

- **Aufspaltung** des Gesamtmarktes in **Teilmärkte (Marktsegmentierung).**

  Beispiel: Schaffung abnehmerspezifischer Produkte (Zusatzausstattung von Mobiltelefonen mit Navigationssystem), Absatzwege (Verkauf von Mobiltelefonen über den Fachhandel und über das Internet) und Kommunikation (für ältere Konsumenten Fernsehen, für jüngere Internetwerbung).

Beispiele für Kriterien der Marktsegmentierung

geografische	demografische	verhaltensorientierte
– Wirtschaftsregionen	– Geschlecht	– Lebensstil
– Länder	– Alter	– Einstellung zum Produkt
– Bundesländer	– Familienstand	– Modebewusstsein
– Postleitzahlen	– Kinderzahl	– Rabattkäufer
– Wohngebiete	– Ausbildung	– Internet-Käufer
– städtisch – ländlich	– Einkommen	

Produkt- und Sortimentsentwicklung

Neue Produkte und Dienstleistungen sollen die Wettbewerbsfähigkeit und damit den Bestand des Unternehmens langfristig sichern. Zielrichtung sind die Maßnahmen der Produkt- und Sortimentspolitik.

Diversifikation

Die Diversifikation strebt die Schaffung neuer Betätigungsfelder an. Es werden neue Waren und Dienstleistungen aus vor- oder nachgelagerten Ebenen in das Programm aufgenommen oder solche, die in keinem Zusammenhang mit der bisherigen Unternehmenstätigkeit stehen.

Zusammenfassende Übersicht zu Kapitel 7.2: Marketingpolitische Zielsetzungen als Grundlage für ein strategisches Marketing

Marketingziele

orientiert am Markterfolg

- **ökonomische Ziele**
  - Absatz- und Umsatzsteigerung
  - Erhöhung des Marktanteils
- **psychologische Ziele**
  - Image- und Bekanntheitspflege
  - Kundenakquise und Kundenbindung

orientiert an Marketinginstrumenten

- **produkt- und sortimentspolitische Ziele**
- **preis- und konditionenpolitische Ziele**
- **kommunikationspolitische Ziele**
- **distributionspolitische Ziele**

Marketingstrategie
→ langfristiger Plan

Marktdurchdringung	Marktentwicklung	Produktentwicklung	Diversifikation

▶ Aufgaben und Probleme

1. Erläutern Sie, warum Märkte für ein Unternehmen Ziel- und Bezugsobjekte darstellen.

2. Joachim Egert und Dietrich Keller beabsichtigen, ein Großhandelsunternehmen zum Vertrieb ökologischer Möbel, die Natur Pur KG in Heilbronn, zu eröffnen. Die beiden wollen Marketingziele formulieren und eine sinnvolle Marketingstrategie entwerfen.

   Bearbeiten Sie in Gruppen folgende Aufgabenstellungen:

   - Begründen Sie, warum eine Zielformulierung wichtig ist.
   - Formulieren Sie sinnvolle Ziele für die Natur Pur KG.
   - Entscheiden Sie sich für eine Marketingstrategie und begründen Sie diese.
   - Stellen Sie Ihre Ziele und Ihre Strategie der Klasse vor.

3. Auf der Seite 353 werden drei Möglichkeiten dargestellt, welche Stellung das Marketing im Unternehmen haben kann.

   a) Erläutern Sie die drei dargestellten Möglichkeiten.

   b) Informieren Sie sich in einem Unternehmen Ihrer Wahl. Stellen Sie dar, welche Stellung das Marketing dort einnimmt.

7.3 Beschaffung von Informationen durch Marktforschung

Bei der **Marktforschung** werden **Daten** über ausgewählte Märkte **erhoben, analysiert** und **interpretiert.**

Dabei werden wissenschaftliche Methoden eingesetzt.

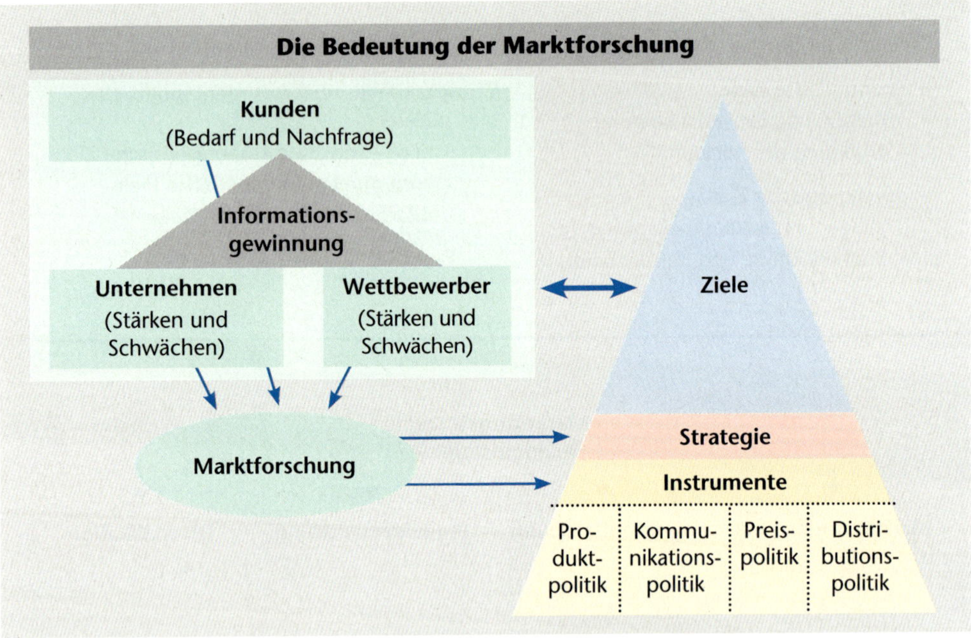

7.3.1 Gegenstand und Bedeutung der Marktforschung

Zunächst muss eine konkrete Marktforschungsaufgabe aus der erkannten Marketingaufgabe (z.B. Einführung eines neuen Produktes) und der Marketingzielsetzung (z.B. Positionierung des Produktes zunächst im süddeutschen Raum) herausgearbeitet werden. Daraus ergibt sich dann der jeweilige Forschungsschwerpunkt:

▶ **Zielgruppenforschung**

Personenkreis, der angesprochen werden soll, dessen Einstellungen, Verhalten und Erwartungen; Bekanntheitsgrad und Image des Unternehmens und dessen Leistungen.

▶ **Wettbewerbsforschung**

Anzahl, Größe und Auftreten der Wettbewerber; Vorteile und Nachteile des eigenen Unternehmens und der eigenen Produkte gegenüber der Konkurrenz und den Konkurrenzprodukten.

▶ **Trendforschung**

Entwicklungen, Sättigungsgrad und Potenzial des Marktes; Risiken und Einflussfaktoren; allgemeine konjunkturelle Lage.

Marktanalyse – Marktbeobachtung

Die **Marktanalyse** ist eine einmalige punktuelle Darstellung der Marktsituation in einem bestimmten **Zeitpunkt.** Es werden nur die Daten erhoben, die gerade aktuell sind und so für Entscheidungen herangezogen werden können. Die Marktanalyse geht daher häufig der Einführung eines neuen Erzeugnisses am Markt voraus.

Die **Marktbeobachtung** umfasst einen **Zeitraum** und liefert deswegen umfangreichere Informationen. Ziel ist es, fortlaufend die Veränderungen und die Entwicklungen des Marktes zu verfolgen. Die Marktbeobachtung soll wie ein Film den Marktablauf erfassen und dadurch Wandlungen und Entwicklungstendenzen aufzeigen.

Primär- und Sekundärforschung

▶ Primärforschung

Wird für eine bestimmte Marktuntersuchung zunächst **Quellenmaterial erhoben und ausgewertet,** spricht man von **Primärforschung.** Man gewinnt das Material durch Beobachtung, mündliche oder schriftliche Befragung von Lieferanten, Kunden, Verbrauchern, Konkurrenten und anderen Personenkreisen. Diese Primärerhebungen werden entweder von unternehmenseigenen Forschungsstellen oder im Auftrag von externen Marktforschungsinstituten durchgeführt.

Zur Beschaffung von Primärmaterial wird heute auch vielfach das Internet eingesetzt. Dazu werden Internetnutzer gebeten, ihre Meinungen, Anregungen und ihre Kritik zu einem Produkt mitzuteilen oder einen Fragebogen auszufüllen.

Methoden der Primärforschung				
	Erhebungsmethode			
	Befragung Interview	**Befragung** Panel	**Beobachtung**	**Experiment**
Merkmale	**Erfragen** von Meinungen, Einstellungen, Motiven, Tatbeständen und Verhaltensweisen	**wiederholte Befragung** eines repräsentativen Personenkreises zum gleichen Erhebungsgegenstand über längere Zeiträume	Feststellen von Verhaltensweisen durch **Beobachtung** bestimmter Tatbestände	**Erprobung** einer neuen Maßnahme vor ihrer Einführung
Formen	**mündliche** Befragung durch **Interview:** – Standardinterview (fest vorgegebene Fragen und Reihenfolge) – Strukturinterview (freie Formulierung bei gegebenem Fragengerüst) – freies Interview (zwangloses Gespräch) **schriftliche** Befragung mittels **Fragebogen,** Befragung mittels E-Mail und Internet	**Haushaltspanel, Einzelhandelspanel, Großhandelspanel, Industriepanel**	**Selbstbeobachtung** in eigenem Betrieb **Fremdbeobachtung** in einem fremden Unternehmen	**Feldexperiment** bei normalen Marktbedingungen auf einem Testmarkt (z. B. Wein in Plastikflaschen) **Laborexperiment** bei künstlichen Bedingungen außerhalb des Marktes (z. B. Personalbefragung nach der Wirkung einer neuen Verpackung)

Befragten-auslese	**Stichprobenauswahl:** – Zufallsauswahl (Auswahl ohne Rücksicht auf die Bevölkerungsstruktur, z B. jeder 100. aus dem Telefonbuch) – Quotenauswahl (Auswahl, die der Bevölkerungsstruktur – Altersklassen, Berufsgruppen o. a. – entspricht)		keine Auslese, Beobachtung der zufällig im Beobachtungsfeld befindlichen Personen	Auswahl nach marktgegebenen oder simulierten Bedingungen
Forschungs-bereiche	Käuferverhalten, Kaufgewohnheiten, Meinungen, Wünsche, Motivationen	Wirkung von Wettbewerbsaktivitäten, Effizienz der Absatzorganisation, Preisentwicklung, Umschlagskennzahlen	Schaufensterwirkung auf Passanten, Aufmerksamkeit der Kunden im Laden	Test von Produktmodellen, Verpackungsentwürfen, Werbemitteln, Preisgestaltung
Vorteile und	Möglichkeit der Erforschung von nicht beobachtbaren Tatbeständen	Aussagen über Marktaktivitäten im Zeitablauf	häufig objektiver als Befragung	Erprobung unter realistischen Bedingungen
Nachteile	falsche Ergebnisse durch suggestive Beeinflussung; notwendig sind exakte Fragen und Kontrollfragen	hohe Verweigerungs- und Austrittsquoten erfordern einen Austausch der Panelmitglieder; Mitarbeit muss vergütet werden	Beobachter kann nur wenige Beobachtungsfälle im Auge behalten; viele Tatbestände sind nicht beobachtbar (Motive)	oft großer Zeit- und Kostenaufwand; begrenzter Anwendungsbereich

▶ Sekundärforschung

Als **Sekundärforschung** bezeichnet man die **Auswertung außer- und innerbetrieblichen Quellenmaterials,** das **bereits vorhanden** ist. Es wurde eventuell ursprünglich für andere Zwecke erhoben, lässt sich aber in zweiter Linie (sekundär) für eine gezielte Marktuntersuchung auswerten.

Außerbetriebliches Sekundärmaterial:

- Jahrbücher, Marktberichte und Internetveröffentlichungen statistischer Ämter (www.destatis.de),
- Ermittlungen privater Marktforschungsinstitute,
- Berichte von Fachverbänden und Handelskammern,
- Veröffentlichungen von Banken zur Wirtschaftslage.

Innerbetriebliches Sekundärmaterial wird gewonnen aus der Buchhaltung, Betriebsstatistik, der Korrespondenz und aus Berichten der Marketing-Mitarbeiter im Innen- und Außendienst.

Da das Sekundärmaterial bis zu seiner Veröffentlichung häufig überholt ist, dient es in der Regel nur dazu, Primärerhebungen **(»field-research«)** vom Schreibtisch aus **(»desk-research«)** vorzubereiten.

Aufbereitung und Auswertung des Materials

Das Sekundär- und Primärmaterial muss für die Bedürfnisse des Unternehmens aufbereitet und ausgewertet werden. Bei der Auswertung werden die Antworten gruppenweise zusammengefasst, geordnet, gezählt, prozentual verglichen und gedeutet. Tabellarische, grafische und bildliche Darstellungen vermitteln eine bessere Übersicht und einen deutlichen Eindruck von den Forschungsergebnissen. Durch Errechnung von Kenn- und Richtzahlen lassen sich aus den Ergebnissen der Marktforschung Schlüsse ziehen und Planzahlen für die betriebliche Marktpolitik ermitteln.

7.3.2 Marktprognose

Die Marktprognose baut auf den Ergebnissen der Marktforschung auf. Durch die Studie der vergangenen Entwicklung und des heutigen Zustands der Märkte versucht man, die zukünftige Marktentwicklung abzuschätzen und vorauszuberechnen. Diese Zukunftseinschätzung ist immer mit einem Risiko verbunden. Dieses kann durch eine möglichst umfassende Erhebung und Auswertung von Daten und Erfahrungen abgemildert werden.

Zusammenfassende Übersicht zu Kapitel 7.3: Beschaffung von Informationen durch Marktforschung

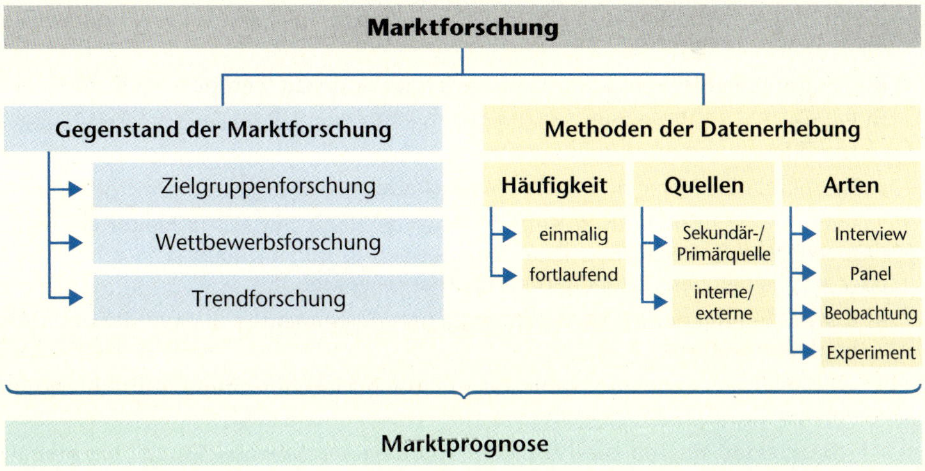

▶ Aufgaben und Probleme

1. Nennen Sie Vor- und Nachteile der Primärforschung gegenüber der Sekundärforschung.
2. Nennen Sie Anwendungsbereiche, für die sich die einzelnen Methoden der Primärforschung besonders eignen.
3. Rufen Sie im Internet die Seite des Statischen Bundesamtes (www.destatis.de) auf.
   a) Zählen Sie die wichtigsten Informationen auf, die Handelsunternehmen zu erfahren suchen.
   b) Suchen Sie nach Informationen, die für ein Handelsunternehmen von Interesse sein könnten.

c) Erläutern Sie, an welchen Merkmalen sich eine drohende Absatzkrise erkennen lässt.

d) Beschreiben Sie, inwieweit die Kenntnis der Marktdaten eine wichtige Entscheidungshilfe für die Absatzpolitik von Unternehmen ist.

4. Entwerfen Sie einen Fragebogen, mit dem Sie die Erfahrungen der Abnehmer eines neuen Brotaufstrichs erfragen, um gegebenenfalls neue Absatzstrategien vorzubereiten.

5. Welche Folgerungen können aus den folgenden Ergebnissen der Marktforschung für das Marketing abgeleitet werden?

   a) Die Bevölkerung ist zunehmend verärgert über den übermäßigen Verpackungsaufwand.

   b) Die Bevölkerung interessiert sich immer stärker für Sportsendungen im Fernsehen.

   c) 50 % der Fans während der Fußballweltmeisterschaft in Brasilien waren weiblich.

   d) Die Bevölkerung ist wieder bereit, mehr Geld für Konsumgüter auszugeben. Jedoch herrscht bei Luxusgütern deutliche Kaufzurückhaltung.

6. Nennen Sie Merkmale, an denen die Konjunkturentwicklungen abgelesen werden können.

7. Erläutern Sie mögliche Risiken, die sich aus der Erstellung einer Marktprognose ergeben.

8. Ein regional anbietender Großhändler für Fahrräder, Fahrradzubehör und -bekleidung möchte seine Stellung am Markt verbessern. Eine Marktforschung soll Basis dafür sein.

   a) Unterbreiten Sie Vorschläge, wie der Markt erforscht werden könnte.

   b) Folgern Sie aus Ihren persönlichen Beobachtungen heraus, welche Ergebnisse die Marktforschung erbringen könnte.

   c) Erarbeiten Sie Vorschläge, wie die Marketingstrategie gestaltet werden könnte.

9. Joachim Egert und Dietrich Keller haben die Natur Pur KG in Heilbronn eröffnet (vgl. Aufgabe 2, Seite 357). (Die Teilaufgaben a) und b) können in arbeitsteiliger oder arbeitsgleicher Gruppenarbeit bearbeitet werden.)

   a) Zur Festlegung der Marketingstrategie und -instrumente soll eine Marktforschung betrieben werden.

      - Erläutern Sie, was die Natur Pur KG durch Marktforschung in Erfahrung bringen will.
      - Begründen Sie, ob die Natur Pur KG eine Marktbeobachtung, Marktanalyse oder Marktprognose betreiben soll.
      - Erläutern Sie, mit welchen Methoden Sie die gesuchten Daten in Erfahrung bringen würden.

   b) Die beiden Jungunternehmer wollen kleinere und mittlere Möbelhäuser, aber auch Passanten in Fußgängerzonen mit einem Fragebogen ansprechen.

      - Stellen Sie in arbeitsteiligen Kleingruppen zusammen, welche Informationen sich die beiden erhoffen.
      - Entwerfen Sie jeweils einen Fragebogen für die beiden Zielgruppen.
      - Stellen Sie Ihre Fragebogen im Plenum vor und erläutern Sie, welche Informationen Sie sich dadurch erhoffen.
      - Vergleichen und diskutieren Sie die Unterschiede der Fragebogen je nach Zielgruppe der Befragung.

7.4 Produkt- und Sortimentspolitik

Handelsunternehmen entwickeln in der Regel keine neuen Produkte. Die in industrieller Fertigung hergestellten Produkte werden häufig als Waren bezeichnet, wenn sie in den Handel gelangen. Der Handel nimmt jedoch indirekt über seine Kontakte zu den Herstellern von Produkten erheblichen Einfluss auf deren Produktpolitik.

Für Handelsunternehmen sind Entscheidungen über die Breite und Tiefe ihres Sortiments von größter Bedeutung. In enger Verbindung mit sortimentsbezogenen Entscheidungen steht die Frage, inwieweit Handelsunternehmen Dienstleistungen in ihr Angebot aufnehmen sollen (Dienstleistungsprogramm). Schließlich spielen die Handelsunternehmen eine zentrale Rolle bei der Markenpositionierung von Produkten.

Produktpolitik ist die kundenorientierte **Entwicklung** und **Veränderung** von **Produkten** durch den Hersteller unter Mitwirkung des Händlers.

Sortimentspolitik ist die kundenorientierte **Auswahl der Produkte** und **Dienstleistungen,** die ein Handelsunternehmen am Markt anbietet.

7.4.1 Produktpolitik

Die Produktpolitik eines Unternehmens umfasst alle Entscheidungen, die sich auf die Gestaltung bestehender und zukünftiger Produkte beziehen. Bereits eingeführte Produkte müssen ständig verbessert und an geänderte Marktbedingungen angepasst werden. Angesichts immer kürzerer Lebenszyklen von Produkten gewinnen erfolgreiche Produktinnovationen für den langfristigen Unternehmenserfolg an Bedeutung.

Produktgestaltung

Ein Kernbereich des Marketings ist die optimale Ausgestaltung bzw. Kombination von Produkteigenschaften und produktbegleitenden Serviceleistungen. Zur Produktgestaltung zählen einerseits die Festlegung der Funktions- und Gebrauchseigenschaften **(Grundnutzen)** einschließlich Stoffqualität, Lebensdauer und evtl. Wiederverwertbarkeit, andererseits auch Produktdesign, Gestaltung der Verpackung, Markenimage, Kundendienst **(Zusatznutzen).**

Die funktions- und stilgerechte Formgebung nennt man Design. Langfristig gutes Design trägt dazu bei, langlebige Güter zu produzieren, fördert den Gebrauchswert, verhindert Verschwendung und erhöht damit die ökologische Verträglichkeit.

Zunehmend wird bei der Gestaltung der Produkte versucht, alle Sinne anzusprechen. Beispielsweise ist das passende Geräusch zur Anwendung der Produktwahrnehmung sehr wichtig. **Sounddesign** und **Psychoakustik** macht aus einem ausgereiften Produkt ein vollkommenes Produkt.

Beispiele:

1. Das Zuschlagen der Wagentür bei einem Luxusfahrzeug muss dumpf und satt klingen.
2. Ein Staubsauger hat hörbar kräftig mit tiefem Ton zu saugen.

Smartphone: © Tsiumpa – Fotolia.com

Produktveränderung

Die **Produktveränderung** betrifft Produkte, die bereits im Markt eingeführt sind.

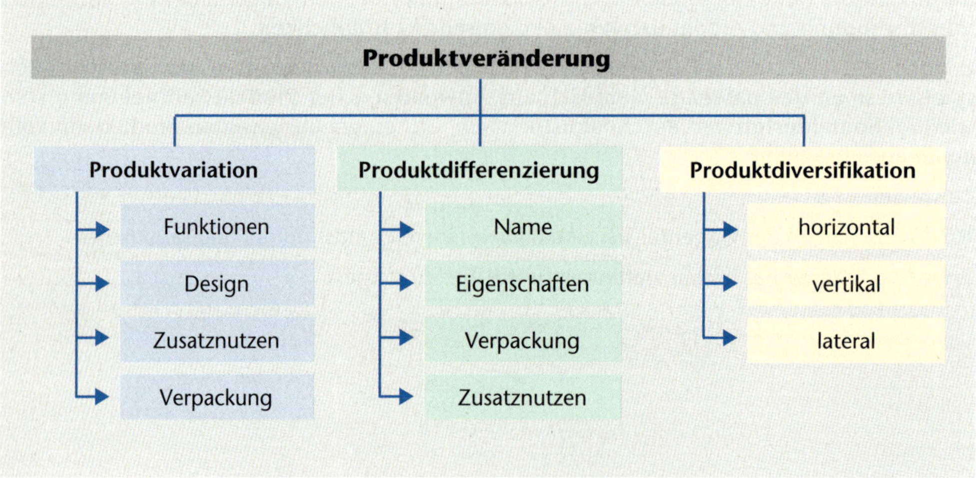

▶ Produktvariation

Produkte müssen laufend angepasst und verbessert werden.

Variation	Ursachen für Variation	Beispiele
in den **Produktfunktionen**	Veränderung des Stands der Technik; wachsende Sicherheitsbedürfnisse, Umweltschutzvorschriften	Mobiltelefon mit Internetzugang
im **Design**	Geschmacks- und Modewandel	grellbunte Softgetränke in 0,33-Liter Klarglasflaschen
im **Nutzen**	neue Zusatzleistungen, die das Produkt attraktiv erhalten und es von der Konkurrenz abheben	Mobiltelefone mit verschiedenen Apps
in der **Verpackung**	Bedeutung als Informationsträger, zur Visualisierung des Produkts, als Werbeträger	Kreditkarten mit den Logos der ausgebenden Kundenbank

▶ Produktdifferenzierung

Die unterschiedliche Ausgestaltung der Angebotspalette eines Produkts nennt man **Produktdifferenzierung.**

Differenzierung nach	Erläuterung	Beispiele
dem **Namen** des Produkts	Produkte des gleichen Unternehmens werden unter verschiedenen Markennamen oder als sogenannte »No-Name-Produkte« angeboten.	Eiscreme eines Markenanbieters und als Handelsmarke bei einem Discounter
den **Eigenschaften** des Produkts	Produkte mit unterschiedlichen Eigenschaften, Geschmacksrichtungen usw. existieren nebeneinander auf dem Markt oder sind zeitlich begrenzte Sondermodelle.	Erfrischungsgetränke mit unterschiedlichen Geschmacksrichtungen
der **Verpackung** des Produkts	Mit verschiedenen Verpackungsgrößen werden unterschiedliche Käuferschichten angesprochen.	Schokoladenriegel in Miniversion
dem **Zusatznutzen**	Ergänzend zum bisherigen Nutzen eines Produkts werden weitere Eigenschaften oder Dienstleistungen angeboten.	Limonadengetränk mit ACE-Zusätzen, Installationsservice beim Werkzeugmaschinenkauf

▶ Produktdiversifikation

Hierunter versteht man die **Einführung neuer Produktlinien.** Häufig erfolgt die Aufnahme von artverwandten Produkten, die die Angebotspalette sinnvoll abrunden sollen. Diversifikation kann sich auch auf Leistungen erstrecken, die nicht im Zusammenhang mit dem bisherigen Sortiment des Unternehmens stehen. Ziele der Diversifikation sind fast immer Risikoverteilung (mehrere Standbeine) und damit Gewinnsteigerung oder aber auch das Wachstum in neue Märkte hinein.

Arten der Diversifikation	Erläuterung	Beispiele
horizontale Diversifikation	Nimmt in das Programm neue Produkte auf, die auf einem Markt angeboten werden, den das Unternehmen bereits bedient.	Eine Brauerei nimmt Mixgetränke in ihr Programm auf.
vertikale Diversifikation	Ergänzt das Programm um Leistungen der vor- oder nachgelagerten Produktions- bzw. Leistungsstufe.	Ein Küchenmöbelgroßhändler kauft einen Küchenmöbelhersteller auf.
laterale Diversifikation	Nimmt neue Leistungen in das Programm auf, die in keinem Zusammenhang mit dem bisherigen Leistungsangebot des Unternehmens stehen.	Eine Handelskette für Befestigungssysteme steigt in die Produktion von Solarmodulen ein.

Produktinnovation

▶ Produktneugestaltung

Darunter versteht man die fortschrittlichere Lösung eines technischen Problems bei einem vorhandenen Produkt.

Beispiele: Verwendung von korrosionsbeständigen Kunststoffen für den Fahrzeugbau, Entwicklung von digitalen Fotoapparaten, Herstellung von abrieb- und rutschfesten Straßenbelägen aus Recycling-Material, kompostierbare Verpackungsmaterialien aus Mais

▶ Produktentwicklung

Dies ist die Entwicklung und Gestaltung eines neuen Produktes, das noch nicht am Markt eingeführt ist (z. B. Smartphone). Sie ergibt sich aus der Kenntnis einer Marktlücke.

Die Produktentwicklung erfolgt planmäßig nach einer bestimmten Konzeption. Danach wird ein neues Produkt in folgenden Phasen entwickelt:

① Finden einer Produktidee
② Ausarbeitung verschiedener Produktvorschläge
③ Entscheidung für einen Vorschlag
④ Herstellung des ersten Produktes (Prototyp) bzw. der ersten Serie (Nullserie)
⑤ Erprobung auf einem Testmarkt (ggf. Vornahme von Verbesserungen)
⑥ Aufnahme des Produktes in das Programm
⑦ Produktabsatz
⑧ Erfolgskontrolle

▶ Entwicklung einer Markteinführungsstrategie

Die erfolgreiche Markteinführung eines neuen Produktes setzt eine sorgfältig geplante Einführungsstrategie voraus. Hierbei kann sich ein Unternehmen an einem Katalog von Leitfragen orientieren:

- Wann soll das neue Produkt eingeführt werden?
- Welche Marketingaktivitäten sollen bereits vor der Produktverfügbarkeit durchgeführt werden?
- An welche Zielgruppen und auf welchen geografischen Märkten soll das Produkt vermarktet werden?
- Wie sollen Kommunikationspolitik, Preise und Vertrieb bei der Markteinführung gestaltet sein?

Die ersten drei Fragen beziehen sich auf das **Timing** der Markteinführung. Es stellt sich die grundsätzliche Frage, ob das Unternehmen mit einer Neuerung vor der Konkurrenz am Markt sein will.

Diese **Pionierstrategie** kann Vor- und Nachteile haben:

mögliche Vorteile der Pionierstrategie	**mögliche Nachteile der Pionierstrategie**
– vorübergehende Monopolstellung, dadurch erhöhte Gewinnchance – Imagegewinn – Aufbau von Wechselbarrieren bei Kunden – Sicherung wichtiger Vertriebskanäle	– hoher Ressourceneinsatz im Rahmen der Markterschließung – Unsicherheit bezüglich der Nachfrageentwicklung – fehlende Erfahrung in der Anwendbarkeit durch Kunden

7.4.2 Sortimentspolitik

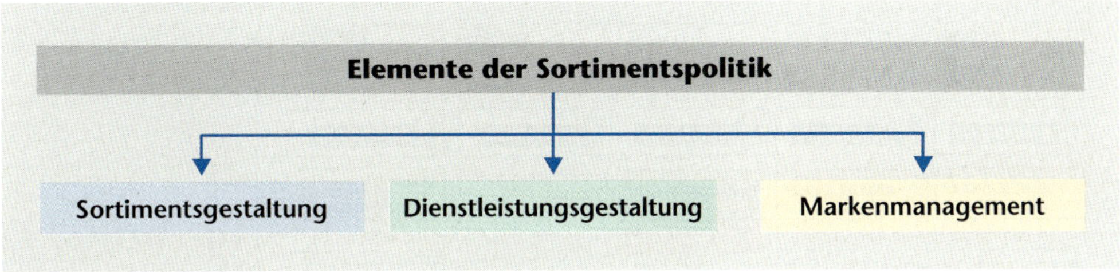

Sortimentsgestaltung

Im Rahmen der Sortimentsgestaltung ist zunächst die Entscheidung bezüglich der **Sortimentsbreite** und **Sortimentstiefe** zu treffen.

Diese beiden Merkmale lassen sich mit einer **Sortimentspyramide** darstellen. Dabei sind Artikel die kleinsten Einheiten des Sortiments. Sorten bestimmen die Tiefe und Artikel- und Warengruppen die Breite des Sortiments.

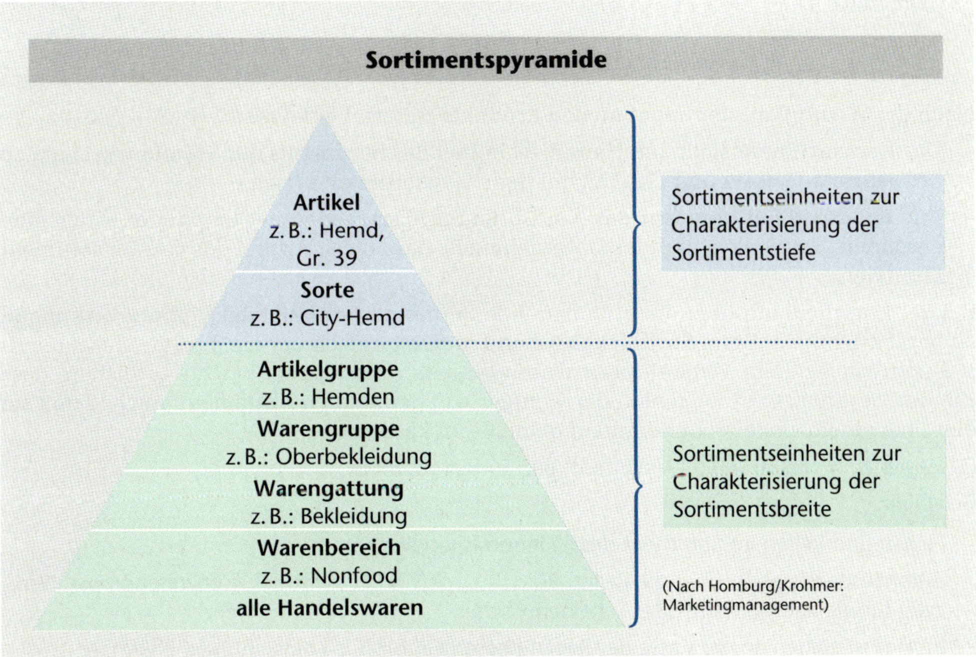

(Nach Homburg/Krohmer: Marketingmanagement)

Auf den verschiedenen Ebenen der Sortimentspyramide sind Sortimentseinheiten (z.B. Warenbereich, Warengattung, Artikel) dargestellt, die zur Beschreibung der **Sortimentsstruktur** dienen.

Sortimentsbreite wird durch die Anzahl der unterschiedlichen Warenbereiche, Warengattungen, Warengruppen und Artikelgruppen erreicht. Eine hohe Sortimentsbreite ist gegeben, wenn beispielsweise eine hohe Anzahl von Warengruppen geführt wird.

Sortimentstiefe bezieht sich auf die Anzahl der unterschiedlichen Sorten und Artikel, die angeboten werden. So liegt beispielsweise eine hohe Sortimentstiefe vor, wenn innerhalb einer Warengruppe eine Vielzahl unterschiedlicher Artikel angeboten wird.

Beispiel: Ausschnitt aus dem Reifensortiment der Reifen Roesch GmbH

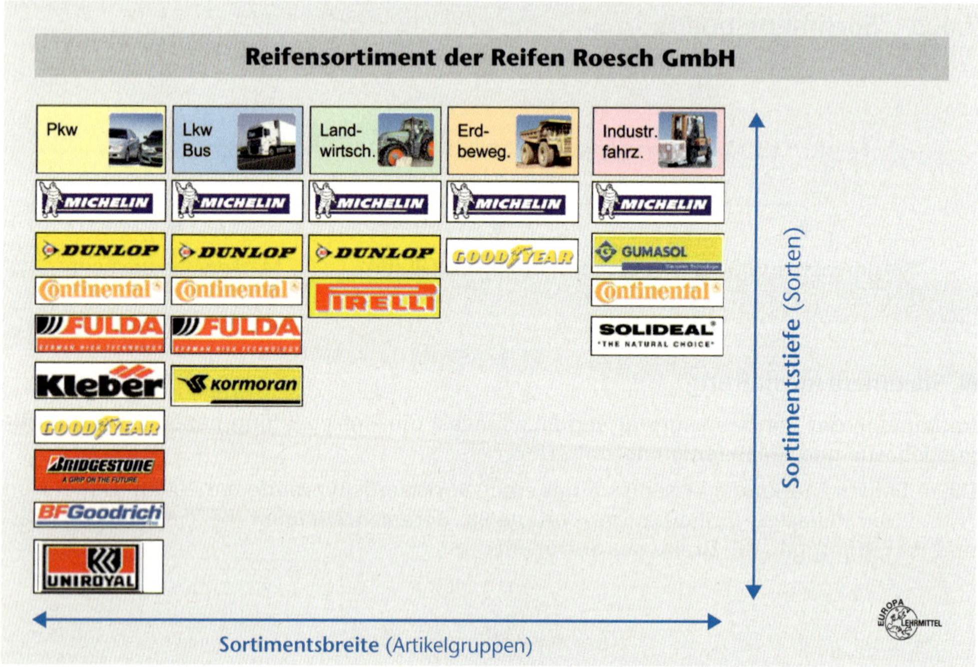

Nach der **Wichtigkeit der angebotenen Produkte** unterscheidet man:

- Das **Kernsortiment** stellt den Hauptbestandteil des Sortiments dar. Häufig wird nahezu der gesamte Umsatz und Gewinn mit dem Kernsortiment erzielt.
- Das **Randsortiment** ergänzt das Kernsortiment. Der Abnehmer empfindet es als eine besondere Serviceleistung des Unternehmens, dass diese Artikel das Gesamtsortiment abrunden.

Bei der Entscheidung über die grundlegende Sortimentsstruktur sind Verbundwirkungen zu berücksichtigen. Beim **Sortimentsverbund** handelt es sich um die gezielte Zusammenstellung von Artikeln, Artikel- oder Warengruppen. Der Handel möchte erreichen, dass Kunden bestimmte Artikel mehr oder weniger eng gedanklich zusammenfassen, damit sie diese bei einem anstehenden Einkauf gemeinsam kaufen.

Es lassen sich verschiedene Verbundtypen unterscheiden.

Beispiele:

- Felgen und Reifen im Sortiment des Reifengroßhändlers.
- Autohäuser beziehen über die Reifen Roesch GmbH auch sonstiges Autozubehör wie Werkzeug für die Radmontage oder Scheibenwischer.
- Im Herbst stehen an der Kasse der Reifen Roesch GmbH Türschlossenteiser, Eiskratzer usw.

Ein weiteres Entscheidungsfeld im Rahmen der Sortimentsgestaltung bezieht sich auf **Sortimentsveränderungen.** Hier geht es darum, das bestehende Sortiment im Rahmen der **Sortimentserweiterung, Sortimentsbeschränkung** sowie **Sortimentsbereinigung** zu optimieren.

Beispiel: Die Reifen Roesch GmbH erweitert das Reifensortiment im Bereich Erdbewegungsfahrzeuge und beschränkt sich bei Pkw-Reifen auf Markenreifen. Vollgummireifen (z. B. für mobile Kreissägen) nimmt sie wegen zu geringer Nachfrage aus dem Programm.

Dienstleistungsgestaltung

Einen zweiten Themenbereich der Sortimentspolitik stellt die **Dienstleistungsgestaltung** dar. Dieser Dienstleistungssektor hat eine erhebliche Bedeutung und trägt erheblich zur Erfolgswirksamkeit von Handelsunternehmen bei. Es ist grundsätzlich zu entscheiden:

- Wie viele Dienstleistungen sollen angeboten werden (Breite und Tiefe des Dienstleistungsangebots)?
- Welchen Kunden sollen die Dienstleistungen angeboten werden?
- Wie aktiv sollen die Dienstleistungen angeboten werden?

Nach Art der Dienstleistung unterscheidet man

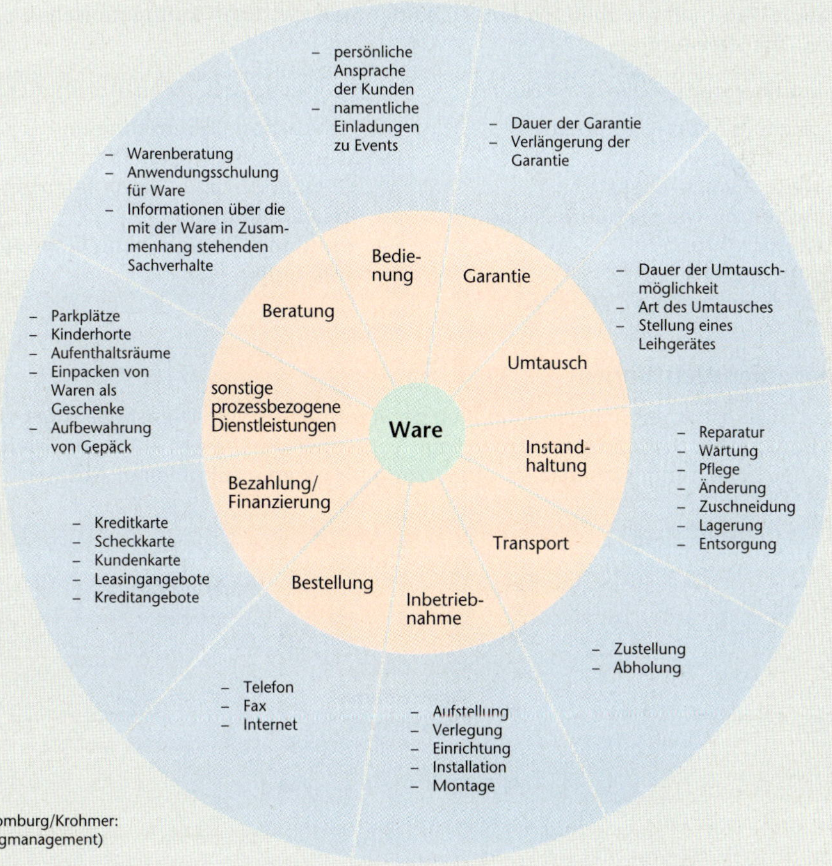

(Nach Homburg/Krohmer: Marketingmanagement)

Nach dem Zeitpunkt der Dienstleistung unterscheidet man:

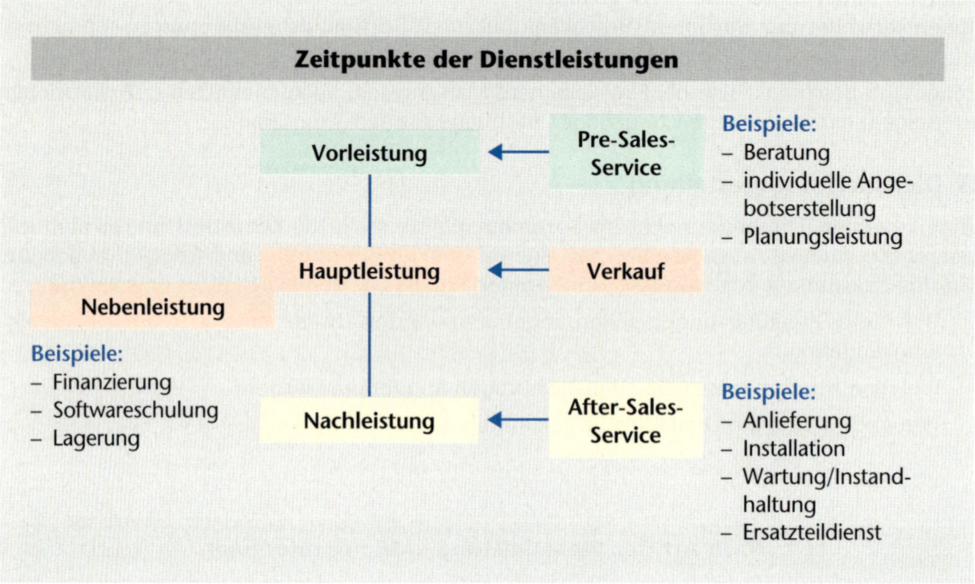

Nach dem Unternehmensbereich unterscheidet man zwischen kaufmännischen und technischen Dienstleistungen:

kaufmännische Dienstleistungen	technische Dienstleistungen
– Verkaufsberatung, Information – Finanzierung – Hotline, Online-Dienste – Abwicklung von Gewährleistung, Garantieleistung – Ersatzteildienst – Kundenparkplätze, Cafeteria	– Installation, Inbetriebnahme – Wartung, Inspektion, Reparatur – Gewährleistung, Garantieleistung – Ersatzteildienst – Schulung, Betriebs- und Gebrauchsanleitung

Finanzdienstleistungen

Finanzdienstleistungen haben im Rahmen der kaufmännischen Dienstleistungspolitik eine große Bedeutung. Sie sind gegenüber dem Abnehmer wirksame Mittel zur Erleichterung der Kaufentscheidung, oft sogar Voraussetzung für einen erfolgreichen Absatz.

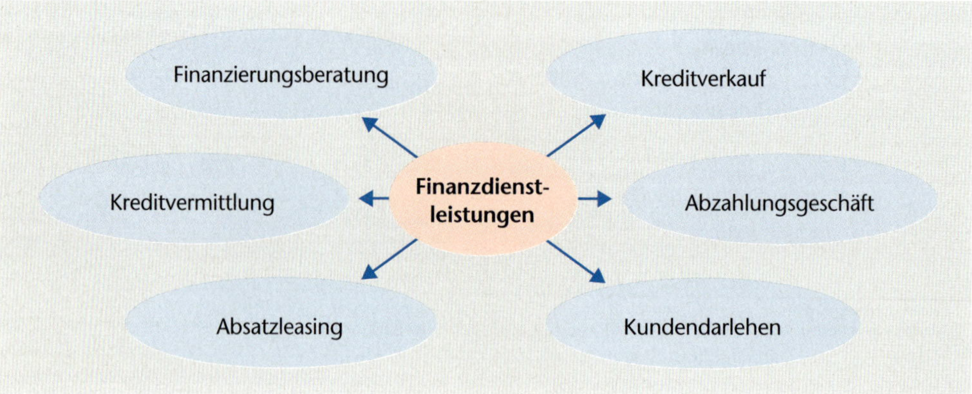

Markenmanagement

Für Hersteller und Händler haben Marken eine besondere Bedeutung. Sie bewirken bei Kunden ein Markenbewusstsein, das die Kundenbindung fördert.

Als **Herstellermarken** werden Marken bezeichnet, unter denen Hersteller ihre Artikel dem Endkunden anbieten. Sie stehen in Konkurrenz zu den **Handelsmarken.** Diese werden als Instrument der Kundenbindung von Handelsketten und Versandhäusern eingesetzt. Oft verbergen sich hinter den Handelsmarken Markenartikel namhafter Hersteller, die über Preisdifferenzierung verkauft werden.

Beispiele:

- Boss, Diesel, Nike, Timberland
- Die Kaufland GmbH & Co. KG führt als Handelsmarke die Linie K-Classic.

Vorteile von Handelsmarken	
für das Handelsunternehmen	**für den Kunden**
– unverwechselbares Sortiment – Abhebung von Konkurrenz – Preisspielraum – Stärkung der Corporate Identity – innovative Produktgestaltung – Kundenbindung	– Erwerb preisgünstiger Waren – Substitutionsmöglichkeiten für Markenartikel – mit der Handelsmarke erhält er Qualität des Markenprodukts – Einkaufsstättentreue

Die Zusammenarbeit unterschiedlicher Markenartikel-Unternehmen nennt man **Co-Branding** (Markenkooperation). Große Markenartikel werden bei einer Werbeaktion zusammen präsentiert, indem die Marken gemeinsam herausgestellt werden. So nützt der Bekanntheitsgrad der einen Marke der anderen, ohne dass ein Konkurrenzverhältnis besteht. Dies ermöglicht die Erschließung neuer Zielgruppen.

Beispiele: Lufthansa und Visa, Milka und Langnese

Zusammenfassende Übersicht zu Kapitel 7.4: Produkt- und Sortimentspolitik

Produkt- und Sortimentspolitik

Produktpolitik

- **Produktgestaltung**
- **Produktveränderung**
  - Produktvariation
  - Produktdifferenzierung
  - Produktdiversifikation
- **Produktinnovation**
  - Produktneugestaltung
  - Produktentwicklung

Sortimentspolitik

- **Sortimentsgestaltung**
  - Sortimentstiefe
  - Sortimentsbreite
  - Sortimentsverbund
- **Dienstleistungsgestaltung**
  - kaufmännische Dienstleistungen
  - technische Dienstleistungen
- **Markenmanagement**
  - Herstellermarken
  - Handelsmarken

▶ Aufgaben und Probleme

1. Stellen Sie fest, welche Art der Produktpolitik in den letzten Jahren vollzogen wurde in der Produktion von

   a) Personenkraftwagen, b) Mobiltelefonen.

2. Erstellen Sie ein Mind Map mit den Gestaltungselementen für ein Produkt Ihrer Wahl.

3. Nennen Sie Beispiele für Produkte, bei denen das Design und/oder Sounddesign

   a) sehr wichtig, b) eher unwichtig ist.

4. Nennen Sie Beispiele aus Ihrem Erfahrungsbereich für

   a) Produktinnovation, b) Produktveränderung, c) Sortimentsverbund.

5. a) Entwickeln Sie mithilfe einer Kartenabfrage Produktideen. Gehen Sie wie folgt vor:

   - Vereinbaren Sie zuerst einen Warenbereich bzw. eine Warengattung.
   - Jeder schreibt mehrere Karten, die seine Ideen enthalten (wichtig: deutlich schreiben, in Druckbuchstaben, pro Karte maximal drei Zeilen und nur eine Idee).
   - Die Karten werden an einer Pinnwand befestigt und geclustert, d. h., Karten mit gleichen oder sehr ähnlichen Ideen werden zu Inseln zusammengehängt.
   - Aus den Inhalten dieser Kartenlandschaft werden in 2er-Teams Produktideen formuliert, jeweils auf Streifen/Karten geschrieben und ebenfalls an einer Pinnwand befestigt.
   - Die Ideen werden von den Teilnehmern mit Klebepunkten bepunktet und so in eine Rangfolge gebracht.

b) Entwickeln Sie in Gruppen für Ihre gefundenen Produktideen eine passende Markteinführungsstrategie.

6. Entwerfen Sie eine Sortimentspyramide für
   a) einen Warenbereich Ihres Erfahrungsbereichs,
   b) das Sortiment eines Reifen-Großhändlers.

7. a) Stellen Sie das Produkt-Sortiment und das Dienstleistungs-Sortiment eines Unternehmens Ihrer Wahl jeweils in einem Schaubild (vgl. S. 368) dar und erläutern Sie dieses vor der Klasse.
   b) Ergänzen Sie Ihr Schaubild mit den Dienstleistungen, aus dem die zeitliche Anordnung als Haupt- und Nebenleistung sowie Vor- und Nachleistung hervorgeht (vgl. Seite 370).

8. Nennen Sie Möglichkeiten der Sortimentsveränderung für ein Unternehmen Ihrer Wahl.

9. Nennen Sie Beispiele einer Produktdifferenzierung und -diversifikation für die Produkte eines Unternehmens Ihrer Wahl.

10. Die Lachmann GmbH ist ein Großhandelsunternehmen für Heimwerkermaschinen, Geräte für Hobbygärtner sowie Geräte für den gewerblichen Gartenbau und öffentliche Einrichtungen. Sie vertreibt ihre Produkte in ganz Deutschland. Im vergangenen Geschäftsjahr erlitt sie starke Umsatzeinbußen. Aus diesem Grund wurde eine Marktanalyse in Auftrag gegeben. Diese hat ergeben, dass eine Produktdifferenzierung auf dem Sektor Heimwerkermaschinen zusätzliche Umsätze bringen könnte. Darüber sollen der Lieferant und Hersteller der Maschinen informiert und beraten werden.
    a) Unterbreiten Sie dem Hersteller der Maschinen zwei konkrete Vorschläge für diese Produktpolitik.
    b) Der Abteilungsleiter der Marketing-Abteilung ist der Ansicht, dass zudem eine deutliche Produktdiversifikation erstrebenswert sei. Erklären Sie an einem Beispiel, was bei der vorliegenden Produktpalette eine Produktdiversifikation wäre.
    c) Erläutern Sie zwei Gründe, die im Sinne des Abteilungsleiters für eine solche Produktpolitik sprächen.

11. Ordnen Sie den folgenden Aussagen die Begriffe Sortimentsbreite, Sortimentstiefe, Sortimentsbereinigung oder Sortimentserweiterung zu und begründen Sie Ihre Antworten.
    a) Eine Weingroßhandlung bietet Weine aus 30 verschiedenen Weinanbaugebieten an.
    b) Dieselbe Großhandlung hat 40 verschiedene toskanische Rotweine im Sortiment.
    c) Eine Süßwarengroßhandlung nimmt zum neuen Jahr Erfrischungsgetränke ins Sortiment auf.
    d) Aufgrund der Konkurrenz im Internet nimmt ein Großhandelsunternehmen für Bürobedarf sämtliche PC-Drucker-Patronen aus dem Programm.

12. Grenzen Sie durch Beispiele Herstellermarken von Handelsmarken ab.

13. Beschreiben Sie Vorteile, die die Positionierung von Handelsmarken für die Hersteller dieser Artikel hat.

14. Nennen Sie Markenkooperationen im Sinne eines Co-Brandings.

7.5 Preis- und Konditionenpolitik

Die Preisgestaltung hat eine große Bedeutung, weil die Unternehmen sich einem zunehmenden Preisdruck gegenübersehen. Gründe für diesen sind:

- Globalisierung der Märkte (»Billigkonkurrenz«)
- Verdrängungswettbewerb
- Kostensparpolitik der Einkäufer
- Marktmacht des Handels
- Preistransparenz (Internet)
- Einkommenssituation der Konsumenten

Zur **Preis- und Konditionenpolitik** gehören alle Maßnahmen der **direkten** oder **indirekten Gestaltung des Preises.**

7.5.1 Preispolitik

Ein hoher Preis für eine Ware ist grundsätzlich die Voraussetzung für den angestrebten Gewinn, hat aber auch eine stark absatzhemmende Wirkung. Ein niedriger Preis fördert zwar den Absatz, bringt aber vielleicht keinen Gewinn mehr. Es ist der »richtige« Preis zu finden, der den angestrebten Absatz ermöglicht und doch einen ausreichenden Gewinn sicherstellt.

Das Unternehmen orientiert sich bei dieser Preisfindung einerseits an den Kosten, andererseits an den Marktdaten.

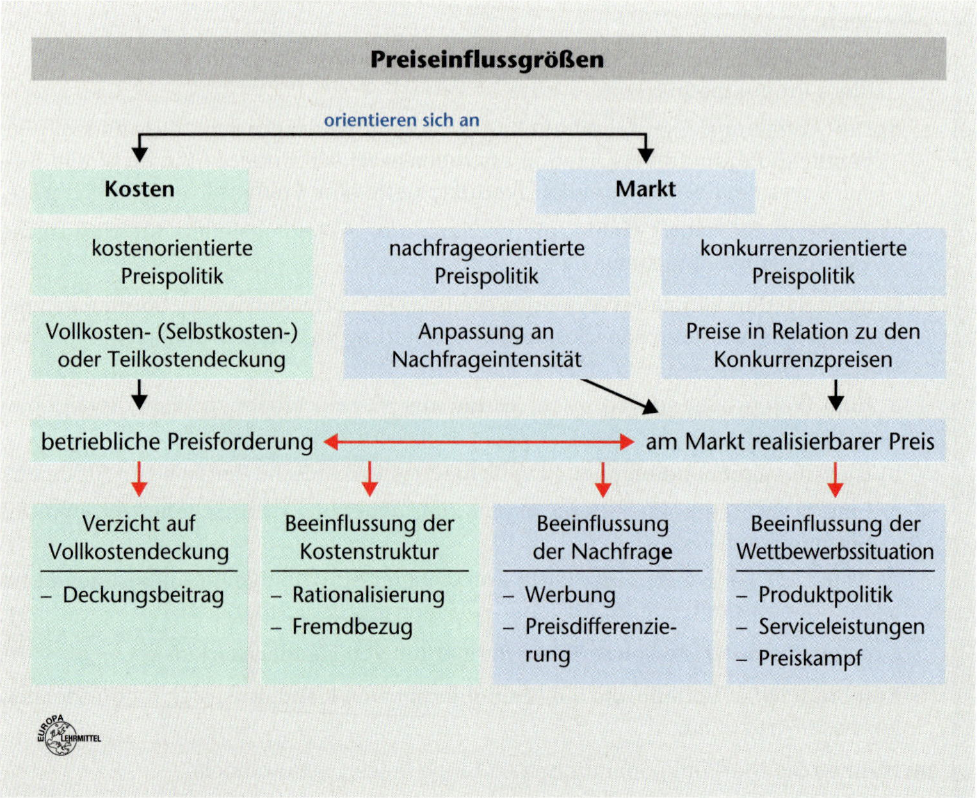

Kostenorientierte Preispolitik

Bei der kostenorientierten Preispolitik erfolgt die Preiskalkulation auf der **Grundlage der Selbstkosten pro Stück plus Gewinnzuschlag.**

Die Kalkulation kann auf Basis der Voll- oder Teilkosten erfolgen. Langfristig muss das Unternehmen an einer Deckung der Vollkosten interessiert sein. Es sollten die gesamten Selbstkosten gedeckt sein (langfristige Preisuntergrenze).

Kurzfristig kann das Unternehmen jedoch durchaus in Kauf nehmen, dass nur die variablen Kosten (Teilkosten) durch den Preis gedeckt sind (kurzfristige Preisuntergrenze). Diese Strategie kann insbesondere dann gewählt werden, wenn andere Waren aus dem Leistungsangebot die Fixkosten bereits decken oder damit Zusatzaufträge gewonnen werden können.

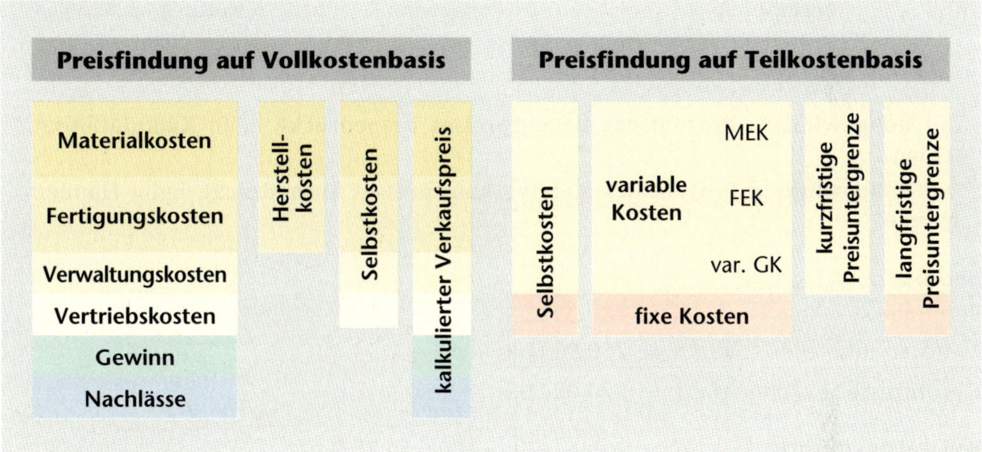

▶ Kalkulation der Selbstkosten

In Handelsbetrieben und Industriebetrieben unterscheidet sich die Kalkulation der Selbstkosten. Die weitere Kalkulation des Barverkaufspreises ist identisch.

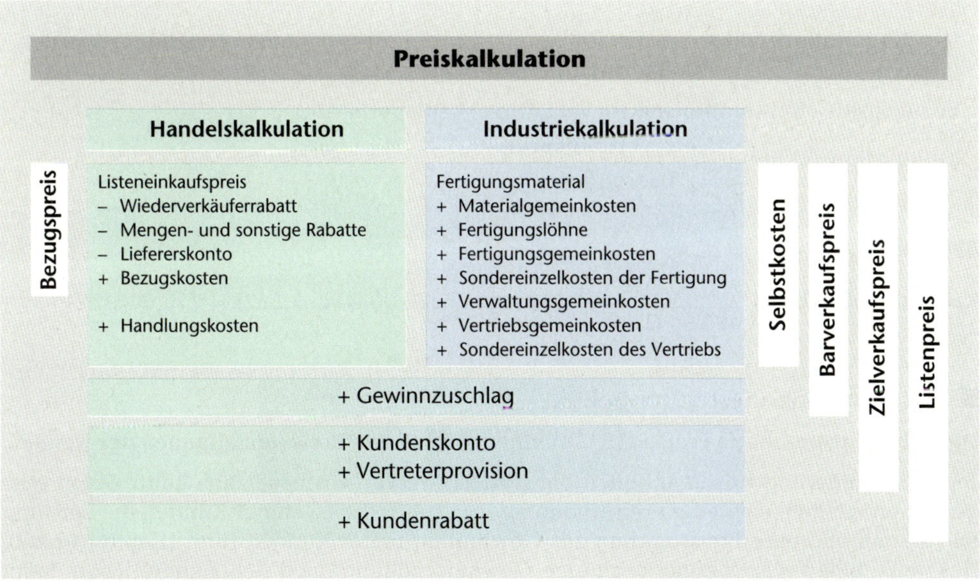

▶ Vereinfachte Kalkulation mittels Kalkulationszuschlag, Handelsspanne und Kalkulationsfaktor

Die Sätze für Handlungskosten, Gewinn und Verkaufszuschläge (Rabatte etc.) sind meist für alle Waren oder einzelne Warengruppen gleich. Daher kann die Verkaufskalkulation im Handel vereinfacht werden, indem man die einzelnen Zuschläge zu einem Gesamtzuschlag zusammenfasst und dem Bezugspreis zurechnet. Der Gesamtzuschlag entspricht dem Unterschied zwischen dem Bezugspreis und dem Nettoverkaufspreis und wird Rohgewinn genannt.

Bezugspreis	+ Handlungskosten	+ Gewinnzuschlag	+ Verkaufszuschläge	**= Nettoverkaufspreis**
Bezugspreis	**+ Rohgewinn**			**= Nettoverkaufspreis**

Der **Rohgewinn, in Prozent des Bezugspreises ausgedrückt,** heißt **Kalkulationszuschlag.**

Der **Rohgewinn, in Prozent des Nettoverkaufspreises ausgedrückt,** heißt **Handelsspanne.**

Beispiel:

Bezugspreis	=	480,00 EUR
Nettoverkaufspreis	=	750,00 EUR
Gesamtzuschlag (Rohgewinn)	=	270,00 EUR

$$\textbf{Kalkulationszuschlag} = \frac{270{,}00\ \text{EUR}}{480{,}00\ \text{EUR}} \cdot 100 = \mathbf{56{,}25\ \%}$$

$$\textbf{Handelsspanne} = \frac{270{,}00\ \text{EUR}}{750{,}00\ \text{EUR}} \cdot 100 = \mathbf{36\ \%}$$

Die Kalkulation lässt sich mithilfe des Kalkulationsfaktors vereinfachen.

Der **Kalkulationsfaktor** ist die Zahl, mit der der Bezugspreis vervielfacht werden muss, um den Nettoverkaufspreis zu erhalten.

Bezugspreis · Kalkulationsfaktor = Nettoverkaufspreis oder

$$\textbf{Kalkulationsfaktor} = \frac{\textbf{Nettoverkaufspreis}}{\textbf{Bezugspreis}}$$

Beispiel:

$$\textbf{Kalkulationsfaktor} = \frac{750{,}00\ \text{EUR}}{480{,}00\ \text{EUR}} = \mathbf{1{,}5625}\ \text{bzw. } 480{,}00\ \text{EUR} \cdot \mathbf{1{,}5625} = 750{,}00\ \text{EUR}$$

Nachfrageorientierte Preispolitik

Die nachfrageorientierte Preispolitik orientiert sich an den **Preisvorstellungen der Kunden.**

Jede Preisänderung ruft Reaktionen der Kunden hervor. Grundsätzlich kann davon ausgegangen werden, dass eine Preiserhöhung dazu führt, dass weniger Kunden die Leistung nachfragen und eine Preissenkung zur Gewinnung neuer Kunden führt (Kapitel 12.2.2). Das heißt, eine Preissenkung kann eine Gewinnerhöhung nach sich ziehen, wenn damit genügend Neukunden gewonnen werden können. Aber auch eine Preiserhöhung kann diesen Gewinneffekt auslösen, wenn nämlich nur eine geringe Zahl von bisherigen Kunden »abspringt«. Dies ist z. B. bei kaum ersetzbaren Produkten der Fall.

Um die Preisvorstellungen der Kunden ermitteln zu können, muss das Unternehmen **Preistests** vornehmen. Diese werden auf der Grundlage von Kundenbefragungen durchgeführt.

Arten von Preistests		
	Inhalt	**mögliche Fragen an den Kunden**
Preis-Schätzungstest	Hier werden die Personen befragt, wie viel die Ware ihrer Meinung nach kosten sollte.	»Wie viel darf das vorgegebene Gut Ihrer Meinung nach kosten?«
Preis-Reaktionstest		»Halten Sie die Preise P1, P2, P3 ... für die Ware X für – zu niedrig, – angemessen, – zu hoch?«
Preis-Kaufbereitschaftstest	Hier wird festgestellt, ob die befragten Personen eine bestimmte Ware zu vorgegebenen Preisen kaufen würden.	»Sind Sie bereit, die Ware zu einem Preis in Höhe von ... Euro zu kaufen?« »Zu welchem Preis sind Sie bereit, die Ware zu kaufen?«
Preis-Klassentest		»Wenn Sie diese Ware kaufen möchten – wie viel würden Sie dafür maximal bezahlen?« »Was wäre der niedrigste Preis, den Sie für diese Ware ausgeben würden, ohne an deren Qualität zu zweifeln?«

Konkurrenzorientierte Preispolitik

Bei starker Konkurrenz besteht nur ein geringer Spielraum für selbstständige Preisfestsetzung durch das Unternehmen. Der Preis kann nur an den **Preis der Konkurrenz** angepasst werden. Dem Unternehmen bleibt dann nur eine entsprechende Mengenpolitik.

Um dieses »Diktat des Marktpreises« zu vermindern, bieten sich dem Unternehmen die Möglichkeiten, die eigenen Kosten durch Rationalisierung oder Fremdbezug zu senken, durch Produktpolitik oder durch kreative Werbung die Konkurrenzsituation zu verändern oder zu versuchen, in Marktnischen vorzudringen.

Bei weniger starker Konkurrenz kann das Unternehmen dagegen durchaus eigene Preisvorstellungen durchsetzen.

7.5.2 Direkte und indirekte Preisgestaltung

Direkte Preisgestaltung

Wenn das Unternehmen den kalkulierten Preis durchsetzen kann, muss es eine Strategie finden, die ihm die angestrebte Absatzmenge und den erhofften Gewinn sicherstellt. Sie sollte ihn auch vor der Gefahr von Newcomer-Mitbewerbern bewahren.

▶ Nettopreise

Der Anbieter erlaubt keinerlei Preisabzüge. Die Vertragsklauseln lauten z. B. »Zahlbar netto Kasse« oder »Zahlbar ohne jeden Abzug«.

▶ **Bruttopreise**

Der Anbieter erlaubt, dass vom Rechnungsbetrag je nach der vertraglichen Vereinbarung Abzüge vorgenommen werden.

Beispiel: Ab einem Abnahmewert von 20.000 EUR 2 %, ab einem Wert von 50.000 EUR 3 % Rabatt.

- **Rabatte** sind Preisnachlässe vom gängigen Angebotspreis, die einzelnen Kunden gewährt werden. Sie sollen dadurch, dass sich der Kunde bevorzugt behandelt fühlt, eine starke und langfristige **Kundenbindung** fördern. Außerdem sollen Rabatte die Kaufentscheidungen für die Waren des Unternehmens positiv beeinflussen und so zur Umsatzsteigerung beitragen (Kapitel 2.6).
- **Mindestabnahmemengen:** Kleine Abnahmemengen verursachen gleiche Verwaltungs- und Vertriebskosten wie große Abnahmemengen. Sie bringen aber weniger Kostendeckung durch den Preis. Um dies zu vermeiden, kann der Großhändler mit dem Abnehmer Mengenuntergrenzen für die einzelnen Waren vereinbaren. Eine Mindestabnahmemenge kann auch durch handelsübliche Verpackungseinheiten vorgegeben sein.
- **Mindermengenzuschläge:** Will der Verkäufer den Abnehmer nicht zu einer Mindestabnahmemenge zwingen, so kann er ihm für kleinere Mengen einen Zuschlag für Mindermengen berechnen.

Indirekte Preisgestaltung

▶ **Lieferungs- und Zahlungsbedingungen** (Kapitel 2.6)

▶ **Dienstleistungen** (Kapitel 7.4)

7.5.3 Preisstrategien

Preispositionierungen

Ein Unternehmen kann verschiedene Strategien anwenden, um einen bestimmten Preis auf dem Markt durchzusetzen:

Preisstrategien	Arten/Beschreibung	Beispiele
Hochpreis-politik	**Prämien-Preisstrategie** Es wird versucht **dauerhaft** einen **hohen Preis** auf dem Markt zu erzielen. **Skimming-Preisstrategie** Um Käuferschichten mit einer hohen Zahlungsbereitschaft »abzuschöpfen« (to skim), wird ein **hoher Einführungspreis** für Marktneuheiten festgesetzt. Mit zunehmender Marktpräsenz wird der Preis zurückgenommen, um auch andere Käuferschichten zu erreichen.	iPhone von Apple, über vertragliche Bindung mit T-Mobile Die Preise für Smart-Phones gehen ständig zurück.
Niedrigpreis-politik	**Penetrations-Preisstrategie** Mit einem sehr **niedrigen Einführungspreis** für ein neues Produkt wird schnell eine große Absatzmenge und ein hoher Bekanntheitsgrad erreicht. Danach wird der Preis stufenweise erhöht.	Internetprovider bieten zunächst sehr kostengünstige Leistungen an, die nach Ablauf einer bestimmten Zeit deutlich teurer werden.

Preisstrategien	Arten/Beschreibung	Beispiele
Niedrigpreis-politik	**Promotions-Preisstrategie** Mit einem niedrigen Preis für ein Produkt soll dauerhaft ein Vorteil gegenüber den Mitbewerbern erzielt werden.	Discounter wie Aldi oder Lidl konkurrieren dauerhaft über billige Lebensmittel.

Grafische Übersicht über die Preispositionierungen:

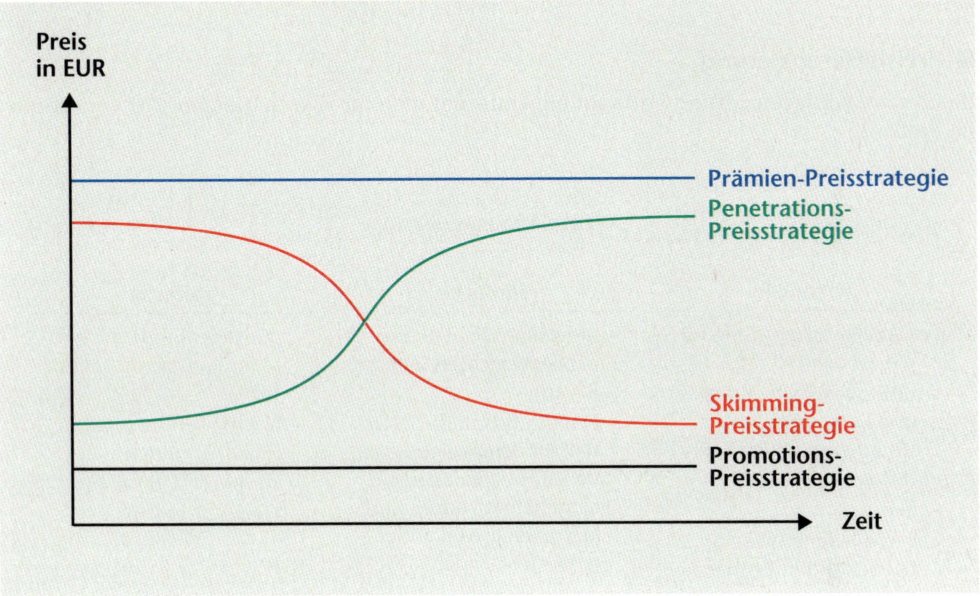

Psychologische Preisgestaltung

Die psychologische Preisgestaltung berücksichtigt verschiedene psychologische Aspekte bei der Festlegung des Verkaufspreises.

- **Schwelleneffekt:** Um Preise besser vergleichen zu können, setzen sich die meisten Kunden Preisschwellen:

  Beispiel: Butter für 99 Cent wird als billig empfunden, für 1,09 EUR dagegen als teuer.

- **Eckartikeleffekt:** Nur wenige preisgünstige Waren im Sortiment reichen aus, um das gesamte Warensortiment als günstig erscheinen zu lassen.

  Beispiel: Wenn Grundnahrungsmittel günstig sind, wird angenommen, dass alle anderen Waren auch preisgünstig sind.

Mischkalkulation

Bei einer Mischkalkulation werden die Kosten den Waren nicht verursachungsgerecht belastet. Jede Ware »bekommt« nur die Kosten zugerechnet, die sie auch über den kalkulierten Preis am Markt verkraften kann. Dabei werden die Waren mit verschiedenen Spannen kalkuliert. Warenpreise mit niedrigeren Spannen als dem Durchschnitt werden als Ausgleichsnehmer bezeichnet, die mit einem höheren Preis als Ausgleichsgeber.

Beispiel: Ein Großhändler ermittelt für drei Waren kostenorientierte Nettoverkaufspreise. Die Ware I kann jedoch nicht zu einem Preis über 30 EUR abgesetzt werden. Die Ware II hat dagegen einen Spielraum bis 50 EUR.

Ware	kostenorientierter Nettoverkaufspreis	marktorientierter Nettoverkaufspreis	
I	36,90 EUR	29,90 EUR	Ausgleichsnehmer
II	42,90 EUR	49,90 EUR	Ausgleichsgeber
III	55,35 EUR	55,35 EUR	
Durchschnitt	45,05 EUR	45,05 EUR	

Preisdifferenzierung

Bei der Preisdifferenzierung verlangt ein Unternehmen für Waren gleicher Art verschiedene Preise.

Preisdifferenzierung

personelle
- verbilligte Treibstoffe für die Landwirtschaft
- unterschiedliche Kraft- und Lichtstrompreise für Unternehmen und Haushalte
- Personalrabatte
- verschiedene Preise für Speise- und Industriesalze

räumliche
- unterschiedliche Preise in Niedersachsen und Bayern
- Einführungspreise an Orten, an denen eine neue Verkaufsniederlassung eingerichtet wurde, und Normalpreise an anderen Orten

zeitliche
- günstige Sonderangebote für Sommerartikel im Winter
- Nachsaisonpreise für Skiausrüstungen
- Sommer- und Winterpreise für Heizöl

produktbezogene
- verschiedene Produktvarianten wie Taschenbücher oder Hardcoverbücher
- Waren zweiter Wahl

mengenmäßige
- Mengenrabatte
- Sonderpreise für Großabnehmer von Strom, Gas und Wasser

7.5.4 Preisangaben

Klare und wahre Preisangaben für Waren und Leistungen fördern den Wettbewerb, erhöhen die Markttransparenz, schützen den Verbraucher. Um die marktwirtschaftliche Ordnung zu stärken, wurden deshalb Vorschriften über Preisangaben erlassen.

Wer **Letztverbrauchern** gewerbs- oder geschäftsmäßig Waren oder Leistungen **anbietet** oder für solche **wirbt,** muss

- die Preise angeben, welche **einschließlich** der **Umsatzsteuer** und **sonstiger Preisbestandteile** (Provisionen, Bedienungsgeld, Flaschenpfand) unabhängig von einer Rabattgewährung zu zahlen sind **(Endpreis),** und
- die **Grundpreise je Einheit** (Stück, kg, l, m) sowie die **Gütebezeichnung** angeben.

PAngV § 4 ff. Diese Vorschrift gilt unter anderem für Einzelhandelsbetriebe, Dienstleistungsbetriebe, Banken, Gaststätten und Beherbergungsbetriebe sowie Tankstellen und Parkplätze.

Zusammenfassende Übersicht zu Kapitel 7.5: Preis- und Konditionenpolitik

Preispolitik

Markt
- nachfrageorientiert
- konkurrenzorientiert

Kosten
- kostenorientiert

Konditionenpolitik

direkter Preiseinfluss
- Nettopreissystem (keine Abzüge möglich)
- Bruttopreissystem (Rabattstaffeln)
- Preiszuschläge

indirekter Preiseinfluss
- Zahlungsbedingungen
- Zahlungsziel
- Lieferungsbedingungen
- Dienstleistungen

Preisstrategien

- Preispositionierung
- Mischkalkulation
- Preisdifferenzierung
- psychologische Preisgestaltung

▶ Aufgaben und Probleme

1. Entscheiden Sie anhand der folgenden Aussagen und Fragen, ob es sich um eine nachfrage-, konkurrenz- oder kostenorientierte Preisgestaltung handelt.

   a) Die angefallenen Kosten der Ware bestimmen den Preis.

   b) Man orientiert sich an den Leistungsverhältnissen der Mitbewerber.

   c) Welchen Preis sind die Kunden bereit zu zahlen?

   d) Die Preisbildung basiert auf einem möglichst niedrigen Endverbraucherpreis.

   e) Die Art der Preisbildung berücksichtigt Kaufkraft, Preisvorstellung sowie Preis- und Kaufbereitschaft der Kunden.

   f) Die Preisbildung berücksichtigt den subjektiv empfundenen Wert der Ware aus der Sicht des Käufers.

g) Der Preis ist so gesetzt, dass ihn der Kunde gerade noch bezahlen will.

h) Der Preis wird mithilfe der Kalkulation ermittelt.

i) Eine Maßnahme der Preispolitik ist eine konsequente Preisunterbietung.

j) Der Preis wird an den gängigen Marktpreis angepasst.

2. Auf einer Rechnung steht: »Ab einer Abnahmemenge von 100 Einheiten gewähren wir einen Nachlass von 10 %. Die Zahlung erfolgt in 30 Tagen netto Kasse, bei Zahlung innerhalb von 10 Tagen mit 2 % Abzug.«

   Erläutern Sie, um welche Preisnachlässe es sich handelt.

3. Unterscheiden Sie Rabatt, Skonto und Bonus und begründen Sie, warum diese eingesetzt werden.

4. Begründen Sie, ob Mindestabnahmemengen und Mindermengenzuschläge eine Benachteiligung der Kleinkunden darstellen.

5. Erläutern Sie an konkreten Beispielen die Arten der Preisdifferenzierung.

6. Zeigen Sie Vorteile der Preisdifferenzierung für beide Vertragsparteien auf.

7. Ordnen Sie die genannten Preisstrategien den abgebildeten Grafiken zu und erklären Sie anhand der Grafiken die Preisstrategien.

   a) Markt-Preisstrategie
   b) Prämien-Preisstrategie
   c) Hochpreisstrategie
   d) Penetrations-Preisstrategie
   e) Niedrigpreisstrategie
   f) Promotions-Preisstrategie
   g) Skimming-Preisstrategie
   h) Abschöpfungs-Preisstrategie

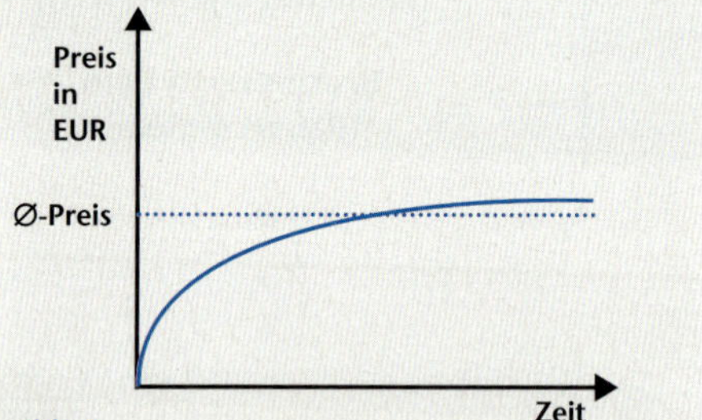

Abb. 1

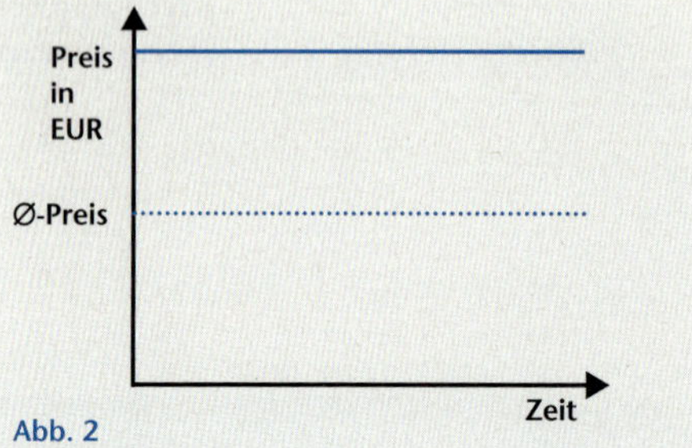

Abb. 2

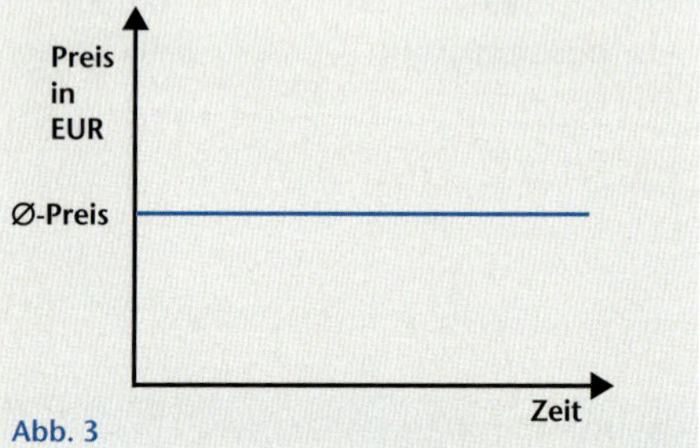

Abb. 3

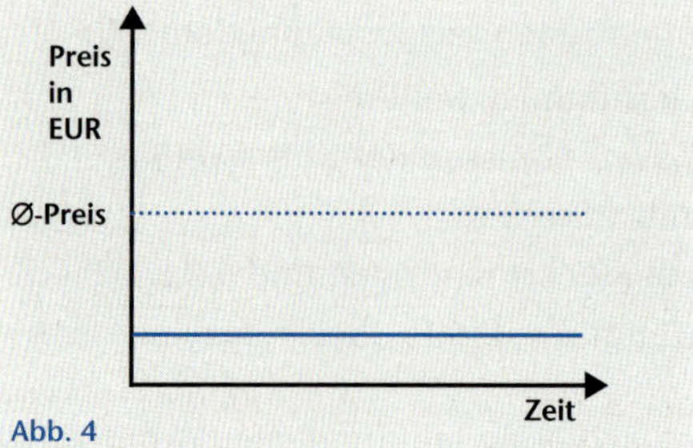

Abb. 4

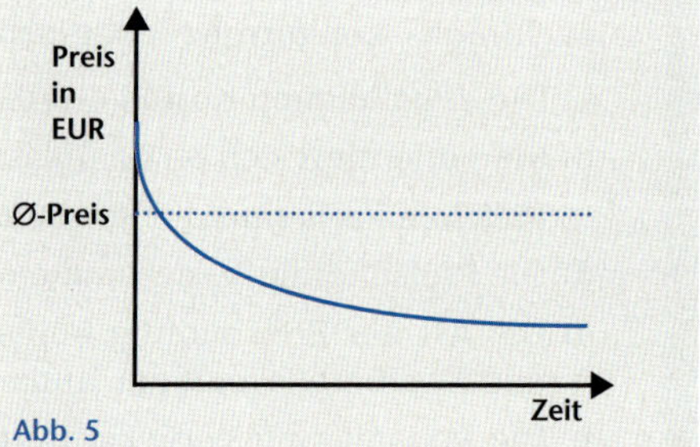

Abb. 5

7.6 Kommunikationspolitik

In vielen Märkten findet eine Verschiebung vom Produkt- und Preiswettbewerb hin zum Kommunikationswettbewerb statt. Unter Kommunikation versteht man den Austausch von Informationen. Ein »Sender« richtet eine »Botschaft« über einen »Kanal« an einen »Empfänger«, was eine Wirkung hervorruft.

Kommunikationspolitik ist die **planmäßige Gestaltung** und **Übermittlung von Informationen,** mit dem **Zweck,** die Adressaten (Kunden) in ihrem **Verhalten zu beeinflussen.**

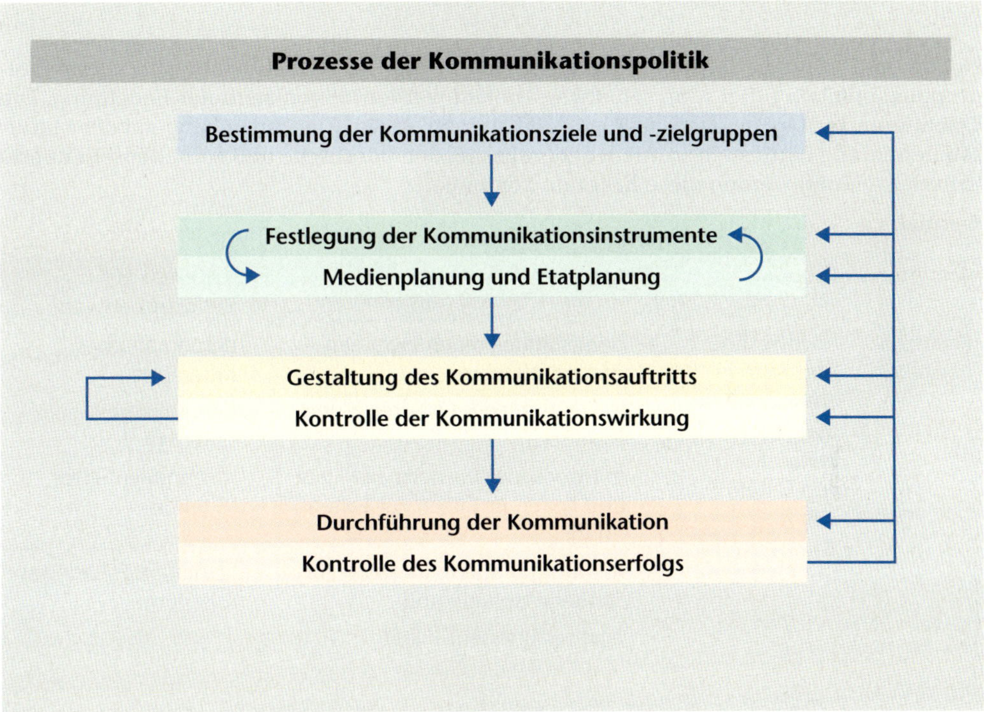

7.6.1 Ziele der Kommunikationspolitik

Mit den Marketinginstrumenten werden ganz bestimmte, aus dem Gesamtzielsystem des Unternehmens abgeleitete Ziele verfolgt. Wichtige Ziele der Kommunikationspolitik beziehen sich auf

- den **Bekanntheitsgrad** sowie das **Image** des **Unternehmens** und seiner **Produkte** (einschließlich der Dienstleistungen),
- die **Einstellung** der Nachfrager **zum Unternehmen** und seinen **Produkten** sowie
- die **Kaufabsicht der Nachfrager** im Hinblick auf die Produkte.

Die Ziele der Kommunikationspolitik können anhand der sogenannten **AIDA-Formel** zugeordnet werden. Dieses Modell besagt, dass beim Kunden zunächst Aufmerksamkeit erzielt werden muss. Danach kann Interesse geweckt werden, worauf erst das Verlangen, der Wunsch nach dem Produkt entstehen kann. Dies löst schließlich ein bestimmtes Verhalten, z.B. den Kauf, aus.

Neben der Definition der Kommunikationsziele (»Was soll erreicht werden?«) ist die Zielgruppendefinition (»Bei wem soll etwas erreicht werden?«) von zentraler Bedeutung. Die Orientierung erfolgt grundsätzlich an den Kriterien, die im Zusammenhang mit der Marktsegmentierung dargestellt wurden: geografische, demografische und verhaltensorientierte Kriterien. Häufig werden diese Kriterien kombiniert.

Beispiel:

Anbieter	Produkt	Zielgruppe	Kriterien zur Zielgruppenwahl
Kosmetikhersteller	hochwertige Anti-Faltencreme zur vorbeugenden Behandlung von Falten	– berufstätige Frauen zwischen 25 und 40 Jahren	demografisches Kriterium
		– in Deutschland, Österreich und Frankreich	geografisches Kriterium
		– mit trockener bis normaler Haut und ersten Ansätzen zur Faltenbildung	nutzenorientiertes Kriterium
		– mit ausgeprägtem Interesse für Schönheitspflege und – relativer Preissensibilität	verhaltensorientiertes Kriterium

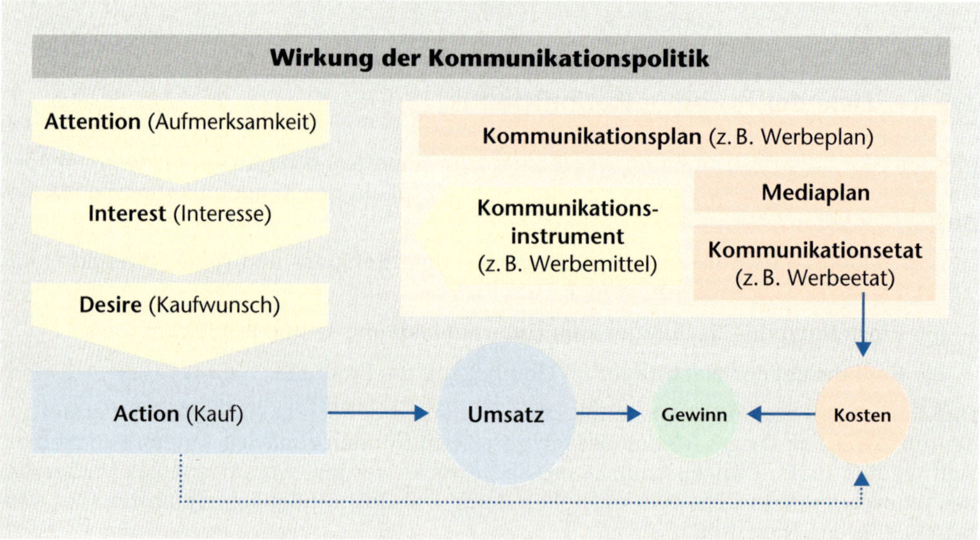

7.6.2 Instrumente der Kommunikationspolitik

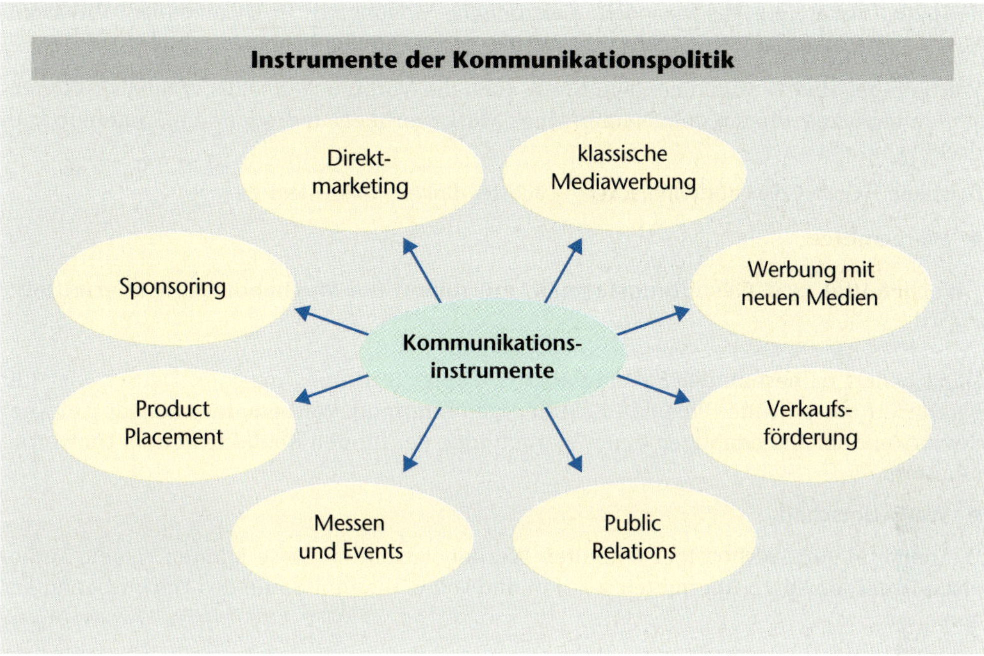

Klassische Mediawerbung

▶ Werbeträger

Kern der klassischen Mediawerbung ist die Kommunikation über die herkömmlichen Medien wie Fernsehen, Hörfunk, Zeitschriften und Zeitungen.

Werbemedien (Werbeträger) sind die Institutionen, die die **Werbemittel an die Umworbenen** heranbringen.

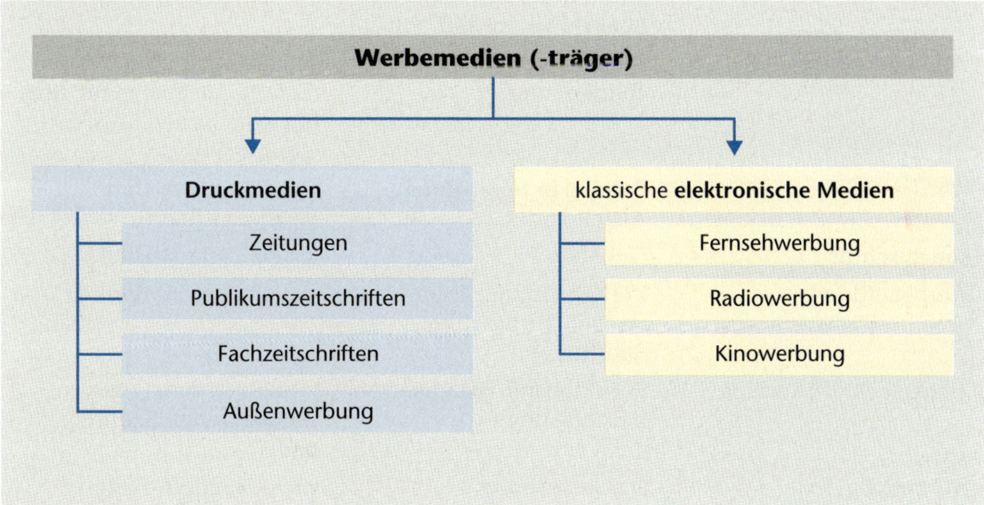

Breiteren Raum nimmt inzwischen wieder die Außenwerbung ein. Diese Werbung wird im öffentlichen Raum platziert.

Beispiele: Plakate auf Plakatwänden, elektronische Videoboards in U-Bahnhöfen, City-Light-Poster an Hauswänden; Werbeaufdrucke auf Bussen und Straßenbahnen

Werbeträger sind in zunehmendem Maße auch die Verbraucher selbst, indem sie Gegenstände benutzen, die mit dem Namen eines Markenartikels und/oder dem Firmenlogo bedruckt sind.

Beispiele: »Coca Cola« auf Windjacken, »Lacoste«-Brillen, »Boss«-Feuerzeuge

▶ Werbemittel

Werbemittel sind **Gestaltungsformen,** mit denen die **Werbebotschaft übermittelt** wird.

Dazu bedarf es bestimmter Sachmittel, z. B. Papier (für eine Anzeige), Datenträger (für einen Hörfunkspot) oder Filmmaterial (für einen Kinospot). Werbemittel sind jederzeit wiederverwendbar. Sie benötigen einen Werbeträger, der für den Kontakt mit dem Umworbenen sorgt.

▶ Werbebotschaft

Werbemittel und Werbeträger enthalten Werbebotschaften. Diese können visuell, audiovisuell oder akustisch übermittelt werden und sollen die fünf Sinne des Umworbenen ansprechen.

Werbemittel	Werbeträger (Medien)	Werbebotschaft
Anzeigen	Zeitung, Zeitschrift	visuell (Schrift, Bild)
Fernsehspot	Fernsehen	audiovisuell (Schrift, gesprochener Text, bewegte Bilder, Musik, Geräusche)
Hörfunkspot	Radio	akustisch (gesprochener Text, Musik, Geräusche)
Katalog/Prospekt	Katalog, Zeitung (Beilage)	visuell (Schrift, Bild)
Plakat	Litfaßsäule, City-Light-Board, Plakatwand	visuell (Schrift, Bild)
Werbedia/Werbefilm	Kino, CD, digitales Speichermedium	visuell, audiovisuell (Schrift, gesprochener Text, bewegte Bilder, Musik, Geräusche)
Werbetafel	Banden in Sportstätten, Anzeigetafeln	visuell (Schrift, Bild, bewegte Bilder)
Leuchtschrift	Gebäude	visuell (Schrift, Bild)
Werbeaufdruck	Verkehrsmittel, Tragetasche, Werbeartikel, Sporttrikot	visuell (Schrift, Bild)
(Schaufenster-)Auslage	Schaufenster, Schaukasten, Verkaufsraum	visuell (Originalware, Dekomaterial, Schrift, Bild)
Werbebrief	Direktwerbung	visuell (Schrift, Bild)

Werbung mit neuen Medien

Neue Medien sind Medien, die im weitesten Sinne **computergestützt** angewendet werden.

Werbung mit neuen Medien greift insbesondere auf drei Arten von Systemen zu, die sich im Hinblick auf ihre Netzanbindung und Aktualisierungsmöglichkeiten unterscheiden.

▶ Mobile Speichermedien

Das sind Medien, die nur lokal zur Verfügung stehen sowie inhaltlich eindeutig festgelegt sind. Sie können nur durch Neuauflage aktualisiert werden.

Beispiel: DVD mit Werbefilm zur Bildschirmpräsentation im Verkaufsraum

▶ Kiosk-Systeme

Das sind computergestützte Auskunftsterminals, die häufig interaktiv gestaltet sind. Diese dienen zur reinen Information und Orientierung (Point-of-Information-Terminal) oder zur Unterhaltung (Point-of-Fun-Terminal). Sie können aber auch den Kaufvorgang abwickeln (Point-of-Sale-Terminal). Eine Aktualisierung ist durch Neuauflage oder Anbindung an ein unternehmensinternes Netz (Intranet) möglich.

Beispiele: Informationsterminal im Verkaufsraum zur Artikelsuche; Kassenterminal, an dem der Kunde mit Bankkarte und PIN bezahlen kann

▶ Online-Systeme

Sie basieren auf der Vernetzung in einem Computernetz, z. B. Internet. Der Austausch von Informationen ist jederzeit möglich. Dateien (Dokumente, Bilder, Programme) können auf Internet-Homepages über Hyperlinks miteinander verknüpft sein. Aktualisierungen sind jederzeit möglich.

Mittel der Online-Werbung

Website	Werbebanner	Pop-up-Werbung	Button	E-Mail
Beispiel: Homepage eines Reifengroßhändlers zur Information über sein Leistungsangebot.	**Beispiel:** Werbeanzeige eines Reifengroßhändlers auf der Homepage eines Autohauses.	**Beispiel:** Beim Öffnen der Homepage des Reifengroßhändlers öffnet sich automatisch ein Fenster mit einem Sonderangebot.	**Beispiel:** Durch die Betätigung einer grafischen Schaltfläche auf der Homepage öffnet sich ein Informationsfenster.	**Beispiel:** Der Reifengroßhändler schickt regelmäßig E-Mails mit Sonderangeboten an seine Kunden.

Werbemittel	Werbeträger (Medien)	Werbebotschaft
Werbebanner	Internet	visuell, audiovisuell (Schrift, einfache Bilder, einfache Spots)
E-Mail	Internet	visuell (Schrift)
SMS/MMS	Mobilfunknetz, Internet	visuell, audiovisuell (von reiner Schrift bis zu kurzen Spots)

Verkaufsförderung

Die **Verkaufsförderung** umfasst alle **Maßnahmen, die am Verkaufsort ansetzen, um andere Marketingmaßnahmen zu unterstützen.**

Während die Werbung auf die Zielgruppe einwirkt und diese an die Ware heranführt, versucht die Verkaufsförderung, den Verkaufsvorgang zu erleichtern. Die Verkaufsförderung wendet sich also an die Absatzorgane und die Kunden. Die Händler sollen in ihren Absatzbemühungen unterstützt werden. Die Kunden sollen zum Kauf angeregt werden.

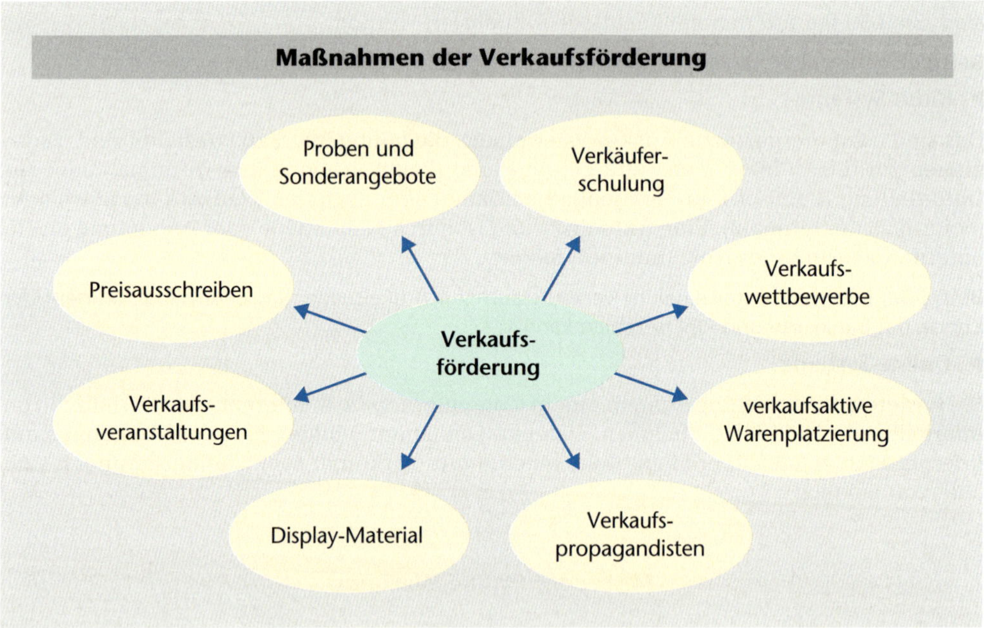

Public Relations (PR)

Public Relations (Öffentlichkeitsarbeit) dient zur **Pflege der Beziehungen** zwischen einem Unternehmen und der **Öffentlichkeit.**

Während die Werbung unmittelbare Kaufakte auslösen will, geht es bei Public Relations um das Wecken von Vertrauen, Verständnis und Wohlwollen für das Unternehmen als Ganzes. Dieser »gute Ruf« soll sich im Laufe der Zeit auf die Produkte übertragen und damit den Absatz mittelbar fördern.

Das Unternehmen versucht, Vertrauen in die eingeschlagene Unternehmenspolitik zu schaffen. Es soll aber auch Verständnis für Probleme oder gar Fehlentscheidungen gefunden werden. PR-Aktionen sollen auch Einfluss auf politische Entscheidungsprozesse (Lobbyismus) nehmen.

Möglichkeiten der Pflege der Beziehungen nach außen		
Maßnahmen	**Instrumente**	**Beispiele**
Medienarbeit	– **Pressekonferenz** – **Fernsehbericht** – **Kundenzeitschrift**	Bericht über Modernisierungsmaßnahme, Betriebsvergrößerung oder besondere Leistungen

Möglichkeiten der Pflege der Beziehungen nach außen		
Maßnahmen	**Instrumente**	**Beispiele**
Dokumentationsmaterial	– **Prospekt** – **Geschäftsbericht** – **Jubiläumsschrift**	Vorstellung neuer Produkte, der Geschäftsentwicklung oder neuester Forschungserfolge
Betriebsbesichtigung	– **Tag der offenen Tür** – **Vortrag** – **Betriebsführung**	Vorführung neuer technischer Ausstattung, Hygiene- oder Umweltschutzmaßnahmen
besondere Dienstleistungen	– **Frei-Haus-Lieferung** – **Kundenparkplatz**	– **Kinderhort** – **Kreditgewährung**
Festigung des guten Rufs	– **soziale Beschäftigungspolitik** – **Spenden**	– **Sponsoring an Vereine** – **Stiftungen**

Messen und Events

Messen und Events zählen zu den Instrumenten der persönlichen Kommunikation. Sie stehen daher in engem Bezug zum persönlichen Verkauf. Es gibt zahlreiche Messen, an denen Unternehmen nicht nur teilnehmen, um ihre Produkte zu verkaufen, sondern auch, um persönliche Kontakte zu pflegen.

Eine **Messe** ist eine **zeitlich** und **örtlich festgelegte Veranstaltung,** bei der sich mehrere Anbieter ihren Zielgruppen **präsentieren.**

Die folgende Tabelle zeigt einige bedeutende nationale Messen und ihre Schwerpunkte:

Messe	Ort	Branche	Turnus
IAA – Internationale Automobilausstellung	Frankfurt a. M.	Automobil	jährlich
CeBIT	Hannover	IT und Telekommunikation	jährlich
Hannover-Messe	Hannover	Industriegüter	jährlich

Ein **Event** ist ein **Ereignis,** bei dem den Zielgruppen etwas **Interessantes geboten** wird.

Events ermöglichen direkte persönliche Kontakte mit den Angesprochenen in einer zwanglosen, angenehmen Situation. Häufig sind Events Eigenveranstaltungen von Unternehmen und haben weniger Bezug zu den Waren als Messen. Den Teilnehmern soll ein hoher Erlebniswert sowie das Gefühl vermittelt werden, dass sie an etwas Besonderem oder gar Einzigartigem teilnehmen. Hierdurch soll eine hohe emotionale Bindung an das Unternehmen hervorgerufen werden.

Beispiel: Ein Fahrradgroßhändler veranstaltet gemeinsam mit ortsansässigen Fahrradgeschäften eine mehrtägige Radtour durch eine Region mit Open-Air-Abendveranstaltungen an jedem Etappenort.

Product Placement

Product Placement ist die gezielte werbewirksame **Einbindung von Produkten oder Logos** in die Handlung eines Films, einer Fernsehshow, eines Buches etc.

Geeignet für Product Placement sind Markenartikel mit großem Bekanntheitsgrad und hoher Akzeptanz, also Autos, Uhren, Bekleidung, Kosmetika, Mobiltelefone. Voraussetzung für die Wirkung dieser »versteckten Werbung« ist eine positive Wirkung des Produkts. Der Sportwagen darf nicht vom Bösewicht, sondern muss vom Helden gefahren werden.

Beispiel: BMW Z3 »James Bond – Golden Eye«. (Angeblich wendete BMW dafür 20 Mio. EUR auf.) (Quelle: http://www.markenlexikon.com)

Sponsoring

Sponsoring ist die **Förderung** von **Institutionen** oder **Aktionen** mit dem Zweck, durch positive Öffentlichkeitswirkung Marketingziele besser zu erreichen.

Sponsoring kann sehr wirkungsvoll sein, weil die Umworbenen in einem attraktiven Umfeld angesprochen werden. Außerdem ist die Reichweite – zumal bei Nutzung der Massenmedien – sehr hoch. Eine Absicht, etwas verkaufen zu wollen, wird nicht betont. Im Gegensatz zu Spenden und Mäzenatentum wird beim Sponsoring grundsätzlich eine Gegenleistung erbracht.

Beispiel: Die Werbeagentur Mohanty, Berlin, unterstützt die F-Jugend-Mannschaft des Fußballvereins Blauweiß Lubolz.

Direktmarketing

Direktmarketing (Dialogmarketing/Direct-Response-Marketing) umfasst alle Aktivitäten, die sich direkt in **Einzelansprache an die Zielpersonen** wenden, mit der Aufforderung zu einer Antwort.

Die Bedeutung des Direktmarketings ist mit der Verbreitung der elektronischen Medien deutlich gestiegen. Nach einer Studie der Deutschen Post AG ergriffen in Deutschland im Jahr 2013 80 % aller Unternehmen Direktmarketing-Maßnahmen und gaben dafür mehr als 27 Mrd. EUR aus; das entspricht 36 % der gesamten Werbeaufwendungen.

Ein deutlicher Nachteil liegt in der rasant zunehmenden Anzahl der Werbeaktivitäten selbst und der damit verbundenen Ablehnung bei sich belästigt fühlenden Kunden. In diesem Zusammenhang wird von »Junk-Mails« oder »Spam-Mails« gesprochen.

Direktmarketing

postalisch (Werbebrief)	faxgestützt (Werbefax)	telefonisch (Telefonmarketing)	internetgestützt (Newsletter)	mobilfunkgestützt (SMS/MMS)
Beispiel: Die Reifen Roesch GmbH schreibt im Herbst alle Kunden an und erinnert an die Winterreifenmontage.	Beispiel: Geschäftskunden einer Papiergroßhandlung erhalten regelmäßig per Fax die aktuellen Angebote unterbreitet.	Beispiel: Ein Weingroß- und -außenhändler lässt seine Stammkundschaft durch ein Callcenter betreuen.	Beispiel: Die B2B-Trade GmbH informiert ihre Kunden mittels eines E-Mail-Verteilers über Sonderposten.	Beispiel: Ein Filmverleihunternehmen informiert mittels gekauften Handynummern per SMS über den bevorstehenden Kinostart eines Films.

7.6.3 Etatplanung und Mediaplanung

Die Etatplanung und die Mediaplanung können wegen ihrer Verzahnung nur in enger Wechselwirkung durchgeführt werden.

Etatplanung

Mit der **Etatplanung (Budgetierung)** wird bestimmt, wie hoch die **Gesamtaufwendungen** für den Einsatz aller **Kommunikationsinstrumente** sein sollen und wie das Budget auf die verschiedenen Medien verteilt werden soll.

Die Etatplanung basiert häufig auf unternehmerischen Erfahrungen und kann sich an folgenden vier Kriterien orientieren:

- **Umsatz bzw. Gewinn**

  Beispiel: Wegen Kaufzurückhaltung der Nachfrager sinkt der Umsatz eines Unternehmens innerhalb einer Periode von 2.500.000 EUR auf 2.000.000 EUR. Das Unternehmen plant mit einem Kommunikationsetat von 15 % des Umsatzes. Folglich geht in dieser konjunkturell schwierigen Lage das Budget von 375.000 EUR auf 300.000 EUR zurück.

- **Verfügbare Geldmittel**

  Beispiel: Ein Großhandelsunternehmen hat sein Sortiment umgestellt, was erhöhte Kosten verursacht. Daher sind die verfügbaren Mittel deutlich gesunken. Folglich werden auch die Aufwendungen für Werbung reduziert, obwohl das neue Sortiment intensiv bekannt gemacht werden sollte.

- **Wettbewerbsaktivitäten**

  Beispiel: Für die eigene Produktreihe ist ein aggressiv werbender ausländischer Mitbewerber auf dem Markt aufgetreten. Durch entsprechende Aktivitäten soll darauf reagiert werden.

– **Ziele der Kommunikationspolitik**

Beispiele:

1. Steigerung des Bekanntheitsgrades des Sortiments.
2. Schlechtere Konjunkturaussichten im Inland lassen ein internationales Engagement sinnvoll erscheinen.

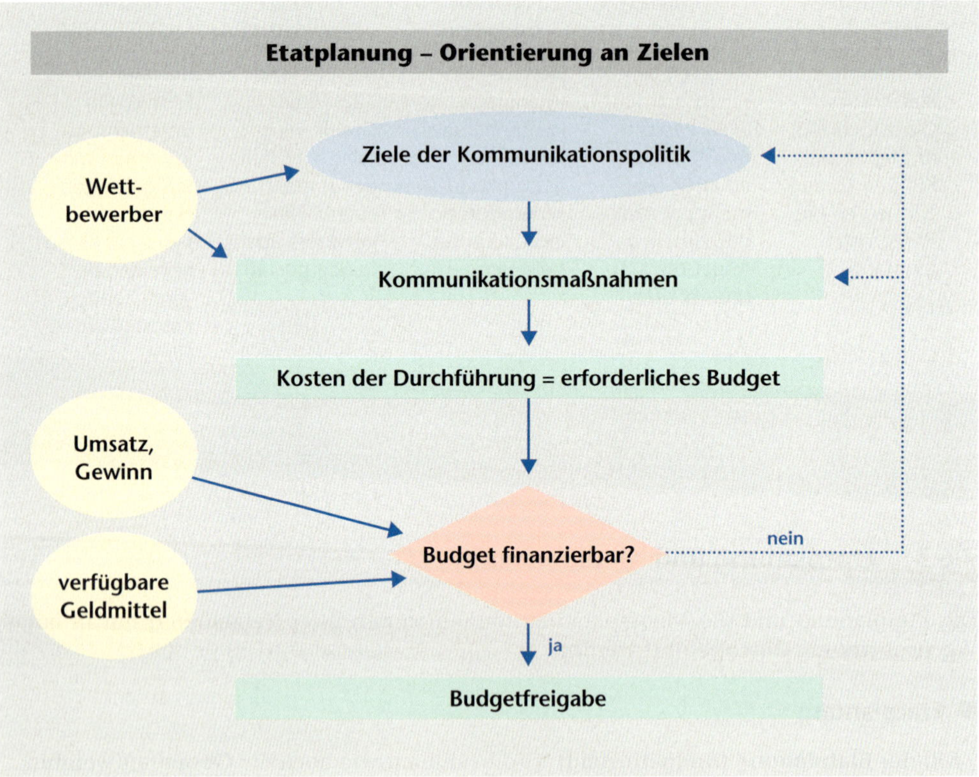

Zentrale Bedeutung für die Etatplanung hat demnach die kommunikationspolitische Zielsetzung, die u. a. von den Aktivitäten der Mitanbieter beeinflusst wird. Vor der Freigabe des Budgets wird selbstverständlich zu prüfen sein, ob es unter den vorhandenen Umsatz-, Gewinn- und Liquiditätsvoraussetzungen realisierbar ist. Sollte dies nicht der Fall sein, müssen die Maßnahmen oder Ziele angepasst werden.

Mediaplanung

Im Rahmen der **Mediaplanung** wird festgelegt, **welche Medien** benutzt werden und wie das **Budget** auf diese **verteilt** werden soll.

Dabei geht es um die Verteilung des Etats auf

- die verschiedenen Produktgruppen des Unternehmens,
- die unterschiedlichen Regionen, in denen das Unternehmen tätig ist,
- die verschiedenen Kommunikationsmedien,
- den entsprechenden Zeitraum.

Kernstück der Mediaplanung ist die Festlegung folgender Aspekte:

Aspekt	Beschreibung	Beispiele
Streukreis	Personenkreis, der umworben werden soll, gegliedert nach Zielgruppen	Berufs-, Alters-, Kaufkraftgruppen
Streugebiet	geografisches Gebiet, in dem geworben wird	Werbung für ein neues Produkt in den Bundesländern Thüringen und Hessen
Reichweite	Streukreis und Streugebiet ergeben zusammen die Reichweite, also die Anzahl der umworbenen Personen	sämtliche männliche Konsumenten mit einem bestimmten Durchschnittseinkommen in Niedersachsen und Sachsen-Anhalt
Streuzeit	geplanter Zeitpunkt oder Zeitraum für den Einsatz der Werbemittel	Radiowerbung für Winterreifen nur in den Monaten Oktober und November
Streuweg	Auswahl der in Anspruch genommenen Werbeträger und die eingesetzten Werbemittel	Werbespot (Werbemittel) für Schneeketten im Kino (Werbeträger)
Streudichte	Verhältnis des eingesetzten Werbemittels zum Streugebiet, also die Werbeintensität	Ein 30-Sekunden-Werbespot im Fernsehen zur Hauptsendezeit (Prime-Time) kostet je nach Sender zwischen 10.000 EUR und 60.000 EUR (während Formel-1-Übertragungen bis zu 150.000 EUR)

Um erfolgreich zu sein, muss ein Unternehmen in der angemessenen Intensität werben. Die Werbeintensität schlägt sich im **TKP (Tausend-Kontakt-Preis)** nieder. Er ist gleichzeitig ein Vergleichsmaßstab für die Effizienz einer Werbeschaltung. Verschiedene Werbemaßnahmen können über den TKP verglichen werden.

Beispiel:

	Kosten pro Werbespotausstrahlung	durchschnittliche Zuschauerzahl	TKP
regionaler Privatsender	14.000,00 EUR	1.120.000	12,50 EUR
regionaler öffentlich-rechtlicher Sender	7.000,00 EUR	600.000	11,67 EUR
überregionaler Privatsender	60.000,00 EUR	4.650.000	12,90 EUR
überregionaler öffentlich-rechtlicher Sender	39.000,00 EUR	3.780.000	10,32 EUR

7.6.4 Gestaltung des Kommunikationsauftritts

Nachdem das Unternehmen im Rahmen der Mediaplanung die Medien ausgewählt hat, die bei der Werbeaktivität zur Anwendung kommen sollen, ist die Gestaltung des Kommunikationsauftritts vorzunehmen. Diese Gestaltung geschieht im Hinblick auf vier Elemente:

Gestaltung des Kommunikationsauftritts

inhaltliche Elemente	visuelle Elemente	auditive Elemente	sonstige Elemente
sprachliche Bestandteile wie Slogan oder Werbetext	bildliche Bestandteile wie Haupt- und Nebenbildbestandteile, Schriftart und -größe, Animationsbestandteile	akustische Bestandteile wie Musik, Sprache, Geräusche, Lautstärke	z. B. Geruch und Geschmack (bei Proben) oder Eindrücke bei der Berührung

Als wesentliche Gestaltungselemente gelten der Text, das Bild und die Farbe. Je nach Werbemittel können diese Elemente einzeln oder in Kombination gestaltet werden.

Von grundlegender Bedeutung ist die Erkenntnis, dass die Werbewirkung von der jeweiligen Situation abhängt. Diese Faktoren müssen bei der Gestaltung des Kommunikationsauftritts bereits berücksichtigt werden. Die innere Bereitschaft, sich mit einer Sache auseinanderzusetzen (Ich-Beteiligung), ist durch den Kommunikationsauftritt beeinflussbar.

Text

Ein Werbetext muss so formuliert sein, dass er für alle, die ihn lesen sollen, verständlich ist. Daneben spielt die Aufmerksamkeit, die der Text erregen soll, eine große Rolle. Häufig wird durch einen sprachlichen Aufhänger, eine Headline, oder durch einen gut merkbaren Slogan das Interesse geweckt.

Beispiel: »Man ist nie zu jung, sich Wünsche zu erfüllen – Wenn's um Geld geht – Sparkasse.«

Bild

Bei der bildlichen Gestaltung werden verschiedene Darstellungstechniken verwendet, z. B. die Skizze, die Zeichnung, überwiegend jedoch die Fotografie bzw. der Film. Bilder sind bei Werbemitteln wesentlich. Bilder haben aktivierende Wirkung, denn sie erregen besonders die Aufmerksamkeit. Die meisten Menschen bevorzugen grundsätzlich Bilder gegenüber Texten.

Beispiel: Die Kfz-Werbung bildet immer das zu bewerbende Fahrzeug ab.

Farbe

Eine besondere Rolle spielen die Farben.

- Farben helfen, zu erkennen und zu unterscheiden.
- Farben unterstützen die Erinnerungsfähigkeit.
- Farben erzeugen Gefühle.
- Farben wecken schnell die Aufmerksamkeit.
- Farben werden häufig mit anderen Dingen verbunden (assoziiert).

Beispiele:

Farbe	Bedeutung/Wirkung	Beispiel
(Grün)	Grün erinnert an die Natur und gilt als Farbe der Hoffnung, Verlässlichkeit, Harmonie und des Wachstums.	SCHNEEKOPPE
(Blau)	Blau erinnert an den Himmel, steht für Sicherheit und weckt Vertrauen.	Allianz
(Rot)	Rot ist die Farbe der Liebe und der Leidenschaft. Rot ist eine Signalfarbe und wirkt dynamisch und symbolisiert Stärke.	Sparkasse
(Gelb)	Gelb erinnert an das Licht der Sonne und steht für Vitalität und Ideenreichtum. Sie ist ebenso eine Signalfarbe.	Deutsche Post
(Lila)	Lila wirkt eher unaufdringlich. Sie steht für Würde und Weisheit und wirkt extravagant. Der Farbe wird ein gesunder, heilsamer Einfluss zugesprochen.	Milka

Beeinflussungsbedingungen

Hierunter versteht man die Verwendung textlicher, bildlicher und musikalischer Elemente. Sprache wird meist logisch-analytisch verarbeitet und versucht daher, das Verhalten eher rational zu beeinflussen. Bilder und Musik werden intuitiv und emotional verarbeitet und sprechen die Gefühle an. Daher weisen Bilder und Musik im Vergleich zu Texten allgemein eine höhere Erinnerungswirkung auf.

Beispiel: „Somewhere over the Rainbow" wurde durch Werbespots zum Welthit.

Zahl der Wiederholungen

Mit der Zahl der Wiederholungen steigt die positive Wirkung einer Werbebotschaft grundsätzlich an. Jedoch muss bedacht werden, dass eine zu häufige Wiederholung vom Konsumenten als lästig empfunden wird.

7.6.5 Kontrolle des Kommunikationserfolgs

Die Kontrolle des Kommunikationsauftritts dient dazu zu überprüfen, ob die angestrebten Kommunikationsziele erreicht wurden. Wie bei der Zielformulierung muss dabei unterschieden werden zwischen kommunikativen und wirtschaftlich erfolgsorientierten Zielen.

Kontrolle des Kommunikationsauftritts

kommunikativer Erfolg	wirtschaftlicher Erfolg
Image	Wirtschaftlichkeit
Bekanntheitsgrad	Umsatz
Einstellungen der Konsumenten	Gewinn

Kontrolle des kommunikativen Erfolgs

Die Kontrolle der Erreichung der kommunikativen Ziele ist an zwei Zeitpunkten im Ablauf der Kommunikationsmaßnahme von Bedeutung. Vor der eigentlichen Durchführung sollte, insbesondere bei kostenintensiven Aktivitäten, die Kommunikationswirkung überprüft werden. Auf der Basis solcher **Pre-Tests** ergeben sich häufig Ansatzpunkte für Verbesserungen. Nach der Durchführung der Maßnahme sollte deren tatsächlicher Erfolg am Markt kontrolliert werden.

Beim Einsatz verschiedener Kontrollinstrumente geht man von den **Wirkungsstufen der Werbung** aus:

Wahrnehmung →	Verarbeitung →	Verhalten
Eine Aussage über die Wirkung einer Werbemaßnahme lässt sich erst machen, wenn festgestellt wurde, ob die Werbebotschaft überhaupt wahrgenommen wurde. Es wird z. B. durch **Recall-Tests** in Erfahrung gebracht, ob sich die Person an bestimmte **Werbebotschaften** erinnert.	Hierbei soll festgestellt werden, wie die Werbung gewirkt hat, ob ein **Lernprozess** stattfgefunden hat. Dazu kann nach dem Markenbewusstsein oder dem Image eines Artikels gefragt werden.	Mit jeder Kommunikationsmaßnahme soll letztlich eine **Verhaltensänderung** erreicht werden, die sich im Kauf der Ware niederschlägt. Es soll also ermittelt werden, wie sich das Kaufverhalten der Umworbenen verändert hat.
Beispiel: Nach einer Werbeaktion werden zufällig ausgewählte Personen von einem Callcenter angerufen und befragt, ob sie sich z. B. an den Werbeslogan oder die Farbgebung der Produktverpackung erinnern.	**Beispiel:** Zufällig ausgewählten Personen werden Fragebogen vorgelegt: »Das neue Erfrischungsgetränk Biol-Mix wird biologisch hergestellt! Stimmen Sie dieser Aussage a) voll zu, b) zu, c) bedingt zu, d) nicht zu?«	**Beispiel:** Besonders gekennzeichnete Waren werden über Scannerkassen erfasst oder Personen werden konkret nach ihren Kaufabsichten befragt.

Kontrolle des wirtschaftlichen Erfolgs

Die wirtschaftliche Erfolgskontrolle versucht Erkenntnisse darüber zu gewinnen, wie groß der Beitrag der Werbemaßnahme zur Erhöhung des Umsatzes oder des Gewinns war. Die Wirtschaftlichkeit der Maßnahme soll kontrolliert werden.

Verhältnismäßig einfach ist es noch, die Wirtschaftlichkeit der gesamten Kommunikationspolitik festzustellen. Man setzt dabei die Zuwachsraten des Umsatzes zu den Aufwendungen für die Werbeaktionen ins Verhältnis:

$$\textbf{Wirtschaftlichkeit der gesamten Werbung} = \frac{\textbf{Umsatzzuwachs}}{\textbf{gesamter Werbeaufwand einer Periode}} \cdot 100$$

Das Ergebnis dieser Berechnung ist nur brauchbar, wenn andere Absatzmaßnahmen (Preise, Lieferungs- und Zahlungsbedingungen, Sortimentsgestaltung) nicht verändert wurden.

Schwieriger ist es, den wirtschaftlichen Erfolg einzelner Aktivitäten zu bestimmen. Hierzu dienen folgende Hilfsinstrumente:

▶ Gebietsverkaufstest

Der Erfolg der Aktion wird auf zwei strukturähnlichen Teilmärkten (Städte, Regionen) kontrolliert. Auf dem einen Teilmarkt werden die kommunikationspolitischen Instrumente eingesetzt, auf dem anderen nicht. Ein Vergleich der Umsatzentwicklungen soll Aufschluss über die Wirkung der Maßnahme geben.

▶ **BuBaW-Verfahren** (**B**estellung **u**nter **B**ezugnahme **a**uf die **W**erbung)

Dabei werden die eingesetzten Werbemittel mit markierten Bestellscheinen versehen. So kann durch die eingehenden Bestellungen einfach ermittelt werden, welche Umsatzveränderung dieser Aktivität zuzuordnen ist.

▶ **Befragung**

Die Kunden werden direkt nach ihren Kaufmotiven befragt. Diese Befragung führen häufig Meinungsforschungsinstitute im Auftrag aus. Manche Unternehmen stellen ihre Fragebogen ins Internet und bitten um Rückmeldung.

7.6.6 Rahmenbedingungen der Kommunikationspolitik

Gesellschaftliche Rahmenbedingungen

Die öffentliche Meinung als Einflussgröße auf den Erfolg von kommunikationspolitischen Maßnahmen darf nicht unberücksichtigt bleiben. Es ist jedoch außerordentlich schwierig zu bestimmen, was »die öffentliche Meinung« ist.

Bezüglich der Akzeptanz von Werbung lassen sich gegenläufige Entwicklungen erkennen. Einerseits werden Werbespots prämiert (Cannes-Rolle) und als gut gemachte Unterhaltung betrachtet. Andererseits wird von vielen Bürgern die Werbeflut kritisiert. Insbesondere gegenüber Aktionen des Direktmarketings ist eine zunehmende Ablehnung festzustellen. Dies zeigt sich beispielsweise in **Negativlisten,** in die sich Verbraucher eintragen lassen können, wenn sie keine Ansprache durch Direktmarketing-Maßnahmen wünschen.

Beispiel: Robinson-Liste des Deutschen Direktmarketing Verbandes e.V. (www.robinsonliste.de)

Bezüglich der gesellschaftlichen Rahmenbedingungen sind auch kulturelle Unterschiede im internationalen Vergleich zu beachten. Diese Unterschiede bestehen beispielsweise im Hinblick auf die Bedeutung von Symbolen, Worten, Gesten oder Einstellungen. Diese kulturellen Unterschiede wirken sich auf die Interpretation von Kommunikationsbotschaften aus, sodass sie bei der Gestaltung zu berücksichtigen sind.

Beispiel: Die Farbe Weiß symbolisiert in Europa Anfang, Reinheit, Unschuld; in China dagegen Tod, Trauer.

Rechtliche Rahmenbedingungen

Hierzu gehören Gesetze und die Rechtsprechung. Ein wichtiges Anliegen dieser Gesetze ist die Idee des Verbraucherschutzes. Danach sollen die Verbraucher vor unseriöser Einflussnahme der Unternehmen geschützt werden. Aber auch der Schutz der Mitbewerber und der Wirtschaftsordnung spielen eine Rolle.

In Deutschland kommt dem Gesetz gegen den unlauteren Wettbewerb (UWG) die zentrale Bedeutung zu, wenn entschieden werden soll, ob Wettbewerbshandlungen zulässig sind oder nicht. Die **Generalklausel des UWG** lautet:

»Unlautere geschäftliche Handlungen sind unzulässig, wenn sie geeignet sind, die Interessen von Mitbewerbern, Verbrauchern oder sonstigen Marktteilnehmern spürbar zu beeinträchtigen.« *UWG § 3*

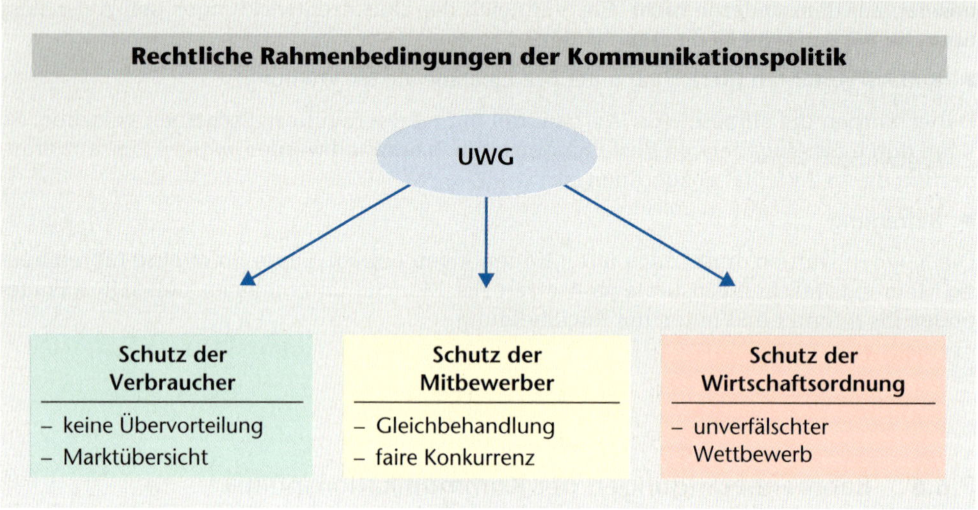

Das UWG regelt nicht nur das Werberecht, es erfasst jedes unlautere wettbewerbliche Verhalten, etwa die gezielte Behinderung der Mitbewerber, den Einbruch in fremde Vertriebssysteme oder herabsetzende Äußerungen. Drei Bereiche des UWG werden beispielhaft dargestellt.

UWG § 5 ▶ **Irreführende Werbung**

Es darf keine Irreführung der Kommunikationsempfänger durch missverständliche Angaben erfolgen. Irreführung kann vorliegen, wenn objektiv falsche Behauptungen aufgestellt, wichtige Angaben verschwiegen werden oder Aussagen mehrdeutig sind.

Beispiel: Werbung mit sogenannten Mondpreisen: Ein Unternehmen bietet 40 % Rabatt und liegt bei genauer Prüfung mit seinen Preisen immer noch über denen der Konkurrenz.

§ 6 ▶ **Vergleichende Werbung**

Sie bezeichnet Werbemaßnahmen, die unmittelbar oder mittelbar einen Mitbewerber oder die von ihm angebotenen Waren und Dienstleistungen erkennbar macht. Sie ist erlaubt, wenn

- sich der Vergleich auf Waren und Dienstleistungen für den gleichen Bedarf bezieht,
- sich der Vergleich auf wesentliche, relevante und nachprüfbare Eigenschaften oder den Preis bezieht,
- der Vergleich nicht zu Verwechslungen zwischen dem Werber und dem Mitbewerber führen kann,
- der Mitbewerber nicht herabgesetzt oder verunglimpft wird.

Beispiel: In der Kampagne der Telekom AG für das Fußballangebot LIGA total liefen im Jahr 2010 mehrere Werbespots unter dem Titel »LIGA total testet Sky«.

§ 7 ▶ **Unzumutbare Belästigung (belästigende Werbung)**

Sie liegt vor, wenn ein Marktteilnehmer in unzumutbarer Weise belästigt wird. Dies ist insbesondere bei Werbung anzunehmen, die der Empfänger nicht wünscht.

Beispiel: Es ist nicht zulässig, sich mit Telefonanrufen, E-Mails oder SMS an Privatpersonen zu wenden, ohne vorher deren Einverständnis einzuholen.

Weitere Gesetze, die den Wettbewerb beschränken, sind beispielsweise das Lebensmittel- und Bedarfsgegenständegesetz (z. B. Verbot von Zigarettenwerbung), das Gesetz über die

Werbung auf dem Gebiet des Heilwesens (z. B. Verbot der Werbung für rezeptpflichtige Arzneimittel), das Jugendarbeitsschutzgesetz (z. B. Regelung der Beschäftigung von Kindern bei der Herstellung von Werbefilmen) oder das Jugendschutzgesetz (z. B. Werbung im Kino für alkoholhaltige Getränke erst nach 18 Uhr).

Freiwillige Selbstkontrolle

▶ Deutscher Werberat

Der 1972 gegründete **Deutsche Werberat** hat in einigen Bereichen freiwillige Verhaltensregeln aufgestellt. Diese Leitlinien dienen dazu, Fehlentwicklungen zu verhindern.

Beispiele:

1. Verhaltensregeln für die Werbung mit und vor Kindern im Werbefunk und Fernsehen (1998)
2. Grundsätze zur Werbung mit Politikern (2000)
3. Grundsätze zum Thema Herabwürdigung und Diskriminierung von Personen (2004)
4. Verhaltensregeln über die kommerzielle Kommunikation für alkoholhaltige Getränke (2005)

Die Werbung treibenden Unternehmen und Werbeagenturen richten sich nach diesen Regeln. Sollten demnach Verstöße vorkommen, so weisen z. B. die Verantwortlichen in Rundfunkanstalten und die Anzeigenleitungen der Zeitungen solche Werbung unter Berufung auf die Grundsätze zurück.

Treten dennoch Beschwerden auf, so behandelt diese der Deutsche Werberat.

Beispiel: Ein amerikanischer Autohersteller bewarb in Zeitungsanzeigen ein neues Automodell, das serienmäßig mit Doppelairbag ausgestattet war. Abgebildet war in Nahaufnahme ein üppiger, von rotem Lackleder spärlich bedeckter Busen. Die anatomische Üppigkeit wurde zusätzlich dadurch betont, dass die Abbildung der weiblichen Brust mit der Aufschrift »Doppelairbag!« versehen war. Die Beschwerdeführerin wertete diese Werbemaßnahme als sexistisch und geschmacklos. Nachdem der Werberat das Werbung treibende Unternehmen zur Stellungnahme aufgefordert hatte, entschuldigte sich das Unternehmen für die Anzeige und zog sie zurück.

▶ Werbegrundsätze

Die wichtigsten Grundsätze einer lauteren Werbung nach den »**Internationalen Verhaltensregeln für die Werbepraxis**«, die für die deutsche Werbewirtschaft verbindlich sind, fordern, dass jede Werbemaßnahme mit den guten Sitten vereinbar, redlich und wahr sein soll.

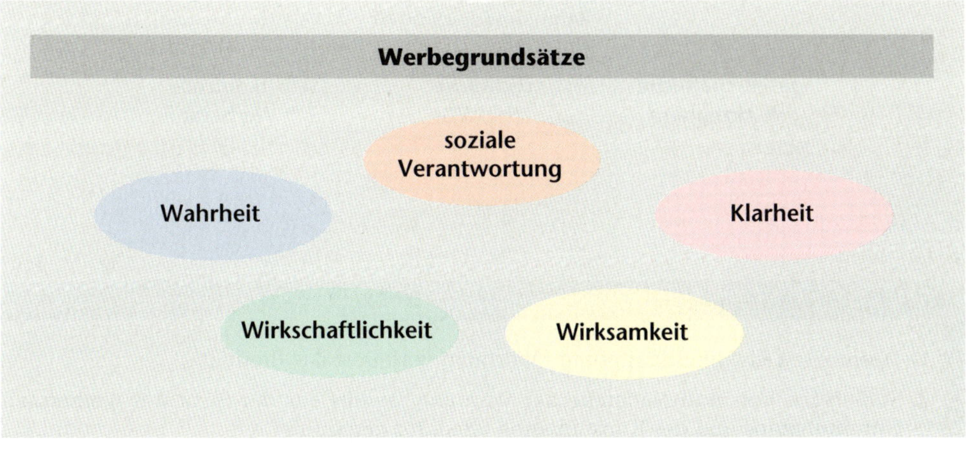

Zusammenfassende Übersicht zu Kapitel 7.6: Kommunikationspolitik

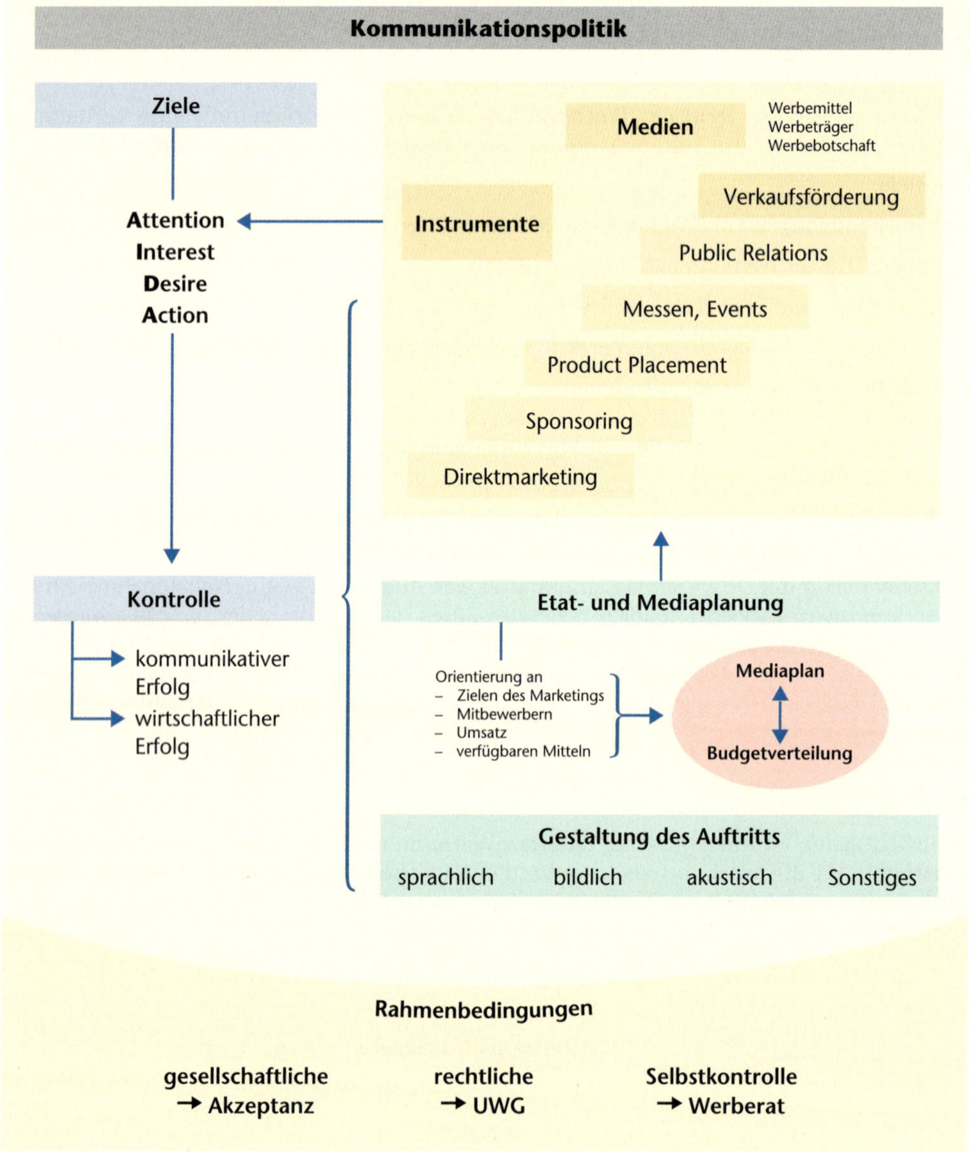

▶ Aufgaben und Probleme

1. Diskutieren Sie die Behauptung »Werbung verteuert das Produkt«.
2. Stellen Sie Vor- und Nachteile der Werbung jeweils aus der Sicht des werbenden Unternehmens und des Konsumenten einander gegenüber.

3. Die AIDA-Formel spielt in der Kommunikationspolitik eine zentrale Rolle.
   a) Welche Ziele der Kommunikationspolitik werden durch sie unterschieden?
   b) Begründen Sie die Unterscheidung in kommunikationsbezogene und markterfolgsbezogene Ziele.
   c) Untersuchen Sie aktuelle Werbekampagnen im Hinblick auf die genannten Ziele.
4. Interpretieren Sie das Schaubild auf der S. 384 unten.
5. Eine Sanitär-Großhandlung stellt die geplanten Werbemittel und Werbeträger in einem Werbeplan zusammen. Auf welche Werbemittel und Werbeträger sollte nicht verzichtet werden?
6. Begründen Sie, warum einer Werbeaktion immer eine Zielgruppenbestimmung vorausgehen sollte.
7. Nennen Sie die Bestimmungsfaktoren für den Werbeetat eines Unternehmens.
8. Warum muss die Werbeaktivität eines Unternehmens auf ihre kommunikative und wirtschaftliche Wirkung hin untersucht werden?
9. Stellen Sie die Vor- und Nachteile der Werbung eines Großhändlers gegenüber;
   a) für den Großhändler selbst,
   b) für den Einzelhändler,
   c) für den Hersteller,
   d) für den Verbraucher.
10. Welche Werbemittel halten Sie für geeignet bei der Werbung für
   a) Herrenanzüge,
   b) Waschmittel,
   c) Personalcomputer,
   d) Kraftfahrzeuge,
   e) eine neue Limonadensorte,
   f) Bücher?
11. Ein Unternehmen legt den Werbeetat für die nächsten Jahre in Höhe von 3 % des jeweiligen Jahresumsatzes fest. Beraten Sie dieses Unternehmen.
12. Grenzen Sie Werbung, Public Relations und Verkaufsförderung gegeneinander ab.
13. Nennen Sie Public-Relations-Maßnahmen Ihres Erfahrungsbereiches.
14. Die Natur Pur KG in Heilbronn nimmt demnächst ihre Tätigkeit, den Handel mit ökologischen Möbeln, auf. Als wichtigstes Marketinginstrument erscheint der Natur Pur KG die Kommunikationspolitik.
   a) Nennen Sie drei Ziele der Werbung, die Sie für besonders wichtig halten.
   b) Erläutern Sie die Grundsätze der Werbung, die zu beachten sind.
   c) Erläutern Sie einige Gesichtspunkte, die die Natur Pur KG bei der Festlegung des Werbeetats berücksichtigen sollte.
   d) Begründen Sie die Empfehlung an die Natur Pur KG, antizyklisch zu werben.
   e) Die beiden Eigentümer des jungen Unternehmens erwägen, ihre Kunden durch ein Callcenter »betreuen« zu lassen. Wägen Sie die Argumente »Für« und »Wider« gegeneinander ab.
   f) Die beiden Eigentümer werden vom Sportverein »TSG 27 Heilbronn« gebeten, Preise für die Weihnachts-Tombola zur Verfügung zu stellen. Begründen Sie, was sie tun sollen.
   g) Die Natur Pur KG wird von der NATURKOST GmbH in Stuttgart angeschrieben, man halte ein Co-Branding der Markenprodukte beider Unternehmen für sehr wirkungsvoll und vorteilhaft. Nehmen Sie zu diesem Vorschlag Stellung.
   h) Unterbreiten Sie Vorschläge, wie das Unternehmen mit Werbemaßnahmen über neue Medien aktiv werden könnte.

i) Das Unternehmen möchte als Aussteller Messen besuchen. Recherchieren Sie im Internet, welche regionalen und überregionalen Messen für die Natur Pur KG infrage kämen.

j) Begründen Sie, welche verkaufsfördernden Maßnahmen das junge Unternehmen ergreifen sollte.

15. Suchen Sie nach Beispielen für vergleichende Werbung und gestalten Sie damit eine Wandzeitung in Ihrem Klassenzimmer.

16. Suchen Sie Beispiele für irreführende Werbung.

17. Recherchieren Sie auf der Homepage des Deutschen Werberats, mit welchen Beschwerden dieser sich konfrontiert sieht.

a) Zeigen Sie an Beispielen, welche Verstöße am häufigsten vorkommen.

b) Erläutern Sie, wie der Werberat mit Beschwerden umgeht und wie die betroffenen Unternehmen in der Regel reagieren.

c) Diskutieren Sie in Ihrer Klasse, ob die Beschwerden gerechtfertigt sind.

18. Erläutern Sie, wie man den ökonomischen und den nichtökonomischen Erfolg einer Werbeaktion messen kann.

19. Eine Werbeaktion hat 100.000 EUR gekostet. Daraufhin wurden 2.000 Produkte zusätzlich zu einem Preis von 600 EUR je Stück verkauft. Pro verkauftem Erzeugnis wird mit einem Gewinn von 80 EUR gerechnet.

a) Ab welcher zusätzlich verkauften Stückzahl wären die durch die Werbeaktion entstandenen Kosten gedeckt?

b) Ab welcher zusätzlich verkauften Stückzahl erreicht das werbende Unternehmen die Gewinnzone?

20. Ein Großhandelsunternehmen möchte eine große Werbekampagne in einer überregionalen Tageszeitung starten. Es stehen folgende Alternativen zur Wahl:

	Zeitung A	Zeitung B	Zeitung C
Leser pro Auflage	1.000.000	1.200.000	800.000
Reichweite	40 %	50 %	47 %
Kosten einer einseitigen Anzeige	20.000 EUR	27.000 EUR	27.500 EUR

a) Berechnen Sie jeweils den TKP.

b) Treffen Sie eine Entscheidung und beurteilen Sie das Ergebnis.

21. »Werbung ist nur einer unter vielen Einflussfaktoren für die Kaufentscheidung des Kunden.«

Interpretieren Sie in Kleingruppen die nebenstehende Grafik unter Beachtung dieser Aussage.

Suchen Sie gemeinsam nach Beispielen für die Einflussfaktoren.

Stellen Sie Ihre Ergebnisse der Klasse vor.

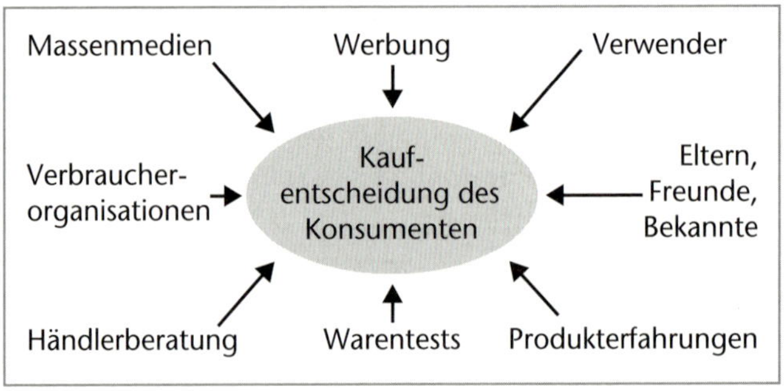

7.7 Distributionspolitik

Die **Distributionspolitik (Vertriebspolitik)** umfasst sowohl die **Gestaltung von Maßnahmen der Warenverteilung** als auch **Maßnahmen der Kundengewinnung (Akquisition).**

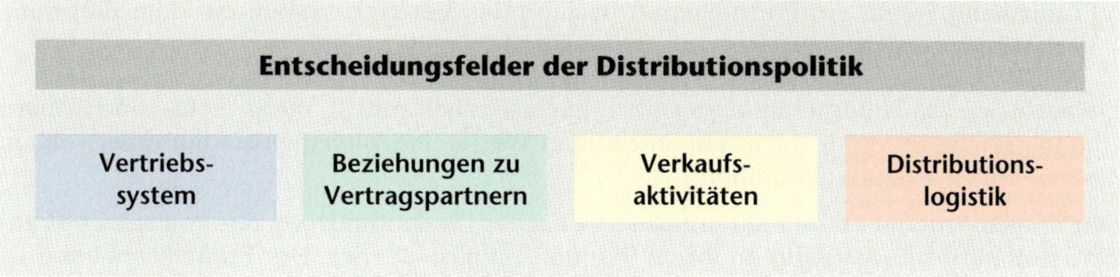

7.7.1 Gestaltung des Vertriebssystems

Die einzelnen **Bestandteile des Vertriebssystems** sind die **Vertriebsorgane,** die zu **Vertriebswegen** kombiniert werden.

Der Händler ist Teil eines Vertriebssystems. Er steht zwischen dem Hersteller von Produkten und dem Verbraucher. Damit ist er aus der Sicht des Herstellers Teil des indirekten Vertriebs.

Vertriebsorgane

Vertriebsorgane sind alle unternehmensinternen oder -externen **Personen, Abteilungen** oder Institutionen, die die **Vertriebsaktivitäten** für die Waren und Dienstleistungen des Unternehmens **durchführen** oder **unterstützen.**

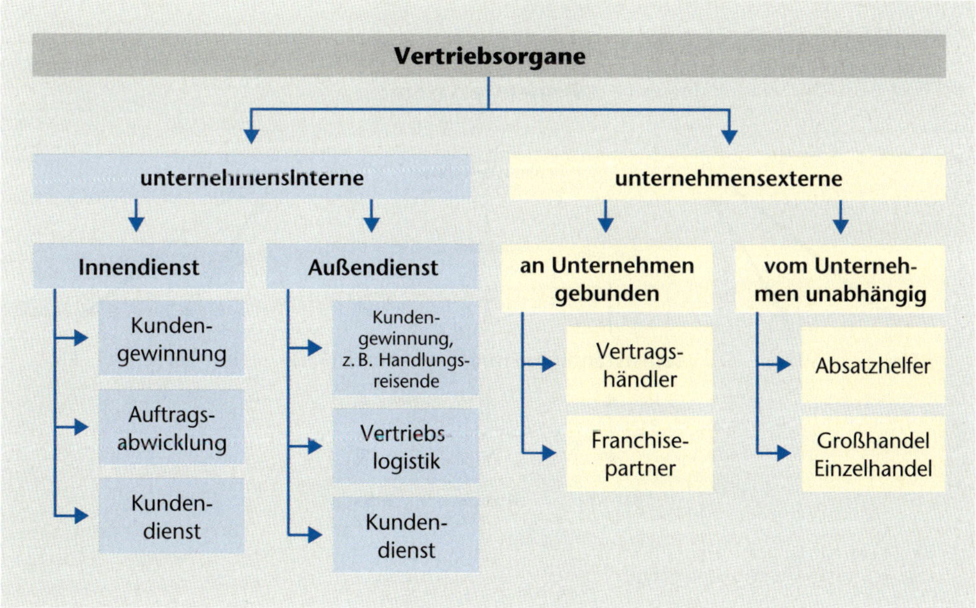

Unternehmensinterne Vertriebsorgane sind beim Unternehmen angestellte Mitarbeiter, wie z. B. Handlungsreisende. Unternehmensexterne Vertriebsorgane können an das Unternehmen gebunden sein, wie z. B. Vertragshändler oder Franchise-Partner. Sie können auch vollkommen unabhängige Unternehmer sein, wie die Absatzhelfer.

▶ **Franchisesystem (Franchising)**

Franchising ist ein auf Partnerschaft basierendes **Vertriebssystem** mit dem **Ziel der Verkaufsförderung.**

Dabei räumt das Unternehmen, das als Franchisegeber auftritt, meist mehreren Partnern (Franchisenehmern) das Recht ein, mit seinen Waren und Dienstleistungen unter seinem Namen ein Geschäft zu betreiben.

Der Franchisegeber erstellt ein unternehmerisches Gesamtkonzept, das von seinen Franchisenehmern selbstständig an ihrem Standort umgesetzt wird. Der Franchisenehmer ist ein rechtlich selbstständiger und eigenverantwortlicher Unternehmer. Die Gegenleistung des Franchisenehmers für die vom Franchisegeber eingeräumten Rechte besteht meist in der Zahlung von Eintritts- bzw. Franchisegebühren und in der Verpflichtung, den regionalen Markt zu bearbeiten. Franchising bietet die Möglichkeit, eine erfolgreiche Geschäftsidee mehreren Partnern zur Verfügung zu stellen und so den Geschäftstyp zu multiplizieren.

Beispiele:

Franchisesystem	Branche	Zahl der Franchisenehmer (in Deutschland)
Apollo-Optik	Augenoptik	über 480
Clean-Park	Autowaschanlagen	über 300
Fressnapf	Tiernahrung und Zubehör	über 220
McDonalds	Fast-Food-Restaurants	über 880

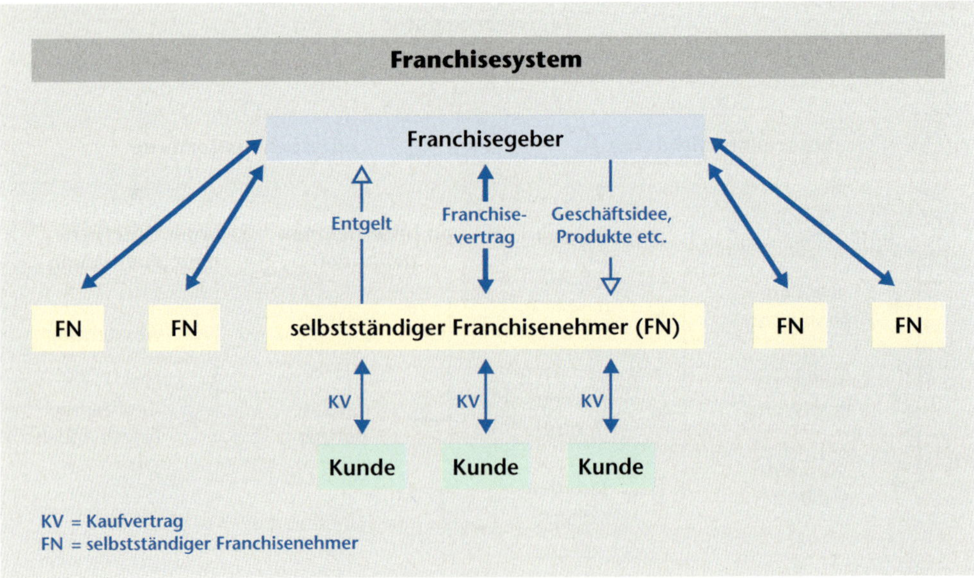

▶ Absatzhelfer

Absatzhelfer sind rechtlich selbstständige Personen oder Unternehmen, die für das Unternehmen **Geschäfte vermitteln und abschließen.**

	Absatzhelfer			zum Vergleich:
	Handelsmakler	**Kommissionär**	**Handelsvertreter**	**Handlungsreisender**
Rechtsstellung	Kaufmann nach HGB			Kaufmännischer Angestellter
gesetzliche Grundlagen	HGB §§ 93 ff.	HGB §§ 383 ff.	HGB §§ 84 ff.	HGB §§ 55, 59 ff.
Tätigkeit	im fremden Namen für fremde Rechnung	im eigenen Namen für fremde Rechnung	im fremden Namen für fremde Rechnung	im Namen und auf Rechnung des Arbeitgebers
Vertretungsmacht	Vermittlungsvollmacht	Abschlussvollmacht	Vermittlungs- und Abschlussvollmacht	Vermittlungs- und Abschlussvollmacht
Dauer des Vertragsverhältnisses	von Fall zu Fall	ständig oder von Fall zu Fall	ständig	ständig
Vergütung	Maklergebühr (Courtage)	Provision evtl. Aufwandsersatz	Vermittlungs- oder Abschluss-Provision evtl. Aufwandsersatz	Gehalt (Fixum) Provision Auslagenersatz (Spesen)
Rechte	Maklergebühr von beiden Vertragsparteien	Selbsteintrittsrecht: Der Kommissionär kann selbst die Güter kaufen oder verkaufen, wenn diese einen Börsen- oder Marktpreis haben	Überlassung von Unterlagen, Mustern, Preislisten, Werbematerial Ausgleichsanspruch, wenn Auftraggeber nach Vertragsende erheblichen Vorteil hat	Rechte eines kaufmännischen Angestellten
Pflichten	Aufstellung einer Schlussnote (Vertrag mit allen wichtigen Bedingungen) Führen eines Tagebuches Aufbewahren von Proben	Sorgfaltspflicht Pflicht zur Beachtung der Weisungen Anzeige der Ausführung der Kommission Pflicht zur Abrechnung Ware liefern bzw. Erlös überweisen	Bemühungspflicht (Interessen des Auftraggebers wahren) Benachrichtigungspflicht bei Geschäftsabschluss Wettbewerbsenthaltung	Reiseberichte Mitteilung über Geschäftsabschlüsse übrige Pflichten eines kaufm. Angestellten

	Absatzhelfer			zum Vergleich:
	Handelsmakler	**Kommissionär**	**Handelsvertreter**	**Handlungsreisender**
wirtschaftliche Bedeutung	Er ist ein Spezialist in seiner Branche, dessen man sich von Fall zu Fall bedient. Dadurch erreichen beide Vertragspartner, dass ihre Interessen beim Vertragsabschluss optimal vertreten werden.	Wegen der hohen fixen Kosten (Gehalt) ist der Aufbau einer unternehmenseigenen Vertriebsorganisation mit Handlungsreisenden nur sinnvoll, wenn ein Absatzgebiet voll erschlossen ist. Für diese Aufgabe werden vorher Handelsvertreter und Kommissionäre eingesetzt, obwohl deren Provision in der Regel höher ist als die des Handlungsreisenden, aber so entstehen nur Kosten, wenn Aufträge abgeschlossen werden.		

Häufig stellt sich die Frage, ob Handlungsreisende oder Handelsvertreter eingesetzt werden sollen. Unter Kostengesichtspunkten ergibt sich folgende Betrachtung:

Beispiel:

Ein Unternehmen steht vor der Entscheidung, ob es angestellte Handlungsreisende oder selbstständige Handelsvertreter für ein bestimmtes Gebiet einsetzen soll. Für einen Handlungsreisenden würden monatliche Fixkosten (Gehalt und Nebenkosten) in Höhe von 4.900 EUR entstehen, zudem erhielte er eine Provision von 3 % des getätigten Umsatzes. Ein Handelsvertreter erhielte lediglich eine Provision in Höhe von 10 % des Umsatzes. Ermittlung des »kritischen Umsatzes« (x):

Kosten für den Handlungsreisenden = Kosten für den Handelsvertreter

$$4.900 + 0{,}03x = 0{,}10x$$

$$4.900 = 0{,}07x$$

$$x = \frac{4.900}{0{,}07} = 70.000$$

Bei einem monatlichen Umsatz bis 70.000 EUR wäre demnach der Handelsvertreter kostengünstiger; liegt der Umsatz dagegen über 70.000 EUR, wäre der Handlungsreisende günstiger.

Zeichnerische Darstellung:

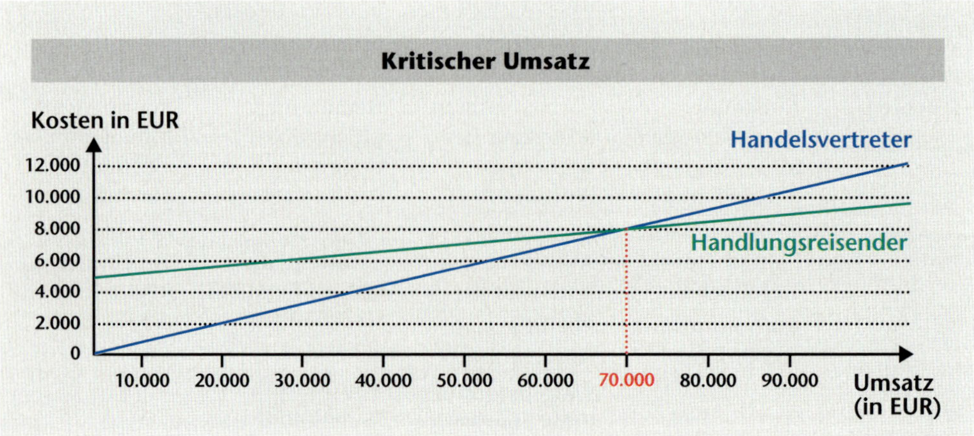

Vertriebswege

Vertriebswege (Absatzwege) entstehen aus der **Auswahl und Kombination von Vertriebsorganen.**

Direkt ist der Vertriebsweg, wenn das Unternehmen seine Produkte über unternehmensinterne Verkaufsorgane an den Endverbraucher verkauft. Von indirektem Vertriebsweg spricht man, wenn dies über externe Vertriebsorgane geschieht.

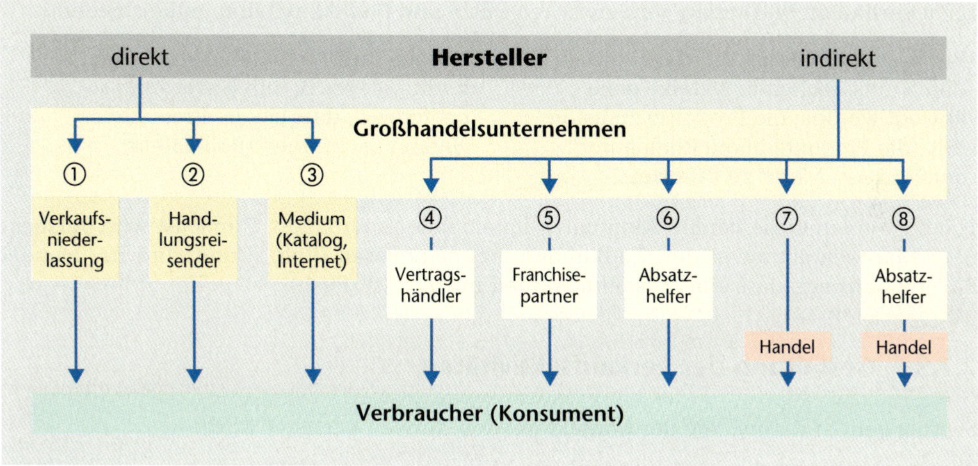

Beispiele:

für direkte Vertriebswege	für indirekte Vertriebswege
① Ein Küchenmöbelhersteller beliefert Restaurants und Verbraucher.	④ Ein Elektrogerätehersteller beliefert ausgewählte Elektrofachgeschäfte mit Markengeräten.
② Ein Kosmetikhersteller lässt die Verbraucherinnen durch angestellte Beraterinnen besuchen.	⑤ Ein Textilhersteller vertreibt seine Kleidung über Franchisepartner (Marco Polo, Benetton). ⑥ Tupperware wurde über Jahre hinweg nur von Handelsvertretern auf »Tupper-Partys« verkauft.
③ Ein Buchverlag verkauft seine Druckerzeugnisse über eine Internetplattform direkt an die Endverbraucher.	⑦ Seit 2001 ist Tupperware auch über den Einzelhandel erhältlich. ⑧ Ein Pharmaunternehmen lässt Apotheken und Arztpraxen durch Handelsvertreter besuchen.

Wenn Unternehmen für ihr Sortiment unterschiedliche Vertriebsorgane oder Vertriebswege wählen, spricht man von einem Mehrkanalvertrieb.

7.7.2 Gestaltung der Beziehungen zu den Vertriebspartnern

Neben der Gestaltung des Vertriebssystems sind die Beziehungen zu den Vertriebspartnern – insbesondere Key Accounts – ein weiteres wichtiges Entscheidungsfeld der Vertriebspolitik.

Key Accounts sind Kunden, die aufgrund ihrer tatsächlichen oder potenziellen Abnahmemengen für das Unternehmen von großer Bedeutung sind.

Die Gestaltung der Beziehungen mit diesen wichtigen Kunden besteht zum einen in der Kooperation, zum anderen in der Gestaltung der vertraglichen Beziehungen.

Die Ziele der Kooperation können sein

- die Verbesserung der Geschäftsbeziehungen durch Aufbau von Vertrauen,
- die Verringerung der Kosten der Auftragsabwicklung,
- die Steigerung des Erfolgs z. B. im Hinblick auf Qualitätsaspekte oder gemeinsamen Markterfolg.

Beim **vertikalen Marketing** wird zwischen Push- und Pull-Aktivitäten unterschieden:

Bei **Push-Aktivitäten** soll der Handel durch entsprechende Anreize dazu bewegt werden, die Produkte zu listen, d. h., die Produkte in die Regale und damit in den Markt zu drücken.	Bei den **Pull-Aktivitäten** werden die Endkunden z. B. durch Werbung so beeinflusst, dass sie die Produkte im Handel nachfragen (Pull-Effekt).

Häufig werden diese beiden Aktivitäten miteinander kombiniert, Zunächst wird versucht über Marketingaktionen den Endkunden zu beeinflussen (Pull). Dann wird der Handel davon überzeugt, dass eine Zusammenarbeit nützlich ist (Push).

7.7.3 Gestaltung der Verkaufsaktivitäten

Hierbei geht es darum, wie der Kontakt mit den Kunden gestaltet wird.

Zum **persönlichen direkten Kundenkontakt** kommt es beispielsweise beim Verkaufsgespräch im Handel. Charakteristisch für diese Verkaufssituation ist, dass

- sich Verkäufer und Kunde sehen,
- der Verkäufer sich auf den Kunden als Gesprächspartner sowie dessen spezielle Situation besonders gut einstellen kann,
- der Verkäufer sämtliche Reaktionen des Kunden unmittelbar feststellen und deuten kann,
- Verkaufsargumente bei Bedarf wiederholt und angepasst werden können.

Im Rahmen des direkten persönlichen Kundenkontakts spielt in Unternehmen die **Verkaufsraumgestaltung (Instore-Management)** eine besondere Rolle:

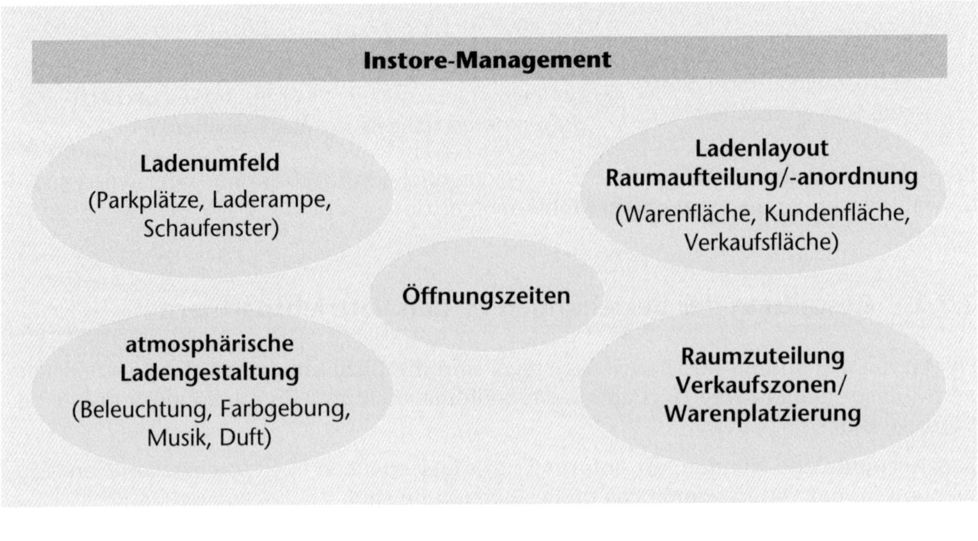

Eine weitere Form des **persönlichen Kontaktes** ist diejenige **mittels eines Mediums,** in der Regel ist dies das Telefon. Dies kann ein aktiv eingeleiteter Kontakt (z. B. durch ein Callcenter) oder lediglich die Annahme eines Kundenanrufes zur Bestellungsannahme sein.

Beim **unpersönlichen Kontakt über ein Medium** kommen Printmedien (z. B. Mailing oder Katalog), das Fernsehen oder das Internet zur Anwendung. Eine große Bedeutung hat hierbei der E-Commerce (vgl. Seite 465 f.).

7.7.4 Gestaltung der Vertriebslogistik (Distributionslogistik)

Siehe Kapitel 5.7

Zusammenfassende Übersicht zu Kapitel 7.7: Distributionspolitik

Distributionspolitik

Vertriebssystem

- **Vertriebswege**
  - → direkte (z. B. Verkaufsniederlassung)
  - → indirekte (z. B. Franchisepartner)
- **Vertriebsorgane**
  - → interne (z. B. Handlungsreisender)
  - → externe (z. B. Absatzhelfer)

Beziehungen zu Vertriebspartnern

- **persönlicher Kontakt**
  - → direkt (z. B. im Verkaufsraum)
  - → über Medium (z. B. Telefon)
- **unpersönlicher Kontakt**
  - → über Medium (z. B. Mailing)

Verkaufsaktivitäten

- **Key Accounts**
- **vertikales Marketing**
  - Push-Aktivitäten
  - Pull-Aktivitäten

Distributionslogistik

▶ Aufgaben und Probleme

1. Welche Bereiche (Entscheidungsfelder) gehören zur Distributionspolitik (Vertriebspolitik)?
2. Skizzieren Sie das Vertriebssystem (Vertriebsorgane und Vertriebswege) eines Unternehmens Ihrer Wahl und stellen Sie es in Ihrer Klasse vor.
3. Erläutern Sie, welche Funktionen der Großhandel im Rahmen des Distributionsprozesses übernimmt.
4. Ein Großhandelsunternehmen belieferte bisher 500 Einzelhandelsunternehmen in über 40 Städten. Es entschließt sich, ergänzend dazu, zum direkten Absatz über Verkaufsniederlassungen in vier Großstädten.

   a) Nennen Sie mögliche Gründe dafür.

b) Welche zusätzlichen Kosten entstehen dadurch?

c) Welche Kosten könnten eingespart werden?

d) Begründen Sie, wie sich die Veränderung auf den Umsatz auswirken könnte.

5. Stellen Sie Vor- und Nachteile des direkten und indirekten Absatzes in einer Tabelle einander gegenüber.

6. Die Reifen Roesch GmbH prüft, ob sie einen Handlungsreisenden oder einen Handelsvertreter für den Außendienst beschäftigen soll. Der Handlungsreisende erhält eine Provision von 2 % und ein Monatsfixum von 2.000 EUR; ein Handelsvertreter erhält 6 % Provision.

   a) Nennen Sie vier grundlegende Unterschiede zwischen einem Handlungsreisenden und einem Handelsvertreter.

   b) Begründen Sie, ob es sich jeweils um einen direkten oder indirekten Absatzweg handelt.

   c) Angenommen, die Reifen Roesch GmbH rechnet zunächst mit einem Monatsumsatz von 45.000 EUR. Begründen Sie, was Sie der Geschäftsleitung in diesem Fall empfehlen würden.

7. Siegfried Kessler hat zwei Beschäftigungsangebote. Er steht vor der Entscheidung, als Handlungsreisender oder als Handelsvertreter zu arbeiten.

   a) Wägen Sie Vor- und Nachteile aus der Sicht Siegfried Kesslers ab.

   b) Wägen Sie Vor- und Nachteile aus Sicht des Unternehmens ab.

   c) Berechnen Sie, ab welchem Umsatz sich der Einsatz eines Hnadlungsreisenden lohnen würde. Der Handlungsreisende erhält eine Provision von 3 % und ein Monatsfixum von 2.500 EUR. Der Handelsvertreter erhält 6,5 % Provision.

8. Für die neuen Produkte im Sortiment der Lachmann GmbH (vgl. Aufgabe 10, Seite 373) sollen als Kunden angesprochen werden: Fachgeschäfte über deren Einkaufsverbände, Bau- und Heimwerkermärkte sowie Kaufhäuser über deren Fachabteilungen.

   Diese Kunden sollen durch Handelsvertreter (HV) oder Handlungsreisende (HR) intensiver betreut werden. Pro Monat fallen folgende Kosten an: HR: 6.000 EUR Fixum und 1 % Umsatzprovision; HV: 7 % Umsatzprovision und 700 EUR Spesenpauschale. Erwartet wird ein Umsatz von 80.000 EUR in dünner besiedelten Regionen und 150.000 EUR in den Ballungsgebieten.

   a) Berechnen Sie die jeweiligen monatlichen Kosten.

   b) Berechnen Sie den kritischen Umsatz.

   c) Sprechen Sie eine Empfehlung bezüglich der Wahl der Außendienstmitarbeiter je Umsatzgebiet aus. Begründen Sie Ihre Empfehlung nicht nur mit Kostenargumenten.

9. Ein Unternehmen möchte drei verschiedene Vertriebswege einander gegenüberstellen: Handelsvertreter, Handlungsreisender und Kommissionär. Es wird mit einem Jahresumsatz von 2,2 Mio. EUR gerechnet. Es entstehen folgende Kosten:

   - Handelsvertreter: 6 % Umsatzprovision.
   - Handlungsreisender; monatliche Personalkosten 3.300 EUR, 1,5 % Umsatzprovision, Spesenersatz 0,5 % vom Umsatz.
   - Kommissionär: jährlicher Kostenersatz für Lagerung 10.000 EUR, 5 % Umsatzprovision.

   a) Berechnen Sie, welche Alternative am kostengünstigsten wäre.

b) Berechnen Sie, bei welchem Umsatz jeweils die Kosten gleich hoch wären für den
   - Handelsvertreter und den Handlungsreisenden?
   - Kommissionär und den Handlungsreisenden?
   - Handelsvertreter und den Kommissionär?

c) Erstellen Sie eine grafische Lösung für die kritischen Umsätze.

d) Welche Schlussfolgerungen ziehen Sie aus den Berechnungen bzw. der Grafik?

10. Skizzieren Sie ein mögliches Mehrkanal-Vertriebssystem für

a) Sportbekleidung,

b) Autoradios,

c) Bücher.

11. Erläutern Sie, was man unter Key-Accountern versteht und welche Bedeutung ihnen zukommt.

12. Erläutern Sie an jeweils einem Beispiel die beiden Strategien des vertikalen Marketings.

13. Immer mehr Verbraucher schätzen den bequemen Einkaufsbummel im Internet. Vor allem der klassische **Versandhandel** und die Anbieter von Eintrittskarten und Reisen, Musik und Büchern profitieren vom **Vertriebsweg** Internet. Aber auch Unternehmen, die ihr Sortiment im Ladengeschäft und zugleich im Internet anbieten (die sogenannten **Multi-Channel-Betriebe**) zählen zu den Gewinnern. Betrachtet man allerdings den Anteil, den der **Online-Handel** am gesamten Einzelhandelsumsatz hat, so ist er mit knapp 11 % (2013) noch relativ gering.

a) Erläutern Sie die gefetteten Begriffe.

b) Beurteilen Sie, warum gerade die Anbieter der genannten Produkte wachsende Umsätze über das Internet verzeichnen.

c) Warum ist der Umsatzanteil des Online-Handels am Gesamtumsatz des Handels relativ gering?

14. Die »Greinacher-Peterson-Sailer GmbH« (GPS GmbH) ist ein Großhandelsunternehmen, das sich auf den Vertrieb von hochwertigen Navigationssystemen für verschiedene Anwendungsbereiche spezialisiert hat. Bisher erfolgte der Vertrieb ausschließlich über ausgewählte Facheinzelhändler der Autoelektronikbranche im westdeutschen Raum. Diese Verkaufsaktivitäten sollen weiter intensiviert werden. Daneben sollen auch weitere Vertriebswege erschlossen werden. Die »Autoteile Bischofberger GmbH« (AB GmbH) ist eine Fachmarktkette für Autozubehör, die Filialen in der gesamten Bundesrepublik betreibt. Sie möchte gerne die Produkte der GPS GmbH in ihr Sortiment aufnehmen und an die Endverbraucher verkaufen. Sie rechnet mit einer Abnahmemenge von jährlich ca. 20.000 Navigationssystemen. Auch die große Verbrauchermarktkette »Huber KG«, die überwiegend in Süd- und Ostdeutschland vertreten ist, möchte die Systeme in ihr Sortiment aufnehmen. Jedoch erwartet sie einen kräftigen Rabatt von der GPS GmbH, damit die Geräte in das preisgünstige Sortiment eingepasst werden können. Außerdem soll die GPS GmbH vertraglich vereinbart das Auffüllen und Aussortieren der Regalflächen in den Huber-Filialen übernehmen und nicht verkaufte Ware wieder zurücknehmen. Die Abnahmemenge könnte bei ca. 500 Geräten monatlich liegen.

a) Erstellen Sie eine Bewertung der drei Vertriebsformen mithilfe einer Entscheidungsbewertungstabelle. Legen Sie dazu geeignete Kriterien fest.

b) Erstellen Sie ein Gesamturteil zu der ermittelten Rangfolge.

c) Begründen Sie, welche weiteren Absatzalternativen in Betracht zu ziehen sind.

7.8 Produktlebenszyklus und Portfolio-Analyse

Lebenszyklus eines Produkts

Das Produktlebenszyklus-Modell beruht auf der grundsätzlichen Annahme, dass jedes Produkt am Markt bestimmte Lebensphasen durchläuft, die unterschiedliche Absatz- und Gewinnmöglichkeiten aufweisen. Die gesamte Lebensdauer eines Produktes ist abhängig von der Nutzungsdauer, von technischen und modischen Einflussfaktoren, vom Konkurrenzverhalten und von eigenen absatzpolitischen Aktionen.

Der gesamte Lebensweg eines Produktes kann in fünf Phasen dargestellt werden: Einführungsphase, Wachstumsphase, Reifephase, Sättigungsphase, Rückgangsphase.

Lebenszyklus eines Produktes

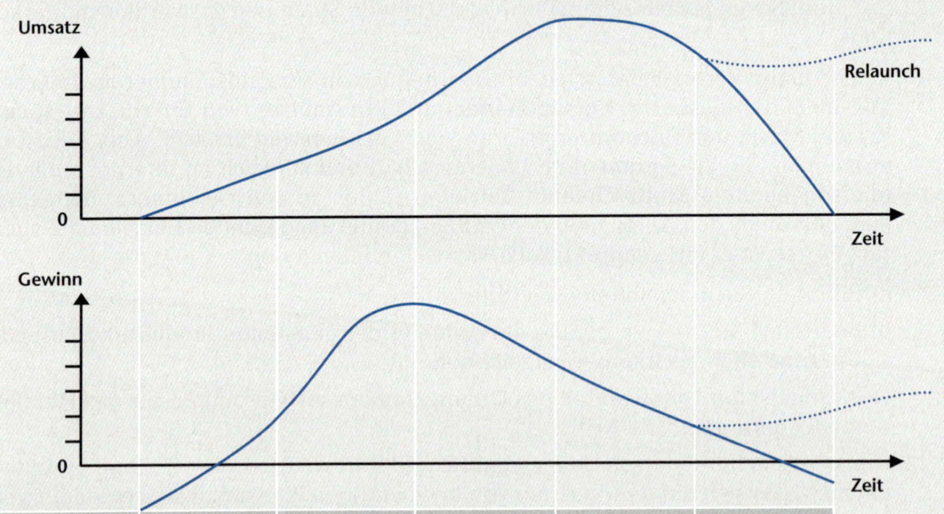

Lebenszyklusphase / Kriterium	Einführung	Wachstum	Reife	Sättigung	Rückgang
Umsatz	sehr gering, langsam steigend	stark steigend	sehr hoch, gering steigend	langsam abnehmend	stark abnehmend
Gewinn/Verlust	Verlust, Eintritt in Gewinnzone	steigender Gewinn	hohes Gewinnpotenzial	deutlich rückläufiger Gewinn	Verlust
Marktwachstum	steigende Wachstumsrate	stark steigendes Wachstum	langsameres Wachstum, Stagnation, dann negative Wachstumsrate	negatives Wachstum	stark negatives Wachstum
Anzahl der Mitbewerber	sehr klein (evtl. keine)	zunehmende Zahl	Höchstzahl der Mitbewerber	Ausscheiden der ersten Mitbewerber	Verringerung auf sehr wenige (evtl. keine)
Ausgereiftheit des Produktes	technische Innovation	Produktverbesserungen	Produktverbesserungen	bekannte, verbreitete, »alte« Technologie	bekannte, verbreitete, »alte« Technologie

Das Produktlebenszyklus-Modell weist wesentliche Anhaltspunkte für den Einsatz der Marketinginstrumente auf. Aus der Erkenntnis, dass Produkte nur eine begrenzte Lebensdauer haben, folgt die Notwendigkeit der permanenten Neugestaltung der Leistungen, der Werbemaßnahmen sowie preispolitischer Anpassungen. Der Einsatz der verschiedenen Marketingmaßnahmen hängt von der Lebenszyklus-Phase ab.

Lebenszyklusphase / Marketingmaßnahme	Einführung	Wachstum	Reife	Sättigung	Rückgang
Zielsetzung	Etablierung am Markt	Marktdurchdringung	Behauptung der Marktposition	Position »ausschlachten«, Relaunch	Rückzug
Produkt- und Sortimentspolitik	schmales Programm, Grundmodell, Verzicht auf Varianten	Verbesserung der Qualität, erste Varianten	Produktvariation und Produktdifferenzierung (Qualitätsverbesserungen, Funktionsveränderungen, Design), Sortimentserweiterung		Produktelimination oder Versuch einer Repositionierung
Preis- und Konditionenpolitik	niedrige Einführungspreise	Preise »ziehen an«	differenziertes Preisniveau, Bereitschaft zu Preissenkungen (Handelsrabatte)		tendenziell niedriges Preisniveau
	hohe Einführungspreise	Preise »geben nach«			
Kommunikationspolitik	sehr große Anstrengungen	große Anstrengungen zum Aufbau der Produktbekanntheit und Erlangung von Marktanteilen	große Anstrengungen zum Aufbau der Markentreue	deutlich geringere Aktivitäten	geringer Einsatz kommunikationspolitischer Instrumente
Distributionspolitik	anfangs selektives Vertriebssystem	intensiver Aufbau des Vertriebssystems	intensiv gepflegtes Vertriebssystem, Mehrkanal-Vertriebssystem		Aufgabe un wirtschaftlicher Teile des Vertriebssystems

Ein Unternehmen muss den Lebenszyklus jedes seiner Produkte kennen. Nur so kann es verbesserte oder Ersatzprodukte rechtzeitig auf den Markt bringen. Auch durch den gezielten Einsatz anderer Marketinginstrumente wird versucht, den Lebenszyklus zu verlängern **(Relaunch).**

Beispiel: Produktabfolge bei Duschkabinen

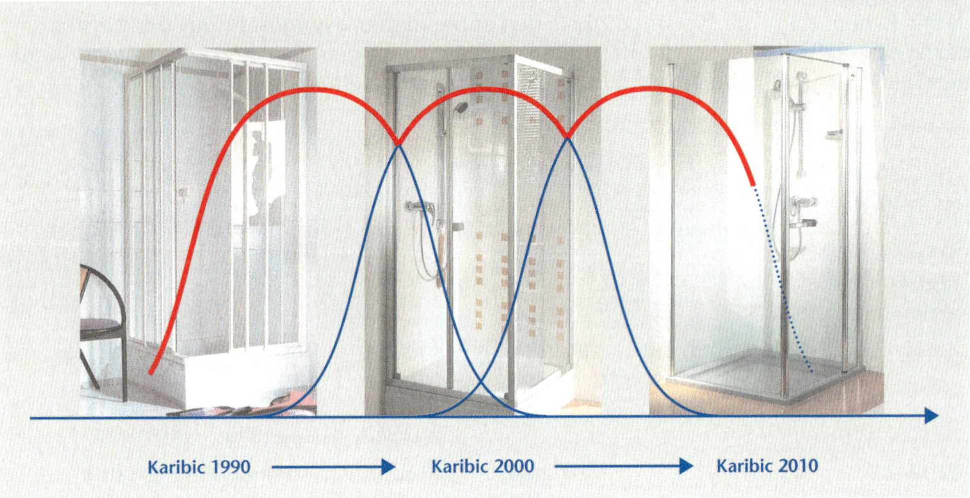

Produkt-Portfolio-Analyse

Im ökonomischen Sinn ist ein Portfolio eine Sammlung von Werten. In der Finanzwelt können dies Anlagewerte sein, im Marketing sind es Waren, Dienstleistungen oder Kunden.

Im Rahmen einer **Portfolio-Analyse** wird die Marktposition des Unternehmens bzw. eines **strategischen Geschäftsfeldes** bewertet. Ein strategisches Geschäftsfeld ist eine **Ware oder eine Warengruppe** in seinem/ihrem speziellen Markt. Mithilfe der Portfolio-Analyse sollen die passenden Marketingaktivitäten und -mittel in die Geschäftsfelder gelenkt werden, in denen die Marktaussichten günstig erscheinen.

Die Portfolio-Analyse für Produkte besteht darin, die strategischen Geschäftsfelder entsprechend ihrem Standort in einem Koordinatensystem in vier Kategorien einzuteilen:

▶ Question Marks (Nachwuchsprodukte, Fragezeichen)

Das sind Produkte mit noch geringem Marktanteil, aber großen Wachstumsmöglichkeiten. Sie verursachen hohe Kosten und bringen noch keinen Gewinn. Selektives Vorgehen ist angebracht beim Versuch, sie zu Stars zu machen.

▶ Stars

Das sind Produkte mit hohem Marktanteil und großen Wachstumschancen. Sie ermöglichen Unternehmenswachstum; es lohnt sich noch, zu investieren und sie zu fördern, bevor sie langsam zu Melkkühen werden.

▶ Cash Cows (Melkkühe)

Das sind Produkte mit hohem Marktanteil, die jedoch wegen ihres Alters nur noch geringe Wachstumschancen haben. Sie sollen nur noch »gemolken« werden, hohe Investitionen lohnen sich nicht mehr. Melkkühe sind Geldbringer zur weiteren Entwicklung des Unternehmens und Finanzierung anderer Geschäftsfelder.

▶ Poor Dogs (Problemprodukte, arme Hunde)

Das sind Produkte ohne Wachstumschancen und ohne nennenswerten Marktanteil. Investitionen sind nicht mehr lohnend, die alten Produkte sind demnächst aus dem Markt zu nehmen.

Aus der Zuteilung zu den vier Produktkategorien können folgende drei Strategien abgeleitet werden:

- Strategie 1 : Investitions- und Wachstumsstrategie
- Strategie 2 : Abschöpfungs- oder Desinvestitionsstrategie
- Strategie 3 : Strategie selektiven Vorgehens

Die einzelnen Geschäftsfelder werden in der Regel in Form von Kreisen abgebildet, deren Durchmesser proportional zum jeweiligen Umsatz ist. Aus der Zuordnung des Geschäftsfeldes zum jeweiligen Koordinatenfeld werden dann die Marketingaktivitäten und die Mittelzuteilung abgeleitet.

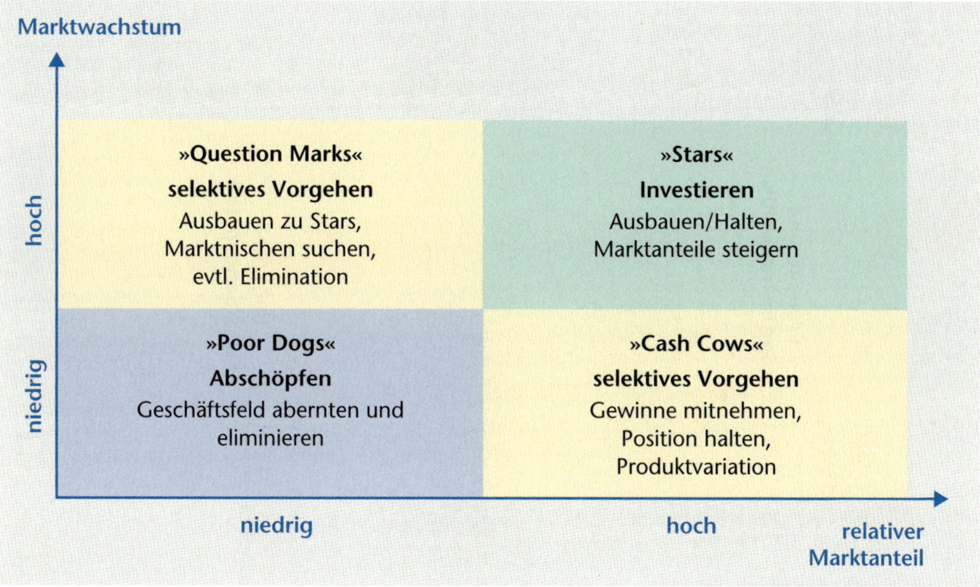

7.9 Marketing-Mix

Anhand der Ergebnisse der Marktforschung, der Festlegung der Marketingziele und -strategien werden die einzelnen Marketinginstrumente ausgewählt. Zur Abstimmung der Instrumente und zur Zuteilung der Mittel dienen die Erkenntnisse der Produktlebenszyklus- und der Portfolio-Analyse.

Marketing-Mix ist die **optimale Abstimmung** der **Marketingaktivitäten** zum Erreichen der Marketingziele.

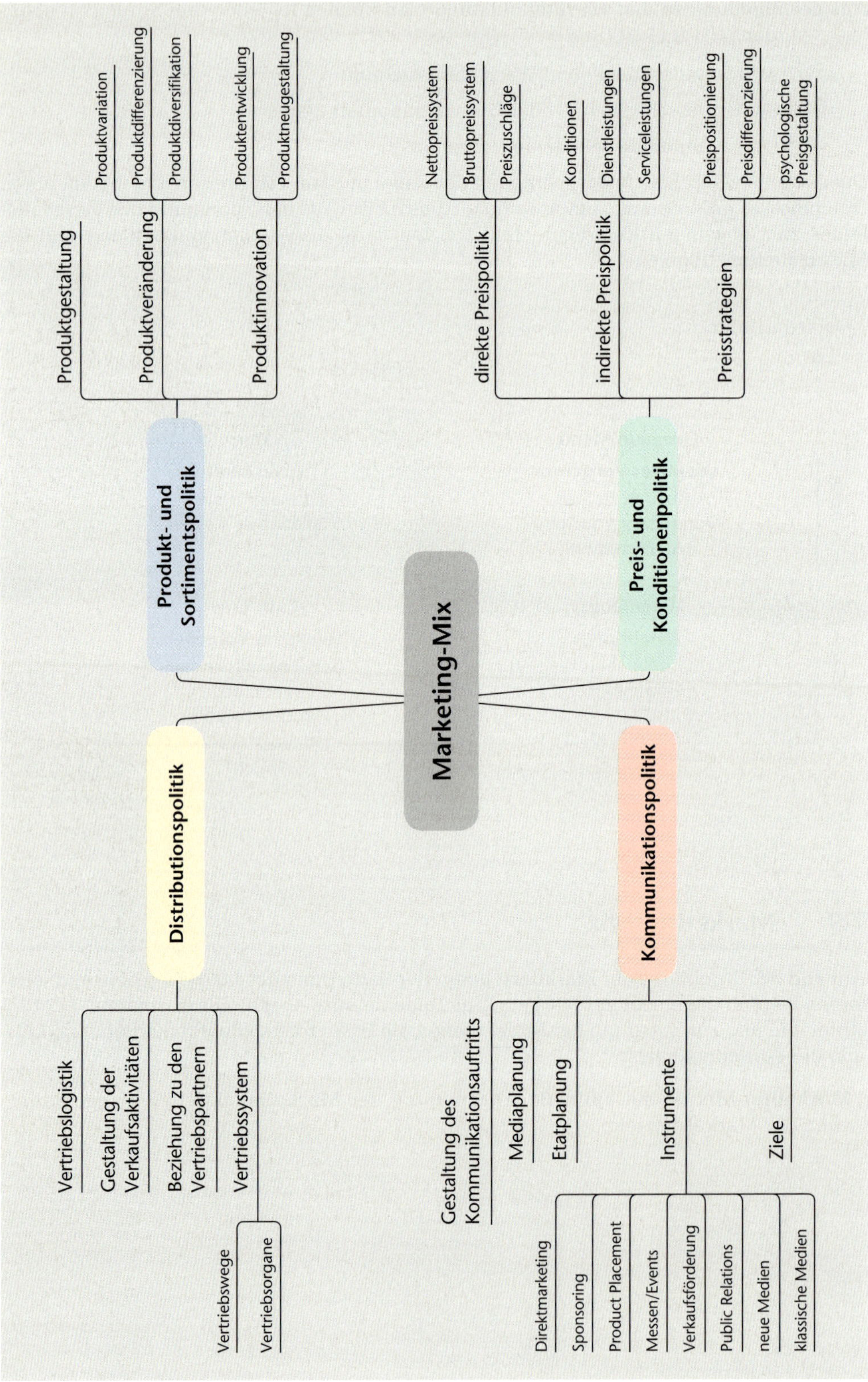
Marketing-Mix
Produkt- und Sortimentspolitik
Produktgestaltung
Produktveränderung
Produktvariation
Produktdifferenzierung
Produktdiversifikation
Produktinnovation
Produktentwicklung
Produktneugestaltung
Preis- und Konditionenpolitik
direkte Preispolitik
Nettopreissystem
Bruttopreissystem
Preiszuschläge
indirekte Preispolitik
Konditionen
Dienstleistungen
Serviceleistungen
Preisstrategien
Preispositionierung
Preisdifferenzierung
psychologische Preisgestaltung
Distributionspolitik
Vertriebslogistik
Gestaltung der Verkaufsaktivitäten
Beziehung zu den Vertriebspartnern
Vertriebssystem
Vertriebswege
Vertriebsorgane
Kommunikationspolitik
Gestaltung des Kommunikationsauftritts
Mediaplanung
Etatplanung
Instrumente
Direktmarketing
Sponsoring
Product Placement
Messen/Events
Verkaufsförderung
Public Relations
neue Medien
klassische Medien
Ziele

Die Festlegung des Marketing-Mix ist keine einmalige Entscheidung, sie muss vielmehr laufend überprüft und an veränderte Marktsituationen angepasst werden.

Beispiel: Ein Hersteller von kosmetischen Artikeln geht mit seinem Vertriebspartner (Großhandel und Einzelhandel) eine vertikale Marketingvereinbarung ein. Sie erstellen für zwei Gesichtspflege-Systeme folgendes Marketing-Mix:

Marketingaktivitäten		Marketing-Mix für	
		Pflegesystem »Standard« für Marktsegment »Männer unter 30 Jahre«	**Pflegesystem »Prestige« für Marktsegment »Männer über 30 Jahre«**
Produkt- und Sortimentspolitik	Produktinnovation	stark duftend, Duft modeabhängig variieren, leicht selbstbräunend	dezenter Duft, stark feuchtigkeitshaltig, mit Proteinen
	Produktgestaltung	in Tuben, 100 oder 200 ml, auffällig modisch	in eleganten Dosen, 50 oder 100 ml, klassisch schwarz-weiß
	Sortimentsgestaltung	in der Reihe mit weiteren Kosmetika für den jung gebliebenen Mann	umfangreiche Pflegeserie für den reiferen, auf sein Äußeres bewusst achtenden Herrn
	Dienstleistungsgestaltung	ein Jahr Qualitätsgarantie	ein Jahr Qualitätsgarantie, Verkäufer- und Kosmetiker-Schulungen
Preis- und Konditionenpolitik	Preisfindung Preisstrategie	mäßiger Preis, auch Kampfpreis, Mindestabnahmemengen	gehobener Preis, keine Mindestabnahme
	Preisdifferenzierung	Einheitspreise im gesamten Absatzgebiet	räumlich und zeitlich unterschiedliche Preise je nach Marktlage
	Konditionen	Einheitskonditionen, keine Rabatte	nachgiebige, kundenfreundliche Konditionen, Rabattstaffeln, Boni
	Finanzdienstleistungen	keine	Kredite an Abnehmer zur Erleichterung des Absatzes
Kommunikationspolitik	klassische Werbung	Fernsehwerbung, Plakatwerbung in Fitness-Studios	Anzeigen in Zeitschriften, Plakatwände, Rundfunkwerbung
	Verkaufsförderung	Preisausschreiben, Gratisproben, Displaymaterial bei Einzelhändlern	Produktplatzierung im Handel, Verkaufspropagandisten, Kosmetikberatung
	Public Relations	Leitidee »jugendlich«, »sportlich«	Leitidee »Lebensfreude«, »Wohlbefinden«
	sonstige Kommunikationsmittel	mobilfunkgestützte Aktionen	Product-Placement in Filmen, Co-Branding mit Modebranche
Distributionspolitik	Vertriebsorgane	kein Außendienst	Handlungsreisende und Handelsvertreter
	Vertriebswege	Lieferung nur über den Großhandel	Lieferung über den Großhandel und Direktbelieferung großer Einzelhändler
	Vertriebslogistik	Belieferung nach einem Tourenplan mit eigenen Kleintransportern	Belieferung durch fremde Logistiker

7.10 Marketingcontrolling

Marketingcontrolling ist ein System von Maßnahmen, mit dem man die **Wirkung der Marketinginstrumente feststellen** kann.

7.10.1 Aufgaben des Marketingcontrollings

Kontrolle und Steuerung der Wirksamkeit der Marketingaktivitäten

Im Allgemeinen werden Soll-Zahlen und Ist-Zahlen, also geplante Daten und realisierte Daten, einander gegenübergestellt, um die Sortimentspolitik, die Preispolitik, die Kommunikationspolitik und die Distributionspolitik zu kontrollieren.

Kontrolle und Steuerung bestimmter Akteure

▶ Betriebsinterne Vertriebsorgane

Alle Mitarbeiter des Marketings (Marketingdirektor, Werbeleiter, Verkäufer, Außendienstmitarbeiter) müssen sich den Marketingzielen entsprechend verhalten.

Beispiel: Soll-Ist-Vergleich des angestrebten und erreichten Umsatzes eines Handlungsreisenden

▶ Betriebsexterne Vertriebsorgane

Auch Vertragshändler und Franchisepartner müssen sich einem Soll-Ist-Vergleich stellen. Das Unternehmen hat jedoch nur eine beschränkte Kontroll- und Einflussmöglichkeit auf selbstständige Vertriebspartner.

Beispiele: Einzelhändler, Absatzhelfer, Transportunternehmen

Kontrolle und Steuerung bestimmter Absatzobjekte

Hier werden die Kundenzufriedenheit und -bindung, der Erfolg bestimmter Produktgruppen in abgegrenzten Regionen oder im Bereich bestimmter Vertriebspartner kontrolliert. Auch die Genauigkeit der Prognose von erwartetem Marktwachstum oder Käuferinteresse kann Gegenstand der Kontrolle sein.

Fehlerkorrekturen

Bei Abweichungen im Soll-Ist-Vergleich von Daten muss eine entsprechende Korrektur vorgenommen werden, z.B. bei zukünftigen Marketingaktivitäten oder bereits bei der Zielvorgabe. So kann eine ungenügende Zielerreichung eine verstärkte Werbeaktivität auslösen. Nicht erreichte Zieldaten sollten nicht einfach ohne Grund zurückgenommen werden, sondern nur, wenn sich diese als unrealistisch erwiesen haben. Bei Zielüberschreitungen wird in aller Regel das Zielniveau angehoben.

Beispiele:

1. Fehleinschätzung der Wirtschaftsentwicklung und unrealistische Vorgabe des Umsatzzuwachses
2. zu geringer Etat für die Werbung, Beschränkung auf ein zu geringes Absatzgebiet
3. zu niedrige oder zu hohe Verkaufspreise, unzureichende Kundendienstpolitik, Werbung mit unwirksamen Medien

7.10.2 Analyseinstrumente des Marketingcontrollings

Neben den Instrumenten zur Kontrolle des wirtschaftlichen und des kommunikativen Erfolgs von Marketingmaßnahmen sind die wichtigsten Instrumente

- die ABC-Analyse für Produkte bzw. Produktgruppen, Kunden und Kundensegmente sowie Märkte,
- die produktbezogene oder kundenbezogene Portfolio-Analyse,
- Kennzahlensysteme.

ABC-Analyse zur Bestimmung des Kundenwertes

Die Kunden werden nach bestimmten Merkmalen in A-, B- und C-Kunden eingeteilt (vgl. Seite 339). Diese Merkmale können sein: Umsatz- und Absatzzahlen oder der Deckungsbeitrag, den ein bestimmter Kunde erbringt.

- **A-Kunden** (solche mit den höchsten Umsatzzahlen oder Deckungsbeiträgen) wird eine besondere Beachtung geschenkt. Sie erhalten also beispielsweise besondere Kooperations- oder Schulungsangebote, gelangen in ein spezielles Bonusprogramm oder erhalten gezielte Serviceleistungen.
- **B-Kunden** (mit hohen Umsatzzahlen und Deckungsbeiträgen) genießen eine übliche Beachtung, d.h. erhalten sämtliche üblichen Vergünstigungen, Betreuung, Serviceleistungen usw.
- **C-Kunden** (mit geringen Umsatzzahlen und Deckungsbeiträgen) werden kaum gebunden. Dennoch sollten sie nicht vernachlässigt werden, da schlechte Erfahrungen verbreitet werden könnten.

Kunden-Portfolio

So wie bei der Produkt-Portfolio-Analyse Produkte in bestimmte Kategorien eingeteilt werden, werden in einem Kunden-Portfolio die Kunden bestimmten Gruppen zugeteilt (vgl. S. 414).

Es sind folgende vier Kundengruppen zu unterscheiden:

- **Starkunden:** Diese Kunden ziehen einen erheblichen Nutzen aus den Leistungen des Unternehmens, da sie hohe Gewinne oder Deckungsbeiträge erbringen sowie bereits eine lang andauernde Kundenbindung haben. Hier handelt es sich um eine klassische Win-win-Situation für beide Partner. Diese Kundengruppe ist die attraktivste für das Unternehmen.
- **Entwicklungskunden (Fragezeichen-Kunden):** Sie stellen einen hohen Wert für das Unternehmen dar, ziehen jedoch selbst nur einen geringen Nutzen aus den Waren bzw. den Dienstleistungen des Unternehmens. Dies können z. B. langjährige Kunden sein, die vor allem aus Gewohnheit bei dem Unternehmen bleiben. Die Beziehung zu diesen Kunden ist durch Aktionen der Konkurrenten gefährdet; sie sollten verstärkt betreut werden, um sie zu Starkunden zu machen.
- **Abschöpfungskunden (Trittbrettfahrer):** Sie ziehen einen hohen Nutzen aus den Waren bzw. den Dienstleistungen des Unternehmens, haben aber ihrerseits nur einen geringen Wert für das Unternehmen. Dies sind z. B. Großunternehmen, die hohe Preisnachlässe durchsetzen. Im Allgemeinen sollten die Preise für diese Kundengruppe erhöht und/oder das Serviceniveau gesenkt werden. Jedoch müssen speziell bei der Bewertung dieser Kundengruppe auch Ausstrahlungseffekte berücksichtigt werden, die aus dem Wechsel eines solchen Kunden zu einem Konkurrenten entstehen.
- **Verzichtskunden (arme Hunde):** Diese Kunden ziehen nur einen geringen Nutzen aus den Waren und Dienstleistungen des Unternehmens und repräsentieren nur einen geringen Wert für das Unternehmen. Falls es nicht gelingt, sie zu profitableren Kunden zu machen, sollten die Bemühungen um diese Kundengruppe reduziert werden.

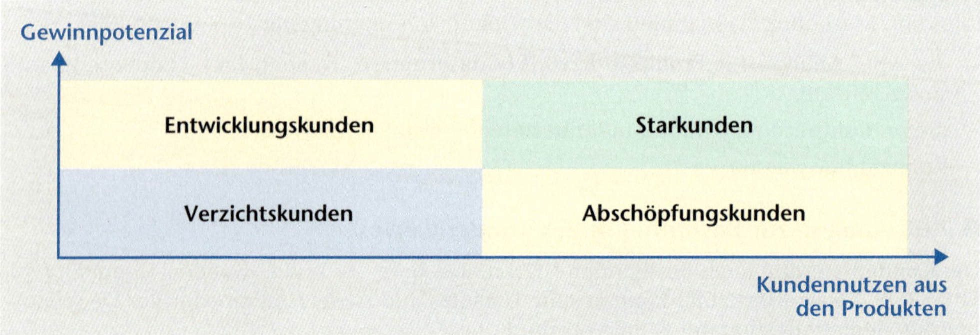

Kennzahlensystem

auf psychologische Ziele bezogene Kennzahlen	marktbezogene Kennzahlen	wirtschaftliche Kennzahlen
– Kundenzufriedenheit – Lieferbereitschaft – Markenimage – Bekanntheitsgrad – Anzahl erzielter Kontakte durch Werbeaktionen – Kundenstruktur (Erstkäufer, Nachkäufer)	– Anzahl der Kundenanfragen – Anzahl der Gesamtkunden – Anzahl der verlorenen Kunden – Marktanteil eines Produkts – erzielter Preis am Markt – Außendienstintensität (Besuchszahl je Außendienstmitarbeiter) – Außendiensteffizienz (Aufträge je Besuch)	– Gesamtumsatz – Umsatz, bezogen auf Produktgruppe, Kundengruppe, Region, Außendienstmitarbeiter etc. – Umsatz aufgrund einer Messeteilnahme – Gewinn – Umsatzrendite – Werbeerfolg

Zur **Beurteilung dieser Kennzahlen** können verschiedene Bezugsgrößen verwendet werden:

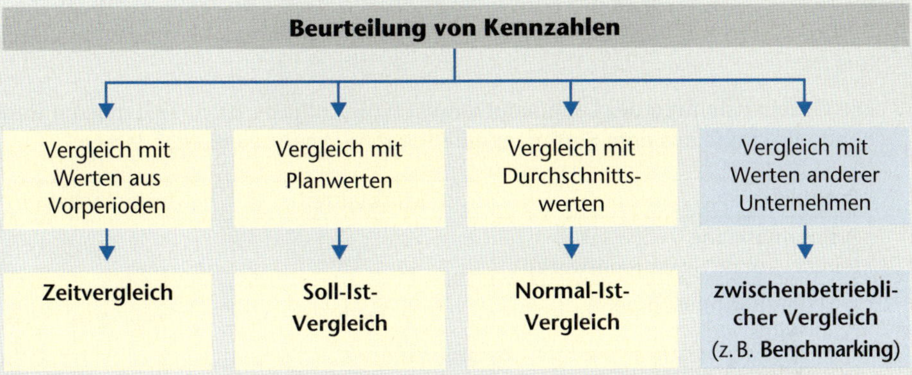

Zusammenfassende Übersicht zu den Kapiteln 7.8, 7.9 und 7.10:
- **Produktlebenszyklus und Portfolio-Analyse**
- **Marketing-Mix**
- **Marketingcontrolling**

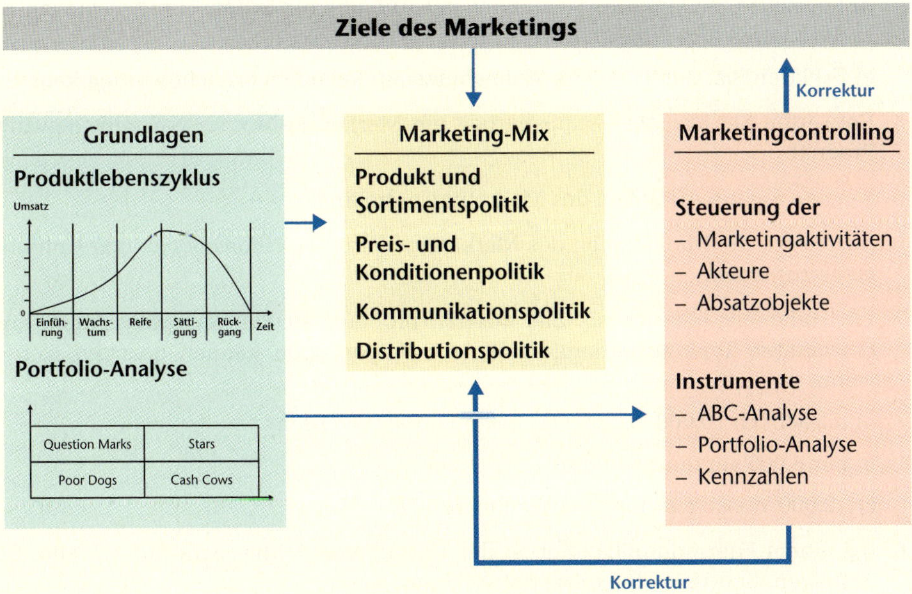

▶ Aufgaben und Probleme

1. Nennen Sie Produkte aus Ihrem Erfahrungsbereich, die Sie als »Question Marks«, »Cash Cows«, »Stars« bzw. »Poor Dogs« bezeichnen würden.

2. Fertigen Sie eine Portfolio-Analyse für einzelne Automodelle eines Autoherstellers an.

3. Die Geschäftsleitung der Lachmann GmbH (vgl. Aufgabe 10, S. 373) möchte für folgende Produkte aus dem Sortiment eine Portfolio-Analyse erstellen lassen.

Produkt	Marktanteil	Marktwachstum
A Bohrmaschine (einfach, ohne Schlagbohrwerk)	3 %	0 %
B Schlagbohrmaschine (220 Volt)	35 %	2 %
C Schlagbohrmaschine (Akku)	15 %	18 %
D Kombischraubbohrer mit Schlagwerk (220 Volt)	9 %	9 %
E Kombischraubbohrer mit Schlagwerk (Akku)	7 %	24 %

a) Erstellen Sie die Portfolio-Analyse.

b) Ziehen Sie für jedes Produkt Schlussfolgerungen für zu planende absatzpolitische Instrumente.

c) Zeichnen Sie einen Produktlebenszyklus und ordnen Sie die Produkte den Phasen zu.

d) Beurteilen Sie Ihre Entscheidungen aus Aufgabe b) vor dem Hintergrund der Einordnung in den Produktlebenszyklus.

e) Erklären Sie, durch welche Maßnahmen ein Relaunch erreicht werden könnte.

4. Entwerfen Sie in einer Gruppenarbeit ein Marketing-Mix für ein selbstgewähltes Produkt.

5. Nennen Sie die Aufgaben des Marketingcontrollings.

6. Stellen Sie die Maßnahmen des Marketingcontrollings eines beliebigen Unternehmens zusammen.

7. Ein Hersteller hat sich als Ziel gesetzt, pro Jahr 10.000 Waschmaschinen eines bestimmten Typs zu verkaufen. Welche Folgerungen können gezogen werden, wenn

a) tatsächlich 10.000 Waschmaschinen verkauft wurden?

b) nur 8.000 verkauft wurden?

c) 12.000 Waschmaschinen verkauft wurden?

8. Bei einem Fahrradgroßhändler ist der Umsatz von 1 Mio. EUR auf 1,2 Mio. EUR gestiegen. Beurteilen Sie diese Entwicklung, wenn

a) der Gewinn von 50.000 EUR auf 55.000 EUR gestiegen ist.

b) Der Gewinn von 50.000 EUR auf 48.000 gesunken ist.

9. Aus der Kundendatei eines Großhandelsunternehmens liegen folgende Daten vor:

	A	B	C	D	E	F
1	**Kunden**	**Umsatz**		**variable Kosten**	**Deckungsbeitrag**	
2		EUR	%	EUR	EUR	%
3	Bink Handelsgesellschaft mbH	1.300.000,00		750.000,00	550.000,00	
4	Eisunion GmbH	1.000.000,00		92.000,00	908.000,00	
5	Frier GmbH	800.000,00		650.000,00	150.000,00	
6	AZD Dortmund GmbH	2.000.000,00		1.700.000,00	300.000,00	
7	Bergarena OHG	30.000,00		20.000,00	10.000,00	
8	Cornelia Riester e. Kfr.	45.000,00		38.000,00	7.000,00	
9	Kufensport KG	300.000,00		100.000,00	200.000,00	
10		5.475.000,00	100 %	3.350.000,00	2.125.000,00	100 %

a) Berechnen Sie die jeweiligen Prozentanteile.

b) Führen Sie jeweils eine ABC-Analyse mit dem Merkmal »Umsatz« und dem Merkmal »Deckungsbeitrag« durch. Bestimmen Sie dabei selbst, welche Kunden zu den A-, B- und C-Kunden gehören könnten.

c) Erstellen Sie ein Diagramm (z. B. Balkendiagramm) für die Umsatz- und für die Deckungsbeitragsanteile der Kunden.

d) Begründen Sie, welche Schlussfolgerungen Sie aus den Ergebnissen ziehen.

10. Eine Unternehmungsberatungsgesellschaft hat für ein Unternehmen folgendes Kunden-Portfolio erstellt:

Die ovalen Flächen stellen die Kunden A bis E dar; die Größen der Flächen sollen die relative Umsatzhöhe wiedergeben.

a) Interpretieren Sie das Kunden-Portfolio.

b) Erstellen Sie eine Maßnahmenliste für jeden Kunden, wie dieser betreut werden sollte.

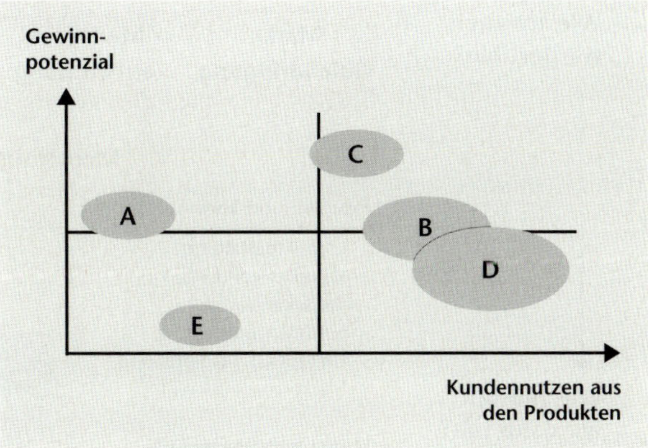

Zusammenfassende Übersicht zu Kapitel 7: Marketing

Marketing

Wohin wollen wir?

Unternehmensziele

- ökonomische
- ökologische
- soziale

Marketingziele

ökonomische

- Absatzsteigerung
- Umsatzsteigerung
- Erhöhung des Marktanteils

psychologische

- Image
- Bekanntheitsgrad
- Kundenbindung
- Markentreue

Welche Vorgaben gibt der Markt?

Marktforschung

Zielgruppen (Kunde/ Verbraucher)

- Kaufgewohnheiten
- Kaufkraft
- Erfahrung

Wettbewerb (Konkurrenz)

- Anzahl
- Marktmacht
- Leistung

Trend (Konjunktur)

- Schwankungen
- Sprünge

Wie kommen wir dort hin?

Marketingstrategie

- Marktdurchdringung
- Marktfeldentwicklung
- Produktentwicklung
- Diversifikation

Was müssen wir dafür tun?

Marketingkonzeption

Marketing-Mix

Produkt- und Sortimentspolitik

- Produktgestaltung
- Produktveränderung
- Produktinnovation
- Sortimentsgestaltung
- Dienstleistungsgestaltung
- Markenmanagement

Preis- und Konditionenpolitik

- Preisfindung
- direkte Preisgestaltung
- indirekte Preisgestaltung
- Preisstrategien
- Preisdifferenzierung
- Preisangaben

Kommunikationspolitik

- Ziele
- Instrumente
  Werbung, Verkaufsförderung, Public Relations, Messen, Events, Product Placement, Sponsoring, Direktmarketing
- Etat- und Mediaplanung

Distributionspolitik

- Vertriebssystem
- Beziehung zu Vertriebspartnern
- Verkaufsaktivitäten
- Vertriebslogistik

Marketingcontrolling

8 Leistungserstellung im Industriebetrieb

Man unterscheidet folgende Bereiche der industriellen Tätigkeit:

a) **Rohstoff- und Energiegewinnung (Urproduktion).** Hierbei wird das Naturprodukt gewonnen (Bergbau, Energiewirtschaft).

b) **Veredelung der Rohstoffe (Grundstoffgewinnung).** Das Urprodukt wird zum verarbeitungsfertigen Grundstoff verbessert (Hüttenwerke, Chemische Industrie, Raffinerien, Sägewerke, Spinnereien).

c) **Verarbeitung.** Aus den Grundstoffen wird das Endprodukt hergestellt. Dies kann ein Konsum- oder Investitionsgut sein (Kapitel 1.1.2).

Neben dem eigentlichen Sachgut werden häufig Dienstleistungen angeboten, die als technische oder kaufmännische Leistung die eigentliche Sachgüterleistung ergänzen.

Beispiel: Die Automobilhersteller bieten neben dem Fahrzeug auch die Finanzierung des Kaufes und die Entsorgung der aus dem Verkehr gezogenen Fahrzeuge an.

8.1 Ablauf der Leistungserstellung im Industriebetrieb

8.1.1 Aufstellung des Produktionsprogramms

Mit der Festlegung auf ein **Produktionsprogramm** wird entschieden, welche Erzeugnisse in welchen Mengen und mit welchem Produktionsprozess im Planungszeitraum hergestellt werden. Zu berücksichtigen sind dabei die Möglichkeiten der Beschaffung, des Absatzes, der Fertigung, der Lagerung und der Finanzierung. Das Produktionsprogramm kann vom Absatzprogramm abweichen, wenn auch Handelswaren verkauft werden.

Der Aufstellung des kurz- oder mittelfristigen Produktionsprogramms geht die **Entwicklung** und **Konstruktion** voraus.

■ Entwicklung

Aufgabe der Entwicklung ist die **Neuentwicklung** von Produkten und die **Weiterentwicklung** bereits hergestellter Erzeugnisse, um den technischen Fortschritt zu berücksichtigen oder um neue Märkte zu erschließen.

Wichtig bei der Entwicklung und Konstruktion eines Erzeugnisses ist die frühzeitige Einbeziehung aller Beteiligten, vom Kunden und Vertrieb über alle Fertigungsstellen bis zu den Teile- und Systemlieferanten **(Simultaneous Engineering, integrierte Produktentwicklung).**

Um die Ergebnisse der Entwicklung in der Produktion umsetzen zu können, ist es notwendig, auch entsprechende Betriebsmittel zu entwickeln.

Entwicklung ist darauf gerichtet, **Erzeugnisse zur Produktionsreife** zu führen.

Im Rahmen der Entwicklung führt die Produktgestaltung zu Entscheidungen über die Verwendbarkeit, Qualität, Größe, Technik, Form und Farbe eines Erzeugnisses. Dabei muss beachtet werden, dass

- die Fertigung der Produkte rationell erfolgen kann,
- der Absatz durch die Gebrauchsfähigkeit und eine entsprechende Formgebung **(Design)** gefördert werden kann.

Bei der **Produktgestaltung** wirken Techniker und Designer eng zusammen. Art und Form neu gestalteter Produkte können durch Patente, Gebrauchs- und Geschmacksmuster geschützt werden.

Dabei muss gelten, dass heutiges Handeln nicht die Lebensgrundlagen nachfolgender Generationen gefährden oder sogar vernichten darf. Produkte haben deshalb das Kriterium der Umweltverträglichkeit zu erfüllen.

Produkte sind umweltverträglich, wenn bei deren Herstellung und Gebrauch das Entstehen von **Abfällen vermindert** sowie **schädliche Auswirkungen** auf die Umwelt **vermieden** werden. Die **umweltverträgliche Verwertung und Beseitigung** der nach deren Gebrauch entstandenen Abfälle muss sichergestellt sein.

Dazu dienen folgende Gesichtspunkte:

a) **Die Werkstoffe** eines Produktes sollen am Ende des Lebenszyklusses entweder als **Sekundärrohstoffe** wieder in die Produktion einfließen oder biologisch abbaubar sein oder, falls vertretbar, unbedenklich verbrannt werden können.

b) **Abfallreduzierung** durch Verkleinerung der Geräte, Lebensdauererhöhung und Demontagefreundlichkeit, was eine Mehrfachverwendung einzelner Bauteile ermöglicht.

c) **Abfallverwertung** wird ermöglicht durch Verkleinerung der Bauteile, Vermeidung von Press- und Klebeverbindungen, Werkstoff- und Bauteilekennzeichnung, Werkstoffverträglichkeit bezüglich der Umwelt, Vermeidung von Beschichtungen, welche die Werkstoffvielfalt minimieren.

d) **Umweltgerechte Entsorgung** durch schadstoffarme Werkstoffauswahl.

Konstruktion

Die Aufgabe der Konstruktion ist es, die Ergebnisse der Entwicklung und Produktgestaltung umzusetzen. Dabei sind die zeichnerische Darstellung und die konstruktionstechnische Beschreibung wichtig.

a) **Die Gesamtzeichnung** ist die maßstabsgerechte Darstellung des Erzeugnisses. Sie wird im Konstruktionsbüro entworfen, in den verschiedenen Abteilungen eingehend besprochen und auf die Wirtschaftlichkeit ihrer Durchführung untersucht.

b) **Zeichnungen über Baugruppen und Einzelteile** enthalten auch Angaben über die zu verwendenden Werkstoffe und die Art ihrer Bearbeitung.

c) **Konstruktionsstückliste.** Die in der Gesamtzeichnung enthaltenen Einzelteile werden in der Konstruktionsstückliste (auch Gesamtstückliste genannt) aufgeführt.

Mit der Entwicklung der Produkte einher geht oftmals die Planung kompletter Fertigungs- und Montagelinien. In dieser Planungsphase spricht man von **virtuellen Fertigungslinien.** Damit können die Produktionsabläufe bereits vor Produktionsbeginn simuliert und mögliche Fehlerquellen frühzeitig erkannt werden.

Virtuelle Fertigungsanlage: künftige Produktion bis ins Detail durchgespielt.

Planung des Fertigungsprogramms

Durch die **Planung des Fertigungsprogramms** wird festgelegt, was tatsächlich produziert werden soll.

Bei **Kundenaufträgen** wird ein Erzeugnis für einen bestimmten Kunden produziert (Auftragsfertigung). Bei **Lageraufträgen** wird ein Erzeugnis auf Vorrat produziert. Die Güterherstellung erfolgt in diesem Fall für einen anonymen Abnehmerkreis. Die Informationen über die Kundenwünsche erhält man über die Marktforschung.

▶ Programmbreite

Mit ihr wird festgelegt, wie viele Erzeugnisarten und Ausführungsformen der einzelnen Erzeugnisse hergestellt werden.

Beispiel: Ein Automobilhersteller produziert Personenkraftwagen und Kleintransporter. Es werden 4 Pkw-Typen und 2 Kleintransporter-Typen produziert.

Vorteile eines breiten Produktionsprogramms	Nachteile eines breiten Produktionsprogramms
– Verteilung des Absatzrisikos auf mehrere Produktarten – bessere Nutzung der Vertriebseinrichtungen – wirtschaftlichere Anwendung der Forschungs- und Entwicklungsergebnisse	– häufige Umstellung der Maschinen – hohe Stückkosten – geringe Auslastung von Spezialmaschinen und -werkzeugen

▶ Programmtiefe

Mit ihr wird festgelegt, wie viele **Produktionsstufen** in einem Unternehmen zusammengefasst werden.

Beispiel: Ein Automobilhersteller stellt die Motorblöcke in der eigenen Gießerei selbst her.

Bei der Entscheidung, ob einzelne Produktionsstufen ausgegliedert und auf fremde Unternehmen ausgelagert werden sollen **(Outsourcing),** spielen folgende Überlegungen eine Rolle:

- die Erhaltung der Arbeitsplätze,
- die Eignung der vorhandenen Arbeitskräfte,
- das Vorhandensein bzw. die Beschaffungsmöglichkeit geeigneter Produktionsanlagen,
- der Kostenvergleich zwischen selbsterstellten und fremdbezogenen Fertigteilen.

Vorteil eines tiefen Produktionsprogramms ist, dass man von fremden Bezugsquellen unabhängiger wird. Ein **Nachteil** besteht in der Notwendigkeit umfangreicher und teurer Investitionen.

8.1.2 Fertigungsplanung

Arbeitsvorbereitung

Der Fertigungsablauf wird mithilfe einer Vielzahl von Unterlagen geplant.

▶ Stücklisten

Für die Arbeitsvorbereitung muss die Konstruktionsstückliste umgearbeitet werden. Dies geschieht durch die **Stücklistenauflösung.** Darunter versteht man das schrittweise Zerlegen und Aufgliedern des Erzeugnisses in Baugruppen, Einzelteile und Rohstoffe.

Ein **Erzeugnis** ist das verkaufsfähige Endprodukt eines Unternehmens. Es setzt sich aus Baugruppen und/oder Einzelteilen zusammen.

Eine **Baugruppe** ist aus Einzelteilen oder anderen Baugruppen zusammengesetzt.

Ein **Einzelteil** wird in Eigenfertigung aus **Rohstoffen** hergestellt oder fremdbezogen. Es geht in Baugruppen oder in das Erzeugnis ein.

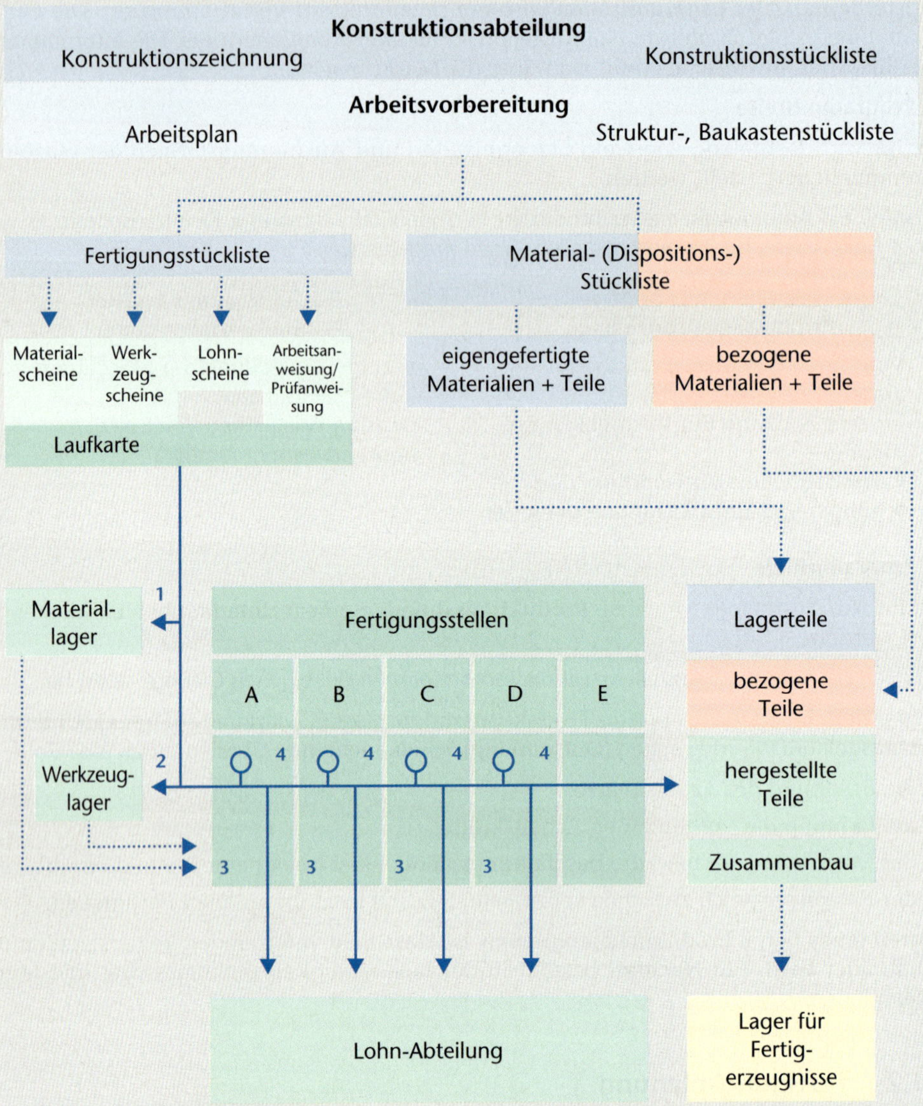

1. **Materialentnahmescheine**
2. **Werkzeugentnahmescheine**
3. **Lohnscheine**
4. **Arbeitsanweisungen/Prüfanweisungen**

Beispiel:
Strukturstückliste

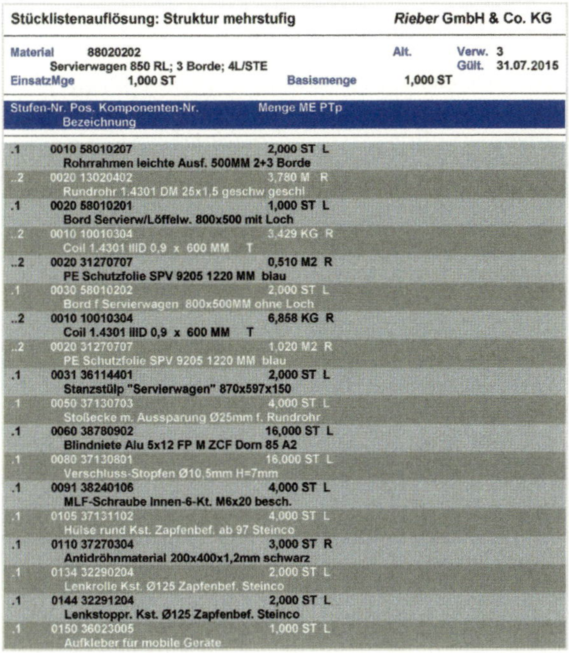

Stücklistenauflösung: Struktur mehrstufig — *Rieber* GmbH & Co. KG

Material 88020202 — Alt. — Verw. 3
Servierwagen 850 RL; 3 Borde; 4L/STE — Gült. 31.07.2015
EinsatzMge 1,000 ST — Basismenge 1,000 ST

Stufen-Nr.	Pos.	Komponenten-Nr. / Bezeichnung	Menge	ME	PTp
.1	0010	58010207 Rohrrahmen leichte Ausf. 500MM 2+3 Borde	2,000	ST	L
..2	0020	13020402 Rundrohr 1.4301 DM 25x1,5 geschw geschl	3,780	M	R
.1	0020	58010201 Bord Servierw/Löffelw. 800x500 mit Loch	1,000	ST	L
..2	0010	10010304 Coil 1.4301 IIID 0,9 x 600 MM T	3,429	KG	R
..2	0020	31270707 PE Schutzfolie SPV 9205 1220 MM blau	0,510	M2	R
.1	0030	58010202 Bord f Servierwagen 800x500MM ohne Loch	2,000	ST	L
..2	0010	10010304 Coil 1.4301 IIID 0,9 x 600 MM T	6,858	KG	R
..2	0020	31270707 PE Schutzfolie SPV 9205 1220 MM blau	1,020	M2	R
.1	0031	36114401 Stanzstülp "Servierwagen" 870x597x150	2,000	ST	L
.1	0050	37130703 Stoßecke m. Aussparung Ø25mm f. Rundrohr	4,000	ST	L
.1	0060	38780902 Blindniete Alu 5x12 FP M ZCF Dorn 85 A2	16,000	ST	L
.1	0080	37130801 Verschluss-Stopfen Ø10,5mm H=7mm	16,000	ST	L
.1	0091	38240106 MLF-Schraube Innen-6-Kt. M6x20 besch.	4,000	ST	L
.1	0105	37131102 Hülse rund Kst. Zapfenbef. ab 97 Steinco	4,000	ST	L
.1	0110	37270304 Antidröhnmaterial 200x400x1,2mm schwarz	3,000	ST	R
.1	0134	32290204 Lenkrolle Kst. Ø125 Zapfenbef. Steinco	2,000	ST	L
.1	0144	32291204 Lenkstoppr. Kst. Ø125 Zapfenbef. Steinco	2,000	ST	L
.1	0150	36023005 Aufkleber für mobile Geräte	1,000	ST	L

Beispiel:
Stücklistenauflösung

Ein Erzeugnis weist die folgende **Erzeugnisstruktur** aus:

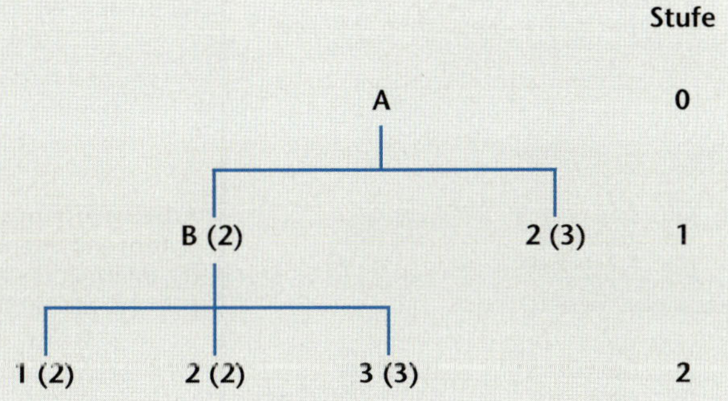

Das Produkt A besteht aus der Baugruppe B und dem Einzelteil 2. Die Baugruppe B wiederum besteht aus den Einzelteilen 1, 2 und 3.

In den Klammern stehen jeweils die Mengen, mit der eine Baugruppe oder ein Teil in die übergeordnete Baugruppe/Produkt eingeht.

Strukturstückliste Enthält den Bedarf an Baugruppen, Einzelteilen und Rohstoffen in der Reihenfolge aller Fertigungsstufen eines Erzeugnisses. Sie stellt den fertigungstechnischen Aufbau des Erzeugnisses dar.	**Fertigungsstückliste** Ist Grundlage für die Fertigung und Montage der Einzelteile und Baugruppen.
Baukastenstückliste Enthält jeweils nur die Baugruppen und Teile einer Fertigungsstufe. Sie sind vor allem dann zweckmäßig, wenn bestimmte Teile und Baugruppen in mehrere Erzeugnisse eingebaut werden.	**Mengenübersichtsstückliste** (auch: **Dispositions-** oder **Materialstückliste**) Dient zur Ermittlung des Materialbedarfs, bei der eine Trennung zwischen den Positionen mit Eigenfertigung und Fremdbezug vorgenommen wird.

Beispiel für die Auflösung der Konstruktionsstückliste in die verschiedenen Stücklisten:

Aufgrund der **Stücklistenauflösung** ergeben sich folgende Stücklisten:

Mengenübersichtsstückliste Erzeugnis A	
Teile-Nr.	Menge
B	2
1	4
2	7
3	6

Baukastenstückliste Erzeugnis A	
Teile-Nr.	Menge
B	2
2	3

Strukturstückliste Erzeugnis A		
Baustufe	Teile-Nr.	Menge
• 1	B	2
• • 2	1	4
• • 2	2	4
• • 2	3	6
• 1	2	3

Eine Sonderform der Stücklisten stellen die **Verwendungsnachweise** dar. Sie klären, in welche übergeordneten Baugruppen die jeweiligen Rohstoffe, Einzelteile oder Baugruppen eingehen. Dies kann dann von Bedeutung sein, wenn Rohstoff- oder Teilelieferungen nicht rechtzeitig im Unternehmen eintreffen.

▶ Arbeitspläne

Arbeitspläne enthalten die Arbeitsgänge und deren Reihenfolge, die Arbeitsplatzbezeichnung, die Auftragszeiten sowie die benötigten Werkzeuge und Materialien.

Druckliste Arbeitsplan *Rieber* **GmbH & Co. KG**

```
Material  58010207                                              Werk  1
          Rohrrahmen leichte Ausf. 500MM 2+3 Borde
Plangr.   58010207            PlGrZ. 1      Rohrrahmen leichte Ausf. 500MM 2+3 Borde
          LGr. von               1,000      LGr. bis     99.999.999,000        ST
          Verwendung 3                      Status    4          Werk  1

Folge        0        Flg.Art      Stammfolge

Vorgang 0100 010   ArbPlatz      532124     Sägen und entgraten
                   SteuSchl.     PP01
                   Basismenge                  1,000  ST
                   Lohn-Rüst               15  MIN  Lohn-Ausf            1,440   MIN
                   Masch-Rüst              15  MIN  Masch-Ausf           1,440   MIN
                   Z.Kalk-Rüst                 MIN  Z.Kalk-Ausf                  MIN

Vorgang 0200       ArbPlatz      530500     Transport Werk III Serie
                   SteuSchl.     PP05
                   Basismenge                  1,000  ST
                   Lohn-Rüst                   MIN  Lohn-Ausf                    MIN
                   Masch-Rüst                  MIN  Masch-Ausf                   MIN
                   Z.Kalk-Rüst                 MIN  Z.Kalk-Ausf                  MIN
```

Arbeitsplankopf: enthält allgemeine Informationen

Arbeitsvorgangsdaten: enthalten die Informationen zum Arbeitsgang

■ Bereitstellungsplanung

Die Bereitstellungsplanung ermittelt, wie und wann die Betriebsmittel, Rohstoffe, Einzelteile, Baugruppen und Arbeitskräfte für die Fertigung der Erzeugnisse bereitgestellt werden.

Für **Betriebsmittel** müssen rechtzeitig Investitionen und Instandhaltungen durchgeführt werden, um die notwendige Kapazität sicherzustellen.

Der anhand von Stücklisten ermittelte Bedarf an **Rohstoffen** wird in Primär- und Sekundärbedarf unterschieden. Der **Primärbedarf** ergibt sich als der ursprüngliche Bedarf an verkaufsfähigen Erzeugnissen oder Ersatzteilen. Der **Sekundärbedarf** ist der durch die Stücklistenauflösung ermittelte (abgeleitete) Bedarf an Baugruppen, Einzelteilen und Rohstoffen. Bei der Bedarfsermittlung müssen die am Lager verfügbaren Bestände und die bereits bestellten Mengen ebenso berücksichtigt werden wie mögliche Abfälle und Ausschuss bei der Produktion. Hilfs- und Betriebsstoffe müssen immer in ausreichendem Maße am Lager vorhanden sein.

Die selbst zu **fertigenden Teile** sind der Fertigungsstückliste zu entnehmen. Zu ihrer Bereitstellung sind die Fertigungstermine zu berücksichtigen. Dabei prüft man, wie lange die Produktions- und Montagezeit für die einzelnen Teile und Baugruppen dauert. Für die zu beschaffenden Fremdbezugsteile und Rohstoffe muss die Wiederbeschaffungszeit ermittelt werden.

Die Terminplanung kann mithilfe der **Vorlaufverschiebung** durchgeführt werden. Mit der Vorlaufverschiebung werden diejenigen Zeitpunkte ermittelt, an denen mit der Fertigung der einzelnen Erzeugniskomponenten bzw. mit der Beschaffung der Fremdbezugsteile und Rohstoffe begonnen werden muss, um einen Auftragstermin einhalten zu können.

Bei der Beschaffung von **Arbeitskräften** muss je nach Produktionsprogramm die Art und Anzahl der erforderlichen Arbeitskräfte festgelegt werden. Soweit sie nicht im Unternehmen vorhanden sind, erfolgen Neueinstellungen (Kapitel 4.5.2).

8.1.3 Fertigungssteuerung

Die **Fertigungssteuerung** legt die günstigsten Produktionsmengen, den Fertigungsablauf, die Maschinenbelegung und die Fertigungstermine fest.

Festlegung der Produktionsmengen

Eine wichtige Rolle bei der Planung des Arbeitsablaufs spielt die Erzeugnismenge, die in einem Durchgang zusammenhängend hergestellt wird (Los- oder Auftragsgröße). Dabei strebt die Fertigungssteuerung niedrigste Kosten bei Beschaffung, Fertigung, Lagerung und Vertrieb an (optimale Losgröße).

Fertigungsablauf

Der Fertigungsablauf bestimmt, wie die einzelnen Arbeitsgänge für die verschiedenen Erzeugnisse auf die Fertigungsstellen verteilt werden. Dabei sollen Durchlaufzeiten möglichst gering sein und Leerlauf vermieden werden.

Maschinenbelegungsplan

Der Maschinenbelegungsplan zeigt, zu welchen Zeiten die einzelnen Maschinen für die verschiedenen Fertigungsaufträge beansprucht werden. Dabei wird ersichtlich, ob die einzelnen Maschinen optimal ausgelastet, d.h. nicht unterbelastet (Leerlauf) und nicht überbelastet (erhöhte Abnutzung) sind. Er ist damit ein Mittel der Terminplanung.

Die Darstellung kann z.B. in einer Schautafel in Form eines **Balkendiagramms (Gantt-Diagramm)** erfolgen.

Beispiel: Belegungsplan für 4 Maschinen. Der Maschinenbelegungsplan ist mithilfe eines Projekt-Planungs-Systems erstellt worden.

Die Planungsperiode eines Betriebs beträgt 21 Tage. Zur Erledigung von 5 Aufträgen stehen 4 maschinelle Anlagen zur Verfügung, die dabei folgendermaßen beansprucht werden:

Auftrag 1: 2 Tage MA 1; 5 Tage MA 4; 4 Tage MA 2; 5 Tage MA 3

Auftrag 2: 7 Tage MA 2; 5 Tage MA 3; 6 Tage MA 1

Auftrag 3: 5 Tage MA 4; 4 Tage MA 1; 3 Tage MA 3; 4 Tage MA 2

Auftrag 4: 4 Tage MA 3; 3 Tage MA 2; 2 Tage MA 1; 4 Tage MA 4

Auftrag 5: 4 Tage MA 1; 4 Tage MA 3; 5 Tage MA 4

	Vorgangsname	Dauer	Anfang	Ende
1	**Gesamtzeit**	21 Tage	Mo 19.01.15	Mo 16.02.15
2	**Maschine 1**	**18 Tage**	**Mo 19.01.15**	**Mi 11.02.15**
3	Auftrag 5	4 Tage	Mo 19.01.15	Do 22.01.15
4	Auftrag 1	2 Tage	Fr 23.01.15	Mo 26.01.15
5	Auftrag 3	4 Tage	Di 27.01.15	Fr 30.01.15
6	Auftrag 4	2 Tage	Mo 02.02.15	Di 03.02.15
7	Auftrag 2	5 Tage	Do 05.02.15	Mi 11.02.15
8	**Maschine 2**	**20 Tage**	**Mo 19.01.15**	**Fr 13.02.15**
9	Auftrag 2	7 Tage	Mo 19.01.15	Di 27.01.15
10	Auftrag 4	3 Tage	Mi 28.01.15	Fr 30.01.15
11	Auftrag 1	4 Tage	Mo 02.02.15	Do 05.02.15
12	Auftrag 3	4 Tage	Di 10.02.15	Fr 13.02.15
13	**Maschine 3**	**21 Tage**	**Mo 19.01.15**	**Mo 16.02.15**
14	Auftrag 4	4 Tage	Mo 19.01.15	Do 22.01.15
15	Auftrag 5	4 Tage	Fr 23.01.15	Mi 28.01.15
16	Auftrag 2	5 Tage	Do 29.01.15	Mi 04.02.15
17	Auftrag 3	3 Tage	Do 05.02.15	Mo 09.02.15
18	Auftrag 1	5 Tage	Di 10.02.15	Mo 16.02.15
19	**Maschine 4**	**18 Tage**	**Di 20.01.15**	**Do 12.02.15**
20	Auftrag 3	5 Tage	Di 20.01.15	Mo 26.01.15
21	Auftrag 1	4 Tage	Di 27.01.15	Fr 30.01.15
22	Auftrag 4	2 Tage	Mi 04.02.15	Do 05.02.15
23	Auftrag 5	5 Tage	Fr 06.02.15	Do 12.02.15

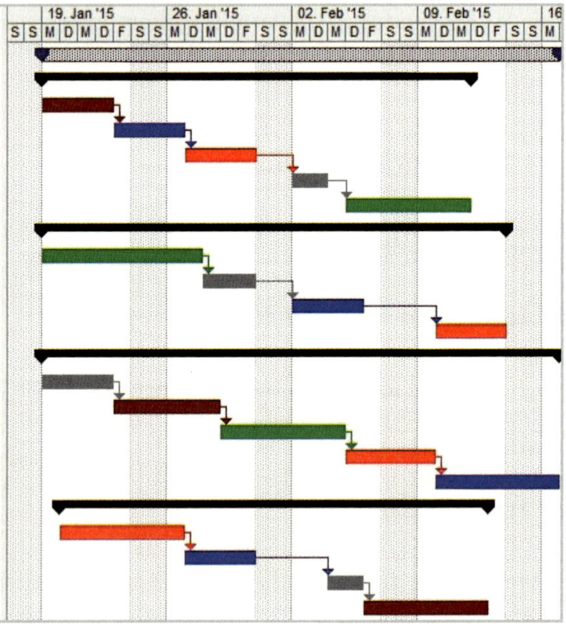

Terminplanung

Ihre Aufgabe ist es, den Fertigungsablauf und die Maschinenbelegung zeitlich zu koordinieren, um die innerhalb einer bestimmten Zeit anfallenden Aufträge fristgerecht zu erledigen.

Bei Kundenaufträgen ohne festen Liefertermin und bei Lageraufträgen wird die **progressive Terminbestimmung (Vorwärtsterminierung)** angewandt. Dabei wird der Fertigstellungstermin eines Auftrags errechnet, indem man vom Fertigungsbeginn des ersten Arbeitsganges ausgeht und die Zeiten aller geplanten Arbeitsgänge addiert.

Bei Kundenaufträgen mit festem Liefertermin wird die Terminplanung durch **retrograde Terminbestimmung (Rückwärtsterminierung)** durchgeführt. Ausgangszeitpunkt ist der vorgegebene Liefertermin. Durch Abzug der geplanten Durchlaufzeiten wird der Fertigungsbeginn errechnet.

Zur Darstellung der Terminplanung für Großprojekte bei Einzelfertigung (Schiffsbau, Großmaschinenbau, Fertighausbau) eignet sich die **Netzplantechnik.** Spezielle Projekt-Planungs-Programme ermöglichen es, verschiedene Terminalternativen schnell und schlüssig durchzuplanen.

Mit Netzplänen werden die folgerichtigen (logischen) und zeitlichen Verknüpfungen von Tätigkeiten, die voneinander abhängen und sich gegenseitig beeinflussen, aufeinander abgestimmt und bildlich dargestellt.

Die Auswertung des Netzplanes erfolgt mithilfe von Computerprogrammen, die in der Regel neben der Zeitplanung auch eine Kosten- und Kapazitätsplanung enthalten.

Es gibt mehrere Methoden für die Aufstellung von Netzplänen. Die »**Critical Path Methode**« **(CPM)** ist weitverbreitet. Diese Bezeichnung weist darauf hin, dass mit diesem Verfahren der »kritische Weg« bestimmt wird. Er ist der Weg, der bei parallel laufenden Tätigkeiten die längste Zeit beansprucht.

Beispiel: Ein Industriebetrieb plant, aus vorgefertigten Betonteilen den Bau einer Lagerhalle zu erstellen. Die Teilarbeiten für das Projekt werden in einer Strukturanalyse, der jeweilige Zeitbedarf in einer Zeitanalyse nach Arbeitstagen (ATg) beschrieben. Aus den Angaben der Struktur- und Zeitanalyse ergibt sich der Netzplan (Bild, Seite 434).

Ergebnis: Die Lagerhalle kann nach 44 Arbeitstagen betriebsbereit sein, wenn bei den Vorgängen des kritischen Weges keine unvorhergesehenen Verzögerungen eintreten. Eine Verkürzung des Gesamtzeitaufwandes wäre nur möglich, wenn die Zeit für die Vorgänge des kritischen Weges verkürzt werden könnte. Neben dem kritischen Weg können die Vorgänge B sowie F und G parallel verlaufen. Sie haben jeweils Pufferzeiten von drei bzw. sechs Tagen. Man unterscheidet dabei den Gesamtpuffer und den freien Puffer.

Der Gesamtpuffer ist der Zeitabschnitt, um den ein bestimmter **Vorgang verschoben werden kann, ohne** dadurch den **Fertigstellungstermin des Auftrages zu verzögern.**

Die Gesamtpufferzeit eines Vorgangs errechnet sich als Differenz aus dem spätesten Anfangszeitpunkt und dem frühesten Anfangszeitpunkt des Vorgangs.

Der freie Puffer ist der Zeitabschnitt, um den ein **bestimmter Vorgang verschoben werden kann, ohne** dass die **unmittelbar folgende Tätigkeit verschoben werden muss.**

Die freie Pufferzeit ist die Differenz zwischen dem frühesten Anfangszeitpunkt der nachfolgenden Tätigkeit und dem frühesten Endzeitpunkt der laufenden Tätigkeit.

Teilarbeiten mit Pufferzeiten wird man innerhalb ihres zeitlichen Spielraumes im kostengünstigsten Zeitpunkt ausführen lassen. Mit der Festlegung eines Kalendertages für den Vorgang A ergibt sich die Möglichkeit der Terminkontrolle im Rahmen des Kalenders.

Vorteile der Netzplantechnik

- Der Projektablauf wird gründlich vorbereitet.
- Gezielte Maßnahmen zur Vermeidung von Engpässen beim Einsatz der Produktionsfaktoren sind möglich.
- Sie erleichtert die Terminverfolgung, weil sie den Beginn und das Ende der angegebenen Arbeitsvorgänge ausweist.
- Sie erlaubt Aussagen, in welchem Zeitraum mit der Fertigstellung des gesamten Projektes gerechnet werden kann.
- Sie schafft die Voraussetzung für zukünftige Terminplanungen.

Beispiel: Terminplanung nach der Netzplantechnik

Vorgang	Strukturanalyse		Zeitanalyse						
	Beschreibung	Folge-tätigkeit	Arbeits-tage	FAZ	FEZ	SAZ	SEZ	GP	FP
A	Entwurf, Planung	B, F, G	20	0	20	0	20	0	0
B	Erdaushub, Fundamente	C	3	20	23	20	23	0	0
C	Ausgießen Fundamente	D	2	23	25	23	25	0	0
D	Verschalung Betonsockel	E	5	25	30	25	30	0	0
E	Betonierung Betonsockel	I	3	30	33	30	33	0	0
F	Bestellung und Ausliefe-rung Betonteile	I	10	20	30	23	33	3	3
G	Aushub Ver- und Entsorgungsleitungen	H	2	20	22	26	28	6	0
H	Leitungsverlegung	I	5	22	27	28	33	6	6
I	Montage Lagerhalle	J	7	33	40	33	40	0	0
J	Installationsarbeiten	–	4	40	44	40	44	0	0

Erläuterungen:

FAZ = frühester Anfangszeitpunkt
FEZ = frühester Endzeitpunkt
SAZ = spätester Anfangszeitpunkt
SEZ = spätester Endzeitpunkt
GP = Gesamtpuffer = SAZ – FAZ
FP = Freier Puffer = FAZ (Nachfolger) – FEZ (Vorgang)

Inhalte eines Vorgangsknotens:

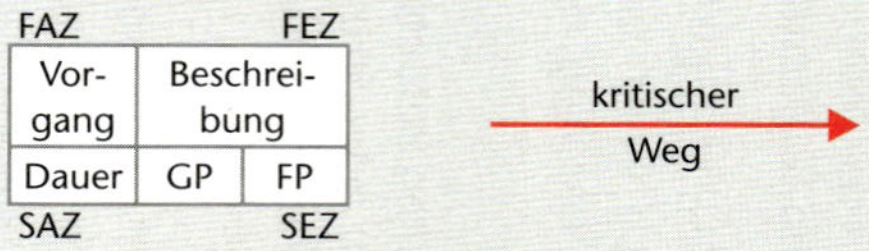

Aus den Angaben der Struktur- und Zeitanalyse ergibt sich der **Netzplan:**

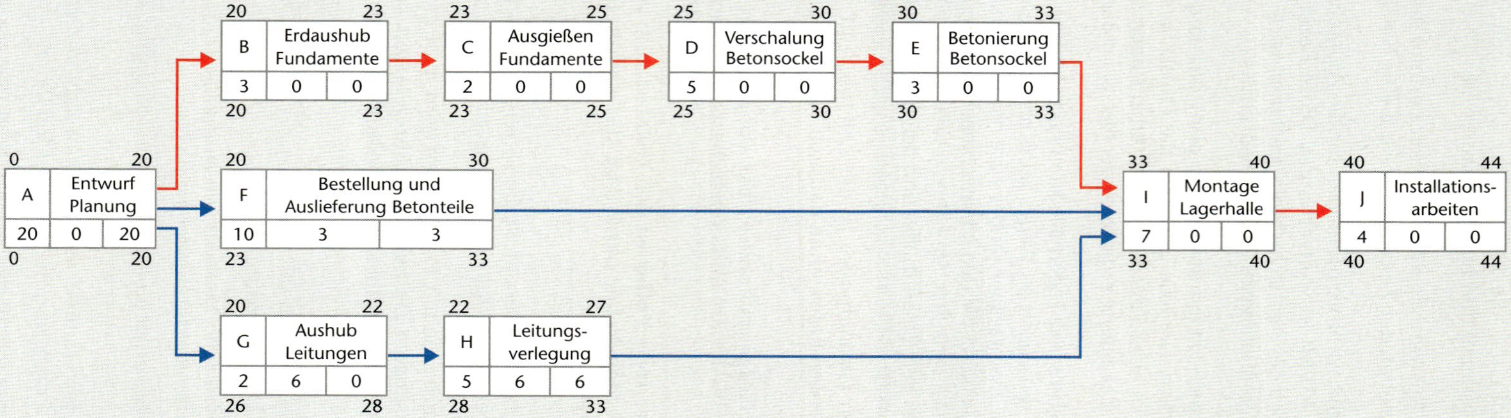

Bereitstellung der Fertigungsbelege

Aufgabe der Fertigungssteuerung ist es auch, die für die Fertigungsdurchführung ergriffenen Maßnahmen auf entsprechenden Belegen festzuhalten und den Belegfluss zu planen (Bild, Seite 428).

Belegart	Beschreibung	Aufbau (Inhalt)
Laufkarte (Fertigungsbegleitkarte)	Geht mit dem Erzeugnis von Arbeitsplatz zu Arbeitsplatz.	– ausführende Stelle – Arbeitsgänge – Reihenfolge des Durchlaufs – Termin der Fertigstellung
Materialentnahmekarte	Dient als Beleg bei der Ausgabe der Werkstoffe.	– Art des Teils, Roh-, Hilfs- oder Betriebsstoffs – zu belastender Auftrag – Zeitpunkt der Entnahme
Werkzeugentnahmeschein	Bildet die Unterlage für eine geordnete Werkzeugverwaltung.	– Art des Werkzeugs – Auftragszuordnung
Prüfanweisung	Ist die Grundlage dafür, dass die vorgesehenen Qualitätskontrollen während der Fertigung vorgenommen werden.	– Umfang der Prüfung – zeitliche Vornahme der Prüfung – Prüfvorrichtung
Lohnschein	Dient als Grundlage für die Lohnabrechnung.	– Name, Lohngruppe des Mitarbeiters – Bezeichnung Fertigungsgegenstand – ausgeführte Tätigkeit – benötigte Zeit

8.1.4 Produktionsplanungs- und -steuerungssystem (PPS)

Zur optimalen Abwicklung der Fertigungsplanung und Fertigungssteuerung werden Produktionsplanungs- und -steuerungssysteme eingesetzt.

Mit ihnen werden sämtliche vorausschauenden organisatorischen, technischen und wirtschaftlichen Überlegungen und Maßnahmen vorgenommen, um eine reibungslose und termingerechte Erzeugung von Gütern und Dienstleistungen zu erreichen.

Aufgaben von Produktionsplanungs- und -steuerungssystemen

- Planung und Steuerung der Produktionsabläufe,
- Verwaltung und Auswertung der Daten für die damit verbundenen Abläufe.

PPS-Systeme begleiten somit den gesamten betrieblichen Durchlauf eines Produktes. Dafür ist eine **Datenbank** die notwendige technische Voraussetzung. Sie ermöglicht es, dass über alle betrieblichen Funktionsbereiche hinweg auf einheitliche und für alle Nutzer gleichermaßen aktuelle Daten bzw. Informationen zurückgegriffen werden kann.

Ziele von Produktionsplanungs- und -steuerungssystemen

Innerhalb des Betriebes sollen die Fertigungsabläufe so geplant werden, dass

- Fertigungskapazitäten (Maschinen, Arbeitsplätze) optimal belegt sind,
- Durchlaufzeiten für die einzelnen Aufträge möglichst gering sind,
- geplante Termine eingehalten werden,
- Bestände so niedrig wie möglich gehalten werden können,
- Kapitalbindungskosten minimiert werden.

Funktionen der Auftragsabwicklung mit Produktionsplanungs- und -steuerungssystemen

Ein **PPS-System** hat folgende **Funktionen:**

Funktion	Aufgabe	Daten
Mengenplanung	– Ermittlung der Mengen an Werkstoffen, Einzelteilen und Baugruppen (optimale Bestellmenge) – Ermittlung des Umfangs der Fertigungsaufträge (optimale Losgröße)	– Kundenaufträge – Lageraufträge – Lagerbestände – Preise und Kosten – Stücklisten
Terminplanung	– Ermittlung der gesamten Durchlaufzeit für einen oder mehrere Fertigungsaufträge – Ermittlung von Anfangs- und Endterminen	– Rüstzeiten, – Übergangszeit (Transport-, Warte- und Liegezeiten), – Bearbeitungszeiten eines Werkstückes
Kapazitätsplanung	– Prüfung, ob genügend Kapazitäten vorhanden sind – Vermeidung von Enpässen durch Einleitung von Gegenmaßnahmen	– Kundenaufträge – Lageraufträge – vorhandene Betriebsmittel – Personalstand

Funktion	Aufgabe	Daten
Auftragsveranlassung und -überwachung	– Bereitstellung der Fertigungsunterlagen – Überwachung des Fertigungsfortschritts – Einleitung von Korrekturmaßnahmen	– Auftragsarbeitspläne – Laufkarten – Lohnscheine – Werkzeugwechselpläne – Maschinenbelegungspläne

8.1.5 Fertigungsarten

Bei der Festlegung des Fertigungsablaufs muss sich die Unternehmensleitung für die jeweils geeignete Fertigungsart entscheiden.

Fertigungsarten		
nach der Menge gleichartiger Erzeugnisse	**nach der Fertigungsorganisation**	**nach der Produktionstechnik**
– Einzelfertigung – Mehrfachfertigung • Serienfertigung • Sortenfertigung • Partiefertigung • Chargenfertigung – Massenfertigung	– Werkstattfertigung – Werkstättenfertigung – Reihenfertigung – Fließfertigung – Gruppenfertigung – Baugruppenfertigung (Modulefertigung) – Baustellenfertigung	– manuelle Fertigung – maschinelle Fertigung – automatisierte Fertigung – flexible Fertigungssysteme

Fertigungsarten nach der Menge gleichartiger Erzeugnisse

▶ Einzelfertigung

Jedes Stück ist ein Erzeugnis eigener Art. Es wird nur in einer Ausführung hergestellt.

Beispiele: Kreuzfahrtschiff, Turbine, Papiermaschine, Maßkleid, Einbauschrank

Der Fertigungsprozess muss für jedes Erzeugnis von Neuem geplant und durchgeführt werden. Der Betrieb muss deshalb über einen vielseitig verwendbaren Maschinenpark **(Universalmaschinen)** verfügen.

In aller Regel erfolgt die Einzelfertigung auf Bestellung; sie ist **Auftragsfertigung.**

Innerhalb der Einzelfertigung gewinnt das **Rapid Manufacturing** zunehmend an Bedeutung. Dabei wird mittels Lasertechnologie ein bestimmtes Material (Kunststoff, Papier, Metall) schichtweise zu Formen oder Endprodukten erzeugt (»gebacken«). Es werden keine Formteile mehr benötigt, in denen Teile oder Produkte gegossen werden müssen. Bei diesem Produktionsverfahren können individuelle Aufträge und auch kleine Serien rasch ausgeführt werden. Kundenwünsche können unmittelbar in der Produktgestaltung berücksichtigt werden.

Beispiele: Herstellung von Spezialwerkzeugen im Automobilbau, Herstellung von medizintechnischer Ausrüstung oder von Implantaten

▶ Mehrfachfertigung

Wenn die Absatzlage und die Kapazität es erlauben, werden aus Kostengründen **größere Erzeugnismengen** produziert. Die Mehrfachfertigung erfolgt meistens nicht auf Bestellung, sondern für den anonymen Markt.

a) **Serienfertigung:** Gleiche Erzeugnisse werden in begrenzter Stückzahl (Auflage) hergestellt.

Beispiele: Kühlschränke, Fernseher

b) **Sortenfertigung:** Aus dem gleichen Grundstoff werden verschiedene Ausführungen des gleichen Erzeugnisses hergestellt. Die Erzeugnisse unterscheiden sich lediglich in der Güte, Farbe, Form oder Größe.

Beispiele: Seife, Schokolade

c) **Partiefertigung:** Das Entstehen unterschiedlicher Endprodukte ergibt sich aus dem Einsatz qualitativ verschiedener Rohstoffe. Dies kommt vor allem bei der Verarbeitung von pflanzlichen, mineralischen oder tierischen Rohstoffen vor.

Beispiele: Garnherstellung aus unterschiedlichen Baumwollernten, Kaffeeherstellung aus verschiedenen Kaffeeernten

d) **Chargenfertigung:** Eine Charge (Ladung, Beschickung) bezeichnet diejenige Menge, die in einem Behälter während eines Produktionsvorganges be- oder verarbeitet wird. Jede Ladung weicht dabei geringfügig von einer weiteren ab.

Beispiele: Schmelzprozesse in der Stahlindustrie, Brennprozesse in der keramischen Industrie, Backprozesse in der Backwarenindustrie

▶ Massenfertigung

Gleiche Erzeugnisse werden auf unbestimmte Zeit in unbegrenzten Mengen hergestellt. Massenfertigung erfolgt ausschließlich für den anonymen Markt.

Beispiele: Schrauben, Zement, Flaschen, Bleistifte, Heizöl

Fertigungsarten nach der Fertigungsorganisation

▶ Werkstattfertigung

Alle Arbeitsvorgänge vollziehen sich in **einer Werkstatt** in Einzelplatzarbeit durch vielseitig ausgebildete Arbeitskräfte.

Beispiel: In einem Kleinunternehmen werden nach Kundenauftrag Metallelemente für geplante Wintergärten erstellt. Die Werkstücke werden in der Werkstatt hergestellt.

▶ Werkstättenfertigung

Die einzelnen Werkstücke durchlaufen **mehrere Werkstätten** zur Durchführung der aufeinanderfolgenden Arbeitsgänge. In einer Werkstatt stehen nur jeweils gleichartige Maschinen.

Beispiel: Ein mittelständisches Unternehmen produziert als Zulieferer für einen Fertighaushersteller Stahltreppen und Metallteile. Die Produkte durchlaufen die Abteilungen Zuschnitt, Schweißerei, Schleiferei, Lackierung.

▶ Reihenfertigung

Die Betriebsmittel werden in der Reihenfolge der vorzunehmenden Arbeiten angeordnet, sodass Fertigungsstraßen entstehen. Der Arbeitsfluss ist zeitlich ungebunden.

Beispiel: Herstellung von Flugzeugteilen in der Flugzeugindustrie

▶ Fließfertigung

Sie ist eine Reihenfertigung mit zeitlich gebundenem Arbeitsablauf (mit vorgegebenem »**Takt**«) zur Herstellung größerer Mengen gleichartiger Erzeugnisse. Dabei sind Arbeitsplätze und Maschinen entsprechend der Arbeitsfolge angeordnet; die Werkstücke werden automatisch zum nächsten Arbeitsplatz befördert.

Beispiel: Herstellung von Fahrzeugen in der Automobilindustrie

Herkömmlicherweise werden dabei Teile und Werkstücke nach zentralem Plan an die jeweiligen nachfolgenden Fertigungsstellen weitergeleitet und dort je nach Bearbeitungsfluss zwischengelagert (Bring-System). Im Gegensatz dazu werden beim **Kanban-System** die Teile und Werkstücke von den Fertigungsstellen entsprechend ihrem Bedarf bei der vorangegangenen Fertigungsstufe abgerufen (Hol-Prinzip).

▶ Gruppenfertigung

Die Gruppenfertigung erlaubt eine Kombination unterschiedlicher Fertigungsarten. Sie reichen vom Fließband bis hin zu Arbeiten am stehenden Fertigungsobjekt **(Boxenlösung).** Die zur Fertigung eines Erzeugnisses notwendigen Arbeitsplätze und Maschinen werden zu Gruppen zusammengefasst **(Fertigungsinseln).** Jede Gruppe umfasst also so viele verschiedene Betriebsmittel, wie zur Herstellung des Werkstückes bzw. Erzeugnisteils notwendig sind. Der Weitertransport erfolgt häufig unter Einsatz von flurgesteuerten fahrerlosen Transportsystemen (Robomat, Robo Carrier).

Beispiel: In einem Automobilwerk wird die Fertigung von Türen aus der Fließfbandertigung herausgenommen und in Gruppenfertigung vorgenommen.

▶ Baugruppenfertigung (Modulefertigung)

Die Tendenz zur »schlanken Fabrik« erfordert oft eine Verringerung der Anzahl der Fertigungsstufen im eigenen Unternehmen. Die Zulieferer stellen ganze montagefertige **Baugruppen (Module)** her, die bisher vom Erzeugnishersteller selbst gefertigt wurden **(Outsourcing, Modular Sourcing);** sie werden zu **Systemlieferanten.**

Beispiele:

1. Automobilindustrie: Klimaanlagen, Automatikgetriebe, Armaturenbretter, Kabelbäume
2. Computerindustrie: Laufwerke, Festplatten
3. Bauwirtschaft: komplette Nasszellen, Küchensysteme

Mit solchen Systemlieferanten wird schon während der Entwicklung eines Produktes eng zusammengearbeitet **(Simultaneous Engineering).** Vor Beginn der Erzeugnisproduktion wird dann ein **Just-In-Time-Konzept** für die reibungslose Anlieferung der Module direkt an die Montagestraßen erarbeitet (Kapitel 5.1.3). Inzwischen ermöglicht der Einsatz der Datenverarbeitung, dass Logistikunternehmen die termingenaue Anlieferung kompletter Module auch über weite Entfernungen bewältigen.

Beispiel: Bau eines Hotels: komplette Zimmer mit Einrichtung werden in den Rohbau eingefügt.

▶ Baustellenfertigung

Der Arbeitsgegenstand ist infolge seines Gewichtes, seiner Größe oder des vorgegebenen Standortes ortsgebunden; die Betriebsmittel, Werkstoffe und Arbeitskräfte müssen zur Baustelle geschafft werden.

Beispiele: Herstellung von Gebäuden, Straßen, Brücken

■ Fertigungsarten nach der Produktionstechnik

▶ Manuelle Fertigung

Die Arbeit wird von Hand durchgeführt.

Beispiel: Der Schreiner erstellt durch Handarbeit ein Regal.

▶ Maschinelle Fertigung

Bei der Fertigung werden Maschinen verwendet, die selbst die Führung des Werkstückes und des Werkzeuges übernehmen. Die Maschine führt oft auch die Steuerung aus, d.h. die Aufgabe, Schaltimpulse für die einzelnen mechanischen Bewegungen in der notwendigen

Größe und Reihenfolge zu geben. In diesem Fall spricht man von **Halbautomaten (teilautomatisierte Fertigung).** Der Anteil körperlichen Arbeitsaufwandes ist bei heutiger maschineller Fertigung zurückgegangen.

Beispiel: Schraubendrehautomaten mit mechanischer Steuerung

▶ **Automatisierte Fertigung**

Man versteht darunter die technische Einrichtung mit vollautomatischen Anlagen. Der gesamte Arbeitsablauf wird von Maschinen **nach vorgegebenem Programm gesteuert, kontrolliert und korrigiert.**

Beispiel: Industrieroboter produzieren Fahrzeuggehäuse im Automobilbau.

▶ **Flexible Fertigungssysteme**

Flexible (anpassungsfähige) Fertigungssysteme sind geeignet, unterschiedliche Erzeugnisse herzustellen. Sie bestehen aus mehreren Einzelmaschinen an verschiedenen Bearbeitungsstationen, die durch ein gemeinsames Informations- und Materialflusssystem miteinander verknüpft sind. Es besteht die Möglichkeit, verschiedene Produkte in kleinen bis mittleren Fertigungslosen gleichzeitig oder in zeitlicher Folge nacheinander zu bearbeiten.

Beispiel: vollautomatische Fertigungsstraße im Automobilbau

8.1.6 Qualitätsmanagement

Das Qualitätsmanagement übernimmt die Qualitätsprüfung der Werkstoffe, der unfertigen und fertigen Erzeugnisse sowie die Überwachung des Terminplans. Zusätzlich ist auch die Qualität im Produktionsablauf, bei Service-Leistungen sowie bei Kontakten und Beratungen mit den Kunden zu bieten.

Für die umfassende Einbindung des Qualitätsmanagements in die unternehmerischen Entscheidungen gibt es mehrere Ursachen:

- Der ständig wachsende **Wettbewerbsdruck** verlangt eine Abgrenzung von der Konkurrenz. Über den Preis allein ist dies nicht mehr möglich.
- Die **Kunden** erwarten heute eine 100 %ige Qualität der Güter und Dienstleistungen.
- Entstandene Fehlerkosten können zu hohen **Folgekosten** führen.
- Qualitätsmängel können zu **Kundenverlusten** führen.
- Die hohen Anforderungen an die **Zertifikate** verlangen entsprechende unternehmensinterne Standards.
- Qualitätsmängel und daraus entstandene Schäden können zu hohen Kosten durch die **Produkthaftung** der Hersteller führen.

■ Qualitätskontrolle

Durch laufende Kontrollen wird die Qualität der Erzeugnisse erhöht. Dies verbessert die Absatzfähigkeit der Produkte. Die Garantieleistungen werden eingeschränkt und Kosten für Nachbesserungen und Ausschuss eingespart. Andererseits steigen mit zunehmender Kontrolltätigkeit die damit verbundenen Kosten. Da selbst bei einer Vollprüfung im Allgemeinen noch ein Teil der Erzeugnisse fehlerhaft sein kann, muss die Qualitätskontrolle so durchgeführt werden, dass die zusätzlichen Kontrollkosten durch die langfristigen Absatzvorteile gedeckt werden.

Häufig werden dabei computerunterstützte Prüfgeräte verwendet, die bei Bedarf die Fertigungseinrichtung selbsttätig korrigieren (**CAQ** = **C**omputer **A**ided **Q**uality Assurance).

▶ Qualitätsmerkmale

Bei der Qualitätskontrolle müssen folgende Merkmale berücksichtigt werden:

Qualitätsmerkmale		
Merkmal	**Inhalt**	**Beispiele**
Fehlerfreiheit	Fertigteile und Erzeugnisse müssen den Konstruktionsunterlagen entsprechen.	– Abmessungen – Werkstoffe – Oberflächenbeschaffenheit
Tauglichkeit	Das Produkt muss für den vorgesehenen Zweck funktions- und gebrauchsfähig sein.	– einwandfreier Lauf eines Motors – Funktionieren einer Schlauchkupplung
Vorschriftsmäßigkeit	Das Erzeugnis muss bestehenden Vorschriften entsprechen.	– Betriebssicherheit eines Kraftfahrzeugs nach TÜV-Vorschriften – Sicherheit eines Haushaltsgerätes nach VDE-Vorschriften

▶ Qualitätsprüfung

Qualitätsprüfung		
Methoden	**Merkmale**	**Beispiele**
Nach der Menge der kontrollierten Erzeugnisse		
Vollprüfung (100 %-Kontrolle)	Sämtliche Erzeugnisteile werden geprüft; Anwendung bei Serienfertigung.	– Motoren – Fernsehgeräte
Stichprobenkontrolle	Nur eine bestimmte Anzahl aus der Gesamtmenge der Erzeugnisse wird geprüft; Anwendung bei Großserien- und Massenfertigung.	– Analyse von Lebensmittelproben – Festigkeitsprüfung bei Metallen
Nach dem Zeitpunkt der Kontrolle		
Eingangskontrolle	Werkstoffe und bezogene Teile werden bereits beim Materialeingang geprüft.	Laborproben eingehender Lacke
Zwischenkontrolle	Laufende Durchführung während der Fertigung.	Prüfung der Passform von Türen im Automobilbau
Endkontrolle	Durchführung am fertigen Erzeugnis.	Motorentest am Ende der Fließfertigung

Nachdem die Prüfungsergebnisse feststehen, ist es die Aufgabe der Qualitätssicherung, mögliche Fehlerursachen zu ermitteln und Maßnahmen zur Fehlerbehebung zu ergreifen. Solche Maßnahmen können sein:

- Änderung des Fertigungsverfahrens,
- Korrektur der Maschineneinstellung,
- Schulung der Mitarbeiter.

Die **Qualitätskontrolle** ist auch wegen der gesetzlichen **Produkthaftung der Hersteller** von großer Bedeutung.

Terminkontrolle

Sie umfasst die Überwachung des Produktionsfortschritts und die Einhaltung der Fertigstellungstermine. Als Hilfsmittel dienen Balkendiagramme und Terminkalender.

Qualitätsmanagement nach DIN EN ISO 9000 ff.

Eine Möglichkeit, ein Qualitätsmanagementsystem aufzubauen, sind die Maßnahmen der Qualitätssicherung nach der **DIN EN ISO-Normenreihe 9000 ff.** Die Maßnahmen sind in einem **Qualitätsmanagement-Handbuch** zu beschreiben. Dieses Handbuch ist eine wichtige Grundlage für die **Zertifizierung** des Qualitätsmanagementsystems im Unternehmen, welche durch neutrale Institutionen erfolgt.

Beispiele:

1. TÜV-Cert e.V., Dekra AG, IQNet – International Certification network
2. EQ-Zert – Europäisches Institut zur Zertifizierung von Managementsystemen und Personal

Qualitätsmanagement nach der Normenreihe DIN EN ISO 9001:2008 geht von acht Grundsätzen aus, die Voraussetzung für ein erfolgreiches Zusammenwirken aller Beteiligten sind.

Der sichtbare Nachweis für den Aufbau und die Fortführung eines Qualitätsmanagements im Unternehmen ist die Zertifizierung durch neutrale Institutionen. Grundlage für die Zertifizierung ist ein **Audit.**

Ein **Audit** ist eine **systematische unabhängige Untersuchung,** um festzustellen, ob die **qualitätsbezogenen Tätigkeiten** und die damit zusammenhängenden **Ergebnisse** den **geplanten Anforderungen entsprechen** und ob diese Anforderungen tatsächlich verwirklicht und geeignet sind, die Ziele zu erreichen (Quelle: Qualitätsmanagement-Lexikon).

Für die Auditierung und die anschließende Zertifizierung werden vier Normen zugrundegelegt:

Bezeichnung der Norm	Inhalte
DIN EN ISO 9000:2005 Qualitätsmanagementsystem – Grundlagen und Begriffe	– »Basisnorm« – grundlegende Gedanken zum Qualitätsmanagement – Begriffsdefinitionen, um mit der Normenreihe arbeiten zu können – Angaben zur Notwendigkeit statistischer Methoden
DIN EN ISO 9001:2008 Qualitätsmanagementsystem – Anforderungen	Regelt – die Verantwortung der Unternehmensleitung – die Forderungen nach Prozessorientierung und die Kommunikation mit den Kunden – den Prozess der Produktion und der Erbringung von Dienstleistungen und – deren Messung, Auswertung und Verbesserung
DIN EN ISO 9004:2009 Qualitätsmanagementsystem – Leitfaden zur Leistungsverbesserung	– Anleitung zur Verbesserung der Leistung der Organisation
DIN EN ISO 19011	– Stellt einen Leitfaden für den Ablauf der Auditierung dar und – nennt die Qualifikationsmerkmale der Auditoren

Das Kernstück der Normenreihe stellt die Norm DIN EN ISO 9001:2008 dar. Sie ist Grundlage für alle Zertifizierungen. Ihre Gültigkeit erstreckt sich auf **Unternehmen aller Branchen und Größen.**

Total Quality Management

Totales Qualitätsmanagement (TQM) nach DIN EN ISO 9004 ist eine auf die Mitwirkung aller Mitarbeiter basierende **Führungsmethode,** welche

- **Qualität** in den Mittelpunkt stellt, um
- **Zufriedenheit** der **Kunden,** dadurch
- langfristigen **Geschäftserfolg** sowie
- **Nutzen für die Arbeitnehmer** und für die **Gesellschaft** zu erreichen.

Damit ist Total Quality Management das umfassendste Qualitätssicherungssystem, das für ein Unternehmen denkbar ist. Vom **Kunden über die eigenen Mitarbeiter und Lieferanten bis hin zur Gesellschaft und Umwelt** werden alle Bereiche erfasst. Um dies zu leisten, muss TQM Teil einer Unternehmenskultur werden, welche die Kundenzufriedenheit in den Mittelpunkt stellt. Das Ziel dabei ist, eine erhöhte Wettbewerbsfähigkeit zu erreichen. Die DIN EN ISO 9000 ff. ist sehr stark in diese Richtung ausgeprägt.

Benchmarking

Ein wichtiges Instrument des Qualitätsmanagements ist das **Benchmarking.** Dies ist ein kontinuierlicher Prozess, bei dem die Produkte und betrieblichen Abläufe über mehrere Unternehmen hinweg verglichen werden. Zielvorgabe ist dabei, die Qualität des »Klassenbesten« der Branche zu erreichen oder noch zu übertreffen.

Zusammenfassende Übersicht zu Kapitel 8.1: Ablauf der Leistungserstellung im Industriebetrieb

Entwicklung führt zu
- Neuentwicklung von Produkten
- Weiterentwicklung von Produkten

Konstruktion erstellt
- Zeichnungen
- Stücklisten

↓

Produktionsprogramm

breites Produktionsprogramm
Anzahl der Erzeugnisarten und Ausführungsformen

tiefes Produktionsprogramm
Anzahl der Produktionsstufen im Unternehmen

↓

Arbeitsvorbereitung

Arbeitspläne

Stücklisten

↓

Bereitstellungsplanung

Betriebsmittel

Werkstoffe

Arbeitskräfte

↓

Fertigungsplanung

Festlegung der Produktionsmengen

Festlegung des Fertigungsablaufs

Festlegung der Termine und der Maschinenbelegung

Erstellung der Fertigungsbelege

↓

Unterstützung durch **Produktions-planungs- und -steuerungssysteme** → **Leistungserstellung in der Fertigung** ← Überwachung durch das **Qualitätsmanagement**

↓

Fertigungsarten

nach der **Menge gleichartiger Erzeugnisse**
- Einzelfertigung
- Mehrfachfertigung
  - Serienfertigung
  - Sortenfertigung
  - Partiefertigung
  - Chargenfertigung
- Massenfertigung

nach der **Fertigungs-organisation**
- Werkstattfertigung
- Werkstättenfertigung
- Reihenfertigung
- Fließfertigung
- Gruppenfertigung
- Baugruppenfertigung
- Baustellenfertigung

nach der **Produktions-technik**
- manuelle Fertigung
- maschinelle Fertigung
- automatisierte Fertigung
- flexible Fertigungs-systeme

▶ Aufgaben und Probleme

1. Unterscheiden Sie verschiedene Bereiche der industriellen Tätigkeit.
2. »Wer an der Forschung und Entwicklung spart, verliert auch den wirtschaftlichen Anschluss.« Begründen Sie die Richtigkeit dieser Aussage.
3. Grenzen Sie die Begriffe Forschung und Entwicklung gegeneinander ab.
4. Suchen Sie Beispiele für Programmbreite und Programmtiefe bei

   a) einem Möbelproduzenten, b) einem Textilproduzenten.
5. Die Globalisierung ist als ein Prozess zu verstehen, durch den die Märkte und die Produktion in verschiedenen Ländern immer mehr voneinander abhängig werden.

   a) Welchen Einfluss hat die dadurch entstandene zunehmende internationale Konkurrenz auf die Programmbreite und -tiefe der Unternehmen?

   b) Wie wirkt sich eine Programmverbreiterung und -vertiefung im Beschaffungs-, Kosten- und Absatzbereich aus?
6. Die Konstruktionsabteilung erhält aufgrund eines Kundenauftrages zur Herstellung von 1.000 Gartentischen die Aufgabe, eine Gesamtzeichnung und die dazugehörige Konstruktionsstückliste zu erstellen. Die Konstruktionsstückliste sollte nach folgendem Schema aufgebaut sein:

lfd. Nr.	Menge	Teile-Nr.	Bennenung	Material	Hinweise

   Folgende Angaben sind vorhanden:

   - Vier Tischbeine, 70 x 4 x 4 cm hoch, Stahlrohr, durch je 2 Quer- und Längsstreben verbunden.
   - Eine Tischplatte, 60 x 120 x 3 cm, Holz.
   - Die Tischplatte wird mit sechs Winkeleisen an der Stahlrohrkonstruktion befestigt (jeweils zwei Schrauben).
   - Die Tischbeine erhalten als Sockel Kunststoffabdeckungen.
7. Stellen Sie einen vereinfachten Arbeitsplan auf, um den von Ihnen konstruierten Gartentisch (vgl. Aufgabe 6) in der Abteilung Endmontage zusammenbauen zu können.
8. Begründen Sie, weshalb Konstruktionsdaten (z. B. Stücklisten) in modernen Industrieunternehmen in der zentralen Datenbank gespeichert werden.
9. Ein Motorenhersteller produziert Vierzylinderreihenmotoren. Die vereinfachte Erzeugnisstruktur des Motors hat das unten dargestellte Aussehen. Das Erzeugnis besteht aus den Baugruppen G1 und G2 sowie aus den Einzelteilen T1 bis T10. In Klammern stehen die jeweiligen Mengenangaben.

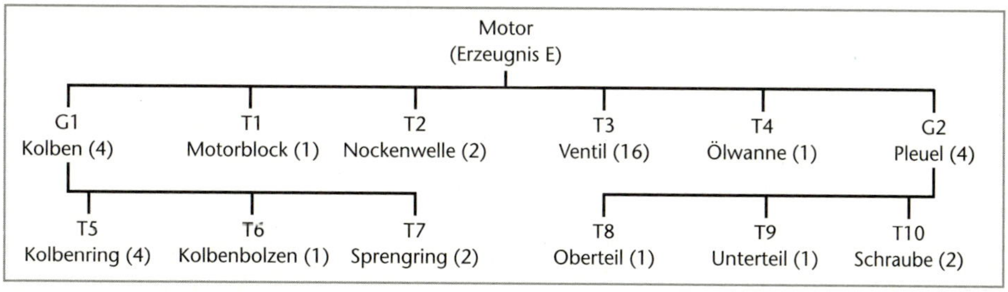

   a) Erstellen Sie die Mengenübersichtsstücklisten
   - für einen Motor,
   - für einen Kundenauftrag über 500 Motoren.

b) Erstellen Sie
   - die Baukastenstücklisten,
   - die Strukturstückliste für den Motor.

10. Stücklisten sind im Unternehmen von zentraler Bedeutung. Klären Sie, welche Bedeutung Stücklisten haben für
    - die Fertigung,
    - die Bedarfsermittlung,
    - die Materialdisposition,
    - das Ersatzteilwesen,
    - die Kalkulation.

11. Fertigteile werden von den Zulieferern überwiegend direkt angeliefert. Welche Vorteile und welche Risiken hat diese fertigungssynchrone Anlieferung?

12. In einem metallverarbeitenden Unternehmen werden die drei Werkstätten Stanzen und Formen (I), Sägen und Bohren (II) sowie Lackieren (III) betrieben. Bei der Auftragsbearbeitung muss die vorgegebene Reihenfolge der Werkstätten eingehalten werden.

    Gegenwärtig sind fünf Kundenaufträge für die unterschiedlichen Produkte A, B, C, D, E auf die Werkstätten zu verteilen. Die Produkte durchlaufen die einzelnen Werkstätten jeweils tageweise. Eine Trennung in Losgrößen ist nicht möglich. Aufgrund der Arbeitspläne ergeben sich folgende Abläufe:

    A 1 Tag in I, 1 Tag in II, 1 Tag in III;
    B 2 Tage in I, 1 Tag in II, 1 Tag in III;
    C 2 Tage in I, 3 Tage in III;
    D 1 Tag in I, 2 Tage in II, 1 Tag in III;
    E 1 Tag in II, 1 Tag in III.

    a) Ermitteln Sie die optimale Belegung der drei Werkstätten. Verwenden Sie für Ihre Lösung ein Balkendiagramm.
    b) Ermitteln Sie rechnerisch, zu wie viel Prozent die einzelnen Werkstätten im gesamten Bearbeitungszeitraum ausgelastet sind (Auslastungsgrad).

13. Netzpläne sind Planungs-, aber auch Organisations- und Kontrollinstrumente. Begründen Sie diese Feststellung.

14. Bei der Herstellung eines Getriebes entsteht für die einzelnen Arbeitsvorgänge folgender Zeitbedarf (ATg = Arbeitstage; Ft = Folgetätigkeit):

Vorgang	Beschreibung	ATg	Ft	Vorgang	Beschreibung	ATg	Ft
A	Konstruktion	10	B, E, G, H	G	Herstellung der Wellen	1,8	K
B	Modellbau für Gehäuse	3	C	H	Drehen der Zahnräder	0,8	I
C	Gießen des Gehäuses	0,2	D	I	Fräsen der Zahnräder	0,9	J
D	Vorarbeiten am Gehäuse	0,5	K	J	Härten der Zahnräder	0,3	L
E	Beschaffung der Lager	2	F	K	Montage	1,3	–
F	Prüfung der Lager	0,3	K				

    a) Zeichnen Sie den Netzplan und bestimmen Sie den kritischen Weg sowie die Pufferzeiten,
    b) Welche Wirkungen haben
       - die auftretenden Pufferzeiten,
       - eventuell auftretende Verzögerungen auf dem kritischen Weg?

c) Setzen Sie in das Netzplanbeispiel (Seite 433) Kalendertage ein. Der Vorgang A soll am ersten Werktag des kommenden Monats beginnen. Wann ist das Projekt bei jeweils fünf Arbeitstagen in der Woche fertiggestellt?

15. Für den Bereich der Produktion Tischbeine stehen in der Abteilung Rohbau nur noch begrenzte Kapazitäten zur Verfügung. Die bisherigen Kapazitäten sind gegenwärtig durch andere Aufträge belegt. Die bestehende Belastungsübersicht vor der Berücksichtigung des neuen Kundenauftrages sieht für diese Abteilung bei einer möglichen betrieblichen täglichen Auslastung von 9 Stunden wie folgt aus.

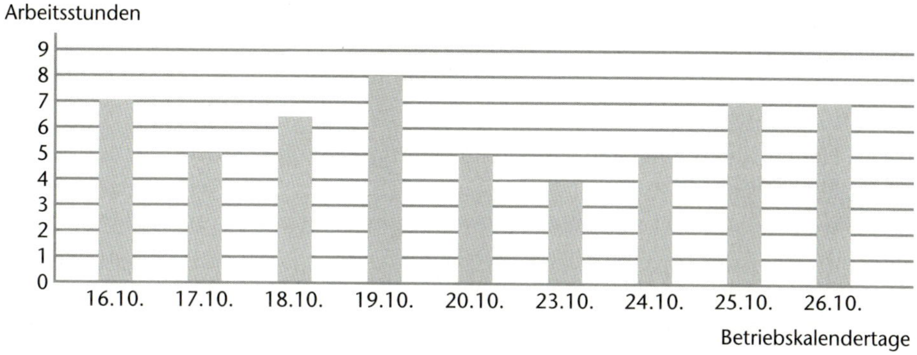

a) Welche Möglichkeiten hat das Unternehmen, um den Kundenauftrag fristgerecht abwickeln zu können, wenn im Fertigungszeitraum für den Kundenauftrag zur Produktion der Tischbeine insgesamt 32 Stunden einzulasten sind?

b) Begründen Sie Ihre Entscheidung und deren mögliche Auswirkungen.

16. a) Welche Ursachen können den Fertigungsablauf stören?

b) Nennen Sie Maßnahmen

- zur Behebung aufgetretener Störungen,
- zur Vermeidung möglicher Störungen.

17. Das Wort »Massenproduktion« erweckt oft die Vorstellung minderer Qualität. Nehmen Sie dazu Stellung.

18. Bei einem Rundgang durch verschiedene Abteilungen eines Industrieunternehmens stellen Sie verschiedene Anordnungen der Betriebsmittel fest. Welche Fertigungsart liegt vor?

a) Stanzmaschinen einerseits und Drehbänke andererseits sind räumlich getrennt untergebracht.

b) Fertigteile werden von Arbeitskräften montiert und das unfertige Erzeugnis im Zeittakt weitertransportiert.

c) Maschinen und Arbeitsplätze sind hintereinandergeschaltet, die Werkstücke werden durch Elektrokarren je nach Bedarf weiterbefördert.

d) Die Motoren werden von einem bestimmten Arbeitsteam montiert. Die dazu notwendigen verschiedenartigen Betriebsmittel werden von den Teammitgliedern bedient.

19. Die Elektro GmbH, Cottbus, stellt Mikrowellengeräte her. Der Betriebsleiter prüft, ob von der Werkstättenfertigung auf Fließfertigung übergegangen werden soll.

a) Stellen Sie die Unterschiede der beiden Fertigungsarten anhand folgender Merkmale einander gegenüber:

- Anordnung der Betriebsmittel,

- Menge der in einem Arbeitsgang zu fertigenden Werkstücke,
- Flexibilität,
- Transportwege.

b) Welche Gründe sprechen für die Beibehaltung der Werkstättenfertigung bzw. für die Einführung der Fließfertigung?

20. Im Rahmen der Diskussion zur »Humanisierung« der Arbeitswelt spricht man bei der Gruppenfertigung im Vergleich zur Fließfertigung von der humaneren Arbeitsform. Nehmen Sie dazu Stellung.

21. Stellen Sie die Vor- und Nachteile der Fertigungsarten dar:

    a) aus Sicht des produzierenden Unternehmens,

    b) aus Sicht der Beschäftigten.

22. Häufig spricht man von »Serieneinzelfertigung« und »Mass customization«. Klären Sie diese Begriffe.

23. Automatisierte Fertigung ist eine wesentliche Voraussetzung für eine kostengünstige und verbraucherorientierte Produktion.

    Welche Vor- und Nachteile ergeben sich bei der Automation

    a) für den Arbeitgeber, b) für den Arbeitnehmer?

24. Welche Formen der Qualitätsprüfung unterscheidet man

    a) nach der Menge der zu kontrollierenden Erzeugnisse,

    b) nach dem Zeitpunkt der Kontrolle?

25. Welche Merkmale sind bei der Qualitätskontrolle maßgebend?

26. Begründen Sie die Notwendigkeit, Maßnahmen der Qualitätskontrolle durchzuführen.

27. Qualitätsprobleme resultieren zu 70 % aus Managementfehlern und nur zu 30 % aus Herstellungsfehlern. Was schließen Sie daraus?

28. Ein amerikanischer Qualitätsgrundsatz lautet: »Quality doesn't cost, it pays.« Was will dieser Grundsatz aussagen?

29. Warum muss ein umfassendes Qualitätsmanagementsystem auch die Qualität des Umweltschutzes einschließen?

30. Warum ist es vorteilhaft, wenn schon der Lieferant eine Zertifizierung nach ISO 9000 ff. vorgenommen hat?

31. Welche Schlussfolgerungen ziehen Sie aus den folgenden Aussagen?

    »Wenn Produkte nur zu 99 % korrekt sind, dann

    ... haben Sie an 4 Tagen im Jahr kein Trinkwasser,

    ... haben Sie an 4 Tagen im Jahr keine Tageszeitung,

    ... funktioniert bei jedem 100. Bremsvorgang das ABS-System nicht,

    ... versagt bei jeder 100. Operation das Beatmungssystem.

32. An der Anschlagtafel eines Industrieunternehmens ist ein Plakat mit folgendem Inhalt angebracht:

    »Ein entdeckter Fehler kostet

    - während der Konstruktion ca. 1 EUR,
    - während der Fertigung des Produkts ca. 10 EUR,
    - nach Auslieferung des Produkts ca. 100 EUR«.

    Was soll mit dieser Mitteilung erreicht werden?

8.2 Rechtsschutz der Erzeugnisse

Das Eigentum an geistigen Gütern wie Erfindungen, Mustern, Modellen wird gesetzlich ebenso geschützt wie das Eigentum an materiellen Gütern. Verschiedene Gesetze sollen die missbräuchliche Verwendung geistiger Leistungen durch Unberechtigte verhindern.

Möglichkeiten des Rechtsschutzes der Erzeugnisse

	Patentschutz	**Musterschutz**		**Markenschutz**	
	Patent	**Gebrauchsmuster**	**Geschmacksmuster**	**Markenzeichen**	**Gütezeichen**
Gegenstand	Erfindung neuer Erzeugnisse und Herstellungsverfahren	neue Gestaltung, neue Anordnung an Arbeitsgeräten und Gebrauchsgegenständen	neue Muster, Hörzeichen	Wortzeichen, Bildzeichen, Hörzeichen	Wortzeichen, Bildzeichen
Voraussetzung	Neuheit mit gewerblicher Verwertungsmöglichkeit	Neuheit mit gewerblicher Verwertungsmöglichkeit	Neuheit oder Eigenartigkeit der Gestaltung einschließlich Verpackung und Ausstattung	Unverwechselbarkeit gegenüber bereits bestehenden Markenzeichen	Nachweis festgelegter Qualitätsmerkmale
Berechtigter	Erfinder	Erfinder	Designer	Unternehmen	Wirtschaftsfachverband
Eintragung	Deutsches Patent- und Markenamt (Patentregister), Europäisches Patentamt, ausländische Patentämter (Patentrolle)	Deutsches Patent- und Markenamt (Musterregister, Gebrauchsmusterrolle)	Deutsches Patent- und Markenamt (Register)	Deutsches Patent- und Markenamt (Register), Europäisches Markenamt	Deutsches Institut für Gütesicherung und Kennzeichnung e.V. (RAL-Gütezeichenliste)
Schutzdauer	20 Jahre	10 Jahre (ab dem vierten Jahr nur durch Zahlung einer Aufrechterhaltungsgebühr)	25 Jahre (ab dem sechsten Jahr nur durch Zahlung einer Aufrechterhaltungsgebühr)	10 Jahre (Verlängerung um jeweils 10 Jahre durch Zahlung einer Verlängerungsgebühr)	unbegrenzt (solange Qualitätsmerkmale vorliegen)
Gesetz	PatG	GebrMG	GeschmMG	MarkenG	
Beispiele	Lüftungselemente für Großküchen	abgestumpfte Kinderschere	Form der Coca-Cola-Flasche	Audi-Ringe	RAL-Gütezeichen

Der Inhaber des geistigen Eigentums kann dieses selbst verwerten oder als Lizenz an Dritte weitergeben.

Das in Unternehmen entstandene Wissen wird durch Unternehmensfremde illegal genutzt. Die internationale wirtschaftliche Verflechtung und die unterschiedlichen gesetzlichen Möglichkeiten in den einzelnen Ländern machen es beinahe unmöglich, Rechteverletzungen zu erfahren und anschließend zu verfolgen.

Bei der **Markenpiraterie** werden geschützte Zeichen, Logos und Marken unverändert oder abgewandelt auf ähnlichen oder imitierten Produkten angebracht. Bei der **Produktpiraterie** werden Produkte illegal nachgeahmt und vervielfältigt.

Beispiele: Raubkopien von Software und Musik-CDs, Kleidung

Um den auch volkswirtschaftlich entstehenden Kosten zu begegnen, kämpfen Zollbehörden gegen den Missbrauch. Außerdem gibt es in der Zwischenzeit neue Techniken, um die Nachahmung zu erschweren.

Beispiele: Kopierschutz für CDs, Oberflächenbeschichtungen von Produkten

Von der Markenuhr über die Designerhandtasche bis hin zur Luxussonnenbrille:

Urlauber in Einkaufslaune bekommen gerade im Ausland immer öfter vermeintliche Markenprodukte zu verdächtig niedrigen Preisen angeboten. Aber Vorsicht! Viele Schnäppchen entpuppen sich schnell als billige Fälschung. Aus dem scheinbar günstigen Urlaubssouvenier wird dann eine enttäuschende Nachbildung, die ihr Geld nicht wert ist und viel Ärger bereitet:

Herkunftsländer vermutlicher Produktfälschungen 2013 (Nach Anzahl der Aufgriffe)

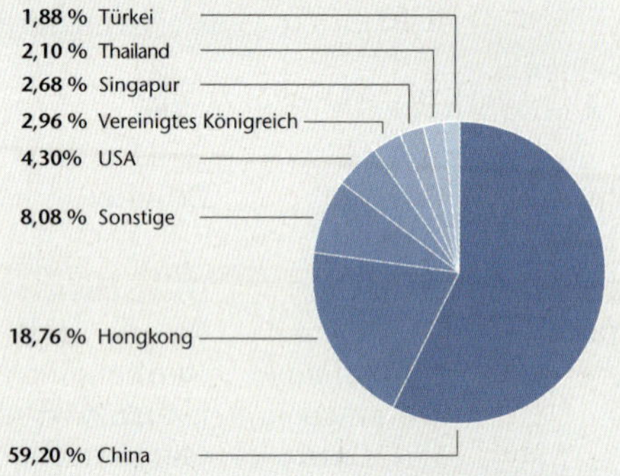

Quelle: Bundesministerium der Finanzen: Produktpiraterie im Visier

Arbeitnehmer-Erfindungen

Diensterfindungen sind Erfindungen, die der Arbeitnehmer im Zusammenhang mit seiner Tätigkeit im Unternehmen macht. Sie müssen dem Arbeitgeber schriftlich angezeigt werden. Dieser kann sie uneingeschränkt in Anspruch nehmen, muss sie aber im Inland schützen lassen und dem Erfinder eine angemessene Vergütung zahlen.

Freie Erfindungen, die im Betrieb des Arbeitgebers verwendet werden können, müssen dem Arbeitgeber unverzüglich angezeigt und angeboten werden. Er hat innerhalb von drei Monaten zu erklären, ob er die Erfindung als freie Erfindung anerkennt. Später kann er sie nicht mehr als Diensterfindung in Anspruch nehmen.

Verbesserungsvorschläge werden vom Arbeitgeber, falls er sie verwertet, ebenfalls vergütet, auch wenn sie nicht schutzfähig sind.

Zusammenfassende Übersicht zu Kapitel 8.2: Rechtsschutz der Erzeugnisse

Ziel

↓

Schutz des Eigentums an geistigen Gütern

Gegenstand des Schutzes		Maßnahme
– Erfindung neuer Erzeugnisse und Herstellungsverfahren	→	Patent
– neue Gestaltungen und Anordnungen an Geräten und Gegenständen	→	Gebrauchsmuster
– neue Muster und Hörzeichen	→	Geschmacksmuster
– Wortzeichen, Bildzeichen, Hörzeichen	→	Markenzeichen, Gütezeichen
– Diensterfindungen, freie Erfindungen, Verbesserungsvorschläge	→	Vergütung durch den Arbeitgeber

▶ Aufgaben und Probleme

1. Erklären Sie den Unterschied zwischen Patent und Gebrauchsmuster.
2. Welche Möglichkeiten für die Verwertung eines Patentes gibt es?
3. Stellen Sie den Unterschied zwischen einem Patenterwerber und einem Lizenznehmer dar.
4. Wenn die Zahl der Patentanmeldungen den Erfindergeist und die Innovationskraft widerspiegeln, dann sind die Japaner das innovativste und kreativste Volk der Welt.

   Die Deutschen befinden sich in den meisten Technologiebereichen an vierter Stelle. In der Kfz-Technik, in der Laser- und in der Luft- und Raumfahrttechnik belegen die Deutschen den zweiten Rang hinter Japan.

   a) Suchen Sie Gründe, weshalb in den Ländern Japan, USA, Korea und Deutschland in den bedeutenden Technologiebereichen die meisten Erfindungen getätigt werden.

   b) Welche Bedeutung haben Schutzrechte für innovative Unternehmen?

   c) Stellen Sie die volkswirtschaftliche Bedeutung einer hohen Zahl von Patentanmeldungen und Patentgenehmigungen dar.
5. Welche Überlegungen veranlassen einen Erfinder, seine Erfindung patentieren zu lassen?
6. Welche Vorteile ergeben sich aus eingeführten Marken- und Gütezeichen

   a) für Hersteller, b) für Verbraucher?

7. Nach Erhebungen werden gegenwärtig weltweit 35 % der Software als Raubkopien eingesetzt. Spitzenreiter sind China und Georgien, in denen ca. 90 % der Softwareprodukte als Raubkopien genutzt werden.
   a) Begründen Sie, weshalb gerade in diesem Wirtschaftszweig die Produktpiraterie solche Ausmaße annehmen kann.
   b) Stellen Sie weitere Beispiele der Marken- und Produktpiraterie dar.
8. Warum werden Arbeitnehmererfindungen besonders geschützt?
9. Nach einer Statistik des Deutschen Institutes für Betriebswirtschaft wurden in Deutschland im Jahre 2012 durch Verbesserungsvorschläge insgesamt Einsparungen in Höhe von 1,1 Mrd. EUR erbracht.

   Die Zahlen für die einzelnen Branchen (Vorschläge je 100 Mitarbeiter):

   - Aluminium- und metallverarbeitende Industrie 586
   - Eisen- und Metallindustrie 246
   - Dienstleistung, Handel, Bildung 237
   - Automobilzulieferer 214
   - Maschinen- und Anlagenbau 186
   - Elektroindustrie 179
   - Verkehr, Logistik, Luftfahrt 157
   - Automobilindustrie 84
   - Öffentliche Körperschaften 84
   - Chemische Industrie 56
   - Banken, Versicherer 15

   Suchen Sie Gründe für die Unterschiede in den einzelnen Wirtschaftsbereichen.

8.3 Rationalisierung der Leistungserstellung

Unter **Rationalisierung** versteht man die **Anwendung von wissenschaftlichen, technischen und organisatorischen Mitteln,** um die Gütererzeugung zu steigern, zu verbessern und zu verbilligen.

Mit Rationalisierungsmaßnahmen im Unternehmen werden mehrere Ziele verfolgt:

- Senkung der Kosten,
- Gewinnerzielung und Gewinnsteigerung,
- Erhöhung der Ausbringungsmenge von Erzeugnissen,
- Humanisierung der Bedingungen für den arbeitenden Menschen,
- Erreichung ökologischer Ziele.

8.3.1 Rationalisierung der Fertigungsabläufe

Wissenschaftliche Betriebsführung durch Arbeitsstudien

Hauptinstitution der Erstellung von Arbeitsstudien ist der »REFA-Verband für Arbeitsgestaltung, Betriebsorganisation und Unternehmensentwicklung e.V.«. Sein Ziel ist eine vernünftige Gestaltung der Fertigungsabläufe.

a) Arbeitsablaufstudien sollen Arbeitsabläufe untersuchen und im zeitlichen Ablauf verbessern. Die Ergebnisse werden häufig in Netzplänen erfasst.

b) Arbeitszeitstudien sollen die Zeit ermitteln, die für die Erledigung einer bestimmten Arbeit benötigt wird (Vorgabezeit).

c) **Arbeitswertstudien** sollen den Schwierigkeitsgrad der Arbeit feststellen. Der dabei ermittelte »Arbeitswert« soll Maßstab für die Entlohnung sein (Kapitel 4.6.1).

Arbeitsteilige Fertigung

Arbeitsteilung ist möglich, wenn eine Arbeitsaufgabe in mehrere verschiedenartige Teilarbeiten zerlegt werden kann. Die Zerlegung kann durch Gliederung in verschiedene Arbeitsstufen oder aber in verschiedene Teilarbeiten innerhalb der gleichen Stufe erfolgen.

Beispiele:

1. Verschiedene Arbeitsstufen: Bei einem Möbelhersteller erfolgt die Aufteilung der Arbeit für alle Produkte in die Teilaufgaben Zuschnitt, Montage, Polsterung.
2. Gleiche Arbeitsstufe: Bei einem Möbelhersteller erfolgt die Aufteilung der Arbeit innerhalb der Teilaufgabe Zuschnitt und Montage getrennt für Tische, Stühle, Regale, Schränke.

Für die Mitarbeiter führt die arbeitsteilige Fertigung zu Nachteilen. Es wurde nämlich ein unmittelbarer Zusammenhang zwischen dem Grad der Aufteilung einer Arbeitsaufgabe und dem Grad der Unzufriedenheit der Betriebsangehörigen festgestellt. Dies kann eine Folge der einseitigen Beanspruchung und der mangelnden Übersicht über den Herstellungsvorgang sein. Um die Mitarbeiter besser zu motivieren und die Produktivität zu steigern, hat man deshalb neue humanere Formen der Arbeitsorganisation geschaffen.

Humane Gestaltung der Arbeitsorganisation

Durch humane Arbeitsgestaltung sollen eintönige (monotone) Tätigkeiten vermieden sowie dem Arbeitnehmer größere Selbstständigkeit (Autonomie) und Fertigkeiten verschafft werden.

Maßnahmen der Arbeitsfeldstrukturierung:

Maßnahmen	Merkmale	Beispiel
Arbeitsplatzwechsel (Job rotation)	Arbeitnehmer tauschen regelmäßig ihre Arbeitsplätze.	Wöchentlich wechseln in einer Automobilfabrik Arbeitskräfte, die Scheinwerfer, Blinker, Brems- und Schlussleuchten montieren, ihre Arbeitsplätze.
Arbeitserweiterung (Job enlargement)	Gleichartige Teilarbeiten, die bisher von mehreren Arbeitnehmern erledigt wurden, werden zusammengefasst und von einem Arbeitnehmer erledigt.	Eine Arbeiterin montiert alle Leuchten an einem Auto.
Arbeitsbereicherung (Job enrichment)	Einer Arbeitskraft werden verschiedenartige Teilarbeiten zugewiesen.	Eine Arbeitskraft montiert alle Leuchten an einem Auto, schließt sie an die entsprechenden Bedienungshebel an und kontrolliert anschließend, ob sie funktionieren.
Autonome Arbeitsgruppen	Einer Arbeitsgruppe werden größere Teilaufgaben zugewiesen. Innerhalb der Gruppe kann die Arbeitsorganisation selbstständig erfolgen.	In einer Automobilfabrik montiert eine Arbeitsgruppe den kompletten Motor.

Bei der **Telearbeit (Teleworking)** werden die modernen Telekommunikationsmethoden eingesetzt. Die Arbeitsleistung wird außerhalb der Räumlichkeiten des Arbeit- bzw. Auftraggebers erbracht. Je nach Art der Organisation der Telearbeit unterscheidet man:

- **isolierte Telearbeit.** Es erfolgt ein ständiges Arbeiten zu Hause.
- **alternierende Telearbeit.** Die Arbeit findet abwechselnd im Betrieb und zu Hause statt.
- **mobile Telearbeit.** Die Arbeit erfolgt an den Orten, an denen sich der Mitarbeiter gerade aufhält (Servicetechniker, Außendienstmitarbeiter).
- **Telearbeit im Telezentrum oder im Satellitenbüro.** Die Arbeiten erfolgen in einem vom Unternehmen ausgelagerten Bereich. Diese modern ausgestatteten Arbeitsplätze können auch von Einzelpersonen oder Unternehmen zum Zwecke der Leistungserstellung angemietet werden.

Die Telearbeit bietet sich für eine Vielzahl von Tätigkeiten an:

Übersetzungsdienste, Programmieren, journalistische Tätigkeiten, telefonische Auftragsannahme und Auftragsdienste, Gutachtertätigkeiten, Buchhaltung, Datenbankentwicklung, Forschungstätigkeiten, CAD-Dienst.

Ersatz unwirtschaftlicher Anlagen

Eine Anlage arbeitet dann unwirtschaftlich, wenn die Produktionskosten zu hoch sind (hoher Energieverbrauch, hoher Materialverbrauch, häufige Reparaturen) oder die Leistungsfähigkeit nicht mehr vorhanden ist (geringe Produktqualität, geringe Produktivität, starke Wettbewerbssituation). Unwirtschaftliche Anlagen müssen ersetzt werden.

Rationalisierungsinvestititonen dienen dazu, unwirtschaftliche Maschinen oder Anlagen durch leistungsfähigere zu ersetzen. Dabei wird der technische Fortschritt genutzt, der in den neuen Anlagen steckt.

Obwohl Maschinen und Anlagen unwirtschaftlich arbeiten und deshalb ersetzt werden müssen, sind noch weitere Faktoren bei der Investitionsentscheidung einzubeziehen:

- Stand des technischen Fortschritts im Vergleich zur vorhandenen Technik,
- gegenwärtige und zukünftige Marktsituation,
- konjunkturelle und weltwirtschaftliche Lage,
- Liquiditätslage des Unternehmens,
- Möglichkeiten der Kapitalbeschaffung,
- Zinssituation am Kapitalmarkt,
- Stellung des Unternehmens am Markt.

8.3.2 Rationalisierung des Fertigungsgegenstandes

Um wettbewerbsfähig zu sein und möglichst kostengünstig zu arbeiten, ist eine Vereinheitlichung im Bereich des Fertigungsgegenstandes notwendig. Diese Maßnahmen der Vereinheitlichung werden als Standardisierung bezeichnet.

▶ Normung

Normung ist die Vereinheitlichung von Maßen, Formen, Bestandteilen, Herstellungsverfahren, Begriffen, Bezeichnungen usw. für **Einzelteile** (Schrauben) und für **einteilige Fertigwaren** (Flaschen). Die Normen werden nach gründlicher Überlegung und Erprobung festgelegt. Vielfach führt die Normung eines Erzeugnisses zur Anpassung anderer Erzeugnisse, mit denen ein Verwendungszusammenhang besteht (Papier – Ordner – Büromöbel). Mit Normung werden auch Abläufe und Verfahren vereinheitlicht.

Nach dem Geltungsbereich unterscheidet man Werknormen, Fachnormen, Normen des **D**eutschen **I**nstituts für **N**ormung **(DIN),** internationale Normen (**EN**-Normen = Normen des **E**uropäischen Komitees für **N**ormung; **ISO** Normen = Normen der **I**nternational **O**rganization for **S**tandardization). Als Folge der internationalen Verflechtung werden die Normen heute vereinheitlicht. Eine Vielzahl der bei uns geltenden Normen wird deshalb als »**DIN EN ISO-Norm**« veröffentlicht.

▶ Typung

Typung ist die **Vereinheitlichung von zusammengesetzten (mehrteiligen) Fertigungsgegenständen.** Sie kann aus Gründen der Herstellung oder des **Absatzes** erfolgen (Kraftfahrzeugtypen). Eine Typung erfolgt überwiegend in den Unternehmen selbst. Sie unterliegt keinen Vorschriften. Überbetrieblich können Unternehmen die Herstellung unterschiedlicher Typen in einem Kartell regeln.

▶ Baukastensystem

Beim Baukastensystem werden **einheitliche Baugruppen und Einzelteile zu verschiedenen Typen zusammengesetzt.** Die einzelnen genormten Bauelemente können dann in Großserien kostengünstig hergestellt werden (z.B. Fertighausbau, Kraftfahrzeug-, Maschinen- und Möbelherstellung). Der Kunde erhält dadurch die Möglichkeit, seine Planungswünsche in begrenztem Umfang zu verwirklichen (Zusammenstellung von Regalen nach den eigenen Wünschen in einem Möbelgeschäft).

▶ Spezialisierung

Spezialisierung bedeutet die **Vereinheitlichung des Produktionsprogramms** in einem Betrieb durch Beschränkung auf die Herstellung weniger Fabrikate oder eines einzigen Erzeugnisses. Sie führt zu einer erweiterten Arbeitsteilung zwischen den Betrieben und zur Entstehung von Zubringerbetrieben und Spezialwerkstätten. Dadurch kann sich das einzelne Unternehmen zu einem qualitätsorientierten und kostengünstigen Hersteller entwickeln (Spezialisierung bei den Zulieferern der Automobilindustrie).

▶ Teilefamilien

Teilefamilien werden gebildet, um die Erfahrungen der Konstruktion bei früheren Erzeugnissen zu nutzen. Vorhandene **Basiskomponenten** bestehender Erzeugnisse werden ergänzt oder in Abwandlungen weiterentwickelt (Schrauben, Plattformtechnologie in der Automobilproduktion). Man spricht von **Varianten,** wenn lediglich ein Ursprungsteil in einem Detail abgewandelt wird. Dies spart Kosten bei der Konstruktion durch vorhandene Zeichnungen. Dies spart aber auch Kosten bei der Verwendung vorhandener Arbeitspläne und Computer-Programme zur Herstellung der Varianten.

Vor- und Nachteile der Rationalisierungsmaßnahmen bei den Erzeugnissen	
Vorteile	**Nachteile**
– Senkung der Kosten durch Herstellung größerer Mengen. – Rationellere Anfertigung durch Wegfall von Sonderausführungen. – Verkürzung der Lieferzeiten bei gleichbleibender Betriebsgröße. – Austauschbarkeit der genormten Teile verschiedener Hersteller. – Vereinfachte Lagerhaltung durch Beschränkung auf wenige genormte Teile.	– Beschränkung der Kreativität und der handwerklichen Fähigkeiten der Mitarbeiter. – Beschränkung der Auswahlmöglichkeit des Käufers. – Erhöhung der Krisenanfälligkeit bei Wandlung der Verbraucherwünsche.

8.3.3 Ganzheitliche Rationalisierungskonzepte

Lean Production

Lean Production zielt darauf ab, alle Produktionsfaktoren sparsam einzusetzen. Ursprünglich in der japanischen Automobilindustrie angewandt, brachte diese Strategie den Unternehmen große wirtschaftliche Erfolge.

Merkmale von Lean Production:

- Abbau von Hierarchien und Kontrolle,
- Vereinfachung betrieblicher Abläufe,
- Beschleunigung der Produktionszeiten,
- Einsparung von Kosten,
- Teamarbeit in der Fertigung,
- Vergabe von Verantwortung für das Produkt und dessen Qualität an den Mitarbeiter.

Vor- und Nachteile von Lean Production	
Vorteile	**Nachteile**
– Die Produktivität wird gesteigert. Die höhere Motivation führt zu niedrigen Fehlzeiten und zur Zunahme von Verbesserungsvorschlägen. – Die Qualität wird verbessert. Es wird weniger Ausschuss produziert. – Die Kosten werden gesenkt. Es fallen weniger Nachbesserungen an. Lagerkapazitäten werden eingespart. Meist erfolgt auch ein Personalabbau.	– Viele Mitarbeiter fühlen sich bei der Übertragung von Verantwortung überfordert. – Aus gesamtwirtschaftlicher Sicht führt ein Personalabbau zu Arbeitslosigkeit und damit zu Folgekosten für die Gesellschaft.

Während das Konzept teilweise nur auf die Produktion bezogen wird, gehen andere Überlegungen weiter. Danach sind alle Funktionen vom Top-Management über die Arbeitskräfte bis zu den Zulieferern zu einem geschlossenen System verschmolzen **(Lean Management).**

Kontinuierlicher Verbesserungsprozess (KVP)

Unter KVP werden alle Aktivitäten zur Weiterentwicklung von Produkten und Prozessen verstanden. Dabei wird vom Grundgedanken ausgegangen, dass ständige Veränderungen erfolgen. Sämtliche Abläufe und Handlungen sind deshalb dauernd zu hinterfragen. Dabei sollen die Leistungspotenziale der Mitarbeiter in einem kontinuierlichen »Prozess der kleinen Schritte mit großer Wirkung« herangezogen werden.

Für alle Mitarbeiter hat zu gelten, dass die kostengünstigste Lösung im Vordergrund steht. Das Problem oder die Ursache gilt es nur zu erkennen.

Die Mitarbeiter haben von folgenden Erkenntnissen auszugehen:

- Fehler stellen ein Verbesserungspotenzial dar.
- Die Verbesserung kann nur stetig und in kleinen Schritten erfolgen.
- Alle Ebenen des Unternehmens sind in den Prozess einzubinden.
- KVP ist Bestandteil der täglichen Arbeitsaufgabe.

- Jeder Arbeitsplatz im Unternehmen, der auf die eigenen Arbeitsergebnisse aufbaut, ist als Kunde zu sehen.
- Die Qualität der Ergebnisse hat Vorrang.

Der Prozess der ständigen Verbesserung kann nach dem **PDCA-Zyklus** erfolgen:

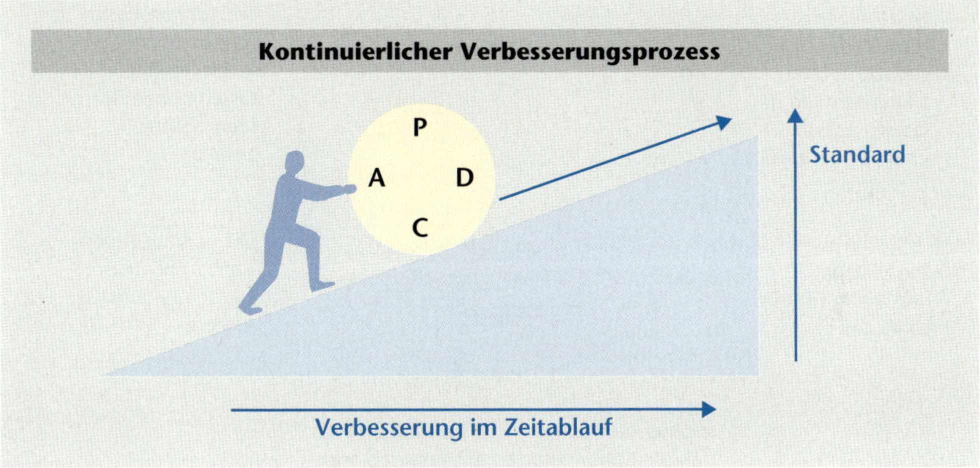

Dabei stehen die Abkürzungen für die folgenden Aktivitäten:

- **P = Planning** (5 Fragen zur Veränderung: Wer? Was? Warum? Wann? Wie?)
- **D = Do** (Durchführung der Änderung, z. B. durch konkretisierte Aktionspläne)
- **C = Check** (Überprüfen, ob die Veränderung erreicht wurde)
- **A = Action** (Festlegung von Standards, um Fehlern vorzubeugen; Einleitung eines neuen PDCA-Zyklus)

Kaizen

»Nichts ist so gut, dass es nicht noch verbessert werden kann.« (Redewendung)

Kaizen meint im Japanischen **kontinuierliche Verbesserung.** Im Unternehmensbereich steht die ständige Verbesserung der Produkte und der betrieblichen Abläufe im Vordergrund.

Für Kaizen gelten deshalb bestimmte Schwerpunkte der betrieblichen Aktivitäten:

- Der Verbesserungsprozess erfolgt kontinuierlich und langfristig.
- Die Erfüllung der Kundenwünsche steht im Vordergrund.
- Unnötige Abläufe im Betrieb werden beseitigt.
- Es erfolgt eine ständige Fehlersuche und -beseitigung, um Folgekosten zu vermeiden. Alle Mitarbeiter sind zur ständigen Verbesserung aufgerufen, wenn sie einen Fehler erkennen.
- Aus- und Weiterbildung stellen Investitionen in die Zukunft dar.

Kanban

Die Kanban-Methode ist ein Verfahren zur **Steuerung des Materialflusses.** Das benötigte Material wird jeweils von der verbrauchenden Stufe im Produktionsprozess bei der vorgelagerten Stufe angefordert oder abgeholt. Der Materialnachschub wird mithilfe der **Kanbans** (Karten) gesteuert.

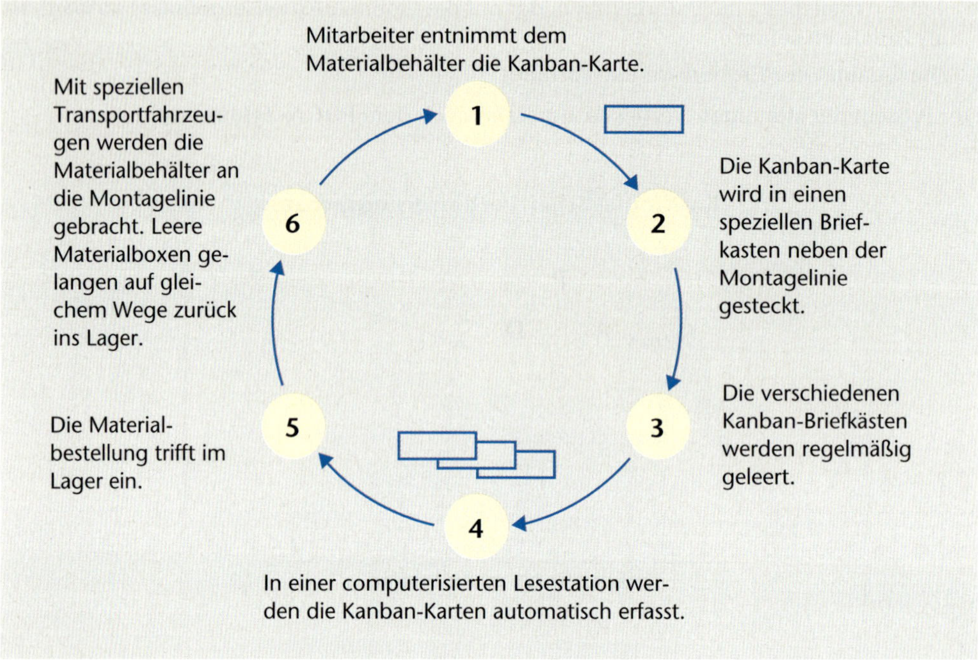

Das Kanban-Prinzip bietet mehrere **Vorteile:**

- Die Materialmenge, die im Umlauf ist, bleibt gering und ist überschaubar.
- Der Materialfluss erfolgt gleichmäßig und zuverlässig.
- Das Material kann in kleine, überschaubare Behälter verpackt werden, die sich neben den Arbeitsstationen aufstellen lassen. Dadurch verringern sich auch Wegezeiten der Mitarbeiter.
- Mitarbeiter und Betriebsmittel können zum Ausgleich von Bedarfsschwankungen flexibel eingesetzt werden.

Eine Weiterführung dieser Methode für große Werkstücke ist der Abruf über Lichtsignale. Mittels Knopfdruck leuchten an Anzeigetafeln in der Werkhalle bestimmte Kontrolllampen auf und signalisieren eine entsprechende Materialanforderung.

Computer Integrated Manufacturing (CIM)

CIM stellt die **Anwendung des Computers in allen mit der Fertigung zusammenhängenden Bereichen** dar.

CIM greift dabei auf den integrierten Einsatz der DV in allen Unternehmensbereichen zurück. Dabei werden in allen Unternehmensbereichen die in einer zentralen Datenbank gespeicherten Betriebsdaten verwendet. Es handelt sich um ein informationstechnisches Gesamtkonzept, das den Computer von der Konstruktion über die Materialbeschaffung und -verarbeitung bis hin zur Rechnungserstellung nutzt.

Mithilfe von CIM sollen folgende Ziele erreicht werden:

- Verringerung von Lagerbeständen,
- Verkürzung der Durchlaufzeiten,
- Reduzierung von Fehlern bei der Datenerfassung und -weitergabe,
- Erhöhung der Auslastung von Maschinen,
- Verbesserung der Termintreue.

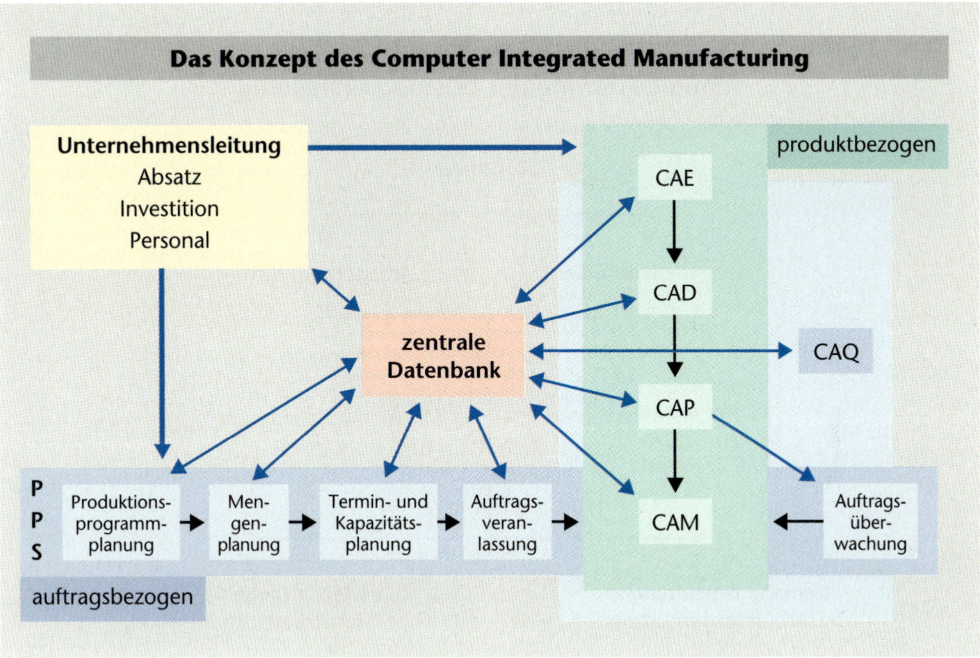

Das Konzept des CIM verwendet eine Vielzahl feststehender Begriffe und Abkürzungen:

Abkürzung	Bezeichnung	Bedeutung
CAD	Computer Aided Design	rechnergestützte Konstruktion, Zeichnungserstellung und Dokumentation
CAE	Computer Aided Engineering	rechnergestütztes Ingenieurwesen durch Simulation am Bildschirm
CAP	Computer Aided Planning	rechnergestützte Arbeitsvorbereitung und -planung
CAM	Computer Aided Manufacturing	rechnergestützte Fertigungsdurchführung
CAQ	Computer Aided Quality Assurance	rechnergestützte Qualitätssicherung
PPS	Production Planning and Scheduling (Produktionsplanung und -steuerung)	rechnergestützte Planung, Steuerung und Überwachung der Produktionsabläufe von der Angebotsbearbeitung bis hin zum Versand
BDE	Betriebsdatenerfassung	rechnergestützte Erfassung und Ausgabe der Auftrags-, Betriebsmittel-, Personendaten

- **Das Just-In-Time-Konzept (fertigungssynchrone Anlieferung,** Kapitel 5.1.3)
- **Supply Chain Management** (Kapitel 5.1.3)
- **Total Quality Management** (Kapitel 8.1.6)

Zusammenfassende Übersicht zu Kapitel 8.3: Rationalisierung der Leistungserstellung

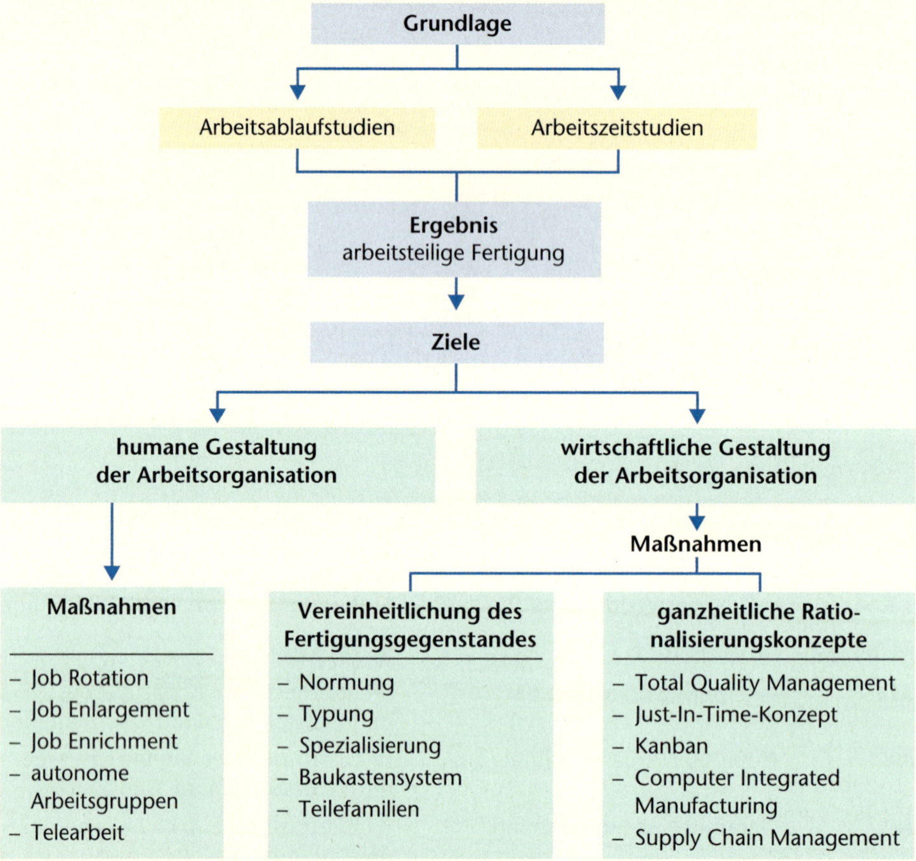

▶ Aufgaben und Probleme

1. Welche Vor- und Nachteile ergeben sich aus der Arbeitsteilung
   a) für den Arbeitnehmer b) für das Unternehmen?
2. Grenzen Sie Job rotation, Job enlargement und Job enrichment anhand der folgenden Tätigkeiten gegeneinander ab:
   – Herstellung industriell gefertigter Möbel,
   – Sachbearbeitertätigkeit in einem Bankbetrieb,
   – Verkäufertätigkeit in einem Warenhaus.
3. Warum tragen Arbeitsplatzwechsel und Arbeitsbereicherung zur Humanisierung der Arbeit bei, obwohl dabei höhere Anforderungen an die Mitarbeiter gestellt werden?
4. Was will ein Manager der Automobilindustrie mit folgender Aussage verdeutlichen: »Jeder Arbeiter versteht sich als Lieferant seines Produktes an seinen Kollegen.«

5. a) Begründen Sie, weshalb Fachleute durch die Telearbeit eine Veränderung der Arbeitswelt erwarten.

   b) Welche grundsätzlichen Voraussetzungen müssen im Arbeitsprozess gegeben sein, damit sich Telearbeit als neue Organisationsform der Arbeit schnell durchsetzen wird?

   c) Stellen Sie Vor- und Nachteile gegenüber
   - aus Sicht des Arbeitnehmers,
   - aus Sicht des Unternehmens,
   - aus Sicht der Gesellschaft.

6. Ein Unternehmer behauptet: »Lean production führt gleichzeitig zu Rationalisierung und zu humaner Gestaltung der Arbeit.« Nehmen Sie dazu Stellung.

7. Welche personalwirtschaftlichen Herausforderungen ergeben sich durch die Einführung neuer Organisationsformen der Arbeit zu folgenden Kriterien:
   - Entlohnung der Mitarbeiter,
   - Personalschulung,
   - Personalentwicklung,
   - Konfliktlösung,
   - Arbeitszeitgestaltung.

8. Warum gibt es oftmals gerade in krisengeschüttelten Wirtschaftszweigen zukunftsweisende Modelle der Arbeitsorganisation?

9. Kaum ein technisches Detail entgeht der Normung. Auch Schriften und Druckfarben sind genormt. Da will natürlich das Deutsche Institut für Normung nicht zurückstehen. Selbst das DIN-Zeichen, das Markenzeichen deutscher Normarbeit, ist eigens genormt.

   Begründen Sie die Notwendigkeit der Normgebung.

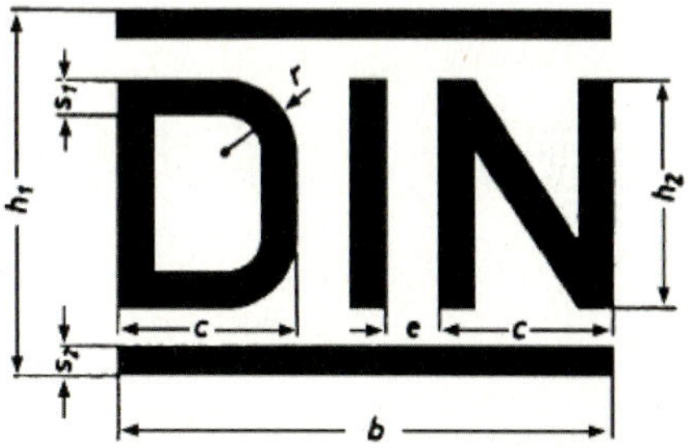

10. Die Reifen Roesch GmbH hat festgestellt, dass der Papierverbrauch in den vergangenen drei Jahren um 50 % gestiegen ist. Stellen Sie in einem PDCA-Zyklus die Aktivitäten zum Abbau dieses Missstandes dar.

11. Welches Rationalisierungskonzept könnte dieser Karikatur zugrunde liegen? Nehmen Sie kritisch Stellung.

9 Der Handel

Der **Handel beschafft Güter und Dienstleistungen** und **veräußert** diese ohne wesentliche Veränderung.

Damit verbindet er die Hersteller mit den Verwendern und Verbrauchern der Güter.

9.1 Leistungen (Aufgaben) des Handels

Leistungen	Beschreibung der Leistungen	Beispiele
Leistungen an der Ware	**Sortimentsbildung** Der Handel wählt aus der Fülle der Güter diejenigen aus, die von seinen Kunden verlangt werden.	Das Sortiment eines Einrichtungshauses umfasst Möbel, Teppiche, Lampen, Gardinen und Bilder.
	Mengengruppierung Der Handel kauft kleine Einheiten auf, um sie in großen Einheiten weiterzuverkaufen oder umgekehrt.	Ein Ankaufgroßhändler übernimmt von vielen Bauern die Gemüseernte und verkauft diese an Konservenfabriken. Ein Südfrüchteeinzelhändler kauft Obst kistenweise und verkauft an die Endverbraucher kiloweise.
	Erhaltung und Verbesserung der Güte Der Handel sorgt für fachgerechte Vorratshaltung, dabei werden manche Waren in der Güte verändert (Veredelung).	Kühlung von Milchprodukten, Auslese und Sortierung von Obst, Lagerung von Wein oder Käse, Mischen von Gewürzen
Leistungen der Überbrückung	**Raumüberbrückung** Der Handel leitet die Güter vom Ort der Erzeugung zum Ort der Verwendung bzw. des Verbrauchs.	Fische werden vom Fischgroßhandel an der Atlantikküste aufgekauft, an die Einzelhandelsgeschäfte geliefert, von denen sie an die Verbraucher weiterverkauft werden.
	Zeitüberbrückung Der Handel überbrückt durch die Lagerung die Zeit von der Erzeugung der Güter bis zu deren Verwendung.	Landwirtschaftliche Produkte, wie Äpfel, Kartoffeln und Karotten, werden von der Erntezeit im Herbst bis zum Verkauf gelagert.
	Mengenausgleich Durch eine rechtzeitige Bestellung gibt der Händler seine Marktkenntnisse weiter. So erleichtert er dem Produzenten die Aufgabe, die richtigen Waren in den richtigen Größen und Aufmachungen in der richtigen Menge herzustellen.	Bekleidungsgeschäfte ordern im Herbst auf Modemessen die Artikel für den nächsten Sommer, diese werden dann erst von der Modeindustrie produziert.

Leistungen	Beschreibung der Leistungen	Beispiele
Leistungen der Vermittlung	**Markterschließung** Der Handel ist bemüht, den Absatz eingeführter Erzeugnisse durch Gewinnung neuer Käufer auszuweiten. Er wirbt für Neuheiten, versucht, das Interesse seiner Kunden zu wecken und sie zum Kauf zu bewegen.	wöchentliche Werbeanzeigen großer Verbrauchermärkte in der Tagespresse
	Beratung Der Handel berät den Abnehmer über Güte, Geschmack und besondere Vorzüge einer Ware. Er informiert über technische Details, Benutzung und Pflege.	Beim Kauf von Haushaltsgeräten berät der Fachverkäufer im Elektrofachmarkt den Kunden über Anwendungsmöglichkeiten und Handhabung der Geräte.
	Verkaufsförderung Der Großhandel hilft dem Einzelhandel bei der Ladengestaltung und Verkäuferschulung; er stellt Display-Material und übernimmt die Preisauszeichnung.	Die Kaffeehandelskette gestaltet in den Supermärkten die Verkaufsregale ihrer Markenprodukte mit Werbebannern und Preisauszeichnungssystemen.

9.2 Arten und Bedeutung des Handels

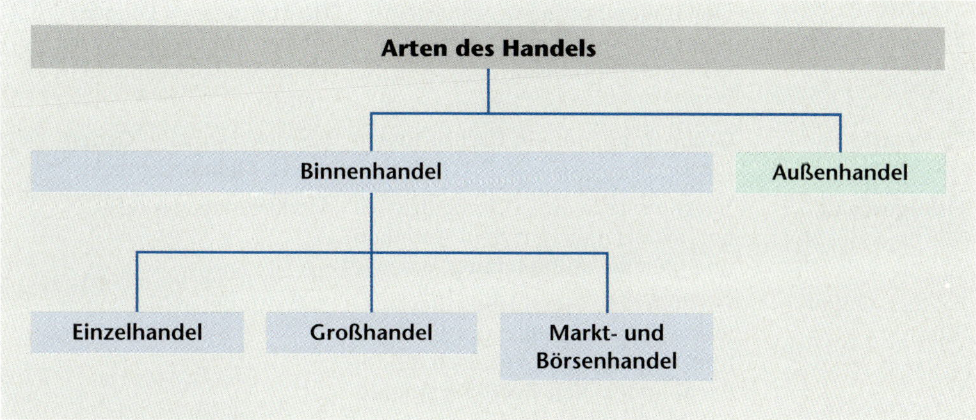

9.2.1 Einzelhandel

Ein **Einzelhandelsunternehmen** verkauft Waren und Dienstleistungen an den **Endverbraucher.**

Ladengeschäfte

Primäre Betriebsformen

Geschäftsart	Beschreibung und Bedeutung	Beispiele
Gemischtwarengeschäft	Breites, aber flaches Sortiment; findet sich noch in Wohnsiedlungen und auf dem Land.	»Tante-Emma-Laden« mit Lebensmitteln, Textilien, Wasch- und Körperpflegemitteln
Convenience-Store	Weiterentwicklung des Gemischtwarenladens zur Deckung des Alltagsbedarfs, oft kombiniert mit Serviceleistungen.	Tankstelle mit Gemischtwarengeschäft, Lotto-Toto-Annahme und gastronomischem Angebot
Fachgeschäft	Warengruppen in einer großen Vielfalt der Ausführungen mit einem engen, aber tiefen Sortiment. Der Käufer findet fachkundige Beratung und Bedienung.	Elektrofachgeschäft mit Haushaltsgeräten und Unterhaltungselektronik Boutique mit betont modischer Kleidung
Spezialgeschäft	Nur wenige Artikel aus dem Sortiment eines Fachgeschäfts, bietet darin eine reichhaltige Auswahl.	Kaffee- oder Teeeinzelhandelsgeschäft, Hutgeschäft
Warenhaus	Gemischtwarengeschäft als Großbetrieb. Unter einem Dach findet der Käufer ein vielseitiges Angebot verschiedener Warensorten und -gruppen.	Galeria Kaufhof mit einem breiten und tiefen Sortiment an Textilien, Haushaltswaren sowie Drogerie- und Druckerzeugnissen
Verbrauchermarkt	Selbstbedienungswarenhaus zumeist in Stadtrandlage mit guten Parkmöglichkeiten und einem vielfältigen Sortiment, wechselnden Sonderangeboten oder Dauerniedrigpreisen.	Real-Verbrauchermärkte mit einem breiten Selbstbedienungsangebot an Textilien, Haushaltswaren, Drogerieartikeln, Unterhaltungselektronik etc. sowie an Lebensmitteln
Fachmarkt	Großbetrieb, der ein Fachsortiment führt.	Heimwerkermarkt, Gartenmarkt, Multimediamarkt
Filialgeschäft	Verkaufsstelle eines Großbetriebes mit jeweils gleichartigem Angebot und gleicher Aufmachung.	Modemärkte von Adler
Factory-Outlet-Store	Großflächige durch Hersteller initiierte Betriebsform zum Direktvertrieb zu niedrigeren Preisen als der Fachhandel. Non-Food-Sortimente von Markenartikeln.	BOSS-Outlet in Metzingen
Discountgeschäft	Geschäft ohne besondere Ausstattung, individuelle Bedienung oder Kundendienst. Das Sortiment ist kostengünstig und beschränkt sich auf gängige Konsumgüter direkt aus Kisten oder Kartons.	Aldi, Lidl, Norma etc.

Geschäftsart	Beschreibung und Bedeutung	Beispiele
Sonderposten-markt	Verkaufsstelle, die von Fall zu Fall günstig erworbene Waren aus wechselnden Bedarfsgebieten billig verkauft.	Thomas Philipps verkauft günstig erworbene Sonderposten aus Überschussproduktion, Transportunfällen u. Ä.
Kleinpreisgeschäft	Verkaufsstelle, die problemlose Massenwaren des täglichen Bedarfs zu extrem günstigen Preisen anbietet.	Ein-Euro-Laden
Kiosk	Sehr kleine Verkaufsstelle, die an verkehrsreichen Orten schnell verkaufbare Waren anbietet.	Blumenkiosk im Krankenhaus, Zeitungs- und Bücherkiosk in der Fußgängerzone, Zigarettenkiosk im Bahnhof
Verkaufs-automaten	In unmittelbarer Konsumentennähe werden Güter, die keiner gesetzlichen Beschränkung unterliegen, ohne Beratung verkauft.	Getränkeautomaten an Bahnhöfen

▶ **Sekundäre Betriebsformen**

Geschäftsart	Beschreibung und Bedeutung	Beispiel
Kleinzentrum	Kooperation von wenigen verschiedenen Einzelhandelsbetrieben an einem Standort.	Dorfzentrum
Einkaufszentrum (Shopping Center)	Räumliche Zusammenfassung von selbstständigen Einzelhandels- und Dienstleistungsbetrieben verschiedener Art. Die einzelnen Betriebe des Zentrums werden **Shop in Shop** genannt.	Zentren »auf der grünen Wiese« mit Lebensmittel-, Textil-, Multimediageschäften, Banken, Friseuren etc. unter einem Dach, teils als »Mega-Zentren« mit Erlebnischarakter
Factory-Outlet-Center	Räumliche Zusammenfassung von selbstständigen Outlet-Läden verschiedener Art.	Outlet-Center in Metzingen

Versandhandel

Der Versandhandel ist eine Betriebsform des Einzelhandels, bei der der Kunde seine Auswahl anhand von Prospekten, Katalogen, Fernsehsendungen **(Tele-Shopping)** oder Internet **(Online-Shopping)** trifft. Die Bestellung der Produkte erfolgt mündlich bzw. per Telefon, schriftlich oder online. Der Kauf ist ohne Risiko, weil das Versandgeschäft dem Käufer ein Widerrufsrecht innerhalb von 2 Wochen einräumt. Der Käufer muss den Widerruf eindeutig aussprechen; die Rücksendung alleine genügt nicht. Dabei darf der Verkäufer die Rücksendekosten dem Käufer auferlegen. *BGB §§ 312b ff.*

Unter **Electronic-Commerce** (E-Commerce, Online-Shopping) versteht man das Angebot, den Kauf und die Bezahlung von Gütern und Dienstleistungen sowie den Kundendienst über das Internet. Dabei präsentiert sich das Handelsunternehmen als virtueller Laden mit einer Website im Internet.

Man unterscheidet vor allem:

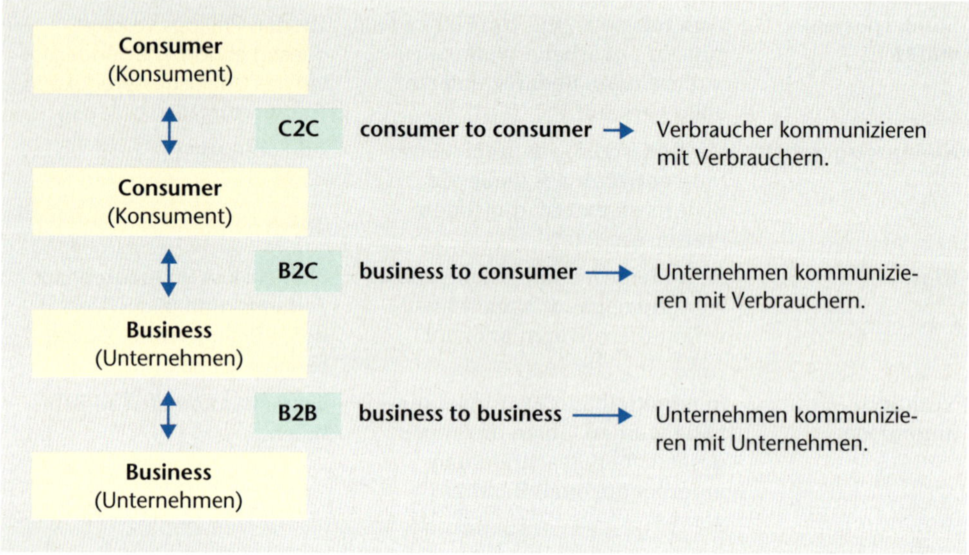

Ambulanter Handel

Ambulanter Handel bezeichnet eine Handelsform, bei der der Verkäufer direkt zu den Kunden oder in deren Nähe reist.

- **Markthandel:** Der Verkäufer reist von Markt zu Markt, um seine Waren zu verkaufen.
  Beispiele: Jahrmärkte, Wochenmärkte und Bauernmärkte
- **Haustürgeschäfte:** Der Verkäufer geht mit seinen Waren von Tür zu Tür, um die Ware direkt an den Verbraucher zu verkaufen.
  Beispiel: Vertrieb von Staubsaugern durch Handelsvertreter

9.2.2 Großhandel

Ein **Großhandelsunternehmen** verkauft Waren und Dienstleistungen an **Wiederverkäufer, Wiederverarbeiter, gewerbliche Verwender** oder an **sonstige Institutionen** (Behörden).

Arten des Großhandels

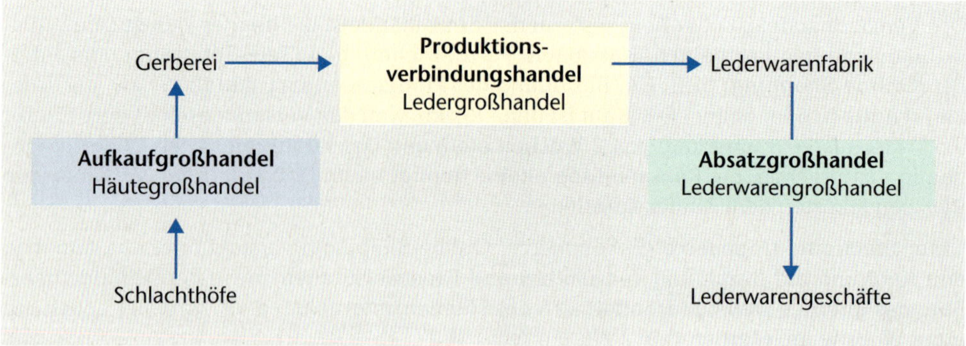

▶ **Aufkaufgroßhandel** (Sammelgroßhandel)

Er kauft Erntegüter, Rohstoffe und andere Massengüter auf (Getreide, Baumwolle, Wolle, Metalle, Schrott). Die ständige Beobachtung der Märkte (Börsen, Auktionen) ist notwendig, um das mit den Preisschwankungen verbundene Risiko zu verringern.

Beispiel: Ein Hopfenhändler kauft in der Erntezeit bei den Bauern Hopfen auf und hält ihn zum Verkauf an die Brauereien bereit, nachdem die eingegangene Ware vorher sortiert, getrocknet und in Säcke gepresst worden ist.

▶ **Produktionsverbindungshandel**

Er verbindet zwei aufeinanderfolgende Produktionsstufen; besondere Bedeutung hat er im Eisen- und Stahlhandel.

Beispiel: Unter http://www.diedeutscheindustrie.de kann man aus mehreren hundert Produktionsverbindungshandelsunternehmen auswählen.

▶ **Absatzgroßhandel**

Nach dem Sortiment unterscheidet man

a) **Sortimentsgroßhandel.** In einem breiten und flachen Sortiment verschiedener Warengruppen findet der Abnehmer ein bedarfsgerechtes Angebot.

   Beispiel: Lebensmittelgroßhandel

b) **Spezialgroßhandel.** Der Großhändler stellt ein schmales und tiefes Sortiment verschiedener Qualitäten einer Warengruppe zusammen und bietet dem Abnehmer somit eine reichhaltige Auswahl zur Befriedigung spezieller Wünsche.

   Beispiel: Spirituosengroßhandel

Betriebsformen des Großhandels

▶ **Zustellgroßhandel**

Der Großhändler beliefert die Einzelhändler. Dies ist die älteste Betriebsform des Großhandels und verlangt eine aufwendige Transportorganisation mit eigenem Fuhrpark oder die Inanspruchnahme von KEP-Diensten (Kurier-, Express-, Paketdienst) oder anderen Frachtführern. Die Bestellung der Abnehmer erfolgt telefonisch oder per E-Mail.

▶ **Abholgroßhandel**

Der Kunde des Großhändlers holt die Ware selbst ab. Er verzichtet auf den Service der Zustellung und kann dafür günstigere Preise erwarten.

Beispiel: Ein Elektromeister holt im Lager des Elektrogroßhändlers mehrere Kabelrollen ab.

Besondere Formen des Abholgroßhandels sind der Cash-and-Carry-Großhandel und der Großmarkt.

a) **Cash-and-Carry-Großhandel (Selbstbedienungsgroßhandel, C&C-Markt).** Der Großhändler verkauft an gewerbliche Abnehmer (Einzelhändler, Gaststätten- und Kantinenbesitzer), die ihre Aufträge durch Selbstbedienung im Lager zusammenstellen. Die Ware wird bar bezahlt (cash), vom Kunden verladen und abtransportiert (carry).

b) **Großmarkt.** Der Großmarkt ist die räumliche Zusammenfassung von Großhändlern. Sie bieten auf einem großen Markt den Einzelhändlern ihre Waren an.

   Beispiel: Ein Heilbronner Blumenhändler kauft auf dem Stuttgarter Großmarkt morgens um 5:00 Uhr die frisch aus Holland und Nizza »im Nachtsprung« angelieferten Blumen.

▶ **Regalgroßhandel (Rack Jobber)**

Größere Einzelhandelsbetriebe wie Warenhäuser, Super- und Verbrauchermärkte und gelegentlich auch C&C-Märkte stellen dem Regalgroßhändler Verkaufsraum oder Regalflächen zur Verfügung. Dieser übernimmt auf eigene Rechnung die Bereitstellung eines Ergänzungssortiments, die laufende Auffüllung der Regale mit Artikeln und die Rücknahme der nicht verkauften Waren. Der Rack Jobber trägt also im Allgemeinen das Absatzrisiko.

▶ **Streckengeschäftsgroßhandel**

Güterströme werden direkt vom Hersteller zum Kunden geleitet. In diesem Fall nimmt der Großhändler die Bestellungen seiner Kunden entgegen, sucht den passenden Hersteller aus und veranlasst die Direktlieferung an den Kunden. Er beschränkt sich auf die reine Verteilung des Warenflusses (Disposition) vom Hersteller zum Kunden. Diese Art des Großhandels nennt man **Streckengeschäft.**

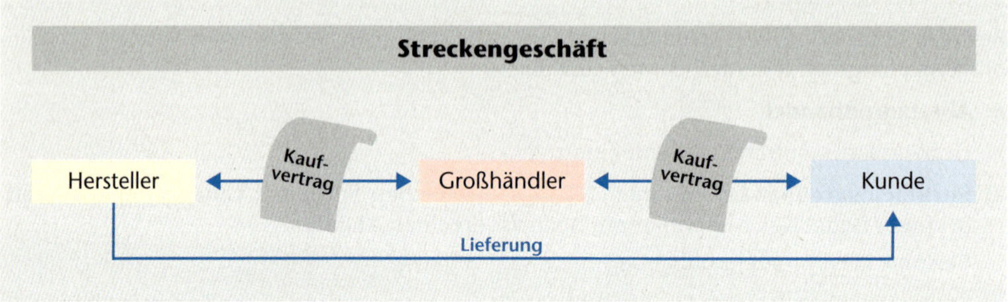

Bedeutung des Großhandels

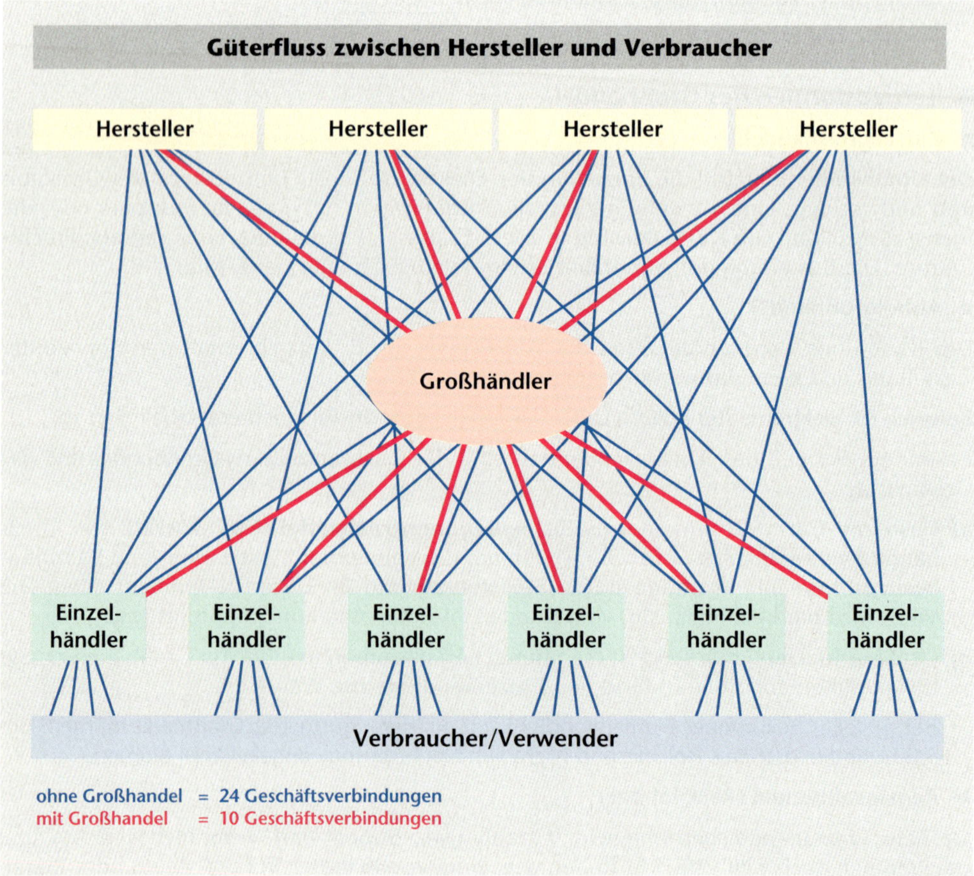

Vorteile des Großhandels für	
Hersteller	**Einzelhandel**
– **Entlastung der Absatzorganisation:** weniger Lieferscheine, Rechnungen, Buchungen, Mahnungen; Verringerung der Vertriebskosten – **Minderung von Beschäftigungsschwankungen:** langfristige Planung beim Hersteller, da der Großhandel weit im Voraus bestellt; Verringerung der Herstellkosten – **Verringerung des Lagerrisikos:** Lieferung unmittelbar nach Fertigstellung – **Finanzierungshilfe:** Großhändler zahlt i. d. R. kurzfristig unter Abzug von Skonto	– **Erleichterung der Einkaufsorganisation:** Vorauswahl des Großhändlers aus einer Vielzahl von Angeboten des Herstellers – **Sicherung kurzfristiger Belieferung:** Einzelhändler kann sich kurzfristig und in kleinen Mengen eindecken – **Verringerung des Lagerrisikos:** Einzelhandel spart große Lagerhaltung – **Finanzierungshilfe:** Einräumen von Zahlungszielen entsprechend der Kreditwürdigkeit

9.3 Ziele und Formen der Kooperation im Handel

Ziele der Kooperation

Kostensenkung
- Einkauf im Großen (Beschaffungskooperation)
- Bereinigung des Sortiments (Lagerhaltungskooperation)
- Beratung in Steuer-, Buchführungs- und Rechtsfragen (Verwaltungskooperation)

Absatzsicherung und Absatzsteigerung
- gemeinschaftliche Werbung
- Ausstattungs- und Einrichtungsdienst
- gemeinsame Verkaufsschulung

Risikominderung

9.3.1 Horizontale Kooperation

Horizontale Kooperation ist die Zusammenarbeit innerhalb **derselben Produktions- oder Handelsstufe.**

Die beteiligten Großhändler arbeiten also entweder bei der Beschaffung oder beim Absatz von Waren zusammen.

Sortimentskooperation

Sortimentskooperation ist die Vereinbarung zwischen zwei oder mehreren Großhändlern, ihre Sortimente gegenseitig abzugrenzen und zu bereinigen. Das Randsortiment des einen Großhändlers wird zugunsten des Kernsortiments des anderen aufgegeben. Eine gegenseitige Konkurrenz wird nach Möglichkeit vermieden. Fehlende Artikel werden jeweils von anderen Großhändlern geliefert (Querlieferung). Dies erfolgt durch den Verweis des Kunden an den betreffenden Großhändler bzw. durch die Weiterleitung des Kundenauftrags an diesen.

Beispiel: Die Fleischgroßhandlungen Mutzig KG und Karcher GmbH haben vereinbart, dass sich das Sortiment der Mutzig KG auf Rind- und Kalbfleisch beschränken soll, das Sortiment der Karcher GmbH auf Schweine- und Schaffleisch.

Einkaufsverbund

Großhandelsunternehmen können einen Teil ihres Sortiments preisgünstig durch gemeinschaftlichen Einkauf beschaffen (Einkaufskontor, Kapitel 6.1.2).

Beispiel: Aufkauf von Edelsteinen in Südamerika durch einen gemeinschaftlichen Einkäufer.

Werbeverbund

Mehrere Großhändler werben gemeinsam für einen bestimmten Produktbereich. Dabei wird die gesamte Werbeaktivität einer Werbeagentur übertragen.

Beispiele: »Esst mehr Obst«, »Fisch auf den Tisch«

Standortverbund

Mehrere Abholgroßhändler kooperieren räumlich als Handelshof oder Großmarkt. Damit steht dem Abnehmer – bei beschränktem Sortiment der einzelnen Großhändler – ein breites Sortiment unter einem Dach zur Verfügung.

Beispiel: Lebensmittelgroßmärkte in München, Stuttgart, Berlin, Köln, Hamburg

Vertriebsbindung

Mehrere Großhändler vereinbaren, sich an bestimmte Regeln bei der Vertriebstätigkeit zu halten. Die Großhändler kooperieren und vermindern den Konkurrenzdruck, indem sie gleiche Voraussetzungen auf dem Absatzmarkt herstellen.

Beispiele: Es werden nur noch bestimmte Absatzgebiete bearbeitet. Es werden nur bestimmte Einzelhandelsunternehmen beliefert. Die Sortimente werden auf bestimmte Warengruppen beschränkt.

Abteilungsverpachtung

Ein Abholgroßhändler verpachtet einzelne Fachabteilungen in seinem Cash-and-Carry-Unternehmen an einen anderen Großhändler.

Beispiel: Die C&C-Lebensmittelgroßhandlung Knörzer GmbH hat ihre gesamte Getränkeabteilung teils an die Getränkegroßhandlung Sauer KG, teils an die örtliche Winzergenossenschaft verpachtet.

9.3.2 Vertikale Kooperation

Vertikale Kooperation ist die Zusammenarbeit innerhalb **verschiedener Produktions- oder Handelsstufen.**

Der Großhändler arbeitet also mit den Herstellern und/oder den Einzelhändlern zusammen.

Vertragshändlersystem

Zwischen einem Hersteller und einem Großhändler besteht eine Exklusivabnehmerbindung. Der Großhändler verpflichtet sich zur laufenden Abnahme der Produkte des Herstellers, der dafür keinen anderen Großhändler beliefern darf.

Beispiel: Der Hersteller von Haushaltsgeräten darf im Absatzgebiet »Großraum München« nur den Vertragsgroßhändler Hinterleitner KG beliefern.

Die Kooperation ist auch in der Weise möglich, dass der Großhändler ausschließlich die Produkte des betreffenden Herstellers führen darf.

Beispiel: Vertragsgroßhändler im Raum Wuppertal für die Produkte der Deickert GmbH, Hersteller von CNC-Drehmaschinen

Freiwillige Kette

Dies ist ein Zusammenschluss eines Großhändlers und vieler Einzelhändler zu einer Arbeitsgemeinschaft, der Kette, wobei die Einzelhändler rechtlich selbstständig bleiben.

Beispiele: Spar, Edeka, Sport 2000, Expert

Franchising (Kapitel 7.7.1)

Zusammenfassende Übersicht zu den Kapiteln 9.1, 9.2 und 9.3:

- **Leistungen des Handels**
- **Arten und Bedeutung des Handels**
- **Ziele und Formen der Kooperation im Handel**

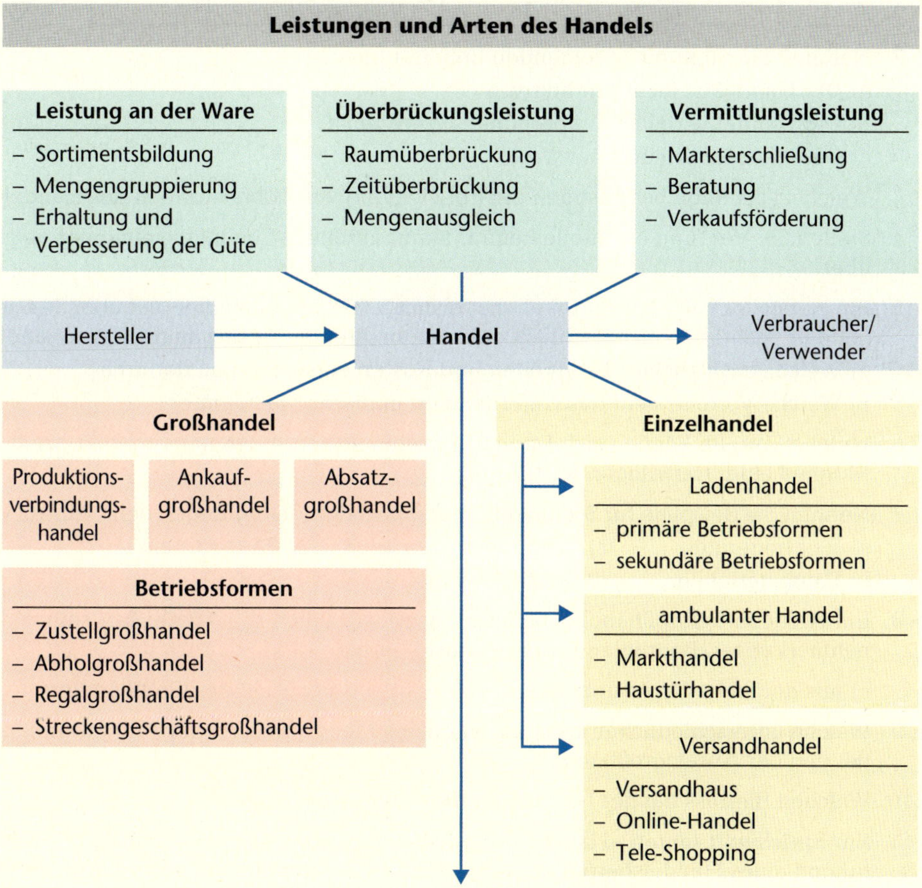

Kooperation im Handel

Ziele	Arten: horizontal	Arten: vertikal
– Kostensenkung – Absatzsicherung – Absatzsteigerung – Risikominderung	– Sortimentskooperation – Einkaufsverbund – Werbeverbund – Standortverbund – Vertriebsbindung – Abteilungsverpachtung	– Vertragshändlersystem – freiwillige Ketten – Franchising

▶ Aufgaben und Probleme

1. Bezeichnen Sie in dem Schaubild die jeweiligen Elemente in der richtigen Reihenfolge mit den folgenden Begriffen: Aufkaufgroßhandel, Einzelhandel, Industrieunternehmen, Natur, Produktionsverbindungshandel, Sortimentsgroßhandel, Verbraucher.

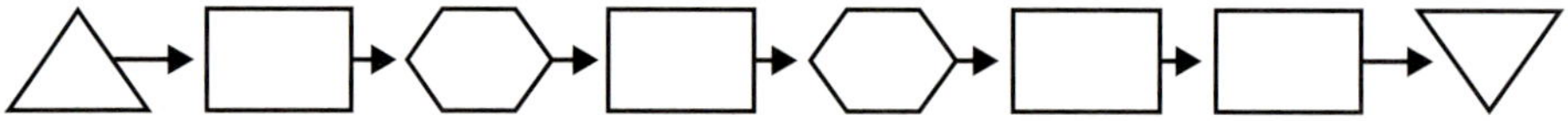

2. Nehmen Sie Stellung zu folgenden Behauptungen:
   a) Der Handel ist nicht produktiv.
   b) Der Handel verleitet zu überhöhtem Verbrauch.
   c) Der Handel verteuert die Ware.
3. Welche Umstände begünstigen die Entwicklung von Großbetrieben des Handels?
4. Stellen Sie Vor- und Nachteile beim Einkauf mittels E-Commerce einander gegenüber.
5. Ein Hersteller von Elektroartikeln hat bisher 5.000 Einzelhändler und über 50 Großhändler beliefert. Nun entschließt er sich zum direkten Absatz an die Einzelhändler.
   a) Welche zusätzlichen Tätigkeiten und Kosten entstehen ihm dadurch?
   b) Welche Vorteile sieht das Unternehmen in dieser Maßnahme?
6. Welche Vorteile können sich für ein Einzelhandelsunternehmen ergeben, wenn es Mitglied einer freiwilligen Kette wird?
7. Nennen Sie Beispiele für Sortiments- und Spezialgroßhandlungen beim Absatz von
   a) Elektrogeräten, c) Wohnmöbeln, e) Büroartikeln.
   b) Baumaterialien, d) Schreibwaren,
8. Ein Arzneimittelgroßhändler beliefert zweimal täglich die Apotheken seines Abnehmerkreises. Beurteilen Sie diese Zustellpraxis
   a) aus der Sicht des Abnehmers, b) aus der Sicht des Großhändlers.
9. Welche unterschiedlichen Leistungen an der Menge erfüllen der Aufkaufgroßhandel und der Absatzgroßhandel?
10. Welchen Einfluss hat der Handel auf die Qualität der Waren?
11. Ein Sprichwort lautet: »Handel schafft Wandel«. Beurteilen Sie anhand der Leistungen eines Handelsbetriebes, auf welche Weise der Handel wirtschaftliche Veränderungen bewirken kann.

12. Ordnen Sie die folgenden Beschreibungen einem Großhandelsunternehmen zu: nach der Stellung des Großhandelsunternehmens bzw. nach der Betriebsform des Großhandelsunternehmens.
    a) Die Schraubengroßhandlung Wändels GmbH beliefert ihre Kunden in den ostdeutschen Bundesländern mit dem eigenen Fuhrpark.
    b) Die Lammert KG, eine Holzgroßhandlung in Bayern, führt alle gängigen Holzformate für die Bauwirtschaft in ihrem Sortiment. Das Unternehmen lässt jede Lieferung direkt vom Sägewerk zur Baustelle liefern.
    c) Die KTB Werkzeugmaschinengroßhandlung GmbH hat Kunden und Lieferanten in der ganzen Welt.
    d) Die Weingroßhandlung Lausitz GmbH hat bei verschiedenen Supermärkten mehrere Regalmeter gemietet. Diese befüllt sie regelmäßig und pflegt sie. Der Verkauf der Waren erfolgt durch den jeweiligen Supermarkt.
    e) Die auf italienische Erzeugnisse spezialisierte Großhandlung Ital-Market GmbH bietet ihren Kunden monatliche Sonderaktionen an. Die Kunden können diese, wie auch alle anderen Produkte, selbst in den eigenen Verkaufsräumen der Großhandlung aussuchen und abtransportieren.
    f) Die Sanitärgroßhandlung Wissmann GmbH ermöglicht die Belieferung der Handwerker durch einen eigenen Nacht- und Wochenenddienst.
    g) Die Fachgroßhandlung für asiatische Möbel hat ein breites und tiefes Sortiment für alle Haus- und Gartenmöbel. Die Möbel werden in den eigenen Räumen in verschiedenen Abteilungen ausgestellt. Dort können sie besichtigt und bestellt werden.
    h) Die Großhandlung für technische Industrieprodukte Allbries KG bietet den angemeldeten Einzelhändlern einen Online-Katalog mit über 150.000 Artikeln an.
    i) Die Gastro- und Einrichtungsgroßhandlung HKV-GmbH ermöglicht es allen Hotel- und Gastronomieunternehmen der Luxusklasse, ihren Bedarf im Internet selbst zusammenzustellen oder nach Auswahl im zentralen Ausstellungsraum der jeweiligen Landeshauptstadt liefern zu lassen.

9.4 Warenwirtschaft und Warenwirtschaftssystem

Als **Warenwirtschaft** bezeichnet man alle **mit den Warenbewegungen anfallenden Tätigkeiten** und die **damit verbundenen Informationen.**

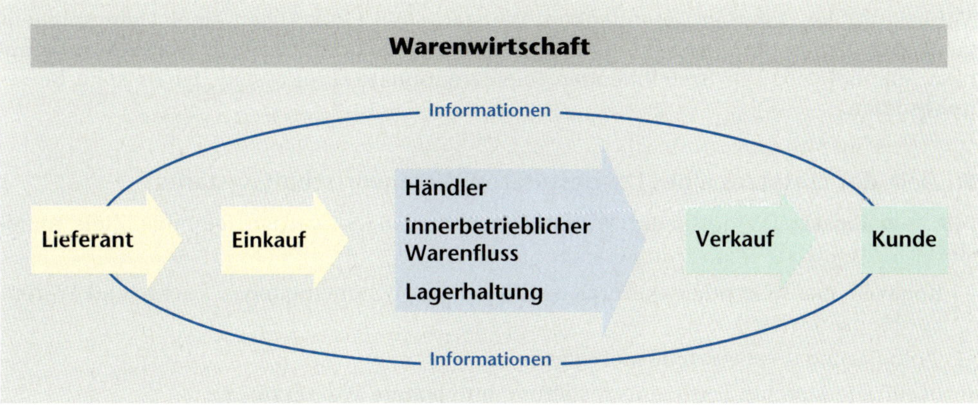

Das **Warenwirtschaftssystem** ist ein **Informationssystem** zur **Erfassung, Speicherung** und **Auswertung der Warenströme** sowie zur **Disposition** und **Administration** des gesamten Warenumschlags.

Charakteristisch für die Warenwirtschaft im Handel sind die drei betrieblichen Funktionen **Einkauf, Lagerhaltung** und **Verkauf.** Dem entsprechen die typischen Module eines Warenwirtschaftssystems.

DV-gestütztes Warenwirtschaftssystem (WWS)

Ein Anwendungssystem für die integrierte Verarbeitung der Daten der drei Funktionsbereiche wird als DV-gestütztes Warenwirtschaftssystem (WWS) bezeichnet. Das System wird als **geschlossenes WWS** bezeichnet, wenn keine Verbindung zu Einrichtungen außerhalb des Unternehmens besteht. Bestehen solche Verbindungen, z. B. zu Lieferanten, Kunden, Marktforschungseinrichtungen, zum Austausch von Daten (Bestellungen etc.), so handelt es sich um ein **offenes WWS.** Innerhalb eines Warenwirtschaftssystems unterteilt man in dispositive, administrative und entscheidungsunterstützende Aufgaben.

Funktion / Aufgabe	Einkauf	Lagerhaltung	Verkauf
dispositive	Festlegung von Bestellmengen, Lieferantenauswahl (optimale Bestellpolitik)	Bestandsplanung und -bewertung, Festlegung von Bestellzeitpunkten und Lagerorten	Sortimentsgestaltung, Preis- und Konditionenpolitik (Preisfestsetzung, Rabattgestaltung), Sonderaktionen
administrative	Bestellabwicklung, Wareneingangserfassung, Rechnungsprüfung, Warenauszeichnung, Kreditorenbuchhaltung	Einlagerung, Lagerortverwaltung, Bestandsführung, Inventur, Kommissionierung, Lagerbuchhaltung	Verkaufsabwicklung und -datenerfassung, Zahlungsabwicklung, Kassensystem, Debitorenbuchhaltung
entscheidungsunterstützende	– mengen- und wertmäßige Verkaufs- und Bestandsübersichten – ABC-Analysen nach Artikeln, Lieferanten und Kunden – Kennzahlen (Deckungsbeiträge, Umsätze, Reklamationen u. a.)		

Wesentlicher Bestandteil der Software für Warenwirtschaftssysteme ist wie bei allen betriebswirtschaftlichen **ERP-Systemen (Enterprise Resource Planning)** die Erfassung und Verwaltung der Daten in Datenbanken. Die statischen Grunddaten eines Unternehmens zu Waren, Lieferanten, Kunden usw., die sich über längere Zeit nicht verändern, nennt man **Stammdaten.** Die Bestellmengen, Lieferzeitpunkte, Preise sind dynamische **Bewegungsdaten.**

Ziele des Einsatzes eines DV-gestützten Warenwirtschaftssystems

Mit dem Einsatz DV-gestützter Warenwirtschaftssysteme werden folgende Ziele angestrebt:

- Kontrolle des Warenflusses durch artikelgenaue Wareneingangs-, Lager- und Warenausgangserfassung,
- Optimierung des Erfassungsaufwands,
- nachfragegerechte Sortimentsgestaltung und höhere Warenpräsenz,

- beschleunigte Abwicklung des Ein- und Verkaufs,
- Rationalisierung des Bestellwesens,
- Reduzierung der Lagerbestände (geringere Kapitalbindung),
- Optimierung der Kalkulation und Preisgestaltung.

Artikelgenaue Datenerfassung

Der mengen- und wertmäßige Warenfluss kann nur durch artikel- und zeitgenaue Datenerfassung vom Wareneingang bis zum Warenausgang (Logistikkette) geplant, gesteuert und überwacht werden. Die Voraussetzung dafür ist, dass jeder Artikel durch eine Artikelnummer eindeutig gekennzeichnet ist.

Artikelgenaue Wareneingangsdaten

Beim Wareneingang werden die im DV-System gespeicherten Bestelldaten über Bildschirm oder mittels Scanner mit den Angaben auf dem Lieferschein bzw. der Rechnung verglichen. Bei der Übereinstimmung der Daten wird ein Zugang bei den entsprechenden Artikeln mittels Artikelnummer gebucht. Durch die Erfassung im Computer kann das Handelsunternehmen z. B. folgende **Wareneingangsdaten** durch Abruf erhalten: Wareneingangsdatum, Einkaufspreis, Lieferantenname, Rabatte, Lagerdaten u. a.

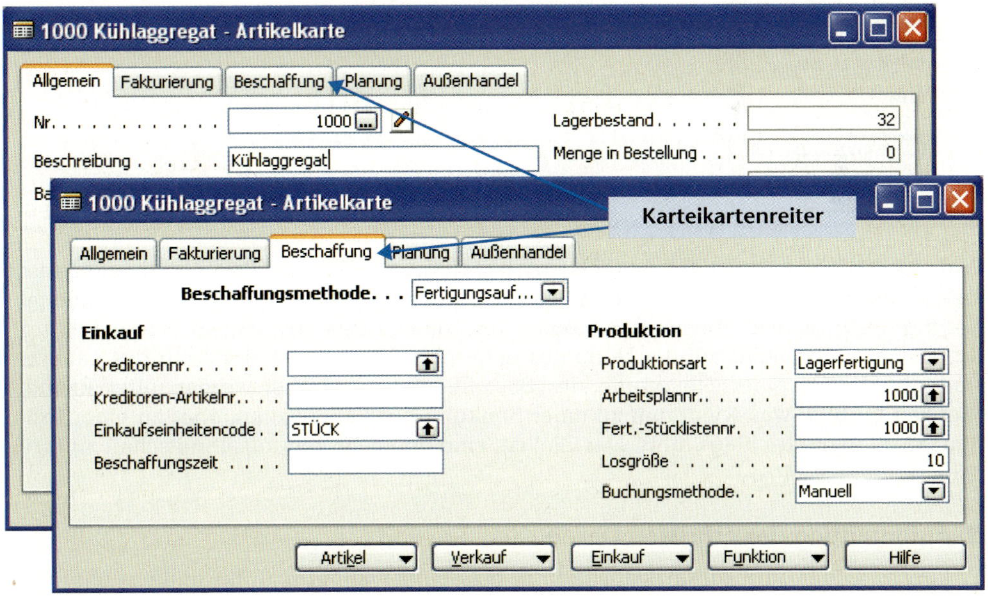

Artikelgenaue Warenausgangsdaten

Um die Warenbewegungen bis zum Verkauf genau verfolgen zu können, ist die artikelgenaue Erfassung der von Kunden gekauften Waren erforderlich. Mithilfe des Warenwirtschaftssystems kann das Handelsunternehmen folgende **Warenausgangsdaten** erfassen und abrufen: Menge der verkauften Ware, Artikelnummer und -bezeichnung, Warengruppe, Lagerdauer, Lieferant, Verkaufspreis, Einkaufspreis, Monatsumsatz, Zeitpunkt des Verkaufs u. a.

Beim Warenausgang lassen sich mit den **Warenabflussanalysen** Informationen darüber gewinnen, welche Waren gut (»Renner«) und welche Waren schlecht (»Penner«) verkäuflich sind. Danach kann das Handelsunternehmen gezielt Sortimentsentscheidungen treffen.

Artikelgenaue Lagerbewegungsdaten

Über die Lagerbewegungsdaten können alle Warenbewegungen zwischen dem Wareneingang und dem Warenausgang mengen- und wertmäßig aufgezeichnet werden.

Wegen der artikelgenauen Erfassung der Lagerbestände kann die Bestellung
- in jeweils gleichen Zeitabständen (Bestellrhythmusverfahren) bzw.
- beim Erreichen des Meldebestandes (Bestellpunktverfahren) (Kapitel 6.1.2)

automatisch und schnell erfolgen.

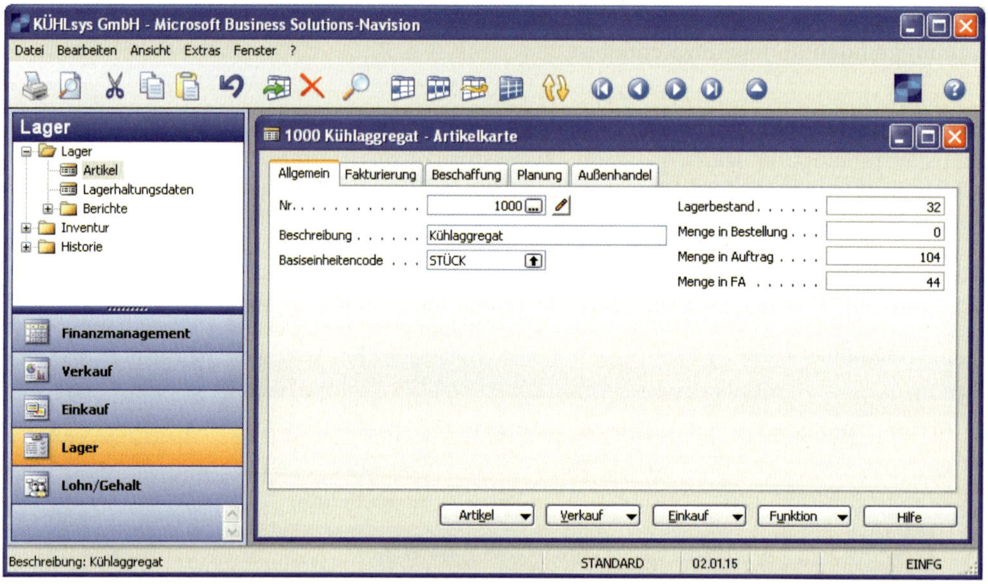

Wird der Meldebestand eines Artikels unterschritten, so wird eine Bestellung automatisch erstellt. Beim offenen WWS wird diese online an den Lieferanten gesendet. Die Rationalisierung des Bestellwesens mit der Möglichkeit, schnellere Einkaufsdispositionen zu treffen, hat Auswirkungen auf die Höhe des Lagerbestandes. Die Absenkung des Lagerbestandes führt zu einer Steigerung der Bestellhäufigkeit. Dabei werden öfter kleinere Mengen bestellt, was wiederum zu einer Senkung der Lagerkosten, aber zu einer Erhöhung des Lagerumschlags führt. Das Ziel ist, eine optimale Verkaufsbereitschaft zu erreichen (Kapitel 5.4.4).

Aufbereitung der erfassten Daten

Es können Lager- und Umsatzstatistiken in beliebiger Vielfalt und Zusammenstellung erstellt werden. Je nach Softwareausstattung können Informationen über einzelne
- Warengruppen, Warensorten und Artikel,
- Preislagen,
- Lieferanten,
- Kunden u.a.

für das laufende Jahr bzw. als Vergleich über mehrere Jahre zusammengestellt werden.

Zusammenfassende Übersicht zu Kapitel 9.4: Warenwirtschaft und Warenwirtschaftssystem

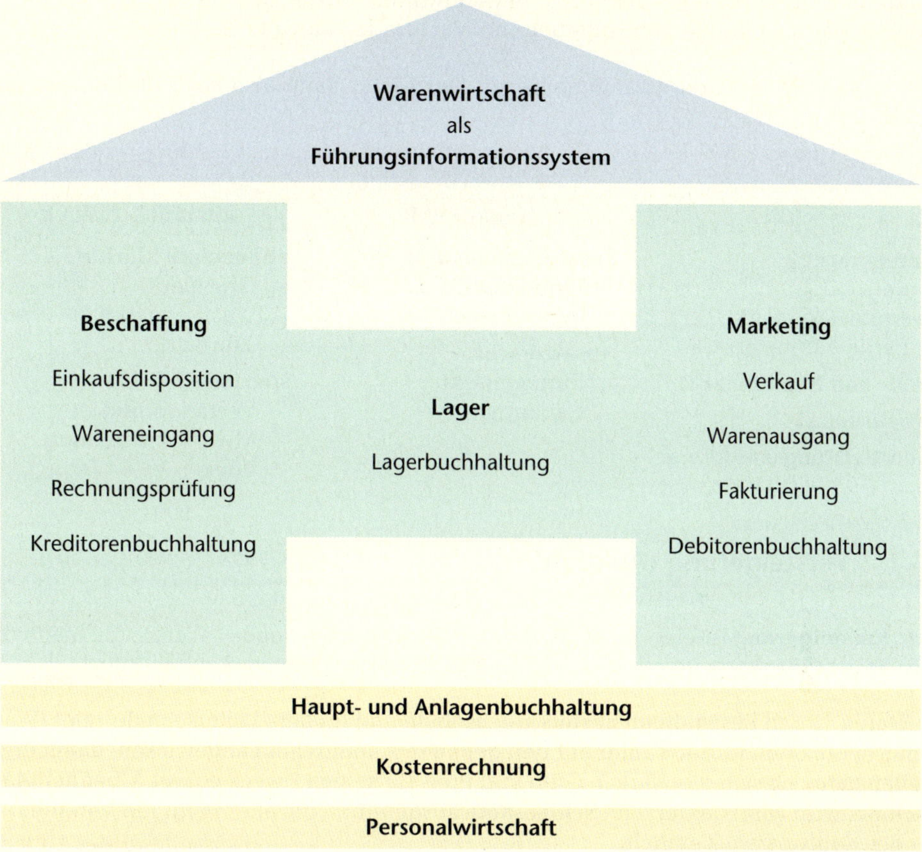

▶ Aufgaben und Probleme

1. Welche Informationen bietet ein Warenwirtschaftssystem?
2. Erläutern Sie Rationalisierungsziele, die mit der Einführung eines Warenwirtschaftssystems angestrebt werden.
3. Welche Entscheidungen können durch ein Warenwirtschaftssystem vorbereitet werden?
4. Erklären Sie den Unterschied zwischen Stammdaten und Bewegungsdaten.
5. Warum ist mithilfe des Warenwirtschaftssystems die wiederholte Bestellung kleinerer Mengen der Bestellung einer großen Menge vorzuziehen?
6. Ein mittelständisches Unternehmen, das medizinische Geräte vertreibt, will seine Warenwirtschaft in Zukunft DV-gestützt abwickeln. Stellen Sie ein Konzept auf, in dem die Schritte bis zur Einführung eines Warenwirtschaftssystems vorgegeben sind.

9.5 Markt- und Börsenhandel

Als **Markt** im engeren Sinne bezeichnet man den **Ort, an dem Waren regelmäßig gehandelt** werden (Handelsplatz). Im weiteren Sinne bezeichnet der Begriff das geregelte Zusammenfinden von Angebot und Nachfrage von Gütern.

Dieser Ort wird nicht regional abgegrenzt. Der Markt kann also auch im Internet stattfinden.

Einteilung der Märkte		
sachlich	**funktionell**	**räumlich-zeitlich**
Warenmarkt – Rohstoffmarkt – Halbwarenmarkt – Fertigwarenmarkt **Geld- und Kapitalmarkt** **Arbeitsmarkt** **Dienstleistungsmarkt u.a.**	**Beschaffungsmarkt** – Binnenmarkt – Importmarkt **Absatzmarkt** – Binnenmarkt – Exportmarkt	**allgemeine Märkte** – Großmarkt – Wochenmarkt – Jahrmarkt **spezielle Märkte** – Versteigerung – Messe, Ausstellung – Börse

9.5.1 Versteigerung (Auktion)

Die **Versteigerung** ist eine Veranstaltung, in der »ortsanwesende« Waren, die man vorher besichtigen kann, durch den **Zuschlag an Meistbietende** verkauft werden.

Bei Waren, deren Beschaffenheit stets wechselnde und größere Unterschiede zeigt (Wolle, Gemüse, Blumen), ist der Käufer auf den genauen Augenschein angewiesen, damit er beurteilen kann, ob sich die Ware in Güte und Preis für seinen Zweck eignet. Über den Kaufabschluss wird vom Makler eine **Schlussnote** ausgefertigt, die alle wichtigen Vereinbarungen des Kaufvertrages enthält.

Beispiele: Wollauktionen in Bremen und Sidney; Fischauktion in Cuxhaven; Weinversteigerungen in Trier und Koblenz

Folgende **Versteigerungsvarianten** sind üblich:

▶ **Aufschlagverfahren**

Dieses Verfahren wird u. a. angewandt bei der Versteigerung von Wolle, Häuten, Wein, Briefmarken. Das Auktionsgut wird nach seinen besonderen Merkmalen (Herkunft, Beschaffenheit, geschätzter Preis) in Partien (Kaveling, Los) eingeteilt und nummeriert. Der Versteigerer ruft die Nummern der Kavelings und Lose auf und nennt den erwarteten Preis. Die Käufer bieten und überbieten sich. Der Versteigerer erteilt den Zuschlag, wenn nach dreimaliger Wiederholung des Höchstgebots kein Übergebot abgegeben worden ist. »Erst mit dem dritten Hammerschlag kommt der Vertrag zustande«.

▶ **Veilingverfahren**

Bei dieser Art der Versteigerung, die bei Obst, Gemüse, Südfrüchten, Blumen üblich ist, zeigt eine im Versteigerungsraum sichtbare Uhr die Preise an. Sie läuft vom Höchstangebotspreis ausgehend rückwärts und kann mittels Tastendruck vom Platz des Interessenten aus angehalten werden. Der Käufer gibt zu dem angezeigten Preis sein Gebot ab. Damit ist der Kaufvertrag abgeschlossen.

9.5.2 Messe und Ausstellung

Eine **Messe** ist eine **zeitlich** und **örtlich festgelegte Veranstaltung,** bei der sich mehrere Anbieter eines oder mehrerer Wirtschaftszweige ihren Zielgruppen **präsentieren.**

Wesentliches Merkmal der Messe ist der Verkauf aufgrund von Mustern für den Wiederverkauf oder für eine gewerbliche Verwendung. Auf der Messe haben Aussteller und Kunden die Möglichkeit des Waren- und Preisvergleichs, der Information und der Kontaktaufnahme.

Beispiele:

1. **Mehrbranchenmessen:** Internationale Frankfurter Messe, Hannover Messe, Leipziger Messe
2. **Fachmessen:** Internationale Lederwarenmesse, Offenbach; Spielwarenmesse International ToyFair, Nürnberg; ISPO – Internationale Fachmesse für Sportartikel und Sportmode, München

Anstatt einer Beteiligung an Großmessen veranstalten viele Unternehmen Hausmessen, wenn die Kosten-Nutzen-Analyse dadurch günstiger ausfällt. An Hausmessen beteiligen sich in aller Regel nur die Kunden, die ein gezieltes Interesse an den Leistungen des Unternehmens aufweisen.

Ausstellungen vermitteln ein anschauliches Bild von dem **Leistungsstand** eines **Wirtschaftsraumes** (Allgemeine Ausstellungen) oder einzelner **Wirtschaftszweige** (Fachausstellungen).

Beispiele:

1. **Allgemeine Ausstellungen:** Schweizerische Landesausstellung; ORFA – Oberrheinische Frühjahrs-Ausstellung, Offenburg
2. **Fachausstellungen:** IAA – Internationale Automobil-Ausstellung, Frankfurt (Main); hanseboot – Internationale Bootsausstellung, Hamburg

9.5.3 Börse

Die **Börse** ist ein **Markt,** an dem sich **zugelassene Kaufleute regelmäßig zu bestimmten Zeiten** treffen, um **Handelsgeschäfte** über abwesende, vertretbare (fungible) Güter nach besonderen Geschäftsregeln abzuschließen.

Bedeutung der Börse

Die Börse kann als der »Markt der Märkte« angesehen werden. Die großen Börsenplätze, auf denen sich das Angebot und die Nachfrage der Welthandelsgüter konzentrieren, bieten die Möglichkeit der Markttransparenz und des Meinungsaustausches. Der Börsenpreis als Ergebnis des freien Spiels von Angebot und Nachfrage ist richtungsweisend für die übrigen Märkte.

Börsenarten

▶ Warenbörse

Zum börsenmäßigen Handel eignen sich vertretbare Waren, deren Anwesenheit nicht erforderlich ist, weil die Qualität durch Standardmuster gekennzeichnet wird. Hierzu zählen u.a. Getreide, Sojabohnen, Zucker, Kaffee, Kakao, Baumwolle, Kautschuk und NE-Metalle.

Arten der Warenbörse:

a) **Allgemeine Börsen** (Produktenbörsen) für landwirtschaftliche Erzeugnisse: Frankfurter Getreide- und Produktenbörse; Südwestdeutsche Produktenbörse, Mannheim/Stuttgart

b) **Sonderbörsen für eine bestimmte Warenart:** Hamburg für Kaffee, Bremen für Baumwolle, Hamburg für Zucker, Chicago für Getreide, London für NE-Metalle

Die handelbare Mindestmenge (Kontrakteinheit, Schluss) ist an jeder Börse festgelegt. Eine größere Menge muss durch den Schluss ohne Rest teilbar sein.

Beispiel: Der Schluss beträgt für Baumwolle in Bremen 50 Ballen = 11.000 kg, für Kaffee in Hamburg 125 Sack = 7.350 kg, für Zucker in Hamburg 50.000 kg, für Weizen in Chicago 5.000 bushels.

▶ **Effektenbörse** (Kapitel 11.4.2)

▶ **Frachtenbörse**

Vereidigte Makler vermitteln den Abschluss von grenzüberschreitenden Frachtgeschäften im Binnenschiffsverkehr. Von entscheidender Bedeutung für den Preis des Frachtraumes sind die Wasserstandsverhältnisse, die Jahreszeit und der Bedarf der Wirtschaft (Kohlenbedarf).

Online-Frachtenbörsen vermitteln Frachtraum im Straßengüterverkehr.

▶ **Versicherungsbörse**

An der Versicherungsbörse werden von Maklern Versicherungsabschlüsse zwischen einem Versicherungsnehmer und einem oder mehreren Versicherern vermittelt. Börsen dieser Art gibt es in Hamburg, Bremen und Lübeck.

▶ **Aufgaben und Probleme**

1. Welche Güter werden auf folgenden Märkten »gehandelt«: Rohstoffmarkt, Halbwarenmarkt, Fertigwarenmarkt, Geld- und Kapitalmarkt, Arbeitsmarkt?
2. Unterscheiden Sie:
   a) Beschaffungsmarkt – Absatzmarkt,
   b) Importmarkt – Exportmarkt.
3. Erläutern Sie, wie eine Internetauktion abläuft.
4. Wann gibt der Interessent sein Gebot ab
   a) im Aufschlagverfahren,
   b) beim Veilingverfahren?
5. Warum nennt man die Börse den »Markt der Märkte«?

9.6 Außenhandel

AWG § 1

Außenhandel ist der gewerbsmäßige **Güteraustausch mit anderen Volkswirtschaften.**

Europäischer Binnenhandel (Intrahandel). Bei Warenbewegungen mit Gemeinschaftswaren innerhalb der EU herrscht Freizügigkeit. Der innergemeinschaftliche Handel wird aber statistisch wie Außenhandel erfasst.

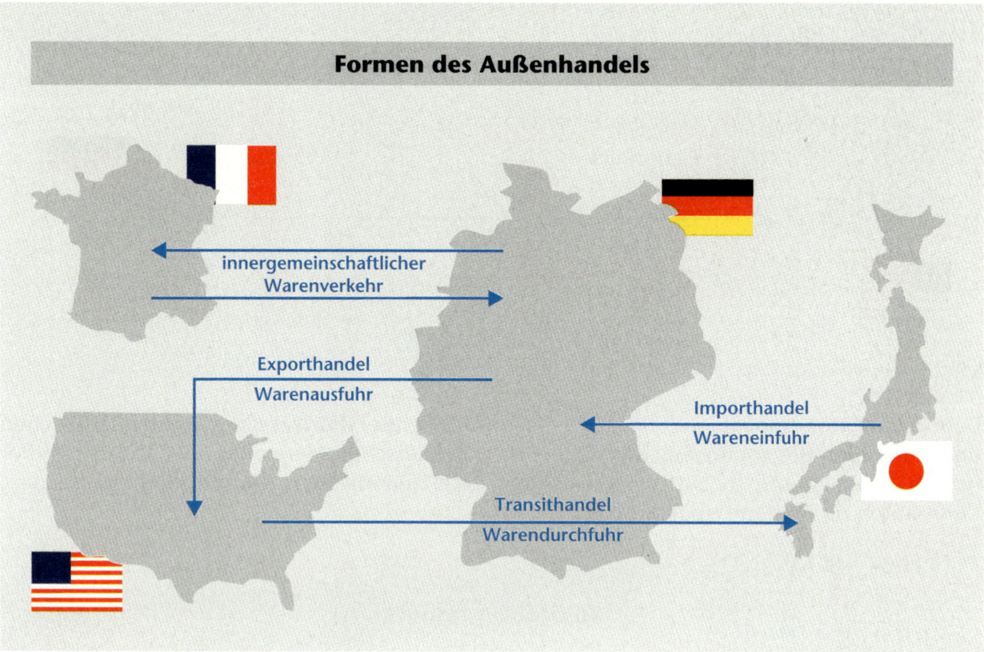

Ursachen des Außenhandels

a) **Ungleiche Verteilung der Rohstoffe auf der Erde.** Das gilt besonders für das Vorkommen von Kohle, Eisenerz, Buntmetall, Mineralöl und Uran.

b) **Verschiedenheit der klimatischen Bedingungen.** Sie wirkt sich auf die Anbauart und auf den Ernteertrag aus, z. B. bei Weizen, Mais, Baumwolle, Kautschuk, Kaffee.

c) **Verschiedenheit der Wirtschaftsstruktur.** Industrieländer sind auf die Ausfuhr von Fertigwaren und die Einfuhr von Rohstoffen und Nahrungsmitteln angewiesen. Bei den Agrar- und Rohstoffländern ist es umgekehrt.

d) **Ungleicher Stand der Technik.** Es gibt Länder, die in gewissen Produktionszweigen einen besonders hohen Leistungsstand erreicht haben (japanische Fotoapparate, schweizerische Präzisionsuhren).

e) **Unterschiedliche Kostenstruktur.** In mehreren Ländern können Güter trotz gleicher Qualität zu unterschiedlichen Kosten produziert werden. Dies hängt z. B. vom Lohnniveau, von der Ausbildung der Arbeitskräfte, von der Art der Produktion (Massenproduktion) und/oder von den öffentlichen Abgaben ab.

9.6.1 Einfuhr und Einfuhrverfahren

Einfuhr

Die Einfuhr von Drittlandswaren (Import) verlangt vom Importeur gründliche Warenkenntnisse, Beobachtung der Märkte, Vergleich der Weltmarktpreise sowie richtige Wahl des Zeitpunktes für die Vertragsabschlüsse.

Beim **direkten Import** kauft der inländische Verwender (Verarbeiter, Einzel- oder Großhändler, Verbraucher) die Ware unmittelbar vom ausländischen Hersteller oder von einem Exporthändler im Ausland. Das Importgeschäft wird zwischen dem inländischen Abnehmer und dem Lieferanten im Ausland abgewickelt.

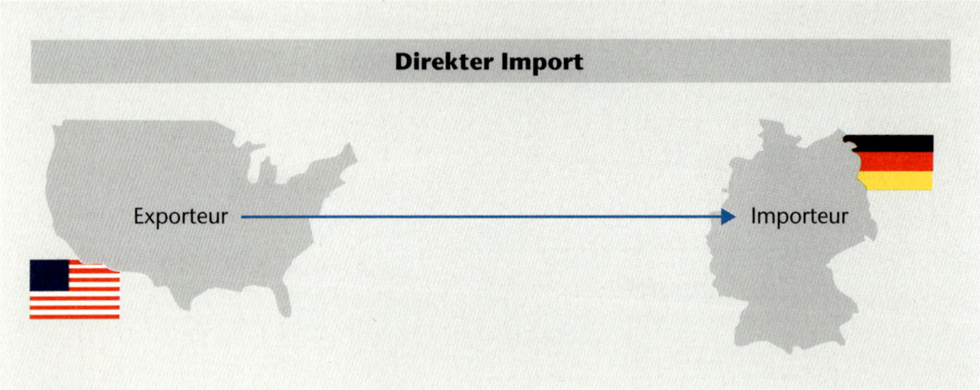

Beim **indirekten Import** kauft der inländische Verwender die Ware bei einem inländischen Importhändler, der seinerseits die Ware vom ausländischen Hersteller oder Exporthändler bezieht. Das Importgeschäft wird zwischen dem inländischen Einfuhrhändler und dem Lieferanten im Ausland abgewickelt.

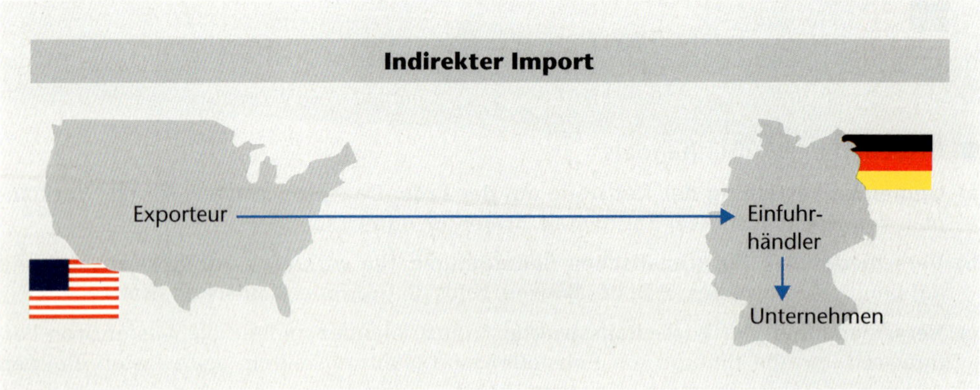

Einfuhrverfahren

AWG § 1 **Genehmigungsfreie Einfuhr.** Der Abschluss von Einfuhrverträgen unterliegt keinen Beschränkungen. Der Importeur kann also ohne besonderen Antrag den Kaufvertrag (Kontrakt) mit dem ausländischen Lieferanten abschließen, die Waren in das Inland einführen und die Zahlung leisten.

§ 2 **Genehmigungsbedürftige Einfuhr.** Die Genehmigungsbedürftigkeit ergibt sich aus der Einfuhrliste, in der rund 9.000 Warenpositionen angeführt sind. Für diese Waren ist beim Bundesamt für Wirtschaft und Ausfuhrkontrolle (BAFA) in Eschborn eine Einfuhrgenehmi-
§ 8 gung zu beantragen. Die Genehmigungsstelle gibt im Bundesanzeiger durch Ausschreibung bekannt, unter welchen Bedingungen und in welchem Umfang sie für bestimmte Waren Genehmigungen erteilt.

Zur Beschleunigung der Einfuhrverfahren und zur Senkung der Verfahrenskosten wird die Zollabwicklung papierlos durchgeführt. Mit dem von den Zollbehörden eingeführten **ATLAS-Verfahren** (**A**utomatisiertes **T**arif- und **L**okales Zoll-**A**brechnungs-**S**ystem) sollen sich alle außenhandelstreibenden Unternehmen koppeln.

Seit dem 01.01.2011 müssen alle Einfuhrsendungen den Eingangszollstellen vor Überschreiten der Grenze gemeldet werden (Eingangs-Voranmeldungen). Dadurch erhalten die Zollbehörden Zeit, eine sendungsbezogene Risikoeinschätzung durchzuführen.

9.6.2 Verzollung

Zölle sind **Abgaben,** die der Staat **beim Übergang von Waren über die Zollgrenze** aus finanz- und wirtschaftspolitischen Gründen erhebt.

Der Warenverkehr über die Grenze wird zollamtlich überwacht, damit

- der Zoll und die anderen Einfuhrabgaben (Einfuhrumsatzsteuer, Abschöpfung für Agrarerzeugnisse aus Drittländern) erhoben und
- Ein- und Ausfuhrverbote (Embargo) und Beschränkungen für den Warenverkehr über die Grenze beachtet werden.

Zollrechtliche Begriffe

Die **Zollgrenze** umschließt das **Zollgebiet.** Dieses umfasst das Gebiet der EU-Mitgliedsstaaten. Dazu gehören ferner die Zollanschlüsse, nicht aber die Zollausschlüsse und die Zollfreigebiete. Warenbewegungen innerhalb der EU-Mitgliedsstaaten gelten nicht als Einfuhrlieferungen; für sie werden weder Zölle noch Einfuhrumsatzsteuer erhoben. *ZK Art. 3*

Zollanschlüsse sind Teile ausländischer Hoheitsgebiete, die dem EU-Zollgebiet angeschlossen sind (Fürstentum Monaco).

Zollausschlüsse sind Teile des EU-Hoheitsgebietes, die einem ausländischen Zollgebiet angeschlossen sind (Exklave Büsingen an der schweizerischen Grenze).

Zollfreigebiete sind Schiffe und Luftfahrzeuge der EU in Gebieten, die zu keinem Zollgebiet gehören, die Insel Helgoland und die Freihäfen.

Freihäfen sind von dem übrigen Hafen durch einen Zollzaun abgetrennte Hafenanlagen, in denen ausländische Güter umgeschlagen, gelagert, bearbeitet und veredelt werden können, ohne dass eine Zollschuld entsteht.

Beispiele: Bremerhaven, Cuxhaven, Deggendorf, Duisburg

Mit dem Überschreiten der Zollgrenze wird die Ware **Zollgut.** Dieses darf von der Zollgrenze bis zum Grenzzollamt nur auf besonderen Straßen, Eisenbahnlinien und Seehafeneinfahrten, die als **Zollstraßen** bestimmt sind, befördert werden. Das Zollgut muss innerhalb der Öffnungszeiten der **Zollstelle** gestellt (vorgeführt) werden. Dort findet zunächst eine Prüfung des Zollgutes statt, die man **Zollbeschau** nennt. Die Beurkundung der Zollbehandlung heißt Zollbefund; die Zollfestsetzung erfolgt in einem **Zollbescheid.**

Arten der Zölle

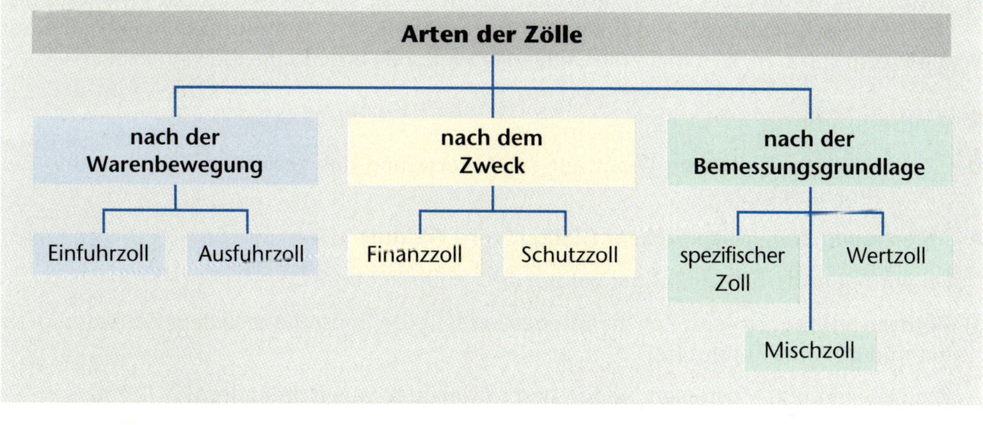

- **Nach der Warenbewegung**

a) **Einfuhrzölle** sind Abgaben, die beim Verbringen von Waren in das Zollgebiet erhoben werden. Sie beeinflussen die Menge der Wareneinfuhr. Deshalb kommt ihnen bei Handelsbesprechungen mit anderen Ländern besondere Bedeutung zu. Durch ihre Herabsetzung kann das Steigen der Inlandspreise gebremst werden.

b) **Ausfuhrzölle** sind Abgaben, die beim Verbringen von Waren aus dem Zollgebiet erhoben werden. Sie sind selten. An ihre Stelle treten meist Ausfuhrbeschränkungen (Kontingentierungen).

- **Nach dem Zweck der Zollerhebung**

a) **Finanzzölle** sind Abgaben, die lediglich die Staatseinnahmen erhöhen sollen. Sie werden von Gütern erhoben, die sehr begehrt sind und im Inland überhaupt nicht oder nur in geringen Mengen erzeugt werden. Mit einem besonders hohen Einfuhrzoll werden Kaffee, Tee, Tabak, Spirituosen und Kosmetikartikel belegt.

b) **Schutzzölle** sind Abgaben, die bestimmte Produktionszweige wie Landwirtschafts-, Gärtnerei- und Weinbaubetriebe gegen die ausländische Konkurrenz schützen. Durch den Zoll werden die Preise der ausländischen Erzeugnisse an das Preisniveau der entsprechenden inländischen Erzeugnisse angeglichen. Die Schutzzollpolitik hat u. a. folgende Sonderformen entwickelt:

Kampfzölle sollen einen ausländischen Staat zwingen, handelsschädigende Maßnahmen gegenüber der einheimischen Wirtschaft aufzugeben.

Präferenzzölle (Vorzugszölle) sollen einem Land Zollvorteile einräumen, um wirtschaftliche Nachteile auszugleichen.

Beispiel: Die EU-Staaten gewähren den Staaten der Dritten Welt (Entwicklungsländer) Zollfreiheit für unfertige und fertige Industrieerzeugnisse.

- **Nach der Bemessungsgrundlage**

a) **Spezifische Zölle** werden ermittelt aufgrund des Zollgewichtes der Waren (Kaffee, Tabak), aufgrund der Länge in Metern (Spielfilme), aufgrund der Menge in Litern (Wein, Branntwein).

b) **Wertzölle** werden in Prozenten vom Zollwert der Ware berechnet. Als Zollwert wird der Transaktionswert angesehen, der für die eingeführte Ware unter den Bedingungen des freien Wettbewerbs zwischen einem unabhängigen Verkäufer und Käufer bei sofortiger Lieferung erzielt werden kann. Im Allgemeinen wird der Bezugspreis bis zur Einfuhrgrenze als Bemessungsgrundlage anerkannt.

c) **Mischzölle** werden bei Gütern erhoben, deren Preise starken Schwankungen unterliegen. Bei der Berechnung des Zolls wird in der Regel der Wert zugrunde gelegt. Sinken die Preise stark ab, so tritt an die Stelle des Wertzolls ein Mindestgewichtszoll.

Zollbehandlung

ZK Art. 4 Z. 16

Der Zollbeteiligte (Einführer) beantragt die Abfertigung des gestellten Zollgutes und die Art der Zollbehandlung.

- **Abfertigung zum freien Verkehr (Zollgut wird Freigut)**

Dabei wird geprüft, ob das Zollgut zollfrei oder zollpflichtig ist.

a) **Zollfreistellung.** Ist kein Zoll zu erheben, so teilt die Zollstelle dies dem Zollbeteiligten mit und gibt das Zollgut frei.

Zollfrei sind u.a. Mustersendungen und Reisebedarf aus Drittländern.

b) Verzollung. Nach der Gestellung bei der Zollstelle, Zollbeschau, Zollbescheid und Bezahlung der Zollschuld wird das Zollgut Freigut. Häufig wird auf die Gestellung verzichtet, wenn die zollamtliche Überwachung auf andere Weise gesichert ist.

c) Zollgutveredelung. Waren, die aus Drittländern zur Veredelung eingeführt und nach der Be- und Verarbeitung wieder ausgeführt werden, sind zollfrei (aktiver Veredelungsverkehr). Lässt ein inländischer Unternehmer Waren in einem Drittland veredeln (passiver Veredelungsverkehr), dann bleibt bei der Wiedereinfuhr der veredelten Waren das Vorprodukt zollfrei, es muss der Wertzuwachs verzollt werden. *ZK Art. 114 ff. Art. 145 ff. Art. 151*

▶ **Abfertigung zum besonderen Zollverkehr (Zollgut bleibt Zollgut)**

a) Zollgutversand. Das **gemeinschaftliche Versandverfahren** wird angewandt, wenn das Zollgut von einer Zollstelle im Bereich des EU-Zollgebietes an eine andere überwiesen wird. Das Zollgut wird dem Zollbeteiligten zur Beförderung überlassen mit der Verpflichtung, es unverändert und fristgemäß bei der Empfangszollstelle zu gestellen. *Art. 91 ff.*

b) Zollgutlagerung. Ihr Zweck ist die zoll- und abgabenfreie Lagerung von Zollgut, um die unnötige Verzollung von Waren zu vermeiden (bei der Wiederausfuhr) oder die Zollzahlung aufzuschieben. *Art. 98 ff.*

c) Zollgutverwendung. Das abgefertigte Zollgut wird dem Empfänger zur endgültigen Verwertung zollbegünstigt (Heizöl) oder zur vorübergehenden Verwendung zollfrei (Messe- und Ausstellungsgüter) überlassen. *Art. 137 ff.*

Festsetzung der Zollsätze

Grundsätzlich können die Zollsätze von einem Staat aufgrund seiner Zollhoheit einseitig in einem Zolltarif festgelegt werden (Zollautonomie). Im Interesse eines gesteigerten Güteraustausches wird jedoch häufig die Zollautonomie eingeschränkt.

▶ **Einschränkung durch zweiseitige (bilaterale) Staatsverträge**

Durch staatsrechtliche Verträge, Handels- und Zollabkommen genannt, können Zollbefreiungen und Vertragszollsätze für wichtige Austauschgüter, das Meistbegünstigungsrecht des Vertragspartners sowie Einfuhrhöchstmengen (Einfuhrkontingente) bestimmt werden.

Die **Meistbegünstigungsklausel** besagt, dass ein Land seinem Vertragspartner die gleichen Vergünstigungen gewährt, die es einem dritten Land jetzt oder später einräumt.

▶ **Einschränkung durch mehrseitige (multilaterale) Staatsverträge**

Das Streben nach größeren Wirtschaftsräumen führt zum Abschluss mehrseitiger Abkommen. Sie haben vor allem die Zollsenkung und die Aufhebung mengenmäßiger Einfuhrbeschränkungen **(Liberalisierung)** zum Ziel.

a) Allgemeine Zoll- und Handelsabkommen streben die Beseitigung von Handelshemmnissen und die Meistbegünstigung auf breiter überstaatlicher Ebene an.

Die **WTO** (= **World Trade Organization**), der 161 Vertragsstaaten (Stand: April 2015) und die EU-Kommission angehören, verfolgt als wichtigste Ziele:

- Abbau von Handelshemmnissen (Liberalisierung, Zollsenkung),
- Abbau von Wettbewerbshemmnissen (Kartelle, Dumping),
- Angleichung der Sozialstandards (Mindestvorschriften zum Schutz der Arbeiter, Verbot von Kinderarbeit),
- umweltfreundliche Produktion.

b) Zollunionen sind vertragliche Vereinigungen von Staaten, welche die Binnenzölle zwischen den Vertragsländern abbauen und die Außenzölle gegenüber Drittländern vereinheitlichen (EU = Europäische Union).

c) **Freihandelszonen** sind vertragliche Vereinigungen von Staaten, die lediglich die Binnenzölle abbauen, aber unterschiedliche Außenzölle belassen (z. B. **EFTA** = **E**uropean **F**ree **T**rade **A**ssociation, **AFTA** = **A**SEAN **F**ree **T**rade **A**rea, **NAFTA** = **N**orth **A**merican **F**ree **T**rade **A**greement).

Die festgelegten Zollsätze finden ihren Niederschlag im **Elektronischen Zolltarif.** In ihm sind die zollpflichtigen Waren mit den dazugehörigen Zollsätzen aufgelistet.

9.6.3 Transithandel und Transitverkehr

Transithandel liegt vor, wenn ein inländischer Unternehmer Waren im Ausland kauft und wieder an einen Gebietsfremden veräußert, ohne dass die Ware einfuhrrechtlich abgefertigt worden ist. Die Durchfuhr durch das inländische Zollgebiet ist nicht erforderlich.

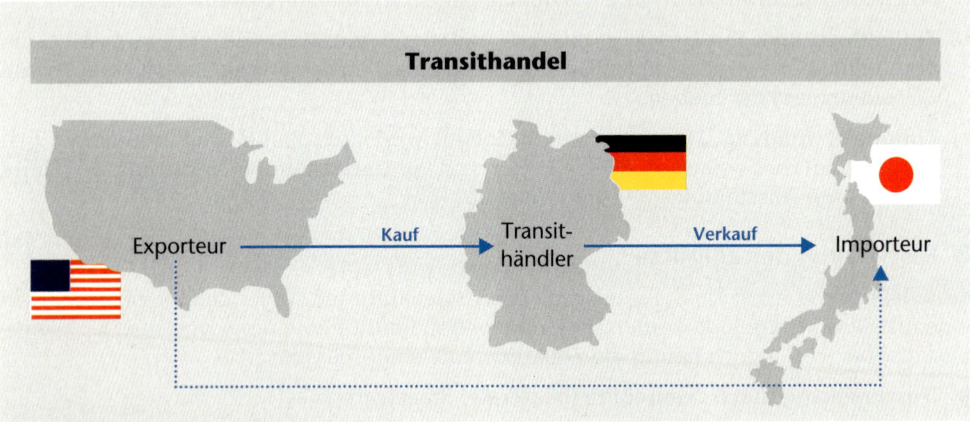

Ein »**gebrochener Transithandel**« liegt vor, wenn ein gebietsansässiger Transithändler die im Ausland gekauften Waren an einen anderen gebietsansässigen Transithändler verkauft und dieser sie dann an einen Gebietsfremden weiterveräußert.

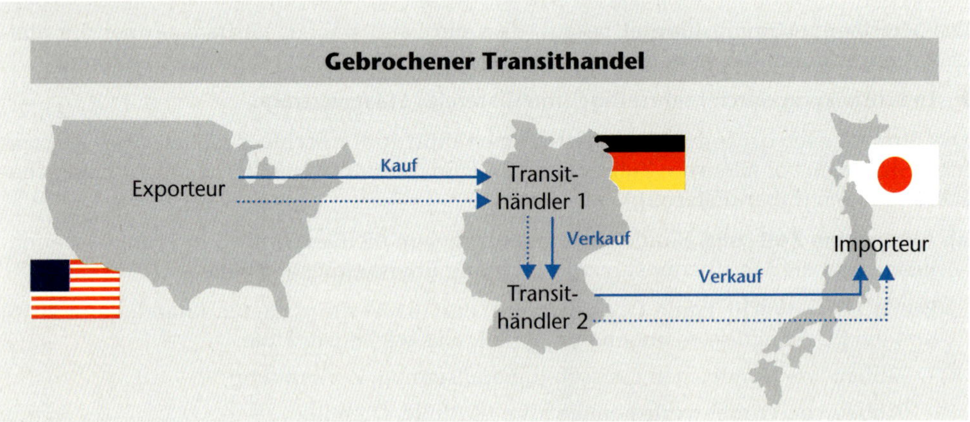

9.6.4 Ausfuhr und Ausfuhrverfahren

Das Exportgeschäft verlangt vom Exporteur gesicherte Kenntnisse darüber, wo auf der Welt seine Ware benötigt wird, Beobachtung der Entwicklung der Absatzmärkte und der Preise sowie die Wahl des richtigen Zeitpunkts für Vertragsabschlüsse.

Direkter und indirekter Export

Beim **direkten Export** verkauft der inländische Hersteller die Ware unmittelbar an den ausländischen Abnehmer (Verbraucher, Händler, Verarbeiter) oder Importhändler. Das Exportgeschäft wird zwischen dem inländischen Hersteller und dem Abnehmer im Ausland abgewickelt.

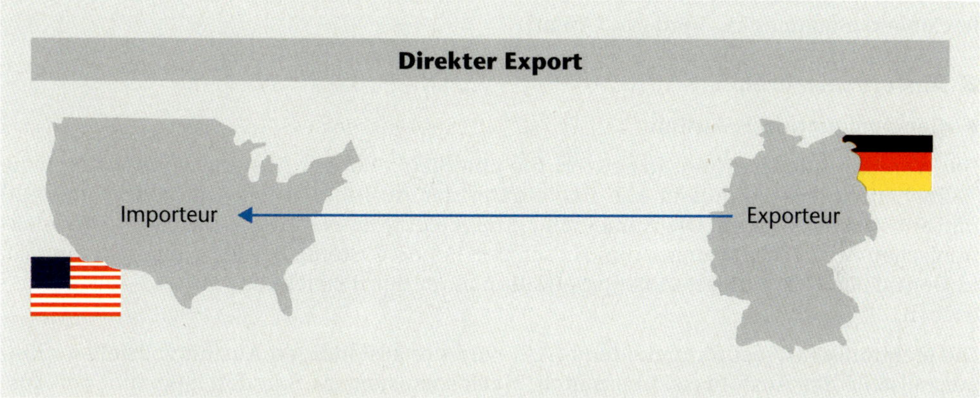

Exportmessen bieten Gelegenheit, direkte Geschäftsverbindungen mit ausländischen Kunden anzuknüpfen.

Bei der Einführung neuer Erzeugnisse, für die der Markt erst erschlossen werden muss, wird öfter das **Konsignationsgeschäft** gewählt. Ein ausländisches Unternehmen (Konsignatar), das als zuverlässig angesehen wird, nimmt die Exportware für fremde Rechnung und ohne Verkaufsrisiko auf Lager.

Exportgemeinschaften sind Zusammenschlüsse von Unternehmen zur Verbesserung der Exportmöglichkeiten durch gemeinsame Maßnahmen (Werbung, Exportmusterlager).

Überseeische Verkaufs- und Fabrikniederlassungen werden eingerichtet, wenn es sich um technische Erzeugnisse handelt, die im Bestimmungsland einen ständigen Kundendienst durch Sachverständige verlangen (Autos). Die Fertigung kann auch einem ausländischen Unternehmer in **Lizenz** übertragen werden, wenn die Ausfuhr bestimmter Erzeugnisse wegen Einfuhrbeschränkungen schwierig ist.

Beim **indirekten Export** liefert der inländische Hersteller die Ware an einen inländischen Ausfuhrhändler, der seinerseits die Ware an den ausländischen Abnehmer verkauft. Das Exportgeschäft wird zwischen dem inländischen Exporthändler und dem Abnehmer im Ausland abgewickelt.

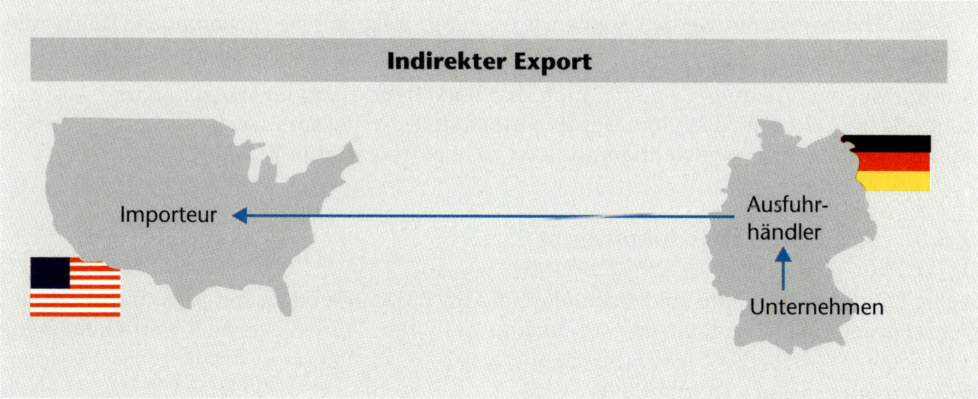

Die Vermittlung des Exporthändlers entlastet den Lieferanten von zeitraubender Arbeit und von dem mit dem Außenhandelsgeschäft verbundenen Risiko. Für den Lieferanten wird das Exportgeschäft über ein Exporthaus zu einem ausgesprochenen Binnengeschäft.

Der Exporthändler kann fachorientiert sein; er handelt nur mit einer bestimmten Warengruppe, hat dafür aber Beziehungen zu vielen Ländern. Der gebietsorientierte »Allround-Exporteur«, handelt mit verschiedenen Artikeln, spezialisiert sich dabei aber auf bestimmte Gebiete (Südamerika, Vorderer Orient).

Ausfuhrverfahren

▶ Genehmigungsfreie Ausfuhr

Die Warenausfuhr ist grundsätzlich frei. Sie unterliegt aber der Ausfuhrkontrolle durch die Zollbehörden. Hierzu müssen die Exportgüter der Ausfuhrzollstelle vorgeführt (gestellt) und angemeldet werden. Die Anmeldung erfolgt elektronisch unter Verwendung des elektronischen Ausfuhrverfahrens AES (Automated Export System), das EU-weit eingeführt ist. In Deutschland wird dieses Ausfuhrverfahren unter der Bezeichnung ATLAS-Ausfuhr betrieben.

Die elektronische Ausfuhranmeldung (AA) wird der zuständigen Ausfuhrzollstelle (= Binnenzollstelle des Ausführers) übermittelt. Nach spätestens 24 Stunden bekommt der Ausführer elektronisch das Ausfuhrbegleitdokument (ABD) mit der »Movement Reference Number« (MRN), die als Barcode auf dem ABD gedruckt ist. Damit ist die Ausfuhr der Waren erlaubt.

Das ABD begleitet die Ware zur Ausgangszollstelle (Grenzzollamt). Dort wird das ABD mit der übermittelten MRN verglichen. Gibt es keine Abweichungen, dann kann die Ware die Grenze passieren. Das Grenzzollamt informiert hierüber das Binnenzollamt; damit ist das Ausfuhrverfahren abgeschlossen.

Ausfuhrsendungen im Warenwert bis zu 1.000 EUR bedürfen keiner Ausfuhranmeldung, für Sendungen zwischen 1.000 EUR und 3.000 EUR ist keine Gestellung nötig, es sei denn, es handelt sich um die Ausfuhr genehmigungspflichtiger Waren.

AWV §§ 8 ff.

▶ Genehmigungsbedürftige Ausfuhr

Genehmigungsbedürftig sind Waren, deren Ausfuhr nach dem Außenwirtschaftsgesetz (AWG) einer Kontrolle unterliegen. Sie sind in der Ausfuhrliste zusammengefasst.

Beispiele: Genehmigungsbedürftig ist die Ausfuhr von

1. **Waren in Länder der H-Liste** (u.a. Irak, China, Kuba).
2. **Embargowaren** (Waffen, Munition, Rüstungsmaterial).
3. **Dual-use-Gütern,** bei denen sowohl militärische als auch zivile Nutzung möglich ist und die damit Embargowaren werden können (Computer, elektronische Steuerungen, Funkgeräte, Laborgeräte).

Anträge auf eine Ausfuhr-Genehmigung sind beim Bundesamt für Wirtschaft und Ausfuhrkontrolle in Eschborn zu stellen. Der Exporteur stellt zu diesem Zweck das entsprechende Antragsformular aus oder stellt den Antrag vollelektronisch mit ELAN K2.

9.6.5 Außenhandelsdokumente

Außenhandelsdokumente sind Urkunden, die im Zusammenhang mit dem Transport, der Versicherung und Verzollung der ein- und ausgeführten Ware ausgestellt werden müssen.

Transportpapiere (Kapitel 5.3)

Versicherungspapiere

Die **Versicherungspolice** ist eine vom Versicherer unterzeichnete Urkunde über den Abschluss eines Versicherungsvertrages. Sie enthält die Art und den Versicherungswert der Ware (CIF-Preis + 10 % imaginärer Gewinn), den gedeckten Reiseweg, die Art des Beförderungsmittels, den Namen des Versicherungsvertreters, dem etwaige Schäden zu melden sind, und die versicherten Risiken.

Zollpapiere

a) **Die Handelsrechnung (Handelsfaktura)** ist ein wichtiges Dokument im Zusammenhang mit den zoll- und devisenrechtlichen Bestimmungen des Einfuhrlandes. Sie muss mit dem Stempel und der Unterschrift des Exporteurs versehen sein.

b) **Die Konsulatsfaktura (Consular Invoice)** bildet die Grundlage für die Berechnung des Wertzolls. Das Konsulat des Bestimmungslandes bestätigt auf einem besonderen Konsulatsvordruck, dass der berechnete Wert mit dem tatsächlichen Wert übereinstimmt.

c) **Die Zollfaktura** ist eine vereinfachte Form der Konsulatsfaktura und gilt ebenfalls als Bemessungsgrundlage bei der Berechnung der Wertzölle in den Ländern des britischen Reiches (Commonwealth).

d) **Das Ursprungszeugnis (Certificate of Origin)** weist der Zollbehörde des Bestimmungslandes die tatsächliche Herkunft der Ware nach. Es wird von der zuständigen IHK ausgestellt.

e) **Die Warenverkehrsbescheinigung (Präferenzpapier)** wird vorgelegt, um den Nachweis zu führen, dass die Ware aus einem Land stammt, für dessen Güter bei der Einfuhr Präferenzzölle angewendet werden.

f) **Das Gesundheitszeugnis** ist bei der Einfuhr von Pflanzen und Tieren vorgeschrieben und soll verhindern, dass Seuchen und ansteckende Krankheiten eingeschleppt werden, z. B. Papageienkrankheit.

g) **Der Versandschein T2** ist der Nachweis für die Eigenschaft als EU-Ware.

h) **Das Carnet TIR (Transport International de Marchandises par la Route)** ist ein internationales Zollpapier, das die Beförderung von Zollgut auf Lastkraftwagen unter Zollverschluss über eine oder mehrere Grenzen erlaubt. Die Fahrzeuge sind mit einem TIR-Schild (blaues Feld mit weißer Schrift) gekennzeichnet.

i) **Das Rhein-Manifest** ist ein Zollpapier, das im Binnenschiffsverkehr auf dem Rhein für Einfuhr, Durchfuhr und Ausfuhr verwendet wird.

j) **Das Cargo-Manifest** ist das für den Luftverkehr erforderliche internationale Zollpapier.

9.6.6 Lieferungsbedingungen im Außenhandel

Die Frage, wer die **Kosten des** meist sehr langen **Transportweges** (Verpackungs-, Fracht-, Umschlag- und Wegekosten, Versicherungskosten, Zoll) und das **Transportrisiko** übernimmt, spielt im Überseegeschäft eine entscheidende Rolle. Im internationalen Handelsverkehr gelten die **In**ternational **Co**mmercial **Terms (»Incoterms«),** die bei der Internationalen Handelskammer in Paris hinterlegt sind. Zurzeit gelten die 11 Klauseln der »Incoterms® 2010«.

In den **Incoterms** wird u. a. festgelegt
- wer die **Fracht- und Versicherungskosten** sowie das Risiko trägt und
- wo die **Gefahr des zufälligen Untergangs der Ware** auf den Käufer übergeht.

Die gebräuchlichsten Lieferungsbedingungen sind:

Incoterms® 2010		
Gruppe	**Klausel**	**Bedeutung**
Gruppe E Abholklausel	**EXW** = **ex works**	**ab Werk.** Der Verkäufer hält die Ware zum vereinbarten Liefertermin am vereinbarten Ort (Werk, Lager) bereit. Die Kosten und das Risiko trägt der Käufer von dem Zeitpunkt an, ab dem die Ware abzunehmen ist.
Gruppe F Haupttransport vom Verkäufer nicht bezahlt	**FCA** = **f**ree **ca**rrier	**frei Frachtführer.** Der Verkäufer muss Waggon, Lkw, Container oder Binnenschiff auf seine Kosten beladen. Sobald die Ware vom Frachtführer übernommen ist, trägt der Käufer alle Kosten und das Risiko.
	FAS = **f**ree **a**longside **s**hip	**frei Längsseite Schiff.** Der Verkäufer muss die Ware längs des Schiffes, d. h. bis an die Verladeeinrichtung des Schiffes im Verschiffungshafen, auf seine Kosten und Gefahr anliefern. Das Verladerisiko trägt der Käufer, der auch den Schiffsraum besorgen muss.
	FOB = **f**ree **o**n **b**oard	**frei an Bord.** Der Verkäufer trägt alle Kosten und Gefahren bis zum Zeitpunkt, an dem die Ware im Verschiffungshafen an Bord des Schiffes ist. Der Käufer muss den Schiffsraum besorgen.
Gruppe C Haupttransport vom Verkäufer bezahlt	**CFR** = **c**ost and **fr**eight	**Kosten und Fracht.** Verladegebühren und Frachtkosten bis zum Bestimmungshafen trägt der Verkäufer. Das Transportrisiko trägt der Käufer ab dem Zeitpunkt, an dem die Ware im Verschiffungshafen an Bord des Schiffes ist. Der Verkäufer muss den Schiffsraum besorgen.
	CIF = **c**ost, **i**nsurance and **f**reight	**Kosten, Versicherung und Fracht** bis zum Bestimmungshafen trägt der Verkäufer, der auch den Schiffsraum zu besorgen hat. Das Transportrisiko trägt der Käufer ab dem Zeitpunkt, an dem die Ware im Verschiffungshafen an Bord des Schiffes ist.
	CIP = **c**arriage and **i**nsurance **p**aid	**frachtfrei versichert.** Der Verkäufer trägt die Fracht und Versicherung bis zum Bestimmungsort. Er besorgt auch den Laderaum. Der Käufer trägt das Transportrisiko, sobald die Ware vom Frachtführer übernommen wurde.
Gruppe D Ankunftsklauseln	**DAP** = **d**elivered **a**t **p**lace	**geliefert benannter Bestimmungsort.** Der Verkäufer trägt alle Kosten und das Transportrisiko bis zum angegebenen Bestimmungsort.
	DDP = **d**elivered **d**uty **p**aid	**geliefert verzollt.** Der Verkäufer trägt alle Transportkosten und das Transportrisiko bis zum Bestimmungsort, sowie die Zölle und sonstige Einfuhrabgaben.

Die FOB- und CIF-Klauseln gehören zu den geläufigsten Vereinbarungen im Überseehandel. CIF-Angebote werden von ausländischen Käufern bevorzugt, weil die von verschiedenen Exportländern eingegangenen Angebote (Preisbasis Bestimmungshafen) besser miteinander verglichen werden können. Bei CIF-Angeboten finden Reedereien des Exportlandes eher Berücksichtigung bei der Auswahl des erforderlichen Schiffsraums.

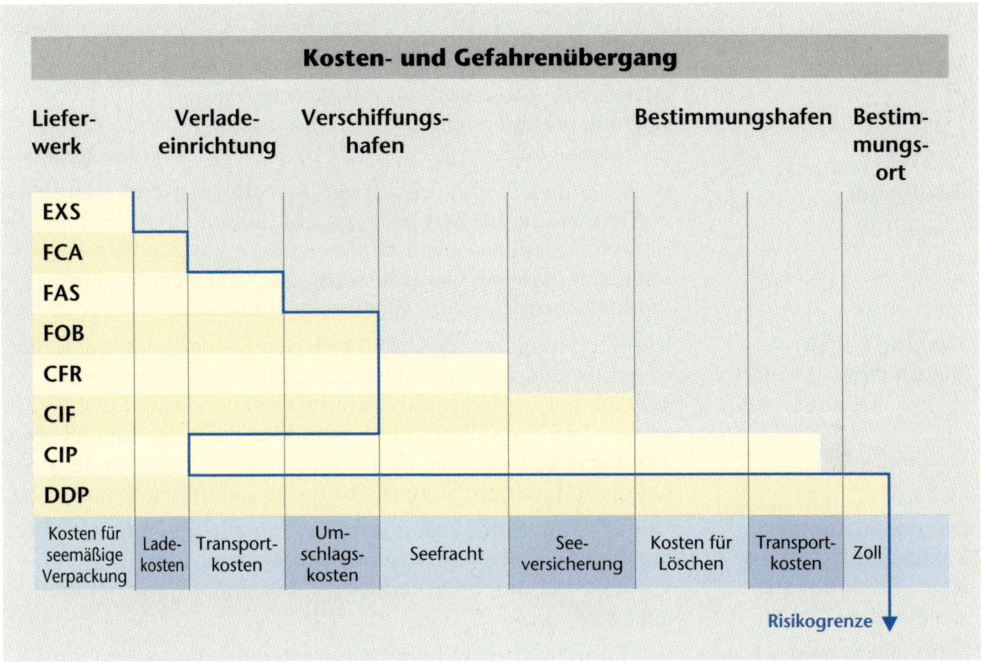

9.6.7 Verpackung im Außenhandel

Bei der Wahl des Verpackungsmaterials müssen die Dauer und die Art des Transports sowie die Vorschriften des Bestimmungslandes berücksichtigt werden. Die Verpackung muss vor allem transportsicher, kosten- und raumsparend sein. Rost- und wasserempfindliche Güter erhalten einen Schutz durch Rostschutzfarbe, Plastikhaut oder Ölpapier. Holzkisten werden durch Bandeisen und Klammern gesichert. Daneben verwendet man leichte, nassfest imprägnierte Panzerkartons. Im Überseeverkehr ist der Container (Großraumbehälter) das übliche Verpackungsmittel. Nahezu alle Güter können in diesen genormten Transportgefäßen auf einer durchgehenden Transportkette vom Absender bis zum Empfänger sicher und kostensparend befördert werden.

Beispiel: Containerumschlag im Hamburger Hafen

9.6.8 Zahlungsbedingungen im Außenhandel

Die große Entfernung zwischen den Handelspartnern, die Unsicherheiten in der Politik, Wirtschaft und Währung, sowie die Verschiedenheit der Rechtsordnungen verlangen besondere Maßnahmen zur Sicherung des Geldeingangs. Im Überseegeschäft wird allgemein nach dem Grundsatz verfahren, dass keine Ware den Verschiffungshafen verlässt, ohne dass eine entsprechende Gegenleistung seitens des ausländischen Importeurs erfolgt. Im Europageschäft wird häufig auch ein offenes Ziel eingeräumt.

Zahlungsvereinbarungen im Außenhandel	
Vorauszahlung	Wird von unsicheren Kunden verlangt, über die keine zuverlässige Auskunft eingeholt werden konnte, oder von solchen, die ihre Handelsniederlassungen in Ländern mit unsicheren Währungs- und Wirtschaftsverhältnissen haben.
Anzahlung	Ist üblich bei Großaufträgen von Investitionsgütern, deren Fertigung längere Zeit beansprucht (Lokomotiven, Schiffe, Brauereianlagen, Turbinen). Der Lieferant hat in diesem Falle eine gewisse Garantie, dass der Käufer nicht ohne Weiteres vom Kaufvertrag zurücktreten kann.
Zahlung gegen Dokumentenakkreditiv (Letter of **C**redit = **L/C).**	Der Rechnungsbetrag wird durch den Käufer bei einer Bank bereitgestellt. Die Auszahlung des Betrages erfolgt gegen Vorlage der im Akkreditiv (Kreditbrief) genannten Dokumente. Die Bank übernimmt in diesem Falle die Rolle eines Treuhänders zwischen Käufer und Verkäufer. Der Lieferant hat die unbedingte Sicherheit für den Zahlungseingang.
Dokumente gegen Bankakzept (Documents against **A**cceptance = **D/A)**	Der Exporteur erhält statt der Zahlung einen von einer Bank unterschriebenen Schuldschein (Bankakzept) des Importeurs, den er durch Diskontierung bei seiner Bank verwerten kann.
Dokumente gegen Kasse (Documents against **P**ayment = **D/P)**	Der Exporteur reicht unmittelbar nach der Verladung die Dokumente bei seiner Bank mit einem Inkassoauftrag ein. Sie reisen mit Luftpost (2 Ausfertigungen im Abstand von 2 Tagen) an die vom Importeur benannte Bank, die diese gegen Zahlung des Rechnungsbetrages an den Käufer aushändigt. Der Exporteur hat das Risiko, dass der Importeur die Annahme verweigert und die Dokumente nicht abnimmt.
Zahlung bei Lieferung (Cash **o**n **D**elivery = **COD)**	Die Zahlung »Zug um Zug« wird im Auslandsgeschäft vor allem bei den KEP-Diensten verwendet.
Zahlung gegen Rechnung	Die Zahlung erfolgt erst nach der Lieferung der Ware und Rechnungsstellung.
offenes Zahlungsziel	Nach der Lieferung wird dem Importeur ein offenes Zahlungsziel (z. B. von drei Monaten) eingeräumt.

Zur **gegenseitigen Absicherung** eventueller Risiken eignen sich insbesondere das **Dokumenteninkasso** oder das **Dokumenten-Akkreditiv.**

Dokumenteninkasso

Beim **Dokumenteninkasso** übernehmen die **Kreditinstitute** die Zahlungsabwicklung. Es handelt sich um ein »Zug-um-Zug-Geschäft«, d. h., die **Dokumente** erhält der Importeur nur **gegen Leistung.** Der Zahlungs- und Erfüllungsort ist im Bestimmungsland der Ware.

Für Inkassoaufträge wurden die »**Einheitlichen Richtlinien für Inkassi**« **(ERI 522)** von der Internationalen Handelskammer (ICC) herausgegeben.

Der Inkassoauftrag an die Einreicherbank enthält

– den Auftrag, die Dokumente weiterzuleiten,

- Angaben über die beigelegten Dokumente,
- den Namen und die Anschrift der Inkassobank,
- die Bedingungen für die Aushändigung der Dokumente an den Importeur,
- die Festlegung der Zahlungsart,
- d/p = Aushändigung der Dokumente gegen sofortige Zahlung,
- d/a = Aushändigung der Dokumente gegen Akzeptierung eines Wechsels.

Bei der Einreicherbank erfolgt keine Prüfung auf die Richtigkeit der Dokumente. Es wird lediglich die Vollständigkeit der Dokumente überprüft.

Beispiele für Dokumente, die dem Inkassoauftrag beigelegt werden können: Frachtbriefdoppel (CMR-, CIM-Frachtbrief, AWB, Seefrachtbrief), Konnossement, Ladeschein, Spediteurübernahmebescheinigung (FCR), quittierte Handelsrechnung, Konsulatsfaktura, Versicherungspolice.

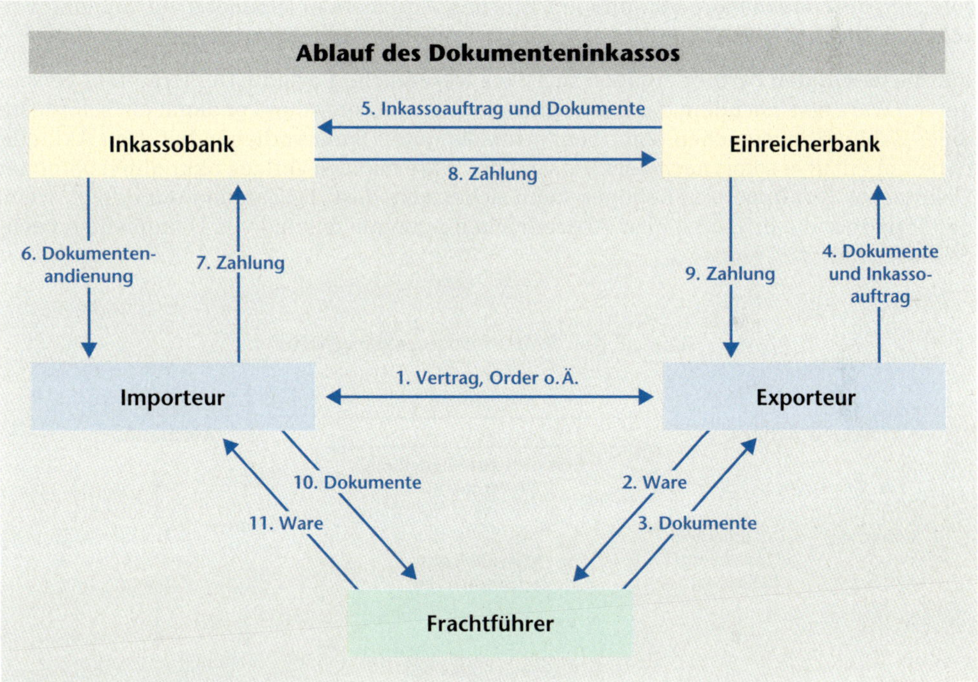

Vorteile:

- Kostengünstige Abwicklung.
- I. d. R. wird die Zahlung schneller durchgeführt als bei offener Rechnung.
- Es besteht die Möglichkeit, die Dokumente und damit die Ware an den Importeur Zug um Zug gegen Bezahlung auszuhändigen.
- Die ERI 522 sind international anerkannte Vertragsgrundlagen.

Nachteile:

- Keine Zahlungssicherheit, da das Transferrisiko, die politischen Risiken sowie das Risiko der Zahlungsunfähigkeit nicht gedeckt sind.
- Der Zahlungstermin ist unsicher.
- Es besteht ein Verlustrisiko, falls der Importeur sich weigert, die Dokumente anzunehmen.
- Rückführung der Ware bei Annahmeverweigerung.

Dokumentenakkreditiv

Unter einem **Dokumentenakkreditiv** versteht man die **Bereitstellung eines Betrages** bei der Bank des Auftraggebers (Akkreditivbank) oder durch die Vermittlung bei einer anderen Bank (Avisbank) **zur Auszahlung an den Begünstigten** (Akkreditierten) **gegen Einhaltung bestimmter Bedingungen.**

Die **ERA 600** der internationalen Handelskammer (ICC) sind einheitliche Richtlinien und Gebräuche für Dokumentenakkreditive.

Beim Dokumentenakkreditiv (letter of credit – L/C) bekommt der Exporteur den vereinbarten Kaufpreis von einer Bank, sobald er bestimmte, formgerechte Dokumente dort einreicht. Das Akkreditiv stellt ein selbstständiges Zahlungsversprechen der Akkreditivbank dar. Dieses ist vom zugrundeliegenden Kaufvertrag losgelöst (»abstrakt«). Die Kreditinstitute sind also unabhängig von privatrechtlichen Auseinandersetzungen zur Zahlung verpflichtet, sobald völlig akkreditivkonforme Dokumente vorgelegt werden.

Für die beteiligten Partner ergeben sich zwei wesentliche **Vorteile:** Der Exporteur versendet die Ware erst, nachdem das Akkreditiv eröffnet worden ist und er damit ein selbstständiges Zahlungsversprechen einer bonitätsmäßig guten Bank vorliegen hat. Den Akkreditivbetrag erhält er sofort nach dem Versand der Ware und der Vorlage akkreditivkonformer Dokumente. Der Importeur dagegen kann sicher sein, dass die Zahlung nur erfolgt, wenn der Exporteur die Erfüllung aller Akkreditivbedingungen anhand von Dokumenten nachgewiesen hat.

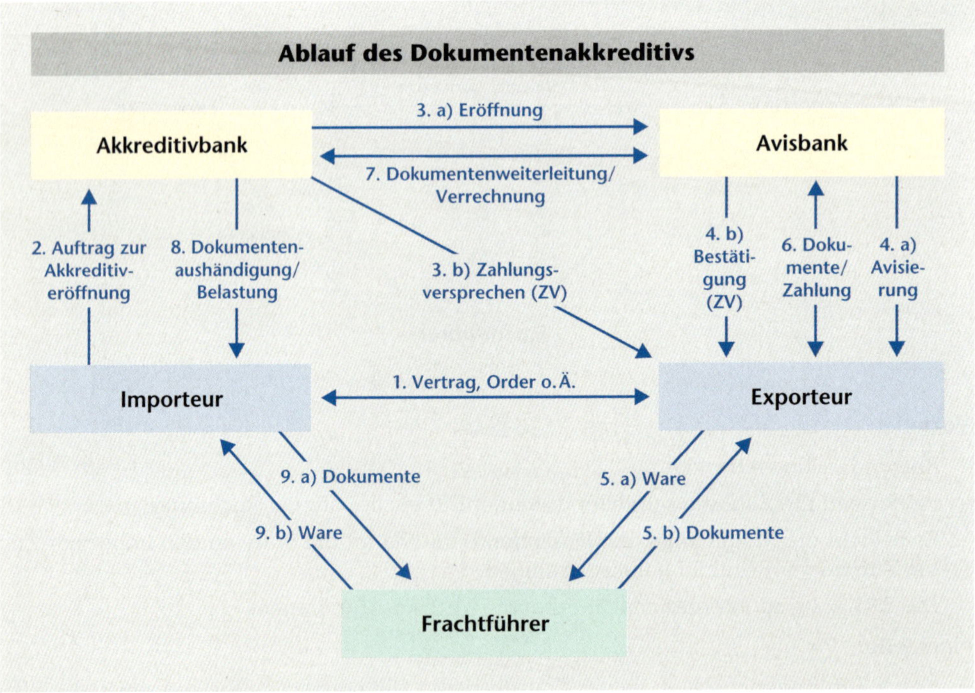

9.6.9 Förderung des Außenhandels

Staatliche Maßnahmen

▶ Handelsverträge

In einem Handelsvertrag werden die Wirtschaftsbeziehungen zwischen den Vertragsländern umfassend geregelt. Es können vereinbart werden: Art und Menge der Austauschgüter (Warenliste), Zollvergünstigungen (Meistbegünstigung), Art der Verrechnung, Konvertibilität der Währung, Angleichung von Rechtsvorschriften, Errichtung von Zweigniederlassungen, gewerblicher Rechtsschutz (Patente, Muster- und Markenzeichenschutz).

Man unterscheidet

a) **zweiseitige (bilaterale) Verträge.** Darunter versteht man Verträge, die zwischen zwei Staaten abgeschlossen werden (z.B. Vertrag zwischen Deutschland und einem Entwicklungsland).

b) **mehrseitige (multilaterale) Verträge.** Sie bezwecken die vertragliche Regelung der wirtschaftlichen Beziehungen mehrerer Länder (z.B. EU).

▶ Handels- und Verrechnungsabkommen

Es handelt sich um Vereinbarungen über Fragen des Warenaustausches (Warenkontingent) und der Abwicklung des Zahlungsverkehrs.

▶ Konsulate

Konsulate geben regelmäßig über die Wirtschaftslage in den fremden Ländern Berichte, die von der Gesellschaft für Außenwirtschaft und Standortmarketing mbH – German Trade and Invest (GTAI) ausgewertet und an die Interessenvertretungen der Wirtschaft weitergegeben werden.

▶ Steuer- und zollpolitische Maßnahmen

Sie sollen die Wettbewerbsfähigkeit des deutschen Exporteurs dem Ausland gegenüber fördern. Ausfuhrlieferungen sind daher von der Umsatzsteuer befreit. Für Waren, die aus dem Ausland zur Veredelung (aktiver Veredelungsverkehr) eingeführt werden, wird kein Zoll erhoben.

▶ Risikoübernahme durch den Staat

Sie erfolgt auf Antrag des Exporteurs für einen Teil der politischen und wirtschaftlichen Risiken. Zu den politischen Risiken gehören Kriegs-, Moratoriums-(Zahlungsaufschubs-), Zahlungsverbots-, Konvertierungs-(Umtausch-) und Transferrisiken, ferner die Risiken aus Forderungen gegen fremde Staaten oder öffentlich-rechtliche Körperschaften. Ein wirtschaftliches Risiko liegt vor, wenn ein ausländischer privater Kunde zahlungsunfähig wird. Bei Lieferungen an ausländische Regierungen und öffentlich-rechtliche Körperschaften übernimmt der Bund eine **Bürgschaft,** bei Geschäften mit privaten ausländischen Unternehmen eine **Garantie.** Einen Teil des Ausfalls muss der Exporteur selbst tragen (Selbstbeteiligung).

Mit der Bearbeitung der Bundesbürgschaften und -garantien ist die Euler Hermes AG, Hamburg, in Zusammenarbeit mit der PricewaterhouseCoopers AG, Frankfurt (Main), beauftragt.

Private Maßnahmen

Neben den Industrie- und Handelskammern, die ihre Mitglieder laufend über Exportmöglichkeiten, Ein- und Ausfuhrvorschriften informieren, kommt den Auslandshandelskammern eine besondere Bedeutung zu. Auslandshandelskammern sind freie Vereinigungen von Kaufleuten zweier Länder (z. B. Deutsch-Niederländische Handelskammer).

Kreditinstitute stehen ihren Kunden mit ihrer Finanzierungshilfe und ihrem Auskunfts- und Beratungsdienst zur Verfügung. Die Finanzierung mittel- und langfristiger Ausfuhrgeschäfte übernimmt vor allem die Ausfuhrkredit-Gesellschaft mbH (AKA), Frankfurt (Main).

Weitere Möglichkeiten, den Absatz von Exporteuren zu verbessern, bieten das **Factoring** (Kapitel 10.2.7), die **Forfaitierung** (Kapitel 10.2.7) und das **Franchising** (Kapitel 7.7.1).

Exportkreditversicherung

Ein Kaufmann, der Waren auf Ziel verkauft, läuft Gefahr, dass er durch Zahlungsunfähigkeit seines Schuldners (wirtschaftliches Risiko) oder bei Auslandsgeschäften auch durch politische Ereignisse (politisches Risiko) Verluste erleidet. Durch eine private Exportkreditversicherung kann das wirtschaftliche Risiko abgedeckt werden. Das politische Risiko einer Auslandslieferung wird zusammen mit dem wirtschaftlichen auf Antrag durch die Bundesrepublik Deutschland übernommen.

In jedem Falle hat der Lieferant aber einen Teil des Verlustes selbst zu tragen (Selbstbeteiligung). Dadurch soll der Lieferant gezwungen werden, die Kreditwürdigkeit seines Kunden sorgfältig zu prüfen. Man unterscheidet folgende Arten:

▶ Die Waren-Kreditversicherung

Sie wird auch **Delkredereversicherung** genannt. Sie übernimmt Verluste, die durch Zahlungsunfähigkeit eines inländischen oder westeuropäischen Kunden entstehen. Die Selbstbeteiligung beträgt in der Regel 30 %. Anbieter dieser Kreditversicherungen sind u. a. Atradius N. Y., Coface S. A., Euler Hermes AG.

▶ Die Exportkredit-Versicherung

Sie deckt Schäden, die einem Exporteur durch **Ausfälle bei ausländischen Forderungen** erwachsen. Politische Risiken sind jedoch ausgeschlossen. Das wirtschaftliche Risiko besteht vor der Versendung in einem Produktionsrisiko, weil noch vor Fertigstellung der Ware der Kunde zahlungsunfähig werden und der Verkauf im Inland nicht mehr oder nur zu geringerem Preis möglich sein könnte. Nach der Versendung spricht man vom eigentlichen **Ausfuhrrisiko.** Die Selbstbeteiligung des Exporteurs am Forderungsausfall richtet sich nach der Kreditwürdigkeit des Kunden und der wirtschaftlichen Lage im Schuldnerland und beträgt 10 % bis 15 %.

▶ Die Export-Vorfinanzierungs-Versicherung

Sie wird vom Exporteur abgeschlossen und deckt Ausfälle, die seinem Kreditinstitut bei der Finanzierung von Ausfuhrgeschäften dadurch entstehen können, dass **der Exporteur selbst zahlungsunfähig wird.** Mit dem Abschluss einer Export-Vorfinanzierungs-Versicherung beschafft sich der Exporteur ein Sicherungsmittel, das er seiner Bank anbieten kann.

Zusammenfassende Übersicht zu Kapitel 9.6: Außenhandel

Außenhandel

Ursache:
- ungleiche Rohstoffverteilung
- unterschiedliche Klimaverhältnisse
- unterschiedliche Wirtschaftsstruktur
- ungleicher Stand der Technik
- unterschiedliche Kostenstruktur

Einfuhr – genehmigungsfrei und -pflichtig → **Zollverfahren**
- Freistellung, Verzollung, Veredelung → Zollgut wird Freigut
- Zollgutversand, Zolllagerung, Zollgutverwendung → Zollgut bleibt Zollgut

Transit

Ausfuhr – genehmigungsfrei und -pflichtig → **Dokumente**
- Transportdokumente
- Versicherungsdokumente
- Zolldokumente

Lieferungsbedingungen

INCOTERMS
- E-Klausel
- F-Klauseln
- C-Klauseln
- D-Klauseln

Zahlungsbedingungen
- Vorauszahlung/Anzahlung
- D/P
- D/A
- L/C
- COD

Förderung des Außenhandels durch staatliche und private Maßnahmen

▶ Aufgaben und Probleme

1. Die Impex GmbH, Mannheim, ist Ausrüster von Projekten für Unternehmen in aller Welt. Zurzeit steht sie in Verhandlungen mit einem chinesischen Importeur aus Shanghai über die Lieferung von Präzisionswerkzeugmaschinen im Gesamtwert von 250.000 EUR.

   a) Nach den Vorschriften der Ausfuhrliste ist für diese Güter eine Ausfuhrgenehmigung notwendig. An welche Behörde ist der Antrag auf Ausfuhrgenehmigung zu richten?

   b) Langwierige Verhandlungen mussten bei den Lieferungsbedingungen geführt werden. Nach dem Willen des chinesischen Kunden sollte »CIF Shanghai« vereinbart werden; der deutsche Exporteur konnte jedoch seine Vorstellung (»FOB

Bremerhaven«) durchsetzen. Erläutern Sie die beiden Klauseln jeweils vom Standpunkt des Exporteurs und Importeurs aus.

c) Im Verlauf der zähen Verhandlungen einigte man sich auf die Zahlung gegen Dokumentenakkreditiv.

Skizzieren Sie die Abwicklung dieser Zahlungsbedingung.

d) Zählen Sie die Dokumente auf, mit denen das Akkreditiv eingelöst werden könnte.

2. Die Food-Import GmbH, Bielefeld, importiert von der SIAM-Export Ltd. Thailand 20 t Reis. Die Sendung wird in einem Container auf dem Seeweg nach Hamburg transportiert und von dort per Bahn nach Bielefeld weitergeleitet. Die Zollabfertigung wird in Bielefeld vorgenommen.

   a) Schildern Sie die zollamtliche Abwicklung dieses Importvorgangs, bis die Food-Import GmbH über die Ware verfügen kann.

   b) Nennen Sie die Unterlagen, die dem Zollamt vorgelegt werden müssen.

   c) Mit welchen Eingangsabgaben muss die Food-Import GmbH rechnen?

3. Beschreiben Sie die Schritte bei der Abwicklung des Dokumentenakkreditivs (vgl. Bild S. 494).

10 Finanzierung und Investition

Wird ein Unternehmen gegründet oder erweitert, ist zu entscheiden, welche Vermögenswerte beschafft und wie sie finanziert werden sollen.

Als **Finanzierung** bezeichnet man die **Beschaffung und Bereitstellung von Geld- und Sachmitteln** in einem Unternehmen.

Die Finanzierungsmittel werden auf der Passivseite der Bilanz ausgewiesen. Sie zeigt somit, woher die Mittel kommen (Eigenkapital oder Fremdkapital). Die Finanzierung gibt also Auskunft über die **Mittelherkunft.**

Anlass der Beschaffung finanzieller Mittel ist die Investition in langfristiges Anlagevermögen (Grundstücke) und in kurzfristiges Umlaufvermögen (Waren).

Als **Investition** bezeichnet man die **Bindung bereitgestellter Geld- und Sachmittel** im Vermögen des Unternehmens.

Die Vermögenswerte eines Unternehmens werden auf der Aktivseite der Bilanz ausgewiesen. Sie zeigt somit, wozu man die beschafften Mittel verwendet hat (Anlagevermögen oder Umlaufvermögen). Die Investition gibt also Auskunft über die **Mittelverwendung.** Sie kann ausgelöst werden durch eine **Ersatzinvestition (Reinvestition),** d. h., abgenutzte Vermögenswerte werden ersetzt. Bei einer **Erweiterungsinvestition (Nettoinvestition)** wächst das Vermögen des Unternehmens; die Bilanzsumme wird größer.

Vermögen (Aktiva) **Bilanz** (Passiva) **Kapital**

Mittelverwendung ≙ **Investition** ←	Mittelherkunft ≙ **Finanzierung**
Beispiele: 1. Mit den vom Unternehmer eingebrachten Mitteln werden Maschinen gekauft. 2. Der vom Gesellschafter eingebrachte Wagen dient jetzt als Geschäftswagen. 3. Mit dem bereitgestellten Kredit wird ein Grundstück bezahlt.	**Beispiele:** 1. Der Unternehmer stellt dem Unternehmen aus einer Erbschaft Mittel in Form von Geld zur Verfügung. 2. Ein neu eintretender Gesellschafter stellt seinen Privatwagen zur Verfügung. 3. Die Bank gewährt dem Unternehmen einen Kredit zum Kauf eines Grundstücks.

10.1 Kapitalbedarfsrechnung und Finanzplanung

Die Kapitalbedarfsrechnung gibt Aufschluss über das notwendige Kapital ab der Gründungsplanung bis zur laufenden Betriebstätigkeit. Die Finanzplanung stellt die Mittelabflüsse und Mittelzuflüsse einander gegenüber und bietet Lösungen für auftretende Deckungslücken.

10.1.1 Kapitalbedarfsrechnung

Kapitalbedarf für die Gründung und Errichtung des Unternehmens

Kapital wird für folgende Zwecke benötigt:

a) Vorbereitung der betrieblichen Leistungserstellung wie Gründungsplanung, Marktanalyse, Einführungswerbung, Gerichts- und Notarkosten, Maklergebühren.

b) **Vermögensaufbau** je nach
   1. dem **Geschäftszweig** und der **Vermögensstruktur,**
   2. der **beabsichtigten Betriebskapazität,**
   3. dem **vorgesehenen Warenangebot** und deren **Mindestbeständen.**

c) **Aufbau der Organisation** mit Datenverarbeitungsanlagen.

Kapitalbedarf für die laufende Betriebstätigkeit

Der Kapitalbedarf fällt im Augenblick der Geldausgabe an und dauert so lange, bis eine Geldeinnahme erfolgt. Ausgelöst werden Geldausgaben im Warenbereich, Personalbereich und Verwaltungs- und Vertriebsbereich.

Beispiel für den Kapitalbedarf:

Kapitalbedarf für die Gründung		
Gründungskosten	40.000 EUR	
Kauf des Anlagevermögens	800.000 EUR	
Erstausstattung mit Waren	60.000 EUR	900.000 EUR
Kapitalbedarf für die laufende Tätigkeit		
Wareneinsatz für 50 Tage	250.000 EUR	
Personal- und Verwaltungskosten für 70 Tage	140.000 EUR	390.000 EUR
Summe des Kapitalbedarfs		1.290.000 EUR

<table>
<tr><th colspan="3">Kapitalbedarf für die laufende Betriebstätigkeit</th></tr>
<tr><td colspan="2">Wareneingang</td><td>Zahlungseingang</td></tr>
<tr><td colspan="2">Lagerdauer der Waren
40 Tage</td><td>Verkauf mit Kundenziel
30 Tage</td></tr>
<tr><td>Lieferantenziel
z. B. 20 Tage</td><td colspan="2">Kapitalbedarf für Waren
50 Tage</td></tr>
<tr><td colspan="3">Kapitalbedarf für Personal und Verwaltung
70 Tage</td></tr>
</table>

10.1.2 Finanzplanung

Für die laufende Geschäftstätigkeit erstellt man Finanzpläne. Diese sind kurzfristige Vorschaurechnungen für den Geldbedarf im normalen Geschäftsablauf (Monats-, Quartals- und Jahresplan). In den Plänen werden die erwarteten Einnahmen und Ausgaben (Sollzahlen) einander gegenübergestellt. Später werden zur Kontrolle die tatsächlichen Einnahmen und Ausgaben (Istzahlen) mit den Sollzahlen verglichen.

Die **Finanzplanung** hat die Aufgabe, **Kapitalquellen zu ermitteln, Kapital zu beschaffen, Finanzierungsvorgänge zu steuern** und die **Zahlungsbereitschaft (Liquidität) zu gewährleisten.**

Jeder Finanzplan besteht aus dem Einnahmen-, Ausgaben- und Kreditplan. Letzterer enthält die Höhe und die Art der Kredite, die zur Schließung der Finanzierungslücken in Anspruch genommen werden können. Die einfachste und bequemste Möglichkeit des Ausgleichs ist der Kontokorrentkredit. Bei ausreichendem Kreditlimit kann durch seine Inanspruchnahme jede Deckungslücke umgehend ausgeglichen werden (Kapitel 10.2.2).

Beispiel eines Finanzplanes:

In einem Unternehmen soll der Finanzplan für das kommende Quartal aufgestellt werden. Alle Zahlungsvorgänge werden über ein Bankkonto abgewickelt. Für Finanzierungslücken steht ein Kreditlimit von 15.000 EUR zur Verfügung. Der Finanzplan weist zum 30.09. folgende Planzahlen aus:

Bankschuld 30.09.: 3.000 EUR

	Oktober	November	Dezember
fällige Forderungen	90.000 EUR	61.000 EUR	75.000 EUR
fällige Verbindlichkeiten	70.000 EUR	35.000 EUR	45.000 EUR
sonstige Erträge			11.500 EUR
Personalkosten	20.000 EUR	20.000 EUR	20.000 EUR
Zinsbelastung	1.200 EUR		1.200 EUR
Versicherungen			2.000 EUR
sonstige Kosten	4.000 EUR	4.000 EUR	4.000 EUR

	Oktober*	November*	Dezember*
Kontostand Monatsanfang	–3.000	–8.200	–6.200
Einnahmen			
Forderungen	90.000	61.000	75.000
sonstige Erträge			11.700
	90.000	61.000	86.700
Ausgaben			
Verbindlichkeiten	70.000	35.000	45.000
Personalkosten	20.000	20.000	20.000
Zinsbelastung	1.200		1.200
Versicherungen			2.000
sonstige Kosten	4.000	4.000	4.000
	95.200	59.000	72.200
Überschuss		2.000	14.500
Fehlbetrag	–5.200		
Saldo	–8.200	–6.200	8.300

* alle Beträge in EUR

Zusammenfassende Übersicht zu Kapitel 10.1: Kapitalbedarfs- und Finanzplanung

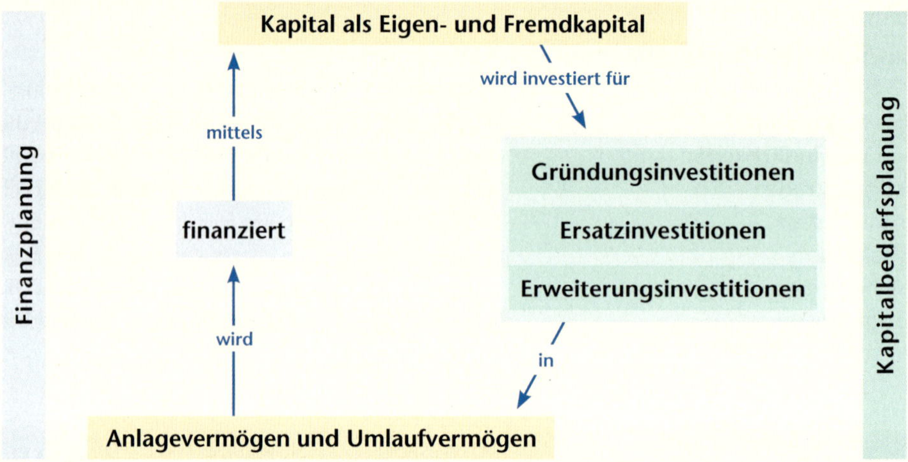

▶ Aufgaben und Probleme

1. Worin unterscheiden sich Investition und Finanzierung?
2. Ordnen Sie die folgenden Begriffe der Aktiv- oder Passivseite der Bilanz zu: Mittelverwendung, Finanzierung, Investition, Mittelherkunft, Vermögen.
3. Worin unterscheiden sich Investitionsplanung und Finanzplanung?
4. Die Reifen Roesch GmbH kauft am 20.07. Waren mit einem Zahlungsziel von 40 Tagen. Die durchschnittliche Lagerdauer bis zum Verkauf beträgt 63 Tage. Die GmbH räumt ein Kundenziel von 30 Tagen ein.

   Für wie viele Tage müssen die Waren von der GmbH finanziert werden?
5. Führen Sie das Beispiel der Finanzplanung (Seite 501) für die Monate Januar und Februar mithilfe einer Tabellenkalkulation weiter:

   Januar – Zahlungseingänge von Kunden 85.000 EUR, sonstige Erträge aus dem Verkauf von Wertpapieren 15.000 EUR, Ausgaben für Waren 50.000 EUR für die Lieferung des Vormonats. Eine Warenlieferung wird vorzeitig mit 20.000 EUR bezahlt. Personalkosten und sonstige Kosten wie im Vormonat.

   Februar – Zahlungseingänge von Kunden 80.000 EUR, Ausgaben für Waren 50.000 EUR, Personalkosten und sonstige Kosten wie im Vormonat.

   a) Welchen Stand hat das Bankkonto Ende Februar?

   b) Wie hoch ist der Kontostand Ende Januar tatsächlich, wenn eine erwartete Kundenforderung von 35.000 EUR nicht beglichen wird?

   c) Mit welchen Forderungen könnte die Bank aufgrund des Kontostandes Ende Januar an das Unternehmen herantreten?

   d) Ende Februar sind die 35.000 EUR immer noch nicht eingegangen. Begründen Sie, ob sich das Unternehmen noch im Rahmen seiner Finanzplanung bewegt.

10.2 Finanzierungsarten

Vor jeder Finanzierungsmaßnahme muss sich der Kaufmann entscheiden, ob er die benötigten Geld-, oder Sachmittel von außerhalb des Unternehmens beschaffen muss oder dem Unternehmen selbst entnehmen kann. Je nach Herkunft der Mittel unterscheidet man die nachfolgenden Finanzierungsarten.

Außenfinanzierung

Die Finanzierungsmittel werden von **außen** als Eigenkapital oder Fremdkapital in das Unternehmen eingebracht. Demnach unterscheidet man nach der Rechtsstellung der Kapitalgeber

- die **Beteiligungsfinanzierung,**
- die **Fremdfinanzierung.**

Der Markt für die Beteiligungsfinanzierung und langfristige Fremdfinanzierung wird als **Kapitalmarkt,** der Markt für die kurzfristige Fremdfinanzierung als **Geldmarkt** bezeichnet.

Innenfinanzierung

Die Finanzierungsmittel werden von **innen,** d. h. von dem Unternehmen selbst aufgebracht, und zwar durch die **Selbstfinanzierung** (Nichtausschüttung von Gewinn) und die **Finanzierung aus Abschreibungen.**

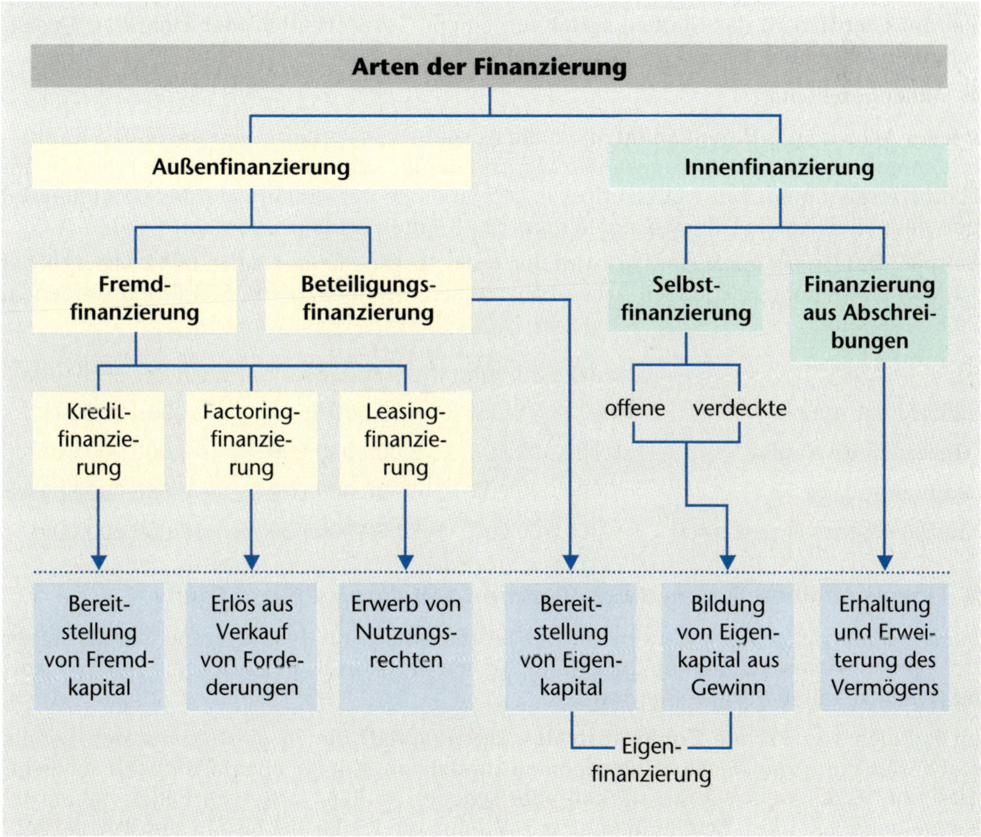

10.2.1 Beteiligungsfinanzierung

Beteiligungsfinanzierung ist die **Bereitstellung von Eigenkapital durch den oder die Eigentümer** des Unternehmens. Sie ist **Außenfinanzierung.**

Die Beteiligungsfinanzierung ist eine Form der **Eigenfinanzierung.** Die Eigentümer sind mit ihren Kapitaleinlagen am Unternehmen beteiligt und tragen das Kapitalrisiko. Die Art und Weise der Beteiligungsfinanzierung ist bei den einzelnen Unternehmen je nach Rechtsform verschieden.

Beteiligungsfinanzierung bei Einzelunternehmen und Personengesellschaften

Einzelunternehmen	Offene Handelsgesellschaft	Kommanditgesellschaft
Beim **Einzelunternehmen** wird das gesamte Eigenkapital von einem Unternehmer aufgebracht.	Bei der **OHG** bringen mehrere Gesellschafter das Eigenkapital auf.	Bei der **KG** bringen neben den Komplementären auch Kommanditisten das Eigenkapital auf.
	Eine Eigenkapitalerhöhung ist durch weitere Kapitaleinlagen, aber auch durch Aufnahme neuer Gesellschafter möglich.	

Beteiligungsfinanzierung bei den Kapitalgesellschaften

▶ Gesellschaft mit beschränkter Haftung

Bei der **GmbH** wird das **Stammkapital** von einem Gesellschafter oder mehreren Gesellschaftern aufgebracht.

▶ Aktiengesellschaft

Bei der **AG** wird das **Eigenkapital** durch die Ausgabe von Aktien aufgebracht. Die Kapitalerhöhung bedarf einer Satzungsänderung und damit einer qualifizierten Mehrheit in der Hauptversammlung. Der Mittelzufluss erfolgt in Höhe der Einlage auf das **Grundkapital** und des vollen Agios. Dieses Aufgeld muss der **Kapitalrücklage** zugeführt werden.

Beispiel: Das Grundkapital einer AG wird durch die Ausgabe junger Aktien um 2 Mio. EUR auf 10 Mio. EUR erhöht. Die jungen Aktien haben einen Nennbetrag von 5 EUR und werden zu 20 EUR verkauft.

	vor der Erhöhung	Zugang	nach der Erhöhung
Anzahl der Aktien	1.600.000 Stück	400.000 Stück	2.000.000 Stück
Gezeichnetes Kapital	8.000.000 EUR	2.000.000 EUR	10.000.000 EUR
Kapitalrücklage	1.000.000 EUR	6.000.000 EUR	7.000.000 EUR
ausgewiesenes Eigenkapital	9.000.000 EUR	8.000.000 EUR	17.000.000 EUR

Eigenkapitalbeteiligung durch Venture Capital bzw. Private Equity

Fehlt jungen innovativen Unternehmen, die die »Start-up«-Finanzierung bereits hinter sich haben, weiteres Eigenkapital, können sie von Investoren mit zinslosem **Venture Capital** (Wagniskapital) ausgestattet werden.

Im Rahmen von **Private Equity (privates Eigenkapital)** bieten diese Investoren bereits etablierten mittelständischen Unternehmen zusätzliches Kapital ebenfalls zinslos an, wenn diese ihre Eigenkapitaldecke stärken oder schonen wollen. In beiden Fällen gehen die Kapitalgeber mit ihren Beteiligungen für 5–7 Jahre ein Risiko ein, bis hin zum Totalausfall.

Dafür verlangen sie bei erfolgreichem Verkauf ihrer Beteiligung **(Management Buy Out)** eine Rendite von 20 % und mehr.

Der Ablauf der Finanzierung bei beiden Varianten kann in drei Phasen unterteilt werden:

Phase 1: Kapitalaufnahme

Kapitalgeber beteiligen sich nach intensiver Prüfung direkt an einem Unternehmen oder bringen ihr Kapital in eine Kapitalbeteiligungsgesellschaft ein. Diese ist darauf spezialisiert, die von ihr ausgesuchten Unternehmen für eine festgelegte Zeit zu finanzieren.

Beispiele: »DVC Deutsche Venture Capital«, München; »AXA Private Equity GmbH«, Frankfurt

Phase 2: Investition

Die Unternehmen nutzen das kostenlose Beteiligungskapital für erfolgversprechende Innovationen oder Investitionen. Sie können damit auch Gesellschafterstrukturen umschichten oder Nachfolgeregelungen finanzieren.

Phase 3: Ausstieg (Exit)

Die Investoren verkaufen ihren Anteil nach erfolgreichen 5–7 Jahren mit kräftigem Gewinn an die Start-up-Unternehmer oder über den Kapitalmarkt und investieren in ein neues Projekt.

10.2.2 Fremdfinanzierung

Fremdfinanzierung ist die **Bereitstellung von Fremdkapital durch fremde Personen (Gläubiger).**

Im Gegensatz zur Beteiligungsfinanzierung entsteht bei der Fremdfinanzierung kein Beteiligungs-, sondern ein **Kreditverhältnis.** Fremdfinanzierung verursacht Ausgaben durch den Kapitaldienst (Zinsen und Tilgung), die zu Liquiditätsschwierigkeiten führen können. Deshalb ist sowohl auf die Höhe als auch auf die zeitliche Befristung des überlassenen Fremdkapitals zu achten. Andererseits können die Zinsen als Aufwendungen von den Erträgen abgezogen werden und vermindern so den zu versteuernden Gewinn.

langfristiges Fremdkapital	kurzfristiges Fremdkapital
Langfristiges Fremdkapital dient der Finanzierung des Anlagevermögens und der Schuldenkonsolidierung, d. h. der Umwandlung kurzfristiger in langfristige Kredite. Ab einer Laufzeit von vier Jahren spricht man von langfristig.	Kurzfristiges Fremdkapital dient der Finanzierung von Umlaufvermögen, vor allem des Warenbestandes und der Forderungen. Bis zu einer Laufzeit von einem Jahr spricht man von kurzfristig.
Beispiele: Darlehen, Unternehmensanleihen	Beispiele: Kontokorrentkredit, Lieferantenkredit

Beschaffung von langfristigem Fremdkapital

▶ Darlehen

Als Darlehen bezeichnet man langfristige Kredite, die in Form eines Geldbetrages in vereinbarter Höhe zur Verfügung gestellt werden. Darlehen werden zumeist von Banken aus gewährt und nach einem vereinbarten Tilgungsplan getilgt. *BGB § 488*

Das besondere Merkmal des Darlehens besteht darin, dass der Schuldner sich festlegen muss,

- in welcher Höhe und in welcher Zeit er tilgen will und
- dass er über getilgte Beträge nicht mehr verfügen kann.

Beispiel: Darlehen von 140.000 EUR; derzeitiger Stand von 60.000 EUR. Der Schuldner muss einen neuen Kreditantrag stellen, wenn er die aktuelle Restschuld wieder aufstocken will. Dies gilt selbst dann, wenn die bisherige Bank über die ursprünglich gegebene Kreditsicherheit verfügt.

Darlehensvertrag

Darlehensnehmer (Name, Anschrift)	Bank
Andreas Huck Am Wald 16 79822 Neustadt	Kreditbank AG Hauptstr. 14 79822 Neustadt

Darlehensnehmer und Bank schließen folgenden Vertrag:

1. **Höhe des Darlehens:**
   Die Bank stellt EUR 140.000,00 zur Verfügung.
2. **Verwendungszweck:**
   Ablösung Sparkasse Neustadt
3. **Konditionen:**
   3.1 Verzinsung: Ab dem Tag der Auszahlung 4,5 % jährlich. Der Zinssatz ist
   ( ) variabel
   (x) festgeschrieben bis zum 30.12.2019.
   3.2 Auszahlung: Das Darlehen wird zu einem Auszahlungskurs von 100 % ausgezahlt.

...

5. **Darlehensrückzahlung:**
   Das Darlehen ist wie folgt zurückzuzahlen:
   ( ) in voller Höhe am ______________
   ( ) in Raten von EUR ______________
   (x) in gleichbleibenden Raten für Zins und Tilgung von EUR 995,00 jeweils fällig am 1. monatlich, erstmals am 01.01.2015

...

7. **Sicherheiten:** Grundschuld über EUR 140.000,00

Als Finanzierungskosten fallen Zinsen an und eventuell Disagio, Bereitstellungsprovision und Bearbeitungsgebühren. **Disagio** bedeutet, dass der beantragte Kredit nicht zu 100 % ausbezahlt wird, sondern z. B. nur zu 98 %. Getilgt werden müssen aber 100 %, sodass das Disagio die angegebene **Nominalverzinsung** erhöht. Die **Effektivverzinsung** ist damit höher als die Nominalverzinsung.

Beispiel: 10.000 EUR Kredit für ein Jahr, bei 3 % Disagio und 7 % Nominalzinssatz

Kredit	Disagio	Auszahlung	Nominalverzinsung	Gesamtbelastung	Effektivverzinsung*
10.000 EUR	3 % ≙ 300 EUR	9.700 EUR	7 % ≙ 700 EUR	1.000 EUR	10,3 %

$$\text{* Formel: } = p = \frac{\text{Gesamtbelastung}}{\text{Auszahlung}} \cdot 100 = \frac{1.000\text{ EUR}}{9.700\text{ EUR}} \cdot 100 = 10{,}3\ \%$$

a) Festdarlehen. Beim Festdarlehen muss der Kreditnehmer während der Laufzeit lediglich regelmäßig die gleichbleibenden Zinsen aufbringen. Die Darlehenssumme ist erst am Ende der Laufzeit fällig.

Beispiel: 100.000 EUR für 10 Jahre, Zinsen jährlich 6 % von 100.000 EUR, Tilgung nach 10 Jahren. Die Belastung Ende des 10. Jahres beträgt 106.000 EUR.

b) Ratendarlehen. Beim Ratendarlehen zahlt der Schuldner regelmäßig gleichbleibende Tilgungsraten pro Jahr. Aufgrund der jährlichen Tilgung sinkt entsprechend die Zinsbelastung. Die Gesamtbelastung nimmt von Jahr zu Jahr ab.

Beispiel: 100.000 EUR für 10 Jahre, Zinsen jährlich 6 % von der Restschuld. Die Belastung Ende des 10. Jahres beträgt 10.600 EUR.

c) Annuitätendarlehen. Dieses Darlehen ist durch einen jährlich steigenden Tilgungs- und einen jährlich fallenden Zinsanteil gekennzeichnet. Addiert man beide Größen, ergibt sich die Gesamtbelastung pro Jahr (Annuität), die über die Laufzeit gleich bleibt.

Beispiel: 100.000 EUR für 10 Jahre, Zinsen jährlich 6 %, Tilgung 10 % plus ersparte Zinsen, Annuität 16.000 EUR.

Jahr	Darlehensschuld	Zinsbelastung	Tilgung	Annuität
1	100.000 EUR	6.000 EUR[1)]	10.000 EUR[2)]	16.000 EUR
2	90.000 EUR[3)]	5.400 EUR[4)]	10.600 EUR[5)]	16.000 EUR
3	79.400 EUR	4.764 EUR	11.236 EUR	16.000 EUR
4	68.164 EUR	...	...	...
...	...	...	...	...

1) Ermittlung der Zinsbelastung 1. Jahr : 6 % aus 100.000 EUR = 6.000 EUR
2) Ermittlung der Tilgung 1. Jahr: 16.000 EUR Annuität – 6.000 EUR Zinsen = 10.000 EUR
3) Ermittlung der Restschuld 1. Jahr: 100.000 EUR – 10.000 EUR = 90.000 EUR
4) Ermittlung der Zinsbelastung 2. Jahr: 6 % aus 90.000 EUR = 5.400 EUR
5) Ermittlung der Tilgung 2. Jahr: 16.000 EUR – 5.400 EUR = 10.600 EUR

▶ Unternehmensanleihen

Das Unternehmen nimmt durch den Verkauf einer Anleihe langfristig Geld am Kapitalmarkt auf. Kapitalgeber sind **Kapitalsammelstellen** wie Banken, Versicherungen, Pensionskassen. Die **Rückzahlung** der Anleihe beginnt in aller Regel erst nach Ablauf einiger tilgungsfreier Jahre. Das Unternehmen kann je nach Investitionsvorhaben eine feste Laufzeit, die vorzeitige Rückzahlung in vollem Umfang oder in Teilbeträgen vereinbaren. Die **Verzinsung** erfolgt entweder als:

- **Nominalverzinsung,** d. h. jährliche feste Zinszahlung.
- **Abzinsung,** d. h., das Papier wird weit unter dem Nominalwert verkauft und am Ende der Laufzeit zum Nennwert zurückbezahlt.
- **variable Verzinsung,** d.h., der zu zahlende Zinssatz richtet sich nach den Veränderungen auf dem Kapitalmarkt.

Beispiel: Die Solarstrom AG in Marl sucht am Kapitalmarkt 50 Mio. EUR. Sie bietet 3,25 % Festverzinsung, 5 Jahre Laufzeit, Mindestanlage 1.000 EUR, Rückzahlungskurs 100 %, Endfälligkeit 14.12.2019. Die Anleihe wird an der Frankfurter Wertpapierbörse notiert.

■ Beschaffung von kurzfristigem Fremdkapital

▶ Kontokorrentkredit

Zur Finanzierung seiner kurzfristigen Verbindlichkeiten erhält das Unternehmen auf Antrag eine **Kreditgrenze (Kreditlimit)** eingeräumt, bis zu der es jederzeit sein laufendes Konto (Kontokorrent) in Anspruch nehmen darf. Die Inanspruchnahme des Kredites ist also ganz in sein Belieben gestellt: Das Unternehmen kann sein Limit voll ausschöpfen

(vereinbarte Überziehung) oder teilweise in Anspruch nehmen. Die Zinsen werden stets vom jeweiligen Saldo errechnet. Wenn das vereinbarte Limit überschritten wird **(geduldete Überziehung),** fallen für diese Beträge Überziehungszinsen an. Laut Vertrag ist der Kontokorrentkredit ein kurzfristiger Kredit, in der Praxis ein langfristiger, da die zeitliche Befristung stets verlängert wird.

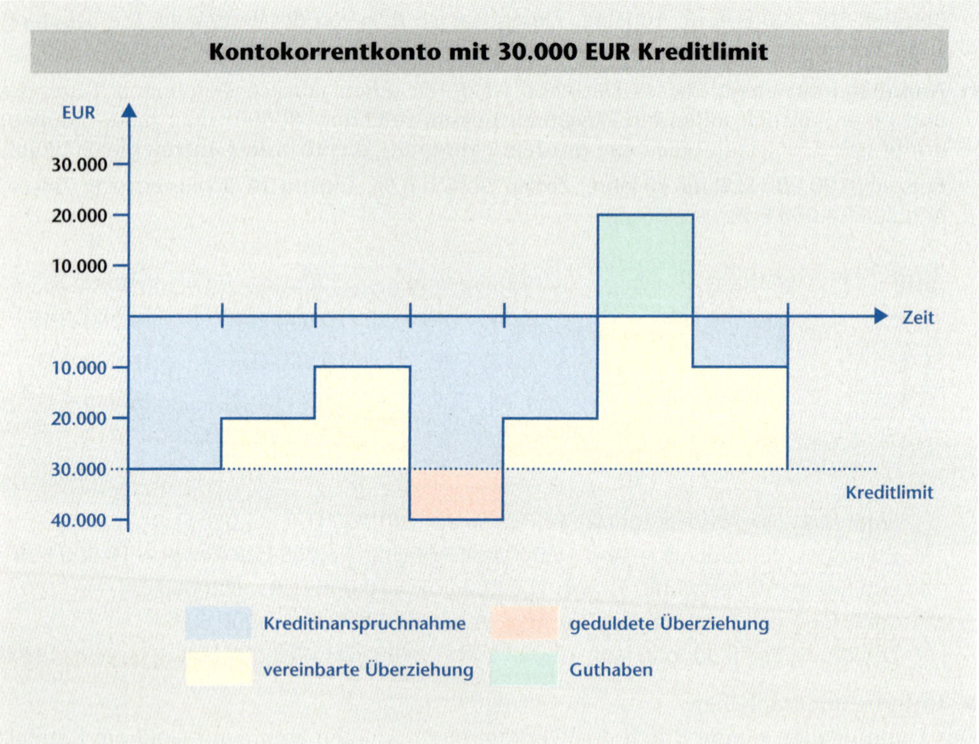

▶ Lieferantenkredite

Lieferantenkredite helfen, die Warenbeschaffung bzw. den Materialbedarf zu finanzieren. Der Rechnungsbetrag ist z. B. erst nach 30 oder 60 Tagen zu begleichen. Bietet der Lieferant Skonto an, sollte dies genutzt werden, denn da Skonto meist in den Preis einkalkuliert wird, ist der Lieferantenkredit nicht zinslos.

Beispiel: Die Zahlungsbedingung eines Lieferanten lautet: »10 Tage 2 % Skonto oder 30 Tage netto Kasse«. Für die Zeit vom 11. bis zum 30. Tag, d.h., für 20 Tage vorzeitiges Bezahlen erhält der Kunde 2 % Skonto.

Das entspricht einem Jahreszinssatz von $\frac{2\,\% \cdot 360 \text{ Tage} \cdot 100\,\%}{20 \text{ Tage} \cdot 98\,\%} = 36{,}7\,\%$.

Da der Lieferantenkredit sehr teuer ist, sollte ein Bankkredit genutzt werden, um Rechnungen skontieren zu können.

▶ Anzahlungen von Kunden

Sie kommen besonders im Bereich des Anlagenbaus vor (Schiffe, Großturbinen). Die Kosten der Entwicklung und der Materialbeschaffung für diese Aufträge werden dadurch häufig von den Kunden vorfinanziert. Darüber hinaus bieten sie dem Hersteller eine teilweise Sicherung gegen Forderungsausfälle.

▶ Bankkredite (Kapitel 11.3)

10.2.3 Vergleich Beteiligungs- und Fremdfinanzierung

Merkmale	Beteiligungsfinanzierung	Fremdfinanzierung
für **Kapitalgeber**	– Teilhaberverhältnis	– Gläubigerverhältnis
	– Geschäftsführungsrecht bei Personenunternehmen	– kein Geschäftsführungsrecht
	– häufig keine Kündigung	– vereinbarte Rückzahlung
	– Gewinnbeteiligung	– Zinsertrag
	– trägt Verlust	– trägt keinen Verlust
	– Anteil am wirklichen Vermögen	– meist nominelle Rückzahlung
	– Haftung für Schulden	– keine Haftung
	– hohes Risiko bei Insolvenz	– beschränktes Risiko bei Insolvenz
für das **Unternehmen**	– kein Zinsaufwand	– Zinsaufwand
	– Mittelzufluss ohne Abzug	– verminderter Mittelzufluss durch Disagio
	– Gewinnausschüttung ist steuerlich keine Betriebsausgabe	– Zinszahlung ist steuerlich eine Betriebsausgabe
	– Mittelzufluss ohne Rückzahlungsverpflichtung	– Mittelzufluss mit Rückzahlungsverpflichtung

10.2.4 Selbstfinanzierung

Selbstfinanzierung ist die **Bereitstellung von Mitteln aus dem Gewinn** des Unternehmens.

Werden Teile des Gewinnes nicht ausgeschüttet, so bleiben dem Unternehmen flüssige Mittel erhalten, die für Investitionen verwendet werden können. Man unterscheidet:

offene Selbstfinanzierung	verdeckte Selbstfinanzierung
Der ausgewiesene Gewinn wird nicht ausgeschüttet bzw. nicht entnommen.	Der tatsächlich erzielte Gewinn wird verdeckt infolge der Unterbewertung des Vermögens oder Überbewertung der Rückstellungen und kann somit nicht ausgeschüttet werden.
In beiden Fällen führt der Selbstfinanzierungsvorgang zu einer Eigenfinanzierung von innen.	

Offene Selbstfinanzierung

Der **nicht entnommene Bilanzgewinn** erhöht das Eigenkapital.

Bei **Personenunternehmen** wird der Gewinn den Kapitalkonten zugeschrieben.

Bei **Kapitalgesellschaften** werden aus dem Jahresüberschuss Gewinnrücklagen gebildet. Dabei sind vier Möglichkeiten zu unterscheiden, *HGB § 272*

a) die durch Gesetz erzwungene Selbstfinanzierung, *AktG § 150*

b) die durch Satzung erzwungene Selbstfinanzierung, *§ 58 (1)*

c) die von den Leitungs- und Kontrollorganen (Vorstand und Aufsichtsrat) bestimmte Selbstfinanzierung, *§ 58 (2)*

d) die von den Gesellschafterversammlungen beschlossene Selbstfinanzierung. *§ 58 (3)*

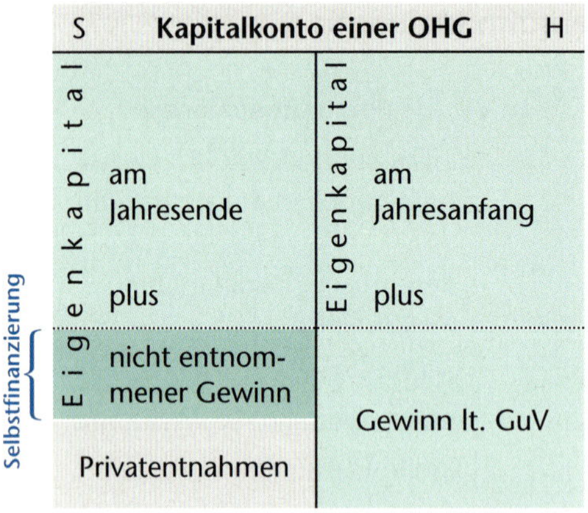

Die offene Selbstfinanzierung kann **bei Personengesellschaften** nur im Eigenkapitalkonto dargestellt werden, da in der Bilanz keine Gewinnrücklagen ausgewiesen werden.

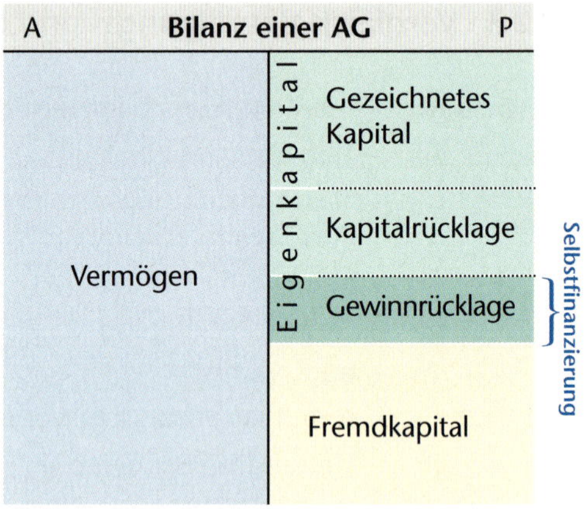

Die offene Selbstfinanzierung kann **bei Kapitalgesellschaften** nur in der Bilanz dargestellt werden, da dort die Position Gewinnrücklagen gesetzlich vorgeschrieben ist. Es gibt auch keine Eigenkapitalkonten.

Verdeckte Selbstfinanzierung

Sie entsteht durch **Unterbewertung des Vermögens** (überhöhte, aber steuerlich zulässige Abschreibungen) oder durch **Überbewertung der Schulden** (steuerlich zulässige Rückstellungen). Dieser überhöht ausgewiesene Aufwand (Abschreibungen, Steuerrückstellungen) verdeckt den tatsächlich erzielten Gewinn und bewahrt ihn somit vor der Versteuerung und der Ausschüttung.

Man spricht auch von **stillen Rücklagen.** Diese werden sogar gesetzlich erzwungen, denn bei der Bilanzierung gilt für das Vermögen das Niederstwertprinzip und für die Schulden das Höchstwertprinzip. Steigt der Wert von Vermögensgegenständen über ihren Anschaffungswert, entstehen nicht realisierte Gewinne; dies gilt auch, wenn Schuldenwerte (z.B. Dollarschulden) unter den in der Bilanz ausgewiesenen Rückzahlungsbetrag fallen. Beide Fälle vermehren das Eigenkapital. Sie dürfen aber in der Bilanz nicht in Erscheinung treten und werden somit zwangsläufig zu stillen Rücklagen.

Vorteile der Selbstfinanzierung	Nachteile der Selbstfinanzierung
– Die Sicherheit und Kreditwürdigkeit des Unternehmens wird durch zusätzliches Eigenkapital erhöht. – Die Eigenkapitalbildung erfolgt progressiv. – Es entstehen keine Finanzierungskosten. – Die Notwendigkeit zur Aufnahme kostspieligen Fremdkapitals vermindert sich. – Fremdkapital kann zurückgezahlt werden. – Der Zinsaufwand wird gemindert. – Das Unternehmen wird unabhängiger. – Der Entschluss zu Investitionen wird erleichtert. – Der Substanzwert des Unternehmens steigt.	– Hohe liquide Mittel aus einbehaltenen Gewinnen verführen leicht zu Kapitalfehlleitungen. – Berechnungen des echten Kapitalbedarfs werden vernachlässigt. – Die Nichtausschüttung von Gewinn führt bei der AG zu unliebsamen Auseinandersetzungen mit den Aktionären. Sie erwarten hohe Dividenden. – Die verdeckte Selbstfinanzierung verschleiert häufig die tatsächliche Rentabilität. – Die Berechnung falscher Rentabilitätssätze kann zu Kapitalfehlleitungen führen.

10.2.5 Finanzierung aus Abschreibungen

Abschreibungsfinanzierung ist die **Bereitstellung von Mitteln aus der Steuerersparnis** durch **die bilanzielle Abschreibung** und aus den in den Verkaufserlösen zurückfließenden **kalkulierten Abschreibungen.**

Bilanzielle Abschreibung

Der Kaufmann muss bei bestimmten Vermögenswerten durch Abnutzung (Kfz) und technische Weiterentwicklung (PC) Jahr für Jahr Wertverluste hinnehmen. Am Ende seines Geschäftsjahres bucht er diese Verluste als Aufwand für Abschreibungen. D.h., er bucht einen Aufwand, obwohl er keine Geldausgabe hatte. Da dieser Aufwand seinen Gewinn mindert, fallen seine Steuerzahlungen an das Finanzamt geringer aus. Das gesparte Geld kann zur Finanzierung von Investitionen genutzt werden. Man spricht von der Finanzierung durch **bilanzielle Abschreibung.**

Beispiel: Wertentwicklung und Steuerersparnis

Fuhrpark	Wertverlust	Restwert	Abschreibungs-aufwand	Steuer-satz	Steuerer-sparnis
1. Jahr 40.000 EUR	10.000 EUR	30.000 EUR	10.000 EUR	25 %	2.500 EUR
2. Jahr 30.000 EUR	10.000 EUR	20.000 EUR	10.000 EUR	33 %	3.300 EUR

Kalkulatorische Abschreibung

Nun kann der Kaufmann den Abschreibungsaufwand auch noch in die Verkaufspreise einkalkulieren. Setzt sich der Preis am Markt durch und fließt über die Umsatzerlöse Geld zurück in das Unternehmen, spricht man von der Finanzierung durch **kalkulatorische Abschreibung.**

Beispiel: Einpreisung des Wertverlustes obigen Beispiels in den Verkaufspreis einer Ware

Verkaufspreis vorher	Verkaufspreis nachher	verkaufte Stücke	Mehreinnahme aufgrund kalkulierter Abschreibung
9,97 EUR	9,99 EUR	500.000 Stück	10.000 EUR

Die nachfolgende Tabelle beweist die große Bedeutung der Finanzierung aus Abschreibung und der offenen Selbstfinanzierung für die Unternehmen.

Bedeutung verschiedener Finanzierungsmöglichkeiten für den Mittelstand	
offene Selbstfinanzierung sowie Finanzierung aus Abschreibungen	70 %
Bankfinanzierung	49 %
Gesellschafter-/Familiendarlehen	43 %
staatliche Fördermittel	35 %
Lieferantenkredite	26 %
Beteiligungsfinanzierung	18 %

Quelle: Deutsche Bundesbank

10.2.6 Leasing

Beim **Leasing** werden **langfristige Nutzungsrechte an beweglichen und unbeweglichen Wirtschaftsgütern durch Mietverträge** erworben.

Der Leasingvertrag ist ein Mietvertrag besonderer Art: Im Unterschied zur Miete trägt der Leasingnehmer die Sachgefahr für das Leasingobjekt, d. h., er wird auch für den unverschuldeten Untergang der Sache zur Rechenschaft gezogen.

BGB §§ 535 ff.

Der Abschluss von Leasingverträgen erleichtert dem Unternehmen, seine Anlagen auf einem modernen Stand zu halten, weil es den Leasinggegenstand nach einer bestimmten Zeit zurückgeben und eine neue Investitionsentscheidung treffen kann.

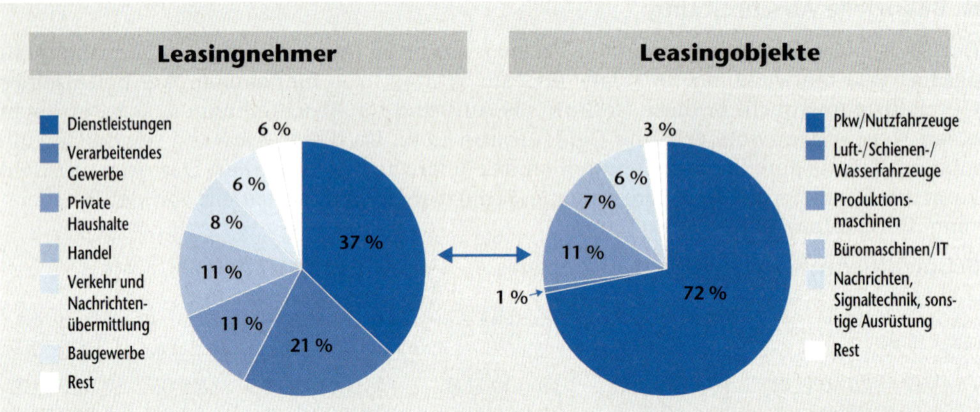

Quelle: ifo-Institut, BDL, November 2014

Arten des Leasings

	operate-Leasing	finance-Leasing
direktes Leasing Der Hersteller selbst ist Leasinggeber. Er überlässt dem Leasingnehmer das Nutzungsrecht.	Die Vertragspartner vereinbaren eine **kurze** und teilweise **kündbare Mietdauer.** Der Leasinggeber trägt das Investitionsrisiko und ist für Wartung und Reparaturen zuständig. Die Leasingraten sind so kalkuliert, dass der Leasinggeber erst nach mehrmaliger Vermietung des Leasingobjektes die vollen Objektkosten und einen angemessenen Gewinn vergütet erhält.	Die Vertragspartner vereinbaren eine **längere** und **unkündbare Mietdauer.** Der Leasingnehmer trägt während der Grundmietzeit das Investitionsrisiko. Er ist auch für Wartung und Reparaturen zuständig. Nach Vertragsablauf besteht für den Leasingnehmer (oft) eine Kaufoption zum Restwert.
indirektes Leasing Leasinggeber ist nicht der Hersteller, sondern eine selbstständige Leasinggesellschaft. Sie finanziert das Leasingobjekt.		

Der Leasinggeber kann alle vier Arten wie folgt anbieten:

Bei **Vollamortisationsverträgen** werden dem Leasinggeber über die Leasingraten innerhalb der Vertragslaufzeit die Anschaffungskosten und anfallende Zinsen vergütet.

Beispiele: hochwertige Maschinen, schnelllebige Wirtschaftsgüter (DV-Anlagen)

Bei **Teilamortisationsverträgen** erfolgt diese Vergütung erst nach mehrmaliger Vermietung.

Beispiel: Kfz-Leasing mit km-Angaben

Vertragsdauer und Kosten

Die Vertragsdauer beträgt im Allgemeinen für Pkw drei und für Maschinen vier bis fünf Jahre, mindestens jedoch 40 % der betriebsgewöhnlichen Nutzungsdauer. Die Pachtdauer für Gebäude beträgt in der Regel 18 Jahre.

Der Mietsatz richtet sich nach der Vertragsdauer. Je kürzer die Vertragsdauer, desto höher der Mietsatz. Die übliche monatliche Leasingrate beträgt bei einer Vertragsdauer von drei Jahren etwa 3 %, bei fünf Jahren etwa 2 %, jeweils vom Kaufpreis.

Die Leasingrate ist also so bemessen, dass in dem jeweiligen Zeitraum das vom Leasinggeber eingesetzte Kapital getilgt und verzinst wird.

Vorteile und Nachteile des Leasings

Vorteile	Nachteile
– Kreditwürdige Unternehmen können ohne Inanspruchnahme von Barmitteln einen Betrieb aufbauen, erweitern und rationalisieren. – Die Liquidität wird günstig beeinflusst, da die durch Leasing überlassenen Anlagen nicht gekauft werden müssen. – Die Anlagen können zu einem frühen Zeitpunkt der Nutzungsphase ausgetauscht und dadurch dem neuesten Stand der Technik und der sich rasch wandelnden Wirtschaftslage angepasst werden.	– Die Miet- und Pachtkosten für die Anlagen sind hoch, weil das eingesetzte Kapital in kurzer Zeit amortisiert werden muss, der Vermieter eine Risikoprämie einkalkuliert und einen angemessenen Gewinn erzielen will. – Das Unternehmen kann durch die monatlich wiederkehrenden Mietzahlungen in Liquiditätsschwierigkeiten kommen, wenn die Mietausgaben in den Umsatzerlösen nicht rechtzeitig zurückfließen.

10.2.7 Factoring und Forfaitierung

Factoring

Factoring ist der **Ankauf von Forderungen** aus Lieferungen und Leistungen durch ein **Factoringinstitut.**

Dabei nennt man den Verkäufer der Forderung Factoringnehmer, das ankaufende Institut Factor (Factoringgeber).

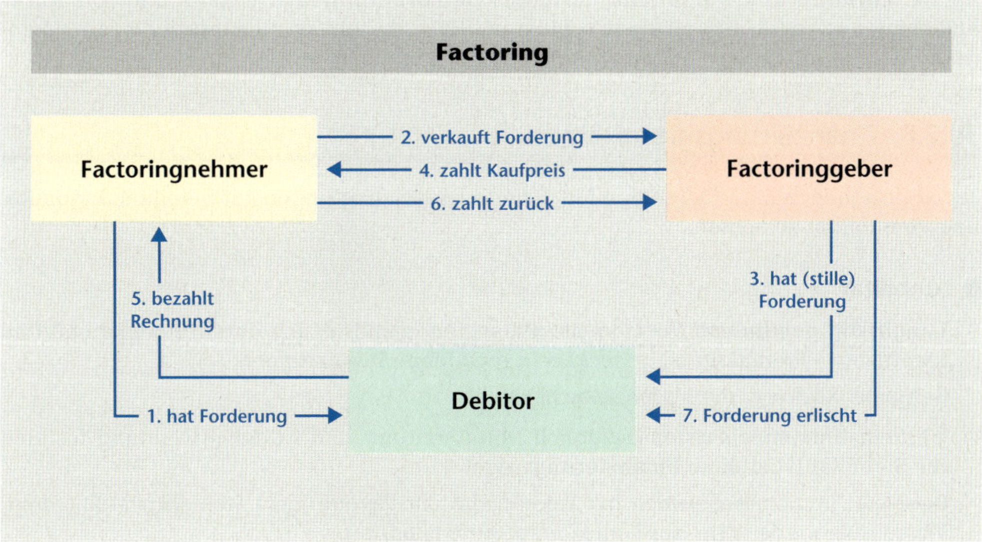

▶ Funktionen des Factorings

Finanzierungsfunktion	Kreditversicherungsfunktion (Delkrederefunktion)	Dienstleistungsfunktion
Sie umfasst den Ankauf der Forderung unter Abzug von Zinsen und Gebühren sowie der sofortigen Gutschrift zugunsten des Factoringnehmers.	Sie umfasst die Übernahme des Risikos von Forderungsausfällen, d. h., der Factor übernimmt die Gefahr für die Nichtbezahlung der Forderung vonseiten des Debitors.	Sie umfasst die Übernahme der Debitorenbuchhaltung und evtl. die Eintreibung der Forderungen durch den Factor.

Beispiel: Factoring ohne Zinsen und Gebühren in Höhe von 300 Einheiten

A	Bilanz (ohne Factoring)		P
AV	…	EK	…
Ford.	500	FK	…
Kasse	100		

A	Bilanz (mit Factoring)		P
AV	…	EK	…
Ford.	200	FK	…
Kasse	400		

▶ Vorteile und Nachteile des Factorings

Vorteile	Nachteile
– Unternehmen erhält sofort Liquidität. – Neue Liquidität kann zum Schuldenabbau oder zu Investitionen dienen. – Schuldenabbau erhöht die Eigenkapitalquote und die Kreditwürdigkeit. – Risiko des Forderungsausfalls ist abwälzbar. – Auslagerung der Debitorenbuchhaltung erspart Verwaltungskosten.	– Kosten entstehen durch den Anfall von Zinsen. – Je nach Vertrag fallen Gebühren an. – Eintreibung der Forderung durch den Factor kann die Debitoren verärgern. – Factoringnehmer kann in Abhängigkeit zum Factor geraten.

■ Forfaitierung

Bei der **Forfaitierung** werden **nur ausländische Forderungen** angekauft und eine **Rückbelastung** des Verkäufers ist **ausgeschlossen.** Sonst besteht kein Unterschied zum Factoring.

10.2.8 Finanzierungsgrundsätze

Jedes Unternehmen hat bei seinen Finanzierungsentscheidungen auf Stabilität, Liquidität und Rentabilität zu achten.

■ Stabilität

- **Langfristig gebundene Vermögensteile** sollten grundsätzlich durch Eigenkapital und langfristiges Fremdkapital gedeckt sein (»**Goldene Bilanzregel**«).

  Beispiele: Kauf von Immobilien, Maschinen

- **Übereinstimmende Fristen** bezüglich Mittelherkunft und Mittelverwendung festigen die Stabilität **(»Goldene Finanzierungsregel«).**

  Beispiele: Immobilien werden mit Eigenkapital und langfristigem Fremdkapital finanziert; Warenkäufe werden über das Kontokorrentkonto finanziert.

Liquidität

- **Unterfinanzierung** bedeutet zu wenig liquide Mittel. Dies ist zu vermeiden, denn die Folge sind Liquiditätsengpässe und hohe Zinsbelastungen.

  Beispiel: Das Unternehmen finanziert sich dauerhaft am Rande oder über dem Kreditlimit.

- **Überfinanzierung** bedeutet ein Zuviel an liquiden Mitteln. Auf den ersten Blick erscheint das gut. Die Folge könnten leichtsinnig getätigte Investitionen sein. Außerdem bringt Bargeld keine Zinsen.

  Beispiel: Das Unternehmen hat einen unverzinsten, hohen Kassenbestand und hohe niedrig verzinste Bankguthaben.

Rentabilität

Unter **Rentabilität** versteht man das Verhältnis von Gewinn zum Kapitaleinsatz.

- Die **Eigenkapitalrentabilität** setzt den Gewinn in das Verhältnis zum Eigenkapital.

- Die **Gesamtkapitalrentabilität** setzt den Gewinn und den Zinsaufwand für das Fremdkapital in das Verhältnis zum Gesamtkapital.

  Im Gesamtkapital steckt auch Fremdkapital, das je nach Schuldenstand Zinsaufwendungen verursacht. Diese unterschiedlichen Aufwendungen verhindern einen internen und externen Rentabilitätsvergleich. Um Gesamtrentabilitäten vergleichen zu können, unterstellt man, dass das gesamte Kapital Eigenkapital ist und gar kein Zinsaufwand vorliegt. Deshalb wird der Zinsaufwand für das Fremdkapital zum Gewinn addiert.

Beispiel: Unternehmen mit unterschiedlicher Kapitalausstattung

	nur Eigenkapital	Eigen- und Fremdkapital
Eigenkapital	500.000 EUR	300.000 EUR
Fremdkapital	0 EUR	200.000 EUR
Gewinn	40.000 EUR	40.000 EUR
Zinsaufwand	0 EUR	10.000 EUR
Eigenkapital-rentabilität	8 %	13,3 %
Gesamtkapital-rentabilität	8 %	10 %
Rentabilität des Eigen- bzw. Gesamtkapitals	$\frac{40.000\text{ EUR}}{500.000\text{ EUR}} \cdot 100$ = 8,0 %	$\frac{(40.000\text{ EUR} + 10.000\text{ EUR})}{500.000\text{ EUR}} \cdot 100$ = 10,0 %

Würde man als Rechengrößen nur den Gewinn und das Gesamtkapital heranziehen, kämen beide Unternehmen auf 8 % Gesamtkapitalrentabilität. Durch die Berücksichtigung des Zinsaufwandes wird aber deutlich, dass das Unternehmen mit den 10.000 EUR Zinsaufwand besser gewirtschaftet hat. Denn trotz des Zinsaufwandes hat es 40.000 EUR Gewinn erwirtschaftet und deswegen auch eine Rendite von 10 %.

Zusammenfassende Übersicht zu Kapitel 10.2: Finanzierungsarten

Außenfinanzierung

als

Fremdfinanzierung

mittels

Darlehen
- Festdarlehen
- Ratendarlehen
- Annuitätendarlehen

Unternehmensanleihen

Beteiligungsfinanzierung

bei

Personengesellschaften
mittels Eigenkapitalzufuhr durch die Unternehmer

Kapitalgesellschaften
mittels Grundkapitalerhöhung durch die HV und Kapitalzufuhr durch Aktionäre bzw. neue GmbH-Gesellschafter

Innenfinanzierung

als

Selbstfinanzierung

offene
Nichtausschüttung realisierter Gewinne

verdeckte
- Unterbewertung des Vermögens
- Überbewertung der Schulden

Finanzierung aus Abschreibungen

kalkulatorische
Einkalkulieren der jährlichen Abschreibung in die Verkaufspreise

bilanzielle
Verringerung des Gewinns und somit Steuerersparnis

Sonderformen der Finanzierung

Leasing
- direktes
- indirektes
- operate-Leasing
- finance-Leasing

Rückgabe- oder Kaufoption

Factoring – Verkauf von Forderungen – **inländische**

Forfaitierung – Verkauf von Forderungen – **ausländische**

Finanzierungsgrundsätze

Stabilität | **Liquidität** | **Rentabilität**

▶ Aufgaben und Probleme

1. Nennen Sie Vor- und Nachteile der Beteiligungsfinanzierung.
2. Welche Vor- und Nachteile bringt die Fremdfinanzierung mit sich?
3. Durch Änderung des Gesellschaftsvertrags wird ein bisheriger Darlehensgeber zum Teilhaber. Welche Auswirkung hat dieser Vorgang auf die Freisetzung liquider Mittel und auf die Bilanz?
4. Welche besonderen Merkmale bestehen beim Darlehen?
5. Wodurch unterscheiden sich Raten- und Annuitätendarlehen?
6. Was kann einen Kaufmann veranlassen, ein hohes Disagio zu vereinbaren?
7. Nach der Art der Rückzahlung unterscheidet man zwei Darlehensformen.

Grafik I

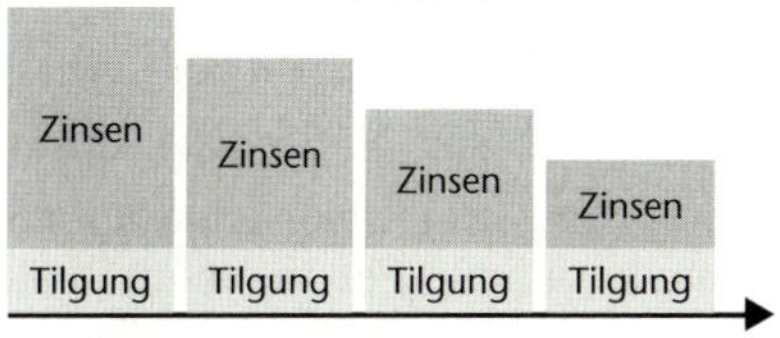

Grafik II

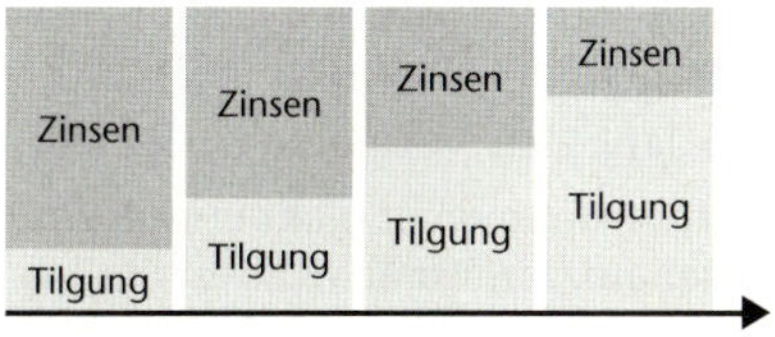

   a) Ordnen Sie den Darlehensformen die Grafiken zu.
   b) Begründen Sie die Zuordnung.

8. Errechnen Sie den Zinsaufwand des 1. und 2. Jahres für das Darlehen aus dem Darlehensvertrag Seite 506.
9. Erstellen Sie einen Raten- und Annuitätentilgungsplan für die ersten vier Jahre bei 100.000 EUR Kapital, einem Zinssatz von 8 % und 12 % Tilgung; Annuität 20.000 EUR.
10. Das Bankhaus Ackermann verlangt für einen Kontokorrentkredit 8 % Sollzinsen und 3 % Bereitstellungsprovision von dem zugesagten Kredit von 30.000 EUR für 180 Tage. Eine Volksbank berechnet 11 % Sollzinsen und 3 % Bereitstellungsprovision für diejenigen Beträge, die in den 180 Tagen nicht in Anspruch genommen wurden.
    a) Vergleichen Sie die beiden Angebote für den Fall, dass
       - der Kreditnehmer den Kredit in den 180 Tagen überhaupt nicht in Anspruch nahm,
       - der Kreditnehmer die gesamten 180 Tage mit 30.000 EUR im Soll stand.
    b) Begründen Sie, warum das eine Kreditangebot günstiger erscheint.
11. Welche Unterschiede bestehen zwischen einem Kontokorrentkredit und einem Darlehen hinsichtlich Bereitstellung, Rückzahlung und Laufzeit?
12. Warum ist ein Kontokorrentkredit grundsätzlich teurer als ein Darlehen?
13. Erstellen Sie eine Tabelle für eine Ratentilgung für ein mit 9 % verzinsliches Darlehen von 30.000 EUR bei acht Jahren Laufzeit.
14. Die Gesellschafter einer GmbH erörtern die Frage, ob eine Investition in Höhe von 20 Mio. EUR mittels Erhöhung des Stammkapitals oder Aufnahme eines Darlehens finanziert werden soll. Erklären Sie Vor- und Nachteile beider Finanzierungsmöglichkeiten.
15. Ein Ehepaar will für 360.000 EUR eine Eigentumswohnung kaufen. Es verfügt über 40.000 EUR Festgeld und einen sofort einsetzbaren Bausparvertrag (Bausparvertragssumme 120.000 EUR, davon angespart 50 %). Errechnen Sie das insgesamt vorhandene Eigenkapital und das insgesamt erforderliche Fremdkapital.

16. a) Die Hausbank bietet ein fünfjähriges Darlehen zu einem Zinssatz von 4,5 % nominal und einer Auszahlung von 98 % an. Berechnen Sie die Effektivverzinsung.
    b) Prüfen Sie, ob das Konkurrenzangebot einer anderen Bank günstiger wäre: Nominalzinssatz 4 %, Auszahlung 96 %, Laufzeit 5 Jahre.
17. Welche Vor- und Nachteile bringt die Selbstfinanzierung mit sich?
18. a) Worin unterscheiden sich Beteiligungsfinanzierung und Selbstfinanzierung?
    b) Was haben sie gemeinsam?
19. Gegeben sind als Ausgangssituation zwei Posten auf der Passivseite der Bilanz einer GmbH (= Jahr 1), anschließend die veränderten Positionen in den Jahren 2 und 3, jeweils in Mio. EUR:

	Jahr 1	Jahr 2	Jahr 3
Stammkapital	100	115	115
Gewinnrücklage laut Satzung	14	14	17

Welche Finanzierungsart erkennen Sie und in welcher Höhe liegt diese vor
a) im Jahr 2 im Vergleich zu Jahr 1, b) im Jahr 3 im Vergleich zu Jahr 2?

20. Ein Unternehmer ist nicht bereit, zur Bezahlung von Lieferantenrechnungen Fremdkapital aufzunehmen. Klären Sie, ob er sich im folgenden Fall in einem Zielkonflikt zwischen Rentabilität und Liquidität befindet: 100.000 EUR, zahlbar innerhalb von zehn Tagen mit 3 % Skonto oder 90 Tage netto; Kreditzinssatz 13,5 %.
21. Einem Unternehmen liegen zur Finanzierung von Produktionsanlagen im Wert von 117.600 EUR und einer Nutzungsdauer von acht Jahren zwei Angebote vor:

Kreditangebot der Hausbank		Angebot einer Leasinggesellschaft	
Zinssatz	10 %	Leasingrate pro Monat	2.550 EUR
Disagio	2 %	Mietdauer	5 Jahre
Laufzeit	5 Jahre	Eine angebotene Kaufoption in Höhe von 3 % der Anschaffungskosten wird am Ende des 5. Jahres ausgeübt.	
Tilgung in fünf gleichen Jahresraten, jeweils am Jahresende			

Beurteilen Sie die beiden Angebote pro Jahr und in der Summe nach fünf Jahren bezüglich ihrer Auswirkung auf die Liquidität des Unternehmens nach folgendem Schema:

Jahr	**Kreditkauf**				**Leasing**
	Darlehen EUR	Tilgung EUR	Zinsen EUR	Summe EUR	Leasingrate EUR

22. Vergleichen Sie die Kreditfinanzierung und Leasing im Hinblick auf
    a) den Kapitalbedarf,
    b) die laufende Liquiditätsbelastung, sowie
    c) die Bindung an das Wirtschaftsgut.
23. Was versteht man unter der
    a) »Goldenen Bilanzregel«, b) »Goldenen Finanzierungsregel«?
24. Beschreiben Sie die Gefahren einer
    a) Überfinanzierung, b) Unterfinanzierung.
25. Berechnen Sie die Rentabilität des Eigenkapitals und des Gesamtkapitals bei folgenden Angaben:
    Eigenkapital 100.000 EUR, Fremdkapital 400.000 EUR, Fremdkapitalzinssatz 5 %, Jahresgewinn 10.000 EUR.

11 Finanzdienstleistungen der Geldinstitute

Geschäfte der Geldinstitute

Zahlungsgeschäfte	Einlagengeschäfte	Kreditgeschäfte	Wertpapiergeschäfte
im Inland	Sichteinlagen	Personalkredite	Wertpapierarten
mit Ausland	Termineinlagen	verstärkte Personalkredite	Wertpapierhandel
	Spareinlagen	Realkredite	

11.1 Zahlungsgeschäfte im europäischen Zahlungsverkehrsraum SEPA

Für die Abwicklung von Zahlungsgeschäften stehen dem Schuldner mehrere Möglichkeiten zur Verfügung.

Zahlungsarten und Zahlungsinstrumente

Zahlungsarten

Barzahlung	halbbare Zahlung	bargeldlose Zahlung
direkte oder indirekte Bargeldzahlung	Bareinzahlung auf ein Konto bzw. Barauszahlung von einem Konto	Belastung und Gutschrift auf dem Konto eines Geldinstituts

Zahlungsinstrumente

Barzahlung	halbbare Zahlung	bargeldlose Zahlung
– Expressbrief der Post AG bis 500 EUR in bar – Postbankgeldversand nach vorheriger Kontobelastung zur Barauszahlung am Empfängerort unter Mithilfe der Western Union GmbH	– Einzahlungsschein – Zahlungsanweisung der Postbank zur Barauszahlung an Empfänger ohne Konto – Barscheck	– Überweisung – Lastschrift – Zahlungsanweisung der Postbank zur Verrechnung an Empfänger mit Konto – Verrechnungsscheck – elektronische Zahlung

Zur Abwicklung des Zahlungsverkehrs bieten die Geldinstitute ihre zahlreichen Zahlungsinstrumente. Andere Zahlungsdienstleister wie PayPal oder Giropay können zwischengeschaltet werden. Sie ersetzen aber nicht das kontoführende Geldinstitut. Voraussetzung für die Abwicklung des Zahlungsverkehrs sind funktionierende **Gironetze.** In Deutschland gibt es fünf Gironetze,die untereinander in Verbindung stehen: Gironetz der Sparkassen, der Kreditgenossenschaften, der Postbank, der Großbanken, der Bundesbank.

Jedes Geldinstitut hat eine **BIC (B**ank **I**dentifier **C**ode). Sie ist eine von der SWIFT festgelegte international gültige Bankleitzahl. **SWIFT** (SWIFT = **S**ociety for **W**orld Wide **I**nterbank **F**inancial **T**elecommunication) ist eine gemeinsame Computerzentrale in Brüssel, an die Banken der ganzen Welt angeschlossen sind.

SEPA

Die europäische Union richtete einen gemeinsamen europäischen Markt im unbaren Zahlungsverkehr ein (Single Euro Payments Area: SEPA). In diesem Markt soll mehr Wettbewerb und Effizienz erreicht werden. Deshalb gelten einheitliche Verfahren und Standards für die Abwicklung von Euro-Zahlungen.

SEPA-Länder

EU-Mitgliedsstaaten: Belgien, Bulgarien, Dänemark, Deutschland, Estland, Finnland, Frankreich, Griechenland, Irland, Italien, Kroatien, Lettland, Litauen, Luxemburg, Malta, Niederlande, Österreich, Polen, Portugal, Rumänien, Schweden, Slowakei, Slowenien, Spanien, Tschechien, Ungarn, Vereinigtes Königreich von Großbritannien und Zypern

EWR-Staaten: Island, Liechtenstein, Norwegen

weitere Staaten/Gebiete: Schweiz, Monaco, Mayotte, Saint-Pierre und Miquelon

11.1.1 SEPA-Überweisung und SEPA-Dauerauftrag

SEPA-Überweisung

BGB §§ 676a, f

Bei der **SEPA-Überweisung beauftragt der Schuldner sein Geldinstitut, sein Konto zu belasten** und den **Betrag einem anderen Konto gutzuschreiben.**

Voraussetzung für die Abwicklung eines Überweisungsauftrages ist das Bestehen eines Girovertrages zwischen Geldinstitut und Kunde. Bei Ausführung einer Überweisung muss das Geldinstitut den Kunden darüber informieren, an welchem Tag die Kontobelastung (Belastungswertstellung) bzw. die Kontogutschrift (Gutschriftwertstellung) erfolgt. Das Wertstellungsdatum ist die Grundlage für die Zinsberechnung.

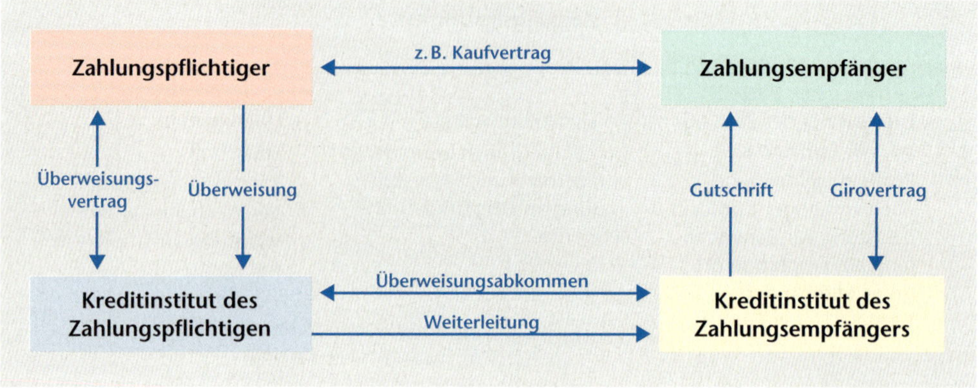

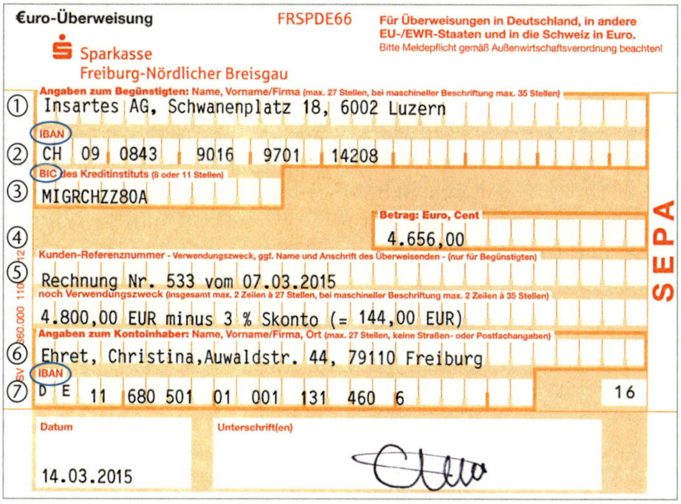
€uro-Überweisung
FRSPDE66
Für Überweisungen in Deutschland, in andere EU-/EWR-Staaten und in die Schweiz in Euro.
Bitte Meldepflicht gemäß Außenwirtschaftsverordnung beachten!
Sparkasse Freiburg-Nördlicher Breisgau
Angaben zum Begünstigten: Name, Vorname/Firma (max. 27 Stellen, bei maschineller Beschriftung max. 35 Stellen)
① Insartes AG, Schwanenplatz 18, 6002 Luzern
IBAN
② CH 09 0843 9016 9701 14208
BIC des Kreditinstituts (8 oder 11 Stellen)
③ MIGRCHZZ80A
Betrag: Euro, Cent
④ 4.656,00
Kunden-Referenznummer - Verwendungszweck, ggf. Name und Anschrift des Überweisenden - (nur für Begünstigten)
⑤ Rechnung Nr. 533 vom 07.03.2015
noch Verwendungszweck (insgesamt max. 2 Zeilen à 27 Stellen, bei maschineller Beschriftung max. 2 Zeilen à 35 Stellen)
4.800,00 EUR minus 3 % Skonto (= 144,00 EUR)
Angaben zum Kontoinhaber: Name, Vorname/Firma, Ort (max. 27 Stellen, keine Straßen- oder Postfachangaben)
⑥ Ehret, Christina,Auwaldstr. 44, 79110 Freiburg
IBAN
⑦ DE 11 680 501 01 001 131 460 6
16
SEPA
Datum
14.03.2015
Unterschrift(en)

Eine korrekte SEPA-Überweisung benötigt folgende Angaben: *ZAG*

① Empfängername

② IBAN des Empfängers

③ BIC der Bank des Empfängers

④ Betrag in Euro

⑤ Referenznummer bzw. Verwendungszweck

⑥ Name und Ort des Auftraggebers der Zahlung

⑦ IBAN des Auftraggebers

▶ IBAN (International Bank Account Number, internationale Bankkontonummer)

Die IBAN ist je nach Land unterschiedlich lang (in Deutschland hat sie immer 22 Stellen), grundsätzlich aber immer gleich aufgebaut: Sie besteht aus einem internationalen Teil, der sich aus einem Länderkennzeichen und einer Prüfziffer zusammensetzt, und einem nationalen Teil, der individuelle Kontodetails enthält. In Deutschland sind das die Bankleitzahl und die Kontonummer.

SEPA-Dauerauftrag

Bei einem **SEPA-Dauerauftrag** beauftragt der Schuldner sein Geldinstitut, **regelmäßig wiederkehrende, gleichbleibende Beträge** an denselben Empfänger zu überweisen (z. B. Miete). Der Schuldner erspart sich dadurch die Terminüberwachung und die wiederkehrende Auftragserteilung an das Geldinstitut.

11.1.2 SEPA-Lastschrift

Bei der **SEPA-Lastschrift beauftragt der Gläubiger das Geldinstitut,** ihm einen **Betrag gutzuschreiben** und danach das **Konto des Schuldners zu belasten.**

Der Datenfluss ist also genau umgekehrt wie bei der Überweisung. Für die SEPA-Lastschrift gibt es zwei Verfahren: die SEPA-Basislastschrift (SEPA Core Direct Debit) sowie die SEPA-Firmenlastschrift (SEPA Business to Business Direct Debit), die ausschließlich für den Verkehr mit Geschäftskunden vorgesehen ist.

Die fälligen Beträge können vom Inlandszahlungskonto als SEPA-Lastschrift abgebucht werden. Ebenso wie bei SEPA-Überweisungen werden für SEPA-Lastschriften grundsätzlich IBAN und BIC benötigt.

Für den Einzug von SEPA-Lastschriften ist das **Mandat** eine rechtliche Voraussetzung. Das Mandat ist die Zustimmung des Zahlers gegenüber dem Zahlungsempfänger zum Einzug fälliger Forderungen mittels Lastschrift und die Weisung an seinen Zahlungsdienstleister (Zahlstelle) zur Einlösung durch Belastung seines Zahlungskontos.

Ablauf einer SEPA-Lastschrift

- Der Schuldner erteilt seinem Gläubiger ein SEPA-Lastschriftmandat (Mandat = Vollmacht).
- Das Mandat umfasst die Zustimmung des Zahlungspflichtigen zum Einzug der Zahlung per Lastschrift, sowie den Auftrag an die eigene Bank, die Lastschrift einzulösen.
- Das Mandat muss neben der Unterschrift des Schuldners vom Gläubiger mit einer Mandatsreferenzummer (MRN) sowie einer Identifikationsnummer (Unique Creditor Identifier = UCI) versehen werden. Die UCI muss bei der Deutschen Bank elektronisch beantragt werden.
- Bei jedem Lastschrifteinzug müssen beide Nummern zur Kennung und Sicherheit mitgeliefert werden.
- Der Gläubiger muss mit dem Endkunden ein Fälligkeitsdatum vereinbaren und ihn 14 Tage vorher daran erinnern.

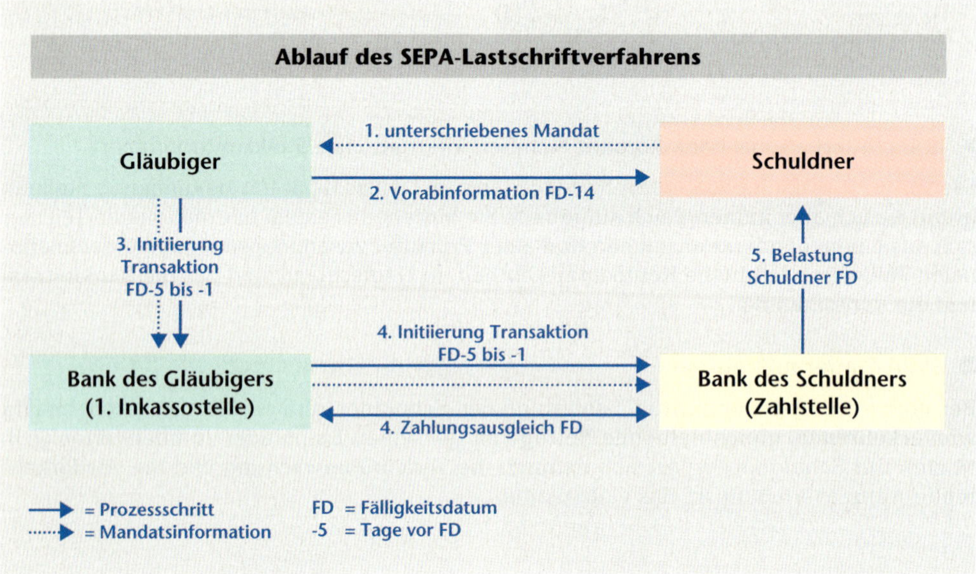

Arten der SEPA-Lastschrift

Basislastschrift	Firmenlastschrift
– Sie steht Verbrauchern und Unternehmen offen.	– Sie ist ausschließlich für den Verkehr mit Unternehmen (Nicht-Verbraucher) vorgesehen.
– Die Einreichung muss 5–2 Tage vor dem Zahlungstermin erfolgen.	– Der Gläubiger kann die Lastschrift einen Tag vor Verfall einreichen.
– Die Mandatsvorlage entfällt.	– Der Schuldner muss das Mandat seiner Bank vorlegen.
– Die Prüfung des Mandats entfällt.	– Die Bank prüft vor Einlösung einer Lastschrift das Mandat.
– Der Schuldner kann die Lastschrift bis acht Wochen nach Fälligkeit zurückgeben.	– Der Schuldner hat keine Möglichkeit, die Lastschrift zurückzugeben.

Basislastschrift	Firmenlastschrift
– Wird der Zahlungspflichtige zu Unrecht belastet, kann er binnen acht Wochen nach Rechnungsabschluss bei seinem Geldinstitut widersprechen. Ohne gültiges SEPA-Mandat verlängert sich die Frist auf 13 Monate.	– Belastungen kann nicht widersprochen werden.
Beispiele: 1. Vereine, Energieversorger, Telefondienste ziehen den Jahresbeitrag oder die monatlich festen oder schwankenden Beträge ein. 2. Bezahlung einer Ferienwohnung, die in Frankreich für 14 Tage von einer deutschen Privatperson gemietet wurde.	**Beispiele:** 1. Ein Autohaus muss monatlich Fahrzeuge im Wert von 150.000 EUR abnehmen. Der Hersteller liefert nur gegen Abbuchungsauftrag. Damit verhindert er Rückbelastungen. 2. Bezahlung einer Ferienwohnung, die in Spanien für monatlich 400 EUR auf fünf Jahre von einer IMMO-Gesellschaft mit Sitz in Malaga von einem deutschen Reisebüro gemietet wurde.

Bedeutung des SEPA-Lastschriftverfahrens für die Beteiligten

▶ Vorteile des Lastschriftverfahrens

a) Zahlungsempfänger.

- Die Zahlungseingänge erfolgen pünktlich, da er den Zahlungszeitpunkt bestimmt.
- Die Liquidität kann besser geplant werden.
- Das Mahnwesen wird entlastet.
- Der Geldeinzug ist europaweit von einem Konto möglich.

b) Zahlungspflichtiger.

- Die Zahlungstermine müssen nicht überwacht werden; er schützt sich vor Versäumnissen.
- Mahngebühren entfallen.

▶ Nachteile des Lastschriftverfahrens

Sie liegen überwiegend beim Zahlungspflichtigen:

- Das Konto muss bei Vorlage der Lastschrift Deckung aufweisen.
- Der Zeitpunkt der Belastung kann nicht selbst gewählt werden.
- Die Liquiditätsplanung wird dadurch erschwert.
- Die Gefahr besteht, den Überblick zu verlieren.

Onlinebanking

Beim Onlinebanking hat der Bankkunde direkten Zugriff auf den Rechner der Bank. Er kann seine Bankgeschäfte rund um die Uhr, an den Wochenenden und Feiertagen abwickeln. Überweisungen tätigen, das Einrichten und Löschen von Daueraufträgen und das Kaufen oder Verkaufen von Wertpapieren erfolgen computerunterstützt.

Darüber hinaus kann der Bankkunde seinen Kontostand und Bankkonditionen (Zinssätze, Börsenkurse) abfragen. Die Absicherung vor unberechtigtem Zugriff erfolgt über eine **PIN.**

Für jede Verfügung benötigt man eine **TAN** (Transaktionsnummer). Die Banken unterstützen unterschiedliche PIN-TAN-Systeme:

- **iTAN:** Die TAN oder iTAN (indiziert = angezeigt) wird nur einmal verwendet und entspricht einer elektronischen Unterschrift.
- **chipTAN:** Ein TAN-Generator errechnet in Verbindung mit der Bankkarte die TAN.
- **smsTAN:** Die TAN wird per SMS auf die hinterlegte Mobilnummer des Nutzers gesandt.

Ein weiteres Verfahren zur Absicherung ist **HBCI: H**ome **B**anking **C**omputer **I**nterface. HBCI verwendet eine elektronische Signatur, die mit der persönlichen Unterschrift vergleichbar ist. Diese dient zur Autorisierung der Aufträge. Die elektronische Signatur wird durch ein mathematisches Verfahren gebildet. Dazu errechnet die Software ein Schlüsselpaar, bestehend aus einem »privaten« und einem »öffentlichen« Schlüssel.

Online-Zahlungsdienste

Wer im Internet online einkauft, kann auch im Netz bezahlen (B2C-Geschäfte): Entweder durch Preisgabe seiner Bankdaten oder seiner Kreditkartendaten gegenüber dem Verkäufer. Dieser lässt dann über sein Geldinstitut per Einzugsermächtigung den Betrag einziehen.

Will der Käufer nicht jedes Mal seine Daten (Name, Kartennummer, Verfallsdatum) preisgeben, kann er sich eines **Online-Zahlungsdienstleisters** (z.B. PayPal) bedienen, sofern der Verkäufer dies anbietet. In diesem Fall kennt nur der Dienstleister die sensiblen Daten. Er holt sich das Geld von dem bei ihm eingerichteten Kundenaccount, leitet es in Echtzeit weiter an den Verkäufer und bestätigt dem Käufer die Zahlungsausführung per E-Mail.

Andere Onlineshop-Verkäufer bieten einen für sie garantierten Überweisungsvorgang an (z.B. Giropay). Voraussetzung ist ein für das Onlinebanking freigeschaltetes Girokonto. Durch Eingabe seiner Bankleitzahl wird der Käufer zu seiner Bank geführt. Dort wird ihm eine bereits vollständig ausgefüllte und nicht mehr veränderbare Überweisung angeboten. Durch Eingabe der TAN wird die Überweisung autorisiert und gleichzeitig erhält der Verkäufer die Zahlungsgarantie des Geldinstituts.

11.1.3 Scheck

Der **Scheck** ist eine **Urkunde,** in welcher der **Aussteller** des Schecks sein **Geldinstitut anweist, aus seinem Guthaben einen bestimmten Geldbetrag zu zahlen.**

Geldinstitute händigen nur dem Kontoinhaber oder dessen Bevollmächtigten Scheckformulare aus. Der Scheck ist ein **Geldersatzmittel,** d.h., der Scheckaussteller hat im rechtlichen Sinne erst dann bezahlt, wenn der Gläubiger das Geld empfangen hat und das Konto des Ausstellers belastet wurde.

Bestandteile des Schecks

	gesetzliche Bestandteile	kaufmännische Bestandteile
ScheckG Art. 1	– die Bezeichnung **Scheck** im Text der Urkunde – die **Anweisung**, eine **bestimmte Geldsumme zu zahlen**	– Schecknummer – Kontonummer des Ausstellers – Bankleitzahl
Art. 3	– den Namen des **bezogenen Geldinstitutes** – den **Zahlungsort**	– Feld für die Summe in Ziffern – Zeile für Angabe des Empfängers
Art. 2 (4)	– **Ort und Datum der Ausstellung** – **Unterschrift des Ausstellers**	

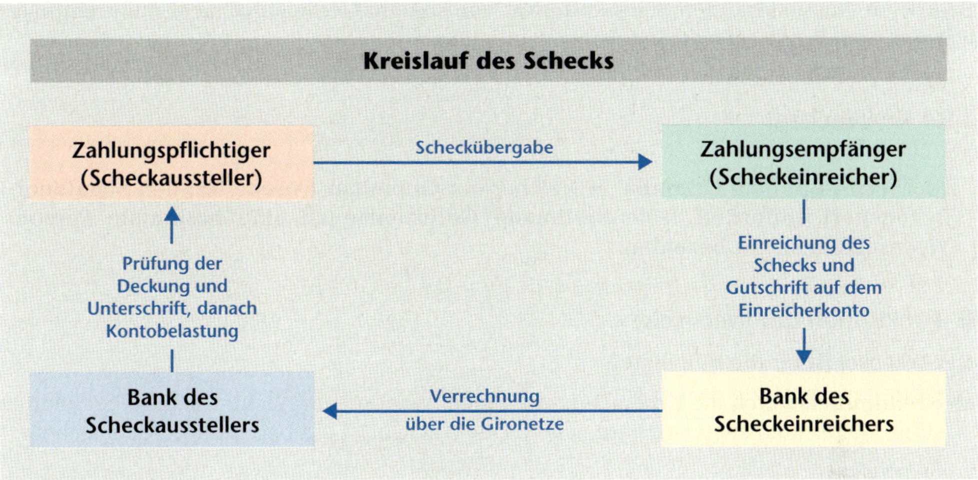

Scheckarten

▶ nach der Art der Weitergabe

a) **Inhaberscheck.** Der Scheck trägt den Zusatz »oder Überbringer«. Diese Klausel macht den Scheck auch dann zum **Inhaberpapier,** wenn der Name des Scheckempfängers eingetragen ist. Die Übertragung der Scheckrechte erfolgt nur durch Einigung und Übergabe.

b) **Orderscheck.** Er trägt im Gegensatz zum Inhaberscheck den Aufdruck ORDERSCHECK. Er ist durch Einigung, Indossament (Weitergabevermerk) und Übergabe übertragbar und deshalb ein **Orderpapier.**

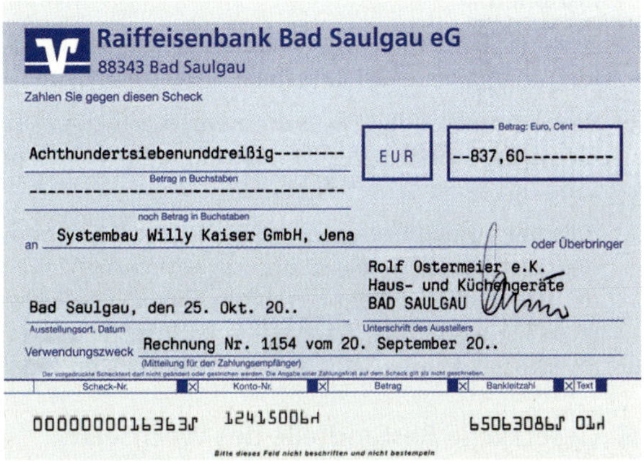
Raiffeisenbank Bad Saulgau eG
88343 Bad Saulgau
Zahlen Sie gegen diesen Scheck
Achthundertsiebenunddreißig--------
Betrag in Buchstaben
EUR
Betrag: Euro, Cent
--837,60----------
noch Betrag in Buchstaben
an Systembau Willy Kaiser GmbH, Jena oder Überbringer
Bad Saulgau, den 25. Okt. 20..
Ausstellungsort, Datum
Rolf Ostermeier e.K.
Haus- und Küchengeräte
BAD SAULGAU
Unterschrift des Ausstellers
Verwendungszweck Rechnung Nr. 1154 vom 20. September 20..
(Mitteilung für den Zahlungsempfänger)
Scheck-Nr. | Konto-Nr. | Betrag | Bankleitzahl | Text
Bitte dieses Feld nicht beschriften und nicht bestempeln

▶ nach der Art der Einlösung

a) **Barscheck.** Das bezogene Geldinstitut zahlt den Betrag an den Scheckvorleger in bar aus.

b) **Verrechnungsscheck.** Er trägt auf der Vorderseite den Vermerk »Nur zur Verrechnung«. Der Scheckeinreicher erhält die Schecksumme auf seinem Konto gutgeschrieben. *ScheckG Art. 39*

Einlösung des Schecks

Der Scheck ist bei **Sicht** zahlbar. Dies gilt auch für einen **vordatierten Scheck.** Es gelten folgende Vorlegefristen: *Art. 29*

Vorlegefristen ab Ausstellungsdatum		
8 Tage	**20 Tage**	**70 Tage**
für im Inland ausgestellte Schecks	für im europäischen Ausland oder in einem an das Mittelmeer angrenzenden Land ausgestellte Schecks	für in einem anderen Erdteil ausgestellte Schecks

Sperrt der Aussteller einen Scheck, darf er von seinem Geldinstitut nicht mehr eingelöst werden, andernfalls ist es schadensersatzpflichtig.

11.1.4 Wechsel

Der **Wechsel** ist eine **Urkunde,** in welcher der **Gläubiger (Aussteller)** den **Schuldner (Bezogener) auffordert,** eine **bestimmte Geldsumme an eine bestimmte Person** (Wechselnehmer) **zu bezahlen.**

Funktionen des Wechsels

Der Wechsel ist für die Beteiligten

a) **Kreditmittel.** Durch die Unterschrift auf einem Wechsel verpflichtet sich der Schuldner, seine Geldschuld später zu begleichen. Der Wechsel ist ein besonderer Schuldschein.

Beispiele:

1. Die Wagner KG schuldet der Kaiser GmbH Geld. Die Wagner KG verfügt aber zurzeit über keine flüssigen Mittel und bittet um Zahlungsaufschub. Daraufhin stellt die Kaiser GmbH auf die Wagner KG einen Wechsel aus, fällig in drei Monaten. Er wird von Wagner akzeptiert und der Kaiser GmbH übergeben (Bild, Seite 527).
2. Die Kaiser GmbH könnte den Wechsel anschließend an ihre Bank verkaufen und würde somit einen Kredit erhalten.

b) **Zahlungsmittel.** Der Wechselinhaber kann mit dem Wechsel eigene Verbindlichkeiten bezahlen.

Beispiel: Die Kaiser GmbH hat bei der Winter OHG Schulden und gibt den Wechsel als Zahlungsmittel weiter an die Winter OHG (Bild, Seite 527).

WG Art. 17 c) **Sicherungsmittel.** Wer auf einem Wechsel unterschreibt, gibt ein abstraktes, d.h. vom Grundgeschäft losgelöstes Schuldversprechen ab. Er haftet in jedem Falle für die Zahlung des Wechselbetrages.

Beispiel: Am Verfalltag kann die Wagner KG gegenüber dem Wechselvorleger nicht einwenden, die Ware oder Dienstleistung hätte erhebliche Mängel aufgewiesen und deswegen werde man 10 % weniger bezahlen. Eine solche Einrede der Minderung ist nicht statthaft. Im Ernstfalle würde die Wagner KG im Wechselprozess (Urkundenprozess) verurteilt. In einem Zivilprozess könnte sie aber ihre Rechte geltend machen.

Gesetzliche Bestandteile des Wechsels

Art. 1 – **Ort und Datum der Ausstellung** (Monat in Buchstaben).

– **Bezeichnung als Wechsel** im Text der Urkunde.

Art. 33 – **Verfallszeit,** z.B. fällig »am 14. November 20 ..«.

Art. 3 – **Name des Wechselnehmers.** Man unterscheidet

a) Wechsel **an fremde Order.** Der Aussteller bezeichnet eine dritte Person als Wechselnehmer, z.B. »Zahlen Sie an Winter OHG oder deren Order«.

b) Wechsel **an eigene Order.** Der Aussteller bezeichnet sich selbst als Wechselnehmer, z.B. »Zahlen Sie an mich«, »an eigene Order«.

– **Unbedingte Anweisung,** eine bestimmte **Geldsumme zu zahlen.**

– **Name des Bezogenen.**

Art. 4 – **Zahlungsort.** Diese Angabe ist notwendig, da die Wechselschuld eine **Holschuld** ist.

- **Unterschrift des Ausstellers.** Unter die Unterschrift setzt der Aussteller seine Anschrift, damit er bei Nichteinlösung des Wechsels benachrichtigt werden kann. *WG Art. 9 (1)*

Annahme des Wechsels

Aus der Zahlungsaufforderung **(Tratte)** »Gegen diesen Wechsel zahlen Sie am …« wird durch die Unterschrift des Bezogenen quer zum Text ein akzeptierter Wechsel **(Akzept).** Der Bezogene verpflichtet sich durch die Annahme, den Wechsel am Fälligkeitstag einzulösen.

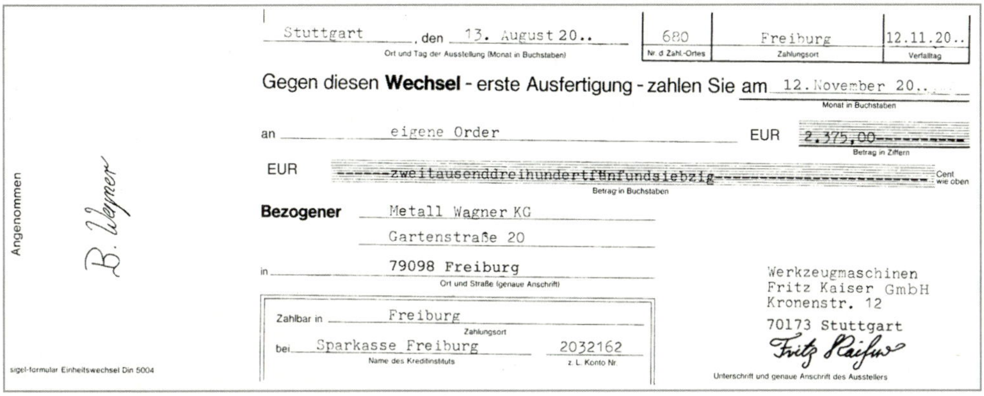

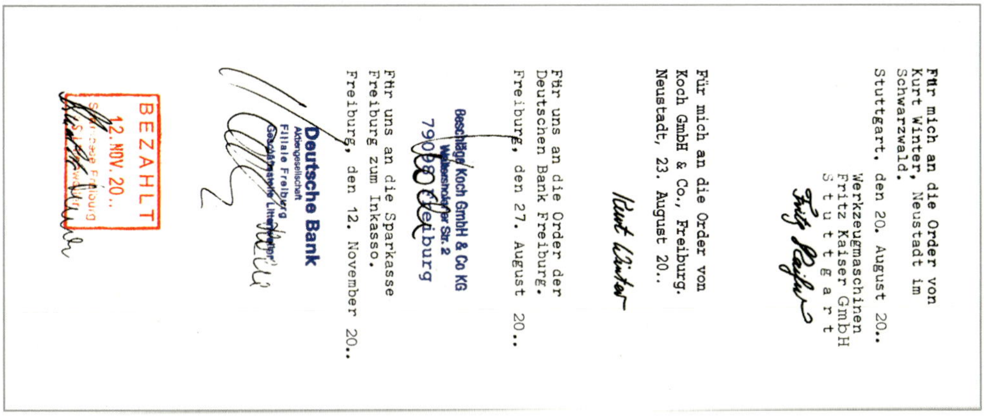

Weitergabe und Einlösung des Wechsels

▶ Weitergabe

a) Zahlungshalber: Der Aussteller gibt an seinen Gläubiger weiter. *Art. 11 ff.*

Bei der Weitergabe des Wechsels ist eine Übertragungserklärung auf dessen Rückseite zu setzen. Man nennt sie **Indossament.**

- Das Vollindossament enthält mindestens den Namen des Empfängers (Indossatar) und die Unterschrift des Weitergebenden (Indossant).
- Das Inkasso- oder Einzugsindossament ermächtigt den Beauftragten (Banken) zur Wahrnehmung aller Rechte aus dem Wechsel.

b) Zum Diskont: Der Aussteller verkauft seinen Wechsel an sein Geldinstitut, d.h., das Geldinstitut kauft den Wechsel an und zieht dann von der Wechselsumme die tagegenauen Zinsen für die Zeit vom Einreichungs- bis zum Verfallstag ab. Der Barwert wird mit »Wert Einreichungstag« gutgeschrieben.

▶ **Einlösung**

WG Art. 38

Der Wechsel wird am Verfallstag oder den beiden folgenden Werktagen dem Bezogenen direkt oder der Zahlstelle (Hausbank des Bezogenen) zur **Einlösung** vorgelegt. Nach Prüfung der Ordnungsmäßigkeit des Wechsels wird er eingelöst. Der Bezogene erhält den Wechsel als Quittung.

11.1.5 Elektronischer Zahlungsverkehr

Wer elektronische Zahlungssysteme nutzen will, muss über eine **Bankkarte** oder eine **Kreditkarte** verfügen. Die **Geldkarte** ist als aufladbarer Chip in der Bankkarte integriert. Außerdem sind **Online-Zahlungen** möglich.

Bankkarte

Quelle: Deutscher Sparkassenverlag

Bietet der Verkäufer ein kartentaugliches Kassenterminal an, kann der Käufer mit einer **Bankkarte** und seiner persönlichen Identifikationsnummer **(PIN)** am Ort des Verkaufsgeschehens **(Point of Sale = POS)** bezahlen. Man spricht auch von **Electronic Cash.**

- Die Kaufsumme wird in die Kasse getippt.
- Der Kunde kontrolliert sie, bezahlt mit der Bankkarte mittels Eingabe seiner PIN.
- Das Kassenterminal autorisiert den Kunden, d.h., in Sekundenschnelle wird die PIN, die Echtheit der Karte, eine mögliche Sperre sowie das Kreditlimit geprüft. Dies gilt auch weltweit, wenn das Kassenterminal die Bankkarte (mit »**Maestro**« oder »**VISA**«-Logo) akzeptiert.
- Die Summe wird gespeichert.
- Der Kassenbon mit Artikelname, Preis, Händlername, Datum, Uhrzeit wird herausgegeben.
- Die Kontobelastung und die Gutschrift erfolgen vollautomatisch.

Eine Variante von POS ist die Bezahlung mit der Bankkarte ohne PIN. In diesem Fall verzichten die Händler auf die absolute Zahlungssicherheit, indem sie nur eine Lastschrifteinzugsermächtigung unterschreiben lassen (Kapitel 11.1.2). Die Zahlung erfolgt damit ohne Zahlungsgarantie. Bei diesem **Elektronischen Lastschriftverfahren (ELV)** hat die Bankkarte also keine Garantie-, sondern lediglich Legitimationsfunktion.

Mit der Bankkarte lässt sich auch Bargeld vom Geldautomaten abheben. Der tägliche Verfügungsrahmen wird mit der Bank vereinbart.

Geldkarte

KWG § 1 (14)

Die **Geldkarte** ist als Mikrochip in der Bankkarte integriert. Sie ist eine **prepaid card,** d.h., um damit bezahlen zu können, muss sie erst am Geldautomaten mittels PIN zulasten des eigenen Kontos aufgeladen werden. Aus Buchgeld wird **elektronisches Geld.** Der Höchstbetrag liegt bei 200 EUR. Eine Entladung auf das Bankkonto ist möglich. Der **Vorteil** der Geldkarte liegt in der schnellen Zahlungsabwicklung. Der **Nachteil** besteht darin, dass der Verlust der Geldkarte Bargeldverlust bedeutet.

Vorteile des Electronic Cash	
für den Käufer: – unabhängig von Bargeld – erhöhter finanzieller Spielraum – geringeresVerlustrisiko von Bargeld – teilweise weltweite Nutzung – ausführliche Informationen auf dem Kontoauszug (Händlername, Datum, Uhrzeit)	**für den Verkäufer:** – verringerte Arbeit mit Bargeld – niedrigerer Bargeldbestand – geringeres Betrugs- und Raubrisiko von Bargeld – große Zahlungssicherheit – absolute Sicherheit bei Einsatz der PIN

Kreditkarte

Privat- und Geschäftskunden mit einwandfreier Bonität erhalten von ihren Hausbanken das Angebot, Kreditkarten als Zahlungsmittel zu verwenden. Die Karten werden von Kreditkartenorganisationen (Mastercard, VISA) herausgegeben. Gegen Vorlage der Kreditkarte kann der Karteninhaber bei allen der Kartenorganisation angeschlossenen Vertragsunternehmen (Händler, Hotels, Restaurants) bargeldlos bezahlen. Die Karte ermöglicht auch das (teure) Abheben von Bargeld bis zu festgelegten Höchstgrenzen. Bei allen Zahlungsvorgängen sind die gleichen Schritte zu beachten wie bei der Bankkarte.

Die Kreditkartenorganisation hat vor Ausgabe der Karte die Bonität des Antragstellers durch dessen Hausbank prüfen lassen. Deswegen bedeutet die Vorlage der Karte für den Gläubiger **absolute Zahlungssicherheit.** D. h., er erhält per Lastschrifteinzug immer sein Geld von der Kartenorganisation.

Diese Risikoübernahme kostet den Gläubiger je nach Branche und Geltungsbereich (weltweit) allerdings 3–10 % Gebühren jedes Lastschriftbetrages. Gegenüber dem Kartenbenutzer rechnet die Organisation monatlich ab, sodass der Kunde eine Art zinslosen Kredit erhält. Demgegenüber steht eine Jahresgebühr von beispielsweise 20 EUR. Bei Kartenverlust liegt die Haftungsgrenze des Kunden bei höchstens 150 EUR.

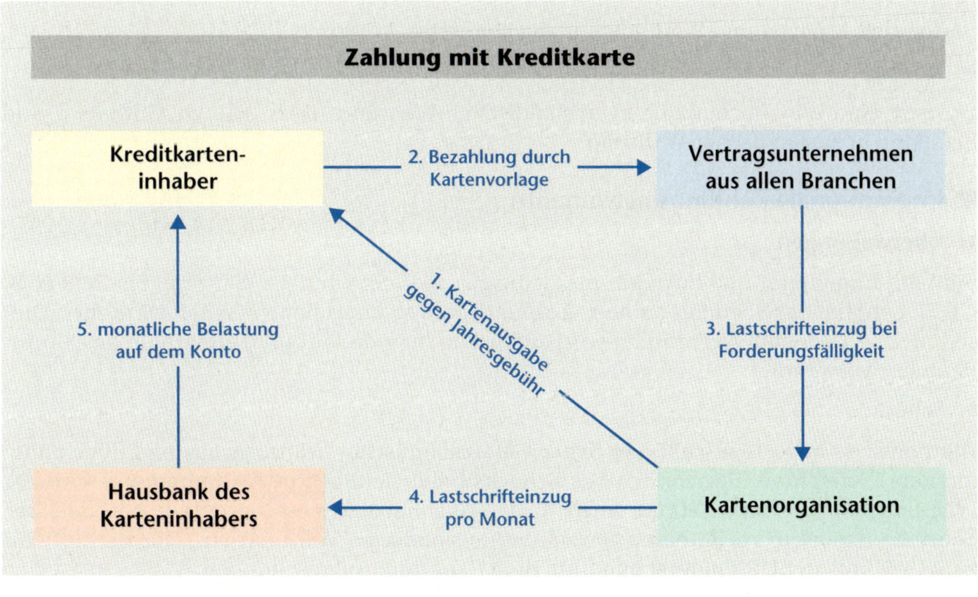

Die Kreditkarten bieten folgenden **Standardnutzen:**
- bargeldlos zahlen bei Vertragsunternehmen,
- Bargeld beschaffen an Geldautomaten und bei Geldinstituten,
- Zahlung im Internet,
- Fahrzeuge mieten ohne Kaution,
- Hotelzimmer reservieren,
- Zahlungsaufschub durch monatliche Abrechnung sowie
- Auflistung von Betrag, Datum, Einsatzort in zeitlicher Reihenfolge,
- Ersatzkartenservice bei Diebstahl und Verlust innerhalb von 24 Stunden.

Gute Bankkunden erhalten eine sogenannte Goldkarte mit **Zusatznutzen:**
- umfangreiche Versicherungen wie Reiserücktrittsversicherung, Auslandsreisekrankenversicherung,
- telefonische Rechtsberatung.

Die **Gefahren bzw. Nachteile** jeder **Bank- oder Kreditkartennutzung** liegen in unüberlegten Spontankäufen, zunehmender Verschuldung, manipulierten Lesegeräten oder Internetseiten bis hin zum fehlenden Strom. Jeder Karte ist auch nur ein bestimmtes Konto zugeordnet.

11.1.6 Zahlungsverkehr mit dem Nicht-SEPA-Ausland

Internationale Zahlungsmittel

Banken in der ganzen Welt sind an die gemeinsame Computerzentrale SWIFT in Brüssel angeschlossen. Alle Kontoübertragungen erfolgen vollautomatisiert und belegfrei binnen weniger Minuten. Die Banken tauschen aus Exportgeschäften hereinkommende fremde Währungen (CHF, USD) in EUR um. Umgekehrt beschaffen sie fremde Währungen zur Bezahlung von Importen.

Fremde Währungen gibt es in Form von Sorten und Devisen.

▶ Sorten

Sorten sind Münzen und Banknoten in ausländischer Währung.

▶ Devisen

Devisen sind alle Buchgelder in ausländischer Währung. Dazu zählen Guthaben und Schulden in ausländischer Währung.

Internationale Zahlungsinstrumente

▶ Überweisungen

Sitzt der Empfänger im »Euro-Raum«, wünscht aber eine andere Währung als EUR (z.B. CHF), benötigt der Schuldner einen »Zahlungsauftrag im Außenwirtschaftsverkehr«. Dieses auch »Z1« genannte Formular wird außerdem für jede Währung außerhalb des »Euro-Raumes« verwandt.

▶ Scheck

Der deutsche Importeur stellt den Scheck in ausländischer Währung aus und übersendet ihn dem Lieferanten. Bei Vorlage des Schecks beim Geldinstitut des Importeurs wird der Währungsbetrag zum Briefkurs in EUR umgerechnet und dem Importeur belastet. Der deutsche Exporteur reicht einen Scheck auf ausländische Währung ein. Der Betrag wird zum Geldkurs in EUR umgerechnet und dem Exporteur gutgeschrieben.

▶ Wechsel

Sie können je nach Vereinbarung zwischen den Beteiligten in jeder Währung ausgestellt werden. Nach der Akzeptierung kann ihn der Wechselinhaber seinem Geldinstitut zum Diskont anbieten (siehe Seite 527).

Zusammenfassende Übersicht zu Kapitel 11.1: Zahlungsgeschäfte im europäischen Zahlungsverkehrsraum SEPA

Angebote im Zahlungsverkehr

	SEPA-Überweisung	SEPA-Dauerauftrag	SEPA-Lastschrift	Basislastschrift	Firmenlastschrift	Scheck	Bankkarte	Geldkarte	Kreditkarte
beleghafte Zahlung	●	●		●	●	●			
Kartenzahlung							●	●	●
Onlinebanking	●	●	●	●	●				
Onlinezahlung (Internet)	●		●	●	●		●		●

▶ Aufgaben und Probleme

1. An der Kasse eines Modehauses werden die Laufkunden gefragt: »Zahlen Sie bar oder mit Karte?« Das gleiche Modehaus schickt einem Stammkunden eine Rechnung mit dem Text: »Bei Zahlung netto Kasse innerhalb von acht Tagen 2 % Skonto oder 30 Tage netto«.

   a) Erklären Sie den Begriff Barzahlung.

   b) Berechnen Sie den Jahreszinssatz dieses Skontoangebotes.

2. Nennen Sie Gründe, warum Gläubiger ihren Schuldnern mit der Rechnung einen ausgefüllten Überweisungsauftrag/Zahlschein zusenden.
3. Prüfen Sie bei Ihrer Bank, ob Sie SEPA-Daueraufträge zu jedem Termin in Auftrag geben können oder nur zu bestimmten Stichtagen.
4. Ein Mieter überlegt, ob er sich im Mietvertrag bezüglich der Bezahlung der monatlichen Miete für einen SEPA-Dauerauftrag oder eine Basislastschrift entscheiden soll. Beraten Sie ihn.
5. Ein Unternehmer beantragt bei seinem Kreditinstitut, im Einzugsermächtigungsverfahren seine Kundenforderungen in monatlicher Höhe von 65.000 EUR einziehen zu dürfen. Daraufhin wird er gebeten, in der Kreditabteilung vorzusprechen und die letzten beiden Jahresbilanzen mitzubringen. Begründen Sie das Verhalten der Bank.

6. Ein Kaufmann hat monatlich folgende Zahlungsvorgänge zu erledigen: Leasingraten, Umsatzsteuer, Postwertzeichen, Gehälter, Telefonrechnungen, Lieferantenrechnungen. Stellen Sie in einer Matrix dar, welche Zahlungsmöglichkeiten für ihn im jeweiligen Fall sinnvoll sind.
7. Ordnen Sie die Scheckarten Orderscheck, Barscheck, Inhaberscheck, Verrechnungsscheck der Tabelle zu.

Unterscheidung nach Art der	Arten des Schecks	
Einlösung		
Übertragung		

8. Ein Jugendlicher behauptet, die Geldkarte sei unnütz, denn sie würde ja nur zum Geldausgeben verführen. Nehmen Sie dazu Stellung.
9. Warum spricht man bei den Bank- und Kreditkarten von »Plastikgeld«?
10. Auch große Kaufhäuser und Einkaufszentren bieten »Kreditkarten« in Form von Kundenkarten an. Suchen Sie Gründe dafür.
11. Worin bestehen die Unterschiede der Bankkarte gegenüber der Kreditkarte?
12. Nennen Sie Vor- und Nachteile der Kreditkarte für den Kartennutzer.
13. In den letzten Jahren wurde das Angebot im elektronischen Zahlungsverkehr erheblich ausgebaut.
    a) Wie stehen Sie als Verbraucher zu dieser Zahlungsmöglichkeit?
    b) Warum haben Geldinstitute sowie Handels- und Dienstleistungsunternehmen ein Interesse an der Nutzung dieser Zahlungsmöglichkeit?
14. Welche Zugangsdaten müssen Sie auf einer Homepage für Onlinebanking eingeben?
15. Erklären Sie die Abkürzung TAN.
16. Rufen Sie im Internet die Homepage der Postbank auf (www.postbank.de). Im Menüpunkt Onlinebanking (Mauszeiger auf »Kunden-Login«) können Sie ein Demokonto öffnen. Lesen Sie die Informationen sorgfältig durch und erkunden Sie die Möglichkeiten des Onlinebankings.
    a) Welchen Betrag haben Sie zuletzt an das Finanzamt Köln überwiesen?
    b) Wie hoch ist Ihr aktueller Kontostand?
    c) Welche Funktionen stehen den Kunden beim Onlinebanking zur Verfügung?
    d) Welche Funktionen beinhaltet der Menüpunkt »Einstellungen«?
    e) Nennen Sie die notwendigen Schritte zur Vornahme einer Überweisung.
17. Welche Vor- bzw. Nachteile hat das Onlinebanking für ein Unternehmen?
18. Wie kann man sich gegen die Gefahren beim Onlinebanking schützen?

11.2 Einlagengeschäfte

Kreditinstitute nehmen Gelder an als Sicht-, Termin- und Spareinlagen (Bild, Seite 519). Zur Eröffnung eines Einlagenkontos muss sich der Kontoinhaber laut Abgabenordnung legitimieren, da niemand auf einen falschen oder fiktiven Namen ein Konto eröffnen darf. AO § 154

11.2.1 Sichteinlagen

Sichteinlagen sind Geldanlagen, die **jederzeit verfügbar** sind.

Der Bankkunde nutzt sein Sichteinlagenkonto zur Abwicklung seines Zahlungsverkehrs. Sichteinlagen werden auf Giro- und Kontokorrentkonten gebucht. Sie dienen nicht der Vermögensanlage.

Girokonten sind grundsätzlich Guthabenkonten; sie werden niedrig oder gar nicht verzinst. In der Praxis dürfen aber z. B. Girogehaltskonten bei guter Kontoführung überzogen werden **(Dispositionskredit).**

Kontokorrentkonten sind Konten mit wechselndem Rechnungsverhältnis, d. h., sie können Guthaben- oder Schuldsalden ausweisen. Im Unterschied zum Girokonto wird mit der Bank ein Kreditvertrag ausgehandelt (Kapitel 10.2.2).

11.2.2 Termineinlagen

Termineinlagen sind **Geldanlagen,** die zu einem **bestimmten Termin fällig** sind.

Für den Anleger sind die Sicherheit und die Verzinsung seines Geldes wesentlich. Die Termineinlagen sind grundsätzlich kurzfristig und werden als Festgeld angelegt.

Unter **Festgeld** versteht man Beträge, die auf bestimmte Zeit angelegt sind, d.h. an einem schon bei der Anlage vereinbarten Tag fällig werden. Die Anlagedauer beträgt mindestens 30 Tage. Wird am Fälligkeitstag nicht verfügt, so wird das Festgeld verlängert oder als täglich fälliges Geld behandelt. Der Zinssatz steigt mit der Anlagedauer.

11.2.3 Spareinlagen

Spareinlagen dienen der **Anlage** oder **Ansammlung von Vermögen.**

Sie dienen nicht dem Zahlungsverkehr. In der Hauptsache entstehen sie durch Verzicht des Sparers auf den Verbrauch gewisser Teile seines Einkommens. Er wünscht eine sichere Anlage und gute Verzinsung.

Die wichtigsten **Merkmale der Spareinlagen** sind:

- Über Spareinlagen wird eine Sparurkunde (Sparbuch) ausgestellt.
- Nur unter Vorlage der Urkunde kann man Geld abheben.
- Spareinlagen müssen dem Kreditinstitut auf unbestimmte Dauer zur Verfügung stehen.
- Spareinlagen dürfen nicht dem Zahlungsverkehr dienen.
- Spareinlagen sollen einer Kündigungsfrist von drei Monaten unterliegen.
- Der Kündigungsfreibetrag bei Spareinlagen mit dreimonatiger Kündigung beträgt 2.000 EUR pro Kalendermonat. Der Sparer kann somit binnen zwei Tagen (z. B. 30. Juni/1. Juli) über 4.000 EUR verfügen.
- Wird die Betragsgrenze überschritten, können Vorschusszinsen anfallen.

Von **Geldmarktkonten** (Geldmarkteinlagen) spricht man, wenn das Kreditinstitut ein Sparkonto anbietet, dessen Verzinsung vom **EURIBOR-Satz** (**Eur**opean-**I**nter-**B**ank-**O**ffered-**R**ate) des Geldmarktes in Frankfurt abhängt. Die Zinsanpassung ist dann flexibel und erfolgt beispielsweise monatlich (15. des Monats) oder vierteljährlich (15. Febr./15. Mai/15. Aug./15. Nov.).

Zusammenfassende Übersicht zu Kapitel 11.2: Einlagengeschäfte

Einlagen

Formen →	**Sichteinlagen**	**Termineinlagen**	**Spareinlagen**
Zweck →	Zahlungsverkehr	kurzfristige Anlage	langfristige Anlage
Fälligkeit →	täglich fällige Gelder	Festgelder, Kündigungsgelder laut Vertrag	nach vertraglicher Kündigung
Verfügung →	jederzeit durch Barabhebung, Überweisung	nach Fristablauf, durch Überweisung	Barabhebung gegen Vorlage der Sparurkunde
Verzinsung →	je nach Marktlage und Strategie der Bank		

▶ Aufgaben und Probleme

1. Worin unterscheiden sich Sichteinlagen von Termineinlagen?
2. Aus welchen Gründen kann sich ein Sparer für eine Termineinlage und nicht für eine Spareinlage entscheiden?
3. Welche volkswirtschaftlichen Voraussetzungen müssen gegeben sein, um den Sparwillen und die Sparfähigkeit der Bürger zu erhalten?

11.3 Kreditgeschäfte

Unter **Kreditgeschäft** versteht man die **Bereitstellung von Geld im Vertrauen** darauf, dass es später **zurückbezahlt wird.**

Die am Kreditgeschäft beteiligten Personen heißen:

Kreditgeber = Kreditinstitut = Kreditor = Gläubiger.

Kreditnehmer = Bankkunde = Debitor = Schuldner.

Kreditvertrag

Ein **Kreditvertrag** kommt zustande durch den **Antrag** des Kreditnehmers, die **Überprüfung** seiner **Bonität** (Kreditwürdigkeit) und die **Zusage** des Kreditinstituts. Er wird stets schriftlich abgeschlossen.

Der **Inhalt des Kreditvertrages** erstreckt sich auf folgende Gesichtspunkte:

- Bereitstellung als Darlehen oder als Kontokorrentkredit,
- Höhe des Kredites sowie der Verwendungszweck,
- Zinssatz, evtl. Provision, Höhe der Auszahlung (Kreditsumme minus Disagio),
- Fristen für die Bereitstellung, Rückzahlung und Kündigung des Kredits,
- Kreditsicherung.

Bonitätsprüfung

Vor der Gewährung eines Kredits wird der Kreditgeber die Bonität des Kreditnehmers prüfen.

Unter der **Bonität** versteht man die **Fähigkeit,** die vertraglich vereinbarte **Kreditverpflichtung zu erfüllen.**

Die **Bonität** bezieht sich auf

a) personelle Merkmale: Charakter, Fleiß, Zuverlässigkeit, guter Ruf des Kreditnehmers,

b) materielle Merkmale: angebotene Sicherheiten und die Fähigkeit, die Rückzahlungsverpflichtungen (Kapitaldienst) erwirtschaften zu können.

Wird die Bonität nur vergangenheitsorientiert geprüft, so spricht man vom **Kreditscoring** (scoring = engl.: Punkte erzielen). Dies ist üblich bei Krediten an Privatpersonen.

Scoring-Bogen

Bankhaus Ackermann

Name des Antragstellers: **Kontonummer:** **Datum:**

Bei folgenden Tatbeständen ist eine Kreditgewährung ausgeschlossen:
- Alter unter 18 Jahren
- Zwangsvollstreckung, Kreditkündigung, Lohnpfändung
- grundsätzlich, wenn Gesamtpunktzahl unter 40 Punkten liegt

Bei folgenden Tatbeständen muss der nächst höhere Kompetenzträger gefragt werden:
- Kapitaldienstfähigkeit liegt unter der zu zahlenden Monatsrate (Unterdeckung)
- Antragsteller ist arbeitslos/hat kein eigenes Einkommen
- Gesamtpunktzahl aus diesem Bogen liegt bei 40 bis 46 Punkten

	Score	
1. Kapitaldienstfähigkeit		
– Unterdeckung	0	
– Überdeckung bis 50 EUR	10	
– Überdeckung bis 100 EUR	20	
– Überdeckung bis 250 EUR	30	
– Überdeckung bis 500 EUR	50	____
2. Alter des Kreditnehmers		
– unter 20 Jahre	0	
– unter 25 Jahre	2	
– unter 40 Jahre	4	
– unter 65 Jahre	6	
– ab 65 Jahre	2	____
3. Familienstand		
– ledig/verwitwet	4	
– verheiratet	6	
– geschieden/getrennt lebend	2	____
4. Beruf		
– Beamter/Rentner/Pensionär	10	
– Angestellter/Selbstständiger	8	
– Auszubildender/Student	2	
– arbeitslos/ohne Einkommen	0	____
5. Beschäftigungsdauer beim derzeitigen Arbeitgeber		
– bis 4 Jahre	3	
– über 4 Jahre	6	____
6. Bisherige Geschäftsverbindung		
– ohne Beanstandung/positiv	10	
– Neukunde	5	____
– Negativmerkmale in den letzten drei Jahren (z. B. Rückschecks, Überziehungen, Rücklastschriften)	0	____
7. Art des Wohnsitzes		
– Eigentum	6	
– Miete	0	____
8. Freies Vermögen		
– doppelter Kreditbetrag und mehr	6	
– entspricht dem Kreditbetrag	3	
– unter dem Kreditbetrag	0	____
Gesamtpunktzahl		____

Bei Kreditanfragen von Unternehmen wird auch zukunftsorientiert geprüft; man spricht dann von **Kreditrating.** Von Interesse sind dann die Zukunftsaussichten des Unternehmens, die Auftragslage in der Branche und im Unternehmen selbst. Informativ ist ein **Businessplan.** Er gibt Auskunft über geplante Investitionen, Expansionen, Kooperationen, Kapitalerhöhungen, Personaleinstellungen bis hin zur Nachfolgeregelung.

Kreditarten

Kreditart		Bedeutung	Beispiele
nach dem Verwendungszweck	**Produktivkredit**	Sicherung und Steigerung der Gütererzeugung	Finanzierung des Anlage- und Umlaufvermögens
	– Investitionskredit	– Erhalt, Errichtung und Erweiterung von Anlagen	– Finanzierung von Gebäuden, Maschinen, Büroausstattung
	– Betriebsmittelkredit	– Verstärkung des Umlaufvermögens	– Finanzierung der laufenden Ausgaben für Materialkäufe, Gehälter, Steuern
	– Saisonkredit	– Überbrückung des gesteigerten Geldbedarfs vor oder während der Saison	– Finanzierung von Hopfenkäufen der Brauereien, Gemüsekäufen der Konservenfabriken
	Konsumkredit	Hebung des privaten Lebensstandards	Finanzierung von Wohnungseinrichtungen, Urlaubsreisen, Autos
nach der Laufzeit	kurzfristig	Laufzeit bis 6 Monate	Unternehmer skontiert Rechnungen mittels Kreditaufnahme.
	mittelfristig	Laufzeit ab 6 Monate	Unternehmer finanziert den Geschäftswagen.
	langfristig	Laufzeit ab 4 Jahre	Unternehmer finanziert seine Gebäudeerweiterung durch ein zehnjähriges Grundschulddarlehen.
nach der Verfügbarkeit	**Kontokorrentkredit**	Verfügbarkeit innerhalb einer bestimmten Höchstsumme und Zeit	Abwicklung des laufenden Zahlungsverkehrs für Materialeinkäufe, Gehälter, Steuern; Begleichung von Verbindlichkeiten
	Darlehen	einmalige Auszahlung in bestimmter Höhe und für festgelegte Zeit	Finanzierung eines Grundstückkaufs
nach der Sicherheit	siehe Seite 537		

Kreditsicherungen

Die Kreditsicherung hängt vom Ergebnis der Bonitätsprüfung ab. Je nach Ergebnis verlangt die Bank die Mithaftung von weiteren Personen, Sachwerten oder Rechten.

Kreditsicherung	Bedeutung	Beispiele
Personalkredit, Blankokredit	Sicherheit liegt allein in der Person des Kreditnehmers.	Gehaltsempfänger darf sein Konto bis zum Zweifachen seines Gehaltes überziehen (Dispositionskredit).
verstärkter Personalkredit	Sicherheit wird verstärkt durch die Haftung weiterer Personen.	
– Wechseldiskontkredit	– Haftung der Wechselverpflichteten	– Kaufmann verkauft einen Wechsel vor Fälligkeit an die Bank.
– Bürgschaftskredit	– Haftung des Bürgen	– Kaufmann verbürgt sich für seinen Sohn bei dessen Existenzgründung.
– Zessionskredit	– Haftung des Drittschuldners	– Kaufmann bietet Forderungen als Sicherheit und erhält daraufhin einen Kredit in Höhe von 80 % dieser Forderung.
Realkredit (Mobilien)	Sicherheit besteht im Recht an einer beweglichen Sache.	
– Lombardkredit	– Pfandrecht an einer beweglichen Sache	– Kaufmann verpfändet seine bei der Bank deponierten Aktien und erhält 60 % des Aktienwertes als Kredit.
– Sicherungsübereignungskredit	– pfandrechtähnliches Recht; Kreditgeber wird bedingter Eigentümer	– Kaufmann bietet seinen Pkw als Sicherheit und erhält einen Kredit über 50 % des Pkw-Wertes. Er darf das Fahrzeug weiterhin nutzen.
Realkredit (Immobilien)	Sicherheit besteht im Recht an einer unbeweglichen Sache.	
Grundschuldkredit	– Pfandrecht an einer unbeweglichen Sache	Bank beleiht ein Haus, das der Kreditnehmer weiterhin benutzt, bis zu 80 %.

11.3.1 Personalkredit (Blankokredit)

Der **Personalkredit** ist ein Kredit, der lediglich **aufgrund der Bonität des Kreditnehmers** gegeben wird.

Es wird keine weitere Sicherheit verlangt **(Dispokredit).** Der Personalkredit ist meist ein kurzfristiger Kredit; zu Investitionszwecken eignet er sich nicht. Selbstverständlich müssen die wirtschaftlichen Verhältnisse offenliegen. Der Personalkredit wird in der Regel als Kontokorrentkredit, seltener als Darlehen gewährt.

11.3.2 Wechseldiskontkredit

Der **Wechseldiskontkredit** ist ein Kredit durch **Ankauf von Wechseln unter Abzug von Diskont** vom Ankaufstag bis zum Verfalltag.

Das Kreditinstitut diskontiert den eingereichten Wechsel, d.h., es stellt dem Kreditnehmer den Barwert später fälliger Wechsel zur Verfügung. Die Zinstage werden tagegenau gerechnet.

Beispiel:

Wechselsumme	Einreichungstag	Verfalltag	Zinstage	Zinssatz	Zinsen	Barwert
10.000 EUR	17.07.20..	15.10.20..	90	6 %	150 EUR	9.850 EUR

Das Kreditinstitut erhält am Zahlungstag vom Bezogenen die Wechselsumme zurück. Dem Kreditinstitut haften mindestens zwei Wechselbeteiligte: der Bezogene und der Einreicher, z. B. der Aussteller.

11.3.3 Bürgschaftskredit

Der **Bürgschaftskredit** ist ein **Personalkredit,** der zusätzlich **durch eine Bürgschaft einer dritten Person** gesichert ist.

Entstehung

BGB §§ 765 ff. Die Bürgschaft ist ein Vertrag zwischen dem Kreditinstitut (Gläubiger) und dem Bürgen, wonach der Bürge für den Schuldner haftet. Der Bürgschaftsvertrag kommt durch die schriftliche Bürgschaftserklärung des Bürgen und deren Entgegennahme durch das Kreditinstitut zustande. HGB § 350 Kaufleute können sich im Rahmen ihres Geschäftsbetriebs auch mündlich verbürgen.

Arten der Bürgschaft

Nach der **Haftung des Bürgen** unterscheidet man die selbstschuldnerische Bürgschaft, die gewöhnliche Bürgschaft und die Ausfallbürgschaft.

- BGB § 773 Eine **selbstschuldnerische Bürgschaft** liegt vor, wenn der Bürge auf das Recht der Einrede der Vorausklage verzichtet hat, d. h., wenn er vom Gläubiger nicht den Nachweis erfolgloser gerichtlicher Schritte gegenüber dem Hauptschuldner verlangen kann. Verweigert der Schuldner die Zahlung, so muss der Bürge auf Verlangen des Gläubigers sofort zahlen. Kreditinstitute verlangen stets diese Art der Bürgschaft, um den zeit- und kostenintensiven Klageweg gegenüber dem Hauptschuldner zu vermeiden. HBG § 349 Der Kreditgeber kann sowohl vom Hauptschuldner als auch vom Bürgen sofort die volle Forderung verlangen. Die Bürgschaft von Kaufleuten ist stets selbstschuldnerisch.
- BGB §§ 771 f. Bei der **gewöhnlichen Bürgschaft** hat der Bürge das »**Recht der Einrede der Vorausklage**«. Er kann also verlangen, dass der Gläubiger zunächst die Zwangsvollstreckung in das Vermögen des Schuldners betreibt, um von diesem sein Geld zu erhalten.
- Bei der **Ausfallbürgschaft** muss der Ausfall durch Zwangsvollstreckung in das gesamte Vermögen des Schuldners nachgewiesen werden.

§ 769 Die genannten Bürgschaften können auch als **gesamtschuldnerische Bürgschaft** eingegangen werden. Dann haften mehrere Personen als Gesamtschuldner. Der Kreditgeber kann von irgendeinem der Bürgen die volle Forderung verlangen.

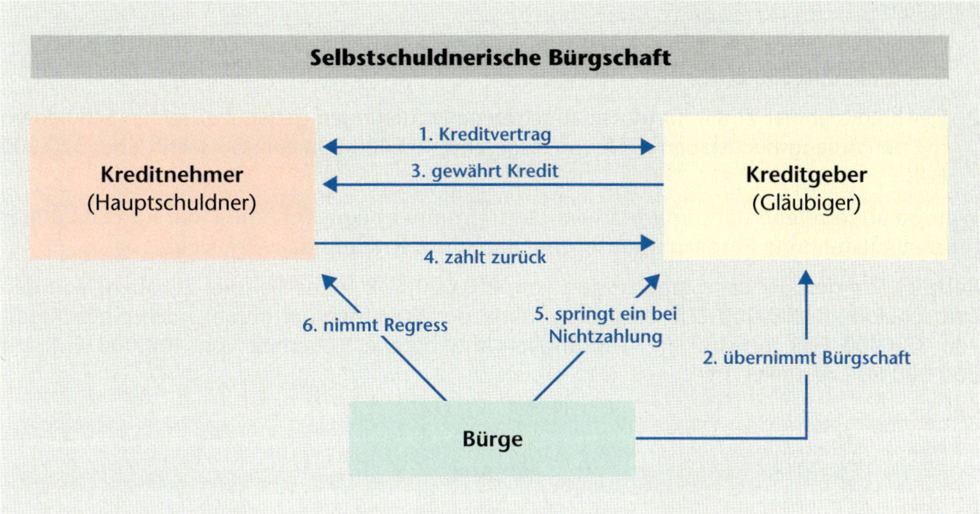

Wirkung

Der Kreditgeber hat also für seine Forderung zwei Schuldner. Neben dem Kreditnehmer haftet noch eine weitere Person für die Zins- und Rückzahlung. Die Bürgschaft ist von der Hauptschuld abhängig, also forderungsgebunden (akzessorisch). Der Bürge kann dem Kreditgeber gegenüber die gleichen Einreden wie der Hauptschuldner geltend machen. *HGB § 350*

Beispiele:

1. Forderungen bestehen nicht mehr in voller Höhe.
2. Mängelrüge und deswegen geringere Forderung.

Erlöschen der Bürgschaft

Eine Bürgschaft erlischt *BGB § 774*

- mit der Tilgung der Schuld durch den Hauptschuldner oder den Bürgen. Soweit der Bürge einen Gläubiger befriedigt, geht die Forderung des Gläubigers auf ihn über.
- durch Verzicht des Gläubigers auf die Forderung oder die Bürgschaft.
- mit Ablauf der vereinbarten Zeit.

11.3.4 Zessionskredit

Der **Zessionskredit** ist ein **Personalkredit,** der zusätzlich **durch Abtretung (Zession) einer oder mehrerer Forderungen** des Schuldners gegen Dritte **gesichert** ist.

Entstehung

Die Zession ist ein Vertrag zwischen dem alten und dem neuen Gläubiger. Durch ihn geht die Forderung des alten Gläubigers **(Zedent)** gegen seinen Schuldner **(Drittschuldner)** auf den neuen Gläubiger (**Zessionar**, Kreditinstitut) über. *§ 398*

Grundsätzlich können alle bestehenden und zukünftigen Forderungen einzeln **(Einzelzession)** oder global **(Globalzession)** abgetreten werden. Einwandfreie Forderungen werden dem Kreditnehmer bis zu 80 % beliehen.

Beispiele:

1. Der Kreditnehmer erhält für eine abgetretene Einzelforderung über 100.000 EUR eine Gutschrift über 80.000 EUR.
2. Der Kreditnehmer erhält für global abgetretene Forderungen gegenüber seinen Schuldnern mit den Anfangsbuchstaben A – K von insgesamt 400.000 EUR eine Gutschrift über 320.000 EUR.

Werden abgetretene Forderungen vom Drittschuldner beglichen, muss der alte Gläubiger für neu entstandene Forderungen sorgen, damit der Kreditgeber abgesichert ist.

Beispiel: Werden bei der Globalzession von 400.000 EUR (siehe Beispiel 2., oben) von den Drittschuldnern 200.000 EUR beglichen, hätte der Kreditnehmer immer noch einen Kredit von 320.000 EUR, obwohl die ursprünglich angebotene Sicherheit von 400.000 EUR auf 200.000 EUR gesunken ist.

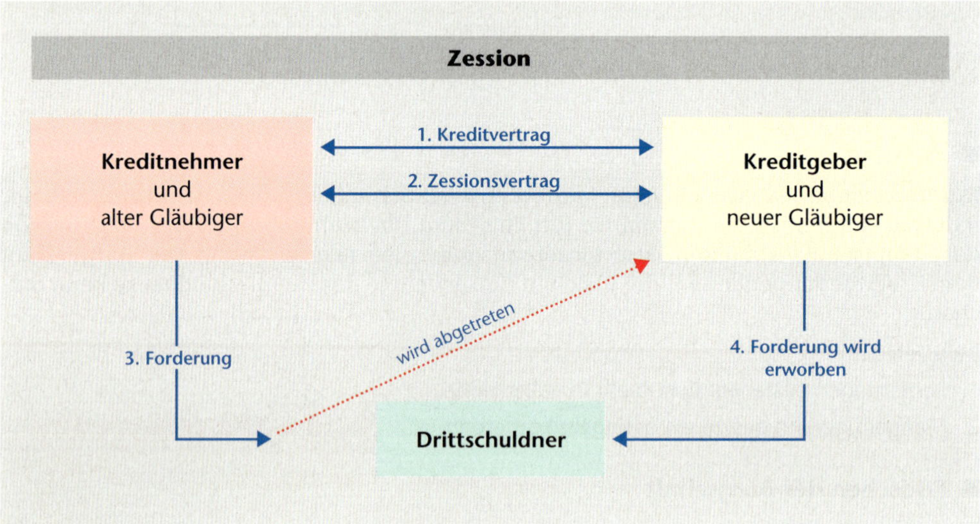

Arten der Zession

▶ Nach Kenntnis des Drittschuldners

BGB § 407 **a) Stille Zession.** Bei der stillen Zession weiß der Drittschuldner von der Abtretung nichts. Er wird also an den bisherigen Gläubiger zahlen. Daraus ergeben sich folgende Gefahren:

- Die abgetretene Forderung besteht gar nicht.
- Sie ist zweifelhaft.
- Die Forderung wird zum zweiten Mal abgetreten.
- Der bisherige Gläubiger, bei dem die Forderung eingeht, verwendet das Geld für andere Zwecke als zur Abdeckung des Kredits.

Wegen dieser Gefahren setzt die stille Zession ein gutes Vertrauensverhältnis voraus. Oft wird im Zessionsvertrag vereinbart, dass die stille Zession jederzeit in eine offene umgewandelt werden darf, sobald dem Kreditinstitut etwas Ungünstiges über seinen Kreditnehmer zur Kenntnis gelangt.

§ 407 **b) Offene Zession.** Bei der offenen Zession weiß der Drittschuldner von dem Forderungsübergang. Gleichgültig ist, auf welche Weise er davon Kenntnis erlangt hat. Er kann dann »mit befreiender Wirkung« nur an den neuen Gläubiger zahlen.

▶ **Nach Entstehung**

a) Globalzession. Die Abtretung wird meist als **Globalzession** vorgenommen, d.h., nicht einzelne Forderungen, sondern eine Gesamtsumme wird abgetreten, z.B. die Forderungen gegen alle Schuldner mit den Anfangsbuchstaben A bis K (Debitorenliste A–K). Damit gehen alle bestehenden und künftigen Forderungen bereits mit ihrer Entstehung auf den Zessionar über. Aus diesen Gründen bevorzugen Kreditinstitute die Globalzession.

b) Mantelzession. Diese Form der Abtretung ist äußerst selten, denn erst mit der Genehmigung der Debitorenliste oder einzelner Forderungen aus dieser Liste vonseiten des Kreditinstituts wird die Abtretung wirksam.

Wirkung der Zession

Der Zessionar kann im Rahmen des Vertrages nach seinem Ermessen über die Forderung verfügen. Der Drittschuldner kann dem Zessionar die Einwendungen entgegenhalten, die gegen den Zedenten begründet waren, z.B. mangelhafte Lieferung. *BGB § 404*

Unterschiede zwischen Zession, Factoring und Forfaitierung

Zession	Factoring	Forfaitierung
Zessionar übernimmt die Forderungen nur als Sicherheit. Er kann sie jederzeit zurückgeben und bessere verlangen.	Factor kauft alle Forderungen und kann sie im Regelfall nicht mehr zurückgeben (Seite 513).	Forfaiteur kauft im Allgemeinen nur eine langfristige Exportforderung in Form von Auslandswechseln. Er kann diesen Kauf nie mehr rückgängig machen (Seite 514).

11.3.5 Lombardkredit (Faustpfandkredit)

Der **Lombardkredit** ist ein **Realkredit,** der **durch ein Pfandrecht an einer beweglichen Sache** oder einem **verbrieften Recht gesichert** ist.

Entstehung

Die Verpfändung erfolgt durch **Einigung** der beiden Parteien, dass ein Pfandrecht bestehen soll, und **Übergabe** des zu verpfändenden Gegenstandes **(Faustpfand).** Durch die Übergabe wird der Pfandgläubiger **Besitzer,** aber nicht Eigentümer der verpfändeten Sache. *§§ 1204 ff.*

Soll ein **Recht** verpfändet werden, so muss der Kreditnehmer (Verpfänder) seinem Schuldner die Verpfändung mitteilen. Kreditinstitute beleihen vor allem Wertpapiere, Lebensversicherungs- und Bausparguthaben. *§ 1280*

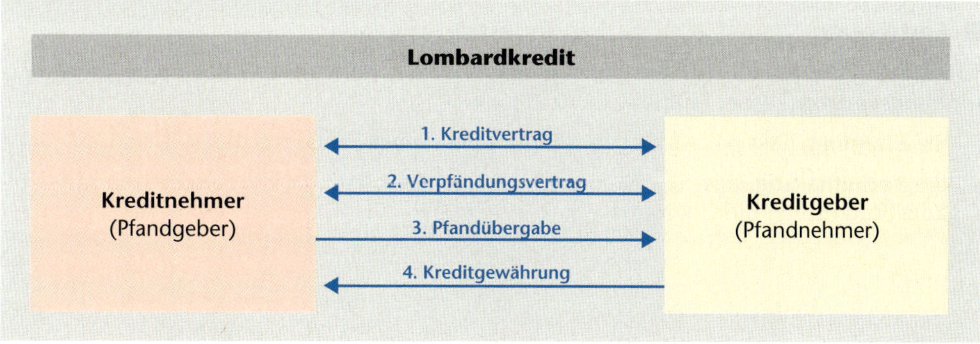

Wirkung der Pfandbeleihung

Der Kreditnehmer erhält als Kredit nicht den vollen Tageswert des Pfandes, sondern aus Gründen der Risikoabsicherung einen niedrigeren Prozentsatz, den **Beleihungssatz.** Dieser richtet sich nach den Wertschwankungen und der Verwertbarkeit des Pfandes. Die Kreditobergrenze heißt **Beleihungsgrenze.**

Beispiele: Beleihungssätze

Bundesanleihen	marktgängige Waren	Aktien
bis zu 85 %	bis zu 70 %	bis zu 60 %

Verändert sich die Beleihungsgrenze zuungunsten des Kreditinstituts, verlangt es entweder weitere Sicherheiten oder die teilweise Rückzahlung des Kredites.

Beispiel: Veränderung der Beleihungsgrenze

Aktienwert (alt)	Beleihungsgrenze (alt)	Aktienwert (neu)	Beleihungsgrenze (neu)
100.000 EUR	60.000 EUR	90.000 EUR	54.000 EUR

Der Kreditnehmer muss Aktien im Wert von 10.000 EUR nachreichen, oder sein Kreditlimit wird von 60.000 EUR auf 50.000 EUR gesenkt.

BGB § 1215 §§ 1228 ff.

Verwahrung und Verwertung des Pfandes

Der Pfandgläubiger hat die Pflicht, das Pfand sorgfältig zu verwahren und zu verwalten. Er ist berechtigt, das Pfand zu verwerten, sobald seine Forderung ganz oder zum Teil fällig ist (Pfandreife). Er kann das Pfand versteigern lassen oder, sofern es einen Markt- oder Börsenpreis hat, verkaufen.

§§ 1252 ff.

Erlöschen des Pfandrechtes

Es erlischt durch Rückgabe des Pfandes. Erlöschen der Forderung sowie Verzicht des Pfandgläubigers gegenüber dem Verpfänder.

11.3.6 Sicherungsübereignungskredit

Der **Sicherungsübereignungskredit** ist ein **Realkredit,** bei dem der Kreditgeber das **bedingte Eigentum** an einer beweglichen Sache **zur Sicherung erwirbt,** der **Schuldner** aber **Besitzer bleibt.**

Die Sicherungsübereignung ist nicht gesetzlich geregelt, aber durch die Rechtsprechung anerkannt worden. Übereignet werden meist Maschinen, Kraftfahrzeuge und Warenlager.

Entstehung

Kreditgeber und Kreditnehmer schließen neben dem Kreditvertrag einen **Sicherungsübereignungsvertrag.** Dieser enthält

§ 929 – die **Einigung,** dass der Kreditgeber Eigentümer einer Sache werden soll, und

§ 930 – die **Vereinbarung,** dass der Kreditnehmer Besitzer bleibt. Diese Vereinbarung **(Besitzkonstitut)** ersetzt die Übergabe.

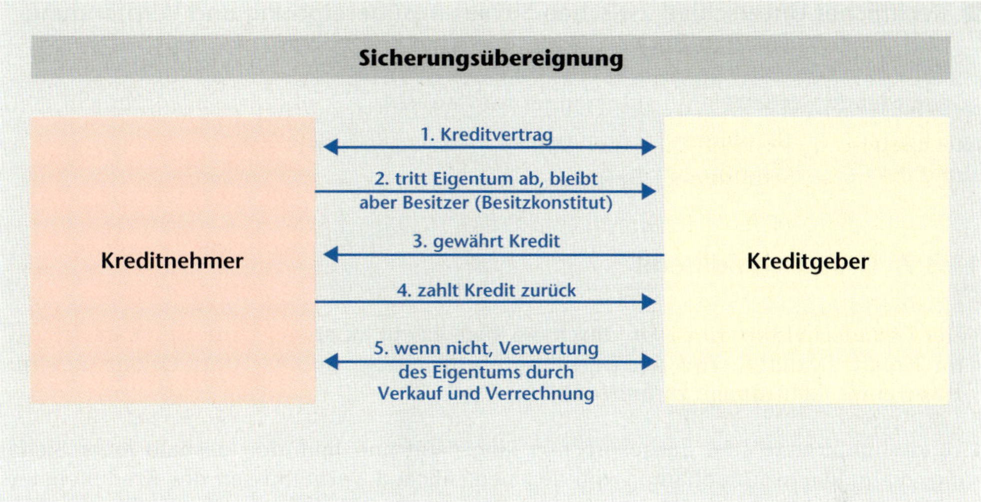

Wirkung der Sicherungsübereignung

Der Kreditnehmer bleibt Besitzer und kann mit der übereigneten Sache weiterarbeiten (Maschine, Pkw). Die Übereignung an den Gläubiger hat nicht den Sinn, ihm das unbedingte Eigentumsrecht zu übertragen wie beim Kauf oder bei der Schenkung, sondern sie geschieht nur sicherheitshalber. Der Kreditgeber kann nicht frei über den übereigneten Gegenstand verfügen, denn das Eigentum daran soll mit der Rückzahlung des Kredits von selbst wieder auf den Kreditnehmer übergehen.

Der neue Eigentümer kann **Dritten gegenüber** seine Rechte uneingeschränkt geltend machen, insbesondere einer Pfändung der übereigneten Sache durch andere Gläubiger des Kreditnehmers mit Erfolg widersprechen. Gegenüber dem **Kreditnehmer** sind jedoch seine Rechte aus dem Eigentum beschränkt. Im Insolvenzverfahren des Kreditnehmers ist der Kreditgeber nicht aussonderungs-, sondern nur absonderungsberechtigt wie ein Pfandgläubiger. Die Sicherungsübereignung hat also einen pfandrechtähnlichen Charakter (Kapitel 3.10.4).

Vorteile und Nachteile der Sicherungsübereignung

	Vorteile	Nachteile
Kreditnehmer	– Er kann mit den übereigneten Gegenständen trotz Sicherungsübereignung arbeiten. – Die Übereignung ist nach außen nicht erkennbar.	– Er darf über die Gegenstände nicht mehr frei verfügen. – Er muss sie gegen alle Gefahren versichern und die Kosten dafür tragen.
Kreditgeber	– Er kann als Eigentümer bei Gefahr die Herausgabe der Gegenstände fordern. – Bei einer Verwertung der Gegenstände gelten die Bestimmungen wie bei verpfändeten Gegenständen.	– Die Gegenstände sind bereits übereignet. – Ein Eigentumsvorbehalt geht vor. – Die Gegenstände können verkauft, verpfändet oder vernichtet werden. – Sie können wesentlicher Bestandteil eines Gebäudes sein und unter ein Grundpfandrecht fallen. – Es kann ein Vermieterpfandrecht vorgehen.

Rechtlicher Unterschied zwischen Sicherungsübereignung und Verpfändung

Unterschiede		Sicherungsübereignung	Verpfändung
Gegenstände werden		übereignet (vertraglich)	übergeben (körperlich)
Rechtsstellung des	**– Gläubigers**	Eigentümer	Besitzer
	– Schuldners	Besitzer	Eigentümer

11.3.7 Grundschuldkredit

BGB §§ 1191 ff. Der **Grundschuldkredit** ist ein **durch ein Pfandrecht an einem Grundstück gesicherter Kredit.** Dadurch wird der Berechtigte ermächtigt, sich aus dem Grundstück **in Höhe einer Geldsumme zu befriedigen.**

Grundschuldkredite sind ausgesprochen langfristig und bedürfen deshalb einer Sicherung, die möglichst unabhängig von den persönlichen Verhältnissen des Kreditnehmers ist. Unter Grundstücken versteht man Grund und Boden ohne Haus oder mit Haus.

Entstehung der Grundschuld

Da die Übergabe eines Grundstückes nicht möglich ist, wird sie durch **Eintragung in ein öffentliches Register, das Grundbuch,** ersetzt. Der Eintragung vorausgehen muss eine sogenannte **Bestellung einer Grundschuld.** *§ 873* Ohne diese Bestellung und Eintragung im Grundbuch entsteht und erlischt kein Recht an einem Grundstück (Grundpfandrecht). Wie bei allen Grundstücksangelegenheiten, muss auch bei der Verpfändung eines Grundstückes ein Notar eingeschaltet werden.

Wirkung

Die **Grundschuld** stellt laut BGB ein abstraktes, vom Grundgeschäft losgelöstes Recht dar. D. h., der Kreditnehmer haftet nur mit seinem Grundstück (dingliche Sicherung) und nicht persönlich. Deshalb schließen die Kreditinstitute mit dem Kreditnehmer einen zusätzlichen Vertrag ab. Darin unterwirft er sich der **persönlichen und gesamtschuldnerischen Haftung** sowie der **sofortigen Zwangsvollstreckung.**

Grundbuch

Eigentümer sowie Personen, die ein Recht am Grundstück haben oder es kaufen wollen, dürfen Einsicht in das Grundbuch nehmen.

▶ Inhalt

Im Grundbuch finden sich Angaben über

- den Gemeindebezirk,
- die Lage, Art, und Größe des Grundstückes (Bestandsverzeichnis),
- die Eigentumsverhältnisse (Abteilung I, z. B. natürliche oder juristische Personen),
- die Lasten und Beschränkungen (Abteilung II, z. B. Wegerecht, Vorkaufsrecht, Wohnrecht eines anderen),
- die Grundpfandrechte (Abteilung III, z. B. Grundschuld).

▶ Eintragungen

Sie erfolgen nur auf **Antrag** eines Berechtigten. Antragsberechtigt ist jeder, der ein Recht an einem Grundstück hat, das von der Eintragung betroffen wird, z. B. der Eigentümer, wenn er das Grundstück verkaufen oder verpfänden will. Jeder aber, dessen Recht durch eine Eintragung betroffen würde, muss seine notariell beglaubigte **Bewilligung** dazu erteilen, z. B. der Grundschuldgläubiger, dessen Grundschuld gelöscht werden soll. *GBO § 13 § 19*

Das Grundbuch genießt **öffentlichen Glauben,** d. h., jedermann kann grundsätzlich darauf vertrauen, dass die Eintragungen darin richtig sind. Nicht geschützt sind Eintragungen, die sich auf die Größe, Benutzungsart und Beschaffenheit über das Grundstück beziehen. *BGB § 892*

▶ Rangfolge der Eintragungen *§ 879*

Der Rang wird durch die zeitliche Reihenfolge des Eingangs der bewilligten Anträge beim Grundbuchamt bestimmt. Allerdings kann eine andere Rangordnung vereinbart werden. Wird das Grundstück verwertet, so wird der im Rang Vorgehende voll befriedigt, sofern der Erlös ausreicht. Kreditinstitute verlangen daher grundsätzlich den ersten Rang. Bei gleichrangigen Eintragungen werden die Gläubiger im Verhältnis ihrer Forderungen befriedigt.

Ablauf einer Grundschuldbestellung

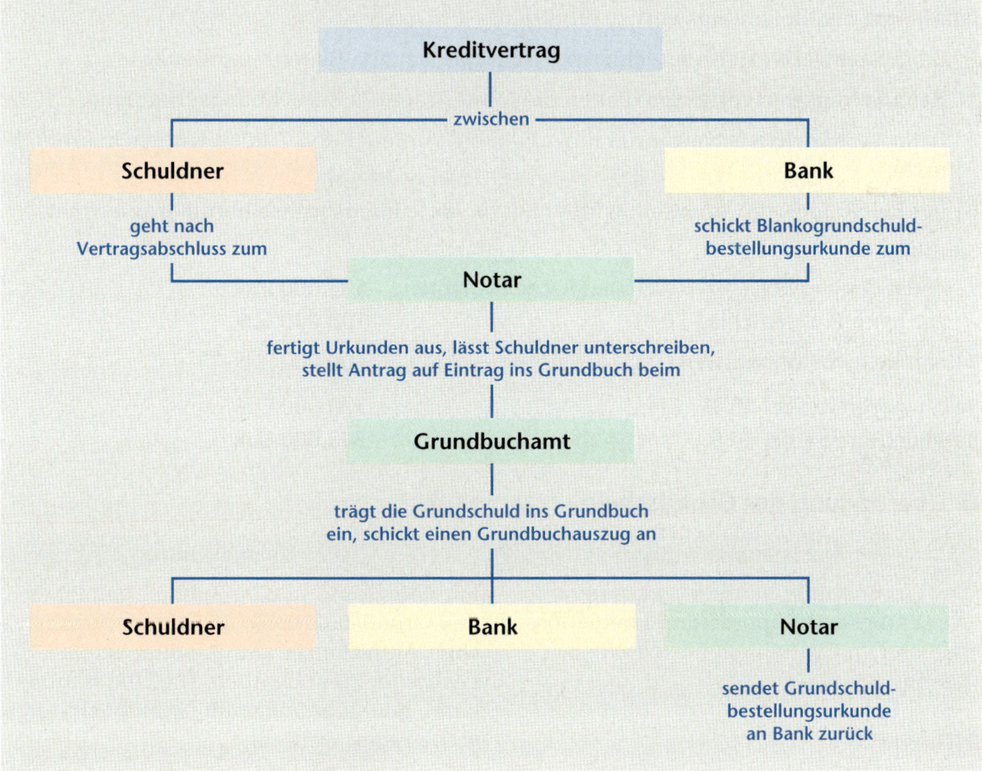

■ Arten der Grundschuld

▶ Nach der Form der Bestellung

a) Buchgrundschuld. Sie entsteht durch Einigung und Eintragung im Grundbuch. *§ 1195*

b) Briefgrundschuld. Sie entsteht durch Einigung und Eintragung. Zusätzlich wird aber ein Grundschuldbrief ausgestellt. Diese Urkunde enthält den Namen des Gläubigers, den Betrag, die Nummer des Grundbuchblattes und die Nummer im Bestandsverzeichnis.

▶ **Nach dem Berechtigten**

a) **Fremdgrundschuld.** Berechtigter ist nicht der Eigentümer des Grundstückes, sondern eine andere Person, z.B. ein Kreditinstitut. Die Fremdgrundschuld dient zur Absicherung von Krediten.

b) **Eigentümergrundschuld.** Bei ihr stehen die Rechte aus der Grundschuld dem Grundstückseigentümer zu, da er die Grundschuld für sich selbst bestellt hat. Der Eigentümer kann dadurch eine bevorzugte Rangstelle im Grundbuch belegen (1. Rang). Besteht die Grundschuld als Briefgrundschuld, kann er sich bei Bedarf später durch Zession einfach und schnell Geld beschaffen.

Höhe der Grundschuld

WertV § 21 Liegt ein aktueller Kaufpreis des Grundstückes vor, ziehen die Kreditinstitute davon einen Risikoabschlag von 20 % ab. Dieser errechnete **Beleihungswert** ist Grundlage für die Berechnung der **Beleihungsgrenze.** Sie liegt für Grundstücke bei 60 – 80 % des Beleihungswertes.

Liegt kein aktueller Kaufpreis vor, verwenden die Kreditinstitute verschiedene Rechenverfahren, um den Beleihungswert zu ermitteln:

1. Beim **Sachwertverfahren** rechnet man mit geschätzten Boden- und Baukosten.
2. Beim **Ertragswertverfahren** dienen die Mieterträge als Berechnungsgrundlage.
3. Beim **Vergleichswertverfahren** nutzt man die vorliegenden Zahlen vergleichbarer Objekte.

Ist der Beleihungswert ermittelt, wird er auf die Beleihungsgrenze heruntergerechnet.

Beispiel:

Kaufpreis der Immobilie bzw. Wert laut Rechenverfahren	500.000 EUR
– abzüglich Risikoabschlag 20 %	100.000 EUR
= ermittelter Beleihungswert	400.000 EUR
Beleihungsgrenze bei 80 %	320.000 EUR
Beleihungsgrenze bei 60 %	240.000 EUR

Übertragung der Grundschuld

BGB §§ 1154, 1192

Buchgrundschuld	Briefgrundschuld
Der Grundschuldgläubiger muss seine Abtretungserklärung notariell beglaubigen und im Grundbuch umschreiben lassen.	Für den Grundschuldgläubiger genügt es, den Grundschuldbrief mit einer schriftlichen Abtretungserklärung dem neuen Gläubiger zu übergeben. Die Übertragung kann, muss aber nicht im Grundbuch eingetragen werden.

Erlöschen der Grundschuld

§ 1177 Hat der Schuldner seine Schulden getilgt, so fordert er vom Gläubiger eine Löschungsbewilligung, legt diese dem Grundbuchamt vor und lässt die Grundschuld löschen. Will er sie in eine Eigentümergrundschuld umschreiben lassen, benötigt er vom Gläubiger eine löschungsfähige Quittung.

§ 1179a (1) Einem nachrangigen Gläubiger steht ein **gesetzlicher Löschungsanspruch** zu. Dadurch erreicht er, dass sein Recht an dem belasteten Grundstück auf den nächst besseren Rang vorrückt.

Zusammenfassende Übersicht zu Kapitel 11.3: Kreditgeschäfte

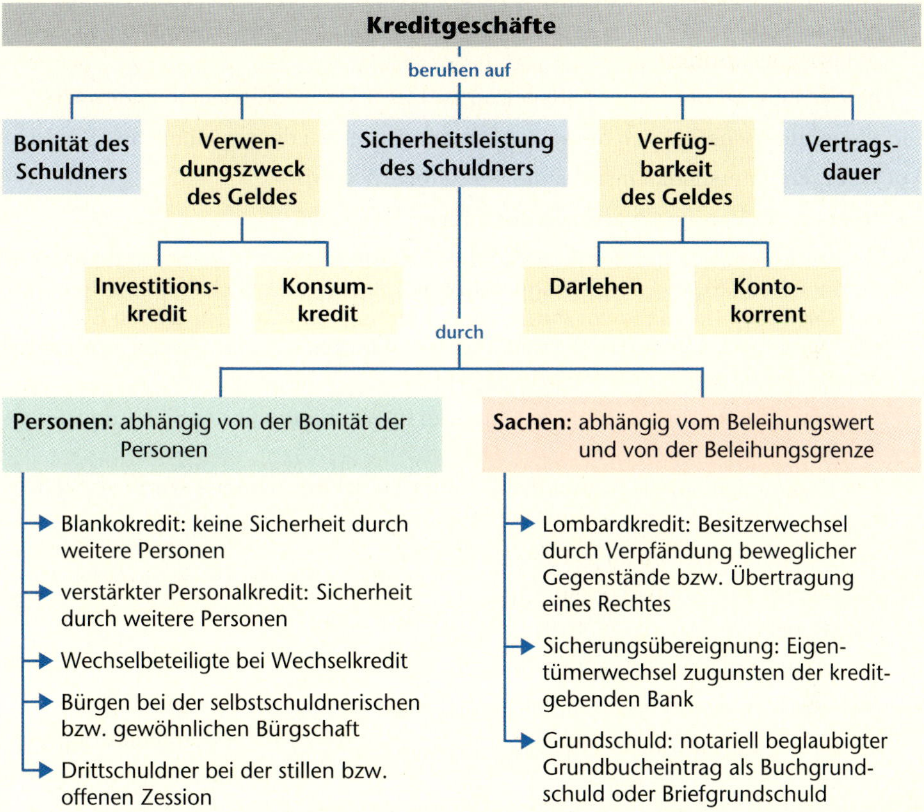

▶ Aufgaben und Probleme

1. Ermitteln Sie die Gesamtpunktzahl des Scoring-Bogens (Seite 535), indem Sie von Ihrer eigenen privaten Situation ausgehen.
2. Um welche Kreditart handelt es sich, wenn nach dem Verwendungszweck unterschieden wird?
   a) Die Privatbrauerei Ganter GmbH & Co. KG, Freiburg, erhält im Spätsommer einen Kredit über 500.000 EUR zum Ankauf von Hopfen.
   b) Das Gesundheitszentrum Reinartz GmbH, Köln, vereinbart ein Millionendarlehen zur Gründung eines weiteren Zentrums in Berlin.
   c) Einem Universitätsprofessor wird ein Dispokredit über 10.000 EUR eingeräumt.
3. a) Kaufmann Hans Dietenmeier nimmt bei seiner Bank einen Kredit auf. Sein Geschäftsfreund Sven Winkler bürgt für ihn. Wer schließt mit wem welchen Vertrag ab?
   b) Warum verlangt die Bank von Herrn Winkler den Verzicht auf die Einrede der Vorausklage?

c) Wenige Tage nach Fälligkeit der Schuld verlangt die Bank von Herrn Winkler die Zahlung der Schuld. Dieser zahlt nicht mit der Begründung, Herr Dietenmeier habe noch Vermögen in der Schweiz. Wie verhält sich die Bank?

4. Ein Unternehmer benötigt 160.000 EUR und will jeweils die Hälfte über eine Bürgschaft bzw. Zession absichern.
   a) In welcher Höhe muss er seiner Bank Forderungen anbieten, wenn sie zu 75 % beliehen werden?
   b) Warum wird der Bürgschaftsbetrag zu 110 % der Kreditsumme angesetzt?
5. Worin unterscheidet sich die selbstschuldnerische von der gewöhnlichen Bürgschaft?
6. Wodurch unterscheiden sich stille und offene Zession?
7. Nennen Sie Vor- und Nachteile der offenen Zession.
8. Der Unternehmer Günther Frey benötigt für seine neue Büroausstattung einen Kredit über 5.000 EUR. Auf die Frage der Bankmitarbeiterin nach Sicherheiten antwortet Herr Frey: »Ich habe vor einem Monat einen Neuwagen für 25.000 EUR bar bezahlt, aber mit dem können Sie ja nichts anfangen.« Durch welche Vereinbarung könnte der Pkw doch als Sicherheit dienen?
9. Nennen und begründen Sie drei Gefahren für die Bank aus der Sicherungsübereignung.
10. Der Kaufmann Claudio Marini bietet seiner Bank verschiedene Werte als Sicherheiten an, die diese zu den genannten Beleihungssätzen lombardiert:
    a) 500 Chemie-Aktien zu je 120 EUR (60 %),
    b) Wechsel zu 25.000 EUR (90 %),
    c) Sparbücher über 40.000 EUR (100 %),
    d) festverzinsliche Wertpapiere über 60.000 EUR (75 %).

    Wie viel EUR Kredit erhält er von seiner Bank?
11. Begründen Sie, warum die Beleihungssätze (Aufgabe 10) unterschiedlich hoch sind.
12. In der Geschäftswelt gilt die Immobilie als die beste aller Kreditsicherheiten. Begründen Sie, warum das so ist und welche Risiken dennoch bleiben.
13. Welche Informationen liefert der abgebildete Grundschuldbrief?
14. Ein Bekannter von Ihnen will eine Immobilie kaufen und möchte wissen, welche rechtliche Wirkung folgende Vorgänge haben:
    a) Abschluss eines Grundstückkaufvertrages in Schriftform im Beisein eines Rechtsanwaltes.
    b) Abschluss eines Grundstückkaufvertrages vor einem Notar.
    c) Eintragung des Grundstückkaufs in das Grundbuch.
    d) Eintragung einer Grundschuld in das Grundbuch.
    e) Tilgung der letzten Rate dieser Grundschuld.

Gruppe 02 Nr. 1706117

Deutscher Grundschuldbrief

über

200.000,00 EUR, m.W.: Zweihunderttausend Euro

eingetragen im Grundbuch von H a u s e n
Amtsgerichtsbezirk Neustadt
Band 150, Blatt 973, Abteilung III Nr. 3 (drei)

–.–.–.–.–

Inhalt der Eintragung:
Grundschuld zugunsten der Kreditbank AG in Neustadt im Betrage von – zweihunderttausend Euro – verzinslich zu vier vom Hundert für das Jahr.
Unter Bezugnahme auf die Eintragungsbewilligung vom 15. August 20..

Belastetes Grundstück
Grundbuch von Hausen, Amtsgericht Neustadt,
Band 150, Blatt 973, Abteilung I, Nr. 1 (eins)

Neustadt, den 20. August 20..
Amtsgericht Neustadt

Buhl

Siegel

15. a) Welche Möglichkeiten der Kreditsicherungen gibt es aufgrund der nachstehenden Bilanz?

Aktiva	Bilanz (in EUR)		Passiva
Grundstücke	165.000	Eigenkapital	428.000
Fuhrpark	25.000	Grundschulddarlehen	90.000
Maschinen	100.000	Verbindlichkeiten a. LL.	112.000
Rohstoffe	170.000		
Forderungen a. LL.	80.000		
Wertpapiere	40.000		
Zahlungsmittel	50.000		
	630.000		630.000

b) Errechnen Sie den möglichen Mittelzufluss bei folgenden Beleihungssätzen: Anlagevermögen zu 75 %, Umlaufvermögen zu 50 %. Die Maschinen sind bereits zu 40 % sicherungsübereignet.

16. Ein Investor beabsichtigt, eine Immobilie für 450.000 EUR zu kaufen. Die kreditgebende Bank ermittelt einen Beleihungswert von 420.000 EUR.

a) Errechnen Sie die Kreditobergrenze bei einer Beleihungsgrenze von 60 %.

b) Errechnen Sie den sich daraus ergebenden Eigenkapitalanteil dieser Investition in EUR und in Prozent.

17. Wodurch unterscheiden sich Fremdgrundschuld und Eigentümergrundschuld?

18. Welchen Sinn hat eine Eigentümergrundschuld?

19. Einem Kapitalanleger wird ein Mietobjekt angeboten, das nach Abzug aller Kosten im Jahr 180.000 EUR Mietertrag abwirft. Der Verkäufer spricht von einer Verzinsung des eingesetzten Kapitals von 6 %. Errechnen Sie den (Ertrags-) Wert des Mehrfamilienhauses.

11.4 Wertpapiergeschäfte

Wertpapiere sind Urkunden, die **Vermögensrechte verbriefen.** Die Wahrnehmung **des Rechts ist an den Besitz des Papiers gebunden.** »Das Recht aus dem Papier folgt dem Recht am Papier.«

Bei Wertpapiergeschäften handelt es sich grundsätzlich um den Handel mit Kapitalwertpapieren.

Kapitalwertpapiere können börsenfähig sein. Man unterscheidet

a) vertretbare Kapitalwertpapiere (Aktie, Anleihe, Obligation, Pfandbrief). Innerhalb ihrer Gattung sind die Papiere einander vollständig gleich, also austauschbar (fungibel). Die Eigenschaft der Vertretbarkeit macht sie börsenfähig. Werden die Papiere an der Börse gehandelt, nennt man sie Effekten.

b) nicht vertretbare Kapitalwertpapiere. Sie sind mit dem Namen des Käufers versehen. Ihre Börsenfähigkeit ist dadurch eingeschränkt (Namensaktie) oder nicht gegeben (Sparbrief).

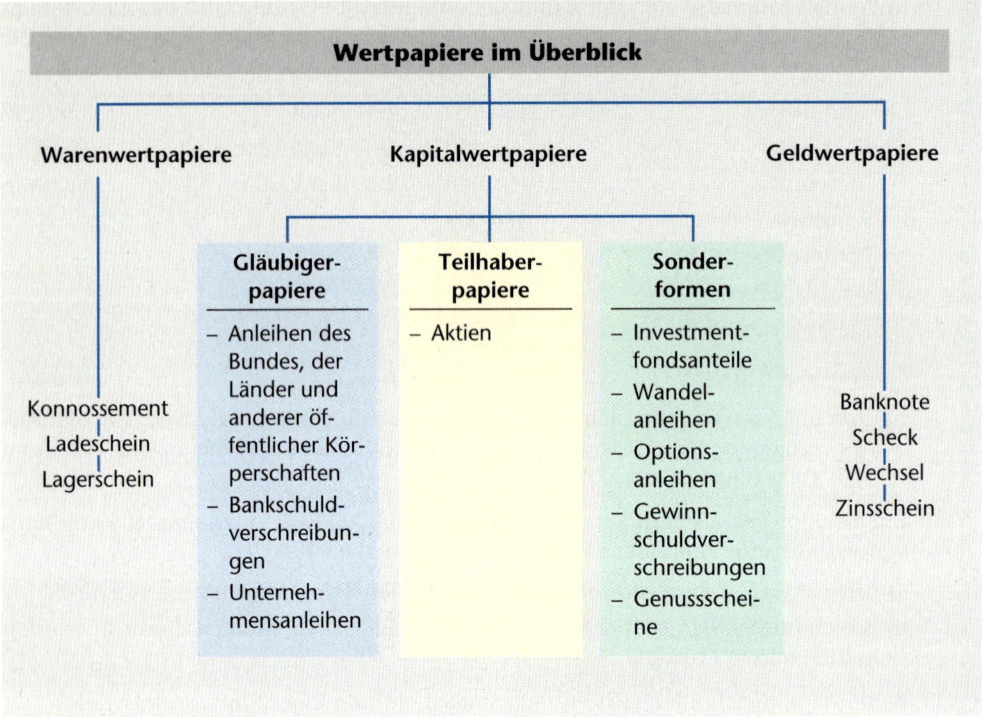

11.4.1 Arten von Kapitalwertpapieren

Gläubigerpapiere

▶ Merkmale der Gläubigerpapiere

Die Gläubigerpapiere verbriefen dem Gläubiger das Recht auf **Verzinsung, Rückzahlung und Anteil an der Insolvenzmasse** des Schuldners. Sie werden unter verschiedenen Namen angeboten: Anleihe, Obligation, Schuldverschreibung.

Die **Verzinsung** kann in verschiedenen Variationen (nominal, variabel) angeboten werden (Kapitel 10.2.2).

Die **Rückzahlung** der Schuld erfolgt bei Fälligkeitsanleihen am Ende der Laufzeit im Ganzen. Bei Tilgungsanleihen erfolgt die Rückzahlung durch Auslosung in jährlichen Raten. Gelost werden die Seriennummern einer Schuld vor einem Notar.

Beispiel: Ein Gläubiger kann sein Geld einer zehnjährigen Anleihe bereits bei der 1. Auslosung nach einem Jahr, einer der folgenden Auslosungen oder nach 10 Jahren zurückerhalten.

▶ Arten von Gläubigerpapieren

a) Öffentliche Anleihen. Sie sind Wertpapiere über Forderungsrechte gegenüber dem Bund, den Ländern, den Städten und sonstigen öffentlich-rechtlichen Körperschaften. Die Anleihen sind durch die Steuerkraft und das Vermögen dieser Schuldner indirekt gesichert. Durch den Verkauf dieser Papiere können Mittel für große Aufgaben (Straßenbau, Wohnungsbau) aufgebracht werden.

Wertpapiere des Bundes und ihre Merkmale				
	Bundes-anleihen	**Bundes-schatzbriefe**	**Bundes-obligationen**	**Finanzierungs-schätze**
Laufzeit	10 Jahre	6 und 7 Jahre	5 Jahre	2 Jahre
Zinszahlung	jährlich	6 Jahre = jährlich 7 Jahre = Lauf-zeitende	jährlich	abgezinst = Nennwert – Zinsen = Kaufpreis
Mindestauftrag	100 EUR	50 EUR	100 EUR	500 EUR
Nennwert	bei allen Bundespapieren ab 0,01 EUR			
Zinsberechnung	bei allen Bundespapieren actual/actual = 365/365 bzw. 366/366			

b) Bankschuldverschreibungen. Sie sind Wertpapiere über Forderungen gegen öffentliche Kreditanstalten, private Hypothekenbanken und andere Kreditinstitute.

- **Öffentliche Kreditanstalten** emittieren Öffentliche Pfandbriefe. Der Erlös aus ihrem Verkauf fließt Gemeinden oder Gemeindeverbänden für Zwecke des außerordentlichen Haushalts zu. Sie sind durch die Steuerkraft dieser Gemeinden, durch Staatsbürgschaften oder Grundschulden indirekt gesichert. *PfandBG § 1 (2)*
- **Private Hypothekenbanken** verkaufen Pfandbriefe. Der Erlös aus ihrem Verkauf wird nach bestimmten gesetzlichen Vorschriften an Eigentümer erstklassiger Grundstücke (meist Wohnhäuser) ausgeliehen. Die Sicherung dieser Kredite geschieht durch Grundschulden. *§ 1(1)*
- **Andere Kreditinstitute** kommen mit sonstigen Schuldverschreibungen auf den Markt. Mit dem Erlös aus ihren Papieren finanzieren sie durch Kreditvergabe die gewerbliche Wirtschaft. Gesichert sind die Papiere durch Grundschulden. *BGB § 793*

c) Unternehmensanleihen. Sie sind Anleihen von Großunternehmen, die zur Finanzierung eigener Investitionen Geld am Kapitalmarkt aufnehmen (Kapitel 10.2.2) Gesichert sind die Anleihen durch eine Grundschuld.

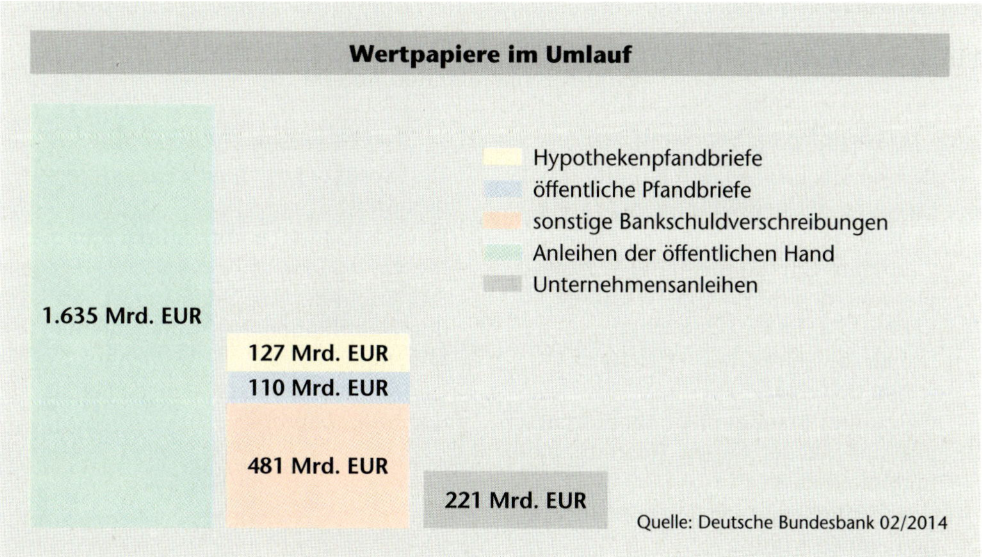

Teilhaberpapiere

Zu den Teilhaberpapieren gehören neben GmbH-Anteilen vor allem die **Aktien** (Kapitel 3.6).

Wertpapier-Sonderformen

InvG § 2

▶ Investmentfondsanteil

Er ist ein Wertpapier über die **Beteiligung an einem Sonderfonds** einer Kapitalanlagegesellschaft. Die Gesellschaft verkauft Anteile des Sonderfonds, um mit dem Geld, je nach Fondsziel, Wertpapiere oder Immobilien zu erwerben. Man spricht deswegen von **Wertpapierfonds** bzw. **Immobilienfonds.** Der Sonderfonds ist getrenntes Vermögen der Kapitalanlagegesellschaft und haftet nicht für die Schulden dieser Gesellschaft. (§ 6)

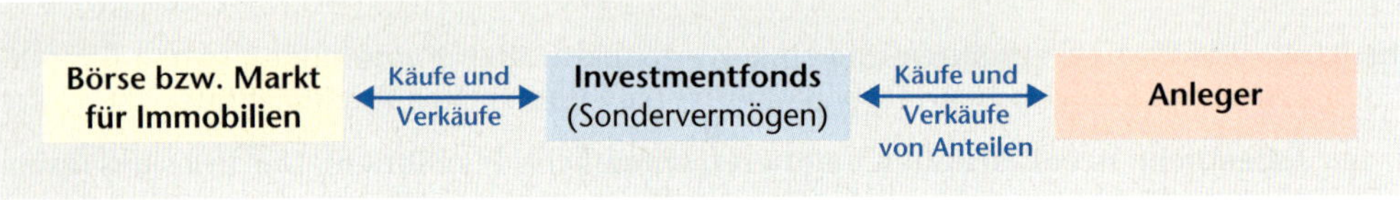

Nach der Zusammensetzung des Wertpapierfonds unterscheidet man **Aktienfonds, Rentenfonds, gemischte Fonds.** Aktienfonds setzen sich aus einer oder verschiedenen Branchen zusammen und können länder- und erdteilbezogen sein. Es gibt von Privaten gekaufte **Publikumsfonds** und von Spekulanten gekaufte **Spezialfonds** (Rohstoffe, Erdölbohrungen). Fondsanteile werden nicht an der Börse gehandelt. Sie haben keinen Nennwert. Die einzelnen Stücke lauten auf 1, 2, 5, 10 oder 100 Anteile. Der Wert des Anteils wird von der Kapitalanlagegesellschaft täglich neu errechnet. Grundlage sind die Börsenkurse der im Fonds befindlichen Papiere. Der Ausgabepreis setzt sich aus dem errechneten Wert und einem Ausgabekostenaufschlag zusammen. (§ 23)

§ 34 **Ausgabepreis** = $\frac{\text{Tageswert des Fondsvermögens + Ausgabekostenaufschlag}}{\text{Zahl der umlaufenden Anteile}}$

Die Rücknahme erfolgt zum Anteilwert des Rücknahmetages. Der auszuschüttende Ertrag wird aus den angesammelten Dividenden, Zinserträgen und realisierten Kursgewinnen des Fondsvermögens abzüglich der Verwaltungskosten der Investmentgesellschaft errechnet.

§ 42 **Ertrag des Anteils** = $\frac{\text{Erträge des Fondsvermögens – Verwaltungskosten}}{\text{Zahl der umlaufenden Anteile}}$

§ 32

Vorteile von Fondsanteilen	Nachteile von Fondsanteilen
– Das Kursrisiko wird durch breite Streuung der gekauften Wertpapiere gemildert. – Geringere Erträge gekaufter Wertpapiere werden durch höhere Erträge anderer Papiere ausgeglichen. – Die kleine Stückelung ermöglicht jedem den Kauf. – Geschultes Management übernimmt die Auswahl der Aktien, Rentenpapiere und Immobilien. – Fondsanteile müssen jederzeit zurückgenommen werden.	– Der Ausgabekostenaufschlag verteuert den Kauf. – Der Fondsanteil verbrieft kein Stimmrecht. – Der Erfolg der Kapitalanlage ist von den Handlungen des Managements abhängig. – Der Rücknahmepreis ist niedriger als der Ausgabepreis.

▶ **Wandelanleihe**

AktG § 221

Sie ist die Schuldverschreibung einer Aktiengesellschaft, die den Inhabern das Recht einräumt, nach einer gewissen Zeit Aktionär zu werden. Die Inhaber können statt der Rückzahlung der Schuldverschreibung deren **Umtausch in Aktien** verlangen (Kapitel 3.6.1). Die Ausgabe einer Wandelschuldverschreibung ist von der Hauptversammlung mit Dreiviertelmehrheit zu beschließen. Die Aktionäre haben ein gesetzliches Bezugsrecht auf diese Wandelschuldverschreibung, da ihre Ausgabe später zu einer bedingten Kapitalerhöhung führt. Dritte können also Wandelanleihen nur erwerben, wenn die Aktionäre von ihrem Bezugsrecht keinen Gebrauch machen.

Vorteile	Nachteile
– zinsgünstige Beschaffung von Fremdkapital – Käufer hat festen Ertrag – fallende Zinsen am Kapitalmarkt lösen einen steigenden Kurs aus – Käufer kann später Aktionär werden – bei guter Geschäftslage Chance auf Kursgewinne – bei schlechter Entwicklung fester Rückzahlungskurs	– Käufer ist zunächst nur Gläubiger – steigende Zinsen am Kapitalmarkt verursachen Kursverluste – die AG muss auch bei schlechter Geschäftslage den Zinsaufwand finanzieren

▶ **Optionsanleihe**

Sie verbrieft das Bezugs- oder Optionsrecht auf **Erwerb von Aktien zusätzlich zur Anleihe.** Die Ausstattung der Anleihe ist die gleiche wie bei der Wandelanleihe mit der Ausnahme, dass der Kaufpreis für die junge Aktie festgelegt werden muss (Kapitel 3.6.1). Bezüglich des Finanzierungsvorganges unterscheidet sich die Optionsanleihe von der Wandelanleihe dadurch, dass die Anleihe erhalten bleibt und planmäßig getilgt wird. Außerdem erhöht sich das Grundkapital durch den zusätzlichen Verkauf der jungen Aktien. Sonst entsprechen die Vor- und Nachteile denen der Wandelanleihe.

▶ **Gewinnschuldverschreibung**

Sie verbrieft neben den Gläubigerrechten das Recht auf Beteiligung am Unternehmensgewinn (Zins und Gewinnanteil). Ihre Ausgabe bedarf der Dreiviertelmehrheit in der Hauptversammlung der AG. § 221

▶ **Genussschein**

Er verbrieft einen Anspruch auf Gewinnbeteiligung oder einen Anteil am Liquidationserlös einer AG, aber ohne Stimmrecht und sonstige Teilhaberrechte. Die Ausgabe wird von der Hauptversammlung mit Dreiviertelmehrheit beschlossen. § 221

11.4.2 Wertpapierhandel

Zulassung der Wertpapiere

BörsG §§ 36 f.

An der Wertpapierbörse werden nur solche Wertpapiere amtlich gehandelt, die von ihr ausdrücklich zugelassen sind. Der Antrag auf Zulassung muss alles enthalten, was zur Beurteilung der Zukunftsaussichten des Emittenten notwendig ist. Dazu gehören insbesondere die Höhe des Grundkapitals, die Höhe und der Verwendungszweck der Emission sowie die letzte Bilanz mit Gewinn- und Verlustrechnung. Das beantragende Kreditinstitut haftet zusammen mit dem Emittenten für unrichtige Angaben (Prospekthaftung).

Effektenbörsen befinden sich in Frankfurt (Main), Düsseldorf, Hamburg, Hannover, München, Stuttgart und Berlin.

Ausgabe und Übernahme der Wertpapiere

Durch die **Ausgabe (Emission)** von Wertpapieren beschaffen sich Unternehmen Geld am Kapitalmarkt, durch den Verkauf von Unternehmensanleihen oder von Aktien. Bei Aktienemissionen übernehmen Banken vom ersten Gedanken des Unternehmens an einen Börsengang bis zur Erstnotiz der Aktien an der Börse alle Aufgaben. Dieser Ablauf wird **Going Public** (Börsengang) oder **Initial Public Offering** (Neuemission) genannt.

Die **Übernahme** der Wertpapiere erfolgt durch die Banken. Bei größeren Emissionen bildet sich ein Bankenkonsortium (Kapitel 3.6.1) und die Emission wird in »Quoten« aufgeteilt. Die Bank mit der größten Quote wird Konsortialführerin. Die Konsortialbanken können zu einem festen Kurs die ganze Emission übernehmen **(volles Risiko).** Sie können einen Teil übernehmen **(eingeschränktes Risiko)** oder nur kommissionsweise abrechnen **(kein Risiko).**

Platzierung der Wertpapiere

Wenn die Übernahme der Wertpapiere geklärt ist, müssen die Banken die Vorgehensweise bei der Platzierung, d. h. der Unterbringung der Papiere am Markt, entscheiden.

▶ Freihändiger Verkauf

Banken bieten die Wertpapiere am Kapitalmarkt so lange an, bis alle Papiere untergebracht sind. Der angebotene Preis ist freibleibend und täglich können die Papiere zugeteilt und abgerechnet werden.

▶ Auflegung zur Zeichnung

Sie erfolgt in drei Schritten:

1. In einem Zeichnungsprospekt bietet das Konsortium dem Publikum das Wertpapier an.
2. Der Käufer bestellt die gewünschte Stückzahl bei seiner Bank zum festgelegten Preis.
3. Am Ende der Zeichnungsfrist werden die Bestellungen gesammelt und die Wertpapiere zugeteilt und bezahlt.

▶ »Bookbuilding-Verfahren«

Aufgrund einer Unternehmens- und Marktchancenanalyse geben die Emissionsbanken eine Bandbreite vor (meistens bei Aktienemissionen), innerhalb derer der Ausgabekurs (z. B. 49 EUR – 56 EUR) liegen soll. Investoren können nun bieten. Am Ende der Bietungsfrist (etwa 10 Tage) ermitteln die Emissionsbanken unter Berücksichtigung von Großinvestoren den endgültigen Ausgabekurs (53 EUR). Dabei haben sie die Anlageabsichten der Investoren (Spekulation, ernsthafte Beteiligungsabsicht, Anlagedauer, Investitionssumme) ebenso berücksichtigt wie das Erzielen einer hohen Investitionssumme für den Emittenten.

Kursfeststellung beim Wertpapierhandel

Im Börsenhandel nennt man den Preis eines Wertpapiers **Börsenkurs.** Man unterscheidet:

- **Prozentkurs.** Der Kurs gilt für 100 EUR Nennwert bei festverzinslichen Wertpapieren.
- **Stückkurs.** Der Kurs gilt für das kleinste Stück bei Aktien. Ihr Mindestnennbetrag muss auf 1 EUR lauten, kann aber auch höher liegen. Ist dies der Fall, lassen sich die Börsenkurse bei unterschiedlichen Mindestnennbeträgen nicht miteinander vergleichen.

Liegen dem Börsenmakler für Aktien Kauf- und Verkaufsaufträge vor, muss er bei der **Kursfeststellung** versuchen, den höchsten Umsatz (höchster Absatz in Stücken) in einem Papier zu ermöglichen. Es können ihm drei verschiedene Auftragsarten vorliegen.

Auftragsarten		
»billigst« bei **Kauf**	»bestens« bei **Verkauf**	»limitiert« bei **Kauf: es gibt eine Obergrenze** **Verkauf: es gibt eine Untergrenze**

Zu demjenigen Kurs, der den höchsten Umsatz ermöglicht, werden alle darunter fallenden Aufträge ausgeführt.

Beispiel einer Kursfeststellung: siehe Preisbildung in der Sozialen Marktwirtschaft (Kapitel 12.2.2)

11.4.3 Kriterien für Kapitalanlageentscheidungen

Der Kapitalanleger kann bei seiner Entscheidung für eine Kapitalanlage verschiedene Kriterien heranziehen. Sie beziehen sich auf das Unternehmen direkt, den Wirtschaftszweig, die gesamtwirtschaftliche nationale oder internationale Lage sowie deren jeweilige Entwicklung. Die Schwankungen der Kurse lassen sich meist nicht eindeutig auf die eine oder andere Ursache zurückführen. Fallen die Kurse längere Zeit stark, spricht man von einer **Baisse,** steigen sie längere Zeit stark an, von einer **Hausse.**

Kriterien für die Kursentwicklung bei Teilhaberpapieren

▶ Bilanzkurs und Börsenkurs

Stehen die Zahlen des gesamten bilanzierten Eigenkapitals zur Verfügung, kann man den Bilanzkurs errechnen. Im Vergleich zum Börsenkurs können dann entsprechende Schlüsse gezogen werden.

$$\textbf{Bilanzkurs} = \frac{\textbf{ausgewiesenes Eigenkapital}}{\textbf{Grundkapital}} \cdot \textbf{100}$$

Beispiel:

Grundkapital: 10.000.000 EUR
ausgewiesenes Eigenkapital: 18.000.000 EUR ⟶ $\frac{18.000.000 \text{ EUR}}{10.000.000 \text{ EUR}} \cdot 100 = 180\ \%$

Bilanzkurs:	bei einer 100-EUR-Nennbetragsaktie:	180 EUR
	bei einer 50-EUR-Nennbetragsaktie:	90 EUR
Börsenkurs:	bei dieser 50-EUR-Nennbetragsaktie:	110 EUR lt. Tagespresse

Ergebnis: Die Aktie wird um 20 EUR über dem Bilanzkurs gehandelt und damit höher bewertet, als die Bilanzzahlen es rechtfertigen. Die Gründe dafür können in vermuteten stillen Reserven liegen, in guten Marktchancen, hoher Dividendenrendite usw. Würde der Börsenkurs unter dem Bilanzkurs von 90 EUR liegen, wäre die Aktie unterbewertet. Dies könnte man sowohl als Kaufanreiz als auch aus unterschiedlichen Gründen als Verkaufsargument interpretieren.

▶ Ertragskurs

Er hängt von den Dividenden ab, die die Aktie schon gebracht hat und in Zukunft vermutlich bringen wird. Um den Ertragskurs zu ermitteln, unterstelle man eine Durchschnittsdividende und rechnet nach folgender Formel:

$$\textbf{Ertragskurs} = \frac{\textbf{Durchschnittsdividende}}{\textbf{Kapitalisierungszinssatz}} \cdot \textbf{100}$$

Der Kapitalisierungszinssatz richtet sich nach dem »landesüblichen Zinssatz«. Dieser ergibt sich aus der durchschnittlichen Effektivverzinsung langfristiger Staatsanleihen.

Der Bilanzkurs und der Ertragskurs einer Aktie stehen in keinem Zusammenhang und können stark voneinander abweichen. Keiner kann als der wirklich zutreffende Wert bezeichnet werden.

Beispiel:

Kapitalisierungszinssatz: 4 %

Durchschnittsdividende für eine 100-EUR-Aktie: 3 EUR

$$\text{Ertragskurs} = \frac{3\ \text{EUR}}{4\ \text{EUR}} \cdot 100 = 75\ \%\ \text{bzw.}\ 75\ \text{EUR}$$

Ergebnis: Der Ertragskurs der AG liegt weit unter ihrem Bilanzkurs (90 EUR). Liegt auch noch der Börsenkurs höher, ist die Aussagekraft von 75 EUR wertlos. Würde der Ertragskurs weit über Bilanz- und Börsenkurs liegen, wäre dies ein Signal, Aktien der AG zu kaufen.

▶ Dividendenrendite

Sie gibt die Verzinsung des eingesetzten Kapitals an und errechnet sich nach der Formel:

$$\textbf{Dividendenrendite} = \frac{\textbf{erhaltene Dividende}}{\textbf{bezahlter Aktienkurs}} \cdot \mathbf{100}$$

Dabei unterscheidet man nach der **Rendite vor Steuern** und der **Rendite nach Steuern** (Kapitel 4.6.5).

Beispiel: Der Aktionär einer AG erhält pro Aktie 3 EUR Dividende. Seine Dividendenrendite vor Steuern beträgt bei einem bezahlten Aktienkurs von 110 EUR (3 · 100) : 110 = 2,73 %; die Rendite nach Steuern beträgt (3,00 EUR – 0,84 EUR) · 100 : 110 = 1,96 %.

Ergebnis: Die Rendite liegt unter dem Kapitalisierungszinssatz von 4 % und ist damit nicht attraktiv. Zu prüfen ist die Entwicklung der zukünftigen Dividende und ob andere Kennzahlen für die Aktie dieser AG sprechen.

▶ Kurs-Gewinn-Verhältnis

Das Kurs-Gewinn-Verhältnis gibt Auskunft über die Ertragskraft einer AG. Es sagt aus, wie viele Jahre es dauert, bis der Kaufpreis der Aktie durch Dividendeneinnahmen erwirtschaftet wird.

$$\textbf{KGV} = \frac{\textbf{aktueller Kurs der Aktie}}{\textbf{geschätzter Jahresgewinn der AG : Anzahl der Aktien}}$$

Beispiel:

Tageskurs der Aktie der Energie AG: 110 EUR

Geschätzter Jahresgewinn: 4 Mio. EUR

Anzahl der Aktien: 400.000 Stück

KGV = 110 : (4.000.000 : 400.000) = 11

Ergebnis: Je höher die Kennzahl ist, desto uninteressanter erscheint ein Kauf dieses Papiers. Gleichzeitig dient das KGV dazu, Aktien der gleichen Branche miteinander zu vergleichen.

▶ Spekulative Erwägungen

Eine große Rolle spielen Interessenkäufe und spekulative Erwägungen. Sie stützen sich auf bedeutsam erscheinende Erfindungen oder Umstände, welche eine günstige Entwicklung einer AG versprechen. Spekulanten hoffen auf Änderungen von Angebot und Nachfrage, um diese zur Gewinnerzielung auszunutzen. Auch die Diskussionen um feindliche Übernahmen zählen dazu.

Gründe für die Kursentwicklung bei Gläubigerpapieren

▶ Nominalverzinsung

Festverzinsliche Papiere verbriefen eine Verzinsung des Nennbetrages (Abschnitt 10.2.2), unabhängig von der Ertragslage des Schuldners. Ein kapitalmarktgerechter Zinssatz kann somit Anreiz schaffen, ein solches Papier zu kaufen.

▶ Effektivverzinsung

Liegt der Emissionskurs aufgrund eines Disagios oder der aktuelle Börsenkurs unter dem Rückzahlungskurs, kann der Käufer diese Differenz verdienen, wenn er das Papier bis zum Fälligkeitstag behält. Dadurch erhöht er seine Nominalverzinsung um diesen Kursgewinn, d. h., seine effektive Verzinsung übersteigt die Nominalverzinsung.

Beispiel: Eine Anleihe von 2 Mio. EUR wird zu 98 % begeben. Der Zinssatz ist 9 %. Für die Rückzahlung ist ein Kurs von 101 % vereinbart. Die Anleihe wird nach fünf tilgungsfreien Jahren in zehn gleichen Jahresraten, die durch Auslosung bestimmt werden, jeweils am Jahresende (postnumerando) getilgt.

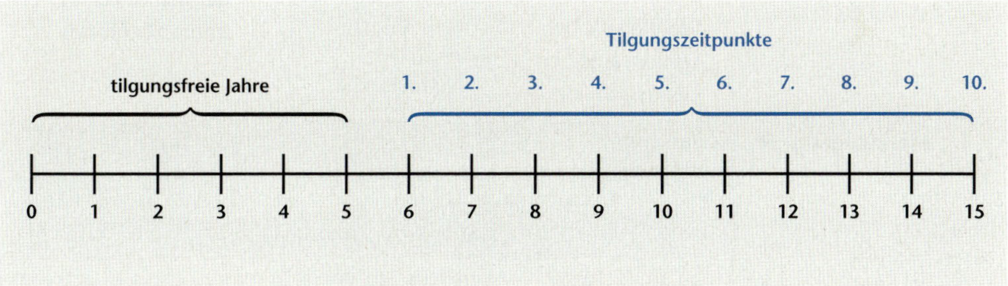

Werden 98,00 EUR einbezahlt, erbringen diese 6 EUR Zinsen. Dazu erbringt das fiktive Aktivum, verteilt auf 10,5 Jahre, jährlich 3/10,5 = 0,29 EUR (6 Jahre ohne Tilgung plus 9/2 Jahre mit Tilgung/Auslosung).

Daraus ergibt sich eine Emissionsrendite von $\frac{6{,}29 \text{ EUR}}{98{,}00 \text{ EUR}} \cdot 100 = 6{,}42\ \%$ vor Steuern.

▶ Realverzinsung

Wird das Geld durch dauerhafte Preissteigerungen immer weniger wert, **leiden vor allem** die **Gläubiger:** Mit den jährlich ausbezahlten Zinsen können sie sich nicht mehr die gleiche Gütermenge kaufen wie in den Jahren zuvor. Ihre Realverzinsung ist gesunken.

Beispiel:	Nominalverzinsung einer Kapitalanlage	6 %
	Preissteigerungsrate (Inflation)	2 %
	→ Realverzinsung	4 %

▶ Chancen und Risiken der Kursschwankungen

Eine 100-EUR-Aktie kann durchaus auf ein Kursniveau von 400 EUR steigen. Eine 100-EUR-Anleihe kann sich aufgrund ihrer Abhängigkeit vom Kapitalmarktzinssatz niemals um das 4-Fache erhöhen. Umgekehrt kann die Anleihe auf 0 EUR fallen, der Aktienkurs von 400 EUR aber ebenfalls. Das Risiko, aber auch die Chance hoher Kursschwankungen ist bei Aktien wesentlich höher als bei Anleihen.

Zusammenfassende Übersicht zu Kapitel 11.4: Wertpapiergeschäfte

Kapitalwertpapiere

Arten →	**Gläubigerpapiere**	**Teilhaberpapiere**	**Investmentpapiere**
Merkmale →	– Verzinsung – Rückzahlung	– Dividende – Stimmrecht – Bezugsrecht	– Ertragsausschüttung – Rücknahmepflicht
Varianten →	– Staatsanleihen – Unternehmensanleihen – Wandelanleihen – Optionsanleihen – Genussscheine	– Stammaktie – Vorzugsaktie – Inhaberaktie – Namensaktie – vinkulierte Namensaktie	– Aktienfonds – Rentenfonds – gemischte Fonds – Immobilienfonds
Marktzugang →	Zulassung ↳ Emission (Going Public) ↳ Übernahme ↳ Platzierung (Bookbuilding)		
Kaufkriterien →	– Nominalzinssatz – Effektivzinssatz – Inflation – Realzinssatz – Laufzeit	– Bilanzkurs – Ertragskurs – Dividendenrendite – KGV – feindliche Übernahme	– Fondszusammensetzung – Publikumsfonds – Spezialfonds – Rendite – Rücknahmegarantie
	Börsenkursniveau → Konjunktur → Währungspolitik		

▶ Aufgaben und Probleme

1. Welche Rechte verbrieft das festverzinsliche Wertpapier dem Inhaber?
2. Weshalb werden festverzinsliche Wertpapiere mit unterschiedlichen Laufzeiten angeboten?
3. Ein Kapitalanleger will wissen, ob sich eine 9 %ige Anleihe zum Preis von 102 EUR besser verzinst als eine Anleihe zu 5 % und einem Kurs von 98 EUR. Beide Papiere haben eine Restlaufzeit von einem Jahr.
4. Emittenten von Unternehmensanleihen müssen einen Zinssatz bieten, der einen Bruchteil über demjenigen von Anleiheemissionen der öffentlichen Hand liegt.

   Diskutieren Sie, warum dies so ist.
5. Welche Rechte verbrieft eine a) Stammaktie und b) eine Vorzugsaktie?

6. Es gibt unterschiedliche Aktien bezüglich ihrer Übertragbarkeit.

   Erklären Sie die drei Möglichkeiten.

7. Was spricht für die Anlage von Geld in festverzinslichen Papieren und was für die Anlage in Aktien?

8. Vergleichen Sie die Vorteile einer Beteiligung an einer AG durch den Kauf von Aktien mit dem Kauf von Anteilen eines Aktienfonds.

9. Errechnen Sie den Wert eines Investmentzertifikates, wenn das Fondsvermögen 38.400.000 EUR beträgt und 240.000 Anteile verkauft wurden.

10. Die Kunden B und S kaufen regelmäßig Investmentzertifikate. Während B am 1. jeden Monats 120 EUR anlegt, kauft S monatlich am 1. Tag vier Zertifikate. Welcher Kunde hat die günstigere Anlagestrategie bei folgenden Zahlen?

    Am 1. Februar kostet das Stück 30 EUR, am 1. März kostet das Stück 40 EUR,

    am 1. April kostet das Stück 60 EUR, am 2. Mai kostet das Stück 24 EUR,

    am 1. Juni kostet das Stück 20 EUR.

11. Warum hat der Gesetzgeber dem Börsenhandel mit Wertpapieren eine Zulassungsstelle vorgeschaltet?

12. Errechnen Sie den Bilanzkurs: Grundkapital 15 Mio. EUR, gesetzliche Rücklage 2 Mio. EUR, andere Rücklagen 3 Mio. EUR, Gewinn 1 Mio. EUR.

13. Errechnen Sie den Ertragskurs bei einer Durchschnittsdividende von 12 EUR je 100-EUR-Aktie; Zinssatz 8 %.

14. Errechnen Sie für eine Kapitalanlage in Aktien in Höhe von 20.000 EUR und einer Bankgutschrift für Dividenden in Höhe von insgesamt 1.500 EUR die Dividendenrendite vor Steuern.

15. Eine Aktiengesellschaft hat einen Jahresgewinn von 2 Mio. EUR und ein Gezeichnetes Kapital von 10 Mio. EUR zu einem Nennbetrag von je 5 EUR je Aktie. Der aktuelle Börsenkurs steht bei 15 EUR.

    a) Erklären Sie das KGV.

    b) Errechnen Sie das KGV.

16. Das KGV einer AG ist halb so groß wie dasjenige der Aufgabe 15.

    Begründen Sie die Auswirkung auf die Kapitalanlageentscheidung zwischen diesen Aktien.

17. Ein Kapitalanleger besitzt festverzinsliche Wertpapiere zu 6 %.

    Berechnen Sie die Effektivverzinsung bei einer

    a) Restlaufzeit von zwei Jahren und einem Börsenkurs von 98 EUR.

    b) Restlaufzeit von einem Jahr und einem Börsenkurs von 100 EUR.

18. Errechnen Sie die Effektivverzinsung einer Unternehmensanleihe mit folgenden Bedingungen: Zinssatz 4 %, Ausgabepreis 98 EUR, Laufzeit 10 Jahre.

12 Volkswirtschaftslehre

12.1 Außerbetriebliche Beziehungen

Eine Volkswirtschaft besteht aus einer Vielzahl handelnder Akteure, zwischen denen vielfältige Beziehungen bestehen: Unternehmen stellen Güter und Dienstleistungen her, die sie auf Märkten anbieten. Menschen fragen diese Güter nach, um ihre Bedürfnisse zu befriedigen. Der Staat erhebt Steuern von den Unternehmen und Haushalten und stellt Güter und Dienstleistungen zur Verfügung.

12.1.1 Wirtschaftskreislauf

Der Wirtschaftskreislauf dient einer übersichtlichen Darstellung der handelnden Akteure in einer Volkswirtschaft. Damit bei der Vielzahl der Akteure und den Transaktionen zwischen diesen der Überblick nicht verloren geht, werden diese zu Wirtschaftssubjekten oder Sektoren zusammengefasst.

Einfacher Wirtschaftskreislauf

Im einfachen Wirtschaftskreislauf treten lediglich **Unternehmen** und **Haushalte** auf. Beide können sowohl Anbieter als auch Nachfrager nach Gütern und Dienstleistungen sein.

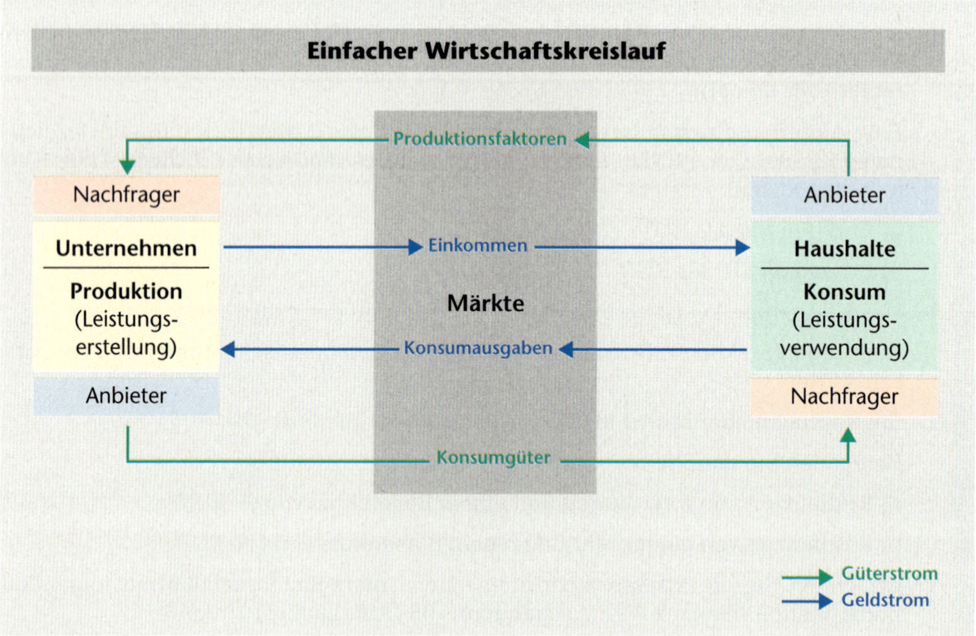

▶ Unternehmen

Sie produzieren Güter und Dienstleistungen (Produktion, **Leistungserstellung**). Um diese Leistungen produzieren zu können, fragen die Unternehmen die betriebswirtschaftlichen Produktionsfaktoren Arbeit, Roh-, Hilfs- und Betriebsstoffe und Betriebsmittel nach.

Beispiel: Ein Industrieunternehmen benötigt zur Herstellung von Sitzmöbeln Mitarbeiter, den Rohstoff Holz, die Hilfsstoffe Schrauben und Leim sowie eine Werkhalle und Maschinen.

Unternehmen treten auf den Märkten als **Nachfrager** nach **Produktionsfaktoren** (Arbeitsleistungen und sachlichen Mitteln) auf. Gleichzeitig sind sie **Anbieter** von **Gütern und Dienstleistungen.**

Sie bestimmen ihre Geschäftstätigkeit selbst und orientieren sich dabei über die Preise an der Nachfrage am Markt.

Beispiel: Im Bereich mobile Kommunikation herrscht ein Preiskampf für Handys. Der Großhandel auf der Absatzseite ist davon ebenso betroffen wie der Großhandel im Beschaffungsbereich für Rohstoffe zur Herstellung von Geräten. Auf allen Stufen führt der Kostendruck dazu, die Kosten zu senken oder die Gewinnspanne zu reduzieren.

Wesentliche Merkmale der Unternehmen sind die Absicht, maximalen Gewinn zu erzielen und die Bereitschaft, das Unternehmerrisiko zu übernehmen.

▶ **Haushalte**

Die von den Unternehmen produzierten Konsumgüter und Dienstleistungen werden von den Haushalten konsumiert **(Leistungsverwendung).**

Haushalte treten auf den Märkten als **Anbieter** von **Produktionsfaktoren** und als **Nachfrager** nach **Konsumgütern** auf.

Sie finanzieren die Deckung für ihren Konsum aus Einkommen, das sie durch die Bereitstellung von Produktionsfaktoren bezogen haben.

Erweiterter Wirtschaftskreislauf

Im erweiterten Wirtschaftskreislauf kommen neben den **Unternehmen** und **Haushalten** noch der **Staat,** das **Ausland** sowie **Kapitalsammelstellen** als Sektoren hinzu.

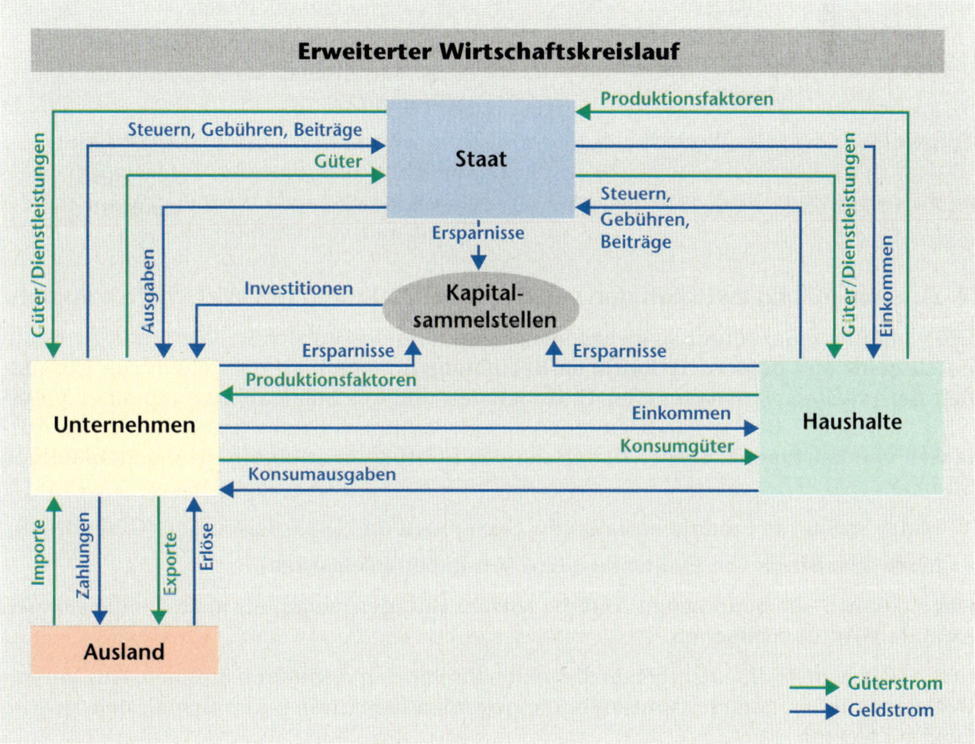

Der **Staat** tritt über den Bund, die Länder und Gemeinden als Anbieter und Nachfrager von Gütern und Dienstleistungen auf.

Die **Kapitalsammelstellen** (Banken, Versicherungen und Bausparkassen) sammeln die Ersparnisse der privaten Haushalte, der Unternehmen und des Staates. Sie werden den Unternehmen zu Investitionszwecken zur Verfügung gestellt.

Innerhalb des Sektors der Unternehmen führen die Außenhandelsbetriebe die wirtschaftlichen Beziehungen zum **Ausland** als Außenhandelspartner.

Im Normalfall wächst die Wirtschaft von Jahr zu Jahr. Zu diesem Zweck müssen neue Produktionsanlagen geschaffen werden. Die Vergrößerung und Verbesserung des Produktionsapparates setzt voraus, dass die Konsumenten nicht alles erworbene Geld konsumieren, sondern einen Teil davon sparen, d.h. Kapital bilden, das dann in den Unternehmen investiert wird.

In den Modellen des einfachen und erweiterten Wirtschaftskreislaufs unterscheidet man zwischen **stationärer** und **evolutorischer Wirtschaft.**

	stationäre Wirtschaft	**evolutorische Wirtschaft**
Merkmal	Keine Veränderungen im Zeitablauf: **konstant**	Veränderungen im Zeitablauf: **wachsend oder schrumpfend**
Verhalten der Marktteilnehmer	– Die Haushalte konsumieren ihr gesamtes Einkommen. – Die Unternehmen ersetzen das abgenutzte Anlagevermögen.	– Die Haushalte sparen und können damit Kapital für mögliche Investitionen bereitstellen. – Die Unternehmen erweitern ihre Kapazitäten, um zusätzliche Güter bereitzustellen.
Annahmen des Modells	– Die Bevölkerungszahl bleibt gleich. – Die Struktur der Bevölkerung bleibt gleich.	– Die Bevölkerungszahl ändert sich. – Der Verbrauch ändert sich. – Es findet technischer Fortschritt statt. – In der Gesellschaft steht Kapital zur Verfügung.
Ergebnis	Die Gesellschaft hat keinen Zuwachs bzw. Rückgang an Wohlstand.	– Eine wachsende Wirtschaft kann Grundlage dafür sein, dass der Wohlstand wächst. – Eine schrumpfende Wirtschaft kann zu Wohlstandsverlusten führen.

Zusammenhang zwischen den verschiedenen Sektoren des Wirtschaftskreislaufs

Die vielfältigen Beziehungen zwischen den Sektoren lassen sich im Wirtschaftskreislauf durch **geld- und güterwirtschaftliche Beziehungen** modellhaft darstellen. Die Gesamtheit der privaten Haushalte, aller Unternehmen und des Staates innerhalb einer Volkswirtschaft sowie der ausländischen Volkswirtschaften vollzieht einen ständigen **Austausch von Leistungen.** Dieser Austausch von Leistungen erfolgt in zwei gegenläufigen Strömen:

– **realer Strom** von Produktionsfaktoren, Sachgütern und Dienstleistungen **(Güterstrom),**
– **monetärer Strom** von Einkommen bzw. Ausgaben **(Geldstrom).**

Dabei können alle handelnden Akteure sowohl Güterleistungen als auch Geldleistungen an andere Akteure abgeben.

In der Volkswirtschaft entsprechen die realen Ströme den monetären Strömen. Aus Vereinfachungsgründen genügt es deshalb, die gegenläufigen Ströme nur einmal, und zwar in Geld, zu messen.

12.1.2 Entstehung, Verwendung und Verteilung des Bruttoinlandsproduktes

Das Statistische Bundesamt erstellt im Rahmen der **Volkswirtschaftlichen Gesamtrechnung (VGR)** jährliche Statistiken zur Einkommensentstehung, -verwendung und -verteilung in Deutschland. Das **Bruttoinlandsprodukt** bildet dabei die zentrale Größe.

Das **Bruttoinlandsprodukt (BIP)** ist eine **Messgröße,** die die Summe aller in einer Volkswirtschaft in einem Jahr **produzierten Güter und Dienstleistungen** erfasst.

Damit kann diese Größe zu Vergleichen herangezogen werden:

- Vergleich der Entwicklung einer Volkswirtschaft verschiedener Jahre;
- Vergleich der Entwicklung einer Volkswirtschaft mit anderen Volkswirtschaften.

Wenn man die Entwicklung der Volkswirtschaft durch den Vergleich mit vergangenen Jahren oder mit anderen Nationen untersucht hat, lassen sich anschließend für die Wirtschaftspolitik wichtige Handlungsempfehlungen ableiten.

Die Statistik ermöglicht

- eine Übersicht über den Umfang und den Wert der **wirtschaftlichen Leistung,**
- einen Einblick in die **Produktionsstruktur** Deutschlands,
- eine Darstellung der **Einkommensverteilung** auf die beteiligten Gruppen,
- einen Überblick über die **Verwendungsarten** der produzierten Güter,
- einen **Vergleich** mit anderen Volkswirtschaften.

Die Steigerung des Bruttoinlandsproduktes kann durch eine Veränderung der Preise erfolgt sein, ohne dass dadurch mehr Güter und Dienstleistungen produziert wurden. Um die tatsächliche Entwicklung der Mehrproduktion erfassen zu können, müssen Preisveränderungen herausgerechnet werden.

Bruttowertschöpfung nach Wirtschaftsbereichen

Wirtschaftsbereich	2012	2013	2014	2012	2013	2014
	in jeweiligen Preisen, Mrd. EUR			**preisbereinigt, Veränderung gegenüber dem Vorjahr in %**		
Land- und Forstwirtschaft	21,6	21,7	20,1	8,2	–6,2	5,8
Produzierendes Gewerbe, ohne Baugewerbe	645,9	659,2	676,7	1,4	0,2	1,1
Baugewerbe	112,0	116,5	125,5	0,1	–0,3	2,7
Handel, Gastgewerbe, Verkehr	390,0	393,4	404,3	–2,3	0,0	2,1
Information und Kommunikation	117,2	118,0	122,3	5,3	1,2	2,0
Finanz- und Versicherungsdienstleister	102,4	103,2	104,3	2,0	–1,5	–0,5
Grundstücks- und Wohnungswesen	277,5	281,3	289,9	–2,0	0,5	1,0
Unternehmensdienstleister	260,5	270,3	284,2	0,6	0,9	2,0
Öffentliche Dienstleister, Erziehung und Gesundheit	441,8	458,4	476,6	1,0	0,1	1,1
sonstige Dienstleister	101,4	103,8	108,0	0,1	–1,6	0,4
Alle Wirtschaftsbereiche	2.470,2	2.525,6	2.611,8	0,5	0,1	1,4

Quelle: Statistisches Bundesamt (http://www.destatis.de)

Eine wichtige Größe für die Planungen der Träger der Wirtschaftspolitik ist das **Volkseinkommen.** Es wird in der Verteilungsrechnung ermittelt als die Summe aus dem Arbeitnehmereinkommen und dem Unternehmens- und Vermögenseinkommen.

Die Ermittlung des Bruttoinlandsproduktes (Jahr 2014, in Mrd. EUR)

Entstehung (Entstehungsrechnung)	Verwendung (Verwendungsrechnung)	Verteilung (Verteilungsrechnung)
Es wird ermittelt, **welchen Beitrag** die einzelnen **Wirtschaftsbereiche** zum Bruttoinlandsprodukt **beitragen.**	Es wird ermittelt, **von wem** die produzierten Güter und Dienstleistungen **verbraucht** werden.	Es wird ermittelt, **welche Gruppen** welchen **Anteil** am Bruttoinlandsprodukt **erhalten.**
Bruttowertschöpfung aus – Land- und Forstwirtschaft, Fischerei 20,1 – Baugewerbe 125,5 – produzierendes Gewerbe 676,7 – Handel, Gastgewerbe und Verkehr 404,3 – Information und Kommunikation 122,3 – Finanz- und Versicherungsdienstleister 104,3 – Grundstücks- und Wohnungswesen 289,9 – Unternehmensdienstleister 284,2 – Öffentliche und private Dienstleister 476,6 – sonstige Dienstleister 108,0	Ausgaben für – privaten Konsum und Konsum privater Organisationen ohne Erwerbszweck 1.604,7 – Konsumausgaben des Staates 561,5 + Investitionen 581,0 + Außenbeitrag (Exporte – Importe) 189,4	– Arbeitnehmereinkommen (Löhne und Gehälter) 1.481,1 – Unternehmens- und Vermögenseinkommen 691,9 = **Volkseinkommen** + Produktions- und Importabgaben 287,1 = **Nettonationaleinkommen** + Abschreibungen 512,1 = **Bruttonationaleinkommen**
+	+	–
Gütersteuern abzüglich Gütersubventionen 291,9	Vorratsveränderungen –32,8	Saldo der Primäreinkommen aus der übrigen Welt 68,4
=	=	=

Bruttoinlandsprodukt 2.903,8

Quelle: Statistisches Bundesamt

Zusammenfassende Übersicht zu Kapitel 12.1: Außerbetriebliche Beziehungen

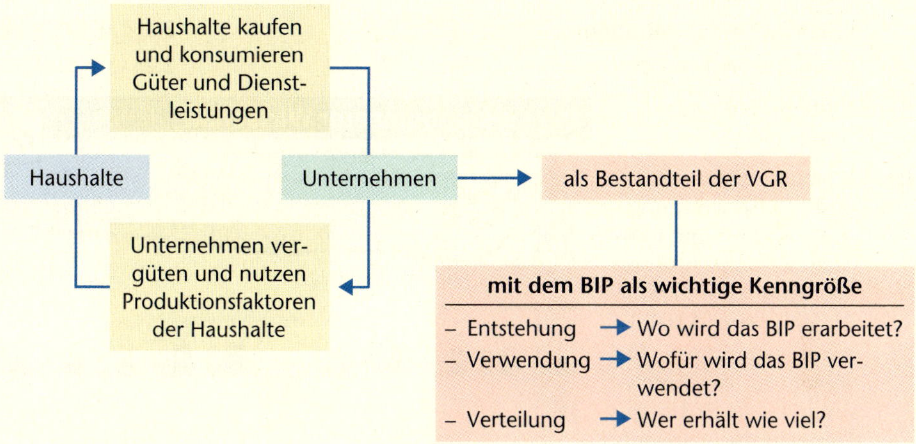

▶ Aufgaben und Probleme

1. Weshalb ist eine stationäre Wirtschaft weder wünschenswert noch vorstellbar?
2. Erklären Sie den Begriff der evolutorischen Wirtschaft.
3. Für eine Volkswirtschaft gelten folgende Größen:

– Einkommen der privaten Haushalte aus Faktorleistungen	?
– Einkommen der privaten Haushalte vom Staat (Transferleistungen)	500 GE
– Ersparnisse der privaten Haushalte	300 GE
– Konsumausgaben der privaten Haushalte	2.400 GE
– Von privaten Haushalten an den Staat abgeführte direkte Steuern	1.100 GE
– Von Unternehmen an den Staat abgeführte Steuern	?
– Subventionen	200 GE
– Ausgaben des Staates für Sachgüter und Dienstleistungen	1.300 GE
– Von Unternehmen bei Kapitalsammelstellen in Anspruch genommene Investitionskredite	300 GE
– Exporte und Importe belaufen sich auf je	120 GE

   a) Zeichnen Sie einen erweiterten Wirtschaftskreislauf und tragen Sie die einzelnen Geldströme und Stromgrößen ein.

   b) Wie hoch müssen die Einkommen der privaten Haushalte aus Faktorleistungen sein, damit der Kreislauf geschlossen ist?

   c) Wie hoch müssen die Steuern der Unternehmen an den Staat sein, damit der Staatshaushalt ausgeglichen ist?

4. Die Verwendungsrechnung des Bruttoinlandsproduktes zeigt, wofür das Produktionsergebnis verwendet wurde. Ermitteln Sie anhand der nachstehenden Daten den Außenbeitrag:
   – private Konsumausgaben: 1.330,98 Mrd. EUR

- Konsumausgaben des Staates: 414,75 Mrd. EUR
- Ausrüstungen: 153,85 Mrd. EUR
- Bauten: 204,97 Mrd. EUR
- sonstige Anlagen: 26,52 Mrd. EUR
- Inländische Verwendung: 2.131,07 Mrd. EUR
- Bruttoinlandsprodukt: 2.244,00 Mrd. EUR

5. a) Erklären Sie das Schaubild.

   b) Was als »Entstehung« und »Verwendung« des Bruttoinlandsproduktes beschrieben ist, sind die beiden Seiten einer »Medaille«. Formulieren Sie sowohl für die Entstehung als auch für die Verwendung jeweils zwei Aussagen, die für 2014 die wirtschaftliche Situation in Deutschland beschreiben.

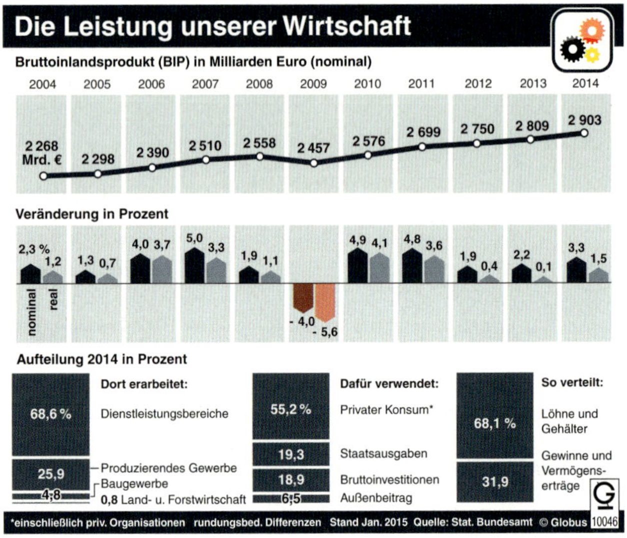

12.2 Grundlagen der Sozialen Marktwirtschaft

Eine Wirtschaftsordnung, in der die einzelnen Menschen planen können, welche Güter sie als Produzenten herstellen oder als Konsumenten kaufen wollen und in der der Staat keine Preise vorschreibt, wird **Marktwirtschaft** genannt. Der Name deutet dabei darauf hin, dass die Abstimmung nachgefragter und bereitgestellter Güter über **Märkte** erfolgt.

12.2.1 Markt als Zusammentreffen von Angebot und Nachfrage

Markt

Zusammentreffen

leistungsfähiger und leistungswilliger **Anbieter** von Gütern **mit** kaufwilligen und kaufkräftigen **Nachfragern** nach diesen Gütern

Es gibt eine Vielzahl von Märkten. Manchen dieser Märkte – wie z. B. den Wochenmarkt – kann jeder aufsuchen, sich das Warenangebot anschauen, es unmittelbar prüfen und mit den Händlern darüber sprechen. Andere Märkte sind für die meisten gar nicht erreichbar oder es liegen gar keine konkreten Waren aus (Aktienmarkt in Tokio, Arbeitsmarkt in Deutschland). Alle Märkte haben in einer arbeitsteiligen Volkswirtschaft ein gemeinsames Merkmal: Sie dienen der **Tauschpartnerfindung.**

Aufgaben des Marktes

Damit sich die Tauschpartner finden, hat der Markt drei Aufgaben zu erfüllen:

Aufgaben des Marktes		
sachlich	**räumlich**	**wertmäßig**
Er führt leistungsbereite Anbieter und beschaffungsbereite Nachfrager bestimmter Güter zusammen.	Er verbindet den Ort der Leistungserstellung mit dem Ort der Leistungsverwendung.	Er ermöglicht den Ausgleich von Tauschgütern, die als unterschiedlich wertvoll angesehen werden. Dabei ergeben sich **Preise.** Mithilfe eines gegenseitig anerkannten und beliebig teilbaren Zwischentauschgutes, des Geldes, wird der Ausgleich vollzogen.

Das **Gesamtangebot,** das sich aus den Güterangeboten zahlreicher Einzelanbieter zusammensetzt, und die **Gesamtnachfrage,** die sich aus den Bedarfsvorstellungen unzähliger Einzelnachfrager herausbildet, werden meist nur als **Angebot und Nachfrage** bezeichnet.

Die gesamtwirtschaftliche **Aufgabe des Marktes** besteht darin, das **Gesamtangebot** eines Gutes mit der **Gesamtnachfrage** nach diesem Gut über den Preis **ins Gleichgewicht** zu bringen.

Marktformen

Märkte lassen sich nach unterschiedlichen Gesichtspunkten einteilen.

▶ Unterscheidung nach räumlich-zeitlichen Gesichtspunkten

Betrachtet man das Zusammentreffen von Angebot und Nachfrage unter dem räumlich-zeitlichen Gesichtspunkt (wo und wann treffen sich Gesamtangebot und Gesamtnachfrage?), so kann zwischen **zentralisiertem und dezentralisiertem Markt** unterschieden werden.

a) Der zentralisierte Markt. Angebot und Nachfrage eines größeren Wirtschaftsraumes konzentrieren sich zu festgelegten Zeiten an bestimmten Marktorten. Anbieter wie Nachfrager können sich verhältnismäßig rasch und bequem einen Überblick über die Verkaufs- und Kaufmöglichkeiten verschaffen. Der zentralisierte Markt ist **transparent.**

Beispiele: Zu den zentralisierten Märkten zählen neben den allgemeinen Märkten (Jahrmarkt, Großmarkt) auch spezielle Märkte (Versteigerung, Messe, Börse).

b) Der dezentralisierte Markt. Die meisten Güter werden auf dezentralisierten Märkten gehandelt. Anbieter und Nachfrager eines größeren Wirtschaftsraumes können den Austausch der Güter frei an vielerlei Stellen besorgen. Durch die räumliche Aufspaltung fehlt dem dezentralisierten Markt weitgehend die gewünschte Einheitlichkeit und Übersichtlichkeit des gesamten Marktgeschehens. Der dezentralisierte Markt ist **nicht transparent.**

Beispiele: Aufteilung des Lebensmittelhandels einer Stadt auf viele Einzelhandelsgeschäfte; briefliche oder telefonische Geschäftsabschlüsse zwischen Industrie- und Handelsunternehmen, deren Standorte voneinander entfernt sind.

▶ Unterscheidung nach qualitativen Gesichtspunkten

Konkurrenten sind in aller Regel bemüht, ihre Leistungen mit besonderen Vorzügen **(Präferenzen)** auszustatten, sodass am Markt mehr oder weniger unterschiedliche Leistungen miteinander konkurrieren. Man unterscheidet zwischen dem **vollkommenen** und dem **unvollkommenen** Markt.

a) **Der vollkommene Markt** setzt voraus:

- **Markttransparenz.** Alle Marktteilnehmer verfügen über die erforderlichen Informationen, um ihre Käufe bzw. Verkäufe zu tätigen. Der Markt ist damit für alle voll überschaubar.
- **Homogenität der Güter.** Die auf dem Markt von Konkurrenten angebotenen Güter sind völlig gleichartig (homogen).
- **Keine Präferenzen.** Einzelne Marktteilnehmer werden von anderen Marktteilnehmern nicht bevorzugt, weder in sachlicher, zeitlicher, örtlicher noch persönlicher Hinsicht.
- **Zentralisierter Markt.** Angebot und Nachfrage müssen an einem Ort zu einem bestimmten Zeitpunkt aufeinandertreffen.

b) **Der unvollkommene Markt** liegt vor, wenn mindestens eine der Voraussetzungen des vollkommenen Marktes nicht erfüllt ist.

Fast alle Märkte sind mehr oder weniger **unvollkommene Märkte** (Ausnahme: Börse).

▶ Unterscheidung nach quantitativen Gesichtspunkten

Nach der Zahl der Konkurrenten bzw. nach dem Grade des Wettbewerbs unterscheidet man folgende **Marktformen:**

a) **Polypol:** Viele Konkurrenten stehen miteinander im Wettbewerb, sodass eine Erhöhung oder Verminderung der Gütermengen den Preis nur unerheblich beeinflusst.

b) **Oligopol:** Einige wenige Wettbewerber beherrschen den Markt.

c) **Monopol:** Das gesamte Angebot oder die gesamte Nachfrage auf dem Markt eines Gutes befindet sich in einer Hand. Preise und Geschäftsbedingungen unterliegen einer einheitlichen Willensbildung und werden durch keinen Wettbewerb beeinflusst.

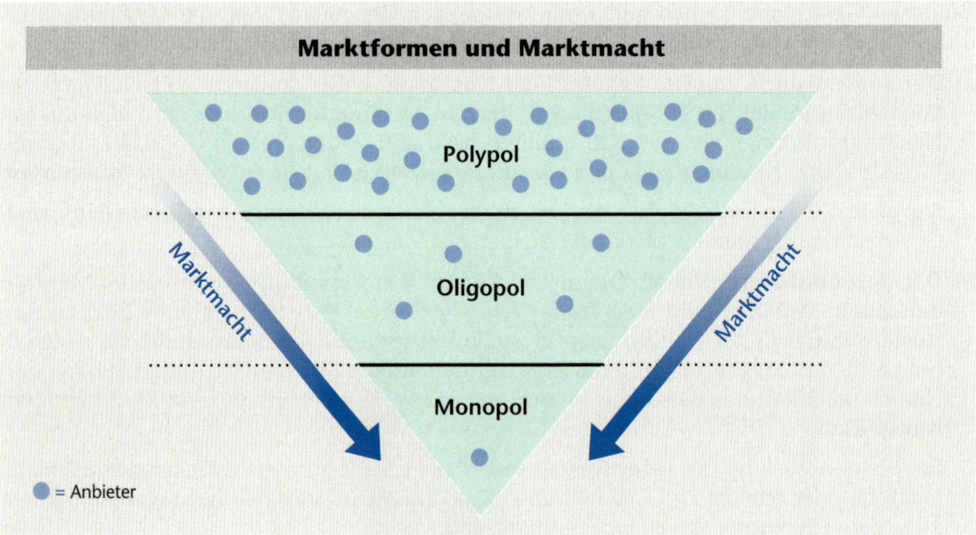

Da die Zahl der Konkurrenten sowohl auf der Angebotsseite als auch auf der Nachfrageseite verschieden sein kann, ergibt sich folgendes **Marktformenschema**:

Anzahl der Anbieter / Anzahl der Nachfrager	sehr viele	wenige	einer
sehr viele	Polypol	Angebotsoligopol	Angebotsmonopol
wenige	Nachfrage-oligopol	beiderseitiges Oligopol	beschränktes Angebotsmonopol
einer	Nachfrage-monopol	beschränktes Nachfragemonopol	beiderseitiges Monopol

Beispiele:

1. **Polypol:** Zahlreiche Lebensmittelgeschäfte in einer Großstadt
2. **Angebotsoligopol:** Lebensmittelmarkt einer Kleinstadt mit nur wenigen Lebensmittelgeschäften
3. **Angebotsmonopol:** Einziges Schuhgeschäft einer Kleinstadt
4. **Nachfragemonopol:** Markt für militärische Ausrüstungsgegenstände in Deutschland
5. **Beiderseitiges Oligopol:** Markt für Satellitentransporte ins Weltall
6. **Beiderseitiges Monopol:** Tarifverhandlungen zwischen Arbeitgeberverband und Gewerkschaft einer Branche

12.2.2 Preisbildung in der Sozialen Marktwirtschaft

Bestimmungsgründe des Angebots und der Nachfrage

Bestimmungsgründe des Angebots	Bestimmungsgründe der Nachfrage
Zielsetzung der Produzenten In der marktwirtschaftlichen Ordnung bestimmen die Unternehmer ihre Unternehmensziele (Gewinnerzielung, Umsatzsteigerung, Marktanteile, Bedarfsdeckung) selbst.	**Zielvorstellungen der Nachfrager** Die Nachfrage nach Konsumgütern hängt von den Konsumwünschen der Menschen ab. Sie kaufen Güter nach ihrem Bedarf und ihrer Nutzenerwartung. Die Nachfrage nach Produktionsgütern hängt von den Unternehmenszielen ab.
Faktorkosten Ausschlaggebend dafür, in welchem Umfang ein Produktionsfaktor eingesetzt wird, sind seine Kosten. Teurere Produktionsfaktoren werden deshalb durch billigere ersetzt. Ziel des Produzenten ist es, durch die jeweils kostengünstigste Faktorkombination mehr Gewinn zu erzielen.	**Preise der Güter** Auch wenn die Wünsche noch so ausgeprägt sind, kann nicht jeder erfüllt werden. Im Regelfall müssen diejenigen, die Güter nachfragen, bei ihren Kaufentscheidungen den Preis des Gutes berücksichtigen.

Bestimmungsgründe des Angebots	Bestimmungsgründe der Nachfrage
Wettbewerbssituation Das Anbieterverhalten wird auch in starkem Maße von der Konkurrenzsituation am Markt bestimmt. Wenn Konkurrenten mit günstigeren Preisen und Vertragsbedingungen um die Gunst der Nachfrager kämpfen, wird ein Anbieter gezwungen, ebenfalls den Preis und die Leistungen anzupassen. Gelingt dies nicht, weil z. B. eine Senkung der Arbeitskosten nicht erreicht werden kann, wird für das Angebot kein Nachfrager gefunden werden.	**Zahlungsfähigkeit der Nachfrager** Um Marktpreise bezahlen zu können, müssen die Nachfrager mit den entsprechenden Geldmitteln (Einkommen, Kredite) ausgestattet sein.

Preisbildung beim Polypol

Wechselwirkung von Angebot, Nachfrage und Preis

Aus dem Verhalten der Anbieter und Nachfrager gegenüber Preisentwicklungen lassen sich folgende Regeln ableiten:

Angebotsregel:

Je mehr der Preis eines Gutes steigt, desto größer wird die angebotene Menge.

Je mehr der Preis eines Gutes sinkt, desto geringer wird die angebotene Menge.

Nachfrageregel:

Je mehr der Preis eines Gutes steigt, desto geringer wird die nachgefragte Menge.

Je mehr der Preis eines Gutes sinkt, desto größer wird die nachgefragte Menge.

Grafisch lassen sich diese Regeln in **typischen Kurvenverläufen** darstellen:

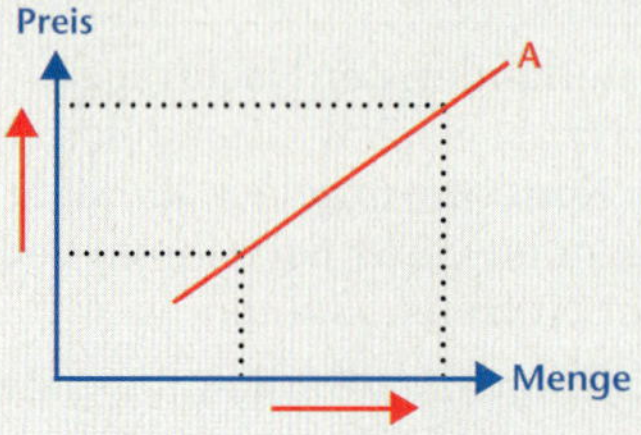

Die typische **Angebotskurve** steigt.

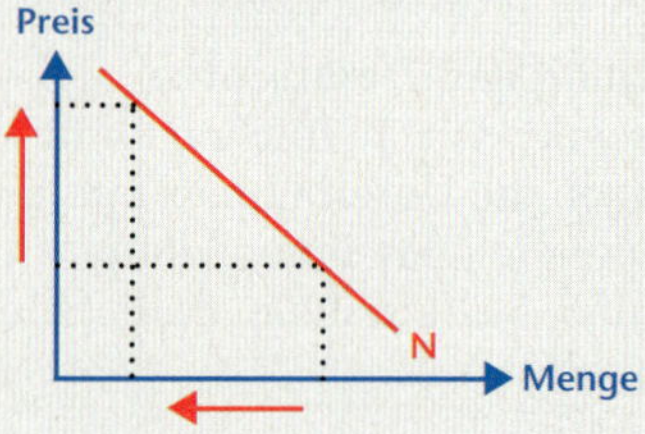

Die typische **Nachfragekurve** fällt.

Marktpreisbildung

Beispiel: Auf dem Großmarkt unterhalten sich Händler über die Preise für Kartoffeln. Dabei werden Preise zwischen 48 EUR und 60 EUR je Doppelzentner (dz) genannt. Aufgrund des regelmäßigen Angebots- und Nachfrageverlaufs wären zu den jeweiligen Preisen folgende Angebots- und Nachfragemengen zu erwarten:

Preis EUR je dz	zu erwartendes **Angebot** dz	zu erwartende **Nachfrage** dz	**Marktlage**	jeweils mögliche **umgesetzte Menge** dz
48 50 52	1.450 1.550 1.635	1.950 1.860 1.775	Nachfrageüberhang = Angebotslücke	1.450 1.550 1.635
54	1.700	1.700	Gleichgewicht	1.700
56 58 60	1.750 1.780 1.810	1.625 1.575 1.525	Angebotsüberhang = Nachfragelücke	1.625 1.575 1.525

Analyse der jeweiligen Marktlage:

- Angenommener Preis von unter 54 EUR: **Nachfrageüberhang.**
  Bei transparenter Marktlage bemerken die Anbieter einen fließenden Absatz, die Nachfrager Warenknappheit. Dies gibt den Anbietern Anlass, einen höheren Preis zu fordern; die Nachfrager sind bereit, einen höheren Preis zu zahlen. **Der Preis steigt.** Es besteht ein **»Verkäufermarkt«.**
- Angenommener Preis von über 54 EUR: **Angebotsüberhang.**
  Bei transparenter Marktlage bemerken die Anbieter schleppenden Absatz, die Nachfrager Warenüberangebot. Die Nachfrager verhalten sich abwartend; die Anbieter sind bereit, mit dem Preis nachzugeben. **Der Preis fällt.** Es besteht ein **»Käufermarkt«.**
- Marktpreis von 54 EUR: **Gleichgewicht von Angebot und Nachfrage**.
  Bei diesem Preis, bei dem weder ein Angebots- noch ein Nachfrageüberhang besteht, tritt **Preisberuhigung** ein. Er ist der **Gleichgewichtspreis.**

Aus diesem Beispiel und seiner Analyse ergibt sich das marktwirtschaftliche

Preisbildungsgesetz: Das Verhältnis von Angebot und Nachfrage bestimmt den Preis.

Da sich der **Gleichgewichtspreis** am Markt bildet, nennt man ihn auch den **Marktpreis.**

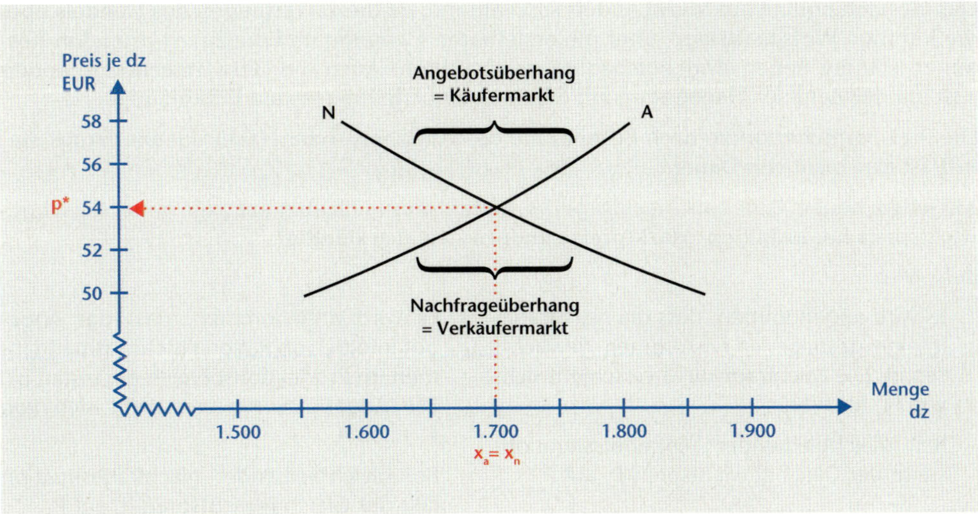

▶ Gleichgewichtspreisbildung an der Wertpapierbörse

An der Wertpapierbörse, einem zentralisierten Markt mit hoher Markttransparenz, lässt sich die Marktpreisbildung besonders deutlich erkennen.

Beispiel: Dem Kursmakler liegen folgende Aufträge der Computer-AG in EUR vor:

Verkaufsaufträge		Kaufaufträge	
13.000 Stück	bestens	16.000 Stück	billigst
12.000 Stück	limit 224	14.000 Stück	limit 222
18.000 Stück	limit 225	11.000 Stück	limit 223
16.000 Stück	limit 226	13.000 Stück	limit 225
20.000 Stück	limit 227	8.000 Stück	limit 226
		6.000 Stück	limit 227

Man unterscheidet folgende Auftragsarten:

- **billigst** (bei Kaufaufträgen) und **bestens** (bei Verkaufsaufträgen): Der Auftrag ist möglichst sofort zum erzielbaren günstigsten Kurs auszuführen. Der Kunde will sich den schon im Augenblick bestehenden Kurs sichern.
- **limitiert**: Der Kunde gibt eine Grenze an, bis zu der das Kreditinstitut gehen darf. Bei Kaufaufträgen ist das Limit eine Obergrenze, bei Verkaufsaufträgen eine Untergrenze.

Aufgrund dieser Aufträge ergibt sich folgende Marktlage:

Kurs (EUR)	Angebot (Stück)	Nachfrage (Stück)	mögliche umgesetzte Menge (Stück)
222	13.000	68.000	13.000
223	13.000	54.000	13.000
224	25.000	43.000	25.000
225	**43.000**	**43.000**	**43.000**
226	59.000	30.000	30.000
227	79.000	22.000	22.000

Die größte umgesetzte Menge mit diesem Papier, 43.000 Stück, ergibt sich also bei dem Kurs von 225 EUR. Er wird als **Gleichgewichtspreis** festgesetzt.

▶ Änderungen des Gleichgewichtspreises

Das Gesamtangebot am Markt ändert sich laufend, da die Erwartungen des Handels über die künftige Wirtschaftslage, über die erzielbaren Gewinne und die zu erwartenden Kosten zu ständig neuen Angebotsbedingungen führen. Auch die Gesamtnachfrage ändert sich mit der Zahl der Nachfrager, mit deren Kaufvorstellungen und Einkommen.

Die Preisberuhigung, die nach Beseitigung des Angebots- oder Nachfrageüberhangs eintritt, ist also nicht von Dauer.

Mit jedem neuen Angebots-Nachfrage-Verhältnis muss sich aber auch ein neuer Gleichgewichtspreis herausbilden. **Marktpreise ändern** sich also **ständig.**

Beispiele:

1. Es wird angenommen, dass die Nachfrage infolge gestiegener Einkommen gewachsen ist. Die Nachfragekurve verschiebt sich von N_1 nach N_2.

   Bei gleichbleibender Angebotssituation steigt der Gleichgewichtspreis P_1 auf P_2.

2. Es wird angenommen, dass das Angebot infolge von Rationalisierungsmaßnahmen im Produktionsbereich gestiegen ist. Die Angebotskurve verschiebt sich von A_1 nach A_2.

   Bei gleichbleibender Nachfragesituation fällt der Gleichgewichtspreis P_1 auf P_3.

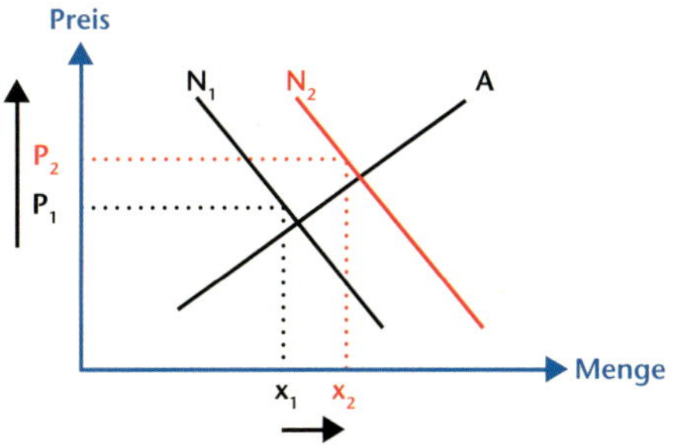

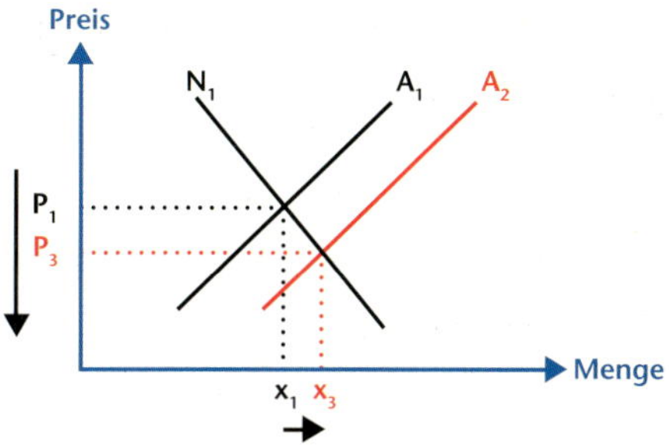

Bei fallender Nachfrage bzw. bei sinkendem Angebot würden sich umgekehrte Preisänderungen ergeben.

▶ Wirkung des Gleichgewichtspreises

Beim **Gleichgewichtspreis,** und nur bei diesem, ist der **Umsatz am höchsten.**

»**Der Gleichgewichtspreis räumt den Markt.**« (W. Röpke)

Der Gleichgewichtspreis, der sich durch das Spiel von Angebot und Nachfrage bildet, räumt den Markt

- von der größtmöglichen Warenmenge, die nur bei diesem Preis umgesetzt werden kann, und damit auch
- von der größtmöglichen Zahl zufriedener Anbieter, die zu diesem Preis ihre Ware verkaufen konnten, und
- von der größtmöglichen Zahl zufriedener Nachfrager, die zu diesem Preis die Ware kaufen konnten.

▶ Funktionen des Gleichgewichtspreises

Funktionen des Gleichgewichtspreises		
Benennung	**Anbieterziel**	**Wirkungsweise des Gleichgewichtspreises**
Informationsfunktion	Erzielung eines angemessenen Gewinnes (erwerbswirtschaftliches Primärziel)	– Steigender Preis zeigt den Produzenten an, wo durch vermehrte Produktion der Gewinn noch verbessert werden kann. – Sinkender Preis zeigt den Produzenten an, wo infolge Marktsättigung der bisherige Gewinn nicht mehr erzielt werden kann.
Lenkungsfunktion	Finden eines günstigeren Verhältnisses zwischen Erlösen und Kosten	– Steigender Preis lenkt Produktionsfaktoren in die Produktion der Güter, für die Bedarf, Nachfrage und damit Gewinnchancen bestehen. – Sinkender Preis lenkt Produktionsfaktoren aus derjenigen Produktion heraus, bei der bereits Marktsättigung erreicht ist.
Fortschrittsfunktion	Erhaltung der Wettbewerbsfähigkeit	– Starke Preiskonkurrenz zwingt die Produzenten zu fortschrittlicher Produktionsweise. – Fehlende Preiskonkurrenz behindert Produktionsfortschritt und Wettbewerbsfähigkeit.
Benennung	**Nachfragerziel**	**Wirkungsweise des Gleichgewichtspreises**
Informationsfunktion	Bedarfsdeckung gemäß Dringlichkeit der Bedürfnisse	– Steigende Preise zeigen an, wo noch dringlicher Bedarf vorhanden ist. – Sinkende Preise zeigen an, wo die Dringlichkeit des Bedarfs zurückgegangen ist.

Ausgleichsfunktion	Möglichst preisgünstige Bedarfsdeckung	– Bei Nachfrageüberhang steigen die Preise, bewirken Kaufzurückhaltung, bis die Nachfrage wieder mit dem Angebot im Gleichgewicht ist. – Bei Nachfragelücke sinken die Preise, bewirken Kaufzunahme, bis die Nachfrage wieder mit dem Angebot im Gleichgewicht ist.
Zuteilungsfunktion	Erlangung eines angemessenen Anteils am Bruttoinlandsprodukt	– Steigender Preis bewirkt bei gleichbleibendem Einkommen eine geringere Güterzuteilung. – Sinkender Preis bewirkt bei gleichbleibendem Einkommen eine vermehrte Güterzuteilung.

Gleichgewichtspreise auf allen Märkten bedeuten in gesamtwirtschaftlicher Hinsicht **optimale Bedarfsdeckung.** Dieses wichtigste volkswirtschaftliche Ziel wird also **nur bei freier Preisbildung** erreicht.

Jeder staatliche Preiseingriff führt in der Regel zu einem Preis über oder unter dem Gleichgewichtspreis, bei dem der mögliche Umsatz niedriger ist. **Staatliche Preisfestsetzung verhindert also die optimale Bedarfsdeckung.**

Da sich mithilfe des Gleichgewichtspreises also ein Ausgleich zwischen den Anbieter- und Nachfragerzielen von selbst einstellt, nennt man das Zusammenspiel der Marktkräfte auch **Marktautomatismus** oder **Marktmechanismus.**

▶ Unternehmenspolitik beim Polypol auf einem vollkommenen Markt (vollständige Konkurrenz)

Bei einer großen Zahl von Konkurrenten mit gleichartigen Angeboten und überschaubaren Marktverhältnissen wird der Preis durch das Gesamtangebot und die Gesamtnachfrage, also »vom Markt«, vorgegeben. Der Marktpreis ist ein »Datum« (lat. datum = etwas Vorgegebenes). Das anbietende Unternehmen ist an diesen Preis gebunden; es kann den Marktpreis selbst kaum beeinflussen. Ihre Marktpolitik richtet sich weniger auf den Preis als auf die Absatzmenge.

Bei **vollständiger Konkurrenz** ist der **einzelne Anbieter ein »Mengenanpasser«. Er kann den Preis nicht beeinflussen, sondern nur seine angebotene Menge.**

▶ Unternehmenspolitik beim Polypol auf einem unvollkommenen Markt

In der Regel sind Märkte unvollkommen: Selten sind die angebotenen Leistungen homogen, häufig sind Märkte eher unübersichtlich und wenig transparent. Außerdem haben Kunden Vorlieben (Präferenzen) für bestimmte Anbieter oder bestimmte Produkte. Damit bieten sich für Anbieter Chancen, sich durch Leistungen, die auf die Nachfrager zugeschnitten sind, vom Wettbewerber abzuheben.

Leistungsdifferenzierung		
Art	**Bedeutung**	**Beispiel**
sachliche Differenzierung	Ausstattung der Leistung mit besonderen Eigenschaften	Kompaktwagenmodell eines Herstellers mit Hybridantrieb
werbliche Differenzierung	Schaffung von Marken oder Erlebnissen durch besondere Werbemaßnahmen	Red Bull verleiht Flügel!
zeitliche Differenzierung	Wahl eines für Kunden günstigen Standortes oder Bereitstellung von Parkplätzen	Kunden eines Einzelhändlers können die erste Stunde im Parkhaus umsonst parken

Durch die Leistungsdifferenzierung der Anbieter entstehen Preisklassen, innerhalb derer sich die Preise konkurrierender Leistungen unterscheiden.

Preisbildung beim Angebotsmonopol

Ein **Angebotsmonopol** liegt vor, wenn es nur einen Anbieter und sehr viele Nachfrager gibt.

▶ Entstehung des Monopolpreises

Der **Monopolist** kann entweder den Preis oder die Absatzmenge bestimmen. Er ist **Preis-** bzw. **Mengenfixierer.**

Obwohl der Monopolist den Preis festsetzen kann, muss er die Reaktionen der Nachfrager berücksichtigen: Setzt er den Preis zu hoch an, wandern die Nachfrager ab und er verliert im Extremfall jeglichen Absatz. Wählt er den Preis zu niedrig, nimmt die Absatzmenge zwar zu, eventuell reichen die Gesamterlöse jedoch nicht aus, um die Gesamtkosten zu decken, sodass Verluste entstehen. Den Zusammenhang zwischen alternativen Monopolpreisen und dementsprechenden Absatzmengen nennt man **Preis-Absatz-Funktion.** Die Kenntnis der Preis-Absatz-Funktion ist für den Monopolisten wichtig, um seinen Gewinn ermitteln zu können.

Will er einen möglichst hohen Gewinn erzielen, muss er den Preis und die damit zusammenhängende Absatzmenge so festlegen, dass die Differenz zwischen Gesamterlös und Gesamtkosten am höchsten ist. Man nennt diesen Preis den **optimalen Monopolpreis** und die dazugehörige Leistungsmenge den **optimalen Beschäftigungsgrad** des Monopolisten.

Beispiel: Die monatliche Kapazität eines Monopolisten beträgt 400 Stück eines Produktes. Eine Kosten-Erlös-Untersuchung ergab die folgenden Werte, aus denen sich die Gesamterlöse und die Gesamtkosten und damit auch der jeweilige Gesamtgewinn wie folgt ermitteln lassen:

Produktions- und Absatzmenge (Stück)	50	100	150	200	250	300	350	400
Preis (Erlös) je Stück (EUR)	4.000	3.500	3.000	2.500	2.000	1.500	1.000	500
Kosten je Stück (EUR)	4.000	2.200	1.600	1.400	1.200	1.100	1.000	900
Gesamterlös (EUR)	200.000	350.000	450.000	500.000	500.000	450.000	350.000	200.000
Gesamtkosten (EUR)	200.000	220.000	240.000	280.000	300.000	330.000	350.000	360.000
Gesamtgewinn (EUR)	0	130.000	210.000	220.000	200.000	120.000	0	–160.000

Auswertung der Tabelle:

1. Menge 50 Stück, Preis 4.000 EUR: An diesem Punkt deckt der Gesamterlös gerade die Gesamtkosten. Es entsteht weder Gewinn noch Verlust. Dieser Punkt ist die **Gewinnschwelle.** Hier verlässt das Unternehmen bei steigender Produktion die Verlustzone und gelangt in die Gewinnzone.
2. Menge 350 Stück, Preis 1.000 EUR: An diesem Punkt deckt der Gesamterlös gerade noch die Gesamtkosten. Es entsteht weder Gewinn noch Verlust. Dieser Punkt ist die **Nutzengrenze.** Hier verlässt das Unternehmen bei steigender Produktion die Gewinnzone und gerät in die Verlustzone.

Zwischen diesen beiden Punkten, also zwischen den Preisen 4.000 EUR und 1.000 EUR, liegt der **monopolistische Preisspielraum.** In diesem Bereich kann der Monopolist Gewinn erzielen.

3. Menge 200 Stück, Preis 2.500 EUR: An diesem Punkt ist der Gesamtgewinn am höchsten. Der Preis von 2.500 EUR ist also der **optimale Monopolpreis,** die Menge 200 Stück der **optimale Beschäftigungsgrad** des Monopolisten.

▶ Unternehmenspolitik beim Monopol

Im Gegensatz zum Anbieter bei vollkommener Konkurrenz kann der Angebotsmonopolist entweder mit Preisen oder mit Absatzmengen operieren.

Durch das Verhalten der Nachfrager wird der monopolistischen Preiswillkür eine Grenze gesetzt. Dennoch kann der Monopolist seinen monopolistischen Preisspielraum nutzen und den für ihn günstigsten Preis wählen. Dadurch erlangt er eine **wirtschaftliche Machtstellung,** die er zum Nachteil seiner Geschäftspartner nutzen kann. Der Monopolist beherrscht den Markt.

hohe Preise	schlechte Marktversorgung	geringe Qualität	fehlender Fortschritt
Der Monopolist kann den Preis setzen und wird im Vergleich zum Polypol höhere Preise verlangen, um seinen Gewinn zu maximieren.	Der verlangte Preis führt nicht zur vollen Auslastung der Kapazitäten. Das Angebot ist damit geringer als bei einer Vollauslastung der Kapazitäten.	Der Monopolist hat keine Konkurrenz zu fürchten; ihm fehlt der Anreiz, hochwertige Leistungen anzubieten.	Der Monopolist hat keinen Anreiz, seine Leistungen zu verbessern; er wird daher Investitionen verzögern.

Unter marktwirtschaftlichen Gesichtspunkten sind Monopole unerwünscht.

■ Preisbildung beim Angebotsoligopol

Ein **Angebotsoligopol** liegt vor, wenn es **wenige Anbieter, aber viele Nachfrager** gibt. Im Unterschied zum Polypol hat ein Anbieter zwar Einfluss auf seine Preisgestaltung, er kann jedoch im Gegensatz zum Monopol seinen Preis nicht unabhängig von der Konkurrenz festlegen. Setzt ein Anbieter den Preis für seine Leistungen herab, fordert er damit seine Konkurrenten heraus. Da sie kaum bereit sein werden, Marktanteile zu verlieren, sind mehrere Reaktionen möglich:

Preiskampf	Die Wettbewerber antworten mit Preissenkungen, um keine Marktanteile zu verlieren. Es kommt zu Preiskämpfen, die schwächeren Wettbewerber werden vom Markt verdrängt.
Preisabsprachen	Die Wettbewerber versuchen miteinander zu kooperieren, indem sie die Preise absprechen, es entsteht ein Preiskartell. Durch Preisabsprachen soll der Preiskampf vermieden werden.
Leistungsdifferenzierung	Die Wettbewerber versuchen, ihre Produkte zu verbessern oder durch Werbung attraktiver zu machen, um so ihre höheren Preise zu begründen.

12.2.3 System der Sozialen Marktwirtschaft

Die **Soziale Marktwirtschaft** ist eine Wirtschaftsordnung, in der der Markt den Ausgleich zwischen Angebot und Nachfrage regelt **(Marktmechanismus).** Unsoziale Auswirkungen sollen durch **Eingriffe des Staates** verhindert werden.

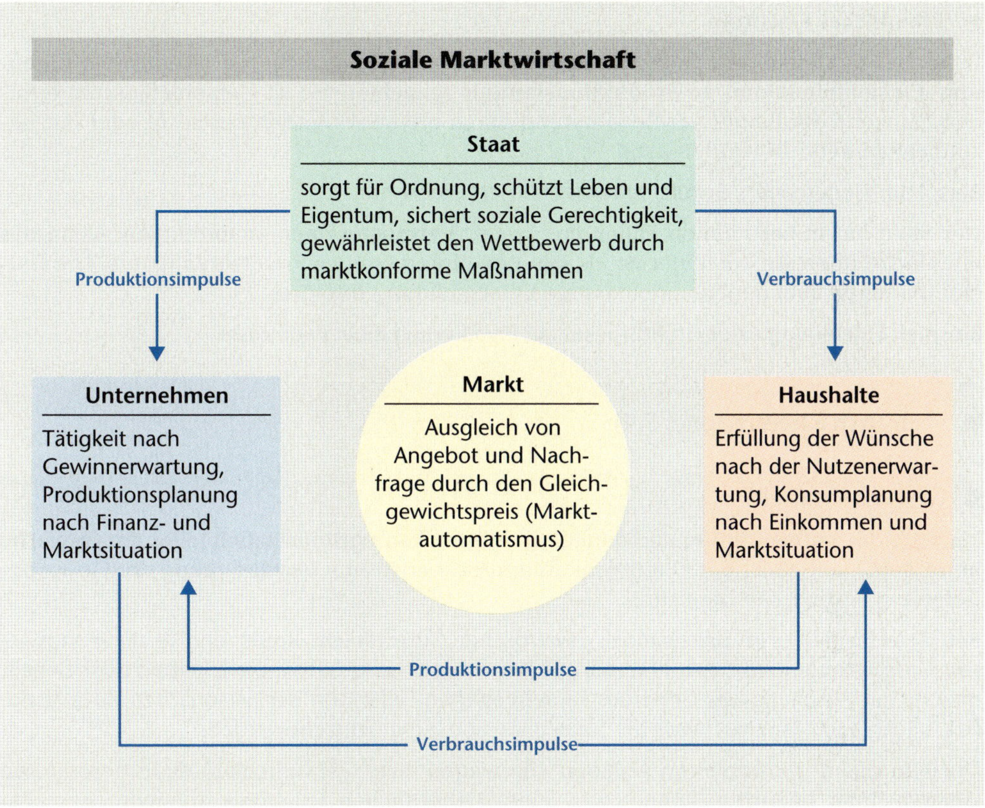

Das Grundgesetz bildet die Grundlage der Sozialen Marktwirtschaft und weist folgende Ordnungsmerkmale auf.

Privates und öffentliches Eigentum

▶ Privates Eigentum

Das Grundgesetz gewährleistet das Privateigentum. Jeder Einzelne ist daran interessiert, sein Eigentum zu erhalten. *GG Art. 14*

Beispiele:

1. staatliche Förderprogramme für Vermögensbildung, Existenzgründung, Wohnungsbau
2. Steuererleichterungen bei Investitionen in strukturschwachen Gebieten

Von besonderer Bedeutung für die marktwirtschaftliche Ordnung ist das **Privateigentum an Produktionsmitteln** (Maschinen, Fabrikgebäude). Es bildet die Voraussetzung für die private unternehmerische Betätigung. Der private Unternehmer setzt auf eigenes Risiko sein Vermögen ein, um durch seine Tätigkeit einen Beitrag zur Bedarfsdeckung zu leisten und Gewinn zu erzielen.

GG Art. 14 (2), 20a Dem Recht auf Eigentum steht die Pflicht gegenüber, es so zu nutzen, dass es zugleich dem Wohl der Allgemeinheit dient. Eigentum verpflichtet.

Beispiel: Ein Chemieunternehmen hat das Recht zur Herstellung von Farben zum Lackieren von Autos. Dies berechtigt das Unternehmen jedoch nicht, einen nahegelegenen Fluss mit den bei der Produktion anfallenden Abwässern zu verschmutzen. Es kann verpflichtet werden, eine Kläranlage zu erstellen.

▶ Öffentliches Eigentum

Eine auf Privateigentum gegründete Marktwirtschaft kann nicht auf **öffentliches Eigentum (Gemeineigentum) an Produktionsmitteln** verzichten. So ist Gemeineigentum erforderlich, wenn der Bedarf der Bevölkerung durch private Unternehmen nicht oder nur unzureichend gedeckt werden kann.

Beispiele: Kindergärten; Schulen; Krankenhäuser; Feuerwehr

Art. 14 (3) Der Staat hat in bestimmten Fällen das Recht, **Vermögen** dann **zu enteignen,** wenn das öffentliche Interesse wichtiger ist als das Privatinteresse des Privateigentümers. Die Enteignung muss aber gegen angemessene Entschädigung erfolgen.

Beispiel: Enteignung eines Grundstückes zur Erweiterung einer Bahntrasse

■ Vertragsfreiheit (Kapitel 2.4)

■ Gewerbefreiheit

Art. 12 GewO § 1 Nach der Gewerbeordnung und dem Grundgesetz kann **grundsätzlich jeder ein Gewerbe betreiben.** Der Schutz der Öffentlichkeit erfordert aber eine **Beschränkung** der Gewerbefreiheit in bestimmten Bereichen.

EinzelhG § 3 GewO §§ 30–38 **Beispiele:** Sie gibt es im Einzelhandel, gewerblichen Güterverkehr, Kredit- und Versicherungswesen, Gaststättengewerbe, beim Handel mit Arzneimitteln und Giften. Die Erlaubnis oder Genehmigung zur Ausübung des Gewerbes kann in solchen Fällen von der persönlichen Zuverlässigkeit, häufig auch vom Nachweis der Sachkunde abhängig gemacht werden.

§ 24 Der Bau und der Betrieb von Anlagen, die wegen ihrer Gefährlichkeit einer besonderen Überwachung bedürfen, können von einer behördlichen Erlaubnis abhängig gemacht werden.

Beispiele: Druckbehälter, Aufzugsanlagen

■ Freie Berufs- und Arbeitsplatzwahl

GG Art. 12 Jeder hat das Recht, Beruf, Arbeitsplatz und Ausbildungsstätte frei zu wählen **(Berufsfreiheit).** Es steht jedem Einzelnen frei, mit welchem Arbeitgeber er einen Arbeitsvertrag abschließen will. Für die Ausübung eines Berufes gelten jedoch gesetzliche Vorschriften über Ausbildung, Abschluss sowie körperliche und gesundheitliche Eignung.

Beispiele:

1. Meisterprüfung und Sachkundenachweis im Hinblick auf die fachliche Eignung
2. Gesundheitsnachweis für Lebensmitteleinzelhändler und Gastwirte
3. abgeschlossenes Studium für Ärzte und Apotheker

Durch Maßnahmen der Arbeitsförderung versucht der Staat, lenkend in den Arbeitsmarkt einzugreifen. Er hilft Berufseinsteigern oder Berufswechslern bei der Wahl des richtigen Berufes. Damit wird bereits im Vorfeld versucht, Arbeitslosigkeit zu verhindern.

Markteingriffe des Staates

Der Staat kann in das Marktgeschehen eingreifen, um unerwünschte Auswirkungen auszugleichen.

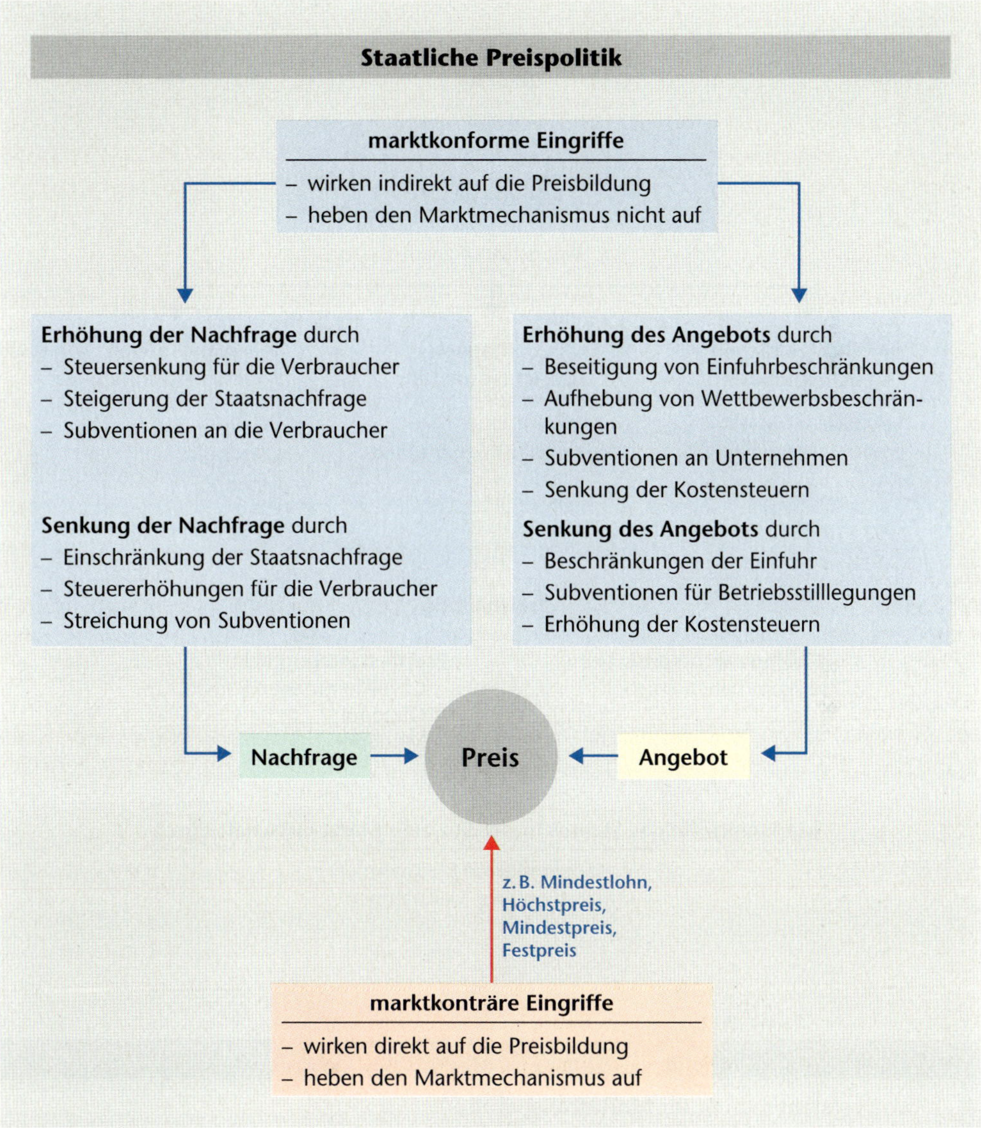

Zusammenfassende Übersicht zu Kapitel 12.2: Grundlagen der Sozialen Marktwirtschaft

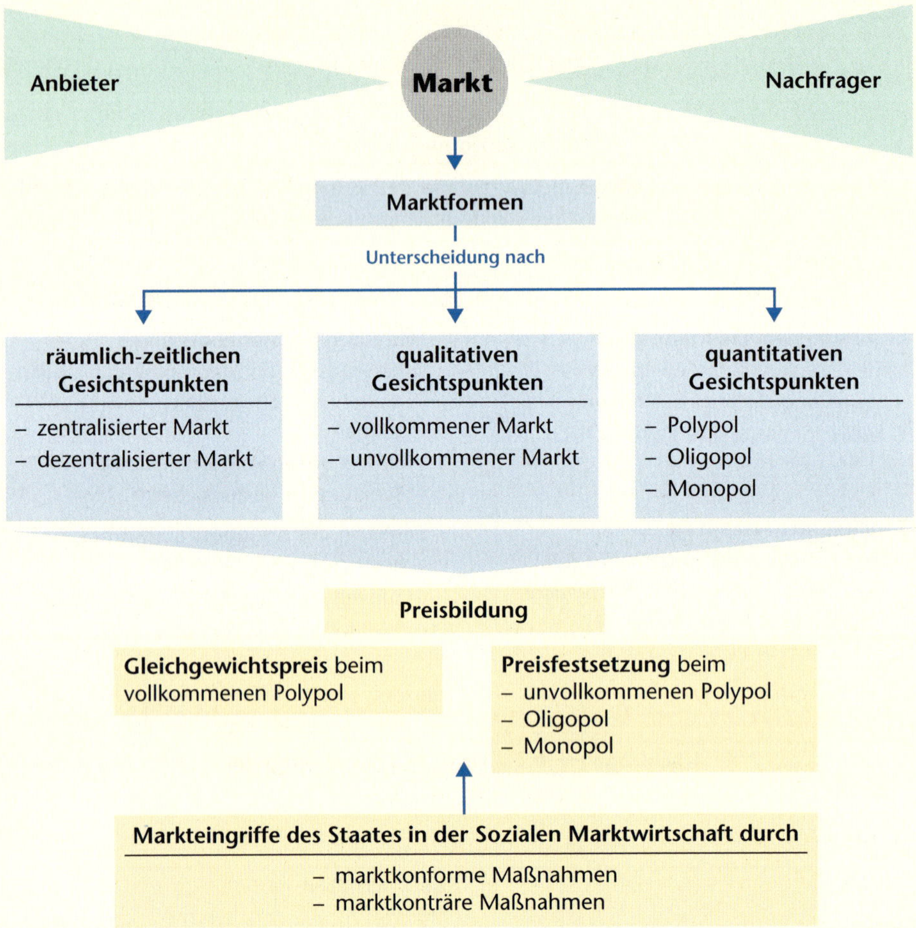

▶ Aufgaben und Probleme

1. Was versteht man unter Markttransparenz?
2. Unterscheiden Sie zwischen Polypol, Oligopol und Monopol.
3. Beschreiben Sie die Marktverhältnisse auf dem Benzinmarkt.
4. Prüfen und begründen Sie für die folgenden Aussagen, ob diese mit der Marktform der vollständigen Konkurrenz vereinbar sind:
   a) Ein Anbieter hat einen Marktanteil von 80 %.
   b) Ein Nachfrager kauft am liebsten bei Händler A, weil dort die Verkäufer besonders freundlich sind.
   c) Ein einzelner Anbieter kann die Preise nicht beeinflussen.

5. Erklären Sie folgende Vorgänge und Erscheinungen in einer Volkswirtschaft:
   a) Im Sommer und Herbst fallen die Preise für Obst beträchtlich.
   b) Trotz Steigens der Produktionskosten und erheblicher Werbekosten für ein Gut ist sein Preis gefallen.
   c) Trotz Nachfragerückganges steigt der Preis eines Gutes.
6. a) »Je mehr der Preis eines Gutes sinkt, desto größer wird die nachgefragte Menge.« Um welche Regel handelt es sich?
   b) Stellen Sie diese Regel grafisch dar.
7. Ermitteln Sie mithilfe eines Diagramms den Gleichgewichtspreis und die dazugehörige Menge.

angebotene Menge in Stück	100	150	200	300	400	550	700	900
Preis in EUR je Stück	10	20	30	40	50	60	70	80
nachgefragte Menge in Stück	900	700	550	400	300	200	150	100

8. Dem Makler an der Wertpapierbörse liegen folgende Aufträge in Aktien der Telematik AG vor:

Verkaufsaufträge	
(zum Nennwert 1 EUR	
6.500 Stück	bestens
6.000 Stück	limit 56
9.000 Stück	limit 56,5
8.000 Stück	limit 57
10.000 Stück	limit 57,5

Kaufaufträge	
(zum Nennwert 1 EUR)	
8.000 Stück	billigst
7.000 Stück	limit 55
7.500 Stück	limit 55,5
6.500 Stück	limit 56
4.000 Stück	limit 56,5
5.000 Stück	limit 57

   a) Ermitteln Sie in einer Gesamtaufstellung die Marktlage bei den jeweiligen Preisen (Kursen) und den Gleichgewichtspreis.
   b) Warum ist dieser Gleichgewichtspreis der optimale Preis?
9. Warum kann ein Monopolist den Preis nicht »willkürlich« bestimmen?
10. Ein Monopolunternehmen ermittelt durch eine Kosten-Erlös-Untersuchung für ein Produkt folgende Ergebnisse:

Preis in EUR	1.000	900	800	700	600	500	400	300	200
Produktionsmenge in Stück	10	20	30	40	50	60	70	80	90
Gesamtkosten in EUR	15.000	18.000	21.000	24.000	27.000	30.000	33.000	36.000	39.000

Stellen Sie anhand dieser Zahlen fest:
   a) Menge und Preis der Gewinnschwelle,
   b) Menge und Preis der Nutzengrenze,
   c) den »monopolistischen Preisspielraum«,
   d) den »optimalen Preis« und den »optimalen Beschäftigungsgrad« des Monopolisten.

11. Unter welchen Umständen gelingt es einem Oligopolisten trotz einer Preissenkung nicht, seinen Konkurrenten Marktanteile abzunehmen?
12. Nennen Sie Ordnungsmerkmale der Sozialen Marktwirtschaft.
13. Eine Gemeinde verfolgt folgende Projekte:
    - Anlegen eines Golfplatzes,
    - Verlegung einer Straße.

    Prüfen Sie anhand des Grundgesetzes, ob die Gemeinde für die Realisierung der Projekte Privatgrundstücke enteignen könnte.
14. Zählen Sie Vor- und Nachteile auf, die das Eigentum an Produktionsmitteln dem privaten Unternehmer bringt.
15. Nehmen Sie Stellung zu der Aussage, dass die Marktwirtschaft durch die Gesetzgebung des Staates sozial gestaltet werden muss.
16. In der Sozialen Marktwirtschaft gibt es auch öffentliches Eigentum an Produktionsmitteln. Erörtern Sie diese Notwendigkeit.
17. Nennen Sie Gründe für die Einschränkung des Eigentums in der Sozialen Marktwirtschaft.
18. Der Aufbau und die Unterhaltung staatlicher Einrichtungen ist ohne Eingriffe in das Privateigentum und damit in das Wirtschaftsleben nicht denkbar.

    Suchen Sie nach Gründen für diese Behauptung.
19. Begründen Sie, warum das System der Marktwirtschaft nicht ohne Vertragsfreiheit denkbar ist.
20. Unsere Rechtsordnung enthält Bestimmungen, die auch durch Vertrag nicht geändert werden können. Geben Sie Beispiele dafür an.
21. Begründen Sie in den folgenden Fällen, ob die Markteingriffe des Staates marktkonform sind:
    a) Der Gesetzgeber legt Höchstsätze für verschreibungspflichtige Arzneimittel fest.
    b) Im Rahmen von Arbeitsförderungsmaßnahmen gewährt der Staat sogenannten Beschäftigungsgesellschaften im Dienstleistungsbereich Zuschüsse.
    c) Landwirtschaftsministerien verbieten die Einfuhr von Rindfleisch.
    d) Der Export von Maschinen in Kriegsgebiete ist verboten.
    e) Ein Bauherr erhält staatliche Zuschüsse mit der Auflage, die Wohnungen nur an sozial schwache Mieter zu einem staatlich festgelegten Höchstpreis zu vermieten.
22. Prüfen und begründen Sie, inwieweit folgende staatliche Maßnahmen mit den Prinzipien der Sozialen Markwirtschaft vereinbar sind:
    a) Erhöhung der Umsatzsteuer (Mehrwertsteuer).
    b) Jeder muss für seine Kinder Schulgeld bezahlen, da Bildung Privatsache ist.
    c) Zahlung von Elterngeld.
    d) Vergabe von Aufträgen zum Bau von Verkehrswegen.
    e) Um Landwirte zu unterstützen, wird für Rindfleisch ein Mindestpreis eingeführt.
    f) Senkung des Spitzensteuersatzes in der Einkommen- und Körperschaftsteuer.
    g) Absenkung der Einfuhrzölle.
    h) Zur Erweiterung des Krankenhauses werden angrenzende Grundstückseigner von der Gemeinde enteignet.

i) Neuordnung des Steuersystems, damit jeder Steuerpflichtige über das gleiche Nettoeinkommen verfügt.

23. Es herrschen die gezeigten Marktsituationen (Fall 1, Fall 2) vor. Der Staat ergreift Maßnahmen:

a) Nennen Sie die Markteingriffe, die der Staat in diesen Fällen vorgenommen haben könnte.

b) Erläutern Sie mögliche Auswirkungen dieser Markteingriffe.

Fall 1:

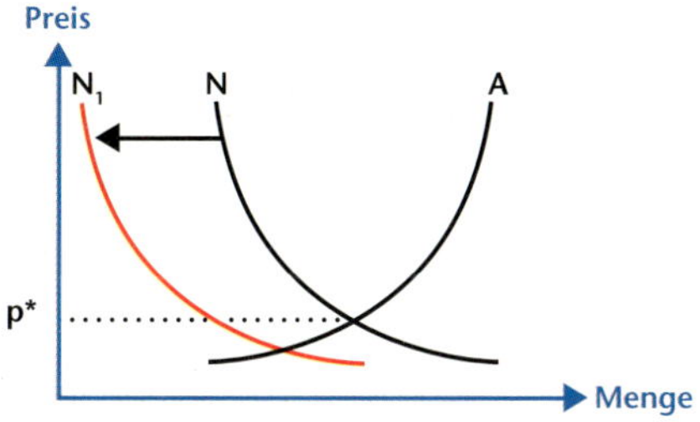

Fall 2:

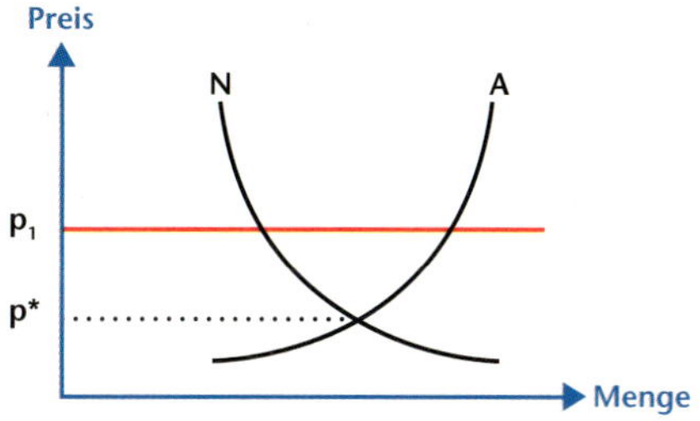

12.3 Wirtschaftspolitische Ziele und Zielbeziehungen

Die **staatliche Wirtschaftspolitik** hat das Ziel, positive wirtschaftliche Entwicklungen zu unterstützen sowie Fehlentwicklungen zu verhindern.

Ziele der Wirtschaftspolitik

gesamtwirtschaftliches Gleichgewicht

Stabilität des Preisniveaus	hoher Beschäftigungsstand (Vollbeschäftigung)	außenwirtschaftliches Gleichgewicht	stetiges und angemessenes Wirtschaftswachstum	gerechte Einkommens- und Vermögensverteilung	Erhaltung der natürlichen Lebensgrundlagen
quantitative Ziele				qualitative Ziele	

Die **quantitativen Ziele** sind gesetzlich im »**Stabilitätsgesetz**« (Gesetz zur Förderung der Stabilität und des Wachstums der Wirtschaft – StabG – vom 8. Juni 1967) zusammengefasst.

»Bund und Länder haben bei ihren wirtschaftlichen Maßnahmen die Erfordernisse des **gesamtwirtschaftlichen Gleichgewichts** zu beachten. Die Maßnahmen sind so zu treffen, dass sie im Rahmen der marktwirtschaftlichen Ordnung gleichzeitig zur **Stabilität des Preisniveaus,** zu einem **hohen Beschäftigungsstand** und **außenwirtschaftlichen Gleichgewicht** bei stetigem und angemessenem **Wirtschaftswachstum** beitragen«.

StabG § 1

Für die **qualitativen Ziele** zur **gerechten Verteilung von Einkommen und Vermögen** und für die **Erhaltung der natürlichen Lebensgrundlagen** gibt es eine Vielzahl besonderer Umwelt-, Arbeits- und Steuergesetze.

12.3.1 Preisniveaustabilität

Die Güterpreise sollen über einen längeren Zeitraum möglichst stabil bleiben. Dies ist nur dann zu erreichen, wenn auch die Kaufkraft des Geldes in dieser Zeit erhalten bleibt. Die **Kaufkraft des Geldes** bestimmt sich nach der Gütermenge, die man mit einer Geldeinheit kaufen kann. Je höher das Preisniveau der Güter, desto weniger kann man mit einer Geldeinheit kaufen; je niedriger das Preisniveau, desto mehr kann man mit einer Geldeinheit kaufen.

Stabilität des Preisniveaus herrscht, wenn die **Inflationsrate unter 2 % liegt.**

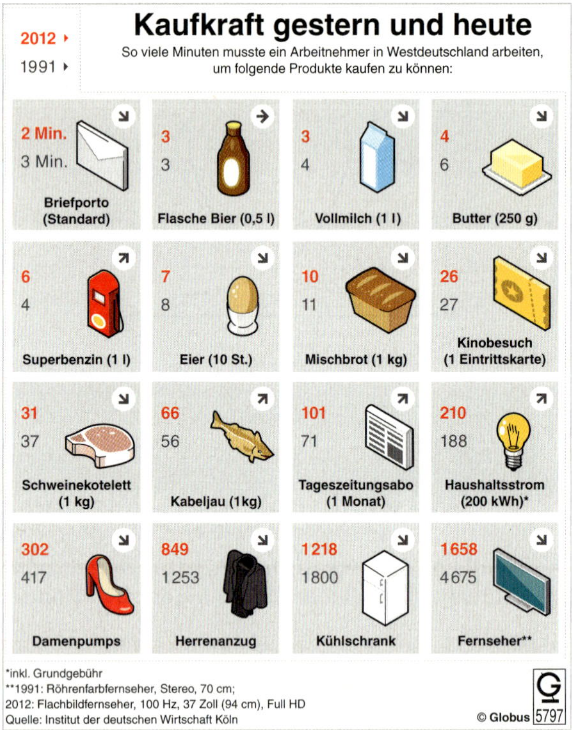

Die Kaufkraft des Geldes – Nominalverdienst und Realverdienst

Um beurteilen zu können, ob die Arbeitnehmer mehr oder weniger Kaufkraft zur Verfügung haben, ist es entscheidend, wie sich Nominal- und Realverdienst in einer Periode verändert haben.

Der **Nominalverdienst** entspricht dem Nettoverdienst.

Der **Realverdienst** ist die Menge der Güter, die man mit dem Nominalverdienst kaufen kann.

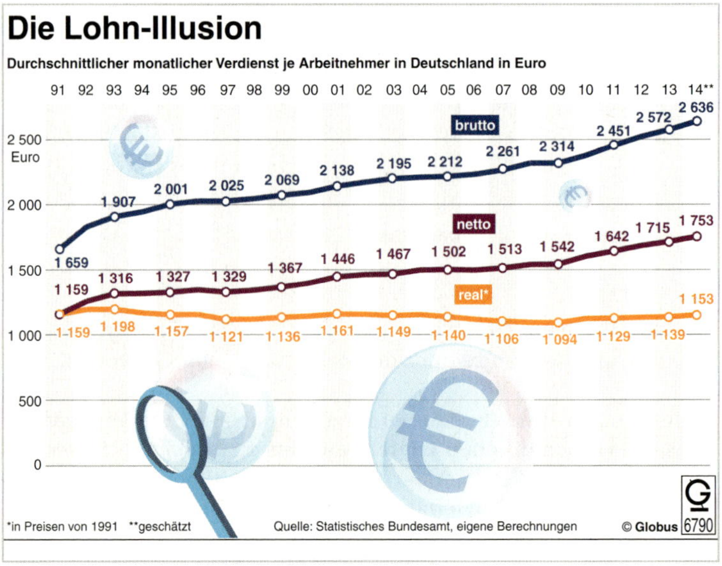

Steigt der Nominalverdienst aufgrund von Tariferhöhungen, so bedeutet dies, dass die Arbeitnehmer nominal (dem Betrage nach) mehr Einkommen zur Verfügung haben. Dabei ist die Veränderung des Preisniveaus jedoch noch nicht berücksichtigt. Steigt nämlich das Preisniveau schneller als der Nominalverdienst, so kann der Einkommensbezieher weniger Waren als bisher kaufen. Der Realverdienst ist in diesem Fall gesunken; der Arbeitnehmer kann sich weniger Waren leisten (Kaufkraftverlust). Steigt jedoch das Preisniveau langsamer als der Nominalverdienst, so ist der Realverdienst gestiegen; der Arbeitnehmer kann sich mehr Waren leisten (Kaufkraftzuwachs).

Die **Entwicklung** des **Realverdienstes** ergibt sich aus der **Veränderung** der **Nominalverdienste** und des **Preisniveaus.**

Inflation

Inflation ist eine **anhaltende Steigerung** des **Preisniveaus.**

▶ Ursachen der Inflation

- Nachfrage übersteigt das Angebot,
- übermäßige Kreditgewährung an die private Wirtschaft,
- wachsende Einkommen, durch die der Konsum stärker steigt als das Güterangebot,
- Rückgang der Gütermenge (Missernten, Streiks, Bürgerkriege, Erdölverknappung),
- hohe Preise im Ausland führen zu einer stärkeren Nachfrage im Inland (importierte Inflation).

▶ Arten der Inflation

Inflationsarten im Überblick*

Inflationsarten		**Merkmale**	**Beispiel**
offene Inflation	schleichende Inflation	– niedrige Preissteigerungsraten – lang anhaltend	Deutschland seit dem Jahre 1948
	galoppierende Inflation	– Preissteigerungsrate liegt über dem Zinssatz für langfristige Geldanlagen (6 bis 8 %)	Länder der Dritten Welt
	Hyperinflation	– Die Inflationsrate beträgt mehr als 50 %	Deutschland in den Jahren 1918 bis 1923
verdeckte Inflation		– Die Preissteigerungen werden durch Lohn- und Preisstopp unterbunden – Schwarzmarkt mit »Wucherpreisen«	Deutschland zwischen 1939 und 1948
Nachfrageinflation	Binnennachfrageinflation	Unternehmen, private und/oder öffentliche Haushalte erhöhen ihre Nachfrage nach Gütern und Dienstleistungen	Mehrmalige Situation Deutschlands in den vergangenen Jahrzehnten
	importierte Inflation	– Ausländer fragen inländische Güter und Dienstleistungen nach – teure Rohstoffimporte führen zu Preissteigerungen im Inland	

Inflationsarten im Überblick*			
Inflationsarten		**Merkmale**	**Beispiel**
Angebots-inflation	Kosten-inflation	Der Kostenanstieg in den Unternehmen wird durch Preiserhöhungen auf die Nachfrager abgewälzt	Erhöhungen der Tarifgehälter können zu gesamtwirtschaftlichen Preiserhöhungen führen **(Lohn-Preis-Spirale)**
	Gewinn-inflation	Unternehmen mit starker Marktstellung erhöhen ihre Preise**	Preiserhöhungen durch Mineralölgesellschaften

* Inflationsursachen können immer mehrere Merkmale aufweisen. Deshalb kann es auch gleichzeitig verschiedene Arten der Inflation geben.

** Führen die durch die Unternehmen verursachten Preissteigerungen zu neuen Lohnforderungen der Gewerkschaften, so entsteht ein Preis-Lohn-Zusammenhang. Entwickelt sich dieser Zusammenhang zu einem fortlaufenden Prozess, so spricht man von der **Preis-Lohn-Spirale.**

▶ Auswirkungen der Inflation

- Geldvermögensbesitzer ergreifen die »Flucht in die Sachwerte«.
- Wert von Sachgütern erhöht sich.
- Das Vermögen der Eigentümer von Sachgütern (Immobilien) erhöht sich.
- Eine Verschiebung der Vermögensverhältnisse innerhalb der Gesellschaft ist möglich.
- Kreditnehmer werden begünstigt, da sie ihre Kreditkosten und die Kredite selbst mit »entwertetem« Geld zurückzahlen können.
- Einkommensbezieher und Rentner erhalten einen Ausgleich für die inflationäre Entwicklung erst mit einer zeitlichen Verzögerung.

Deflation

Deflation ist eine **anhaltende Senkung** des **Preisniveaus.**

▶ Ursachen der Deflation

- Durch Rekordernten, Überproduktion oder Importüberschüsse wird das Angebot stark erweitert.
- Die Bevölkerung spart, weil sie die weitere Wirtschaftsentwicklung pessimistisch einschätzt.
- Die Unternehmen verschieben Investitionen und fragen keine Kredite nach. Auch sie beurteilen die wirtschaftliche Entwicklung negativ.
- Die Europäische Zentralbank verknappt die Geldmenge.

▶ Auswirkungen der Deflation

- Die Kaufkraft des Geldes steigt. Es erfolgt eine »Flucht in Geldwerte«.
- Durch das stark steigende Angebot an Sachwerten sinken die Preise weiter.
- Geldbesitzer wollen nicht kaufen, da sie weitere Preissenkungen erwarten.
- Unternehmen können ihre Güter nicht absetzen, schränken ihre Produktion ein oder geben die Produktion auf. Es kommt zu Entlassungen und steigender Arbeitslosigkeit.
- Steigende Arbeitslosigkeit führt zu schrumpfenden Arbeitseinkommen und einem Rückgang der Konsumgüternachfrage.

– Geringere Produktion und schrumpfende Nachfrage führen zu einem Rückgang der Leistung einer Volkswirtschaft sowie zu geringeren Steuereinnahmen des Staates, der daraufhin öffentliche Aufträge an die Wirtschaft reduziert. Die Deflation verschärft sich.

Beispiel: Die Weltwirtschaftskrise von 1929 bis 1932 war für Deutschland mit einer starken Deflation verbunden.

Messung der Preisentwicklung

Verbraucherpreisindex für Deutschland in %, **Basisjahr 2010**				
Jahr	2011	2012	2013	2014
Index in %	102,1	104,1	105,7	106,6
Zu-/Abnahme in % gegenüber dem Vorjahr	+2,1	+2,0	+1,5	+0,9
Quelle: Monatsbericht der Deutschen Bundesbank, Februar 2015				

Der **Verbraucherpreisindex** für Deutschland zeigt die Preis- und Kaufkraftentwicklung deutscher Haushalte. Er geht vom durchschnittlichen Lebenshaltungsbedarf einer für Deutschland typischen Standardfamilie aus (2 Erwachsene, 2 Kinder).

Der **Verbraucherpreisindex** wird in Abständen von ca. 5 Jahren neu berechnet. Diese Berechnung erfolgt auf der Grundlage eines **Warenkorbs.** Der Warenkorb für das **Basisjahr 2010** enthält ca. 750 Produkte und Dienstleistungen, deren Preisentwicklung vom Statistischen Bundesamt laufend verfolgt wird.

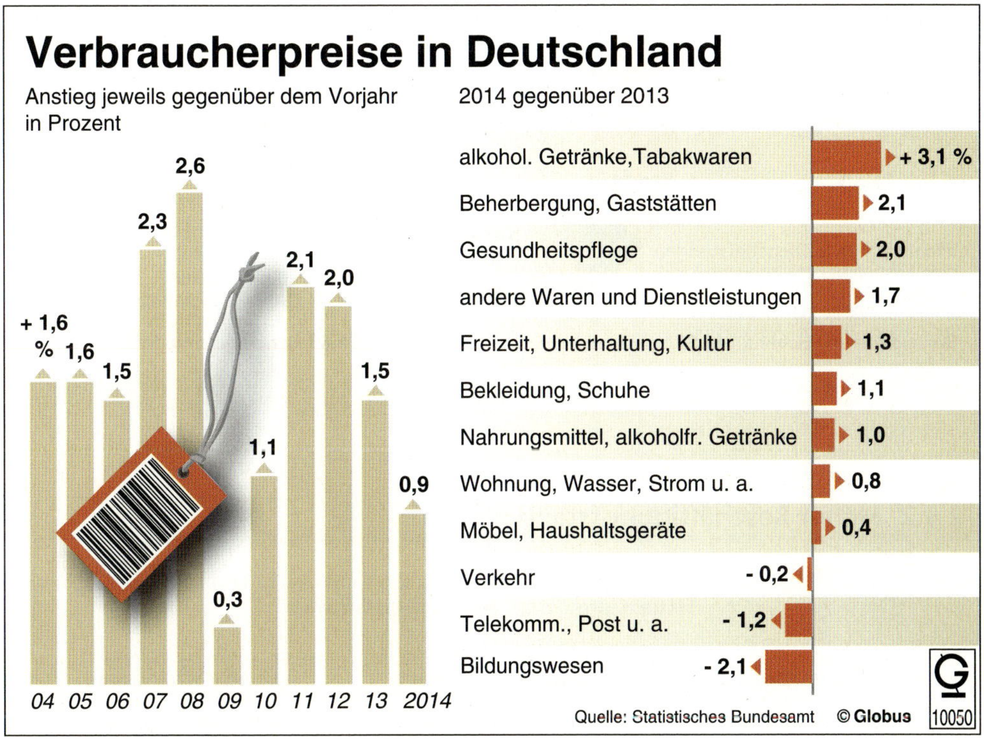

Um eine europäische Vergleichbarkeit der Preisentwicklung zu ermöglichen, gibt es den **h**armonisierten **V**erbraucher**p**reis**i**ndex (**HVPI**).

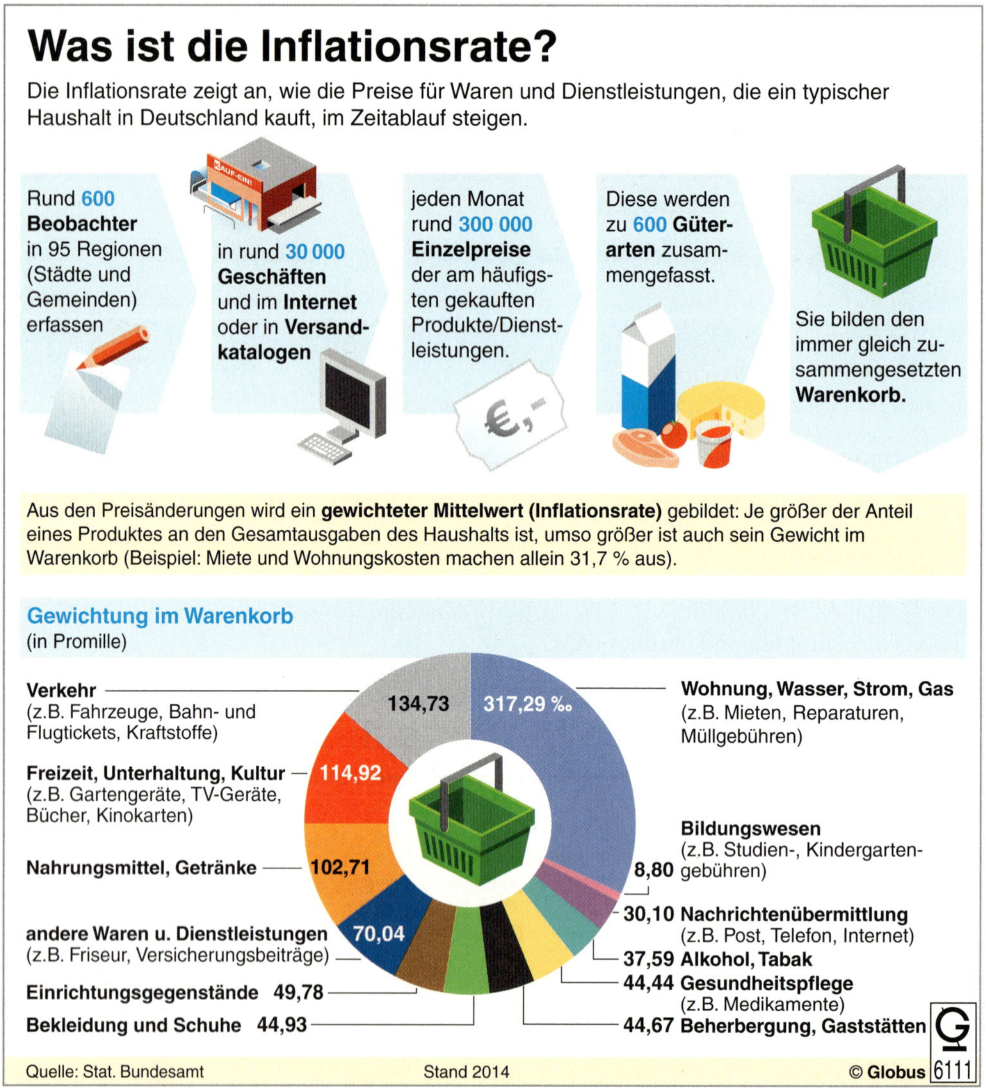

12.3.2 Hoher Beschäftigungsstand

Situationen auf dem Arbeitsmarkt

Vollbeschäftigung	Unterbeschäftigung	Überbeschäftigung
Arbeitslosenquote etwa 2– 3 Prozent	Arbeitskräfteangebot ist größer als die Nachfrage	Arbeitskräftenachfrage ist größer als das Angebot
Gleichgewicht	**Ungleichgewicht**	

Bei **Vollbeschäftigung** sind alle Personen, die arbeitsfähig und arbeitswillig sind, **beschäftigt und alle Arbeitsstellen** in der Wirtschaft sind besetzt.

Vollbeschäftigung lässt sich anhand der Arbeitslosenquote messen.

$$\textbf{Arbeitslosenquote} = \frac{\textbf{registrierte Arbeitslose}}{\textbf{abhängige Erwerbspersonen}^{*}} \cdot 100$$

* abhängige Erwerbspersonen = Beschäftigte + Arbeitslose. Nach der Eurostatistik zählen zusätzlich auch die Selbstständigen zu den Erwerbspersonen.

Die Arbeitslosenquote beträgt bei Vollbeschäftigung theoretisch 0 %. In der Praxis ist Vollbeschäftigung auch schon dann erreicht, wenn die **Arbeitslosenquote bei etwa 2–3 %** liegt.

Eine solche Quote wird selten unterschritten,

- da es im Zeitpunkt der statistischen Erfassung durch kurzfristigen Wechsel der Arbeitsstellen immer eine gewisse Anzahl von Arbeitslosen geben muss und
- da nicht jeder Arbeitslose zu jeder Arbeit fähig und bereit ist.

Jeweils zum Beginn eines Monats werden in Deutschland die neuesten statistischen Zahlen durch die **Bundesagentur für Arbeit** bekanntgegeben. Sie teilt dabei die neuesten Zahlen mit als:

- Arbeitslosenzahlen und Arbeitslosenquoten,
- Vergleichswerte des Vormonats,
- Vergleichswerte des Vorjahresmonats.

Außerdem erfassen die statistischen Ämter, die Bundesbank, Eurostat (Statistisches Amt der europäischen Kommission) Zahlen zur Arbeitslosigkeit und werten diese aus. Meist werden der Politik Handlungsanweisungen genannt, um auf neue Entwicklungen wirtschaftspolitisch sinnvoll reagieren zu können.

Entwicklung der Arbeitslosenquote in Deutschland

	offene Stellen/Arbeitslose (jeweils in Tsd.)								
	Angaben für **Westdeutschland**			Angaben für **Deutschland**					
Jahr	1970	1972	1993	2009	2010	2011	2012	2013	2014
offene Stellen	795	546	243	301	359	466	478	434	490
Arbeitslose	149	246	2.270	3.415	3.238	2.976	2.897	2.950	2.898
Arbeitslosenquote in %	0,7	1,1	8,0	8,1	7,7	7,1	6,8	6,9	6,7
Beschäftigungsstand	**Überbeschäftigung:** Zahl der offenen Stellen > Zahl der Arbeitslosen		**Unterbeschäftigung:** Arbeitslosenquote > 2–3 % und Zahl der offenen Stellen < Zahl der Arbeitslosen						

Quelle: Monatsberichte der Deutschen Bundesbank

Ursachen der Arbeitslosigkeit

Arbeitslosigkeit als volkswirtschaftliches Problem lässt sich nicht auf eine Ursache zurückführen. Vielmehr sind es viele Faktoren, die von Land zu Land oder auch im Zeitablauf unterschiedlich sein können.

- Insbesondere die Unternehmen sehen in den hohen **Lohn- und Lohnnebenkosten** einen Grund dafür, dass die Wettbewerbsfähigkeit der Unternehmen gefährdet ist. Die Unternehmen sind deshalb gezwungen, die Produktion an kostengünstigere Standorte zu verlagern.

- In den zurückliegenden Jahren sind traditionelle deutsche Wirtschaftszweige in Bedrängnis geraten. Der **technologische Wandel** verläuft heute so rasant, dass Unternehmen bestimmter Wirtschaftszweige hohe Rationalisierungsanstrengungen vornehmen (Industrieroboter in der Automobilbranche).

  Außerdem führen der technologische Wandel und die Konkurrenz auf dem Weltmarkt zu **strukturellen Veränderungen** ganzer Regionen, in denen diese Wirtschaftszweige ehemals führend waren (Kohle- und Stahlerzeugung im Ruhrgebiet).
- Eine »blühende« **Schattenwirtschaft** leistet in Deutschland einen Beitrag von über 14 % des Bruttoinlandsproduktes. Hohe Steuern und Abgaben führen zur Schwarzarbeit (Baubranche und Handwerk).
- Die mit **Globalisierung** einhergehende weltwirtschaftliche Verflechtung führt dazu, dass Unternehmen Arbeit an kostengünstigere Standorte auslagern.
- Das **Profitstreben von Unternehmen** führt zur Kapitalabwanderung in Länder, in denen eine höhere Verzinsung des Kapitals und eine geringere Steuerbelastung möglich sind. Damit fehlt im Inland der Kapitalstock für Investitionen.
- Für den Einzelnen können **gesundheitliche Beeinträchtigungen** und **Immobilität** dazu führen, dass man arbeitslos wird.
- Das **Qualifikationsniveau** für den beruflichen Einstieg oder Wiedereinstieg ist zu niedrig. Außerdem kann nach einer längeren Zeit der Arbeitslosigkeit die **Motivation** zur erneuten **Arbeitssuche** zurückgehen.
- Eine leistungsfähige Volkswirtschaft verlangt entsprechend qualifizierte Arbeitskräfte. Geringe **berufliche Qualifikation** und eine generell vernachlässigte allgemeine Ausbildung führen daher zu langfristigen Wettbewerbsnachteilen.

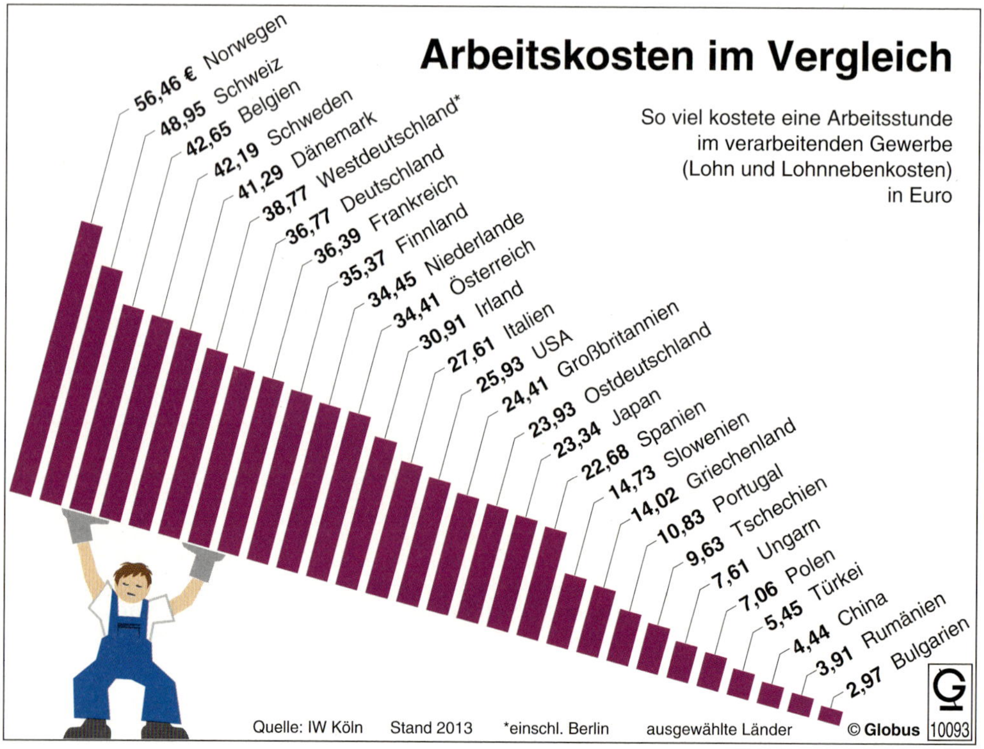

Arten der Arbeitslosigkeit

Arten der Arbeitslosigkeit

strukturelle Arbeitslosigkeit

Sie wird durch Wandlungen in der Wirtschaftsstruktur, d. h. durch Umschichtungen im Aufbau einer Volkswirtschaft, hervorgerufen.

Beispiel: Kohlebergbau im Ruhrgebiet

saisonale Arbeitslosigkeit

Sie ist von kurzfristiger Art und entsteht, weil bestimmte Wirtschaftszweige durch Einfluss von Jahreszeit (Saison) und Witterung keine Kontinuität in Produktion und Absatz haben.

Beispiel: Hotelgewerbe an Ostsee-Urlaubsstränden

konjunkturelle Arbeitslosigkeit

Sie ist bedingt durch den Konjunkturverlauf und meist von mittelfristiger Dauer.

Beispiel: Produktionsrückgang in der Automobilbranche

friktionelle Arbeitslosigkeit

Sie beruht auf zeitlichen Verzögerungen zwischen ständiger Freisetzung und Wiedereinsetzung von Arbeitskräften an anderen Arbeitsplätzen.

Beispiel: DV-Ingenieure in Bayern

technologische Arbeitslosigkeit

Sie entsteht durch die Freisetzung von Arbeitskräften infolge technischer Rationalisierungsmaßnahmen.

Beispiel: Geldautomaten ersetzen Kassenangestellte im Bankgewerbe

Folgen der Arbeitslosigkeit

Besonders in Zeiten wirtschaftlicher Krisen nennen Arbeitnehmer in Umfragen die Ängste vor drohender Arbeitslosigkeit immer an erster Stelle.

Arbeitslosigkeit stellt die Gemeinschaft vor große Probleme. Während der Einzelne und dessen Familie leiden, kommt die Arbeitslosigkeit auch die Gesellschaft teuer zu stehen. Es sind folgende Probleme und Folgen der Arbeitslosigkeit möglich:

Betroffene	Probleme	Folgen
Das Individuum und dessen Familie	Verringerung des Einkommens	Senkung des Lebensstandards
	fehlende Teilhabe an der beruflichen Weiterbildung	Wiedereingliederung in den Arbeitsprozess wird erschwert
	Belastung bzw. Zerstörung familiärer Beziehungen	Trennung von Eltern und Familie; Fehlentwicklungen bei Kindern
	soziale Isolation von Freunden und Bekannten	Vereinsamung, psychische Erkrankungen
	psychische Belastungen bis zum Entstehen von Krankheiten	psychische und physische Erkrankungen
	Alkohol- und Drogenkonsum	Dauerkrankheit
	politische Gleichgültigkeit	fehlendes politisches Engagement
	Kriminalität und Radikalisierung	Strafverfolgung, Isolation, Spirale der Ausweglosigkeit

Betroffene	Probleme	Folgen
Die Gesellschaft	Kosten der Arbeitslosigkeit	Belastung der Staatshaushalte, Senkung der Sozial- und Transferleistungen
	Mindereinnahmen bei den Sozialversicherungen	höhere Belastung der Arbeitenden
	Gewalt und Kriminalität	hohe Kosten der Aufklärung, für Schutzmaßnahmen und Gewaltverfolgung
	Auseinanderklaffen der Schere zwischen Arm und Reich	vermögens- und sozialpolitische Kosten
Die Weltgemeinschaft	Anwachsen der Kluft zwischen armen und reichen Ländern	politische Krisen in den betroffenen Ländern, Terrorakte
	Wirtschaftsflüchtlinge	Kosten und Akzeptanzprobleme in den Aufnahmeländern
	geringes bzw. kein Wirtschaftswachstum	fehlende Auslandsaufträge, importierte Wirtschaftskrise

12.3.3 Stetiges und angemessenes Wirtschaftswachstum

Unter **Wirtschaftswachstum** versteht man die **Zunahme des realen Bruttoinlandsproduktes** einer Volkswirtschaft innerhalb eines Jahres.

Wirtschaftswachstum wird ermöglicht und bestimmt durch

- das Wirtschaftssystem (Soziale Marktwirtschaft), die Wirtschaftsstruktur (Industrie, Handel, Dienstleistungen) und die Wirtschaftspolitik einer Volkswirtschaft (Steuer-, Sozial-, Subventionspolitik);
- den Bildungsstand, den Sparwillen und die Entwicklung der Bevölkerung;
- den technischen Fortschritt (Erfindungen) und die Qualität der Produktionsanlagen;
- die Erschließung neuer Rohstoff- und Energiequellen (Ressourcen: Metalle, Mineralien, Erdöl, Erdgas, Kohle, Elektrizität, alternative Energiequellen);
- die Ausweitung von Angebot und Nachfrage über den Inlandsmarkt hinaus bis hin zum Welthandel sowie den Ausbau eines internationalen Nachrichten- und Transportwesens;
- die Belastbarkeit der Umwelt und die Erhaltung eines gesunden Lebensraumes.

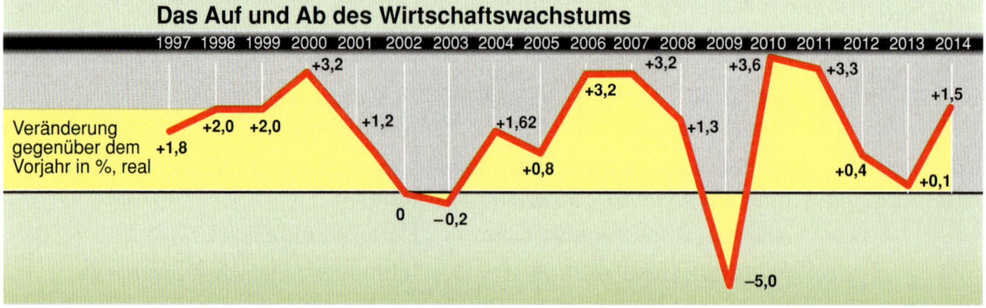

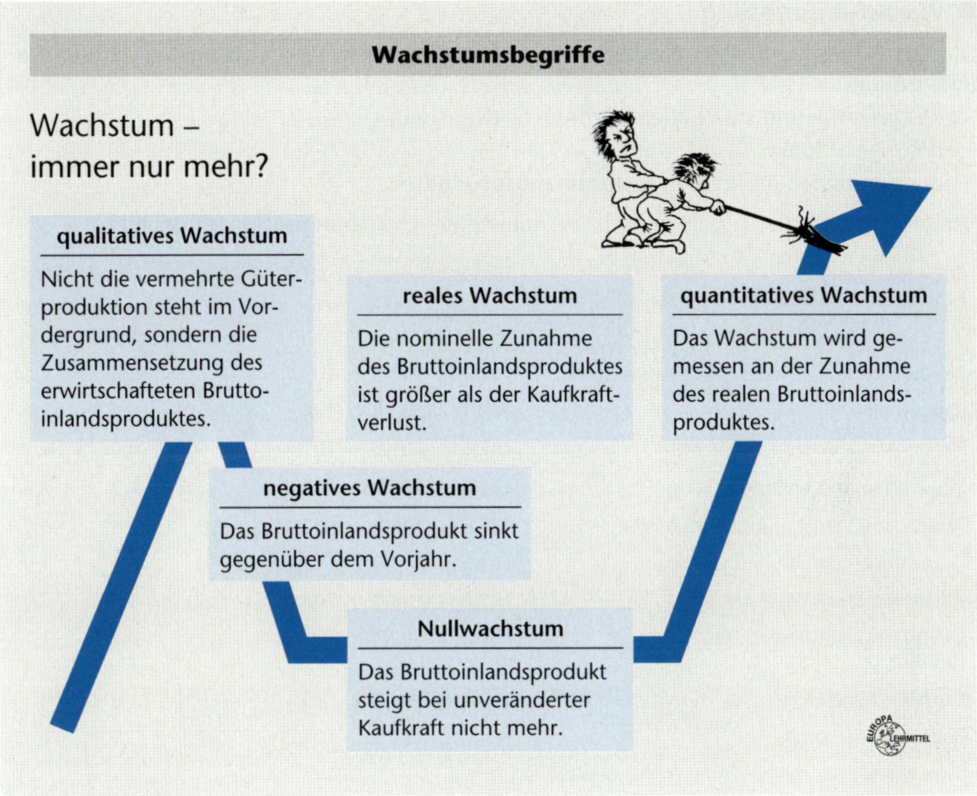

Wachstumsforderung

▶ Quantitatives Wachstum

Dieses bedeutet, durch bessere Versorgung mit Gütern einen höheren Lebensstandard zu schaffen.

Durch das Stabilitätsgesetz sind der Bund und die Länder verpflichtet, ihre wirtschaftspolitischen Maßnahmen so zu treffen, dass sie zu **stetigem und angemessenem Wirtschaftswachstum** beitragen. Als »angemessen« wird in diesem Zusammenhang eine jährliche Quote von **2–4 % Zunahme des realen Bruttoinlandsproduktes** angesehen.

▶ Qualitatives Wachstum

Durch die Produktion höherwertiger Güter und Dienstleistungen sollen Umwelt- und Sozialbedingungen verbessert werden, der erreichte hohe Lebensstandard dabei aber erhalten bleiben. Es steht jedoch nicht mehr die Mehrproduktion im Vordergrund, sondern der Ersatz von Gütern. Gleichzeitig wird die Produktion in vielen Sachgüter- und Dienstleistungsbereichen gesteigert (Wasseraufbereitungsanlagen, Müllverwertungsanlagen, Aufforstungsprogramme, menschenfreundlicher Wohnungsbau, Einrichtung von Umweltschutzdiensten).

▶ Nachhaltiges Wachstum

Die Weltkommission für Umwelt und Entwicklung prägte 1987 als »**sustainable development**« einen neuen Wachstumsbegriff. Er bedeutet »**nachhaltiges Wachstum**« und kennzeichnet eine »Wirtschaftsentwicklung, die die Bedürfnisse der Gegenwart befriedigt, ohne zu riskieren, dass künftige Generationen ihre Bedürfnisse nicht befriedigen können«.

Wachstumsmessung

Das jährliche quantitative Wachstum einer Volkswirtschaft lässt sich messen an den Veränderungen

- des privaten und staatlichen Verbrauchs (Konsum),
- der Investitionen,
- des nominalen und realen **Bruttoinlandsproduktes.**

Beispiel: Verschiedene Wachstumsphasen anhand der Entstehungsrechnung des BIP

Entstehung des Bruttoinlandsprodukts	2012	2013	2014	2012	2013	2014
	Index 2010 = 100			Veränderung gegenüber Vorjahr in %		
Produzierendes Gewerbe (ohne Baugewerbe)	107,3	107,5	108,7	1,4	0,2	1,1
Baugewerbe	104,1	103,8	106,6	0,1	–0,3	2,7
Handel, Gastgewerbe und Verkehr	101,6	101,6	103,7	–2,3	0,0	2,1
Information und Kommunikation	116,8	118,2	120,6	5,3	1,2	2,0
Finanz- und Versicherungsdienstleister	102,8	101,3	100,8	2,0	–1,5	–0,5
Grundstücks- und Wohnungswesen	101,3	101,9	102,9	–2,0	0,5	1,0
Unternehmensdienstleister	102,8	103,8	105,9	0,6	0,9	2,0
Öffentliche Dienstleister, Erziehung und Gesundheit	102,2	102,1	103,2	1,0	–0,1	1,1
Sonstige Dienstleister	100,7	99,1	99,5	0,1	–1,6	0,4
Bruttoinlandsprodukt	104,0	104,1	105,7	0,4	0,1	1,5

Quelle: Monatsbericht der Deutschen Bundesbank, Februar 2015

Aus der Tabelle sind verschiedene Wachstumsphasen erkennbar:

- **positives Wachstum** im Jahr 2014 in nahezu allen Wirtschaftsbereichen.
- **negatives Wachstum** im Jahr 2013 im Handel und im Grundstückswesen.

12.3.4 Außenwirtschaftliches Gleichgewicht

Außenwirtschaftliches Gleichgewicht bedeutet, dass die von anderen Volkswirtschaften **empfangenen Zahlungen** den an andere Volkswirtschaften **geleisteten Zahlungen entsprechen**.

Die außenwirtschaftlichen Zahlungsvorgänge werden in der Zahlungsbilanz jährlich aufgestellt.

Ein außenwirtschaftliches Ungleichgewicht liegt vor, wenn ein Zahlungsbilanzüberschuss oder ein Zahlungsbilanzdefizit herrscht.

Zahlungsbilanzausgleich

Außenwirtschaftliches Gleichgewicht liegt vor, wenn die Zahlungsbilanz ausgeglichen ist. Der Saldo der Devisenbilanz ist gleich null.

Zahlungsbilanzüberschuss

Ein **Zahlungsbilanzüberschuss** ergibt sich, wenn die Leistungs- und Kapitalbilanzen insgesamt einen Einnahmeüberschuss aufweisen, der durch **Gold- und Devisenzuflüsse** ausgeglichen wird. In diesem Falle spricht man von einer **aktiven Zahlungsbilanz.**

Zahlungsbilanzdefizit

Ein **außenwirtschaftliches Ungleichgewicht** ergibt sich auch, wenn die Zahlungsbilanz ein Defizit aufweist. Ein solches Defizit liegt vor, wenn die Leistungs- und Kapitalbilanzen insgesamt einen Ausgabenüberschuss aufweisen, der durch **Gold- und Devisenabflüsse** ausgeglichen wird. Man spricht in diesem Falle von einer **passiven Zahlungsbilanz.**

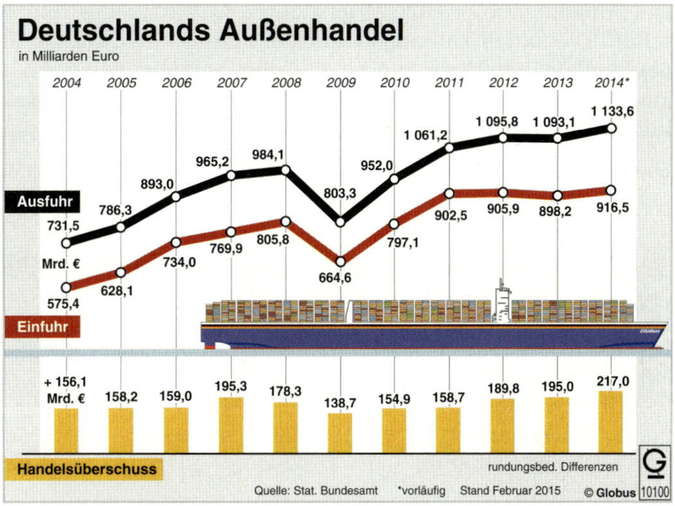

Aufbau der deutschen Zahlungsbilanz

a) Leistungsbilanz mit den Unterpositionen

1. **Außenhandel** = Gegenüberstellung der Einnahmen für die Ausfuhr und der Ausgaben für die Einfuhr von Waren. Sie wird auch **Handelsbilanz** genannt.
2. **Dienstleistungen** = Gegenüberstellung aller Einnahmen und Ausgaben, die sich aus dem Austausch von Dienstleistungen, z. B. im Reise- und Güterverkehr und beim Transithandel, ergeben.
3. **Erwerbs- und Vermögenseinkommen** = Gegenüberstellung der grenzüberschreitenden Einnahmen und Ausgaben für Kapitalerträge und Einkommen aus unselbstständiger Arbeit.
4. **Laufende Übertragungen** = Saldo der grenzüberschreitenden unentgeltlichen Leistungen, z. B. Geldüberweisungen ausländischer Arbeiter, Leistungen an internationale Organisationen.

b) Vermögensübertragungen = Saldo der erhaltenen und geleisteten Vermögenstransfers wie Erbschaften, Schenkungen, Versicherungstransaktionen.

c) Kapitalbilanz = Saldo von Kapitalexport und Kapitalimport einschließlich Direktinvestitionen, Wertpapieranlagen, Kreditverkehr.

d) Saldo der statistisch nicht aufgliederbaren Transaktionen. Dieser Saldo wird zum rechnerischen Ausgleich der nicht erfassten Posten und statistischer Ermittlungsfehler in der Zahlungsbilanz eingesetzt.

e) Veränderung der Währungsreserven zu Transaktionswerten. Bestände aus Gold und Devisen, die aus dem Zahlungsverkehr mit dem Ausland herrühren. Diese Bilanz ist die **Devisenbilanz.**

Veränderung der Nettoauslandsaktiva. Hierbei handelt es sich um Auslandsforderungen abzüglich Auslandsverbindlichkeiten der Deutschen Bundesbank. Sie werden in der Kapitalbilanz erfasst.

Auswertung der Zahlungsbilanzen

Die Außenhandelsbilanz ist sichtbarer Ausdruck der Exportabhängigkeit unserer Wirtschaft. Die aktive Zahlungsbilanz des Jahres 2008 war vor allem auf den sehr hohen **Außenhandelsüberschuss** (höchster Außenhandelsüberschuss seit Bestehen Deutschlands) zurückzuführen. Trotz eines ebenfalls hohen Außenhandelsüberschusses wurde die Zahlungsbilanz 2009 wegen hoher Kapitaltransfers ins Ausland passiv.

Die Zahlungsbilanzüberschüsse der Jahre 2011 – 2014 entstanden aufgrund des hervorragenden Warenexportgeschäftes.

Zahlungsbilanzen der Bundesrepublik Deutschland					
Wichtige Posten Zahlungsbilanz (Salden)	2008	2009	2012	2013	2014
a) **Leistungsbilanz** Unterpositionen:					
1. **Warenhandel***	+166.032	+136.081	+162.528	+207.795	+229.762
2. **Dienstleistungen**	−32.026	−21.430	−36.849	−47.957	−41.715
3. **Primäreinkommen**	+44.746	+33.797	+64.373	+72.747	+68.367
4. **Laufende Übertragungen**	−33.088	−31.991	−36.822	−43.343	−41.068
Saldo der Leistungsbilanz	+164.868	+119.225	+187.206	+189.242	+215.345
b) **Vermögensänderungsbilanz**	−893	−1.858	+1.298	+2.013	+2.470
c) **Kapitalbilanz**	−203.364	−137.777	−233.829	−250.599	−282.117
d) **Saldo der statistisch nicht aufgliederbaren Transaktionen**	+38.585	+18.739	+46.583	+54.548	+64.302
e) **Veränderung der Währungsreserven zu Transaktionswerten (Devisenbilanz)** (Zunahme: –/ Abnahme: +)	−2.008	+3.200	−1.297	−838	−2.564
Zahlungsbilanz**defizit = Abnahme** der Währungsreserven (Zeile e) Abnahme: +)		✗			
Zahlungsbilanz**überschuss = Zunahme** der Währungsreserven (Zeile e) Zunahme: –)	✗		✗	✗	✗

Quelle: Monatsberichte der Deutschen Bundesbank

* einschließlich Ergänzungen zum Außenhandel

12.3.5 Erhaltung der natürlichen Lebensgrundlagen

Die Beschädigung und Belastung der Natur infolge steigenden Konsums und weiterer Industrialisierung hat in den vergangenen Jahrzehnten bedrohliche Ausmaße angenommen. Aus Verpflichtung für die gegenwärtig lebenden Menschen, die nachfolgenden Generationen und für alles Leben auf der Erde ist es notwendig, die bedrohte Umwelt zu schützen.

Für die Entwicklung der Menschen und der Natur ist inzwischen der Begriff der »**Nachhaltigkeit**« von besonderer Bedeutung geworden. Nachhaltige Entwicklung für den Menschen und die Natur bedeutet deshalb:

> »Nachhaltige Entwicklung heißt, Umweltgesichtspunkte gleichberechtigt mit sozialen und wirtschaftlichen Gesichtspunkten zu berücksichtigen. Zukunftsfähig wirtschaften bedeutet also: Wir müssen unseren Kindern und Enkelkindern ein intaktes ökologisches, soziales und ökonomisches Gefüge hinterlassen. Das eine ist ohne das andere nicht zu haben.«
>
> (Quelle: Rat für Nachhaltige Entwicklung der Bundesregierung; www.nachhaltigkeitsrat.de)

Die Bundesregierung beschreibt bereits 1971 in ihrem **Umweltprogramm** die Umweltpolitik als die »Gesamtheit aller Maßnahmen, die notwendig sind, um

- dem Menschen eine Umwelt zu sichern, wie er sie für seine Gesundheit und für ein menschenwürdiges Dasein braucht,
- Boden, Luft und Wasser, Pflanzen- und Tierwelt vor nachteiligen Wirkungen menschlicher Eingriffe zu schützen und
- Schäden oder Nachteile aus menschlichen Eingriffen zu beseitigen«.

Damit ist der **Umweltschutz** zum **Gegenstand der Wirtschaftspolitik** und die **Umwelt** zum schützenswerten **Wirtschaftsfaktor** erhoben.

Die Verbesserung der Umweltbedingungen erfordert wirtschaftliche Anstrengungen, die man als nachhaltiges Wachstum bewerten kann. Deshalb schlägt sich die Produktion umweltfreundlicher Güter rechnerisch im realen Bruttoinlandsprodukt als quantitatives Wachstum nieder. Es wäre also ein Irrtum, mit einer Forderung nach Null- oder gar Minuswachstum die Umweltschutzaufgaben bewältigen zu können.

Beispiele: Die Produktionen von Kläranlagen zur Verbesserung der Wasserqualität und von Immissionsschutzanlagen zur Entschwefelung von Industrieabgasen gehen als quantitative Beiträge in die Entstehungsrechnung des Bruttoinlandsprodukts ein.

Umweltbelastung und Umweltschutz

Im Einzelnen lassen sich zahlreiche Umweltzerstörungen finden, die teilweise verheerende Auswirkungen haben.

Beispiele:

1. Reaktorkatastrophen von Tschernobyl (Ukraine) 1986 und Fukushima (Japan) 2011
2. Ölkatastrophe im Golf von Mexico 2010

Der Mensch nimmt zudem auch für seine Freizeitvergnügungen, für seine Sicherheit und aus Bequemlichkeitsgründen **Umweltschädigungen** in Kauf.

Beispiele: Anlegen von Skipisten, Benutzung von Streusalz, »wilde« Abfalldeponien, ungezügelter Ausstoß von CO_2-Gasen

Beispiele für Umweltbelastungen und dagegen erhobene Schutzmaßnahmen:

Umweltbelastung und Umweltschutz		
Art der Umweltbelastung	**Beispiele**	**Schutzvorschriften und Gegenmaßnahmen**
Gesundheitliche Beeinträchtigungen durch **Schmutz und Lärm**	Abwassereinleitungen in Flüsse und Seen, Emission von Ruß, Motoren- und Maschinenlärm	Gesetze, Verordnungen und »Technische Anleitungen« gegen Schadstoff-, Lärm-, Wärme- und Strahlungsbelastungen, Schadstoff- und Abfallabgaben von Betrieben und Haushalten
Raubbau an der Natur	Übertageabbau von Braunkohle, Torf und anderen Ressourcen	strenge Bebauungs- und Abbauvorschriften, Rekultivierungsmaßnahmen
	zunehmende Vernichtung von Naturlandschaften, landwirtschaftliche Monokulturen	Einrichtung von Wasserschutzgebieten und Naturschutzzonen, Rekultivierung von Ackerland in Naturland, strenge Vorschriften zur Schädlingsbekämpfung
	Gefahren durch die Gentechnik	Gentechnikgesetz von 1993
Verschwendung von Roh- und Energiestoffen	nur-einmal-Verwendung wiederverwertbarer Rohstoffe	Recycling
	unnötiger Nutzwertverbrauch von Energiestoffen	bessere Energieausnutzung durch verringerten Verbrauch mittels moderner technischer Anlagen, Einsatz alternativer Energieträger
Umweltzerstörung durch Schadstoffe	Stick- und Reizgase, giftige Stäube bei der Güterproduktion, giftige Ab- und Klärwasserbestandteile	Immissionsvorschriften (»Technische Anleitung Luft«), Verkehrsverlagerung von der Straße auf die Schiene
Deponierung von Abfällen	Lagerung von giftigen Abfallstoffen, Verklappung von Abfällen, Problem der nuklearen Entsorgung	Ablieferungs- und Beseitigungspflicht für Abfälle, Duales System, Abfallsortierung

Soziale Kosten

Zum Erhalt oder Ausgleich der angegriffenen Lebensgrundlagen sowie für vorsorgliche Umweltschutzmaßnahmen ergeben sich Kosten, die von der Allgemeinheit zu übernehmen sind. Man spricht von **sozialen Kosten.**

Die Erfassung dieser Kosten ist schwierig. Zum Teil beruhen diese auf Schätzungen. Dadurch wird es jedoch problematisch, politische Entscheidungen herbeizuführen, weil der konkrete Nachweis kaum erbracht werden kann.

Soziale Kosten

Naturschutz und länderübergreifende sowie globale Umweltschutzmaßnahmen

- Einrichtung und Sicherung von Naturschutzgebieten
- Maßnahmen zum Tropenwaldschutz
- Internationale Maßnahmen zum Schutz vor einer Klimakatastrophe

Umweltverschmutzung

- Behandlung von Erkrankungen der Atmungsorgane
- Instandsetzung geschädigter Baumsubstanzen
- Forstschutzmaßnahmen infolge des Waldsterbens

soziale Kosten

Lärm

- Behandlung von Innenohrschädigungen (Gefahr ab 85 Dezibel)
- Bau von Lärmschutzwänden an viel befahrenen Straßen
- Lärmschutzmaßnahmen gegen Industrie- und Gewerbelärm

Gewässerverschmutzung

- Maßnahmen zur Beseitigung von Ölverschmutzungen
- Maßnahmen zur Beseitigung der Nitratverseuchung des Grundwassers und zur Trinkwasseraufbereitung
- Verbesserung der Gewässergüte zur Sicherung von Erholungsaktivitäten

Bodenbelastung

- Beseitigung von umweltgefährdenden Ablagerungen einschließlich Sanierung von Altlasten
- Gebäudeschäden durch Bodensenkung
- Beseitigung von Schädigungen durch Hangrutschungen aufgrund von Bodenerosion

12.3.6 Gerechte Einkommens- und Vermögensverteilung

Einkommen und Vermögen

Unter **Einkommen** versteht man den **Anteil,** den ein **Einkommensempfänger** aus dem jährlichen **Volkseinkommen** (Nettonationaleinkommen) bezieht.

Beispiele: Bruttojahreseinkommen gemäß Lohnsteuerkarte; Einkommen aus Zinserträgen, aus Vermietung und Verpachtung

Einkommen ist wesentliche Voraussetzung dafür, dass Vermögen erworben werden kann.

Unter **Vermögen** versteht man den gesamten Wert an Sachgütern, Forderungen und Geld, den der **Einzelne zu einem bestimmten Zeitpunkt besitzt.**

Werden vom Bruttovermögen die Schulden abgezogen, erhält man das Nettovermögen.

Beispiele: Summe aus dem Wert des gesamten Hausrates, Wert aller Immobilien abzüglich der Schulden, Guthaben auf Sparkonten

Vermögen kann wiederum Einkommensquelle sein. Da die Anteile am Einkommen und Vermögen der Gesamtbevölkerung den Lebensstandard der Bürger wesentlich bestimmen, ist die Verteilung des Einkommens und des Vermögens eine wichtige volkswirtschaftliche Kennzahl.

Verteilung des Einkommens und Vermögens

Von besonderem gesellschaftlichen Interesse ist die Verteilung auf folgende gesellschaftliche Gruppen: Selbstständige, Beamte, Angestellte, Rentner, Arbeiter, Arbeitslose und Sozialhilfeempfänger. Für diese typischen Gruppen wird im Folgenden die Einkommens- und Vermögensverteilung dargestellt. Das Bruttoeinkommen umfasst sämtliche Einkommen aus den Einkunftsarten.

▶ Verteilung des Einkommens

Die Selbstständigen erzielen die höchsten Einkommen, allerdings müssen sie für ihre soziale Absicherung selbst Vorsorge treffen, da sie nicht sozialversichert sind. Außerdem tragen sie das Unternehmerrisiko.

Die niedrigsten Einkommen stehen den Arbeitslosen zur Verfügung. Sie mussten im Monat mit durchschnittlich 1.214 EUR je Haushalt zurechtkommen. In diesem Betrag ist alles enthalten, was ihnen an Geldmitteln zugeflossen ist. Hierzu zählen auch Sozialtransfers (z. B. Arbeitslosengeld II, Sozialhilfe, Wohngeld, Kindergeld).

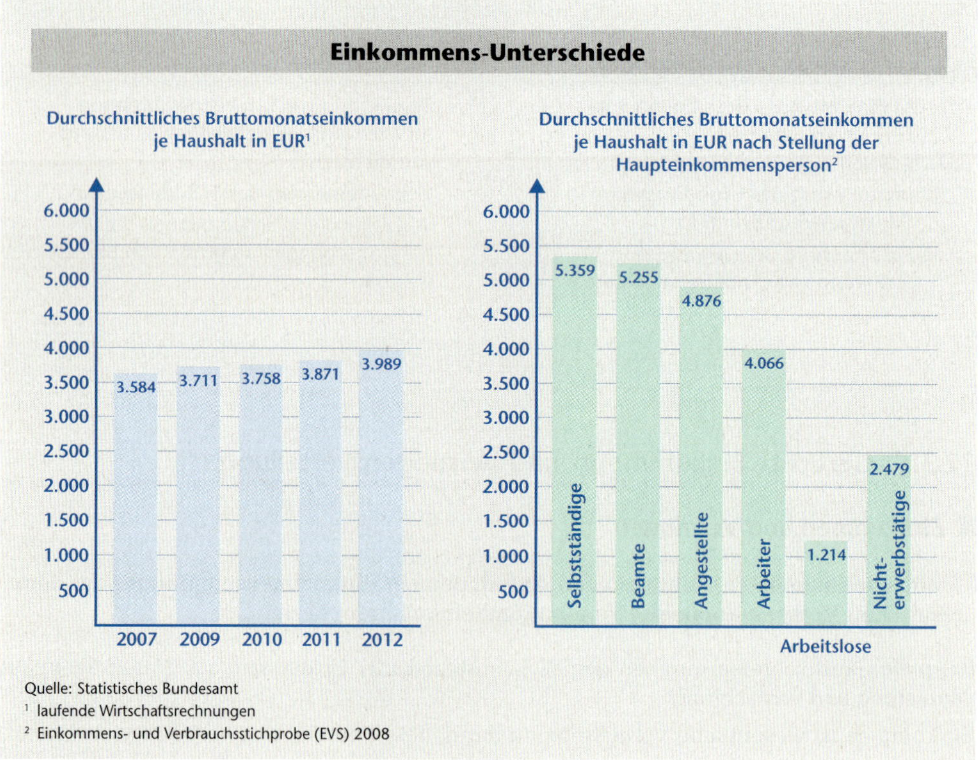

▶ Verteilung des Vermögens

Über die größten **Geldvermögen** verfügen die Selbstständigen. Allerdings muss auch hier berücksichtigt werden, dass sie für ihre Alterssicherung selbst sorgen und sich deshalb ein privates Vermögenspolster schaffen müssen, aus dem sie später ein angemessenes Einkommen zur Bestreitung ihres Lebensunterhalts beziehen können.

Entwicklung der Einkommens- und Vermögensverteilung

Die Entwicklung der Einkommens- und Vermögensverteilung in Deutschland wird ermittelt, indem man auf die Einkommens- und Verbrauchsstichproben (EVS) des Statistischen Bundesamtes zurückgreift. Ergänzt werden diese Zahlen durch laufende Wirtschaftsrechnungen des Statistischen Bundesamtes.

Beispiele:

1. Im Durchschnitt verfügte ein Privathaushalt in Deutschland im Jahr 2012 über ein monatliches Bruttoeinkommen von 3.989 EUR.
2. Dabei weisen die Einkommen eine breite Streuung auf: So haben z. B. rund 20 % aller Haushalte ein monatliches Bruttoeinkommen von weniger als 1.500 EUR, während knapp 24 % aller Haushalte mehr als 5.000 EUR zur Verfügung haben.
3. Die Steuern und Abgaben machten 2012 im Durchschnitt pro Haushalt 956 EUR monatlich aus. Knapp die Hälfte dieser Abgaben entfielen dabei auf die Einkommen- und Kirchensteuer sowie auf den Solidaritätszuschlag. Damit ergab sich eine durchschnittliche Belastung eines Haushaltes durch Steuern und Abgaben von ca. 24 % des Bruttoeinkommens. Diese ist im Zeitablauf kontinuierlich gestiegen; sie lag vor 20 Jahren noch bei 19,4 %.

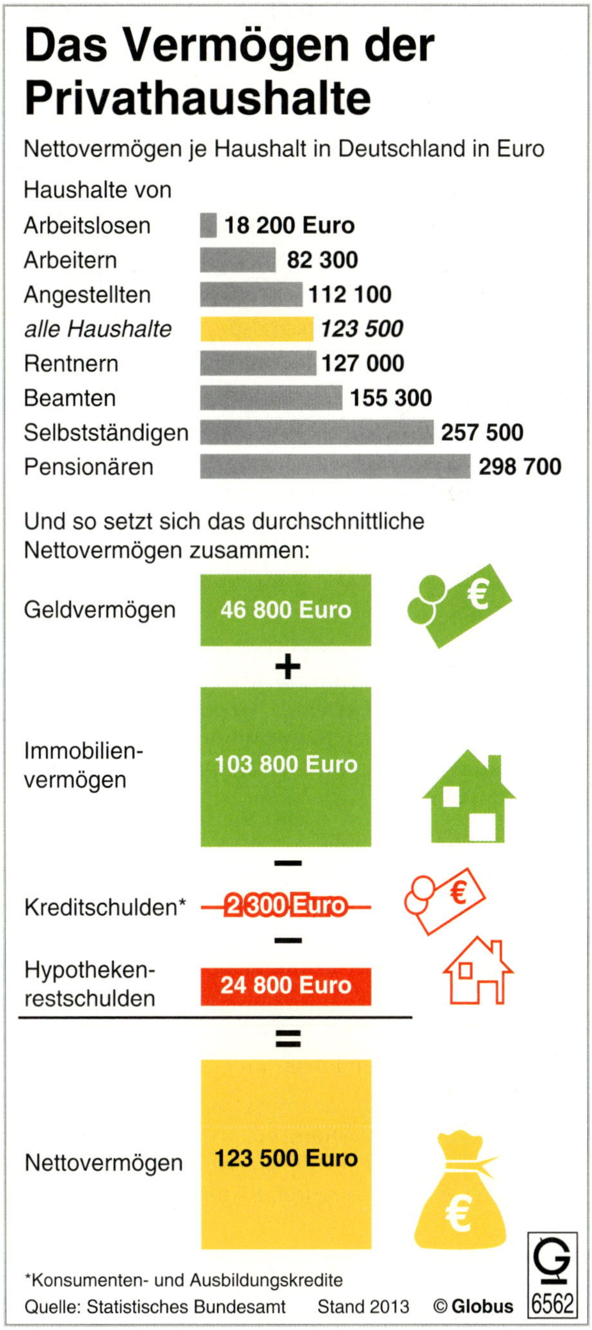

Probleme durch die Einkommens- und Vermögensverteilung

Das Volkseinkommen (Nettonationaleinkommen) lässt sich in **Arbeitnehmerentgelt** und in **Unternehmens- und Vermögenseinkommen** aufteilen.

Damit entsteht die Frage, wann von einer gerechten Einkommens- und Vermögensverteilung gesprochen werden kann.

Verteilung des Volkseinkommens	2012	2013	2014	2012	2013	2014
	Mrd. EUR			Lohn- und Gewinnquote		
Arbeitnehmerentgelt	1.389,7	1.428,3	1.481,7	68 %	68 %	68 %
Unternehmens- und Vermögenseinkommen	665,7	671,6	694,2	32 %	32 %	32 %
Volkseinkommen	2.055,3	2.099,9	2.175,8	100 %	100 %	100 %

Quelle: Monatsbericht der Deutschen Bundesbank, Februar 2015

Gleiche Verteilung von Einkommen und Vermögen würde voraussetzen, dass alle Einkommensbezieher eine gleichwertige Leistung erbringen. Das entspricht aber nicht den wirklichen Gegebenheiten. Vielmehr wird eine höhere Leistung auch höher bezahlt. Da es keine gleiche Einkommensverteilung gibt, ist auch eine gleiche Verteilung des Vermögens unrealistisch.

Ungleiche Verteilung führt aber immer zu sozialen Spannungen. Es ist deshalb eine ständige Auseinandersetzung zwischen Arbeitgebern und Arbeitnehmern darüber im Gange, welches Verhältnis zwischen Arbeitnehmerentgelt **(Lohnquote)** und Unternehmens- und Vermögenseinkommen **(Gewinnquote)** richtig sei. Dabei ist zu beachten, dass Kapital- und Mieterträge der Arbeitnehmer in der Gewinnquote enthalten sind. Sie zählen zu den Vermögenseinkommen.

Grundsätzlich gilt jedoch:

Wer einen höheren Beitrag zum Bruttoinlandsprodukt leistet, kann auch einen höheren Anteil am Bruttoinlandsprodukt einfordern. Daher wird die Einkommensverteilung ungleich sein. Es gibt Ursachen im Verlauf der Wirtschaftsentwicklung, die zu einer einseitigen Bevorteilung bzw. Benachteiligung einzelner Bevölkerungsgruppen führen:

- Empfänger höherer Einkommen können leichter Vermögen bilden, Vermögende können leichter ein höheres Einkommen erzielen. So ergibt sich eine »kumulative Einseitigkeit« der Einkommens- und Vermögensverteilung.
- In der Rezessionsphase muss der Staat unter dem Zwang zur sparsamen Haushaltsführung soziale Leistungen vorübergehend zurücknehmen, Maßnahmen, welche sozial schwächere Bevölkerungskreise in besonderem Maße treffen (Kürzung der Arbeitslosen- und Sozialleistungen, BAföG-Einschränkungen).

12.3.7 Zielbeziehungen

Konflikte bei der Zielverwirklichung

Es ist nicht möglich, alle wirtschaftspolitischen Ziele gleichzeitig zu verwirklichen. Der Grund liegt darin, dass die Verfolgung eines wirtschaftspolitischen Zieles meist der Erreichung eines anderen Zieles entgegenläuft.

In solchen Konfliktfällen wird dann oft nach politischen Mehrheitsverhältnissen entschieden.

Beispiel: Um die Arbeitslosigkeit auch mithilfe kreditfinanzierter staatlicher Großaufträge zu bekämpfen, kann sich die politische Mehrheit bereit erklären, inflationäre Entwicklungen in Kauf zu nehmen.

Die Bemühungen des Staates, trotzdem alle Ziele zu erreichen, verlangen von der deutschen Regierung ein gleichsam zauberisches (magisches) Geschick. Besonders die im Stabilitätsgesetz genannten Ziele Stabilität des Preisniveaus, hoher Beschäftigungsstand, außenwirtschaftliches Gleichgewicht und stetiges und angemessenes Wirtschaftswachstum stellt man deswegen auch gern im »**magischen Viereck**« der Wirtschaftspolitik zusammen.

Die Darstellung wird zum »**magischen Sechseck**« erweitert. Die Zielsetzungen Erhaltung der natürlichen Lebensgrundlagen sowie eine gerechte Einkommens- und Vermögensverteilung werden als gleichgewichtige und gleichberechtigte Ziele der Wirtschaftspolitik angesehen.

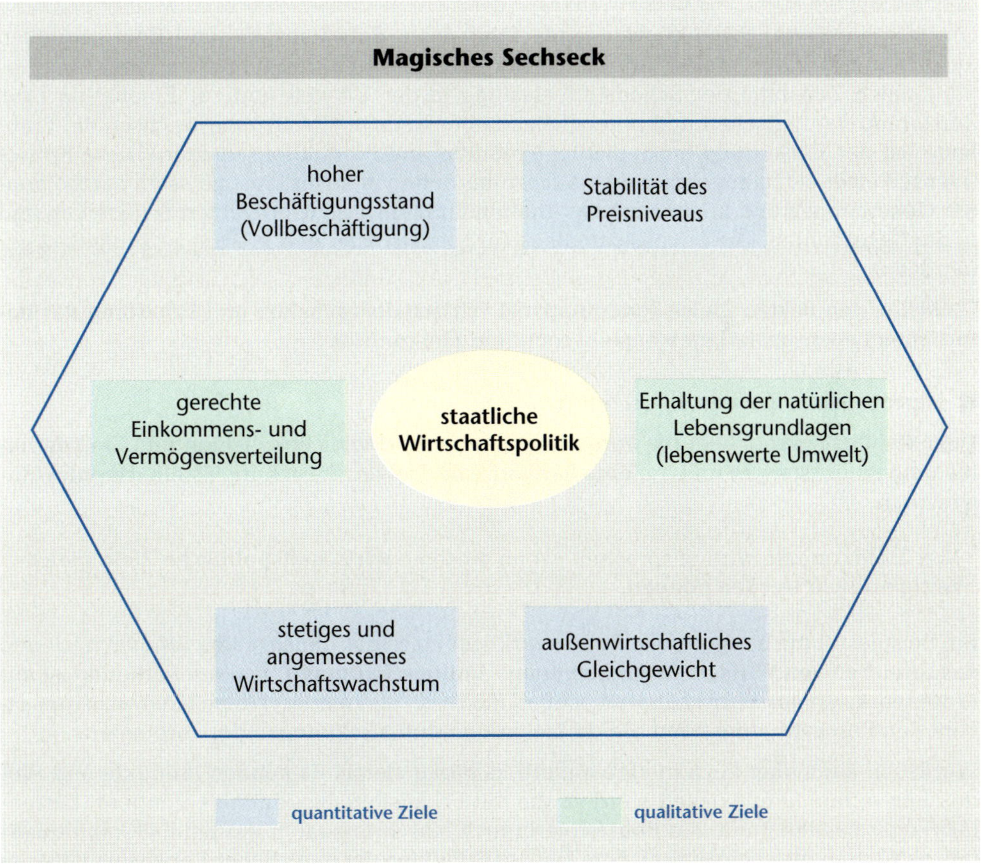

Für die Wirtschaftspolitik können sich daraus Zielkonflikte ergeben.

Von einem **Zielkonflikt** wird gesprochen, wenn die **Verfolgung eines Zieles** die **Erreichung eines oder mehrerer anderer wirtschaftspolitischer Ziele gefährdet.**

Zielkonflikte können sich u. a. ergeben aus den gleichzeitigen Forderungen nach

- Vollbeschäftigung und Preisniveaustabilität,
- Wirtschaftswachstum und Erhaltung der natürlichen Lebensgrundlagen.

▶ Vollbeschäftigung und Preisniveaustabilität

Bei Hochkonjunktur und damit verbundener Vollbeschäftigung gibt es kaum Arbeitslose, aber offene Stellen. Auf dem Arbeitsmarkt besteht zwar Nachfrage, das Angebot ist jedoch ausgeschöpft. Die Gewerkschaften haben bei Tarifverhandlungen eine starke Position. Sie setzen höhere Löhne durch. Damit setzen sie die »**Lohn-Preis-Spirale**« in Bewegung, d. h., die Löhne treiben die Preise, die Preise wiederum die Löhne in die Höhe.

Zwischen den beiden wirtschaftspolitischen **Zielen** Vollbeschäftigung und Preisniveaustabilität besteht somit ein **Zielkonflikt.**

▶ Wirtschaftswachstum und Erhaltung der natürlichen Lebensgrundlagen

Wirtschaftswachstum ist die Voraussetzung dafür, dass sich der Lebensstandard in der Gesellschaft erhöht. Wachstum lässt sich dabei erzielen durch

- Erhöhung der bisher produzierten Mengen,
- Entwicklung und Markteinführung neuer Produkte und Produktionsverfahren.

Die Steigerung der Produktionsmengen führt dazu, dass Rohstoff- und Energiequellen ausgebeutet werden. Viele Produkte und Produktionsverfahren führen zu einer überproportionalen Zunahme der Schadstoffbelastung in der Umwelt und zur Einengung bzw. Zerstörung der tierischen und pflanzlichen Lebensräume. Gleichzeitig wachsen die Probleme bei der Entsorgung ausgedienter Produkte und Produktionsanlagen. Diese Konsequenzen eines stetig zunehmenden Wachstums gehen in erster Linie zulasten nachfolgender Generationen und können zu dauerhaften und teilweise irreparablen Schäden an und in der Natur führen. Die Lebensgrundlage für Mensch, Tier und Pflanze ist zumindest gefährdet.

Zwischen den beiden Zielen (quantitatives) **Wirtschaftswachstum** und **Erhaltung der natürlichen Lebensgrundlagen** besteht somit ein **Zielkonflikt.**

■ Harmonische Zielverwirklichung

Dem Stabilitätsgesetz liegt die Forderung zugrunde, Ungleichgewichten und Zielkonflikten entgegenzusteuern und auf eine harmonische Zielverwirklichung **(Zielharmonie)** hinzuwirken.

Von **Zielharmonie** wird gesprochen, wenn einzelne **wirtschaftspolitische Ziele gleichzeitig erreicht werden können.**

Ein Beispiel für die harmonische Zielverwirklichung ist das gleichzeitige Streben nach und das Erreichen von **Wirtschaftswachstum** und **Vollbeschäftigung.** Vollbeschäftigung ist nur in Zeiten kräftigen Wirtschaftswachstums möglich. Steigendes Wirtschaftswachstum erhöht den Beschäftigungsstand. Beide Zielgrößen sind also miteinander verbunden.

Wachstum kann aber auch in eine andere Richtung zielen. Es können Produkte und Produktionsverfahren entwickelt werden, die die Schadstoffemissionen vermindern, bestenfalls sogar beenden und den Rohstoffverbrauch einschränken. In diesem Fall kann **qualitatives Wirtschaftswachstum** mit dem Ziel der **Erhaltung der natürlichen Lebensgrundlagen** in Einklang gebracht werden (Zielharmonie).

Zusammenfassende Übersicht zu Kapitel 12.3: Wirtschaftspolitische Ziele und Zielbeziehungen

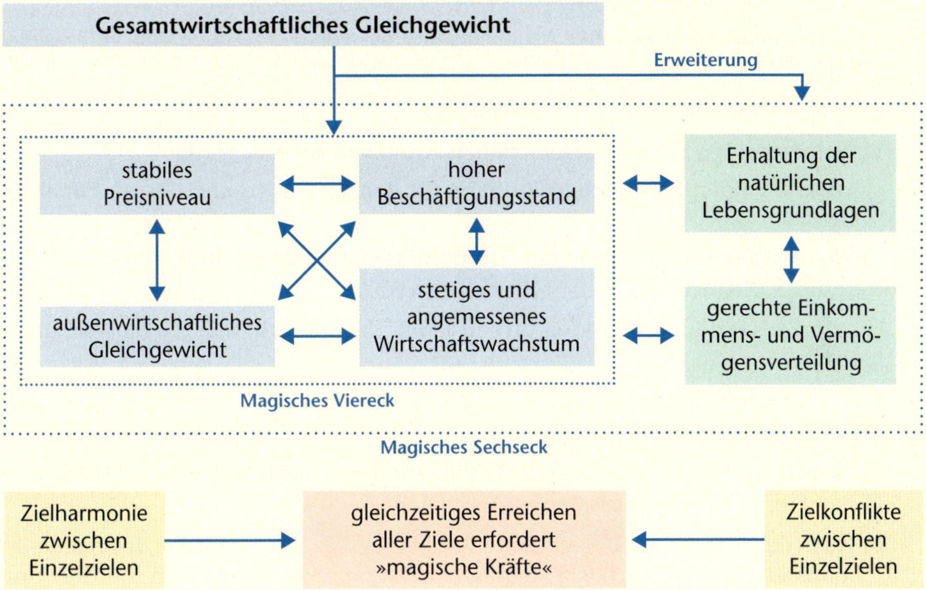

▶ Aufgaben und Probleme

1. Nennen Sie die vier Ziele des Stabilitätsgesetzes.
2. a) Ergänzen Sie die folgende Tabelle:

	Jahr 01 (Basisjahr)	Jahr 02	Jahr 03
Ausgaben für den Warenkorb (EUR)	2.000	2.040	2.101
Preisniveausteigerung	–	… ? …	… ? …
Preisindex	… ? …	… ? …	… ? …

   b) Erläutern Sie die Entwicklung der Kaufkraft in diesem Zeitraum.

   c) Erklären Sie den Zusammenhang zwischen Kaufkraft und Preisniveau.
3. Nennen Sie mögliche Ursachen der Inflation.
4. Unterscheiden Sie verschiedene Arten der Inflation.
5. Wie wird eine schleichende Inflation

   a) vom Verbraucher bemerkt, b) aus der amtlichen Statistik erkennbar?
6. Beschreiben Sie die importierte Inflation.
7. »Deflation ist doch gut. Alles wird billiger und man bekommt endlich mehr für sein Geld.« Nehmen Sie Stellung zu dieser Aussage.
8. Der Index der tariflichen Monatsverdienste je Beschäftigten (2010 = 100 %) ist in Deutschland im Jahr 2014 auf 110,3 % gestiegen.

a) Berechnen Sie die prozentualen Veränderungen der Lebenshaltungskosten (Tabelle Seite 587) und des Nominallohns.

b) Berechnen Sie die prozentuale Veränderung des Realverdienstes (Berechnung mithilfe der Formel Nominalverdienstindex : Verbraucherpreisindex).

c) Suchen Sie Gründe für die Entwicklung.

9. Warum spricht man bei einer Arbeitslosenquote von 2–3 % noch von Vollbeschäftigung?

10. a) Was versteht man unter Arbeitslosigkeit?

b) Unterscheiden Sie die verschiedenen Arten von Arbeitslosigkeit.

c) Welche Folgen kann Arbeitslosigkeit für den Einzelnen und dessen Familie haben?

d) Welche Bedeutung kommt der Arbeit für den Menschen zu?

11. Die strukturelle Arbeitslosigkeit beruht zu einem wesentlichen Teil auf einer Substitution des Produktionsfaktors Arbeit durch Kapital. Erklären Sie diesen Sachverhalt.

12. Das nominale Bruttoinlandsprodukt betrug im Jahre 2013 2.809 Mrd. EUR und im Jahre 2014 2.904 Mrd. EUR.

a) Berechnen Sie die prozentuale Veränderung für 2014 gegenüber 2013 und ordnen Sie ihr den entsprechenden Wachstumsbegriff zu.

b) Nach den Zahlen im Bild auf Seite 592 beträgt die Wertzunahme des realen Bruttoinlandsprodukts für 2014 gegenüber 2013 1,5 %. Begründen Sie den Unterschied zu der unter a) errechneten Wachstumsrate.

13. Trotz Zunahme des Inlandsprodukts kann sich ein Nullwachstum ergeben. Wie ist das möglich?

14. Der Saldo der Devisenbilanz belief sich 2014 auf –2,6 Mrd. EUR. 2009 ergab sich ein Saldo von +3,2 Mrd. EUR. Welche Zahlungsbilanzsituationen lagen in den beiden Jahren vor und wie werden dementsprechend die beiden Zahlungsbilanzen benannt?

15. Welche Gefahren ergeben sich aus einer anhaltend aktiven bzw. passiven Zahlungsbilanz?

16. Wie wirken sich Geldüberweisungen ausländischer Arbeitskräfte in ihre Heimatländer in der deutschen Zahlungsbilanz aus?

17. Bevor der Euro gegenüber dem US-Dollar stark an Wert verlor, mussten für einen US-Dollar 0,73 EUR bezahlt werden. Nach der Abwertung des Euro kostet ein US-Dollar 0,94 EUR.

Wie wirkt sich diese Abwertung aus

a) auf den Export des Eurolandes, b) auf den Touristenverkehr?

18. Inwiefern kann eine Verbesserung der Umweltbedingungen zu Wirtschaftswachstum führen?

19. Nennen Sie wesentliche Umweltbelastungen und die möglichen Gegenmaßnahmen des Umweltschutzes.

20. Nennen Sie Beispiele, bei denen die Forderungen von Umweltschützern

a) gewerkschaftlichen, b) unternehmerischen

Interessen zuwiderlaufen.

21. Beschreiben Sie aktuelle Umweltprobleme
    a) in Deutschland,
    b) in den Ländern der Dritten Welt,
    c) in den sogenannten Schwellenländern.
22. Wie kann sich der Umweltschutz auf Güterproduktion und Güterpreise auswirken?
23. Der bekannte Maler Oskar Kokoschka urteilte: »Die heutige Gesellschaft übersieht, dass die Welt nicht das Eigentum einer einzigen Generation ist.« Nehmen Sie dazu Stellung.
24. »Eine zu starke Berücksichtigung des Umweltschutzes ist ökonomisch gefährlich. Sie vernichtet Arbeitsplätze und wirft Deutschland in der Globalisierung hinter diejenigen Länder zurück, die es mit der Ökologie nicht so genau nehmen.« Nehmen Sie zu dieser Aussage kritisch Stellung.
25. Erklären Sie die Zusammenhänge zwischen Einkommen und Vermögen.
26. Begründen Sie, weshalb man die wirtschaftspolitischen Ziele als »Magisches Viereck« bezeichnet.
27. Beschreiben Sie die möglichen Zielkonflikte zwischen
    a) Preisniveaustabilität und außenwirtschaftlichem Gleichgewicht,
    b) Vollbeschäftigung und Wirtschaftswachstum,
    c) außenwirtschaftlichem Gleichgewicht und Wirtschaftswachstum,
    d) Vollbeschäftigung und Erhaltung der natürlichen Lebensgrundlagen,
    e) Preisniveaustabilität und Wirtschaftswachstum,
    f) Vollbeschäftigung und außenwirtschaftlichem Gleichgewicht.
28. Stellen Sie dar, wie sich die Ziele außenwirtschaftliches Gleichgewicht und Preisniveaustabilität gegenseitig ergänzen können.
29. Beantworten Sie anhand der Grafik auf Seite 584 die folgenden Fragen:
    a) Welche wesentlichen Aussagen beschreibt die Grafik?
    b) Erklären Sie die Begriffe Bruttoeinkommen, Nettoeinkommen und Realeinkommen.
    c) Wie ist die unterschiedliche Entwicklung in den vergangenen Jahren zu erklären?
    d) Schildern Sie mögliche Zielkonflikte zwischen gerechter Einkommens- und Vermögensverteilung und Wirtschaftswachstum.

12.4 Unternehmenszusammenschlüsse durch Kooperation und Konzentration

Kooperation liegt vor, **wenn wirtschaftlich selbstständige und rechtlich weitgehend selbstständig bleibende Unternehmen** sich **durch Verträge** zur **Zusammenarbeit** verpflichten.

Beispiele: Interessengemeinschaften zur gemeinsamen Grundlagenforschung, Absprachen über einheitliche Lieferungs- und Zahlungsbedingungen

Von **Konzentration** spricht man, wenn **die wirtschaftliche Selbstständigkeit aufgegeben** wird und die Unternehmen einer umfassenden **zentralen Leitung** unterstellt werden.

Beispiele: Selbstständige Arzneimittelhersteller vereinigen sich unter einheitlicher Leitung. Ein Automobilhersteller kauft einen Konkurrenten auf.

Ziele der Kooperation und Konzentration

Zielsetzung	Beispiele
Sicherung und Verbesserung von Beschaffung und Absatz	gemeinsame Einkaufs- und Verkaufsniederlassungen; Vertragshändlersystem; gegenseitige Beteiligung von Zellulosefabrik, Papierfabrik, Druckerei, Zeitungsverlag
gemeinsame Werbung	Werbeverbund von Versicherungsgesellschaften. Ein Reisebüro und ein Hersteller von Freizeitkleidung werben gemeinsam
höhere Erträge durch Beschränkung und Ausschaltung des Wettbewerbs	Konkurrierende Unternehmen treffen Absprachen über Preise, über die Kontingentierung von Ausbringungsmengen, über die Abgrenzung der Absatzgebiete und über die einheitliche Anwendung von allgemeinen Geschäfts-, Lieferungs- und Zahlungsbedingungen
Sicherung der Beschäftigung durch Übernahme von Aufträgen, die das Leistungsvermögen und die Finanzkraft eines einzelnen Unternehmens übersteigen würden	Mehrere Bauunternehmen erstellen in einer Arbeitsgemeinschaft (Arge) ein Großbauwerk
höherer technischer und wirtschaftlicher Erfolg durch gemeinsame Entwicklungs- und Forschungsarbeiten	Gründung einer Forschungs-GmbH mit Kapitalbeteiligung mehrerer Unternehmen (Automobil-, Elektroindustrie, chemische Industrie)
größere Wirtschaftlichkeit durch gemeinsame Rationalisierung der Fertigungsverfahren, der Fertigungsgegenstände und der Sortimentsgestaltung	Absprachen über gemeinsame Normen und Typen; Zusammenfassung, Ergänzung oder Aufteilung der Produktionsprogramme (Spezialisierung); Sortimentskooperation von Großhändlern
Erhaltung der Konkurrenzfähigkeit gegenüber ausländischen Unternehmen	Zusammenschluss inländischer Automobilhersteller zum gemeinsamen Vertrieb ihrer Erzeugnisse auf Auslandsmärkten

Formen der Kooperation und Konzentration

Kooperation und Konzentration kann auf jeder Wirtschaftsstufe stattfinden. Man unterscheidet dabei drei Formen der Zusammenschlüsse:

Formen der Zusammenschlüsse	Ziele	Beispiel
horizontal (gleiche Produktions- oder Handelsstufen)	Eine stärkere Marktposition schaffen	Telefon-gesell-schaft ↔ Telefon-gesell-schaft ↔ Telefon-gesell-schaft
vertikal (aufeinanderfolgende Produktions- und Handelsstufen)	Beschaffung und Absatz sichern	Maschinenhandel ↕ Maschinenfabrik ↕ Walzwerk ↕ Hüttenwerk ↕ Bergwerk
anorganisch (branchenfremder Zusammenschluss)	Branchen-spezifische Risiken ausgleichen	Brauerei ↗ Zeitungs-verlag ↗ Versiche-rungsge-sellschaft

12.4.1 Kartell

Das **Kartell** ist ein **vertraglicher** horizontaler Zusammenschluss von Unternehmen, die **rechtlich selbstständig** bleiben, aber einen **Teil ihrer wirtschaftlichen Selbstständigkeit aufgeben.**

Beispiele:

1. Die Vereinigte Stahlwerke AG trifft mit der Metall-AG die Abrede, sich bei der Herstellung auf bestimmte Produkte zu spezialisieren.
2. Das OPEC-Kartell trifft sich in Wien zur Absprache über die Menge der Rohölförderung.

Die Mitglieder des Kartells verpflichten sich zu gemeinsamem Handeln und zur Zahlung von Vertragsstrafen beim Verstoß gegen den Kartellvertrag. Je nach Zielsetzung gibt es unterschiedliche **Kartellarten.**

▶ **Preiskartelle**

Sie setzen einheitliche Preise neben gleichen Lieferungs- und Zahlungsbedingungen fest (horizontale Preisbindung).

▶ **Kalkulationskartelle**

Sie stimmen sich im Aufbau und Inhalt ihrer Kostenrechnung ab und bilden die Vorstufe zu Preiskartellen.

▶ **Konditionenkartelle**

Sie vereinbaren die einheitliche Anwendung allgemeiner Geschäfts-, Lieferungs- und Zahlungsbedingungen.

▶ **Syndikate**

Sie sind gemeinsame Beschaffungs- und Vertriebseinrichtungen (Einkaufs- und Verkaufskontore) mit eigener Rechtspersönlichkeit. Sie verwirklichen die Rationalisierung der Beschaffung oder des Absatzes ihrer Mitglieder.

▶ **Quotenkartelle**

Sie teilen jedem Unternehmen die Produktionsquote bzw. Absatzmenge im Verhältnis zu seiner Kapazität zu. Über das Angebot werden so die Preise beeinflusst. Wenn die Absatzmengen geringer gehalten werden, als sie möglich wären, treibt das verknappte Angebot die Preise nach oben.

Quotenkartell

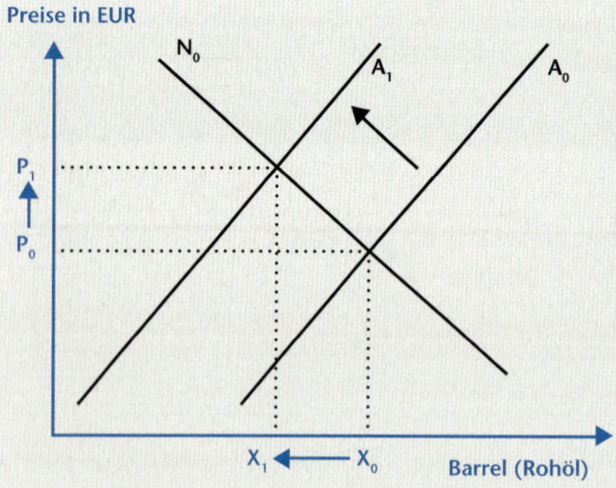

N_0 = Rohöl-Nachfrage
A_0 = Rohöl-Angebot
P_0 = Gleichgewichtspreis
X_0 = Gleichgewichtsmenge

Situation:
Beschluss der OPEC, das Rohöl-Angebot zu verringern
→ Angebotskurve verschiebt sich nach links
→ A_1 = Rohöl-Angebot nach OPEC-Beschluss

Folgen:
- Bei gleichbleibendem Nachfrageverhalten geht die nachgefragte Rohöl-Menge zurück.
- Der Preis für ein Barrel Rohöl steigt.

▶ **Gebietskartelle**

Sie teilen jedem Unternehmen das Absatzgebiet zu. Damit wird der gegenseitige Wettbewerb ausgeschlossen.

12.4.2 Interessengemeinschaft und Konsortium

Interessengemeinschaft

Die **Interessengemeinschaft (IG)** ist ein horizontaler oder vertikaler Zusammenschluss von Unternehmen, die **rechtlich selbstständig** bleiben, ihre **wirtschaftliche Selbstständigkeit** aber meist **in höherem Maße als beim Kartell aufgeben.**

Die IG trägt meist die Rechtsform einer Gesellschaft des bürgerlichen Rechts. Wegen des unterschiedlichen Inhalts und Umfangs der vertraglichen Abmachungen sind die Unterschiede gegenüber dem Konzern und dem Kartell oft nicht deutlich zu ziehen. Die vertraglichen Abmachungen dienen der Förderung gemeinsamer Interessen.

Beispiele: Gemeinsame Forschung und Entwicklung, Austausch technischer Erfahrungen, Vermeidung von Produktionsüberschneidungen (Zusammenfassung von Typen), gegenseitige Zulieferung und Abnahme von Erzeugnissen.

Eine besondere Form der IG ist die Gewinn- und Verlustgemeinschaft **(Pool).** Der gesamte Reingewinn wird nach einem vertraglichen Schlüssel (Umsatz, Kapitalhöhe) auf die beteiligten Unternehmungen aufgeteilt.

Konsortium

Das **Konsortium** ist der horizontale Zusammenschluss von Unternehmen zur **Durchführung** bestimmter, in der Regel **zeitlich begrenzter Aufgaben.**

Die Rechtsform der Gesellschaft des bürgerlichen Rechts überwiegt. Konsortien werden besonders häufig von Banken gebildet, um Aktien und Schuldverschreibungen zu übernehmen und sie beim Publikum unterzubringen (Emissionskonsortium). Industriekonsortien (Bauindustrie) führen Großaufträge aus; Versicherungskonsortien teilen die Risikoübernahme auf.

12.4.3 Joint Venture, strategische Allianz und Franchising

Joint Venture

Beim Joint Venture arbeiten mindestens zwei Unternehmen auf Dauer oder für ein gemeinsames Projekt zusammen. Meist erfolgt dies in der Rechtsform einer BGB-Gesellschaft, durch Gründung eines gemeinsamen Unternehmens oder auf der Grundlage eines Lizenzvertrages. Jeder Partner beteiligt sich mit solchen Produktivkräften, über die er am reichhaltigsten verfügt. Im Allgemeinen dürfte es sich um die Zusammenarbeit eines kapitalkräftigen und risikofreudigen Unternehmens im Inland mit einem kapitalschwachen, technisch und wirtschaftlich aber Erfolg versprechenden Unternehmen im Ausland handeln.

Strategische Allianz

Aufgrund der globalen Konkurrenz und Schnelllebigkeit im Wirtschaftsleben haben eingegangene Kooperationen zunehmend strategische Hintergründe. An vorderster Stelle steht die Ressourcensicherung und das Streben nach Wettbewerbsvorteilen. Da viele Unternehmen diese Ziele aus eigener Kraft nicht erreichen könnten, suchen sie strategische Allianzen. In welcher Form die Kooperation dann umgesetzt wird, ist eine Frage der Marktmacht und des Verhandlungsgeschicks der beteiligten Unternehmen.

Franchising (Kapitel 7.7.1)

12.4.4 Konzern

Der **Konzern** ist ein horizontaler, vertikaler oder anorganischer Zusammenschluss von Unternehmen, die **rechtlich selbstständig** bleiben, aber ihre **wirtschaftliche Selbstständigkeit durch einheitliche Leitung aufgegeben** haben.

Konzerne können bei allen Rechtsformen vorkommen. Zur kapitalmäßigen Verflechtung eignet sich aber besonders die AG.

Beispiel: Die Vereinigte Stahlwerke AG erwirbt die Aktienmehrheit an der Metall-AG. Die Metall-AG bleibt unter ihrer Firma bestehen. Ihre Geschäftspolitik wird künftig vom Vorstand der Vereinigte Stahlwerke AG bestimmt.

AktG § 18 (1)

Unterordnungskonzern

Es gibt ein herrschendes Unternehmen (Mutterunternehmen) und abhängige Unternehmen (Tochterunternehmen). Die einheitliche Leitung wird von dem herrschenden Unternehmen ausgeübt. Abhängigkeit wird unterstellt, wenn das herrschende Unternehmen Einfluss ausüben kann.

§ 291

▶ Vertragskonzern

Durch einen Beherrschungsvertrag wird dem Mutterunternehmen die Leitung eines anderen Unternehmens übertragen. Der Vertrag wird nur durch Zustimmung der HV mit Dreiviertelmehrheit wirksam. Ist das abhängige Unternehmen eine AG, muss auch deren HV mit Dreiviertelmehrheit zustimmen.

§ 319

▶ Eingliederungskonzern

Er liegt vor, wenn eine AG eine andere inländische AG zu 100 % aufnimmt. Die eingegliederte AG bleibt nach außen selbstständig, wird aber nach innen wie eine Betriebsabteilung geführt.

Beispiele: Aldi-Gruppe, METRO AG mit der Media-Saturn-Gruppe, DOUGLAS-Gruppe, Siemens-Konzern

Über einem Unterordnungskonzern steht häufig eine **Dach- oder Holdinggesellschaft.** Sie stellt die abhängigen Konzernunternehmen unter ihre einheitliche Leitung. Dabei verwaltet sie lediglich die angeschlossenen Unternehmen und übernimmt selbst keine Produktions- oder Handelsaufgaben. Das bedeutet, der Holding-Vorstand konzentriert sich damit mehr auf die Vorgabe von übergeordneten Zielen und Rahmenbedingungen.

Beispiele für die Daimler AG Holding:

- Forschung und Entwicklung: Antriebstechniken für Pkws, Dieselantriebe, Luftfahrt
- Einkauf: gemeinsamer Rohstoffeinkauf für die Herstellung der Nutzfahrzeuge
- Logistik: gemeinsamer Transport von Pkws und Kleintransportern

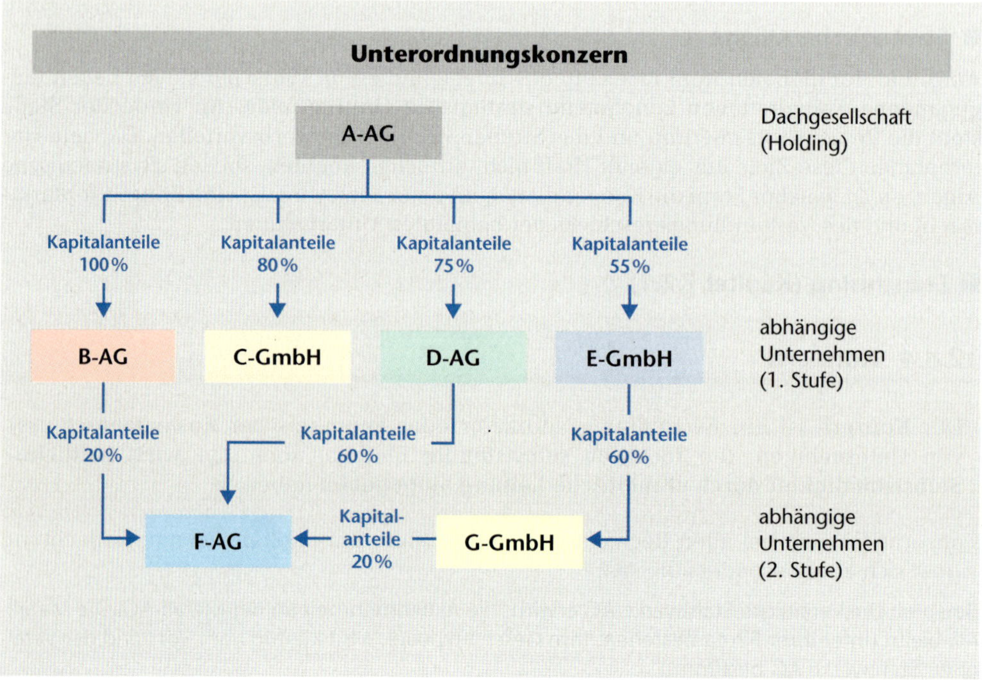

Gleichordnungskonzern

AktG § 18 (2)

Es gibt kein herrschendes Unternehmen. Die Konzernunternehmen haben eine gleichrangige Stellung. Die Leitung der Unternehmen wird in gegenseitiger Abstimmung geregelt. Dies kann durch ein Gremium oder durch personelle Verflechtung geschehen. In der Praxis ist dieser Konzern selten anzutreffen.

Beispiel: HAMBURG WASSER (Zusammenschluss aus Hamburger Wasserwerke GmbH (HWW) und Hamburger Stadtentwässerung AöR (HSE)

Wechselseitig beteiligte Unternehmen

§ 19

Auch bei ihnen bleiben die Unternehmen rechtlich selbstständig. Ihre wirtschaftliche Selbstständigkeit wird aber dadurch beschränkt, dass jedes Unternehmen mehr als 25 % der Kapitalanteile des anderen Unternehmens erwirbt (Sperrminorität). Die Unternehmen erhalten dadurch gegenseitigen Einfluss auf die Geschäftsführung (Schwestergesellschaften).

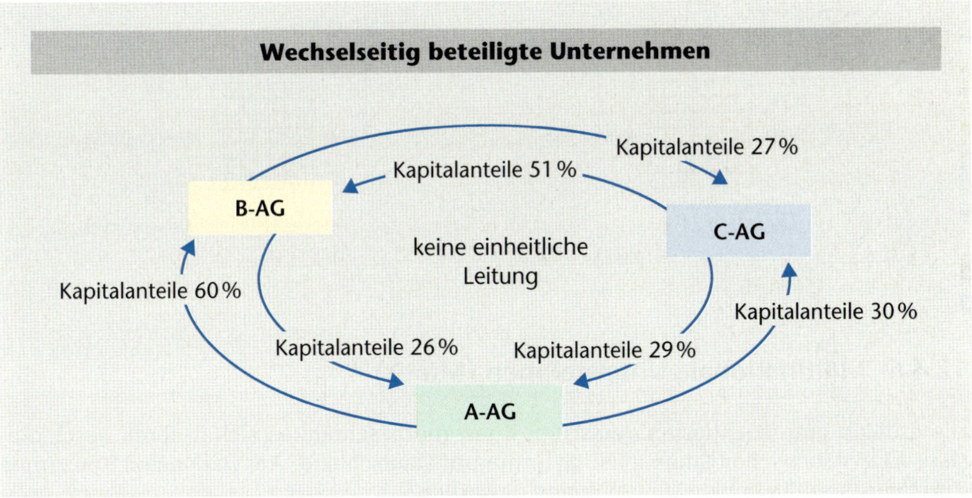

12.4.5 Vereinigte Unternehmen (Trust)

Ein **Vereinigtes Unternehmen** (Trust) ist ein Zusammenschluss von Unternehmen (Fusion), die **ihre rechtliche und wirtschaftliche Selbstständigkeit aufgeben.**

Beispiel: Die Vereinigte Stahlwerke AG beschließt nach Erwerb von 100 % des Aktienkapitals der Metall-AG die Fusion. Die Metall-AG wird als Zweigwerk übernommen; ihre Firma erlischt.

Es besteht nur noch ein einziges Unternehmen. Die früheren Unternehmen sind Betriebe des Trusts geworden. Die Verschmelzung oder Fusion von Unternehmen zu einem Vereinigten Unternehmen (Trust) kann auf zwei Arten erfolgen:

Verschmelzung durch Aufnahme

Das Vermögen und die Schulden des übertragenden Unternehmens gehen in voller Höhe in das übernehmende Unternehmen ein. Gründe dafür können sein:

- starker Wettbewerbsdruck hat ein Unternehmen aufnahmewillig gemacht,
- die Aktien einer AG wurden allmählich aufgekauft bis hin zur feindlichen Übernahme.

Verschmelzung durch Neubildung

Es wird ein neues Unternehmen gegründet. In das neue Unternehmen gehen das Vermögen und die Schulden der sich vereinigenden Unternehmen ein. Handelt es sich um Aktiengesellschaften, werden die Aktien der beteiligten Unternehmen eingebracht. Alle übertragenden Unternehmen erlöschen.

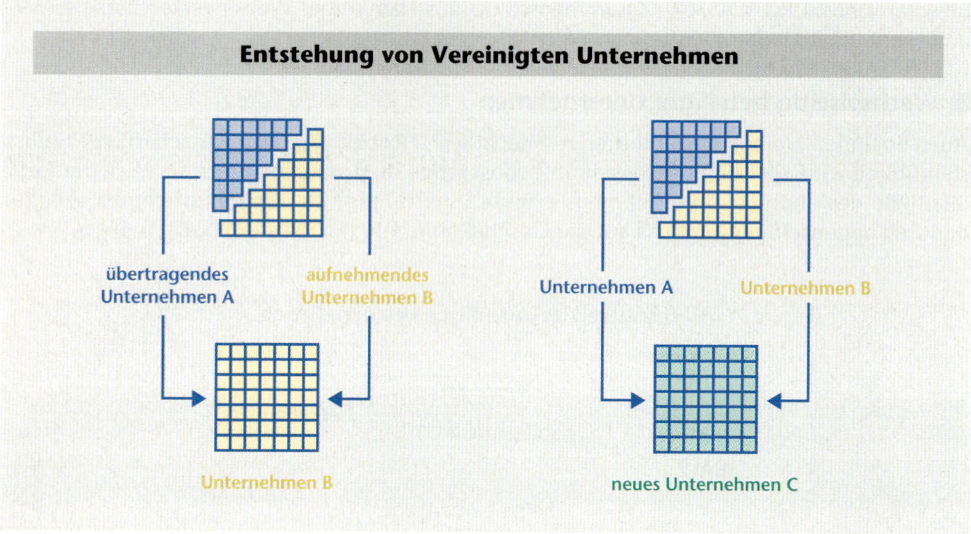

12.4.6 Multinationale Unternehmen (Multis)

Die größten und mächtigsten deutschen Konzerne beschränken sich in ihren geschäftlichen Aktivitäten schon lange nicht mehr nur auf Deutschland. Aus nationalen Konzernen sind längst multinationale Unternehmen geworden.

Ein **multinationales Unternehmen** ist ein horizontaler, vertikaler oder anorganischer Zusammenschluss von Unternehmen, die aus **international operierenden Einheiten** bestehen **(Global Players).**

Multinationale Unternehmen besitzen in der ganzen Welt Produktionsstätten und Vertriebsnetze.

Hunderte von Tochtergesellschaften und Beteiligungsunternehmen verleihen den »Multis« ein ungeheures wirtschaftliches und politisches Gewicht. Damit können sie sich nationaler Kontrolle weitgehend entziehen.

Die Argumentation für oder gegen mulitnationale Unternehmen ist nicht einheitlich.

Die **Befürworter** der Multis bringen u. a. Folgendes vor:	Die **Gegner** werfen den Multis u. a. Folgendes vor:
– Die These, dass Multis Staaten beherrschen, ist reine Theorie. Die Staaten können über ihre Gesetzgebung die Niederlassung eines Unternehmens verhindern oder mit strengen Auflagen versehen.	– Multinationale Unternehmen sind mächtiger als Staaten. Sie beherrschen Wirtschaft und Politik der Staaten, in denen sie sich niedergelassen haben.

Die **Befürworter** der Multis bringen u. a. Folgendes vor:	Die **Gegner** werfen den Multis u. a. Folgendes vor:
– Viele Staaten werben um Niederlassungen der Multis, um Arbeitsplätze zu schaffen und Steuerquellen zu erschließen. – Produktionsverlagerungen, die willkürlich geschehen, sind normalerweise nicht möglich. Die Stilllegung der einen Produktionsstätte verlangt den Aufbau einer neuen in einem neuen Land. Gewerkschaften sind außerdem gegenüber Multis nicht machtlos, weil z. B. ein Streik in einem Konzernunternehmen in einem Land aufgrund der Verflechtung und Abhängigkeit den ganzen Konzern beeinträchtigen kann.	– Multinationale Unternehmen beuten die Entwicklungsländer aus. Technischer Vorsprung verstärkt die Ausbeutung. – Sie vernichten Arbeitsplätze im Inland, indem sie »willkürlich« Betriebsteile in Länder mit niedrigen Arbeitslöhnen verlagern. – Multinationale Unternehmen verlegen Betriebsteile in Länder, in denen es keine Gewerkschaften gibt.

12.4.7 Gesamtwirtschaftliche Auswirkungen der Kooperation und Konzentration

positive Auswirkungen	negative Auswirkungen
– Die Unternehmen können Kostenminderungen in ihren Verkaufspreisen weitergeben. Dies führt zu einem insgesamt sinkenden Preisniveau. – Die Versorgung der Verbraucher steigt, wenn Rationalisierungsmaßnahmen zu Leistungsverbesserungen führen. – Die Markttransparenz erhöht sich, wenn die Produktionsprogramme und die Sortimente bereinigt werden. – Die Beschränkung der Produktion auf den Bedarf kann dazu führen, dass vorübergehend gefährdete Unternehmen und Arbeitsplätze erhalten werden. – Die außenwirtschaftliche Wettbewerbsfähigkeit kann erhalten oder ausgebaut werden. Dies führt zur Arbeitsplatzsicherung oder gar einem -ausbau im Inland. – Das Bruttoinlandsprodukt und das Wirtschaftswachstum werden gesichert und damit auch die Einnahmen der öffentlichen Hand.	– Die Preise können überhöht sein, sofern kein hinreichender Wettbewerb gegeben ist. Dies führt zu einem insgesamt steigenden Preisniveau. – Die Preise werden überhöht, wenn sie durch die Kosten unwirtschaftlich arbeitender Betriebe bestimmt werden. – Durch die Beschränkung der Ordnungsfunktion des freien Wettbewerbs wird die volkswirtschaftlich notwendige Leistungsauslese verzögert. – Die Vielfalt des Angebots an Waren und Dienstleistungen wird im Allgemeinen vermindert. – Die Umsetzung von Rationalisierungsmöglichkeiten gefährdet Arbeitsplätze und damit gesamtwirtschaftliche Nachfrage. – Durch Stilllegung unwirtschaftlich arbeitender Betriebe kann regional Arbeitslosigkeit eintreten. – Der technische Fortschritt kann durch den Schutz rückständiger Betriebe gehemmt werden. – Die Konzentration wirtschaftlicher Macht birgt die Gefahr ihres Missbrauchs zu politischer Macht in sich.

12.4.8 Maßnahmen zur Erhaltung des Wettbewerbs

Ziele der Wettbewerbspolitik

Die **staatliche Politik** zur Sicherung des Wettbewerbs soll die Allgemeinheit vor den Nachteilen der Unternehmenszusammenschlüsse bewahren und einen marktwirtschaftlichen Wettbewerb gewährleisten. In Deutschland ist deshalb das Gesetz gegen Wettbewerbsbeschränkung (GWB) erlassen worden.

EGV §§ 81 f. Auch die **Europäische Union (EU)** verbietet allen Unternehmen und Unternehmensvereinigungen ihrer Mitgliedsstaaten, Vereinbarungen zu treffen, durch die der Wettbewerb innerhalb des gemeinsamen Marktes beeinträchtigt, verhindert, eingeschränkt oder verfälscht wird. Auch die missbräuchliche Ausnutzung einer marktbeherrschenden Stellung ist nicht erlaubt.

GWB § 22 Das europäische und das deutsche Kartellrecht gelten grundsätzlich nebeneinander. Sind die Verhältnisse aber unklar, gilt das europäische Recht vor dem deutschen Recht. Das Ziel beider Rechtsvorschriften ist der Schutz des Wettbewerbs auf dem europäischen bzw. auf dem deutschen Markt. Damit sollen Marktabsprachen, Machtmissbrauch und Machtkonzentration verhindert werden.

Wettbewerbsförderung durch Kartellverbot

§ 1 Im deutschen Kartellrecht sind Vereinbarungen zwischen Unternehmen, die eine Verfälschung des Wettbewerbs bezwecken, verboten **(Verbotsprinzip).**

Ob wettbewerbsbeschränkende Vereinbarungen zwischen Unternehmen zulässig sind oder nicht, muss jedes Unternehmen selbst prüfen. Es empfiehlt sich deswegen, unternehmensintern ein Risikomanagement für Kartellrechtsfragen einzurichten, um Verstöße zu verhindern.

Messgröße für zulässige Vereinbarungen ist grundsätzlich der Marktanteil der beteiligten Unternehmen. Als Anhaltspunkt gilt die Vorgabe der EU-Kommission:

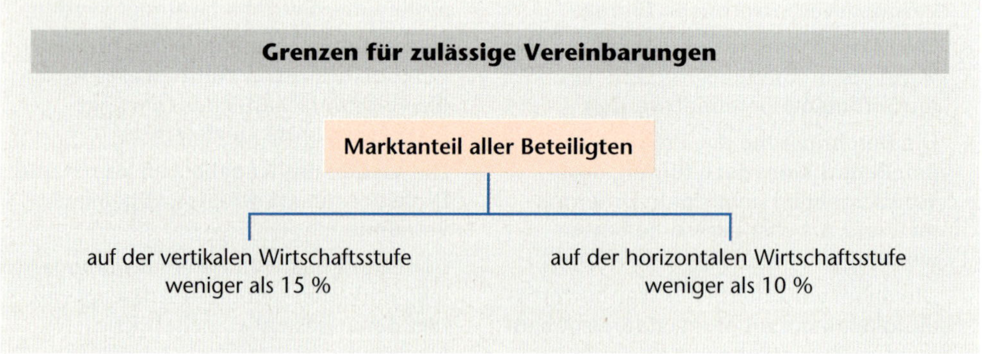

Da das GWB die Begriffe Wettbewerb und Wettbewerbsbeschränkung nicht exakt definiert, ist immer eine Prüfung des Einzelfalls erforderlich.

Stellt die Kartellbehörde beispielsweise gleichzeitige Preiserhöhungen von Unternehmen für ihre Waren fest, kann es sich um wettbewerbsschädliche Preisabsprachen handeln, aber ebenso um unbewusstes Parallelverhalten aufgrund der gestiegenen Nachfrage nach diesen Waren. Für die Kartellbehörde ist es demnach nicht immer einfach zu beurteilen, ob unternehmerisches Verhalten wettbewerbsbeschränkend oder wettbewerbskonform ist.

Grundsätzlich führen aber vereinbarte Preis-, Gebiets- und Quotenabsprachen (sogenannte **Hardcore-Kartelle**) zu Wettbewerbsbeschränkungen und damit zu deren Verbot.

▶ Freigestellte Vereinbarungen GWB § 2

Vom Verbot freigestellt sind Vereinbarungen zwischen Unternehmen oder aufeinander abgestimmte Verhaltensweisen, wenn sie zur Verbesserung der Warenerzeugung oder -verteilung oder zur Förderung des technischen oder wirtschaftlichen Fortschritts beitragen.

▶ Mittelstandskartelle § 3

Ihnen sind Vereinbarungen zur Rationalisierung wirtschaftlicher Vorgänge erlaubt. Kleinen und mittelständischen Unternehmen wird durch diese Gesetzesvorschrift ein Ausgleich für ihre strukturellen Nachteile gegenüber größeren Wettbewerbern angeboten.

Kartellregelung

verboten	**erlaubt**
Hardcore-Kartelle, z. B. – Preiskartelle – Gebietskartelle – Quotenkartelle	– Vereinbarungen zwischen Unternehmen mit einem Marktanteil von jeweils bis zu 10 % bzw. 15 % – freigestellte Vereinbarungen – Mittelstandskartelle

Wettbewerbsförderung durch Fusionskontrolle

Zusammenschlüsse sind vor dem Vollzug dem Bundeskartellamt anzumelden und nach dem Vollzug anzuzeigen. Die Fusionskontrolle findet statt, wenn die Beteiligten vor dem Zusammenschluss folgende Umsatzerlöse pro Jahr erreicht haben: § 39

anmeldepflichtige Zusammenschlüsse § 35

Umsatzerlöse eines Partners > 500 Mio. EUR	und	**Umsatzerlöse im Inland > 25 Mio. EUR**

anmeldefreie Zusammenschlüsse, wenn

Umsatzerlöse eines Partners < 10 Mio. EUR	oder	**Umsatzerlöse seit fünf Jahren < 15 Mio. EUR**

Besteht die Gefahr, dass durch den **Zusammenschluss eine marktbeherrschende Stellung entsteht oder verstärkt** wird, so kann die Kartellbehörde einen Zusammenschluss untersagen. Eine bereits vollzogene Fusion kann unter bestimmten Voraussetzungen durch ein **Fusionsverbot** entflochten, d. h. aufgelöst werden.

GWB § 19

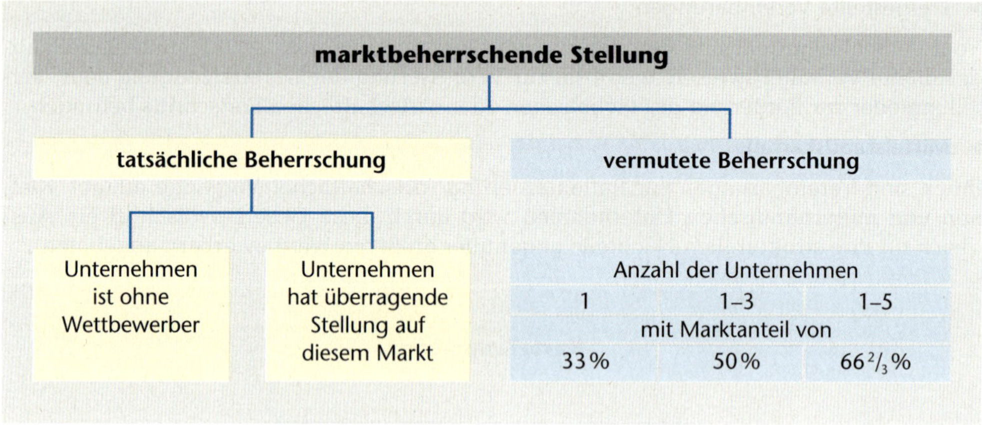

Merkmale einer überragenden Marktstellung sind die Finanzkraft, der Zugang zu Beschaffungs- oder Absatzmärkten und die Verflechtung mit anderen Unternehmen. Zur Begutachtung der Entwicklung der Unternehmenskonzentration ist eine **Monopolkommission** aus Fachleuten der Wirtschaft und Wissenschaft gebildet worden.

Wettbewerbsförderung durch Missbrauchsaufsicht

§ 19 Die Aufsicht hat die Aufgabe zu verhindern, dass ein bereits marktbeherrschendes Unternehmen seine Marktstellung missbraucht. Nutzt es seine marktbeherrschende Stellung § 74 missbräuchlich aus, so kann die Kartellbehörde dieses Verhalten untersagen und Verträge für unwirksam erklären. Gegen Verfügungen der Kartellbehörde kann Beschwerde beim Kammergericht am Oberlandesgericht in Düsseldorf geführt werden. Gegen Entscheidungen des Kammergerichts können Rechtsbeschwerden an den Kartellsenat des Bundesgerichtshofs gerichtet werden.

§ 42

Generalausnahmeklausel und Geldbußen

▶ Generalausnahmeklausel

Der Bundesminister für Wirtschaft und Technologie kann Zusammenschlüsse zulassen, die vom Kartellamt nicht genehmigt oder durch das Kartellrecht verboten sind. In zwei Fällen werden Zusammenschlüsse erlaubt:

- Die Beschränkung des Wettbewerbs ist aus überwiegenden Gründen der Gesamtwirtschaft und des Gemeinwohls notwendig.
- Es besteht eine unmittelbare Gefahr für den Bestand des überwiegenden Teiles der Unternehmen eines Wirtschaftszweiges.

Kartellbehörden sind das Bundeskartellamt in Bonn und das Bundesministerium für Wirtschaft und Technologie sowie die Kartellämter der Länder. *GWB § 48*

▶ Geldbußen

Bei Nichtbeachtung der Vorschriften des Gesetzes, bei unrichtiger und ungenügender Auskunftserteilung und bei Aufsichtspflichtverletzung können Geldbußen auferlegt werden. Die Geldbuße kann bis zu mehrere Mio. EUR betragen. *§ 81 (1)* *§ 81 (4)*

Zusammenfassende Übersicht zu Kapitel 12.4:
Unternehmenszusammenschlüsse durch Kooperation und Konzentration

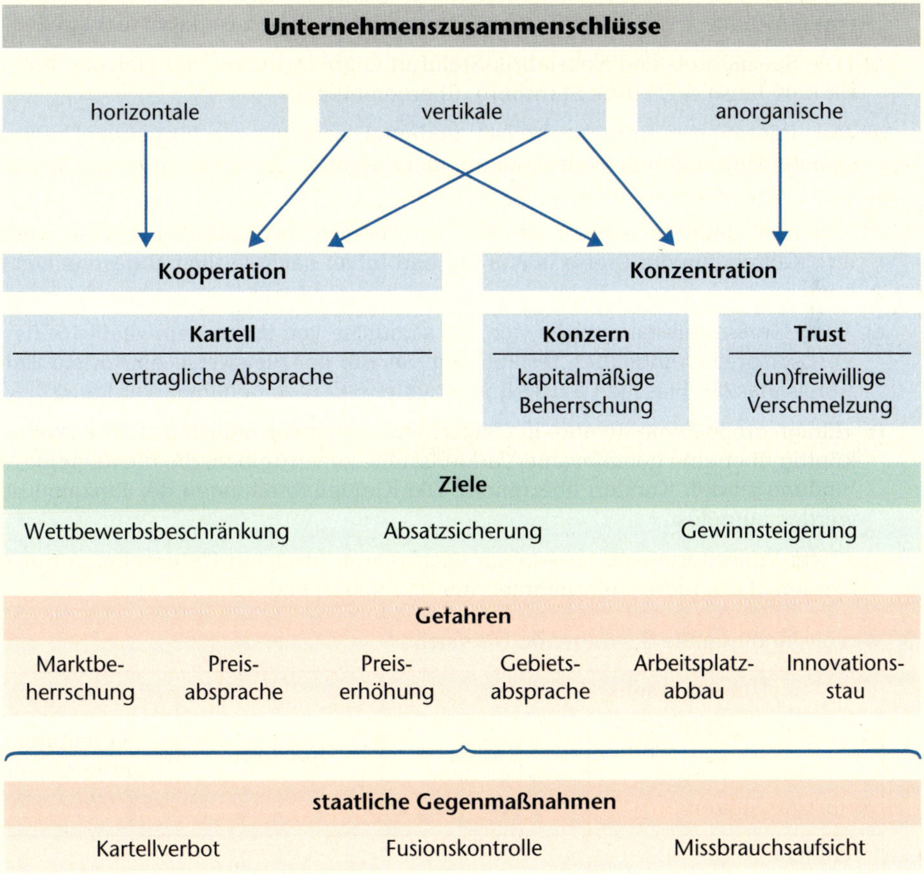

▶ Aufgaben und Probleme

1. Welche Ziele verfolgen Unternehmen
   a) aus der Automobilbranche bei einem horizontalen Zusammenschluss,
   b) aus dem Rohstoff fördernden und verarbeitenden Bereich bei einem vertikalen Zusammenschluss,
   c) aus dem Versandbereich und dem Lebensmittelbereich bei einem anorganischen Zusammenschluss?

2. Beantworten Sie aufgrund der folgenden Pressenotizen die Fragen:
   - Welche Ziele verfolgen die einzelnen Unternehmen?
   - Welche Vor- und Nachteile ergeben sich aus deren Zusammenschluss?
   - Wie werden diese Zusammenschlüsse genannt?

   a) »Zwei Automobil-AGs wollen bis zum Jahre 2016 gemeinsam ein Fahrzeug mit Brennstoffzellenantrieb entwickeln, das weltweit vertrieben werden soll. An einen Aktienerwerb bei einem beteiligten Unternehmen ist dabei nicht gedacht.«
   b) »Die Spezialbrot- und Keksfabrik Steinfurt GmbH wird von der Holzofenbrotfabrik Karl Jause & Co. KG, Starnberg, übernommen.«
   c) »Aus informierten Branchenkreisen verlautet, dass sich ein führendes Unternehmen der Unterhaltungselektronik mit mehr als 50 % an einem anderen Unternehmen der gleichen Branche beteiligen wird.«
   d) »Mehrere Bauunternehmer werden mit erheblichen Geldbußen belegt, weil sie ihre Kalkulation der Preise in Aufbau und Inhalt nachweislich abgesprochen haben.«
   e) »Drei Großsaftereien einigen sich, für sämtliche von ihnen hergestellte Säfte die Verkaufspreise einheitlich festzulegen. So soll beispielsweise eine Kiste trüben Apfelsaftes (20 Flaschen à 0,33 l) nicht unter 6 EUR abgegeben werden.«
   f) »Einige große Zementwerke in Deutschland legen vertraglich fest, ihre Produkte künftig über eine gemeinsame Verkaufsstelle zu vertreiben, die die alleinige Verbindung zu den Kunden übernimmt. Die Kundenabteilungen der Einzelbetriebe werden aufgelöst.«
   g) »Zwei Versicherungsunternehmen vereinbaren, dass ein Unternehmen nur den Norden, das andere Unternehmen nur den Süden bedient.«

3. Vervollständigen Sie die folgende Übersicht.

Unternehmenszusammenschluss / Selbstständigkeit	Kartell	Konzern	Vereinigte Unternehmen
rechtliche			
wirtschaftliche			

4. Welche Vor- und Nachteile hat ein Beherrschungsvertrag für die beteiligten Unternehmen?

5. Erläutern Sie die Bedeutung des Wettbewerbs für die marktwirtschaftliche Ordnung.

6. In den letzten Jahren sind viele Klein- und Mittelbetriebe des Einzelhandels verkauft oder aufgegeben worden.
   a) Nennen Sie mögliche Ursachen.
   b) Welche Auswirkungen hatte dies auf die Verbraucher?
   c) Wie versuchen noch existierende Kleinbetriebe des Einzelhandels diese Entwicklung zu überleben?
   d) Welche Maßnahmen ergreift der Staat, um den Mittelstand zu fördern (Begründung)?
7. Auf welche Weise kann wirtschaftliche Macht zu politischer Macht führen?
8. Wägen Sie ab, inwieweit »Multis« bzw. »Global Players« mächtiger sind als Staaten.
9. Die Anzahl der Fusionen hat in den letzten Jahren stark zugenommen. Nennen Sie vier Gründe für diese Entwicklung.
10. Auf der Homepage des Bundeskartellamtes finden Sie unter »Über uns/Das Kartellamt« Informationen zu den unten genannten Bereichen. Geben Sie die auf der Seite stehenden Informationen in Kurzform wieder.
    a) Vorteile des wettbewerblichen Ordnungsprinzips.
    b) Das Gesetz gegen Wettbewerbsbeschränkung.
    c) Aufgaben des Bundeskartellamtes.

12.5 Marktregulierungsmechanismen

12.5.1 Konjunkturschwankungen und Konjunkturindikatoren

Konjunkturschwankungen

Die reale Veränderung des Bruttoinlandsproduktes wird als Messgröße für den Verlauf des Wirtschaftsgeschehens (Konjunktur) verwendet.

Dieser Verlauf vollzieht sich in wellenförmig aufeinanderfolgenden Phasen.

Es werden unterschieden:

- **strukturelle Schwankungen.** Ursache dafür sind grundlegende Veränderungen als Folge des technischen Fortschritts, der Globalisierung und dadurch geänderter Arbeitsbedingungen für den Menschen (Bergbau, Telekommunikation).
- **konjunkturelle Schwankungen.** Die mittelfristigen Schwankungen mit einer Dauer von 4–6 Jahren werden als die eigentlichen und **für die Wirtschaftspolitik bedeutsamen Konjunkturschwankungen** bezeichnet. Man nennt sie auch Konjunkturzyklen.
- **saisonale Schwankungen.** Sie haben ihre Ursache in den Lebensgewohnheiten und Traditionen der Menschen (Urlaub, Ferienregelungen, religiöse Feste) und in klimatischen Gegebenheiten (Sommer, Winter).

Konjunkturindikatoren

Mithilfe von Konjunkturindikatoren kann festgestellt werden, in welcher Konjunkturphase sich die Wirtschaft befindet. Darauf aufbauend können Maßnahmen der Konjunkturpolitik ergriffen werden.

Konjunkturzyklus mit Konjunkturphasen

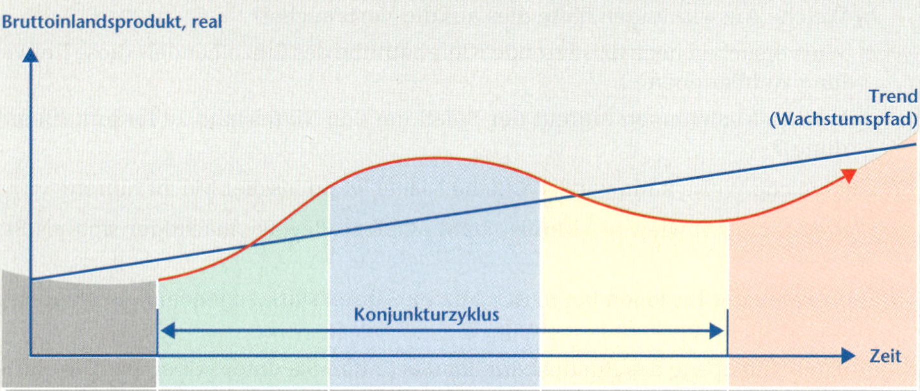

Konjunkturphasen / Konjunkturindikatoren	1. Aufschwung (Anstieg)	2. Boom (Hochkonjunktur)	3. Rezession* (Rückgang) / Krise (Niedergang)	4. Depression (Talsohle)
1. Auftragslage	zunehmender Auftragseingang	hohe Auftragsbestände, Lager sind geräumt, lange Lieferfristen	Auftragsstockung, Zahlungsfähigkeit der Kunden verschlechtert sich	nahezu Auftragsstopp
2. Produktion und Absatz	Steigerung der Produktion und des Absatzes, zunehmende Kapazitätsauslastung	maximale Kapazitätsauslastung, Produktions- und Absatzhöchststand	Produktions- und Absatzrückgang, Entstehung ungenutzter Kapazitäten	Produktionstiefstand, stillgelegte Kapazitäten, starke Absatzschwierigkeiten
3. Beschäftigung	Beschäftigungszunahme, Rückgang der Arbeitslosigkeit	Vollbeschäftigung mit Neigung zur Überbeschäftigung, Arbeitskräftemangel	Kurzarbeit, Entlassung von Arbeitnehmern	anhaltende Unterbeschäftigung, Massenarbeitslosigkeit
4. Investitionsneigung	starke Investitionsneigung, Kapazitätsausbau	weitere Investitionszunahme trotz hoher Zinsen	Investitionsrückgang, Kapazitätsabbau trotz fallender Zinsen	Investitionsstopp trotz sehr niedriger Zinsen
5. Preise	bessere Kapazitätsausnutzung bewirkt gewisse Preisstabilität	dauerhafter Nachfrageüberhang bewirkt Preissteigerungen. Verkäufermarkt	nachgebende Preise, Käufermarkt	ruinöser Preiswettbewerb, Preisverfall
6. Aktienkurse	Aktienkurse steigen infolge optimistischer Konjunkturerwartungen	Aktienkurse sind spekulativ überzogen	Aktienkurse sinken infolge pessimistischer Konjunkturerwartungen	Einbruch der Aktienkurse

* **Rezession:** Sie macht sich am Ende der Hochkonjunkturphase durch eine Wachstumsstockung (»Stagnation«) oder einen leichten Rückgang bemerkbar. Werden rechtzeitig geeignete Steuerungsmaßnahmen ergriffen, kann eine neue Hochkonjunkturphase eingeleitet werden, ohne dass die Wirtschaft zuvor über eine Krise in die Depression abgleitet.

Konjunkturindikatoren sind **Messwerte,** die den gegenwärtigen **Stand (Diagnose)** und die voraussichtliche Entwicklung **(Prognose) des Wirtschaftsablaufs** anzeigen.

Den Stand der Konjunktur kann man durch drei Gruppen von Indikatoren feststellen:

Konjunkturindikatoren		
Früh-indikatoren	**Gegenwarts-indikatoren**	**Spät-indikatoren**
Sie haben einen zeitlichen Vorlauf, d. h., ihre Veränderungen kündigen die nächste Phase des Konjunkturzyklus an.	Sie fallen mit der Konjunkturphase zusammen.	Sie haben eine zeitliche Verzögerung, d. h., ihre Veränderungen treten gegen Ende der Konjunkturphase auf.
Beispiele: 1. Zahl der Baugenehmigungen 2. Auftragseingänge in der Industrie 3. Lagerbestände in den Unternehmen 4. Erwartungen über die Geschäftsentwicklung	**Beispiele:** 1. Umsätze des Einzelhandels 2. Umfang der Produktion von Konsum- und Investitionsgütern 3. Nachfrage nach Krediten 4. Entwicklung des Bruttoinlandsproduktes	**Beispiele:** 1. Entwicklung der Löhne und Gehälter 2. Entwicklung der Güterpreise 3. Entwicklung der Arbeitslosenquote 4. Höhe der Beschäftigung 5. Zahl der Unternehmensinsolvenzen

Für Konjunkturvoraussagen müssen die einzelnen Indikatoren gemeinsam betrachtet werden, um daraus Prognoserechnungen ableiten zu können. **Konjunkturprognosen** werden von zahlreichen Institutionen (Bundesregierung, Europäische Zentralbank, Sachverständigenrat zur Begutachtung der wirtschaftlichen Entwicklung, Großbanken, Wirtschaftsforschungsinstitute, OECD) veröffentlicht.

Beispiel für Konjunkturindikator »Beschäftigung«:

Entwicklung der **Arbeitslosenquote** in Deutschland										
1. Indikator										
2003	2004	2005	2006	2008	2009	2010	2011	2012	2013	2014
10,5 %	10,5 %	11,7 %	10,8 %	7,8 %	8,1 %	7,7 %	7,1 %	6,8 %	6,9 %	6,7 %
2. Diagnose										
Die Arbeitslosenquote liegt deutlich über der für einen idealen Beschäftigungsstand angesetzten Marge von 2 %. Seit dem sehr hohen Stand von 11,7 % im Jahr 2005 ist die Quote gesunken und trotz der Wirtschaftskrise 2009 nur leicht gestiegen. Der Grund hierfür liegt in der Nutzung der Kurzarbeitsmöglichkeiten durch die Unternehmen. Das Anziehen der Konjunktur führte in den Jahren 2010–2012 zu einem Rückgang der Arbeitslosenzahlen, 2013 stagnierten die Arbeitslosenzahlen, 2014 setzte sich der Rückgang fort.										
3. Prognose										
Für 2015 rechnet die Bundesagentur für Arbeit mit einem stabilen Arbeitsmarkt. Die Beschäftigung wird auch 2015 weiter wachsen, jedoch langsamer als im Vorjahr. Während 2014 im Durchschnitt die Zahl der Erwerbslosen um 52.000 sank, wird 2015 ein Rückgang von lediglich 20.000 erwartet.										

4. Aufgabe der Wirtschaftspolitik

Ergreifen von Maßnahmen, um den Auswirkungen der Euro-Krise für Deutschland zu begegnen, z. B. Senkung der Kosten (der Arbeit), Förderung innovativer Unternehmen, Bildungsförderung, Stabilisierung der Kreditwirtschaft.

12.5.2 Grundkonzepte der Wirtschaftspolitik

Seit Jahrzehnten gibt es zwei gegensätzliche Positionen, um die Frage zu beantworten, wie auf konjunkturelle Schwächen in der Wirtschaft reagiert werden sollte.

Angebotsorientierte Wirtschaftspolitik

Die Vertreter der **angebotsorientierten Wirtschaftspolitik (Angebotspolitik)** verbinden das **Wachstum der Geldmenge** mit der **Entwicklung der Produktion** und stützen sich auf die **Selbstheilungskräfte des Marktes.** Eine **Verbesserung der Angebotsbedingungen** soll zu attraktiveren Angeboten und damit zu stärkerer Nachfrage führen.

Für die Vertreter der angebotsorientierten Wirtschaftspolitik (»**Monetarismus**«) werden Fehlentwicklungen in der Wirtschaft darauf zurückgeführt, dass es zu wenig dauerhaft rentable Produktionsmöglichkeiten gibt. Diese Fehlentwicklungen führen insbesondere zu Arbeitslosigkeit. Deshalb unterstützt der Staat das wirtschaftliche Geschehen am besten dadurch, dass er Eingriffe unterlässt. Ihm soll lediglich die Aufgabe zufallen, für einen ungestörten Ablauf des Wirtschaftsgeschehens zu sorgen.

Zur Verbesserung der **Rahmenbedingungen** innerhalb der Volkswirtschaft gehören:

Maßnahmen	Wirkungen
Abbau der Staatsverschuldung	erhöht die Gestaltungsmöglichkeiten des Staates
Senkung der Steuern	schafft Leistungsanreize für Unternehmen und Erwerbstätige
Abbau sozialpolitischer Maßnahmen auf ein notwendiges Maß	steigert die Eigenverantwortung des Einzelnen
Abbau von Vorschriften	erhöht die Investitionsbereitschaft der Unternehmen
Abbau von Subventionen	verhindert Fehlentwicklungen in der Wirtschaft
Schutz des freien Wettbewerbs	fördert die freie Entfaltung der Wirtschaftssubjekte

In der **Lohnpolitik** der Tarifparteien sollten längerfristige Tarifverträge eingeführt werden, die sich außerdem nach der Leistungsfähigkeit der einzelnen Branchen unterscheiden sollten. Dadurch können die Kosten der Unternehmen positiv beeinflusst werden, weil die Kalkulationsgrundlagen sicherer und langfristiger zur Verfügung stehen.

Die **Zentralbank** spielt eine führende Rolle in der Wirtschaftspolitik. Ihr steht ein geldpolitisches Instrumentarium zur Verfügung, um die Wirtschaft mit einer verstetigten Geldmengenerhöhung zu versorgen. Dadurch soll eine inflationäre Entwicklung vermieden werden.

Nachfrageorientierte Wirtschaftspolitik

Die Vertreter der **nachfrageorientierten Wirtschaftspolitik (Nachfragepolitik)** meinen, dass der **Staat** durch die **Einnahmen- und Ausgabenpolitik Einfluss** auf die **Wirtschaftsentwicklung** nehmen kann.

Für die Vertreter der nachfrageorientierten Wirtschaftspolitik (**»Fiskalismus«**) liegt die Ursache eines ungünstigen Konjunkturverlaufs in einer zu schwachen Nachfrage innerhalb der Wirtschaft begründet. Dadurch sind die Produktionskapazitäten nur gering ausgelastet. Der Staat sollte deshalb in den Wirtschaftsprozess eingreifen, um zu stabilisieren. Durch Maßnahmen der **Einnahmen- und Ausgabenpolitik** kann der Staat die Nachfrage beeinflussen. Er sollte in der Hochkonjunktur (Boom) »dämpfend« auf die Nachfrage einwirken. In der Konjunkturkrise (Rezession oder Depression) sollte er jedoch die Nachfrage anregen. Der Einfluss des Staates kann sich richten auf die Nachfrage

- der privaten Haushalte nach Konsumgütern;
- der Unternehmen nach Investitionsgütern;
- des Staates nach Gütern und Dienstleistungen;
- des Auslandes nach Gütern und Dienstleistungen.

12.5.3 Geldpolitik der Europäischen Zentralbank

Die **E**uropäische **Z**entral**b**ank **(EZB)** ersetzt seit 1. Januar 1999 die nationalen Zentralbanken derjenigen Staaten, die an der Währungsunion teilnehmen. Die nationalen Zentralbanken, in Deutschland die Deutsche Bundesbank, bleiben aber erhalten und erfüllen untergeordnete Aufgaben. Die EZB und die nationalen Zentralbanken bilden zusammen das Europäische System der Zentralbanken **(ESZB).**

■ Ziele und Aufgaben der EZB

Die EZB ist eine juristische Person mit Sitz in Frankfurt (Main). Ihr Gründungskapital von 5 Mrd. EUR wird von den Mitgliedsstaaten anteilig nach Bevölkerung und Bruttoinlandsprodukt aufgebracht.

▶ Ziele

Die EZB gewährleistet Preisniveaustabilität in der Gemeinschaft. Steigt der Preisindex anhaltend um mehr als 2 %, muss die EZB mit geldpolitischen Maßnahmen reagieren. Die EZB fördert auch die allgemeine Wirtschaftspolitik in der Gemeinschaft. Allerdings darf dadurch die Preisniveaustabilität nicht gefährdet werden. Die EZB sowie alle nationalen Zentralbanken der am Euro-System teilnehmenden Staaten sind von Weisungen der Regierungen als auch der Organe der EU unabhängig.

▶ Aufgaben

EZB-Rat (beschließendes Organ)	Direktorium (ausführendes Organ)	Erweiterter Rat
– Festlegung der Richtlinien der Geldpolitik – Festlegung der Leitzinssätze – Bereitstellung von Zentralbankgeld – Ausgabe von Euro-Banknoten	– Ausführung der Geldpolitik – Erteilung der Weisung an die nationalen Zentralbanken – Förderung des reibungslosen Funktionierens der Zahlungssysteme	Koordinierung der Geldpolitik der EZB mit den Zentralbanken der Staaten, die den Euro noch nicht eingeführt haben

■ Geldpolitisches Instrumentarium

Damit die EZB ihre Ziele erreichen kann, stehen ihr verschiedene geldpolitische Instrumente zur Verfügung. Diese werden eingesetzt, um die Kreditinstitute und damit die Wirtschaft der einzelnen Euro-Staaten mit ausreichender Liquidität (zur Ankurbelung der Konjunktur) zu versorgen bzw. ihnen Liquidität zu entziehen (als Vorbeugung vor Inflation).

▶ Offenmarktpolitik

Die EZB kann am »offenen Markt« Geldpolitik betreiben, indem sie die von den Banken angebotenen **Wertpapiere beleiht** oder **ankauft.** Damit stellt sie dem Bankensystem Geld zur Verfügung. Umgekehrt kann sie dem Bankensystem Geld entziehen, indem sie selbst **Wertpapiere** zu attraktiveren Zinsen **verkauft** als andere Anbieter (Kapitalsammelstellen wie Versicherungen, Bausparkassen).

Die EZB kann auch die **Hereinnahme von Termineinlagen** steuern, um Geld der Banken anzulocken oder abzuwehren. Entscheidend für ihr Handeln ist die Entwicklung des Geldmarktzinssatzes unter Banken und der Inflation. Stellt die EZB ein stetiges Ansteigen dieses Zinssatzes oder der Inflationsrate fest, greift sie ein und erhöht den Leitzinssatz (0,05 %, März 2015). Sie signalisiert dem Markt: Geld wird teurer. Ebenso kann sie umgekehrt handeln und durch das Senken des Leitzinssatzes signalisieren: Geld wird billiger.

Folgende Offenmarktgeschäfte stehen zur Verfügung:

a) Befristete Transaktionen.

- **Pfandbriefgeschäfte.** Die EZB stellt gegen Verpfändung von Wertpapieren **einer** Bank Geld zu einem vereinbarten Zinssatz kurzfristig zur Verfügung. Durch den Kredit wird der Volkswirtschaft Geld zugeführt und am Ende der Laufzeit wieder entzogen.
- **Wertpapierpensionsgeschäfte.** Die EZB stellt durch den Kauf von Wertpapieren **allen** Banken für 14 Tage Geld zur Verfügung. Der Volkswirtschaft wird Geld zugeführt. Die Banken müssen sich aber zum Rückkauf verpflichten, sodass das Geld später aus der Volkswirtschaft wieder abfließt. Das Pensionsgeschäft findet stets in Form eines Tenders (engl. tender = Angebot) statt.

Mengentender	Zinstender
Beim **Mengentender** gibt die Zentralbank den Zinssatz sowie die bereitgestellte Geldmenge bekannt. Bei Nachfrageüberhang muss sie die Geldmenge auf die nachfragenden Banken prozentual verteilen.	Beim **Zinstender** müssen die Banken die gewünschte Geldmenge sowie den Zinssatz, zu dem sie das Geld von der Zentralbank leihen wollen, benennen.

Beispiel: Die EZB bietet den Banken für 14 Tage 105 Mio. EUR als Pensionsgeschäft an und ermittelt folgende Zuteilung an die Banken in EUR bei einem

festgelegten Zinssatz von 3 %:				zu bietenden Zinssatz von x %:			
Bank	benötigt	bezahlt	erhält	Bank	benötigt	bezahlt	erhält
A	30	3 %	22,5	A	30	3,15 %	30,0
B	40	3 %	30,0	B	40	3,20 %	40,0
C	70	3 %	52,5	C	70	3,10 %	35,0
	140		105,0		140		105,0

b) Verkäufe von Schuldverschreibungen. Es werden allen Banken Wertpapiere mit einer Laufzeit von z. B. elf Monaten, einem Verkaufskurs von 97 % und einer Rückzahlung von 100 % im Tenderverfahren angeboten. Kaufen die Banken, fließt Geld für elf Monate aus der Volkswirtschaft ab.

c) Hereinnahme von Termineinlagen. Wenn die Banken überschüssige Gelder haben, können sie diese bei der Zentralbank anlegen. Die Anlage erfolgt für eine feste Laufzeit und zu einem festen Zinssatz. Dadurch wird der Volkswirtschaft Geld entzogen (Liquiditätsabschöpfung). Durch Veränderung des Zinssatzes kann die EZB auf den Umfang der Liquiditätsabschöpfung Einfluss nehmen. Am Ende der Laufzeit fließt das Geld der Volkswirtschaft wieder zu.

▶ **Politik der ständigen Fazilitäten (Grenzlinie)**

Bei den ständigen Fazilitäten wird das Verhalten der Banken nur über die Zinssätze gesteuert. Eine Mengenplanung wie bei der Offenmarktpolitik gibt es nicht.

- **Spitzenrefinanzierungsfazilität:** Die Banken können sich für 24 Stunden gegen entsprechende Sicherheiten (Wertpapiere) »Übernachtliquidität« zu einem von der EZB vorgegebenen Zinssatz (0,30 %, März 2015) besorgen. Dieser Zinssatz bildet die Obergrenze der EZB-Zinssätze. Die Kreditaufnahme führt der Volkswirtschaft für einen Tag Liquidität zu.
- **Einlagefazilität:** Die Banken können für 24 Stunden überschüssiges Geld zu einem von der EZB vorgegebenen Zinssatz (–0,20 %, März 2015) anlegen. Dieser Zinssatz bildet die Untergrenze der EZB-Zinssätze. Der Volkswirtschaft wird durch dieses Vorgehen Liquidität entzogen.

▶ **Mindestreservepolitik**

Der EZB-Rat hat beschlossen, dass die Banken einen bestimmten Prozentsatz (höchstens 10 %, derzeit 1 %) ihrer reservepflichtigen Verbindlichkeiten bei der nationalen Zentralbank, verzinslich, anlegen müssen. Die Höhe der Verzinsung liegt beim Leitzinssatz. Diese Pflichteinlage nennt man **Mindestreserve,** den Prozentsatz **Mindestreservesatz.** Der EZB-Rat hat das Recht und die Pflicht, im Falle von anhaltendem Geldüberschuss oder Geldmangel, den Reservesatz mit folgenden Auswirkungen anzupassen:

- **Erhöhung des Reservesatzes:** Den Banken wird unmittelbar Liquidität entzogen. Sie können weniger Kredite vergeben. Die Versorgung der Volkswirtschaft mit Geld nimmt ab.
- **Senkung des Reservesatzes:** Den Banken wird unmittelbar Liquidität zugeführt. Sie können mehr Kredite vergeben. Die Versorgung der Volkswirtschaft mit Geld nimmt zu.

Die Mindestreservepolitik wirkt also direkt und schneller als die Zinspolitik. Denn die Banken müssen die Mindestreserve einhalten, während sie die Zinsangebote der EZB annehmen können.

12.5.4 Fiskalpolitik

Instrumente der Fiskalpolitik

Die Einnahmen- und Ausgabenpolitik des Staates soll antizyklisch sein, also gegen den jeweiligen Konjunkturverlauf gerichtet. D.h., im Boom sollte der Staat sparen und eigene Schulden abbauen, in der Rezession eventuell Schulden erhöhen.

Um sich antizyklisch verhalten zu können, braucht der Staat die entsprechenden finanziellen Mittel. Diese Mittel kann er sich beschaffen

- durch **Bildung einer Konjunkturausgleichsrücklage.** Zu diesem Zweck muss der Staat die in Zeiten der Hochkonjunktur erzielten Steuereinnahmen ansammeln und »einfrieren«, bis eine rückläufige (rezessive) Wirtschaftslage eintritt. In dieser Phase kann er dann die Mittel dazu verwenden, der Wirtschaft über Staatsaufträge zu Wachstum zu verhelfen.
- durch **Deficitspending.** Wenn dem Staat in einer Zeit wirtschaftlicher Depression infolge geringer Steuereinnahmen die Haushaltsmittel fehlen, kann er sich diese durch bewusstes Schuldenmachen bei Banken oder am Kapitalmarkt beschaffen.

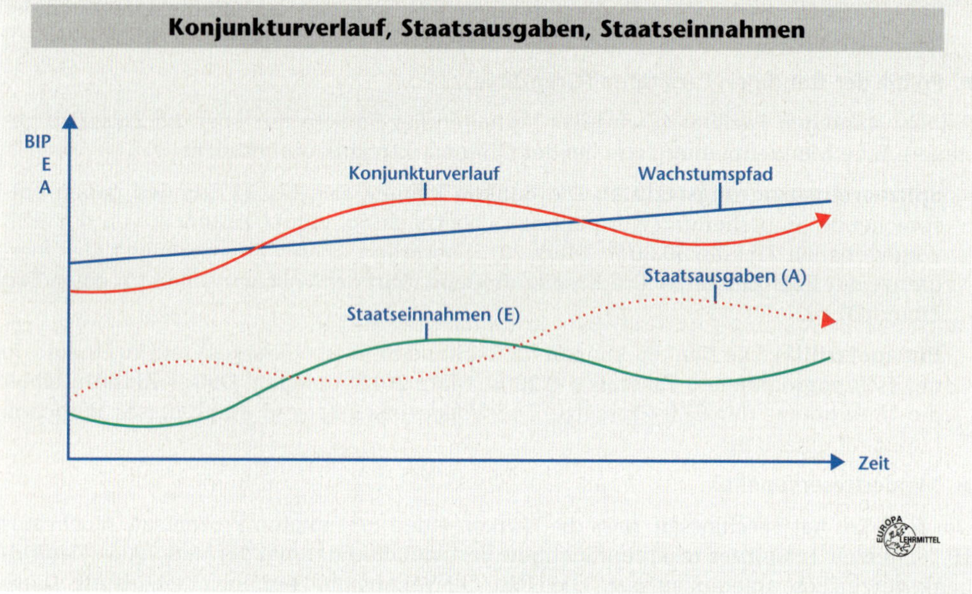

Für den Staat gibt es unterschiedliche Instrumente der Fiskalpolitik:

Ansatz	Maßnahme	Wirkung	Beispiele
Steuern	Erhöhung	Das verfügbare Einkommen sinkt, der Konsum geht zurück; betriebliche Gewinne nach Steuern werden geringer, Investitionen gehen zurück.	Erhöhung der Einkommen- und Körperschaftsteuersätze; Abschreibungsvergünstigungen werden gekürzt oder gestrichen.
	Senkung	Das verfügbare Einkommen steigt, der Konsum nimmt zu; betriebliche Gewinne nach Steuern nehmen zu, zusätzliche Investitionen werden getätigt.	Senkung der Einkommen- und Körperschaftsteuersätze; Abschreibungsmöglichkeiten werden gewährt oder erhöht.
Staatsausgaben	Erhöhung, Vorziehen geplanter Ausgaben	Die staatliche Nachfrage verbessert die Auftragslage der Unternehmen, schafft Einkommen bei den Erwerbstätigen.	Neubau von Schulen, Ausbau und Erweiterung von Autobahnen werden vorgezogen.
	Kürzung, Hinausschieben geplanter Ausgaben	Der Rückgang staatlicher Nachfrage verringert die Auftragslage der Unternehmen.	Bau der Bundesstraße wird um zwei Jahre hinausgeschoben.
Sparanreize	Senkung, Abbau von Sparprämien	Private Haushalte konsumieren stärker.	Senkung der Wohnungsbauprämien.
	Erhöhung, Einführung von Sparprämien	Private Haushalte sparen mehr und konsumieren weniger.	Einführung einer Sparprämie zur Rentenvorsorge.

Ansatz	Maßnahme	Wirkung	Beispiele
Subventionen	Erhöhung, Einführung neuer Subventionen	Anreize zur Investitions- oder Konsumtätigkeit werden geschaffen.	Förderung des Einbaus von Filteranlagen; Unterstützung bei Einstellung von Arbeitslosen.
	Senkung, Abschaffung von Subventionen	Nicht unbedingt betriebsnotwendige Investitionen werden zurückgestellt.	Einstellung oder Beschränkung der Förderung von Solaranlagen.

Subventionen

Subventionen werden **vom Staat gewährt, ohne** dass die Empfänger eine **direkte Gegenleistung** erbringen müssen.

Dadurch sollen die Marktteilnehmer zu einem bestimmten Verhalten angeregt werden.

Beispiele:

1. Der deutsche Kohlebergbau und die Landwirtschaft werden unterstützt, um deren Bestand zu sichern.
2. Ein Groß- und Außenhändler erhält vom Staat eine Exportausfallbürgschaft.
3. Ein Privatmann erhält einen Steuernachlass, wenn er ein Fahrzeug anschafft, das den erhöhten Schadstoffnormen entspricht.
4. Die ostdeutschen Bundesländer werden im Rahmen des »Aufbaus Ost« unterstützt.
5. Ein Existenzgründer erhält einen Zuschuss für sein Unternehmen.

Subventionen müssen regelmäßig daraufhin überprüft werden, ob ihre Gewährung für die Gesellschaft überhaupt noch den gewünschten Nutzen bringt. Die Bundesregierung ist deshalb verpflichtet, alle zwei Jahre einen **Subventionsbericht** zu veröffentlichen, in dem gewährte Unterstützungen begründet und auf ihren Erfolg überprüft werden müssen.

Subventionen werden in ihren Auswirkungen für die Gesellschaft zunehmend kritisch hinterfragt.

kritisch-negative Ansicht	kritisch-positive Ansicht
– Unternehmen, die am Markt nicht bestehen könnten, werden erhalten.	– Die Standortsicherung wird gewährleistet.
– Wettbewerbsverzerrung gegenüber nichtsubventionierten Unternehmen oder Wirtschaftsbereichen kann auftreten.	– Einkommen wird geschaffen, das zu Konsumzwecken verwendet werden kann.
– Kann im Wahlkampf zu politischen Zwecken missbraucht werden.	– Die staatlich erwünschte Wirkung kann erzielt werden.
– Politische Entscheidungsträger können beeinflusst werden.	– Arbeitsplätze können geschaffen oder gesichert werden.

12.5.5 Beschäftigungspolitik

Staatliche Beschäftigungspolitik (Arbeitsmarktpolitik) ist darauf ausgerichtet, das Angebot und die Nachfrage auf den Arbeitsmärkten zu beeinflussen, um die **Beschäftigung zu fördern und auf hohem Niveau zu stabilisieren** sowie **die berufliche Eingliederung benachteiligter Arbeitnehmergruppen zu fördern.**

Instrumente der staatlichen Arbeitsmarkt- und Beschäftigungspolitik

Instrumente der Arbeitsmarktpolitik		
Politischer Ansatz	**Politische Maßnahme**	**Beispiele**
Wachstumspolitik	Förderung von Existenzgründungen	staatliche Bürgschaften, zinsgünstige Kredite
	Forschungspolitik	Förderpreise; staatliche Grundlagenforschung
	Bildungspolitik	Ganztagesschule im beruflichen Bereich
	Investitionsförderung	befristete Subventionen für Umweltschutzinvestitionen
Strukturpolitik	Infrastrukturausbau	Verkehrswegeausbau, Ausbau des Informations- und Kommunikationswesens
	Industrieansiedlung	Gewerbesteuersenkung, Entbürokratisierung, Schaffung kultureller Einrichtungen
Konjunkturpolitik	Erhöhung/Senkung der Staatseinnahmen	Erhöhung/Senkung von Abschreibungssätzen
	Erhöhung/Senkung der Staatsausgaben	Subventionen erhöhen/streichen, staatliche Aufträge erhöhen/senken
Außenwirtschaftspolitik	Abbau von Handelshemmnissen	Einfuhrliberalisierungen, Devisenfreiheit, Verminderung von Dokumentenvorschriften
	Aufbau von Handelshemmnissen	Erweiterung der Einfuhr-/Ausfuhrliste
Geldpolitik	Beeinflussung der Investitions- und Konsumbereitschaft	Zinssenkungen/-erhöhungen, Beeinflussung der Geldmenge durch EZB
Arbeitsmarktpolitik	Förderung der Arbeitsvermittlung	Einrichtung alternativer Vermittlungsmöglichkeiten neben der staatlichen Vermittlung
	Förderung der Berufsberatung	Internetberatung, Verwaltungsvereinfachung
	Arbeitsbeschaffungsmaßnahmen (ABM)	Anreize zur Übernahme in ein Beschäftigungsverhältnis schaffen
	Förderung von Ausbildung, Weiterbildung, Umschulung	Kurse zur Wiedereingliederung in den Arbeitsprozess, Schaffung neuer Ausbildungsberufe

Beschäftigungspolitik der Europäischen Union

Seit 1998 definiert die **EU-Kommission beschäftigungspolitische Leitlinien.** Diese Empfehlungen beinhalten vier Säulen der Beschäftigungsstrategie und betreffen

- die Verbesserung der Beschäftigungsfähigkeit,
- die Entwicklung des Unternehmergeistes,
- die Förderung der Anpassungsfähigkeit der Unternehmen und ihrer Beschäftigten,

– die Verstärkung der Maßnahmen zur Förderung der Chancengleichheit von Männern und Frauen.

Die Leitlinien enthalten zu jeder der vier Säulen konkrete Maßnahmen. Auf jedem EU-Gipfel müssen die Regierungen Rechenschaft darüber ablegen, was sie getan haben, um diesen Zielsetzungen näherzukommen. Die EU prüft die von den nationalen Regierungen erarbeiteten Aktionspläne und kontrolliert deren Umsetzung; sie kann sogar Sanktionen verhängen.

Der **E**uropäische **S**ozial**f**onds (**ESF**) ist das wichtigste Finanzinstrument, mit dem die Europäische Union ihre Ziele im Bereich der Beschäftigungsförderung erreichen will. Durch umfangreiche Programme sollen Arbeitslosigkeit verhindert und entstandene Arbeitslosigkeit abgebaut werden. Ein weiterer Schwerpunkt stellt die Förderung der Ausbildungssysteme und der Forschung und Entwicklung in der Gemeinschaft dar. Ausgerichtet sind alle Maßnahmen auf eine Langzeitwirkung, um vor allem unterentwickelte Regionen zu stärken.

Beispiel: Im Bundesland Brandenburg wurde im Rahmen eines Modellprojektes Arbeitswelt und Elternzeit eine Beratungsstelle eingerichtet, die den beruflichen Wiedereinstieg nach der Elternzeit erleichtern soll. Das Projekt wird durch das brandenburgische Ministerium für Arbeit, Soziales, Frauen und Familie sowie den ESF finanziert.

12.5.6 Umweltschutzpolitik

Prinzipien der Umweltschutzpolitik

Prinzipien der Umweltschutzpolitik		
Prinzip	**Merkmal**	**Beispiel**
Vorsorgeprinzip	Umweltpolitische und sonstige Maßnahmen werden so getroffen, dass **von vornherein** möglichst sämtliche **Umweltgefahren vermieden** und damit die **Naturgrundlagen geschützt und schonend in Anspruch genommen** werden.	Eine Erlaubnis zum Einleiten von Abwässern wird nur erteilt, wenn die Abwässer nach dem Stand der Technik gereinigt wurden.
Verursacherprinzip	Die **Kosten** zur Vermeidung, zur Beseitigung oder zum Ausgleich von Umweltbelastungen sind **dem Verursacher zuzurechnen.**	Hersteller und Vertreiber sind laut Verpackungsverordnung dazu verpflichtet, Transportverpackungen nach Gebrauch zurückzunehmen.
Kooperationsprinzip	Der **Staat strebt** zur Lösung der Umweltprobleme zunächst **einvernehmliche Regelungen mit den gesellschaftlichen Gruppen an,** bevor er Gesetze und Verordnungen erlässt.	Umweltschutzverbände wirken in Planfeststellungsverfahren über Vorhaben mit, die mit Eingriffen in Natur und Landschaft verbunden sind.
Gemeinlastprinzip	Die **Kosten des Umweltschutzes** können auf **die Allgemeinheit verteilt werden,** d. h., sie werden vom Staatshaushalt getragen.	Kostenübernahme für Altlastensanierungen durch die öffentliche Hand.

Instrumente der Umweltschutzpolitik

Neben **ordnungsrechtlichen** und **ökonomischen Instrumenten** kann staatliche Einflussnahme über **Aufklärungsmaßnahmen** erfolgen.

Instrument	Inhalt	Beispiele
ordnungsrechtliche Instrumente	staatliche Ge- und Verbote, Bußgeldbescheid	Produktionsverbot, Ansiedlungsverbot
ökonomische Instrumente		
– Abgaben	– Belegung der Umweltnutzung durch Nutzungsabgaben	– Wasserpfennig, »Öko-Steuern«
– Subventionen	– finanzielle Ausgleichszahlungen durch den Staat	– Steuererleichterungen, Sonderabschreibungen
– Zertifikate (Umweltlizenzen)	– Marktfähige Rechte, die die Gesamtmenge der Belastungen festlegen, können gehandelt werden.	– Zertifikate, die eine bestimmte Menge an Schadstoffemissionen zulassen, werden zwischen Unternehmen gehandelt.
– Haftungsrecht	– staatliches Eingreifen im Falle konkreter Umweltzerstörungen bzw. -beeinträchtigungen	– Bußgeld gegenüber dem Unternehmen Sandoz wegen Rheinverschmutzung
Aufklärung	Entwicklung eines Umweltbewusstseins, Aufbau von ökologischem Wissen	Umwelterziehung, allgemeine Informationen, Appelle

Nationale Institutionen für Umweltschutz

In Deutschland wurden folgende Gremien und Institutionen für den Umweltschutz eingerichtet:

- **Rat von Sachverständigen für Umweltfragen:** Er besteht aus Fachleuten besonders gefährdeter Umweltbereiche. Seine Aufgabe ist vor allem die Begutachtung der Umweltsituation und der Umweltbedingungen in Deutschland.
- **Umweltbundesamt:** Diese Behörde unterstützt und berät die Bundesregierung bei Angelegenheiten des Umweltschutzes.
- **Private Organisationen:** Der **B**und für **U**mwelt und **N**aturschutz in **D**eutschland **(BUND)** und zahlreiche andere Organisationen (wie Schutzstation Wattenmeer e.V.) befassen sich ebenfalls mit Umweltschutzaufgaben.

Internationale Institutionen für Umweltschutz

Im europäischen und weltweiten Rahmen gibt es zahlreiche umweltpolitische Initiativen. Dies ist auch Ausdruck des **globalen Problems »Umwelt«**, das nicht an Grenzen Halt macht.

Beispiele: Ozonloch, Treibhauseffekt (Klimaerwärmung), Waldsterben, Endlagerung von Kernbrennstoffen, Stilllegung veralteter und gefährlicher Kernkraftwerke (Tschernobyl), Meeresverschmutzung, zunehmende Knappheit der Wasservorräte

Auch auf internationaler Ebene wird deshalb durch verschiedene Einrichtungen und Maßnahmen auf Umweltgefährdungen reagiert:

- Seit 1983 wurden vom **Umweltprogramm der Vereinten Nationen** (United Nations Environment Program, UNEP) und der **Umweltabteilung der Weltbank** mehrere Symposien (Tagungen) durchgeführt.
- Auf Initiative des **Statistischen Amtes der Europäischen Union (EUROSTAT)** werden Arbeiten an einem europaweiten Berichtssystem vorgenommen, das eine Beschreibung der Beziehungen zwischen Wirtschaft und Umwelt ermöglichen soll.
- 1992 wurde auf dem **Welt-Umweltgipfel in Rio de Janeiro** mit der **Agenda 21** (weltweites Entwicklungs- und Aktionsprogramm für das 21. Jahrhundert) das Leitbild einer naturverträglichen Entwicklung (Sustainable Development) konkretisiert. Sie verpflichtet vor allem die Industrieländer, ihre Energie-, Verkehrs-, Wirtschafts-, Agrar- und Handelspolitik neu auszurichten, damit die natürlichen Lebensgrundlagen nicht zerstört werden und auch künftigen Generationen ungeschmälert zur Verfügung stehen.
- 1997 wurde auf dem Klimagipfel in Kyoto das sogenannte **Kyoto-Protokoll** beschlossen. Das Kyoto-Protokoll sieht vor, die Treibhausgase der Industrieländer in einer ersten Verpflichtungsperiode von 2008–2012 um 5,2 % gegenüber dem Stand von 1990 zu reduzieren. Bislang haben 193 Staaten und die EU das Kyoto-Protokoll ratifiziert. Auf den folgenden Weltklimagipfeln konnte man sich jedoch über eine zweite Verpflichtungsperiode nicht einigen. Daher wurde auf der UN-Klimakonferenz in Katar 2012 beschlossen, das Kyoto-Protokoll bis 2020 zu verlängern. Strittig ist vor allem der Umfang der Emissionsreduktionen, die Verteilung der Reduktionen auf die Länder, die Einbindung von Entwicklungsländern sowie der Umgang mit Ländern, die das Kyoto-Protokoll bis heute nicht akzeptiert haben (USA) oder aber bereits wieder ausgetreten sind (Kanada, 2011). Auch auf den letzten **UN-Klimakonferenzen in Polen 2013** und in **Peru 2014** wurden keine verbindlichen Ziele zum Klimaschutz beschlossen, sondern lediglich »Beiträge« zur Minderung von CO_2-Emissionen formuliert.

12.5.7 Verteilungspolitik

Durch staatliche Verteilungspolitik soll versucht werden, Ungerechtigkeiten in der Einkommens- und Vermögensverteilung zu mildern. Dabei will man mit einkommenspolitischen Maßnahmen die Jahreseinkommen benachteiligter Einkommensbezieher erhöhen und mit vermögenspolitischen Maßnahmen Teile des Einkommens durch attraktive Sparanreize in Vermögen umwandeln.

Einkommenspolitische Maßnahmen

- **Steuerpolitik:** Investitionsförderung durch Sonderabschreibungen, Steuerfreistellung des »Existenzminimums«, progressiver Steuersatz bei der Einkommensteuer, Unterstützung einkommensschwacher Haushalte durch Freibeträge.
- **Sozialpolitik:** Befreiung der Geringverdiener von der Sozialversicherung, nach Kinderzahl gestaffeltes Kindergeld, verlängerte Bezahlung des Arbeitslosengeldes für ältere Arbeitslose.

Vermögenspolitische Maßnahmen

Eine neue Vermögensverteilung soll hauptsächlich erreicht werden durch eine andere Verteilung der Vermögenszuwächse zugunsten benachteiligter Gruppen. Insbesondere ist deren Sparbereitschaft zu fördern (Kapitel 4.7).

Zusammenfassende Übersicht zu Kapitel 12.5: Marktregulierungsmechanismen

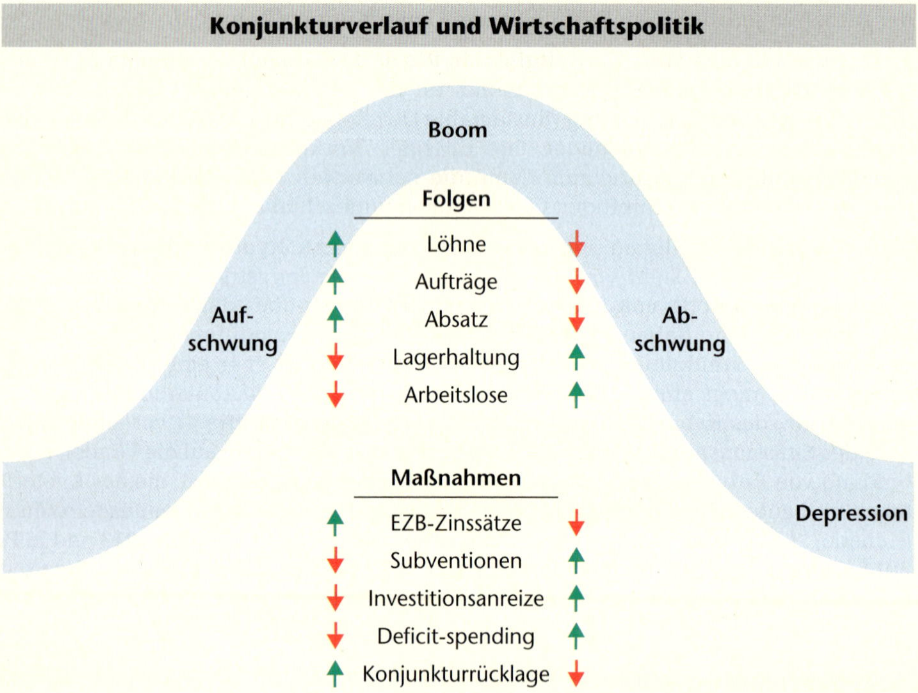

▶ Aufgaben und Probleme

1. a) Stellen Sie die Konjunkturphasen anhand folgender Umsatzzahlen aus der Bekleidungsindustrie bildlich dar.

Jahr	Umsatz in Mrd. EUR	Jahr	Umsatz in Mrd. EUR
2005	230	2010	200
2006	200	2011	190
2007	120	2012	180
2008	180	2013	178
2009	210	2014	190

b) Unterscheiden Sie Rezession und Depression anhand der Lösung von a).

2. In einer Volkswirtschaft werden folgende Daten ermittelt:
   - Preissteigerungsrate gegenüber dem Vorjahr 12,4 %
   - Wachstum des Bruttoinlandsproduktes gegenüber dem Vorjahr 6,3 %
   - Exportvolumen 180 Mrd. EUR
   - Importvolumen 158 Mrd. EUR
   - Arbeitslosenquote 1,2 %

   a) In welcher Konjunkturlage befindet sich die Volkswirtschaft?
   b) Warum sind Sachwerte in dieser Konjunkturphase sehr gefragt?
   c) Der Staat beschließt in dieser Situation, die Konjunktur zu dämpfen. Diskutieren Sie, welche Ausgaben der Staat streichen oder kürzen könnte.
   d) Nennen Sie Möglichkeiten, wie der Staat über die Einnahmenseite die Konjunktur dämpfen könnte.
   e) Welche wirtschaftspolitischen Probleme können mit der staatlichen Konjunkturdämpfung gemildert werden?
3. Welche positiven und welche negativen Auswirkungen kann eine Hochkonjunktur haben?
4. Erläutern Sie die Aussagemöglichkeiten folgender Konjunkturindikatoren:
   a) Entwicklung der Aktienkurse,
   b) Wohnungsbaunachfrage und Nachfrage auf dem Automobilmarkt,
   c) Anlageinvestitionen deutscher Unternehmen,
   d) Zahl der Insolvenzen wegen Zahlungsunfähigkeit.
5. Welche Folgen hat die Verlagerung der Produktion in Niedriglohnländer
   a) für die Entwicklung der Arbeitslosenquote,
   b) für die deutschen Arbeitnehmer,
   c) für die deutschen Unternehmen?
6. Ordnen Sie die beiden Aussagen den Grundkonzepten der Wirtschaftspolitik zu und begründen Sie Ihre Antwort.

   Aussage 1:

   »Viele Regeln und bürokratische Hürden bremsen das Wachstum unserer Wirtschaft. Sie verhindern das Schaffen von Arbeitsplätzen durch die Unternehmen. Märkte funktionieren dann am besten, wenn sie möglichst wenig reguliert sind. Hierfür muss die Politik etwas tun!«

   Aussage 2:

   »Das Wirtschaftswachstum wird durch die schwache Nachfrage gebremst. Die Menschen verdienen zu wenig. Autos kaufen keine Autos. Hier muss die Politik eingreifen, damit unregulierte Märkte die Schwachen nicht an den Rand der Gesellschaft drängen.«
7. Welche der folgenden Maßnahmen tragen zu einer Vermehrung des volkswirtschaftlichen Geldvolumens bei? Begründen Sie Ihre Entscheidung.
   a) Viele fällige Steuerbeträge werden an das Finanzamt abgeführt.
   b) Die EZB bietet den Kreditinstituten ein Wertpapierpensionsgeschäft an.
   c) Der Bund gibt zur Erzielung von Haushaltseinnahmen auf dem Kapitalmarkt eine Bundesanleihe aus.
   d) Eine von der EZB vor Monaten verkaufte Schuldverschreibung wird fällig.

8. Die fällige Schuldverschreibung aus 7. d) hatte eine Laufzeit von 270 Tagen und einen Verkaufskurs von 97,3 %. Errechnen Sie den Zinssatz, zu dem Banken ihr Geld anlegen konnten.
9. Die Deutsche Bundesbank bietet einen Mengentender im Volumen von 78 Millionen EUR an. Vier Banken haben Gebote in Höhe von 21, 24, 30 und 42 Mio. EUR abgegeben.

   Wie viel EUR erhält jede Bank?
10. Erläutern Sie die Wirkungsweise der Mindestreservepolitik.
11. Am Eurosystem nehmen 19 EU-Länder teil, obwohl mehr Länder der EU angehören. Klären Sie, welche Länder nicht dabei sind und warum.
12. Was bedeutet antizyklische Haushaltspolitik in den verschiedenen Konjunkturphasen?
13. In welchen Konjunkturphasen ist Deficit-spending berechtigt, in welchen nicht?
14. Stellen Sie in einer Ursache-Wirkungskette (Kausalkette) dar, dass durch Subventionen die Marktpreisbildung verzerrt und dadurch gesellschaftliche Nachteile entstehen können.
15. Inwiefern sind staatliche Maßnahmen zur Existenzgründung »gut angelegtes Geld«?
16. Bei Tarifauseinandersetzungen im öffentlichen Dienst ging es um folgende Forderungen:
    - Forderung der Gewerkschaft ver.di: Erhöhung der Löhne und Gehälter um mindestens 5 %.
    - Forderung der öffentlichen Arbeitgeber: »Nullrunde«.

    Nehmen Sie Stellung für die Sichtweise der Gewerkschaft und der öffentlichen Arbeitgeber.
17. Nennen Sie praktizierte Maßnahmen der Umweltschutzpolitik.
18. Es wird weiterhin die Frage diskutiert, welches die grundsätzliche Ausrichtung der Umweltpolitik ist. Dabei werden die Prinzipien Vorsorgeprinzip, Verursacherprinzip, Kooperationsprinzip und Gemeinlastprinzip diskutiert.
    a) Klären Sie die verschiedenen Begriffe.
    b) Stellen Sie Beispiele dar, in denen die verschiedenen Prinzipien angewendet werden können.
    c) Ermitteln Sie jeweils Vorteile und Nachteile aus Sicht des Individuums und der Gemeinschaft.
19. »Vorbeugen ist besser als Heilen.«

    »Was du heute kannst vorsorgen, das verschiebe nicht auf morgen.«

    Inwiefern haben diese Aussagen sowohl für den betrieblichen Umweltschutz als auch für die Umweltgesetzgebung eine Bedeutung?
20. Nehmen Sie unter dem Aspekt der wirtschaftspolitischen Zielharmonisierung zu folgenden Aussagen von Politikern Stellung:
    a) »Man sollte zur Unterstützung der leeren Sozialkassen die Umsatzsteuer erhöhen. Das schafft sozialen Ausgleich und wird von allen zugleich getragen.«
    b) »Nur mit Abschaffung jeglicher Gewerbesteuer werden unsere Unternehmen wieder international konkurrenzfähig. Die Preise können gesenkt und neue Arbeitsplätze geschaffen werden.«

21. a) Interpretieren Sie das Schaubild unter dem Gesichtspunkt der Steuergerechtigkeit.

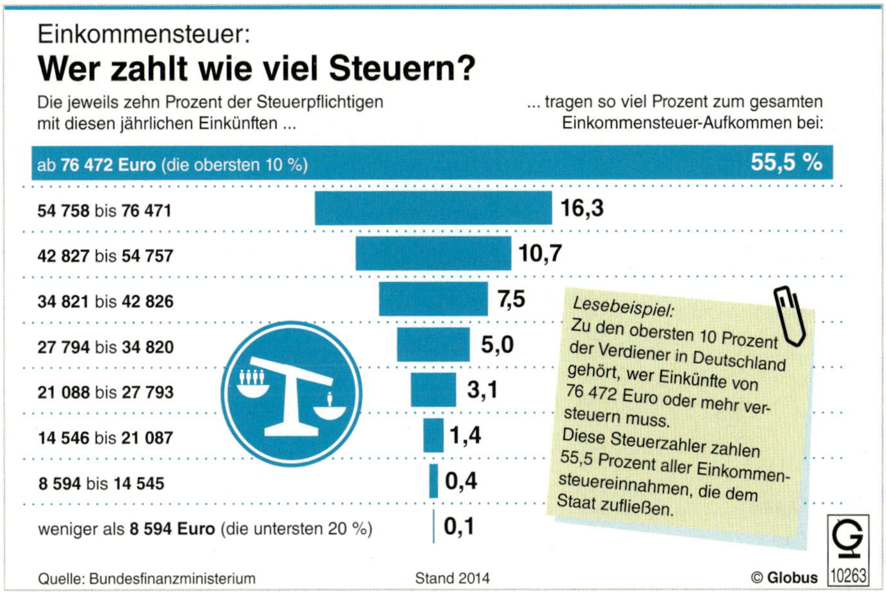

b) Mit welchen Mitteln der Politik kann die
- Einkommensverteilung,
- Vermögensverteilung

beeinflusst werden?

c) Was wären Sie lieber, ein Einkommensmillionär oder ein Vermögensmillionär? Begründen Sie Ihre Ansicht.

Stichwortverzeichnis

N

O

P

Q

R